旭莊文集（新編）

井上敏幸編

目次

詩集　影印編

梅墩詩鈔拾遺（新編）

岡村　繁編

廣瀬旭荘全集

詩文篇

思文閣出版

凡例

一、本册は『廣瀬旭荘全集』詩文篇として、詩と文を收載した。

一、影印の底本は、廣瀬先賢文庫所藏の原本である。

一、影印にあたり、各頁とも半段（上段と下段）ごとに、原則として底本を見開きの形で掲出した。但し見開きがともに白紙であるとき、また巻頭・巻尾に白紙があるとき、及び本文中に白紙が多出する場合は影印から除外した。

一、底本の欄外に記された補記その他は、その初行のある箇所に▲印を付け、巻末の「欄外補訂の部」に一括して翻字した。

一、本文及び行間の書入れなど影印面で讀み難い箇所は、巻末の「不明箇所校正」に一括して翻字した。

一、本書には、人權に關わる語が若干認められる。記錄的な性格を考えて原本のまゝに收載したが、人權問題の正しい理解の上に立って、本書を活用されることを要請するものである。

詩集　影印編

嘉永紀元戊申新鐫
梅墩詩鈔
不許翻刻千里必究

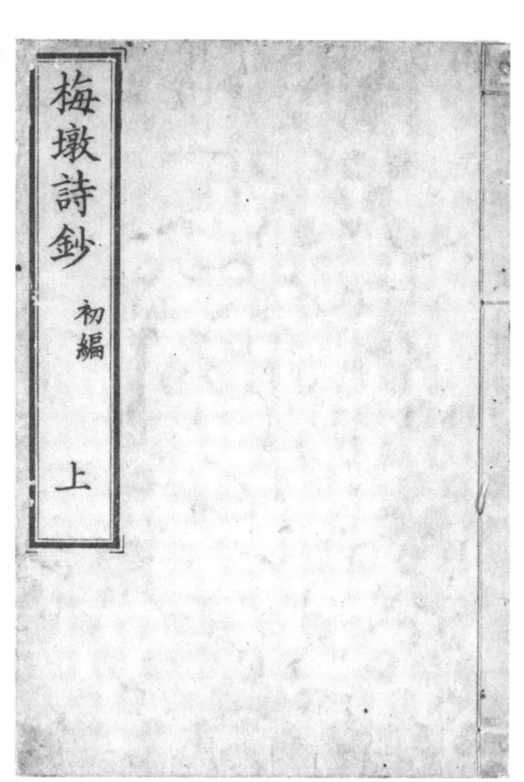

序

聲詩之興自風騷之後歷代不乏於作者而好尚與世移故有温雅宏麗者有豪放詭僻者人各殊其趣矣然學者諷詠而玩味之則雕琢天然之情僞不可得逭殆如醫之診脈而知其病也近時坪井信道嵩唱西洋醫術能熟解剖技乃審經絡察病因是以起死回生奏効最速頃信道示一書曰此南豐廣瀨生梅墩詩鈔也受而讀之筆力自在變幻百出豪邁之氣盈溢毫端使神呆鬼哭矣蓋其於詩也風騷而下諸作悉解其皮膜察其肺腑猶洋醫之解剖而有所得也是以情景流動意趣天然曾無摹擬雕琢之病蓋其所得在緣之而不緣離之而不離之際歟讀此詩者亦有能解剖而洞見肺腑則庶幾乎其有所得

焉耳矣
弘化丁未三月鑾溪筒井憲識

江都　渡邊䩭書

序

二十年前吉甫自其鄉寄示其詩三巻時齡未弱冠而長篇大作波瀾老成敘景述情之間議論錯出予既心知其非徒詩人也後来遊浪華周旋多年君盡其爲人矣魁梧而恭遜博聞而知要經義不主一家而特精於史學内自心性外及家國之經濟各有成説今纔強仕左右而鋭進不已吉甫果非詩人也而詩益多出頃者其門人某等將校初集二集三集而刻之予爲之序曰君子之學講明道理備之於身以施於用宜孳孳勉勵維日不足何遑

勤苦呻吟爲作閒語而道德範世若韓子朱文公亦未免耽於吟詠文公爲胡澹庵所薦目以詩人而公不樂爲又嘗與張南軒唱和至百餘篇忽瞿然曰吾二人得無荒於詩乎韓子亦有餘事作詩人之語其言皆如痛自悔而畢生不能廢遂菀然名成大集矣蓋志之所蘊觸物感發有不可抑閼焉者而不自覺其溺所好也予謂儒者之於詩猶吏人之於武藝乎詩所以言志武藝所以衛身雖非其本務而皆不可不爲也故善武藝而非武人則必非庸吏能作詩而非詩人則其爲通儒也可知矣若甫非詩人而其詩之盛如此乎未能知其所造詣何如姑就所見作之序

弘化四年歳在丁未秋七月

浪華小竹散人篠崎弼

撰并書

天保癸卯。旭莊廣先生自西州至。降帷東都。教與伊子高。首從之受業。教燥髮耳先生詩名。及親炙焉。欲飽觀其稿。而先生有吟詠。輒弃于篋中。不肯示人。則知其志不欲以詩著也。不敢請。居三年。先生將西歸。教恐其詩與人去。終不得觀。强請開其篋而閱之。原稿繁富。不易悉寫。僅抄七之一。而得九卷。序以甲子。分爲三編。其少時作。多載龜 昭陽 菅 茶山 諸公評。教隨錄之。又以所抄本。送于鹽君 松園 倪子 舟村 劉子 石舟 岳師 五岳 等乞批。與子高謀梓之。若其體裁一

因淡窻夫子遠思樓集。故不別載凡例云。

弘化丙午秋七月江戸坪井敎識

梅墩詩鈔初編卷之一

旭莊廣瀨先生著　門人　江戸坪井敎信良　肥前伊東部子高　校

四月二十九日。發藥師寺村。恒眞卿兄弟別直夫兄弟岡養靜送而到松江。以下文政丁亥東遊中作

亂峰擎晨曦。遠城鳴早鼓。龜井昭陽曰起得道壯 時哉天正明。束裝出蓬戸。相送人多少。行色滿林塢。朝颸飄客衣。楓露飛如雨。取路沿海濱。渺茫逞遠覩。山軸蟠灣陰。潮頭蝕沙浦。影盡天際帆。龜 遠景 聲來霧中艣。龜 近景 波

耀眼花迸松爽頭風愈磯白海鷗群洲黃野花吐西
行景更佳宛如閲畫譜道遠日將沈乃於村端祖臨
別而乞言我意欲學古大恒進贈言勿爲怨之府勿
欒好友規勿受惡友蠱勿愛繁絃聲勿耽長袖舞〔龜〕眞卿眞哉、五勿切切
直尺師鄒賢惜寸則神禹〔篠〕崎小竹曰關邪小恒
進贈言動宜踏規矩與有武仲聖寧爲參也魯迂事
休屠龍英氣除暴虎吉人之言寡故無我敢侮〔篠〕修德
大別進贈言黽勉福所聚或繩于其頸或錐于其股
呂蒙期刮目馬卿曾題柱待子歸來時一戰伯藝圃

〔龜〕直夫直哉〇〔篠〕苦學小別進贈言學文猶用武讀書似得人
聞教如得土〔龜〕酣筆何等失土且失人不過爲亡虜少年
不可誇坡詩、少年尚可誇、英才豈可怙一敗塗地人古來以
千數〔篠〕銳進罔生進贈言養生以爲主若欲立功名當
先安腹肚志雖在三餘身或困二豎過食與過眠皆
是剪性斧唯須强骨筋而濟風塵苦〔龜〕養靜氏之言哉、余若在餞席
欲以此語塗抹詩囊〇五子之言、五變五新、所謂一龍一蛇一日五化者、〇〔篠〕攝養五賢言雖
殊一一皆可取服膺若無隕豈謂啻小補言談未及
終放舟出水澌遠雲接鼇身積水沈鵬羽〔龜〕自己志氣以不言
言之、使伽葉微笑、

遊廣壽寺

石室晝沈沈峭寒如刺針莓苔全地冷瀑布半山陰
巖匝花香聚竹幽僧語深〔僧五岳〕曰巧緻出門將薄暮倚杖
數歸禽

壇浦行

君不見諸盛賣國兼賣身遺墳累累立海濱擁君弄
權愚人骨不生蕙蘭生棘榛至今冷雨盲風夜波間
幾處泣妃嬪老禿狼吠而虎視豪才雄略無與比天
風吹折庭闈松一家棟梁先朽矣不供流人血髑髏
吾豈肯享兒曹祀平氏之鬼不餒而違吾遺言不肖
子不肖子乃螟蛉蟲〔龜〕轉處殊覺妙氣象不與搢紳同萬里
頭顱人不送吾戴吾頭獻於東〔龜〕善用古語〇〔篠〕吾戴吾頭取義天淵者、
面縛七匝仇人墓死有何顏見乃翁寒潮渺渺蒹葭
短海門日落愁烟滿〔龜〕奇轉奇轉、敬服敬服、〇〔篠〕二句顧題人間俯仰
成盛衰源興平蹶變寒暖善戰徒稱源九郎秋風傷
心衣川館〔龜〕衝口呼妙耳〇〔篠〕罵盡諸盛、更罵其魁、不揚其可稱者、末段却以九郎寓感、斤量
適調、匪夷所思、〇〔草場珮川〕曰、韓嘗觀知盛教盛諸像、曰龍駕隨波霸業空、諸平寧之折衝雄、功名祇合

圖雲閣遺像蕭條托梵宮亦唯輔弱云爾

登龜山神祠

祠廟經千歲松杉過十圍【篠】好對起疎花粧古徑斜照轉
高扉山破波心立帆摩天腹歸我行無緩急不必向
神祈時將發舟

與僧圓暉恒雲平田叔猛別於壇浦

送来三百里今時定無例為有此同人竟令我未濟
【劉石舟曰】同人未濟湊合妙波恬地脉匀雲坼天日麗輕鷗亂波
光歸舟混雲勢舉手指汪洋決眥入微細神如海中
魚一往不可繋生来多別離未嘗至流涕況當作壯
遊請君勿霑袂【盧揖橋曰】胸襟慷爽俠士之風燒香拜天妃貫酒弔
殤帝命孤鱗介中夢愁雲濤際【加峯長卿曰】老杜檝櫓相依
賴蛟蜃莫吞噬萬懼行雖經千快亦期詰篙工久待
我寧許復遲滯惜別恨好風懸帆追夕霽顧視向来
人已被疊波蔽【篠】在他則為大作於公則平平耳

上關

落日舟行駛風吹浪勢奔魚蝦賤於菜鹺蜑自成村
櫚葉連葭葉海門為寺門【峯】實境人烟渺無際小市亦
繁喧

舟發上關逢雨

塔影市聲皆稍微征帆婀娜背斜暉風生次第行雲
亂雨起後先漁舸歸人在蓬中悶生睡鳥過洋上倦
猶飛【峯】實況三更求得留舟地數顆紅燈揭遠磯

嚴島神祠二首

海面帆如織無舟不賽神清簫隱嘉樹嬌舞影滄津
鹿聚將成市猴群欲弄人【峯】十字風土記誰哉題句去廟棟
墨痕新
防洋到此窮一島現波中鮮殖經新雨林深蓄古風
潮来華表短泉往衆街通【劉】實境向晩絃歌起娼樓列
燭紅

舟雨

雨纖不成絲雲低不離水【盧】刻畫微妙清冷濕孤蓬霏微
暗千里日光無由洩幾田推窻視雖未知晷高已似
無餘晷【草】迂曲却好前洲稍如消後洲猶可指雲水空濛
間參差辨遐邇長風翻夕波遠勢来不已【倪玉舟村曰】五字有
神助雄哉海大魚奔掀疾於矢生平聞雨聲悄然心不

喜況秉一葉舟。寄身波濤裡。同舟三十人。中少知愁士。誰能足相倶。唯有管城子。（劉）漸近坡公

穩渡歌

共工頭碎不周山。山骨支撑宇宙間。獸蹄人足皆重繭。難奈道路太間關。帝命巨靈收山骨。投之遠夷與裔蠻。（峯）起手變幻。（筱）設奇趣。構出蜃樓。故猛然挾去東海側。霾沙千日波濤黑。謂是尋常鱗介都。何知海中有神域。神龍一喝巨靈驚。倉皇却走歸故國。山骨遺去碧波中。千年不崩勢穹窿。堅巖峥嶸鐵花紫。上有雕巢下蛟宮。猶把凡泥封函谷。西潮東汐不相通。防洋播洋隔千里。舟路來往必經此。繞焉三百里。而還穿焉五十里。而通古來無人唱奇謀。篙師柁工空切齒。豪哉嘉應之外家。不堪一日無事過。遷都築島猶未已。不患才多患權多。（劉）妙語 鄭渠鄭渠非所望。漫慕煬皇引汴河。乃催萬夫浮千舶。揮斧鳴鎚聲春驕。豈唯威令行人民。竟見斬鑿及巖石。（劉）亦妙語 石碎山分海脉通。一條拖帶波光碧。峽前峽後好風吹。行帆相接夕陽時。（峯）忽然寫景。是長處。公安坐得過是誰力。當年豪舉今口碑。猶有偉蹟映千世。沙頭一箇相國祠。君不見御堂藤一位創寺遺言囑賞賜。又不見關白豐臣公。鑄成大像供佛寺。看到平相利後昆。始知渠是等兒戲。（倪）此人得其倫。可謂史筆。（筱）全首轉句分段。整整不亂。

鞆浦

街市依沙岸。笙歌到處聞。繫舟庭樹動。翻袖渚風薰。（劉）綴寄 晨爽烟千竈。宵明月二分。吾曹文字飲。不用醉紅裙。

晩登仙醉寺

小邱似鯨背。突然起海濱。古寺枕其上。縹緲隱松筠。飛雨霞外霽。夕陽海面均。暝色帥歸翼。沈光閃遊鱗。（峯）韋柳妙境。（筱）庾開府鮑參軍 滅沒人馬影。空濛道路塵。清磬出孤嶠。片舸入遠津。晩風吹鄕思。獨遊易傷神。明日向何處。搔頭歎羇身。（筱）好紀行

自多度津至松岡

舩繫沙頭石。相離波浪聲。松陰憩蟬晝。塘上度鳩晴。（筱）造語有力 人賴神為産。市因山得名。要沽一杯醉。隔水有涼棚。

夜登象頭山

晝間登山衆所好。夜来登山衆所笑。世人唯知愛繁喧。吾徒却愛観静妙。與衆倶樂在平生。幽賞不必避人譏。白日頭上十丈塵。何如良月一痕照。月影凄涼水不如。千家聞似太古初。遮莫靈運稱山賊。長刀陸離髮不梳。吠狗遮人不肯遣。擧節叱叱過里閭。纔到阪下雲来候。從此行程成歩虚。阪傍飛流聲颯颯。斗折蛇行千泒合。唯疑異人嘯中峯。前澗後谷鏘相答。老樹森列將攫人。寒藤瘦蘿互環匝。我稍進行阪稍高人頭屢被樹根蹈。巉巖當路高兀然。腔中坼如百斛船。前人已入蛇呑黽。後人漸没蛛掎蟬。尖牙利齒勢齦齶。衣裳咬破無一全。巖根冷苔行觸足。絶驚道是蛟龍涎。寒風據樹樹身舞。零葉墜葉多於雨。棲鳥離巣格磔啼。狀在陰中不可覩。[峯 奇険使人毛起] 山鬼彳亍現塔梢。石獅獰惡倚龕宇。廻廊暗黒月藏光。一燈深沈認巖戸。神爐香冷有餘馨。孤心上殿悄然醒。棐上如山堆人髻。[邦俗祈神断髮獻之] 燈光穿髪碎青熒。老蠹啾啾叫函底。一巻祠僧讀残經。拜終又出深院外。依舊頭上杉月青。[草 青字妙]

象頭山上作

孤村覩月跨黄牛。長驛踏花鞭紫騮。緑陰鶯語眠晴轎。白浪燈光坐雨舟。未如此般最奇絶。縹緲来踞大象頭。[劉 起法東坡] 象頭非象山也已。形容彷彿自相似。長街屈折扼咽喉。老樹槎枒列牙齒。東麓坦迤如鼻垂。西峯稍高成其耳。人過鼻西到耳東。卓爾身猶犢背童。長嘯一聲山石坼。千谷萬澗颯生風。樹動雲走山似活。恍疑象行入天中。[峯 再拈象字多少波瀾] 天外微茫裨海白。海外遥山一髪碧。我家更在山外遥。歸心空託歸禽翮。禽歸不見微雨来。雨来竟作蕭蕭夕。[劉 天外以下如海門怒濤一頭纔伏一頭又起望郷意思見于言表]

發多度津

何處是黄薇。青山一抹微。好風吹不斷。輕舸去如飛。洲角猶過雨。船頭已落暉。欣然思小酌。漁子得魚歸。

發鹽飽

避雨沙頭止。揚帆迨日斜。横霓貫洲嶋。夕露逗汀花。[劉 雄麗] 裨海因風立。驂舟被浪遮。前微無數里。烟際見

人家

登瑜珈山

夢裡蒼蠅鳴枕上青燈熄早行賽神人門外紛如織
奮起叱舘人咄嗟辦朝食欲攀萬歩山初踰一寸闕
暖氣慰人膚雨意憑風力天東有陰雲黝然黒於墨
如蛟如夜叉雜遝将来逼疇昔所見山一半被呑蝕
日出雲勢衰山近風路塞新晴使心勇擧足高而亟
倏阪繞樹根此為入山域同伴語且行不覺幾回踣
松是宿瘤醜竹皆史魚直黄楊晏嬰矮蒼藤子王愎
〔峯〕數句、押韻似坡公次韻詩。○〔劉〕比喩奇極
飛流過額楊棲禽被足抑磴
斷鹿柴孤壁峭狐舘仄奇葩互開凋陰窟簇神慝地
濕惟菌榮苔深珍石匿縈紆出林梢汪漭觀海色白
者唯去帆青處是遠國茶店四五家人烟浮澗側薄
産依餅餻瘠田収萊菔何處是神祠樓廊懸南北金
碧映晨光眩矅冨釆飾猶雖隔一層未行心先得仰
視前行人亦在中途息〔塩田松園〕曰、結得有不盡之意

五月十一日舟泊下津井舟中無被冷甚不得眠

夕風瑟瑟翻纖浪千片萬片月光漾舟中疑是秋冬
交冷侵四支洞五臓起欲擁衾衾亦無安得身上如
挾纊不能一寸出吾頭抱膝愁坐如縲囚伴我不眠
唯沙鳥軽翅與月相映浮我能哦詩鳥能喚彼此無
心自唱酬岸上窻櫺幾千戸多錢客使長袖舞〔草〕湊合自
在膚為新。○〔倪〕化
紅燭明燈奪月光笙管未斷又筝鼓終宵
沈醉内熱多酒痕汗痕盎背肚銀盤盛水纖手擎斜
倚妓圍潄餘醒左右争動氷紈扇一陣軽風價連城
知否孤客扁舟底飽觀冷月聽風聲〔莜〕詳客署主、是老手段

水島

曾没千軍地今浮一舸過新潮生綠浦舊恨寄滄波
好月霞根湧帰禽帆外多〔劉〕二聯、中晩遺響　悄然憑弔意無
處不漁歌〔峯〕合作

自備中到備後路上

扁舟昨夜渡南溟衣上白波痕尚腥今日行程經兩
備藺田十里夕陽青〔峯〕青字妙

五月十三日到神邊路観某侯過焉

青松挾路暮風清野色蒼茫已不明〔峯〕起句、善寫官道夏晩光景

庭實如山皆驛致、里胥登堠盡郊迎。一條空際塵埃氣、千炬星中人馬聲。〔峯〕如畫。〔筱〕二聯善形容大諸侯。側有書生荷行李、單身帶影度長程。

尾路雨中

客裡傷心處、無如暮雨聲。濛濛看似斷、稍稍聽還生。〔峯〕杜意杜調。萬瓦人烟濕、一江鷗路平。筐中藏舊稿、自圈自為評。〔劉〕七八善寫無聊情。

遊淨土寺

下界臨滄海、上方依碧峰。棟雲霑貝葉、瓶水吐芙蓉。佛眼輝昏室、苔痕點廢鐘。晚風殊峭絕、一鐸響丁冬。

宿松氏晚香堂、寄懷松郎、時郎西遊在余家

我在君家君我家、南豐西備各天涯。長空杳杳鳥飛絕、望眼總被山海遮。君家接海我家嶺、林風汀霧夜森靜。殘月初落鵑欲啼、兩地殘燈猶耿耿。君夢東走我夢西、山驛水亭路欲迷。淼茫三十六洋際、天水相拍無端倪。依稀赤間關外路、兩魂徘徊忽相遇。一聲驚濤響枕邊、紅暾杲杲出汀樹。〔草〕得好題、然後有好詩。〔筱〕一解言身、二解言家、三解言夢、是作者苦心。

雨中發尾路

冥濛黃梅雨、零落青野霧。人出雨邊村、風度霧中樹。圍歌何荒涼、馬意慘不騖。〔劉〕幽峭、斂南隹境、迢遞秋際徑、喧豗柳陰渡。飛戲鷗鷺鬧、鬪濤波浪怒。久客易銷魂、況逢雨天暮。倦餘投田家、心喜如脫捕。一睡吾事畢、有酒不用具。

雨夜到褰越

夜色冥濛月未昇、尤愁石路有高稜。惱心聲是天涯雨、入望影唯雲際燈。〔草〕倒裝亦好。馬磨半盂纔待餓、牛衣一夜枉相仍。更深門外聞人噪、水漲長堤方欲崩。〔草〕實境自在、才鋒筆刀、不必於雄篇大作見之。

與添川寬夫登茶臼山三首

雲去遠天青、林巒媚夕霽。茶臼雖不高、姿狀殊明麗。嫩草掩其巓、峭蒨簇遠翠。西村矮竹上、突然如人髻。緩步携同袍、登眺致我思。曲折石蹊深、次第溪脉細。絕頂頗坦平、寥廓四無蔽。埽苔踞石頭、萬象供孤眥。神魂如餓鷹、遠飛不可繫。纔度北林梢、又入南岡際。〔劉〕自青藤来。

郊原千種景。一一俯可指。山後與山前。先自何處始。塘光遠地白。夕陽高處紫。田家方夕炊。林際烟火起。倦鳥投深皋。歸犢渡淺水。獨木橋横蛇。群走人鬪蟻。白雲起天南。親舍隔千里。如何思郷心。忽生蒼茫裡。〔峯〕真情婉至、自感動人、牛山泣景公。峴首慨羊子。古来登高情。誰復不如此。

暮烟薄欲無。新月淨如浴。佇立碧岑頭。顧影痩於竹。〔塩〕四句遊仙口氣 峭風自天来。將使毛髪縮。快哉此時凉。暫忘炎暑酷。晝觀壯可誇。夜色清可掬。一游并兩奇。得隴且及蜀。歸去過草間。冷露湛霑足。長嘯震空林。虬蛇無我毒。郊田何渺漫。風吹稲相樸。聯句忽路遥。穿破萬畦緑。〔筱〕三首有次第、語無重複、

和茶山先生書中乾胡蝶

自埋粉翅已年餘。一片清姿映紙虚。〔劉〕三字形容得妙 薄命曾傷花落後。香魂應動月昇初。擇隣寧傍蠹魚窟。遺蛻空粘蝌蚪書。剩紫残紅相厭久。兒孫猶守舊田廬。〔盧〕雅切題分、詠物高手、

閏六月五日發廉塾

瓶花開新英。芳妍不耐久。積薪吐嫩芽。凋萎如反手。他郷得親朋。安能長聚首。〔峯〕六句奪胎六朝 初我来此中。新知幾誰某。俶儻多異才。規諍富益友。有呼我為兄。感其極謹厚。有呼我為弟。喜其善導誘。呴嚅未五旬。我又事奔走。蓐食理行装。残星猶在牖。細颸度曙空。冷露泫高柳。〔峯〕曉景 日出遠望分。山川林郊藪。快霽悦飛禽。清漪映浣婦。〔峯〕朝景 驛荒無肥馬。村僻有豪狗。渇時難進歩。熱路不宜酒。預卜前松林。中有陰泉否。〔峯〕午景 全首、景悦兩盡、

宴大槻氏此君園。風雨大至。欣然成詠

旨酒芳芬散客愁。曰歸人為厚情留。黒雲降嶺来侵席。白雨盈池忽逆流。未午一天茫似暮。俄凉三伏颯於秋。〔草〕爽凉襲人。〔筱〕事快句亦快 此時快意兼幽意。簷滴聲中獻

又酬

大槻氏父子送余到川上。時霖後大漲

別離逼今朝。歌舞思前夕。燈下有杯盤。枕邊尚肴核。客起在西廂。託僮理征策。主坐依東楹。教婢掃晨席。家人呼狗来。與食命守宅。〔倪〕主客家人、件件寫出如畫、 客怪問其

故舉家欲送客客向主人言相送果何益再會豈無
期珍重唯自惜主慘如不聞客辭殆及百終尾客後
来迤邐度嵰驛驛傍有巨川滿目嫩菸碧霖雨添漲
痕遠勢連皋澤雲光遥和涵風響互翕闢出山又入
山窈窕百里白湧波翻游鼈猛聲轉底石萍葉棲樹
頭浪花毆人額大魚瞥飛跳矯鬐似揮戟或如白羽
箭縞鱗自亂擲客觀之心沮將行頻蹢躅主觀之色
歡抃掌謝河伯留客術雖疎留客情猶積水哉何多
謀成我留客癖君豈得輒過水方深八尺勿妄輕性

命休好陷艱厄不被尖石咬必為悪蛟獲可復還我
家君去欲安適非無水落時何用自窘迫援衣不許
前竭辭苦相責客亦如不聞憑岸闞川脉〔峯〕五字下得好回
頭謝主人已知君心赤夏天少快晴雲容多變易今
日已冥濛明晨亦陰霖不如速別離莫為情緒役我
今雖不行離恨終難釋一躍上渚舟篷破水相拍征
人已飄飄送者猶嘖嘖〔草〕情辭懇摯、演得如觀、亂石擘舟底噴
浪生板隙不厭勞股肱幾回失魂魄舟膠聞沙聲飛
身上岸脊主客尚相望唯認頭上幘向来多言談稍

稍成陳迹行應千山重今已一水隔〔劉〕一幅送行圖、〔筱〕曲盡情景、
香山亦不能如此、○〔五〕先生長篇、多自漢魏孔雀東南飛諸篇出、不知者或以為近香山、然細觀之、自有厚薄、所謂玉與水晶之異、

備中道上寄懷青木翁在伯耆大山

頑雲遮雨雨難泄熱如洪爐鑠金鐵前亭後亭午景
蕭道無隻影行客絶莫恠人顏烏樣黧已見地皮龜
形裂池枯生草草亦枯觸鞋癱腊皆蛙蜓〔筱〕寫久旱状、句句不凡、使讀者亦喘吐舌、
汗珠滴如雨中簑一斗浩然湧毛穴想君
高卧大山巔忘却人間三伏節松陰篁翠霧窻寒蜩

韻泉聲風枕潔千巖刺天遏驕陽晩醒餞喫太古雪
彼此何計得須貽一分寒與一分熱冥鴻影没天漫
漫備雲伯山相思結早晩樽前應相逢兩地光景從
頭說聞君話處粟生肌陳吾語時喘吐舌〔草〕把弄寒熱二字實奪造化之手、

高松藝將清水某自殺處

天命將歸猿面郎敢辭一劍伏秋霜潁川水滿援兵
絶淮堰坊堅敵勢強〔峯〕用典不汎竈底産蛙思昔日墳前
下馬弔斜陽野流依舊環殘壘遺恨千年孰短長

吉備公墓下作

生播聲名到赤縣。死留邱墓在黃備。朝廷夢寐急求賢。中古天為生國瑞。雖有斯遇無斯才。雖有斯才無斯智。遇與才智一身兼。在古人中亦一二。少年遠為留學生。該覃衆藝研典記。齎歸弓箭禮樂書。學成珍於所齎器。幾人能為國家光。前後豈無遣唐使。創議耕戰策治安。此是賈誼董生志。諫臣一朝為叛臣。謾指公名為佞媚。滿朝卿相如發蒙。獨有長儒堪妬忌。公為立祠薦蒸嘗。魂若有知應悔愧。晋陽之甲以叛書。此是劉隗刁協地。東宮學士即帝師。天寵優渥飽賞賜。揮鞭立成怡土城。儒生自能堪將帥。莫怪嘉猷不多傳。知是諫草焚皆棄。使人羨望使人欽。此是疏廣桓榮義。光豎怙恩動干戈。誰不相視心肝墜。公獨指麾不失宜。擒鏖逆黨殄族類。策無遺算眞大功。八陣九地元神異。小子既誅何速哉。此是敬暉彥範事。女主當朝垂衮衣。廢黜嗣皇還容易。賢臣放逐倖臣多。又見懷義威焰熾。一片忠愛不忘君。非苟嗜祿兼貪利。自甘名汚道乃亨。此是婁公狄公位。（筱）四句動人。（峯）以上每八句一解、五此是字、下得貼確、孤墳屹立官道傍。土花苔暈侵碑誌。寧無蘭蕙吐芳芬。肯有狐狸託精祟。英靈宵渺觀無由。長雲綿冪雨四至。雲歸雨盡暮岑青。一痕鶴影點空翠。（倪）中間插景、倍全篇活動、千秋公案如何定。青史褒貶多倒置。公豈張禹孔光流。長江一曲未為累。畢竟休嗤塚中人。枯骨猶能致清議。微公當日訓典墳。今日誰弄此文字。（草）補裨名教之文字、真自典墳中來、可敬、○（峯）議論精確、可抵一部正史、○（筱）褒貶不拾人唾餘、有袁小倉之風。○（劉）結句、千秋定案、

岡山

流連次第近京華。酒美寧疑酒量加。晚汐通渠三十里。夜燈成市百千花。自非邦禁寬於海。難得羈心安似家。一醉不知鄉國遠。夢歸山館摘新瓜。（龜）瓜時未歸、妙在言外、

發岡山至連島熊益齋氏途中作十五首。起東終刪。錄十三

白鷺田間水。青秧郊畔風。人雖奔似箭。路奈曲如弓。（草）伶俐○（劉）奇而自然

丕蹟蕃山叟。荒墳下道公。澗哉三備地。盡落兩眸中。

已過林際徑更渡柳陰江土性宜瓜蓏田租雜藺橦
村多因樹屋人集有風窻驛舍還華整提封知大邦
毛穴噴流汗滴聲如雨飛炎沙灸疲足晴日熨皺衣
【劉】近鐘譚 菡萏先秋死池塘幾月睎欣然時一望茂柳蔭
涼磯
縈紆度隴墟逶邐出篠篸三戸依汀渚一生唯釣漁
波光清見底鷺影立窺魚【篠】二對皆自然 畫趣詩難盡風蘆
涼葉疎
鐘磬何邊響沿溪得佛區新苔三四寸老樹百千株

暑自山門別蠅當風處無詩成題古壁字字欲清癯
日色鋤光閃農人滿夏畦亭烟征騎飯村樹午雞啼
古跡多幽處好詩須異題遙聞飛瀑響取路向山西
堠吏憐征客相迎借郡齋餘酲宜倚柱假寐夢沾鞋
【劉】予尤愛第四句。【篠】活對 鳥影爭晴樹蟬聲震夕崖前村看更
好莫被野烟埋
衣裳重如此幾寸積塵埃夏色難長霽晩行愁遠雷
橫雲遮不盡亂嶂隱還來欲雨終無雨暑蒸如燔煨
長林行稍盡一路到滄津岸出波頭縮蘆偃風脚伸

【篠】賈浪仙避舍 小岐分左右惟石祭庚申不習撐船去延頸
遲後人
征人出豐草歸鳥帶斜曛遠望多平楚前程入好雲
【劉】風神不減王貽上 勝區如柳記流水乃蘇文好把觀書眼品
評隨意分
路轉背山根堤長到海村蠨蠨明蕃戸松翠滴醫門
【篠】尋常野景拈出成畫 洗馬晴渠濁沽魚暮巷喧前途猶十里
喘息望烟奔
倦脚千鈞重其如進歩難柳迷官渡晩松古野烟寒

【盧】凝鍊 遠火依稀見羇心次第安認来投宿處已在彼
林端
欲問高人宅途逢野叟還斯須停竹杖反覆指柴關
箏響簾帷裡廚聲燈火間【草】毎能言到難畫處 主翁多愛敬已
似返家山【峯】十五首皆實境而警句絡繹
備中地藏院有李伯時畫觀音像一幅傳文祿
中朝鮮役獲諸無為寺
蜻蜓雄風吹玄菟雞林無復舊草樹群胡屠盡骨成
山血浪汎濫遼東路支那莫怙鴨緑深投鞭猶能截

江心滿洲休誇長白峭置鞍可以方山岑胡人絶驚皆如醉神慟魂悸泣無涙誰敢一矢抗天兵念佛蒼黄走入寺老僧向衆巧弄言汝徒休泣来吾前世界由来有大劫一死一生皆宿縁忽聞門外千夫喚和尚下階先鼠竄西閙東叫去無踪颯似風驚墜葉散甲光馬色排門来廣殿長廊皆躪摧放火荼毘許多佛銅鐘木魚總為灰【草】落想天外、廣長舌哉。老僧以下、如觀征韓畫卷、【塩】此圖為是名手畫錦囊重襲戒破壞萬里蒼波載得還舟中幾回發光恠爾来經盡幾年華流轉今在野僧家老衲不知丹青妙唯解隨例供香花生時畫佛當成佛生時畫畜或為畜當年有僧唱此言伯時聞之亦感服伯時骨朽彼九原千年難招已逝魂或疑渠畫此圖後即心成佛與畫存【龜】筆隨意到玄菟一戰如火爓玉云石云皆殲矣不是畫中魂魄存争能全幅来萬里我徒於佛無所關唯為名手再拜看顧見四傍諸佛像状頑形俗不堪觀生時作畫百千幅題詩大半屬坡谷畫如有靈應大笑君詩不當蘇黄僕【草】决非汗流走偃者君不見海外立功皆武夫識字定同項籍徒猶能愛畫知珍重如此風致今乃無古寺荒凉人跡斷佛殿不埽知僧懶此畫雖存復誰觀空廊晝黑蚊聲滿。

贈姬井省叔

談笑解人頤春容守我閒名疑儒俠際心樂畫棋間打戸唯詩友入門都好山一樽留客坐小雨暮斑斑

題琵琶溪居

凸巖凹谷闔還開屋脊空青幾點堆獨讀陰符暗燈下四山風雨夜深来【盧】悲壯

余滯大熊氏二旬主人遇待極厚將別賦此以謝三十韻

肥遯黄薇地棲遅碧藻津聲名驅疫鬼方術擬明神淡泊能安分優游且葆真嫌栽花冨貴細品藥君臣處世甘中隱迎山為上賓梁鴻多内助扁鵲是前身二子雖英傑三遷擇比鄰讀書聲每夜對燭影侵晨好善猶飢渴奬才皆鳳麟巷閭蒙教化頑鈍入陶甄所惡唯鄉愿其心期里仁【倪】活對賑窮魚得水肉骨物逢春客喜延生客人稱起死人片風吹我至半月與

公親情熟忘年老。談多尚日新。舌鋒開積悶。胸窟洗
群塵。攀阪聯雲袂。望江同草茵。僧廬探古畫。漁舍買
鮮鱗。長宴罍常耻。明釭杯幾巡。微濤生茗鼎。活火發
松薪。月没青楓樹。露霑烏角巾。星光涵冷硯。蟲語湧
幽窩。鴻爪留痕仄。鱸魚入夢頻。歸歟奈離別。行矣各
悲辛。相思空千里。共遊纔兩旬。始逢如舊識。忽去亦
前因。遠送疎林下。斜沿淺水濱。贈言真出肺。把筆直
銘紳。夕照分過雁。秋波漾嫩蘋。來舟從此隔。懷抱向
誰陳。［劉］明而不冗、奇而不濫、排律上乘、

將辭廉塾。北條道進索余詩。道進作送余詩。未
成。乃賦此以促之。
遽然分袂憾如何。爾汝相呼方琢磨。我意欲歸非與
盡。君詩未就恚才多。千秋事業蜉搖樹。萬卷圖書鼠
飲河。［筱］用事親切、放翁佳處、贈處元來無別語。莫教歳月等閒
過。［草］用家語、甚切當、

尾路遇天野奇仲
地上有遺金。心安不屑取。客中逢故人。心喜將起舞。
［劉］起手東坡　海山饒奇姿。地足稱天府。遠雲飾孤嶠。秋流

歸別浦。樓笛知娼家。竈烟雜鹽賈。鷄首識來舟。鴛夢
驚鳴艣。樹鎛蘭若懸。巖坼雲塔吐。［草］所謂晩涼揭蓮漢畫
燈。朝暾打茶鼓。澄波日光瑩。倒照射窗戸。有時壁紙
上。遊魚影可數。奔走履響喧。闤闠塵如雨。僑客失歸
思。居人號樂土。我獨無交朋。蕭寂守衡宇。有山未曾
登。有海未曾覩。與君西都別。約我東道主。相待竟不
來。欝悶方自苦。當此草創時。恨無良宰輔。［田平陽曰］善謔可佳
誦今朝尺素至。來期在亭午。初開恰疑夢。再讀疾頓
愈。三誦乃奔行。候君立水滸。相逢苦多談。絡繹溢胸

肚。明日先遊觀。我風而君虎。［草］説從字追隨過一旬。舊債
償稍普。繫舟於南洲。觀月於北塢。［田］無限餘韻

野奇仲導漁於裨海
野生手把一釣筒。招我共入孤舟中。不假篙師柁工
力。相佐唯有渺渺風。得魚未堪供一口。得詩稍將過
十首。敲筒咏詩發大聲。魚鮪驚淰鷗鷺走。得詩忘釣
意悠然。釣魚筒為得詩筌。去者不追來者受。不為飲
食不為錢。有時踏舞有時坐。舟動舟靜皆是可。半日
海中往忘歸。我非釣魚魚釣我。世人為釣勞可知。形

如槁木凝神思外佯忘機機在内不唯欺魚還自欺
〔篠〕奇語警人○〔田〕余江上雜詩釣叟形如槁木村娃面似春風作者實獲我意非老於釣者不能為此形容
辛苦得魚成何事販之將争錙銖利貪心勇往風
濤間幾人覆沈作魚餌嗚呼空鈎意鈎獨野生上向
嚴陵争高情君不見吾舟未返隣舟返岸上已傳賣
魚聲〔劉〕結得冷然善

別晩香堂主人

久客日思歸鄉心煎五内已及有歸期離恨来相代
有似病癰人旦暮望其潰鍼刺急决膿痛楚亦難耐

〔草〕奇譬　此行所結交不降十餘輩何人不敬親唯君心
乎愛始遇足相知況乃来已再杯尊極歡娯戲謔帶
規誨悲秋兼悲別飲食幾朝廢蕭條祖席残晶熒淚
珠碎遠巘晩霞晴明沙寒汐退纜影漾藻根棹聲轉
鷗背欲去又復留臨別更多礙醉人陳絮語寓工露
怒態何舟我所乗傍人指檣對謾問此時愁舟小可
能載〔田〕如擣癢處

長濵到其順寓居

我品主人翁宜入卓行傳〔劉〕起得突忽　精神滿其腹和氣
溢於面如坐春臺巔聞聽百鳥囀方正接權豪忻愉
待孤賤加之方術精才敏而心錬攻病出奇兵霆擊
神鬼變離家千里餘僑居在僻縣土室無三弓蕭然
不自衒誰開桃李蹊名聲湏臾遍漁弟與樵兄感服
相眷戀深山遥浦間如佛菩薩現往者猶疾痛歸者
已歡抃我在尾路時偶然来相見慇懃進致言僕近
寓海甸君歸必相過舟路亦所便僑居雖窘匱唯願
供一宴我自聞此言歸心急於箭即日赴其家客先
主為殿主人未及備客来如奔電猶敵来擣虚城郭
萬無繕雖有孫呉籌不敢容易戰忽見人影夥主客
互驚眩老壯六七人秋原方耕佃聞隣有急難奔歸
遽相援一人司拂席一人司辦膳一人提樽来村醪
聊自薦一人方烹魚聚炭急揮扇一人已劉鱠清瑩
碎玉片一人在竈陰鼓桿製麥麪一人事奔馳力疲
心未倦〔篠〕派滑長慶流亞但有此波瀾使讀者不倦○〔劉〕彭衙行遺響　誰圖倉卒間
得當此盛餼忸怩不敢嘗主人謙自譴於是混主賓
把卮恣飲嚥有舞有吟詩長技各自擅我獨默不言
醉腕斜舉硯欲賦一首詩庶幾謝殊眷不如倩畫家

短幅寫素絹。何必倩畫手。（【草】摹寫妙盡、）悉摹此時狀。副之我詩卷。携歸誇家人。觀者應相羨。長思今日情。常懸在書院。

與其順諸子到廣村二首

人過塵不起。新霽有餘清。虛袖容風滿。寒肩負日行。隄交秋葦影。橋動暮潮聲。小酌誰家好。孤烟竹裡生。

堤沙不粘屨。轉覺去腰輕。路狹村翁讓。蘆深水鳥爭。歸時乘月色。送者有風聲。（【田】使人三復、）顧向同人語。君詩成未成。

八月八日。廣村遇田大助。

五更颯然歸夢斷。風蔽亂濤落天半。寒窻相對唯殘燈。燈心孕花紅燦爛。所見如此兆如何。定有鄉信在平旦。早起登樓四窻開。望海樓作望鄉臺。羊角方勁白濤怒。唯見攪天雪崔嵬。縱有人自日邊至。決無舟從我鄉來。不有來舟無來信。須假酒力破愁陣。一尺之魚一寸葱。香風襲坐聖賢進。誰宜呼去陪此筵。墻東漁子年耳順。醉來任足且出門。步過樵蹊入漁村。誰家有水清可啜。餘酲欲乞一杯恩。篁間不知何人宅。石泉深沈響後園。鼕鼕敲門散簷鴿。户内有人一聲答。此聲慣聞友人聲。未見其面信疑雜。相視彼驚於我驚。世間豈有此奇合。主人昨歸自南豐。行李未收在坐中。火急解裝客相佐。先出鄉書數十通。一事已聞餘不問。家親健飯友亦同。主曰聞君在黄備。各天奈無奮飛翅。何人導君教我家。何者拋君墮此地。尤怪我歸未三日。何神報君以此事。客曰一切無由知。怪君歸及我歸期。偶然而來偶然合。譬如亂雲被風吹。我已疑君君疑我。夏蟲氷蠶會一時。主曰此論姑舍是。君無餘酲不至此。畢竟酒是好因緣。今日之媒從渠始。君今不飲忘渠功。我今不供負渠旨。乃斟乃傾盡又賒。千緒論話浩無涯。醉鄉睡鄉相次入。夜深夢醒悄思家。又願鄉信源源至。欹枕仔細觀燈花。

【盧】一起一結、尚有照應。○【倪】一奇釣出一奇、酷似讀水滸傳。○分段整整、叙次不亂、似冗不冗、

贈田翁

交世唯中行。耽詩無暫閑。清和夷惠際。分寸禹陶間。（【劉】前半照應得法）石硯瀦涼露。蘆簾泄遠山。晚過橋上路。溪寺借書還。

【筱】句句脱凡、知作者苦心、

廣村瀑布歌

陰氣淪山山骨癯。日光無及霧糢糊。猴公狙公不到
處。懸崖老木半身枯。惡藤交絡如設網。行人幾向此
中拘。何因毛髮蕭森竪。已覺衣襟凄冷濡。飛派拖練
三百丈。天嘔地受風相扶。不知淵源在何處。高勢強
半入望無。玉皇曾過明河上。羲和馭車列星驅。天孫
隨在龍舸裡。臨水誤墮大寶珠。深浪汗漫求不得。會
議群神獻良圖。南溟祝融北海若。蒼黄汲水心力瘏。
星月放光如萬炬。踏車木甖夜猶輸。水無行處天柱
漾。下土渺茫化泥汙。爾時有若女媧氏。鍊石斷鼇又

燒蘆。後來鍊鑄有時圻。九年洚水涵堯都。天平地成
幾千歲。猶疑一鑄在東隅。此瀑無乃其餘滴。滚滚滔
滔今古倶。峯善搆空中樓閣 彼濺此激花容亂。北整南斜雪
陣殊。吼聲倏忽隨風變。山鳴澗應草木呼。孃如洞簫
鼕如鼓。觀之可怖聽可娯。奔心到地不能已。銅丸迸
盤箭脱弧衝。波轉石石亡走。恰如兎後有韓盧。巖肩
林脚崎嶇路。十里之間一瞬趨。前波未行後波促。雖
欲無進可得乎。行過危途水亦苦。左支右吾疲且痛。
溪口匯洄為淵勢。到此稍能棲鳧鴨。君不見秋水半

篙波紋麗。派就平地水始蘇。筱勢如捕龍捉虎瀑布恐不足稱此詩然亦往往有患才多處。塩奔放一氣直欲吐呑瀑布

宿觀瀾亭主人不在

觀瀾聽浪寄孤身。西去方過藝海濱。到讀書家如有
舊。求題詩地不嫌新。山横門外留歸馬。月入窻中代
主人。倪人意中語看得庭闈風化厚。稚郎猶解愛来未經人道
賓。

將著廣島。雨降。舟不得進。此入港口。夜既二鼓。
癡雲不解事。忽来奪月明。漫漫大海裏。犖犖小舟行。

海巖多異狀。黒影立獰獰。啼禽作鬼嘯。一聲使人驚。
惡濤前後起。遮舟出奇兵。揶揄不肯遣。欺我暗如盲。
勃磤何所怒。我避彼猶争。少焉攻益急。人與舟皆傾。
篙師睹性命。始祖後竟程。揮棹如用戟。敵強奈難羸。
同舟卅餘輩。相視憂苦幷。奮起皆戮力。一時攀棹撑。
有以歌佐者。舌強咽無聲。有以脊禳者。語澁咒難成。
劉四句善寫艱苦状 龍虎互搏闘。勝敗幾回更。艱哉數刻路。似
經千里程。譬之秦圍趙。幾陷邯鄲城。毛遂求楚救。李
同斫秦營。善戰魏公子。高談魯先生。唯因衆人力。幸

兔前日阮須史潮候變舟去一毛輕遂乘逐亡勢不為城下盟雲去月光美宇宙忽澄清廣島雖已到怖心躍未平客窻暫假寐松籟波濤鳴夢落大瀛底赤手戰巨鯨【劉】光恠陸離、氣逼筆端、

春曦樓席上同賴杏坪先生原女史賦得韻虞

時余將發舟

此般佳會世間無粗似西園雅集圖水面燈光看破碎雨邊洲影稍糢糊已知彤管推才女更喜清談接碩儒買艇便從樓下去空洋千里客星孤

八月十三日大雨晩晴舟發廣島四更著緒方

曉窻聞滴瀝今日亦冥濛閒愁豈霽得歸計因雨窮強起出門外泥濘路難通欲行恨不克心與足相攻雲進將徇地風起襲太空交鬪方半日雲陣竟輸風遁逃留不止各自任西東前後勢分截同雲心不同【篠】奇句往往悦人雲敗風謝去蔚藍仰晴穹窻明蠅點黑日炙瓦光紅我得無望幸皆是風伯功薄暮赴津口火急呼柂工舟已飛鳥疾愁稍春氷融濤聲迎耳始城影入眸終過雁橫長浦落霞遮短篷淒冷寒威逼蒼茫瞑色濃烟波中掩映星月外朣朧景奇嬉怖雜夜靜恠靈鍾舟膠嵌石拿人鬧惡魚衝【劉】作者五古、體裁不一、二謝巧密鮮麗、杜蘇雄健、昌黎鋪叙排陳、悉備焉、若此篇及著廣島遊山寺諸作、則奪胎徐袁幽窅險恠者、信乎太邱道廣、無所不包、低頭向神位正坐過龍宮咸眠囈語起稍懶艣聲鬆心疑獄中係身被篷底封枕躍如箕簸夢危為浪春巖島依微現山勢如卧龍知我夜來過髻鬟遥自供夢飛能得到䯔硊探雲峰颯然著前岸一覺蘆聲中

天未明舟子逼出船雨降艱苦備至

忽聞卸帆響驚我篷底眠舟子呼客起苦討買船錢求時慈如佛諂笑巧脅肩得後猛如虎毆客急出船【田】說得巧妙時方四更矣陰雲蔽長天朦朧夜色際人月雨悄然【劉】奇想、昌谷之流、鵂呼過沙口雞喔到村邊樹匝孤店隱風歌殘燈圓【盧】眼前一語、一經道破、令人恍然、泥滑陷牛跡路昏蹈狗巔鞋破將更買剥啄立門前認我為盜賊自怙扃鐍堅千敲竟不應我苦彼不憐已飽經坎險自是更屯邅蕭森列樹合崎嶇修阪懸錐立筇根石雹走石上泉赤脚易傷破瘢痏百點穿忿恨無所遺奮

笻鞭石拳惡枝有何怨如列千控弦前後相向射身
支豈得全却疑此樹下使我為罷涓〔劉〕青藤亦欲記不能如此
馬陵役恨才遜馬遷山徑與溪渚俯仰幾周旋延頸
望天且秋夜永於年藝防分界處當麓有奔川此際
途愈惡濕洳足頻顛却歎來已後雨過在我先〔篠〕紀行之
文以韻語行之不遺鎦銖可謂能言矣

過尾瀨嶺夜方四更風雨晦冥二首

陰森修阪上夜氣透征衣雨打林禽落風饕山石飛
畏途忘所向古廟欲相依遙喜橫雲下村燈一穗微

客行當午夜摸索度深山雲坼妖星近洞騷遊鬼還
衝颷吟耳孔冷霧塞喉間已飽嘗辛苦天明驚瘦顏
〔篠〕二首格高氣遒

到呼阪驛

夕陽低地隅征裳帶草影空原寂無人牛鳴秋色靜
薄雲不蔕天孤羽度寒景〔篠〕如觀秋晚行旅圖〇〔劉〕瀟洒可愛今晨起
非晏天晚知途永隔水烟火浮縹緲遠人境羇心願
早休寧論亭破整客來主翁忙剪蔬汲園井淅米不
遑炊飢腸甘餳餅就枕已三更蕭摵寒風打推窻欲
看雨葉飛林月冷

冨海乘舟

港口揚帆夕日低波濤何處問端倪舟行汗漫如天
上山影依稀起海西風歇鳩聲難使雨秋澄雁背欲
摩霓鄉關南望無多路客枕今宵夢不迷

飛石海上望豐後姬島

故鄉之人不可見得見鄉山猶戀戀暮雲有情不自
知粧我姬島現半面遠哉北涯望南涯碧鬟青黛自
参差行程自此尚多日唯願斯須不相離當今難倩
移山客搔頭空憾無奇策若變白沙為素縑描取天
南一痕碧〔篠〕句句清婉自姬字來

杉宗立導遊山寺

間人得間侶所遊亦間地脚下黃葉聲一蹊到廢寺
修泉拖孤白雜芳秀千翠人語震空園秋菓三五墜
〔篠〕叙景處往往勝叙興處却是難能古井安老魚朽株託妖魅室暗無
日輝塵埃滅佛鼻梁印鼯鼠踪瓦現蝙蝠翅香烟埋
坐僧瓶花堆卧篝〔劉〕刻畫逼真有時聞諷經宵絕使心悸
開樽氣浩然亂飲無序次帝釋避豪歌聖賢侑酣醉

興来尋兆塋。謾欲晤枯骴。横仆衆石碑。深苔蝕文字。
幸哉酒人名。有時見墓誌。願皆起斯徒。如雲列客位。
聊欲屬一杯。酔魂無由致。

宗立及諸子。邀飲于宮市酒樓。分韻得二字。

朝到白沙江外祠。午遊黄葉林間寺。晩飲紅窻市上
樓。主人愛客無倦意。釣水採山珍味饒。騰蛟起鳳英
才萃。坐中之人知幾名。曾無一个不爛醉。呑而坐有
如甕餅。湍而倒有如歌器。詩客舞。来風松。揺嬌娥倦
去。海棠睡。浸坐酒。同晩潮。添纏頭錢。如秋葉。墜豪歌
震屋瓦皆飛。街人仰看驚且避。興来清似伯夷難。坐
亂和如柳恵易。飲中八仙歌可賡。林下七賢人同類。
樓高百尺酔人凭。心不自危観者悸。下瞰俗子如螺
羸。汝徒一場傀儡戯。踈簾半鉤眼界遥。南極巑阿北
藝備。遠峰疊巒雁茲齊。彷彿来點杯底翠。莫怪酔胸
磊塊多。一喉呑入諸州地。看山已想度雲時。望海更
思浮月事。屈指從頭數舊歡。如此佳會無有二。劉得結好

夢覺則舟著赤馬關

夢初驚。天已明。眼前人家一夜生。田起手実如来如用蘇長公文法
鶏狗人馬不知處。漠漠塵間浩浩聲。地形非城又非
邑。街東有塔凌雲立。知是長門赤馬關。我舟何時此
中入。帆影昨同秋月開。窻光今有旭陽来。防之頭與
長之尾。夕發晨到何速哉。禦冦御風非絶技。呂巖飛
身亦勞矣。不如一枕泰山安。夢中三百六十里。盧意盡韻長。餘韻繞梁者三百

八月十九日。宿赤馬關。

夢中朋友聲。覺来一身遥。誰哉被相訪。空庭響蕭蕭。
晴月欺霜雪。無風秋樹揺。不見有人過。枯葉數片飄。劉浩翁口氣
昨酔周南月。今聴穴門潮。因是郷關近。歩歩
旅愁消。如彼望後月。一宵減一宵。二豐天南出。擧手
乃可招。寄言家山翠。相見在詰朝。篠是亦可誦

余在巨村。恒真卿来迎。

足跡遍中州。歸来季子裘。登臨已陳迹。山海幾周游。
道課隨晴雨。詩材雜夏秋。兩心難話盡。前膝五更頭。

楠貞菴邀遊僧曇護任處

楠子與曇公。昔年曾相見。別来十五年。記名不記面。
說我稱時狀。精悉無不遍。夢耶將真耶。繹問耳不倦。

今會離合界。往事信疑戰。坐亂醒醉分。話永陰晴變。酒歌夜又闌。佛燈耿深院。不須務禮文。安卧任所便。汝收我衣裳。我讀汝詩卷。【倪】不為劉刻之辭、而妙趣爛漫、

恒真卿居在山脚。扁曰求溪舍。

觀山術猶捕鹿術。不角其頭掎其脚。【龜】吐舌俗子好之句 喧何足論。不家溪壑家城郭。間有矯枉過直徒。强向山頭構亭閣。山真面目何得觀。譬人不自知美惡。主人傑眼擇勝區。能執中間巧斟酌。連峰風色拱一家。山以此家為鎖鑰。一痕春燒度坦迤。數片夏雲歸岽羃。秋溪鹿過槁茅搖。冬澗鶴啼寒月落。【龜】四景入妙 羨君翛然謝俗交。讀書兼有育英樂。羨君筆力不可當。有如馬逸鷙鳥搏。【龜】奇句挿 羨君鼓琴【真卿善鼓月琴】思悠然。高山流水心所託。不恨旁無鍾子期。自有山雲来入幕。早晩我亦營書齋。不求功名求溪壑。【龜】始入題意

途中遇青木子濟等来迎

参差芋葉間。昂低人髻見。【田】起得清新可喜 道是田舍公。晩歸自耕佃。遥聞詠詩聲。嚶如谷鳥轉。此間知為誰。驚愕欲見面。稍近聲稍分。似是同袍彥。擧頭頻相逢。未言先笑抃。【草】叙得紆餘、如舞還城樂者之捕蛇、 相迎百里餘。何以報深眷。立語忽移時。晩林風響變。乃投路傍家。呼酒慰勞倦。家園無異不。為我説一遍。

梅墩詩鈔初編卷之一終

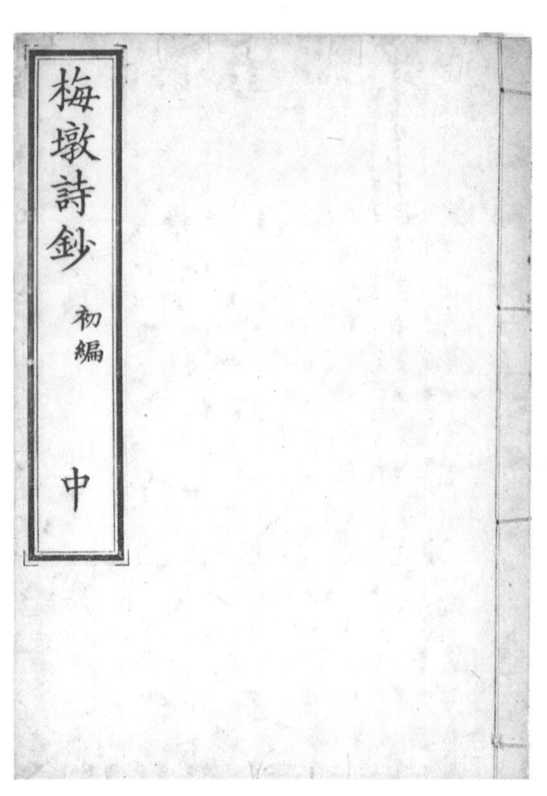

梅墩詩鈔初編巻之二

旭莊廣瀬先生著　門人　江戸坪井教信良
　　　　　　　　　　　肥前伊東邵子高　校

寓感三首 以下二巻、皆在家時作、

沼上有垂楊鳥来巣其杪衆葉蔚以光欣鳴破春曉
〔塩〕妙在破字　秋霜忽折枝無復舊嫋嫋風吹覆其巣鳥墜
沈其沼傷哉不自知物小智亦小楊枝非不長所恨
楨幹少楊折復有芽鳥死命已了誰能斧彼楊莫誤
後来鳥〔中島米華曰〕古意古調○〔筱〕意之轉折、韻之運用、非夷所思、

洛有好餅師餅名高四表歳雖春萬鍾價廉得利少
黠子哂父迂轉使餅製小一年致厚贏二年覺衰兆
三年人不来餅臼棲午鳥目小鼻要大匠心固易曉
君子為可復每事戒僄佻〔劉〕確理妙論、莊周韓非、莫以勝焉○〔塩〕淳古肖西漢、
齊臣淳于髡往楚獻黃鵠半途忽飛亡巧言得金玉
主父自外歸壺中盛酖毒一覆存夫妻燕妾却逢扑
臣也詐而榮妾也忠而辱此辱人所嗤彼榮世所欲
君買妾與臣趣舍何須卜試能移此心人腹猶吾腹
期彼以忠貞待我則貪黷輕已重他人還珠竟買櫝

〔筱〕金言可以銘坐右○結如讀昌黎原毀○〔劉〕三首、奪胎漢魏、而運以自家精神、非喜摸擬者所能辨也、
○〔五〕老夫子五古擅長、先生出其後、極難出頭、故上借材漢魏、下採趣明清、聚諸家之長、陶鎔混化、自立
一家、其用心勞矣、是以他體標奇揭新、無所不至、而五古獨饒古色、

春日遊護願寺

步到翠微日將晡斜照一抹射浮圖殘書橫案人安
在餘粥散庭鳥相呼墻陰古墳五六七拭蘚看銘猶
未畢僧徒方自乞米歸笑迎遊人拂精室洞口吹雲
暝色来迴風捲地起塵埃巖頭老松長十丈濤聲淵
山山欲頽須臾風死山更靜一痕新月溪上影清光

涵地水不如花枝縱横似藻荇
褰衣乘月降山腰
禪老送我不過橋
半途回望不見寺
木魚之聲在雲霄

島 清婉似坡

題畫

洲外寒波渺
閒禽浴月前
漁人吹火坐
枯葦澹秋烟

春曉。二首

已滅窻中燭
猶明樹杪星
雞鳴不知處
麥畝曉烟青

島 日田實境

夢聽讀書聲
誰哉先我起
晨燈范不明
人影澹窻紙

島 書塾實境。筱 二首、寸鐵殺人、

秋晚

無復蚊蠅至
霜威如快刀
溪游魚鼻出
原啄鶴尻高

劉 斬新

畂畝収新穀
山林容老饕
彼哉皆沓沓
善矣獨囂囂

塩 五律、往往似劍南、

幽意

客絶庭容古
窻前一鳥言
酒籌甘小戸
詩學遜專門
樹種無花樹
村尋有寺村
斜陽自佳趣
禾影上西軒

七折坂

弇中唯容一夫步
多少行人魚貫度
後者猶攀巖角蹤
前者已在林梢顧
七盤行盡忽豁然
絶壁下瞰千畝田
菅相廟前人騎馬
藥王山下水拍天

劉 以上二轉、善寫實境、

古祠忽現坂終處
樹陰倚石且蹲踞
前藍纔隔一牛鳴
巢烏齊認午磬去

屈原

早向湘流葬楚津

塩 楚字下得大好、

忍看天下悉歸秦
十餘皀雁誰加繳
六里江山巧弄人

塩 妙聯

稚子勸君逢虎口
忠臣憂國逆龍鱗
偏憐多技妙辭賦
千古低頭仰後塵

早起

獨開圭竇望天文
寂莫荒村曉色分
遠寺月沈燈影見
寒林葉落獵聲聞
瓦霜先卜今朝霽
江樹猶懸昨夜雲
名利營營人已起
城邊車馬亂紛紜

晨發豆田

浦樹曉烟浮
彷彿見漁屋
旭日未離山
殘燈猶煜煜
群草搖綠光
村兒初放牧
腰笛跨牛行
蹄聲震空谷
微風度長陂
纖漪疊綺縠
當此清冷晨
暫時忘三伏

前路猶迢遞。山重又水複。望雲憩樹陰。今宵何處宿。
（菅茶山曰）韋柳餘響、今時希覯。

道中望四王子山

欲入山嵐冥濛裡。巖石崢嶸我疲矣。徐歩將從官道行。不觀名山歸後憾何已。故過宰府南畔途。望山繞山且踟躕。山之面目腹背隨歩轉。奇峯恠巖現下無。天正往事我能記。糜沸瓜剖綱紀墜。兵強馬壯皆伯王。人膏淌野草木膩。南薩席巻海西兵。封豕長蛇勢横行。誰守此地有紹運。士旅雖少心成城。轍跡之魚不久活。穽中之虎安能脱。雎陽初陷救兵來。即墨未降敵軍遏。（塩）用典確當。
空壘日落啼鴉哀。古墳横臥没蒿萊。岸上昔日之緑樹。猶翁鬱。樹杪昔日之白雲。自去來。緑樹白雲今猶昔。英雄豎子總陳跡。我今把詩弔昔人。後來弔我定何客。看山訖後三回頭。名山汝閲今古幾多武夫文士。不。（島）結得妙妙、宛然李西涯。

宇瀰八幡祠

過曲梁。經密篠。巍然忽現石華表。維昔神后西征年。皇天此處命玄鳥。古祠陰森倚山根。鈴索聲斷遊人少。敲階松子雨紛紛。遠棟香烟雲裊裊。祠官年老鬚眉蒼。分析遺跡太了了。治兵繫馬彼朽株。凱歌洗盞此涸沼。心曉其妄口唯唯。却上歸途穿窈窕。（劉）作者初年多學坡體、後則不然。

讀昭陽先生傷逝録賦長句奉呈。録、先生傷其季子孝烏而作。

白玉樓成記未成。雲軿遠載揚烏行。（亀）我兒白皙如玉、固當白玉樓上人、起得不虚、孝烏之為烏、亦取於揚童、傷逝附録詳之、譬得不苟。
軿中不聞爺孃語。唯聞銀漢澎湃聲。（亀）自著爺孃字、描得孝烏之神、如在目、孝烏把筆、必作父母字、遺畫猶存、又嘗語之曰、昔有美如我兒者、其父母以為寶玉、日之夕、睡其娌背上、沿海而歸、于時松颸颼颼兮生籟、波渺渺兮颭沙、孝烏聞之泣曰、悲語也、休説、今對此句、恍然自失、我兒軿中獨聞是波聲、不知為何等眉眼乎、二事是傷逝録之所不録、及而自然冥合、何耶、蓋自傷逝録脱稿、忠信讀之者、獨得吉甫、我兒唯瞬就忠信之人、則其或託其筆端歟、不然疑團不破、痴想何消、
青燈無光秋曉靜。半牀殘月送淒冷。（亀）青燈與白玉影對、轉化有法、耦折絲聯之妙、○孝烏初秋十三夜没、秋曉字受銀漢、銀漢字受烏字、妙、此時夫子耿不眠、鳴蛩不期而應者、天籟調刀之妙、
此時夫子耿不眠。鳴蛩有情弔夜永。（亀）説入愁人、春容不失大雅、○没之夕、申且不目合、其翌不眠、及夜見物、載于傷逝録、○兒聞銀漢、爺聞鳴蛩、銀漢曰澎湃、壯語也、鳴蛩曰弔永、静夜思也、翕張有法、意匠太巧、
牀頭香動瓶花開。月粧花影似兒來。（亀）牀字受上、猶是藕絲之未斷也、○

瓶花開、曉景月照牽牛叢、如孝烏唐冠乘駒來。此沒後一夕恍惚見物之事、載在傷逝錄。作者落筆時、不必記之。我只算此鬼句耳。○奇想自天落來。我兒最愛花。瓶花其所插花歟。見其所愛、必想其人。况我兒之容花貌月、未見其比。見似目瞿。實境乃爾。

往而持之露濕手。花散兒影安在哉。〔龜〕讀至此句、使人之神恍惚于皮肉外。不用憂傷悲哀字、而字字皆血凝淚結、真是三閭之妙思。陸機潘岳、瞠乎後矣。○冷露著手、迷魂忽反、持花如兒散、不亦宜乎。

鳳鳴岐山何久止。騏驎一出爲闕里。〔龜〕二句自神化來、評語絶矣。我唯見藕絲之斷而霏微相求耳。嗟以是稱其兒、而其父醜不逡巡。我家孝烏靈烏哉。我亦見此句、而不悟汗下。竟是老大痴肉團。多少垂戒、多少釋淚。

樗櫟不死緣不材。君自孝名長不死。〔龜〕孝名字非虛稱、雖曾閔六歲而殤、未必賢我兒。

我慰夫子豈無辭。天意了了已可知。〔龜〕說去麟鳳、方纔入慰、轉轉有局。

鍾美二昆轟四海。大襲箕裘弄瑣簏。〔龜〕鍾美字、取於左氏。何等確當。唯是二字、上十八句、下四十三字、一篇歸結。如天北辰、如人之臍。

筑海汪洋山嵂崪。元氣行因二昆發。〔龜〕下說山水、極見老熟。○古有鍾美語、我亦不無是空觀想。兒輩亦不見是文王而作、斯已矣。真生死肉骨之語。

日東文運從今興。君不見昨夜奎壁芒如月。〔龜〕奎壁如月、或來人議。人議任他人議、我不知驪黃。以天記起、以天文結、四亭八當、點水不洩。○我得是詩、傷逝錄非徒作也。

題謝安石圍棋圖

野竹蕭踈籠小院。夏日稍長人心倦。竹根對局客成雙。自其左右觀者遍。持子無下心。計苦擁鼻吟。有時戛然響。驚起葉底禽。絲竹滿堂雜妓女。叔姪分曹爭別墅。阿遏自有辨賊才。無偏無黨誰所舉。〔塩〕無下心、擁鼻吟、數典並用、而無痕迹、妙。辨賊一典、尤切。

却憶郗生入幕時。倒執手板王坦之。恬然獨立緣九錫。不與桓家奇骨兒。八十七萬鳴鼙鼓。氣吞江東如闞虎。昌明未必爲尚書。恐著青衣學乃祖。直將偏師衝敵氛。渙似勁風散密雲。八公山頭草木綠。風聲鶴唳逐亂軍。君不見姦臣弄權夷猾夏。一枝小草支大厦。〔管〕可作東山別傳讀、且兼論贊、更妙。○〔劉〕結收得有萬鈞之力。

和島子玉丑時唱

玉樓瘦。銀海澀。行拂女蘿與露泣。廟扉已腐推無聲。古佛吹氣嗽帷濕。〔塩〕長吉恐不能至此。

大樹槎枒老藤垂。落月戀枝慼纖眉。冬冬釘樹深恨徹。此恨狂夫知不知。秋帳有人曉夢惡。提劍起問夜何其。〔島〕鬼氣溢紙。

詠史四首

在三自古義皆均。誰肯先君後我親。若問江中遷帝者。兼誅俎上乞羹人。

驃騎功名照九原。祁連起冢見君恩。秋風歌後雄心盡。徒返佳人帳裡魂。〔塩〕文中子未必看破至此。

三馬同槽夢奈何五官相佑保無他黄泉若遇荆州
牧應笑人間豚犬多〔劉〕妙語、曹瞞羞殺、
四十一年叨衮衣當初早死未全非誰知降卒勞心
處不刺劉禪刺費禕〔劉〕翻案、杜牧之流亞、

四月二日遊南山以池塘生春草為韻五首 録三

養痾九十日庭樹緑陰滋宛轉雙黄鳥集我窻前枝
鳴聲如有告言與主人辭城市紅芳盡歸歟南山陲
今君久伏枕野遊須及時〔草〕借鳥語抒絮来、無限才情、鳴罷忽無
迹殘花落小池一笑呼節屨直追鶯聲隨岫雲遥相
待似恨我来遅
溪陰有破廟脉脉木偶人来慰空階下飢蚊螫我身
廻巖互遮日老樹永不春池古曾祈雨石醜却為神
穉樵戲樹根夕陽照臥薪調刀送遠籟山風起澗蘋
忽見老杉頂鳥翅如車輪〔草〕結法、譬諸弄毬者、将終、必擲一毬於空、使觀者顒然一仰、亦高手段、
複溪無盡時幽僻窮探討脚底數重嵐頭上十尺草
阪高樵語寒花多鳥聲老倦僕呼不前似識山水好
忽臨絶岸頭茲然驚無道下見陰潭青松柏皆欹倒
颯颯落葉聲枝斜風浩浩欲懸崖已崩欲落藤猶抱
楨幹渾瘦堅百年不枯槁千死一生地何縁保壽考
乃知窮與厄實為養生寶請看盆栽蘭秋霜萎最早
〔塩〕一景一情、一興一理、脉絡連續、而轉換無窮、讀至八九分、猶不知末段有何語也、豈非變化不測者乎、

詠諸家三首

刈去嘉禾取稗稊欹巖僻窟結巣栖鍾譚背後凢窺
雀王李頭前藩觸羝 袁中郎
清初明季水滔滔帝為三山留巨鼇語倣開天猶矯
飾才如王李去粗豪 王漁洋
春花明艶放奇香無實也能輝四方山淺岸卑人易
到流傳早已動扶桑 袁子才

宇曾村 以下十五首、遊北豊途中作、

蹊篁往往漏茅茨躑躅花開出短籬杉角峭風鵰翎
竪松梢斜日鸛巣欹鐵槍横戸千夫長智井當門三
世醫〔頼杏坪曰〕村落真景、宛然在目、野老訛傳何足信拂苔且讀路
傍碑 土人傳、有後藤基次墓焉、視之果謬、

宮園村

羊腸到此窮魚貫下峭壁孤鶴踏空舟水盈夏溪寂

〔劉〕晝如晴日烘人頭。征夫皆袒裼。走投古驛亭。簷崩日
及壁。蒼蠅聲似雷。倦馬眠倚櫪。忽見西廂前。櫟陰綠
如滴。開襟坐微風。暑氣淒如滌。嗚呼當此時。庇人功
無敵。雖種百牡丹。不如一茂櫟。〔劉〕世習飾外觀而不取實用。結末二句多
少垂戒。

宿沓林驛

古原風收後。遠村燈上初。征人困險路。投宿得茅廬。
破甑蒸紅粒。朽椀盛青蔬。吾懷元淡泊。對此興有餘。
夜深缺月来。灑然洗庭除。脩篁微風動。女蘿清影踈。
洞黒流泉閙。巖白宿雲居。茂葉蔽眠鵲。欹杪落驚狙。
〔劉〕選體 獨起捜架上。忽得相牛書。客心澄不睡。展玩到
曉烏。

晨發沓林赴羅漢途中作二首

山氣淒淒欲中身。松雲藤露滿衣巾。蒼鷹眼射巉巖
上。群鳥倉皇飛倚人。
山形到此益崚嶒。苔鎖陰巖冷似氷。鳴磬一聲知寺
近。石楠花下簇雛僧。

潜龍洞

水源有一洞。冥漠晝如晦。隆葉皆倒飛。陰風生其内。
掩鼻避腥雲。開口含冷靄。蓊蕪不曾来。茂草如木大。
龍鱗何處潛。日光波間碎。魚脊閃藻根。黿口張竇外。
〔峯〕寫得幽險。筆力扛鼎。巨蝎蟠幽藤。飛猴窺急瀨。古窟安妖神。
刺波豎靈旆。江山無路處。跋涉有我輩。攀險較捷遲。
賦詩爭殿最。斯境若結廬。萬事豈得礙。神仙實無他。
此意人未會。

虎伏巖

我立橋欲壞。我行棧欲絶。蒼鷹攫雉兎。黒巖孕銅鐵。
壁峭天窄小。泉咬石坼裂。松柏無新皮。澗溪有古雪。
風霾打帽生。豺狼見客悦。蠖屈過巘巇。魚貫穿曲折。
窅冥蘿陰深。咫尺人影滅。淒然浄衣襟。一洗人間熱。

多累瀑

妖霧掩日来。飛泉落絶岸。沸湧動坤維。澎湃傾天漢。
畏途誰敢行。歸者已及半。痩狐卧巖陰。憤然竪毛喚。
石勢有歆迫。水流無汗漫。黿鼉黙相倚。鴟鷲駭忽散。
〔峯〕亦少陵口氣。坐来山蘚柔。歩去徑雲亂。佳景無人知。植杖
付浩歎。

拈花峰

其下泉聲咽。其上雲氣惡。廢佛與毒蛇。叢間相參錯
勁風拔老杉。颼颼千塊落。不見坤軸厚。安知雲漢薄
神悸口自噤。膚寒骨如削。踏嗔石角尖。挽怯蘿蔓弱
窸窣漸朗開。壯觀忽寥廓。俯視飛鴻背。杳杳入冥寞

島以上數詩、沈鬱頓挫、優入康樂工部之域、近世厲樊榭時有此趣、

従羅漢赴樋田。途中作。三首

臨水仰巖停杖頻。山容一歩一回新。風高樹落騰蛇
蛻。龕壞苔埋古佛身。香氣忽来何處草。斧聲遥見彼
峰人。沿溪往往桃花在。或訝斯中亦避秦。
到此樵蹤次第稀。我心飄忽自忘機。降山已訝神為
馬。攀阪還疑羽是衣。何處隔雲仙犬吠。有時奪路洞
蛟歸。杜鵑花發無人折。林鳥空銜紅雨飛。
茂林行了又踈林。遠近嚶嚶谷鳥吟。開不遇人花薄
命。蠹能容物樹虚心。下南下北途迂曲。有雨有晴峰
淺深。忽見離樵沽酒返。前村知在彼崖陰。

宇佐宿神廟

古殿夜静燈青熒。欲滅未滅小於螢。碩鼠跳梁如狸
躍。咬棟嚙榱千屑落。飢蚊營營来螫身。頗似混沌七
竅鑿。須臾中峰猛風生。岸頭老杉裂有聲。萬靈夜趨
朝神所。雲車轣轆佩玉鳴。傾墻壞屋搖礫礫。龍蛇如
活畫壁圻。祠陰蒿萊高没人。風来隱見石馬脊。鵂鶹
曉飛嘯樹頭。滿山森寂風亦收。洗手拜神神不答。大
星一點盤中浮。

島亦似長吉。兄弱冠前後、同余刻意昌谷、兄後大變、余則舊嗜猶存、今閲佳篇、慽往日之體既褭、

五月十三日。無味菴雨中作。

吟朋不至暮蕭騷。汲水蒸藜代僕勞。賢聖何論愁裡
酒。雞牛同割旅中刀。一朝秋意人烟慘。三日颶風魚
價高。記得去年當此夕。扁舟雨泊筑洋濤。

八隅氏園

苔色清凉石氣蒼。控山隣海好風光。間關夏鳥調新
舌。寂歴幽花留晩芳。螺髻牆頭初過雨。布帆林杪忽
斜陽。主翁高德無人識。自道讀書今已忘。

夏日江村

簾波孃娜簡編翻。一陣清風南北軒。今日絺衣方飽
龍。去年團扇復蒙恩。氿凡水恰過三尺。隔樹雨纔露

半村釣伴不来棋叟返桐陰竹影暮蟬喧

論詩

風雅無人續六義唯空存【龜】起得温雅蘇李河梁別乃為
五言源【草】起得堂堂、與青蓮大雅久不作同歎、而不言離騷柏梁諸體者、豈省其繁歟、時猶
近三代情長言亦敦天女衣無縫新月弓無弦清水
可為酒窪地可為樽寂寥三百歲七子起建安精巧
含華麗漸見斧斤痕譬之春月夜徙倚觀花園夢香
禽自睡影艷花相憐周時制禮節雖文未失全【塩】比喩典
雅六朝區以別各成一家言最高陶元亮無詩不自

然風岸春草緑雲溪霜葉丹不假朱藍染千里列畫
箋窒箏鳥弄舌綺縠水生漣麗似機中繭清於瑟上
絃次者謝康樂鍊句皆新鮮水底見紡鯉錦鱗閃碧
瀾池塘五字夢平淡誰解尊無聲又無臭天工企及
難宣城是才子瀟灑如秋蘭溪柳風外影江梅雪中
魂【龜】雋句積水吐明月清光洩薄烟俊稱鮑明遠整則
顏延年江北寡文士獨推庾子山【島】繁簡得法唐初有四
傑勃興先著鞭格調無變化性情少和温譬彼豪華
子幼年紆綺紈非有廊廟略唯飾冕與冠又乏幽清

趣難居卿登間盛唐又一變子美與青蓮包蓄無不
有縱横雜泓渾春風吹花雨香氣薫乾坤明月照萬
水無處不團圓高騰鵬翼上幽竄龍宮邊炳焉麟鳳
出勃如蛟蛇蟠健兒笑斫陣老將儼倚鞍正者廟中
尸奇者壺底仙萬古論詩者從此歸開天昌黎繼之
起延臂欲相攀豪氣壓百代雄視筆如椽勁風襲絶
壁萬木皆倒翻似傾江河水瀉之大行巔樂天是長
者春容神自堅頗類三伏晩雲頽驟雨前奇峰相映
聳長旆斜捲還雲本無心物從風狀多端韋柳尚古

澹王孟主清閒賀仝陷奇僻温李流軟妍唐時作者
夥餘子不悉論【龜】四句論八家、以二句斷送了、雋甚宋詩少醇者數公
追唐賢突兀眉山老一口吸百川時自筆端吐勇沸
如急湍當其吐蚌蛤珠玉光嬋娟當其吐鮫鰐鱗甲
勢跳奔有時吐蘋藻婀娜真可飡有時吐骨鯁澁硬
誰能吞【龜】老蘇十二句、以一吸五吐注射了涪翁喜贅牙語句多雕鐫
水清唯憂淺山瘦不勝寒【龜】名句放翁起南宋牛耳領
詩壇鷃雀群飛外千尋見青鸞笑彼楊與范纖巧安
足觀婦人長帷幕終身飾髻鬟元詩不足譏遺山獨

鵬摶壯夫騎良馬少年乘高軒明則高季迪秀出承
露盤左提袁白燕右壓劉青田李何皆俊逸旗鼓雄
中原一場盡矮衆故認長人肩王李謾自許少陵衣
鉢傳不是優孟後定爲盜跖孫摹倣與剽竊一時聲
何喧徐袁弄狡獪詩源涸欲乾山鬼嘯陰壑遊魂出
破棺論詩有時好陵谷互變遷〔島〕以下一段甚好、若無之、則不免爲獺祭、
前時爲日月回首忽昏昏今時無遺棄後日或綿綿
唐宋本匹敵何物立籬藩取人不拘代巧收拙則捐
取詩不拘人醇選瀉則刪宋詩有名句唐人有惡篇

乃是選人法論材不論門若唯尊氏族賢者不在官
〔島〕眞名論獨怕正享時唐宋分天淵宋元常入地唐明常
坐氈朝庭有許史陋巷忘原顏豈無蘇陸卷愛惜印
空刓却使王李舌謾握生死權是故當時作閒寂如
破村白雲明月字多於魚卵繁關山萬里語恰如玉
條懸一詩孕千句千詩出一肝譬之有力者强牽萬
斛船不棹順流下截波而上灘俄然猛風起相烏忽
飄翩君看寶曆後無復一夫牽最怕今時好甘吮范
楊涎憐彼無識輩昏溺海漫漫明詩未嘗讀唐詩亦

懶繙風騷及漢魏如隔鐵門關路不尚平坦蹣跚就
險艱味不尚甘脆蕺蔥嘗辛酸偶得刺荆幹折來充
栴檀偶遇死鼠肉持歸比熊蟠或爲傀儡戲能上百
尺竿或爲老和尚長無一點羶纖將刻玉楮巧能飛
木鳶蟻王國中住蝸牛角上眠難逢白日照幻學野
狐禪豈堪秋霜下咽倣葉底蟬妙談山出口高論舌
解環嘗厭柳葉大已期虱心穿嗚呼眞瑣尾所見一
彈丸敦厚拂地盡六義旨全殘可歎詩三百拋作得
魚筌頗似趙宋後華夏化戎蠻雖有十輪日無由照

覆盆雖有三尺喙難化木石頑何人志恢復不肯安
一偏跡達雅頌流大舉洗塵寰〔龜〕目貫千古、而筆驅役萬象、其取捨中、其
議論正、可謂詩教之南鍼也、赤黑氛中人、其自此知所向矣、海内詩壇之齊儀、果然執其耳、以鳴昭代之
風聲、必在此家矣、盛哉乎、○〔草〕一篇大論、與胡元瑞袁小倉諸人、已有異同、異同之辨、轉不肖何敢當、唯
其牙室利靈、柳揚今古、豪才可畏、○又得一絶、曰、昔聞寶鏡出秦宮、超海長埋草莽中、歷世詩家舊肝膽、
一朝照破入玲瓏、○〔峯〕冨膽語、以纔和行之、而比興横出、宛然一部詩話、○不肯安一偏一句、道篇主意、
○〔島〕爬羅抉摘、如搔痒處、把古今來詩人曲直、判之一筆、豈可不謂奇才乎、

都府樓

躊躇弔古入深叢衰草迷離戰野風雲表曾開樓樹

薺劫餘渾付夌芃芃苔封舊瓦鴛鴦翎碧雨灑殘花鶯
涙紅（島）八叉遺範（峯）清婉落日烟鐘何處寺千年往事一聲
中

福岡遇清士鄰與遊宰府而別

相逢時是大刀環爲客他郷送客還百里林泉賡唱
裡一宵魚水膽肝間斜陽梅影過菅廟曉雨鶯聲望
橘山（塩）佳對寄語佐嘉城畔柳秋来期我手親攀

春日杯歌爲樺石梁先生賦（杯上杉侯所賜）

越侯用兵太神奇奔電横掣疾風吹機山當時稱雄
傑猶且辟易不敢支櫪馬長嘶妖氛黒鵝鴨驚起城
外池敵師夜逼千炬走鳴鏑亂飛及寝帷將軍叱咤
騁馬出勢如虓虎毆群麋酣戰歸来把杯飲怒鬢颯
爽如立錐醉眸映酒明於月軍門横槊賦新詩（島）英氣淋
漓寫出不識公如活金谷之罰非所用鐵鎗之猘人皆知戲持
觥首代肴薦一笑欲飱血淋漓歛舞終宵將士醉其
侑維何兜騮驪爾来二百有餘歳華冑聯綿鎮北陲
酒杯深藏寶府裡珍重不伍尋常巵今侯好德繼先
績禮待先生以嚴師此杯賜爲君子壽風前花下日
追随先生持杯使我飲雖醉如泥不敢辭緑陰滿地
涼風起天將晩矣杯行遅杯中瀲灧何所見新月張
弓雲捲旗杜鵑花開紅抹血想像當年凱宴時（島）通篇不
著一弱語加首尾照應足稱能品

贈樺石梁先生

公事雖煩有別閒高風出世邈難攀陳編亥豕分令
誤史筆婉微誅古姦憂國獨甘添白髪忠心未敢買
青山君前常畫爐灰語諫草不留天地間

千佛寺

風僵又雨澀古佛苔衣冷一路夕陽微秋花不成影
（盧）牟神俊逸

團塢

淅瀝聞風葉陰沈聽石泉偶因遊客至驚破野狐眠

恵楚宮

深林無日光朽木時生耳野鳥不知名来巣祠廟裡

冷石山祠

崖圻樹將顛檻高雲亦讓俯看降陜人猶在飛禽上

秋夜

寒衣猶未授。虚室颯凄凄。一徑菰蒲暗。數聲鴻雁啼。踈星秋樹杪。遠雨夜山西。〔峯〕五字殊雋 折柬期同社。晴郊入杖藜。〔草〕期約果在明日、晴字下得好、入字極有力、

旭莊

春夢回遅鳥亂鳴。滿簾樹影弄新晴。爐烟出戸依微滅。硯水當窻瀲灔明。庭上今朝花幾點。枕頭昨夜雨三更。苦吟不覺晨飧至。坐石茶甌沸有聲。

淡窻

擧世無人尚太羹。吾齋獨以淡為名。青山一角飛鴻影。紅蓼半溝流水聲。得異書時愁客至。移嘉卉後恐天晴。〔島〕一聯韻人意中之語、 夏宵風與秋宵月。纔入斯中特地清。〔五〕此與前首皆稱題、

讀南疆繹史

轉鬪連年不暫休。長蛇封豕據神州。福王元有東昏暗。吳子都無北伐謀。〔劉〕佳對 順案起来翻逆案。濁流投去戮清流。遺民誰種冬青樹。忍看諸陵烟草秋。

寄題倪有臺晩帆樓

竹欄干外水如弓。恰與張生泛宅同。帆影曳烟秋有雨。雁聲投月夜無風。〔草〕尋常光景模寫入神、作者前身、定是閻陸以上畫師、 攤書人坐碓車下。運粟舟過菜圃中。我亦相思欲相訪。鱸魚何日落漁筒。

秋曉

空窻杉影動。風度古林西。鈎簾月在棟。依依不肯低。〔盧〕淡淡著筆、自饒古致、 露光滴槿圃。凉意滿秋畦。草長蟲聲小。樹深禽夢迷。誰哉早征者。墻外響馬蹄。幽思如氷雪。曦見乃粉虀。

夜到岳林寺

風吹林葉下。衣上響紛紛。避水甘迂路。過邱怕古墳。秋舂三戸月。夕磬半峰雲。忽近詩僧宅。吟聲隔竹聞。

新渠謠二首

去年大旱秧色黄。魚枯蝦死水田荒。決塘疏陂無點水。人涙代雨飛路傍。今歳新渠灑千畝。蒼葭白鷺水泱泱。十旬大旱無所妨。

貧戸歳凶逋税輸。里胥来促夜喧呼。斗米價千何得買。稚子朝飢泣呱呱。新渠開得水哉水。磽瘠一朝變膏腴。倍償去年所負租。〔草〕二首似何大復、

讀唐詩正聲唐詩選唐詩歸五首

横議前人又倣尤唯誇一得忘旁搜多哉猶有遺珠在此後冝教象罔求

甘為滄浪步後塵論詩尤陋是明人春蘭秋菊各殊品西子雖妍休倣顰

滄浪論話儘清遒獨奈空談趙括流全宋佳篇千萬首儀卿傳得幾詩不

悉删纖巧點新竒高李矜嚴亦可師歎息宋詩多惡選沱楊雖陋不能知

皆道開天可作師疵篇玷句總無疑鍾譚差有快心處不取少陵秋興詩（島五首持論與鄙衷符○　塩絶句竒屈往往似少陵）

大超寺弔邉士倹墓十首　録七

深深宿草青故人埋此下如何錦繡腸一去膏原野

古寺冷如氷陰森不知夏土花蝕荒碑守宮據破瓦

無家薦蘋蘩有友悼儒雅悵然夕陽前寒涙如雨瀉（盧一往情深）

田子佐伯士口黙才甚華邉生黄薇産行敏徳無邪共勵桑蓬志前後遊我家書劍辭鄉里棺櫬淹天涯

要離伯鸞墓相依如輔車同德須配食聊供一瓶花（子倹兆中有亡友田子由墓）

憶昨中元夜雨歇月嬋娟我與邉子倹相携影聯翩兄提雙燈火我汲一盞泉共来祭田子燒香拜墓前

何知十日後亦為北邙烟逝者皆如此埊下水濺濺（島無限凄惋○　塩情辞共真摯）

悲風翻白日迷羽夕倀倀仰看中天月黯然失孤光（塩數句真眞漢君語）

古佛成人語豐草如樹長遊燐映青櫓歸魄出白楊（島眞吾輩語）我来不忍去匝墓久彷徨數篇招魂曲一辧返魂香

古寺鐘磬斷荒邱松檜老香烟不離地窅鄉如曳縞新碑猶巋然古碑稍欲倒富埊有僧修貧埊無客埽

誰知連璧人亦来此墓道自今兩兆間生草皆香草（劉與蘭蕙不忍生異曲同工）

青青柏與松夭矯日夜暢未成棟梁材中道忽枯喪擧世皆歎惜就中泣巧匠客死雖可傷名士皆會葬

愁雲載羇魂飛歸桑梓上（島昌谷中之語）嚢莫使惡風吹魂兮去無恙

逝者不可追。遺篇猶滿笥。窈窕含瑰奇。明豔帶古粹。長吉死而後。不見此文字。或疑白玉樓。相邀謀其記。【塩】謀字妙 老蠹叫深函。殘帙無人曬。閑讀孤燈前。一字飛一淚。青藤。【盧】感舊凄凉、不堪畢讀。【島】十首、神肖。【草】字泣句咽、非剪綵為花之作。

水哉舍

村前一路白濛濛。水引寒烟接遠空。鷗鳥夢魂無處所。蘋花消息近簾櫳。殘宵呼渡青菰月。斜日打魚紅樹風。春雨秋山佳絶日。萬般詩料滿樓中。【島】流暢、非凡本色

輿人添川寬夫来訪。夜坐賦贈。次其所賦韻。

夜雪芳原醉妓奩。秋雲冨岳叩仙扉。客中消息無黄耳。洛下風塵獨素衣。【劉】淡宕 月落蕉窻人影薄。雨晴秧陌水聲微。倦遊知汝多郷夢。但恐程遥難得歸。【草】余酷愛若詩

路上所見

空洋千里一眸中。路到青松堤上窮。帆在波間停不動。南来潮勢北来風。

宿藥師院

孤燈忽然滅。空廊隟鬬鼠。少焉復稍明。如見大松炬。

飛燐何邊来。往還迷出處。香烟冷於氷。夢同諸佛語。【峯】長吉口氣

舟夜

潑潑群魚躍。森森海氣腥。風咆旋地軸。浪立盪天星。【草】豪宕 遠處隨晴見。危途怯夜經。孤舟窻不掩。歸夢萬山青。【峯】結得雄抜

鬼語起空溟。峭風吹遠腥。石華紛似雪。魚眼晃如星。【龜】冷艶 行止觀雲物。東西諳地經。漁舟宵不返。前浦一燈青。

秋夜讀書

三更讀書幽室裏。靜哉靜哉形影耳。古人已逝無由招。今人已眠呼不起。露裛輕埃宇宙清。雲擎涼月毫毛明。死灰蔽爐銅甁啞。風林墜葉作雨聲。

浦口晩眺

杳杳歸禽滅。暮洲淡欲無。漁家何處是。遠火在菰蒲。【盧】一幅淡墨畫

秋夜二首

千愁百思積崔嵬。倦夢將成又復回。雨歇空園蟲語

濕。葫蘆架破月光來。

殘有冷酒欲三更。半醉半醒詩未成。簷馬不嘶秋雨寂。隣窻燈影夜繅聲。

舟中夜起

渚邊枯葦未全芟。夢醒秋聲到枕函。一抹橫雲低遠樹。半輪斜月隱隣帆。〔塩〕隣字妙　罯陰布浦鴻相避。人影落波魚忽銜。舟子貪程先曉發。前呼後答戒巉巖。

曉發

曉月亦多情。送我向前程。鳥帶餘聲起。人携殘夢行。烟中馬蹄響。牧兒出柴荊。

月

可愛圓盤變缺弓。深更清賞幾人同。寒蘆雁起斜斜外。沈藻魚過閃閃中。絕塞角聲悲永夜。孤窻樹影動微風。晴光自與吾心似。莫使浮雲點太空。〔劉〕合作

竹影

高枝低葉判然殊。瀟灑恰如山澤癯。三徑月明誰見過。半窻風動自相扶。對棋人去繽紛落。篆蘚禽來遠近鋪。千个猶摹文字樣。從來唯合伴吾徒。〔島〕吾酷不喜詠物。然見君詩必絶倒。

人影

獨行潭底句三年。苦思誰同賈浪仙。殘月半輪清似水。秋風一病瘦如煙。雖奔恐後鬼追後。欲踏難前師在前。忽爲浮雲遮日隱。憐君出處亦知權。

漁火

忽聞驚雁起蘆中。捲幔前江夜色紅。千點餘烟成白霧。五更疎影入青楓。〔塩〕風神淡遠　星星下徹澄潭水。閃閃斜吹暗渚風。稍沒山陰無所見。殘光映發尚焦空。

詠史

腹痛疑墳總可羞。内懷猜忌外風流。〔劉〕七字悉阿瞞一生矣　文姬幸被齎金贖。伏后何堪破壁收。正統難歸三足鼎。邪謀竊比二分周。關心猶有槽中馬。徒解荊州煮大牛。

梅墩詩鈔初編卷之二終

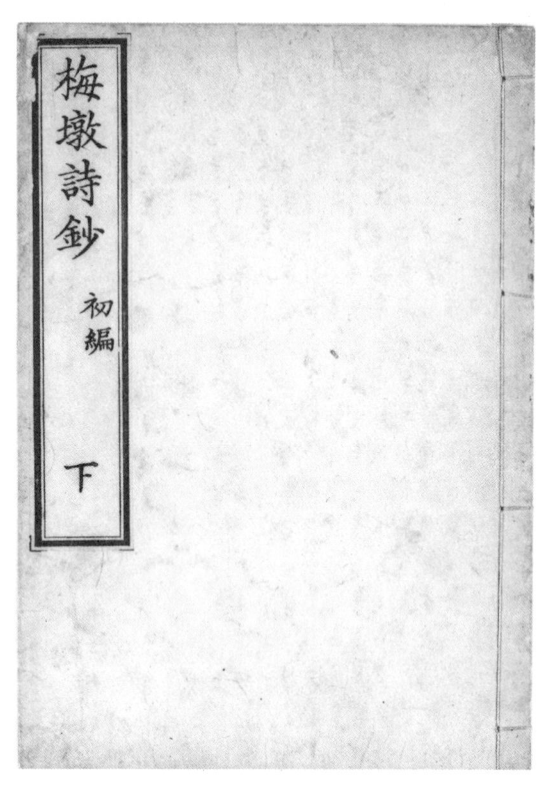

梅墩詩鈔初編卷之三

旭莊廣瀨先生著　門人　江戸坪井教信良
肥前伊東邵子高　校

過藪坂

鶯鳴春樹梢人過朝陽路日華閃淺溪巖罅生薄霧【盧】韋柳妙境迷岐入箐中荆棘碍行屨此地舊曾經令被梅花誤【盧】意新筆雋樵語翳幽厓斧聲殷老樹田犬惟我來豎毛頻嗔怒峻阪何陰森矗聳難進步與雲爭路行與猴援枝度

平川途中

群山蜿蜒隔江起勢如渴龍降赴水山根尖石排逆鱗行人遙見魂魄褫【龜】境不敢渡江而南行唯沿北岸向前市【龜】我誰乘竹槎下急湍半身出沒浪花裡箭飛電掣騏驥奔一瞬經過三十里【龜】人水行太疾亦危哉陸行雖緩却安矣【龜】二句如稚語又如老只味在境忙人急唯我獨靜岸上一枝兩枝梅且攀且嗅插行李【龜】我〇安歩興象寫得妙妙〇起手脫兔結語處女兵機詩機唯是應變

麻生翁養浩堂

身處山谷間心遊宇宙表譬如幽澗梅唯喜知我少【峯】坡公口氣伯休名已藏向平事亦了低屋葺白茅疎籬編綠篠土瘦竹根高園邃泉聲遠苔痕歩峭蒨杉陰度窈窕【龜】佳絶前有萬年峯崔嵬出林杪暇日時一登逌然天下小【龜】五字養浩之神

湯平

往往村家不業農唯開賓館務庖饔溪光百派湊孤市麥葉千畦蝕亂峰【管】其境可想【龜】如見實境雨向暮時多作雪春過半後尚如冬【龜】何等酣筆望中忽得山巓寺其奈

荒蹊難曳笻

龍門寺瀑布歌

東距船岡十餘里西距寶山千餘步〔龜〕起徐徐得谷歌巖狠可仰不可攀中有一條湧来之陰霧逼迫玄間蔵日光漸近山根未午天疑暮手戰足迷十步而九顛始得山猱往来路忽見三个獵夫降林梢手携鳥銃擔雉兎却怪狐狸魅游人躊躇不行心恐怖獵夫笑言不用相猜疑此是龍門之瀑布〔菅〕以上有韻紀文有聲畫圖虹垂霓掛落半空雷吼霆怒起常風造化將以奇幻驚萬物飽費思慮施神工浪花直飛横散飄霰雹勢欲挾人趨瀑中目逆寒花口生沫魂魄悸動耳將聾數尺鯉魚長蓰蓰鼓鬐矯腮眼光紅寸進尋退清波底氣雖敢往路難通我聞龍門之瀑在西土此水此險將無同右則千竿萬竿竹左則萬年千年木別有老藤發幽花大十圍餘高矗矗根蘢蓯兮似蟒蛇抱石纏巖露又伏行人蹈過誰不驚回顧猶訝蛇来逐葉青蒼兮蔽太虚其上有巣鵰所宿藤根白骨互支撐拏攫稚兒搏雛麑満山不聞群鳥啁啾聲唯見棲巖蔵穴白蝙蝠〔劉〕寫得奇險可怖飛流落處作深淵水色蔚藍波暈圓頗似韓信一萬囊沙一時潰水光如電下成川此淵即是神龍宅脩淪百尺浮腥涎乞晴晴應乞雨雨歳時伏臘至今傳唯恨我来不逢魚服日一擧網羅神物投我前而後頷下明珠渾奪了獻之九重丹墀邊作詩長吟山谷動乃應呼覺此中千載眠〔菅〕跌宕排奡邦人希傳〔龜〕倜儻横逸使人辟易

歸雲洞

暝色涵山谷高處尚餘暉樵夫負薪返出没降翠微廢鐘蹲土室妖蛇閟石扉長蘿紾佛臂寒藤網鳥衣〔峯〕刻畫不著一凡字香蕋何爛漫石楠或薔薇陰氣拒白日花露湛未晞山蝶大于鳥雄雌相逐飛雙翅集又起花寒不堪依洞底闃深黒木末度崔巍登眺忘倦苦雲歸人未歸〔龜〕始入題老手

吐月峰

日落山氣寒谷静泉聲邃何物来打人腐葉如雨墜異哉暗中風恐有山夔至明月出前峰清光天所賜苔澗射潛鱗雲巣照棲翅〔劉〕十字逼康樂我誤唾青蘚玲瓏

成鮫涙瘦杉與古藤枝葉極詭異月行度其間明華
穿深翠〔龜 静寂幽悄、寫得入神、名画不能臻也、〕猶如千尺龍髙張攫珠
臂柳州八記中斯境當何記〔龜 此及前首寫景微妙、柳記恐不能勝、〕

村居雜詠十六首用家嚴韻　録十一

門有青衿打身無紫綬牽折花嫌蝶去種樹候鶯遷
〔盧 清新〕月自随吟杖雲時上講筵夢魂何處往彭澤輞
川邊
良友成蘭契香餐拾菊英村童多識字野衲悉通名
隔竹燈光起毎窻人影明珠川湍響大輸此讀書聲

與得千鍾禄寧開萬巻樓藏書知不足下筆未能休
〔島 善用典〕晝寂芭蕉雨夜明蕎麥秋新詩有佳句自賛遣
閒愁
從知田舎趣稍懶到朱門寒色多喬木秋聲満古村
〔盧 淡遠〕隣醸無酒令農話自危言〔島 酒令危言、何等佳對、〕社祭西
成後叢祠鼓笛喧
滚滚新渠水源源運賦租徒浮張子宅難乞賀公湖
舷槳標官號汀洲屬板圖近来成畫趣鳬鴨戯菰蒲
堤脊参差出籬根次第斜波連新碓舎柳映舊田家

沙色侵原菜人烟入渚花〔島 下句殊勝〕灑然秋水淨魚小
未堪又
嗒然南郭几萬籟動秋風零菓波深井明燈酖戯蟲
〔島 刻劃、石公所悦〕客跡今雨後友遠古書中病裡多閒日力
耕慙野翁
市朝無跡在邱壑有情牽不得詩髙進愁於官左遷
門容狂狷客室雜酒茶筵秋葉如相訪飛来枯坐邊
静裡詩思細門無吏索租忘機如木石遠夢到江湖
避世紆長策樹人成永圖〔島 老蒼〕隔垣渠水近庭草稍
生蒲
樹界南隣立池通北里斜青衿映黄犢書舎閒農家
〔島 實境〕秋興吟橦圃春酲倚荳花何邊行藥好門外路
三叉
秋日忽忽去朝籬忽夕風園林引歸鳥枕席近鳴蟲
秉志雖髙尚資材居下中勉哉替古業莫作一村翁
〔島 十六首、寫日田書塾、一無所遺、余従老夫子数年、今讀之、一一想出舊遊、恍然数日、〕

丑時咀

酸風撲林青竹折山鳥夜啼求巣穴纒足冷雲軟于

綿織手拂雲雲爲裂。澗底老水放奇光、斜射幽叢如電掣。山陰有廟仄而深、殘燈豆大短墻缺。掉頭肅拜髪生風、神像不語神燈滅。【倪】使人毛髪灑然鐵釘椽来震蒼崖、千年瘦杉殷赤血。因記當年剉臂盟、衣上紅痕今尚凸。【龜】燈下讀此、覺火光自青。【島】凸押得警奇。此往年作、覺加一等。

古佛

石羅漢、木居士、頭臂支解蓬蒿裡。襤褸百結披藤蘿、風雨涵剥生菌耳。曾居錦屋珠殿中、碧甍華柱青熒美。嫗啼翁泣捧香花、王拜后跪供饗珥。昔何富貴今何貧。一朝時去如覆水。天寒日暮古原間、人踏人蹴顛又起。【島】峭冷祭而爲佛、非爾功。碎而爲土、復君始。木石由来無精靈、爲佛爲土偶然已。何況福来與禍降、有天有命誰假爾。尊崇過分不知辭、零落在今固其理。佛兮佛兮莫歎悲、素餐從来皆如此。【賴】結末大警發。【草】議論横生、黄面失色、雖有百布留那、不能爲禦侮、呵呵。

送僧龍顛

雲盡春山曙、群飛鳥聲樂。晴旭入林根、跦跦竹陰薄。其際有歸人、昂如半天鶴。笑指石上泉、我心孰澹泊。歸来無所攜、卸笠山花落。【劉】冷然善

秋葉

御溝流出作良媒、自是多情解愛才。皆井微凹無水汲、陰林稍秃見禽来。一塲新緑成春夢、數片殘紅入暮哀。【峯】凝鍊擬乙些枝温濁酒、半肩斜日野樵回。

秋晴

朝光瀲灧帶遥汀、半捲蘆簾倚水亭。山色痩如禪老坐、天容清似酒人醒。【筱】巧妙、人所未言。蘋香拂袖花初白、楓影妝帆葉尚青。知是年魚無數下、梁鵜亦不暇乾翎。

秋涼

風吹秋杪緑鱗鱗、爽氣入簾寔可親。熱去頓疑聞赦詔、蠅殲恰若遠讒人。【筱】更巧班姫涙落齊紈扇、張翰感生呉水蓴。此際寸陰須愛惜、授衣稍近又愁貧。

秋雨

蕭蕭寒滴漲秋池、堪讀巴山寄北詩。一點村燈已殘後、五更郷夢忽回時。硯吹陰霧沾書重、幕疊香烟出戸遲。我亦無聊同陸老、不參君輩欲參誰。

秋曉

為厭宵長起倚楹、半簾殘月澹餘清、林間栖鳥成何夢、世上無人共此情、蕊苔香薰遥處氣、木犀花落靜中聲、【峯】幽絶

溪流自汲吹爐火、甌語已聞窗未明、【峯】諸作皆沈著流動、無纖弱鄙俚之病、胸中鑪錘可想、

杜蓼洲為予畫障賦此以謝

庭中雜樹百餘株、花是梅桃葉楓梧、月移秋影老枝疎、雨打春魂嬌蘂蘇、樹下生苔綠平鋪、穩柔好於坐氍毹、苔邊有石醜且癯、繞石群草蔚然敷、或高而秀拜而趨、萱菊蘚蘭及菰蒲、地差窪處水自瀦、時生寸長之小魚、如起浪兮風来徐、人知魚樂語不誣、飛集樹者鳥將雛、下上其音以相呼、見魚豚之魚無辜、【塩】魚無辜三字、妙甚、猶柳文桐葉封弟辨中急則敗矣四字、不知者以為冗、忽然人来鳥乃逋、戲草周乎將蝶乎、蜂亦栩栩德不孤、更憐蝸也亦有廬、時過我壁寫篆書、【島】以上樹苔石草水魚鳥蟲、層層寫出、而句法頓挫、使觀者不厭、【塩】寫物、詳畧有法、前後不淆、如觀宋元人密畫、自嗤此生貪又愚、不能錦屏蔽我軀、唯觀小庭獨自娯、此中所具畫不如、蓼洲先生肖倪迂、其詩與畫絶儔徒、鄭虔三絶三皆俱、虎頭三絶一可除、半月十四来問余、每憐寂如子雲居、窗黑紙將文稿糊、牀壞雨遮竹枝濡、暗塵堆處痤蜘蛛、醭壁崩時墮鼠鼯、叩户未入人先吁、埃氛貫鼻染髭鬚、便送丹青飾四隅、頓妝吾宅成別區、青山忽破見平湖、湖尾入天遠欲無、中有數舟渉或漁、風歌舟波兩容與、夕陽忽明過雨餘、殘雲數點岫腰紆、阿香馳車向前途、渴霓溺水涵紫裾、【劉】雄麗、杜老口氣、菰米沈雲蔽衆鱸、荻花吹雪起雙鳧、郭索累累攀矮蘆、蜻蜓欵欵掠高蒖、【塩】四句對偶精緻、他人則雖七律八句、不能如是用力、岸上何人鞭蹇驢、其後一僮提酒壺、半江紅樹遮小墟、遠處似有黄公壚、【倪】蓼洲未必能寫至是、即作家詩中有畫也、憐君筆力虎負嵎、氣焰所揚造化輸、山險水奔胸已儲、遠淡近濃神悉摹、怪獲魏王徑寸珠、滿室光輝起須臾、從前穢惡忽然虛、猶刈草莽用鎌鋤、明月宵出霞晨舒、朗自牀席及庖廚、起望庭上空踟躕、向来所在咸忽諸、鳥啞蟲竄非厥初、樹恥草偃欲求扶、【劉】數句結前、照應有法、粗似小巫見大巫、百物神色索乎枯、丹青雖好假也夫、即能到此可勝譽、始憾平生眼光粗、選取甕瓮忘子都、四首愛憎氷炭渝、向之則帝背之奴、莫疑斯詩近於諛、盡

来我室觀此圖須知今吾非故吾窻光壁色一洗殊

島（余未見每句押韻詩如此長者而其使韻皆妥貼是極為難）

銀杏樹歌

枝葉應塞宇宙間萌芽元在開闢先上刺層霄貫雲漢直幹槎枒出半天（劉 架空突起作者慣手）月輪匍匐當之碎日脚蹣跚蹭蹬之顛南箕欲簸簸不得西觸東礙哆口穿為是道路多艱險衆星不拱北辰邊下絶地維洞坤軸横根屈曲到九泉萬鈞之重壓身上地中衆類泣血漣玉皇震怒謀斬戮雲車霧馬来猛然雹母吹火燒其後雷公鳴鼓攻其前風伯擘枝拋百里雨師洗根漲萬川幹折楨碎心株坼而後天神地祇乃安眠（塩 以上無中生有以下始入題）餘蘖猶秀三十丈老枝已經二千年腔中遂作妖狐宅長孫育子皆在焉碧火無光浮蠹腹黝雲有聲宿危巔豈唯廣陰蔽牛馬一草不生千畝田世有寒士苦無屋安得裁汝作棟椽世有征人勞負擔安得刳汝作舟船世有貧家不舉火安得薪汝作焰烟（倪 前半豪放奇險後半安詳平温安排適當不知者以為弩末）休言材大難為用何必長為樗櫪全不見禾麻菽麥豆朝種夕艾不自憐不然輪囷離奇秀群木畢生不直一文錢嘯風嘲月誰忘世餐霞吮露誰學仙唯使功業垂千古不用此身金石堅（草 一氣奔放波濤洶湧之勢灑灝龍門不啻○塩 即少陵古柏行翻案彼醇乎剛此則剛柔相半其筆其論想見其為人之異）

謁龜子唐墓

菰蒲根露落潮痕行踏平沙入墓門（島 百道林寶境）今獨来時逕自遠曾同坐處石猶溫幽花影瘦斜陽薄落葉聲多秋樹髡一練烟迷江上晩不知何向唱招魂

七月十日夜與田叔猛等步

晩窻批罷數篇書即與諸君步出廬江路林蹊三里許雁行魚貫十人餘露邊蟲語催秋織月下畦聲入夜鋤忽覺香風從遠至前塘應已發芙蕖

病起

卧病三旬過閑居一室幽鳴蟲欺白晝陰地易清秋（草 唐人巧處）詩稿何時脫藥籠今日收明晨逐涼氣試到北川頭

秋夜訪友

不識門前路縱横生草菅客来非白眼月出自青山

人坐秋聲裏。風過竹影間。夜深聞屐響。買酒小溪還。
【草】抽之随園集中、恐亦難辨、

秋曉

燈花結盡欲殘更。飢鼠跳梁上短檠。自是愁人眠不得。松風聲又草蟲聲。

題諸葛孔明出草廬圖

茅茨半露疎林裡。芋路苔徑斜迤邐。先生頭戴白綸巾。童子手擎烏皮几。徐元直。崔州平。衣冠厖偉互相似。村外鳴騶忽一聲。村中鷄犬驚且起。雲長益德熊虎姿。追従左右負弓矢。云是高皇帝裔孫。長身長手而大耳。天下形勢可豫知。我唯佐公成鼎峙。而後功成如所言。大名赫赫垂青史。鄧艾来逼綿竹城。蜀漢將亡龍子死。孫峻弄權孫氏衰。石子岡頭埋虎子。魏狗殺身討逆臣。曹瞞子孫亦殲矣。嗚呼一家三國同終始。
【塩】結末一句、能使全篇精神活動、真老手、○【島】此一句、古来在人意中、而未道破者、慧眼足妬、

讀叙南集。二首

不能鞭馬率王師。且向文場建幟旗。【菅】起得道雅、豈有千軍征女直。曾無一箇是男兒。潼關異夢秋風夜。劍閣銷魂暮雨時。【劉】両用放翁典、斤量敵當、毎飯懐君誰得似。便應配食浣花祠。

神州言語帶胡聲。忍看銅駝没棘荊。戰士不收江北地。詩人空奪渭南名。【塩】趙嘏號渭南、放翁嘗稱之、放翁後、人無復識之者、真奪其名矣、孤燈懐友聽秋雨。一騎探梅趁晩晴。【盧】言情寫景、各臻其妙、危坐正襟千歳下。欲繙遺巻涙先傾。

送僧寥然 并序

丁亥秋。余東遊在備後菅茶翁家。將西歸。翁疾病。謂余曰。吾病必不起矣。子復東遊。指黄葉山下孤墳。曰詩人菅茶山在焉。以澆酒賦詩歟。吾無復遺憾也。因涙數行下。既而翁即世。余雖未過其地。常不堪西州之感。今茲巳丑。寥師自余家歸于備後。乃賦此詩以述情。

黄葉山前黄葉秋。師今歸處我曾遊。傷心最是詩翁墓。復有人来澆酒不。【筱】使人惨然、○【劉】短篇亦能感人、不必在鉅什、

宜園諸勝。六首

梅花塢

群芳恐後春。梅獨為其最。疎影如輕烟。葱朧與夕會

島五字譚友夏所悅○劉寫得入神
人在梅花中月在梅花外　島冷然善與積雪在地明月在天同工異曲

淡窻

茶烟淡而颺池月淡而止瓶水淡而寒渾在一窻裡
誰知主人心淡於烟月水　島奇創

醒齋

春簾梨月白夏窻蕉雨青酒唯一壺耳盤有蔬無腥
不飲何遣興既醉可以醒　島屈然而止是玉之音○峯君子慎獨之意藹然言表

宵明洞　謂石燈

庭狹樹蔚然晝晦況於夜彎彎揭月恒朧朧生石鎛
夜深莫眠去雨黑花魂怕

石泓

可浮瓜沈李可烹茗沃瓶可洗盞灑硯可浴月貯星
廣狹深淺稱春夏秋冬清　俔創格警奇

月門

入門者為誰惠然見其影不成杖屨聲知我愛幽靜
相迎無所逢一庭月華冷　島六首奇而不佻峭而不澁雖僅僅三十字足見排奡之氣

病目

余目太瞻焉頗似徐偃王遙眺十步外恰如隔垣墻
望牛或疑馬認犬乃呼羊捕蚤忽稱虱視蚤時為蟄
枇杷為桃李蘆葦為蒲蔣鸛鶴為鴻鵠鳧鴨為鴛鴦
草多多為字自說卦傳来　不能辨同異安能分短長難知大與小
何況青與黃天之賦形體均平似衡量耳目及鼻口
安排皆有方目因視修職口以言為常耳能分群響
鼻自辨衆香有薫必有蕕病鼻非所妨沈黙忘世故
聾瘖亦何傷我所尊者目病目誠悵悵浩浩數千卷
漫漫幾萬章不能視而讀何緣銘肺腸幸吾目所見
能及几案傍低頭親書籍兩眸日月光矯頭望外物
萬象烟霧茫皇天所賦與我心豈可忘讀書絕其外
此意宜對揚是故終日讀目勞不暫遑看書如行路
睡眠乃畏煨蟬鳴夏日永炎旱燬几牀未畢青編路
敢入黑甜鄉　峯形似香山神肖昌黎

錦龍上人自京師歸柳川路過敝廬

烟痕水垢滿衣巾一點何留京洛塵道路枉来知意

厚寒温不說覺談真常勞夢寐客中跡且喜平安別
後身須剪孤燈永今夕明朝又作隔邦人（草 不唯能勁語、亦有若温言、）

雨夜宿矢瀬村

山南流水入山陰楊柳溪連楓柏林隔岸村家知幾
戸雨窻燈火杵聲深

春草

蒲公英接紫雲英細葉低花各自呈雨後迷離分幾
色風前婀娜不成聲背村一路無人蹈傍水何邊有
雉鳴（龜 妙絶、加埋玉深深下有人一等、）到處温柔宜坐臥春郊誰復
抱鍾行

秋草

極目横塘短且稀數聲收笛遠依依寒根不復遮鷹
眼疎葉猶能觸蝶衣青塚深中留永恨玉關枯後夢
遥歸零丁垂死秋霜下記否芳時嫩緑肥（島 詠物、不陷纖俗、可
尚、）

秋景

流水送人去閒雲帶鶴歸斜陽入松蔦疎影上秋扉

曉起

人出柴門外烟浮竹塢東月光依水盡木影傍窻空
局寺初鳴皷宿帆猶待風欲觀群物理總在早晨中
（草 書窻已以淡名、詩亦雅淡、）

夜坐

燈殘墨色青獨坐寫黄庭静極眠難著神清酒易醒
江楓埋冷月風柳露疎星（峯 唯此一句、即足名世、）滾滾溝流逝
雁聲無暫停（峯 落句、静中有動、）

春日遊上堰

三旬臥病掩柴門今日偶来江上村晩食甘時知路
遠春衣輕處覺天温芳林不密鶯聲透駛水雖清魚
影屯折得梨花插歸袖満身明月欲無痕（塩 冷艶）

雨中臥病

庭中樹影忽徘徊風急雲忙送吼雷孤榻抱愁天色
暮空窻訪病雨聲来（五 幽峭、得劍南之髓、）鐺無奇藥猶須飲案
有生書竟懶開推枕偶然思一醉奚奴門外釣魚回

訪倪有臺

禾麻行不盡曲折到衡門竹裡烟三戸帆邊水一村

慣呼尨亦識屢至席猶温秋興多佳句相逢即討論

初秋

一天星宿轉秋初滿地炎塵伏雨餘蟲把新聲求試奏扇仍舊寵未相疎傾荷蓋露晨涵硯坐稻花風午課書忽遇故人招我去溪梁今日有香魚 【島】似老陸

雨夜

四隣看不見咫尺有低雲秋老雁微恙夜温愁暗蚊幽窻燈色活雜樹雨聲分轂價方飛踊滂沱豈忍聞

仲秋九日紀事二首

夜半盲風起天明猶窈冥鯨鯢憑大地廬舍陥空溟萬骨山形聳千燐波臭腥哀哀聞野哭秋雨自淋鈴

今朝三戸聚昨日萬家闤髽免新鰥寡滄桑舊海山遊魂波浪上陰火雨風間極目秋郊寂一僧莎際還 【峯】二首杜調

春日訪倪舟村

小桃無力雨餘斜粘屦新泥半落花又是春晴好時節吟笻如例到君家 【倪】如例二字有味君毎至余家必用此韻積成十餘首矣

所見

徑路小難通人家澗水東烏身看不見聲在紫藤中

秋懐十首 録二

残月辭窻窻不知東雲微白孕晨曦鴉何早起應求食槿未肯開能待時 【亀】一聯味雋永 【五】比興婉曲 門外是非千派亂夢中天地一肱支林風莫攪幽人意来打柴扉今有誰

倚江楠樹午陰濃偶避残炎此曳筇暴雨有人朝武仲高風何物是茅容 【劉】活對 嫩荷裹飯村翁送新菓滿籠隣衲供凉地躋来宜假寐一川流水夢溶溶 【塩】結使人悠然遺世

葵生改名中馬請余詩之

伯樂不常有世論多異同為馬莫為駿鹽車却困窮驁踶被人厭負材不成功為馬莫為駑皮血笞痕紅一餐無時飽孤影瘦龍鍾不驚又不駿是為馬之中進退從人命剛柔互相通雁以善鳴吉木以美材凶倚伏固難料君子執中庸處世非易事一蛇或一龍尼山與中行聖訓寔可從香山取中隱賢操亦可宗 【塩】精確不減老蘇名二子説

晩帆樓集分江湖秋水多為韻余得湖水

淡烟映林見斜日入禾無歸牛阻遠水獨鳥降平蕪〔劉〕閒澹泄錢劉不田舍四時好秋趣最可娯客至主人笑徵酒如徵租青紅柿梨熟摘来堆盤盂一園將喫盡饞腹似太湖

雙雙天際影歸鳥投遠水艶月蔕天臍涼風逆洲觜衣候袷換單酒政張未弛〔筱〕艶月及酒政等句自成一家蓋亦自韓来蟲唁舌戰餘醉入詩思裡主倦客不辭此例自隗始歸来夜幾更家人呼不起

梨花

清影蕭踈低又斜分明近映碧窓紗怪何墻角常攀月落入杯心始是花〔盧〕善于用典數畝春陰淡于水滿天曉色白無涯雨容猶作玉真泣欲把一枝調李家

杏花

手神挺出擅韶華誰數桃花與李花夜枕夢回聞小雨春城日出賣晨霞〔島〕三字清俊半村紅坼禽聲暖滿店香吹酒旆斜〔盧〕警句絡繹朝野年来皆愛種不知何處董仙家

梅花

悄悄獨醒臨碧津花中渠是屈靈均靜邊乘夜飛幽魄夢後聞香失美人何遜揚州二分月林逋湖上一枝春〔島〕四典合湊成對不見痕跡此心如水休相妬東帝枉教風雨頻

落花

春光九十等閒過駐晷誰能揮魯戈滿苑頽雲風去後孤村香雨夜深多〔島〕風神俊逸一團狂蝶闌殘夢數曲啼鶯離別歌自古無方堪却老紅顔奈此白駒何

冬夜聽雁

霜意森森野雁寒思人遥夜百憂攅數聲相喚不知處枯葦影長沙月殘

大磯晩望

歸禽兩兩起汀沙松勢迎風次第斜殘照却教雲意好半成飛雨半成霞

庚寅元日

起拜東方日生遭宇宙寧烟消山淡淡氷解水泠泠臘酒盈春甕曉花開昨瓶有詩除夜作試筆寫新屏

櫻花

嫣然一顧乃傾城　薄暈摩空冉冉輕【劉】七字善形櫻花　李杜韓蘇寧識面　梨桃梅杏總虚名　此花飛後春無色　何處吹来風有情【塩】淡蕩自佳　寄語啼鶯須自惜　垂楊樹杪莫勞聲　唐人句、鶯到垂楊不惜聲、【篠】傑作

宿山家

唯道満庭雲霧横　風篁夜嘯夢難成　推窓月色明于晝　始悟溪聲作雨聲

送恵秀帰山

有朋来我地　吹煦共論文　方外多知己　就中無若君　觀山宿何處　擧錫指遙雲　夜静吟高句　應教木客聞

飲麻生翁家

半世優游邱壑間　幾人能學此翁閒　庭雖無廣猶栽竹　窗不厭多皆歛山　初月低於帰鳥背　餘霞散入酔人顔【峯】清麗　壁頭恰見曾題句　席上停杯幾度删【峯】君常改十四五年前作、人所不及、

苦熱分韻得峯字

百升流汗盎心胸　倦枕殘書睡味濃　難得氷宮銷盛夏　聊憐風鐸送丁冬【峯】活對　雷因無雨成空怒　雲亦如人有懶容　夢泛扁舟東海去　冨山晴雪満三峯【島】峰、難韻、押得穏帖、

夏日雨後、諸子遊南鄙鬼雄祠、予後至

團團笠影動晴漣　佇立柳陰呼渡船　草上之風今暁雨　月離于畢昨宵天【篠】雖不可以風霜後葉、何不知傷於月、雨餘雲無以加焉、　何處尋前客　且入傍林問老禪　纔出寺門遙認得　松梢直颺午茶烟

晩謁龍馬塢神祠　此地、往古出龍馬、

凄風入戸棟雲皺　苔蝕石燈餘半身　木葉如縫天早夜　花香難散地長春【篠】僻地往往有此幽境、都會人不得夢見、　巣高鳥背先當月　叢合蟲聲欲乾人【塩】奇想　休道千年龍種絶　只今誰是九方歅

梅墩詩鈔初編卷之三終

跋

余在大坂中島邸與吉甫僦居僅隔一橋講惟之暇
源源而来佳言善謔愈出愈新譬如河漢之無極也
余偶有所述吉甫側視以為過簡勸余增之余戲之
曰不云以短乘長乎何必河漢其言而后為快吉甫
輾然而笑莫逆於懷居亾何吉甫東遊余亦西歸睽
隔千里已經五年今得此集誦之浩浩蕩蕩殆乎與
大海爭勢使觀者望羊旋面目吉甫誠長於用長也
夫平陽吉田喜

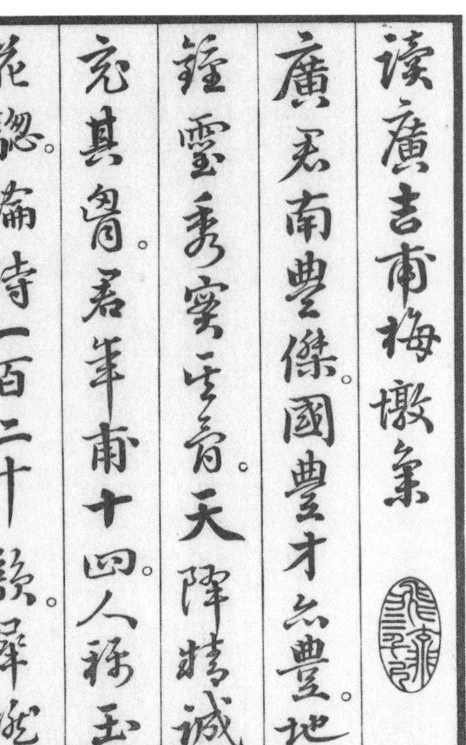

讀廣吉甫梅墩集
廣君南豐傑。國豐才亦豐。地
鍾靈秀實生育。天降精誠
充其胸。君年甫十四。人稱玉
花驄。論詩一百二十韻。犀燃

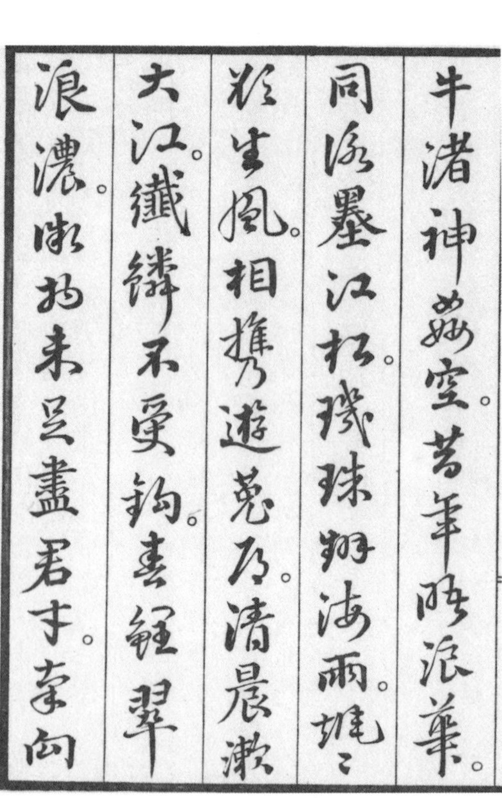

牛渚神姦空。昔年勝浪華。
同游墨江拾璣珠。翔海雨。雄々
於生風。相携遊覓。乃清晨漱
大江。纖鱗不受鉤。素縷翠
浪濃。敢謂未足盡君才。李向

三山入俾室。滿山靈芬今尚
綠。綠生尋仙途已窮。君曰彼
狡童。詭術欺祖龍。魚書不可
求。此事屬鴻濛。佇立傾酒瓢。
偶得攀雲峯。下界未爲天。

長鯨出沒吐彩虹。大瀑何所見。
羣鮫怒吼伴雷公。攘袂將拾
蒼海月。此境如與君詩雄。詞
鋒筆陣渾得當。長戟截至
天路通。直下九里灘。羅列碧

芙蓉。賈至李太白。此遊將毋
同。西來二千有餘日。壯遊依稀
夢寐中。萍蹤君與我。何於
武城。逢烟雨木母寺。花幽翁
李融。旗亭不聽妓。箕踞坐

軒窓同遊。皆莫逆。笑得滑
稽言。偕遊天西歸。我亦卧
萬蓬。魚穀梅墩集。剞劂功
方竣。衆散十年事了了。照窓
缸。君詩如鳴鏑。一發響聲出。

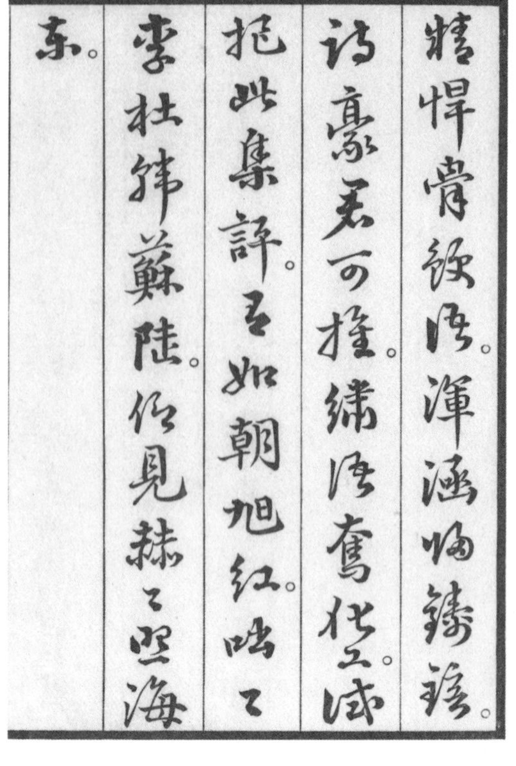
精悍骨鋭似。渾涵物錬鎔。
詩豪君可推。縟似奪化工。
抱此集評之。如朝旭紅出ゝ
李杜韓蘇陸。併見赫ゝ照海
東。

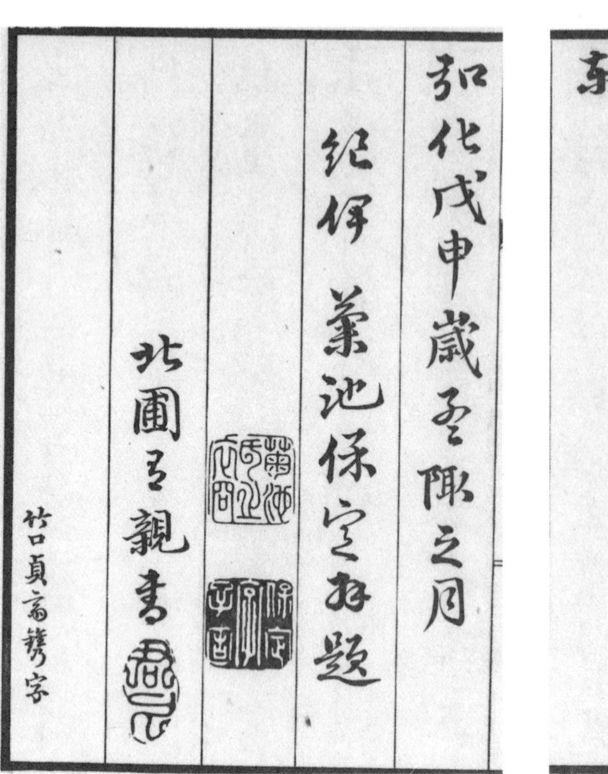
弘化戊申歲孟陬之月
紀伊　菊池保定拜題
北圃之親書
竹口貞齋鐫字

梅墩詩鈔　二編　三冊　三編　三冊　嗣出

嘉永元年戊申五月刻成

東都書林　日本橋通壹町目　須原屋茂兵衛

浪華書林　心齋橋筋博勞町　河内屋茂兵衛

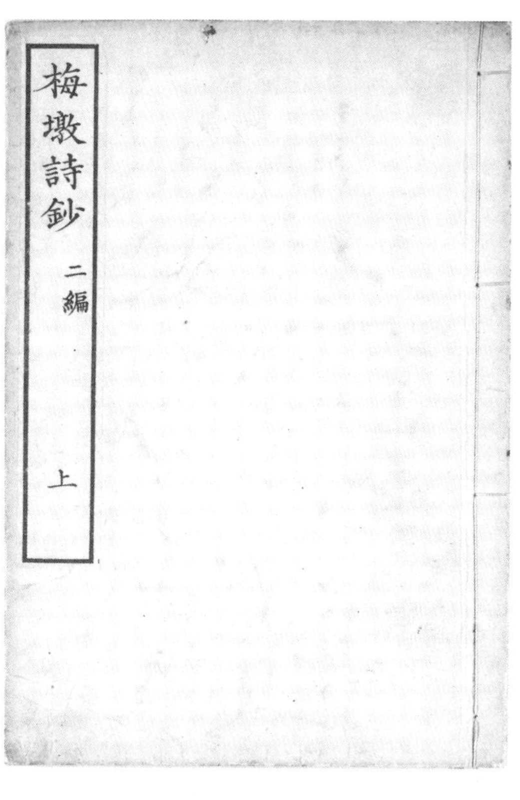

叙

國風不采句吳然觀季札論詩當時詩人遠不及也蓋詩人論詩止於鄶律而不能因詩思其爲人況乎家國哀旺歟猶山中之人但詳於徑路草木禽獸而向山貌然茫然不知文乎不解詩然於吉甫詩爲盛焉聞其高祖寸屋君以士止時自筑來居世之日田治家爲瀘好滴

人家壽百餘歳而其子孫揭然至盛
九十以上者故計之者五計年者踰二百
六十卓爾稱厚矣向予讀淡窓先生詩
集然後敬服其爲其家風方正後流吉
甫詩歸於樂易又爲其吏之期頤也人或
怪伯叔況趣各殊而不知其咸出於乃祖
積慶也書以告讀此詩者
弘化戊申上元　蓬谷岡九識

序

往年豐後廣瀨吉甫來江都故祭酒靖恪
公聞其善詩召而觴之八字樓是日予暨
諸友皆侍焉酒方酣吉甫談本州山水之
勝甚奇一座爲之傾倒相與賦詩遺輿公
深稱吉甫之敏警予亦愛其爲人僂欲投
縞而吉甫之轅已西矣後數年吉甫復來
垂帷于都下於是始得締交相過從上下
其議論吉甫性駿快無城府博涉群籍尤
竭力於經世之學其志將措諸事業固非
以區區詩人自居者而筆力雄騖才華横
飛長篇大作迅如風雨駸駸乎入古作者
之林矣嘗自鳌其集將付梓屬序於予予
多事未及援筆而吉甫復西旋倏踰二年
剞劂氏告成乃托門人屢申前請予亦安
可負息壤之言因追惟靖恪公學問文章
天下仰之以爲泰山北斗其溫厚慈諒好
士愛才殆不讓歐陽子若得閲茲集意者
當擊節嗟賞賜一言華衮以增吉甫之光
彩使京攝紙價頓貴不翅皇甫士安之序
三都賦而今則遽然爲騎龍之人矣此匪
特爲一吉甫惜抑爲天下文人才子抱魁
壘不群之器而聲譽未馳騁于世者惜也
顧予不腆之文曷足以爲茲集重而吉甫

乃督促不厭煩非所謂愛及屋烏者也耶
嘉永紀元夏六月
東奥　艮齋安積信撰
渡邊靴書

梅墩詩鈔二編卷之一

旭莊廣瀨先生著　門人　江戸坪井教信良　肥前伊東邵子髙　校

辛卯元日

雪尚墻陰白梅方竹外香日官因夏曆月首揭春王鳥試新年舌燈殘去歲光吾家有餘慶大耋在髙堂

水門仙祠

咫尺控滄溟驚濤打戸扃晨鳧雙鳥白秋瑟數峰青〔五〕用典確切〔劉〕儁逸 仙跡迷無有人思寄杳冥舟歸天欲夕遥碧灣寒星〔劉〕趣仙

贈杏花春雨樓主人

賈中逃世又逃名端木陶朱共此情杖觸杏根紅雨亂詩題蕉葉緑天傾粧三弓地成村趣設一重墻隔市聲春夢初回窻欲曙閒歆孤枕聽倉庚〔筱〕清麗可愛

蟠桃

蟠桃生在彼仙郷一喫即教人壽長臣朔他年飢欲死始知斯物亦尋常〔五〕好議論與不賜金莖露一杯頡頏

春夜聽雨

庭樹蕭蕭響微風帶雨過朝来何懶起怯見落花多〔筱〕唐人花落知多少此善學柳下恵者

春晩散歩

竹樹蕭然佛所家遊人不到敗扉斜早蟬聲斷午山寂一架垂藤欲放花〔倪〕日田實境都下人或不知

春夏之交風日清美欣然有感用放翁韻

久雨晴来似脱羈不須閉戸與時違簷花紅散雀初乳澤草青迷雁已歸病骨元能知氣候薰風稍欲換中衣唯因遊賞忙於織客至嗔吾相遇稀〔劉〕作者五律似劔南

七律奔放似坡、唯此首類陸

四月一日作

已覺深山土脉温。賣薪人又賣龍孫。簷交新緑陰初暗。屐踏殘紅香尚存。雉喚壯邊煙畝畝。鳩歐婦處雨村村。東君不肯廻歸馭。珍重春衣舊酒痕。

題穴平古寺

山下碧流水。山上紫藤花。不見人来往。石壇幡影斜。

遊廢寺

豊草緑蓊然。行鞋不得前。無人登古塔。髙處鳥巢圓。

[島]五字妙

禽語

禽語集軒端。晨松泄晴旭。春寒静且明。映見茶烟緑。

採樵圖

鹿行深草分。鳥語荒山静。懸笠古松枝。斜陽澹孤影。

夜雨齋中讀書

始讀大雅烝民詩。猶是穆如清風吹。次之列子二三則。輕雲御風入簾帷。次之楚些招魂曲。風變雲黒雨凄其。満腔悲憤崔嵬湧。撲節擊案案身危。蕭蕭夜色冷于水。何事白汗迸四支。八萬四千毛孔際。吹出英氣自淋漓。[篠]壯心勃勃、英氣凜凜、不倣子美、浮太白。我筆欲馳難復縻。墨花汎濫愁紙隘。須臾蛟龍起硯池。更漏不聞破村寂。老幹相摩樹聲悲。普天之下無不睡。塒上雞夢欲田時。一笑更向孤燈語。此意唯吾與卿知。[倪]筆端有聲鏘鏘然

霖雨偶霽即事二首

岸樹露根看欲顛。漲痕髙見鳥巢邊。村兒何事成圍立。争捕江魚滞野田。

乞晴人簇古祠傍。新製靈旗五丈長。絡繹歸来村路狹。總因雨傘障斜陽。[塩]二首時調

久雨歎

三旬已似一年長。日日風饕又雨狂。手裡夏猶停扇寵。書前晝亦揭燈光。人因濕水肱生柳。魚為上原腮貫楊。[峯]對巧 田舎安於都市住。如聞穀價益飛揚。

遊臨泉亭

泉衝巖角雪花揚。洗人間苦熱忘。踏不起塵苔蘚色。聞將解醉芰荷香。蠅收凍脚逃陰地。蟬曳寒聲戀

夕陽〔五〕立意極深峭

靜坐思詩思且睡。醒來腹稿半茫茫。

觀流亭小集

中暑如酲秋未醒。汗煎肌骨瘦伶俜。逝將濯熱尋何處。坐以觀流得此亭。低檻作牆宜過酒。近荷當渚不須瓶。〔筱〕巧對、冊中疊出、皆隨圓所取。醉餘尤喜江波淨。幾嘸龜山倒影青。亭距龜山僅數步

盂蘭盆展墓

樹森森又草森森。露上人衣墓石沈。一點殘燈小於豆。蟲聲如雨夜山深。〔藍〕幽黯愴人

秋野

禾頭已欲沒人頭。預卜今年亦滿籌。落日孤烟杳然遠。西風一水淡如流。天清禿樹呈棲鶻。雨過低花粘臥牛。舒步求詩忘足倦。汙邪度盡又甌窶。

八月十五日謁大原神祠

秋嘗及時虔羔薦。靈雨晨降殘暑鏖。東邱之下神所宅。隔樹坎坎聞雷鼛。〔島〕起得典雅 貧家富家老壯稚。十千競往水滔滔。官道五丈坦如砥。平時人影小秋毫。今日往者混來者。勢如亂絲不可繅。其頭與頭足與足。前排後推身欲撓。健夫進兮懦夫仆。女隨笄珥士隨刀。黑霧衝天埃氣湧。吼霆軋地屐聲豪。石橋南轉祠堂近。夾路左右卓旟旄。板扉咿啞神廐闢。大馬屹立白其毛。不嘶不動金鞍穩。青芻已飫不屑槽。敝帷為屋設假店。村人賣柿市人糕。杉葉插簷表酒肆。盤盛殷紅陳蟹螯。劇場新開浪華樣。隔橋南北各別曹。衒奇誇巧競相誘。助以絲管齊嗷嘈。別見高檣干霄漢。其中有人捷欺猱。手持纖柄度繩上。誰口可少一聲褒。止如枯蟬在蛛網。走如健鷹脫錦絛。性命唯將片絲繫。彼不自患我心勞。多方羅致張奇觀。有翔有泳有咆嘷。已聞宋國雀生鸇。又見宗周戎獻獒。列燈如星忘夜至。人氣薰鼻醉酕醄。不堪久向此中駐。掉頭急急走且逃。兩耳逆風覺步疾。人聲稍遠聞松濤。始悟天有中秋月。晴光萬里一輪高。〔劉〕結句斗落萬丈、一掃從前許多景象、許多蕪雜、不留些子、猶白起坑四十萬卒、詩機變化極矣、

蟬

倦枕阿誰呼夢還。木芙蓉下鳳仙間。愁心嘶月將何訴。輕翼怯風難自閑。終日不餐清似水。一聲高放大

於山蛛羅蜂螫世多類。淡泊如君未易攀。

登龜山

老木跨江如夜叉。嶄巖壓杪自然斜。鳥巢貯雨濺晴麓。魚鬣受風僵晩沙。地勢漸高皆腐葉。天光難及見妖花。（峯）寫得幽陰、龜山實境、奇寒中骨、秋衣薄。歸路先尋賣酒家。

岳師袖詩卷見眎。賦贈。倣其體三首

如洪濤吼猛飇吹。咄咄何人吐此奇。獨用意邊常有字。能裁天下絶無詩。篇皆幼婦堪驚目。趣使老嫗猶解頤。（劉）驅使故典、如我心所欲、夫子自道也、爲是愛吟忘寢食。不妨呼我作書癡。

佳稿疑從天外來。難教此手暫停開。全無鼻祖工何妙。忽巳頭風醫欲猜。一字師元非我任。三高僧豈有君才。唯因巧緻少麤漏。轉笑齊公詠早梅。

四海滔滔濁浪翻。誰能一手拄乾坤。強分唐宋同唫囈。喜斥開天亦枉冤。奇外無奇奇易盡。意中有意意難言。若要相與臻三昧。夜夜來敲月下門。（筱）三首一氣呵成、奔逸絶塵、

僧了性別子高原一郎來話。賦贈

聞有三人有我師。諸君何用苦推辭。韓顚不妨親來往。籍湜寧勞待指麾。（劉）精確、一日難留秋色老。十年所勉夜燈知。坐間忘却同前席。已是鷄聲落月時。

秋晩野望

萬葉歸根樹未知。迎風猶自鬭虬枝。要看今古悲秋處。都在蒼茫向晩時。初月猶卑飛鳥越。行雲稍落遠山支。（峯）寫景清新、而不墮魔障、望來田稻皆收盡。好自塍間到水湄。

訪松龍館

君家幽味勝僧房。新茗香交古硯香。山鳥下庭啼午寂。籠蜂出野問秋芳。（倪）鳥自山下、蜂自籠出、彼此錯綜成章、意巧筆圓、三年蓄艾醫功速。五畝種桑農趣長。（峯）一聯取材孟子、寫其人境涯、而毫髮莫遺、後者乞詩前者藥。一般人影有閒忙。

送鳥伯友歸日向

前路險艱歸杖知。溪霾壑雨歲殘時。獨憐南國梅花早。一朶春光神武祠。（鳥）風神高遠、（盈）時調瑣纖、誰會此趣、

冬晴野步

近来稍懶出吾家日短風寒雨又加人被新晴催竹杖天將奇暖促梅花銃聲在塢鳩毛散筍勢截川魚路斜〔篠〕敘景亦無常語自此不知何處去石橋西過徑三叉

題畫

何處秋聲遠鹿鳴紅樹間〔劉〕起得蕭散雲影沈潭水白日轉幽間唯有樵夫跡一路入深山〔塩〕辭短韻長間遠不減王孟〔劉〕

出門

世故日来攻萬槍刺肝肺三十六計中莫如走而潰出門知天高〔劉〕五字得長吉髓昂兮有何礙昨非盡鎖去在彼一闔內回首瞻初陽出於後人背笠影落我西相導歩歩退孤烟劃林尻斷霧現山喙禽散竹梢伸魚行沼光碎行吟何琅然轉覺非俗態雖無小奚隨詫有大瓢佩一囊合衆裝衆人交負戴君肩已倦不余亦欲相代〔篠〕結得輕妙

冬日野歩

歩歩川聲近村端認石梁雲容晴雨雜人影滅明忙楓徑依殘赤橙林拂嫩黃回頭来路遠我屋已微茫

冬夜聽雨

衡門早鎖絶来蹤裊裊爐烟静味濃窗外雨聲如訪夜衣邊暖氣欲無冬孤燈猶守殘書在斷夢幾追間枕從忽覺幽香薫一室瓶梅曉發影葱籠〔塩〕幽寥孤峭

即事

烟消禽背暖晴哢集簷牙推窗疑有雪數點見狂花〔島〕冬朝實境尋常所見却未道破

壬辰元日

出戸觀雲物欣然唱太平市燈猶夜色城鼓已春聲〔島〕元日詩難工猶能持格柳被新烟曳梅仍殘雪明林風何婀娜不使宿禽驚

夜歸

暗水光前月未生春星澹澹夜天晴有花樹與無花樹疎影葱朧看不明

曉起二首

遥聽鳴雁起池塘夜短不堪春夢長曙色已分殘月外朦朧花影過低墻

林烟江霧白相交飛鳥帶聲離遠巢殘月不知春夜短依依猶在杏花梢〔塩〕清麗似袁子才

春夜訪舟村。途遇之。

一林花霧月朦朧。如此良宵誰與同。我欲訪君君訪我。偶然相遇野橋東。【篠】能言即事。即為佳作。

病中小野伯和來訪

三徑草生難復通。滿庭苔色屐痕空。杜陵有感傷今雨。李白無詩擬古風。【五】杜之今雨。李之古風。何等佳對。人笑且歌春好處。花開又落病長中。藥鐺聲小書窗寂。剪盡寒燈一點紅。

春雪

緩逐微風到地遲。薄雲半去半留時。飛懸樹杪花相妬。落在窗前月不知。【劉】一聯切春雪。不知三字最覺入神。【倪】月早解竟難供夜讀。全霑却欲妨晨炊。休呼濁酒防寒氣。恰與茶烟淡淡宜。【篠】詩亦淡淡不厭。

初春謁大原山神祠

牢晴相引出柴關。烟自暾暾水自潺。屐欲無聲新草上。帽時有影緩流間。身閒午步終携月。境僻春遊必在山。荐謁神祠何所禱。老親長保舊容顏。

春雨齋中獨坐

濛雨何處來。自彼西山杪。【島】宣城佳境。風神芊綿。微風吹又休。依稀集簷表。古井靜生雲。園濕畫悄悄。的皪泫殘梅。深沈響寒篠。浮萍出於池。地坳亦洋淼。苔痕欲侵階。新翠映啄鳥。小齋窄似筐。奇趣自窈窕。長物不在傍。咫尺成浩渺。香縷直卓竿。觸棟忽斜裊。獨坐攤書人。一念入深窅。易地好惡移。臨事毀譽擾。既花嗔雨多。未花恨雨少。【島】好結語。【篠】句句快活。髯蘇所喜。

正月十七夜坐於遠思樓。雨聲打窗。幽寥可人。起招東西塾諸子。已眠不至。宗三策獨來賦贈。

作詩人未會詩情。入夜即眠忘夜明。方向殘書愁獨坐。忽聞來屐笑相迎。遙村雲黑一燈大。暗室風旋古劍鳴。遠思樓中五更雨。與君分聽此時聲。

春夜與廉叔飲。既而訪北塾諸友

酒雖非美酒。肯得不陶然。詩我常居後。杯君宜在先。灘聲風外轉。花氣雨中傳。【峯】韻唐。醉去窺鄰舍。友人眠未眠。

壽方大老人八十

筆力挾山踰海奔。翁年八十健於孫。畫無蛇足占先飲書寫蠅頭傳後昆（峯）一聯自筆力二字出承接有法文寶被人呼閉戸潞公毎事似專門（劉）巧對陸續而皆據典極爲難能春風吹解堦前雪滿地芝蘭枝葉繁（筱）以詩知翁健

上巳野遊

楊絲拂水綠毿毿堤曲於弓傍碧潭初著新衣身已爽纔登熟路足先諳花無常主禽爭占酒有別春人各酣（倪）此等句法百看百不厭欲把殘杯何處好孤烟出竹見僧菴

春日訪栗園

啼禽求友亂朝暾處處輕烟村又村新草先風起波勢低橋蹙水見皺痕唯因傍路多桃樹不覺沿溪到栗園今日好晴知客至主人早已候衡門

筇山道中

仰看香閣聳一徑上青天溪複千花織巖尖獨樹專（五）複織獨專皆字眼善押險韻禽驚鳴碓起僧倚宿雲眠誰得栖斯境今無沈石田

○津江客舍

危巖如墜逼簷牙藤曳葛覃垣勢斜天至千前初見日地當春後稍開花鶯啼何谷難知處烟起他山應有家（劉）善寫幽敘情境唯喜一溪流不盡晩窻恰好試新茶

自宮原赴阿蘇途中

百里連天有曠原一條流水不知源步邊豐草無人境望裡孤雲何處村子母牛呼新綠秀雄雌蝶舞晩芳存昇平猶覺多遺利此地胡爲少耜痕

梅雨中作

午枕疑人過我家板扉風動自伊啞昨雨今雨池中水南瓜西瓜圃上花壁濕行蝸成篆巧壘崩棲燕託身斜（筱）斜字新晩來村口移秧急簑影森森立似麻

賀昭陽先生六十疊韻十首 錄三

十里松林澹瑞烟此間肥遯意悠然樽中有酒孔文舉腹裡藏經邊孝先唯使寰區仰龍卧何須官路羨鶯遷欲知強健元無艾新著一年多一年

古書一自附秦烟殘缺使人心憫然邈矣雖生千歲後昂兮直在百家先說經便覺無公穀删史何知有固遷先生所著有左傳纘考及蒙史不獨述而希孔聖脩齡亦比老彭年

煜爚明燈吐絳烟兒孫勤讀曉琅然窻間殘月已沈
後塒上棲雞未喔先詩禮孔庭時一問嬉遊孟舍豈
三遷夢中聞得書聲好不負今茲耳順年

晨到龍馬塢

山影依稀出殘星稍失明草濛烟際色蟲唧露邊聲
多病知宵永無營亦早行 島 四靈口吻 歸家僮未起自汲
井華清

曉發舟来

旅務宵初歇聊貪一睡寧蘧蘧驚短夜落落已殘星
山氣頭風肅松濤耳孔醒孤烟溪際起劃斷半林青

到嵯峨關路上

白馬真非馬秋潮打岸奔 峯 起句突兀承句安帖即是老手 點青孤
岫出團黑萬魚屯 篠 團黑句彼邦詩人所不知 帆影歸何處人烟
起彼村長堤行不了客思急黃昏

寄題櫻老泉 山陰櫻伯蘭家有泉栗山先生名曰櫻老泉伯蘭弟叔蘭来乞詩

山陰碩儒櫻先生不識其面聞其名家傳一貫唯忠
恕子有二難渾俊英来打柴荆辱令弟遠貽縞紵自
賢兄櫻家名泉世無匹晋安江水猶遜清 島 句清忽觸

巖稜成斗折稍連筠脚失蛇行 島 二句狀 風徐来處靴紋
細月始升時練色明 島 二句色 近聽幾疑微雨至遠聞常
怪孤琴鳴 島 二句聲 香送落英雙翠起 島 春 涼吹嫩柳一螢
輕 島 夏 霜葉打魚紅片片 島 秋 凍氷依石白瑩瑩 島 冬 好是
宴酣耳將熱坐汲連漪灑酒觥 島 坐時 好是棋歇僧猶
語起排蘋藻澆茶鐺 島 起時 好是日温姸蘗坼蓄得膽
瓶掛長楹 島 晝景 好是夜深清句就洗来鐵硯向短檠
島 夜景 以上十九句層層寫出無些遺漏亦無重複或假客而狀主或以主而形客變化莫測而整齊不紊其詩法猶淮陰多多益辦也 栗山居士天下士 栗山有句曰栗山天下士磬

欵使物增光榮不妄譽人譽必中名曰老泉定確評
眉山蘇公無乃是因軾與轍祝前程臨水幾分坡老
影隔橋已見子由迎 島 用蘇家故事而必用關水故事以見其思密學博矣 萬
古文章三足立一家聲價四瀛驚自以歐陽占地位
栗翁懷抱令露呈吾人相訪已有約誓以彼水濯此
纓姑把一篇爲左券後来踏言果東征直就君家觀
我句所言不稱應改成嗚呼斯詩能稱否千里慘澹
想像情枯坐冥搜如何定夜寒松風似泉聲 篠 得此名得此
詩無毫髮遺恨 島 結得好陳思有八斗才而不盡用之兄則用之至十二分故小竹有士衡患多之

語、以僕視之、兄氣厚魄強、而思情周密、非長篇巨什、無以發其底蘊、然其出之、必有許多意趣、許多規格、非所謂落筆不經意、動乃為韓蘇者之比、僕於此篇、故揭出以示於人、其他長篇皆無不然、才能如是、何患多之有、

賀麻生翁六十

烟霞成痼疾、邑里蘊光輝。松竹園容瘦、刀圭家計肥。膏肓通上下。溲勃樹聲威。巫豈勞祈祝、鬼都隨指揮。門鳴多夜打、人望似朝飢。壽已教渠保、福將何處歸。（倪）轉換處、極見筆力、遁名於麴蘗、施化自庭闈。謝砌芝蘭秀、董階鷄狗依。臨風聞笑語、終歲絕歔欷。足未須轎載、腰猶添帶圍。康強徵厭坐、跋涉勢如飛。步月樵蹊細、尋雲岳寺微。清漣叉夜鯉、芳澤弋春翬。（峯）鍊句勝皮陸、見我還衡宇、有兒開小扉。淵明悟今是、伯玉識前非。六十寧無匹、瑕祥乃所稀。耄期遍親戚、聖善務纏機。翁有母猶作嬰孩戲、欣然著彩衣。（峯）兄才思横逸、不欲束於格式聲病、故不屑多作排律、偶作之、無一不完善、益才大無所不辨、

夜步庭上

半林寒月照棲鴉。霜蔽青苔成白沙。荇藻滿庭看不一。松枝影直柳枝斜。（塩）時調

宿桑麻園

古槍懸壁色蒼然、道是舊家三百年。桑柘繞園衣食足、詩書在案子孫賢。（筱）佳對可題楹聯、纔絲影出房燈下、擣紙聲來客枕邊。深夜每人皆勉業、擁衾愧我獨安眠。

到宇曾路上

某山某壑具評論、終日攀雲踏石奔。歸鳥欲投遙處水、夕陽唯在半邊村。風杉青灑菅祠路、霜柹紅遮蕭寺門。（劉）画景、留宿今宵誰屋好、溪橋南畔酒旗翻。

孟冬念二藤明府自北豊歸迎之耶馬溪

出林風旆影悠悠、明府歸来自上流。（島）作者七律、最巧起法、官道忽開樵子徑、吏人均上釣夫舟。路塵無客非潘岳、竹馬有童迎細侯。（島）前聯清新、後聯典實、濃淡得法、橘綠橙黃時節好、不妨久俟立溪頭。

冬晴與僧五岳遊惠楚宮分韻得巢字

世故紛紜心塞茅。冬晴引我到遙郊。明神幸貸閒中地、高衲況締方外交。鳥認蠹蟲穿棟脊、人因堆葉蹟庭坳。（筱）韻險却得奇對、不愁温酒無薪火、風撼長杉有墮巢。

冬夜高謙藏恒玄廸僧来真来訪。

琅然枯葉落簷稜。園樹沈沈靜味凝。莫厭庖寒茶當酒。且憐窻朗月如燈。文壇宜避出頭客。講帳幸留行脚僧。爐火相依情轉熟。詩成又煖硯中氷。

初冬念五病起。遊大清寺。待蒲君逸。君逸至。延到其家。

此路今年過幾回。春花霜葉兩詩材。待人名假乞茶坐。參佛實因行藥來。園古微風僵敗草。林踈落日冷深苔。黃昏移席添新趣。爐火紅中伏芋魁。

宿阿姑山堂賦呈主人

主聞賓至有歡顏。婢走童馳不暫閑。菓摘自園秋後熟。酒賖於市夜深還。〔島〕上句言婢、下句言童、詩法如制節師。高低石路奔灘外。隱見紙燈幽樹間。好是曉窻欹枕處。數聲鳴鹿響空山。〔劉〕結七字、景中有情。收賓至有歡顏字、即賦鹿鳴之意。

送一郎歸博多。余去秋遊博多。故五六及。

風銳於槍欲透肌。涎成氷柱綴人頤。滿杯之酒醒何早。沿路有梅行自遲。若遇去年迎我者。為傳今日送君詩。休言衣薄寒如此。慈母倚門方是時。〔篠〕時用變體、似白非白、律而似古體、使閲者不倦。

擣糕曲

南隣北里杵聲起。冬冬礫礫不暫已。釜上有甑中有湯。蒸氣如雲掩米揚。亂杵撞臼臼將裂。米與杵根相粘結。以水濕杵舉始輕。臼底唯餘一塊雪。乾粱成粉堆大盤。杵梢懸糕投尚溫。手塗粱粉撫糕面。團團之月掌中翻。〔島〕能寫難寫之狀、而不落鄙俚。一臼已終又一臼。富家春多杵聲久。如笑如歌聽難明。一聲聲如曰太平。豈勞康衢觀謠俗。此亦當年皷腹曲。

癸巳元日

百祥降自天。室家皆壯堅。唯宜傾卯酒。何畏入蛇年。稍曙星辰色。忽春楊柳烟。〔島〕流麗。驩虞人意樂。草木亦欣然。

宿彥山榮公房題壁上三首

峰勢三千丈。中間著一亭。他山皆伏地。我屋恐衝星。曉夢溪聲破。晚酲嵐氣醒。几邊何所在。數弓道家經。

有泉皆冽冽。無樹不亭亭。森寂聞秋鹿。幽陰見晝星。〔劉〕遠閒

花蒸禪意亂。龕冷客魂醒。堦下多奇石。應聽公讀經。

誘水来縈戸。毆雲出自亭。古巖秋避穀。新墠夜祈星。師語冥冥遠。吾心稍稍醒。【劉】詩亦有道氣。涼軒宜逭暑。夏日復相經。【篠】三首使人想見其地與其僧。

新年宴親姻十首　録八

夢裡聞嚶嚶。歎枕悵然久。看彼春林巓。啼鳥亦求友。

呼硯作折柬。所招者某某。

室人来責我。君唯耽作詩。春晝未甚永。已近客至時。

庖中無一物。割烹欲委誰。

命僕走江肆。庶幾得鮮魚。日午猶不返。有無定何如。

愀然自外入。歳首未釣漁。

不能致佳肴。何以慊吾意。瓠葉之幡幡。可以歌既醉。

若稱貧家貧。莫如淨埽地。

五六人童子。各各擁箒来。桔槔聲不斷。灌水伏浮埃。

唯抜庭上草。莫破庭上苔。【島】真率却好

各被世營絆。終年逢幾回。一人不在坐。歡心或成灰。

獨悦今日宴。伯仲叔季来。

脱粟腐儒飡。恐不堪下箸。客向主人笑。此事何足慮。

愛汝三尺窻。開向梅放處。【島】唯是已足

平生非無客。團欒似箇稀。且欲紀盛會。請君莫曰歸。

剪紙分韻字。東冬江支微。【島】十首如連環。可評詩善悪。不可論句可否。【劉】平淡近人意。而往往露奇。亦創體。

春燒

黄昏猶作一螢燃。入夜炎炎欲漲天。已見斗牛沈紫氣。或疑河漢化温泉。【島】奇想驚人

花魂難復戀芳草。蝶夢無端落黒烟。【島】鍾譚

稍覺望中凉意動。團團初月出東邊。【島】七八才思欲躍

春日郊遊遇雨

宿疾未全愈。新痾復相襲。掩戸怯餘寒。不知春光及。

荏苒經三旬。雷聲忽啓蟄。跋渉謀今創。懶惰懲前習。

門生雜冠童。夥哉數過廿。後先乗渡舟。次第度原濕。

深草吹嫩烟。翯翯孤鶴立。香芹被淺沙。青青群鳧吸。

古刹高塔招。遠崖諸松揖。幽窮坂七盤。峻攀磴百級。

腹枵咎遲飡。喉喘礜早汲。少者逞嬉戲。幾使人於悒。

或臨巖下潭。腰帶倩人執。一墜何得生。怖餘言語澁。

佳興盪人心。猶火不可戢。【峯】二句結前起後

忽然天色更。雲容漠以濕。温温暖氣加。蕭蕭風響急。微微遠山沈。凄

凄容雨集失檬蜂蝶忙傷殘紅紫泣後惜衣裳涴始
喜塵埃裛無屋幕難張碍樹傘常翕〔鳥〕押韻極奇闢、而絶不見艱澁
生硬之態。〔劉〕此與遲殘早没、皆自徐袁脱化来、幾人爭先歸奔鞋難暫縶
烟管及手巾遺去任人拾行色俄㬪焉在者僅半十。
推尻上仄蹊決背得禅邑不遑向前門疾排後籬入。
村家甘破壞卅歳絶繕葺積煤和雨流漏處補以笠
主翁知我疲烹茶烟浥浥幸得憩須臾無望當供給。
聊欲謝厚誼殘樽有餘汁〔峯〕即事賦盡、不遺分鼈、昌黎樂天東坡極多此體、邦
人或忍其蕪雜、一意撿束、是所以規模局促也、

病中與僧真導夜坐

藥鐺烟裊濕簾帷長夜漫漫窻月知。不惜分間與高
衲青容將命委庸醫犬何所見迎相吠鳥亦難眠栖
又移看得病根除未盡雖能止酒尚耽詩

昭陽先生改號春頌命余作春頌詩

夏之日可畏猛炎金石融火雲煽以熾倒焰貫蒼穹。
飛鳥生遇炙全身忽氂氈河漢沸欲渴衆星困火攻。
何處得避寇走保廣寒宮〔峯〕亦韓句法　我觀夫子德不與
宣孟同既難以夏頌請言秋及冬秋則多悲氣先飄
是梧桐蕭然次第落柿與烏桕楓滿目何慘澹敗紫
映腐紅萬憂草根湧庭有鳴螿蛩如此蕭條景豈得
頌儒宗冬飈使人栗萬卉斂活容肌膚胼胝織窻戶
氷雪封夕折猗猗竹晨摧稷稷松却喜爲薪去始得
洪爐烘〔劉〕古人評韓詩、思力所至、寧過毋不及、所謂矢在弦上不得不發也、余於作家此等句亦
云、山嶽黯如睡乾坤否以窮大似家之索非吉而是
凶所願以春頌和氣動於東群芳各爭態一樣向人
供梨雪飄平院桃霞抹半空輕香散駘蕩嫩暈掩朦
朧小草屯漸暢垂楊高愈恭〔峯〕二句、一言其福、一言其德、妙絶、麥浪
埋鳴雉菜英酣戯蜂蝶飛觸近瞥鶯囀透遥聰〔峯〕雕鐫深
刻　茲茲人禽界變作綺羅叢觀君有相肖筆端拉化
工氣兼風雨格德與鬼神崇温乎如良玉和輝盎自
中所以相逢者自疑坐春風門控天下士才英歸陶
鎔請看絳帳下蘭蕙生濛濛譬似春有脚到處立濟
功庭闈多樂豫禮讓及兒童父子孫相繼福祿壽所
鍾我欲以春頌春恐遜其隆〔龜〕傑作難多得

洗竹莊

森然畫黒簇琅玕一洗差教人意寛風路始開傳瑟

瑟月光不碎送團團文同難復饞千畝杜甫唯須斬萬竿〔島〕確對
好是酒醒棋伴去蕭疏影裡夏窻寒

春雨到筆庵

菘圃葱畦取路斜桃尤多處是君家晚来何者敲門至雨與詩人與落花

春夜宿鬼城僧房聽雨

五六年前此處行雖云熟路却如生落英代遷承人跡卧木成橋到鬼城谷暝迷禽時有語雲深隣火欲無明春遊誰在烟花外靜聽山房夜雨聲

二月二日作

春寒較緊百花遲妖紫艷紅猶待時今日強風無所妨清明前後莫多吹〔藍〕真率雅淡

春夜

風歇夜堂靜鬪鼠觸簷鈴鏗然散餘響半在夢中聽春宵雖云短愁多眠易醒〔劉〕未經人道奄奄孤燈氣微於秋後螢汲水洗我面眉宇忽泠泠魚行古井底鱗光似沈星〔倪〕奇想雜英趁晨發碍袖散濃馨兩行排梨杏一時見尹邢美哉月下影與我孰亭亭弱條何婀娜折去貯膽瓶復坐吹烟管斷靄去冥冥疑他花魂魄朦朧出窻櫺〔倪〕奇亦未被世故紊我心靜以寧夜幽拜天賚朝煩畏人刑忘却老病死晤言神影形昨懦警泄泄今修就惺惺〔劉〕為理語而脫頭巾氣習可尚〔藍〕二句足色近思錄分陰思陶侃易墮堯庭蓂年化勲蘧瑗難服湯盤銘日出又群動心關須重扃此境僅一瞬漏聲不暫停容光東閣白爽氣西山青

春日訪有臺途中作

昨夜風吹麥尚斜即從蹤處見黃花春晴恰好出門步多恐詩人不在家〔五〕能言人意中語

四月朔到原春軒家

東皇臨去斂韶華不許千林駐一花有毋有兒和且樂獨憐春色滯君家〔峯〕甚切題

將遊筑前前一夕賦此

多病平生賴藥靈詩囊過半裹參苓寒溫量體撿春服晴雨關心觀夜星到處鶯啼路應好歸時花落酒初醒枕頭預思明朝事夢見雲山簇簇青〔五〕實情寫出不遺毫髮

夏夜病中作

自恥儒衣少世才門雖云設不曾開燈斜斜處看風過蛙閙閙時知雨来藥永代飡憐我瘦詩渾成債怕人催（島）七字名士通習自歎此業成何日屈指今年病數回

夏日偶成

緑陰如蓋暗簾櫳獨坐攤書小院中雲濕蛙聲欺急雨夕涼螢火怯微風人頭難保卅年黒花木誰名百日紅（倪）渾成無痕、作者得意處九十春光成一夢靜觀溝水赴於東

偶作

性似次公醒尚狂懶痾相和入膏肓友因求益尋難得書為貧多讀且忘嫩柳陰疎螢火透新秧葉短鷺身長（劉）巧不隨纖餘閒偏向田夫愧咫尺隔垣農務忙

蒲君逸為尊公築室請余以落四首

纔入斯中喚奈何園容不似所曾過磚仍舊貫留濃蘚池為新開抽嫩荷孫又生孫餘慶厚友皆薦友結交多豈勞輪奐襲陳語即是當年安樂窩

忽開新館挑新詩為我頻来吟料衰生畫懸楹教客讀奇書散帙任風披陰深夕柳螢先度暑淺午松蟬未知（峯）寫景清新、古人未曾細把斯園論四季尤於晩夏納涼宜

高隠如君勝古人豈唯今世少儔倫淵明責子憂猶重和靖無妻樂未純緑竹猗猗滋孝筍白華倩倩倚慈親束皙白華詩曰倩倩士子他年願借三弓地對結茅茨與作鄰（五）句句實際、且用典故、而語意連續、何等老蒼

瑞祥不負孝慈名雞狗相親見至誠遺老手栽蘇子記詩人誰賦董生行（劉）上句言父、下句言子、承接有法絶無村吏催租至時有隣僧借稿評斜日半窓紅未斂脩篁影裡送書聲

夏夜雨後月色殊佳

遠雲胎夜電涼氣葛衣知一雨呼秋至終宵看月宜（篠）自然殘螢棲茂草饑鵬掠低枝風動簷牙露清光箇箇危

夏日遊廣圓寺分韻得烟字

盛暑何郷足息肩山門纔入氣凄然半階苔色無人蹈滿地槐陰有鳥眠夏冷於秋疑誤曆晝昏如夜好

參禪靜中不覺移時速坐盡香爐一炷烟〔筱〕渾成

夏夜聽雨

亂草叢邊送吠蛙孤村入夜雨如麻簾含暗濕香烟重風遞遠聲燈焰斜眂眂陸沈愁稚稻茅茨水漏想貧家唯忻一事無關意不比春朝怯落花

題蔘洲翁詩卷

休道老來才氣衰晚霞紅却勝晨時劒南全集萬餘首多是中年以後詩

蟲聲

一庭秋草露光涼窅渺何邊奏笛簧天籟元兼人籟好聽蟲我得作詩方

江村

日色淒涼隔茂楓滿林清樾暑威空沈魚氣上晨窻外歸鴨聲來晩閙中石鼎湯傾蘆葉露葛衣香帶藕花風多閒不妨無恒產入作詩人出釣翁

立秋後三日與杜倪古三子浮舟隈上

避暑從來如避仇晝潜不出釀閒愁入秋三日無涼至與月五人謀夜遊〔劉〕語新筆熟

瑟瑟滿汀風在樹溶溶一棹水平舟俄然逢著漁翁返顧問殘瓢有酒不

偶成

居諸如箭去堂堂又見新荷散暗香秧事關心愁久旱樹陰坦腹納微涼〔劉〕如不設對而其字其意的當無軒輊蟷螂在後蟬聲樂蛺蝶欲前蛛網長靜裡凝思觀物理不知窻色到昏黃〔塩〕収得沈著

秋日遊東山憩善光寺

諸山皆高峻尖青貫天雲東山獨坦迤臨藉狀不群譬如晉宋世而有陶徵君林跦思易散路平步不勤午寂蟲聲大秋晴禽語欣菓堪供飽喫山久絕斧斤松老清韻發菌新香氣薰病葉先風落征笠觸時聞茅菴安古佛聊投錢一文把燧吹烟管以充沈檀焚廢瓶釀腐水暗室蓄飢蚊〔劉〕實境誰能長危坐恐復為露筋西窻眺頹谿淺紅駐殘曛早秔與晩稻黃綠畫田紋官道橫南北人物來去紛野烟澹合外一綫水光分須臾瞑色徧萬象歸氤氳仰看門扁字禁肉與酒葷豈為吾輩設傾瓢且微醺興來須罄醉眼前多新墳〔倪〕毎押險韻綽有餘地庖丁解牛紀昌貫虱無以加焉

題越原僧菴壁上

霜薄林紅未十分酡顏半杪假斜曛啼禽隨意遊人少詩客豪吟古佛聞三面小樓収野色一杯殘酒屬山雲木魚聲斷蠹魚王案上楞嚴多缺文

遊山家夜歸

出門殘日已虞淵半路酒醒心悄然平野草枯風廣漠秋溪水瘦月潺湲【劉】錬句亦好句梟啼似鬼隱祠櫟劍氣如虹浮墓田獨喜門生猶未寝唔伊稍稍隔林傳【塩】前後聯皆悄然之景、獨喜二字、下得精神躍如、

秋日過黒老祠

人皆愛春華我賞秋光好繁陰緑芋棠晴色黄粱老【劉】五字入神棉絮映紫茄蕎麥交紅稻草蟲送流鈴柘烟掩輕縞千村靜如宵遥聞孤杵擣馱歸馬並牛饁去姑隨嫂熟路足所安心閒步移早迤邐稲畦終又登川上道水清不知深魚影聚沈藻獨啄見梁鵜忽飛識沙鵝堤背折向西一逕入深草老木標神明巨藤剰合抱華表稍危斜風来難自保榱桷剥丹青茅茨厭濕燥窊蔭遏斜陽坳庭引行潦落葉化為苔幾年

絶洒埽認昨村兒過薦地有殘藁長杖懸高梨畫乂依茂棗【島】尖新屢不減皮陸朽几抽幽菌敗帷墮臞蚤【劉】王景略以後、虱往往入詩、蚤則以此為始、鼠饞及簞篋神餓太枯槁細觀卧碑文享保二年造石燈何紛紛時遷皆傾倒世無百年人往事總浩浩上殿思悽愴拈香虔祈禱新穀尚豐穰老親尚壽考奇福非所求無病是我寶【劉】結轉得自好、叙景無遺、險韻隨用、

蒲君逸送水三筒曰孤清水曰天神水曰歳神水加以手製茶一嚢詩以謝之

山泉割據闘澄清各各送来供我烹蔆葉昨含潭月影茶香今入洞簫聲【五】對法精妙三瓶分水從頭品兩袖通風自腋生偏愧淄澠未能辨来詩曰、淄澠君自辨、唯稱難弟又難兄

送松徳甫

歸思秋半切行色雨中遲客夢猶桑梓家炊已庱廖【劉】切遲猶已、脉絡互錯、妙甚、西風林外急落葉馬頭吹何以消離恨三冬約後期

遊黒老祠

獵獵西風水上過。蓼花紅老委滄波。一林黃葉未全落。只覺秋聲此處多。【劉】（絶句不落時調、纖巧、蓋七古餘力優為之者、）

杵築甲原玄壽將遊宰府、途過敝廬、賦別。

行李匆匆不暫閒。風吹雨滌旅衣斑。蒼茫古跡登臨外。慘澹歸思搖落間。敗瓦殘鐘歷菅廟。秋田衰草入萱關。【五】（佳對）筑中奇勝吾諳悉。勸子更探丹竈山。

臘尾作六首

敢言天道有偏頗。何事陰陽久失和。又恐明年年不稔、冬無雪雨聲多。

終夕厭聞簷滴聲。長歎此雨幾時晴。冬田有水深於夏。臘月中旬麥未生。

纊何須挾冬殘日。汗未曾流夏盛時。寒熱宜人不宜歲、天公好務小慈悲。（今年夏凉冬温）

次第飛騰物價新。珠為粱米桂為薪。菜根敢望書生口。世上方多食土人。（聞東州飢人食土）

凶年毎事使人愁。先正有言君記不。一飯固甘并日食。書窻燈火柰無油。（一掬米可并日而食、但米貴乃使油貴、是我所獨病、字士新言、）

奪門宵入綠林豪。老賊元來是老饕。唯喫滹沱河麥飯。依然案上卯金刀。（聞作賊者不掠金錢、唯奪飯而去。）【劉】（湊合妙）

相孟符素有五女、今歲始舉男、詩以賀、次令弟有臺韻。

五陰允長後、方遇一陽生。初懼成坤順、終欣得復亨。【倪】（資經為詩、而不澁硬、老手、）雖添婚嫁累、足慰老衰情。細聽呱呱泣。果然英物聲。【筱】（能言所欲言、不似次韻、）

冬曉

初陽欲出尚盤桓。霜染簷牙白未乾。月似輕烟空際滅。山如淡夢霧中看。【劉】（妙在可解不可解之間）人無思慮侵平旦。梅有精神勝峭寒。【峯】（此七字吾尤愛）世習孳孳求利急。恰宜袖手作傍觀。

除夜

蝨蛇何得繫。妙譬想蘇公。星色三更後、人心一夜中。手頻傾太白、頰稍上微紅。不覺窻光曙。東君至自東。

梅墩詩鈔二編巻之一終

梅墩詩鈔

二編

中

梅墩詩鈔二編巻之二

旭莊廣瀨先生著　門人　江戸　坪井教信良　肥前　併東邵子髙　校

甲午元日

鐘聲終百八従是即今年曙鳥聲何樂春人心自圓

推窻迎出日無屋不新烟五柳衡門外風柔欲著眠

即事

夜深窻外靜村路絶人行竹裡微風入蕭蕭月有聲

草五絶淡雅傳家衣鉢

春日遊會所宮
歩處皆新鮮難教屐跡加茶煙淹容篠酒氣鬭薫花
〔劉〕精錬
嫩日遲遲落輕風稍稍斜鶯聲聽不厭立盡暮
山霞

遊隈川
詩緒似枯草新芽向春抽茁然難自止出門試野遊
輕雨鳩前歇斷雲鴻後収蘋恬風路絶波嫩日華浮
泳鱗鑚沈藻雜英繍芳洲〔島〕三謝集中錬句臨水觀滾滾仰
天問悠悠杜衣雖未典阮錢在杖頭南村有美酒踞
岸呼渡舟

晨與田廉叔登石松山觀音閣
曉月澹無光竹樹耿疏影林鳥結夢安草蟲引聲永
漸深巖穴昏忽来泉勢猛暗中與雲逢唯覺衣中冷
蠟燈雖在傍焰短不能逞得聽難得觀萬象歸一靜
〔島〕透理語
魚聲何處来香閣倚半嶺小軒聊可慰憐此須
臾景旭昇群草薫霏消遠嶂醒物色媚蕭晨吾心宜
淨境且止酒之飄以就茶之鼎

養老泉
巖石中分瀑布斜浪花成酒不須賒願將一滴飄心
水灑向人間千萬家〔筱〕仁者言

春日寓感
坐無来客酒樽虚病掩衡門已月餘孫綽方裁遂初
賦嵆康懶著絶交書林枝經雨花皆笑池水吹烟柳
亦梳春色惱人難久臥毎聞鶯語出庭除〔筱〕合作不必點

西嶺殘雪
春色到山家梅香滿籬柵西窻猶暮寒殘雪數峰白
〔五〕短章亦用力獅子搏兎其勢乃爾

暮村
暮村輸税歸前路禽求宿何處是吾家溪南有喬木
〔五〕畫景

田家留客
晨曦上遠林屋頭鵲聲喜田家秋酒成有客至自邇
煮豆窻下烟洗芋門前水〔鹽〕對結自古趣

和僧真二月十七日飄風陪坐某先生韻
猛噫轟大塊天動日行勞咫尺龍蛇鬭須臾燕雀逃
簾櫳散梨雪慢幞灑松濤別有春風在先生道德高

【劉】七八叔上六句有力

二月十九日旭莊坐雨

雨入脩林裡春宵寂似秋淋鈴妨美睡淅瀝打閒愁【五】幽悄○【草】美字暗含楊妃雲合孤村路燈明何處樓庭前紅杏樹能駐幾花不

晝

家任青林下柴扉午未開依稀苔徑跡知有逸人來

夏夜歩濠梁

久旱室如燃暝行沿野川風來疑雨後螢照導人先【劉】隔句呼應天籟之妙葦葉參差響荷香遠近傳求涼涼太過移歩酒樓邊

六月五日即事

溪雨溟濛夜又晨坐觀物數此凝神【劉】全篇自物數二字出伶俜瘦菌抽寒竈綽約嬌芽起卧薪蝸進牆端途已盡魚游池外勢初伸【劉】亦有寓意漏簷難復庇爵燕愧汝相依作主人【草】彖曰觀物數五爻云云皆象也占在其中上九為卦之主雨之時奇哉

月下煮茶

雨歇西園夕烹茶愛夏涼吹烟透疎竹挂鼎栁垂楊腋際風相扇杯中月亦香隣人應已寢此味與誰嘗

病起

卧病春猶淺病痊春亦殘驚看新筍杪早已過簷端

牽牛花

夙携秋色上高墻圍菊應難誇晩香窻下烹茶人早起簾前留月露猶光待時先後榮相繼與物推移道亦長【五】翻案妙日出不堪花霧散東邊一半歇晨妝

題東坡赤壁圖

空明漾漾映輕刀唯縱所如篙不勞昔日英雄在何處此時風月屬吾曹【島】不求奇而奇不求巧而巧才堪宰相終何益閒侶魚鰕始覺高一幅丹青虚壁上松聲忽爾起秋濤

樵婦

樵婦亦風流鉛華非所求折花不上髩紅紫滿檐頭【倪】新想

送真師之玖珠觀龍門寺瀑布遂訪劉君鳳

君探東鄙去賤子試先言勝景龍門寺詩人劉後村【島】事切筆道有山皆狠怒無水不飛噴唯恨嚴寒地梅花

未返魂。

田家冬興

冬景田家好。推窻坐早朝。槽氷妨馬吻。田雪及牛腰。（島）鵝毛牛目、既腐、乃有此聯、榾柮因風熇。蹲鴟帶土燒。輸租吾事了。賒酒喚鄰樵。

喜原一郎至

一別等閒經歲華。幾過秋月與春花。殘冬雨雪瀟瀟夜。不料君來訪我家。（劉）渾然、有朱絃疏越之韻、

送真師。師留我家八年矣。臨別泫然。詩以慰之。

遠山全滅近山微。急霰如砲透簑衣。三歩五歩行人仆。天風掀笠身欲飛。風雪如此去安往。高堂有人待歸養。僧衲萊衣是汝心。墨名儒行真吾黨。明年吾將遊帝都。路過山陽訪精廬。談屈子瞻甘解帶。交親佛印或燒豬。（島）確凝嗚呼去矣淚莫墮。今日之約應必果。雪如梨花我送師。梨花如雪師迎我。（篠）善學東坡、

遊釜淵

山根有盤石。流水觸鏗鏗。石面互凹凸。水勢自迴縈。廣者成釜鬲。深處類甕甆。忽方開函匣。或哨欹鼎鐺。峭涼逼暮袖。月出溪鳥鳴。樹影散浮翠。水色弄空明。（劉）風岸孤峭、不韋不郁、諸水羞皆濁。群魚愁獨清。唯有雉兎者。洗足不濯纓。（劉）結含蓄雋永、

詠雪十首録七

妓院雪

風送瓊葩陣陣過。畫簾鉤去酒顏酡。氷肌出戸誰無粟。玉樹滿庭堪入歌。（鹽）用典絶巧、落不成痕粘素臂。飛應有意挂微渦。温柔鄉裡春如海。却怪寒威未太多。

侠家雪

分明血色染前蹊。曉斬仇頭手自提。破匣風生刀屢動。古槽氷合馬長嘶。（鹽）悲壯豪歌一曲空彈髀。濁酒百杯纔到臍。憐舎老兵時過話。嘗從李愬戰淮西。（劉）結出意表、

道家雪

空山花落没巖扃。曉汲寒溪獻斗星。何事砌邊亡白鹿。恰宜壇下讀黃庭。慣長絶粒從薪濕。因易耐寒知藥靈。為是伏爐丹氣洩。千年老樹半身青。（峯）結寫得如描、

深山雪

高低一樣白茫茫。松自傴僂竹自僵。獵戸追来尋鹿跡。山僧歸去阻羊腸。勢夷深谷雲梯近。寒過飛泉氷柱長。想見派澌千處合。巖巖如霰散春陽。

溪橋雪

咫尺糢糊看不明。寒雲近傍帽簷行。梅香隔岸知何處。鷺起離波唯有聲。【劉】巧而雅 薄酒易醒愁路遠。蹇驢難進待詩成。晩来纔就樵家煖。一竈濕薪烟未生。

官橋雪

珮聲纔過又車聲。隔水樓臺是鳳城。【島】既知非野橋 傍見堅氷如地厚。便為捷徑有人行。【鹽】氷山可畏。况氷徑乎。雖然誰能行不由徑。飢禽戛戛將何訴。寒日濛濛未肯晴。借問行途多少客。誰能踏此不輸清。【島】句句切官橋

村橋雪

足凍腰強行欲顛。雪深橋狹勢難便。子房何在履方墜。豫讓雖無馬不前。【島】巧絶【峯】警絶 ○沽酒童歸亡舊路。釣魚翁去有虛船。看来人物皆如畫。敢道王恭獨似仙。

【倪】雪詩難巧。况十首多乎。而猶有餘力。○【鹽】十秋十雪。蓋皆初年作。既渾渾不墮時調。

銷寒十詠用蔣士銓韻。録八

寒鐘

夢裡暫忘貧士寒。數聲何事破邯鄲。姑蘇城外霜方滿。長樂宮前月欲殘。【劉】姑蘇長樂。何等妙對。初讀之。不覺其用典也。郭樹引烟連水岸。僧樓篝火現林端。此時詩客南窻下。一字冥搜苦未安。

寒岫

高情應厭見凡人。常把浮雲隱半身。皆道姿容多偃蹇。誰憐氣骨太嶙峋。【劉】寓意不淺 女蘿風嘯隨山鬼。危石泉鳴弔谷神。【五】佳對 莫訝方今寂如睡。春花一發返吾真。

寒樵

人跡依微石徑危。我斤將向彼林施。前途雪滿猶晨往。幽處雲生此午炊。【五】一句韻勝 凍棧中崩逢虎口。風松杪折得龍髭。莫留山館觀棋局。日夕妻孥恨汝遲。【倪】冬日易晩。遲字押得有力。

寒帆

午雪霏時上後灘。晩風吹處下前湍。雖遥猶映碧山見。稍小方同白鷺看。梅岸觸来聞馥郁。蘆洲著去喜

平安急流如此不能卸始悟人間勇退難〔劉〕十首落句皆雋

寒爐

忽遇隣翁送芋魁擁収残炭撥餘炲誰家者雪晨温
酒有客對君宵畫灰湯已成氷孤鼎黙風猶代扇半
窻開厤幾與汝相依久不用更因人熱来〔鹽〕大尉看雪子嵩對君豈非因人熱者乎孤鼎半窻豈非自家興象乎彼我並叙而下七八句結構密而句法新

寒吠

霜凜尨兒氣始振孤村幾處吠聲頻應看樹影疑誰
立忽自墻陰勃爾嗔林下有蹊難獨往行邊無燭肯
相馴従来我室如懸磬未必苦防梁上人

寒蔬

凶年薄酒亦難賒好向荒園摘莱芽此日莫呼為小
草入春未必不嬌花〔峯〕寄託何深熊蹯魚炙譲人口堯韭
舜葱宜我家至味元難供熱客満根氷雪透齦牙

寒硯

甘與貧儒耕紙田我家舊物伴青氈文章満腹口能
黙空洞虚心節却堅〔劉〕所謂詩中有人者斜月到窻方欲凍初
陽烘几又生烟中書君禿陳玄老耐久交情獨百年

〔五〕以上諸作詠物而次韻然餘裕綽綽毫不見窘迫牽合之態實大家伎倆○〔劉〕蔣作澁硬無味遜此遠甚

送桒原子華歸天草

俗醫嗷嗷皆誑人其業鼓舌與揺唇〔倪〕首篇喚起酷不似送詩而却是破題之體裁如一匹之蜀錦經纏萬條翔鸞舞鳳纔現出一線者句句段段須詳翫審視或言
漢醫疎不密治疾莫如蘭方新〔別〕子高曰一種唱蘭學之醫一物
不知以為恥細及蚊睫大天垠皮膚筋骸毛髪血分
剖釐析洽人身牛溲馬勃敗皷屬換以蠻名作奇珍
〔別〕此一句稜針入蘭醫腦中者満寸愉快如何蟹行文字世所昧横讀如流
駭癡民術雖平平口妙妙張瞑其目瞰高旻〔別〕人意表之語
若渠所述皆有効人壽亦應齊靈椿或言蘭醫拘難
活師古宜溯岐與秦〔別〕一種手張漢方之醫首論汗吐次論下
不説陰陽不説因猛劑厲藥轟肝肺唐錢漢升和君
臣〔別〕極切死者非我是天也墨守古徵具開陳病雖
可除人乃斃猶負嬰孩以千鈞若渠所行果無誤足提
刀圭役鬼神或又挿花耽碁局風流擬入韻士倫〔別〕一種好事之醫○前二或皆好議論而不切事實者後三或皆行事無益於醫者故前用二言字後用三又字是作者用意處閭里偶有垂死客子姪環坐守唫呻不唯

涸魚望江水。使人汗流招請頻。我棋未終且姑遲。比至皋某無由振。〔劉〕皋某、恐冥搜時有神助。或又袨服而令色。夙夜唯拜公路塵。〔別〕一種好進取之醫。杏樹門庭闢白日。梨園風月侍青春。〔鹽〕一聯、照隣妙境、好句、又錬句。俳優蓄之供歌舞。宦豎視之厠妃嬪。一年長與苓連絶。終日空追麴糵親。曾聞醫者仁之術。如何變為佞之隣。或又貪如慕羶蟻。積貨與山競嶙峋。〔別〕一種貪貨財之醫。逢伻未問疾輕重。望屋先知家富貧。見其蜘蛛網簷者。纔入戸階眉已顰。寠人之子何煩我。一診未訖幾欠伸。〔別〕極切。歸途若無人馬從

便令門生口氣嗔。見其鵓鴿止屋者。不覺莞爾現本眞。侍婢敷氈勸上座。却避下風自逡巡。菓出辭菓茗辭茗。卑讓吾敢當大賓。甘言不厭長縷縷。苦思偏愁或逆鱗。〔島〕妙對。傍見鞍飾肩輿具。驚謝鄙性未習馴。〔劉〕以鵓鴿對蜘蛛、以莞爾對欠伸、以謝對嗔、種種相反。○〔劉〕蜘蛛網簷、或可厭幾、鵓鴿止屋、再生換心、恐不得拈出。○〔倪〕俗醫汚態、極力摹寫、似讀徂徠送玄與序。爰有桑生奇男子。〔別〕桑生是一篇骨子、故用爰有二字、所以莊重其人也。○〔倪〕胸中奇氣、假桑生吐出。年十三四已嶄峙。家住火州欲了頭。大洋緑入簾帷裡。〔島〕此句法、旭莊慣家、鯨背摩天天為凹。欲乘長風破萬里。百千甲兵在胸中。昇

平誰能試一矢。避世避人心所非。學農學稼君子耻。〔別〕上句論語字面、故下句亦然、以見精密。為良將乎負明時。為良相乎無膴仕。不為良相為良醫。獨悅斯言協吾耳。〔別〕首言大洋、為述壯志、與胸中甲兵也、言甲兵、為述良將也、言良將、為述良相也、言良相、為述良醫也、前遥鷁後泛舟、疫神痾鬼莫跳梁。鑾汝眷屬夷窟壘。願使白骨與青燐。不非命死天命死。〔別〕暗孚結一段。末世間醫生誰丈夫。衰哉弊習總如彼。〔別〕此五字、収結前五種俗醫、彼排千軍萬馬、此寸鐵殺人、取源不遠澤難周。立業先從讀書始。〔別〕讀書二字、釣出許多事業、負笈千里遊南豐。三年燈火耿窻紙。唔咿徹曉妨人眠。口雖不

言心相毀。〔別〕懶生實情。晨飧在案呼不來。耽書忘食蠹之比。〔別〕是毀者之言。寧知寒暑軋肌膚。自有典墳淪骨髓。堪笑伯倫荷鍤隨。沒則以書埋而已。○〔別〕四句、桑生答而言、〔塩〕四句、暗伏段尾疾病二字、○以書埋、奇語、〔島〕其與書親密似膠。其與人交淡如水。〔別〕此一句、又釣出許多事業、宜園弟子百人餘。多放誕士少狷士。門前塵霧日色濛。濛自南市連北市。劇場何處鼓聲鼕。古廟乞晴旗影靡。前有跨馬堂堂過。後有飄袖娟娟美。一生傍垣立且望。一生從之曰行矣。〔別〕如畫。一生絡繹行。相招相追趾難止。須臾滿街隻影無。空

厨書聞鼠聲喜。偶餘因病守舍人。魂飛在彼不居此。
爾時桑生坐如山。聞不肯聽見不視。【別】相招相追、可以已、而更寫至
鼠聲、鼠聲可以已、而更寫至守舍人、然後入桑生、才是百尺竿頭進一步之法。〇【島】能狀難狀之狀
子通癖疾病多。欒鐺聲接書聲起。【塩】亦孕末結一段　況因白
髮倚門閭遂使青衿戀桑梓。【別】對法穩帖、況字尤有力、東去已經
三及。風西歸方試一行李。【別】行李二字、亦鈞出許多事業。〇【塩】佳對　維時
六月炎威強。【別】六月一段骨子、返照微風秧荷梨槿暴雨等物、皆自此出、　筑江百
里水如湯。波翻倒照映人面。千頃晃耀不可當。周郎
火攻豈過此。舟板如炬我如蝗。與其有風兼有日、不

如無風無日光。【塩】暑中厭風、何苦景、是故蓬窻都掩去。潜蟄恰
學龜六藏。強欲成眠眠不得。汗衣襯體雨淋浪。【別】上舟中
苦景十句、下樂景亦十句、日落微風戰蘋末。蒲葦蕭淅送夕涼。荷
絅影沈深柳裡。浣紗聲出獨楓傍。魚舞虛空瓊梭閃。
蹁躚者鷺。降彼梁。【塩】涼氣生於紙上。波緩舟遲疑不進。唯見
岸樹頻迎將人已忘舟舟忘水。【別】錬語。〇【塩】妙語似讀坡文。詩興
到此亦泱泱。【別】亦水也。〇【島】記筑南風景、如親睹。停棹更入棠城境。【別】棠
城映筑江、筑江映南豊、南豊映、火州猶五步一樓、十步一閣、前程長於夏日長。三
里五里一亭堠。地總平衍少郎岡。晚吹婆娑新秧舞。

遥望粘天綠渺茫。時有霞頳又霜白。圓葉田田帶夕
陽。困慘中頽行掩鼻。萬莖荷花散濃香。筐隨婦手茶
坪茂。簾作妓衣酒肆荒。【島】肥前實境　水閣梨甘供午憩。村
籬槿笑映晨裝。鳥外望烟投古驛。馬頭揭月度長塘。
【別】午晨言時、而炎涼在其中、烟月言物、而時在其中、猶畫龍東雲露爪、西雲現尾、〇行、憩、裝、投、度、皆行人
也、秧、荷、茶、酒、梨、槿、皆土物也、亭堠、坪、肆、水閣、村籬、驛、塘、皆地理也、他段無紀行處、故此獨詳、讀者宜深味、
〇【鹽】波瀾萬頃、百折瀠洄、與筑江爭狀、〇【倪】風土歷歷如畫、　忽然雷吼天色黑。電
光下射似長槍。耕田者望神祠聚。行路人求樹蔭忙。
風吹埃氣混雲氣。雨濕詩囊及飯囊。泥滑滑兮行不

得。【鹽】鳥語湊合妙。濘汁狼籍染征裳。【別】苦景。〇為露温仙絶頂之伏筆　林杪
鳩鳴又新霽。雲鎖遠螺一點蒼。漲是温仙之絶頂。始
見故山喜欲狂。【別】前叙苦景、為有此喜也、今日向之明日背。當其
南麓有大洋。【別】二字顧前大洋、其來、以下遊南豊三字、其去、陳數百言、乘除如算、　扁舟
橫截海濤湧。鵬邊島影是家鄉。【鹽】自雨生雲、自雲生山、自山生海、自海生
島、自島生家、而入垂白一步進一步、〇泥滑滑、行不得、鳩鳴、鵬邊、鳥雀、皆無心映帶、〇【劉】鵬邊之家鄉、即
鯨背摩天之地、柴門鳥雀夕喧噪。【別】以下無中生有　垂白何人坐高
堂。器響尋響參差起。半窻紅色燈初張。夜殘已出南
軒下。掌扇生風茗靄颺。群兒團欒笑語樂。唯少一兒

在遠方。【別】自家、而高堂、而器帚、而燈、而夜飡、而掌扇、而群兒、而一兒、皆竿頭之步。○【鹽】遊子歸鄉多是薄暮、家人話旅况、多是飡時、信哉不學詩無以言。○曰親曰子、一彼一此、轉換自在、猶戲場旋機、其觀改、

忽予季宦遊健乎否。只今晚飯嘗未嘗。【別】只今顧上夕字、

推予思汝知汝思。早晚相見緩愁腸。【別】四句、老親忽忽。意中之語、

聞敲門有歸者。滿座悲喜各蒼黃。【別】如大雨忽霽、蛟月現、雲鱒不容更添一句。○【倪】截得佳、可有之處、不必有、是詩也、○【島】此著意、未歸前、家人平日意想、連下數十字、已歸後、只悲喜蒼黃四字乃了、故似冗不冗、

嗚呼桑生真國器。【別】末段一篇大旨、故以嗚呼起之、所以莊重其言也、

告汝以余平生志。【別】以下徹尾、皆贈言、○初見余字、極重、不與前同、

我字人之為人。在濟人。【別】應在下

不然衣冠而蹄翅。良工

醫國固虛言。【別】快絕、一聲大喝、醒俗醫耳、

到能醫人豈容易。從来僻鄉陋習多。天草更有慘心事。【別】火州欲了頭、不言其何名、而此曰天草、卽明史筆、○【島】幹旋有力、

土俗忌痘如忌蛇。【別】忌痘二字、一段綱領、

病之便非我族類。父子兄弟不復親。婚媾姻婭忍相棄。不許在家待快瘥。舁往空郊教遠避。【別】以下、慘心之景、極力摹寫、

暗谷深巖隅寓寰。荒祠古廟充魑魅。繆根為枕髮皆鉗。尖石穿茵耳將刵。惡草長蔓何綿延。来就頭邊欲相縊。【別】有詩以来、無用刵縊等字者、自我作古、○【倪】酸鼻、不忍再讀、○【島】酷似譚友夏、

慈父為虎兄為狼。【別】用漢人讒、極切、極切、○【鹽】是可忍也、孰不可忍也、

母也天只不能庇。唯有伯奇悲凍飢。曾無后稷致神異。凄風飄出褥中膚。苦雨零添牀上淚。天杳杳兮曉星低。夜漫漫兮秋露墜。【別】二句述痛悲之極、而如天女衣無縫、○【倪】奇古、似讀古歌謡、○【島】二句、可補餐霜操、

莫赤匪狐其尾長。【別】母也天只、既用套語、故以莫赤匪狐接之、

彷徨四邊候人睡。嗅地啾痂何綏綏。欲毆恐招他妖祟。老梟来嘯禿樹巔。一聲髮竪心病悸。【別】根石草蔓、慘心自地起者、風雨星露、慘心自天起者、狐梟鬼燈、慘心自物起者、○【塩】說得慘痛、不如是則不足以動聽者之心、

固有病輕萬可生。保護無人斃顚頷。十人就痘九人殤。鬼燈青熒起露骴。陋俗到此可勝嗟。【別】陋俗二字顧前

君子者所宜留意。要是匹婦與匹夫井底之見之所致。【塩】句法奇拔

獨怪醫亦覰不關。懶向愚蒙陳大義。【塩】醫亦二字、遙昻顧首段、乃僧繇點睛之法、

且又覯稀不知療。停乜腭胎施何技。痘之為患自古来。何故此鄉獨深忌。日域六十有六州。身毒支那荷蘭地。搜索未曾患痘人。百千萬中無三四。【別】勢如丸迸盤。○【塩】句句壯勁、不似中間容與、是此篇之所以讀而不厭、唯恐其盡也、

唯因世有古良方。生居八九死一二。況於雖毒不再患。異彼痳痺疫癘痢。君去須帚敝風殲。神術靈法嚴吾備。病者無畏看者安。【別】一篇主意

長幼親戚得愛字。【別】前曰父子兄弟婚媾姻婭、此曰長

切親戚、互言得法、然後可謂能濟人。【別】然後二字極重、堪使濟人二字収前
俗醫咸感愧。【別】俗醫二字、始収首段、如蘇武十九年歸漢。○【島】此段文而有韻者、無乃大冗
乎、然大篇中、少此段不得、又免此冗不得、余所言即君所知。何須千言苦
曉譬。【別】已曰何須、而如是纚纚者何哉、唯以有自醫本旨、抑首而揚尾也、行遠自邇昌
言哉。獨憂君身罹痾累。一年強半在病牀。竊懼雄志
難得遂。若欲醫人先自醫。【別】七字、骨中之髓。余言此耳願三
思。【別】前曰藥鐺聲接書聲、起預為此結設、如種樹望其實於十年後。○【鹽】末段關係風教、不復以浮文
視之。○【劉】長篇叙事、古人有之、此篇乃主議論、而以叙事間之、骨肉相稱、濃淡得宜、自使讀者不倦、可為
流俗喜拾長恨琵琶唾餘者作藥石矣。○【倪】古来未曾有之長篇、抑揚開闔、奇變横出、使覧者不覚其長、

所以為妙也、○【島】予未見長篇如是者、而不覚其長者何也、蓋一段一章中各有奇語妙句驚人者、譬之
虎頭頰上三毛、全身精神不在三毛、而全身精神得三毛而飛揚也、

二月十四日出門　以下二十三首、天保乙未遊筑前肥前時作、

人皆欲留春。空想竟無益。山國芳事遲。二月氷未釋。
他山花已紅。我郷雪猶白。我春與他春。其間廿日隔。
聞説肥筑郊。今方桃李坼。我往探彼勝。春晩返吾宅。
吾園花始殷。蝶飛草心碧。一年賞兩春。何人知此策。
【筱】一氣呵成、自香山来、

晩過關村

溪雲洩繚響。高下見牆垣。老樹妨官道。奇峰壓里門。
【五】實境　鳥肩銜暮色。人背負春暄。何處休征策。行看嶺
上村。

宿内山氏梨雲館

主人設筵梨樹根。月氣花暈白無痕。醉裡却愛薄寒
中。一肱惹得風前夢。夢為羽客坐雲霄。團團玉盤挂
我腰。須臾風起雲難載。玉盤碎墮我飄飄。醒来沈月
無餘白。滿背梨花堆一尺。【塩】此種詩、非具仙風道骨者不能、

出恵楚驛遇雨。農夫借傘得抵甘木。

春天苦易陰。鳩鳴雲落野。行旅無蓑衣。避雨密林下。
繁枝低作簷。堅巣庇如瓦。此間聊寄身。亦可當廣廈。
少焉雲有聲。風勢似奔馬。枝坼巣亦崩。雨自頭上瀉。
蜂蝶成粉虀。雄雌忽鰥寡。鶯歌停宛轉。花姿失妖冶。
紅紫掠空降。青衫變為赭。誰能救我窮。幸逢牽牛者。
急走歸其家。齎傘来相借。吾厄同臧孫。君義賢子夏。
【劉】好典故　從今半日程。吾子之賜也。【劉】結得奇古

松子登邀飲中洲酒樓

前飛蛺蝶後倉庚。柳蔽長堤花滿城。酒助春温人意

樂寬宜夜色月波明（五）明麗 頻年獨負風流債一夕相邀故舊情他日此遊何可忘中洲橋北玉笙聲

訪龜昭陽先生

書聲忽起水之涯認得先生高卧齋鹿洞不妨遺黨錮龍門元自足模楷何人遯世能無悶有子克家堪慰懷濁酒一尊相對坐靜聽春雨灑蘭階

觀松子登所藏蒙古兜

女直朝亡宋夕滅西土誰抗忽必烈豕心蛇腸何知厭南戰北攻無虛月古城交趾緬爪哇八百媳婦皆侵伐側聞海東有大邦其土豐饒人強桀遠差使臣杜世忠手齎璽書口陳說皇帝應天御八紘與王自今通使節我邦開國二千年宛然金甌無一缺肯向犬羊結好盟何物單于敢狂悖未遑西征問鯨鯢且戮使臣懲饒舌（劉）立言得體 我有十萬日本刀汝若相怒來一決莫以弱宋小金視屢酋聞之怒次骨萬艘巨艦蔽海臻彩旌搖搖拂虹霓檣烏影簇暮天雲組練光寒暑邊雪（劉）敘得鮮明、如睹當時畫卷 群鵰均進潮勢崩楫櫓轟吼海門裂我兵據岸如長蛇賊軍難前氣稍苶罪盈惡稔神祇嗔人未降手天先罰（鹽）十四字、承上接下、斡旋絕巧〇（劉）痛快痛快、使鄭所南聞此語、其抃舞何如 大塊噫氣吹碌黃青龍簸浪浮又沒匉訇猛威夜拔山百怪去來形恍惚陰火如毬雨如繩乾轉坤旋風稍歇滿目賊船安在哉浮屍拍拍飫魚鼈腥氛衝天日影青看如荇藻總人髮（塩）奇 想游魂彳亍無所棲馮夷大笑天吳悅怪得朝來潮不來器械山積波道絕殘兵伶俜不能奔我軍乘勝張殺越降者肆赦逋者囚仆者腰斬立者刖或如郤至兵在頸或如子胥眼已抉快於冉閔殺胡人慘似武安坑趙卒紅濤朱瀾染嶼汀漫漫大洋渾是血崖山之報在此時地下開顏張世傑（倪）一韻到底詩、為韻所縛、易陷牽強、而作者每押必確當、如烈節傑鵝等字、在此題、天造妙韻、然誰能如是拈出乎、集中長篇皆然、 松君家住古石城家藏古兜知門閥先世從軍擒渠魁取兜鍪頭獻北闕形製頗與漢樣殊其狀團圓其上凸前彫交龍銀陸離裡綴錦罽外精鐵黝然古氣溢座中凡百器玩光彩盡月出如吹寒霧生風過即覺商聲發奇觀休論王莽頭異珍誰數楊妃韈（塩）分段處、必用巧對、故端整不亂、〇（劉）四句爲兜畫矣、一篇骨子、 今也英夷強似元慣向小邦

恣凌蔑。東兼身毒侵韃清。萬里擴彊猶貪饕。未向
神域敢闚覦。元時敗績彼心折。盍圖此兜觀彼徒。永
作殷鑑戒胡羯。【篠】拔山之力、蓋世之氣、使讀者辟易數里外。

原一郎邀飲

酒人憑檻眼先明。緑水溶溶與砌平。桃葉當筵能侑
醉。琴高上網好調羹。雲含雨意帆皆落。風送潮光月
復生。【五】能寫至不能畫處。杜牧揚州猶是夢。他年一覺定關情。

佐賀路上

百里平原緑接天。麥田纔過又桑田。行人終日難療
渇。唯有泥池不見川。

與松德甫步佐賀城外

此地物皆春。因知政化新。農夫多讓路。關吏不呵人。
氷解魚携騰。雲開雁待賓。莫愁歸袖冷。村醸亦芳醇。
【篠】前半雄渾、後半細膩。

呈劉穀堂先生

街頭到處讀書聲。聞說劉公方寵榮。豈獨詩豪推夢
得。更應鐵漢肖元城。【劉】劉公二字、如是承而不泛。兼三不朽言功
德。無一非賢父弟兄。最感身居機務際。能將琴鶴守
孤清。先生號琴鶴翁。

荻城星巖寺集。次蠖窩鍋島君韻

山影濛濛雨似煙。征鞍暫卸寺門邊。花開花落春如
夢。昨日迎筵今送筵。

訪珮川草翁。刺香賦二律。録一

牀無上下不相猜。玉樹蒹葭許暫陪。一桁青山迎客
笑。數枝紅杏為誰開。寄懷常恨識韓晩。侍坐今誇御
李回。唯有春風似高德。前程到處送吾来。

珮川先生導遊丹邱新黌半山樓。同諸彦賦

先生卜築倚珮川。詞源滾滾萬斛泉。魯頌方裁太史
克。漢儀行製叔孫先。泮宮新開百爽塏。中有高樓巍
巍然。樓上觀山轉奇絶。美人半面立簾前。髻鬟欲出
終不出。却以偃蹇取人憐。北崦春光鶯囀處。東峰秋
色鹿歸邊。妙趣元在想像際。五分缺勝十分全。維時
二月花初發。蕭蕭細雨暗晩天。先生携我坐樓上。更
使青衿侍四筵。此會何異滕王閣。騰蛟起鳳聚群賢。
傳杯幸遇閻公賜。援筆愧無王勃篇。誰將秀語奪山
緑。半山復沒雨中煙。

贈田三畆

十五年前来我家。爾時君才桃李花。好稱禮儀論劍術。欲兼子路公西華。我年十五君三十。芸窻之下共講習。一燈分照秋讀長。兩膝同前夜談急。今年相遇在長埼。喜君身健加舊時。感君才老成秋實。驚君業變作良醫。自云少時頗迂濶。漫將客氣慕曠達。秀才大言陳腐談。不如爲醫活潑潑。世上醫生尚浮誇。不用刀圭用齒牙。唯手一卷傷寒論。傲然自比張長沙。荷蘭之國雖褊小。醫方或出人意表。術兼內外利便多。藥合華夷固陋少。君言當否吾不論。唯服高技能還魂。門外常起十丈塵。乞藥人簇日夜喧。嗚呼丈夫善豹變。花落葉脫真性見。愧我依然守芸窻。猶磨十五年前硯。塩一結倍全篇精神。

贈松春谷三首 春谷長埼坊正也。請鎮臺。導余輩觀唐館及蘭館。

自幼好文字。常思晤西人。因君觀唐館。素願一朝伸。西客自爲主。東人却爲賓。言語雖不接。肝肺乃相親。呉楚與肥筑。目擊成比隣。席設氍毹軟。酒酌葡萄醇。薫雞甘飫舌。糖饌膩粘唇。羹菓滿籩豆。無一不奇珍。歸途餘興在。更闖圓山春。夢遊秦淮上。翠蛾嬌粧新。

蘭館頗宏麗。珍觀勝所耳。一器蹲門前。偉形鐘鏞似。剛鐵所鑄成。其重萬鈞矣。中載三數人。泛之大洋水。外邊洶湧波。絶不入斯裡。七八尺珊瑚。採来平平已。應門有小奚。膚黑鬈髮紫。道是崑崙奴。技九詫絶技。蘭人偶出門。厨寒煙不起。唯聞自鳴鐘。沈沈報午晷。筱奇事異聞。韻語爲記。結二轉殊有佳致。

唐館雖有酒。蘭館未具觴。主人心不慊。引客到別莊。玻瓈窻色澈。栴檀柱氣香。總作荷蘭樣。疑我遊殊方。陶器大蔽案。肥豚蹲中央。每人執刀匕。隨量截腴肪。瑪瑙載鴦炙。琉璃盛酪漿。辛辣雜薑桂。甘旨帶沙糖。異名雖驚耳。奇味却適腸。臨去包寒具。歸與家人嘗。筱叙得細精。使人流涎。劉三首使人親睹其境。

宴春谷別業

一徑斜斜傍曲灣。離街咫尺即幽閑。晚櫻全放春無恨。弱柳自搖風不關。倪如是好聯亦難多得。啼鳥似知詩客意。好山恰對美人顏。紅闌干外新潮綠。坐到月高猶未還。筱句句清婉。

贈春老谷二首

我客他人家常不至燰席太敬心不安太狎心亦戳
狎敬得其中始得適吾適今寓於君家吾以為我宅
知我飲量小不及雙頰赤知我好異聞奔走借書册
切禁乞字人知我詩債積洒埽無片埃知我有潔癖
勿論妻與兒臧獲猶愛客何唯君眼青更見奴㱃白
[筱]香山再来
主人携我去遊興要日新一日海口泛沈網獲紫鱗
鮮膾白如雪色奪坐中春[劉]少陵口氣
一日酒樓飲夜絃聲徹晨銀屛蔽春燭明月映佳人纖手擎寶硯秀句
題羅巾歸来香在袖幾日飛蝶親一日南山頂哦詩
雲作茵[劉]一日三出句法變化使人不厭
雖遊神仙境不如為君賓
君家二十日勝他二十旬

贈田香谷

埼陽粗似錦官城田子風流亦擅名已有故翁豪縱
興更兼杜甫靜閒情竹寒沙碧讀書坐柳暗花明擁
妓行一事古人猶不及支那客至乞詩評[五]五十六字脉絡匝
通如環無端實是創格

三月二十七日歸家此夕聽雨寄老谷諸子

枕上青燈翳又明打窻寒雨夜三更遥懐歌吹海中
客此夕幾人聽此聲

讀盛明百家詩

我讀有明詩十篇九擬古汗派追曹劉目迎送李杜
譬如黄鹹嫗而扮霓裳舞死氣蔽紙騰掩卷幾欲吐
燕國慕唐虞君臣遭殺虜女媧能補天學之為呂武
車戦唐時崩周官新室腐芻狗一乃拋火牛再見侮
古代之所行時移難盡取舜禹承其君夏后傳自父
拒女魯男子増竈漢虞詡只則聖之時不用膠於柱
[盬]世唱復古學者宜書此數句當藥石
詩者人精神何必立父祖[劉]二句公生平見識
舍芸他家田吾詩我為主莫倩古人来逆旅子
我肚[盬]李何以下皆逆旅主人亨保諸公引為上客吾不知其何心
寧創新翻詞休
擬古樂府[盬]不獨詩風亦足以觀學風

喜邊修齋至

鰥生今日笑顔開快事如斯有幾哉春酒新成宿痾
起好花初放故人来[峯]二句並言四快事而無湊合痕妙

四月九日旭荘坐雨

水煙與林雲。合從四山足。風弱雨不斜。絲絲能相續。青潤嫩苔榮。紅碎餘花辱。孤蝶覔新棲。飛蜂省舊欲。【鹽】託情景中。不墮理窟。簷光稍不明。瞑色過遙矚。下簾讀古書。吾心自檢束。才短志太長。身慵慮常惜。【劉】六朝語氣。幽窻宜雨聲。相近不相觸。入夜雨亦晴。有鳥一聲告。仰看庭樹巓。明月照新綠。【鹽】末結。妙在言外。古高僧有下觀雲破月出。而大悟者。是其庶幾焉。從前檢束。至是脫然。

四月十日。自中磯乘舟遊杉渚。岳師攜茶至。

浴沂嘗慕曾。在汶又想閔。賢愚雖異倫。古樂今未泯。

【劉】春容和雅

夏流去不忙。夏風吹不緊。淺處便用篙。舟行似飛隼。水潔見底苔。衆魚俛且吮。忽驚人影來。負石以為盾。戛然聞沙聲。下膠舟路窘。揭裳登洲尻。坦平如用準。柳晴懸罟罟。草暖放騄兆。句【劉】雋宛。戀春後花。經雨臙脂隕。難得復靦然。幽姿強一哂。班荊傳行厨。餘興澹不盡。雖少琴高羹。猶燔孟宗筍。知渴攜茶至。誰如上人敏。欲歸向故舟。初月發相引。

夏日竹外村莊坐雨。田城緒方其見訪。招諸子同賦。韻得覃。

竹東結屋形類龕。芭蕉在北柳在南。靜境關門無晝夜。奇書橫案雜瞿聃。人勸出遊辭以疾。百物不嗜一間耽。炎遭夏霖蕭蕭下。簷牙半被濕雲含。昧爽焚香面壁坐。靜極則枯亦難堪。何幸詩人辱遠訪。況嘗相識兩心諳。氣象高寒出塵表。好客如君我所貪。不見呂安題鳳去。且容王猛捫虱談。我家幽味無人乞。分而與君君却甘。市遠筵難供卯酒。家貧庖豈有丁男。盤上鹽虀伴薄飯。賓雖不厭我內慚。火急馳書促同社。十五六人集吾庵。社約先詩不先酒。套談悉省苦吟酣。自東至咸韻分卅。起午終申刻限三。幾度狐疑難自決。此時龍頷有誰探。思窮離坐或山立。才富何人似海涵。黃昏鉤簾雨未歇。滿庭苔潤綠於藍。砌邊往往抽晩筍。明朝玉版可必參。【劉】坡公多此體。今時少能學者。〇枉来添暢筆。故構澁硬辭。老坡仙去後。此味少人知。

五月十日夜作

青林如拭雨新晴。泝潦入庭庭自明。簷際風收孤鐸啞。槐陰月退數螢行。累累塵務泰山重。僅僅閒時河水清。夜短四隣人定早。隔村時聽水禽鳴。

題李蘇泣別圖

禍福從来稟不同李蘇畢竟並英雄詩人敢辱君王
命降虜猶存國士風此日龍沙俱涕淚他時麟閣獨
勲功〔劉〕二聯精切而不損氣格少卿心事真難白唯有憐才太史
公

送人之對馬

幾度河梁送遠行此般隔海最關情波濤已盡蜻蜓
地雲樹稍分玄菟城人近蜃樓攀忽失舟經魚背訖
初驚〔倪〕奇想窮邊何限怪奇事待汝歸来仔細評

豐水畫

江鄉佳勝屬秋初溪口雲迷過雨餘紅蓼始開荷未
老一般風味在香魚

詠藤明府所藏冨士石

一卷盤中石三峰海上山神奇蟠咫尺想像當登攀
氣象含全力形容恰半頒削成勞鬼斧拋落自仙寰
陰闔収崖壑陽開露髻鬟洞泉排石扇頂雪逼天關
空翠依稀集片雲彷彿還宜哉君子寶仁樂在茲間

仲秋雨夜村允仲来訪允仲罷官余方喪女

衡門一掩有誰推秋入荒庭長緑苔病裡偏歎今雨
寂愁邊最喜故人来官途君已肱三折泉路我方腸
九回情話綿綿難叙盡西風古壁曉蟲哀

九月二十三夜東園看月

門外絶人行霜鐘已幾更秋林無片葉缺月有餘明
〔劉〕名聯詩味閒中得茶香夢後清坐来憐夜永未曙數
篇成

病後晩步

秋初伏枕到秋殘霜後樹顏渾渥丹寒暑易移教我
老江山雖好幾人看遥林已暝鴉翎急衆草將枯蝶
膽寒聞説今年頗豐熟貧儒方寸此時寛

秋晝

林聲入過雨悄悄釀愁思草禿衰蟲啞稲収鸖鴈飢
秋唯餘此日晴定在何時坐歎居諸速新寒半臂知
〔劉〕風神閒遠不必刻劃

大雨中發米府將抵田代驛不果宿漁家

別酒醒来怯峭寒我肌如鋏旅衫單白翻川浪見風
至紅透山雲知日殘野曠雨從三面下路欹傘庇一

身難前亭在眼不能就夕寄漁家具午飧

發田代允仲廉叔送至小郡

祖席初收處昏鐘早已撞餘看揷行李殘話隔輿窻
鴈去歸何處林平覺有江送来三十里分手立寒矼

冬夜送蒲君逸歸才田

林雲褪盡鐘聲遠夜深獨過七曲坂木影當路大蛇
蟠擧頭凍月小於丸到家推扉燈火絶滿身曉霜白
如雪 [五]老夫子亦有此詩同一君逸而讀彼疑其為道士讀此疑其為劍俠盖彼以幽勝此以峭勝故爾

夜訪北隣澤秀才

緩歩宜相訪門前一徑通憐君方夜學媿我獨冬烘
凍月粘雲背暗氷明泓中 [劉]新斬 歸途亦佳趣薄醉面
微風

初冬過隈川

蒹葭何淅瀝江晩有風吹晴雨無常所煙光憐此時
寒沙多鵜集蹤留少魚麗流水滔滔逝我懷應語誰
[倪]情懷悠遠我亦欲愁

梅墩詩鈔二編巻之二終

梅墩詩鈔

二編

下

梅墩詩鈔二編卷之三

旭莊廣瀨先生著　門人　江戸坪井敎信良　肥前伊東邵子髙　校

丙申元日

坐見東方白、乾坤忽一新。氷開魚欲出、梅綻鳥相親。酒恰扶詩力、風能煦病身。謳歌閭里遍、喜作太平民。

平川路上

跨岸依涯總是梅、香風一路始花開。盈盈春水無人渉、魚泳横斜影裡来。〔筱〕一幅沈銓畫

宿劉石舟家

馥郁清香瓶裡梅、籠禽鳴歇晩窻開。山如人髻出牆見、水自蛇行入寛来。厨點松肪羹夜鯉、酒醲竹葉酌春醅。曾遊屈指已千日、此後相過能幾回。

別府客舍出歩海上遂過西法寺蘭谷道人供酒

無聊厭僑館、遠歩不知勞。春淺洋風勁、天陰硫氣高。別府温泉側、多硫黄氣、寒郊有誰往、晩景獨吾曹。歸路敲蕭寺、道人供濁醪。

同蘭谷無腸諸子遊觀海寺

片光觸屐老氷殘、路出峰腰春尚寒。〔劉〕七律起頭、不為盛大豪壯語、自峭冷温藉處着筆、是所以與老夫子異也 草近温泉放芽早、梅開深谷遇人難。不期朋友忽相集、如是江山得與看。醉倚東窻歸去晩、新潮没渚月漫漫。〔草〕腰聯流水法、至結漫漫都自起頭盪颺奇崛處来、何等脉絡、何等活潑。

訪甲原玄壽

青衿幾箇倚高樓、清誦琅琅夕未収。已認幽棲在前岸、乃停行棹渉寒流。酒知吾量莫多侑、詩惹君痾請

暫休如此厚情何以謝汪倫許送別時舟（君有疾將舟送余）

春夜即事

露臥何圖到夜分微風吹面解餘醺月痕低在西垣外隣樹有花如淡雲

雨夜送寛度歸高瀬

夜雲渺茫逗江沙雜樹中間小徑斜吹衣稍濕霏微雨掠面忽香擾亂花深箐泄出一星火欸杵聲傳是君家（五　此與送君過皆我鄉實境非居焉者不知其妙）

遥峯寸碧樓

憑高放眸遠在市似江樓晩網連煙岸晨帆隱柳洲他家難見處此地自由収最愛飛鴻外青山出一頭

雨夜赴近郊詩會而歸途中作

強向同行相和歌天寒日暮奈歸何雲連大地如粘履雨帶斜風欲透簑桑柘藏村燈影遠池塘沿道鴈聲多詩人自為詩情苦如是深泥暗裡過

和元廸彦山上宮作

奇寒劈面近天關半路廻筇屢欲還道士忽逢危磴上飛禽暫伴茂松間雪融巖溜懸千瀑風急壇旌招萬山猶記當年探勝處追君一夜夢中攀

讀樺石梁先生孟子詩戲倣其體

亞聖原來百世師善言一一應今時書生多似盆成括俗吏皆同子叔疑僧棄人倫貴黄面醫師駃舌學紅夷彼哉泄泄無恒產耕稼陶漁不屑為

點滴

漏屋壊簷愁久霖晝閒宵寂有誰尋殆教鳴鐸遜佳響似為殘燈說苦心欲斷後還三四五方看際巳去來今斜風何意携將逝却向花間脉脉沈

未開梅

倚煙跨雪一枝長南朶才催半面粧刺史尋春芳尚早詩翁此日意先香（鹽　用小杜放翁二典貼切）鳥巳曳聲窺短墻休向東風嗟晩嫁待年時亦斷人腸（筱　結有寄託）

讀楊誠齋集

當年宜矣仰龍門志節文章兩可尊憤世心終入衰病薦賢疏敢拜昌言詩將范陸成三足學與程朱同一源我讀劍南非不好憾他作記為平原

偶成

老者愁日速、稚子恨年遲、好惡一何異、畢竟皆是私、幼時畏師父、每事苦絆羈、唯願年速長、家人從指麾、既衰戒在得、次第近死期、微霜點疎鬢、常怯曉鏡知、如今得奇策、安排無所遺、幼年解惜日、已知初老時、老至能送世、坦如五歲兒、【筱】上二句可戒後生、下二句僕請事斯語、憂樂不相犯、彼此可並施、吾是中年也、如何乃得宜、有事學稚子、閒閒忘日移、無事學老者、孜孜愛晷馳、【島】縱橫自在、以理窟勝、不遜甌北、

題醉李白圖

不畫醒屈原、却寫醉青蓮、不識後李赤、獨重前李白、今古滔滔稱君才、足知君才果誰哉、唯有賀監與坡老、其餘矮人觀場來、沈香亭北巧笑倩、亦是漢家昭陽殿、名花傾國三首詞、可當一編列女傳、中壘翰林於漢唐、宗室愛君非尋常、【劉】比人必於其倫、麒驥鹽車多失意、酣飲放歌猶悲淚、叱高力士辨汾陽、李侯雖醉不曾醉、嗚呼如侯之醉醉足珍、世上多少不醉人、【劉】結語冷有味、我家醉侯必莞爾、

古鏡

滿面繡紋花樣勻、不知經歷幾千春、沈沈一片雲中月、曾照秦皇宮裡人、【島】化腐為新、

圍碁

無由知古戰、聊此闘棋看、甬道鴉軍塞、中原素練寒、湘東慙隻眼、江左守偏安、自愧機心動、沈思下子難、

病馬

秋草濛濛秀櫪陰、【島】寫病而不能食之狀、妙在言外、何人又為擲千金、敝帷未具知恩淺、殘豆猶堆見病深、毛落夭桃春日色、胸懷烈士暮年心、雄姿可惜徒凋喪、此狀休教韓幹臨、

北條時宗

棄甲成山大海濱、神風一夜靖胡塵、憐公處置妙相當、不殺南人殺北人、

李斯

黔首不愚唯自愚、詩書燒盡任刑誅、艱難創業無三世、容易亡身先獨夫、【劉】燈下讀之、如聞父子相哭、漢代吳公稱善吏、周時荀況仰通儒、師生如此君如彼、史傳偏疑事

近誣。（劉）讀至此、爲上蔡公子吐氣。後半議論似清人。

眼前

眼前有物當弦徽。何必讀書捜古今。石作丈来師崇口。竹呼君去學虚心。孤燈影痩知秋老。遠杵聲停覺夜深。亦是一般清意味。蕭蕭暗雨度寒林。

論詩

從来詩道尚從容。佶屈聱牙豈正宗。千古人情相似處。春看桃李不看松。（倪）作者自厭作勁語。此唯爲世之粗豪家發。

五月五日舟過尾島遇風退入竈關忽憶土人小泉某嘗寄詩而未報往訪之十年前余過此亦端午也。以下丙申東遊時作

清晨放舟尾島東。積水渺茫接遠空。俄爾猛風天外至。逆捲魚蝦落船篷。篙師柁工膽皆破。叔帆退入竈關中。出舟且問小泉氏。猶記公嘗寄詩筒。神交數歳如故舊。論文一尊即相同。昔年五日過此地。爾時風好去忽忽。今年五日復過此。因風不好却晤公。坐想前度無佳興。今日之風是好風。

至京師龍潭義純諸子邀集圓山通仙亭

何處宜逃暑。山門載酒過。陰無如古木。香又有新荷。一座卅人集。異郷同社多。捲簾呼快矣。急雨忽滂沱。

至界寓林國手家三旬七月七日移居専修寺以下在界後作

客心安似在郷園。堪見主翁交誼敦。七日何縁到僧舍。三旬無疾倚醫門。鳩棲茂樹新巣穏。燕集空梁舊壘存。寺無住持笑倒殘瓢侑諸佛。對君勝與俗賓言。

送井岡玄策夜歸

霜壓蒹葭秋意闌。水禽相喚報宵寒。（劉）起法常不凡 前程無遠心先返。險路頻過足自安。人定孤村燈影在。雲開古渡月光殘。明晨試看歸衣上。粘著林楓幾葉丹。

雨夜呉椋亭来訪余欲借七書先以一詩

手折枯枝温濁醪。銅瓶釜沸起翻濤。始逢知己誰能默。傍若無人各自豪。破壁屢鳴風意健。漏簷直下雨聲高。（劉）悲壯 笑吾客氣未除盡。欲就夫君借六韜。

界浦晩望

洋心一點夕雲飛。風送輕帆箇箇歸。舟子豫知今夜雨。摩耶山色稍依微。（鈴木春山）曰、至淡至味。古人以一百五日春郊行爲放翁七絶

壓卷余於此詩亦云

初冬山行

老杉森列間殘楓行入丹青妙絕中山氣濕衣疑綠雨葉聲觸笠見紅風寒巖獨立鷹威貴澗潤相濡魚命窮［五］尋常光景寓出奇抜為是吟笻貪勝境幾回迷路問樵翁

夜歩

獨行蹣跚向誰門夜寂從來勝晝喧古渡月明携我影空林風入作人言［鹽］幽寥之趣寫入神微惟荊及棘疑無路既柘且桑知有村滿袖霜華如雪白濁醪安得一杯溫

廢寺

苔痕經雨上香壇荒徑依微進步難有菊自開仍自茶此松誰種又誰看多年古竈人煙斷未夜空廊鬼氣寒［鹽］七字出人意表欲問前朝佛無語山禽啼倦夕陽殘

田子朴歸豐後送至海口

鵬翼無由九萬搏知君愁緒亦多端歲凶羈客思家切齡少醫生售技難［五］實情鴈伴晨程洲月落雪侵夜泊海風寒送來倍我懷鄉意浪盡西天望渺漫

冬夜不眠起歩庭上

鴉鳴缺月現山端夜永愁多結夢難世上蕭條幾人在庭前料峭五更寒水聲微處當琴聽樹影疎時作畫看百物靜觀皆妙趣不妨露立倚池欄［劉］不求一句好而要一篇善自是大家本領

贈古家魯岳

見說多才世所推就中尤絕是書才列屏之上龍蛇走不律一揮風雨來月下尋詩雙屧響梅邊讀易半窻開［鹽］名聯可畫嘗聞海量能容衆勝會從今得屢陪

讀南溟先生以呂波謠邦歌論醫弊者

儒有不容世方寸起五嶽骯髒懷不平文辭時一託其言當激昂然而太惇慤［鹽］迂餘成味龜翁命世才學識元起阜餘力及方技氣象更洒落此雖非專門誰謂之代劉重哉生死門委醫掌闢鑰為醫作庸醫罪咎冠百惡謬用汗吐下誤視疝癇瘧宜熱反寒之心火化氷雹宜寒反熱之身支爛禹鑊或縛姙婦肚永使胎兒弱或攻衰僂骸疾痊神命索暴主之殺人公然

施炮烙。姦醫之賊人。人悦終不覺簧舌蠱富豪。既愈猶授藥。慾焰鍛刀圭。舌鋒資劫掠。【倪】十字深刻到骨 翁也心憂之。斥華勸敦樸。曰人無棄材。大抵如良璞。欲輝十五乘。只須加雕琢。汎讀古人書。尚志及禮樂。勉救貧者窮。積善高天爵。請勿鑿臟腑。又勿析經絡。休道我秘方。教人仁始渥。何必分流派。今古均揚搉。以療疾為要。言論宜省略。重哉以下四十句譯謡中意 立言即如是豈不誠精確。綴此以邦詞。用博辭簡約。其論儒亦同。正大謝齷齪。折衷於孔周。不偏黨閩洛。欲掀天池波。以易世混濁。衆女妬娥眉。哆口恣謡諑。終與世上人。方枘而圓鑿。我生不追翁。嘗就令嗣學。爾時年猶幼。未足窺宏博。所觀雖一毛。早已識鸑鷟。故諭耳食徒。莫得妄彈駁。【塩】醫人不必讀原詞。能記此詩亦可。○【劉】末段轉去好。

採梅

歳暮天涯未得回。僑居無事且採梅。清溪二尺三尺淺。傍岸一枝兩枝開。今日故園方發否。祁寒此處亦遅哉。多情不忍折將去。恐有尋香後客來。【劉】氣格横逸。亦不求一句好。而要一篇好者。○【塩】有多少苦心處。非瞶焉自放。

所見二首

須臾舟猶駐。前途有好風。坐看先發者。去入遠天中。【劉】戒後時者

梅花亦無術。早發遇狂風。若使遅三日。免罹此厄窮。【劉】戒先時者

月下聞鄰人彈琴

皎月亭亭夜漏移。瑶琴一鼓寫幽思。徽音要使何人聽。清怨雖深不自知。止水有紋魚舞久。浮雲無影雁歸遅。忽然聲歇應絃絶。看得小憐腸斷時。

聞諸子將作雪詩。先柬之。

詠雪詩宜尚怪尖。休陳飄絮與堆鹽。寫情精確推韓愈。敘景清新思子瞻。此日飢寒無客問。明年豐倹任農占。林東忽地紅暾上。愛看流澌挂瓦簷。

或譏前詩七八不振。乃改作一詩。

白戰從来禁傚顰。玉樓銀海已成陳。月非西落窻先曙。風不東吹樹自春。迷想山中師馬客。飢憐島上牧羝人。此時誰若農家好。明歳年豐未病貧。

梅

梅吾無間然〔劉〕突兀不凡
香色兩堪憐
與月明官閣〔五〕言色
隨風到釣船〔五〕言香

一陽初復後
萬樹未花先
誰是林和靖
相尋續宿縁

柳

幾被風吹亂
弱條難著眠
桓公思昔日
張緒即當年
射圃啼鶯外
別筵流水前〔五〕妙在不離不即之間
依依看不厭
夕岸帶疎煙

冬夜和呉棕亭

雁阻驚風度亦難
低雲如冪壓闌干
南隣北里渾歌酒
欲報何人知此寒

即事

醉後開窻且據梧
却憐寒意中吾膚
初更雪與三更月
庭有梅花看欲無

歳暮贈呉棕亭

清有梅村明國倫
呉家才子素振振
君承其後稱三傑
我黨之中唯一人〔鹽〕滾滾浩浩如萬道波濤捲地而来然對法精緻
午禺吹雲茶氣烈
曉瓶斟月井華新君喜煎茶
風流弄世多閒暇
歳暮猶蒙顧訪頻〔鹽〕風流二字收前始入題意

除夜

吾年三十過
客夜五更深
獨坐孤燈下
無人識此心
簷風戛枯葉
巢雪錮棲禽〔五〕前半平淡後聯奇險軒輕得宜
今歳成何事
明當惜寸陰

丁酉元日

僑居迎年處
亦不少杯觴
切切多良友
怡怡似故鄉〔鹽〕渾厚
輕風消宿雪
薄靄泄初陽
行到菅祠下
梅花自在香

新正二日訪惠學道人初余約以除日至而不果

有約寧辭道路遙
野橋行盡又官橋
漸深新水及芹杪
忽至東風識柳條
今歳入春纔二日元日立春
上人待我已三朝
鬭棋不妨成佳讌
賭取當筵酒一瓢

春日臥病冨田俊良来訪

別来垂廿歳
相遇鬢如絲
人病思鄉處
鳥鳴求友時〔鹽〕用二典成對而不見痕
唯談當日事
不覺此宵移
開戸看春月
低於郁李枝〔草〕郁李翻化棣華吐故納新之語用於交情尤切

小景

暮靄渡頭迷歸禽天際度山僧未掩門獨倚簷前樹
〔鹽〕原著摩詰句然一獨字精神頓改

客中春晩　以下三十五首丁酉春遊江戸時作

萍蓬萬里寓天涯歸雁遙遙夕日斜只使吟邊常有
酒不須客裡賦無家三春樂事如流水一夜東風又
落花〔劉〕頷聯以巧勝頸聯以韻勝
想像故園時物好香魚釣去坐
溪沙

春夕酒醒

何来花氣入紗帷雨後輕風細細吹月在薄雲將散
處人逢微醉欲醒時絶佳夜色全簾捲不淺春愁一
笛知看得隣家棋戰苦深沈隔竹子聲遲〔鹽〕酷肖劍南

遊藕濱林公八宜樓賦此奉呈

夫子儒林英徳望今代冠龍門地位崇奎壁天章煥
脱焉避紛華幽趣親細玩閑樓倚樹陰通徑到池畔
一間得新偸萬象収舊遮所見四季宜東風氷始渙
浮萍上芹杪鴨頭新水漫楊柳低蘸水芰荷秀連岸
南薫起其間對此百憂散午倦巻書坐何處孤蛙喚
涼邊蚊未飛暝際螢先亂秋澄宜遠眺冨山雲半斷
忽有曠世思適然鈎簾看冬景更清潔水渌雪光燦
靜觀乾坤理暗弄時序換〔倪〕二句収前斡旋有力
斯心淡無營
物我同安衎鄙人何多幸陪侍至日旰賦詩欲誌喜
眞捜背流汗吟成不足觀且供一笑粲

祭酒林公莊園諸勝二十四首　録十六

六間堂

地非無閒地人少有閒人〔鹽〕語妙
山農與野衲心忙不
稱身月色嬋娟夕花香馥郁春看之非閒者彼此難
相親公雖處機務心閒不著塵人得閒之貌公得閒
之神〔劉〕十字穩而奇

孤高祠

种放節不高陳摶跡太詭魏野詩未巧我不取三子
宋初隱逸流莫若林處士呉人不好事祠堂終已矣
本東坡詩中語
公重同姓誼春秋此祭祀遠以東叡池好於
西湖水〔劉〕對結絶妙

幻瀑澗

岑寂群動息夜窻已殘更驟聞淙然起初似暴雨生
少焉益轟喝似是飛流聲開窻無所見一片寒月明

數十株大樹掀舞欲走行乃知向來響風吹木葉鳴

【劉】意筆共圓活。【鹽】縮秋聲賦為六十字巧緻

赤壁路

巨楠張修幹倒垂勢狠怒岸鋪露霜根直下如瀑布
峭壁貫天腹斗絕難進步不獨登而眩仰時先已怖
石攀虎豹蹲橋踏虬龍度不知是何地宛然赤壁路

穿雲徑

萬竿脩竹合一綫細徑分無風群葉動觸杖白紛紛

【劉】雲著筆最難如把之不可握聽之不可聞蓬然入是寫去始入神

我袂奇寒徹骨筋稍出百步外望霽夕日曛田顧來
時路化為縹緲雲

爛柯枰

文楸以為枰柯爛枰豈全換以盤陀石其壽可並天
奇正分攻守縱横畫陌阡我欲觀戰法又欲講井田
不須遠捜索對此乃了然唯祝對枰者與枰同萬年

【劉】十字與雅得體

行吟橋

上橋何所見東風已連朝流澌赴嵌竇斷氷絓枯茗
殘梅未肯落新柳欲自揺鴻呼春天碧水心雲影遥

【劉】韋郎五字【鹽】善寫静趣。

吟行三五步詩思即相要唯是已足
矣何必在灞橋

續吟橋

纔過一橋去又上一橋行前詩未盡處後橋此續成
人影水中落遊魚蘧然驚久之遂不散識我諷詠聲

【倪】前有一橋至是極難措辭忽降此二十字出于人意表

風物橋橋異詩思歩歩
生此詩亦未盡前亭已相迎

紅於亭

秋樹皆不俗尤好是霜楓杪色留斜日葉聲下晩風
春英雖妖冶遜此多多紅千詩題不盡萬片埽還重
遝脉全埋了何處尋人蹤誰哉方温酒孤煙起林中

捫天巢

曲折穿巖腹次第出林梢觸足策然墮即是棲鶻巢
萬松翠濤湧剛風與之交恍疑明河響天關如可敲
下見岡與阜破碎類浮泡黄昏瞰碧落衆星大于匏

【劉】落句過高然名以捫天則宜。【劉】雄抜

翠雲深處

棕櫚及芭蕉、森蔚攅蒼翠。亂葉如横雲、日光不到地。陰苦冷似氷、踏此屢惴惴。泉冽魚勢健、石寒蠅心悸。歸去鬚眉沾、衣裳綠汁墜。問自何處來、翠雲深處至。

【鹽】綠汁墜、何等奇語、如是承得、乃相稱。

梅塢

地非不窅深、水非不瑩潔。林已起好風、池亦浮涼月。但少一梅花、萬象神彩竭。梅兮如高士、不屑因人熱。江都百萬家、紅塵逼天闕。咫尺不相侵、此有晶晶雪。

時哉洌

林下開三徑、澗上架一梁。東風吹深草、新葉細細香。雄雌相追逐、叢際出復藏。園中有餘地、與汝共春光。

【劉】五字色西銘

須臾忽不見、鷹鳴隔遠揚。何用色斯舉、供之我所傷。

竹間流水

醉後四無人、緩步循微徑。忽聞竹林中、有聲如打磬。潺湲一條流、漾月光不定。掬去猶未嚥、餘酲忽先醒。歸來清不眠、無端動詩興。呼僮汲烹茶、吟成鼎語應。

仰想橋

芙蓉冠東海、攙天碧嶙峋。衆山下羅列、汪想仰高旻。出為江湖長、入為廊廟珍。鳳毛成國瑞、奕世掌絲綸。一代操觚者、總出自陶甄。公欲何仰想、仰想在他人。

【倪】終以此詩、莊重得體。○【塩】二十四首、無一雷同句法、苦心異徒貪多者。

林公巽園七勝　錄六

涼適堂

坦腹倚南軒、愛此荷邊夕。水風冷似氷、暗香起深碧。流螢背風行、已被茂楊隔。時於池波面、分明見遊跡。

【劉】尋常之景、然非胸具二酉者、不能寫出。

當年碧寒亭、孰若君此宅。世人皆附炎、涼味應獨適。

靜樹

埃氣不至目、市聲悉附聾。見者為明月、聞者為清風。白雲欺午睡、襲入簾帷中。瀏覽齊物論、隱几百念空。鷸蚌戰争小、蟲雞得失同。終朝坐靜樹、足以省察功。

邃亭

離市雖咫尺、邃不異山林。峭蒨階下石、全被苔痕侵。琴書帶餘濕、几牀接綠陰。宛轉硯中影、乃是枝上禽。

【鹽】寫入微細、是所以邃。

間知日月永、幽觀造化心。亭外天未午。

入亭如夜深。

默山

亂石疊成山。形勢何屴崱。遠望盡長天。揚手撫飛翼。吾生苦多言。饒舌難自抑。如何此登臨。戰兢忽屏息。古居在高處。誰能忘顛踣。人間絶頂人。勢不得不黙。

鹽 妙語、使袁子才觀、必擊節相賞、

寧芨

鳥鳴春樹暄。蟲響秋草冷。源泉有去聲。白日無停景。

劉 四句得六朝髓、正享諸子擬古、唯得皮毛、至先生一變、存形則換神、存神則換形、所謂使古人不白日現形、而夢逢之者、

掃地焚妙香。瞑目深自警。聖也惜寸陰。賢亦重三省。冰霜堅內操。風塵抑外騁。所期在遠大。且此守寧靜。

月樓

秋空風一脈。吹破數日陰。月憐幽居寂。惠然来相尋。依依不速去。相對至夜深。低頭視平地。黒暗光已沈。始知吾樓上。高出于西林。臨去無一語。善會靜者心。

鹽 結得餘音依依。○二十四、又加七、而餘力浩浩、不見涯際、詩壇黃叔度也哉、

八月發界歸鄉。留別諸友。

好事多魔今古同。世紛相逼太忽忽。一年兩度逆風去。秋是西行春是東。余今春遊江戶

歸家却與出家伴。二歲交情足別愁。明日扁舟浮海去。一篷寒雨不勝秋。

中秋宿林秋水家賦別。

相依四百八十朝。到底唯餘此一宵。况又中秋不見月。西風撼樹雨蕭蕭。

重陽在壁圓寺。病服島生藥。

三徑荒蕪歲月賒。江湖落托在天涯。白鷗空放愁邊鳥。黃菊徒看夢裡花。劉 佳聯 多病纏綿賴醫友。奇縁信宿寄僧家。客中也喜年豐熟。臥聽連村打穀譁。

題田家秋收圖

一種淡黃明遠墩。霜粧鴨脚見秋痕。燒其火迸暝邊徑。炊黍烟生晴處村。隴上相呼傾白酒。人間此樂勝朱門。卷圖三歎宦遊客。回首西風憶故園。

聞鴈

前群後侶幾行啼。啼入寒雲西更西。霜壓稻粱糧久絶。風翻蘆荻屋難棲。戍人中夜沙頭臥。邊客多年江

上迷。一樣此時眠不得。楓梢葉盡月光低。【鹽】一片空明。如殘月映波。漾漾溶溶。有色可見。無痕可捫。

夜過燧洋

直向燧洋西更西。四邊不復見端倪。長空一帶寒雲落。何處數聲羈雁啼。【劉】風神閒淡

夢阻亂山歸亦苦。愁和潮水漫相迷。臥来起去知宵永。秋月當窗澹未低。【鹽】有篇無句。作者得意處。

秋夜

酒醒秋館闃。犬吠竹林西。何處村人返。此時山月低。旅衣憐薄薄。獨夜怯凄凄。倦翼逢搖落。孤飛向舊棲。

秋夕　以下歸郷後作

幾被秋風誤。扉鳴似客敲。寒林除冗葉。棲鳥失安巢。白髮催初老。青燈獨舊交。不眠更過四。缺月現山坳。

秋曉

晨興埽書室。秋月尚餘光。微風雖不起。木犀散暗香。【鹽】高雅

静極禪機動。就物觀無常。【劉】二句承前接後。老錬老錬。

囬頭憶春曉。花霧過初陽。粉蝶混縞李。黃鳥麗緑楊。此景今不見。蟲咽露草荒。【劉】詳客略主。頓挫絶妙。

時序使人老。逝波何得防。【劉】亦承上接下

聰明多勞苦。百能媒一忙。養生齊得喪。退智納安康。墨命遜硯壽。強識不如忘。小人長戚戚。彭祖倖夭殤。君子坦蕩蕩。一日千秋長。世無漆園叟。玄理與誰量。【鹽】悟道之語【劉】含畜深婉　○

秋柳二首

莫唱當年楊白花。腰肢已老不嬌斜。槁梢一片懸寒月。疎影幾枝橫淺沙。灞岸于今難拂馬。隋堤終古只棲鴉。此般猶有可憐處。春色曾藏蘇小家。

老去王恭尚風趣。攀来司馬豈情癡。請看夜月疎疎影。非復春光濯濯姿。孤立斷橋流水上。數奇楓葉荻花時。銷魂幾點昏鴉集。曾是嬌鶯百囀枝。【五】二首風格道上。神韻高遠。近人誰能至此境乎。

冬初連日快晴喜而有賦

寓目青山與碧流。冬晴恰好我書樓。高林葉盡孤鷗見。陽渚波温數鴈游。鑵後平田無滯穗。租前絶澗有横舟。【鹽】意婉曲。而辭含蓄。

晚来將歩南岡去。斗酒藏不從婦謀。

聞相孟符移居錢花溪往訪之途中日暮比至得一律。

逼人山影黒崔嵬此際誰侵暗夜來深谷星臨光似月嵌巖水觸響如雷李蹊漸大君居近柴戸已關吾手推。劉二聯善寫夜行之狀一笑相逢即相約從今過訪月三田。

冬晴倪玉有臺來飲歸送至其家途中作

霜草影疎田徑斜菊雖憔悴尚開花今朝恰遇雨無事我飲君家君我家

十二月八日發舟來抵平川訪劉石舟石舟將送余至日田

一條溪劃兩山通官道隨溪曲似虹杉密午林猶夜氣梅開冬野已春風飢鳶忽下魚梁上田狗時騰鹿砦中雞黍相邀歡不盡明朝送我到西豊

十二月十六日大雪懷東道舊遊

天涯遊倦歸故田歳月峥嶸又殘年一夜猛風如虎怒曉起大雪沒山巓因想六月芙蓉下仰見白勢攙青天

殘臘臥病

藥鼎聲中臥敗牀悠悠世味總相忘光陰逼迫成殘歳志氣陵遲付夕陽作意求眠無好夢病身寡慾即良方寄言朔吹休來襲瓶裡梅花始放香

戊戌元日

吾身與天地自是一時更昨疾除成健宿雲収作晴疎篁泄梅氣新旭送鶯聲好盡杯中物陶然答太平

春初柬劉石舟

春初尚無事況又屬牢晴梅放風邊氣禽傳暖處聲南村泥始燥東郭酒新成野歩時方好請同吾子行

劉淡宕不入小家

新正四日熊君象招飲同岳師賦時余將東遊

瀟洒風流飲雕虞昭代民新年方四日小集僅三人夜水明難暝臘梅開入春別離期已近醉後暗傷神

耶馬溪所見　以下戊戌春出家後作

夕日下高巖春潭花影疊波光忽滅明知有歸樵渉

上巳寓赤関河野氏賦似主人

毎逢佳節思多端嘗盡人間旅味酸幾夜夢魂山館遠連朝風雨海門寒五風格俊逸小桃未笑將何待弱柳常搖不自安五景中有人幸有主翁能愛敬一樽相慰莫

長歎。

小門堤書矚目

暖煙籠柳迷鐘閣、流水浮花上釣槎。恰是清明好風景、半歸僧舍半漁家。

詠修禪寺松

楨幹傴僂不過肩、橫枝百尺却蜿蜒。清陰能庇人多少、何必亭亭上刺天。 劉寓意微妙

遊引嶼

眼前不復起紅塵、唯見清波作四隣。花笑嘗歎無看者、鶯啼今喜有聽人。 鹽巧妙不費力

數行煙樹望中晚、一片江山畫裡春。醉去尤宜曲肱臥、白沙柔軟好於茵。

巖流嶼

嶼身埋潮中、樹梢餘寸碧。潮落嶄然高、巖色現黃赤。繫舟登嶼尻、所觀頗奇闢。鰕鬚罥蔦根、蠣殼粘石額。人氣聚蠅蚋、跫音散郭索。 劉語極劖刻、却是實境。 懶魚或後潮、永作巖間腊。飢鳥降豖之、却為人所獲。老虮毆鼠鼯、勇往逞毒螫。一誤入水中、終被魚族厄。物類相御制、倚伏固難策。 鹽二句收上起下、轉接有法。 昔有巖流者、淩弱恣橫逆。一遇宮武州、頭顱忽破坼。碧蘚化血痕、素濤馳毅魄。寧靜克成功、馮河竟何益。扼腕為慨慷、愁雲倏成夕。 劉奇險盤屈、無一凡語、苦想可知。

四月二日將發赤關、留別河野子

櫻杪花飛似亂雲、雨聲悄悄不堪聞。連朝無奈情懷惡、昨別春光今別君。

春初桃李未成花、吾出吾家客子家。今日春歸花已盡、行程此去更天涯。 劉溫籍妥帖、妙在言外。

宿西子桑家、將發遇雨

旅務栖栖不暫休、星馳將向帝畿遊。故人情與今朝雨、又使征鞍一日留。

舟過明石、遇颶

慘澹寒雲鎖渚洲、海門五月似殘秋。安全唯向明神禱、飄蕩疑成外國遊。人坐篷中仰看浪、風翻帆腹倒行舟。先賢涉水仗忠信、自媿平生學未修。

梅墩詩鈔二編卷之三終

題梅墩詩鈔後

物類雖相感知己相得難同時或異境
聞名不識顏遇邂公亦何幸應有宿世緣
未窺學深淺且叩詩淵源論到會心處
邪魔斃一鞭譬如大江水決堤捲狂瀾瞠
若吾失我歸來心茫然爾後久契濶忽
賜集二編二編當三冊詩軍掃妖氛捧
讀朝又暮幾回忘寢飧長篇家動拔泖
渾無斧痕陣間又容陣五花與八門疾雷
難掩耳遇者失後先節制曰法度此是將
將權碧灣魚可釣長堤柳欲煙棄船登
山寺習靜學逃禪獨坐對青嶂俯聽吴
潺湲閑養烟霞痼靜凝洋裁觀野梅
雪裏馥山櫻雲外駛池蓮真可愛籬菊
寂乏憐春花與秋草四時互新鮮瀏覽
衆香國一飲倒百尊纖胥詑嬌舞柔
荑試繁縟美曼花能語豐肌雪亦温依
約揚州夢此是醉中儷色此幾般境裝之
吟詠間體裁多新翻衣鉢非古傳纖綴拚
毫髮豪宕掣鯨鯤出入風騷際欲攝屈
宋魂蒐羅古今體旗幟揚中原唐宋元
明外別開自家天世讀公詩者十力或不
全肉眼多眛眩全豹窺一斑譬彼遊冶
子平生好梨園偶聽雅頌響欠伸唯

思眠公詩萬鈞力可推不可挛虛心細咀
嚼其味不可言百子隨呼使六經或泝沿
無間諸豪傑汗流走欲顚何況小家數螢
火當朝暾大樹難搖撼蚍蜉何足論世人
疑余說試把此編看
茶谿鈴木尚
浪華吳策書

豐後　廣瀬謙吉著
嘉永紀元戊申歲十一月
大坂心齋橋通博勞町　河内屋茂兵衛
江戶日本橋通壹町目　須原屋茂兵衛
發兌書肆

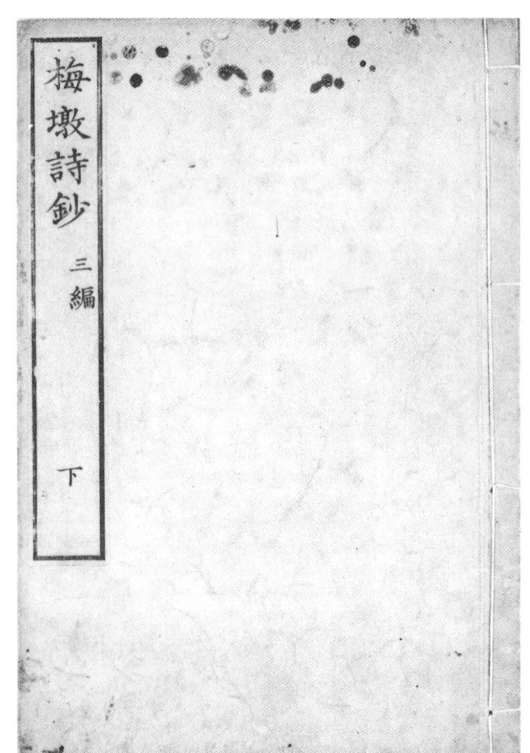

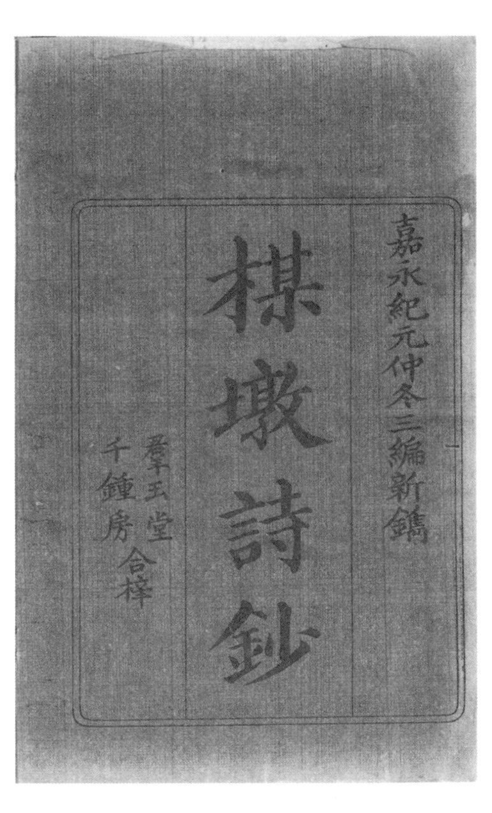

弁言

豊後廣瀬吉甫始来江都予邀之水樓時適清和新緑如沐欣賞以為勝區談諧之餘賦長句予走筆相酬亦一時雅興也既而吉甫還郷経數年再遊江都予會事務鞅掌不能把臂而唱和也去歳吉甫復西歸来告別時袖其所著梅墩詩抄索予一言披讀之詞藻益富贍能抒胸臆吉甫平生擺脱塵務不趨仕途所接則騷人墨客所視則江山風月此皆寰宇自然之詩境也乃毎縦遊其際左領右取綴為聲詩清新宏麗其得助也多矣關西人或推稱詩壇射鵰手亦非溢辭也頃日初編刻成見寄一通二編三編今方上梓因践前諾題此啓言併及談往云嘉永戊申中秋前一夕把筆於八宜樓時池月躍金桂香襲人

藕濆主人林煒

關研書

梅墩詩鈔序

古來詩人之富於詩者。唐有白香山。宋有陸放翁。二公詩。或三千餘首。或一萬餘篇。而音韻流暢。風格清溫。亦名冠絕乎一代矣。然而後世猶有誚以爲俗者。有爲多雷同者。蓋詩多則易粗。粗則入鄙俚。流駁雜。亦勢之所必至。信乎多作而能精者無自難其人也。豊後廣瀬君吉甫。自幼善詩。極敏捷。既而周游三都。與一時名流唱酬角逐。而其詩益多。今齡未滿強仕。筐中所貯。殆一萬首。可謂富矣。若更得香山放翁之壽。躋七十八十。則未知其累幾萬千首也。意當不免夫鄙俚駁雜之弊。而長篇短章。字鍊句磨。每一編出。人皆翕然稱其精妙。是亦古來詩人中所絕

無而僅有者。宜矣詩名之籍々喋于
上都也。雖然吉甫豈特以一詩人争
名於時流者哉。其平生之志。蓋存
乎經世有用焉。然則吉甫後來立
身之地。或載筆仕朝。而脩國史實
錄。如劍南先生耶。抑爲百里宰。後

并築隄。以興民田之利。如杭州刺
史耶。皆未可知也。要當待其四編
五編六七編之出。觀其出處事歴。
而後定千秋月旦焉耳。是爲梅
墩詩鈔三編序。
嘉永紀元戊申中秋七月

磐溪學人大槻崇撰

天嶺樵人牧大信書

梅墩詩鈔三編卷之一

旭莊廣瀨先生著　門人　江戸坪井教信良　肥前伊東郈子高　校

夏日。小竹筱翁来訪新居。見余午睡。題詩而去。
既覺慚悔不及。走筆賦一詩以謝。以下住大坂後作
新居擾擾又忽忽。賀客日夜自西東。應接無暇視聽
倦。姑假一肱學盲聾。心憊體疲多怪夢。夢裡官道曲
如弓。爽道新秧緑冉冉。雙鷺蹁躚下晚風。俄見黒雲
蔽天至。電光千道送雷霆。須臾溝澮濁流溢。滿目秧

苗一掃空野老相視仰天哭哭且前行入深叢叢中
別有大都會十里珠簾帶綺襲衣香鬢影紛無數長
橋偃水落彩虹忽呼有火萬人走烈焰焦雲似血紅
吾驚而仆仆而覺覺来滿簾火雲烘案上何人書廿
字字字如龍氣象雄欲賦新居頌訪来午睡中休笑
題凡鳥為恐驚周公廿字全用翁詩末書小竹散人某視之
慚悔切寸衷賓来不迎去不送睡之與醉其罪同蔣
濟固當叢箭射邊韶安免嗚鼓攻文過敢陳黒甜美
賜詩須以碧紗籠枯腸搴索冥捜苦無端睡氣復朦
朧〔鹽〕筆隨意到渾渾滔滔有千里江陵一日還之勢中間忽插小竹廿字即灑瀬如濮不可觸者〇〔劉〕亦是創格

訪藤洞然

闤闠萬肩摩紅塵侵庭宇君家獨幽絶青苔含宿雨
閒窻一局棋且圍且相語〔五〕僅僅數語即不凡

五月念二日坐月近亭井阪子乘舟過窻外見余迎而入舟

午懶催眠書課休蘆簾捲盡坐江樓忽聞過客揺柔
櫓何料見吾停去舟一葦勝遊如赤壁滿瓢從事是
青州晩醒恰好風吹醒蒲響蕭蕭五月秋

梅雨

混茫一氣勢滂沱雲蹴低簷咫尺過鼎鼎百年知老
至濛濛十日奈愁何泥深村巷人来少水滿陂塘鷺
下多且祝今秋亦豊熟四郊齊起挿秧歌

訪潭師一

數日炎威不可禁異郷誰與話胸襟孤瓢自佩敲師
室片語未交知我心簾動波紋風路遠庭含山意木
陰深休言市迥無兼味此處殊凉値萬金

壽原田優游六十

六十年来無病身刀圭濟世妙通神能教垂死免新
鬼皆道先生似古人〔五〕巧緻午靄横窻茶氣暖朝霞擁
屋杏花春聯翩國手出門下仁術如君少等倫

秋夜聽雨

萍跡隨波泛泛輕今居浪速昨江城病妻弱子家千
里苦雨寒砧夜四更醒少醉多聊自遣才踈志大欲
何成〔倪〕二聯自肝肺出多少慨慷使讀者擊碎唾壺虞翻不恨無知己傍有
青燈解此情

寓興

清河捫虱語寗戚飯牛歌志業何時遂年華忽爾過
江山雙蠟屐釣稼一烟簑古劍鳴函底秋風感慨多
鹽泓渾

秋晩

楓杪餘紅看稍稀僅留數片對斜暉江長度鳥難中
息山遠閒雲懶急歸長鹽景中包情意遠韻豪膽輪囷劉巧不傷雅
空自許孤蹤落托欲誰依頻年爲客成何事贏得酒
痕汚旅衣

九日高松生招觀其所藏書畫

九日例登高然而跋渉勞何如倩圖畫隨意得嬉敖
堂上生青嶂壁閒翻雪濤展觀無限興況又薦醇醪

浪華客舍晤恩公公將歸西州賦別

二十餘年會晤違語音雖似貌全非公猶契濶忝青
眼我已風塵化素衣去笠有聲千葉下征鞋無跡片
雲飛西州故人若相問爲道鯫生身未肥

詠史

宴安失機會耽色豈英雄堂堂源中將應媿小楠公

病後歩北郊飮田家歸

秋爽使病閒試歩先自適怕寫痩後影取途不臨水
徹霜昨夜降新紅上林梯野色淨如醒孤烟出塢蕭
唯就田舍安不喜市樓侈貰酒浮蟻甘齎肴糠蟹美
既醉千愁殲纔醒百感始劉二句敘上起下一篇腰骨鄲琊王伯
輿終當爲情死晩歸過暗皐驚禽三五起羽聲聽不
高復落前塘裡倪四句使人後段情景交錯轉接有法全篇精神流動而微物慕
故棲稻粱謀備矣嗟我獨何爲幾年離桑梓三十無
所成四十恐亦爾劉結末無限之感使人慨然自警久病初起未能遠行一也影痩
二也歲云秋矣三也日之夕矣四也離桑梓五也年
三十六也其感如是乃知伯輿之不我欺也三復熟
視始知其妙

題冬景圖

魚窟谽谺溪水涸粘石枯萍如紙薄梯緋楓錦不復
存一片斜陽無所著鹽四句所謂鑿天心入月胸者沿溪翳林見茅
茨早梅破蕾出短籬氷簾雪硯伴苦學三冬風味寸
心知斯圖不知何者作疑爲吾廬摹槩略都人胸中
此境無唯我觀此感今昨歌吹聲湧十萬家綺砌畫
襲四季花常有春色無冬景海内繁華推浪華我今

方向此中任儳焉。終日慙平素。韓愈光範難上書。杜甫大禮空成賦。丈夫不能唾手取功名。強笑對人若為情。百錬剛鐵化繞指。甘留窮鬼作友生。寒風北至歳將謝。白雲南飛隔親舍。山中故人招我不。巻圖鶴聲悠遥夜。（五）落句叙景、而寓情其中、巧手用典。（劉）曲折開闔、含蓄無限、歔欷悲慨、以温藉淡蕩出之、故切而不迫。

岳武穆

烟塵漠漠帶胡腥。武穆精忠涕為零。一代英雄大理獄。百年臣子小朝廷。（鹽）一聯足不朽。（劉）詠岳王者、松雪青邱以下、未見此對。含冤萇叔血長碧。行酒晋皇衣復青。轉怏讒夫存鐵像。却憐孝女抱銀瓶。

紫式部

休言彤管勸淫奢。節操皜然誰又加。能使此心如鐵石。廣平何妨賦梅花。

稲田君所蔵古瓢。傳元和大坂之役盛酒。

昔日英雄安在哉。堅城似鐵亦成灰。思量誰若斯瓢壽。曾閲慶元一劫来。（草）昔日千瓢、亦安在哉。

八月二日。與春波春田洞然諸子。浮漁舟三隻海口。四首

並進三舟度海門。隔蓬相喚暫談論。前人忽入蒹葭去。唯見一條餘櫓痕。

浪花高颺濺衣裾。波暈猶圓投網初。借問此般何物獲。老漁笑道是鱸魚。

巨口細鱗言不訛。此鄉轉比我鄉多。秋風別有歸歟歎。今日香魚定若何。余鄉鱸魚寡、而香魚美甲天下。

幾處青帘映水開。江村雖小望佳哉。停篙且促午時飲。矮柳籬梢過酒来。（劉）首首皆實際。

櫻伯蘭招舟遊。同小竹春草諸君賦。分韻得虞。

同乘快士或名儒。世有騷遊似箇無。采石風流懷醉李。黄州勝槩屬髯蘇。市燈江月光相歃。岸上舟中趣各殊。此際誰成文字飲。南邊打鼓北吹竽。

龍護師築室。招小竹翁及余。

佛印招誰至。東坡及少游。試看今日會。即與古人侔。（劉）自太白梁鴻辭會替脱化来。風意松梢動。月華庭上流。地高宜眺海。何處築書樓。時方議築樓。

題梁師詩巻

强將纖巧詫新奇。畢竟邦人所見卑。輓近諸公東髙閣。且繙漢魏六朝詩。

賦得江春入舊年

居諸何速逝川上。感吾思。臘尾胎春處。梅梢點雪時。日浮魚脊暖。波嫩鴨心知。〔鹽〕清麗碌碌無成事。羞題饋歲詩。

己亥元日

昨宵聞雨聲。今旦忽然晴。未至鶯啼懶。始開梅潔晶。一身誇健壯。萬國仰昇平。無復煙雲起。中天麗日明。

昨夜聞雨。朝起觀梅花無恙。喜賦

昨夜簷聲入聽微。朝來帶雨啓柴扉。欲知春雨可憐處。不使梅花一片飛。

南陔兄客冬來寓我家。將以正月念五去。余留之觀梅花。不可。既而雨。復止數日。

歸心如箭奈難廻。我欲相邀未得媒。憐此濛濛連日雨。駐君容易至花開。

兄去後。余病。賦此以寄。二首

壞簷雨漏響蕭蕭。臥不成眠魂欲消。纔送君歸吾就病。一牀燈影自殘宵。〔劉〕宋調

僑居君去頗蕭然。西望家園浪拍天。海上春風晚來惡。歸舟今日泊何邊。〔劉〕唐調

春日有感

淀水溶溶浸畫橋。遥山半碧雪初消。花從雨後交番發。柳在風前隨意搖。日暖西郊看試馬。月明南郭聽吹簫。此間無處不春色。孤客關門獨寂寥。

登天保山

絶巓勝槩舊曾聞。此日振衣倚夕曛。一簣成山人力大。近年所築孤飛蹌海鳥心動。〔倪〕寄慨何深風生極浦帆形仄。春入遥峰燒跡分。幾歲西州歸不得。崦嵫望斷萬重雲。

所見

微風度遠疇。良苗綠如濕。田間有古松。其下一牛立。〔鹽〕玄酒大羹。足與摩詰空山不見人等詩抗衡。

宿潭公房聽雨

春雨寒難霽。春燈茫不明。僧房四邊竹。聽盡瀟瀟聲。

海老村觸目

夜雲低老樹細路接漁磯一點炬光見何人衝雨歸

【劉】集中五絶概淡雅

上巳

淀水沿街次第斜僑居恰在水之涯新知看慣稍成友佳節逢来亦似家【劉】淡淡如不經思而餘人千推萬敲猶不能得幾隊畫船維柳樹數聲玉笛隱桃花此時多感又多興好向東風酒屢賒

春日遊最勝寺途中作

斜斜小徑傍江湄田背相侵成幾岐初上香魚總輕佻學飛新蝶已情癡暮村連柳烟迷早春寺隔花鐘至遅【鹽】清婉一聯在他人即足傳後風物惱人難進歩入門恰是點燈時

觀桃

紅霞萬落又千村況有唐虞遺俗存寄語南陽劉子驥大東即是一桃源

菊潭新野君招浪華文人集櫻祠余亦與焉分韻得文

孤亭高敞水之濆佳宴開来客似雲到處悦賢吳季子平時下士信陵君君為彦根侯弟在京師亦會文人帆隨綠樹春流曲麥界黄花晴野分【劉】前聯切人後聯切地【鹽】寫景實切而不貶格不獨座中歌既醉林間鳥語亦欣欣

送櫻伯蘭

北望連山愴我神思君匹馬度嶙峋東風無力春將盡一路殘花送故人

五松齋

庭有喬松五知君寓意高寒簷含晩翠午枕入秋濤【劉】雅切碌砢思和嶠盤桓擬老陶世人何所取偏種李兼桃

與齋藤鶯江山本謙藏諸子飲界海口

擇勝過街尾停笻憩海前平生無此會邂逅得諸賢寒蟹蹲枯葦孤鷲立廢船莫愁歸路迥沙白月娟娟

秋曉卧病

木犀含露墜無聲殘月一簾如水清鴉有何忙厭宵永吾方習静怕天明【鹽】此中味非門外漢所與知栖栖客跡長難定鼎鼎流光暗自驚灰滅當初經濟志炊烟未颺藥烟生

題坂本君鍪笠

坂君示我以鍪笠。笠簷現存銃痕一。若求把詩題。此人須擇其鋒勝銃。筆才弱筆鈍。我宜辭。徼幸將學附驥。夙當日與説多異同。且為此笠陳情實。天保八年丁酉春二月十九日之最大礮聲貫萬人耳。城北一團見烟塵。須臾街卒走相報。巨猾放火掠良民。紅焰炙天日光死。熱瓦倒飛虛空裡。嘻嘻出出叫未終。賊徒南進渡淀水。【劉】南字顧前。守城衆騎好身材。府尹親率督戰来。馬色鎧光粲相錯。箭影森森映火開。【鹽】七字尤妙。叱咤而馳逐。人勇現面目。沈毅而安恬。君勇藏心腹。【劉】驅使古典。如心所欲。非公不能也。○【鹽】六句虛叙。其應在下。初議迎賊出礮車。君曰不可奈民何。礮石飛過六七里。用諸街衢所傷多。十錢銃丸火劑備。率殪前騎及後騎。君曰巷戰在烟中。惟賊惟民難分識。餘勢所逸延無辜。極負國家好生意。火劑減半止一人。勿苟貪功失大義。猶恐倉卒中奇禍。玉石同。每與賊相遇。勒兵不妄攻。諦視其大礮而後試我鋒。淡路街頭再接賊。硫氣薰鼻硝霧黒。賊銃高飛墮瓦簷。君曰彼仰是宜克。【鹽】以上三君曰。寫出其功無遺。叙事不減史遷。此際莫如令銃低。急令我卒皆匍匐。賊銃中笠不中君。君銃中賊賊乃仆。驍賊纔仆諸賊逃。俄頃如洗妖氛熄。君歸卸笠謁長官。長官藤公召君前。君曰此非某功力。藉國之靈命偶全。公曰因卿素修誠。忠信免厄非偶然。銃痕不滅功不朽。此笠永向卿家傳。具録君勳上幕府。褒賞絡繹不勝數。班列廷見官監銃。聞君風者怯夫武。聲名一日天下知。景星鳳皇争先覩。夙知君是卻穀徒。亟聞其言敦詩書。【劉】左氏則晉國之勇。既用自不少得此典。為君猶憾功未足。為世翻憂功有餘。上馬能擊歒。下馬能草檄。聞古有其人。今也何處覓。文恬武熙二百年。志士袖手無功績。天公試人以危機。勁草元俟疾風吹。自古俊傑善知務。不先時又不失時。君不見長槍大劍効如是。獨奈吾儕毛錐子。【劉】結得絶妙。○韻語叙事大抵不流冗弱。則入暗澁。如是道壯。如是詳密。古人中當誰比也。○【鹽】滚滚數百言。結必不免弩末。太白東坡猶然。獨兄先得一好結句。而後作長篇。故常有没羽之勢。○【倪】全篇以文作詩。段落正。而照應嚴。議論叙事彌縫無痕。寫景抒情。錯互有法。蓋暗用韓碑之法。

題稻垣木公文稿

文稿諸家評既備。余無所容喙。故賦此塞責。

商榷本朝文。古者載文粹。淵源于陳隋。儷六又駢四。辭贍味則索。内枯而外腴。中古無儒先。僧充皇華使。典冊雜梵語。呪喝當序記。慶元多大儒。博聞諳強識。規矩不嘗循。字句或倒置。樗櫟高參天。終被匠石棄。漸至百年前。體裁粗具備。餘子不足譏。蘐叟焰尤熾。聲言溯秦先。實竊李明季。寸錦貴百縫。千割得一截。釀蜜蜂翼疲。製裘狐腋萃。華麗雖可觀。聱牙拂人意。【劉】品評盡矣。近時病其硬。換之以巧緻。吟咳修邊幅。小膽懷危惴。碧海拒鯨魚。蘭苕控翡翠。刻劃摹八家。衣冠誤眞僞。王朗學子魚。同貌即異致。唐賢臨二王。所失在柔媚。【劉】更盡矣。【鹽】抉剔無遺、痛快痛快。傍觀今日人。弊習不一二。過半業驚文。蟲勞無遠志。僅僅數十言。唯貪題跋易。才高弄狡獪。烟花寫冶思。才卑泥墨繩。分疏析字義。要爲無益文。未足稱盛事。若使西人觀。應啞倂兒戲。天保與享保。優劣難軒輊。今讀木公文。快如干莫利。無一不盡善。記傳書序議。龍說與蚊諭。婉約含諷刺。名實與輕重。精覈補政治。龍說蚊喩、名實輕重、皆其文題目、雄奇追賈生。條暢亞陸贄。磥砢多節目。即是棟梁器。瑾瑜不掩瑕。故能爲寶瑞。豈無微疵存。未足爲巨累。況又經諸公。歷歷相揭示。衆醫治小癬。剔抉無不至。我復欲何言。逡巡自遁避。竊惟東方文。未見出其類。誰配韓柳倫。誰占歐蘇位。欲騁文場中。猶當有餘地。謭劣如吾儕。固非所敢企。勇往逞龍攄。此事於君冀。洞觀古與今。儼然卓赤幟。【劉】長篇雄健、不隨冗弱、且押韻皆亮、不見一牽強、才力横絶。【鹽】此可與乃翁論詩贈峯島二生篇並傳也、彼足以觀其妙詩、此足以觀其善文、伐柯伐柯、其則不遠、信乎。

送藤文紀歸鄕。去年文紀隨余至浪華。既閲十七月。一旦別去。不堪悵然。詩以述情。

千里相隨不暫離。旅中甘苦兩心知。秋風水瘦鱸肥日。暮雨燕歸鴻至時。愧我萍蹤猶泛泛。祈君舟路莫遲遲。未行先結再来約。橘綠橙黃以作期。

所感

神仙何策繫流光。壽若錢鏗亦北邙。一樣春風花早晩。百年人事夢閑忙。眼前有酒宜歡樂。身後無名莫激昂。佇立中庭多所感。蜉蝣楚楚舞斜陽。【劉】此種詩、西人集中所多、而邦人則絶無。

柳

東風著樹樹鶯然。只有綠楊尤可憐。帶影溽溪春澗水。與絲搖曳暮村烟。葉隨蹤處試雕箭。枝向低邊繫畫船。我已送人人送我。多情依舊傍離筵。［盧］流麗清新。以詩比人。亦張緒當年也。

京師矢子生。周防周師。同日来訪。皆宜園舊友也。

朝来喜鵲噪庭柯。舊雨寧圖並駕過。一夜談論更漏短。廿年朋友別離多。浮生到處無安跡。往事回頭總逝波。明日東西分手去。歡情畢竟奈愁何。

畫龍

際會風雲躍太空。蟄時猶與蝘蜓同。如今縱有真龍在。休向人間驚葉公。

余遊南紀。吳椋亭送到貝塚。

世上何人無所營。唯君飄逸自多情。初將與我別門外。不覺隨来一日程。［盧］真率如成趣。

觀菊池溪琴所藏正平子母刀賦贈。

雙鏑電發妖蛇死。拒我行者皆如是。［倪］起得奇。嗚呼伊祖伊子孫。竟與南朝相終始。吾家南豊近南肥。每登南山望菊池。［倪］承得正。南字如串珠也。［劉］四昔日英雄不可見。邱陵喬木增我悲。今年逢君問世系。即是寂阿之華裔。蕭頡士肖忠烈王。見君如見君先世。示我正平子母刀。恍聞萬鬼繞函號。滿堂霜氣凜如水。白日無光秋旻高。［劉］雄豪壓倒李北地。猶憶當年紫水北。乃祖勤王鏖國賊。歃軍六萬我五千。雖一當十不易克。此時何来兩青龍。倏前忽後獲元戎。斬人如草人未覺。鮮血早染一路紅。君不見鑾輿踏波赴龍闕。皇家寶劍填魚窟。新田名刀稱鬼丸。中將終後亦埋沒。［盧］不用干莫陳套。而舉我邦二典。比事得倫。古来神物難長靡。一明一晦如有期。唯此二刀儼然在。天意茫茫誰得知。乃祖精忠堅於鐵。凝入刀中俱不滅。今也昇平邁陶虞。此刀何用洗人血。知君詩軍不可當。無乃刀精助鋒鋩。文章報國繼先烈。詩則行世刀則藏。［劉］結得妙。先生七古。雄渾盛大。於諸體為冠。然首尾完美。如是詩。及冬景。觀月樓。軍麾扇。掌古兜。恐亦有數。

題溪琴山房詩後

君不見那智之奇冠日東。連峰岧嶤攙青空。氷簾千條天半落。萬雷吼鬭大壑中。又不見和歌之浦神所

宅其水清淺沙潔白。數聲環珮不知處。一痕殘月沈遥碧。句

（劉）好山水靈淑元氣濃。地占離位斯文鍾。昔有祇生今菊子。篤生異人世所宗。我讀溪琴山房集。聞澹處自韋柳。入露白秋江鶴唳寒。夜深亂竹雨聲急。山僧返兮白雲迎。樵人去兮紅樹立。雄豪處自韓蘇来。力制奔牛就羈縶。風吼電激海濤崩。劍鳴笳動壯士泣。大率七言詩不遜那智奇。五言之妙境。如見歌浦景。（鹽）四句敘上起下。極見筆力。四句二換韻。句法頓挫。節促韻長。○（倪）太白乘鯨去不回。英魂千載安在哉。或疑遥追徐福跡。直向我邦南海来。夫君無乃後身也。不然何得有此絶代才。如今詩道僭偽起。扶持大雅賴君已。譬如令祖菊池公。能識　正統真天子。令祖當年破賊兵。手揮大戟如筆輕。四千餘級一夜獲。朝看積屍與林平。君則苦吟役神思。下筆如戟不容易。有詩三百九十三。昔之一級今一字。噫吁戲人事利鈍屬彼蒼。前武後文足頡頏。韓愈摧陷比武事。可謂雄偉而不常。

古碧樓贈溪琴

高樓氣象壓元龍。吹面西南萬里風。海色千年留古碧。林霜一夕倍新紅。地形夏冷冬温處。人境詩材畫景中。况有鮮肴猶活潑。晩窻對酌旅愁空。

紀南路上七首

極目正南無港灣。去帆渾没大荒間。牢晴不見微風起。猶是驚濤倒雪山。

修徑盤旋往似回。肩輿咿啞度山隈。柑林斜日玲瓏透。蕉圃微風瑟淅来。

田無渠粟畝無桑。矮屋參差帶短牆。桂樹剥皮窻下晒。山村一路午風香。

紀南風物真奇絶。到此唯疑天地別。十月牽牛猶有花。八旬老媼不知雪。

奇暖惱人連日晴。松陰却愛午風清。青青滿地無枯草。十月中旬袒裼行。

漁樵雜處幾人家。官道傍山沿海斜。看取南中風土異。冬初荳蔻滿田花。

苦瓜猶繫枯根絶。甘藷已收長蔓截。一幅倪迂冬景圖。疎林痩石柴門閉。（鹽）七首一部風土記。○（劉）公不多作絶句。偶作之。必奇崛多古趣。

觀月於竹柏。紛紛無全白。又觀於柳楊。依依少快光。不如松梢月。精神四發越。【劉】六句三折、猶江源未離山、縈樹叩石、詰曲崎嶇、僅就平地、即有一瀉千里勢。○【鹽】始叙松月 近視松青月似霜。遠望松白月色蒼。厚陰落地虬身曲。老杪跨空鶴夢長。【鹽】一聯収松月、而後入樓、次序有法。○【劉】以上虛叙、以下實叙 我觀浪華之地理。延袤殆可二十里。東北一街高一街。西南稍卑會諸水。就最高處築危樓。下瞰廿萬屋脊鱗鱗起。【鹽】以上叙樓 樓前有松四五株。【鹽】再拈松接樓 高與樓齊勢扶疎。日夕隔松眺天際。山低浦曲帶郊墟。風送孤帆自南至。踰第一松逗第二。雲泄數鴻背北飛。過第三枝挂第四。【鹽】以上專叙松 ○【劉】以上數句、所謂詩到蘇黄盡者 少焉乾坤暝色同。向来物象一埽空。忽聞濤聲窅然起。抱松玉盤已玲瓏。【鹽】復合松月 春月使人靜。夏月使人冷。秋月使人思。冬月使人警。【劉】極有古色、而不襲古人、妙 四序荏苒東逝波。名戰利争奈老何。世人對月所觀少。静者對月所觀多。【鹽】以上專叙月、以下松月對叙 ○君不見松有榮枯月圓缺。誰能亘古長不滅。松乎雖固恐輸道操堅。月乎雖明應遜法心澈。下界茫茫埃霧濃。萬衆奔馳類螘蜂。知否百丈紅塵外。有人觀月臥青松。觀月臥青松、空海句、樓所以名也。○【鹽】復合松月、而及人、則樓在其中。○全首忽叙月、忽叙松、而忽叙樓、或合之、或離之、如斷如續、變化莫測、而脉絡不淆、序次無紊、暗自伯夷傳文法換骨来。○【劉】至是合觀月臥松字、猶下収一瀉千里之勢、而歸諸大海也。

季冬八日。送溪琴歸南紀。先是余隨君探熊野。

連夜聞飛霰。嚴風裂凍肌。獨忻君返日。恰遇雪晴時。野店依柑樹。官橋卧葦涯。殘年客思急。短景馬行遲。【劉】四句唐調 道路傷今別。登臨憶昨隨。爲我謝山水。未作紀行詩。

春波畫

先生何處去。童子抱琴隨。蕭疎紅樹裡。三五見茅茨。

歲晩田稻香来訪。刻香賦疊韻三首。録一

壁罅寒飇似虎咆。貧厨薪盡爇枯巢。孤愁兀兀將安訴。舉世滔滔誰與交。出處吾何甘小草。風流君已列前茅。索居常憾無詩敵。聯句應宜倣愈郊。

庚子元日

昔稱三代治。恐遜我昇平。閭里多耆老。邦家並富榮。山光媚初旦。人意喜新晴。歩到荒陬境。亦聞絃誦聲。

新年口號

回頭往事夢蘧蘧。夙志無成歲月徂。十有三人共迎歲。何圖最後飲屠蘇。

贈藤岡雄哉

憐君年未老。方術已名家。肱自經三折。書將窮五車。能延人短命。竊比我長沙。〔劉〕活對 乞藥紛來去。軟塵濛杏花。

長崎春老谷自松前歸。邂逅浪華。

鯨波萬里送歸船。殘路自今猶二千。家住蜻蜓極西地。身遊韃靼迹東天。〔劉〕前半一氣呵成。自有乘長風破萬里浪勢。 源郎渡海信徵確。蘇武牧羊疑跡傳。異說奇談聽不厭。使吾懷古意茫然。〔五〕渾成無痕。七律上乘。

快雨將自京師來。豫賦一詩待之。

料峭餘寒及仲春。北山堆雪尚嶙峋。知君今日南來意。半訪梅花半故人。

湖上曉別溪琴

晴旭轉沙尾。猶晦湖上雲。雉鳴春山綠。花落早波薰。〔倪〕清麗 晨景無定狀。倏忽望中分。松堤迥明麗。柳渚近氤氳。旗亭一杯酒。倚岸此別君。風恬舟行疾。柔櫓已不聞。〔鹽〕稍近王孟

三歲

三歲四遷無所依。從來野性與時違。愁中節序堂堂去。夢裡家山杳杳歸。林日沈花鶯晚囀。水烟連麥雉朝飛。〔倪〕清新。〔鹽〕沈鬱 春光如是猶慵起。寂寞空齋病掩扉。

文政中別添川寬夫於備後。後十四年遇浪華。無幾寬夫之伊勢。賦別。

一自黃薇設餞筵。東阪西裔見無緣。渺茫雲海三千里。荏苒星霜十四年。嵐峽朝過花似雪。琶湖夕渡柳生烟。中旬相遇下旬別。纔得欣然又慘然。

送耕石畫史西遊

君不見我豐山水無與比。乾勞坤苦極奇詭。尖峰矗立千筍抽。激湍逆折萬電駛。巨巖勢如虎豹蹲。如龍胡髯如鷹嘴。如牛負重兩角低。如人望遠一足跂。如行如止如相招。或嵌或平或聳峙。〔劉〕形容逼真。非我豐人。或疑之。 人家因岸忽高低。鳥道盤天遙透邐。一邱一壑主者誰。樵兄漁弟交占此。吾僅識字於其間。山靈呼我為知

巳暖渚釆蘋春澗青秋寺尋楓暮山紫劉挿此二句、前半精神躍
如、而入後段、是東坡家法一自出家客天涯潦倒埋沒風塵裡泉
韻松濤難復聽但聞馬語車聲聒雙耳綠樹白雲何
得觀偏見紫埃紅塵漲滿市有時逍遙松石間發目
南窻片夢而已矣鹽何其自在常恐山庭勒移文每念及
此盖將死聞君行李赴西州便道應過我桑梓柴門
北向園在南繞園松竹雜梨柹楊柳數行出垣高不
問須知吾廬是君入吾廬致我言草堂之靈始莞爾
更託一事君莫忘六尺生縑或藤紙為我仔細寫故

山點綴毫末分寸咫十日五日費工夫一水一石極
形似呉道子畫嘉陵江恐未必能勝君技今也吾見
故鄉人跫然足音猶可喜況於悉挈江山來圍繞吾
身供隱几定如雞犬識新豐亦似遼隺歸故里世間
快事莫甚焉終身卧遊故鄉之山水嗚呼行矣刮目
俟鹽作者七古亦多種、此篇辭清婉、而筆快利、非白非蘇、別是一宗、

梅雨中左足大疼卧十餘日阪九山来訪

黄梅十日下淫霖桑戸雖飢尚鼓琴神馬尻輪安我
命鼠肝蟲臂辱君尋當窻蕉葉卒然大上壁苔痕隨
意深何用激昂論世務寥寥天地少知音

送藤世德東歸君言九月再遊

丈夫報主氣飛揚三伏寧辭跋涉長良策定應能冨
國贈言何以送歸鄉遂廻岳麓幾時了行傍湖邊連
日凉五東道送別、冨嶽琶湖、既為陳腐、拈出如是、即使觀者不倦、唯喜相逢期不
遠黄花白酒正重陽

謁衣侯藤公於浪華城中官舎席上同相木河西二子賦

槎枒巨木擁崇墉官舎深沈午蔭重刺史清香凝燕
寢領軍緩帶見雍容劉用典確切鹽莊重稱題。當年戎馬控弦
處此日雲龍挟矢逢但憾嚴城將下鑰遠郊寺寺巳
申鐘入城者、申鐘鳴即出、

詠菊

舉世弄来無巳時朝供畫趣暮詩資當年誤識陶彭
澤終失天然隠逸姿五翻案妙

中秋前一夕訪李窻主人坐凉棚

殘炎何地避屋脊有危棚曠處八風聚太空孤月行
饞蚊収夜迹驚鶻曳秋聲鹽前聯泓渾、後聯巧緻、不見浮雲起

明宵應快晴。

中秋浮舟浪華橋下。懐西州故人。

去歳中秋臥病牀。空將藥餌換杯觴。吾身暗喜今年健。月色明於昨夜光。踈柳遮舟隱釵影。輕風度水遞衣香。更深遠電西南見。也恐雲陰在故郷。

浪華橋賞月者。過三更皆去。余獨留至曉。

橋上憧憧萬人行。橋下簇簇千舟横。稍到三更皆散去。誰看落月揺情處。露白風清無限思。唯有沙禽與我知。【鹽】一片清冷逼劍南。【倪】能長而不能短。能剛而不能柔。古来大家多然。唯君無所不能。是我所以服也。

觀西人紀我邦事。謬誤極多。作絶句四首。嘲之。

神武開基上繼天。爾来經歳近三千。西人未免井蛙見。但詑周家八百年。【鹽】趙翼詑清高宗壽。有已過唐晉漢周句。未嘗知我先王在位百年九十年者。比比相接。亦蛙見。而蛙鳴而已。

阿蘇突兀貫天關。碧火紫烟盈兩間。嘉名元自吾邦錫。誰唱壽安鎭國山。明宣宗封阿蘇爲壽安鎭國山。

豐公畢竟是純臣。能使皇風被八垠。試向史家相詰問。不知關白叛何人。彼書豐公爲我叛臣。

本朝王爵限同宗。異姓寧能得濫封。不問人臣外交罪。却教恭獻王吾邦。【劉】自道義受明冊。西人不復知我邦上有萬古聯綿天子。彼以簒奪爲常。夏蟲疑氷。宜矣哉。

○四首淡窻夫子詠史四首拾遺。

落葉

中流幾處駐斜暉。紅色點江魚服緋。樵入空林難認迹。僧還古寺屢振衣。【鹽】樵跡猶可及。僧衣則不可及。五更禽夢忽然醒。一片秋聲無所依。【劉】清迥。【鹽】寂寞村居少人過。謝君相訪打柴扉。

訪國分里正東君則。約明日登南山。

細徑纏林脚。清泉漱石唇。一村無俗樹。三戸有詩人。溪榻數雲冷。山厨薦菌新。明晨將探勝。夜夢度嶙峋。

須磨曉鐘　兵庫十景之一

殘月低蘆杪。浦鴉猶未啼。踈鐘何處寺。隱隱曉雲西。

眞島于石導遊和田浦。命漁子下網。藤撫山携其家釀至。會者十餘人。

釀戸伴来供酒醇。漁師從去薦肴新。休言一座皆生客。纔過三杯是故人。【五】任筆揮出。如不經意。而對法凝錬。鳥集枯蒲難

隱影魚依茂藻暫安身微風不動晴烟合海上秋光
好似春

題于石二瓢

先生朝出歩忽忽酒瓢方滿詩瓢空展于山帆于水
近行三里遠行三十里黄葉林間揖野僧白頭波上
招漁子此時一瓢収入風與烟一瓢吐出聖與賢心
樂興逸氣遒然毎酒一杯詩一篇不羨一斗百篇李
謫仙先生暮歸歩緩緩酒瓢已空詩瓢滿 鹽 首尾呼應、如率然蛇、亦此創格、

與耕石隨小竹筱翁遊多田溪

因是先生杜德機暫時葭玉枉相依幸連一體居龍
尾叨託同行假虎威鹿跡稍分紅葉路雞聲遙出白
雲扉 劉 畫趣 玉 仙趣 明年復約看新緑但願幽期永不違

遊箕尾山

殘照戀紅樹谷暝半山殷同伴寂不語知各倦躋攀
隔竹認松火降磴得柴關一溪籬内入數峰窻外環
坐久寒月出恍疑脱世寰影落分蓊蔚光碎識潺湲
仰看嫦娥態大異平生顔膏沐謝濁垢清淨益麗嫺

孤身絆萬累譬如馬在閑工夫費百計斯須獲一閒
朝辭紅塵裡夕卧白雲間境静見本性心夷悟夙頑
光陰来無已少壯逝不還休拒方来樂翻速未至患
劉 善為魏晉間語 展轉難成夢月已入西山

岡本氏未夕陰亭

築得三弓室偷来半世閒盤天多老木域地似深山
雲氣生衣上花香満戸間陰深誤飛鳥未夕已争還

築梁廣瀬丈招飲賦贈

孤身落托寓天涯無復親戚得追陪我居與君隔一
水久欲通好憾無媒西廣東廣世所號 君居水西、余居水東、 彼
此誤認事堪咍有訪君客敲我戸主人非是愕然田
鹽 西廣東廣、及主人非是、皆用古典、故雖述瑣事、不墮俗俚、 有寄我書到君許屢
勞貴价轉送来 劉 實境寫出自在 不圖君篤同姓誼雲箋下
投謬見推不獨德高年齒長詞翰雙美兼博該詩壇
飛将賽李廣李蔡自知下中才老杜小杜人望異南
阮北阮敢當哉 君目余以北阮 毋乃少者懐之意語氣懃懇
雜調諛子姪一朝逢父叔目撃相昵不相猜冬至初
過天色霽忽蒙佳招酌緑醽温温春意座間動南軒

一半向日開。珍羞嘉味有加豆。淨几明窻無點埃。禮尚往来訓乃爾。亦欲邀君薦一杯。願如楚國兵車序。左廣右廣互相催。〔鹽〕用典更確切　今朝来賞君家竹。明日往觀我園梅。〔鹽〕對結有味

兵庫藤田得三郎来學數月。其父撫山恵家釀名悅者。賦謝。

文章滿腹不療飢。妻泣兒號窮鬼嗤。殘燈一穗書一卷。寒儒永愁無悅時。〔劉〕始揭悅字　忽逢白衣送酒至。道是藤君所恵賜。感君交誼篤且深。受樽未酌心先醉。一杯二杯逐愁魔。三杯四杯悅欲歌。〔劉〕二揭悅字　平生不過三蕉葉。此時何辭百榼多。上國名品推丹釀。近来澆滿類敗醬。何如此酒洌且醇。自使小戶成大量。君不見令郎妙齡未成童。才似干莫氣如虹。就我問字纔三月。鳳雛龍駒聲價隆。嗚呼此酒能使愁者悅。〔劉〕三揭悅字　吾欲相報柰貧劣。縞帶紵衣禮當酬。瓊瑤木桃思空切。但有一事較不輸。令郎後榮言必符。此日把酒吾已悅。〔劉〕四揭悅字　他日看君悅於吾。〔劉〕五揭悅字。五悅、一層進一層、愈進愈切。〔鹽〕五悅字、如五星在天、光色粲然。〔倪〕此與前首、皆不啻麻姑搔癢、

歲晩賴采真招宴墨池樓。

寒儒寒到骨。數月不親杯。一陽雖既復。未見生意催。幸得與佳宴。始覺欝陶開。窻明樺燭列。室暖獸炭堆。琴髙看裡遏。曲鬣味中魁。歌舞核窈窕。吟哦萃英才。人氣壓朔吹。辟易不能来。返波於枯鱅。揚焰於死灰。盛興如此會。生涯能幾回。四座春意動。忽放瓶頭梅。

除日與塾生八人飲　古谷士先、長門人、平方玄龍、相良春榮、志田市十郎、肥前人、永井元厚、出雲人、髙妻寛平、日向人、五弓士文、備後人、僧了現、河内人、

爐炭紅微儒色寒。〔鹽〕破題不凡　一樽薄酒且團欒。梅從市上并瓶買。雪自窻中隔竹看。幾歳出家皆落莫。諸君與我幸平安。九人渾是天涯客。借問鄉思誰最酸。

梅墩詩鈔三編巻之一終

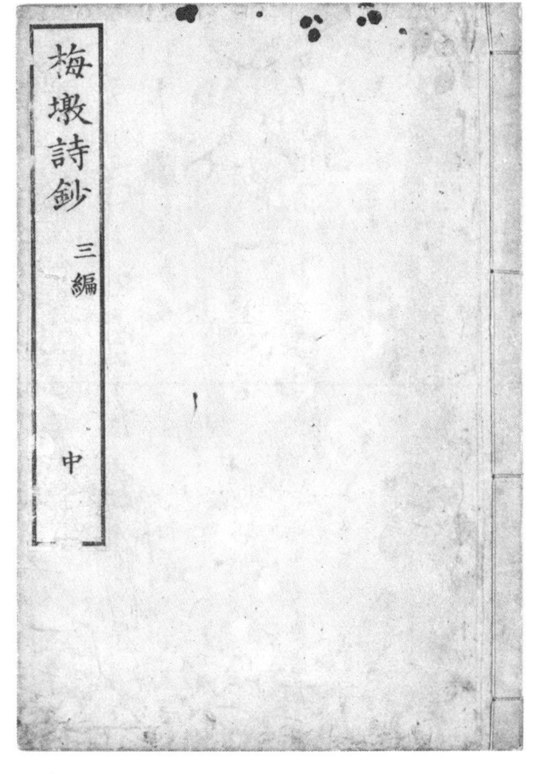

梅墩詩鈔三編巻之二

旭莊廣瀬先生著　門人　江戸坪井教信良
肥前伊東邵子高　校

辛丑元日

他郷經五歳、新識自然加。慶賀漸多務、僑居亦似家。
劉錬老　連年遇豐熟、廿日益韶華。今歳閏正月應貫西隣酒。
新居西隣有酒家　飽看東郭花。

雨中臥病

伏枕空齋心不平。蕭蕭簷滴逼愁城。壯年人抱經年

病。春日天無二日晴。烟際汀洲初柳色霧中花木稍
鸎聲。何時雨歇霍然起。西郭東郊隨意行。

二月十九日晨。僕汲水而歸。中有小鱣魚三頭。
余於世無所求。敢作楊伯起之想乎。然不可無
詩。

富貴在天非所思。關西孔子不相師。今朝亦遇嘉祥
至。贏得書窻一首詩。〔鹽〕古樸

今春多雨。余亦臥病。有感

平日春光唯九十。今年有閏益三旬。天多風雨人多
病。到底不如平日春。

春曉

四邊猶未起塵氛。枯坐江亭何所聞。度雁一聲沿水
遠。行人偶語過橋分。〔鹽〕下句殊好 柳條欲繫將低月。櫻杪
恰和初出雲。忽地誰哉来剥啄。無端心緒又紛紜。

上巳遊櫻祠

七夕未涼端午暑。重陽雖好奈悲秋。一年第一論佳
節。三月初三最勝遊。〔劉〕前半佚蕩横逸、不縛于對偶、前無古人。〇〔鹽〕讀此覺賀鑄北
山北三月三未足稱巧也。柳浪深邊停畫舫。櫻雲缺處露危樓。風
光洵美盪吾思。不省人間有客愁。

三月念三日。雨中遇朝君眉山。翌日送其歸。啼
鳥落花殘春光景。不堪悵然。即口占一絶述情。

東風吹老百花枝。来燕歸鴻共有期。昨雨相逢今雨
別。一年春夢欲醒時。〔劉〕離情在言外。

春晚登東鄙岡上祠閣

藤蔓上廢槎。林足遇溪斬。〔劉〕起得奇崛 聳身攀陡巉。谿眄
憑勾檻。鷺邊白水増。麥際黄花減。春色惹遠愁。郷心
赴夕黯。〔五〕雅錬精詣不遯韋左司 殷勤禱西山。歸夢莫相犯。〔劉〕此種作、邦人未有。

雨中遊京師。訪郷人山田元輔僑居。

朝雨蕭蕭灑六街。認来僑館解泥鞋。半篙鳧水漲猶
淺。一片東山雲未埋。謾使故人成地主。何知同我在
天涯。晤言已似還桑梓。挑盡殘燈互述懷。

梅雨中淡路河野逸平致書。請作書畫帖序。余
欲辭。恐其不可。乃賦一詩代序。

梅霖延廿日。黒雲鎖四郊。山崩僵巨木。壑震移蟄蛟。
衡門無客至。徴風代推敲。茅簷挂奔溜。苔礎著浮泡。

竈冷抽菌耳窻暗屯蠨蛸深草蔽池口吠鼃聚庭坳
吾心類炙轂出膏自煎炮萬愁塞方寸胸膈構函崤
鹽　妙喩似坡　忽有入門者弛擔呈菓肴曰自河野氏尺素
以紙包薰披誦來牘懃懇似同胞上云雖未識庶幾
定神交下云輯書畫君須列前茅視之感且媿吾才
實斗筲海內多文士鳳翥而虎哮大者聲顯赫小者
口謷謷視人嗤碌碌碌碌信已誇佼佼吾曹叨居首何異
祝代庖不見乾上九又解第三爻亢龍豈無悔負乘
恐速嘲雖然君意篤我筆未可拋食蕉美其本採蔚
尚其梢糠粃與沙礫前後美惡淆物宜固不一琴柱
何可膠沈思難自決似魚麗罟罼聊且傾醽醁爛醉
氣嘐嘐愁城忽瓦解酒兵得銳勦醒時雨偶歛殘滴
在鳥巢笑看喬松頂無端繫苦匏　鹽　落句妙在言表然君豈匏瓜。　倪
善用險韻

訪原敦夫中島寓居

名利場中幾戰爭僑居憐汝獨無營浪華雖是繁華
地估客寧知詩客情暮岸燈群亡月色夜窻人定始
江聲天涯離索相思久自此往來尋舊盟

題五竹菴　菴在瑞龍寺中祭桃青

距市雖非遠入門心即醒芸窻映竹粉蕭寺祭桃青
五　佳對　風月延人賞鐘魚淨我聽山童靜無事長夏寫
黃庭

令北子明導步北野遂過王藤店供麥飯

蓼塘瀰漫接荷陂餘濕透鞋行自遲　鹽　清新　隔竹茶香
知午焙拔村麥飯救朝飢　五　上半切題而不俚高青邱流亞　三年客
未得親友一日長叨為子師但願交情不相變春山
秋野永襟期

夏夜步川上

江路不遇人江風吹醒酒幽趣寸心嗜涼味全身受
行魚響暗流殘星帶疎柳歸家皆已寢閒門一犬守
鹽　閒澹邦人集中未見

題櫻伯蘭詩卷後

昔年閱佳稿頗似韋柳詩雖則似韋柳其神却背離
今茲閱佳稿不倚先哲籬古體長鋪叙時又逞雄奇
五律尤雋永七律少瑕疵絕句雖僅僅有類搏兎獅
他人費萬語君則片言宜他人難措筆君則縱橫馳

要之學植富加以才不羈君詩可頌處已有世人知
謬見辱下問唯當盡忠規經史之字面揭出無所遺
餘勇雖足賈粗猛或難施兮矣多助語率直乏風姿
一含非不旨再嚼味既漓勿恃天質麗猶須假胭脂
良璞尚雕琢一字慎敲推少陵號詩聖論詩無他辭
晚於詩律細細字請君思〔倪〕末結十字實詩家祕訣○〔鹽〕韻語代牘而悉所欲
言是君長技○君以敏捷名未讀其集者或擬諸粗豪科余笑曰盍把一二首讀

夏夜與谷士先坐

下榻南軒對夜深餘炎尚緊汗霑襟微風欲到竹相
隔涼月纔升雲又陰〔劉〕一聯即花枝欲動春風寒之意 早悟窮通爲
外物莫因毀譽變初心〔五〕見道之語而不墮理窟 時看松杪依稀
動猶有搖搖未睡禽

與香川井坂野村諸子納涼浪華橋下

赫赫炎炎氣此時安在哉輕雷天際度疎雨月中来
〔劉〕好句 我輩吟哦苦隣舟鼓笛催他人已歸後移棹更
沿洄

六月二十二日將西下舟發浪華遇颶入兵庫
港投真希元氏主人有詩次其韻

楫折帆傾桅欲摧舟雖未覆亦危哉山如平伏浪皆
立日似逆行雲忽開垂死向君先乞藥田生賀我疾
呼杯〔鹽〕實情寫出如面睹 何圖倉卒翻相見到底惡風成好媒

曉發山店所見

東方既白衆山青驚起忽忽發旅亭行入深巖幽谷
際依然頭上見明星

宿山寺

殘螢粘壁孤燈影遠處鹿鳴山更靜夜半雲来窻不
知臥衣唯覺蕭然冷〔劉〕窻不知奇絕故結七字無味却有味○〔鹽〕唐韻

山行

知有洞中泉淙淙聲遠至山路不逢人風過松子墜

敝衣

自媿平生澣濯慵一寒依舊度三冬家山薜荔待新
製京洛風塵失故容〔倪〕温着 爲我漂零老奔走使君辛
苦到蒙茸朝田典去情何薄工部遺規未敢從〔鹽〕詠衣即
詠已也之謂詩中有人○〔五〕通篇以我爲主衣爲客立意措辭兩妙

與士新導遊北山採蕈

寒逼重衣石氣青人禽相對兩忘形〔鹽〕起得幽絕 樹顏霜

涂如微醉潭色秋澄似始醒午徑躋時猶冷露夜山
降處已繁星歸来旅百荷嘉貺柿篋葦籠盈戸庭

伊勢寺弔伊勢

嬪嬙中有此才華幾首名詞玉絶瑕環珮夜遊林下
月臙脂春認墓邊花〔劉〕風格遒上碑文出自鴻儒手〔倪〕巧而雅
林羅山先生影像存于野衲家猶勝寢園衰草裡尋常一
樣附宮斜〔鹽〕後半暢而不滑作者慣手

在中将墓（墓西有美人山）

来弔當年中将墳曾欽詞藻獨超群繫碑牛觸春苔
剥蝕木客過秋徑分唯道馬卿尤好色誰知劉向本
忠君（公宗室實惡藤氏專權）〔鹽〕一聯顯微闡幽史眼燃犀　仙魂彷彿遊何處
一片美人山上雲〔鹽〕好結語〔倪〕餘音嫋嫋使人愛賞不已

九日登高無詩友人嘲之乃賦此

疾起今朝開笑顏便携諸友出柴關六年空負故園
菊九日頻登異境山病葉悸風將下處殘雲悔雨欲
收間〔五〕奇而不溢　秋光佳絶難摹得莫怪奚囊無句還

九月二十日夜三更雨止歩肥後橋上

雨歇秋宵忽暖天也乘殘醉歩橋邊雲埋列樹疑無
岸燈點中流知有船〔五〕善寫實境　杳渺希音孤鶴喚蕭岑
静味萬家眠畫間轂撃肩摩地恍訝身生太古先

偶成

如醉如醒適我情胸中磊塊未全平倦時抛巻一肱
曲夢後聽鐘百感萌蛾慕燈来終速死蠶成繭去貴
於生〔鹽〕名聯〔劉〕比興婉約公所獨　工夫須向斯間著秦岱鴻毛有
重輕

秋懐

園中有佳樹夏時緑陰深野禽旦暮至相喚弄好音
一夕秋風起葉落樹亡陰禽去不復顧移栖向他林
〔鹽〕比興温藉得風人之旨　禽性難篤厚樹命易浮沈〔劉〕二句斡旋妙　庭上
一大石苔蒸其色黔風前晒我屨月下陳我琴遇雖
有榮辱受之無忤心相依二十歳安默秉貞忱〔鹽〕五字凝
確　自慙拙風鑑輕石重野禽自今棄簧舌寧取啞與
瘖〔鹽〕蓋有所為而作〔倪〕漢魏為骨唐宋為皮而運以自己精神千錬萬鎚渾成無痕

秋夜讀春臺先生經濟録

擬將隻手障奔波斯理其如時勢何若欲治民張禮
樂難於亂世戢干戈百年毀議知音少一部論言覇

氣多。〔倪〕二句悉春臺酒醒夜深秋雨急。為君扼腕也悲歌。

秋冬之交。與羽玄仲。屢歩近郊。賦贈。

疎慵常被世人捐。耐久誰如吾子賢。自始交時垂廿歳。再相逢後亦三年。停笻橘緑橙黃處。移歩水清山暮邊。明日舟遊何地好。無凥堤月淀江烟。

十月十三日夜作

疎影伶俜上我牀。燈前老菊尚餘香。〔鹽〕幽峭。〔劉〕起頭常自拗峭處。入漸經世路知書味。屢誘羇愁向醉鄉。〔鹽〕一聯有人味哉言也。近中年畏寒至。鴉鳴殘月訴宵長。〔劉〕幽淡。〔鹽〕此等對法宛然劍南。何須最羨。呵呵。康強最羨劍南叟。常愛初冬萬瓦霜。結用陸放翁成句。

十一月六日。小竹先生與春草訥堂蓀梁洞然諸君。過敝廬圍棊。席上次先生見贈韻。

彼此何嫌来往頻。優游共是自由身。呂安命駕途非遠。文擧忘年情轉親。詩説解頤分雀角。先生為余説雀角義棋兵唾手破魚鱗。絶無兼味供嘉客。唯向空庖閲室人。〔劉〕每句實切

佐伯郎監田原子。招僧敬仲及余。飲其官舍。分韻得白字。

曠逸似君稀。不為官務役。酒筵留老僧。吏局招詩客。雖會始于今。相親如自昔。翻欣酒政嚴。霜壓簷牙白。

歳晩。田蘆村歸大村。賦此東朝眉山。時余病

落花啼鳥入詩篇。一別浪華三月天。今春送眉山詩題有落花啼鳥字。離恨在胸如昨日。流光轉眼已殘年。〔五〕前半圓而不滑。足見烹錬之妙。縱逢狗監能相薦。其奈馬卿猶未痊。〔五〕馬卿狗監。明七子所常用。如是拈出。始不凡。休道短章難悉意。寸衷渾託故人傳。

送蘆村

儒坑於秦後。瞿聃勢日逼。頽波漫漢唐。洙泗源堙塞。濂洛諸先生。矢將濟陷溺。奔走防狂瀾。拮据構堅壁。性理闡昔幽。道統悦今獲。微禹吾其魚。誰若此偉績。〔鹽〕以上數句。自頽波湊合来。妙絶。爾来七百年。末流失舊迹。始僅毫釐差。終則天淵隔。今人非古情。支那異神域。雖善肖形容。不能襲精魄。訓詁曠光陰。章句横胸膈。〔倪〕切中時病四子語類餘。絶不復講繹。鑿衆所既知。沾沾矜獨得。窮經枯天才。躬行醸頑德。〔倪〕切更老者安福迂。壯夫喜矯僻。瑣似鬭觸蠻。窘如含瓦石。往時寛政中。官

命擧儒職一時雖更張餘弊復結轖自此趨利人外
假道學飾令也遣右文庠校遍各國大藩館生千小
邦亦數百餼廩非不糜然而人才寂究其所職由總
原取材窄求備于一夫議論極深刻伐異而黨同任
意妄揚抑揚己所長寸壓人所短尺成就百凡庸奉
劉一絶特何異頌火乾而詆水之澤偏誇燈燭功不
知日月力甘苦酸鹹辛青黃赤白黑唯以質不同各
得奏其益(田)昌黎再生東坡嘗有言美地庶物殖荒瘠斥
鹵鄉彌望葦茅白由勇與回仁孔聖不相易人林天
所賦養此勿殘賊自余任浪華日接東西客所識數
以千就中君莫逆聞君平生談知心之所宅夙崇程
朱言欲破時人惑氣厲速世猜論抗逢衆劾憤然辭
桑梓大都周觀歷萬感成磊塊百榼供澆漑屢扺慨
慷腸強臨歌舞席既泣雍門彈更悲桓伊笛蚩蚩皮
相徒謬謂耽酒色余獨察其真君蓋有所激騰驤汗
血駒縛去附皂櫪須恐彼鹽跟自羞拙鑑識方聞君
公明賢俊旁搜索採才于他邦況在其臣籍知君今
度歸不似前年厄臨別贈一言亦是朋友責君欲酬
主知莫厭黌務劇擧以何爲先行以何爲的新政何
以張舊弊何以革不預有成規臨事或顛踣人拒我
則容人謗我則默無怨亦無仇有黨必有敵修省就
範模攝養愼寢食端嚴律厥躬謗焰自消熄要之近
世人學風苦拘迫(鹽)十字一篇大旨數教宜在寛英髦乃蕃
息君謂既能寛應容余言直(劉)議論正大識見超卓有冒頭有照應有起伏有波瀾段落截然序次不亂雖散文贈序恐不能如是韓碑柳雅後一大手筆(鹽)全篇杜皮韓骨而蘇辭袁枚趙翼有此筆鋒而少此識見彼有意弄狡獪此則堂堂正正不肯由徑所以勝也

林國手孝君卜居於江戶濠招飲分韻得初字

忙裏偷閒閒有餘紅塵深處愛吾廬打門病客交詩
客滿案方書混韻書已坼梅添微月色始移松假暮
禽居(倪)風致何等今宵吾輩須酣醉此是君家開宴初

臘尾藤世張招飲

雖是街中任幽如在遠郊書窻臨水面衣桁接梅梢
臘尾閒人少歲寒君子交轉慚供具厚幾度換嘉肴

除夕與塾生八人飲余去歲是日發疾至本月
始痊去歲守歲者亦八人

數枝還發架簷梅喜在天涯共此杯寒似權官方欲

敗春如遠友。稍將来。〔劉〕妙喩　八人守夜宛成例。一病周年始斷災。百榼要除今歳厄。不妨飲到玉山頽。

壬寅元日

人家三十萬。櫛比倚江潯。柳影浮邊汲。梅花映處吟。〔倪〕清麗　天光煕鳥意。國政協民心。〔倪〕端嚴。〔鹽〕亦能為沈宋語　聞說群賢進。駑才勉自今。

春初訪北子明賦贈

街路隔江橋。尋来喜不遙。香芹隨鴨啄。新藻繫魚腰。〔鹽〕新尖、不遜乃翁魚肩一辦、　清味供三韭。高風挂一瓢。時時同社集。諷詠到殘宵。

嵐峡

唯訝溪皆雪。何知花是櫻。上橋看不足。更復刺舟行。〔五〕二十字悉嵐峡矣

春寒

梅枝幾處出籬斜。臨水掩扉三四家。昨日寒風今日雨。已開花羨未開花。〔鹽〕無限感慨

小園

花香成暖霧。苔氣吹涼露。日午寂無人。一蟬吟緑樹。

夏日漫成

天地茫茫誰與親。要求先哲作吾隣。四千年上無名士。十七史中稀解人。日永今朝如昨日。身閒假寐忘真身。醒来莞爾緣何事。雨打槐根蟻國淪。〔鹽〕讀此使人曠達

舟過舞子。見人来往于官道青松間。以下壬寅夏遊大村時作

午浪無風漾日光。蒲帆不動海中央。舟行却羨陸行好。消受松陰十里涼。

雨不晴。泊室津三日。

疊得閒愁堅作城。梅天三日隔歸程。失棲鳩婦他林宿。乘艇蛩孃何處行。斜照忽収前浦雨。片雲復奪後山晴。洗来京攝絃笙耳。飽聽孤蓬滴瀝聲。〔草〕落句、可轉錦城歌吹、殆入潯陽琵琶曲中、輕攏漫撚無限情景、

過阿浮屠戯題

紅欄倒影落滄波。山下群帆若鳥過。看取人間不平事。好風景處俗僧多。〔倪〕快語

夏日。傅師来訪我寓居。圍棊林下。

火雲襯簷瓦。毒于斧鉞誅。移榻竹林下。始覺此身蘇。

露殆欺雨矣涼豈因風乎閒蝶無蹤舞珍禽有幽呼
況辱高僧至對棋百念虛已勝不誇勝亦輸不諱輸
依依惜師去悄悄愁余孤【劉】善形客舍之情今宵沈瓜待明
且復過無【鹽】結得輕妙

六月十二日與本田中村朝野諸子遊箕嶋

多年卜居在浪華避暑常遊淀水涯涼棚似坐廣寒
殿煙火如觀上苑花今夏来為火州客南方毒暑堪
怨嗟況又三旬無一雨水田揚塵腊萬蛙流汗忽乾
鹽氣白殆使生人成帝羓同人相勸遊海上獵獵西
風拗帆斜行過臼嶋傳箕嶋出逢赤脚踏青沙沙步
有祠祭蛭子環祠老木悉槎枒炎炎赤日不下透千
重萬疊綠葉遮樹下布氈裸裎坐初道奇涼誠足嘉
須臾忺把衣裳蔽却怕冷過惹風邪歐謝方遇錢公
寵官厨賜酒不須賒醉来起席島間步茅舍竹籬十
餘家稍高地勢岡連塢新墾耜痕菑未畬一鄉男女
渾古樸少年容態類婆爹迎客殷勤多所述其言雖
侈實非夸竹美渭川煨晩筍泉甘盤谷試晨茶夜月
絺衣挂蘿薜午風蒲帆出蒹葭秋穫擁倉堆黍稷春
漁滿簀[魚西]鱛鯊冬圃呼奴有南橘夏畦綴玉是西瓜
【劉】長篇中間挿多少好聯故不流冗弱稻粱不用肥腸胃菓實自堪供
吻牙一日四時長足樂自生至死不知奢【鹽】一聯結收極見筆
力○晩晨夜午一日也秋春冬夏四時也腸胃吻牙自生至死也巧審如是何冗之有更憐土
地殊靈淑不獨幽閒在僻遐【五】以上二十句對法不遜坡室無蚊
蠅人無賊穴無狐狸草無蛇所以門戶夜不鎖雞宿
樹間似棲鴉【鹽】世間有此仙區吾輩任都下不得夢見可慨我聞此言心頗
動憾不任此侶魚鰕敢企謨猷贊廊廟固宜放浪老
煙霞虛名成祟孳成累羨顯欣隱念念差鶩馬難前
猶戀豆鸜鵒能言即入筊【鹽】今古同感傍人知我有所思
促去歸席笑歌譁復把残杯豪興發歐逐閒愁不留
些快遊如是諸君賜浪華避暑無以加【鹽】顧前照應有法聊
裁一詩紀顛末歸来好向故人誇【鹽】紀顛末三字下得不苟○【劉】此首
差似過冗然麻元少好韻他人則不及此半神竭思窮而作者押得無一不穩帖是極為難夫遇險韻寧
過冗莫過簡自是才人長技自昌黎眉山而然何獨咎先生乎

題長埼長東洲紫清夢境卷首

海門礮聲晨如雷報道荷蘭船將来諸侯護關鳩卒
伍幕紋旗影映波開【鹽】四句雄壯使人神遊其地又聞唐舩昨夜

至蜀錦呉綾簇紅翠萬貨堆巷成阜陵繞街苦無容
趾地山有松竹水菰蒲埼墺風物畫不如唯因地於
財利急竟使人與山水疏〔鹽〕旋妙幹東洲居士澹遺世白
日下簾閒門閉身任肩摩轂擊中心遊山紫水清際
梅花嶺上烟雨樓楊柳津頭漁父舟桃花溪曲曲幽
振鷺瀑滚滚流衞芳軒隣護花院錦堤之外即東洲
梅花嶺以下皆用卷中文字此是先生逍遙處不許衆来唯獨遊
借問斯境何邊在洞耶山耶島耶海君言此境本在
心不須遠搜又深尋我聞其語渙然悟畢竟萬象方
寸具停雲館幻應易營芙蓉城邀奈難遇君不見劉
晨入天台傍有阮肇作追陪君遊紫清憾無伴我欲
相從君許哉一笑軒皇生太早唯識華胥國裏好〔筑〕井
〔崑陽曰〕到結末始發題意老手〇〔倪〕結十四字猶督亢圖終而匕首見

答浪華藤世德見寄

換巾拭汗日千回州以火名炎矣哉泥滓烹茶色如
墨團蚊隨枕響成雷子思居衞雖蒙遇王粲依劉未
見才〔劉〕明七子亦善用典然無此脫灑遥想淀江銷夏好涼風常颭
碧波来〔鹽〕讀至落句快絶〇浪華之波火州之炎湊合轉換妙甚

得小竹翁書賦此回寄

自辭都會客邊隅得故人書如獲珠四海具瞻新號
令萬民於變舊規模〔筑〕壯道先生立論東坡似昧死能
陳北闕無〔筑〕自在〇〔鹽〕二聯皆是活對亦有閒愁一腔滿殘箋禿
筆奈難摹

宅士毅既辭我而赴諫早余走谷士先招之復
来一宿二首

他年何以見音容海北天南阻萬峰不若迨君猶未
遠一回呼返且相逢〔劉〕悉人情
一夜留君此罄歡今朝亦復別離難魯戈回日功非
少爭奈夕陽依舊殘〔鹽〕酷似袁子才

與本田長與諸君遊大浦公厨賜餉

巖拖枯藻認潮痕蟹避行人上樹根到處風光實天
設此時詩酒亦君恩疎林北斷已無地大海南開又
有村〔筑〕真有聲之畫吾輩留連未能去坐看歸釣趁黄昏

初秋

殘暑如小人已去恐復来清風似君子已来恐復回
〔鹽〕句法原藴陸意則清新蟲音奏數曲桐葉下一枚如何徂年感

稍稍暗相催。朝氣使人勇。暮氣使人衰。〔劉〕選體　少壯無所立。老大志易灰。朝槿不謀夕。何事欣然開。〔鹽〕君善以冷語結了

七月十八日大雨午晴。與諸子遊箕嶋

雨過洲樹尚含烟。雨槳容與破碧漣。落落殘家依海曲。層層新壘至山巓。〔鹽〕層層二字下得妙　具供皆是君公賜。導伴更因朋友賢。苦熱始欣秋意動。一痕涼月滿歸船。

七月二十六日早起懷浪華

火州之尾即南陲。七月殘炎尚熾肌。一日精神愉快處。早朝氣候冷涼時。烟生林際人方起。秋入草根蟲已知。不獨吾身為遠客。病妻嬌子更天涯。

讀唐書。應大村侯藤公命。

自古人君難保終。不唯天寶廢初功。文皇容諫稱無比。晚節猶嗔田舍翁。

將辭大村。贈田蘆村。

黌裡人望總屬君。不知何策起斯文。朱陳縱是學風異。君目余以陳龍川　洛蜀何須黨類分。旅夢蕭蕭驚曉雨。鄉心杳杳趁歸雲。自今漸減追隨日。唯願多聞所未聞。

九月二十六日。隨公駕發大村。恭次公見賜瑤韻。

吾昨西遊荷似錢。今看紅葉媚霜天。前程但喜追陪久。杳杳中原鶻沒邊。

夜發青柳

役夫三四百。列炬出閭門。危石穿轎腹。暗泉揚杖根。行迷無路野。望遠有燈村。認得前人困。沿途多蹶痕。

至西宮驛。奉別大村侯。

遠徼謬荷水魚親。從善如流無逆鱗。野勉農桑幸民寡。朝興文武舊邦新。〔五〕二句切　大村西宮告別風霜夕。東道約迎桃李春。公明年三月西歸　枉辱乞言何以報。唯祈終始近仁人。

冬初宇治川晚眺

風吹枯葦不成聲。舟過時聞沙鷸鳴。楓頂猶留殘照在。一枝紅影水中明。〔鹽〕蕭散如畫

耕石畫史自西州歸。使余題其畫。以下歸浪華後作

吾在浪華日。君未發西州。君到浪華日。吾已西州遊。天使兩人巧相避。彼去此來無由值。吾過豐筑故人

廬時遇君畫陳座隅知君歸過山陽路見吾題詩如見吾何圖今日同堂話一幅生綃壁間挂直向君畫著吾詩君讀吾詩吾君畫君不見人生難得長聚頭四海浩蕩兩浮漚何不為吾圖此會畫裡終古無別愁
劉有意無景非公本色然亦好

送谷士先士先嘗隨余遊南紀及長埼

我遊南紀又西肥行李由来吾子依若浦朝探神女廟蘭舩夕聽佛郎機 劉若浦蘭舩神女佛郎何等巧對而不貶氣格古人猶所難 但窮臨水登山興未悉聖經賢傳微多感駸駸求益志明年復約叩柴扉
鹽前半以往後半未来段落判然而脉絡如環無端實是創格

士先既發舟遇風雨復来宿我家

何事忽忽背我行海門西望是長程朝山已去孤帆影晩水復来柔櫓聲 鹽淡而成味 一日風延千里別半宵雨話四年情 士先在余家四年○前聯以韻後聯以巧 倪幾回凭檻看雲色却喜明晨未得晴

題歸去来圖送高凉臺歸鄉

皆道田園好未見罷官回唯有陶彭澤真成歸去来
筑多觀此題詠未見寓神奇於簡短如此者敬服

十一月十四日林孝君招飲尋去年是日會也君新舉女

去年今日叩君門壁上舊題詩尚存幸矣我徒無疾病依然此處共杯尊松能耐久非生面梅解相思巳返魂 劉客年亦有松竹聯○鹽耐久相思皆承去年字何等巧緻 轉覺歡情勝前度新逢弄瓦百祥繁

酬臼井神童見寄

嘗讀昌黎文極稱張童子晩節何寥寥傳不見於史桃李夙成蹊華落光艶弛不如澗畔松欝蒼風霜裡義馭不停鞭春秋富難恃人呼曰神童三年五年耳仁以為已任盖棺而後已力行莫回頭前程千萬里君欲窮河源莫到崑崙止
五醇雅

所見

香烟爐上起片片帶奇薰及其竄外出不復異凡雲
筑意旨深遠○劉亦遠志小草之意

臘月八日龍師招飲

歲晩百般塵務忙安恬誰若上人房支風松勢何嫌傲出竹梅枝不厭長 鹽七字妙絶 手裡圖書閒日月望中

山水好文章法筵殊有醍醐音附與寒儒自在嘗

歳晩寄蘆村在江戸

窻前急雪舞回風一事不成年又終君志應期真道學吾心亦賤僞英雄邊防今日重東北廷策古来無上中瓢飲屢虚難著醉何曾雙頰見微紅

冬夜不眠

酒詩成債兩来攻寂寞僑居四壁空燈亦多情眩枕外梅何得意膽瓶中【鹽】七字寫意自見寒鴉啼後猶難旦冬雨晴時忽作風【筑】天然名句【五】寫悉永夜不眠状欲寫胸間愁萬斛起提凍硯向爐紅

除夜獨酌

醉人載路見昇平無復行歌野哭聲東坡除夜有行歌野哭兩堪悲句屢訪空庖知鼠餓獨彈長鋏感吾生梅花似践前年約燈火也依殘夜情【鹽】辭淡情深一客不来雖寂寂五更猶飲勝營營

癸卯元日

窻糊生紙淨壁掃舊塵虚勤與今朝始懦同昨夜除古梅能致鳥新藻稍衣魚何事尤忻慰阿兒方讀書

新年偶成

政化烝烝二百秋更忻新澤洽遐陬昇平有象倡優拙大道無私姦吏愁弱柳迎風鶯共動斷氷浮水鷺同流【鹽】亦景中包情雎鳧鷖之象自見滔滔塵路誰閒客湫湫煙波獨釣舟【劉】對結自然與明人有意摸擬少陵迥異

曉起讀書

萬卷圍身仁義紛牀頭八索又三墳衆人皆睡與誰語老蠹相看獨自勤林旭未穿花霧出漁燈復入柳陰分靜觀却厭風甌噪茶氣吹颺滿座雲

觀源三位軍麾扇

紫宸殿頭妖雲黑怪鳥宵嘯皇心惑【劉】惑字確起何等雄健【筑】羽林射手三千人就中推公應帝勅惟妖惟人非所論逼君是賊吾射賊一箭射墮昇不如帝賜嫦娥真國色【筱】湊合妙君居牢御所臣任蓬壺宮冠履成顛倒劍璽付幼冲二千年天子曾無此奇窮夜啼小兒耿者子緇衣髡首廊廟裡噫嘻大妖莫過焉滿朝低頭公獨恥猶有當年射妖弓可向斯賊無一矢【劉】筆鋒快利如并剪明知我寡敵兵多如我義重命輕何欲返頹陽照九

有此扇。即是魯陽戈。〔劉〕好典故　把扇一麾鳩義衆。撤橋據
川事倥偬。放箭截箭敵逡巡。攘馬返馬我愚弄。王莽
之罪未貫盈。可憐翟義功不成。釦甲端坐從容死。一
首詞留萬古名。〔篠〕四句感人　往事茫茫七百歳。麾扇猶存
見古製。欃山支越師佳話遍一時。班姬裂齊素。怨歌
誰不知。〔劉〕越師齊素、怨歌佳話、照應成態、而下段以和漢二字結之、老手。　和漢團扇
多故事。未如此扇尤珍祕。物因人重人因德。與彼魏
笏亦何異。君不見一扇風動六十州。諸源雲興殪大
讐。後来鬼武有天下。已落人間第二流。憶昨弔古遊
菟道。往跡依稀難復考。只有忠魂永不銷。春風又長
扇様草。〔劉〕扇様草三字、結得妙絶。○〔箎〕君不見以下、轉来愈妙。○〔篠〕巨刄摩天之技

余留與小山稿三年。及還之。題一詩以謝。

君居左海濵。我住浪華市。相距雖不遠。相逢一回已。
忽蒙示佳篇。朝閲又夕視。奇想鑿天心。正聲破俚耳。
愛之遂留之。忽過三年矣。聞君怒我慢。彼人胡為爾。
須送原本還。傭工別寫此。我迹誠可誅。我心非無以。
西施影雖妍。人不以為美。手澤之所存。他本何得比。
生来止一逢。後會安可俟。放此君身邊。留此君心邇。
待我粗能諳。還此亦一理。趙璧幸無玷。請轉怒為喜。
〔鹽〕隨園再来

寄題聚公曠如亭

聞公厭塵雜。野外構新居。潮氣通靈硯。雲痕入曬書。
〔箎〕清警　庭過看竹客。池躍聽經魚。〔劉〕二聯皆杜調　把筆凝遙想。
吾心已曠如。

憎二物

蚊如真小人。蠅如偽君子。真偽雖異形。均為口腹死。
依花蝶夢閑。隱草蛩聲美。同生天地間。汝獨秉貪鄙。
殺之何可殲。毆之飛復止。不見秋霜下。一朝赤族矣。

樹影

藻様浅敷蛇様蟠。老槐脩柏状多端。春窻鶯囀初陽
暖。秋苑烏啼落月寒。水面坦平留跡穩。風前搖動立
身難。〔鹽〕危邦不入之意　幽人愛弄静中趣。坐向空庭仔細觀。

雁来紅

秋風太無情。能令百草老。一種雁来紅。不同群卉倒。
彩葉欺殘楓。疎影横古道。伶俜孤蝶眠。寂歴斜暉抱。
得霜雖始妝。霜多亦難保。盛容無多時。自恨嫁不早。

題明皇打毬圖

太平天子不知愁。騎與八姨打繡毬。一場歡樂成春夢。馬嵬坡下又悲慟。當時若不相揚李。君王妃子長如是。［盬］簡而悉矣

梅墩詩鈔三編巻之二終

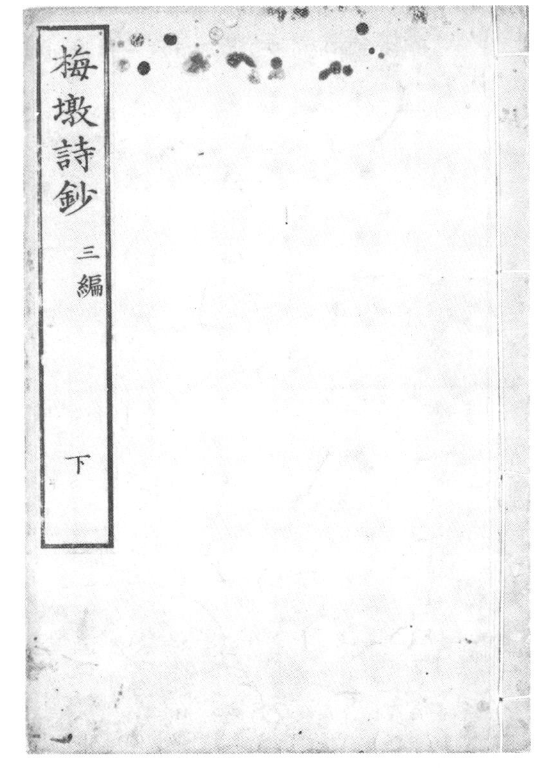

梅墩詩鈔三編巻之三

旭莊廣瀬先生著　門人　江戸坪井教信良
肥前伊東邵子高　校

池立馬市（以下癸卯遊江戸後作）

四月徂五月來。池立驛前馬市開。（自四月念五至五月初五）埃氣吹成林際霧。蹄聲震似地中雷。［盬］對偶雄麗。不肯著弱語。作者長技。駰騢驒駰騂駱驕。騰驤絡繹百千匹。白雪堆邊萬桃明。黑雲團裡片霞出。［盬］更雄麗。［劉］寫景華鮮。曹霸韓幹恐不能描。牙儈森列簇路傍。品之毛之責之忙。肥馬早售去無迹。瘦馬不

售立夕陽。〔五〕立夕陽三字入神、五鶩三羸論空酷。〔鹽〕三世執戟、毋乃是也、
皮相論馬、馬亦哭、誰略牝牡與驪黃、擧取神韻知逸足、君不見四海謳歌二百春、馬服田功與牛均、縱有騏驥何所用、馬兮莫尤皮相人。〔鹽〕婉而成章、不是英雄氣短、○〔劉〕昌黎雜說、未必若此篇感人之深、

湯本

村家沽械器、杯盤皆巳備、問酒却曰無、笑看暮山翠。〔劉〕髯蘇口氣

鎌倉懷北條氏

聞說霸圖曾此中、數椽茅屋倚深叢、鶴岡北峙山形合、龜嶼南開海脉通、九世家風傳儉素、一門人物半梟雄、〔鹽〕一聯鎌倉、一聯北條、寫盡無遺、○〔劉〕渾雅 祖孫誅賞如何定、遷帝罪兼釁虜功。

夏晚江戶雨中

仰首疑天隘、同雲咫尺漫、唯聞魚價貴、未見燕巢乾、〔劉〕亦杜調 雨猛於梅雨、寒凄似麥寒、江都多勝地、其奈出門難。

鹽谷量平来訪我邸居、導遊篠箬池觀荷。

如此邸居湫隘何、池亭引去看新荷、世情趨儉人遊少、物化歸仁魚躍多、〔鹽〕仁儉、拈出切時情、疎雨欲来猶隔樹、微風纔動已生波、晚涼收汗宜移步、也向山王廟下過。

同野田笛浦夜坐賦贈

暴雨過無跡、浮埃伏不飛、微風觸高樹、墜露響閒扉、知已今難得、如君古亦稀、殘棋猶未斂、酒罷又相圍。

晝

寒風擁古木、奔水激橫磯、蕭然秋雨際、一叟負罾歸。

同坪井誠軒舟遊三首

廿七年前別、三千里外逢、文章增舊價、鬢髮變新容、倒屣知君意、停筇託我蹤、墨池消夏好、鎮日此相從。

酒具兼茶器、携来上小舠、西沿過野沼、北溯背城濠、虹際三橋並、風邊一柳高、〔鹽〕一聯、元柳橋邊實境、水深猶動槳、稍淺欲須篙。

寺名標木母、碣字認蕉翁、涼動波紋外、酒醒荷氣中、昔時多館舍、今日半蒿蓬、回首曾遊地、桑滄感世風。〔劉〕三首、次序判然、趣無重複、景情兼綜、渾成可宗、○〔鹽〕篇篇雅健、句句實切、工部遺則

與藤廉平納涼庭上

雨向黃昏止中庭忽月光餘雲點斜漢殘露赴新涼〔劉〕赴字妙甚竹散踈踈影荷傳冉冉香解衣同踞榻聊忘晝間忙

贈藤韋夷韋且二子府内委吏

方欲濟洪流人皆待巨舟才宜相藤薛志本慕由求世論多燕說君曹獨杞憂何時立功了散髮伴沙鷗

贈府内大夫岡本子

下救窮氓上奉君國貧興議正紛紜猛寬相濟鄭游吉喜愠雙無楚子文〔鹽〕一聯切其人舊染俗如秋杪暑新施政似旱時雲善初須念全終策已有嘉聲四境聞

訪吉澤子賦贈

江都無處不塵埃每到君家欲忘回殘簡秋并梧葉掩小扉晨帶槿花開〔倪〕七字畫趣元知素志期中隱何妨微官屈大才憶起十三年外事源源總上話頭來君十三年前在吾鄉

八月二十日府内邸中曉起示岡本子

晨起推小扉月在槿花外〔筑〕起得清新昨雨入菜根秋翠窗下謁〔劉〕韋郎口氣洒埽療體慵盥漱擊神怵〔筑〕平常之事人未道及繞以一重墻絕不見塵壒外邊車馬聲我聽爲天籟境靜心生明能辨物利害此生幸亦多方際時運泰新政兼治教兆民得所賴小善何須論且舉其尤大衣服剝袪華器具删雕繪屋宅貴隘卑飲食美粗糲孝悌周賞褒贓姦總懲艾游手汰僧尼惠念振癃癩但恐奔競徒銳進爭考最萬功而一過無乃失機會夏初廿日陰人咸怨雱霈既而旱七旬衆心又狠狽天作猶如斯人事固無奈是非如索糾唯須詢靈蔡〔鹽〕傑作議論近坡其使韻亦相似

讀宋名臣言行錄司馬文正爲相首改新法范忠宣曰此事當熟講而緩行宰相職在求人變法非所先也

君實改新法後世仰大賢如何元祐政曾不能數年吾嘗窮源委公亦不無偏舒王雖不善法成難俄遷一開更法緒上者失其權後人爲口實一一欲倣前温判左右祖趙主不與焉章蔡援先帝勢之所必然善人執惡法有術成安便惡人執良法猶教瞽控弦所以宰相職求人以爲先求人不變法吾服范忠宣〔倪〕作者學通古今留意於世故其論皆自實踐出異空詞浮理漫弄紙筆者〇〔劉〕讀書非具一隻眼者不

能發此論。

贈某君

總向朱門謁後塵。名機利巧百般新。道心能辨車無鬼。世路何論錢有神。（[鹽]巧鍊）天地不妨容長物。酒詩遮莫作閒人。（[鹽]淡蕩）唯須置跡炎凉外。黃卷堆中別占春。

小金原

茫茫秋原濶。不見人往還。羈鳥飛無影。曳聲暮雲間。夕陽沈遠草。牛背如斷山。（[倪]奇語驚人）

東都僑居臥病。青木研藏来訪。

曾聞多病故人踈。況在天涯久索居。國手未能除二豎。家書猶自滯雙魚。到窻寒月窺無客。發屋狂風苦侮予。唯有夫君時顧訪。藥鐺聲裡坐相於。

殘臘臥病。賦謝時任子雲

半壞臥牀塵垢堆。病長無復故人来。雪封梅杪妨花發。魚蟄池中待凍開。（[劉]景中有人）初自重陽滕生柳。已過南至舌猶苦。（[鹽]柳苦對得奇確）殘宵看藥知君苦。屢向寒爐撥死灰。

病起之誠軒氏謝。途中遇雪。

伶俜雞骨僅支牀。獨在天涯賴藥湯。一月十来君訪厚。九旬三感我痾長。海門南豁風聲大。雪陣北奔雲意忙。（[筑]雄偉）也借書齋投宿去。旅愁氷釋似歸鄉。

殘臘送吉澤子進秩于役長崎

陸沈元擬永棲遲。其奈才高早見知。喬木鶯遷聲更好。九淵龍躍兆尤宜。（君號淵藏）輶軒拂雪宵呼酒。騎背挿梅晨詠詩。（[鹽]遒壯）聞說崎陽多貨物。須將廉潔被人推。

聞大槻士廣災後所營新居成。賦二律賀之。錄一

庖後井前開菜畦。左營書室右營閨。隣人已約分花送。賀客將爭貰酒攜。一一燕歸尋舊壘。雙雙蝶入就新棲。寥中知有唔咿起。生路訪来應不迷。（[鹽]酷肖南宋。非兄本色。）

吉澤子臨別乞言。賦一絕似之

成瓚方依孟博才。疾鞭駿馬莫遲回。贈君清愼勤三字。更勸功成歸去来。（[鹽]浩氣盤旋于二十八言中）

臘月十八日立春。今冬殊暖

滿城埽出萬鍾煤。橫路黑雲推不開。幾日日融氷柱盡。未春春轉斗杓来。客中雖喊流光速。病後偏忻早

曖田聞說東郊流水岸株株垂柳映官梅

甲辰元日

生年三十八始遇大都春帶柳營門邃插松矦第均
猶無人事擾轉覺我心醇家眷安寧否望西祈拜頻

和大醫鹽田君所贈韻余新移居君南鄰

平生素願一朝伸卜築求鄰得好鄰器慣互通難認
主詩經相正後呈人〔倪〕善述人情書聲隔壁共殘夜杏杪
跨垣分半春〔劉〕前後聯分抒情景共是實境○〔五〕共分二字下得深雋荊婦西來
期在近更祈尊眷往還親〔箎〕平平說話入詩更妙○〔鹽〕自與君隣既六百日無日不如此詩所言也巨卿信人善踐其言矣

春夜有感

西顧山程遠東游海路長孤身未安宅九歲尚他鄉
微月移花影小風添酒香春宵真可愛旅況暫相忘
〔鹽〕合作○〔劉〕徹上徹下一片精神不必作劌刻斬絕之語

謝遠友寄梅花

餘寒此地未韶華況又懷痾與世賒几坐向誰傾竹
葉相思有友寄梅花橫枝不妨瓶中屈疎影猶能月
下斜〔倪〕寄託不淺高意重於車馬饋幾回叩拜望天涯

春日寓感

披書對古人懇懇如相親出門見今人訿訿如相嗔
四野春光徧遊客發自晨花羞綺羅豔雲避車馬塵
吾獨守環堵偃蹇違芳辰門外春雖好何若書中春

和誠軒春初病中作

春初養疾臥書樓身跡汎如無繫舟遲日江山非故
國東風花柳又新愁揚雄宅裡甘清靜杜牧樽前自
獻酬中夜不堪歸夢困京華西去路悠悠

與松園信良遊永代寺僧供酒

鄉愁旅務互相催數日襟懷鬱不開何妨去傾僧舍
酒任他坐看墓門梅林風忽死天將暝浦樹全沈雨
稍來寺北寺南春水遍微醒好上小舠回

正月晦諸君集竈涯新居

江都家百萬我舍獨蕭然鳥啄疑敲戶苔數空作錢
〔劉〕言鳥疑人苔作錢則其無人無錢明矣措辭之奧逼工部微肴謀一酌高駕枉
諸賢和氣何氤靄滿堂春燭烟

題春川釣魚圖

春雲知晴次第逋雲際春樹澹欲無〔箎〕畫手不能及南澗昨

夜一簑雨。萬點桃花逐水徂。新漲淼淼連遠草。中有扁舟載老漁。長竿嫋似微風觸。弱綸搖曳縮又舒。大魚見機决然逝。小魚見餌忽踟蹰。初則相疑不肯近。終難自持一口餔。【鹽】形容逼真。魚尾離水三四寸。掉頭打綸刺潑如曲鉤。入吮悔何益。口猶含餌身已誅。殘鱗潎浪耿無采。遺魂絓藻奄不蘇。【劉】轉換處必用巧聯。此君家法。嗚呼前魚已如是。如何後魚慕餌復相趨。此圖寓戒炳如鑑。為魚可哀鈞可娛。吾人元是山中客。數椽竹屋面溪居。一邱一壑心所適。出手釣竿入手書。一念自誤非人誅。遠去小園客大都。利餌名鉤世波際。不知我身化為魚。【鹽】讀至是、誰能不顙泚。桂玉重債新居窶。猨鶴結怨故交疎。【劉】我亦欲為孔稚圭呵呵。朝趨公門望塵拜。夕歸燈下獨長吁。縱令良媒通彼美。奈我才拙而謀迂。時有一二新識在。詩酒開社與我俱。亦如蹄涔稍將涸。彼此相依互呴濡。【彼】顧前妙。醜顏紅塵百尺下。對此春川釣魚圖。

【鹽】一結安重如山。是君家常格。

畫

遠梲殘雲幾片餘。春江一帶雨晴初。東風動捲釣絲去。多恐漁翁不得魚。【鹽】蓋諷進取者。

荻邱諸子邀余飲席上分暗水流花徑春星帶草堂為韻余得水字賦三百言

濟濟龍虎姿。備國多君子。賤子侗無能。辱侍一堂裡。謬叨裳乞言。聊以報知己。今時侯國政。其弊亦多矣。
一曰充庫倉。橫斂浚民髓。又括富商金。極違損益理。
二曰擧順良。唯是鄉愿耳。偶見俶儻才。擯斥不肯齒。
三曰修學校。未見人物起。多少迂濶生。甘守章句死。
四曰備不虞。習武如虎兕。私鬪非不競。終失孫吳旨。
五曰啓聰明。察察能及邇。自誇遠莫斐。未免疑薏苡。
六曰循先規。託焉崇驕侈。每事援死典。宂費張不弛。
七曰闢新田。舊畬反不耔。鼓動山野氓。騷然海濱徙。
八曰撿遊民。而不禁奇技。所以物價騰。公私均怨訾。
九曰赦小過。漸至壞綱紀。防禦一誤機。濫觴成洚水。
十曰速成功。外亨內則否。善人猶七年。況在今代士。
凡此十弊者。其名豈不美。講名不論實。天下滔滔是。
諸君救世才。革之反手似。却来一得愚。方將自隗始。
若得源源來。獻芹或忘恥。今宵更已深。後期僂指俟。

【鹽】昌黎之氣、香山之辭、賈誼陸贄之兼合、包無遺、詩至此、可謂步武雅頌

春夕不眠

晩酲初醒捲簾帷、剪剪輕寒欲中肌、斜月未沈花霧去、微風似為柳情吹、【劉】時又作温李冬郎之語

坐到五更三點時、百萬人家無不夢、清襟只有寸心知

送鈴木春山歸家省母兼迎內

品川西望是函關、知汝詩思屬此間、雲際春流芳草渡、天邊殘雪夕陽山、【鹽】夕陽芳草、材已陳腐、然枯出活潑、如是見才分高、挈妻何日隨夫至、孟母多年待子還、但喜誓來言且且、不須愴別淚潸潸

送溪琴時君見示其集

少陵性僻耽佳句、杜牧才豪著罪言、【倪】對起奇警、君逐古人相步武、吾知高作有淵源、參差身世頭將白、浩瀚圖書眼又昏、此意從今誰與語、黯然消盡別時魂、【鹽】縱橫如意、是君慣格

三宅矦邸中長梧樓集、賦得支

門外紅塵豈復隨、長梧矮竹綠參差、半樓有牖能聞水、一邸無人不善詩、幽鳥忽鳴春晝寂、輕陰稍霽午花知、【劉】清新、寫景微妙、【鹽】江都少此恬閑地、且恕吾曹辭去遲

雨中山田亦助來訪、分韻得人字

滿庭紅紫雨中春、枯坐寂然誰與親、獨聽水流歎逝者、忽看花動認來人、【流】天然名句、自安吾室如懸磬、何問官途似積薪、功利知君賤商管、執書先質一家仁

上巳偶成

繫似匏瓜天一涯、嘉辰猶懶出書齋、愁邊風物空春色、醉裡笙歌獨客懷、蚓操固甘并日食、蠹身唯合被書埋、忽逢門外人來誘、東郭櫻花已絶佳、【鹽】我懷、豈門外漢所能解乎

杉田子後園、宛然野趣、使人有曠世之想

紅塵漠漠欲衝天、此際誰為避世賢、數畝宛然山野趣、紫藤花下綠茶烟

梅雨中晤誠軒國手

濛濛梅雨似閒愁、自旦至晡無暫休、天意猶難期快霽、吾生將欲悔漫遊、鷺臨池立也能靜、蝸負廬還何

所求【鹽】寓感物象淵源葩經不待青囊搜祕藥纔逢知己病先
瘳

送平山子之攝 君赴其主采邑

再向浪華城知君感故情看槍亭長識越境邑民迎
【鹽】一聯切再字蘆月琵湖漫荷風淀水清西州消夏好恨我
不同行【劉】五律縣多合作

送堀内國手歸省米澤餞以朝鮮扇

僕自關西至都人動相嗤唯君確有守能以其心知
庠政詢新策學術質舊疑高明枉下問感君虛無私

始誦君詩草荷花映清池又觀君論筆松柏歲寒姿
人不以醫視而又神於醫君公在都下君職日追隨
我欣得益友俄来告別離問君何處去北陸天一涯
維時方盛夏猛旱圻地皮武毛多曠野烈烈炎風吹
熱埃颶如霧白馬變為驪【倪】翻用古語妙其苦也如是今歸
欲何為君言遇官暇趨庭省家慈雪筍氷鯉日焦金
鑠石時孝思無寒暑不欲一日遲舉世榮巧宦定省
常誤期偶聞君子語藹然感吾思餞以高麗扇請莫
咎菲資仁風奉揚頌僕敢願浮辭庶幾扇枕際為我

一手之促歸君之志俟来友之宜【鹽】真情述得圓活儒醫交
非薄忠孝道無岐何時朝公所黃花笑東籬君曰九月来

納涼

世無無熱屋移步到江邊市響不聞處波光遠接天
酒傾荷葉酌茶就柳陰煎清福難常得暫時吾欲仙

暴雨

急雷裂天地午夢忽成魘覺来尋衣裳亂書不遑掩
黑雲如崩濤負風衆鳥貶【倪】貶妙詰雨勢萬一垂電光千
八閃【劉】大家弄巧處天怒不移時群動隨夕斂涼意漲虛庭
深竹螢一點【劉】朗誦一過使人忘苦熱

立秋後二日同秋雲枝坪信友西子容夜坐

中庭雨過有餘清無復浮埃傍帚生天入新秋初二
日星低涼夜已三更墻卑不妨荷風至砌寂時聞竹
露傾一洗向来炎熱苦自今須對讀書檠

送川添白水歸薩

一自来都下終年毀譽紛何人解容我知己莫如君
離恨隨秋色思情寄暮雲南陲方靜否請報所傳聞
時流求有拂夷警

秋雨同伊東子髙坪井信良諸子賦、分碎聲籠苦竹冷翠落芭蕉爲韻、余得翠字

夏雨猛然來、勢似武人罵。秋雨蕭然來、頗可静者意。芭蕉未識霜、猶保舊來翠。弱葉支微風、疎韻參幽致。【劉】五字入神 避濕蟻行升、吹沫魚隊萃。【筑】升萃妙對 間禽不肯飛、獨就墻陰睡。【鹽】蟻魚與閒禽、看來有躁機淵思之別、先叙此景、而入後二句、是老手、 名香壓躁機、淵思徹沈邃。【筑】沈鬱 已觀物我齊、更寛天地祕。茲茲宇宙間、吾都尤盛熾。榮枯非一途、進取鬪萬智。三語弋美官、轉瞬復顛隧。碧翁類狙公、朝暮互三四。所以嚴君平、身與世相棄。【劉】理勝而不失韻、亦自一體。

中秋前一夕、戸塚静海雙鶴樓集、送令兄竹窻西歸、分韻得東字

一樓秋月一樓風、如此良宵喜與同。細細吹過畫簾際、依依來照酒杯中。清光天上猶難滿、佳會人間亦易終。萬里陰晴明夕賞、君於西看我於東。

秋晩懷故郷風物

東里送蔬堆瓦盆、西隣分酒滿匏樽。世情自逐秋風冷、田舍誰知古道存。【鹽】夫子欲居九夷之意 雁外殘秔依淺渚、牛邊衰草背孤村。【筑】道美是日田實景 想十年身在紅塵底、唯有遥懷落故園。

與毛堀二生夜坐、使之呼韻應聲賦二律、錄一

浄埽南軒點短檠、紛紜論議兩心傾。蟲吭已啞知秋老、蚊翼不搖憐夜清。何用向空書咄咄、任他處世尚平平。坐長厨婢眠方熟、只聽銅瓶作雨聲。

或報

或報喝蘭差使節、又聞入貢自朝鮮。西州士卒三秋戍、東海波濤萬里船。【筑】正大、老杜闕筆、 菽粟由來如水火、金湯不用保山川。嘵嘵世上何爲者、肉食方今列俊賢。

漢廷

漢廷新埽刧餘灰、結構如雲不日開。萬國朝宗倖汚水、廢民歡樂是靈臺。【鹽】汚水靈臺、共是篇名、朝宗歡樂、共是成語、其用典、左右逢源者非乎、 丁冬鎚響鍛銅瓦、轣轆車聲運棟材。聞説有卑宮室議、何同往昔柏梁災。

不似

不似支那爭奪紛、仁風蕩蕩滿皇畿。君臣今古尊卑定、相將東西王覇分。國勢元宜薄湯武、時情誰敢賤

桓文操觚獨憾乏良史無復著書凌典墳

擾擾

擾擾車塵馬足間萬人不見一人閒飢來飽去鷹何智晝伏宵跳鼠亦姦紅欲溢溪霜後葉青如滴地雨餘山家鄉有此好詩料天外秋高尚未還〔彼〕四句分截深得杜法〇〔劉〕以上四首立意渾厚措辭沈鬱不貌襲老杜而得其神髓

秋日感懷

忽忽任都會落落少知音暮色隨雲意秋聲逗樹心黃花榮廢圃紅葉燬寒林客裡無衣授空聞萬戶砧

讀簡堂羽倉君戍總錄賦贈

堯治舜化二百年炊烟滿野無烽烟治不忘戰真明主大駕嚴莅銃塲觀麾下壯士十萬人選拔七十人絕倫更汰世名採廿一就中羽君尤迢逸發中靶心不少差羿弓貫日無以加明朝復趨紅葉殿大官傳廚賜嘉醼或道偶中何足稱我道戍總錄可徵君督南總百餘日日就砲臺教銃卒親放大銃千百八加之小銃三千發夙夜無懈如敵來似此精忠有幾哉嗚呼君之技也猶可似君之忠也不可擬〔劉〕結得典重〇〔彼〕轉韻促節勢如連發短銃與君藝術相稱結二句見君非武人可謂毫髮無遺憾矣

送菊池溪琴歸南紀

昔吾在浪華送君歸南紀但是二日程官道坦如砥近別不別容東坡句此語果然是今日送君歸迢遞二千里目斷山接山程隔水連水黯然愴別心更隨秋色起自我之東遷煢煢少知己一朝聞君來頓變愁為喜初問其歸期君曰猶遠矣明年暮之春或又夏之尾先是雖屢逢切磋僅僅已前期剩半年往還自今始自始未六旬君忽向桑梓初言豈我欺此行必有以復變喜為悲悲極言無理世論何紛紜網密人才死最惜縫掖徒文勝皆是史誤讀豕渡河訛聽虎在市耕不謀于奴織不問于婢王道與霸圖不詢于君子自大侔夜郎難復藹朝士君心竊憂之完德矢不渝筆札兼刀槍兩全文武枝南朝忠臣孫家世勝臙仕慷慨饒籌謨身材足驅使和玉非不珍亦須顧汝趾咄咄將逼人我言是而止〔彼〕有此段見非尋常文酒之契且又數昔遊歷歷胸臆裡熊山聽大瀑遺聲尚在耳菟道湫寒流餘清猶遠藹湯淺之烟波東山之桃李春服

携麗人秋棹。搴芳芷。道路元不遙。故能屢如此。今也天一涯。恐不得復爾。君曰明春來。吾執左券俟。【篠】才力自由、中寓感慨、如讀元白唱和詩。【鹽】段落分明、措辭平温、鶴脛雖短、似冗不冗。

冬日。送谷士先。

谷士先。谷士先。與吾如有夙世縁。西肥東武及南紀。往来八千三百里。漂泊扁舟秋遇風。逢迎華宴春聽妓。衫上濤痕又酒痕。旅中悲歡吾與子。【劉】濤痕承扁舟、酒痕承華宴、悲承濤、歡承酒、結構太巧。十二年前始見余。中間一別三歳餘。其他二千八百日。追隨奔走無定居。最憶客年之臘月。吾罹危疾神恍惚。猛颷夜吼翻雪花。吾命將逐殘燈竭。【劉】寫得悲酸。此時湯藥亦憑君。君手碎堅氷燒榾柮。西望函嶺白雲飛。石路犖确横翠微。去歳盛夏同過處。今也風雪君獨歸。吾身兀兀歎無友。子意栖栖由有母。八年親炙多少情。附與離亭一盃酒。噫吁嚱士先事師已能忠。去而事親其道同。事君致身會有日。在三唯願完始終。【劉】悲壯淋漓、浩氣横紙表。末結歸忠孝、藹然君子言。【篠】既稱之、復戒之、師弟相得、至情溢紙。

戒相良生

乃考蘭雪翁。吾辱忘年友。有肴引我供。無酒就我取。子生甫數年。翁化無是叟。乃兄承箕裘。遺業頗善守。携子入吾門。爾時子齡九。脱衣以網魚。抛卷而鬭狗。吾往提子回。繫之門前柳。【鹽】揭一瑣事、而倍全篇精神、是龍門史筆。無幾吾遠遊。索居歳月久。聞子出家園。東西南北走。往年吾歸郷。遇子長溪口。長溪地名依依不忍離。送我至筑後。途中問令兄。曰渠太嗜酒。終為酒所中。不得長其壽。素有兄五人。今也皆烏有。二姉亦嫁人。煢然一老母。其言出肺肝。吾歔不敢狃。客年至江都。相逢執子手。子師冬樹君。方為良醫首。君昔交乃翁。懷舊情誠厚。數百弟子中。愛子無比偶。貽之以衣裳。頒之以瓊玖。子猶有童心。更為損者誘。夙夜花柳街。宴安酒肉藪。君恤之進規。口諾心不受。君以我舊師。納約將自牖。遣子寓吾家。子聽吾教否。年既過弱冠。有過誰敢毆。唯當用法言。嚴刻行彈糾。道義尚混沌。吾且為分剖。心情已縱慢。吾且加械杻。令萱事乃翁。多年操井臼。而育子弟兄。辛劬至耆耈。衰老未得安。薪水依諸舅。子身在天涯。季路米難負。風樹若關思。一事何可苟。

〔鹽〕字字針藥、字字鞭箠、可以感鬼神、可以泣木石、
食粗未足憂。衣敝寧爲耻。此心苟無玷。萬衆仰山斗。身卧錦衾爛。手擁佼人懰。忠孝不存心。滿腔含群垢。巧言雖如人。其實等鸚鵡。
〔筱〕游學生、如生者不少、此詩宜寫數百通遍與之、
勸子自令勤。舊穢皆附帚。學圃播良苗。心田拔莨莠。雖同懶生居。獨如泥中藕。乃兄因酒夭。切莫親盃卣。蘭書弘異聞。芳名垂不朽。歸侍阿母傍。孝居諸兄右。行善致介祜。蜚譽得佳婦。子孫日衆多。家世復殷阜。上報冬樹君。下及鄊生某。果能如是乎。往過何足醜。吾代乃翁言。訏直宜莫咎。
〔劉〕尋常規箴、綴之以韻語、而抑揚勸懲、覼縷詳悉、入人之深、十倍口陳、○此亦險韻、押來如忘、古人曰、忘韻詩之適也、適乎適乎、習坎心亨、不苦何適、

題自著瑣事錄後

不望立功求立言。寸心千古與誰論。著來數卷蠅頭字。留得十年鴻爪痕。浪逮春遊空快夢。武城秋雨又銷魂。栖栖蹤跡何時定。兩鬢霜華次第繁。
〔鹽〕不採材于外物、直自性情中抖擻出來、是真詩、○〔筑〕風格高健

乙巳新年自嘲

胸間山嶽鬱崔嵬。客土何緣一笑開。薄薄世情追日變。寥寥鄉信隔年來。酒多下物皆鹽菜。詩少新材又柳梅。
〔五〕得南髓
劍門外風寒春尚淺。誰家遊子已徘徊。

即事

花前酒醒獨坐簷際。鳥返相親。微月似含羞女。春寒如匿怨人。
〔筑〕奇想驚人、〔劉〕巧而不纖

與伊東子高堀大樸毛周瑞出遊

區區勞私智。讀書未達天。永懷終成病。芳時背花眠。朋來勸出戶。吾心隨境遷。輕衣稍覺汗。營衛霍以痊。瞻矚目先懌。踏坦足更便。
〔鹽〕六朝語〔劉〕韋左司
雜花無一醜。每林蓄衆妍。海上亦春意。濤氣白若煙。
〔筑〕存遠神於真率、是先生長技、
暮色引前路。心落歸鳥先。

遊某君別墅

窈窕廻廊終微徑。入林闇伏雉驚起。音直上一聲喊。
〔倪〕喊字押得好
竹盡出中庭。沙白石色黝。荷葉連荇花。夏池緑水澹。
〔倪〕八句、叙族墅幽邃状、使讀者神遊焉、
主人坐廟堂。旰食役心瞻。如是好林泉。幾歲絶遊覽。富貴者無閒。有閒者焰壈。天公巧乘除。喟然發深感。

春初殊暖百花悉開有感

生涯碌碌走天涯。世故驅人日易斜。東帝何心春令急。梅花時節已桃花。〔筑〕似畧不經意、而真情真味已足。

室復甫坪信良来話賦此以示。

十稔構三賦。三年得一聯。其思豈不苦。毋乃失天然。七步裁卅字。一斗成百篇。其才豈不敏。真趣則索焉。要之詞章學。心荒氣不全。善哉宋儒志。希聖又師天。僕也初不勉。今而憾往愆。狷介率吾性。趨舍違世賢。〔鹽〕君名詞章、而曰心荒、快豁人也、而曰狷介、毋乃妄語也。曰否、吾隣居二年、始知其真、莫皮相二子。齡猶妙。前程渺無邊。若卜就迂路。何異樵于川。竊欽

西河子先自洒埽傳〔鹽〕結得典實

偶成

四山暖意入春陰。雪盡流澌漲碧潯。倦雁曰歸愁路遠。小狐汔濟怯川深。〔鹽〕經語易陷寒乞、作者常假此寫景、妙饒情致。〔劉〕寓身世無限之意。

書生自古多迂願。志士於今少快心。不若疾腰瓢飲去。好花無數笑前林。〔鹽〕曰愁、曰怯、曰多迂願、曰少快心、而以瓢飲之樂接之、収以笑字、一難一解、意匠之妙、振古罕匹。

孟夏偶繙漢書有感寄櫻伯蘭

頻傾太白手難停。獨向班書想漢廷。鄧氏鑄錢終被籍。張湯弄法自罹刑。浮萍當日曾飛絮。腐草逢時總化螢。〔鹽〕的是孟夏景 世事升沈誰測得。孤鴻往矣入冥冥。

夜過萱街

桃李成塵春夢賒。夏間夜市更繁華。梅霖偶霽蟾光美。到處街頭賣草花。

即事戲倣時調

高捲蘆簾呼快哉。黒雲團裡送奔雷。須臾暴雨如飛砲。擊碎蚊軍億萬来。

凄然

凄然六月涼。不復識驕陽。天有數旬雨。人無明日糧。堯心戒洪水。周政備凶荒。至澤振鰥寡。謳歌滿四方。〔劉〕杜調

過目黒村

終朝聞鼓夜聞箏。二歳街居耳不清。偶出郭西三十里。秋原到處總蟲聲。

玉川路上和永覺韻

松杉夾徑路。似入緑雲鄉。笠上午陰合。衣邊秋暑亡。村猶存古朴。倉或備凶荒。知道前川近。林平一鷺揚。

夜步孖村田間風景酷似吾郷口占二絶

斷續繅聲竹裡村滅明火影草間門三千里外歸思動風景依稀似故園

林梢渺渺夜烟横渠底潺潺秋水去三尺低窻一點燈恍然疑我讀書處○【藍】二首風神瀟灑○【鈴】晩唐風格

僧庵所見

竹盡天光豁斜陽在佛扉山僧不看菊籬角晒禪衣【藍】此僧亦高

玉川赴金川途中有豆田村余郷亦名豆田

前村偶有豆田名羇客何無故國情鞋破脚疲途更遠我家安在著眸行

到泰平山永公房

初入杉蹊度欝紆又登苔磴過崎嶇高依鳥道開堂宇下瞰人家似畫圖海脉南彎雙島出城嶋巨嶋在南地形東盡一峰孤鳥南山在東隅○【藍】使人想其境○【鈴】句法端嚴盛唐氣骨久居都市氛塵際三日淹留忘故吾

三浦嶴

罔背開農廩巖腔閟佛龕一秋風不斷毎且海常曇古塚標鯨首奇峰識鳥南地有鯨塚及鳥南山漁罾有新獲轉喜旅飧甘【劉】雄深雅健

遊城嶋次宇興齋韻

怪石群獅象驚濤舞鰐黿長風從北至孤嶋似南奔【藍】前半雄宕古寺魚聲冷荒祠鴨脚翻昇平洪澤浹遐僻亦成村

中秋大風宿永公房

三日勁風吹倒山海濤直欲到林間唯親殘燭佛前影不識素娥雲際顔子弱妻亡腸久斷天長地濶夢空還參師偏媿吾心擾何術能踰憂樂關【藍】真情抒出自成佳作○【鈴】前半景況後半情懷結構有法足稱合作

三崎雜詠二首

蜃氣晨蒸紅漠漠鷗群晩泛白滔滔嶋松無葉知風烈岡竹有痕徵浪高蜑女四時能沒水村童五歲巧撐舠【鈴】海岬真景丹青難寫處詳悉道破何等筆鋒鮮鱗如阜蔬如土此際何妨逞我饕

地深郷小古姿存茅宇柴扉又竹門村姐袖紅翻靺鞨漁翁體黑賽崑崙【鈴】確巧松魚蔽海波光變颶母吹

雲日色昏風物未經騷士目可憐山水久含寃。【鹽】以上數首善寫風土與柳柳州嶺南諸作伯仲

感懷

每披家信涙沾胸一歲誰堪五報凶四十無名知末路尋常有債伴遊蹤羇愁曀曀又陰雨鄉夢怱怱已曉鐘鰥影蕭然暗燈下孤衾如鐵向三冬【鹽】情景兩凄斷○【鈴】字字哀痛句句悲慘自使讀者濕巾豈情生于辭者非乎

送藤廉平西歸大昨年余同廉平等十七人至江戸今余獨留。

到處秋光足悅顏五分水與五分山馬過殘柏蕭疎裡舟入歸鴻滅沒閒裝但詩囊無長物身居官路有餘閒一行十七人皆去送至夫君涙更潸。

題坪顏山詩卷

甞聞古人說移風莫如詩【劉】解一又聞為國者上以天作師【悅堂】起得天之於品物先令東風吹習習煽草葉細細拂花枝次令南薫起萬彙日暢滋荏苒至秋晩始降以霜威敘次不相亂生殺豈愆時夏后殷周世若天無所私後世商韓輩首數以刑夷何異倒冬夏其勢難長施所以邦未靖已先罹轇轕【劉】解二周防長門地南北薄海涯土濶多戸口人材富魁奇昔時大內氏據焉立霸資一定室町主中原振鼓旗後嗣耽安佚逆臣弑代之江公舉義旅十州忽平治爾後永櫜鞬流風幾變移興也用此盛隆也用此衰陶氏用敗滅毛氏用倍蓰同此一防長強弱在指麾【劉】解三長人顏山子器局今世希才高心挹遜位卑職樞機欲圖新民術先以詩教熙欲令國人學先自我躬為【劉】二欲二先妙甚屢蒙示佳什虛懷能納規【劉】解四初吾與君語今略錄其辭詩法吾所講國務君所知且假家國事以析詩道微【鹽】說得圓活得律絕之為體平仄唯兩岐仄平平仄仄平起例如斯仄仄平平仄仄起當用玆【鹽】創格似昌黎宜有一而不宜有二平仄比文武勢須左右持或先又或後序次豈可違若唯尚拗體如國無四維情勝流冗弱景過易支離猶政有張弛趣舍視所宜合作如良宰內贍外亦肥惡篇如貪吏上窮下亦飢【劉】真箇廣長舌此餘未言處由此足以推【劉】五解○句結束有力【鹽】二君聞吾語後日夜凝神思僅僅三四月傑詩二百奇初猶揚與苟大

醇而小疵後則孟夫子。醇乎何所譏。羚耶挂角卧。僊耶御風歸。水深而魚躍。天高而鳶飛。閭侃含樂易。剛健帶芬菲。副急唯叉手。妙喩屢解頤。杜韓及蘇陸。駸駸將庶幾。温柔敦厚旨。會去無所遺。〔劉〕六解擴此數其下。移風固可期。發揮春夏氣。使人安且怡。柔柔周南化。為國建福基。會見絃歌效。十倍歎與非。〔劉〕七解○解段分明、承接有法、序次不相亂、一言亦足以蔽此詩、○〔鹽〕末段叙前、涓滴不泄、○〔倪〕氣魄雄厚、意旨正大、杜韓之亞、

謝赤川子惠蠟燭

餘光何幸到茅椽。殊品元宜在綺筵。色澈直疑氷柱立。質牢豈有涙珠懸。補來簾隙纖纖月。剪上空中靄靄烟。〔倪〕風神殊絶珍重故人忠愛意。教吾每夜照青編。

雨夜與松園象山溪琴話怪。

夜雨蕭然窗紙鳴。窗間燈色黯不明。〔鹽〕起得幽黯怕人阮瞻雖執無鬼論。張華亦衒博物名。荒涼野寺棲燐火。頹廢山祠現木精。蟻都客住三年許。魚背舟過十日程。水虎非虎來無跡。天狗豈狗去有聲。變幻靈狐九尾曳。蹣跚老夔一脚行。深谷聞風是蟾息。陰潭見燭即龍睛。説至大蛇百端起。或曰妖饕用人牲。或曰箕口吹毒霧。中人昏睡如宿酲。劉累豢龍何足異。岨山腊此作和羹。辯博辭贍欺炙轂。百怪衝口滾滾生。自説今生雖非怪。前身為怪通怪情。夏后之鼎誰能見。人逢不若幾震驚。説鬼語怪非無識。此理難使拘儒評。君不見白日腰劍首冠冕。中有鬼怪不易辨。〔鹽〕二句頓挫妙、

圍棋

機心雖久熄。棋戰未忘情。狡兎忙營窟。畫龍遲點睛。烏餘巧逃討。白起詐為坑。〔劉〕巧緻人未道破圍罷相看笑。庶幾君子爭。

坪顏山屢送詩卷相示。余抉摘極深苛。既而賦此以謝。

樞機職裡苦吟身。磨錬如君逼古人。辭簡意豐才自見。情多景少境方真。閒愁一枕踈燈夜。枯坐重簾細雨春。拱璧微瑕尤可惜。品評雖酷莫相嗔。

秋夜作

逝者不復歸。明月入虛寢。〔倪〕起得悽惋秋氣鼓蟲思。永夜弔孤枕。堆塵蔽瑤琴。暗壁挂遺錦。寒風掀敝衣。影瀰

骨凜凜平生詫雄豪至是憔悴甚我非無醇醪今也與誰飲 〔劉〕辭淺情深不減蘇州悼亡諸作

秋懷三首

春花紅似濕秋樹紅似乾 〔鹽〕妙語人未道破
其形雖相肖其真則多端喜人開口笑笑外有餘歡悲人閉口笑笑中有餘酸 〔鹽〕妙
更物理皆如是難追達者觀夕陽與朝旭容光識暄寒 〔鹽〕十字冷語寓意在可解不可解之間
悠悠空度日戚戚常寡歡一腔蓄萬感自訝方寸寛 〔鹽〕當曰監而曰寛何等婉曲
日強風撓老木淅瀝雨聲寒池盈魚潛易林動鳥栖難始知高處殆不如卑居安迷者希當局達人尚傍觀 〔鹽〕當局者迷而曰迷者希之翻案絶巧
昨雨梧桐落今風楊柳殘碩果雖不食勢不得長安 〔鹽〕造語不苟
色渝憫菡萏香銷泣芷蘭欣欣春夏際轉眼忽凄酸 〔鹽〕柴桑口氣
秋風已可畏其奈朔吹寒

聽雨有感

夢回聞曉雨久客不勝秋殘燈耿無焰若人有隱憂 〔劉〕何言之沈痛
十年一身餒猶欲爲國謀悠悠少青眼匆匆已白頭筮遇復初九浩然好歸休 〔鹽〕自見懷抱

夜過二州橋書矚目

霜滿蒹葭宿鴈驚寒雲破處月華明依稀難認去舟影唯有金波入櫓聲 〔倪〕人皆見而皆不能道

臘月十日亡室小祥賦此

一自靈車向九原都門風雪獨消魂 〔鹽〕獨字可味
猶餘當日牛衣在偏覺爾来添涙痕 〔劉〕使人益伉儷情

冬夜不眠

三更四更後街市已蕭然人夢殘燈下雁聲斜月邊歸思方夜夜愁態更年年不見先賢語丈夫窮益堅

萩侍醫宮木恭伯史官椋梨藤太来訪賦贈

久矣閒門雀可羅豈圖連璧恵然過梅横窗外惹春早雲壓簷頭釀雪多良史楚邦推倚相上工秦國頼醫和 〔倪〕鍊確
一杯相屬君休拒奈此天寒路遠何

冬夜誠軒至不能具酒戲賦

閴寂貧厨無所有況逢婢睡燈殘後古人真趣却相同寒夜客来茶當酒

送元山子同青木生西歸

霜晴前路好風色勝春温聯句依良友倦遊歸故園

【鹽】蒼老

馬蹄紅葉徑。笠影夕陽村。吾亦西州客。送君方斷魂。

秋侍講小倉子来訪賦贈

大藩世系本江家。莫怪儒臣多似麻。【鹽】起得泓渾　縣子嘗聞扶風教。倉公今見富才華。氷霜栗烈年將盡。雲靄蒼茫日亦斜。此際春風何處至。窻梅忽放一枝花。【劉】後半婉曲成味

臘尾作

殘年人事亂如麻。麋沸千家又萬家。誰有幽閒似吾輩。也乘孤艇訪梅花。

十二月二十六日與誠軒從界師探梅

一舠穿過水縱横。又上長堤東北行。忙裏探梅元逸趣。吟邊少酒亦幽情。林沈暮靄歸鴉遠。池駐殘陽立鷺明。【劉】不減唐人鷺立蘆花一聯　不厭前途多濕洳。遲回却得小詩成。【鹽】無一句不實

寫詩

殘燈影裡坐宵深。吾就吾詩觀我心。【鹽】非敘實況者不能作此語　但恐眼昏多謬誤。一回寫訖十回吟。

除夜祭詩

我年十四初學詩。爾来二十六年役神思。寢而不眠食忘味。未至強仕鬢成絲。【鹽】余嘗耳兄敏捷。隣居二年。未見即席賦詩。竊疑之。間請刻香一寸。余自呼韻。隨呼隨應。使一人操筆疾書。而不能及。立得七律三首。粲然如宿構。七步八叉。豈足言乎。然其生平刻劃如是。信乎良工多苦心也。【劉】其苦想至忘寢食。而絶不見痕跡。古人云。似不甚用力。而力已透十分。此天才也。實信。樂天長短三千首。我詩之數遠軼之。短篇二十字。長篇一千八百字有奇。諸體無不具。然而古律殆倍蓰。世好趣絶句。誰觀如是聱牙巨什。為千載子雲難必得。到底我詩唯我知。【鹽】七字不自欺之語。兄每一詩成。必使余品之。余常曰。君詩外如平淡。而其腹笥萬卷。下字必有来歴。使典必無痕迹。自非白詩使嫗解之比。則我所評亦隔靴搔痒耳。取舍在主人公。忽有一我来箴我。【劉】以下三我無中生有。奇構奇構。自君耽詩浩氣飢。書易禮樂久拋棄。烟花雪月日追隨。多少精神耗無益。何不早悔少壯時。栩栩自安見量狹。只須聖賢奉為師。聞此慙恨容無地。欲投火中棄水涯。又有一我来諭我。詩是舊交無相遺。君無一事勝庸衆。君之為君獨在茲。桃李無花同樗櫟。虎豹作鞹毋乃癡。外趨道學内行背。不如詩名千古垂。儒林文苑名雖異。要之學在不自欺。聞此

我心還一變。欲棄欲存幾狐疑。又有一我勸中立。或存或棄分醇疵。兩我所言有偏頗。一我所勸似無私。乃艾蕪雜棄廿卷。輯存數卷恰得宜。作詩祭詩詔詩曰。久矣哉君惑我。教我羸。既交之君吾不拒。未交之君吾將辭。明年丙午吾不惑。君欲惑我術難施。〔鹽〕不惑二字、與前二十六年呼應、次年丁未吾未怠。〔鹽〕未字承丁未之未、是用心處、遠君應如吉酒與妖姬。今日以往君無至。君至將捕附於丙丁兒。〔鹽〕前揭丙丁二年、而湊合成結、巧甚纖甚、

諸家評語

鹽田松園曰。本邦之詩。上自寧平。下及室町氏時。風教稍闡。光而未融。江府始開。詩運隨振。至正德享保。蓋煌煌矣。然務在格調。體屬摸擬。性情所蘊局而不暢。近時茶山寬齋諸老。專主性靈。天真爛熳。前無古人。至旭莊後出。森羅萬象。搜索備至。無不言之情。無不寫之景。不獨我邦無比。求之海外。亦不易得。本邦詩運。至此千載一時。豈不大快事乎。

釋五岳曰。淡翁之詩。意新調古。為今代正宗。旭莊承之。推達擴充。遂稱大家。顧其從橫馳驅。無不如意。而未嘗詭遇。則家範然也。淡窻似陶。旭莊似杜。以畫譬之。淡窻專是南宗。旭莊合南北為一也。

倪玉舟村曰。長篇鉅什。香山所長。其體平夷條暢。故易於鋪叙。旭莊以劖刻奇險出之。其難數倍。韓蘇誠多奇險者。然牽引轉博。風趣或乏。讀之易倦。旭莊則使人不覺其長矣。

辛嶋春帆曰。旭莊先生摸情寫景。網羅不遺。猶白起阬趙卒。片甲無脫也。又如望遠境中看月。山河向背。風雨陰晴。隱微盡現也。

劉石舟曰。讀梅墩集。若遊王侯園亭。丹樓畫閣。綺麗眩目。而又有翳然林水。自生濠濮間想也。

梅墩詩鈔三編卷之三大尾

題梅墩詩鈔後

翁解古人頤不顧大方嗤
如今作詩者心情多若斯
吟壇老將出堂々王者師
胸間千古富筆陣鬼神馳
珍重荊山璧十襲唯自知

傍有放言客妄贊呈一辭
縹緲遊三島崚嶒望九嶷
雲興頻有態水逝更無私
魏公元抗直或有媚嫵時
武姬跨駃騠忽有鄂褒姿
漫道廬山面終古使人疑

不知一元氣造化如小兒
隨園甌北輩中原競鼓旗
使　君生西土後徒豈能支

石舟劉翥

豐後　廣瀬謙吉著

嘉永紀元戊申歳十一月

發兌書肆

大坂心齋橋通博勞町　河内屋茂兵衛

江戸日本橋通壹町目　須原屋茂兵衛

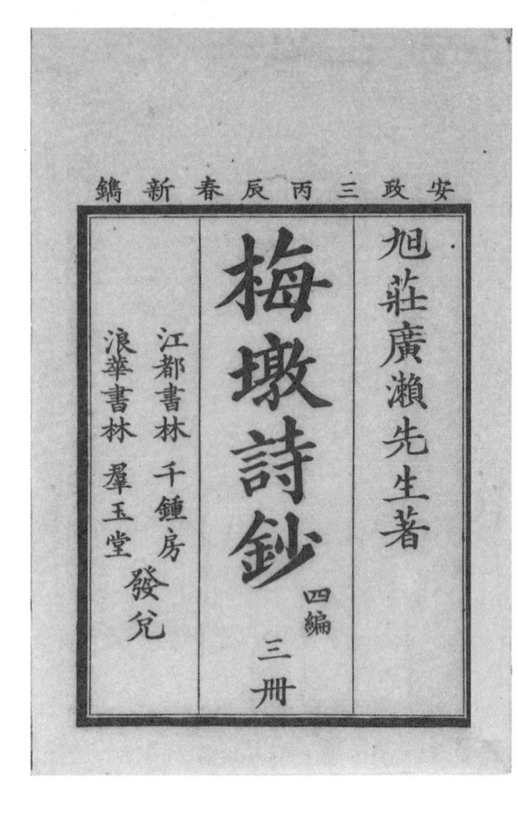

安政三丙辰春新鐫

旭莊廣瀨先生著

梅墩詩鈔　四編　三冊

江都書林　千鍾房
浪華書林　羣玉堂
發兌

梅墩詩鈔序

詩道之源委言之長也三百篇變爲離騷降及漢魏六朝而唐而宋而明滔々不反以至於今一隆一汚氣運之所使然抑亦有雄偉卓絶之才出於其間以改時代之面目猶春蘭秋菊各應其候也而其可以維持人心風俗於冥々之中者實賴先聖刪述之遺教尚存矣蓋思無邪一句直指全體其旨微因竊推其義記有之曰温柔敦厚詩之教也詩三百不知何篇章最能得温柔敦厚之意而其要其歸也余夷考之謝道蘊所稱吉甫作誦穆如清風之類其是歟孺子之歌聖人取之少女之言豈不亦可取乎時値清秋臨風誦此句適有客遠來傳廣瀨吉甫書信吉甫將刻其所著梅墩詩鈔第四編有序引之徵余因有犂然于中對客而嘆曰嗟今之吉甫猶古之吉甫客曰何曰烝民之詩有云吉甫作誦穆如清風崧高云吉甫作誦其詩孔碩其風肆好注曰穆深長也清風清微之風化養萬物者也余頃來觀其將刻者嘗閲

其已行者卒多雄篇大作此非其詩於頌采
至近體律絕之佳妙則非其風肆好者矣
其巧思之深才情之長奇韵清芬足以鼓動
一世果是所謂韓如清風者也客曰然然
唯我而已哉有奔騰奔放如河水一決渾々
無涯者有光焔萬丈如朱衣皇帝出乎震
映乎滄不可正視者或揮霍縱橫極露鋒鋩

或靈怪隱見難摸索者有之倏而翡翠
蘭苕忽而古木寒巖大家無所不有亦
其才思萬斛筆力千鈞雷硠電擊皆屈
作餘否哉然遇之者往々魂飛魄飄而定
不歎艷是則詩之聚所以陸續不能已也
余曰信然雖然此其緒餘耳廣吉甫之為
牙吉甫固不在茲古稱君物移人吉甫之志

如唯在蘇時聲化之後生之敝焉凡物之
君變能不轉為妖伏念我
朝之所以歷代相承而重國詩之傳蓋亦
此意也惡民之首章不詠物則民襲矣
凡事不可以無度人亦不可以無恆故先醒以
為知道由是觀之詩之為教因道生焉然
可不慎學詩者亦知所以慎乎夫化養萬物

風之德也其清而不汙徹而不烈在世道
則温柔敦厚發化行而民物皆蒙者也
韓如之意味不亦深長乎詩之關繫人
心風俗甚如此古之道也古之吉甫已
有然今之吉甫豈不亦然乎今篇之
不亦者其善以稱猶物則民襲於
其之中而足以鳴

昭代之盛於永遠矣故曰今之古猶
古之古也客唯々遂書醻之
嘉永癸丑之蘭秋
西肥草場韡撰并書

叙

趙飴山評阮亭竹垞之詩云
王愛好朱貪多蓋意貶之也
然愛好而好貪多而多亦何
不可隆急而請之余確乎論
作此不了語二公之美終不
得掩二公之評焉者亦何以
異於此焉吉甫詩才縱横才
其構思若泉湧若流瀉及其
發口吻上筆端若丸之走阪
若馬之注坡若雲翻空而風
卷葉也是以年纔過强仕得
詩萬餘首而多長篇大作陸
竹垞愛多不至於此放翁尤
富篇什一生所得萬首吉甫
則半生既累之數亦以爲繁
多長篇大作宜其不過六七
百言吉甫則或至倍之其人

常苦才少古甫獨患才多人
或譏之經敗度破規古人所
無以余觀之古甫之詩篇篇
精錬陵夏不讓矣古甫之篇
句句警拔陵長不冗矣且多
之集長篇出於天然何爲不

可論是之多非可刪焉鶴脛
之長非可斷焉若以夔蚿論
以兒嬖寵人孰與之淮陰用
兵多多益彌屢以進策萬全
不竭可以喻古甫之詩焉不
嗟乎也此地在清初經學文

豪傑出一時兼以詩名家者
而其詩與阮亭並稱古甫與
家兄漢蕉翁以詩鳴海內而
醉經酌史通經世之學兼清
詩人且家兄之詩清灑閒逸
爲王孟韋柳之流古甫是豪

宕雄俊爲韓孟蘇陸之亞其
多兒出古人之上其好又異
家兄之擬莫古甫之才足以
自立旗不肯倚人之籬不能
出手眼替巧成家豈可窺他
人之喙哉古甫嘗自鈔其詩

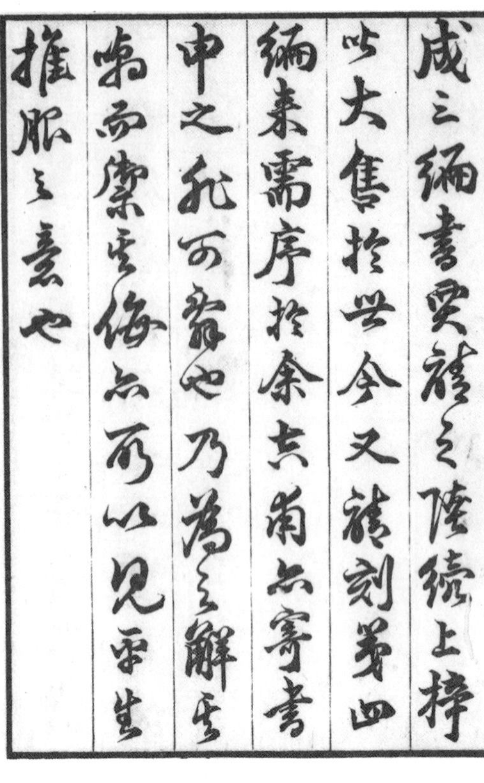

嘉永五年龍集壬子夏五月
金伊勢錢研学人齋藤涵
撥翁書

弘化丙午之秋梅墩先生自江都還浪華坪伊二子請刻其詩鈔初二三編始文政丁亥而終弘化乙巳除夕矣今玆癸丑浪華書肆岡群玉復請刻爾後之作先生命革及劉君平校讎之起弘化丙午元日止嘉永壬子除夕凡三卷是為第四編而丙午丁未戊申之作經書肆既収於攝西六家詩鈔浪華雜詞中者數十首不必悉削之顧原稿年月有序而事實繋焉節去其中間則甚不便攷索故爾餘皆仍前編之例云嘉永六年正月阿波門人柴革識

梅墩詩鈔四編卷之一

旭荘廣瀬先生著　門人　豐後劉昇君平　阿波柴革東野　校

丙午元日

除夕已作祭詩詩詩来入夢述答辭（劉鑿空忽捉一夢字恍兮惚兮不可端倪）

梅墩子梅墩子與我絶交一何癡讀否南華齊物論天籟之説知不知明鏡常應未曾倦危言日出無已時達人所觀即如是何用抵死殫神思無心作詩詩自至其快也可怡譬如雲破明月現暑去清風

吹有心作詩為詩縛其苦也可悲譬如聚螢照闇室搔扇求微颸倪以上數句、南華悟境、何人能看破至此、梅墩子梅墩子汝言千載子雲難得期口雖云爾心則否好名一念毫不衰與其與我成契濶不如與名相忘無所縻劉先生名既蓋世、即為名縛、至是脫然、明年不惑之語、効可見、興來一日百召我我輒相應不遑遑無興一年不召我我永屏跡竄天涯胡為棄我舊來好比以旨酒與妖姬今後以我為紅友不至使君醉如泥以我為翠袖不至蠱君為畫眉寄子酒色淡于水近之遠之莫不宜菊池溪琴曰一吟雙淚、劇胥鉥肝之徒夢不知有此境、噫我絕子乎子絕我他日噬臍何可追遽然危坐吾忘我今之責余者為誰四顧尋索終不見呼童出戶走跡之佐君朗曰蒙莊真詮、恨不使蘇長公見、童復命曰天方旦應天門外萬人馳公兮侯兮具幽薄峩冠衡雲肅威儀劉二句、何等幹旋、夫子之門無人跡又無紅刺貼門稱賀客總向朱門往君言有客吾誰欺噫嘻嗚呼我知矣急掃書室具酒巵呼曰今朝一年第一日一家安穩百事熙請先至者為上客詩忽告曰某在斯劉全篇雲霧晦冥、神鬼出沒、讀到七八分、但疑以何等語結局、而以某在斯三字收之、猶晴暾一出、宇宙改觀、真造化手、○倪前首既述作詩無益、至矣盡矣、至是無復筆可著、而又搆出如是奇想、所謂無窮出清新者耶、○僧冷雲曰前首如峯、後首如嶺、橫看側視、無識真面目、道之猶龍、佛之廣長舌、可謂并兼矣、○僧浩然曰除元二作、獨得之妙、前曠古人、後絕來者、

新年東坪顏山顏山詩成必見示故末結及

陸走金鞍水畫船坐看墻外日喧闐稜稜寒意山猶雪淺淺春光柳未烟百事無聞年四十一身為客路三千倪有光於萬死投荒、聯○五何其流動自在、知君剩有生花筆好送韶華到我前倪一二言人、三四言時、五六言己、七八始入題、井井有序、其巧可及、其密不可及、

元夕紀事

烈焰如屏怒四圍蒼黃眠起倒裳衣滿城綠樹迎風偃萬道紅雲接地飛倪雄渾、○菊真是東都火、移他處不得、元夕誰看素娥面丙年偏怕祝融威可憐春燕歸來日去歲雕梁無所依菊末結、風韻婉然、匪夷所思、

雨中薄暮訪高須子官居

春雨教人靜劉起得幽穠官居更寂然刺初通座下酒已設燈前冷善述即興王霸分同異德刑論後先盡言吾不悔海量仰君賢

某侯麻布別墅賦呈園吏中島湯淺二子

地僻覺春遲無花不延壽游魚皆伴妃鳴雉獨求壯幾品雪名櫻一株人字柳［悅］好聯 園官好意多賞飲忘濡首

暮春雨中與松園溪琴磐溪墨堤觀花

平日墨水湄軟塵冥冥萬客馳今日墨水湄我輩四人一奚隨東橋自與西湖異晴而不好雨而奇雨乎雨乎拒俗物如設嚴關苦呵譏水烟澹合近似遠微雨濕花花未知微妙［劉］寫入天公為花洗塵盡何異昭儀在浴時雪姿霞貌百千種不分於人皆我私俗物看來花已慽我輩看來花更嗤折花之徒何足道忍向好花著惡詩一笑謝花花不應滿堤烟雨聞黃鸝［蒻］半縣多情此之平日作如出二手足以覩博大無所不該

三月盡真光精舍集分韻得花字

驚風吹春去遠向天一涯璀璀庭上雪應是他林花風欲雲意重半雨隔窗紗餞春何處好相引入僧家蕭騷雨中酌間澹酒後茶一座凝神思强欲留韶華東君獨何意不肯回征車年年送君去臨別常長嗟送迎催我老志願恐易差空王說無死此理良足嘉［五］景理兼綜亦韋亦蘇

閏五月十日作

手扇昨朝拔綿絺擁爐今日服綿衣人惟疾病無間斷天使炎涼俄變遷蘇子不辭逢嫂笑趙溫何用願雄飛［悅］嫂笑雄飛真是活對 懸懃相約梁頭燕好待秋風與汝歸［佐］初讀七八唯感風趣雋永既而悟是張平子故事巧乎用典

題大槻磐溪詩集

古來文人多相忌不然相譽互諂媚吾題磐溪詩不敢貢諛況敢剌嘗論吾 邦勝支那不獨 皇統萬年無替墜富岳白雪拄蒼穹天橋松島更奇異芳野山櫻月瀨梅十里如雲別天地加之湖水有琵琶瀑布有那智求諸西土名勝中雖偶有一恐無二下及海參松魚及年魚棘鬣之味尤脂膩萬物元氣發為文當有才人磊磊落落拔其萃［五］以上數句硬語盤空乾坤雷硠 我聞文章經國之大業不朽之盛事然而作者寥寥如晨星若遇西人逡巡三舍避百餘年來豪傑徒扼腕仰棟燁神思欲逐陶謝李杜參翱翔汗流走僵難得

遂千古遺憾莫甚焉吁嗟吾知病所自田舍之人寡見聞腹乏書巻欠錬緞都會之人半售文唯願少勞而多利是故二十八言四十言此外難復加一字（冷）酷切事情

獨感蟠溪之撰異時人其才横逸力鼎肩托興已雄快取材更具備無情不發揮無景不寫出寸心秉擒縱萬象就呼試雅俗細大悉兼綜殆為化工洩深秘（五）夫子自道

或道豪放有餘雖亞韓深婉不足亦相類余曰否不然物宜有序次試看近人詩形容嬌惰精神萎譬如宴安花柳人唯須大聲一喝覺其懸金以克木火克金諍至無諍是本意況君強壯未丈者他日所臻超出乎此位齧蹏奔逸千里駒變為稱德之良驥劈雲坼石大礮聲化為鸞歌與鳳吹偃武講文詩道亨逆取順守詩國治（菊）金以克木、及此等句、猶晉師四千乘、以無道行之、必可畏也、二編三編又四編愈變愈進愈純粹終與東方風土精華恰相稱足使西人皆感愧（菊）此等作、在東方、獨自開生面、吾嘗推君為一代詩豪、憾不與袁趙諸子角逐中原、

發江戸別先室墓

大城正北梵王家衰草寒烟墓道斜自是清明寒食節何人復為薦香花（倪）情深一往

抵川埼驛又賦一絶

偕游此地不偕歸上馬回頭淚濕衣莫問無量山近遠都城樹色已依微無量山墓所在○（倪）風神不遜阮亭

下函嶺沿道秋花盛開

婉孌紫與黃雜花被阪道千寂不見人蟲聲與秋老（劉）幽閒深窅、呂谷錦囊中之語、

却想墨川東居民栽野草僅僅六七種繞園謹洒掃觀者如堵牆籬柵殆推倒誰知此山間自有萬種好始悟世人情物以寡為寶（冷）率然之語、妙味含蓄不盡、

下淀川

紅抹蓬窗日欲沈江雲一片不成陰漲痕已落蒹葭岸霜信初来橘柚林魚望空飛如自衒鴉爭先往亦何尋（佐）接景入論、今人所無、

乾坤俯仰偏多感且向清流洗此心（菊）乾坤俯仰四字、一一配當前六句、消滴無漏、真是合作、○（五）先生嘗評菊士因曰、色悲壯於優游、吾於此等詩亦云、

至浪華龍護上人為余覓居戲賦以下再住浪華時作

昨寄東家今寄西朝来奔走夕陽低請看詩客飄零

甚却使高僧覓我捿

再住浪華作

此地重来似返鄉同人各各故情長唯憐一事不如舊兒在西州妻北邨〔菊〕情悦可涕

明日迎某矦駕至伏水舟中作

栖栖空為一身謀踪跡東西未暇休浪速卜居纔一日滿蓬風雪又城州

肥後橋即事

估人侵曉集霜色爍平橋不待朝陽出萬鞋全踏消

中西耕石邀飲水亭醉後論志賦贈

四年重見舊詞盟便向江亭一盞傾酒暖梅香瓶裡動燭移人影水中明醉看長劍猶雄志醒聽殘鐘已老情〔倪〕流動沈著兼具者世上悠悠多白眼微君誰共話平生

臘月十日先室大祥是日兒孝信至寄詩

孤墳留恨在天涯開到梅花又一期寄語重泉須慰意阿兒今日已能詩〔五〕自胸臆中流出不借他粉飾是真詩〇〔吟〕或疑作者短於言情蓋未見此等詩爾

臘月念三日賢師招飲茶室議明春開吟社同潭敬周惠四師賦分觀世得無生為韻余得得字

臘尾人務紛萬甲戰胸臆誰築避債臺使我姑安息師以慈悲心相引到佛域茶室自庭過劃然短墻直小窗開向東長廊通從北草枯一井呀苔緘數石默徑意既欣就筵趣更極氣象紺鬘鬘威儀尚抑抑石〔五〕石點頭是僧家故事緘字自金人銘来妙甚緑竹間鐵蕉素梅爍其側涉冐蚓漸號木盃蟲遍蝕老瓢黷有光古畫淡無墨〔菊〕茶儀摸盡無復遺蘊精鍊刻畫不愧韓孟聯句破悶箕茶勲防寒假酒德〔佐〕何等幹旋四座皆名緇玄談解人惑亂緒悉蕩平如用大師克前〔佐〕顧駭飈飄夕暉窗光忽昏黑浮生半日閒茫茫難多得蓮社容陶潜後會期春色一回從師游二回履我即師心應自知我言矢不食〔劉〕結得高古

翌日訪潭師醉後假團蒲睡

天寒日短衆朋疎賴有此公吾不孤詩客情於殘歲見市人聲到遠村無出家猶守五倫道〔師龍谷派〕化俗皆為三寶奴豈啻紙窗深自暖醍醐引睡倚團蒲東坡臘日訪僧有紙窗竹屋深自暖擁褐坐睡依團蒲句

宿南德寺

稍聞掩扉聲蕭然夜村靜【倪】起得峭潔樹蔽禪房深不道在人境匝楹重憐龕依壁一燈耿佛眼嵌寶珠暗室光罔罔幢根列獅象疑見蠕動影恍惚初猶迷悽愴終如醒【劉】精深華妙不使儀曹專美於前功名天路遙雲山鄉思永志雖報桑弧身常羞土梗弄獐曾歡娱鼓盆又悲哽一心類沸糜萬事成畫餅【菊】以圖南翼冊翔揄枋宜有此感然温厚悱惻不失風人之旨可尚○【五】傑聯絡繹坡谷復見欲訂賦性頑須假法威猛自今補往過惺惺長自警【五】摸景多態述理不泥邦人未曾

除夜作

天涯歲月又崢嶸浪逐江都居屢更余丁酉自江戸歸明年住大坂癸卯復游江戸本年九月歸大坂雖慣東西蹤跡徙亦違彼此友朋情○【菊】妙如柳風舒起蘭舟自下愁如川至斷時少債似影隨行處生欲向古人論我意五更猶對短燈檠

丁未元日

徒爾荷天休菲才內自羞大歡懷稚子優遇賴賢侯雪避梅花解客臘殊暖無雪風牽柳意柔宿痾今已治此外復何求○【劉】六年前元日結末有駑才勉自今句今則如是可觀身世交換之感

二月三日午後晴暖出探近郊梅遂展亡兒墓

雨過潭公房宿

街居無術返吟魂官渡西過遠市喧蹶不涴衣春草路行宜烘背夕陽村【倪】清新看梅兼上亡兒塚避雨還敲和尚門苦被相留徹宵話四簷寒滴佛燈昏【五】幽況如是吟魂已返矣

雨夜與林子大話舊

酒醒窗未曙寥落雨中春莫話升沈事殘燈愁殺人【菊】千古絕調

二月十二日敬公房集初雨後晴

尊師餘力好詞章漫許詩人到後堂細雨於花非有怨微風與柳欲相忘【倪】名聯使人諷詠不能已○【佐】一聯接上亦景亦情石樓谷滿懸鐘隧銅鴨烟消寶幔香唯喜春宵輕易散一聲鶯語又斜陽

伏水登善光寺閣望梅遂探古城蹟遇雪

古刹僧亡佛不靈客携看腊入禪扃【倪】起得不凡梅連高塢千層白湖劃平田一綫青【劉】寶境如睹石匣已開無劍氣城濠未涸有龍腥【倪】雋爽晚來何限淒涼意雪打春

衫酒又醒（倪）悲壯

雨中藤岡二子來訪賦呈二子、居在城中城門過黄昏不得入故及

雨中来者絶相訪是親交酒乞隣家甕厨尋昨夜肴（劉）率直卻媚嫵春寒強竹意順色逼花梢（劉）宛爾少陵但恐城門鎖昏鴉已向巣

二月既望雨止八谷源藏導游大貳村採王仁墓歸路過玉藤亭二首　録一

沈思醸病病將成抛卷隨君野外行緑麥黄花春未老淡雲微雨午方晴（倪）風趣自足千年墓認王仁字三戸村傳大貳名（佐）點綴雋妙又向玉藤亭畔去當壚女尚記先生亭婢呼曰先生至、

春日歩近郊

商家行盡見農家又歴田間沿水涯欲進欲停橋獨木孰迂孰捷路三叉芳魂自返倡墳草春色誰看尼寺花（佐）俊逸微婉未到前亭先一笑垂楊樹外酒旗斜

雨後游城東春水渺漫阡陌悉没就耕者借舟而渡

一望誰能辨馬牛漫漫濁水向西流黄花未慣波間笑白鷺初成隴上游（倪）奇境警語迷似烏江逢大澤興非赤壁寄孤舟好奇自惹窮途哭計苦遥呼野叟謀

二月十九日風雨有感

古来豎子與英雄成敗唯分寸咫中昨日採花實機會今朝暴雨又狂風（五）感慨深至

蘇甲生為余彈南薫操

妻子重泉恨不禁世途況又幾浮沈十年蘊結胸中事解釋南風一曲琴（冷）借人寓己、妙於立言、

野田神祠賞藤花祠前有泉、或曰、此六玉川之一、

短檜長松緑色齊毎梢藤繋紫髙低（倪）余嘗游此地撰記文、費數十百言、視猶歉然、此僅僅十四字、包括無遺、始知其不可及、愧服愧服、玉泉水冽能清骨村店酒漓難到臍數片歸帆落霞際一行過雨夕陽西遊人去盡祠庭閴附與林鶯隨意啼

櫻祠歸途作

輕風吹送下江船兩岸垂楊帶暮烟十里不須勞寸歩一橋橋過到門前（五）非浪華、無此境、非先生、無此詩、

題林谷山人石譜

林翁之癖米顛似矢與奇石同生死〔倪〕奇語不論險山與奔水凡有石處親探視猶嗜味者於甘旨好好色者於妍美一念所鍾難自已其不獲者夢逢此圖中或書山人夢逢之○〔倪〕米顛比之未足為顛硯前翰後房櫳裡大奇小怪皆備矣豪奴屋中萬金累彼徒所誇我所恥彼金我石何遜彼于篋于函戒奪毀山人好游忘遐邇北過越南南紀欲同石行重難徙乃揮彩毫展素紙其畫高古存天真縱横發出石精神吾神化石離吾身石是為主身為賓曰畫曰石曰山人三者混合一體均〔佐〕豪快跌宕山人往年已易簀世上無復此奇癖當時諸石當零落唯畫儼存足珍惜生平俶儻饒籌策風貌宛肖把上客欲見君真頻搜索譜中何石是黃石〔菊〕結入黃石確不可轉○〔冷〕每句押韻頻挫宛轉

大坂城中觀府内侯源公調馬二首

粉堞峩峩映綠池諸公鎮戍屆瓜期時平無復羽書到緩帶雍容調鐵驪

左右周旋規矩中肱將柔轡制驕驄疾徐在手君看取馭下由來馭馬同〔倪〕前首興後首賦倶極雅興

七月十二日與九山敬子飲若戎店風雨大至欣然成詠

水環樓脚綠溶溶野色分明一望中北去行雲封妓館南來飛雨挾雄風〔佐〕行雲雄風上情下景意筆共快凉如佳客不迎至暑似殘兵豈待攻快觀直宜成快飲任他歸路醉顏紅

送梅本謙明

客欲西南歸好風來自艮利涉莫如今舟子遽相勸〔劉〕敏而雅君期作國醫志元賤鄉愿高識恥僄譎至道尚迂鈍世習嗤舜徒孳孳為喫飯雖遭衆庶猜勿替生平論〔筱〕可充一篇送序解纜叢葦分離涯一帆健停雲懸遠思蜚雁遞餘恨〔冷〕數句摸想靈活相送悵未還漁村笛音怨不知移幾時磯角晩潮褪

秋夜宿潭師房不眠起歩庭上

病葉知秋早靜夜落紛紛欹枕疑雨至出戸觀天文稀星低極浦冷月離横雲〔浩〕幽寂岑蔚塵夢喚醒未飛空中雁初退簷際蚊絡緯成何事機杼永自勤寒魚亦不睡有時亂池紋〔劉〕俯察仰觀無限靜趣徙倚由微徑幽獨弔孤墳

蘭草雖已槁露下駐遺芬〔佐〕此興横出境寂形影瘦心夷
利義分〔佐〕二句承接上下一篇腰骨才元拙摘藻志叨圖獻芹青
雲悔夙企玄理喜晩聞懲往書咄咄歸來欲云云〔菊〕魏
晋詞藻闚洛道義味兼熊魚永懐勝永夜不覺到初昕〔浩〕全首表景裡情猶
重巒叠嶂攢翠皆青使人應接不暇

劉元載西歸途過浪華小竹翁拉藤世張及余
邀之玉藤店供麥飯

日爍霜禾識小春行尋野店餞佳賓無多紅樹領村
趣不盡黄雲隔市塵明旦西歸舟一葉暫時東道主
三人劉公且喫嘑沱麥好作他年情話因

題鍾馗捕鬼圖

一穗殘燈一杯酒蕭然四壁與誰守却憐窮鬼不相
捐寄語先生莫勞手〔冷〕樂天安命興象藹然言表比之他牽合正史毫没風趣者不
翅霄壤〔浩〕可當一篇送窮文

真于石來訪賦呈　嘗與君約嵐峽箕山之游皆不果

海上西風一陣吹孤帆訪我未斜暉遠來霜柿色猶
好久蓄香魚味恐非　君見贈西條柿余報以日田香魚　嵐峽櫻花期
已誤箕山楓葉約還違欲將斯會償前債且駐蘭橈
莫曰歸〔佐〕妙如澗芳林霏可望不可就

與于石游玉藤店

踈林斷處野人家村酒雖漓亦足賒不是詩思淡如
水誰知霜葉好於花〔浩〕淡而成味秋聲忽散禾頭雀暮色
猶分牛背鴉〔浩〕巧而不纖遮莫留連忘晝夜日西斜又月
西斜

秋懐又用前韻

衣奔食走未成家歸夢何堪道路賖半世蹉跎催白
髮一年容易到黄花長空孤塔遙遙雁古木寒雲點
點鴉〔倪〕前情後景同是無限之思拈筆欲摸無限思醉中不覺字
欹斜

雨中與毛周瑞遊大貳村周瑞新自江戸至

間身何事永栖栖求句不辭衝路泥墨水春花懐舊
賦淀川秋葉入新題雨濡枯沼萬魚喜雲奪遙洲一
雁迷〔菊〕蒼秀腐草濛濛蹊脉絶旗亭更在斷橋西

中津川晩望

斜陽脉脉下平坡秋入江心水不波野渡無人沙雁
起紅楓影裏一牛過〔菊〕南宋小品

終歲

終歲街中住何由洗俗情窗前數竿竹日夕起秋聲

次韻林秋水高野山夜起

無風杉檜忽成聲知是空中天狗行一萬僧徒齊入定峰雲澗月夜三更〔冷〕幽沈沐肅、想迥筆靈、

初冬十六夜聽雨

愁人元少眠況於冬夜永寒雨入竹深殘燈同我靜月輝不穿雲窗濕紙光冷〔劉〕四句、幽人鬼語、不翅徐袁、瓶菊未全凋纖纖壁上影晝間車馬區夜為幽穆境僧家亦何忙已聞晨磬打

寄題过氏豁然樓

四邊多少景收入一樓間暮色鴉邊樹秋天雁外山〔浩〕超曠透題情夢隨流水遠心逐岫雲閒應有瀛洲客時時此往還

十一月二十六日祭內弟醇恪居士墓余昨年在江戶祭先室墓而祔居士焉

憶起十三年來事蕭蕭朔風吹寒淚〔倪〕破題、悽然銷魂、長女早死埋南豐室人後亡葬關東中間次兒與內弟一時罹瘵浪華中南豐桑梓多親戚春秋有人弔窀穸昨祭姊墳招弟魂今招姊魂祭弟墳半生蹤跡東西徙兩鬢雪霜日夜繁魂乎亦應迷去住東索西搜吾心苦手捧殘香立碑陰哀鴻啼斷暮雲深〔佐〕點景觸目、俯仰傷懷、姊弟母子相聚否一行淚帶三邊心〔劉〕展此一吟、風為咽、雲為愁、不遜楚些、

寄題室津長尾良哉自適齋

山色青蔥海色澄竹欄干穩恰宜憑悅隨曲浦來如往寺隔重灣喚欲譍〔倪〕對法自在詩酒逍遙知汝適風光彷彿記吾曾明年西下期相過共剪齋中雨夜燈

狗子

兄弟相依臥斯中佛性存如何成長後爭食破慈恩〔劉〕源右府兄弟、母乃是乎、

猫

花間追蝶戲爐際逼人眠我似林和靖素飧還可憐和靖猫詩曰、自是鼠嫌貧不到、素飧何妨在吾家、

秋田款冬

太華蓮花似樓桑羽葆同不唯風味絕兼有蔭人功

〔菊〕著眼自高

贈北巢居　并引

巢居將輯攝西六家詩、求余稿、曰、高作既鐫者不復贅焉、唯要新撰、余新刻集三編爾後所作、僅僅未殫研精、辭之不可、乃賦此以弁我詩

攝西三十國、五國採一英、名以六家集、其選當至精、賤子何為者、敢伍諸先生、駿高極天者、泰華嵩恒衡、若添以蟻垤、觀者恐不平〔浩〕其然豈其然 況我多年作、三編既刻成、爾後之所作、磨錬猶未經、譬有三軍備、一軍已東征、一軍備北虜、一軍戍南京、舉國遣發後、敵來擣我城、不得呼衆返、唯使見兵迎、羸弱二三百、安能試輸贏、觀敵元強大、十年備甲兵、未曾亡一卒、將以全力爭〔浩〕譬喩絕妙 猶以卵投石、勝敗豈待評、我辭君不可、我察君之情、攝東六家集、同時亦經營、東西為十二、以配子丑名、大蟲與小鼠、不妨並肩行〔浩〕用韓退之陸長源典、甚切甚切 春秋十二國、富強推晉荊、曹伯雖蕞爾、亦得與同盟〔浩〕妙 更君情果如是、我喜叨寵榮、脩繕成一卷、詩軍實伶仃〔浩〕顧前軍 強欲鼓勇進、客氣何崢嶸、粗暴如先穀、幸齒于六卿〔浩〕愈出愈妙 一笑敘其故、不使觀者驚

〔菊〕或以味論詩、以君比神鱉、言其不啻肥膩之味、皮骨筋絡皆成用、一無所棄、豈謂此等詩乎

浪華襍詩十九首　原二十五首

正月十日觀蛭子神祭

求福何須懇禱深、慾然唯合絕貪心、生平不解世人算、擲我真金買假金 是日、市人戲作金販之、〇〔劉〕所謂舍汝靈龜、觀我朶頤者、〇〔佐〕意筆俱詰

今宮春望

東岡一帶幽閒地、返照蒼茫烟靄媚、多少樓臺春樹間、塔尖獨認天王寺〔佐〕詩寫實境者、多墮鄙俚、此等詩又難及

阿部野

興亡千古泣英雄、虎鬪龍爭夢已空、欲問南朝忠義墓、蕎花秋仆野田風〔菊〕不著議論却高

無尻川

遠山西隱寒雲繞、孤鶴南飛秋色杳、夾水兩行紅樹間、釣蓑舟過知多少

天滿菜市

世習滔滔趨侈奢　當新薦異競相誇　詩人欲賦苦無例　九月龍孫十月瓜（菊）宜使采風者觀

高津看雪

夙識仁皇民竈歌　千年遺跡此經過　今朝三十萬家雪　轉比當時烟影多（劉）一吟使人不可忘即好詩

心齋街

架上清風走蠹魚　牙籤萬卷每家儲　孰為陳起孰毛晉　近日書林亦讀書

道修街

列肆比簷皆藥商　麝檀狼藉曬街傍　衣裳自怪經過後　惹得荀君坐處香（倪）此與前詩皆切題情然以故事斡旋故不佻

順慶街夜市

飛埃映燭夜成霞　隔水新街是妓家　凡卉常蔬空具列　渡橋人買玉簪花

中島晚眺

幕匝船窗大鼓鳴　百夫搖櫓溯江行　方知西國諸侯至　倉邸門開列炬明

永代濱乾魚市

萬石腐魚堆路隅　瘠田播去變膏腴　未知海鼠有何効　纔遇西人貴似珠（五）好議論

堂島米市

分曹糶糴競輸贏　一擲千金似羽輕　食貨大權歸賈豎　何人復唱古常平（冷）抱負可見

木津村

杙籬相接野翁居　不業耕耘與釣漁　却致中人十家産　方池尋丈養金魚（冷）感在言外

四橋

一市新開傍水濱　劇場幾處客如雲　橋頭月落觀方畢　屐響東西南北分

玉江橋

川形唯道向西通　地勢誰圖稍不同　直認天王寺高塔　始知橋路指南東（浩）是與前首善寫難寫之狀非土人不知其妙

安治川

治水至今良策稀　海門舟屢觸危機　新田日闢川形變　欲作河翁論是非（浩）公有浚川議一篇可以并觀

天保山

海勢北廻灣又灣東南望豁紀泉間西風忽送千帆
影一一来朝天保山 劉 巧括四方景

長柄川

舟子招招立水隈渡錢討去滿船堆難尋當日輿梁
跡但見輕篙頻往来 佐 輿梁二字、精神千古。○ 俔 乗輿猶不知為政、況討錢乎、

大貳村王仁墓

墓勢陵遲圃一隅梅花枯盡草荒蕪却看今日斯文
盛蕉叟遺碑無處無 浩 三戸村、猶有蕉叟碑、斯文可謂盛矣、公為斯文之祖、而不識其墓在何處、可謂忘本矣、○ 劉 隨園云、詩尚曲、此與前首、其妙在曲、

宮部子徽其曩祖善祥公詩

豐公馭寓稟將校冨梟傑當其西征時宮侯最英發
天正十五年四月十七日侯在根白砦敵兵俄来伐
初如奉天圍四邊援兵絶終如晉陽難幾回欲陷沒
侯廻壘翟籌敵疲不能抜稍稍援者来相夾擊之疾
敵渠殆就擒僅以其身脫豐公褒偉功稱為日本一
裔曽生聞人以文紹前烈乞我述侯勲侯勲豈待述
不見青史中精爽凛猶活

題范蠡圖

山中避穀難堪餓綿上為田未報勲笑拉佳人賞湖
月古今肥遯莫如君 佐 圓活

武内公

身係安危三百春巍然功烈棟梁臣 劉 足十汾陽王 渭濱莘
野猶難比何況嬴劉以後人 菊 憾不使西人讀此詩

題岳陽樓圖

波濤呑大地日月沒中流勝占荆呉冠文鍾唐宋尤
幾回看畫本萬里入神游孰若吾東道磨鍼湖上樓
俔 前半森嚴、後半跌宕、七八立言得體、

題孫康映雪圖

華堂銀燭散紅烟燦酒銅爐獸炭燃信否孤窗破簾
底有人聚雪照青編 冷 看他點綴之巧

題北條時頼佐野某繡像

儉以率身由祖訓兒能鑿虜見孫謀何須八使問民
病飛錫親巡六十州 俔 北條事業、後人多不及、蓋在親躬與不親躬耳、
大雪壓檐檐勢危爐紅一點欲消時無薪何以留佳
客剪盡盆梅不自知 佐 前首議論、後首景致、各至其極、○ 界 或疑此事正史所無、然西人往往有詠傳奇者、不必問其有無、

王仁墓

十三渡西南田間孤松樹樹下土微穹人道王仁墓

齋藤拙堂曰一間茅屋祭昭王遺韻○冷莽莽蒼蒼似古歌謠五絕神境○浩妙在人道二字

和大槻磐溪詠林和靖

泰山封禪付諸人獨向西湖託此身不須朝廷乏萬本唯吟籬落一枝春

浩泰山西湖猶可企萬本一枝匪夷所思

紅鬚鱟魚

波臣雖夥悉難兄調味尤宜鱠與羹瑤柱朶頤空有語河豚博死實無名

倪典確

金鱗倒照淨花動烱眼並懸沈玉明

倪形容不俚是公所長

縱令季鷹生我土秋風不起念鱸情

佐含嚼無盡鯛魚何若此味

米澤近藤君送不識庵公春日山凱宴杯賦此以謝

凱歸無恙宴群臣兵出有名威四隣南指干戈懲逆子北征縞素報亡親

劉一聯承上南北自隣出懲報自威出親子自名出可見一字不苟

此杯二百年前物寄我三千里外人酒量生平僅涓滴醉君高義度秋春

讀攝東七家集

維昔有明隆萬時盛行王李七子詩千人調似一手作萬篇詩以一律推斥匈彌望唯白葦百穀何由得生滋人才雷同文運替亦足以卜朱氏衰我邦今有七家集詩每人異每詩奇五山早歲聲已赫八十矍鑠執鼓旗棕軒筆鋒前無敵星巖儼如節制師艮齋拙堂及苗浦經史餘力妙藻思磐溪武庫兵器富鞭弭相逐中原馳

菊叙七子句法頗挫一變飲中八仙歌來

桃紅李白楊柳綠春色如錦豈一姿元氣磅礴生萬物畢竟化工不自知足觀吾邦治教美遠追姚姒匹伊祁新篇讀罷夜將半起倚勾欄瞰天維唯見北斗七星高爛燦萬點衆星稍低垂

菊起以七子結以七星是老手

東亭翁乞乾樓詩樓在西北橋畔

借問主人翁何以號乾樓有橋名西北橫架門前流樓在橋西北高牖臨街頭衆說如此耳賤子試冥搜翁之所取義須就周易求乾元亨利貞四德我願修齡方垂八十强與壯者儔天行健不息我願得相侔家擁素封富屢振窮諸侯善世而不伐下位而不憂不渝潛龍操確乎永優游不忘亢龍戒讓畀身已休

借問主人翁吾筮果中不〔佐〕理竆哉而不澁平穩哉而不滑亦是一格

圓活堂詩應町田國手囑

痘之與癥疾古人或不知古方應今病情理動參差
法死人不活機泥藥即違所以良醫者造化以作師
强弱視人質温凉順天時轉機秉活法旋法用圓機
如珠走盤上與物不相泥如水行地上與物不相離
君言獲此訣無疾不平夷名堂以圓活慇懃徵我詩
我雖昧方技君言復奚疑〔佐〕亦如前首較健昂〇〔倪〕通悟處伯仲玉局

觀間光興象笳

笳長寸餘象牙製其聲清楚其色麗謂是赤城義士
間十諱光興復君讐時領巾之所繫〔佐〕長語畏慨不是英雄欺人
朔風劈面鐵衣寒明月照雪夜向殘〔劉〕精神均服振活如
振冊七士直逼讐家斬門關每人執笳相指似獲讐
魁者先吹此須臾倉内笳聲起吹之者誰是間子歸
死司敗意氣揚笑追故君向帝鄉人珍此笳踰拱璧
其餘四十六笳不知何處藏譬如龍珠人獲我不及
殘鱗敗甲遺不拾義士從来是一心一心更向此笳
集〔浩〕一難一解奇想天落所以百有五十年以此寸大横坤乾
水災火發應屢觸鬼神呵護竟得全君不見高漸離
筑段公笏擊敵不成身共滅假令云存遜此笳此是
冊七義心所凝結〔浩〕古来詠義人者多引豫讓是獨脫竄且筑笏與笳皆从竹之器不唯比人於倫此物亦然此公緻密處〇〔劉〕屢見人詠此題及此篇一出亦如殘鱗敗甲遺不拾矣笳云詩云共足千古

赤穗大石大夫故宅櫻

櫻雲猶表大夫家葛柏邵棠何足誇夙悟孤高無好
葉未聞蔽芾有名花頌揚方極才人筆欽賞常停長
者車多謝東風識遺愛年年依舊入韶華

讀義人錄

智以善謀仁殺身堂堂四十七忠臣田横没後無奇
策一死鴻毛五百人〔劉〕每不拾人唾餘

題明皇游月宮圖

軒轅夢遊華胥國穆滿八駿驅八極一自唐皇遊月
宮視彼呼為田舍翁〔劉〕起得快絶為三郎開生面虹橋横架十萬
丈青天雖高平步上瓊樓聳空紫雲擎仙風吹送鳳
簫聲烏鬟鬆墮黛色淡霓裳無縫羽衣輕娉婷窈窕
萬花裡其從如雲躡雲迎瑤漿甘露香馥苾冰碗透

月影不生【菊】寫出冨艶豊縟、周昉之徒、恐描不得、君不見天寶儻仍開
元治長留九齡在相位斬馬劍加豬龍頭偃月堂主
市朝肆四海歡樂一人娯秋風不灑馬嵬淚華清宮
即廣寒宮嫦娥玉環本無二【菊】咢矣巧言噫吁戲劍閣不
似虹橋安蜀道之難難於上青天用太白成句【劉】湊合絶巧【菊】上青天三字結前、有劈山而塡海之勢、好悪顚[illegible]怪何舍彼安取此難
人生末路多違始甹湖上天固難企瑤池歸來復奚
哀盛姫之死猶良死【劉】結得酸絶、眞成三郎當之聲、○【冷】起結設論、中間敍景、猶觀西湖圖、四邊是山、内有緑波紅橋、而瀦瀁瀲、錦鱗深泳、誰不目嬉神怡、○【五】起結軒輊、前抑後揚、中間唐皇、前揚後抑、表裡相均、軒輊得宜、

題齋藤拙堂詩卷以寄三首

自古詩文分二途作家具體或偏枯君能兼得熊魚
味欲繼昌黎與大蘇

悉説海防兼火攻世間幾箇假英雄不知誰得眞詮
者清有魏源吾有公

自別江都十五春再逢此地益相親詩文兵已成三
話才學識應歸一身君所著有文話兵話數種

附和作

廣旭莊題三絶句於余詩卷見還余亦傚顰次
韻題其新詩稿却寄　齋藤謙

阿弟縱横開別途阿兄雅淡不單枯休將軾轍来
相比文字判然歐與蘇

一任蜉蝣四面攻詞壇卓識孰爭雄世間毀譽休
相較自有千秋評品公

瀼上秋風墨上春兩回詩酒暫相親江湖何日長
相伴天未還吾自在身

梅墩詩鈔四編卷之一終

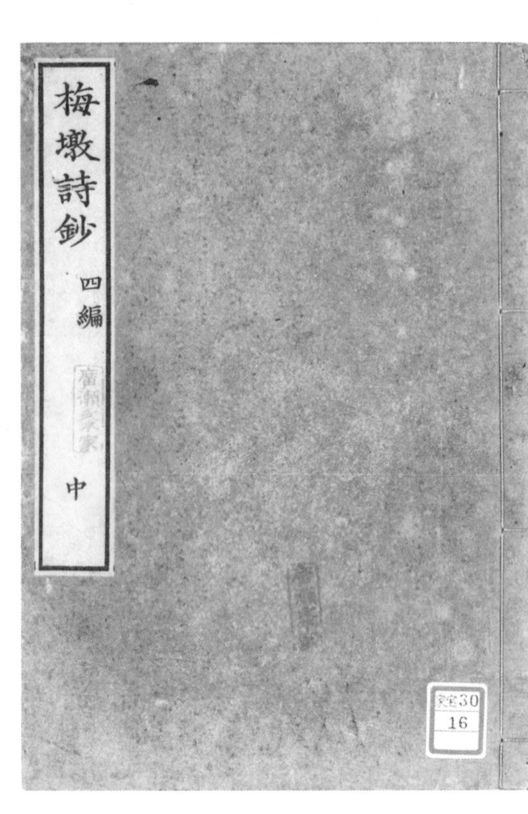

梅墩詩鈔四編巻之二

旭莊廣瀬先生著　門人　豐後劉昇君平
阿波栄華東野　校

戊申元日（是歳改元嘉永）

一道雲霞紫千門松竹青羇身雖落莫家眷幸安寧物象観元始人心塞未形（浩六朝理語不是宋儒）何顔對新暦為客已周星（丙申始東遊至此歳一周矣）

天保中余開風月社數歳而絶今茲二月五日葛仲英繼絶集于其家至者七人分韻得真

好晴相引集南隣和氣温温笑語親手巻誰非三益友傳杯恰是七賢人月華猶小不堪夕梅朶雖殘豈負春吟社絶来垂半紀綿綿高會自今新

二月十一日西下遇逆風（以下游播磨時作）

扁舟解纜我従東半日遲遲數里中看取人生難得意春天也是有西風

十二日過真于石氏主人開宴藤璋次等来會分韻得映字是夜雷雨大至

主翁鳩衆交使客飽觴詠小窗翰墨薫大盤肴核盛今吾非故吾才盡身善病饔飧革舊嗜澹泊修新行以吾一日長諸君幸愛敬吟不嫌遲成酒亦除暴政坐久聞春雷雲黒雨勢勁弱足怯泥途去留天所命三杯忽頽然不知詩宴竟（浩通篇不離觴詠二字以見結構之密）夢醒雨已晴一灑宇宙淨莞爾捲疎簾梅杪孤月映

歩兵庫北郊遇雨

餘寒剪剪逼肌来二月近郊桃未開惆悵斷橋流水外一犁春雨送殘梅

和田岬隣松院晩眺

開盡南軒眺晚晴　汀沙渺渺海潮平　歸帆影失春烟際　復入青松樹裡明　〔佐〕寫透深微

十四日發兵庫于石諸子送至遠郎分韻得犁字　遠郎地名

昨雨還催暖　曠原春色齊　草芽侵牧路　土脉入農犁　〔菊〕俊秀　堂上杯雖徹　轎邊酒復攜　依依情不盡　送到遠郎西

至三木寓岡村氏賦謝主人

世間愉快寧有是　聞客將来主人喜　鶴嶺西過三木鄉　人迎百里轎十里　黃昏到門燈火張　東廂設湯洗吾趾　就坐論心如舊交　不翅酒香與肴美　〔浩〕無情不寫　翌日亭午導出門　欲探此地好山水　春寒劈面遠歩難　且自舍西釜岡始　岡脚逼街石巖巖　誰甞城焉別所氏　危磴度盡土微平　春田麥秀聞鳴雉　皆井底昏無魚鮒　危櫓跡蕪有荆枳　突然穹者為馬墳　或傳食馬埋骨骴　〔浩〕無景不盡　敵將猴面何足論　我軍馬革已期死　圍似睢陽竟無援　棲如會稽不雪恥　為龍為虎安在哉　今也蕭寺而已矣　〔浩〕無感不寫〔佐〕頓挫絕妙〇　晚陟蠨蛸眺郊原　翌探書畫遍闠市　蠨蛸岡名〔佐〕每對句斡旋故不冗　以考亭夫子録四箴　字畫端正其人似　夏仲昭竹思白書　氣象雄拔欲溢紙　三者山田氏藏　在杭舜水亦非凡　二者井上氏藏　其餘邦人不屑視　土人多藏本邦諸名家書畫〇〔浩〕無觀不寫　其翌鞭馬到菅田　其翌刺舠遊蓑溪　〔浩〕無地不寫　連日使人忘羇愁　不知何辭能謝此　高誼敢因離索謗　鄙心欲把詩章紀　嗚呼君情滾滾長　我詩豈可短短止　唯願微細無所遺　冗長任他觀者毀　〔浩〕無意不寫〇〔佐〕通篇猶長江萬里盈科而進初讀訝其冗三復歎其渾涵無洩非餘人所能及

贈秋香書屋主人

久矣聞高誼　相逢情豈疎　上堂先一笑　壁上有吾書

主人壁上有余所書扁額〔倪〕即興成詩老手段

十七日將訪真希元雨希元使轎夫来迎

昨日約相過　曉枕聞雨聲　君家三十里　泥路豈能行　閒愁入晨酌　不圖轎夫迎　内顧羞薄德　靦顏荷厚情　轎窗放遠目　春寒吹餘酲　溪柳綠俱濕　野桃紅未明　〔五〕穩貼中含俊氣陳簡齋之亞　搖搖體却愜　黯黯眠自成　〔泠〕圓美之味如啜新风　透邐度林塢　次第近柴荆　闔人呼客至　我夢遽然

鷺（冷）妙在更無一語

贈菅谷主人真希元

溪居風物入詩篇肥遯羨君清福全花片流来洗瓶處蘋香吹到晒書邊何論市遠無兼味唯愛日長如小年（劉）趙雲松詫其但見水田飛白鷺未聞夏木囀黄鸝一聯然彼全仍摩詰成句大不如此合鑄杜唐句僮僕閒閒存道氣耕餘與枕樹根眠

十八日將發菅谷大雨同希元賦韻得支

地高雲合早樹密暖田遲春雨連三日晩花開一時（劉）四句錯綜成態自老杜来難分去留議且賦應酬詩明旦催晴否倚欄有所思

又得道字

曉雨鳴簷茅春水侵庭草堂上酒一杯爵愁澹如埽明朝上歸鞍花壓西山道

十九日晴發菅谷希元送至三木

搖搖簾影報新晴還叱羸蹄向去程主勸再游如促債地經信宿乃關情（浩）恒言入手即成好句花開不辨来時路鳥哢多於前度聲（蔚）芳俊多謝崎嶇巖谷際頻煩為我枉將迎

雨中訪近藤翁賦呈

參差瓦屋倚溪隈瀟灑村居遠市埃室蓄奇書任人借園移嘉樹待禽来客中況味遇寒食雨裡韶華見暖回（冷）融淡看破主翁韜晦處鴟夷元是濟時才

二十一日將發岡村氏忽得一律

墻西古城跡萬木立崢嶸残月半窗影群鴉終夜聲此地終夜鴉鳴不異白日無月夜亦然（冷）新俊孤衾入羈思短夢帶餘醒（冷）細玄早已輿夫聚匆匆復上程

二十二日下鶻嶺投于石氏豊後孔之容偶尋余至分韻得花字

鶻嶺東下路橫斜行看春光倍感嗟落後難停獨歸雁爭先不讓欲開花一堂何料梗萍合千里共忘桑梓賒留我兼留尋我客具供重累主人家

兵庫待舟從者岡子善請先歸

海上春雲次第晴經洲東望浪華城不知明日孰先到吾是舟行君陸行（浩）意中之語人未道

春陰

唯恐百花倉卒飛連朝奇暖上春衣輕陰忽送暮寒

至復喜東君不急歸

山高水長樓集得韻虞

茫茫塵海萬人趨纔入斯中如別區實是山高水長處恰成遠淡近濃圖雲開倏邸花相接烟合漁洲柳忽無（倪 上句近濃下句遠淡）坐久更生濠濮想清漣影裡見娵隅

送榎本生歸種島

歸舟遠向海南鄉祖席淋漓酒滿觴何用蕭條陳別語唯須慷慨白中腸百都兵甲鎮流鬼萬里帆檣備拂郎（劉 佳對）借問大藩諸雋傑不知何策靖殊方（倪 雄健）

上巳葛仲英招飲

楊柳梢頭雨後煙溶溶新漲映樓船旅中佳節逢三日夢裡流光過十年恥問鶯花追俗好擬將文字結清緣尋盟我喜南隣近好客君同北海賢

三月朔與尾池柳田二子觀東郊桃花

春鳩聲中宿雨收引友共作城南遊桃霞漠漠億萬樹塗抹高田與低疇一望寫出昇平象多少遊人分侶儔淑女腰間鞶綾帶豪奴背上白氈裘佩瓢笄筆行且詠知是一種偽風流村人行廚多粗糲設宴僻處似有羞（佐 叙得精細如明鏡一懸萬影悉現）東風搖搖射酒旆一杯好就店婦謀醉來不知移時晷野日蒼茫下前郎人影稍沈花霧裡萬鴉歸盡天悠悠（五 鳩始鴉終）三人猶倚欄干坐靜看暝色赴春愁（菊 前半閙熱後半幽凉有炎曦西沈冷蟾東升之妙）

三月四日與橋岡二生衝雨訪村上子義要之觀東郊花遂飲片街酒店夜深歸

聞說百花將悉落昧爽衝雨向東郭途要故人勸同遊為我請荷半分愁（倪 奇語）取路稍入花深處徘徊顧望不能去萬片彩霞散愈明一團嬌雲墮無聲自生尤物自殄滅悠悠彼蒼亦薄情孱弁芳姿濕未拭馬嵬光艷碎將熄臨風無策繫輕身墜樓何術救國色（佐 對法宛雅）嗚呼此憾與誰言雨邊無人鶯語寒與其惆悵傷神思不如陶然強自寬便投旗亭買春酒淋漓百榼忘濡首誰居為我鼓繁絃且倩村娃舉似手誰居為我奏艷歌且枉詞客談天口（劉 雅況在眼宛爾身游）雜劇紛紜各罄歡不知窗外日沈久歸路傍花迢迢盼二更始能到我家此時酒醒思悄悄復覺癡情一段加

未忍解鞋洗吾足直恐新泥是落花〔葦〕先生嘗欲刪去此種詩余以其異平日之撰止之以具一格

將探櫻花遇雨途宿田家

雨裡訪花蓑笠暝邊投宿茅荊夢入櫻雲深處醒時春鳥一聲

三月十八日菊池海莊自江戸歸約而遇京師九年前與仁白谷矢快雨迎海莊於此地二子既為異物悵然作長句

賤子自西君自東刻期相遇帝京中一肩行李函關雨十幅輕帆淀水風辨似懸河懷快叟狀如鉅谷想仁翁〔菊〕懸河鉅谷甚切其人用典不汎故交回首凋零盡唯我二人尊酒同〔佐〕悲喜交集

薦劉石舟五岳師於海莊

感汝愛才情轉深吾將相薦雨知音詩人唐代劉賓客法侶晉時支道林一旦因緣新識面十年夢寐舊勞心洛陽三月春光美桃李花前好盡簪〔菊〕是與前首皆以渾成勝難與摘句琢字者言

入京書所見

九陌晨張燭喧闐百萬人皆言參佛去誰看帝京春〔五〕無限深感今語道破〇聞大谷講師觀此詩不懌曰是分王法佛法為二也乃次韻曰塔寺英雄迹深哉為世人皆言參佛去此亦帝京春

嵐山宿雪亭有懷矢快雨

故人勸我遊嵐山我時栖栖未得閒今日我入嵐山宿故人墳墓宿草綠谷鳥聲中日又斜獨揭踈簾看落花〔佐〕妙在獨字〇〔菊〕短章三折餘情挽紙若春水櫓痕

京師僑居遇雨不得出

昨雨催花開今雨催花老花兮爾為爾胡為使吾惱閒愁送青春不覺白髮早〔菊〕可謂春恨透十分者北望紫野雲西指嵐山道勝槩咫尺中曾不得探討惆悵花樹梢流鶯聲空好〔劉〕非唐非宋意老調嫩

似溪琴

春雨欲休終不休客窗三日釀羇愁好花薄命含紅淚遊子多情易白頭九陌泥塗車馬跡萬家烟樹帝王州〔菊〕二聯皆卓知音賴有夫君在酒是獻酬詩唱酬

京師

奠鼎千秋又萬秋西人莫詫夏商周叡山北峙皇基

固鴨水南通玉化流〔劉〕固流二字下得不苟、鴻地伽藍多古跡
一天烟雨入春愁〔劉〕微言靈活佛威更助昇平觀輻輳扶
桑六十州〔佐〕時有佛祭、四方来觀者、數十萬、是與前首、皆渾厚、可稱合作、

春晩陰雨偶晴步野外

癡雨随鳩奐名花委馬蹄〔浩〕鍊語、不遜涪翁、幾度倚檻望青
山只雲迷今日偶然霽始得出吾棲野塘宜緩步輕
屐愜柔芙〔劉〕新想趣愛茅店朴過喜圯橋低殘芳數蝶
戀深樹一鶯啼大化流天地静觀物我齊指點歸路
遠暮色蒼茫西〔浩〕道心厭語、不肖宋儒露骨、

初夏偶成

街居猶覺遠塵喧三面高墻護小園萬緑合邊孤鳥
隱千紅盡後一花尊〔菊〕潤着稿随夏日増詩課衣別春
風減酒痕環堵中藏無限趣不知此意與誰論

題畫

雲氣蒼茫咫尺間晩鴉失樹不能還須臾急雨過無
跡斜日又生山外山〔冷〕讀此、可以悟浮世之理、

夏初與菊海莊岡多仲郊行至住吉遂觀勝田

藤花分緑陰生畫静為韻余得生静

春晩苦多雨花盡天無情夏初偶見日如獲玉連城
迢迢南郭出稍稍東郊征来牟風外色亦似攸好晴
〔劉〕靖節遺風老松沿官道抄有新蟬聲俯仰觀物化潦倒
媿吾生田頭舊游地十歳何所成嘗與士固游此地、已十年矣、
皇澤覃遐陬農家亦華整藤架蔽清池參差倒紫影
汲餘萍意揺步邊皆氣冷四邊緑陰環蜂鳴夏日永
〔浩〕四句幽倩、余嘗舉集中雉鳴午景閒、牛鳴秋色静、及此句、皆為名句、體物之妙、漏泄天機、何圖
畎畝中有此間淨境主無愛錢心不屑賣酒餅藤根
置胡牀茶烟淡午景〔菊〕結、霸鐘一折、餘韻穿山、

早起步庭述懷

微微樹影揺稍稍窗光曙殘夢随宿雲不知歸何處
〔菊〕冷雋緊秀小庭成一寰百物相割據高柳来恵風老鶯
數聲礐幽蟬懐嘉陰棲息不能去竹端小蝸躋草根
巨蟾倨〔倪〕礐倨等字、景中有人、鼠路通匍匐蛇行入著蘋〔倪〕著蘋始入
詩物意各逍遙吾心亦饜飫〔佐〕亦一篇腰骨舊醅猶盈甕新
蔬漸上箸幽賞弟子倶生理父兄助苟得凍飢逭敢
望勲名著世或虞夷氛艦碍議控馭黄閣有嘉猷黙
首莫過慮三復子輿言吾何為不豫〔菊〕蕭散中、含一種英氣、太似觀

清凉居士騎驢小照

東輿岩瀬有鏡沼及化粧原傳建暦中和田胤長坐父義盛事謫于岩瀬其妻追至鏡沼聞其既誅乃投沼死天保中土人松菊畦立碑焉而徵詩

覆巣早悟無完卵衰門何圖有烈婦弓鞋曾渉千里途口碑猶傳百世後化粧原在草茫茫鏡沼村存波瀏瀏廢塋舊關蘋蘩供立碣今逢松菊叟世人佞佛或媚神造塔營祠奉土偶福田元不関綱常熊有如叟此舉否嗚呼烈婦似曹娥誰與此碑題虀臼

鞆浦中村子範求保命酒詩

吾笑中山劉玄石一醉千日就窀穸（劉 劈空突起）若使醒後屢飲之人生百年眞駒隙試看鞆浦保命春琬液瓊漿未足珍能使飲者躋壽域和暢筋骨培精神吾嘗聞之亡是叟近来仙家購此酒仙界一年當千秋十二萬年未為久所以彼徒向人衆欲借遲遲月與年（劉 天来落想）憶昨扁舟鞆浦去海鶴聲中天欲曙雲中一朶仙醉山知是仙子酣醉處（菊 點綴以景有海上繁葉踈花之妙）風帆日往還載去芳醇散世間君家不用招牌揭唯認灣頭仙醉山（佐 一結風韻嫣然）

六月八日遊寶公房

逝避炎蒸何處宜寶公房迥世紛遺驕陽不透蕉陰廣趺雨忽過荷蓋知半日浮生間有限十年故國返無期（浩 頷聯濃頸聯淡猶碧峯出山後）歎嗟幽境難長駐夕磬聲中簷影移

晩歩

晩酌初終歩水邉香風吹度満汀蓮昏鴉悉没歸雲際立鷺獨明殘照前（劉 獨醒形象借物寫出）醉態任他看者笑徐行幾被後人先阮生何用窮途哭到處多橋又有船（劉 滄浪意況托景述去）（佐 陽韻陰理自我作古）

放言三首

庸醫使人死腐儒使理死人死復有人理死八紘否（菊 快論媿死幾措大）仁義有定名時勢無定理（劉 千古確言）講名不知時所以為拘士商君壊井田黎庶皆嗸謷新券復井田人心更不喜況我東方邦舊習本已異婚娶尚同宗公侯納義子國計就商謀戸籍向僧委若欲一

朝更必為禍之始泥途著蠟屐乾路著草履（劉）古樸似漢
苟能移此術吾道無窮已宣尼説正名彼亦一時矣
饒使生今時不必仍舊音不見拒女人柳下恵風似
（五）結五字斬新○（劉）人以公為今日甌北如此等詩彼有其筆而無其識○（菊）經綸素志筆端滚出
夏葉綠如流秋葉赤如燬卉木何自知物化勢當爾
三代多聖人六朝富釋氏詩客至唐盛道學從宋始
元氣互縮盈萬彙應時起如何當局徒沾沾獨自喜
鐘鳴漏盡時亦不免人毀（菊）豪宕亦是通儒之見
明清崇程朱不名稱曰子科舉式一定求利莫外此
時非無傑豪心否口唯唯生時偽學禁無辜殆殛死
死後得大伸豈曰無其理（劉）實然實然猶吾蓮與鸞當時
屢謫徙後来其教熙滔天莫與比漢壽與朱虚交代
遺祭祀鬼神非有情盛衰由數耳（佐）連上二首邦人所不悦西人則否

六月二十二日夜安田確齋招浮舟浪華橋下

君将以八月帰郷

天上雖無月江中萬燭明鈿釵満舟影絃管四邊聲
始結風流契預思離別情帰期猶未迫唯願屢尋盟

九月十三日竹鼻纜山招飲山高水長樓隨邦俗賞月

市上誰家句可題一年兩度到高樓青山綠水雖無
異春色秋光看不齊玉笛弄来明月下金波流過畫
檣西（倪）清婉曾聞雪景最奇絶預約殘冬酒再攜

與劉石舟探北山勝途別

秋山勝槩屬吾曹探盡幽遐未覺勞阮肇攜游得仙
伴樂天唱和遇詩豪（佐）劉氏多好典故、然如是活對、非餘人所能途横鹿
背樵家遠雲鎖魚聲佛寺高何事此間分袂去無端
遺恨入松濤

與福善人岡長五訪界公山居

街居久苦俗紛攻自出門来百念空野酌三人黄葉
下山行一逕白雲中（浩）渾雅烟生幽谷太平象村隔重
崦上古風欲訪禪師何處是磬聲忽起數峯東

與春波宗助步至大貳村

秋来緣病廢吟思開盡黄花始賦詩人免有愁無酒
境天蓬已冷未寒時（浩）前半青邱遺響墻間石塔數鴉集林
下柴扉一女窺（浩）大貳村實境何處風光宜野酌指前顧後
步遲遲

九月念六夜聽雨不眠起亂抽架上晋書讀之

燈似含愁黯不明隔窗寒雨送秋聲辭家一紀成何事欹枕半宵歎此生【菊】何辭之沈痛懶讀裴公崇有論却憐潘岳悼亡情【劉】確對来朝故鏡應相訝鬢髮頓添霜萬莖

送吳棕亭游南紀

秋晩風光最好時憐君南國去探奇一抔馬鬣徐生墓三尺土階王子祠到處蒼茫多古跡行邊容易有新詩況觀名瀑中天落足盪心胸助藻思【吟】滚滚一氣足與瀑爭雄

劉君平来學賦此以贈

解纜圖書浩瀚中半途回棹豈成功世情波浪元難測學海淵源未易窮【劉】自解纜二字来有一走千里之勢不忮不求真富貴惡衣惡食即英雄鷲湖以後多爭論須擇諸家自折衷【佐】比鷲湖諸老作有玉潤石硬之異

雨夜劉吳二生来訪

孤坐向誰論此心銅鑪香燼槁梧陰黃花影外秋燈瘦紅葉聲中暮雨深【倪】幽寒至德子孫傳自古吳自泰伯放

勲苗裔到于今劉出於堯二君皆是非常客環堵何圖忽見臨【劉】非常客三字鉄案難移○【浩】全首無瑕拱璧

久不晤坂九山一日来導遊南郊又浮舟至北里

未醒南郊酒還浮北渚舟三秋曾契濶一日此携遊好樹多臨水美人宜在樓【五】好聯可畫不妨天易晩明月照清流

秋晩送谷源藏

丙午秋之季吾自東都至解装未三朝君来訂交誼

寒雨疎燈夕慨慷屢論志丁未同游知幾田春首衛雪探野梅二月西郊菜花好玉藤亭畔共徘徊三月城南春如錦百萬桃樹一時開路過城東向城北新漲拍岸雪浪堆漁舟買得魚活潑走返吾舍酌碧醅四月野田神祠側紫藤花下又一杯後不相見百卅日秋風搖落雁聲哀黃昏掩門悄獨坐君與一客蒼皇来要我西照庵中去高燒紅燭映綠苔菊花黃白百千種大小參差滿地栽【浩】野郊城田言地也梅菜桃藤苔菊言物也雪錦碧紫紅綠黃白言色也亭畔城南城東城北祠側花下菴中言方也遠近參綜細大無遺點綴之妙神設鬼

施、○〔菊〕叙遊興處長短參差、猶風吹楊絲搖曳成態、今茲戊申契濶久彼此不
復同杯酒春勝夏景徒爾過中秋不晤至重九吾心
自怪又自猜初親終疎世所醜往問其故君嘿然前
有疾病後官守吾謂秋杪官事閑能如去年追陪否
〔佐〕三年交態三樣寫出、使見者不厭、○〔倪〕平常談話入詩、讀来不覺有韻、可謂得言志之訣、豈圖
念三亭午時君遣一介来致辭自今三日四日後吾
將解職郷里歸吾聞此言忽凄斷一天秋色入離思
今也矦國事君者勞冨逸貧分點癡出在江都入投
散出不堪忙入則飢中間浪華倉邸吏勞逸貧冨恰

得宜名雖錢穀實詩酒吏隱之術允在茲〔浩〕時情難寫處、容易
叙去、如熱湯沃雪、吾亦生平歎無友得與君交喜可知公暇
私交元不妨野賞水遊常莫違〔浩〕二句結前半局、顧君明年
請復職君以奉公吾成私早知君策不他出猶憾吾
身難共飛與其鯉信通無絶寧學雁臣来有期〔劉〕對結巧
活○〔浩〕人道先生長篇平坦處自樂天出、意不然、樂天蹤通、先生巧竅、是與三月四日詩、可以徵焉、

十月六日北巢居招集于南郊西照菴

林梢未紅葉籬角正黄花南塢冬猶暖西窗日稍斜
酒籌無小戶墨戲有名家小竹春草諸君皆至餘子還乘興淵

淵皷屢撾

游山片君別業賦此以呈

茶罷中庭步更探幽趣濃籬低宜野望樹古帶山容
卧石池前越眠禽竹裡逢主人呼復坐秉燭薦醇醲

冬暁即事

墻陰夜来雪屋上已晴曦暖雀聲聲喜寒梅影影宜
〔五〕寒暖分應雪曦、門生鞭晏起厨婢課晨炊家事堪為政優
遊獨自知〔齋〕鞭課字眼、因引起七八、

臘月初六夜呉樓亭招飲煙雲過眼樓十年前
屢與樓亭飲爾後始有此歡

要使夷清作恵和相招綺席見嬌娥十年往事歸情
話一夜閒愁避醉歌燭外不知窗月没屏中豈覺瓦
霜多〔菊〕亦是一放翁顛狂如此君休咎屈指今冬看又過

己酉元日

敢道非吾土任来還作家雞年兩回遇馬齒卌三加
雲色随春意禽聲入物華〔菊〕穠艷南村宜往賀途看野
梅花

賀岡本子并引

六年前贈岡本子詩有善初須念完終策句今年聞府内侯賞其功增祿五十石世襲大夫乃賦此賀之

昔歳述愚衷覩君以善終忽聞今日賞知立濟時功當國無他技傳家有一忠遥懷正考父三命益卑躬

（佐　可謂能言）

正月十日訪敬公

正月十日是令辰南郊有事于蛭神神能錫人以百福人迎神意造寶珍維鍵維衡維烏帽有米于苞錢于繙棘鬣之魚睅其目旭陽輝輝射紅鱗長竿嫋娜何所綴黄者是金白是銀（翁　俗謡入詩渾化無痕猶良醫用溲勃）貫客求福唯恐後駿奔滔滔百萬人腐儒敬神不敢近神欲降福奈無因（浩　昌黎口氣）是日袖手過蕭寺宿雨始晴庭無塵道人相引先指似屋角梅花一枝春

（齋　前極熱、末極冷、自成篇法、）

訪景公房

野靄茫茫日欲沈田間取路入叢林南臨大海潮聲壯北接高山雪意深一盞殘燈諸佛影三杯濁酒二人心（倪　悲涼）方聞岡麓梅花好且約明朝共往尋

訪雲師途中作

林根村落望高低行弄風光幾度迷雪色巧分山向背溪流屢轉路東西（佐　如睹其境）春田廢塚牛爭上晝寂荒祠狖自啼世務教人易踈躅十三年始叩禪棲

淡巷僑居庭廣僅尋丈三月既望櫻花盛開招門生九人飲分遇物盡欣欣愛春非獨我十字為韻余得盡字

高墻域四鄰庭隘草木窘（齋　市中居處寫出宛然）欲請東君臨亦恐逢渠哂心念口未言何圖忽見允告晴禽氣揚報春花意敏（冷　快俊隨園所喜）不違致遠賓門生數輩引寒厨絶腥鮮新鮓帶蔬筍淡泊吾已安粗糲君且忍要使歡情融不用禮數緊一皿數箸爭半羹衆吻吮（齋　諸生狼呑之狀、寫出如見、）停杯瞰天雲花命幾回診（劉　允敏診等字、皆創趣、）預愁風雨過容易芳妍殯休道有来朝今宵酒須盡

（翁　詩以盡字盡、而韻不以盡字盡、）

春晩野歩

五尺枯筇一斗瓢意行嫌近不嫌遥黄花繞甸前無

路緑樹沿川裏有橋【五】實境無人道及落日僧樓鐘杳杳東風酒店旆搖搖歸来更遇同人贈活潑香魚籃外跳

夏初遊櫻祠

花開萬人集花盡一人無但見雙黄鳥緑陰深處呼【劉】人情交態之變蔚枯炎凉之感曰描入神○雙鳥恐是田仁任安後身

題群牛圖

東坡高官職猶慕多牛翁况吾田舍子僑居都市中開圖懐故國春耕終未終【莘】或咎高官職字俗余曰先生詩不可輕議既知原東坡慎勿苦愛高官職句

贈韓介石

西船東馬路悠悠憐汝莱衣奉父游湖寺遠鐘聽半夜石山明月看中秋【浩】湖鐘山月陳腐已極故以聽看二字斡旋是用材之老手有時停杖詩賡唱毎日依瓢酒獻酬如是快心如是孝世間復見幾人不

夏日與田淵生舟游

幾陣凉風遞柳條輕舟泛泛水迢迢溯游盡日不知倦經遍浪華八百橋

七月二十六夜與藤藍田行檜園步至西横濠乘漁舟焉北過櫻祠天明

舍西一派淀川横岸繫漁舟俟我行孤月無心嫌曙色萬蟲随意奏秋聲【五】清俊路依荷露深深入望逐洲烟渺渺平東過櫻祠初下網紅瞰直射素鱗明

中秋小竹翁招集五小樓分韻得波字

際晩鈎簾待素娥溶溶早已認金波水邉亭榭皆人影渚外樓船更妓歌夜色不知何處好秋思唯覺此家多【五】穏秀主翁有意分幽趣漫許吾曹載酒過

九月四日與檜園步于北野夕食一方店

晴引行鞋喜路乾聯吟不覺出村端烟生淺水天將夕霜限高山野未寒秋色誘人前歩易賞心追物向詩難一年風味到松菌茅店還宜就晩餐

九月盡遊松林寺禪密師供酒是日初雨後晴

萬事抛来附醉歌世紛雖劇奈吾何求僧為友豈非達對佛擧杯毋乃和半圃黄花秋色盡満林紅葉雨聲多【翁】清楚須臾雲散斜陽没又覺浮生一日過【浩】前半是興後半是感脱化秋風辭来

箕面道上

山欹孤村見斜陽上客衣機聲不知處黃葉隱柴扉〔齋〕五絶最上乘

箕面山所見二首

夏初此地遊假店萬人入纍纍廢竈間今見寒花立〔劉〕實境、比前綠陰黃鳥、覺一倍巧、

群巖與衆楓到處爭奇狀尤是一枝紅倒懸飛瀑上

米谷宿清澄寺

木合天容小山黑星輝分何者同我宿應是晚歸雲

松風如天樂深谷終夜聞〔齋〕工妙

清澄寺曉起贈界師

雲行林影搖旭上山容喜聽起手佛書據梧溪聲裡〔五〕柳州骨格老師秉道攢德業今無比村民遍歸依堂宇頻築起荊棘偃法威泉石入經始〔五〕老辣布施吾不能所贈詩而已〔佐〕所謂上可止處者

多田路上

松伏山風烈寒禽接地飛溪陰民戶少暝色冷人衣

與景師過北山蕎麥店書所見

寒雲全捲山光碧曉海不波濤氣白十月村家濁酒成一窗松火賣蕎麥〔齋〕半江紅樹賣鱸魚、極艷、一窗松火賣蕎麥、極峭、各臻其妙、

途中所見

數行紅樹倚江一抹素烟橫野秋後未見閒農暝邊猶遇馱馬

二鳥爭奇樓同主人真于石賦 并引

兵庫之西有高鳥山北有卑鳥山于石新開樓二山見焉因名二鳥爭奇樓

高鳥山如鳥之方決起卑鳥山如鳥之伏而止〔倪〕破題、儼然乾坤之象、○〔齋〕起得不凡、鵯山自北鶚山西爭奇來集一樓裡〔倪〕一字、自一闔一闢來、以下萬物悉始生焉、○〔劉〕始揭爭奇二字、○〔浩〕俗知用鵯字、鶚則始見、主人大隱在市中夙以刀圭救人死冥冥積德天翁知鸞舞鵷翔幾令子〔劉〕始用鸞鵷紫陌紅塵不染心獨觀碧山凭烏几〔劉〕又用烏一高一卑體之分毋乃我家橋與梓一起一伏數之常毋乃家政張與弛〔倪〕體數本自易理出、宜不免此硬、韓愈二鳥賦徒工青蓮兩鳥言空侈〔劉〕二鳥兩鳥、天造妙典、何如君對鶚鵯山飽觀其奇及其理嗚呼其理前已陳且言其狀更奇詭〔倪〕體數上、更加理云、其難極、而容易著筆、所謂肯綮迎刃解者、東對朝陽似鳳來南控大海疑鵬徙鳩鳴雨洗北山青

鴉歸日御西峯、紫煙渙兮如江起、鷗雲蔽兮似草藏雉（倪 寫東西南北、及雨日烟雲鳳鵬鳩鵜鷗雉、則八卦方位、品物細大、一無所泄）、終年觀山
吟詠多、令子學此文藻美、鳴鶴在陰子和之、一家風
流自燕喜（劉 鶴燕）又用仁者樂山壽無疆、不騫不崩鍾福
履、有鳥有鳥丁令威、得道為仙不遜彼（劉 有鳥有鳥更天造）醉
生夢死名利徒、蜩與鸞鳩何足嵩（劉 鸞鳩）又用我久街居
不見山、隨君登樓忽莞爾、維鳩就鵲暫借居、燕雀鴻
鵠敢相比（劉 鳩鵲燕雀鴻鵠、即鳥中爭奇者）、豈圖二鳥爭奇樓、亦欲
爭奇詩戰始（劉 既寫鳥、而入人、是老手）、先鳴報勝者為誰、語能驚
人、君詩是一鳥不鳴山更幽、僕之沈思亦相似（倪 先鳴驚人、一鳥不鳴、乃叔決起與伏止、所謂原始要終者、竟是易理）、不如講和飛羽觴、不
分雄雌觀山耳（劉 羽字、餘波未盡、雄雌二字、竟叔二鳥、有剩水滄江破殘山碣石開之勢）
○（浩 通篇、蓋自山谷演雅出、而其巧密十倍焉、嘗謂公詩書卷之多、不讓涪翁、但以渾成流暢出之、使人不覺、是其不可及處）

送溢江翁

展禽三黜日、正則獨醒時、直道甘遺佚、離憂托賦辭（佐 想見其人）
萍蹤雖始合、蘭契舊相知、未悉京華觀、明春
莫負期

歲暮志喜 并引

歲暮鄉信至、報南陔兄蒙 恩旨允帶刀、季
子忠也病痘而痊、余癸卯以後頻年負債、至
是始能償之、乃賦此

祖先餘慶至今開、粗免頻年厄與災、予季重痾追日
起、阿兄 恩命自天來、萬人忙裡誰聞者、百卉凋時
獨早梅、禁酒斷茶無冗費、依然詩債復成堆（余今年以病絕酒茶）（倪 落句、喜溢言外）

庚戌元日（是日、日微蝕）

雖夢江都好、何如此地緣（華 初疑此起句、後知夢江都好、煬帝語也）、吾離
鄉二千里、留跡十三年（天保戊戌始住浪華）、魚路猶氷底、鶯心
已柳邊新（浩 清新）、雲中日微蝕、未覺損團圓（佐 氣象藹然）

寄題信濃市田邑寧筑井崑陽拄笏看山樓

境深民風朴、如在桃源間、訟庭春草合、雉鳴午景閒（菊 魯恭治化、借景寫出）、宓子彈琴罷、拄笏看青山

春日歩浪華城外

迤邐長橋帶外城、雄都形勝實天成、南流一水沿官
道、北走群山向帝京（浩 混大）、春燒入雲知雨兆、暮帆移

樹見風行【浩】細巧

時和幾認田夫醉　野菜花中笑語聲

【佐】燒承山、帆承水、皆自雄都形勝来、而以時和二字、結構有法

春日送浩然師之兵庫

晨窗抛卷出柴關　唯影與形行色閒　微甜夢牽松樹下　長程望斷菜花間【浩】浪華西郊實境

湊川北繞楠公墓　甲嶺西連佛母山【菊】盛唐句格

禪意元無今古感　依笻一笑暮雲還【佐】今應松菜、古應楠佛、依笻應抛卷、暮雲應晨窗、次第架出、使人不覺其妙

春夜聞雨

可憐春夜雨　脉脉伴微風　濕及琴書際　暖回衾枕中【草】閲原稿、及初作入、後改之、余問其故、先生曰、入似梅雨、故爾

有聲庭竹密　無色野雲同【五】善學杜

晨霽聞啼鳥　簷花妥嫩紅

與賢師九山歩城南日没投纏店飯

春郊怯獨遊　擇伴得名流　行酌歡相授　聯吟杖屢留　薄陰纖月失　際晩百花愁【五】情静

就飯何邊好　燈明竹外樓

與荒木獨笑野歩至熊店途中破歡店蓄熊、善解人意

近郊纔出氣融融　堪見昇平政化隆　不獨連村無吠狗　却看孤店有馴熊　半殘梅立春寒外　偶語人歸暮色中【菊】善摸寫、放翁避舍、

措大漫希顔氏樂　何圖歡飲亦成空

春夕東上天明訪田有秋

溯洄百里用篙撑　駛似順流懸席行　霜壓破蓬春未暖　舟搖短夢夜頻驚　有時洲角聞梅氣　無處波間不月明【五】此境屢過、此聯未得、

恰好出舟求我友　晨林早已鳥嚶鳴

上巳與兵庫諸子遊和田岬有懷藤撫山十年前游此地撫山携酒至昨年委化矣

相國祠南望豁哉　衆朋仍舊此追陪　酒邊未覺風懷減　客裡尤驚佳節来【浩】温活

昨雨壓桃霞色重　春歡漾海練光開　往年携酒人安在　醉後蒼茫自起哀

春晩最游増田氏山莊雨下主人具轎

春眠未起路傍家　旭氣紅蒸漲海霞　早往幸無先我客　晩芳猶有後時花【浩】幽恬

催詩雨至羞才拙　醒酒風来喜量加　枉辱肩輿知意渥　泥途不怯夜歸賒

暮春兵庫雨中次于石韻

風聲長浩浩　雲色亦陰陰　雨日家書絶　花時客恨深

〔劉〕妙洽

棋觀平世戰、畫問古人心。〔劉〕蒼雅

杖屨難遊野尘

聞春鳥吟

訪酒井昌伯

昨来吟朔雪、今至坐春風。節物須臾換、逢迎終始同。
柳將成老綠、桃尚駐殘紅。三訪知何日、定期初夏中。

〔浩〕一氣馴暢

西宮路上所見

嘗聞車兩輪、碓家則三輪。前一而後二、軒輊始得均。
唯見轂轆至、不見御車人。人醉車中睡、知定吐車茵。

牛自歸家去、車聲遠轔轔。〔菊〕今言古調、自西漢脫化来、妙在無痕跡。

訪島田成庵

行盡閭閻繚繞間、石橋西指是柴關。市聲稍遠詩機動、官事無多吏隱間。
十里黃花春似海、一村綠樹夜如山。〔菊〕秀色如可餐

吾心亦厭紅塵境、何得卜隣長往還。

調景師師約訪余於兵庫終不果

咫尺相望終不過、湊川一隔似銀河。落花啼鳥春方好、何獨僧家世事多。〔浩〕吟語呼醒、太切時情。○或僧憂多事、楊誠齋曰、公何不出家、可以并觀。

訪橙園不値

我為看花来、君為看花去。相訪不相逢、悵望花深處。

三月十一日作

連日滂沱雨、晴来景趣殊。春猶二旬有、花已九分無。
彌望綠陰滿、忽聞黃鳥呼。清和却堪愛、聊復步城隅。

送徹雲之京師

溯水迴芳甸、移篙向上流。鶯聲交兩岸、柳色夾孤舟。〔倪〕峭蒨

貝葉新聞勉、詞華舊習休。去師須努力、刮目待凉秋。

備後山路氏十景　賦二

松永鹺烟

虛軒容野色、秋瀲遠眺分。墟里通寒汐、浦漵入斜曛。
松梢一點白、不是晚歸雲。

高尾晚潮

杳杳去鳥滅、脈脈来潮新。孤窗卷書坐、暮寂誰與親。
烟際鳴艣至、應是訪我人。〔佐〕二首神似漁洋。

題浩師寓居　并引

兵庫人真于石等欲招余受教、余多故不能

屢應請使浩師往寓于愼明舍舍舊學究某所居今歳仲夏余始過焉遇雨留五日臨去賦此

繚繞長廊行稍窮唔咿聲起小窗中舊聞學究棲遅處今見禪師濟度功蕙帳褰時山有雨蘭橈歸日海無風【浩】去留意見于言外是措辭之妙休言儒釋任元異文字因緣臭味同

和東野題畫詩

數椽茅茨掩映一派溪水迢遥欲識村翁返處獨楊西畔有橋

去夏脩書齋此成迎繼室山名氏今年六月女阿信生賦十四韻

蝸舍無經始鰥居慣寄僑繕修謀梓匠媒妁賦桃夭【劉】對法絶巧花燭賓来夕草堂功畢朝虺蛇靈夢兆燕雀賀聲驕婺女祥先動多男懼自消雌風翻蕙葉艶露濕蘭苗中歳憂歡切前程想像遥【佐】収上起下此時如炎涼相代求乳泣何日乞憐嬌只合親蠶箔何須弄鳳簫憤詩嫌蔡琰巖戒則班昭酒食應能議鹽梅行自調吾家本儒素汝輩勿妖嬈饋贈周朋友孤寒暫富饒二兒皆在遠聊此慰蕭條【五】與香山阿雀詩異曲同巧

與敬子遊綿氏樓 并引

三年前聞北里綿氏三層樓勝本年七日敬子導遊焉主人供具頗殷留連至夜歸

北里多亭館此樓尤傑然相過當七日聞勝已三年山湧飛鴻外江分列樹前雙星方渡否卜夜瞰秋天

題浪華橋納涼圖

川濶風分路舟行月亦波遊人屢移棹何處得涼多【五】妙在隔句呼應

前赤壁夜同春草秋里諸子集于小竹翁五小樓分韻得麻

去年既望瀲水涯打面驚飆帶飛沙雹紫雨黒水波白出舟蒼黄返我家今年既望江樓上清風無語送月華【佐】其景如睹○無語二字妙甚三橋東竝川形直一水北分街勢斜【佐】其地如睹檻外萬舟燈齊上倒燒水霧成朝霞人氣如煅素娥怯未雲何處迸雷車須臾烟火空際發満江吹下春半花【佐】其状如睹朱幔紅氈爛照眼酒池肉

林競相誇醉酗已窮興詈罵揮撈更搖助嘔啞牛渚
何由聞諷詠潯陽無復弄琵琶一行不見報秋雁數
聲唯傳誤曙鴉〔佐〕其境如睹 世人唯解愛喧噪月若有情
應嘆嗟我異於是饒靜趣詩話文論寂不譁蘇氏郎
君推叔黨揚門高足識侯芭〔佐〕其人如睹 人也不多亦不
寡醼則無儉更無奢〔劉〕二句善盡小竹翁 照座兩枝燭就席一
杯茶秋雪堆鮮膾晩黃列甘瓜〔佐〕其燕如睹 氷輪稍仄客
未去玉山將頹酒復賒〔佐〕其興如睹 一夕風流足千古赤
壁之游莫以加比著去年殺風景何啻三百六旬差

〔劉〕起結顧應、一字不苟。〇〔佐〕忽忙、忽閒、忽喋熱、忽靜凉、七擒七縱、唯我所欲、猶橘綠橙黃之時、一日間陰晴百變、江山萬態、

八月朔與檜園東野集于藍田松琴樓分松琴
樓集爲韻余得集字

重陰閟秋空無雨衣襟濕清風屢子如褰簾呼不入
〔劉〕妙喩賽坡摸盡苦熱狀 〇 高敞哉此樓他家莫能及孤鳥影沒
邊天缺一峯立遠思望中生凉意坐間集〔劉〕亦坡 主人
靜者流跡高心遯把檜園識沈深東野性敏給我幸
得此徒一足以當十山水共登臨經史同講習世務

付徐徐幽事期急急〔冷〕韵人之常 方欲枕流眠何用抱玉
泣與其求蠖伸不如學龍蟄〔五〕四句、此公優游卒歲之意、 秉燭猶
未歸北窗披書袠且約詰朝晴南浦戴釣笠〔浩〕四句、結山水經史、似冗不冗、

所見

野色始經霜草容非故翠孤芳殊未枯一蝶冷然至
〔菊〕詩亦冷然

海老村歸路和敬師

村尾通江渚把樵帶釣家不知堤路永步步摘秋花

〔冷〕無味之味

柳樵主人所製酒號夷鯛因耕石請筱翁及余
詩翁詩先成絕妙好辭余不能復下筆强賦此
賽責

柳店酒以夷鯛呼鯛字音雕見字書我邦古來讀如
太海魚之味此爲最朱鱗電目蔑萬魚以此名酒義
何如吾求其說猶未獲傍有筱翁先下釋西夷之人
西伯昌曾師釣魚太公望周魚釣得周室盛其說確
當難復更枯腸索盡吾憮然我所欲言被翁先君不

見酒之清者名為聖　醇粹不淆見真性　聖之清者為伯夷　以夷名酒清可知　夷兮雖清奈其隘　飲酒而隘亦非快　君不見濠梁同遊周與施　周知魚樂施則疑　以周从魚取其樂　好樂至荒即狂藥　周耶夷耶樂耶清　猶是禮和相用成　耕石笑曰君說過　酒號多是寓慶賀　有神名夷即福神　甞釣鯛魚大海濱　夷字訓呼惠美酒　神惠美酒蠲百咎　二說紛紜何足較　異同不如飲酒顏色鯛樣紅　文王伯夷及呂尚　上至福神一齊忘　并忘周化為魚魚為周　［劉］自蝶夢来　醉鄉天地逍遥遊　君有美酒肯惠不

［齋］筆頭有口、縱横自在、當今諸家所未見。○［浩］此等詩、意匠獨創、鑿空開山、人或以其不師古尤之、然取舍多端、滄溟歸愚之徒、必割席拒之、東坡甌北之輩、則相視莫逆、

送榎本驢齋歸種島

廉子洲南種子洲　地接炎海控流虬
昔日鳥槍創此土　其功周數六十州
土人尚武多沈毅　就中榎生稱其尤
一聯輕甲馬公志　萬里長風宗慤儔
如聞拂夷窺南境　擬杖長戟剪國讐
皇威一揚四夷畏　大洋萬里絶虜舟
生也知時兼知術　憣然欲作良醫解人憂
東游上國尋國手　業成沈痾無不瘳
時平温飽釀疾病　刀圭勲速於戈矛
好抱利器歸鄉里　莫使鳥槍功獨優

觀琉球人泝淀川而赴東都

澱川南控是金城　東北天開比叡横　［菊］氣象宏潤稱題、
恰見蠻荒歸德化　不唯億兆仰昇平
風徐鳳吹舟中起　日轉龍旂水底明
未至東都應一笑　浪華猶且勝燕京

［五］快甚快甚

藍田移居與檜園往訪之

聞道新營避債臺　浮雲元是視家財
庭中竹石含詩趣　筆底江山見畫才
已賦五噫妻共隱　未成三徑友先來　［五］用典活潑
如君清福難多得　莫問人間禍與災

題竹腰氏如畫山房

看盡無心出岫雲　幽居與俗劃然分
溪山四面皆如畫　兄弟三人總善文　［佐］自然
門徑春隨新草絶　隣春秋隔古墻聞　［倪］寫境幽深邃寂、古人未曾、
吾來恰遇霜晴好　且弔村東帝子墳　村東有桓武皇子明日香親王墓

十月念九日晴暖如春與松森仲助步至北郊

田家飲

捲簾歎短景塵務浩無涯〔佐〕率爾而起田家一杯酒聊此
忘世譁坐久暮烟合猶赤半天霞餘霽照籬杪空色
映狂花〔浩〕冬晴狀、寫入微杪、已失山下樹尚認天際鴉遥聞打
稻響知有暝際家〔齋〕數句、寫得暮景宛然今歳頗凶歉四民均
咨嗟媿我無事飲毋乃為侈奢肴殘不須換酒盡豈
再賖飲量淺亦好歸時步已斜〔佐〕屈然而止

題山田子草茅秘調後

清英得失向誰陳卌首詩成格亦新青眼未逢知己
客舟心徒託苦吟身敢言起草存殷鑒自笑獻芹同
宋人寄謝臨川王介甫此非無益費精神

送岡部玄氏

昔年君與我卜居住浪華無幾我東去君亦携其家
追我至江都其状形影似風塵損居諸倏經四年矣
我復浪華返謂與君長離何圖一歳後君復来相依
〔劉〕法變化、亦如風前萍忽離忽合矢言此土安且靜自茲定居接歡
永不使琵琶湖水波再照東奔西走影朔吹捲江雪
翩翩君有何急復東遷今後不識我往就君君就我
別一年耶將十年〔菊〕從容不迫、如花開水流江都冬寒夏更熱春
多大風火災烈人皆奔競争利機不宜吾曹養疎拙
浪華冬暖梅早開折梅贈君待君来相思有似求媒
文明年莫使我賦摽有梅〔劉〕末段、借梅寫情、韵絶巧絶、〇〔五〕俊於香山、淡於東
坡、雅於中郎、亦是一體、

次韻某生村居雜詠

芋路迤邐帶竹籬田間謡俗我曾知野人耕暇多參
佛山衲禪餘或作醫〔五〕實情新釀朝呈管相廟篝燈夜
揭稲生祠〔五〕管相稲生佳對如今潦倒繁華境空想當年村
舍時

題畫

山似劍鋩難得躋奔波勢與建瓴齊南游四首十年
夢雙槳揺過九里溪

臘月十七日病既愈招門生夜飲時微雨

蹉跎身事負初心頼有遠方朋盍簪賈島十霜猶客
舍莊生一旦殆鄉吟燈前細雨年將盡酒後殘鐘夜
又深〔劉〕悲酸江上梅花應已發明朝且約探南潯

冬夜歩玉江橋上欲訪檜園以更深止

水落霜華満短汀朔風吹面酒全醒幽人元慣衝寒
往熟路何妨向夜經暗處櫓聲疑過雁遠街燈火亂
低星〔泠〕寫景不俗料知詩客夢魂穩門對江梅烟半扃〔五〕落
句可掐

除夜

満街松竹緑參差燈照夜塵群屐馳年歉自甘新債
積歳除還喜舊痾辭萬般人事蝟毛集一寸光陰蛇
尾移〔浩〕精緻不省居諸催我老迎春心似幼童時

梅墩詩鈔四編巻之二終

梅墩詩鈔四編巻之三

旭荘廣瀬先生著　門人　豊後劉昇君平
阿波柴莘東野　校

辛亥元日

臘尾天温已似春今朝况又一般新始来青帝猶生
客夙綻素梅為主人〔佐〕清新可喜堡障全成威海冦囷倉
屢發賑邦民方逢宇内驩虞日詩酒唯宜養此身

新年口號

昧旦誰先賀或疑荀令来相迎人不見馥郁一瓶梅

春初將訪林秋水呉樓亭中途遇雨歸家

山雲不動稍滂沱興盡中途憾奈何欲往心如蛇赴
壑強留身似鳥罹羅 [浩]曲而成味 天田暖氣得晴少人向
東風失意多 [五]温灑 呉弟林兄應遲我殺雞炊黍幾朝
過

夜送栄東野

灣潤烟無際舟移月有聲前程雖不遠夜色渺離情
[五]五字可補別賦

登小峴山 在界海口

春色自東来鄉心向西去雲濤無際涯目斷鴻沈處

濱寺即事

奇雲閑殘日海氣射林中一徑踏無跡松釵落晩風
[五]簡勁

寓長盤谷家中墨水僧南塘新旭松平周輔来訪約明日送墨水至其家

東道依賢主西園集雅人初疑投壁怒翻遇斷金親
[佐]巧活 話久檐聞雨杯行座更春 [佐]沈静 難期明日霽且
約送佳賓

贈盤谷主人 主人業醫

憐君遺世住村間事事清幽似在山雲氣通窗曉衾
重溪聲落筧午厨閒 [吟]清幽似在山五字自贊確 有時竹路聽鶯
立随意梅塘任馬還猶見姓名奴不得幾人乞藥打
柴關

贈中墨水

素封氣象自洸然出屋喬松緑刺天家豨今仍前五
位 君先曾任左近将監今猶稱左近 軍功昔著後三年 君先著於奥州後三年之役○[劉]何等好對 墻廻馬埒村居壮 墻外有七間厩今門駐士人所不得免

鳳輿都様傳 白河帝所幸其門猶存因地名御門○[劉]可以抵一部家記 愛客能
為無事飲燈花剪盡更留連

又

訪中竹窗次壁上所掛田半江詩韻 君将迎余開講席故

君我従来未訂盟何圖一旦見相迎席随屢轉初成
趣酒到微醒更有情 [五]劍南亦所未言 南郡敢辭開絳帳東
山請莫忘蒼生 [劉]渾論心不省宵深浅月下春雲騎
又晴

在盤谷氏新秋水中墨水中竹窗僧南塘左祐

齋来訪

太感諸君厚文壇謬見推抗顔方一語勞趾已三来〔佐〕切而不俚寒鳥馴詩宴春山落酒杯〔冷〕快句怡神淹留過幾日開遍客窗梅

將發盤谷氏遇雨

漠漠寒雲下翠微輕裝已束客將歸梅花香裏歇行色也坐溪窗看雨飛〔菊〕淺描觸目深透旅悒

宿古魯岳家賦贈

雲樹十年勞夢思盍簪一日品書詩字皆龍躍欽君健句動雷同愧我衆梅氣入窗春睡醒茶香滿室夜酲知〔倪〕爽絶又快絶世間交態須臾變獨喜厚情依舊時

題畫四首

門前一條水窈窕入青山時放扁舟去奇巖幽石間〔倪〕人間清福

微風度林杪秋葉策然鳴誰哉其下立知有好詩成〔佐〕瀟然如秋水

茅茨夾溪起遠近悉脩篁不知誰所宅毋乃輞川莊〔佐〕畫溯輞川定是巧手

回顧白雲外逍遙紅樹間秋光催我歩不覺入前山

題畫次可亭韻

春水帶芳洲洋洋魚意樂孤舟何處来自號梅根泊

暮春伏水雨中晤緒荻二子

晨興看靄霧晩坐聽滂沱勝境望中失芳時愁裡過客窗晴日少野樹落花多幸晤同心友傳杯奈何

送十河生遊江戸

行叱驊騮意氣揚富山晴雪映晨裝前程知入青雲去却恐無途還故鄉〔五〕似祝似規妙絶

呈白華師時師自界浦游芳野而西歸

今時僧悉俗公獨秉清襟午憩松根石夕敲巖下扉茅渟乘月發芳野看花歸上國游方了西州一錫飛

題蘭亭圖集叙中字

流觴求勝地最好是山陰峻嶺崇脩竹激湍縈茂林視聽娯物化俯仰暢吾心休道為陳迹斯文赫至今〔劉〕彌縫無痕真造狐裘之手

送中西耕石移居京師次小竹翁韻

力探千古外才秀萬人中北苑傳真訣南宗尚畫風

花禽除世習山水趁天工君忽京華去吾歎浪速空
切磋曾有益惋惜正無窮花蟲情差近梁鴻趣未同
偶雖攜德曜依不必皐通都下騷壇會定應推此翁

肥前鶴仲祇来訪拉春草訥堂及余飲高砂亭

席上分韻得樓字

病来幾日抱閒愁觴詠何圖接韻流呉下機雲稱二
俊（仲祇弟叔襄亦有才名）洛涯温石亦雙尤〔浩〕二俊是成語雙尤原韓文苦想可
知一簾烟重天將暮四野雲酣雨未休聞説明晨帝
京去歸時復約倚斯樓

来其硯詩并引

薩人田子過陸奥海上獲一石歸贈其友来
子来子作硯乞余詩

不必端溪龍壁産不必鳳味雊眼名竪六七寸横相
稱松操凝烟映楮英田君曾過北海側偶然手採一
片石千載波濤吐復呑其質堅硬色淺碧歸家半日
風雨来黒雲壓屋聞吼雷知是龍神所愛惜筐底十
襲不肯開〔劉〕莫須有事、餘人冥搜不到處、君重意氣好文學玩物喪
志心所惡脱手相贈誰宜當天下信人来君叔〔劉〕君叔用
得的切、来君得之喜可知作硯送我求我詩硯兮汝聞
吾所告古来榮辱良多岐〔浩〕榮辱二字、呼起下二節、汝毋或如揚
家物曾染劇秦美新筆汝毋或如李家藏世修降表
泯士節〔翁〕毋或如用左氏吿辭化腐肉為飛走、須如文相玉帶生教主
奏疏表忠誠須如坡老文星石教主文章四海轟〔翁〕試
使竹坨初白徒作援引宏博、恐欠此風趣穩當、自今封汝即墨縣朝磨夕礲
永莫變田君来子元石交萬古不渝如斯硯〔佐〕石交二字、龍
睛點出、

題佩川詩集後

詩癖萬首者誰一放翁汗流無人追往蹤邦人畢竟
小家數唯趨律絶舍古風一夜百詩衝口出篇數雖
富瓦石同盍觀佩川夫子集一萬五千餘首悉天工
〔浩〕開門見山、使人愕然、韻語細記日間務詩數多少視事數短
短長長體古今鬼脚鶴脛各真趣憂樂悲懽此中收
吉凶慶弔此中具千殊萬別人面如心隨境移筆隨
賦〔浩〕此其詩所以多、其詩取材因古人運用全歸我精神鶩
花依舊韶華活日月常懸光景新借問夫子何能爾
攷其閲歴元罕倫少壯簪筆接韓客文場一戰挫彼

魄諸侯滕行鉅鹿軍虎豹股栗昆陽役樽俎折衝我
武張有光豐家百萬鹹〔浩〕此其所以妙詩家世元事百忝家
由果求藝補益多從容規主以德化矧肯聚斂媒驕
奢牧仲初從孟獻子視臣如友主德美文子終薦大
夫僎同主升公臣譽起〔佐〕佩翁本是理學儒宗、故用論孟典、是作者用意處、○〔浩〕
敘人閱歷、極是難事、如此簡要、誰其能之、誰其能之、九國多士推榮城君掌學
政育群英時人謬浴姚江濁君能易以伊洛清老壯
境改異遭遇山河跡變分游往東極三都人海盈西
觀二島鯨波怒終始百般無無詩所以愈出而愈奇

〔劉〕余嘗探淀川上流、蒐道至湖口六七十里、兩崖隘束、巖石崟崎、始悟造化設此奇險處、而劃斷湖與川也、老壯以下句、亦猶此乎、叙其詩止於此、而下入新鐫、開闔之妙、豈曰非化工乎、吾曾訪君
高棲地春林鶯囀春山翠猶記古松幽柏間導拜
先師祠廟邃〔佐〕四句、作敘景無限情趣、往事回頭十七年忽傳高
作附新鐫聞道全集不易鍥且拔十百於萬千管中
闚豹蠡測海不知全形何處在一滴之味一斑文其
餘想像憾更倍年過耳順健如初猶少放翁二十餘
〔浩〕放翁收前此後豈無萬有數千首并前三萬餘首今古
無〔菊〕此等句、所謂思力透十二分者、嗚呼是編落書肆從此洛紙價

增貴全集乞刻將有期請君輯訂預為備君縱謙讓
欲無聽彼將丁寧求必遂得隴望蜀志可知舐糠及
米勢必至〔佐〕如搔痒處、君不見崑崙插天雪崔嵬滿地璆
琳映瓊瑰若容攀躋得恣探誰肯佷倔空手回振古
無人通蹤跡山頂之路今始開有人創獲片玉去但
恐不堪後者陸續來〔浩〕詩之三萬餘首、猶山有崑崙、比得倫、○〔菊〕心餘子才等題辭、
過硬過冗、文而押韻者、如是宛轉縣密、彼安與知、彼唯畫其骨、此則骨肉并畫、所以勝也、

馬琴洲兄弟招舟遊天保山分青黃赤白黑為
韻余得青赤二字

馬君高尚人性媿伍俗客令弟亦不群於我久親炙
近者我鬱憂入夏痾更益君勸以舟遊俄瘳勝藥石
波面柳影搖雙槳破澄碧引杯瞰長流山低一帆白
〔菊〕太白口氣、媿我飲量小雨頻已成亦忽近天保山起移
舟中席〔冷〕結得輕妙
山雖僅數仞所見悉郊坰瀲川何窈窕遠樹襯浮萍
新畊及海尾麥外晚潮青笛聲不知處雙櫂在蘆汀
〔佐〕寫景勝畫、山下半漁舍跡網曬沙庭時又有酒戶青帘
出茅亭酒改肴亦換誰可能獨醒〔冷〕顧前首、一醉上歸艇

鳴椰帶夢聽

將發浪華諸子餞於八千亭賦別 以下歸省南豐時作

旗亭把酒話離愁山雨糢糊夏似秋此去可堪滄海上獨聞寒滴坐孤舟 〔浩〕海應山聞應話而舟應亭回首一顧離愁歷歷

六月十日上舟雨舟子曰盍歸歟乃歸家居二日晴從者曰盍歸歟乃赴舟笑賦此

舟中信宿返吾廬吾昨所居人已居是主是賓難自決往來兩度喚歸歟

夜發鞆中村子範送至港

夜烟埋海浩無涯柔櫓聲中路稍賒回望岸頭燈一點知君目送未歸家 〔佐〕濃情淡寫

至御盟港西風大起泊四日游淌舟寺寺主出十勝圖索詩乃賦東風埼

強駐歸舟日若年鄉心西落暮雲邊休論十勝孰尤好第一東風埼可憐 〔五〕與前舟中信宿皆役筆如意

御盟邂逅林洞菓

綠酒紅燈映翠娥與君曾向九軒過如今相遇兩衰老悄聽漁窗蜑女歌

遊千原氏水亭

傍溪多勝區隨處著廬舍背溪終不看所為良可訝孤裘謬反衣難免坡公罵 坡句孤裘反衣毋乃魯 君家獨面溪千景集一榭釣路分菰蒲鐘閣隱桑柘雁外諸山低孤峯忽成霸水聲漸帶秋雲容欲赴夜 〔五〕雋句陸續頡頏青邱 主人能樂賓才高氣愈下善釀名一鄉芳酥發新醅甘潔富果茶香膩饒羹炙三復既醉詩厚誼何以謝

訪杜秋艇水石樓賦贈

人苦胸中俗難瘳須登杜家水石樓 〔劉〕突然起 借問杜君居何地隈市西北欲了頭高樓百尺架岸起仰觀俯聽鍾衆美珠水波通礎石間 〔浩〕可以俯聽 龜山翠落硯池裡 〔浩〕可以仰觀 大石星數水有聲山木影搖風泠泠 〔翁〕清涼氣溢紙 縱令沈醉名利者纔到此中心先醒何況主翁性清白耽畫兼愛讀書客人道此樓此主人與此水石三相適十年栖栖都會中一旦歸鄉訪主翁黃花白雲秋色遠匆匆馬首又欲東 〔佐〕句法肖杜 自歎水石無清福徒喜丹青供展讀珍羞不用窮海山唯餞此樓圖一幅

秋晩訪雲窩尊者分林間煖酒焼紅葉為韻得
酒字

何處數聲蒲牢吼巍然佛閣現山後秋入中庭石氣
寒紅樹葉薄緑苔厚雙屧策策松下蹊風砌落釵未
付帚〔五〕寫禪寂之趣簡而悉禪老引我上書堂茶果固有不乗
酒幽閒始覺秋晷長醉後廻庭徙倚久禽語在塔晩
風休林影不動山容壽〔菊〕壽押得敏明朝去向赤馬關扁
舟預思海上趣白浪撼島青山飛篙師膽破色相咨
〔佐〕杜亦石城西望三韓雲萬里長風一帆受壯觀雖好
亦危途静如此境吾所取〔菊〕白浪以下唯空觀想而以壯静二字引彼就此猶下
巧種樹者取杏接梅生意流通

黒埼驛留別大賀士行中村泰庵坂巻子温

九州將盡處十月始寒時物色逢搖落吾心慘別離
波濤歸路怯風雪客衣知明歳應相見加餐待後期

國純甫席上同中川田坂友田松本諸君賦

諸公堂堂才力健果爾名藩富文獻紙上章句棄拘
迂天下形勢入議論不道小集唯數人毎人胸蓄兵
十萬巨觥容斗亦能傾各自酣醉何須勸興來椽筆
走如飛硬語横空風雨噴燭淚成堆宴將終歡樂哀
情交纏綣〔劉〕歡樂結上哀情起下纏綣二字彌縫得好海門霜威壓夜濤
枯蘆葉盡宿雁怨孤舟明日向何邉寒潮落月又離
恨〔劉〕情景繡錯骨肉愜適新於唐宋古於明清

與香江劉三子訪尾埼秀民分韻得茶字

海逼街疑盡岡開路又斜三人携我友十里到君家
緣坐凭烏几清談寄緑茶不知冬夜永幾度剪燈花

月形伯重訪余於黒埼客舎又訪於赤關兩度
賦此以別

感君交誼勝陳雷辛苦相過已幾回洞海波濤雙槳
渉赤關風雨一帆來夜深情話依爐火日出離愁寄
酒杯記取明年春半約共看嵐峡早櫻開

贈貞永子

不獨素封聲價隆更聞邑政有清風人傳才似鴟夷
子我慕徳如陳仲弓雲鳥入看千里外海山爭勝一
樓中如何此地難長駐明日扁舟又向東

右田村訪今川吉太郎賦贈

蒼茫多古跡臨眺足吟情已廢晴賢砦猶存琳聖塋

【冷】佳對

桑陰連竹暗林葉出松明憐子斯中住佳篇日日成

將訪田稲香過天德寺門不入賦此東寺主

有約尋吾友奔馳數里間暮雲車塚樹（琳聖太子瘞車處世呼車塚）歸鳥石船山【佐】渾高○仰視雲鳥時既暮矣是所以奔馳妙在言外草徑人行少苔龕佛坐間道機空想像何日叩禪關

與杉翁遊潮音寺 并引

二十五年前游此寺而題名今已不見

寺枕岡頭望豁然海遥山近夕陽前波光閃爍浮雲上帆影低昂列樹巔【佐】善寫海山遠近之狀昔日題名何處在後来游跡有誰憐匹如任子登巾子鶴去僧亡感逝年

贈半雲師師精茶理又善畫余欲乞畫故及

師豈今人伍要為古哲徒茶儀依陸羽繪事逼倪迂嶺上孤松立巖根細水枯【佐】真有聲之畫時哉冬景好一寫見貽無

訪藤松子賦贈

數家籬落倚長汀水鳥交交集後庭雲際鹽烟別拖白風邉海色忽増青【五】摸景透微一簾花影茶方熟半榻蟾光酒始醒羨殺四時清興足視他榮利等澶醒

有冨子羅栗開苞獲一鋌乞詩

聞説有冨子羅栗為倉實栗中何煌煌解苞獲鋌一曾讀書禹貢二百里納銍在藁非無理在栗堪怪詰乃就龜筮謀皆道兆大吉在文為金至貨殖真可必又訓為加萬其數當萬鎰後来更有冨應與其姓匹不知得何卦【倪】疑豐或大有主人信且疑欲令鰍生述鋌之用在刈操持固有術嘉祥何待言戒在盈而溢【倪】箴者貢訣作者不得戒不唯宜守儉素莫懷安與佚心中若生茅須用此刈悉【劉】曲終奏雅○此及賀老柳七十皆極難措辭而平平叙去絶不見苦澁猶草芽破堅土唯以自然出焉耳

長澤龍甫招飲

多年雲樹隔天涯相見深情勝昔時十里出迎勞令弟一筵来侍狎佳兒酒邉冬暖衣頻減燭外月高窗未知争奈天明分手去新愁舊話幾參差

兄部大藏求白雀詩（其家世釀酒）

三百年前洞春公北畧雲石戰群雄時有酒戸兄部

氏手捧醇醪獻陣中此役我師有奇捷十有二州草偃風爾來獻酒永為例年年元日當上供【浩】第一解、言祀功、客年防長嚴令下姑停新釀救年凶殊教兄部仍舊貫巨槽緑漲酒千鍾【浩】第二解、言君恩、近來君家有奇瑞白雀巣檐不須籠嚯嚯晶晶雪不若遷自翠竹集青松最是三春花發日一顆白玉壓萬紅【浩】第三解、言白雀○遷翠集青、而壓紅、形容悉矣、酒之權輿推儀狄酒戸有説又不同神雀銜米竹間置竹節上朽下成筩一朝雀去人採竹中有天然芳洌濃酒名竹葉義取此茲説雖奇吾且従

【浩】第四解、言酒、雀之於竹、竹於酒有因有縁自會通【浩】第五解、攀雀就酒、有挾山超海之力、朱雀青雀見古記如是白雀今始逢楊家黄雀何足道知君福禄應日隆【浩】第六解、言雀瑞、知君福禄應日隆莫忘君恩與祖功【浩】第七解、回顧君祖、

鶴濱詩為貞永子賦

清晨徒歩過君家十里積素敷平沙須臾日照光更晶始知新鹽成雪花【翦】清晨徒歩起法平平、毋乃老夫清晨梳白頭之流也、然日照新鹽之奇原焉、作者摸情寫景、必詳原委、故平奇互用、表裡相匀、此深用意處、不宜輕視、鹽田千畝松之内海波萬頃松之外海中更有鳳來山彩翠

分明抽雲背松碧鹽白海山青無雙勝槩畫難成聞説當年闢此地玄衣縞裳惠然至敺之不去去又来即名鶴濱標奇瑞自是主人家日昌鹽粟之富甲一鄉阿母鶴髪高堂上芝蘭玉樹庭階傍君不見衛鶴不知其所止一乗軒車千古恥又不見晋時名士陸平原華亭鶴唳不復聞鶴兮永莫背君求所託【浩】恐為衛鶴君兮永莫背鶴求好爵【浩】恐為平原家産十萬勝無雙君身真成揚州鶴【浩】末結、合家産與勝槩、君與鶴為、以終前局、點滴不泄、○揚州鶴、絶妙○【翦】全首、蓋奪胎放鶴亭記、

山口懷古

到處神祠又佛祠青山四合似京師【佐】三字、承上十一字、句穩意奇、景升有子真豚犬寗喜視君如奕棋【劉】好典故流寓托生多許史間闕從死半姜姬先封猶見存任薛琳聖餘慶竟未衰

臺基樹址帶荒閭橋梓興亡殷鑒新任好曾聞扶覇主州蒲竟見死強臣【劉】用典更切悲風淅瀝秋鳴樹古月淒涼夜弔人野史紛紛多異説才過此地得傳真

仲冬下旬同俳師素兄遊山口温泉　并引

兄屢供蕎麥又烹茶招土人至者皆酒戸也有乞字者就韶陽師借紙故及

鳳晃山南山口郷氷霜堆裡浴温湯衣邊忽惹硫黄氣椀底尤憐蕎麥香俳士烹茶招酒友詩人乞紙到僧房[五]雖冩瑣事不損浩氣風流遣興旬餘日不省殘年世務忙

呈韶陽師 師豊後人

入門笘上歩鳥語穏如春何料江湖會忽逢郷國人三生應有契一見即相親更惠伊蒲饌清甘勝八珍

謝白洲椿齋

旅雁嗷嗷無所因天長地濶與誰親北風吹我年將暮東道得君心忽春[泠]一二興三四賦宛雅古秀攜手温泉投甗沸比肩寒嶺度嶙峋早知僑館難消悶朝送山肴暮海珍

畫二首

壞磴帶荒松霜後女蘿赤絶頂看生雲歸僧忽無迹[泠]無聲之詩恐不到此

投宿向山家蓑衣凍如鐵天明將上途雪壓溪橋絶

兄弟山

衆峯綿亘間別露小髻鬟雙雙貌相似呼曰兄弟山

多賀祠

田間數松立下現一茅茨莫怪丹青古大内公所祠

太神宮

前有牛頭祠屋以檜皮葺後有太神宮上漏而下濕[劉]占氣蔚然議論在叙事中

大内舘址

應仁兵革後少貳稱强藩如今何所見叢間一井存[佐]具悉覽古之情

寶現靈社 祭義隆 二首

遺民悲祀衍東坡句伏臘上祠堂至今兒女子解詈陶全姜[劉]用坡句甚切

爽鳩思古君臺駘亦宜祭嘉永又辛亥正當三百歳義隆以天文辛亥滅聞客年毛利侯使吏行三百年忌祭[劉]妙在又字

常蓮寺二首

街中有一刹入門多墳塋猶認佛扉背尊氏二字明[浩]十字之記

春秋書里克弑其君之子却能事空王創寺懇禱祀（〔劉〕好議論、皮之不存、毛將安傅。○〔佐〕未能事人、而欲事鬼、）

古熊管祠

聞昔大内氏毎事擬天子盤游喪厥邦城闕爲廢址地勢實使然非獨人事已坦迤山自同東山清淺水不異卮水更有蕭寺叢野如更有管祠北野似（〔浩〕平淡中、包無限巧思、）

法泉寺

道是天文舊戰場萬松間現一僧房金戈鐵馬知何處唯有寒鐘送夕陽（〔五〕亦隔句呼應）

別橙園翁

文政丁亥年吾歲二十一（〔浩〕首揭干支與吾歲、以立全篇之基、）黄薇歸路来訪君直解征裝上書室（〔浩〕以吾起、而以君接、）爾時中秋月正圓桂露無聲落華筵從我者爲青木老及西神石三少年君招數賢来侑酒如今已忘幾誰其唯記善醫秀橘翁妙書與畫菩山叟淋漓百榼舞且歌不覺明月忽西斜明日又遊菅相廟途過酒樓迓嬌娃令姪時在我郷里尊閫愛客供甘旨賢郎七歳太聰明来援我衣啞然喜（〔浩〕以上舊歡、以喜字結、○賢郎七歳應在下、）一別二十有五春今年辛亥又訪君（〔浩〕再揭干支、以搆中間、）一一腸斷別後事初不欲聞後竟聞（〔佐〕人情乃然）尊閫令姪不待道橘翁菩叟青木老後先相追歸帝郷墓田之木堪合抱嬌娃鬒髮變秋霜三少年聞其二夭（〔浩〕以上新悲、以夭字結、）獨喜君健勝舊時精神耳目雙不衰昔歳謂君七十許推年今已近期頤今年視君六十許初老後少真大奇問年方是七十六始悟壽相有別姿（〔浩〕至此敘主人歳、而引末段起、）更喜賢郎妙方技賢郎更亦有賢子今年五歳来侍吾猶與賢郎當年似（〔浩〕以上新喜、以二喜字終始、○賢郎應上）前度三夕宿君家今度留連二旬過交情已比前度洽離恨更比前度多丁亥辛亥再相會後廿五年乙亥歳吾六十九君百年吾来尋盟有如例（〔浩〕以上後歡、不用悲喜等字、而括百年二字、則祝意具其中、○終復揭干支及賓主歳、以落成焉、○〔佐〕全首如建大廈、以吾與君爲棟梁、以舊爲基、以今爲屋、以悲喜爲欂櫨椳闑、而結搆来、意匠勝魯般、○〔劉〕善以平淡辭述深與思、古人中未見匹、）

聞沓翁二子以孝見賞賦此以賀

世稱至孝人多在庶人子若在士大夫道是當然理士而以孝名知非尋常比翁有二郎君其孝雙相似

行則前後從止則左右跪不敢身上蚊欲供氷底鯉曾子與子騫塤篪一堂裡事竟聞於官褒賞真渥矣吾人未識翁竊聞此賞喜孝者應益勸不孝者知耻

舟到長星灣家

驚風掀海浪花翻急雪和雲天色昏纔入南關停我棹即登北岸叩君門雖無十日平原飲聊踐三年息壤言余三年前贈詩有明年西下期相過句堪見年来家計富灣頭新構幾書軒

臘月十二日大風雪東上舟中讀村上大有佛山堂詩集

黝雲壓海天將雪羊角撼山行帆絶舟子怙勇如健兒奮然解纜檣已折怒濤掀舟欲上天忽復低下如陷淵人人膽破色如菜卧則嘔吐起則顛吾性望海肉先顫纔聞撼響忽昏眩今日端坐泰山安不覺側有風浪變餘人怪我能坐忘誰知心在佛山之詩卷【劉】頓挫佛山碧隅日暮雲三十年前曾見君【劉】承得豐暢明城紫氣雙劍別彼此消息終不聞今茲君將梓大集郵筒送示徵跋急所以舟中亦披之到會心處屢呼奇韓潮蘇海淵源遠能掣鯤鯨渉天池千道紫瀾筆底走萬里廻風紙上吹言變化耶如東海須臾青青桑可採言壯快耶如錢鏐強弩三千挫潮頭言其勞耶精衛鳥千去萬来積微抄言其美耶三神山瑤臺貝闕紫翠間【佐】淵源鯤鯨以下、悉用關海字面、而入文海、此周密處、視此望洋類河伯一逢海若褫魂魄文海亦有無端倪心神超忽迷所適爽然失我作書癡乾落坤飛亦不知閲及半卷天色改陽侯妝怒封姨死窖雪璨璨打孤篷極目空濛一氣裡玉龍百萬戰方酣縞鱗素甲墮不已【菊】閲及以下、一轉入景、極其瓌麗、良久雪霽明月生海上衆山悉瓊英倒影隨波徐徐動柔櫓疑成戛玉聲【菊】良久以下、神怳仙趣、不似火食口氣、詩卷牢握猶在手此詩此景實佳偶明朝日出雪又消恐吾藻思不耐久火急援筆卷尾題淺俗粗拙君恕否【菊】通篇用海而形詩、猶洋人影戲、借燈照出山海城郭、細大悉現、○【劉】此及星巖溪琴磐溪珮川諸集題辭、別趣異構、猶空雲隨風變形、天籟就物賦聲、萬態本自一氣出、才學乃爾、

壽玉壺主人

玉壺叟愛古錢連筐累函八九千勿論吾邦與漢土西洋南蠻悉收焉輿地縱横九萬里支干上下二千

年【五】胸呑宇宙其質金銀與鉄錫其字篆隷若雲烟景王所鑄形已泐巨君所改文尚全魯西亞王面容肖貞觀皇后爪痕傳（補錢譜）【五】可以摩挲不覺蚨血滅把玩幾回驚眼穿傳癖馬癖何足較甚似米老逢石顛雖然叟豈守錢虜觀其行事師古賢去歳年歉氓菜色叟睍不視心慈憐散粟到處成高阜出錢不絶若流泉昨日飢死千方朔今朝便腹萬孝先（諢）【劉】善叟也元来志經濟欲向鴟夷比我肩西控九國沽鹽酒北向三越通舟船仁義成富嗤陽虎貨殖立傳期馬遷緑髩猶疑未強仕華甲已過設慶筵祝辭不須借龜鶴以錢祝叟是當然壽如錢數多難計身如錢質堅不騫【劉】數多叙八九千質堅叙二千年○【倪】錢俗于龜鶴而如此奇雅亦不易得○壽如錢身如錢而不嫌銅臭實可比肩黃金鑄成鴟夷子

臘月望在星灣家乗月浮舟送田杏雲歸上關

天風激狂浪猛威欲拔山風死山更活素娥已現顔送君兼看月孤棹發北灣流光接銀漢瓊樓如可攀海水清見底夜寂魚夢閒參差烏帽影落在青藻間島根多石洞白雲卷未闌水觸鏘成響猶疑聞珮環【菊】青藻白雲恍然仙游悠悠百年際片時遊仙寰須臾著南岸君去我亦還

龜

鳳與麟龍睹者誰尋常相狎是神龜莊生晩悟鯤鵬誕唯道泥中曳尾宜【劉】莊生晩悟人未道

題山内氏室開奩把金圖

黃金勸買紫驊騮自此功成主一州堪笑唐時巾幗習悔教夫婿覓封侯【五】翻案之妙勝杜樊川

中村氏十勝詠三

島寺晩鐘

潮面曙光開檣巔宿雲凍一聲何處鐘撞破篷窗夢

夜窗松聲

朝聞世人言暮歸洗吾耳枯坐小窗中靜聽松風起

豫山晴雪

浦澂稍空濛崦嵫残日滅猶餘一綫紅照見東天雪

阿波黒崎某家馬逸入室而不傷物菜東野為之詩

辛亥十月戊午日午時有馬飛入室此時器具狼藉

陳有立有坐人六七馬越人頭跑座中奔星流雷風
雨疾疑是遊龍降自天須臾一周復飛出初畏驀蹍
有死傷去後爽然皆自失真是咄咄怪事哉不唯諸
人免蹂躙未徹孟案食猶堆正盈陶椀茶不溢〔劉〕忽寫瓆事逼真
公上聞此為嘉祥欲為君家祝榮達家製餅餻
充上供其香有飶甜于蜜新錫美名曰勇餻勇哉勇
哉勢起軼一時嘖嘖稱為奇不識是凶將是吉欲賀
君有塞翁見欲筮吾無管輅術吾且妄言君妄聽縱
屬無稽休深詰馬者武獸載說文純乾為馬說卦述
日馬時馬物馬也雖是一匹亦三匹馬三為驫衆多
形女三為姦其義一武不傷物道所尊物来衆多隆
可必三馬為驫古騁字縱横如意無所窒〔菊〕說文作文今儒多然說文作詩以此為權輿然較其難易不啻什佰
有頌無規近諂諛一語贈
君君勿忽乾之為馬取健行君子自強永無逸〔劉〕以書承易軒輊得均〇〔佐〕奇外無奇更出奇者〇〔浩〕此及夷鯛等詩鑿空破荒其新奇莫異錦囊嘔心者唯彼以艱奥此以樂易彼以牛鬼蛇神此以皇墳帝典同是米也酒之與飯味異冽甘而用有廣狹

壬子新年作 臘尾携新婦歸家聞前妻擧男而未見〇以下歸浪華後作

飛帆千里返僅逮浪華春身事方三思家風要一新
兒生猶在遠婦入未安貿〔五〕以猶未二字釣出七八但喜苟完室
周旋多故人

将觀岡本梅花至西宮驛真多栗夫有詩見贈賦此謝荅

魚雁三年信不通江雲渭樹兩思同吾人今日西来
意未見梅花先見公

題島田成菴書樓

逍遥送日賦詩閒吠狗無聲吏治閒文事何曾忘武
備書樓咫尺接兜山〔佐〕有此結句而轉句不寒乞

賀老柳國手七十

嘉永壬子歳元日日外時余謁老柳叟進我苦致詞
老夫犬馬齒今已古来稀枉君藉許筆辭不必頌規
唯述我行状得失兩無遺俟我溘然日即為一片碑
壽序兼墓表豈不亦一奇余聞色然駭豫凶非所宜
叟也元康健福海未見涯況我晩交叟平素未全知
且述今所睹德匪夷所思樹人不畜費衣食乎凍飢
英髦聚門下芝玉日繁滋宣研荷蘭學洞翁自號樹人洞主
析膏肓微靈術救垂死世呼作神醫冥冥積陰德錫

社何容疑七十豈足道易易至期頤百歳徵壽序吾
亦應不辭叟也太早計莫被長梧嗤今後三十歳攜
思未為遲（〔劉〕好祝辭若謂我言詐左券證此詩壓倒華封）

閏二月三日島紅二子招予及金城玉江觀岡
本梅花遇雨既歸金城玉江作畫余題六絶其
上

到處紅梅映素梅濃霞淡雪畫中開將軍著色未看
了已展營邱破墨來

連朝風雨暗江天太守看梅期屢愆花若有知應一
笑詩人何事著先鞭（是日尼埼侯將看梅以風雨止）

海色林容看稍微急風吹雨上春衣匆匆收席降山
去唯恐梅花狼藉飛

降山半里叩柴荊主叟相看莞爾迎洗足西窗方一
酌春雲復泄夕陽明

玉妃消息最關情復向林間得得行始喜花神能耐
雨枝枝無恙弄新晴

玉江畫品亞金城並妙傳神與寫生為恐吾詩言不
盡更勞二子手描成（〔菊〕君不多作絶句如此數首與宋廣平賦梅花何異）

與藍田玉江同舟西下入赤石港紀事（以下遊播備時）
作

昧爽揚帆發浪華魚尾半空現曉霞午時風微天釀
雨厚雲不動色似鴉舟子旋撤向赤石卸帆未畢萬
人譁出舟上堤望洋面此時風勢百倍加俯視唯疑
舞鮫鰐仰觀更怕鬬龍蛇似烟非烟雪非雪濛濛白
氣總濤花（〔劉〕寫出險苦使人病悸）堤上堤下人蟻集以袂掩面
避飛沙一隻巨船方覆溺救舟數十櫓嘔啞髙艣刺
天三百尺僅露寸尖如萠芽死人不計有幾箇生者
泅游捉柁牙輕泛挽盂隨鷗鷺重沈粮糧委魚蝦（〔吟〕句法自杜来）
其餘破舟不知數萬千苦辛入津涯觀者蹙頞
不敢語中有稚兒問其爺幾人入波不復出波底亦
應有人家（〔劉〕忽挿稚語怳中有聞子長史筆）須臾已了百年命生死
元因一念差見幾免禍是誰力我舟舟子向我誇（〔菊〕此等詩使餘人作末結不知費幾多言語而述幾多理窟君唯以尋常談話收之而餘音悠揚如風前弄笛是其才不可及處）

雨不已宿松浦氏賦謝主人

嘉言妙話幾回聞交似醇醪次第醺天意故將三日

雨使君知我我知君

抵赤石陰雨連日余及玉江出舟赴國邑賦此

別藍田

同舟難踐約理棄立江潯客思春雲亂離情暮雨深〔浩〕融洽
泱泱諸水漲脉脉萬山沈小別非云久無為惱此心

國邑訪畑氏

細路如蛇轉折頻諸山西指碧嶙峋數行杉樹標溪脉幾葉蒲帆向海津莊墅深閑多著姓桑麻陸續少窮民不唯地僻存幽趣東道况逢賢主人

雨夜寄懷藍田

西望知君正泊舟卸裝吾亦此淹留灣頭雨與山頭雨一夜客愁相似不

春盡美濃川上別窪田國手

高情應慕董仙儔不為身謀為世謀夕望孤烟向墟里晨携殘月涉溪流〔冷〕晨夕言其所以無暇而以杏景出之使人不覺老手哉
陰遠及君無暇猝跡難停我欲愁彼此匆匆情未罄可堪春盡上離舟

備中訪松巨山賦贈

愛酒安貧自耨耰鄒才賣藥更優游妻孥同趣如元亮人却知名似伯休〔五〕應
麥秒午風歆石枕杏花春雨坐書樓〔冷〕清癡
吾来殊覺村居勝借問肯須清福不

行至甕埼寄玉江畫史在國邑

輕策晨侵露孤帆夕趁潮相別知幾日江山看已遙〔劉〕宣城秀句
行抵黍國半始遇蘭契邀話舊歡曷罄留連三四宵此地頗勝槩居氏雜漁樵何處一聲雉日出山霧消芳樹籠村舍白水帶低橋隴首麥未穫池背忽秧苗牧路分深草矮柳接平茗雙犢去未遠衆綠有餘搖〔佐〕寫景入神
悠哉播山北索居定蕭條吾友来何晩此景可無描

鴨縣懷舊文政中余游此地與姬井西山諸子交今既悉没

廿六年前此鄉遊幾人相邀半月留百尺蔽天多杞梓一棺何地已松楸淺水潺潺沙戛戛茅舍逶遷連古刹寒烟横抹林日低隅竹繅車方伊軋〔佐〕寫景簡淨知見倪黃畫
相逢無人不新知我亦人間丁令威東道昔年投

轄轤西州今日返車時〔劉〕對結古確

玉島客舍邂逅關葭亭翁翌日賦別

西下吾維纜東游君歇節大鵬希有鳥一旦忽相逢〔菊〕四句是太白、不是襄陽江閣留殘燭洲雲帶早鐘〔佐〕中晩風格天明分手去何歲復追從

贈沈碧樓主人中原國華

如帶長街枕碧流家家後繫釣魚舟三檣西去無餘地一水東來有此樓〔浩〕悉地形矣雲際帆生朝雨歇波心月返夕風收〔菊〕此工句蒹葭玉樹主翁愛客兼能畫海内才人悉款留

福谷贈松琴亭主人

一縷茶烟化嶺雲日長山靜市塵分千重樹色窗中出幾處溪聲屋上聞〔昇〕屋初作枕、後改之、余問其故、先生曰、枕上溪聲、何地無之、屋上溪聲獨此地也、以紀實耳子弟有才從誦讀僮奴無怠事耕耘吟來太古小年句清福何人得望君

岡田別安田確齋

雨後溪聲正嗚咽風前燭涙忽闌干〔菊〕彼此離恨、借物抒出、何等才思、来多從者煩君具送以輿丁教我安不獨苦吟成病易亦聞健啖養生難殷勤記取離時語不勸加餐勸減餐〔佐〕切切偲偲、意新辭穩、

初夏寄加藤子

瀟灑幽居傍水涯緑楊陰裡囀黄鸝晩来好手長竿去正是香魚上釣時

寄鹽屁子

衆草搖搖接遠坡夏霖初歇午風和吏人却向林間住官趣何如詩趣多

倉子城留於岡氏松月夜涼草堂十日賦此以謝主人攜梓

僮奴愛客亦欣欣肅穆家風誰若君夙識祖先皆達孝君祖兄弟、以孝受大府賞、更欽攜梓並能文傳杯夜砌松生月烹茗晨窗竹吐雲〔浩〕幽靜留跡書堂十餘日世間得失不曾聞

五月十五日即事

飛雨過他村驚風襲我門鷗波涼外起蛙鼓暮邊喧到底歸雲盡依然片月存〔菊〕亦東坡浮雲世事改、孤月此心明之意、恍疑秋氣至清意滿乾坤

三山亭所見

海嶠帶殘陽漁家明可數遥際一聲雷不知何處雨

〔劉〕平平語、然非看破萬卷者不能道

鞆浦客舍邑令小倉子来過賦呈

數日僑居聞世評遍傳邑令治功清望中山谷炊烟影到處閭閻誦讀聲〔劉〕上句既庶、下句教之、治功可想、民借寇君因撫字時君將遷官吾推袁子是文名〔浩〕傑聯夜分前席談難盡一半西窗失月明

鞆浦曉起

夏曉人背夢孤與坐海莊汀洲生爽氣窗戶送微涼雲呑帆影盡潮曳櫓痕長清景難長駐須臾又旭陽

夏晩海上觸目

碧落晩閑風夏雲更如凍〔菊〕善除陳言柳陰寂無人水禽亦幽夢輕舟不待帆新月與潮送〔菊〕舟不帆而行、可怪、四顧無人、但見新月、稍悟此潮送也、措辭奥妙、

朝宗亭晩望

奇觀海為尤晩来鐘衆妙古刹隱島松度鐘自雲嶠西山日已沈東天霞猶照茫茫忽群冥熒熒復孤耀

〔佐〕寫透邃賾自韋郎来、歸鳥不自知使人勞遠眺別浦出孤舠應試月中釣〔吟〕平易中、含俊逸氣

賀對仙醉樓主人六十一歳初度

靈境自古推蓬萊雲霞恍惚海上開秦皇夢寐求何急徐福童丱往不回仙家怕接虎狼國肉眼敢見金銀臺我邦開闢多神聖下視華胥等輿儓東海元距仙都近彼聞慕我不待媒黄薇州尾鞆浦首蓬山一夕此飛来〔劉〕奇想天来、不啻此山、山姿自與諸山異喬松萬本擁紫翠緑波蕩漾洗塵埃青苔黒石更明媚雨過色似醉而醒霞抹狀如醉而驕所以呼為仙醉山勝槩孤絶世無二維嶽降神生甫申此山比嵩更有神乃知元氣所磅礴宜與昭代生偉人杉翁母乃其人也家蓄酴醾萬斛春高樓百尺元龍讓珊瑚一笑王愷貧妙舞掌中趙飛燕彩衣天上石麒麟日與仙醉相對醉赤松王喬若姻親今歳甲子一周矣今後不知華甲幾周新不騫不崩豈待道仙山咫尺是前身壽詩至今多平俗況我鴻蹤歸期促君徵詩文悉名家從来不許狗尾續借問鸞飛鳳喈餘翰音上天何所

告馬馱佛經有佛緣蠹蝕仙字上仙籙君家仙興勝淮南縱爲雞犬吾願足〔佐〕叔狗尾翰音、巧思妙發、預計後來周甲期此般千支須細錄嘉永壬子仲夏望對仙醉樓主人囑〔浩〕結法奇拔、嘗讀隋園頻首兩郎君足下結句奇之、意欲倣之、憾被公先。○〔菊〕壽詩難著手、况玉壺仙醉、俗之又俗、而溫雅贍潤、足見胸中所有其蘊不億、

五月二十七日在子範家舟子來促上舟既而不發明日又來促戲賦此

一盞燈花照別愁舟子促我去上舟別時君問我何年復來游我言明年夏不然秋之頭舟子違命終不發何圖今日猶淹留復叩君門入君室離宴殘器未全收留連幾日煩奴婢復來相依豈無羞君言此般却愉快一日索居似三秋世事參差不如意明年未信如約不直縮來秋爲今日舟子奇策未可尤我聞此言莞爾語飜過爲功胡自由我言未畢舟子至促我將復就柁樓戲語舟子前功大封汝開國違命侯〔劉〕老觚公、與李後主同爵、謔語妙絕、不可無一、禁有二、咄哉奇功莫再求〔浩〕所謂嬉笑怒罵、皆成文章者、

送大坂府尹川路公東覲贐以養老杯（杯、有安藝養老村百二十二歲老人銘、）

桴鼓不鳴董少平今時何人得此評〔菊〕落想、所謂人居屋下、我自屋上來者、我公莅任纔半歲盜賊屏跡獄訟清一朝街市色慘澹謳歌聲變歎息聲吾聞借問是何故我公此去將東征吾道諸君休惋惜　皇穹早照公忠誠撫字心勞考當最會見榮進在前程要爲衆寓降沛澤肯容一路私福星生平疎懶趨謁少子游定應恕滅明〔菊〕善占地位聊贐一杯請莫拒此亦劉寵一錢情杯小不堪容半勺養老之字見其銘銘者今年百廿二道是享保辛亥生公兮早達世無比况遭　聖明百事亨王掾不負黑頭語仲容夙著青雲名〔佐〕使與不泛、不祈公富加半勺祈公壽如銘者齡〔劉〕規頌兩至。○〔菊〕起結皆如天半朱霞、卓乎莫攀、

讀明季野史夜夢得一絕覺補數字

斜陽不比旭陽明極目蒼茫何限情一抹林梢紅未斂寒蟬抵死盡聲鳴〔劉〕崇禎五十相、毋乃是也、

重陽雨谷士先田元貞來訪與飲而賦

去年重九故鄉歸兄弟登高看落暉今日田園懷栗

里滿城風雨掩柴扉遠來朋友情雖厚遍挿茱萸事已非（佐 二聯皆流活）酩酊唯宜報佳節黄花瓶下羽觴飛（活 神韻似何大復）

九月十一日夜游泉南諸子送至道頓濠

數聲鳴雁帶離愁柳影蕭踈夜更秋送者皆從江岸去獨留明月伴孤舟

十二日貝塚出舟至盤谷國手家

辭舟策策歩平沙東入田間細路斜萬頃黄雲凝我望半村紅樹得君家竹簷遍挿三年艾藥圃常開四季花（佐 醫家景狀如睹）明日野游謀已決陰晴關意暮天霞

十三日雨主人開宴親鼓琵琶

復開今日宴晝客及詩家林雨帶黄葉溪雲翻墨花（菊 空濛蕭瑟）深杯傾琥珀雅曲弄琵琶歡笑忘宵永天晴月又斜

附

和作

長谷川氏席上次旭莊先生韻　禺鉉

留連歡意熟稍稍欲忘家移席隨修竹巡園摘異花山光開畫局溪響入琵琶尤愛青林外鹽烟一抹斜

雨夜與盤谷主人賦

孤村雨過轉蕭森況遇高秋夜向深稍遠園歌歸古驛忽明松火出空林（菊 與漁舟火影驛路鈴聲甚幽）與君不妨同前膝知已難能屢話心一洗十年塵土夢溪雲如水濕衣衾

村夜

溪雨糢糊鎖月光酒醒枕上客思長隣家無復杵聲在但見孤燈泄短墻

泉南路上即目二首

闔村刈稲野田中午餉烟生西又東毎戸門開人不見累累霜柹店頭紅（佐 村落真景）

澗水潺湲與徑斜青松映帶幾人家秋晴還似春晴好野菊花連蕎麥花（吟 二首七言風土記）

中墨水迎余於楳山採草送至其家

擬看秋色到溪楓與我期逢楳嶺東採菌征裳朝露白燒松假竈晩雲紅（菊 山游雅悦拈出峭俊）回頭前度一年半把臂此行三日中見説向平婚嫁畢勝游今後屢相

同君方嫁其女

水間寺途中

拄杖看山色迷途問野人秋陰不成雨午暖忽如春〔五〕渾宕葉熟鳥偷眼池枯魚側身〔五〕細尖稍知蘭若近鳴磬起松筠

貽菊池海莊賦贈

幾度相逢又別離浪華江府及京師寄懷秋雨無聊夜並騁春風得意時萬里水仙何日到十旬旱魃此年飢水仙孫恩事縱橫胸裡經綸策揮發尊前慰我思

十月二日過北野書所見

暖上征衣病骨知輕煙冉冉旭光移今年青女信來晩野菊嫩如重九時

同冉金城遊箕面山

詰曲隨溪脉迢遙溯水源樹姿霜後媚山氣雨前温〔劉〕上句人或及下句公所獨壙廢埋金穴巖分作石門誰共看瀑去草上有遺樽

三日宿亏塲氏

樹深庭似山夜色安棲羽月轉紙窗明覓聲疑急雨〔菊〕恍然夢醒樹深夜黑急雨在庭客思凄絶及月轉囱明方知是覓聲爾時情致以不言言之玄哉妙哉

名鹽村

茅茨一帶枕溪流霜薄冬初尚似秋野菊花前斜照暖每家曬紙在墻頭〔菊〕此等詩猶畫人物非巧手不能詣也

山家夜起

殘星低屋角暗水入庭陰露氣濃於雨無聲落葉深〔五〕覓聲疑雨翻案

山田書所見

層層田勢入峯危喜雀聲中林日移晩稲穫來無所晒一齊高掛萬松枝

六日至兵庫贈于石翁翁約卜隣

前月君訪我今月我訪君嵇呂雖交密恐遜我二人聞君了婚嫁大隱浪華津吾非杜陵叟幸得王翰隣朝思朝相見暮懷暮相親〔菊〕二句似稚語然非西京人不能道明後擬古不腐則淺誰能參此訣命駕亦多事隔墻呼即聞

十一日雨舟不得發訪藤章菴

凄風自東北吾舟不能歸閒愁冬晷永步叩舊識扉名港絲肉境靜如此家稀小雨晩自歛矮窗暖可依

狹庭栽髙樹踈枝泄落暉殘葉如老菓濕紅低未飛

［劉］每能捕眼前景、使人意消、

帶葉黃柑嫩上盤霜螯肥歡融汗自洽傳杯屢減衣

増田子導探須磨一谷遂設筵海上就漁舟買鮮

須磨勞浦思一谷入山哀

［菊］浦思山哀套語、而假寵、用之須磨一谷、即活、

石間設傳厨沙上開升盤魚尚躍代燭月方来踏盡青松影逍遥醉步田

初至于石氏期以八日去阻于風雨留至十二日賦此以謝

問余能得幾時留初道唯爲二夕遊杯酒已教開祖席風濤豈料阻歸舟終過六日顔何厚例到三更話未休好待明年卜隣去此般高誼矢相酬

［浩］使筆如意○尋常談話、以作絶句者、往往有矣、以作七律未之有也、

題薩人山田溪陽詩卷

廿萬人家絲竹喧此間何策返詩魂吟君好句懷君境一點踈燈落葉村

結用溪陽句

南游夙志未全灰薩國江山入夢来何日共斟蕃薯酒手傳流鬼夜光杯

今井少允移居順慶坊賦贈

見説移居處繁華冠浪華坊仍筒氏號人識董仙家午市塵成霧夜街燈似花自今滋杏樹春曉別添霞

［五］曉字受午夜、別字下得有力、

尾埼秀氏卜居水上賦贈

幽居卜得水之涯恰好扁舟試溯洄雪淌剡溪懷友往月明牛渚詠詩回古人風趣獨相擬今日胸襟誰爲開但喜敝廬殊不遠夕扉未掩待吾来

［浩］扁舟承水、剡溪牛渚承扁舟、古人承剡溪牛渚、今日承古人、敝廬承今日、層層架起、有抽繭剝蕉之妙、○［劉］古人七律、多於第五句上轉、作者時於第六句上轉、而引起七八、是所以多創趣、

除日卧病

時女阿義歿、葬之中津川側、

歳除伏枕又悲傷蓐上何知世上忙預問前程天曹曹追懷往事夢茫茫大兒故國雲千里少女新墳水一方

［五］無限哀致

獨有梅花相弔慰未春吹送返魂香

［五］無限婉曲

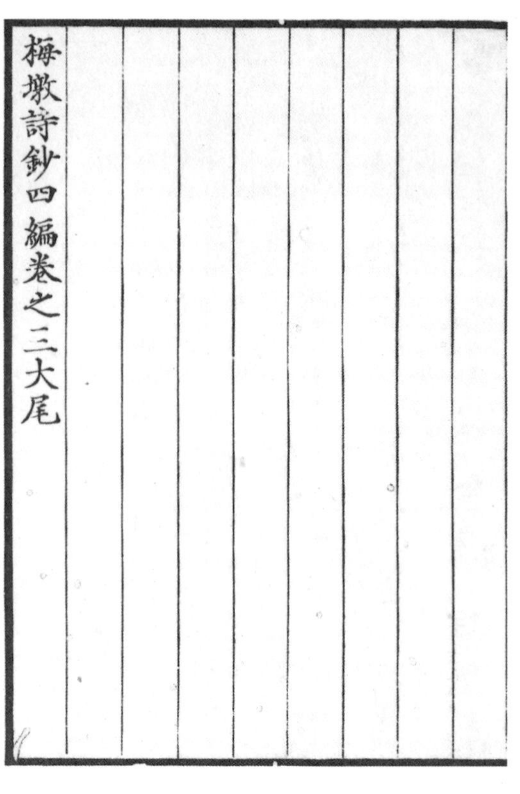

梅墩詩鈔四編卷之三大尾

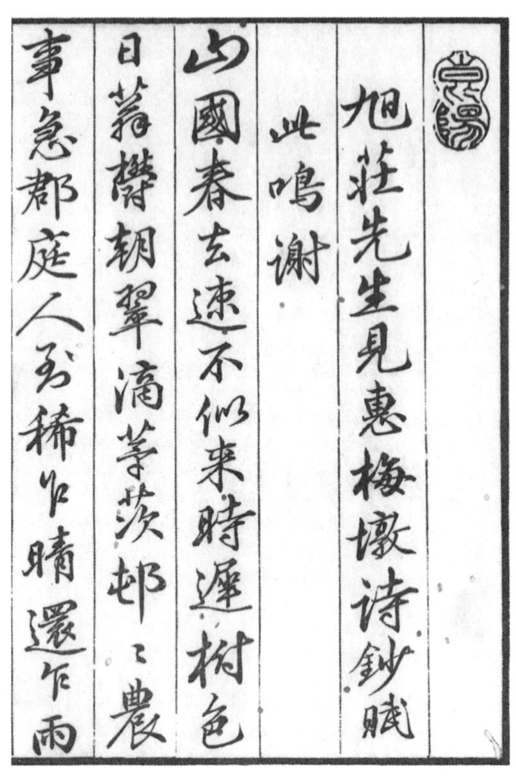

旭荘先生見恵梅墩詩鈔賦此鳴謝

山國春去速不似来時遅樹色
日暮欝朝翠滴等茨邨々農
事急郡庭人乃稀乍晴還乍雨

殘花墜小池実如逓郵信云自
浪華来楮皮包巻冊乃　君之
所貽忙々啓緘封喜深狂欲随
楳墩第二集三集亦無遺先是戊
申夏初集雕版秋熱猶熾日
遣介遠相齎報道雕鎸什陸

續就剞劂工成應不日致送其姑
經斯言一入耳不曾離心脾浮
隴而望蜀夜夢交晝思往濃此
陸僻四方萬尾屬遐々浪華府
隔在白雲西頼有鴻與鯉一年一
兩回但恐非其人每託失便宜此

日知何日嘉貺落天陲自今我碧
紗滑金籠　君詩辭如七年病
一朝遇神醫又如十旬旱一夕見
雲霓闊窓兼掃几細々薫風吹
焚香明浄際編々次第披千言
摩天刃廿字搏兎獅百篇百自在

各體各新奇情景不可遁摸寫
似燃犀風雲花雪月可地無所私
更驚吟壇将獨歩不待褌中原
多雄傑視焉如小兒豪壮力未老
壹奇思騁馳胸中蓄不有堂々節
制師江門曾游地飄然来六帷

幸聲弓語裏桃李忽第踏森
嚴陣間作築人鬨鼓旗唯為一
可敵富山白玉姿吾友藤世徳同
時亦東帰曰　廣君寄業徽子
月旦詞嗟吾一儕吏沒頭簿書埃
我眼之翳々安能辨醇疵曰余在

浪華嘗荷　廣君知子辱今日誼
良媒是阿誰江門輕逢處　君囑
余領之況　君忠愛至子可以不辭
而後翻然改敢妄施圏批擷樹羅
紕繆測海管小蠡今讀諸評語
短長諧色絲郵之不收拾徽章

飛附麒驎者不知愧殆並碩人傾
蔦蘿無忌憚拖子松柏枝憶曾
某丙午發軔出河須都下留三
日尋　君到竈漉豈意　君不在
一僮守空廡近決西還策赴他告
別離我行亦迫矣難再踏經營

天正當良夜人則失佳期竭來年
五換平生憾未灰無乃先正點巧
從人乎連然觀萍在水相乖又
和依純坤始因震泰寧來自是
跳身從官東千里試霧衣戚船
大橋六直入深谷衛呼醒渫條

眺劉送待酒卮醉後把　君辭
俱上無闘礫以前各差憾為後
歡笑資果能得如是喜於得詩
時彼言　君巳踐此事我云然
嘉永庚戌孟夏
筱井淸拜具

梅墩詩鈔　五編三冊　嗣出
安政三丙辰正月刻成
東都書林　日本橋通壹町目　須原屋茂兵衛
浪華書林　心齋橋筋博勞町　河内屋茂兵衛

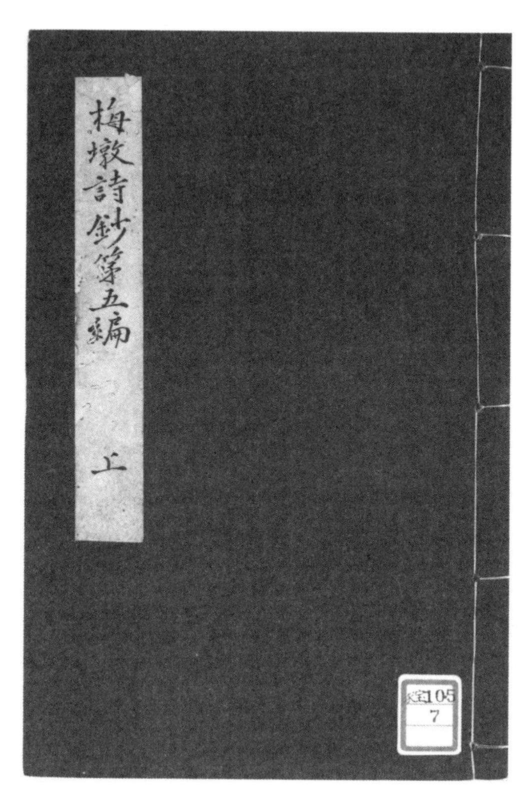

梅墩詩鈔五編卷之一

癸丑元日

妻子皆強健敢言心事違齊眉追孟案稱壽即萊衣

歳首寄冷雲師

花信猶難問鶯心已欲飛四山多宿雪霽色燦初暉

士人稽首拜陶猗疾國窮如今日稀謀富唯聞增楮

幣好貨未見似緇衣南渊水暖魚争上北地雲開雁

欲歸詩客感時多所忌却憐高衲善忘機

寄呉樓亭

海郷風物攺詩客興應留鶴背春雲重鷗邊雪水澄

梅花管相廟松色大僊陵吏想新醪熟紅魚上晩罾

贈巴桂園 名業治

筆硯清香動琴書雅趣開庭前數株柳窻裏一枝梅

鍛冶分稽癖丹青遊顧才淡交人不厭信宿欲忘囬

觀桂園所蔵田半江畫帖賦贈

家住紅塵瀰勃間何人能得死前閒憐君獨坐書窓

下飽有田翁米法山

雪江晩釣

袁氏門猶掩黨家酒正親誰知寒江上別有獨釣人

早梅孤禽

雨雪江村路春光尚未回孤禽何處至啼破半林梅

席上贈町田國手次尊考有斐翁臨泉亭詩韻

朝昏打户自西東沈痼悉痊千衆同何必古方師仲

景肯将空論學倉公栖栖仁術無貧富妙妙工夫多

變通春雨一樽留我坐愛看窓外杏花紅

題薩人五五峰詩巻

不獨風流善屬文横盤馬矟更超羣中山若有西來客樽俎折衝應屬君
連年洋寇擾邊民雄筴知君畀壮人借問東山謝安石何當談笑靖胡塵

春寒

春寒梅易損萬點落清波野店留人少山雲釀雪多

九山導余及梅渊徹雲游東郊其家姬從

春風入幽谷四野已韶華樹遷求友鳥人拉解語花

賀嵯峨鹿王院仙峯長老六袠

地鍾山水勝高下列樓楓花趂夕𢠸白葉浮晨鉢紅
津梁及他刹濟度見奇功天福應無艾歸依萬衆同

過摘菜園贈賢師

森森緑篠繞孤園漠漠桃花隔短垣初入疑過斤竹嶺稍深似望武陵源絶無人語妨春睡唯有蜂聲送午喧坐看來南壍落天王寺塔五層尊

送三浦翁歸播磨時翁示其集

苦學追前哲著書傳後昆風窮三教旨新立一家言
梅雨山程滑鰹烟海驛昏翁年方八十予袂黯銷魂

春翹荻野子招飲賦贈

職本非閒散時清吏務稀屢成文字飲或服薜蘿衣
園樹隨隄立江帆掠席飛映山紅更好日入駐餘暉

夜發八幡至澱途中作次能村白水送別韻

微行詰曲傍川涯源後隄崩進趾遲隔岸舟人呼不答皆風斜雨立多時

題百鬼夜行圖

妖雲一抹月光沈鬼怪縱横出古林此裡定應微意在何緣得問畫人心

春雨訪西江師途中作

東風吹雨渡頭昏帆映低雲不見痕指點高僧棲隱處一聲漁笛落梅村

舟發岳庫同人送至海口

酒染離顏映暮霞諸君相送立平沙西風恰與歸帆便直以餘酲入浪華

浪華橋書所見

舟舟相接載笙歌映水紅燈萬點多借問月中来往

客可知棹外有金波

雨後馬琴洲招遊櫻祠茶店

長堤東去野人家停棹門前晩乞茶霎雨已先初月
歇但留清露在荷花

初秋光圓寺集諸子後至

池頭菡萏方老木末芙蓉已新吟社後先追至二人
三八四人

初秋有感

六千日猶作客五十年未成名槿花難誇晩節桐葉
早識秋聲

七月朔誓得寺集分韻得支

避暑旋新築尋盟集舊知火雲猶夏色碧簟未秋思
稍徹茶前酒方題畫上詩從今起涼氣幾度訂襟期

詠和氣公

囙寵求容到備公相烏誰復識雌雄能將隻手持天
日神武以還推此忠

送菊池敏仲遊陸奥

三歳交情似水魚一朝分手憾何如客中蹤跡應難
定別後音塵恐易疎擬把龍韜防海寇不須豹隱卜
山居北陸豈是功名地不若東都去上書

初秋送晩翠上人北征

高德追支遁善詩齊皎然與雲過岳寺隨月上湖船
跋涉非生路津梁属好縁南歸知早晩請在雁來先

七月紀事

東天半夜將星隕又報西師渡大瀛總向戰場期馬
革不須靈柩發牛鳴千家涼月深閨涙一笛秋風遠
戍情勒石燕然何日是蘭臺閒殺幾書生

喜雨

久旱民皆泣今宵忽笑呼滂沱聽更好雲漢看全無
人永百年壽天拋萬斛珠賀來同白傅喜去似髯蘇（邦民主食）

七八月間毎晩親赴西濠汲水比歸田畀二子
既來問業囙定社名曰風興

未見市人行闤闠寂且清一川皆月色滿地悉蟲聲
暖飽非吾願優游卒此生羊求已相訪共話夙興情

田小虎愛禪紫六郎喜功名詩以調之

慷慨紫郎欲投筆風流田叟喜逃禪九年面壁真難

矣萬里封侯豈偶然栩栩此時栖蝶夢嚶嚶何日見
鶯遷如今並騁文場裡孰作祖生先著鞭

送落士清

聽雨樓頭數點燈講文相會遠方朋才鋒日下荀鳴
鶴歸思呉中張季鷹錦纜解時風稍泛蒲帆卸處月
将升別筵不用陳他語我社莫忘名夙興

秋日寄海莊

歳豊民意樂虜退海氛亡唯合祭田祖寧須歌國殤
萬蟲爭薄暮一雁報新涼借問治安策何時上廟堂

○中秋後一日清淨庵主人招飲

主人触愛客勝日幾回過今省秋花放昨聴春鳥歌
市聲回樹斷野色隔籬多月賤前宵約清光更似磨

秋鮑毛周瑞山内某邀飲于北野田家

秋杪又好晴来傾田舎酒已離街市塵更瞻金蘭友
衰樹不蔭人庭空風葉走夕日下籬根残菓委禽口
一身荷百忙吟魂成灰久此遊可無詩粗拙莫相咎

赤澤氏庭有柏二株大蔵斗實五六百年外物

遠望如山鎮蔚葱両株此對一庭中本支百葉敷繁
蔭夏是生風冬拒風

冬初快晴如春散歩近郊

對書心不樂獨往向誰門随意林間徑高吟水上邨
遊魚依暖渚歸犢入頹垣到處狂花發寒枝亦返魂

初冬宿橋本桂園家賦贈

小春来尋首春盟爐邊爛醉眠忽成曉枕何物打夢
破一鎚砉然震地轂主人元來是良治精巧肯居古
工下三尺秋水新發硎触割金甲如碎瓦玄狐拜月
戴古髏化作佳人城市遊老狸不辭為侍婢嫣然相
視廻星眸一遇此刀衣似蛻長尾芉芉向人羞主人
錬詩如錬鐵純絶粋絶仍精絶銳令横槊劉白間轂
價未知孰優劣今也洋夷擾我邊彼所尤詫火輪船
更有天砲向天放殆將九一斃人千我邦備茲亦猶
彼創船製砲總相似誰知彼我各有長取勝何必在
同技彼習二物已多年我之習此輓近已一生一熟
巧拙分勝敗恐由箇中起我長即在日本刀况復長
槍鋭無比彼我所長足相當彼實我主諳地理我兵
千萬彼數千如山壓卵勝决矣但憂刀數寡於人空

券衛圜亦徒爾丈夫報國在此時君勉作刀莫他思
君家刀威元烜赫願伏犬羊等狐狸風流吟詠非所
取泉石淬厲方宜守與賦樂天三千首寧鑄蒲元三
千口

大礮引贈高秋帆

古戰戈矛刀劍耳尤便捷者推弓矢制勝僅在尋丈
間一人之敵何足恃范蠡飛石十二斤李密創礮攻
敵壘當時形状今不傳要於製法未得髓元明而還
製漸精一放能使千軍靡唯是重大難動移急除何
由應卒爾我邦製様膠柱多百不如意真粗鄙一刻
難延於二刻十里難縮於五里有時圻裂中傍人未
遑殺敵先自死火技莫如泰西胡疑御神鬼供驅使
邦人雖學威不能誰其能者子高子感君傑眼如燃
犀細讀蘭書悟礮理錬銅鍛鐵造其機意匠結搆精
無比形状極短如凹蹲動移太便功倍蓰堅固無碎
泰山安自由遲速與遐邇忽然一放天地轟硝氣干
道染雲紫嫦娥夜出桂殿奔二十八宿宿将徙縦雖
帶甲億兆群名城襟山帯江水衆支十年人亦和将
孫武而佐呉起此礮一向立成虀易於金翅啄雛蟻
神威之砲已腐兒佛郎之機亦迂矣浦賀鎮乃國東
門遠控夷蠻一港裡宜嚴武備戒不虞如君此技豈
可已人稱李崇是臥彪單身可抵賊百雉莫病猶無
汗馬勲皆知不是屠龍技刑至無刑刑始高功在無
功功乃美曹瞞嘗造霹靂車孔明衡車亦載史能創
奇巧千古傳不朽鴻業無乃是後來國史當大書曰
形之礮高某始

遊樋口氏別業

脱屣中庭立苔淨不忍踏寒日照青松坐禽呼自答
小池抱假山一徑幾開闔何人方欹棊竹陰有霊榻

沙原子導觀其主家莊園

距街咫尺一園闢路繞庭陰往似回縈陌紅塵省不
見碧琅玕裡坐青苔

送河野鉄兜西遊

東洋氛祲日夜惡貔貅百萬皆踴躍君獨蕭然戴儒
冠扁舟一棹追海鶴君是南朝忠義孫傳家鉄兜名
工作生平服膺希文言先天下憂後其樂又有佳句

似李侯一斗百篇觀者愕春秋縣冨膂力剛藏兜戟
筆心何若南甲袒蹟入豫章夜眘古月沙邊泊北探
嚴島訪仙居琪花瑤草滿洞壑遂挂文旆渡西溟鎮
西才人軍壘邻阿蘇火燄鬪雷霆玄海波濤伏蛟鰐
蜻蜓洲盡瓊浦頭清高詩戰不堪弱青蓮才筆九洲
橫薩山問天椅岸䂬流虬客接鴻臚館番薯酒斟鸚
鵡杓醉來何處是他鄉但恐刀鐶遲初約歸去來兮
看鐵兜東洋鯨鯢一刀斫小范老子腹中兵胡人聞
之肝膽落始焉題詩鳳凰臺終焉圖像麒麟閣

送築山士清西歸

知汝歸心切朔風吹旅身世無青眼客家有白頭親
滄海天驕退紫微台座新東西消息好去追故山春
時俄羅斯船去

池田大光寺有牡丹花肖柏碑田桐江撰文十月

與縣金城細春龍摺補城江三洲諸勝自池田始

李蹊南去幾千家春店青旗酒可賒誰識寒山黃葉
下桐江叟誌牡丹花池田多酒戸其北畔李田數百頃

大光寺後有絶頂平地數弓傳望海亭所在近
日土人建碑勒文明中僧横川所撰亭記
絶頂孤高足致思放眸尤好夕陽時冬禾未穫黃雲
密霜柹已殘紅玉垂望海亭亡無古礎横川文在有
新碑歸途又賞林根月樹影婆娑引步遲

贈乾生良平

池田北五十里有林田村村民乾生喜讀書
孝於父母甚来池田牽牛而詠詩人稱爲肖
柏之流

池田街口晨塡塞賣薪客来牛絡繹中有牛角掛書
人高吟聲如出金石乾生一生山野人負米奉養白
頭親彷彿陶家與董舍松菊之間雞狗馴人或擬生
肖柏叟我爲生恥不肯受月邊桂香天上翻何若谷
蘭幽自守叟也身依池田公恩天王皇五雲中與紫
衣僧相爾汝如是隱與不隱同生也深山伍鹿豕寂
寂寥寥環堵裡黃卷白酒永欣然獨呼碧翁爲知己
君不見胡船出没大洋濤漢家下詔索賢豪欲爲生
賦還悃悵唯恐生名自此高

發池田林元亨乾良平送至箕面山途中作

霜晴人意勇踴躍向前途暖沼浮魚婢陽坡熟橘奴
聯吟思未得獨後走相呼到處多紅葉君詩已録無

箕面山有懐小竹翁

天保中余隨翁始探此地既十四年矣

回首曾遊十四年寒鐘聲咽夕陽天蒼顏白髮人何
處紅樹青溪景宛然書在名山齋腐令文如流水憶
謫仙夜來還就僧家宿獨對龕燈耿不眠

箕面山觀瀑布

雙鞋踏青苔十里泥不黏霜落衆潦枯冬溪淺可歩
峰勢亙如屏松斷楓樹接連崖忽中分飛流出紅葉
諸峯初爭奇終讓一瀑捷水風翻客衣帽窒濕雲壓
人語駭蟄蛟急雨過一霎山氣鼓蠛蠓楚楚依我睫
瀑外鳥道懸振勇試高躡百盤入巖腔晝黑旅竟慴
又轉至瀑源草低磐石疊俯瞰夕陽沈霞際海光燁

自瀑布至勝尾寺途中

初謂瀑布奇前路寡其匹豈圖造化文萬變無複筆
青山忽我圍不識溪所出遠望山相連近視斷如櫛
溪巧穿其間百曲猶未畢迴於草字回屈似楷書乙
巨石立溪心頭角何嶒峍磊磊幾百千堅緻色如漆
水越其肩來每石飛流一二三大瀑布與石難計悉
石盡山徹開溪流散不疾翠羽浴寒光素鱗射晩日
路斜稍背溪山椒多柑栗忽聞一聲鐘紅葉露梵室

勝尾山

山中僧院數十過半無主

爛爛數株楓界破萬杉翠高下多僧房總曰勝尾寺
十房九無僧華堂燕壘墜山門賣糕嫗迎客說近事
無上三寶教今已屬澆季招提清淨池幾容鴛鴦戲
熊羆吉夢莫獅象法儀偽雌風動天闇倏忽雷霆至
行雲歸福堂現世見阿鼻唯遺並蔕蓮夕陽照顛顇

勝尾嶺僧房所到見菊

山田逶遲帶農家紫芋陰中小逕斜更上一崦東北
去僧菴無處不黃花

宿教學院

山霊寒月明不用燒松炬忽然窓紙黯奇雲半天舉
知道山精過空中聞馬語

曉下勝尾嶺

十月木葉霜華清空山落月色晶晶曉寒透衣芒鞋滑手摸足索下崢嶸下三十步聞水響深沉猶作佩玉鳴又三十步響愈大淙淙然似風雨聲下到百步耳將裂鎚崖砰訇萬雷轟始知山高多水脈仰瀑俯淵跨溪行奇巖側夾雙羆闘禿樹前遮獨鬼迎水霧蓬勃呑月魄近山漆黑遠山明忽覺腥風捲艸至炬光一閃是蛇睛

過雨宿山崎田家秋溢殊甚

山雲重不去午後雨稍成道傍紅樹秋忽送淅瀝聲羇人買箬笠村女迎嘗判蘧廬足一宿聊待來朝晴

廣瀨待渡

雨過楓徑滑墜紅人未踏南山松樹巓亭亭抽孤塔隔水見茅茨天寒半扉闔聞翁立渡舟篙工呼不答

謁男山神祠

時雨新歇日光在行潦上松蔦倒影青紅嫣然

山路石步沙色淨雨餘行潦明如鏡愛日破雲澄無風青松紅蔦皆倒映却憶今春茲地過隔花時聞谷鳥歌春光駘蕩非不好遜此風趣瀟灑多雨邊茶店戸皆鎖一隻飢烏啄老菓神殿洞開四無人頭白祠官看山坐

避雨至鮎村白水家宿翌日上途

前度來晴到君家去時春雨夜如麻今度避雨與君晤奈時冬旭景穿樹天上晴雨雖無常君情盡一終始長今後相思便命駕未卜在秋將在夏前例隨用孰最宜雨乎晴乎晝乎夜

詠卧龍松 白水所蓄

蜿蜒庭上影寒月在長松未遇風雲會何妨作卧龍

晨發八幡至宇治大霧不辨咫尺

大霧塞前程不知何處行野流無早渡隴畝有寒耕茨路冬初闢楓塘霽愈明菟川應不遠簇簇見茶坪

宇治懷古

青山中斷一水斜兩岸紅葉好似花野店戸開列磁甕白頭翁坐賣碧茶江山終古百戰地夕陽鐘打興聖寺源平前後互勝輸不唯主客攻守異運移三位立功難時至四郎成事易

尼瀨村

尼瀨以東至石山六七里皆峽也

雲邊聞雉響依嶺見茅茨菓遇猴攘盡垣經鹿鬭歆

奇巖貫厨出老木壓檐危畫裏棲來慣居人不自知

屛風巖似同行畧細二畫史

巖下卽紅葉潭也巖色潭影照映相媚

奇巖橫列如屛風樹影參差落潭中水光蕩漾飜石

壁上映下照明鏡同孤店面巖臨水起行人卽笠憑

欄視翠羽穿過深藻間銀鱗游泳高楓裡巖上日沈

水底雲俯仰之間共氤氲展來破墨營邱幅却憶丹

青李將軍（捲藏破墨營邱筆却展將軍着色山放翁句）此是天然粉本也

今時誰能摸此者二君卽是二李流前半後半試分

寫

靈穴

水際巖鑄成洞者三曰蛇穴曰相穴曰靈穴

虛穴尤深見村女數輩手燭而入

巖根有洞其口狹廣可並行高可立三洞相隣東者

深水氣淪巖滴餘濕此洞平日在水心千鬼萬恠所

群集逆波衝折巧覆舟名曰水府無人渉一朝水落

呀然呈洞背唯見枯藻貼黿鼉蛟龍安在哉紛紛餓

莩是魚妾村女亦知靈異泯每人手燭高歌入

自尼瀨至曽束途中

谽谺巉巖又崔嵬北曲南旋幾百回條葛縛柴孤筏

載虫藤綷笮小橋開澄潭木影龍蛇動空谷跫音雉

兎來稍轉巖肩紅葉盡夕陽一綫照青苔

外畑宿民家

忽然山脉斷松火現溪涯農舍初冬夜征人小雨時

解蓑振墜葉漑釜折枯枝主客皆真率鹽虀足待飢

獅子飛（地名）

或道巖形似獅飛或道世謂猪爲獅兩崖隘束無二

丈野猪飛來能越之或道水勢勁無比如獅子飛難

得支獅飛之名說不一獅飛之險推可知水開鬭來

與巖戰其深無底駛於電陶峴胡奴探不還温嶠犀

炬燃無見前波後波立相揉雪白藍青須臾變寒日

照波銀鱗開穹龜長魚沈復現龍氣逼人水霧腥不

可以留上前程溪風吹入山松葉恍作龍宮簫笛聲

淅米湍

上游誰淘米萬石流沫浮浮鉛華白不可架橋不可
舟懸崖中分二百尺兩邊兒女互識類欲往從之叙
河隅或就上流或下流六七十里初有舟所以暗言
不容易脉脉相望度幾秋君不見萬尺之船胡所始
一晝夜走七千里

銚子口兩崖挾迫形似銚子故名俗謂酒瓶曰銚子

世稱鈌銚子口數尺則湖潛水落可獲田數
萬頃視地理知其妄誕

獅飛淅米及銚子三勝形勢粗相似我詩其如重複
何下筆方自何處起世人或稱琵琶湖山西如酒在
瓶裡西南隅缺作奔川其口即從銚子始若缺銚口
一丈餘湖面水減過半矣瀬湖隨處闢新田禾穗可
収萬萬秭百年前有瑞軒翁嘗一謀之中道止近者
一客来語余彼策若行渇可俟銚子一壥水来多捕
河人民作鮒鯉余掉頭曰否不然水性元来無此理
水來雖多僅一時一過以後爲平水異日雖有暴漲
加其勢決不至倍蓰今視地理始爽然世人所稱妄
誕已銚子東行至湖潛山重水複三十里前程叠叠
每歩高積三萬歩成崔嵬中間更多瀬與潭此地高
低崖闢彼從前無益費言論一目果然勝百耳但恐
生平所講書迂遠事情皆如是

本年水涸宇治至石山數十里皆路於溪涯怪
巖奇石隨地爭出

平日蒐道至石山細路如蛇繞山間今年水涸增沙
歩人就水中闢生路奇石嵌空或穹窿沈埋元在碌
波中一旦現來人爭覩可驚可喜實鬼工化工本來
畐奇技深藏豈憾無知己何不自秘出觀人鳴呼化
工猶如此

石山寺

平處多僧舍高邊是佛祠兩行楓樹立一派石泉垂
紫女留遺影青山依舊姿中秋應更好月色浸湖湄

石山至大津舟中望湖城

湖潛水已落舟膠不易移強撐用數櫂或又入水推
生平渡矢走地名片帆任風吹江城如畫裡不得久觀
之今日始快覧郭尾起湖涯西北連岡嶋迤邐又參

差湖光明粉壁樓影倒清漪遊魚怯蚩吻歸鳥湖城
池紅蔦抱古壘石傾一松危絡繹負擔客縣門無呵
誰冬曦融凍露樓鼓報午時風烟勞應接却喜舟行
遲

圓城寺二首

昔日凶威何赫然緇衣兵逼紫宸邊時移已有蒙塵
佛世靜并無方命川（白川帝曰不從朕命者唯鳥川與山法師耳）下界太
湖三萬頃上方古跡一千年山門唯見糕師坚迎客
烹茶布破莚

從來詩料尚清新古跡何論僞與真妄地巨鏞傳辨
夔渉江駿馬誕光春迢遞烟樹闢官道陸續風帆指
大津咫尺叡山呼欲答日傾難得探嶙峋

十月既望夜月明如晝舟下淀川

客比蘓遊數十多頸顙相觸背相摩無肴無酒逢熄
夕奈此風清月白何

聞菊池海莊奉主旨練鄉勇賦此以寄

海闢晴色帶怒濤望遠鏡懸察秋毫天際有物嵬哉
至唯疑三山迄巨鼇風漂潮漾無所底空洋萬里去
滔滔黑煙沸騰石炭氣長鯨帖首海若逃似山非山
森銃砲此是墨夷船數艘兩輪輾水群帆舞浪花翻
出白似纜忽回進退無長索欲測深淺浮短舸近將
兕髯無恐怖高吹龍笛恣嬉敖豐葦之國天所子重
譯來王敢辭勞北征肅愼貢楛矢西討句麗獻旅獒
如何容易遇彼侮志士拊膺萬籟號海莊主人古侯
裔家世忠義多雋豪文武兹資周子隱射騎雙絶高
教曹何日翺翔見車乘幾年寂寂卧蓬蒿皮裡陽秋
寄詩卷腹中兵甲託漁篙踈燈落燼孤村雨枕虎髑
髏閲豹韜一旦應選練鄉勇入水如獺山如猱欲使
三軍膽馬首甘將七尺付鴻毛遠戍星沉聞鼓角行
營雪壓捲旗旄水晶滿地踏涔凍驊騮毛縮倚空槽
早晩御枚憑敵壘十萬犬羊變時鏖皮肉恰宜供寢
食波濤更使澱腥臊不然一炬衆湖吹乾葦枯松沃
以膏鳥焚厥巣出不意旅人先笑後號咷怪得夷船
如極小驚看京觀與山高聞風萬國爭崩角振旅四
民歡建櫜歸來明月清流上洗了君家正平刀（君家藏正平中賜刀）

冬夜有感

世事竟何如豎儒疑未除時平兵器貴年稔粟倉盈
白面爭陳策青衿恥讀書孤興觀象緯木落曉星疎

臘尾苦雨

臘尾連朝雨暖疑春已回劉劉清濯竹細細暗催梅
窮鬼毆難去故人招不來與燈相對坐向影欲傳杯

臘尾快晴訪西江師途中作

黙黙株方向南吐輕輕風已自東吹冬郊十里朝暾
暖太勝春寒細雨時（今春雨中訪師）

歳暮寄劉石舟

王者嘗聞守在夷果然來貢鄂羅斯官曰農隙聊深
壘民感國恩爭獻貲大畐善人固有賚茲升才子舜
無爲寄言越石須高枕不是聽雞夜起時

甲寅元日

肆上桃符改檐端柳意新客冬無一雪今歲有雙春（今歳首尾皆有立春）
遠邇懷殊俗嘉猷靖兆民賢勞依肉食安
卧養閒身

新年口號

去來慶賀忙街上紅塵漲獨出訪梅花彷徨流水上

聞高秋帆遇赦參縣令陣務賦此以寄

太白西低雁夜呼朔風吹雪滿菰蒲烏孫玉帛未朝
漢虎旅陣營猶備胡已報平反寛魏尚何當薫沐薦
夷吾人生末路須珍重期取麒麟閣上圖

首春似海莊

萬里鯨波隔海根傳聞誰決僞將真墨夷疆域勝蒙
古米氏裔孫攻愛新兵亂恰他寰外國謳歌幸我日
邊民東風又到江頭路已有梅花破首春

歳暮探梅

北風吹面雪華紛利鬪名爭容似雲歳暮閒人唯有
我天寒滿野又逢君一枝林下誰相伴百卉叢中獨
不群卻愛夜歸頻低觸清香拂袂駐餘薫

迎春

曖曖蓬蓬日暎烟出迎東帝路茫然可於林下於江
上似自梅梢自柳邊野水暴溪冰稍泮谷風駘蕩鳥
將遷歸來試向爐頭酌春至心中在醉先

雨夜宿吳樓亭家

十九年前始結盟當時歌酒尚豪情如今老去焚香坐共聽夜白春雨聲

新晴步東郊

風力撓簷溜園楊樹樹斜池心徐見日雨脚稍成霞放犢迷新草閒人訪遠花村醪春已熟不妨叩田家

首春游櫻祠舟中作

阜綠鱗鱗水見魚長隄寒色帶歸漁此時誰若舟中好徹火相依坐看書

仲春訪中左栗賦贈

外以長墻匝内有數舍開每舍園庭具周覧久徘徊此時春雨歇満地長新苔小橋通幽處清池點落梅竹根數雞出松頂一鶴來上堂望東峰横翠何崔嵬鷲尾紺宇隠鬼拿白雲囲 鷲尾鬼拿皆嶺名 其麓四條畷草秀殘壘頽小楠决戰處夕日照古哀俯仰懐今昔慷慨舉酒招主人勤耕織經綸見異才餘暇延文士新知亦不猜我久厭都市筆硯委塵埃偶過田舎裡百物悉詩材安得卜鄰去終歳此追陪只合甘藜藿何須問蓬萊

溪閣晩晴

亭午雲陰重晴時日已西蝶衣花露濕鶯路柳煙迷野老催耘麥山僧欲杖藜唯吾嗒然坐待月度前溪

贈支鹿洞主人

擁屋群峰立縈墻一水斜春光漸僻地日影透重花聽鳥催晨酌引僧供午茶不聞朝市事清福勝仙家

春陰有感

花尤易散是山櫻燥濕常憂難得平多謝老天調理妙不成雨又不成晴

村居春雨課題

晩雲終作雨獨坐半扉開乞火隣僧至假蓑溪友回綠雉長弱柳白奈碎殘梅借問嚶嚶鳥何時出谷來

衝雨發界町田國手命轎相送且借生書數本比讀畢到家賦此以謝

歸途卅里奈泥淤雨帶春潮溢小渠何料肩輿辱相送蒲團暖裡讀生書

上巳遊鶴満寺

輕舟隊隊溯長江左指石壇翻寶幢上岸尋花過釣

舎入村肴竹叩僧窓門容緑酒教人酔楼置黄鐘任
客撞佳節留連帰去晩搶梢栖鳥幾成雙俗云寺有古鐘敲叶黄鐘故及

三月幾望與棋嶋晩翠二師葵齋諸子衝雨游
嵐山坐于雪亭良久晴

春山何処適春雲醸雨成雲向花根下雨自花梢生
唯見濛濛色未聞瀟瀟聲晴濕透密葉栖禽伏懶鳴
沉紫與浮白模糊看不明坐久微風起紫上白乃行
行者為山霧止者為山櫻娉婷萬國色倒影潭水清

群客待晴出何鮮雨中情此游真幽絶唯吾與花盟
龍珠探已獲鱗爪任人争獨私一日雨勝公十日晴

是日棋師等先帰乃賦此以寄次翠師韻

傳廚發西郭看此雨中櫻高處雲俱動低邊水更明
夜深三店閉月出一橋横憾子帰來早不同幽賞情

望日坐洗心亭

雨歇溪聲變餘雲芳樹間吾心方一洗隠几看春山

賀其氏七秩

聞君七袠正開筵想像遥呈詩一篇醇酒已教賓客
酔彩衣更見子孫賢眼明自寫蝿頭字脚健人疑鶴
背仙世上期頤何足道遐齢應比老彭年

初夏江山亭集

四郊花已盡即集水邊樓虚牖群帆入低欄一柳抽
蘋風坐間起沙月望中浮不見紅塵氣相馴有白鷗

村田翁三隅莊園十二景

豊原夜雨

夜色如拖墨風廻雨脚奔一星松火出知有暗中村

松島春曉

沙月淡無光趂鐘春寺曉不知何嶺雲猶宿島松杪

兜島霜葉

島根隨海斷遠望幾迂回續續風帆影疑穿紅葉來

過浦寒濤

海國多秋警月明霜氣高杞人眠不着危坐聽寒濤

東盧山翠嵐

風吹山木亞日脚射空潭高衲棲何處經聲出夕嵐

武根洞晴雪

日出雪雲散山林唯一白地橋埋欲無上有樵夫跡

内海漁火

沙嘴暗潮通殘蟾沉葦枕漁燈曉未歸所獲知多少

澤江明月

春江花月夜萬里弄空明何處扁舟子廣寒宮裡行

嵩山歸鴻

利名成網罟仕宦是樊籠鈎簾時一笑天外有飛鴻

紫津彩霞

人慕蝗都榮吾嗤龍斷賤但觀朝暮霞暗識陰晴變

圓通寺曉鐘

孤起闚天象群星稍不明彷徨何限意一杵曉鐘敲

妙見山飽雲

薄暮世間忙紛紛來又去書窓凭几人心在雲歸處

春日國手令萱年七十賦六百言以賀

吾友春日子吾聞其語志初欲為武人習鍊射騎事
又欲為文人冥想風月思又欲為禪緇精研權實義
既而皤然悟此非立命地昭代勝陶虞文武典章備
一家之私言無損益于治出家辭其親難終膝下侍
萬民浴休明百物資便利貪酒味色供恣病兆若至
惑溺蔽伎人多感毒黴氣内攻不外宣為疝為風痺
一變現其形逼耳目及鼻沉痼麴蘖人多靡其腸胃
暑時忽患痧天寒或作痢若不察機先分釐違處置
俗醫識見卑不堪性命寄並延于貨財竭神于諛媚
百方歸一誤棺匠日受賜以匕將以兵殺人豈有異
冥哉東坡言學醫則人費果能為良工功與岐軒輕
以名三者高以賓醫人貴乃攻軒岐言杳陰竟遠被
患者敎百千巡診豈容易昧爽舁轎奔星見到猶未
大旱之雲霓毎户延頸遲神液膏肓融盧名薦鬼避
沉痼赴愈痊溲勃隨驅使不唯技術精古書窮賾秘
如素問靈樞傷寒論金櫃諄諄誨生徒朝講又夕肄
人皆稱君賢吾知其所自積善自祖先乃翁加蔭庇
吾追交乃翁外温内剛毅家世事邦君鵷鷺列位次
有故辭其邦僚友服高誼教子以義方終能成國器
翁既游帝鄉萱堂循遺意孟母述慈訓敬姜秉明懿
井臼想昔操紡績勉令司截髮列交游含飴弄幼稚
色養君能為常使母心慰寢視温清宜膳具甘脆味
七十人雖稀康寧天所畀金母無老衰寶婺永明概

君賢母所教母壽君所致仁術感彼蒼福履固宜蔵
此母而此兒今時恐無二吾詩非霊諂吾意非阿比
百病雖可憂心病尤為累父母相慈争主僕互詬詈
有姑誣婦辜有弟紾兄臂身病君已療心病吾竊畏
是故裁此詩若欲相曉譬使彼聞君風内顧抱慙愧
忻回化孝慈殃禍変祥瑞堅國莫大焉良工頗始遂
行善延母齢君孝實不匱庶幾頌封人以永錫爾類

贈雙鶴館主人坪伯順

偕老千年契風姿自粛雝飛時絶雲氣降處認仙蹤
並咏依新草雙棲占古松雖非鸞鳳伍亦是百禽宗

街居無奈襍紅塵種碧琅玕隔四隣只合護来成好
友不須剪去作夫人夢魂幾度遊淇澳饞念何時至
渭濱自此棋牕茶榻畔風聲月色一般新

觀移秧

連歳豊穰穀價颺本由夷舶擾邊疆即今四海風波
静更見甘霖追挿秧

夏夜懐浩然師嵯峨山居次其夜歸韻

栖栖都市人奔走晨到夕熱靄蔽空颺銀蟾隠無跡
一扇支萬蚊肌汗拭更滴想公山中居洗足踞溪石
月露墜葛衣微風起松濤

柳陰納涼

游魚愛新藻荷花亦未歇移榻近清池水風入晞髪
已占柳陰涼更看波際月回首城市暝炎塵方欝勃

○贈山口吉太郎

辟卉盆栽愛養同春芳秋色隔簾櫳憐君高枕紅塵
表夢繞芝蘭蒼翠中

七夕泛舟韻得鹽

上流方過雨雲脚墜山尖蓬裡早涼入棹邊秋水添
絃歌任人譟颯詠養吾恬不覺移時久柳梢亡素蟾

初秋十一日翠齋喪内徃弔賦此贈

盂蘭盆未至牛女會初過物候増悽愴槿花朝露多

前赤壁夜高杏山招泛舟浪華橋下

萬人頭上一轂雷烟火醸花空際開詩客騒遊追玉
局豪奴逸興倒金罍彩舟畫舫望中満短笛横簫到
處催尤是西風収溽欝素娥徐挾碧雲来

夜歸夢中所得

一林霜樹影婆娑薄兕過來今又過不識寒風捲葉
盡但疑歸路月明多

送西子容

江都一分手浪迹再相随但謂長親炙何圖復別離
關河程隅憂風雪歳残時我有東遊約丙辰春以期

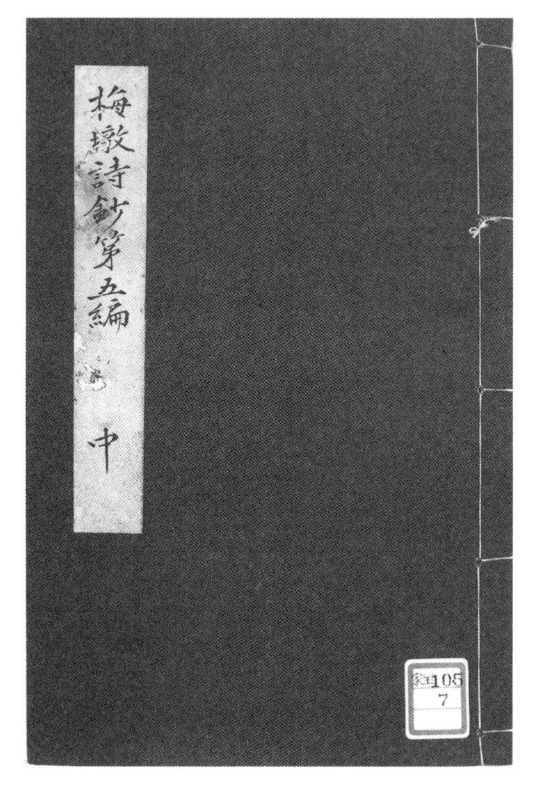

梅墩詩鈔五編巻之二

西牧村訪内海國手賦贈

屋是白茅籬緑杉前庭迎客草全芟僮鬨閒室收行
李婢汲清泉洗汗衫芋栗未貧如錦里烟霞成疾似
遊嵓請看仁術多陰德有二郎君並不凡

過金田邨始望津山城

田家秋色足閒翫天竺花邊晝掩關城櫓已抽喬木

頂女牆更在兗卯間南通徽海一條水西走松江萬
點山來路回牆皆險悪始逢平地意始閒

津山城下作

夙觀藩翰譜文獻尚堪徵漢法嘗除越周盟遂長滕
二川通映滄百雉倚崚嶒距海雖云遠香魚正上罾

津山逆旅臨城濠上書所見

城門南向控輿梁濠勢周遭馳道長不識罟罾魚意
樂忽聞鞭策馬蹄忙花殘菡萏秋多雨葉老蒹葭露
欲霜昏得時平街散早幾人退食未斜陽

贈小原竹香

雲樹幾年思又思相逢一笑即論詩晋朝名士多耽
酒宋代高人亦奉祠（君為德守祠官）夜話未休雞喔後秋吟
恰好雁來時西遊不憾無青眼東道先欣接紫芝

松濤亭為主人賦

老松搖鬣龍欲跳天寒夜嘯風怒號初疑颼飀茶鼎
沸一聞即覺心蕭騷稍變杳如遠笛又如鶴唳起
九皐此時名利念全盡忽欲散髮弄漁篙又變群馬
褒鈴走但聞過聲人不囂終疑海立魚龍舞巨靈贔
負負山逃又疑白起阬趙卒四十八萬一時鏖至此
投袂蹶然作不堪意氣太雄豪欲乘長風破溟渤欲
拂暗塵拔匣刀夜深風死群動息松影落窓片月高
百端心緒皆厭滅獨有詩思析秋毫俗子唯愛絃管
響豔歌哀曲空笑教耳聾心荒醉不醒知否人間有
松濤

梅洞主人求詩賦此以贈

我於古人中尤慕林君復占居在孤山吸湖飲山綠
又欽廣平公鐵心破薄俗縞衣來打門坐想藐玉司
飲水讀殘書清愛渭南陸逝者已千年何由得追逐
一夜從素娥來叩林下屋俯仰憐花多徘徊歎我獨
忽見四老人各着古衣服一一通其名我所夙私淑
借問古之人何以此間伏皆道吾精神在地為嶽瀆
愛花常遊焉俗子安得矚諷詠性情通杯酒笑語睦
斜月沉花西欲別臂再扼曉風吹枕函心目遽然覺
四顧不見人身在梅洞宿

美作院莊即兒島高德題櫻樹處

中興諸將不能文十字精金獨服君自比鴟夷非忝

竊竟扶鸞駕立功勳已無櫻樹根株在但有桑田隴
畝分殘日難回南至後神龍藏尾暮天雲

內藤能夫招飲賦贈君壯歲嚴官

要向昔賢相應酬挂冠林下早歸休聽松洗耳陶弘
景與竹虛心王子猷君愛松竹有搆翠竹處等號山送夕陽侵坐
揭人先新月上高樓爲君忼慨吟梁甫目斷寥天一
鶴秋

訪北山冬松余逆旅與君對門

相逢既結盟居近更多情擣葉朝朝贈烹茶夕夕迎

一窓方月色四野已秋殽明旦分襟去離愁滿鶴城

大村馬場諸君導遊二宮二首

夾路青松好幾回停步看山含銕氣峻廟帶水聲寒
拾栗嘗秋味班荆傳午餐詩軍雖敢競酒政莫如寬
廟已經千歲人稀鳥語聞校圖沿革後古跡有無間
尋菌分微徑出松逢好山傳廚溪樹上坐看暮雲還

二宮夜歸書所見

蒼然寒色松間夕醉步何妨頻觸石月照前岡看不
明低雲一片是蕎麥

夜與多胡生過加茂山間

徑脈入巖腔樹根跨人首不知橋短長月黑溪聲吼

發加茂抵奥津途中

倚臨深谷仰層巔雲似白衣翻馬前政善遐陬同樂
土税輕磽确亦豐年全州無海易爲水四境多山欲
極天日夕恰宜休我足竹林西去有温泉

加谷邨

百折下峰嵘前途尚未平一村皆碓舍四面盡溪聲
漂絮嘔鴉集遍營客不爭僻鄉知禮讓政化見休明

自加谷至穴鴨村途中示從者

行與歸樵語雲開夕日斜地形臨穴鴨天色近栖鴉
老健巖間木嬌羞草際花兜餐君莫怯已見隔溪家

抵倉吉土人牧田山形佐々木諸子聞余名留之數日賦此以贈

衔勢長如帶青山夾兩邊木縣通上國銕瀋滿前川
上流有採銕處故川常濁徒倚看秋色沉吟對暮天新知還厚意
幾日此留連

至津山從者西天臣先發赴出雲比至伯耆復

來迎賦此以謝

作山高不盡伯海渺無涯瞻望吾心苦去來君足疲

夜行聞鹿處晨發避牛時（作伯之間馱物多用牝牛路隘避之頗艱）五話

途中事秋霖漲小池

牧田氏席上

庭蕉葉大蘚痕斑坐靜疑非街市間不用出門尋水

石隣家屋上見青山

芭蕉翁贊

詞賦如日月光華終古懸芭蕉葉何大別自開綠天

雨夜宿脩竹齋

新識亦多情一樽留我宿殘燈照旅愁寒雨在脩竹

贈橋井馨亭

鳥自高飛雲自還結廬如在畫圖間長風夜度千程

海新雪秋寒萬仞山羊棗思親事遺影（君常挂親遺影事之）雖

美對客奉慈顏知君二樂成三樂剩育英才化鄙頑

早發逢阪攀船上山

草草先鴉起駸駸與鹿奔溪間猶宿霧松杪已朝暾

地遍疑無路橋橫知有村前途飛瀑見顧爲後人言

自川林至角盤山途中作

峩峩鳥道夜橋攀踏盡槁茅枯蔦間忽見月輪飛笠

上橫雲移宿向他山

角盤山宿光明院

夢醒不知宵幾更起看檐角數星橫奇香滿院佛應

降步屧響空仙或行一片寒雲含雪意千章老谷

秋聲靈區殊覺塵機遠安得超然託此生

九月六日與橋井馨亭桂秋香廣元恪西天臣

吹通玄間熹浦發逢阪登船上山遂遊角盤山

宿光明院翌日觀名和伯州宅址夜歸燈下走

筆作紀遊詩一篇

北溟一夜起潛龍風雲際會船上峯馨亭居士好事

者相導探討當年蹤逢阪南去是曠野行半日程至

山下細路百盤營蔦中秋陽烘背炎似夏稍近翠微

樹森森密葉如鏈嵐氣陰頃刻之間候已變餘濕透

帽寒難禁古木橫仆前路斷虬幹朽腐老苔滿猶有

異香撲冉生腔抽坐菌大于傘叉顧後人入別蹊捕

獲蝮蛇挂杖藜柳州赦蛇汝知否呵禁放去徵溜西

絶頂昔有蕭寺六今也唯存一祠屋篁蓋已残神白
僵棟梁漸撓禽糞黷欲問往事闃無人杉子墮地午
風肅出祠東行地微平南折百歩惴然驚脚下斗落
已無地怪何晴天吼雷聲顧望祠南樹盡処絶壁千
丈如削成飛流直自其巓墜雲崩花散雪色清側有
一瀑高相若避入樹間不復争雌雄元是化工意長
短何煩觀者評降山復過大野裡彌望廣衍平如砥
唯道前途太安夷何圖中有北流水兩崖忽下千歩
強仰看平野如山峙已陟前崖復回頭野合溪失如

其始毎二三里有一流又陟又降疲極矣過水八九
猶未終日没時傳川牀里一星松火現溪涯倚樹避
石茅茨斜翁嫗圍爐眉似雪捧出墨瀋即是茶毎歳
積雪高于屋送了三春始出家彼何人也武陵洞一
生不知有京華又越羊腸至山頂此時月亮夜色静
隔溪他山見行人後先参差並項領我止亦止行亦
行始悟彼人是我影満山無復樹木長月照茅花白
迸范一陣寒飈吹又歇月輪久與花低昂投宿僧房
夢始覺群動全息神清邈何處杳然聞管笙毋乃神

仙奏天樂天明盥漱謁神祠祠後高峰何厓巖太白
去天三百里若比斯峯如孫兒天台四萬八千丈若
比斯峯似蟲蚳休説青蓮天姥作莫唱韓愈南山詩
巉巖鐵色抽碧落日華倒射紫葳蕤氤氳霏微無定
色一片顥氣如游絲古來登者皆不返為仙為鬼未
可知石梁霞標空可望天梯雲棧無所施其麓溪水
向西注沿溪一綫有石路高巖對聳數百尋巖罅簇
無數老樹黃葉紅葉聳層層影映水面錦雲布一轉
孔道東北通地勢一歩卑一歩下瞰碧海如弓彎隔

海數點雲洲山風死天暖如春暮萬帆去來杳靄間
路左歔欷紛無數或寢或訛奔或怒硜硜磊磊石當
途終日踏石不踏土哞哞一鳴日將沉道遠鞋破奈
我苦揭衣東渉名和川村舎方颺夕炊烟舎前更横
一條水舎後又繞數畝田蕎麥花白麥苗緑脩篠叢
葦匝四邊此是伯洲故宅址春花秋葉五百年數丈
豐碑贔屓戴一間茅屋祭祀叓祠南龐頭禿樹立下
有五層小古墖莓苔厚封文字泯歸鴉啞啞樹上集
戰場返送先軫元或傳幽宮此間納北去半里有平

堙甘薯葉枯露青蔬即是當日焚倉處至今焦粒出
犁鋤往欲探之已昏黒百搜千索無所得古人粒粒
辛苦寧疑為我徒預推測悵然東去路不分友皆相
失吁不聞屡陷深泥攀石角又踐荊棘觸新墳終出
官道憩農舍後者來會笑又罵始得燈火意氣伸比
返逢阪已乙夜洗足拈筆一何忙火急作記追未忘
山陰地僻遊者少世人未識好風光我詩欲導後來
客莫咎冗長過周詳

重陽在橋井氏賦似從者

登高東望路悠悠賢主多情忘旅愁莫道西陬風土
異黄花猶似浪華秋

是日譽亭導騎馬登西山使從者採菌

興來他席盡君歡老去望鄉餘自寬鴻雁不同王勃
感茱萸豈異杜陵看來帆高似青山上返照駐於紅
樹端村叟應嗤醉歸状鞭絲貫菌跨金鞍

九月十四日將發譽亭氏遇雨賦此留別君有
明年訪我約

依來過一旬意氣益相親毎食魚常有屢騎駒亦馴君家有駒余出入騎之甚慣秋高風送雁天晩雨留人會見期明
歳何須涙濕巾

譽亭將構亭于西山導余胥地

我觀他邑里有海者無山有山者無海兩有者無川
有山川與海多無禾黍田逢阪之爲地四者皆具全
高處放遠目歸帆入雲天早秋雷雨後微范見朝鮮
山嶺起海岸松柏何丸丸衆溪劃山脈北注會村前
其側多畎畝百穀芃芃然昔人誇盤谷此地或勝焉
譽翁今君子避世農圃間多牛藏子美款段少游安
南陵學孝思北堂奉慈顔餘慶多清福身健又有閒
齋已營山下亭將構山巓導我胥地勢趣舍幾討論
鳩材冬應畢塗壁春始乾知我再遊日新亭對榻眠

步漢江海江

濤頭起立入雲間不見青山見雪山此是蜻蜓洲盡
處漁舟一一破天還

贈角盤山養善院主竹鳩上人

佛屋參差夾澗流青苔黄葉不堪秋問師終世名山
住曾見吟詩未容不

贈聽潮樓主人

絶海驚風樓慰壽憐君欹枕一樓高聲疑弘景三層
聽氣壓元龍百尺豪危帛難成隨意泛鯨鯢却得自
由逃側聞夷船頻来往半夜浩歌看寶刀

題高士長倫閒螢雪樓

紛紜都市客不復識三餘大隱有高風倫閒獨讀書

題青青菴

老松古柏列庭隅茂葉青青秋未枯晨榻烹茶雲自
起午窓欹枕鳥相呼室家和樂如琴瑟山海周遭似
畫圖纔入此中堪忘世不須萬里問蓬壺

雌雄鷄圖

雄雌元藹睦得食便相呼寄言齊家者可不如鳥乎

宿恬公房數日賦此以呈師守菅丞相祠

丞相祠堂穆且清師房咫尺一墻横滿庭沙色少人
跡繞砌湖光多月明大小户殊無酒鬭高卑位敵有
棋爭相依太感交如水忘盡塵情及旅情

在松江數日雨不止不得出似森脇春鄉

山色湖光互鬭奇一年好景最關思獨憐淫雨如梅
候空送橙黄橘緑時

松湖詩贈妹尾精齋

松湖浩渺三萬頃勝絶四季朝昏景一波不起春旭
晴青山忽爲數帆影紅葉照水汝樹跡半現僧樓夕
鐘打菰蒲稍戰沉月揺絺兮綌兮愛憂冷夜雲欲雪
低滿湖晨見玉峯四面並住湖邊者一萬家利糟名
醨盡酩酊錦纜牙檣空去来俗子覩湖湖不肯妹君
騷思似三閭佩芷採蘭詑獨醒氷清玉潔涅不緇神
澄才麗與湖等湖中之水用不盡洗吾硯了煮吾茗
釣詩上策在長竿避客工夫依短艇余住浪華二十
春聞説近來多夷警天保山前列千舵無凡堤下簇
舳艫古来賢達貴卜隣亦欲携家向此境君如泛宅
張志和我似種梅林和靖謂我不信有如湖湖若不
肯君爲請

舟自松江至宍道

松江城至宍道市東西相距四十里微風覺自蘋末
生帆正無揺舟如矢兩邊青山皆不高霜痕着樹樹
顔美夕陽始沈月未光東天雲黒西天紫湖面如鏡

坦且清萬影平敷悉在水昏鴉後飛白鷺前衆危浮沈波紋裡水心物象忽然亾風急危鷺白波起送者猶在東岸頭我舟既著西岸矣

木幡棋屋招遊其山莊獨樂窩

市聲不到似仙區三面岡廻一面湖盤谷盤旋宜李愿孤山孤絶愜林逋青苔埋徑幾人踏黄葉壓窓群鳥呼朋自遠方堪亦樂故容吾輩此遊娯

獨樂窩集主人與仲師去吹笛于山上

茶露逐山雲稍稍出牕去忽聞吹笛聲不知君坐處

贈大坪義卿

直江贈永井元厚

懐盡暮雲春樹間相逢猶是舊時顔枉教周澤坐齋空豈有端明歸道山（往年君誤聞余死特齎數句）詩酒款留君未慊光陰促迫我將還一朝分手神龜峡千里回頭赤馬關

自直江至平田途中作（此日直江有社祭）

東畔猶飛雨西邊已夕陽風威弄輕袖泥色上征裳隄路一條直板橋千尺長（樋川有橋長百丈餘）隔林聞鼓笛古廟亦蒸嘗

後赤壁之夜與滕其峯閘春和冒雨赴平田途中作

直江北向平田行路平且直如其名獨奈湖風送密雨雙袖滴作簷溜聲猶懐蘓公遊赤壁扁舟風月伴二客彼此苦樂一何殊天寒路永風雨夕君不見平田之東即松江鱸方上者三尺長好待快晴買鱸飲有月不必十月望

贈錦周泉

地多神跡足探奇路入雲州行自遲黄橘碧鱸晨命酒新毫古硯夜題詩三旬留我湖山際千里訪君冰雪時馬氏諸昆皆已見李常在遠亦堪思（君兄弟五人獨季弟東遊方在余家）

竹二首

風枝露葉無塵垢直節虚心耐雪霜晉代七賢唐六逸官情總爲此君忘

幾種秋芳鬪尹邢春花紅紫更冥冥一齊搖落風霜
後但見數竿脩竹青

題東坡後赤壁

扁舟拉客復如初轉覺此般歡有餘掠去玄裳縞衣
鳥携來巨口細鱗魚文章長與江山並功業翻追水
月虚七百餘年真一瞬諒公當日感居諸

遠藤生話往年溺水狀乞詩

弘化丁未春二月初三日出雲今市人今市邑名舟覆湖
中沒一行十餘人大命一時畢獨有遠藤君僅與其
僕活爾後過八年甲寅嘉永七我始與君交華筵爲
我設酒闌語當年顛末頗詳悉初飲莊原村舍杯俄
然發衆客瞼昏昏篙工醉兀兀我元不善飲獨醒坐
艙末日斜水波恬舟行頗快疾少間帆腹捲遠近雲
欝勃山形如屛風一開又一閉風勢如吸噓忽起又
忽滅帆形如桔槹低卸又高揭每過山開處風急帆
欲裂帆脚繫巨縆下垂舟背結縮之又舒之受風蓄
或泄縮舒忽誤機衆縆轟然絶帆抱桅翩翻舟隨波
旋斡醉者猶不醒喚起聲未訖舟則向南傾桅則向
北拔我起抱舟尻浪華瀉頭髮僕亦在我傍共矢同
存歿舟覆未全沈風扶舟復出匍匐又入艙水深過
於膝一片驚濤來復覆艙板缺我又就舟尻牢持力
將竭舟出又如初我得暫休歇如此者數回飢與寒
至骨初覆衆猶在再覆半已失三覆我二人餘皆成
永訣乃知大醉人陷水猶恍惚初回先喫波所以斬
疲苶兩手握不釋恰似依衣虱癡心怖蛟蛇孤念寄
神佛一死我雖辦百方生且乞妖氛呑天星夜色黑
如漆風響益颼飀濤勢更蕩[illegible]更深救舟來爭拿我
臂挈載我向前村燒藁臥土室此時目已瞑奄奄救
無術烘稍及四支甦來心亮豁君言方至斯聽者始
喜悅側有錦織生餘話代君說時吾在君家忽遇飛
報達曰自宍道濱舟覆人淪忽存者唯二人姓名未
分別乃翁恬然言我不必悼怵鬮舟恙盡然我兒亦
難脫猶有二人生我兒存可必吾怪問其由翁曰我
心壹交人不欺人濟物不殘物父祖貽孫謀禍殃或
可祓既而如翁言人始信陰隲尤怪從僕某一時雖
忝竊後年復渡湖舟壞化魚鼈無乃初一回因君這

冥罰聞此余愀然正襟告君曰君生積善家天祐无
不吉維天實難諶倚伏不易決長思溺水時加省察

十月念九與秦主殿錦周泉等乘舟遊神亀峡
三首

巖形鷹攫雉或又兜罹豈害雲應難比桃源豈足誇
翠崖懸瀑布紅樹露漁家想見三旬後汀梅恙着花
此峡甲山陰遊人或未尋千巖開圖數一棹溯洄深
竹合天疑缺雲屯日早沈僧廬何處在夕磬度空林
夜色雖無觀歸舟興亦奇窅深山鬼宅岑寂水神祠
風向空巖吼星臨絶壁危依依姉峯下不覺轉篙遅

題琴高圖

天僊騎鸞鶴水仙乘鯉魚好待化龍日乘雲遊太虚

贈錦周泉

感君三世業軒岐經濟更希醫國醫酒後長歌人定
處燈前獨坐雨來時海防肯作黔驢技廷策慚逢遼
豕嗤韓愈休陳董生美孝慈已有碧翁知　君近以孝受賞

題猿圖

捉月清溪夕隠花深洞春山中多好侶不用化佳人

松

獨高氷雪操晩與百芳群不憾無知己梅花及此君

贈山本惺室

閏七月之尾吾將發浪華君自雲州至相邀飲我家
君東吾西下冬來秋亦謝吾猶滯君鄉君已歸其舍
君不見長風萬里翻海來四山戴雪玉崔嵬人蹤正
滅鳥飛絶寒日不照凍雲堆石州西去路險惡石齾
如劒繞山脚兩手懐氷飢腹鳴冬天酸苦奈咀嚼不
及君遊適五載橙黄橘緑時乃歸

湖航詩爲山本生

湖航眞可愛坐趣幾人知眠去逢深擀興來家屢移
雁聲秋雨夜鴉影夕陽時漁叟新相識教吾理釣絲

謁天日隅宮恭賦似廣瀨

午寂中庭不見人寒禽相喚集松筠山形對峙分龜
鶴地勢孤深宜鬼神千載祭儀猶尚古四時穀稷恰
嘗新祠官家自洪荒世豈啻東蒙社稷臣

將發雲州前一夕與錦有信夜坐

冬到山陰天亦陰海連玄菟洞雲深風威殆欲拔山
走濤勢疑將抱島沈一穗青燈殘夜影千莖白髮暮
年心明朝西向石州路踏盡三瓶雪萬尋

仲冬念五衝雨發雲州至石州大田驛遇伊藤
摩齋

六十餘日雲州留竟歩山道抵石州雲州多雲日日
雨石州多石歩歩苦雲雲石石斷人腸天寒日短客
路長與君相遇邑陀驛從前旅況渙乎忘剪盡燈火
互述志竹雨敲窗人皆睡明朝東上君莫違剪燈重
話今夜事

訪恒松君半日菴

寒衣飢食塵務酬朝奔西北夕東南唯有曉鏡照頒
白曾無夜雨作同參早梅插甁茶氣馥小窓幽閒似
僧龕龍鍾勞生兔強半偸就君家半日庵

恒松子留余其別業日新亭賦此以贈

門前流水白泱泱秋泛春遊興未央蘭棹隨楓舟路
轉金鞭拂柳馬頭忙日迎賓客添新識年購圖書益
古香信為殊欣情話熟一燈風雪對夜長宵

贈揖野君

寺隔溪流依翠微青松不動白雲飛客過橋上聽寒
磬主候途中看落暉夜鯉晨鳧叨饗厚秋風朔雪謝
期違此行休咎匆匆去唯恐春田我未歸

十二月三日侵風雪發韓閒村至宅野訪古和
澹齋

山風如箭面欲裂道邊枯木半身雪群鳧亂飛無處
棲溪流不逝堅氷結君已相逢坐書堂茶爐炯暖酒
亦香高納墨客源源集朝來寒苦一笑忘猶憶二十
年前事君攜書劍游我地門前白雪壓青松剪燭賦
詩破聰中何料今夕來此地彼此雖殊興象同

贈泉全齋

不是暗中投夜光項斯詩好鳳評量雲山五歲神交
遠杯酒一宵情話長江上柳梅春信近天涯日月客
心忙請君須許吾歸去雞黍再遊期豈忘

臘月五日衝雪發宅野藤柏堂古澹齋泉全齋
泉綠山藤塚洲内阜齋及子方策諸子送餞于
満行寺松炯師房此日没辭赴大森

送来過數村感此友情敦雪勢連林杪風威破海門
款留忘日短笑語入春温須使轎夫飲前途景已昏

題畫山圖

欲望芙蓉頂雪雲䒳不開忽逢朝日照萬丈玉崔嵬

偶歩園中見一物映日閃爍就拾之玉也余短
視何以有此遇乎賦一絶誌感

短視從来象罔同胡爲得此小玲瓏卞生成喜仍成
感可賍玉人藏櫝中

仲冬地震屋壞時余未歸家人移居中洲余歸

歳暮又移于伏見坊庭有古梅傳江南種

夷氛仍海嘯身世幾參差十歳元三改半年家再移
紛紜心緒事容易鬢毛知獨喜春回早江南梅一枝

乙卯元日 時聞魯夷船在我東洋者遇颶而覆

天風鼓海若一夕碎夷船銃砲烟全絶卿雲爛滿天

春雨默坐

梅花零落雨蕭然回憶西游已隔年記得碧雲湖上
泊蓬牕欹枕五更天

晩晴郊行

晩晴呼我去獨往到溪涯水有將歸雁林無未發花
冥搜交薄暮遠目注餘霞新漲侵隄草何辭取路斜

悶極有作用陸放翁韻

阿驥蠅何黠拉林龜亦癡琴聲朝雨後衣侵暮寒時
高水難成蔭低花易隱籬春愁抛不得兀坐且裁詩

春江待渡

片雨過花渚遊客爭先歸吾師移棹急落花與波飛
山雲無根帶忽復現翠微不憾待渡久江月照春衣

暮春光德寺集送翠公歸省北地

前年送師北地回吟友列坐離宴開今年又復送師
去每物依舊乏詩材師已出家世外住頻繁去來必
有故君不見東風昨夜辭京華千村萬落迷落花深
山一路杜鵑響暮色蒼䒳新葉多又不見北地天寒
春色閉盛夏玲瓏白山雪梅花始放黄鳥至五月僅
作豔陽節知兮壯遊去水濵得道應賞春後春師道
我有慈親在風樹恐惹他日悔春草何論滿路生老
萱唯恐倚門待不圖師今在叢林猶抱季路負米心
更聞身遂隨陽鳥年年一度永如今吟友敢獻依舊

列離情何堪依舊切唯教師親依舊健不辭我詩依
舊拙

春夕宿藤本主雲碓居

幾度陰晴變春風似潮風月明山氣外雲出碓聲中
鶴髮萱堂健鴒原荊樹隆一家和且樂客意亦融融

暮春過佃村訪兄市氏席上賦贈

低田隨渚起微徑與隄成室繞林花氣庭交水鳥聲
新知多話柄熟路少詩情把酒西窓下自忘春月傾

題畫

東皇一夜布韶華到處芳林著紫霞尤是一般真富
貴玉蘭花映牡丹花

雨夜寄懷河野錢兜

映鏡鬢髯雪益明放懷經濟兩無成吟邊又暗孤燈
影夢後猶聞小雨聲作客廿年如此老思人半夜若
為情羨君才與春秋富竹帛要垂千古名

賦得山靜如太古日長似小年

閑眠覺日長推枕未斜陽戲蝶迴書幌飢禽下筆牀
樹陰無雨潤草氣不風香追想朝來事依稀半已忘

舟遊

將爲汗漫游獨自放輕舟不願牽黃狗唯知逐白鷗
轉篙城市遠回首水天浮試就漁翁問何魚正上鈎

深野新田訪山中梅屋菴賦贈

渠水縱橫小徑斜地坐江草夏猶花叢芳文麥應新
闢樹色如山實舊家魯望門前宜放鴨稚圭庭際好
聽蛙主人長日澹無事纔洗杯終又煮茶

春郊訪鳳仙師師近立佛堂

人生動易但商參十有四年初此尋新起伽藍開勝
景舊栽喬木更繁陰經營敢啚千金費輪奐欲安諸
佛心龍象圍繞談法處滿天花雨落春深

早起烹茶

武士囂囂說海防僧徒聒聒說無常詩人不解世間
味早起烹茶獨自嘗

伊藤摩齋自石州至住浪華賦贈余去年遊石
州摩齋送至銀山北鄙

碧紗窓裡一燈紅五大洲圖入討窮身住原思環堵
室心存博望鑿空功去年雪別銀山北今歲花逢赤

石東交道何妨淡如水古來友誼動難終

劉九山災後新居落成招諸友飲余亦與焉

氤埃隨回祿結構役錢神挂已無九畫（是日壁挂招仇實父畫）何有俗人華池魚未放風珈蝶相馴嘗賀參元火餘慶自此新

竹醉日乞金城畫史竹移之庭上

乞得君家竹數竿新粉如雪露未乾吾醉移竹竹亦醉吾醒視竹竹已安休道踈葉未遮日已覺風意蕭灑寒昨事畫容今詩客兩家之間為竹難月時無聲風時有一虛心可應百端今宵雨歇月方好我與此君相對看

夏日送秦季允歸雲州

驕陽炎炎逼筌端滿身白汗玉團團逆波轉石地常顫尖峯貫雲天不安暑行憶君山壑際纔見樹陰氣午飧記我去年東歸日冬嶺樹死雲漫漫浮雪一丈又八尺夜投山驛松火殘我來君往冬與夏一樣山陰行路難共約他年好時節君來我往煖盟寒浪華江頭秋月白來矣來矣與我看松江浦上春草綠往

[illegible]往[illegible]盡君歡

夏夜宿山寺

世間皆苦熱山寺却愁寒見近星辰大居高宇宙寬身心發深省耳目作閒官平旦飄然去疑吞換骨丹

仲夏念九日昧爽與小虎步至北埜過某氏墅看荷（此首原係連句然屢改之後不能辨出誰手故暫記）

柳梢殘月影屋上曉烏聲估客猶安卧閒人却早征宿雲空際散遠嶂望中生愛看池亭趣芙蓉初日明

六月朔昧爽敬子來導余及小虎又玄到北郊

村店飲且賞蓮

不厭多行路唯耽野趣長世人皆晏起吾輩獨晨涼三面池形匝十分荷氣香醉吟孤榻上賓主互相忘

曬書

少壯嘗誇記聰才衰忘難奈已相催自疑當日都生腹總被蠹魚咬破來

六月六日瑞公房集分韻得真

入門多綠樹何處著紅塵陰滿全無暑枝低不見隣法筵為酒席高衲即詩人兜聽催歸鳥忽忙媿此身

季夏月夜坐于中庭有感

手搖蒲葉葯浴後坐孤牀露氣知秋近笛聲生夜凉
唯吾愁似海舉世睡為鄉回顧西斜月美人天一方

夏日題某生夢富山圖

三峰岌嶪貫天閶路入冰光雪色間紫陌紅塵炎熱
苦幾人清夢到仙山

題秋林讀書圖

太師高閣梧天聳丞相華堂偃月深晝飽讀書宵飽
睡人生清福在秋林

早赴西公房觀蓮雨待晴夜歸

昧爽敲蕭寺欲看初發蓮污泥除舊染清淨結新緣
暴雨生天外微凉至暑邊歸途乘夕霽踏破月中烟

賦得高樹早凉歸

世間猶苦熱僻地已知秋沿岸多喬木臨江有小樓
凉邊群葉動瞑際一鴉投未至催搖落詩人莫須愁

觀漲

淼淼不知源層層濁浪翻聲疑穿地底勢欲斷雲根
惡濕雞升樹枕流魚越垣仰看蘚止處已過去年痕

送琴僧古岳游天橋

古岳師兮善彈琴洋峨常憾寡知音飄然負琴何處
去千巖萬壑入山陰山盡海開天橋見白沙堤帶青
松林此時天暝秋色靜歸帆遠影似歸禽疑無月兮
沙光皛知有風兮松籟吟横琴踞石一再鼓坐耿耿
協嫦娥心碧海不波風全死泠然者露濕我襟羅襪
輕盈浮後浦雲軿飄颻降前岑殘鐘一杵天將曉群
靈四散月亦沉歸去來兮師骨換山益高兮水益深

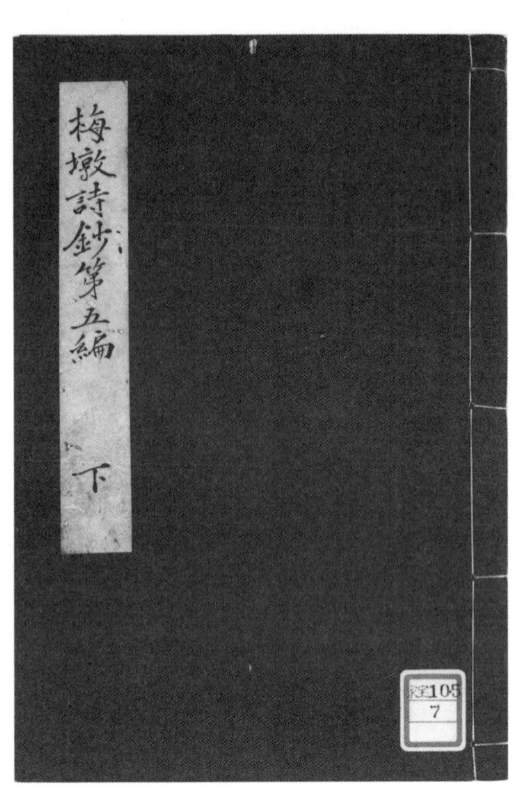

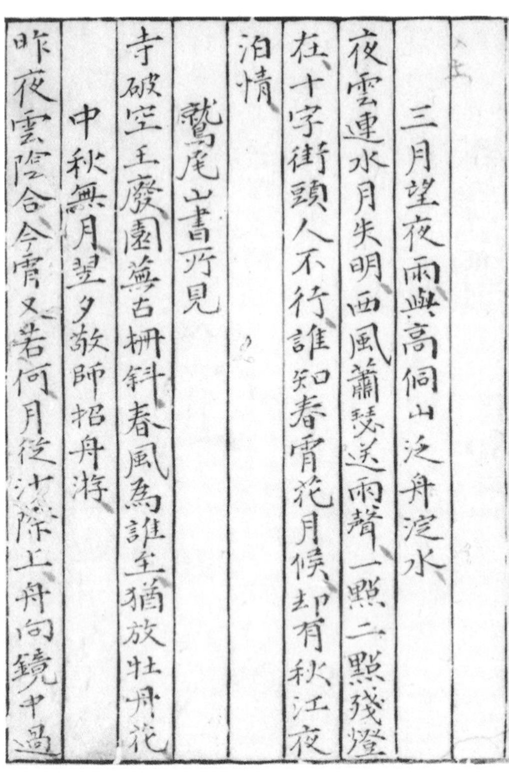

三月望夜雨與高侗山泛舟淀水

夜雲連水月朱明西風蕭瑟送雨聲一點二點残燈在十字街頭人不行誰知春宵花月候却有秋江夜泊情

鷲尾山書所見

寺破空王廢園蕪古栅斜春風為誰至猶放牡丹花

中秋無月望夕敬師招舟游

昨夜雲陰合今宵又若何月從沙際上舟向鏡中過白露侵衣袂清風起酒波欲償疇昔債不覺倒樽多

秋晩寄懐大坪子兼寄木﨑子去年大坪子導游木﨑氏山荘獨樂窩吹笛既朞月矣

枯木寒雲何限情秋風吹滿浪華城翻思獨樂園中興黄葉林間吹笛聲

九月十六日侗山将導游西山遇雨而止

幾日朝今日何圖雨又風行厨陳座上征策卧門中苔逕添新碧楓林損舊紅明朝淂晴否晩際見長虹

十月既望高侗山招舟游傳法川

四人乘短舸一棹發長汀飲久肴方盡吟酣酒亦醒蘆間敲釣舍柳下問旗亭暮色添詩興新潮浦々青

冬初偶成

地震何時息洋氛此日深夷船頻出没民舎屢浮沉雁侶依残稲鴉群識茂林湘纍甘獨醒不用問天心

十月十九日訪中左栗此夜屢晴雨

初出闤闠度野梁又衛泥游上山塘鴉飛杳々愁天暮牛跡深々歸路長恰見君家該繕葺豈圖吾畫遇珍藏北牖寒雨南牖月夜趣何堪應接忙君家遇地震壞繕葺

始畢余不善畫偶戲塗抹君悉裝潢故五六及

紅葉

次第秋花盡嫣然亦一姿山庭停筇處江岸轉篙時
雨裏深々湿風邊戰々危赤心猶吐出賴有太陽知

孟冬念四日寒雨忽晴同畑田桂三子訪敬公
房

欞角挂濕雲三朝雨不歇誰識一腔中閒愁漲溟渤
夕陽訪小窓游興卒然發拉我詩酒朋叩師雲水窟
冥想遍乾坤玄談分秒忽坐久爐氣寒餘炷雪山凸

冬初寄江戸故人

傳道江都亦有災坤維掀動響如雷棟梁半夜悉焦
土樗櫟一朝為美材黄閣應詢經世策白衣誰負濟
時才江湖養病厭宵永待汝新聞報我来

仲冬七日即事

一笑看鳩婦頻繁往又還寒雲横北渚殘日自西山
樹色風霜後人心晩暮閒開總何限意世上有誰閑
木邨翁周甲令嗣乞詩余曾與翁學北筑已三
十三年矣

回頭往事卅三年馳騁文場競著鞭今日比君輸二
件身猶強健子孫賢

舟夜聞雁　課題

暗潮渺々浸寒星獨坐蓬窗酒始醒尤是四更山吐
月一聲鳴雁起前汀

題寒林求句圖

鬅髩者瓢童背負耴傍白鬚四五叟殘日照沓禽影
寒一帶疎林搖落後人々求詩如索珠取不傷廉爭
先取王公相將侔塵沙文章有神名不朽一叟回顧
欲有言一叟莞爾杯在手一叟不飲又不言嗒然痴
坐似喪偶借問圖中人公等詩成否詩若有成報我
知鳴乎世間無詩久

翠紅館八勝　録四

善峰晩靄

殘日沈花枝夕寒山氣凝一條蒼翠色隱了幾高僧

嵐峽春花

微雨過山杪萬花開一夕今朝西北雲又益許多白

鷲山秋月

庭沙山影落松頂一禽鳴何處無秋月不如此地清

八阪浮圖

雖從平地起勢欲貫天門萬衆所觀仰巍然唯獨尊

暁望雲山課題

東風半夜吹雨晴晨雲一片山頂横山色如拭雲逾
白雲耶花耶着不明此時街上人未起天地之間一
心清黄金朝結陳雷契白眼暮與蠻觸爭朝々相看
雨不厭唯有雲山不世情須臾萬點紅塵起前者栖
栖後營々名利縁深拋不得雲山咫尺亦蓬瀛

中邨子範来告別將餞之辭以病

布帆晩發浪華城病後憐君正養生海上寒風山上
雪離筵無酒奈吾情

悼町田元耕

秘術良方神鬼馳七年沈痼亦平夷料知天界不無
病却向人間聘上醫

聞清澄山淨界公仙去賦此 師弟誠軒先生先没

聞說飄然歸帝郷清澄山色忽淒涼天親無着笑相
遇共話人間夢一場

歳晩送飯塚霞洲歸浦賀

琶湖東望白雪崔嵬朔吹凌兢衝馬来歸日却逢春色
至洋夷船去野花開

掃煤

掃自軒端及砌端似烟如霧黒團々須臾一洗歸清
淨獨至心中着帚難

即事

屋角寒梅未返魂墻陰殘雪尚留痕斜陽影裏茶烟
起占得西窗一味温

除夜

紛紜人事陷重圍奔走客多閑客稀獨與梅花相對
坐方知四十九年非

丙辰元日試筆 時年五十

亮醺斉釀醉韶華手筆猶開紙上花不羨漢時班定
遠自知吾命屬烟霞

酬金摩齋

睡少忘多老態新欲爲漱石枕流身倚梧枯坐窓間
夕訪柳孤行野外春縦遇黄金能聘士自慙白髪不

鳶肩火色君須勉休與吾曹甘隱淪

寫東坡養生偈題後

不省膏粱胸腸滯老饕常自誇狼噬平頭五十齒牙
搖初寫東坡養生偈

初春送劉九山東遊時余將西下

孟春我將向西州劉君則作東道遊彼此回首三千
里春寒野陰入別愁山如劍鋩水羅帶西州所觀寄
而隘琵琶湖水富山雲東道名勝秀而大行看前路
春色濃日日探討不停蹤西歸君與東歸我韶花時
節又相逢

宿小石原驛

夢回夜未半霜威卧衾知即在萬山頂寂如太古時
破屋何空豁仰見天宇垂眠雞未腷膊寒月照古塒

石人詩筑紫磐井塚物近我郷山田氏獲而置諸隈水上

金棺玉匣錮三泉層岡似龍曲蜿蜒盤冢佳城徒鬱
鬱僭侈招尤何怨焉神燔佛熾葬儀替荼毘成習禍
綿連焚燒灸骨如雪火風逆煽臭聞天饜饞日多
袷禘鈌土饅頭卧空王前不及假王營土壙天荒地
老尚儼然豐水西流筑山緑滄桑回首二千年一淚
殘月枯蓬曉石人無語立寒烟

雨後歩園

昨日雨在花今日雨在葉隻々又隻々春暮雁思急
新漲識池脉潛自籬根入秀苔忽動搖下有一蛙涉
感茲節物移歩屧中庭立羊求不復來四面緑苔合

夏初題竹外邨莊

紅芳已忽諸還茲愛夏林湛露欣晴旭嘒蟬止更陰
草長池形邃遊魚無戒心悠々過門者終年不我尋

初夏九日栗園翁招余及兒孝挑岳二師飲且
示其詩集席上分孤花表春餘爲韻得表字

君家非云遙溪山轉窅窱早蟬揚夏音孤花猶木杪
邨園門巷閒高齋獨塵表古榻寄午陰一縷茶烟小
別來幾星霜蘭玉婚嫁了好詩日日多俗務年々少
妙處攀陶潛清境兒參謝朓快似南薰吹潔如朔雪皎
夜宴惜別離情話更深眇窗色帶殘蟾雉呴青山曉

翌日游大聖寺往年同如菴悟菴諸子題名焉
今既悉逝悵然賦此

入門知僧亾徑荒襍卉壅庭花非不奸無復一顧竊
石卧松偃僂小塔巉然猗老藤陰廢池蛇影轉可恐
上堂披繡帷塵壓佛頭重鐘魚何縱横虚器徒自擬
側見鏡及鑪澀花含紫苜舊傳自龍宮或疑出破冢
我肖茲地游時秋亂鳴蛬同社六七人詩戰賈餘勇
題名雖尚存其墓木既拱但有砌罅泉仍舊滔滔瀆
無常帝鄉期難覓仙藥種臨去謝空王君言使人悚

四月念七日千原明卿招飲溪亭分繞屋樹扶
疎為韻得樹字

水色含夏凉溪亭又新趣停杯話故情長日忽欲暮
燭影揺波心夜筵更供具未見玉山頽既覺醉言誤
石氣吹面来衣單疑有露半歸漱餘醒螢火亂汀樹

題馬圖

無由絶漠立奇功徒繫尋常群馬中老去猶懷千里
志長鳴振鬣柳陰風

關卯訪行德元遂賦贈

薜蘿門舊設橘柚圃新栽連峻躋攀急臨深眺望闊
漁樵多隠侶山水足詩材自此庭中跡將添我輩来

坂子温得古茶杯見贈

至治不聞鞞鼓音何須寶劍値千金茶盃入手即相
贈此亦平生一片心

訪田嶋子賜子賜居半質當故宅（質當谷潺湲渼皆其勝名）

熟路尋来也似新曽游屈指廿餘春質當影掩潺湲
水今主人同舊主人

平嶋子號蟹窟乞詩

大塊一噫生剛風白濤如山衝碧空紅日低昂黒雲
裂勢扳貝闕撼龍宮混沌萬里鵬影滅馮夷天呉各
爭雄大魚辛苦小魚哭鱗脱甲摧奈命終無賜公子
獨不競安然不出眠窟中待至風止波浪靜横行砂
上無所窮世間風波闘群智達者靜觀知變通平嶋
先生號蟹窟卓識不與世人同蟹兮知時兼知足跐
作尋常可憐蟲

與月形三原中邨青木坂巻溜廣大山石丸大
賀諸子游奈嶋尋神后梳石焉又訪小早川氏
嘗立學校處既不知其址遂使漁人下網

地僻祠陰聚水禽海回帆影出松林梳為巖石此間

在庠没蒿萊何處尋暮色蒼茫雖吊古明時游樂草
如今一行騷客傳盃忽幾度漁人下網深

山田石菴築室名中庸

東之東即西西之西即東終之終即始始之始即終
雖竭聖哲智誰極其所窮乃知萬物理現在者為中
富貴與貧賤須安於我逢[illegible]執乎毎並子思作中庸

別大賀士行士行過四十始擧男故及

君家餘慶篤笑語毎怡々堂上老萊母膝前商瞿兒
舟行松斷處橋立兩来時游賞幾旬日如何又別離

與高子德夜坐

世間金石亦将流獨有君家清且幽下榻柳陰相對
語一川星影冷如秋

六月五日與月形李裕同舟下木屋瀬過吉田
渠出於洞海李裕促詩不已率賦此

輕舫下長流兩涯多楊柳夏水何盈々西望連海口
忽北入新渠涯廻水色黝立閘過中流分派瀉左右
縱横劃溝澮潺湲浹畎畒維時六月初佃戸爭水取
或慮他畔偷閘門數人守々者見我来扼腕将相咎
我云爾休嗔我善渠吏梟疇背為我謀投符在我手
守者視符咍招集人八九大絙縛閘扉傴躬挽此久
呀然忽洞開電射水勢陡不識我舫移前林如馬走
過閘五六回到處煩田叟我輩无閑游内顧顔何厚
稍抵吉田邨渠廻入岡阜兩崖百餘尋何代施鑱剖
十圍又廿圍喬松出杉後其童應萬鈞巖背容易負
幽谿抱狐妍閑禽率佳偶過竹片雲分罥藤一巢朽
峽空諸響通水觸如磬扣鼻管感陰涼一嚔亦雷吼
峽盡近海湄暴雨随電毋猛風捲洲身低雲壓山首
掩篷猶未終斜照至船牖爽氣渡菰蒲餘浪帯罟罶
山匝海自圜波恬萬影受小嶼似艨艟古跡傳神后
快哉數日游對此忘年友自称飲量浅不把一盃酒
逼我徵拙詞如姑謀巧婦君才今世無我詩古人有
獻酬君所愁唱和我亦否

洞海訪副田子善

碧海周遭四面開茲郷宜號小蓬萊連山南劃九州
別大浪西包百濟来累世雄資侔卓鄭一時騷客致
鄒枚尊前度不相值却覺厚情鍾此回

次杲生登冨山韻
大野蒼茫望轉迷嫳肸窣㵎盡天倪雲興自麓雷断
下峰亭于空雨不躋萬點衆星將拱北一輪殘日未
沈西生平怕歷函根險何料方同蟻垤低

贈梅月樓主人子長
此是當年萬玉妃素娥相並鬬幽姿悠々癡想夢還
後脉々深情人定時猶有暗香留枕席已無疎影到
簾帷身居街市風塵裏心在湖山烟水涯

與廣聞豊野香取西山諸子訪桐山氏雨奇晴

好樓席上作
主人恰與此樓宜海鶴昂然脫俗姿滿室書香長不
散出窓茶霧緩相追浪翻孤月魚龍起舟帶細風帆
席知今夕飽看晴好景何年復賞雨奇時

赤関與廣豊二子登飯山祠閣分韻得侵
不識人間熱鑠石又焦金畏日藏山首涼雲起樹陰
登臨感非土邂逅喜知音海上歸風好其如別恨深

贈廣文哉
千舟纔去又千舟簿晩街塵似霧浮但有幽人能忘

世靜觀海月吐高樓

六月二十七日岐波邨訪水野子安
舍南舍北悉脩篁綠雲漠々夏窓涼主人晏起淨掃
地石臼擣藥午風香眞成一日如雨日樹間鷄睡蟬
語長邨童八九来問字塗鴉天地與洪荒東南凡
是周海風利潮候帆々忙百貨出入人聲鬧港頭熱
埃薮天颷饒令能致富巨萬不如清涼占此鄕

詠藤松屋所贈四物

石枕
盛夏汗方流北窓須一休不成塵土夢石枕冷如秋

銅爐
銅爐似拳大古色帶隋唐從今微雨日掃地靜焚香

筆架
木質而髹粧疑是神人送吾筆須安焉莫作江淹夢

茶甌
生平不解飲頗乏吟哦媒欲作柸石供愧無子瞻才
好聽風甌語鼓吹詩腸来

題正墻適所山水圖

老樹根如龍尾垂濕雲滃渤嶺峯巇披圖忽憶山陰
路風雨溪橋獨過時

三伏中在三田尻山本茂太郎自荻来訪夜坐
率賦

炎〻如火夏雲濃長北周南嶺萬重爍石銷金爭可
耐唯君與我矢相逢空誇健飯猶豪氣豈料華顛已
老容十歲索居多話緒不知報到曉天鐘

七月二日訪貞永蓬仙席上

六月無雨至七月毒熱爞〻銷人骨此間何處有清
風忽憶君家對溟渤来訪會君将出游看我一笑行
色休僮収行李鎖書室婢運傳厨捧海樓是時雷吼
風全死雲鑄紅日射潮水倒光鱗飛揺屋梁渾身疑
坐巨甑裏猶記嘉永辛亥年我與妻婢寄一船訪君
氷雪嚴冬日屢添炭火坐爐邊爾時我婦始来嫁粧
具毎嘗令嘗備烏兎堂〻已數年児女成行守我舍
至今西窗剪燭時共語君家海山奇他家亦有海山
在但少君家室家宜午飲歇〻夜未徹拭汗且説前
年雪預訂来冬相見期擁爐復説今日熱

老樹根如龍尾垂濕雲滃渤嶺峯巇披圖忽憶山陰
路風雨溪橋獨過時

三伏中在三田尻山本茂太郎自荻来訪夜坐
率賦

炎〻如火夏雲濃長北周南嶺萬重爍石銷金爭可
耐唯君與我矢相逢空誇健飯猶豪氣豈料華顛已
老容十歲索居多話緒不知報到曉天鐘

七月二日訪貞永蓬仙席上

六月無雨至七月毒熱爞〻銷人骨此間何處有清
風忽憶君家對溟渤来訪會君将出游看我一笑行
色休僮収行李鎖書室婢運傳厨捧海樓是時雷吼
風全死雲鑄紅日射潮水倒光鱗飛揺屋梁渾身疑
坐巨甑裏猶記嘉永辛亥年我與妻婢寄一船訪君
氷雪嚴冬日屢添炭火坐爐邊爾時我婦始来嫁粧
具毎嘗令嘗備烏兎堂〻已數年児女成行守我舍
至今西窗剪燭時共語君家海山奇他家亦有海山
在但少君家室家宜午飲歇〻夜未徹拭汗且説前
年雪預訂来冬相見期擁爐復説今日熱

前赤壁夜與長星灣父子田古雲印秋耕泛舟

室津海上余今春過此地

三十年来過此郷兩逢端午一重陽今茲春早花開未往歳冬残雪下忙舊事回頭如夢寐故交屈指半存亡嘗心尤覚這般好明月清風是既望

題飲中八仙圖

三郎家事可如何胸裏爭堪磊磈多應傚信陵君故智光陰且向飲中過

送岩永子歸大郵（以下帰浪華後所作）

海雲山樹去程賖雁始南飛客返家相送忽思前歳夢舟游箕島食秋瓜

七月二十九日夜西隣棚八郎来訪（八郎病失明）

不以東家視年来益敬親幽寥無月夜淡泊失明人蟲口如難嘿蚊聲似有嗔感君文益妙張籍是前身

贈棚八郎

吾已負薪病君能樂忘憂經過憐路近親炙喜情投候雁来何晩迷鴉噪未休十旬無片雨暑力絶川流

詠恒松氏庭上松

依簷踞座蔚成陰上有仙禽且暮吟不管炎風將朔雪本支百世鎮如今

本年旱七八旬百卉殆枯八月十一日夜雷電暴雨欣然成詠

廿萬人家夢忽驚前雷未息後雷聲黒雲連砂地天合紫電遍窗毫髪明久颺塵埃應一洗垂枯草木得還生湏臾快霽無餘縕月照秋園蟲亂鳴

重陽後二日病起訪田介眉歸至浪華橋得一律

重陽風雨掩柴荊也喜今朝得快晴病耳猶將疑蟻鬭吟心早已訪鷗盟瓶邊餘馥黄花在廚裏新篘白酒成（主人沽酒）不厭歸途及昏黒却看橋下月波明

秋晩復卧病

半世慣住在天涯況又相依妻與児久覚夢魂安旅境何圖疾病忽郷思驟寒驟熱衣頻換無睡無醒枕永歎山水有情應憶我卧過秋色絶佳時

夢有人求病鶴詩賦此

冲霄志氣未為灰病翼甘遭凡鳥咍萬里蓬瀛游不

遂絶徒遼海即歸来

丙辰九月拙堂翁来訪見示其稿題一律返之

滿巻珠璣照眼明欽君老筆益縱横文除陳語世皆伏詩有別才人更驚紅葉今題相見句碧雲曾詠索居情秋風白髮書燈下愧我經綸業未成

秋晩卧病請南隣高生針治賦謝

依爐擁褐怕秋涼殆把形骸付北邙賴有南隣高士至一針直下洞膏肓

題淵明圖

風前漉酒巾方燥秀色南山晴更好自弄黄花晩節香不知世有寄奴草

悼澁木生生謀竊遊海外事覺下獄而死僧清狂憐其志乞詩

此心不遂憾如何目斷東溟萬里波海外獄中均一死長教志士涙滂沱

冬晴訪藤墨園途中作

水暖數魚游萍開孤鴨徙認来黄葉梢一縷茶烟上

新寒課題

新寒不出門獨坐凭烏几肅々林容疎夕日照池水籬菊作更開氣候猶可喜鷹心横太空風霜從此始

悼桂秋香

春時随我上輕舟共作防長豐筑游一夕秋風遽然去從今無意向西州

仲冬八日晴暖勝春與禺金城至牧方訪紫桑主人賦贈

豈圖冬仲暖如春緩歩迢々傍水濵葦到折時妨鬧路萍從破處見魚身不唯雞黍歡新識無乃紫桑拔古人今後相過應數々上舫来去易於隣

送柴東野之播磨讀洋書

生字東野慕古賢軀幹雖小膽如天今東野異古東野側無薦士昌黎先并無走馬看花日萬巻腹不當一錢今東野同古東野幼就子詞長愈騫丹迎縷解心專壹鬼設神施趣萬千近者幡然棄舊習讀蟹行書絶韋編白夷如雪黒夷漆殊形詭狀別坤乾朱經墨緯地圖細一一照来如掌然五大之洲九萬里寸盛籠疊胸裏懸電理機映寫奥鏡蒸氣車駢大輪船

疾奔跛視夸父趾竒巧兒呼墨翟蔦釋氏孔子所未
道我智已鑿才又穿意欲以此干侯伯紫綬若々青
雲邉余也腐儒篤信古唯徃守經豈知權不要去腰
六國印唯願耒芸二頃田數年親炙無財贈贈言不
識孰先傳郎龍若微三顧客梁甫吟成日高眠東野
東野休躁進寧戚營學十五年起爲齊相未爲晩仰
天一笑書燈前

冬日過楠公墓下作

前防猛火後狂瀾屢蹈危機至夕彈西鳥東魚總結
局南朝北極又開端七生殄賊願初是一死報君心
未安萬古凛然忠義氣金剛山雪棱天寒

冬夜似長世章

巨鯨吐浪雪滿空虜船如箭駕長風豢胥狄鞮方浮
意貢獻絡繹自西戎狼子野心不易測時勢將鬪于
英雄書生紛々投筆起萬里要立折衝功長生何意
甘寂寞閙詩習禮就癡翁翁亡不勉至衰老况於世
事耳如聾人與功磋恐無益不是雕蟲是屠龍忍凍
終夜相對坐人定遂待傳踈鐘程門雪增數寸行韓
氏藥留一穗紅蹈々一步功名地管寧割席不肯容
問君安心在何許行藏出處擇所從飛龍乘雲雨游天
工亀藏頭尾在泥中他日一樣號靈物伍鳳匹麟無
異同

題鍾馗嫁妹圖

終南進士清且癯戎冠戴花手捻鬚顧歟妹傾兮姿色
殊縞衣絳衣冰雪膚白頭老鬼目睢盱身被短褐襜
行厨杖端揺々挂葫蘆其側麈尾及銅壺妹兮不知
嫁何夫無乃尋常守錢奴更疑此事果有無畫史何
心作此圖欲索其說心茫乎述我儒見奈腐迂君不
見學羅佳人至姑蘇從以種蠡遂沼呉又不見明皇
惑溺楊家妹從以林甫與胡雛人主只知聲色娯何
料鬼帷與此俱百兩親迎塵滿途中有從鬼攘我揄
畫史深意警世愚嗚乎此說亦迂誕未必能免鬼揶
揄君其試問鬼董狐

雪中謁文玄先生墓

先生在世七十年教誘生徒五六千先生辭世七十
日繽紛瑶蕋落九天揄度立雪侍函丈今度踏雪向

墓田寒吹飄颻拂旌誌流澌消滴濕香烟浪華西望海渺渺我聞病信即就船歲晚還家既不及仰天拊膺淚漣漣晨移松柏營新兆夕會子姪訂遺編兄之誼無愧明道弟之學奈劣伊川弟也鬚髮既如雪况住天涯俗累牽此去可能屢掃展目斷東山雪意邊

丁巳元旦

廿歲萍蹤寄浪華歸鄉却似在天涯千年姓氏邨三戶萬里車書世一家山頂暖雲融雪意江頭初日映梅花遙懷德曜僑居裏坐對嬰雛說阿爺

新年偶成

雪壓群山遠目明東南初日放新晴青松猶帶歲寒色黃鳥已傳春暖聲妻子空勞千里夢光陰偏感廿年情予新年不在家既二十年矣歸帆預想三旬後付與海風隨意行

狗日雪與世叔蔣也飲戲做甌北體

把酒看山子姪同孱顏白映醉顏紅新年偶值故園雪下物還殊土國風綫底蛋調堯代些湯中麪和碎時蒽天知熟境詩材乏點綴瓊花詫乃公

正月十二日與南陔兄青邨姪散步于三六六岴諸邑遇雨歸小酌遠思樓圍碁

消盡田間雪邨樸未看花地何名六出路則實三叉霧氣山難見江聲雨易斜行邊無餘屐走向野人家捷路穿林隙斜行背水潯忽晴衣影爽猶濕屐痕深酒國長無敵棋讎已就擒餘歡未云盡暮景欲栖禽

財津生新卜居水岸寺南鄰賦贈

幽棲鄰紺宇秘術寄青囊山色宜春眺溪聲足夏涼躋人於壽域遺世似仙鄉偕隱能同趣荊釵有孟光

春初書悶

門外新泥滿同人不復過溪雲每朝合山色入春多凍歛雀將餒空林鶯未歌卯醪誠薄惡豈到醉顏酡

偶閲南北史摘其奇事賦絶句十二首

齊高帝

昊天與善人此言亦難恃道成篡虐徒還為十九子

溧陽公主

梁武絶腥食以麪代犧牛如何溧陽主例頓食獼猴

許善臣

叔寶無心肝豈有致身者猥憐許善臣送葬稱陛下
項籍曾千敗一語識癡人亟相補天子此君而此臣

劉義宣

臧質

封溲與佛貍将軍實英傑南湖荷覆頭蒼黄謬晩節

蘭陵公主宣華夫人

佳人薄命多陳隋兩公主宣華雖無雙不若揚阿五

蕭宏

銭愚與銭神立論本無二一様孔方兄出入勢乃異

成買

成買頭見斬猶奔還我軍喘〻李延壽無乃信異聞

高歡宇文泰

破胡失高歡彭樂赦黒獺天意洛周齊一掃而拓抜

荀濟

欲誅賊臣澄謀拙空遭烹白頭荀侍讀當方蘭固成

虞愿

帝作湘宮寺罪高於浮圖達磨與虞愿其言如合符

盧曹

稍長丈六尺海神骨作之教曹地上虎猶呼田舎児

暮春山亭書所見

日永山亭静厨婢眠爐畔覚水自隣来淙然聲不断

和児孝宿二子山僧舎韻

寺在白雲層入門登又登溪梅薫剛桐山霧澹書燈
甫〻驚寒吹蘆〻促早興天明渡前澗二月尚堅氷

十日初夏令三日北上至金川出舟過鳩嶺訪
能邨白水宿焉　以下帰家後所作

瀬流殆百里出舟試吾足此時夏雨休山鮮潔如浴
林際引斜曦孤花出萬緑下山訪故人依舊交誼篤
拂壁掛吾書飲食供所欲歸雲宿庭松夜静剪残燭

悼故友　渕瀬雄峰大祥忌安藤桂洲為故友開

瀬雄峰大祥忌設齋賦此以贈

交態綏然如弟兄悠〻總是路傍情从要不負平生
語唯有當年范巨卿

贈某生

若學風宗濂洛風却因經世見奇功欲知豪俊蒼鋒
處只在心齋二字中

雨中寓劉氏樓上數日欲訪星巖不果

連朝陰雨入羇愁冪漲昆川不見舟無棹可移何訪戴有樓堪賦且依劉明窓却爲茂催暗濕壁宣夫橫笥抽擬把奇書消一日開筐迻架幾回搜

夏初遊嵐山書所見

萬筏浮沉河水盈紅芳損盡綠陰成黃鸎亦解辟賢路杜宇鳴時不復鳴

遊湖上晴好雨奇亭

淡濃雖是總相宜難以一游兼好奇今日併看晴雨勝夏雲忽去忽來時

題曉翠樓

平安山水渾秀異三十六峯最明媚多少樓臺如畫圖蒼松寒雲多古寺滔滔利市名朝心誰解一邱一壑意白頭緣酒伴紅袖絕無青山入夢寐憐君身任風塵中胸間悠悠有餘地萬容南柯夢未醒曉窓獨對東山翠

寄題志摩松井氏亭子

群松立洲背大海綠濤濤怒几峇然坐天邊見富山

訪藤墨園新居啟且新婚挐舟來迎書所見

扁舟移過柳陰風喜汝經營畢功停棹入門先一笑美人蕉樓映山紅

宿仁公房

百夢爭一夜困極蘧然驚振興漱寒井天宇何晶晶山氣晴愈肅白雲不能生曉風入峯葉衆綠翻月明老師敢不欺佛爲善可近名但見跏趺影不聞鐘磬聲

春盡遊鷲尾興法寺

樹邃日光微地高寒意緊中庭花正開未覺韶華盡

諸同人餞兒孝於酒店席上作

夏木陰陰不見花旗亭把酒日將斜海門西望孤帆影吾在天涯汝返家

梅雨中訪梅師偶得一絕

連日雨冥冥中庭幾梅子香煙濕不飛搖曳簾帷裡

遊法華寺古有七堂伽藍今廢

滿地新苔沒古碑萬竿竹匝一茅茨何人解得此凡趣却勝七堂全盛時

壽仙臺片倉大夫六十

世家人所仰令譽我曾聞知禮同韓起治兵勝子
文若非心似水安得福如雲何假詞人筆邦氏悉
祝君

題鯉魚圖

千點桃花萬里流琴高去後櫂僊游鯉然潛在深淵
底

夏夜雨後山中梅屋分韻得雲字

雨過星輝濕未秋蟲語聞殘霖在幽樹涼意自
迷雲老大須憐我風流正屬君衍隣人既定聯
句到青分

寄懐越前渡邉子直

天南地北阻參商氣候徒勞想像長京蔚未抛秋暑
烈越絺稍歛晩風涼爽氣幾歳侵神域殷武何年伐
鬼方莫道昇平無一事唯須國富又兵強

寄兵庫藤旭湾

兵庫直千石没後旧壇寂寥近旭湾與其
高藤林四子結社以奥…文為往有此寄
千石翁之大艶哀憐君結社甚維持楠公墓幽平公

塔之矣士人無一詩

觀岩谷氏所藏西園雅集圖賦贈

名利場中萬客趨唯君尚友米蘇徒悠然淨几明窓
下坐對西園雅集圖

初秋雨中訪梅洲即事

雨砌淨無塵下簾焚栢子。煙細似絲出自庭花裡　輕

秋夕不眠

月初上雲已生雲初散月已傾生平愛看嫦娥態癡
雲猜妒太無情月全沈後風在樹風死草際衆蟲鳴
蟲語稍稀雞膈膊雞聲才畢又鴉聲始悟百物交動
息彼張此弛不相爭動者揚揚意方得息者寂寂眠
還成唯有愁人眠不得數盡群動到天明

坪顔山見訪自弘化中別于江都既十三年矣

別來屈指已周星情話綿綿不暫停頭髪鬚眉渾白
盡唯餘雙眼舊時青

與荒木獨笑邀顔山遊櫻祠舟中作

西橋過盡又東橋舟溯長流不覺遙郭外一洲漁網
晒祠前雙店酒旗搖談鋒競處鷺相避棋戰酣時魚

亦訛梢喜秋炎晩来減数行風柳影蕭蕭

又次顔山韻

渺渺滄波夕日曛扁舟招友此陪君十年身世浮沈
事主客交聞所未聞

贈萩楊井子

海邦風物定何如詩興知君官務餘賓刺到門無俗
子吐牙籖在案巻奇書鵬邊積水碧雲遠鴈外平沙霜
月虚布襪青鞋何日訪橙黄橘緑約冬初

悼古曽岳

詩酒交歓二十年何圖一旦忽歸天海雲汀樹依然
在獨立蒼茫暮色邊

悼呉梅亭

不獨奇方善療病風流爾雅亦名家可堪董奉成仙
後零落門前紅杏花

雨中與桂園諸子登海近楼

久耳此楼今始攀千帆出没雨雲間明朝已卜秋晴
好一綫紅霞隔海山

秋夜獨酌　課題

数仭庭竹雨瀟瀟風入破窓燈欲消瀉酒一杯無下
物讀留侯傳坐殘宵

樹梢帆影　清水氏二十景之一

江涯緑樹平帆負夕陽明稍到江斜處忽成之字行

送村允仲

邱君世事對州侯自許経綸范蠡儔入貢将延丟兒
使通商行接墨夷舟徒聞費用追年倍應待英豪為
國謀方祝前程益強健功成名遂始帰休

詠松賀翠翁七十

雨露風霜幾度経千年未変旧時青接来仙寉不知
處欝々繁陰冷夏庭

席上贈岡清次郎　并引

余與君通書信既三四年而未相見今茲丁
巳八月二十七日遊玉藤店君在隣席延余
属杯即口占一絶

聞名已久見何遅天縁良縁正此時左手稱杯右招
我新相知即舊相知

能登松田梅涯招飲其逆旅南楼約余此游主

其家

善詩能賦富多書寄傲山林樂有餘大姓人推文不識倦游君哂馬相如南楼此夜陪佳宴東道何時叩草廬淀水秋風羞鯉膾豈無鄉味(夢)到鱸魚

重陽後二日九山草堂(傳)賦即事壁上挂南郭先生産(重)陽後一日詩乃次其韻

西窓樹影滅還生雲似無情却有情兩氣全回(題)風勢散但留星月入秋聲

雪來山館近稿

秋晩送青村叔姪東游

東道風光屬暮秋我曾游處子將游名駒始試長途
步美玉從他善價求野店賣糕茶正熟旗亭買蟹酒
相酬試看金澤繪洲地當日題名尚在不

冬初與稲寛度探南山勝宿一塔村

窓月皎皎夜三更向曉月黒濕雲横未眠溪聲如急
雨已醒雨作急灘聲冬衾温温釀春意日照晨窓群
鳥鳴四邊紅葉引征路溪聲方静雨亦晴

讀鍾譚集

誰哉唾指破窓紙瞪其隻眼盻兮視一寸神光漲秋
波唯道西施天下美開窓相追彼已奔千呼不應詑
嬌𠈁我更疾走顧其顏滿面痘痕凹然紫一笑復坐
癡想醒讀鍾譚者有類此曰精曰靈曰簡遠標目百
般一澀已僅如有趣看既亡昭昭欲活幽幽死吹毛
百鍊霜鍔光觸者皆創怖鹿兕螻蟻自由繞銛尖脚
縮頭延行且止自誇不創顧勸人二家之趣毋乃是
棄車放馬背坦途徑身裸走荆棘裡強把幻術稱神
通二子佞佛眞有以如今作者多如林家家赤幟隨
處起淺易平俗奈難醫與如二家亦稀矣其初上國
一鉅公慧語悦人如妙妓後生年少慕成風翡翠蘭
苕空委靡嗚呼鍾譚詩罪人鍾譚罪人夫已氏

臘月初三移于餘楚山陰新築名雪來山館

餘楚山北數谷隈新搆一館名雪來老松千株山所
有修竹千竿我所栽更種含南兼含北長短三百五
十梅臘月初三始移住此時雪下風勢遒遠山已積
近山未白崔嵬蝕碧崔嵬須臾白了無可白尋常草

屋亦瑶臺老夫鬚髮元鶴鶴欲自標異起徘徊不辭
我化為雪雪爲我文虎為虎是牛哀莫道雪盡無所
觀更有春鳥呼梅開莫道梅落無所觀凉風戛竹翠
雲堆莫道夏過無所觀月明松子隨秋苔四時佳勝
雖併有今也餘物未得媒梅兄埋如高士臥竹君腰
折木公摧膝六獨到先賀我徵汝向誰屬我杯譬之
晋侯領地日魯人先來占其魁且引喜雨亭故事名
曰雪來確矣哉

冬夜山館書感

空山樹影黒月出寒鳥驚幽泉在林下照見一綫明
晝閒多崖谷夜望渺然乎知有通村路人語煙中生
半世上國住鼓笛徹宵聲萬燈照江水不見月波清
常願歸故里翛然謝世營今也愜素志却憶彼時情

臘八雪來館偶成

不似紅塵紫陌間層層雪色照蒼顔從今小草視黄
面汝出山時我入山

臘月十日兒孝祭先室 并引

弘化甲辰先室合原氏歿于江戸居三年余
還浪華十年來屢遠遊其居多不在家纔
室清水氏奉祭甚虔今茲壬戌歸鄉賦此示
兒并告先室

游倦老夫鄉里歸兒方生女侍庭闈蘋蘩猶出新人
手豈有蘆花絮作衣

贈飛州詩僧清澈

住處幽深天地別吟思奇絶又清絶新詩一卷在東
窓如對飛山三伏雪

壬戌元日家僮欲沿鄉俗挿松戸外笑而禁之

市上新年總挿松蔚從門外蔭門中山庭自有千株
在不用安排趁世風

春寒

飢禽相喚立簷稜新年朔吹更淩兢陽春有脚來何
晩池水還添一段氷

楚陰夜歸

霜包矼石白玲瓏路傍溪流一綫通野碓聞聲不知
處水煙濛合月明中

正月二十二日遊栗園夜歸主人送以轎

呼集輿丁送我行夜歸深感主人情雪融隨處有餘
潦時見春星轎下明

得青村正月信

郵筒千里報吾知都下文恬吏武嬉正月之望水風
烈官梅吹折第三枝

春初送原明卿奉母東游余將以初秋東故及

去年一劍向皇州今奉潘輿此再游氷漁琵湖鯉將
上雪消伏水筍初抽山門應續舊題句江岸或尋相
識樓若憶登臨無好伴唯須待我到涼秋

二月苦寒

烈烈寒威逼病身今年二月未知春柳無青眼霜猶
殺山總華顛雪又新不奮東君徒自屈無饜朔吹更
求伸何當寰寓韶光浹點綴鶯花悦萬人

寄青村在東都聞其方讀通鑑

聞君繙史夜深時抛巻應歎唐宋衰裴武趨朝俱遇
賊秦湯當國並親夷擁兵藩鎮余謀拙棄市學生其
罪疑獨喜我邦形勢異堯臣舜相悉皐夔

玉江訃其父茘園翁喪且以遺命乞詩

少攻方技老攻詩眉宇清寒絕俗姿[illegible]夜敲門招使
到三春閉戸比隣疑救人鴻術授賢弟希世鳳毛傳
阿兒一旦上僊何所憾任他交友涙空垂

雪來山居寄南陵兄和東坡感舊詩并引○以下十四首和蘇

坡年五十六賦感舊詩留別子由曰兄弟宦
游四方不相見者十常七八每夏秋之交風
雨作木落草衰輙淒然有感蓋三十年矣余
客上國二十六七年屢歸鄉而兄常不在乃
約迨余年未六十皆歸隣居往還以終老焉
辛酉夏余先歸兄在豊東至明年春猶不歸
因寄此促之副以和蘇十三首坡作和陶曰
淵明心似我又曰樂天跡似我余之和蘇敢
曰心似乎唯跡似耳嗚呼余亦五十六矣

千金購美妾富叟樂未央貧者難一飯仰天怨日長
無妻林和靖避穀張子房舉世趁午熱己獨占晩涼
新居蘇山北逶邐帯重岡不唯我忘世世人亦我忘
一室雖狹陋二兒幸健康薄田不収粟蕎麦是常糧
棗喜苔上歩新種杉千章籜龍抽春雨橘奴待秋霜

阿兄歸何晩此味方獨嘗對牀知何日我心悵未降

新買舠三月二十一日自中洲泝至銭潭出歩岸上和游桓山詩

欲與烟水親稍歛城市跡小舟如鳧鴈到處任拍拍
短篙觸櫻花雪片點深碧午倦上柳堤平沙愜散策
嫩莎翠剡剡幽禽韻磔磔傳厨託奴肩薄味寄蔬腊
暮峀催歸雲我亦還泛宅

雨中過古後村長主人新解任 和雨中過舒敎授

春興閙如燃滅以瀟瀟雨萬花忽遠人潛形隱寒霧
邨徑接桃林落英承芒屨主人如良醇一逢忘襟慮
鳥語破積陰小窓夕陽度君今得退休昨跡杳何處
弋者追聲來鳴雉何不悟請看南山豹霧雨耽隠趣

雨中熟睡至晩強起出門 和原作

上國三十年雙耳饜絲肉今夏聽雨聲始喜睡味熟
夢回仗枯杖臨流濯吾足微風約山雲雨絲斷難續
僻澗還有橋不倣窮途哭歸來方上燈隔林聞兒讀

病後毎日行藥溪山之間 和十月十四日以病在告携酌

一病又三旬韶光動村落芳草被平岡野人松下酌
臨深不敢履春氷今已薄萬象起新煕山容亦如樂
病根在欝陶寡慾是良藥須斷世務煩有似獻酬酢
每旦山上歩有時水際泊北辭詩社招南拒琴僧約
孤跡寄汗漫寸心彌寥廓一笑群蜉蝣不識有龜鶴

題畫 和見僧守詮小詩次韻

山僧出看花日夕不還寺白雲踏無跡餘冷在雙屨
孤月亦親人共向前山去

寓感 和雷洲

平生誤讀書稷契漫自許雖有千金裘難以待盛暑
王粲倦登樓洵美返吾土擧杯屬青山耐久吾與汝

偶成 和依蘇洲韻寄鄭道士

澤追釣魚叟山從劚苓客留連不繫舟殷勤無言石
晨往笠上星歸舎景既夕回首三都游春夢醒無跡

春晩送菊敏仲東上 和新渡寺送任仲徴

浪浪花杪雨浮浮水上雲春光看欲盡何堪又別君
要荒風化浹朝廷議論分壯哉君出仕老矣我歸耘
晨鮮魚蝦侶夕厠鵝鷺群莫言隔千里得失我應聞

山居 和擬古

黄鳥又黄鳥相呼集園柳去年初開園種柳待君久
山居少交游君須作吾友食歟我有粟飲歟我有酒
嗚呼君與我襟期莫辜負睍睆懷好音偏疑於我厚
不用相嬚猜我園皆君有

過稲負生村居生導游鬼城僧菴　和過雲龍山人

不論花有無春野總妍好百錢掛杖頭獨向南山道
村巷帶蓬蒿藥圃種桂棗稲生今伯休身隱名彌噪
應門無僮僕落英紛未掃泉脈通庵間自然生幽草
相押四十年詞譴互絶倒将導探鬼城貰酒叩隣保
呼鍬掘芋魁臨流手親澡林蹊蛇尾繊巖松龍鱗老
草菴僧已亡唯有黄鹹媪山薇方堪茹溪荇行可芼
竹籬破不脩龍孫任猴抱谷深雲曳長山凹月生早
與我此往還何異商山皓莫就富人游徒被酒食勞

游南山歸途作　和過宜賓見夷中亂山

春晝雖云長探花到落日歸雲如有心相追度絶壁
回顧向所經嶺松猶歴歴低處夕氣盈花霧吹成碧
今游猶未盡明晨擬再適鳥外見池光東岑外素魄
前路莫狐疑近村多牛跡

種竹　連下首和東坡八首之二

結構憑岡巓高敞心所適獨奈烈風多秋冬常栗栗
種竹欲防風遍向隣里乞吁彼何人乎七賢及六逸
既期夏月涼清陰到吾室更想疎雨休夜深孤螢出
寒庵待明春玉版参可必

種茶

自古有薄田數畝據岡背農力不到處年年長蕭艾
相遇豈偶然一朝與我會放火燒枯株揮鋤破頑塊
種茶于中央設柵護其外昨夜春雨過香葉忽繁薈
新井味尤耳烹煎固自在晩食喫雪芽何羨炙與膾

四月初旬夢游赤関賦一絶覚僅忘数字乃補成

打岸驚濤散雪花青松如薺立平沙西州日日西風
急總送浮雲入浪華

湖堤晩歸　課題

見身久與浪昂低渚葦洲楊望欲迷日入餘霞千里
紫孤帆忽出遠山西

夏夜步村閒懷浪華諸友

烈烈炎威廿日晴試沿村徑覓涼行低窓袒裼夜飡
影遠處歌呼夏祭聲月到雲端危欲墮露粘葉背落
初明忽懷上國諸詞契淀水舟游鬪酒兵

過晩帆樓主人倪半山故居

江上斜陽數鳥還歸帆影落小窓間一橋雙碓依然
在不見詩人倪半山

霖雨偶晴書觸目

葉背孤蟬忽爾鳴陰雲一轉放新晴斜陽不解黄昏
近復在緑槐高處明

五月二十日兒龍吉生

聰明不願到公卿儒素家風祝晩成有母夢龍應吉
兆無人貽鯉少佳名(内夢龍而震)豪啼標出俊英氣豐下
慰來遲暮情却許餘慶偏厚我多男何幸勝諸兄(余四人唯季兄一男而余四男)

即事

山頭一自避塵喧暦日抛忘度曉昏一夜連村燈火
滿初知世上是中元

秋夜不眠

秋光何必說悲哉適體新涼户半開稍稍樹間風復
起朧朧池上月將來西歸虜舶情難測東下星軺信
未回一片閒愁抛不得縣衙晨鼓幾聲催

詠史二首

培婁浴蠶纔送春夏畦事務自茲新半年農圃成何
事真箇樊須是小人

時勢豈唯藩鎮強吐蕃回紇更猖狂衡山已解芋魁
味去落人間亦不妨

余初歸吡哆欲終焉居一年有故復東行

明代聞人袁石公曾稱鄉是毀譽叢故交傷彼化爲
鬼新識嫌吾衰作翁飲啄自由憐澤雉機增不及想
冥鴻先塋賴有弟昆守何必首邱藏此中

留別岳師

乾坤屈指幾知音去度幸逢支道林片月澄潭高衲
意寒雲古木老樵心三千里別堪沾袂四十年交實
斷金獨喜晩途皆老健詞盟或得復相尋

赤巖村訪醫人河邨生

茅舍高低列登登石逕斜門頭一株棗認得此君家

別府客舍與田子朴飲有懷金薑村僧蘭谷

一別參商度幾春樽前相遇却傷神薑邨蘭谷人何處只有青燈照二人

題採樵圖

雲粘荒石黑迷離 大澤深山不易窺手斬惡荊三萬本老樵心事少人知

宿河登吉家

不強為酒困知我舊交同話裏茶方綠墻頭柿已紅留連憐夜色笑語坐春風預憶前程險夢迷雲獻中

霖後發玖珠書所見

久雨妨歸興今朝始上程峭風林隙度殘滴笠邊聲悉沒黃雲盡皆涵白水平行聞農父語今歲奈西成

奉呈縣令屋代公

西家朝乞被東隣夕失米借問何故然有盜隱于市東隣朝質米西家夕典被借問何故然博奕行閭里東隣米全罄西家被悉褫借問何故然邸長黜貪賄無米又無被終歲号凍餒貧戶日益窮富人日益侈飲食不知饜晨昏連夜鯉欲覓花底活温柔鄉裡死前吏不教喻後尹莫禁止因循二十年弊習既成矣吾公自東來部民欣欣喜借問何故然善聲先到耳公將德尊人首自脩身始姬侍不在傍清素如儒士不攜丹印酒唯飲萩川水爾來僅一旬舊弊須更改聞者色然羞見者苶爾悔惡根雖未拔善芽將稍起公量等天池下問及賤子自今四五年民必歌有斐昔兮口無餔今兮有甘旨昔兮粟在肌今兮汗盈體祝公萬斯年惟民之怙恃此事屬前程行遠先自邇九即十之半一簣功或虧荷無多辭耐久兩字已

八月即事

千家齊病眾醫忙藥氣如雲蔽市揚請看本年農事晚蕎花雪裡種黃粱 鄉俗以六月播黃粱

九月十六夜即事

點滴繞簷聲未歇殘燈無焰膏方竭一窓濕紙白朧朧雲散為煙雨為月

十月六日朝發日田日沒到小石原驛途中涉溪四十三度

朝見清氷滿臥衾夜來寒淚定淋淋有情羸馬遲遲

去無賴陽烏早早沈少慣萍蓬雖素料老離桑梓豈
初心溪流似欲留人駐四十三回阻且深

十日發小倉西春菴送至大里海口脱絮袍贈
余

劈面風霜氣謝君交誼高依依折楊柳戀戀贈綈袍
白首腸俱斷青山望轉勞巡舟挂帆席別涙落寒濤

赤關宿旭亭

十二年前宿此廬爾時新婦始歸余今宵攜到三兒
子燈下團欒感有餘

市來子晁庭有梅因號梅月樓近日移居無梅
有杏改號梅月樓乞詩

少壯烟花入冶游美人或向夢中求老來無復羅浮
興梅月樓爲杏月樓

二十四日訪大觀師

世事昏昏似睡魔偷閒偶此到僧家醒人禪味無多
子掃地焚香煑緑茶

桂一敬乞蛙石詩

淵明愛没絃琴風趣横絶千古君亦蓄不鳴蛙壓倒
稚圭兩部

贈石田梅堂

世醫皆疾走君獨有餘閒朝釣于東海晩獵于西山
歸來烹新獲醉臥晩窓間富貴跡謝絶嬋娟夢往還
我是梅墩叟君應無拒顏臭味元不異獨樂亦可頒
許否相追逐前峰及後灣

二十六日陰雨偶晴豐野柳塢招余夫妻名妓
行酒尊翁令岳梅坪甲山諸子來會劇飮徹曉

不料文筵見翠娥吟詩聲裡唱嬌歌主人方作老萊
戲坐客宜師柳惠和十月雨風晴日少百年辛苦病
時多幸逢無事成酣飮莫咎杯行促促過

翌日游雨奇晴好樓賦卽事

南潮西走北潮東潮頭相打生猛風南山如追北山
遁俄頃變幻烟雨中篙師舩公怖失色黿鼉紛拏各
爭雄憶昨北渡方晩霽澄波如油涵碧空如何忽成
此奇怪褰幔倚欄觀未終頗似韓信岳飛輩平時默
默與衆同一朝龍虎搏闘際出奇無窮立偉功嗚呼
此觀亦難久西天一抹現晴虹

十一月二日南至在子長氏主人有詩即和
馬歩兼船走栖栖送一生如何南至日復此向東行
八日將發赤關留別梅坪柳塢梅堂玉池諸子
浩蕩世波浮又沈老交唯合諒吾心纔經三酌別愁
逼更進一層情話深瞋色隨帆通外浦驚風帶鷁落
中林如聞上國繁華甚明歲僑居約賡臨
十三日抵長星灣家仍去年原韻賦此星灣將
附家政其兒而隱　星灣業醫
去年孟夏我歸鄉今歲逢迎既復陽明月無情圓缺
速寒潮有信去來忙乗船范蠡跡難定賣藥伯休名
未亡縱令前程消息濶搖搖心旆永相望
遠碕弔僧月性墓
嘗笑徐君抵死癡自留寶劍訣親知（性臨沒贈劍其友土蕭海）平
生謬愛吾詞筆莫怪墓門唯掛詩
訪周邦師
常見叢林在伐柯乗舟此地幾回過從來契濶良緣
少今度逢迎舊話多數杵寒鐘穿遠樹一輪殘月澹
滄波早潮恰便揚帆去曉色催人喚奈何

幾望夜訪秋元晩香
美酒千鍾蓄牙籤萬卷堆椿萱皆壽愷梧竹並隨陪
幾歲聞風慕今宵踏月來徹晨談不盡爐火屢成灰
柳井客舍室屋厚造毎夕來話賦此以謝
晝間乞字客成群筆硯縱横絹紙紛獨喜月斜人定
後翛然相訪細論文
自柳井還室津舟中作
西風吹送指南船帆似退飛翻向前初悟古來成事
者八分人力二分天
仲冬晦夜田杏雲招飲同長文讓田秋耕諸子
賦時大雨傾盆
翻來急雨萬盆傾夜色唯疑墨染成但見遠窓搖燭
影不知何樹鬪風聲青雲已絶飛騰念白髮偏添慷
慨情獨喜舊朋皆健飲殘杯未徹復論兵
衝雨訪秋耕
快晴昨日似春回有約相過共一杯風雨今朝如是
惡猶乗孤艇破波來
室津僑居聞北條小淞將自上國歸相待數日

終不得晤賦此而去
別後年華附逝波不堪人事變遷多紛紛議論非耶
是咄咄摸技戰與和志士方裁出師表戍兵皆唱釆
薇歌元期相遇話心緒天惜良緣可柰何

讀通鑑
操懿桓劉齊及梁強臣自古逼君王千秋罪惡誰魁
首應屬通夷石敬塘

朝宗亭與中村松窓飲有懷令兄子範
又醉君家保命春朝宗亭上倚晴晨依然冬日眞堪
愛不見當年對酌人

臘尾田小虎招飲茶室以下抵浪華後作
燭輝爐焔醉顏紅話熟不知宵已殘爲是君樓分外
暖推窓時引朔風寒

癸亥元日兒龍始迎歳
去年元日在山亭今歳街居尚未寧塵務可妨倍旁
午老情唯喜得添丁

正月十一日江亭書觸目
醉倚横欄意氣豪長流一道緑滔滔風収春浪引雙
槳雪盡夕波添半篙西下魚軒翻翟茀東來虎旅簇
干旄優游託我傍觀逸跋涉憐他當局勞

觀美人騎馬圖
萬點桃花馬色新翩翻長袖惬輕身昇平自足風流
戯不是吳宮隊裏人

或詰前詩不切時情即改賦
習習東風捲柳絲美人騎馬巧驅馳　君王方講攘
夷策憶起吳宮隊裡姿

送龜谷省軒歸對馬
江頭一雨送輕寒歷亂桃花落碧湍遠別消魂春又
老長談更僕夜將殘修文古服三韓易講武今防四
虜難聞説夙懷卽蹔志時情且莫挂衣冠

難波新地觀虎
絶崖長嘯忽生風跋扈張威百獸中一自隨人貪豢
餌拘縻恰與犬羊同

讀岳師普門寺征西將軍墓詩傚顰
破寺無僧佛氣寒繽紛松子落香壇到今人表征西
墓盖殺盧言老阿瞞

柴綠野與阿波井上增田二子來訪中洲新居以舟將發未夜而去詩以惜別

移居猶未掃庭塵何事今朝喜色新忽見將開花一朶方來不速客三人比窓隱士杯中物南海明珠席上珍舟子招招難卜夜半江殘日恨芳春

二月十五夜月色甚明不幾風雨至賦此寄河鐵兜時鐵兜中飛語

文章九命奈天焉幾使才人遇數奇蘇子餘生空自厭杜陵可殺實堪疑見鶴林玉露烈風猶到養花日微雨忽興看月時夜讀離騷何限感古來衆女妬蛾眉

九山新居落成招飲

休唱斯干陳腐篇外堂先覺意欣然新床新席新書畫柏子香交綫茗烟

或尤余居都市煮字為活詩以解嘲四首

纏綿一女與三兒更有山妻疾病羅都會猶多乞書者巖栖何策免寒飢

女未能鍼兒未耕一枝筆動一家生近來怪得竈烟小吾病久無揮灑情

來何相拒去何追公是公非世所知筆價日昂君莫咎鐵門限即外人爲

沽文為活幾年過老去何禁毀譽多人到見攻還不惡君居我地合如何

春晚病甚預擬作墓淀水之南賦此寄子姪

眼前春物欲消魂日日潛焉憶故園淮口杳魚應上釣楚陰修竹定生孫六軍晨出海氛惡萬馬夜過山道喧沈痾纏身難避地來收吾骨淀南村

寄原明卿

中興何幸見周宣堪賦南征北伐篇帷幕千張沙際月貔貅萬竈海門煙墨磨盾鼻推才子箭落旄頭想少年衰老功名非所願優游唯禱一身全

上巳後一日與家人郊行二首

一妻一女與三兒中有老夫行詠詩却笑冠童亦多事自家眷屬足追隨

翠柳千行臨水立黄花百里接雲平天公自有丹青手不比人工點染成

春晚苦雨

春事匆々日又斜多愁善病感年華無情最是瀟瀟
雨落盡千花到楝花

池田溪樓夜起

危樓突兀枕清溪客夢回時月已西虹樣長橋人不
渡半汀柳影水禽啼

鼓瀧 俗呼瀑布非也

蟠地群磊磈與水闘萬年如何至剛質竟被至柔穿
白動而緑静下瀬承上淵健魚飛復隨波暈碎未圓
藤花亜岸樹水心紫連蜷稚樵坐牛背浅處不須船
前山濛不見跡雨同月懸冷風掀春袖歸思起暮前
此時水石際忽聞磬聲然毋乃石鐘類以質後来賢

多田溪晚行

雨餘山色活春翠落人衣滑滑新苔長油油宿麦肥
嗔邉唯我往熟路獨牛歸遠火浮林表樵家未掩扉

雨中獨坐

焚盡爐心幾炷香烏皮几穩坐書堂落波花似仳離
女捲地風如薄倖郎無酒有愁吾獨病倏來忽去燕
皆忙牙籤狼藉含餘濕何日西窓見夕陽

題畫

屋上嗔雷口未緘北山雲雨黒巖巖夕陽猶在江南
岸照見青楊樹杪帆

贈潭師

世衲多栖利市間村居誰若道人閒楞嚴誦罷澹無
事獨坐茶窓見遠山

諸家評批

往歳觀尊翁先生之詩精悍遒勁今閲此稿天才縱横宛如西蜀有蘇家父子矣聞老泉不許使長公入都會面未期爲可恨也然蓋欲其沈潛停蓄有所大成不欲其名遽動天下也傾想之餘跋

身西望覺彦岳由阜更高於峨嵋耳

癸巳八月　小竹散人筱﨑弼批

水陸山陽道頻年吾亦過公程春不見旅泊夜空哦誰識行々遠難勝瑣々多遊蹤君自在詩思湧潮波

草彝閲畢并題

走與中島增太相知于昌平黌增太屢頌揚廣吉甫之才之美其府君名聲噪于世壬辰之秋西遊訪其精舍吉甫出詩草五六本示之近體古體悉備筆鋒縱横如武庫兵誰能當之今也所見勝所聞就中東征藁走目視足蹈欲言未

能言者皆能言之所謂倩麻姑摩癢處
者也讀至此巻感嗟最深因書巻尾
又曰走觀以詩鳴于世者或不多讀書
眼太窄或能彼不能此猶傲然自高之
二人者觀此巻之富不驚而避三舎者
幾希　壬辰秋　寒緑信識

敏捷而富贍蓋下筆千言立就之流向
見珮川君既愕其敏今又閲此有瞠若
於後而已何鎮西之多敏才也
己丑仲冬十三日観松陰書寮
後藤機妄批

謙古之詩長於鋪叙排陳其摸景寫情
網羅無遺猶白起坑趙卒隻輪片甲無
得脱也古人云筆力二十餘而既定筆
路隨時增益今讀此巻筆力既至八九
分者乎過此以往所求筆路耳然亦不
可誇此以不養其力也夫邦人之詩非
不清秀妍妙比諸漢人竟隔一塵者蓋
淵源不深氣韻不厚故也今宜上遡風
騒漢魏以深其源中師唐宋大家以厚
其氣而下取材於明清是養力之方乎
而後可與海外名家並傳於千古矣
己丑孟冬　淡窗主人題

書東遊稿首

遊者在擇其伴與鄙人士伴則厭其輕佻與田舍人伴則厭其質魯與僧徒伴則厭其拘戒律與信卜筮時日者伴則厭其多忌諱與貴人伴則厭其修邊幅與賤人伴則厭其畏懼已甚與老者伴則厭其鄭重而懶於跋涉與少者伴則厭其騒擾而貪飲食故擇可與伴者十而無一若不得其伴則雖山靈水幽花美酒香亦無以自娯也阿波人矢子生來學於家君倜儻負氣俊爽善談屢為余說山陽南海之勝余每聞其言未曾不神遊乎千里外因約與東遊久矣未果子生西遊余已失侶伴無復東遊之心歳丁亥始得北豊松岡青翁也初子生遊北豊與翁相見則又為余說翁之為人能畫好詩與老者伴而為老者與少者伴而為少者胸中變化能與人推遷實奇人也余聞之心傾於翁亦久矣會翁之子子濟來遊其歸省也因以致意併告東遊翁欣然許為伴矣翁年五十余二十一翁固不知余之為少者余亦不知翁之為老者年與年忘心與心忘而逍遥相得經路二千餘里閲日百七十日其間無一相厭也余雖不與子生伴因子生知有翁因翁得遂子生之言是余無子生而有子生也今録途中所作詩數十葉為東遊稿欲使子生觀之詩雖極拙陋山陽南海之風土余所經之蹤跡可推而知之則未必不使子生之神同余東遊也是子生亦無余而有余也余有目疾不能謄寫子濟代余謄寫校訂而余之志得遂矣夫勸余生東遊之心者子生也而不果青翁代成其志欲使子生觀此卷者余也而不果子濟代成其志青氏父子之於余及子生可謂奇縁也今子生在崎陽余之有感於西亦猶子生之憾於東所待唯其西遊稿耳亦猶子生觀此卷其使余神同子生遊於竹崎崎陽之間者必矣余之東遊子生雖不自行能舉青翁猶自行也子生西遊余不能為舉如翁者是余之遺憾此於子生更甚故欲觀其稿比於子生欲觀此卷又甚既呈此卷子生安得不賜其稿乎聞子生亦有目疾今雖無侶伴如翁之於余者何無為子濟者乎

文政己丑春盡日廣瀬謙書於旭莊東窗

東遊稿目次

計二百三十五首

東遊稿卷之一

豐後　廣瀨謙吉甫

古今體六十八首 係發家到尾路時作

四月十五日諸子送余到石坂

攫巖為竈煮𩟐肴就石磨刀具小庖午澗看雲憑古壁
晚林佩月度危梢路深寒竹陰泉際時接殘紅新綠交

藤云接字似不切
四月望日如何

送者隅溪皆別去依稀聲影入山坳

峯云二句含四顧之意妙在言外〇藤
云瑣事一一入詩豈白香山之流乎

所見

徑路小難通人家澗水東鳥身看不見聲在紫藤中

到羅漢路上

苔老石幽溪路長風聲日影自荒凉妖蛇據樹為安宅
老鹿鋪柴代卧牀峰在雲中無定狀水過花下有餘香
人家猶作畫圖看兒女依然大古粧

恒真卿居在山脚扁曰求溪舍

觀山銜猶捕鹿銜不角其頭掎其脚俗子好喧何足論
不家溪壑家城郭閒有矯枉過直徒強向山頭搆亭閣
山真面目何得觀譬人不自知美悪主人傑眼擇勝區
雖執中間巧斟酌連峯風色拱一家山以此家為鎖鑰
一痕春燒度坦迤數片夏雲歸峞嵺秋溪鹿過搗茅揺
冬澗鶴啼寒月落羨君翛然謝俗交讀書兼有育英樂
羨君筆力不可當有如馬逸鷙鳥搏羨君鼓琴 真卿善鼓月琴
思悠然高山流水心所託不恨旁無鍾子期自有山雲
來入幕早晚我亦營書齋不求功名求溪壑 淡云此與下篇皆似
東坡中郎

四月二十九日發藥師寺村恒真卿兄弟別直夫
兄弟固養静送而到松江

亂峯擎晨曦遠城鳴早鼓時哉天已明束裝出蓬戶相
送人多少行色滿林墖朝飈飄客衣颯露飛如雨取路
沿海濱渺茫遅遠覩山軸蟠灣陰潮頭蝕沙浦影盡天

際帆截來霧中艣波耀眼花迸松爽頭風愈磯白海鷗
群洲黄野花吐西行景更佳宛如閲畫譜道遠日將沈
乃於村端祖臨別而乞言我意欲師古大恒進贈言勿
為怨之府勿禦好友規勿受悪友蠱勿愛繁絃聲勿耽
長袖舞直尺師鄒賢惜寸則神禹（筱云閑邪）小恒進贈言動
宜蹈規矩與有武仲聖寧為参也魯迂事休屠龍英氣
除暴虎吉人之言寡故無我敢侮（峯云至論筱云脩德）大別進贈
言黽勉福所聚或繩于其頸或錐于其股呂蒙期刮目
馬卿曾題柱待子歸來時一戰伯藝圃（筱云苦學）小別進贈
言學文猶用武讀書似得人聞教如得土失土且失人

不過為亡虜少年不可誇（坡詩少年尚可誇）英才豈可怙一敗
如塗地人古來以千數（筱云鋭進）岡生進贈言養生以為主
若欲立功名當先安腹肚志雖在三餘身或困二豎過
食與過眠皆是剪性斧唯須強骨筋而澼風塵苦（筱云攝養）
（○淡云記五子贈言不涉浮華雖本中郎可謂青出於藍）五賢言雖殊一一皆可取
服膺若無隕豈謂曾小補言談未及終放舟出水滸遠
雲接鼇身積水沉鵬羽（○淡云結句中郎家法藤云亦是白傅）

宿善德寺贈無為上人

何緣今夜此團欒一別三年通信難坐久將覩鼻頭白
情親膜見腹心丹（藤云頭心二字字對而意不對○筱云恐不妨）孤燈有影空
龕靜諸佛無言暗室寒屋外松杉高百尺時聞棲鶻叫
雲端

晨發今井

一路風聲聞鳥聲青林斷處海光明東方數點晨雲白
指似田夫問雨晴

路上所見

空洋千里一睥中路到青松堤上窮帆在波間停不動
南來潮勢北來風

遊廣壽寺

石室晝沈沈峭寒如刺針莓苔全地潤瀑布半山陰巖
匝花香聚（藤云聚字自放翁長毫甌小聚茶香來）竹幽僧語深（淡云五六錬字）出
門將薄暮倚杖數歸禽

飲讀耕齋

洵美齋中趣依依駐容蹤沙光晩潮褪雨態夏山鬆海
國饒鱗介山人愧具供何時得重過臨別看庭松

讀耕齋朝起

松間朝旭齊曈曨山色壓窓青蔚葱一片紅雲屯不散
杜鵑花發滿巖中

海上散步

躡蛤踏莎堤下行軽衫颯爽亂松聲波濤萬里鯤鯨吼

蘆葦百灣鷗鷺明海市有時懸夕照風帆無恙渡新晴
欲投孤店買微醉歸程猶餘半日程

壇浦

源郎此處破平軍潮響猶為戰鼓聞往事關心悲暮雨
繁華過眼似浮雲天連鼇背萬舟小地劃鴻溝九國分
欲把殘杯酹英魄滄溟一道起妖氛

壇浦行

君不見諸盛賣國兼賣身遺墳纍纍立海濱擁君弄權
愚人骨不生蕙蘭生棘榛（峯云奇句）至今冷雨盲風夜波間
幾處泣妃嬪（淡云清人）老兎狼啖而虎視豪才雄畧無與比
天風吹折庭闈松一家棟梁先朽矣不佚流人血髑髏
吾豈肯享兒曹祀平氏之鬼不餒而違吾遺言不肖子
（峯云賴朝據險隘之地氣已吞關以東老兎猶在恐不能制於螟蛉兒何責）不肖子乃螟蛉
蟲或稱淫如楊國忠萬里頭顱人不送吾戴吾頭獻於
東（淡云善用古語○筱云吾戴吾頭取義天淵者有味○峯云善用古語此其家法）面縛七世仇
人墓兆有何顏見乃翁寒潮渺渺蒹葭短海門日落愁
煙滿（筱云二句顧題○峯云叙景妙甚）人間俛仰成盛衰源興平蹶變
寒暖（藤云折用源平盛衰四字）善戰徒稱源九郎（藤云善戰上着君不見三字如何）
秋風傷心衣川館（淡云結似漁洋○筱云罵盡諸盛更罵其魁不揚其可稱者末段却以九郎寫感什量適調匪夷所思○峯云光彩流轉如珠之走盤中間叙諸盛諸處最覺圓活○又云引而及源廷尉餘響冷冷○草云嚇嘗觀知盛教盛諸像曰龍駕適波覇業空諸平寧之折衝雄功名祇合圖雲閣遺像甫你扎梵宮亦唯輔弼之爾）

登亀山神祠二首

祠廟經千歳松杉過十圍（筱云好對起）踈花粧古徑斜照轉
高扉山破波心立帆摩天腹歸我行無緩急不必向神
祈（時將發舟）
青山圍市合粉壁映波開望眼穿初遍鄉心放未回遙
遙兎影滅稍稍櫓聲來一洗餘醒盡風潮怒似雷

與僧圓暉恒雲平田叔猛別於壇浦

送來三百里今時定無例為有此同人竟令我未濟波
恬地脉匀雲拆天日麗輕鷗亂波光歸舟混雲勢擧手
指汪洋決眥入微細神如海中魚一往不可繫生來多
別離未嘗至流涕況當作壯遊請君勿霑袂燒香拜天
妃貫酒弔天帝命孤鮮介外夢愁雲濤際（峯云老杜）檝檣相
依賴蛟蜃莫吞噬萬懽行雖經千快亦期詣篙工久待
我寧許復遲滯惜別恨好風懸帆追夕霽顧視向來人
已被疊波蔽（筱云在他則為大作於公則平平耳）

發赤馬關

雲濤渺渺片帆輕一陣好風如有情蓬底士商多異樣
岸頭歌哭稍同聲（筱云何歌何哭）緣山當辨東西去與鳥長爭

先後行回看忽過三百里篷頭白日未斜傾

上關二首

落日舟行駛風吹浪勢奔魚蝦賤於菜鱃蜑自成村櫚萊連葭葉海門為寺門（草云為作有如何）人煙渺無際小市亦繁喧（峯云上關實境）

日落海門間鄉心觀遠山煙波迷四國舟揖擁三關京賈誇嬌服雛娼衒好顏忽忙絃管地獨有白鷗閒（筱云二首使人過其地）

飲室津

晚自東涯放小舟逍遙不覺到西洲習家池上山公醉有美堂邊蘇子遊月滿深杯釵影落風生疎笛袖香流寒潮欲載簫聲去千頃溶溶繞一樓（峯云寫得新奇○藤云為室津吐氣然亦似過當）

舟發上關逢雨

塔影市聲皆捐微征帆婀娜背斜暉風生次第行雲亂雨起後先澳舸歸（峯云如畫）人在篷中眠易着烏過洋上倦猶飛三更求得畱舟地數顆紅燈揭遠磯

舟中早起

在舟常早起艣動不成眠魚目紅抗日鷗身白點煙島間無稅地波上自由船若遂吾初志卜隣漁蜑邊

舟過大畠

穹窿刺天千仞石誰擘一痕通海脉風蹴海來無朝昏潮與巖鬭自開闢前潮襲巖巖動搖後巖破潮潮辟易倏兮忽兮變勝輸轟兮殷兮震霹靂俯視唯恐波覆舟仰視又愁巖欹額且俯且仰無所依此間片刻敎人癠平時舟中隘如筐常憂頭足太窘迫此時頓如萬斛船在礙右支愁岸窄（峯云奇想）石如齒牙海如喉舟穿其際似肴核（筱云奇拔往往自蘇詩來）自辰至午退幾尋自午至酉進數尺一退一進人嗟勞再退再進天將夕三退三進初得過從此能進不能却（筱云此段恐未免所謂滑調○草云有三朝三暮見黃牛之遺響）波勢稍恬岸稍開浮鷗萬點晶晶白暮雲低散不上天滿海涵星星可摘時有大魚健於狐一跳舞空星光拆輕帆得風似有神雙槳劃斷千波碧（淡云是亦清人）

巖島神祠

防洋到此窮一島現波中蘚殖經新雨林深蓄古風潮來萃表短（藤云五字善形嚴島矣）泉往衆池通向晚絃歌起街燈隔箸紅

海面帆如織無舟不賽神清簫隱嘉樹嬌舞影滄津鹿聚將成市猴群欲弄人（藤云十字風土記）容來題句去滿柱墨痕新（藤云柱字似突出○草云覊則曰秋晴宜御冷然風一幕滄瀛路自通莫道神山難可到絕巔縹緲）

水晶宮

逢雨泊立巖

篷窓終日雨簾纖半卸半張帆腹濡宿醉全因冷風減
閒愁稍與晩潮添沙頭鳥語皆求飯（篠云沙頭句亦可點）島際人
煙多煮鹽借問明朝得晴否夕雲微褪露山尖

舟雨

雨纖不成絲雲低不離水（峯云香山佳境）清冷濕孤篷霏微暗
千里日光無由洩幾回推窓視雖未知晨高已似無餘
晷（草云逗曲却好）前洲稍如消後洲猶可指雲水空濛間參差
辨邇遐長風翻夕波遠勢來不已雄哉海大魚奔撇疾
於天生平聞雨聲悄然心不喜況乘一葉舟寄身波濤
裡同舟三十人中少知愁士誰能足相俱唯有管城子

晴發立巖

平明眠起褰孤篷霞色燒天海旭紅舊友尋盟唯夢裡
新愁和醉入詩中槳過鯨背千重浪帆似鴻毛一霎風
何事舟人驩然喜嶺山數點現遥空

穩渡歌

共工頭碎不周山山骨支撐宇宙間（峯云起手變幻）獸蹄人足
皆重繭難奈道路太間關（淡云奇致）帝命巨靈扠山骨投之
遠夷與裔蠻（篠云故設奇想結出蜃樓亦蘇氏家法○又云轉句分段整整不亂）猛然挾
去東海側霾沙千日波濤黒謂是尋常鱗介都何知海
中有神域神龍一喝巨靈驚倉皇卻走歸故國山骨遺
去碧波中千年不崩勢穹窿堅巖崢嶸鐵花紫上有鵰
巢下蛟宮猶把丸泥封函谷西潮東汐不相通（峯云始入於實
地造語安詳）防洋播洋隅千里舟路來往必經此繞焉三百
里而逶穿焉五十里而邇古來無人唱奇謀篙師柂工
空切齒豪哉嘉應之外家不堪一日無事過遷都築島
猶未已不患才多患擢多（峯云數句堪奪姦雄之膽）鄴渠鄭渠非所
望漫慕煬皇引汴河乃催萬夫浮千舶揮斧鳴鎚鑿耆
驍豈唯威令行人民竟見斬鑿及巖石碎山分海脉
通一條拖帶波光碧峽前峽後好風吹行帆相接夕陽
時（峯云至此語勢紆餘安暢贊平相國之意溢於言外）安坐得過是誰力當年豪
舉今口碑猶有佛蹟映千世沙頭一箇相國祠君不見
御堂藤一位創寺遺言囑賞賜又不見關白豐臣公鑄
成大像供佛寺肴到平相利後昆始知渠是等兒戲（峯云
比事得倫可謂史筆○篠云老禿可服）

放魚行

寒聲淅瀝船頭雨淡影空濛海上山篷窓半掩帆半卸
客子生愁舟子眠濕薪寒俎空横座冷鍋虚廚久斷煙
未具午飧日將晩二十餘人腹枵然一霎好風如有意

吹送數箇釣魚舩漁翁指魚誇價賤千頭不値百文錢巨口纖鱗形谷異赬尾殘濡狀可憐此時誰不思一飽手閙籃蓋口流涎有客買魚投海去親觀洋洋圉圉焉舟人相視皆驚絶或識其痴或其顛芳名千古傳身後不如一杯醉生前我徒非妬嘉魚活君獨不學季鷹賢（淡云對偶絶）卿言大好無可對吾意竊在難復旋雞鳴不為善孳孳狼貪忍作腹便便饕餮徒使膏粱糜几俎漫逞生死權殘骨遺鬐空𢿱地厚顏靦面不慙天偶然因有斯心感足矣敢望彼名傳君不見西海之西北海北驚瀾駭浪渺無邉鱷魚鮫魚把勒亞（魚名）體如山軸頭似巔霞舩吞舟太容易食人猶人食小鮮丈夫成事宜豪爽莫將齷齪過壯年須擒巨魁供飽喫何向雛鰤勞割煎衆人聞之皆一笑此物得活應前緣得其所哉魚已杰失吾望矣子亦偏（草云善謔）長論雖善不須聽仰見晴月一痕圓（淡云東坡亦有放魚詩○藤云坡公畧泣詩之流亞而其詳畧得當則我不知也）

鼻扶

連山開闔列屏風海水一條排麓通不覺舩從何處入唯驚途向此間窮（筱云輕妙不費力）

妙天容似傘𢿱長峡浪勢如花散短篷應有浮家忘世者人烟数點起蘆中

鞆浦

街市依沙岸笙歌到處聞繫舟庭樹動翻袖渚風薫晨爽烟靄宵明月二分從來文字飲不用醉紅裙（藤云呂黎此中興亦不淺○峯云七八近腐）

晩登泉水寺

不堪舟居窄出蓬步幾巡偶逢好風景如得良友人小邱似鯨背突然起海濵古寺挑其上縹緲隱松筠（筱云好紀行）飛雨霞外霽夕陽海面均暝色耿歸翼沈光閃遊鱗（峯云帚掃妙境○草云庚開府鮑參軍）滅没人馬影空濛道路塵清磬出孤嶠屺雲（加）入遠津晩風吹鄉思獨游易傷神明日向何處搔頭歎羈身

發鞆

回瞻朝發處一半入雲無天末三蔵現濤頭七島孤杰雷風所命生死棹相扶（草云奇警○筱云生死悲太過）勝地難長住依羨釣徒（峯云無味）

自多度津至松尾

船繫沙頭石相離波浪聲松陰憩蟬畫塘上度鳩晴（筱云創語有力）人賴神為産市因山得名欲求投宿處隅水有涼棚

夜登象頭山

晝間登山衆所好夜來登山衆所笑世人唯知愛繁喧

吾徒却愛觀靜妙與衆俱樂在平生幽賞不必避人誚
白日頭上十丈塵何如良月一痕照月影凄凉水不如
千家閒似太古初遮莫靈運稱山賊長刀陸離髮不梳
吠狗遮人不肯人擧笻叱叱過里閭藤云此吠狗及下禪老走出將相叱同一碎瑣之事差加删削如何
總到阪下雲來候從此行程成步虚阪
傍飛流聲颯颯斗折蛇行千泒合唯疑異人嘯中峰前
澗後谷鏘相荅老樹森列將攫人寒藤瘦蘿互環匝糺
稍進行阪稍高人頭屢被樹根蹈嶮巖當路高兀然腔
中坼如百斛船前人已入蛇吞齏後人漸波蛛摘蟬尖
牙利齒勢齦齶衣裳咬破無一全巖根冷苔行觸足絶
驚道是蛟龍涎寒風攪樹樹身齊零葉墜菓多於雨栖
鳥離巣格磔啼狀在陰中不可覩峯云造語奇險使人毛起山鬼彳
亍現塔梢石獅獰惡倚龕宇回廊暗黒月藏光一燈深
沉認巖戸神爐香冷有餘馨孤心上殿悄然醒案上如
山堆人髻邦俗祈神斷髻獻之燈光穿鬟碎青熒老蠧啾啾叫凾
底草云恠甚一卷祠僧讀殘經拜終又出深院外依舊頭上
杉月青草云青字妙不讓報怨幽靈白之白字○峯云暗用蘓長公入峽出峽之首之意而前篇尤矜俊

朝登象頭山又用前韻

一陣山風鼓萬竅初如大呼後如笑客寤歌枕夢始驚
絃聲管聲無此妙不取朝山取夜山神發大聲相笑誚
閑寤日出纔尺餘山西未照山東照屐響帚響稍紛如
千戸街頭人起初提甕汲渠誰家女臨水照影催晨梳
五箇十箇販薪叟肩擔相接排狹閭始知兩遊難軒輊
朝景明爽夜景虚阪路風急雲形颯前狼後虎離又合
行人忽被雲隔遮雲中敲石相呼荅前人雖往却如還
脩径千回且百匝後人雖隔百餘步擧頭直為前人踏
憶昨猶渡海茫然身寄波頭不繫船疾走恰如擊石火
隣舟俄小於杪蟬今且阪路雖難進傾覆無虞心氣全
擧趾寧有巖石角低首喜無蛟鼉涎亂竹青蒼神鳥舞
瀑布飛邉常起雨千年不聞介斧聲松檜杉栢鷲觀覩
不唯老幹蔽屋〔虚〕空孫芽雛蘗皆堪柱林神叢鬼互因依
謾託其根張門戸神瓶花開朝殿馨花氣薰鼻宿醉醒
左控阿波右伊豫碧波映日遠光熒擁樹亭烟參差出
長路歴歴余所經望見昨晨發舟處山耶雲耶一髮青
草云輕鬆妙

象頭山上作

孤村覩月跨黄牛長驛踏花鞭紫騮緑陰鶯語眠晴轎
白浪燈光坐雨舟未如此般最奇絶縹緲來踞大象頭
草云起法見奇○藤云豈自坡公黄牛廟等詩來耶然其剪裁之法則似有未盡善之憾如何象頭非

象山也已形容彷彿自相似長街屈折扼咽喉老樹槎
枒列牙齒東麓坦迤如鼻垂西峯稍高成其耳人過鼻
西到耳東卓爾身猶擅背童峯云形容巧妙長嘯一聲山石折
千谷萬澗颯生風樹動雲走山似活恍疑象行入天中
峯云再拈象字多少波瀾天外微茫裡海白海外遙山一髮碧我家
更在山外遙歸心空託歸禽翩翩帰不見微雨來雨來
竟作蕭蕭夕峯云亦學蘇公

善通寺二首

忽然官道盡身在寺門前詩句無神助行程有佛縁徵
風起深樾陰地落枯蟬僧老形如腊跏趺數十年

一徑橫林外雙橋向寺前山門賣茶媼番客說因縁杖
響驚馴鴿機心憩蛻蟬海公遺跡地無樹不千年

善通寺浮圖

豫州石槌嶺可敵泰華嵩山根聞雷雨杖底起霓虹阿
州鳴門浦舟揖不通得怒濤翻縞雪險巖攢頑銅土州
地尤大水駛山巃嵸巑州屋島際血戰多遺蹤南海富
景勝平生欲探窮何圖過其地行程太怱怱昔時想像
處今日竟成空千里命駕者不得親相逢遂題凡鳥去
今與此憾同高哉浮圖梢寥廓無蔽壅何時魯般巧幻
構化人宮人坐雲背怯塔拿日足春歷歷四州地一齊

向眼供草云以下應前案石槌何處是參差出於東一點聳馬
耳知是最高峯鳴門何處是狀如千丈龍齟齬與山互
依稀與天縫土州唯一氣雲野遠微濛海處覺微窪山
處覺微穹屋島正斜照山青海面紅亂島立波際形勢
如虎熊似見源平旗千點泛艨艟所觀不唯是北畫播
備封藤云善狀地形矣古川清治兵衛復起必不易此言矣建塔大功德佛家所
尊崇吾人不識佛不諂不敢攻唯喜高梢上能有縮地
功雖未慊宿志所願粗已充馬微於蛙黽人小於蟻蟲
道細於蛇蝘鳥纖於蚉蜂如見茀針秀猴頭十丈松如
聞土蚓咽衆寺鳴磬鐘憑欄吹烟管下界白雲重臨地
隨咳唾大野飛雨濃章生浮圖句能驚白文公鳥飛平
地上人語半天中暗踏如穿洞初攀似出籠所言如此
耳豈謂能形容古今雖殊事景奇句難工筆未足盡語
語未足盡衷筱云讓語數句不必言痛快何所託絕叫答天風

夜行

池色如朧月村聲入夕舂篁間一星火猴上數株松腰
羸愁長劍途窮賴短筇忽疑征服冷身被蘿雲封

舟發多渡津

何處是黃巖青山一抹微好風吹不斷輕舸太如飛筱云
世張何不點三四兩點七八洲角猶過雨船頭已落暉依然思小酌

漁子得魚歸

鹽飽候潮

順潮舟如城濮未戰時舟是楚師潮晉師（峯云似不穩）彼避三舍不能校我進三舍猶欲追逆潮舟如鄢陵始排陣潮是楚師舟是晉彼壓我營張其營不許蹞步向前進以不與爭為我謀日午繫舟依狐洲鹽商米賈之所宅牡蠣墻接簀（碧）竹樓褰裳出舟登沙上欲行不行左右望誰門有酒可先敲誰廬有景可先訪望中認得野僧家夏木扶疎發晚花老衲厖眉白於雪自吹爐火供菓茶懸壁古畫黯似水乞我題詩出片紙詩中一字猶未安篙師絶呌潮順矣（藤云好結句但少覺蛇尾且末四句每二句換韵如何）

舟發鹽飽

避雨沙頭止揚帆迨日斜横覓貫洲鳥夕露逗汀花裸海因風立隣舟被浪遮前薇無數里煙際見人家

舟着田口宿焉

煙波江上使人愁此句如從此境謀石努輪囷新港口城尖滅没遠諸侯舟中樂（輋）成陳迹客裡言聲帯楚咻（峯云陳楚直對）腸斷蕭蕭微雨夕千般鄉夢一燈樓

登瑜珈山

夢裡蒼蠅鳴枕上青燈熄早行賽神人門外紛如織奮起吃館人咄嗟辦朝食欲攀萬歩山初踰一寸閾暖氣熨人膚雨意憑風力天東有陰雲黝然黒於墨如蛟如夜叉雜遝将來逼疇昔所見山一半被呑蝕日出雲努衰山近風路塞新晴使心勇擧足高而函偷伋繞樹根此為入山域同伴語且行不覺幾回踏松是宿瘤醜竹皆史魚直黄揚晏嬰矮蒼藤子玉愎（藤云此數句押韻似讀坡公次韻詩）〇（淡云比喩奇極）飛流過額揚栖禽被足抑磴斷鹿柴狐壁峭狐館仄奇葩互開凋陰窟簇神慝地濕怪菌榮苔深珍石匿縈紆出林梢汪濊觀海色白者唯去帆青處是遠國茶店四五家人烟浮澗側薄産依餅餻瘠田収萊菔何處是神祠樓廊懸南北金碧映晨光眩耀富彩飾猶雖隔一層未行心先得仰視前行人亦在中途（息）（筱云亦以坡公）

五月十一日舟泊下津井舟中無被冷甚不得眠作是詩

夕風瑟瑟翻纖浪千片萬片月光漾舟中疑是秋冬交冷侵四支洞五臟起欲擁衾衾亦無安得身上如挾纊不能一寸出吾頭抱膝愁坐如縲囚伴我不眠唯沙烏輕翅與月相映浮我能哦詩烏能噢彼此無心自唱酬岸上窓櫺幾千戸多錢客使長袖舞（草云湊合自在〇藤云長袖非是妓）車亦解使人流饞涎三尺（好笑〇淡云多錢一句化腐為新可喜）紅燭明燈奪月光堂

管未断又筝皷終宵沈醉内熱多酒痕汗痕盎背肚銀
盤盛水纖手擎斜倚妓圖漱餘醒左右争動氷紈扇一
陣軽風價連城知否孤客扁舟底飽觀冷月聽風聲篠云詳客畧主是老手段

水島

曽没千軍地今浮一舸過新潮生緑浦舊恨寄滄波好
月霞根湧歸禽帆外多悄然憑弔意無處不漁歌

自備中到備後路上

扁舟昨夜渡南溟衣上白波痕尚腥今日行程經兩備
麁田十里夕陽青峯云青字妙○藤云馬頭初見米嚢花之意○又云三字太新

五月十三日到神邉路觀薩侯過焉

青松挾路暮風清野色蒼茫已不明藤云起句善寫官道夏晚光景庭
實如山皆驛致里胥凳堠盡郊迎一條空際塵埃氣千
炬星中人馬聲峯云如畫○篠云二對善形容大諸侯別有書生荷行李
單身帶影度長程

途上

衣上酒痕兼汗珠流連幾月倦長途夏畦人集祠陰憩
午店茶當寺外沽道樾接村青不断雲山隔海翠將無
黎顔亂髪身支痩臨水自疑非故吾

海口散歩

畫樓前畔有垂楊繋得千舟錦纜長煙火微茫村雨歇
葭菼蕭淅岸風涼天邉島影沈何島蓬底人言分各郷
一片閒愁無所寓緜崎嶠上立斜陽

尾路雨中

客裡傷心處無如暮雨聲依微看不見濛霧断還生藤云三四頗嫌春雨○篠云三四不少嫌但無聲字耳萬瓦人烟濕一江鷗路平篷中
藏舊稿自圏自為評峯云得老杜之法
悄絶黄梅雨濛濛三日連晁霑方懶亍ゝ人倦却難眠磬
断雲中寺燈挑港口船篠云六句是夜七八如畫無聊何所慰片刻
亦如年篠云

遊浄土寺

梵宮何處在一逕上崚嶒午院蕭如夜寒厨閒欲氷松
姿癯猶健塔勢仄將崩誰送芳茶至東廂有老僧
下界臨滄海上方依碧峯棟雲霑貝葉瓶水吐芙蓉佛
眼輝昏室苔痕點廢鐘晚風殊峭絶一鐸響丁冬草云比之後西國寺等作實似常郎五字

送谷生歸郷生夫妻則同余遊南海者

此時誰不涙潜潜幾月追隨度海山路遠一千三百里
情親波浪死生間吾猶客枕黄薇地君已歸帆赤馬關
浦上鴛鴦恐相妬軽舟携得室家還峯云語意環合渾然無痕七律中之

最妙者

客中（時将訪松井氏）

汪洋纜盡又崚嶒海路山程幾渉登褁杖雲邊假憩呑
讀書篷底乞漁燈三旬日月如彈指千里家園入枕肱
明旦不知何處向牡牛關畔有良朋（草云摠説客況自然渾成可誦）

宿松氏晩香堂寄懐松郎時郎西遊在余家

我在君家君我家南豐西備各天涯長空杳杳鳥飛絶
望眼都被山海遮君家接海我家嶺林風汀霧夜森靜
殘月初落鵑欲啼兩地殘燈猶耿耿君夢東走我夢西
山驛水亭路欲迷淼茫三十六洋際天水相拍無端倪
彷彿赤間關外路兩魂徘徊忽相遇一聲驚濤響枕邊
紅暾杲杲出汀樹（草云得好題然後有好詩○藤云巧而纖但前三解每解首句似板是為可恨○篠云一解言自二解言家三解言夢是作者苦心恐非板）

呈晩香堂主人

砌淨階清藥草薫市聲雖近不曾聞篆煙微雨殘春寂
棋局踈燈靜夜分曲裏洋哉調鴈柱吟邊舟楫入鷗群
（篠云舟楫作夢寐如何）我來多謝逢迎厚高義由來欲薄雲

遊西國寺

自我來尾路已經三四日安坐能幾時栖栖曳笻出此
間有名地無處不探悉所遊者也而寺居其七狂狷被
人厭相容誰如佛我歌君不乞君黙我何詰堂前栢樹
子已枯蕭瑟刹剔題新詩墨痕薄髣髴西風冷然來技
戰字難畢禪老謁樹動走出將相吡視客着儒冠微笑
返精室我亦尾其後方欲謝前失無遑申片言拍掌供
菓實坐久天將晡寒日低在膝我來僧不拒非強求親
暱我去僧不留非強示眞率淡交與水同自異於俗物
自今長往還因把詩為贄

千光寺觀山下群帆

南軒頗爽明望遠神横逸何物足奇觀舟帆列如櫛背
風速於騏向風遲於虱雖進又退歸柳患遇三點左迴
又右旋季氏舞八佾互爭先後進傍人觀蚌鷸兩接舳
艫止親交合膠漆倏乎百處會群蜂釀崖蜜忽然四方
分幼童落懷橘小往而大來筮則泰卦吉前者俄被及
應行縮地術或疑滅膚時楚子急乘駟後者頓不行有
兔罹罝畢又疑吾下駟與彼上駟匹來攙聲稍近牀根
聽蟋蟀太牆影已小犢頭露繭栗前後成排行猶師出
以律錯亂盡忽忙似馬驚侵躍千状雖不同去來與遲
疾遐邇與後先多少與踈密可觀不可知可知不可筆

遊千光寺（寺有大石數十）

維石巖巖見山骨有僵有横有凹凸誰驅虎豹貘狼巢

排為僧佛雲水窟流泉一脉繞谽谺老樹千枝撐突兀
香閣斜懸壓吐樓晨鐘稍斷臺呑月衲子常愁俗緣侵
不使悟心得開發 天公為設鐵門關肯聽塵客容易越
不是探勝心至深何堪數十百回蹶唯恐山震一拳飛
生死之間不容髮俯而降者俄被劓仰而登者頃被刖
草云劓字入詩鬧齆劓天狗之後不復多見呵呵 遠人如蠅點石苔近人如蟬
度木棧若就陷處為搏壘聯句行做金谷罰若隨窪中
為茶竈有人或來論直突若恨酒酣樂舞無乃把尖者
為干鉞石腔已過踞石頭空洋一碧觀溟渤歸禽涵影
浪頭平去槳轉聲洲角闖遠來登登拜佛人每至寺門
先自歇鮮衣裸臥木魚前火雲㸌㸌日未沒佛兮莫尤
下拜遲我今如此難禮謁行應盥漱敬燒香君不見作
祠先揵驟 草云奇結定有法○藤云君字刪去如何

雨中發尾路

冥濛黃梅雨零落青野霧人出雨邊村風度霧中樹園
歌何荒凉馬意慘不驚行潦侵野堤無由覓舊路千泥
鷺鬪鬪擣波浪怒人客易銷魂況逢雨天暮長路漫不
黲紵蓑萬礫嚙芒屩迢遞秧際徑喧豗柳陰渡飛戲鷗
盡困脚難疾步疾步非歸家到處亦寄寓倦餘投田家
心喜如脫捕一睡吾事畢有酒不用具

雨夜到蓑越

野色冥濛月未昇尤愁石路有高稜惱心最是天涯雨
入望影唯雲際燈 草云倒裝亦好 馬磨半盂纔待飯牛衣一夜
枉相仍更深門外聞人噪水漲長堤方欲崩 草云實境自在才鋒筆力不必於雄篇大作見之

夏日江亭小集

孤村臨古渡小屋翳叢杉美㰗蟬聲治幽花蝶意饒遠
雲迷亂嶼夕日遞歸帆且盡瓶中酒凉風透暮衫

東遊稿卷之二

古今體二十一首 係在菅氏廉塾時作

賀茶山先生八帙三首 篠云壽詩難着手尚能往往出奇

棲遲不復接鵷班黃葉夕陽村舍閒一世人皆瞻北斗
萬年壽可比南山 草云是人是題不可無是聯 詩居唐代瘦寒上品
在漢時君俊間峰 淡云茶山定評○云茶山小傳 侑酒何勞陳下物杯
心初月影彎彎
樂山寧獻在山隅聽鳥觀雲足自娛養護精神到鮐背
釣陶弟子出鴻儒書雖滿腹猶貪讀杖姻傍身何用扶
祝壽不須勞畫客宛然南極老人圖

壽宴閑來集講堂春花撲酒滿筵香坐間有客貽鳩杖
世上無人敢鴈行至寶誰知楚和璧高標獨夸魯靈光
夙提牛耳文壇裡更以餘閒王醉鄉

廉塾

近池苔色麗壺地柳條長一雨過庭上書窓三日涼

贈菅百溪

昇平二百年治典唐虞似獨傷學士風近時頗委靡（草云
（何獨學士）名流雖云多真儒却少矣世人所欽羨我心竊不
喜所謂温尋人多是偽君子區區老一經謾與程朱比
哆口論典墳饒舌説性理自處何過高恬然不知恥心
賤詩文章此是小技耳拋去經濟策功利我所鄙（峯云蛇如
（視其人）其心極陰狡迎人陽倒屣應接甚遜恭端坐且正
視揣摩知人心護短顯長技以偷一時聲有譽而無毀
所謂英才人多是放誕士非無詩文才傲然常自恃衣
服必袨華飲啖必甘旨一生誓古力喫與着而止奔走
貪貨財所行安鄙俚持錢乞字徒門庭群如市主人掃
硯翰逌然隱烏几五金書一絹十鎰畫百紙辛苦所營
求擲（來）付娼妓（草云此種人何必置諸齒牙）世儒之所為往往皆如此
（淡云世儒弊風論品殆盡）子也名家亂鳳翔又鸞峙美德如瓊瑶才
華似桃李讀書風櫺下養神芸窓裡支頤看遠山歎桃
聽流水循循導生徒先自修身始（草云可欽哉）是我所欽欽
相逢逮已疏安敢居鴈行只應請益起所以露心肝愚
才不自揆陳吾惡與好欲質非與是

紀行詩呈茶山先生

少年須作千里遊家人尼我我不留一劍雙鞋出門去
雄心發颺鷹脫韝緩步不知長日暮夜越山腰到山頭
山頭乃是雲山國（地名）險路濕泇而荊棘風撼老樹飛雨
聲滿地橫雲黑于墨行歎無燭光止歟作狼食山峭溪
急石棱高天局地蹐心胸塞一穗燈影閃雲根喜見前
路有孤村走而就之茫無在漫草深深泉響喧始恨妖
狐相戲弄謾吹陰火照空原幸遇樵人歸自市留我一
夜宿茅軒曉來雨歇溪聲靜早起追遞度諸嶺晴鳩一
聲濕雲崩滿林竹樹散疎影東窮連嶽到海頭五日初
傳扇城境扇城以西多友人留連幾家滯一旬朝撈祝
浦之文蛤夕釣太滿之紫鱗海邊四月風光好晴日艤
舟遊禹島嗚呼雄膽是何人議築長防絶波道萬艘運
石投洋中濤逃浪遁迹如埽魚龍紛虀鱗介堆防高百
尺類天造禹島西厷是小倉帆檣相續海為郷婦人以
頭代肩擔頭上累累戴圓筐筐中高積魚蝦類行歌販
鬻街路傍一帆輕風渡揶浦到北方盡九州土風靜日

斜海遐波断霞半空収残雨逢䠷于洲満洲邉懐古錢
回問漁父前岸乃是赤馬關長街蜿蜒萬餘戸赤關繁
華所夙聞満路士女紫如雲北傍山脚南枕海人家如
帯占中分南船北船皆估客唯觧絃管酔紅裙扁舟各
招歌妓去軽風吹散蘭麝薫落日港頭千帆入海波感
作綺縠紋漁歌聲没菰蒲裡老蜃向空吐紫氣眼前風
景如此好無人哦句對夕曛偶有詩客來畱滞薄倖又
學杜司勲（淡云青衿往来此關者宜以此二句為戒）東街盡處有古寺源平
決戦曽此地折戟沈沙求不得只因冊青懐往事（寺有源平争戦圖）
覆宗産禄何足論（淡云産禄比擬得倫）恐使龍顔作魚餌洪
濤蹴天如馬跑彷彿當年千萬騎五月三日天氣晴海
如青銅千里平買舟晩辞赤關去愛聴柔櫓剪波聲西
岸林巒移似走無数島嶼森相迎俄然天曇風力猛蓬
前咫尺雲霧横狂濤颯似山嶽倒舟人相視䰟魄驚匉
訇大響廻天地澎湃雄勢闘鯤鯨帆飛恰似脱弦箭此
躬恐為海若牲衆人輾轉如丸迸舟巳左欹又右傾上
關中關下關際三百餘里一時行（峯云寫得妙）夜半風収泊
孤島始喜此生復再生晨厨炊飯呼人起夢醒恨儋猶
似醒両箇青山相向峙其中一條通海水南岸北岸皆
人家両地之間半里耳南曰上關北室津紅樓朱欄各

競起南市燈光北市明北市絃聲響南市（淡云寫上關室津筆力尤至茶山所以愛之）
我舟待風風不來枉泊其間三日矣三日之
夕又得風理檝揚帆太忽忽行到嚴島天始曙朝暾浴
波千里紅島中有市據山麓人煙惨憺出幽木明神祠
廟突兀高冊人拝神皆登陸山秀地邃泉水清祠古樹
老人心粛樹梢衆猴遊街中群鹿伏土人相馴不相猜
投菓食猴紙食鹿又催篙手向前途回看嚴島似仙區
海雲山霧縹緲裡碧甍粉壁互有無唯疑蜃樓海市起
天半自非巧筆難畫圖却恨名山秀水地不伴米顛與
倪迂晩來天陰海面白冷雨撲篷轂策策泊舟孤島蒼
巖傍此時風歇夜森索杳渺如聞笙笛音波底知有馮
夷宅一陣冷雲推不開人被雲壓覺舟窄天地深黒如
墨濺不分千里與咫尺鬼語喃喃出水行燐火千點百
點赤或如朱血殷或如琉璃碧有乗風而奔有與波相
拍近者参差隊自分遠者閃熒光互射彼皆海中溺死
徒長託滄波作窀穸盲風怪雨無朝昏老蛟悪虬呑精
魄東方漸明渚禽啼燐火飄颻去無迹朝來温酒炙鮮
魚満目澄清霽景初雄風浩然自西至帆腹便便一時
舒（峯云便便二字下得妙）嶒州忽出蓬窓側其際相距百里餘島
迎嶼送不知數痛快寧顧酒樽虚南岸有津名多度人

家一半架海居街中行盡得郊路行到松岡天始暮此
處近接象頭山奇峰突兀吐雲霧山頭自古有靈祠神
威明明賜福祚我乘月色直登山捫藤攀蘿傍巖步泉
逬苔滑石亦尖十步五步一回仆蹈踸長蚪跨巨蛇月
影婆娑千年樹路入山陰轉深沉危橋臬臬不可度常
夜燈殘半在亡屏氣怕奥山鬼遇上殿拜神心悄然鈴
索聲寒棲鳥宿此夜投宿山根家夢遶澗溪弄幽趣天
明放舟發西灣北向將遊瑜珈山風軟波平如鏡面天
末微茫露青鬟漁舟得奥知多少棹謳方破煙波還悠
然又着黄薇岸振衣先登步孱顏瑜珈山色太明媚松

瘦苔老脱塵褱廟與象頭魯衛也景比嚴島伯仲間題
字客來苔色剝焚香人去鳥聲間我性醉船如醉酒此
行已厭船居久西経中備到笠岡奮然棄舟且陸走昨
出家時麥猶青已見刈獲畢千畝街東街西打麥塵三
人五人互作偶傍有簸于箕又有舂于臼憐彼炎暑中
辛苦無游手（淡云尋常景物抑入鄭思化無為有）我輩間遊過三旬須愧
村夫與村婦西行海盡山水奇連峰拂天碧參差荒烟
澹合水上竹黄葉山下夕陽時知是茶山夫子宅讀書
聲出小槿籬數樹垂楊藏小屋一條流水入清池先生
猶似深山玉不願人知人自知心胸闊兮呑雲夢節操

高兮凌須彌墜統續來窮性理文場占去建旌旗德化
鄉閭人讓路教齊家室婢諳詩我行探山又窮海經盡
汪洋與嶮巇一自相逢驚廣大海如蹄涔山如蛭先生
近在病床上余亦罹疾腫四支彼此有累難頻謁倦臥
空使長日移病間偶問途中事十記三四六七遺且陳
所見消閑暇為我一呵刪瑕疵（菅云長者不厭益長詳者不厭益詳請附漢数）
（十句更佳）

六月二十二日夜夢遊山寺有僧索詩乃賦一絶
覺記二句續足而為全詩

滿庭苔色冷斜曛繞砌清泉[illegible]派分禪老不知塵底事

底獨吹烟管起山雲（轉結夢中所得○筱云此老不禁烟必是快僧）

廣塾逢添川寛夫

去年君作西遊客千里枉路訪吾宅記得花溪溪上橋
共步月明江碧夕一自君向火國行冥鴻杳然無蹤跡
今年我作東遊人飄然來滞神邉驛何圖君在菅子家
邂逅相逢宿愁釋此行幾處閲青衿曽無一箇有風格
若徵君來在此中我興亦應太蕭索譬経千山萬壑間
瘻木僵草互狼籍忽然雲澗斷橋邉一枝梅花横絶壁
（筱云妙境在使人樂讀不在長篇盡言）契濶談長忘夜深西窓落月残光
白亂帙堆巻縱横中不解衣帶眠君席夢返故郷歩花

溪又弄月明與江碧

送青木翁之松江

我鄉有溪無緩流沙石參錯不可舟君鄉有海無湖水
風濤險悪使人愁共君為客遊千里亦復傍山浮海耳
途中所遇無絶奇出鄉猶與在鄉似聞說松江碧雲湖
土地明麗如畫圖落霞孤鶩秋天遠長烟一空皓月孤
君今迂路探彼地我尚停杖留西備相送百步纔出門
我神已落湖上村平生知君丹青手精妙不居古人後
請君為我歩湖邊直汲湖波拂畫箋落霞皓月多少景
一幅收取投吾前包括全湖來一室巧於長房縮地術
我歸我鄉觀此圖君歸君鄉又把筆乃使山鄉海鄉人
各如移家在湖濱

與添川寛夫登茶臼山三首（筱云三首有次第語無重複）

雲太遠天青林巒媚夕霽茶臼雖不高姿狀殊明麗嫩
草掩其巓峭蒨簇遠翠西村矮竹上突然如人髻緩歩
携同袍登眺致我思曲折石蹊深次第溪脉細絶頂頗
坦平寥廓四無蔽埽苔踞石頭萬象供孤眥神魂如餓
鷹遠飛不可繫（淡云神寃二句學徐青藤）總度北林梢又入南岡際
郊原千種景一一俯可指山後與山前先自何處始塘
光遠地白夕陽高處紫田家方夕炊林際煙火起倦鳥
投深梟歸樹渡淺水獨木橋横蛇群走人閙蟻白雲起
天南親舍隔千里如何思鄉心忽生蒼茫裡牛山泣景
公峴首慨羊子古今登高情誰又不如此（峯云登高之時往往有此）
情
暮煙薄欲無新月淨如浴獨立碧岑頭顧影瘦於竹峭
風自天來將使毛髮縮快哉此時涼暫忘炎暑酷晝觀
壯可誇夜色清可攬一游并兩奇得隴且及蜀歸去過
草間冷露湛霑足長嘯震空林虬蛇無我毒郊田何渺
漫風吹稲相撲聯句忘路遙穿破萬畦緑（淡云長嘯二句壯語）

和茶山先生書中乾胡蝶

自埋粉翅已年餘一片清姿映紙虛（淡云映紙虛三字形容得好）薄
命曾傷花落後香魂應動月昇初擇隣寧傍蠹魚窟遺
蛻空粘蝌蚪書剩紫殘紅相壓久子孫猶守舊田廬

夏日廣塾偶成

新秧葉杪夕陽紅四野農歌傳遠風午夢迷迷千嶂外
丁年徒送一窓中蟬聲在樹高低和竹影連塘上下同
鎮日讀書無所得香煙消盡冷爐空

臥病呈林一藏時一藏亦臥病

久與清風濶几牀皆似焚斷雷猶遠雨斜照又崩雲竹
葉成陰暗蚊聲未夕聞他鄉千里客同病最憐君

恭敬君忌祭

孤墳何處是鷄酒欲相尋雖不知其面豈無傷此心荒
碑苔色合蔓艸露光深莫道長埋沒流芳在藝林

霞亭君忌祭

昔年聞盛譽其奈路三千及我來斯地見君歸彼天裁
蘭表遺塚摘菊薦寒泉若得逢王弼可能重語玄

夏日晩景

倦鳥各求涼搠還遠鐘聲断水烟間一時陰霽難分處
雨與夕陽爭半山

病後將遊備前前一夕留別桂寮諸子

詩囊藥裹互相仍小室夜來猶暑蒸看病具杯皆好意
推君挽我是良朋林聲淅瀝三更雨人影蒼凉一盞燈
同坐寮中唯片刻天明泛海逐鯤鵬

又次前韻呈伊藤賢藏（仁齋六世孫）

藤家學業自雲仍文采霞飛又霧蒸詩酒我嫌東道主
驅驢君得遠方朋遥遥截至過江雨煜煜光深隔竹燈
更泛扁舟南海去好將遊跡擬溟鵬

將遊備前賦此別菅百溪

及過斯地偶然留相待情深忘客愁燈下談論知幾夕
天涯歲月忽新秋午涼郊路眠晴樾晩熱林蹊趁雨鳩
此去不堪行跡遠嶺雲備嶺望悠悠

東遊稿

坤

東遊稿卷之三

豐後　廣瀨謙吉甫

古今體六十四首　係發廉塾遊備中備前讃岐時作

閏六月五日發廉塾

瓶花開新英芳妍不耐久積薪吐嫩芽凋萎如反手（峯云）

他鄉得親朋安能長聚首初我來此中新知幾誰與（自在）

儻多異才規諍冨益友有呼我為兄感其極謹厚有呼

我為弟喜其善導誘呴濡未五旬我又事奔走藤食理

行裝殘星猶在牖細颸度曙空冷露浥高梆送者不過

橋送心隨我後煙霧尚微茫天地未分割不辨西又東唯

判左與右如聞泓瀬聲知稍近溪口如見蜿蜒影覺已

離堤阜日出遠望分山川林郊數快霽悅飛禽淸瀞映

浣婦驛荒無肥馬村僻有豪狗渴時難進步熱路不宜

酒預卜前松林中有陰泉否（筱云別意旅情湊成一大作但無輕重詳畧可恨）

到大槻氏

膝有詩箋手有觴欲題欲飲引思長雨將降處蛙聲沸

風稍來時樹影忙醉裏不知身是客倦餘唯覺睡為鄉

欣聞爐際茶甌語滿耳颼飀滿鼻香

宴大槻氏此君園風雨大至欣然成詠

苜酒芬芳散客愁曰歸人為厚情留黑雲降嶺來侵座

白雨盈池忽逆流永午一天茫似暮俄涼六月颯於秋

（草云爽涼襲人○筱云事快句亦快）此時快意兼幽意簷滴聲中獻又酬

此君園

參差湘帙案頭橫瓶色硯光寒且淸因是好詩兼好客

雖能逃世未逃名禽啼滿地晴松影人坐空庭秋竹聲

一日真成如兩日誰知此處乃長生

與光太讓吾捕魚

屋頭一鳥聲夏宵忽已旦單葛兼微涼徘徊東川畔夜

來前峽雨水滿板橋斷孤舟無人乘繫在獨楓岸浪深

網聲恬遊魚未及散欲擧未擧中觀者心忙亂鱗光閃

初陽網間水晶爛縱横奮或飛張口似欲啣前魚僅寸餘後魚剩尺半大者數十頭小者難盡算始唯籃籠収後竟楊梆貫妄殺天所悪吾徒固冝憚遊戲為之耳得失何必判筱云杜蘊大家有此理語故能使全章輕佻虚往實而還相視一笑衆携來賓舘中晨厨未終爨

大槻氏父子送余到川上時霖後大漲

別離逼今朝歌舞思前夕燈下有杯盤拋邉尚有核客起在西廂託僮理征策主坐依東楹敎婢拂晨席家人呼狗來與食命守宅客怪問其故摮家欲送客客向主人言相送果何益再會豈無期珍重唯自惜主慘如不聞客辭殆及百終尾客後來迤邐度堠驛驛傍有巨川滿目嫩莎碧霖雨添漲痕遠勢連皐澤雲光迷和涵風響互翕闢出山又入山窈窕百里白涌波翻游鳧猛聲轉底石荇葉棲樹頭浪花毆人額大魚瞥飛跳矯鬐似揮戟或如白羽箭縞鱗自亂擲客觀之心沮將行頻踟躇主覯之色歡抃掌謝河伯淡云主人厚情可想畱客術雖踈畱客情猶積水哉何多謀成我留客辭君豈得輙過水方深八尺勿妄輕性命休好陷艱厄不被犬石咬必為悪蛟獲可復還我家君去欲安適非無水落時何用自窘迫援衣不許前竭辭苦相責客亦如不聞憑岸闞川脉回頭謝主人已知君心赤夏天少快晴雲容多變易今日已寘濛明晨亦陰霖不如速別離莫為情緒役我今雖不行離恨終難釋一躍上渚舟篷破水相拍征人已飄飄送者猶嘖嘖草云情辭懇摯演得如覩斜渡緩而遥直渡急而窄寧為遲而順不從速而逆亂石擘舟底噴浪生极隙不厭勞股肱幾回失魂魄舟膠聞沙聲飛身上岸脊主客尚相望唯認頭上幘向來多言談稍稍成陳迹行廮千山重今已一水隔淡云一幅送行圖○筱云曲盡情景杳山亦不能如此

路上

荒亭連古堠村盡又逢山終日蟬聲裡有時雲氣間幾回芒屨換萬點汗衣斑偶得清陰地踟蹰腰搊刪筱云滿腔詩思何須踟蹰

備中道上寄懐青木翁在伯耆大山

頳雲遮雨雨難泄熱如洪爐爍金鐵前亭後亭午景蕭道無隻影行客絶莫怪人顔烏樣黧色見地皮龜形裂塘枯生草草亦枯觸鞋癯腊皆蛙蛭筱云寓久旱狀句句不凡使讀者亦喘吐舌汗衣滴如雨中簑一斗浩然湧毛穴想君高枕大山巓忘却人間三伏節杉陰篁翠霧窓寒蜩韻泉聲風枕潔千巖萬石秀眼根晩醒飽喫太古雪彼此何計得領貽一分寒與一分熱冥鴻影没天漫漫備雲伯山相

思結早晩樽前應相逢兩地光景從頭説聞君話處粟
生肌陳吾語時喘吐舌 草云把弄寒熱二字實奪造化之手
高松 清水県自叉處
天命將歸猿面郎敢辭一劍伏秋霜穎川水滿援兵絶
淮堰坊堅敵勢強竈底産蛙思昔日墳前下馬弔斜陽
野流依舊環殘壘遺恨千年孰短長
啼鳥遊蛇古壘空荊(榛)滿地緑濛濛城餘三板晉陽難身
殉七軍龐德忠 峯云所謂曠千歳而相感者 妖氛連衝終賣國猴精
窮冠却成功誰將椽筆脩青史本傳應居節義中○
吉備公墓下作

生播聲名到赤縣死留邱墓罷黄備 筱云到罷二字皆作於如何 朝
庭夢寐急求賢中古天為生國瑞雖有斯遇無斯才
雖有斯才無斯智遇與才智一身兼在古人中亦一二
淡云為備公吐氣 少年遠為留學生該覃衆藝研典記齎歸弓
箭禮樂書學成珍於所齎器幾人能為國家光前後豈
無遣唐使創議耕戰策治安此是賈誼董生志諫臣一
朝為叛臣譏指公名為佞媚滿朝卿相如發蒙獨有長
孺堪妬忌 筱云公恐無長孺之剛 公為立祠薦蒸嘗魂若有知應
悔愧晉之(陽)甲以叛書此是劉隗刁協地東宮學士乃帝
師天寵優渥飽賞賜揮鞭立成怡土城儒生自能堪將

帥莫怪嘉猷不多傳知是諫草焚皆棄 峯云下得婉約 使人羨
望使人欽此是疏廣植榮義先暨怙恩動干戈誰不相
視心肝墜公獨指麾不失宜擒鏖逆黨殄族類策無遺
算眞大功八陣九地元神異小子既誅何速哉此是敬
暉彦範事女主當朝垂衮衣廢黜嗣皇還容易賢臣放
逐偉臣多又見懐義威焔熾一片忠愛不忘君非苟嗜
祿兼貪利自甘名汚道乃亨此是婁公狄公位 筱云四句動人
峯云本邦中古問禮唐室故事蹟亦往往有畄符者此件數句作者最苦心之處而語極粹純之 有墳屹
立官道傍土花苔暈侵碑誌寧無蘭蕙吐芳芬肯有狐
貍託精祟英靈宵泐覩無由長雲綿冪雨四至雲歸雨

盡暮岑青一痕鶴影點空翠 峯云讀驚 如千秋公案如何定
青史褒貶多倒置公豈張禹孔光流長江一曲永為累
畢竟休嗤塚中人枯骨猶能致清議微公當日訓典墳
今日誰弄此文字 草云補裨名教之文字眞自墳典中來可敬○峯云議論精確可抵一部
正史○又云吉備公之靈得此詩可以無憾矣○筱云褒貶不拾人唾餘有袁小倉之風然兄推尊公者其主
意在結二句耳○淡云結句千秋定案
聲名到赤縣 水史本朝學生播名於唐者唯眞備阿部仲麻呂 留學生 公靈龜二
年為留學生天平七年歸獻禮書樂書曆書云云 諫臣 天平中藤原廣嗣上表訐玄昉及公遂及 公
為立祠 公立廣嗣祠歳時祭祀 東宮學士 孝謙在東宮時公為學士授書 兇豎
藤原仲麻呂反公召入參畫軍事 八陣九地 朝庭差人就公指麾部分甚得其宜旬日事平

学八陣九地結營法小子既誅武后語青史水史公賛曰師傅之恩既隆而君臣之義安在
哉考其設心處特張禹孔光之流耳

晩到扳倉路上

行程日落尚悠哉踏破芒鞵已幾回頭上孤雲何處散
林端初月此時來荒涼馬語風披遠雜遝人聲夜市開
不用疾奔前路去備公墳下足徘徊

到歡喜園

平郊一抹暮烟斜夾路青秧帯露華茅舎竹籬三四十
讀書家是主人家

吉備津宮

千年血食薦芳芬皇胤神孝霊皇子祠堂所夙聞不似吹笙
無事實應同后稷有功勲元戎十乗親王旆京觀萬屍
娘子軍想像威靈尚巡按西風吹送出雲雲水史崇神帝十歳九
月武植安彦與妻吾田媛反狭芹彦邀撃吾田媛於大坂斬之殲其餘黨尋往西道巡按諸國狭芹彦乃神也
○奉命誅出雲振根

岡山

流連次第近京華酒美寧疑酒量加筱云備釀已加量公幸不飲冊釀也
晩汐通渠三十里夜燈成市百千花自非邦禁寛於海
難得羈心安似家一醉不知郷國遠夢歸山館摘新瓜

寄題某氏江亭

一生人在浪花間眉宇清寒映碧灣淡云亦似菅茶山一輩人物殘
月鶴歸松影動晩烟鷗去暮聲間姓名流似門前水草
稿高于窗外山載酒何時得相過醉猶酣處上舟還

呈萬波醒廬

満室清風拂拂吹庭松砌竹影參差牀無上下交情厚
膝有却前言笑移問字客從千里至耽書心只一燈知
大邦世出名賢士不獨蕃山傳口碑

呈小原梅坡

目撃由來道乃存偶然相遇却忘言當年久矣欽名譽
何處遠哉飛夢魂喜到龍門千尺險暫留鴻爪一時痕

怨恨成別真遺憾情緒雖多未細論

客中書懷呈雲公

我生無識又無才相遇唯因詩作媒知己人隨遠方減
思郷心為近秋催黄薇採遍前中後滄海未成歸去來
筱云五六自長公一彈指際去來今來挑盡佛燈聽盡話塵機消滅似寒
灰

宿藥師院

孤燈忽然滅空廊墜鼠少焉復稍明如見大松炬飛
燐何邉來往還迷出處香煙冷於冰夢同諸佛語峯云新尖

閏六月十一日發岡山到備中連嶋熊益齋氏途

三〇八

中作十五首起一東終十五刪

白鷺田間水青秧郊畔風人雖奔似箭路奈田如弓（草云伶俐○淡云三四奇而自然）丕蹟蕃山叟荒墳下道公潤哉三備地盡落兩畔中

長路何時盡身邉一短節儒冠誰虎嘯客袖獨龍鍾夏圃勞深耨晴郊聞遠春半途頭欲白前去更千峯

已過林際徑更渡柳陰江土性宜瓜蔬田租雜藺種村多因樹屋人集有風窓驛舍還華壁提封知大邦

日長宜緩步來拜草間祠壁暗飢蚊噪橋欹過客危松杉畫猶靜精崇夜深馳又向前途去驚看笠影移

毛穴吹流汗滴聲如雨飛炎塊炙疲足晴日熨皺衣（淡云徐京鍾譚）藍葛無邉死池塘到處睎欣然時一望茂柳蔭凉磯

榮紆度隴墟逶邐出蘇篠三戸依汀渚一生唯釣漢波光清見底鷺影立窺魚（草云虛實○筱云二對皆自然）畫趣詩難盡風蘆凉葉疎

鐘磬何邉響沿溪得佛區新苔三四寸老樹百千株暑自山門別蠅當風處無詩成題古壁字字欲清癯

日色鋤光閃農人滿夏畦亭烟征騎飯村樹午雞啼古跡多幽處好詩須異題遥聞飛瀑響取路向山西

堠吏憐征客相迎借石齋餘醒宜倚柱假寐夢沾鞋（淡云予尤愛此第四句○筱云活對）鳥影爭晴樹蟬聲震夕崖前村看更好莫被野烟埋

衣裳重如此幾寸積塵埃夏色難長霽晩行愁遠雷横雲遮不盡亂嶂隱還來欲雨終無雨暑蒸如燔煨

長林行稍盡一路到滄津岸出波頭縮蘆偃風脚伸（淡云亦近中郎○筱云賈浪仙避舍）墾田分上下怪石祭庚申不習撑船去延頸遲後人

征人出豐草歸鳥帶斜曛遠望多平楚前程入好雲勝區如柳記流水乃蘇文行道將（兼）繙卷我心無所分

路轉背山根堤長到海村蠣牆明蜑戸松翠滴醫門（筱云尋常野景拈出成畫）洗馬晴渠濁市魚遥巷喧前途猶十里喘息望烟奔

倦脚千鈞重其如動用難柳迷官渡晩松古野烟寒遠火依稀見羈心次第安認來投宿處已在彼林端

欲問高人宅途逢野叟還斯須停竹杖及覆指柴關籊響簾帷裡厨聲燈火間（草云每能言到難畫處）主翁多愛敬已似返家山

贈熊文叔

耽書身許號書淫才氣翩翩志亦深夢寐多年初識面

水魚今日共論心月寔聯句江光裡風砌對牀桐樹陰
交孚酒濃羇悦薄（草云新）思家敢作越人吟

閏六月十七夜觀月於大熊氏

青天皓月十分輝海霧岳雲潛不飛坐久明林移樹影
話酣凉露透羅衣興來唯賞今宵好遊倦未知何日歸
林鳥夢成風又寂遠村舂響聽依微

連島晩歩

雲淹天末未能歸一片晩風輕且微縷縷遠帆過七島
遙遙望眼盡三微潮平月抱蘆根上岸矮魚驚人影飛
閒歩自憐醒後好滿身凉露夜裳輝

東方朔割肉圖

詼諧何曾無所規漢皇伉儷太睽離他年一讀長門賦
應憶先生割肉時（淡云奇構）

十四夕歩海上

空海不波煙渺茫蟾光淸白露光凉十年閏月幾望夕
（筱云十年恐是文政十年有如是例否）碧藻灣頭望故鄕
歩出西郊望豁然沙頭翠竹竹根烟納凉新月新潮際
寓目歸牛歸鳥邊

備中地藏院有李伯時畫觀音像一幅傳言文錄
中朝鮮役獲諸無為寺

蜻蜓雄風吹玄菟雞林無復舊草樹（峯云起得雄偉）群起屠盡
骨成山血流聲湯湯東路支那莫怙鴨綠深投鞭猶能
截江心滿洲休誇長白峭置鞍可以方山岑胡人絶驚
皆如醉神慟魂悸泣無涙誰敢一矢抗天兵念佛蒼黃
走入寺老僧向衆巧弄言汝徒休泣來吾前乾坤由來
有大劫一死一生皆宿緣忽聞門外千夫嗚和尚下堦
先亂竄西鬧東叫去無蹤颯似風驚墜葉散甲光馬色
破門來廣殿華柱皆躪碎放火焚寺灸諸佛銅鐘木魚
盡為灰（草云落想天外廣長舌）哉此圖為是名手畫錦囊重襲成破
壞萬里蒼波載得還舟中幾回發光怪再來經盡幾年
華流轉今在野僧家老衲不知丹青妙唯解隨例供香
花生時畫佛當成佛生時畫畜或為畜當年有僧唱此
言伯時聞之亦感服伯時骨朽彼九原千年難招已逝
魂或疑渠畫此圖後即心成佛與畫存玄菟一戰如火
燬玉云石云皆燬矣不是畫中魂魄存爭能全幅來萬
里我徒於佛無所關唯為名手再拜看顧見四傍諸佛
像狀貌形俗不堪觀生時作畫百千幅題詩大半屬披
谷畫如有靈應大笑君詩不當蘇黃儔（草云決非汗君流亞儔者）
不見海外立功皆武夫識字定同項籍徒猶能愛畫知
珍重如此風致今乃無古寺荒凉人跡絶佛殿不掃知

僧懶此畫雖存又誰觀空廊畫黒蚊聲滿

贈姫井省叔二首

松陰連菊影中有逸人居三逕棲元亮一邱安幼輿耻為農圃學剩渉苍瞿書晩坐芸窓下岫雲觀巻舒

談笑解人艱春容守我閒名疑儒侠際心樂畫棋間淡云打戸唯詩友入門都好山一樽留客坐小雨暮班班（前半照應得法）

閏六月二十四日向晩舟發安倉明日着多度津時添川寛夫西山子簡同在舟中作短歌六首

團如鳥卵天包水黒鰌背上殘陽紫杳渺歸雲歸翼間一眸不餘千萬里長風打浪浪亦危辛苦攀舟乞扶持莫怪人烟起波底潮自高高島自卑

頭上明霞餘幾片何來暮色蒼然徧天上星映水中星渠若相知相為眩如有物兮黒蜿蜒一痕遠浮暗浪間忽遇來舟載松火始知彼是島際山

寒火飄颻與浪翻次第相避去無痕舟過水島停難動怖道舟底聚寃魂當年戰跡何處覔棲鷗不語夜波寂

古來豈可少戰乎舟中之人亦詩敵（筱云滑誉恐失體）

蘇子膽遊赤壁時傍有二客相追（隨）憑弔公瑾與孟德兩遊兩賦千古知我亦扁舟過舊跡敢向前賢求匹敵唯有二客能工詩直將黄薇壓赤壁

稍到四更山吐月金波漾漾千片凸寒煙如練縹緲青前島後洲互出没柁工半寐舟不行我亦枕肱眠稍成俄然驚斷鄉關夢魚口如箕噴浪聲

檣上皷嚴曙禽啼朝日在東月在西巑山豫山參差出杳杳天向地外低風和浪恬悠然去唯喜舟行有神助前岸人家遠難分城尖一角烟破處

和片岡君所贈韻

迎客衡門鏗甬開蒼苔紫蘚満庭堆主人所好吾先會步自蓮花發處來

題琵琶溪居又次前韻（琵琶溪片岡君別業在焉以溪聲似琵琶名）

凸巖凹谷闔還開屋脊空青幾點堆獨讀陰符暗燈下四山風雨夜深來

書窓近接嫩篁開架牙籤（満）翠色堆月白風収森寂夕琵琶聲自遠溪來

琵琶溪居小集呈巑岐片岡君牧君陸奥添川寛夫備中西山子簡得韻江

客満凉斬酒満缸人才亭勝共無雙天涯誰料皆知己席上相逢各異邦談起風聲多在舌詩成山影已移窓欲乘餘興浮孤艇唯（不）恨小溪非大江

凌雲亭小集和牧百穀韻

君是當年蘇子瞻文才詩筆兩并兼舊遊幾月炎凉換（余五月遊此地既閲三月）新識四人談話添（四人謂百穀及子簡片岡三井二君）埽
御冷雲纏古帚捲簾積翠滴空簷天涯賴有名流在使
吾歸鞍数日淹

高田氏山向亭集得韻寒

荷葢盈盈露未乾雨過池面夕陽殘酒因較量千卮易
詩到論工一句難鳥影忽窺幽宴下山光遥映小窓寒
主人留客莫歸去擬看天東白玉盤

到山向亭分韻得滿字

水田亀折二旬旱日在頭上人影短汗珠有聲簌簌流
三步一憩不堪懶孤亭來訪幽樹中先喜空庭清陰滿
小園晝靜烏相呼有苔可坐池可盥主人能畫兼耽詩
亭勝亦同竹里館迎客登堂意何深杳酒芳茶樽又盌
舊知却少新知多談鋒太鋭酒令緩同窓聚首實須臾
明日雨飛而星散他年此會豈可忘雲山望斷思不斷

舟夜

潑潑群魚躍森森海氣腥風咆旋地軸浪立盪天星（草云）
豪宕遠處隨晴見危途怯夜經孤舟窓不掩歸夢暮山青
兒語起空溟峭風吹遠腥石華紛似雪魚眼晃如星行
止觀雲物東西證地經漁舟宵不返前浦一燈青
千尺深波上蛟涎浮水腥孤舟窄如笘遠火小于星羈
客祈神位篙士（工）忌咒経須臾天欲曙煙島一痕青

客中

千三百里十旬遊道路間關足遊（旅）愁重繭血殷同襪破
單衣汗涌帶藍流寒雲聞鴈江亭曉暮雨剪燈山館秋
北備南讃來又去此間無處不并州

自南海歸到大熊氏賦呈主人

西漂東泛跡如萍播尾讃頭幾度經袖裏雲霞降暮嶂
舟排星斗過晴溟酒痕塵垢身支釀蛟浪鯨波盥漱腥
此地歸來談不少松窓對坐一燈青

余滞大熊氏二旬主人寵待極厚將別賦此以謝

三十韻

肥遯黄薇地棲遅碧藻津聲名驅疫鬼方術擬明神淡
泊能安分優游且葆眞嫌栽花富貴細品藥君臣處世
甘中隱迎山為上賓梁鴻多内助扁鵲是前身二子雖
英傑三遷擇比隣讀書聲每夜對燭影侵晨好善猶飢
渇奨才皆鳳麟巷閭蒙教化頑鈍入陶甄所要唯鄉恩
其心期里[illegible]窮魚得水肉骨物逢春客喜延生客人
稱起死人（草[illegible]人而後同稍全壁）庀風吹我至半月與公親情熟

忘年老談多尚日新古鋒閒積悶胸際洗群塵攀攸聯
雲袂望江同草茵僧廬探古畫漁舍買鮮鱗長宴疊常
耻明缸杯幾巡微濤生茗鼎治火落松薪月沒青楓樹
露濕烏角巾星光涵冷硯蟲語湧幽窈鴻爪留痕鱸魚
入夢頻（草云奇）歸歟奈離別行矣各悲辛相思空千里共
遊緫兩旬始逢如舊識忽去亦前因遠送疎林下斜沿
沒水濱贈言真出肺把筆直銘紳夕照分過鴈秋波漾
嫩蘋乘舟從此隔懷抱向誰陳（淡云明而不冗奇而不澀得排律體○筱云聲律謹嚴然古體奔逸縱橫）

題括囊齋壁上

凉檝陰森掩草庵暑威雖烈不難堪淵明門外柳株五
蘇子樽前蕉葉三牀冷方懷風獨臥窓幽唯有月同參
墻頭遠近青山好此裡誰容作俗談

東遊稿卷之四

古今體四十二首（係自康塾到廣島時作）

河村元監日來問茶山先生病一夕余送之郊途
中賦一律呈

半月十來忠可知日持湯藥奉恩師一門才傑鍾天福（元監及弟道進皆有才名）三世聲名推國醫暮色蒼然君獨往秋光
至矣我先悲乘凉相送郊西路橇露橋風立少時（峯云似敘）
南

空園

日落空園草影長蟲聲如湧震低墻西風欲慰詩人意
吹發數株秋海棠

將辭康塾北條道進索余詩道進作送余詩未成
乃賦此以促之

遽然分袂憾如何爾汝相呼方琢磨我意欲歸非興盡
君詩未就患才多千秋事業蜉搖樹萬卷圖書鼠飲河（筱云用事親切放翁佳處○草云用家語甚切當）贈處元來無別語莫教歲月
等閒過

康塾秋夜讀書呈菅昭叔

滿堂凉氣雨新晴露滴簷牙顆顆清曉月竹竿千尺影
秋風木葉四隣聲幾寬子美豪浮白又羨終軍幼請纓

欲繼箕裘家世業讀書每夜到天明

秋夜讀書

三更讀書幽室裡靜哉靜哉形影耳古人已逝無由招
今人已眠呼不起露裊輕埃宇宙清雲擎涼月毫毛明
死灰掩爐銅瓶啞風林墜葉作雨聲

和神崎東作所贈韻

客至推蓬戶驚吾孤枕眠夜風過樹抄秋葉落堦邊話
脫寒溫套詩原三百篇孤燈如有意終夕自相憐

宴神原氏

香醪壺上起香風醉眼暮霞相映紅三尺矮墻遮不盡
青山無數落杯中
秋暑難堪汗滴顏密雲不雨鎖連山唯因主吏襟懷雅
如坐光風霽月間

浦口晚眺

杳杳歸禽滅洲汀淡欲無漁家何處是遠火在菰蒲

雨中蓮寺小集得韻元

蓼畦穿過雨餘村蘭若來敲雲背門涼室獨當風伯惠
連日陰鬱秋暑如燬此日雨寺堂殊涼勝區殊覺梵王尊容能飲酒白蓮
社罰不成詩金谷園簷角群飛馴鴿下一敲鳴磬報黃
昏

蓮華寺席上贈豐人後藤絢卿得韻寒

相憶十年神欲殫今朝酒是反魂丹雲揮筆後排簾出
山思詩間倚几看各樹鳥聲將暮色滿堂雨氣自秋寒
何時君我同歸去却向家鄉尋此歡

又得韻侵

梗漂他日跡萍合此時心向晚詩思逼方秋羈怳深雲
低將落地風急欲移林未得驪珠去草蟲先我吟

河本君招飲

坐上羽觴知幾行長談不覺到深更秋燈挑盡殘光薄
靜聽芭蕉疎雨聲

題藥師寺壁上

禪海周遭圍碧玉沙頭鷗睡夕陽間能容我輩來吟嘯
世上誰如古佛閒

蟠龍堂席上得韻咸

遠客何多幸相逢人不凡鬮題分素絹霞酒濕青衫距
海無三里隔籬看數帆吉云如在其堂晚涼殊可愛風男康庭
杉

石井子求招飲得韻虞

秋風休思故江鱸賓館逢迎寵又殊酒到無量竟蛇足
詩真可恥褫驪珠雨餘苔色覃垣上晝靜禽聲集砌隅

如此主人今有幾生平愛客以為娯

余在今津無日不出遊偶得一律

客多閒暇務登臨佛殿神祠取次尋幾處蘆洲如漢畫
數間茅屋倚江陰潮鳴釜鬲鹽煙起雲入版圖山壑深
來過沙頭非一度白鷗亦合會吾心

題玉蘊女史所藏古鏡

溢花侵鏡色如煙蝕盡秦時明月圓猶有佳人常愛玩
孤鸞不必怨孤眠

秋夜

千愁百思積崔嵬倦夢將成又復回雨歇空園蟲語静
葫蘆架破月光來筱云二首三四俱佳

殘有冷酒欲三更半醉半醒眠未成簷馬不嘶秋雨寂
隣窓燈影夜繰聲

席上贈宮原子淵子淵將東余則將西

擁山臨海小簾櫳暮雨一樽迎我同長袖掩杯醪色紫
明燈映面臉潮紅萍蹤鴻爪無多日西去東遊共待風時將發舟未得風利
醉臥不知秋夜旦數聲柔櫓嫩波中

尾路遇天野奇仲

地上有遺金心安不屑取客中逢故人心喜將起舞淡云起手東坡
海山饒奇姿地足稱天府遠雲飾孤嶠秋風歸別
浦樓棲知娼家竈烟雜鹽貿鷄首識來舟篙夢鷺鳴艣
樹鏄蘭若懸巖坼雲塔吐草云如所謂漢畫晩凉揭蓮燈朝暎
打茶皷澄波日光瑩倒照射窓戶有時壁紙上遊魚影
可數草云描摹似過巧奔走履響喧鬧闐塵如雨僑客失歸思
居人歸樂土我獨無朋交蕭寂守衡宇有山未嘗登有
海未曽覩與君西都別約我東道主相待竟不來欝悶
方自苦當此草創時恨無良舉輔吉云善讀可佳誦今朝尺素
至來期在亭午初閱恰疑夢再讀疾頓愈三誦乃奔行
候君立水滸相逢苦多談絡繹溢胸肚明日先遊觀我
風而君虎草云從字說追隨過一旬舊債償稍替繫舟於南
洲觀月於北塢吉云無限餘韻

野奇仲導余漁於裨海

野生手把青竹之釣筒招我共入孤舟中不假篙師拖
工力相佐唯有渺渺風得魚未堪供一口得詩稍將過
十首敲筒詠詩發大聲魚鮪驚遁鷗鷺走得詩忘釣意
悠然釣魚筒為得詩筌去者不追來者受不為飲食不
為錢有時蹈舞有時坐舟動舟静皆是可半日海中往
忘歸我非釣魚魚釣我世人為釣勞可知形如槁木凝
神思外佯忘機機在内不唯欺魚還自欺吉云余江上雜詩釣叟形
如槁木村姓面似春風作者實獲我意距非先於釣者不能為此形容○筱云奇語警人辛苦得魚

成何事敗賈将争錙銖利貪心勇往風濤間幾人覆沈
作魚餌嗚呼空釣意釣獨野生上向嚴陵争高情君不
見吾舟未去隣舟返岸上已傳賣魚聲吉云結有力○淡云結得冷然
茶山時有此趣

自吉和還尾路舟中

劃破篙根水辨來隄上家松聲如急雨樓色澹餘霞潮
落魚區隘浦長鷗處賒總成詩一首日與去帆斜

別晩香堂主人

久客日思歸鄉心煎五内已及有歸期離恨來相代有
似病癰人旦暮望其潰剌乃急決膿痛楚瘦難耐草云奇警
此行所結交不降十餘輩何人不敬親唯君心予愛始
逢足相知況乃來已再杯尊極歡娯戯謔帯規誨悲秋
兼悲別飲食幾朝廢蕭條祖席殘晶熒淚珠碎遠巘晩
霞晴明沙寒汐退纜影漾藻根掉聲轉鷗背欲去又復
留臨別更多礙醉人陳絮語篙工露怒態何舟我所乗
傍人指檣對謾問此時愁舟小可能載吉云如擬癡可

尾路遇池凡其傾約同舟到長濱

家山回首路悠悠嗟我與君皆遠遊千里相思過昨夕
三年偶遇喜今秋談多須省常談去日短将招落日畱
一笑渙然忘旅况晨潮李郭是同舟

晨與其順發尾路二首

他鄉忽遇故鄉人萬事從今得好因天遠鷗頭洲渚盡
風恬舟底水魚親殘星煜煜猶貪夜柔櫓聲聲已破晨
行近西州無美酒此間杯盞莫離唇
知己平生唯一人天涯相遇定前因龍靈道伏風波靜
道路平安篙柂親數點輕雲終不雨半輪寒旭欲浮晨
舟中自是宜酣醉無價鮮肴上客唇

長濱到其順寓居

我品主人翁宜入卓行傳淡云突兀可驚精神滿其腹和氣溢
於面如坐春臺巔間聽百鳥囀方正接權豪忻愉待孤
賤加之方術精才敏而心鍊攻病出奇兵霆擊神鬼變
離家千里餘僑居在僻縣土室無三弓蕭然不自衒誰
聞桃李蹊名聲須臾遍漁弟與樵兄感服相眷戀深山
遙浦間如佛菩薩現往者週疾痛歸者已歡忭我在尾
路時偶然來相見慇懃進致言僕近寓海甸君歸必相
過舟路大所便僑居雖窘匱唯願供一宴我自聞此事
歸心急於箭即日赴其家客先主為厭主人未及備客
來如奔電猶敵來擣虛城郭萬無繕雖有孫吳籌不敢
容易戰忽見人鬨夥主客互驚眩老壯六七人秋原方
耕佃聞隣有急難奔歸遽相援一人司拂席一人司辦

膳一人提樽來村醪聊自薦一人方烹魚聚炭急揮扇一人已割鱠清瑩碎玉片一人在竈陰鼓扙製麥麪一人事奔馳力疲心未倦（吉云作者不能少○筱云流滑長慶流亞但有此波瀾足慰讀者○淡云彭御行遺響）誰圖倉卒間得當此盛膳悃愊不敢當主人譲自譴於是混主賓把巵恣飲噉有舞有吟詩長扙各自擅我獨默不言醉腕斜拳硯欲賦一首詩庶幾謝殊眷不如倩畫家短幅寫素絹（草云摹寫妙何必倩畫手）盡悉摹此時狀副之我詩卷携歸誇家人觀者應相羨長思今日情常懸在書院

與其順及諸子到廣村二首

人過壓不起新霽有餘清虛袖容風滿寒肩聳日行堤
交秋暮影橋動暮潮聲小酌誰家好孤烟竹裏生

堤沙不粘屐轉覺去腰輕路狹村翁譲蘆深水鳥争歸
時乗月色送者有風聲（吉云使人三復）顧向同人語君詩成未成

八月八日廣村遇田大助

五更颯然歸夢斷風簸亂濤落天半寒窓相對唯殘燈燈心孕花紅燦爛所見如此兆如何定有鄉信在平旦早起登樓四窓開望海樓作望鄉臺羊角方勁白濤怒唯見擲天雪崔嵬縱有人自日邊至决無舟從我鄉來不有來舟無來信須假酒力破愁陣一尺之魚一寸葱香風襲坐聖賢進誰宜呼去陪此筵墻東漁子年耳順醉來任足且出門步過樵蹊入漁村誰家有水清可啜餘醒欲乞一杯息篁間不知何人宅石泉深池響後園鼕鼕敲門敲簷鴿戸内有人一聲答此聲慣聞友人聲未見其面信疑雜相視彼驚於我驚世間豈有此奇合（筱云奇觀不可無作然多冗句可惜）大主人昨歸自南豊行李未收在坐中火急鮮裝容相佐先出鄉書數十通一事已聞餘不問家親健飲友亦同主曰聞君在黄薇各天奈無奮飛翅何人導君啟我家何者拋君墮此地尤怪我歸未三日何神報君以此事客曰一切無由知怪君歸及我歸期偶然而來偶然合譬如亂雲被風吹我已疑君君疑我夏蟲氷蠶會一時主曰此論姑舍是君無餘醒不至此畢竟酒是好因緣今日之事從渠始君今不飲忘渠恩我今不供負渠旨乃斟乃傾盡又賒千緒論話浩無涯醉鄉睡鄉相次入夜深夢醒悄思家又願鄉信源源至歎枕仔細觀燈花（淡云一奇鈎出一奇酷似讀水滸傳）

贈田翁（大助交）

窓向好山開恰為佳句媒一庭黄葉滿三逕白雲來炙
轂清言富成邱雜著堆可知多積善有子逸群才

交世唯中行耽詩無暫閒清和夷惠際分寸禹陶閒石硯潑涼露蘆簾泄遠山晩過橋上路溪寺借書還筱云句句晩凡知是吉甫用力者

廣村瀑布歌

陰氣淪山山骨癯日光無繼霧襍猢猻公狙公不到處懸崖老木半身枯悪藤交絡如設網行人幾向此中拘何因毛髮蕭森竪已覺衣襟凄冷濡飛流拖練三百丈天嘔地受風相扶不知淵源在何處高勢強半入望無王皇曾過明河上羲和馭車列星馳天孫墮在龍舸裡臨水誤墮大寶珠深浪汙漫求不得會議群神獻良圖南溟祝融北海若蒼黃欲汲心力瘁星月放光如萬炬踏車木罌夜猶輸水無行處天柱漾下土渺茫化泥汚爾時有若女媧氏錬石斷鼇又燒蘆後來錬鑄有時坼九年洚水涵堯都天平地成幾千歲猶疑一罅在東隅此瀑無乃其餘滴滾滾滔滔今古俱彼濺此激花容亂北磐南斜雪陣殊吼聲倏忽隨風變谷鳴澗應草木呼娘如洞簫鼕如皷觀之可怖聽可娯林鳥褫聲皆喑啞無敢一哢來濫竽奔心到地不能已銅丸迸盤箭脫弧衝波轉石石亡走恰如兔後有韓盧巖肩林脚崎嶇路十里之間一瞬趨前波未行後波促雖欲無進可得乎水過危途水亦苦左支右吾一疲且痛溪口滙洄為淵勢到此稍能栖鴨鳧君不見秋水半篙波紋麗流就平地水始蘇筱云勢如捕龍捉虎瀑布恐不足稱此詩然亦往往有患才多處

宿觀瀾亭主人不在

觀瀾聽浪寄孤身西去方過藝海濱到讀書家如有舊求題詩地不嫌新筱云隨木隨身隨場為戲山横門外留帰馬月入窓中代主人看得庭闈風化厚稚郎猶解愛來賓

宿金谷氏

多聞當與韻流親奕世素封雄海濱鯨浪奪來三萬頃主人新防海闢田橘奴蕃得十千人無愁不厭長為客有主能留未識賓相對吟哦風露下石燈孤影瘦嶙峋

將發長濱贈池尻其順

此行我到池生宅生時新婚未三夕細君出迎色茫然數笏之廬五人客加之家口為七人人肩相摩苦室窄客是親朋不可疎強欲相留奈窘迫一人若減應少寛池生於掌得奇策乃使内人速歸寧身則與客同衾席草云奇事○筱云奇語如視當日狀景但是最着之事乎似未了了○古云古有褫裝截髻以供客者細君幸而免焉供給敢辭罄家貲歡呼恰如得拱璧客心不安致謝言輙稱不腆面微赤仲秋十日亭午時碧海與天同澄碧一陣好風自東來灣頭灣尾舟絡繹我將乗舟向歸

途相送君踞沙頭石同是逃矣西土人我去君畱互離索我今何以誇鄉人十旬遠遊無一益請君後日西歸時錦衣裁得光赫奕莫學我遊蕭條歸歲不我共頭將白須使我徒羨且懃尊前相徯話疇昔

将着廣島雨降舟不得進入港口則夜既二皷

癡雲不鮮事忽來奪月明漫漫大海裏縈縈小舟行海巖多異狀黑影立獰獰啼禽作鬼嘯一聲使人驚悪濤前後起遮舟出竒兵揶揄不肯遣欺我暗如盲勃磔何所怒我避彼猶争少焉攻益急人與舟皆傾篙師賭性命始祖後竟程揮棹如用戟敵强奈難羸同舟十餘輩相視憂苦并奮起皆戮力一時攀棹撐有以歌佐者舌強胭無聲有以符祈者語澁咒難成龍虎互搏鬭勝敗幾回更艱哉數刻路似經千里程譬之秦圍趙幾陷邯戰城毛遂求楚救李同斫秦營善戰魏公子高談魯先生唯因衆人力幸免前日阬須臾潮迸變舟去一毛輕遂衆遂亡労不為城下盟雲去月光美宇宙忽清廣嶋雖已到怖心躍不平容窗暫假寐松籟波濤鳴夢落大瀛底赤手戰巨鯨（筱云他人不能作在公則拄抹一枝）

廣島

冥濛欺雨路浮塵（淡云起七字焉得繁華）都會攝西推廣洲雲表城尖支雚霍山陽地势扼咽喉萬窗紅影燈成畫一種清光水領秋橋下舳艫銜尾泊明晨載我定何舟（筱云廣島似浪華然有一游山船則人知其為誰所以不及子成云觀此詩似不然豈讓辯手）

廣島客舎

枕上康衢縱又横雨収風歇路塵清愁邊好月中秋色夢裡征人終夜聲主已相親頻乞字樓雖可愛未知名羈心唯作歸途計明日山程是水程

呈賴杏坪先生

突如雲外萬尋峰經濟文章一世宗逮欲歸時還繫馬已相逢後嘆猶龍堂間霞擧晨臨署車上雨飛春勸農（淡云用典極切）伯仲姪孫皆秀杰人才渾向此家鍾（筱云刻劃有痕魯般門外自一難弄斧耳）

東遊稿巻之五

古今體四十首　係發廣島歸京時作

廣島別田大助

歸舟得好風相促有篙工一望煙波渺離愁阿堵中

春曦樓席上同賴杏坪原女史及諸子賦得韻盧

時余將發舟

此般佳會世間無祖似西園雅集圖（筱云雅集恐無三四好景但王晉卿侍姬則勝島耳）水面燈光看破碎雨邊洲影稍糢糊已知彤管推才女更喜清談接碩儒買艇便從樓下去空洋千里客星孤

八月十三日大雨晚晴舟發廣島四更着緒方

曉窓聞滴瀝今日亦冥濛悶愁豈霽得（筱云霽得恐纖巧）歸計因雨窮強起出門外泥濘路難通欲行恨不克心與足相攻雲進將狗地風起襲太空交鬪方半日雲陣竟輸風遁逃留不止谷自任西東前後勢分截同雲心不同（筱云奇句往往悅人）雲敗風謝去蔚藍仰晴穹窓明蠅點黑日炙瓦光紅我得無望幸皆是風伯功功成不自處真為風之雄薄暮赴津口火急呼拖工舟已飛鳥疾愁稍春冰融濤聲迎耳始城影入眸終過鴈横長浦落霞遮短篷凄冷寒威逼蒼茫瞑色濃煙波中掩映星月外朣朧景奇嬉怖雜夜靜怪靈鍾舟膠嵌石拿人鬧惡魚衝（淡云五古高着似歸蘇次似徐袁）低頭向神位正坐過龍宮咸眠囈語起稍頓觴聲鬆心疑獄中係身被[illegible]底封枕躍如箕簸夢危為浪春嚴島依微現山勢如臥龍知我夜來過訾鬟逢自供夢飛雖得到龍艤探雲峯颯然前岸一覺櫓聲中

舟着緒方舟人相促出船天未明雨降艱苦備至

忽聞卸帆響驚我蓬底夢舟子呼客起請賜買船錢求時慈如佛諂笑巧脅肩得後猛如虎毆客急出船（吉云說得巧妙〇筱云紀行之文以韻語行之却不遺錙銖可謂能言矣）時方四更矣陰雲蔽長天朦朧夜色際人月雨悄然鴟呼過沙口鷄喔到村邊樹西孤店隱風歇殘燈圓泥滑陷牛跡路脊蹈狗巔詰屈如周誥幽窅真太玄鞋破將更買剝啄立門前謂我為盜賊自怙扃鑰堅千敲竟不應我苦彼不憐自今經坎險至是已屯邅蕭森列樹合崎嶇修阪懸錐立節根石電走石上泉赤脚易傷破疵孔百點穿怨恨無所遣奮筇鞭石拳惡枝有何怨如列千控弦（草云段名曰苦畫行猶苦況冒夜雨乎一苦一樂雖則旅況之常懸焉知非天之窮厄詩人以發其奇思）前後相向射身支豈得全却疑此樹下使我為罷消欲記長陵役恨才遜馬遷山徑與溪渚俯仰幾周旋垢衣洗流汗破笠貫横煙延頸望天旦秋夜永於年藝防分界處當麓有奔川

到此途愈惡濕洳足頻顛却歎來已後雨過在我先

過尾瀨嶺夜方四更風雨晦冥三首

腰帶孤刀在終宵相與親驚麑穿密樹零菓恐行人陰火疑猶叱滑苔顛自嗔山中非不廣何處寄吾身

陰森修坂上夜氣透征衣雨打林禽落風饕山石飛畏途忘所向古廟欲相依逢喜橫雲下村燈一穗微

客行當午夜摸索度深山雲坼妖星近洞驂遊鬼還衝飈吟耳孔冷霧塞脥間已飽嘗辛苦天明驚瘦顏筱云格高氣適

錦帶橋

楓葉蘆花挾両涯輕煙映帶幾茅茨歸人衣薄秋風路眠鴨翎乾夕照時川浪方清誰濯足橋名已著敢題詩筱云作水色澄清誰濯足橋名籍甚如何坦途不覺征鞋速回首長虹次第移

到吁叺驛

夕陽低地隅征裳帶草影淡云起可愛空原寂無人牛鳴秋色靜薄雲不蔕天孤羽度景寒筱云上半如觀秋晚行旅圖今晨起非晏天晚知途永隔水煙火浮縹緲遠人境羈心願早休寧論亭破整客來主翁忙剪蔬汲園井淅米不遑炊飢腸甘餳餅就枕已三更蕭摵寒風打推窓欲看雨乗飛

林月冷

曉發吁叺

曉月亦多情送我向前程鳥帶餘聲起人携殘夢行煙中馬蹄響牧兒出柴荊

冨海乗舟

港口揚帆夕日低波濤何處問端倪舟行汗漫如天上山影依稀起海西風歇鵰聲難使雨秋澄鳯背欲摩霓鄉關南望無多路客枕今宵夢不迷

飛石海上望豐後姬島

故鄉之人不可見得見鄉山猶戀戀暮雲有情不自知粧我姬島現半面遠哉北涯望南涯碧鬟青黛自參差行程自此尚多日唯願斯須不相離當今難倩移山客草云客作手如何搔頭空憾無奇策若變白沙為素纈描取天南一痕碧筱云句句清婉自姬字來

八月十五夜到杉山宗立家二首

不見江雲與市烟逢岑翠埽雨餘天舉頭明月方三五屈指行程已二千淡云三四與後篇五六自然近白香山人坐華筵難早醉鳥當清夜未能眠風塵莫道他鄉苦佳賞今宵勝例年

清興從來隨夜長獻酬何用太忽忙風杉葉落鳥巢出

露桂花閒月色香陰霽無殊思故國逢迎有主忘他鄉
人間佳會多難再坐到杯中浮曙光

宗立導余遊山寺

聞人得聞侶所遊亦聞地脚下黄葉聲一蹊到廢寺修
泉拖孤白雜芳秀千翠人語震空園秋巢三五墜（筱云叙景處往往勝叙興處却是難能）古井安老魚朽株託妖魅横仆衆石燈
苔痕蝕文字室暗無日輝塵埃滅佛龕梁印飽鼠蹤兀
現蝙蝠翅香煙埋坐僧瓶花堆臥筆有時聞兕經官絶
使心悸閒樽氣浩然亂飲無序次帝釋遊豪歌聖賢佝
酬醉興來尋邱墳謾欲貽枯骴幸哉酒人名有時見墓
誌願皆起斯徒如雲列客位聊欲屬一杯醉魂無由致

遊宮市菅祠二首

出郭多幽草鞋霑露未晞凸橋摽廟路秃樹假神威古
棟雲容冷荒庭日氣微秋天何易晚倦鳥已知歸
人影清如水伶仃倚晩風孚苔廣千地老樹欲盤空（筱云盤當作無）廊影移獅後池光漾鴨中一詩哦未了落葉満肩
紅

宗立及諸子邀飲于宮市酒樓分韻得二字

朝到白沙江外祠午遊黄葉林閒寺晩飲紅宦市上樓
主人愛客無倦意釣水採山珍味饒騰蛟起鳳英才萃
坐中之人知幾名曽無一个不爛醉呑而坐有如甕鉼
満而倒有如欹器詩客舞來風松揺嬌娥倦去海棠睡
浸坐酒同晩潮添纏頭錢如秋葉墜豪歌震屋瓦皆飛
街人仰見驚且避（草云時無作鸛鵒舞手）興來清似伯夷難生亂
和如柳恵易飲中八仙歌可賡林下七賢人同類樓高
百尺醉人凭心不自危觀者悸下見俗子如螺羸汝徒
一場傀儡戯踈簾半鈎眼界遥南極嶠阿北藝備遠峰
疊巒鷹齒齊彷彿來點杯底翠莫怪醉胸磊塊多一䏶
入諸州地看山已想度雲時望海更思浮月事屈指從
頭數舊歡如此佳會無有二（筱云佳會第一詩所以為第二）

月夜宮市醉歸同諸子賦

雲収天影一番新十里青沙無點塵大醉歸來多在夜
長途行盡定明晨風聲落葉如過雨月色踈林方可人
聯句未成皆緩步何時能得到前津

杉山宗立送余到海口

秋葉蕭踈帯淡紅一行飛鴈點清空長堤相送君將月
小舫欲行吾待風墜地昨歡如夢裡各天清景入愁中
孤瓢倒盡難成醉海氣森森打短篷

、夢覚則舟着赤馬關

鷄夢初驚天已明眼前人家一夜生（吉云起手突如來如用蘓長公文法）

三二二

狗人馬不知處漠漠塵間浩浩聲地形非城又非邑街
東有塔凌雲立知是長門赤馬關我舟何時此中入帆
影昨同秋月闇窓光今有旭陽來防之頭與長之尾夕
發晨到何速哉禦冦御風非絶技呂巖飛身亦勞矣不
如一枕泰山安夢中三百六十里篠云快詩使讀者亦夢覺

八月十九夜宿赤馬關

夢中朋友聲覺來一自遥誰哉被相訪空庭響蕭蕭晴
月欺霜雪無風秋樹搖不見有人過枯葉數片飄店燈
留彷彿街塵伏寂寥驚禽起中沚歸客度前橋昨醉周
南月今聽宄門潮因是鄕關近步步旅愁消如彼望後
月一宵減一宵二豐天南出擧手乃可招寄言家山翠
相見在詰朝篠云是亦可誦

薄暮發赤馬關夜半到冨野宿讀耕齋

舟出馬關天將夕一陣南風翻秋汐世間數奇如我稀
今日方為南渡客從來風亦有三驅向而來者獨艱厄
舟有東過有西過歛帆誇風風相借背而走者方時哉
來如有影去無迹我舟似過萬里來田頭總能經咫尺
六鷁退飛過宋都眞鳥當時猶辟易況是彩鷁可如何
草云彩作畫似可唯有其首無毛翮緣木求魚理乃同北轅遊
越事元逆餘霞消盡月未昇洲影稍黑波光白駭浪高
飛漱船脣小舟半仄摩魚脊夜過二皷入港中尚指虛
空罵風伯沙頭行盡到關門津吏衆醉謾呵嘖笑而不
訊唯進行闢心前路長且隔赤足蹣跚遲似跛當塗高
者渾是石村閭俄聞豪狗嘷叢深幾悸毒蛇盤林樹搖
枒列夜叉鉤牽衣袖破顏額畏首畏尾無所餘自丈太
大宇宙窄旨人瞎馬危哉危倒行逆施今何益唯有飢
寒伴單身難得袮尊定驚魄筐蹊西轉度石橋步步知近
主人宅俄然擧頭喜欲狂遠窓燈火一星赤

暗夜過新田原

松柏林盡出空原窅冥疑向酆都門乾端坤倪辨不得
燈影人聲忽一村敝衣婆娑狀貌異悪狍迎吠村兒伺
非兕非虎哀我窮呼馬呼牛任彼詈硜硜小石交泥淤
顛仆無人來起予草云經子字面和盤托出心目不親何以進險途
如讀難解書足蹋星數成凹凸探得樹根暫休歇願得
快刀長陸離剪盡癡雲出明月草云豁豪

夜到稚田宿里正家

朝來行李荷星犇白日俄然衣上翻永路未路秋雨下
前程忽盡夜天昏淡云第四奇句風聲遥過塢邊塢燈影行分
村外村客舍初投飢困後敢忘一飯主人恩

余在大村恒眞卿來迎四首

夏半松江別流光奔箭同秋懷波淡白晚眺樹微紅飛
鴈皆辭北遊人歸自東相逢纔把手日影轉窓中
往返三千里流連十五旬唯憑中夜夢暫遇故鄉人鴈
信來何晚鷄聲易喚晨即今真痛快拍掌得長覩
足跡遍中州歸來蘓子裘登臨已陳迹山海幾周游道
課隨晴雨詩材雜夏秋兩心難話盡前滕五更頭
當我西歸日相迎君最先昨愁歐酒外晨酌逗燈邊囊
紙擔千句胸談貯半年（吉云滿志可想）家園雖未到事事得相
傳

再到恒真卿家

渠水溯來村自深數家煙火倚溪陰秋風鎌響香秔徑
落日書聲黃葉林廚婢方巡園菜立候僮遥入路塵沈
庭禽宅狗如相識不獨主人知我心

和松子明所賦韻賦呈

海上秋風鴈至初歸鞋暫駐故人廬感君別後詩篇富
怨我從前音信踈應比𠾱裘蘇季子徒懃題柱馬相如
客心安似還鄉國賓館何唯食有魚

松子明宅呼韻以賦呈主人

詩闢正道不由蹊新著堆牀牀自低近日誰非魯邦鴈
一朝人畏會稽鷄豪奇何減趙毗北清妙亦如唐子西
𠾱邑從來無益友微君誰辨我徒迷

妙蓮寺同山聖功松子明賦得韻覃

韻士名僧會一菴舉杯各自足奇談飛禽杳杳鐘將斷
孤塔層層雲半含遊跡昨迷防海北歸心今落彥山南
醉來忘却賓邪主爭擘盤中佛手柑

恒真卿楠負菴相邀（遊）僧曇護所住處三首

果杲秋曦晴杳杳遥巒翠仰見飛鴈南南客益歸思主
請緩歸期今日遊隣寺村籬隨兒長洞陰入窅邃寺古
松作門庭幽蘚為地主僧呪經暇獨步弄枯篿就坐多
所觀詭奇到佛器境靜如夜深倚几生微睡耳根忽琅
然一片枯葉落
形是儒醫釋心即無町畦宴是盤尊爵有即有捋梨瑣
論爭巒觸豪飲鬪鯨鯢紅葉埽還落清詩醉更題庭際
多喬木高枝集隣鷄（筱云集鷄定實事然不似陶句有翰音上天之嫌）疑是宋
窓物一聲向人啼微醉變風至南軒幽且低遠山參差
沒飛雨及前溪咫尺不相過夕陽來自西
楠子與曇公昔年曾相見別來十五年記名不記面說
我稱時狀精悉無不遍茫如夢中見繹問耳不倦今會
離合界往事信疑戰坐亂醒醉分話永陰晴變（草云自啼鳥換）
來酒歇夜又闌佛燈耿深院不須務禮文安臥任所便

汝汎我衣裳我讀汝詩卷

遊巖谷

徑小草深苔又生經來巾屨有餘清溪流忽濁前山雨
峰影稍移高處晴杯底冊青秋樹色庭前綠竹暮禽聲
窟中諸佛威靈歇頭背遍題過客名

途中遇青木子濟等來迎

參差芋葉間昂低人髻見（吉云起清新可喜）道是田舍公晚歸
自耕佃逡聞詠詩聲嚶如谷鳥囀此間知為誰驚愕欲
見面（草云叙得紆餘如還城樂者之捕蛇舞）稍近聲稍分似是同袍彥學
頭頓相逢未言先笑抃相迎百里餘何以報深眷立語
忽移時晚林風響變乃投路旁家呼酒慰勞倦家園無
異不為我說一遍

自麻生到羅漢路上

溪心生石水區分小徑幽深草氣聞杖外山鷄忽驚去
一聲聲入暮岑雲

九月五日中間早起

溪禽聲裡夢初還獨倚曙光閑竹關渺渺橫雲遮不盡
遥青一點是家山（筱云結似太遠）

東遊稿附錄

寄廣君吉甫在備後　　林世寧淡路

昔聞漢庭千里駒駿逸骨相入畫圖若將詩才試比擬
廣生吉甫其人乎雄篇大作呼應手孟賈寒瘦亦所取
煉句成章出新奇韓揮雅健非墨守偶然邂逅黃葉村
歡娛未央吾回轅浪華府遊果君志取途東讃渡鳴門
潮勢高百尺載酒浮舟窺丙穴相遭一別重相逢共語
天緣笑拊節

琵琶溪居奉呈南豐廣瀨君吉甫分得咸韻　　三井清讃岐

不厭南州炎暑嚴航來瀨海御蒲帆搜奇只耽詩三昧
健啖何消酒一樾暮逐鬼燐尋古碣曉聽天狗立靈嵓
溪亭此際且留宿潭水荷風涼碧衫

高田氏集與秋村廣瀨先生賦分韻得覃　　牧碩讃岐

席展青蒲酒滿甔欣君吟酌盡歸驂逃來炎熱市塵務
暫就清涼水石談日落層巒接勾欄風恬幽樹影澄潭
他年雪月花時節斯境東西夢裡

又得二絕　　前人

忙中日月暗中移辜負年華廢却詩今日佳招陪韵客

樽前暫得舉吟眉
何顔又可對群賢抛却煙霞已數年只爲高人辱同社
一時葭玉共吟筵

凌雲亭集奉呈秋村先生二先生　前人

江山千里入吟瞻一葦今朝二難兼話柄時逐勝區改
觴籌偏促興情添白河秋氣涼生坐赤馬濤聲響落磨
萍跡明晨又南北重遊匆今歲年海

奉贈廣瀨君吉甫　熊楚相

會文相值遠古朋幾夜清談對曲肱雨過寒窓欹倦枕
月沈古壁剔殘燈眼前得失蕉中鹿世上名譽驥尾蠅
斯際無何留滞少歸裝明日又擔簦

閏六月十一日廣瀨君吉甫訪草堂余時臥病賦
此奉謝

久聞才子在南豊今年漫遊備之東半肩布襆雙佩劔
惠然訪我到蒿蓬我時臥蓐猶未起呼婢先掃小書攏
軟脚聊勸三杯酒晩來暑氣烈于烘牀頭人影山吐月
柳葉露華玉玲瓏歒月邂逅神邉驛劇談連日榻相同
探勝頻亦紀行詩千里江山在掌中恰至麻姑爬痒處
堂堂之陣真難攻婉如寸針穿錦繡俊如巨刄摩蒼穹
君今弱冠纔加一満腹文章誰爭鋒自愧多病蒲柳質

匏繫其奈終不從君不見龍噓生雲虎嘯生風風雲相
合氣成虹睥睨由來小宇宙閲世又堪傲王公陸機作
賦患才多禰衡滅刺見志雄嗚呼碌碌斗筲者未成一
事動爲翁人生百歳君努力燕雀豈敢逐冥鴻

奉呈廣瀨君吉甫　神﨑博

君我俱遥境偶然柳蔭眠才名鳴海内意氣射斗盪盈
腹書千卷囊中詩百篇相逢還告別萍水實堪憐

神邉邂逅廣瀨君吉甫走賦以呈兼奉寄令尊淡
窓先生　河村元監

偶爾相逢即相親交誼寧問舊將新少年早已才無敵
豪氣何曾眼有人孤驛荒烟秋景寂空階落葉雨聲匀
良媒幸爲符郎在他日西遊謁後塵

次文叔呈廣塾諸君韻以奉呈廣瀨君　伊藤長文

古經往史幾師朋樂意融融付曲肱佗日神交千里夢
如今款話一宵燈逸姿羡子淩霄鶴痴態慙吾被凍蠅
來路可知人說項送迎到處解擔簦

七月既望雨廣塾奉送廣瀨詞伯歸南豊分得韻
東

蘇遊追逐小書龔四野媒媒暗満空今宵無復山間月

明日只期江上風緑酒数巡三疊曲紫溟千里一孤蓬
縦値雲陰莫辞醉盃盤狼藉幾能同

次廣瀬君将遊讃州留別瑤韻以奉送別

南遊匝月恨相仍三伏已過猶暑蒸五十日前初識面
一千里外且成朋今朝山驛終朝雨明夜海城殘夜燈
無奈四方蓬矢志難将低鷃逐高鵬

奉酬重礎見贈

世情委靡又因仍文酒何邊解鬱然郭外若非尋僻壤
尊前底得對佳朋半鬟遥嶺孤村月一派澄川隣壁燈
詩思如君本清麗昔賢未必愧來鵬

奉送廣瀬君吉甫暫遊海南　菅惟隣

麗澤無朋難久留周遊有興著何愁琴樽向暁離亭雨
湖海新涼六月秋帆外青山飛白鷺樓頭碧樹喚班鳩
并州豫約却回日其奈南行江路悠

廣塾席上奉送廣瀬君歸故郷　小野任

新交如故舊清話得從容忽惜今宵別不知何日逢蘇
山雲萬里紫海浪千重孤月亦詩友照君行路濃

邂逅廣君於盤龍堂分得韻蒸　石井仲德

三日秋霖遮驛路盤龍堂上客俱仍偶聞佳話愁偏散
且望清揚喜亦增移榻閑庭傾緑酒揮毫綺席對青燈

今宵相遇明朝別請得新詩意自矜

同諸君會同宗子求宅席上分得韻眞賦呈廣瀬
君吉甫

偶叩親朋水石濱幸逢佳席會佳賓解擔村驛總三宿
辭國客天經幾旬藝海周山長遮路吟節詩殷自由身
奚嚢況有新篇滿方識歸郷誇故人

青廣二君見訪席上分韻賦奉謝　石井喬

四面林風消暑氣轉歓嘉容自成群寒厨幸有一壺酒
数盞勸君充獻芹

邂逅青廣二君於蟠龍堂分得韻侵

微涼七月雨成陰邂逅佳人分韻吟村酒数杯酬祖席
短章未就到更除

促坐蟠龍會逍遥桂樹陰涼風詩一絶秋夜價千金已
聽江湖語更操山水音酒杯情未盡無奈別愁除

與廣瀬詞兄訪石子求宅分韻豪　後藤素

名園大厦自郷豪却愛聲詩弄彩毫坐有嘉賓豊尤妙
也應千里喜周遭

君如逸翮出樊翱我似羈禽失伴號唯向桑陰求墜葚

絶拷羊角濟雲濤歌成謾詠添慷慨酒入微醺解鬱陶縱有鸞鳩來蓋我逍遥自憶故林曹

廣吉甫見訪余新熊野僑居賦之以謝分韻得江二首

客居常喜足音跫况亦同人自舊邦何問遠公容酒否祇須成醉倚雲窓

曾聽新熊野飛来自紀邦上方連兜率下界望松江揮筆雲籠岫吟詩雨過窓留連君莫厭明日一歸艭

又得微

秋聲襲緑樹旅恨入黄薇郷自豐南北情分客是非從風舟特繫遂屋馬倶飛咫尺門司海遥思一帶歸

蟠龍堂小集分韻有

一樽醇酒池田釀三尺鱸魚鞆浦有日暮歡情膏耐繼風來爽意客論交納涼今夜憐同席祖道明朝想繫匏湖海有縁萍水遇何妨醉語及呶呶

前作余適有平仄錯置吉甫為尤翌日賦之以呈

闔邦人喜子都妓一夜高堂儘拔茅綺席思詩吟嘯静青燈勸酒笑談呶樹逢秋氣清風露客約交情固漆膠為有燕章平仄錯杯盤撤罷再推敲

春曦樓集霖後不看月是廣瀨吉甫大家士毅原文史来會　　賴惟柔

照鄰已作愁霖賦明遂徒成朗月篇新水方深没橋脚宿雲少褪露山巓不嫌蟾兎猶藏彩堪喜金蘭更結賢別有嫦娥鮮風雅廣寒何必問鮮妍

春曦樓席上邂逅廣瀨君吉甫臨別賦呈

賴協

夜煙籠月暗江樓濁酒一尊留太舟豈料相逢忽相別茫茫潮水使人愁

廣瀨君吉甫見顧賦此奉謝　　有田鵬

一朝同志侶相過夜窓中詩吐初唐氣文攀大漢風洙泗源非遠河汾道匝窮借君經濟力何日極華嵩

八月十三夕春曦樓集分韻呼微毅奉送秋村君

齋藤直良

南樓會友雨霏霏蟾兎暗行幽賞違羽客相逢伴藜杖女仙共舞下雲幃誰家玉笛銜烟起何處霜鴻帶月歸終夜吟詩不看霽德星入坐發清輝

杉山子宅初歡旭莊先生喜而奉賦呈

今鳳

斯身恥不及前脩相亂歡來二十秋今日始欣生有益南州高士此陪遊

旭莊詞伯來訪席上卒賦奉呈　松川夔

客子歸鄉揺落初且停竹杖訪茅蘆燈花昨夜喜先報
鵲語今朝占不虛酒態風流教我慕詩才敏捷有誰如
家山在近情應切供出秋風思後魚

旭莊詞伯來訪同諸友人呼韻而賦

佳客停車落葉蹊相迎徐愧草堂低曾傳送信贈雙鯉
偶果前期割曳鷄天然詩調高還古自在遊蹤東又西
珠川歸日秋應好明月清流途不迷

次韻旭莊賢契明蓮寺席上作

寺在城中數野菴清閑好與韻流談林將薄暮禽争宿
菊近重陽花已含鬪詩對人頻敗北安心向佛且和南
主僧愛客多供給風味尤佳三寸柑

同廣君旭莊及諸子遊明蓮寺分韻而賦

大江城裡古禪關伴得諸賢此領閑旨酒合歡寧守禁
小詩言志不須刪風吹落葉翻吟席日照寒花映醉顏
有客明朝將別去悵然指見水南山

松子明席上贈廣吉甫　山蒙

秋夜尋來臣小蹊君墻不似我墻低吟方苦處瘦於鶴
談已熟時聞得鷄月掛長松堂宇外風吹叢竹圃畦西
坐中客有催歸杖漸近家山路不迷

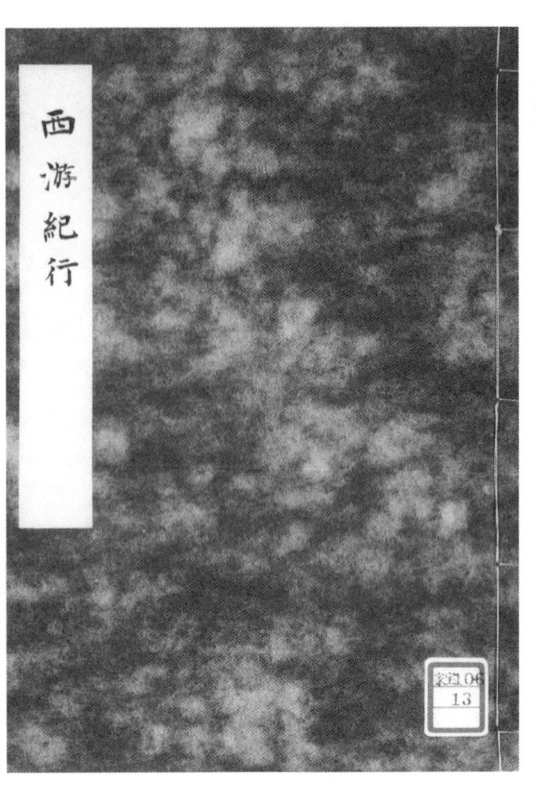

西游紀行

西牧卿訪内海國手賦贈

屋是白茅籬緑衫前庭迎客草全芟僮開閒室収行李婢汲清泉洗汗衫芋栗未貪如錦里烟霞成疾似遊嵓請省仁術多陰德有二郎居並不凡

過金田卿始望津山城

田家烁色足開顔天竺花邊畫掩關城櫓已抽喬木頂女牆更在宛卯間南通藏海一條水西走松江萬熙山來路回瞻皆險惡始逢平地意姑閒

津山城下作

夙觀藩翰賦文獻尚堪徵漢法當除越周盟遂長滕二川通畎澮百雉倚峻嶒距海雖云遠香魚正上罾

津山逆旅臨城濠上書所見

城門南向控輿梁濠勢周遭馳道長不識呂罾魚意樂忽聞鞭策馬蹄忙花残蕊落秋多雨葉老薫葭露欲霜首得時平衙散早幾人退食赤斜陽

贈小原竹香 津途中

雲樹幾年思又思相逢一笑即論詩晋朝名士多耽酒宋代高人亦奉祠（君為德守祠官）夜話未休鷄喔後秋吟恰好雁來時西遊不憾無青眼東道先欣接紫芝

松濤亭爲主人賦

老松揺髭龍欲跳天寒夜黑風怒號初疑颷颺茶鼎沸一聞卽覺心蕭騷稍變杳如遠處笛又如鶴唳起九皐此時名利念全盡忽欲散髮弄漁篙又變群馬褭鈴走但聞撾聲人不囂終疑海立魚龍舞巨靈贔屓負山逃又疑白起阬趙卒四十八萬一時鏖至此投袂蹶然作不堪意氣太雄豪欲乘長風破溟渤欲

拂暗塵掖匣刀夜深風死群動息松影落窓片月高百端心緒皆厭滅獨有詩思祈秋毫俗子唯愛絃管響豔歌哀曲空笑敎耳聾心荒醉不醒知否人間有松濤

梅洞主人求詩賦此以贈

我於古人中尤慕林居復占居在狐山吸湖飲山綠又欽廬平公鐵心破薄俗鶴衣來打門坐想蘸玉局飲水讀僊書淸愛習南陸逝者已千年何由得追逐一夜從素娥來叩林下屋俯仰情花多徘徊歎我獨忽見四老人各着古衣服一一通其名我所夙私淑借問古之人何以此間伏皆道吾精神在地爲嶽瀆愛花常遊焉俗子安得矚諷詠性情通杯酒笑語睦斜月沉花西欲別臂再捉曉風吹枕函心目遽然覺四顧不見人身在梅洞宿

美作院莊卽兒島高德題櫻樹處

中興諸將不能文十字精金獨服君自比鴟夷非忝竊竟扶鸞駕立功勳已無櫻樹根株在但有桑田隴畝分殘日難回南至後神龍截尾暮天雲

竹處内藤觥夫招飲賦贈 君壯歲罷官

要向昔賢相應酬挂冠林下早歸休聽松洗耳陶弘景與竹虛心王子猷 君愛松竹有翠竹處等號 榭山送夕陽侵坐榻人先新月上高樓爲君忼慨吟梁甫目斷寥天一窪秋

津山客舍訪壯山冬松余居與君對門

相逢卽結盟居近更多情摘菓朝朝贈烹茶夕夕迎一窓方月色四野已秋聲明旦分襟去離愁滿窪城

大邨桐陽導遊二宮邨神祠設宴

夾路青松好幾回停步省山含銹氣峻廟帶水聲寒拾栗嘗秋味班荊傳午餐詩軍雖敢競酒政莫如寬廟已經千歲人稀鳥語閑板圖沿革後古跡有無間尋菌分微徑出松逢好山傳廚溪榭上坐看暮雲還

二宮夜歸書所見

蒼然寒色松間夕醉步何妨趁觸石月照前岡首不明低雲一片是蕎麥

湖航詩爲山本生賦

湖航眞可愛幽趣幾人知眠去蓬深擲興來家屢移

雁聲秋雨夜鴉影夕陽時漁叟新相識教吾理釣絲
中秋與宦城諸君飲于市南溪樓
看月斯樓好一溪門外横衣邊山氣冷座上水光明
孤客忘羇况諸賢在厚情浪華歌吹海少此俠蟲聲
津山茶恐余不能喫悩亭卯上君聞之恵手製
茶二包賦此以謝
山城茶恐不堪煎空有清流繞市前爲是高人恵佳
品旅窓始見茗爐烟
將去津山前一夕訪北山冬松

行李栖栖不暫休播州西去向雲州此間未覺江山
好枉爲夫君十日留
秋夜與多胡君過賀茂
徑脈入崖腔樹根跨人首不知橋短長月黒溪聲吼
發加茂抵奥津途中
俯臨深谷仰層巓雲似白衣翻馬前政善還敢同樂
土税輕磽确亦豊年全州無海易爲水四境多山欲
極天日夕恰宜休我足竹林西去有温泉
加谷邨

百折下峥嵘前途尚未平一村皆確舎四面悉溪聲
漂絮嫗維集漚菅客不爭僻郷知禮讓政化見休明
自加谷至穴鴨村途中示從者
行與歸樵語雲開夕日斜地形臨穴鴨天色近栖鴉
老健崖間木嶠茎草際花飽餐君莫怯已見隔溪家
倉吉士人牧田山形佐々木諸子聞余名留之
數日賦此以贈
街勢長如帶青山夾兩邊水縣通上國錢溜識前川
上流有採錢
處故川常濁
從侍看秋色沈吟對暮天新知還厚意

幾日此留連
錦織天臣先發津山赴出雲余至伯耆復來迎
賦此以謝
作山高不盡伯海渺無涯瞻望吾心苦去來君足疲
夜行聞鹿憂晨發避牛時
作伯之間駄物多用
牡牛路隘避之頗艱
互詒
途中事秋霖漲小池
牧田氏席上
庭蕉葉大蘚痕班坐静疑非街市間不用出門尋水
石隣家屋上見青山

芭蕉翁贊
詞賦如日月光華終古懸芭蕉葉何大別自開綠天

雨夜宿倚竹齋
新識亦多情一榻留我宿残燈照旅愁寒雨在倚竹

贈橋井馨亭
鳥自高飛雲自還結廬如在畫圖間長風夜度千程
海新雪秋寒萬仞山羊衆思親牽遺影君常桂親遺影事之雞
羨對客奉慈顔知居二樂成三樂剃育英才化鄙頑

早發逢坂攀船上山
草草先鴟起駸駸與鹿犇溪間猶宿霧松杪已朝暾
地逼疑無路橋横知有村前途飛瀑見顧爲後人言

自川林至大山途中作
峨峨鳥道夜猶攀踏盡橋茅枯葛間忽見月輪飛筀
上欃雲移宿向他山

角盤山宿光明院
夢醒不知宵幾更起看檐角數星欃奇香滿院佛應
降步屧響空仙或行一片寒雲含雪意千章老樹各
秋聲靈區殊覺塵機遠安得超然託此生

甲寅九月六日與橋井馨亭桂林香鹿元恪西
天臣吹通去間熏浦發逢阪登船上山遂遊角
盤山宿光明院翌日觀名和伯刈宅址夜歸燈
下走筆作紀遊詩一篇
北隅一夜起潛龍風雲際會船上峯馨亭居士好事
者相導探討當年蹤逢阪南去是曠野行半日程至
山下細路百盤菅葛中秋陽烘背炎似夏稍近翠微
樹森森宮葉如縫嵐氣陰須刻之間候已變餘熈透
帽寒難禁古木欃仆前路斷朼幹朽腐老苔滿猶有
異香梅冉生膛柚幽菌大于傘反顧後人入別蹊捕
獲蝮蛇桂杖黎柳刎叔蛇汝知否呵禁放去微溜西
絶頂昔有蕭寺六今也唯存一祠屋簷簷已残神白
僵棟梁嶄墝禽糞黷欲問往事闃無人杉子墮地午
風肅出祠東行地微平南折百步恍然驚脚下斗落
已無地恠何晴天吼雷聲顧望祠南樹盡處絶壁千
丈如削成飛流直自其巔墜雲崩花散靈色清側有
一瀑高相若避入樹間不復爭雌雄元是化工意長
短何煩觀者評降山復過大野裡彌望廣行平如砥

唯道前途太安恙何圖中有北流水兩崖忽下千步
強仰首平野如山崎已陟前崖復回頭野合溪失如
其始每二三里有一流又陟又降疲極矣過水八九
猶未終日沒時傳川林里一星松火現溪涯倚樹避
石茅茨斜翁嫗圍爐眉似雪捧出墨瀋即是茶每歲
積雪高于屋送了三春始出家彼何人也武陵洞一
生不知有京華又越羊腸至山頂此時月亮夜色靜
隔溪他山見行人後先參差並項領我止亦止行亦
行始悟彼人是我影滿山無復樹木長月照芳花白

茫茫一陣寒颷吹又歇月輪久與花低昂投宿僧房
夢始覺群動全息神清邈何處杳然聞管笙毋乃神
優奏天樂天明盥漱謁神祠祠後高峰何壓風太白
去天三百里若比斯峯如孫兒天台四萬八千丈若
比斯峯似蟲蟻休詫青蓮天姥作莫唱韓愈南山詩
巉巖鐵色插碧落日華倒射紫葳蕤氤氳霏微無定
色一片顥氣如遊絲古來登者皆不返為仙為鬼未
可知石梁霞標空可望天梯雲棧無所施其麓溪水
向西注沿溪一線有石路高巖對聳數百尋巖罅簇

無幾老樹黃葉紅葉聳層層影映水面錦雲布一轉
孔道東北通地勢一步卑一步下瞰碧海如弓彎隔
海數點雲別山風孔天暖如春暮萬帆去來杳靄間
路左巖谿紛無數或寢或訛奔或怒硜硜磊磊石當
途終日踏石不踏土哞哞一鳴日將沉道遠鞋破奈
我苦揭衣東涉名和川村舍方颺夕炊烟舍前更槿
一條水舍後又繞數畝田蕎麥花白麥苗綠脩篠叢
葦匝四邊此是伯別故宅趾春花秋葉五百年數丈
豐碑顯負戴一間茅屋奉祀處祠南隴頭禿樹立下

有五層小古塔莓苔厚封文字泯歸鴉啞啞樹上集
戰場返送先軫元或傳迷宮此間納北去半里有平
壟其蓊葉枯露青蔬即是當日焚倉處至今焦粒出
犁鋤往欲探之已昏黑百搜千索無所得古人粒粒
辛苦言疑為我徒殆推測悵然東去路不分友皆相
失吁不聞屢陷深泥攀石角又踐荊棘網新墳終出
官道纔農舍後者未會笑又罵始得燈火意氣伸比
返逢夜已乙夜洗足拈筆一何忙火急作記追未忘
山陰地僻遊者少世人未識好風光我詩欲導後來

客莫咨冗長過周詳

重陽在橋井氏賦似從者

登高東望路悠悠賢主多情忘旅愁莫道西陬風土異黄花猶似浪華秋

是日舊亭導騎馬登西山使從者採菌

興來他席盡君歡老去望鄉鉢自寛鴻雁不同王勃感茱萸豈異杜陵肴來帆高似青山上返照駐於紅樹端村叟應嗤醉歸狀鞭絲貫菌跨金鞍

九月十四日將發舊亭氏遇雨賦此留別君有明年訪我約

依來過一句意氣益相親每食魚常有屢騎駒亦馴君家有駒余出入騎之甚慣秋高風送雁天晚雨留人會見期明歳何須淚濕巾

步淀江海口

濤頭起立入雲間不見青山見雪山此是蜻蜓洲盡處風帆一一破天還

贈角盤山養善院主竹塢上人

佛屋參差夾澗流青苔黄葉不堪秋問師終世名山住曾見吟詩木客不

贈聽潮樓主人

絶海驚風捲怒濤憐君欹枕一樓高轂疑弘景三層聽氣壓元龍百尺豪黿鼉難成隨意泛鯨鯢卻得自由逃側聞夷舶頻來往半夜浩歌看寶刀

題高士長倫閒螢雪樓

紛紜都市客不復識三餘大隱有高鳳倫閒獨讀書

鹿島氏席上作主人兄弟合奏簫箏及琵琶

和氣温温弟與兄鳳簫聲雜玉箏聲何圖搖落深秋候忽有春風坐上生

鹿島子名其樓曰殘夜水明樓既而得菅翁爲筱翁題殘夜水明樓詩及筱翁記文扁之

呼起古人題我樓世間復有此奇不菅翁詩與筱翁記一一扁來在上頭

題青青菴

老松古柏列庭隅茂葉青青秋未枯晨榻烹茶雲起午窗欹枕鳥相呼室家和樂如琴瑟山海周遭似畫圖纔入此中堪忘世不須萬里問蓬壺

雌雄鷄圖

雌雄元肅睦得食便相呼寄言齊家者可不如鳥乎

宿恬公房數日賦此以呈 師守菅丞相祠

丞相祠堂穆且清師房咫尺一墻横滿庭沙色少人跡繞砌湖光多月明大小户殊無酒鬪高卑位敵有棋爭相依太感交如水忘盡塵情及旅情

在松江數日雨不已不得出似森脇春卿

山色湖光互鬪奇一年好景最關思獨憐淫雨如梅候空送橙黄橘緑時

松湖詩贈妹尾精齋

松湖浩渺三萬頃勝絶四季朝昏景一波不起春旭晴青山忽寫數帆影紅葉點水汀樹疎半現僧樓夕鐘步蕪蕭稍戰洸月搖綈兮絡兮變夏冷夜雲欲雪低濁湖晨見玉峯四面並住湖邊者一萬家利糟名醨盡酩酊錦纜牙檣空去來俗子親湖湖不肯妹尾騷思似三閭佩芷採蘭詫獨醒氷清玉潔涅不緇神澄才覺與謝等湖中之水用不盡洗吾硯了煮吾茗釣詩上策在長竿避客工夫依短艇余任浪華二十

春闈說近來多夷警天保山前列千艦無凡堤下艤舴艋古來賢達貴卜隣亦欲携家向此境居如泛宅張志和我似種梅林和靖謂我不信有如湖湖若不皆居爲請

舟自松江至宍道

松江城至宍道市東西相距四十里微風覺白蘋末生帆正無搖舟如矢兩邊青山皆不高霜痕着樹樹顏美夕陽始沉月未光東天雲黑西天紫湖面如鏡坦且清萬影平敷悉在水昏鴉後飛白鷺前衆急浮沉波紋裡水心物象忽然亡風急危鷺白波起送者猶在東岸頭我舟既着西岸矣

木幡梅屋招遊其山莊獨樂窩

市聲不到似仙區三面岡廻一面湖盤谷盤旋亘李愿孤山孤絶棲林逋青苔埋徑幾人踏黄葉壓窓群鳥呼朋自遠方堪亦樂故容吾輩此遊娛

獨樂窩集主人與冲師去吹笛于山上

茶罷逐山雲稍稍出窓去忽聞吹笛聲不知君坐處

贈大坪義卿 令嗣嘗學余今未歸

日夜水東流中途忽過秋唯由君誼厚不覺我行留
地聚湖山勝人忘羇旅愁獨憐詩酒境少與阿戎遊

題二月樓

俯仰兩輪月天上與水中終宵看不盡如在廣寒宮

直江贈永井元厚

懷盡暮雲春樹間相逢猶是舊時顏枉教周澤坐齋
室皇有瑞明歸道山（往年君誤聞余死持爾數句）詩酒款留君未
憾光陰促迫我將還一朝分手神龜峽千里回頭赤馬
關

自直江至平田途中作（此日直江有社祭）

東畔猶飛雨西邊已夕陽風威弄輕袖泥色上征裳
隄路一條直板橋千尺長（樋川有橋長百丈餘）隔林聞鼓笛古
廟亦蒸嘗

後赤壁之夜與勝其峯蘭春和冒雨赴平田途
中作

直江北向平田行路平且直如其名獨奈湖風送密
雨雙袖濕作檐溜聲猶懷蘇公遊赤壁扁舟風月伴
二客使此苦樂一何殊天寒路永風雨夕君不見平
田之東即松江鱸方上時三尺長好待快晴買鱸飲
酋月不必十月望

贈錦周泉

地多神跡足探奇路入雲州行自遲黃橘碧鱸晨命
酒新毫古硯夜聽詩三句留我湖山際千里訪君氷
雪時馬氏諸昆皆已見季常在遠亦堪思（君兄弟五人獨季弟東遊方在余家）

竹

風枝露葉與塵垢直節虛心耐雪霜晉代七賢唐六
逸官情總為此君忘

題風外畫

瀑外盤陀石橫琴若作菌機心應已熄不見鬭棋人

題鑒禪師畫梅

塊與群花共一春高標凌雪獨精神千年風骨猶如
活想見禪門不揀身

贈秦玉巖

松林南指是君家半樹山礬方着花雖喜堤長宜試
馬亦愁日短欲棲鴉西州何在雲千里東道猶留天

一涯酒罷更催存沒感孤燈影暗雨如麻往年余喪內君送時故七句又

翠竹詩為腊屋子

幾種秋芳關尹邪春花紅紫更冥冥一齊控落風霜後但見數竿脩竹青

題東坡後赤壁圖

扁舟拉客復如初轉覺此般歡有餘掠去玄裳縞衣鳥嚥來巨口細鱗魚文章長與江山並功業翻追水月虛七百餘年真一瞬諒公當日感居諸

遠藤生話往年溺水狀乞詩

弘化丁未春二月初三日出雲今市人今市邑名舟覆湖中沒一行十餘人大命一時畢獨有遠藤君僅與其僕活爾後過八年甲寅嘉永七我始與君交華筵為我設酒闌語當年顛末頗詳悉初飲莊原村舍杯伐然登衆客睡昏昏篙工醉兀兀我元不善飲獨醒坐艙末日斜水波恬舟行頗快疾少間帆腹揭遠近雲巒勃山形如屏風一開又一閉風勢如吸噓忽起又忽滅帆形如桔槔低卸又高揭每過山開處風急帆欲裂帆腳繫巨絙下垂舟背結縮之又舒之受風蓄或淺縮舒忽誤擲衆絙蓋然絕帆抱桅翻翻舟隨波旋斡醉者猶不醒鳴起聲未訖舟則向南傾桅則向北拔我起抱舟尻浪花灑頸髮僕亦在我傍共矢同存歿舟覆未全沈風扶舟復出觸留又入艙水深過於膝一屹驚濤來復覆艙板缺我又就舟尻牢持力將竭舟出又如初我得暫休歇如此者數回飢與寒至骨初覆衆猶在再覆半已失三覆我二人餘皆成永訣乃知大醉人陷水猶恍惚初回先喫波所以漸疲茶兩手握不紓恰似依衣虱凝心怖蛟蛇孤念寄神佛一死我雖辭百方生且乞妖氛呑天星夜色黑如漆風響益颼颼濤勢更蕩汨更深救舟來爭拿我臂挐載我向前村燒藁臥土室此時目已瞑奄奄救無術烘稍及四支甦來心亮露君言方至斯聽者始喜悅側有錦織生餘話代君說時吾在君家忽遇飛報達曰自宍道瀆舟覆人淪忽存者唯二人姓名未分別乃翁恬然言我不必悼怵闔舟悲遽然我兒亦難脫猶有二人生我兒存可必吾怪問其由翁曰我

心壹文人不欺人濟物不殘物父祖賂孫謀禍殃或
可救既而如翁言人始信陰騭尤怖從僕某一時雖
忝竊後年復渡湖舟壞化魚鼈無乃初一回因君遣
冥罰聞此余愬然正襟告君曰君生積善家天祐无
不吉維天實難諶倚伏不易决勿忘溺水時一日慎
一日

十月念九與秦主殿錦周泉等乘舟遊神龜峡
三首

巖形鷹攫雄或又兎羅罝苔雲應難比桃源豈足誇
翠崖懸瀑布紅樹露樵家想見三旬後汀梅悉着花
此峡甲山陰遊人或未尋千巖開闔數一棹溯洄深
竹合天疑缺雲屯日早沈僧廬何處在夕磬度空林
夜色雖無觀歸舟興亦奇窅深山鬼宅岑寂水神祠
風向空巖吼星臨絶壁危依依姉峯下不覺轉篙遲

題琴高圖

天僊騎鸞鶴水仙乘鯉魚好待化龍日乘雲遊太虛

贈錦織周泉

慼君三世業軒岐經濟更希醫國醫酒後長歌人定
處燈前獨坐雨來時海防肯作黔驢技廷策慚逢遼
豕嗤韓愈休陳董生美孝慈已有碧翁知君近以孝受賞

題猿圖

捉月清溪夕隠花深洞春山中多好侶不用化佳入

松

獨高氷雪操嵬與百芳群不憾無知己梅花及此君

贈山本惺室

聞七月之尾吾將發浪華君自雲州至相邀飲我家
君東吾西下冬來秋亦謝吾猶滯君鄉君已歸其舍
君不見長風萬里翻海來四山戴雪玉崔嵬人蹤正
滅鳥飛絶寒日不照凍雲惟石別西去路險惡石齒
如劍繞山脚兩手懷氷飢腹鳴冬天酸苦柰咀嚼不
及君遊遍五畿橙黄橘緑時乃歸

謁天日偶宮恭賦似廣瀨

午寂中庭不見人寒禽相喚集松筠山形對峙分龜
鶴地勢孤深宜鬼神千載祭儀猶尚古四時穀種怡
嘗新祠官家自洪荒世豈啻東蒙社稷臣

將發雲州前一夕與錦有信夜坐

冬到山陰天亦陰海連玄菟朔雲深風威殆欲拔山走濤勢疑將抱島沉一穗青燈殘夜影千莖白髮暮年心明朝西向石州路踏盡三韓雪萬岑

仲冬念五衝雨發雲州至石州大田驛遇伊藤

摩齋

六十餘日雲州留竟步山道抵石州雲州多雲日日雨石州多石步步苦雲雲石石衝人腸天寒日短客路長與君相遇邑陀驛從前旅況渾乎忘剪盡燈花互述志竹雨聲散人皆睡明春東上君莫違剪燈重話今夜事

訪恒松君半日菴

寒衣飢食塵務酬朝奔西北夕東南唯有晚鏡照頒白曾無夜雨作同參早梅插瓶茶氣馥小窓坐間似僧龕龍鐘勞生既強半始就君家半日菴

恒松子留余其別業日新亭賦此以贈

門前流水白泱泱秋泛春遊興未央蘭棹隨楓舟路轉金鞭拂柳馬頭北日迎賓客添新識年購圖書益古香信宿殊欣情話熟一燈風雪對霄長

贈揖野君

寺隔溪流倚翠微青松不動白雲飛客過橋上聽寒磬主促途中看落暉夜鯉晨鳧叨饗厚秋風朔雪謝期違此行休咎匆匆去唯恐春回我未歸

十二月三日侵風雪發薛間村至宅野訪古和

澹齋

山風如箭面欲裂道邊枯木半身雪群鳧亂飛無處棲溪流不逝堅氷結君已相邂坐書堂茶爐煙暖酒亦香高論墨客源源集朝來寒苦一笑忘猶憶二十年前事君携書劍游我地門前白雪壓青松剪燭賦詩破窓中何料今夕來此地彼此雖殊興象同

贈泉全齋

不是暗中投夜光頃斯詩好風評量雲山五歲神交遠杯酒一宵情話長江上柳梅春信近天涯日月客心忙請君須許吾歸去雞黍再游期豈忘

臘月五日衝雪發宅野藤柏堂古澹齋泉全齋泉緑山藤琢洲内阜齋及子方策諸子送餞于滿行寺松炯師房比日没辭赴大森

送来過數村感此友情敦雪勢連林杪風威破海門
款留忘日短笑語入春温須使轎夫飲前途景已昏

題冨山圖

欲望芙蓉頂雪雲苑不開忽逢朝日照萬丈玉崔嵬

偶歩圖中見一物映日閃爍就拾之玉也余短
視何以有此遇乎賦一絶誌感

短視從来象罔同胡為得此小玲瓏卞生成喜仍成
感可跡五人藏櫝中

遯齋将構亭于西山導余胥地

我観他邑里有海者無山有山者無海兩有者無川
有山川與海多無禾黍田逢阪之為地四者皆具全
高處放遠目歸帆入雲天早秋雷雨後微茫見朝鮮
山嶺起海岸松柏何丸々衆渓劃山脉北注會村前
其側多畎畝百穀芃芃然昔人誇盤谷此地或勝焉
遯翁今君子遯世農圃間多牛蕃子孫款段少遊安
南陵厚孝思北堂奉慈顔餘慶多清福身健又有閒
齋已營山下亭将構山巔導我胥地勢趨舎幾討論
鳩材冬應畢塗壁春始乾如我再遊日新亭對榻眠

欄外補訂の部

凡　例

欄外の補訂は次のごとく表示した。

一、補訂箇所の位置は、影印本文の所在を頁數・上（下）段・右（左）をもってあらわし、それ〴〵の何行目及び何行目と何行目の閒の上（下）欄外として示した。補訂の初行は、影印面の▼印の位置に合致する。

二、補訂の本文への插入箇所は、▲印等で明示されているが、一字の補入の場合は、その補入した文字に、傍點を付した。

三、補訂が二行以上に及ぶ場合、／をもって改行を示した。

四、補訂に訂正がある場合、抹消部分は採らず訂正後の文字に從った。

五、補訂の朱筆は（朱筆）で示した。

七頁　上段〔左七行目〕〈詩嚢。○〉
一六頁　下段〔右八行目〕〈烟奔。〉
八五頁　上段〔左五行目〕〈細膩。〉
八六頁　上段〔右六行目〕〈氣慕。賢。達〉
八六頁　下段〔右一行目〕〈更闕。圓〉
九一頁　下段〔左四行目〕〈朋友。忽〉
九七頁　下段〔左四行目〕〈朝闘。棋〉
一〇四頁　上段〔左六行目〕〈極劉。刻〉
一一〇頁　上段〔右五行目〕〈欲賦。新〉
一一〇頁　下段〔左三行目〕〈巧緻。〉
一四四頁　上段〔左二行目〕〈不頽。泚〉
一五〇頁　上段〔左七行目〕〈抖擻。出〉
一六六頁　上段〔左一行目〕〈在。ㇾ浴〉
一六七頁　下段〔左一行目〕〈爵。不〉
一六八頁　上段〔右六行目〕〈居纔。一〉
一六八頁　下段〔右六行目〕〈素梅。燦其側。涉〉
一六八頁　下段〔左九行目〕〈暖擁。褐〉
一六九頁　上段〔右六行目〕〈娯鼓。盆。又。悲。哽。〉
一六九頁　上段〔左四行目〕〈影随。行。處。〉
一六九頁　下段〔左四行目〕〈春雲。輕易散。一〉
一七〇頁　上段〔右一行目〕〈衫。酒〉
一七七頁　上段〔右二行目〕〈微穹。人〉

一七九頁　上段〔右六行目〕〈顛倒。殊。可。怪〉
一七九頁　上段〔右九行目〕〈而碧。藻。淺。敷〉
一八〇頁　下段〔左一行目〕〈吾非。故〉
一八一頁　上段〔右三行目〕〈發兵。庫〉
一八二頁　上段〔右八行目〕〈三木。寓〉
一八三頁　上段〔右五行目〕〈黃鸝。一〉
一八五頁　下段〔右三行目〕〈官道。杪〉
一九三頁　下段〔左八行目〕〈理字。其〉〈謂肯。綮〉
一九五頁　上段〔右一行目〕〈野坐。〉
一九五頁　下段〔右八行目〕〈峭蒨。〉
一九七頁　下段〔右一行目〕〈方欲。枕。流〉
一九九頁　上段〔左七行目〕〈劉詩。法〉〈風前。萍〉
二〇〇頁　下段〔左五行目〕〈已似。春〉
二〇五頁　上段〔右四行目〕〈話而。舟〉
二〇八頁　上段〔右二行目〕〈言祖。功〉
二一二頁　上段〔右八行目〕〈向鳴。夷〉
二一三頁　上段〔右七行目〕〈哉。勢〉
二二一頁　下段〔右九行目〕〈溪牛。〉

不明文字翻刻の部

凡　例

影印面でよみ難い箇所を次のごとく表示した。

一、不明箇所の位置は、「欄外補訂の部」と同様に、影印本文の所在を頁數・上（下）段・右（左）・何行目をもって示し、不明文字には傍點。を付した。

二、二文字以上にわたって不明であるときは、その前後の文字を添えて示し、それらの文字には傍點を付した。

二三四頁　上段〔右九行目　上欄外〕酒自瓶口出／故名（朱筆）

二三四頁　下段〔右二行目　上欄外〕地形高卑分／頭趾、高注卑／受元不抗、此地缺否豈闕／彼（朱筆）（「元不」と「地缺」とは墨筆による補訂）

二三六頁　上段〔左四・五行目の間　上欄外〕月瀬途中／籍會作／採勝心雖未／肯灰弱行法／路屢遅回百／三十里崎嶇境／甘為梅花得／得来（朱筆）

二四一頁　下段〔左三行目　上欄外〕雨中氏原氏／集分韻得文／擇勝過郊墅市／聲聴不聞忽来／松杪雨又合竹／間雲顧望多詩興／言談省禮文／夕晴殊可愛秋／砌數花薫（六行目「多」朱筆にて後補）

二四三頁　上段〔左二行目　上欄外〕
中秋與寉城諸君／飲干市南溪樓／看月斯樓好一溪／門外横衣邊山氣／冷座上水光明孤／客忘羈況諸賢／枉厚情浪華歌／吹海少此候蟲聲

二五一頁　上段〔左九行目の後　上欄外〕恒松氏庭中／松(カ)　下巻ニアリ（朱筆）

二五二頁　上段〔右八・九行目の間　上欄外〕暁望不山　下巻ニアリ（朱筆）

二五三頁　上段〔左二・三行目の間　上欄外〕三月望(カ)夜　別巻ニ在（朱筆）

二五七頁　上段〔右四・五行目の間　上欄外〕秋盡日雨棚隆／卿以舟迎観／其庭中紅葉／水程十里扁舟／度風色蕭條／秋欲暮比日相／邀何恨情一尊／寒雨看紅樹（朱筆）

二六〇頁　下段〔左七行目　上欄外〕嶋祠尋

二六四頁　上段〔左九行目　上欄外〕上ニ書ス

二七五頁　下段〔右八行目　上欄外〕其距太似坡／兄弟

梅墩詩鈔拾遺（新編）

岡村　繁　編

凡例

一、この新編拾遺は、既刊の『梅墩詩鈔』初編三巻・二編三巻・三編三巻・四編三巻に収録されていない旭荘の詩篇を、現在残存する諸種の写本や刊本の中から捜集編纂したものである。

一、これら拾遺詩篇のうち、つとに一書としてまとめられた稿本、すなわち『梅墩詩鈔』第五編三冊、『梅墩詩鈔』七編巻一（「雪来山館近稿」）一冊、『東遊稿』五巻二冊、『西游紀行』一冊の四種は、その善本を影印に付して研究者の便宜に供した。今、参考までに、この四種の詩集に収録された詩篇の制作年代を示せば、次のごとくである。

『梅墩詩鈔』第五編三巻　嘉永六年癸丑（一八五三）正月――安政四年丁巳（一八五七）

『梅墩詩鈔』七編巻一（雪来山館近稿）　文久元年辛酉（一八六一）秋――同三年癸亥（一八六三）（この年八月、旭荘没）

『東遊稿』五巻　文政一〇年丁亥（一八二七）四月――同年九月
（『梅墩詩鈔』初編巻一と期間重複）

『西游紀行』　嘉永七年甲寅（一八五四）閏七月――同年一一月
（『梅墩詩鈔』第五編巻二の甲寅部分と期間重複）

一、その他の拾遺詩篇の配列は、制作年代の順序に従ってこれを編次した。但し、制作時期未詳の作品は、これを一括して末尾に列挙した。

一、同一作品が幾つかの写本・刊本に重複して収録され、かつ各本の間で字句の異同が認められる場合は、その拾遺詩篇の本文には、既刊『梅墩詩鈔』各本の体例に倣って、最も完成度の高い最終稿と推定される作品を採録した。

一、拾遺詩篇の本文は、できるだけ底本の形態を保存することに留意した。但し、古字・俗字・異体字等、特にこの写本・刊本に数多く用いられた特殊な漢字は、出典等との関連でその字形を残す必要がある場合を除き、すべてこれを正字体に改めた。

一、詩篇本文中の脱字・衍字・誤字・あて字も、底本の形態を尊重して、そのままこれを保存し、あえて本文そのものには改訂増補を加えなかった。但し、著しく読解が困難と判断される場合や、明らかに詩法が無視されている場合は、次のごとき便法をとってその非を正し、その欠を補った。

脱字　本文中に（　）を入れて補う。

誤字・あて字　その漢字の右側に小さく（　）を施して、正しい漢字を示す。

衍字・意味不明の場合　その漢字の右側に小さく「ママ」と注記する。

一、管見によれば、もともと旭荘は、写本・刊本を問わず、字義上、「間」（中間・間隔）と「閒」（閑暇・閑静）とを使い分けて表記していたように見受けられる。因って、この拾遺でもこれに従った。

一、底本の破損・虫損・書き改め等で判読不明の時は該当する文字だけ□□を補い、その右側に小さく（破損）（虫損）等の傍記を加えた。この際、原文が推定できる場合は、右側に小さく（□□カ）と注記した。

一、各詩篇に対する諸家の評は、既刊『梅墩詩鈔』の体例に倣って、これを附記した。但し、この場合、便宜上『梅墩詩鈔』のような割り書き形式をとらず、各詩篇本文中の該当個所に小さく注記番号（算用数字）を付し、各詩篇の末尾の附注にその評語を登載した。

一、底本の原注や書き入れ、付箋や上欄等に加えられた補記等の場合も、同様にその詩篇本文中の該当個所に小さく注記番号（算用数字）を付し、各詩篇の末尾の附注にこれを載録した。

一、この新編拾遺の編纂に用いた約六十種の写本・刊本には、特に写本の場合、同名異種の伝本が少なからず介在し、且つ同一の詩篇作品が多種の写本・刊本にまたがって採録されている事例も枚挙に暇がない。従って、かかる場合、利用者の今後の追検に資するために、各作品の収録伝本を簡明的確に呈示することは、清朝・江戸期以来の伝統的な登録手法に従うかぎり、すこぶる繁雑にして困難である。そこで、やむなく本拾遺では、各作品の収録伝本の呈示は、すべて後掲の拾遺資料書目によって伝本を号数化する方法をとった。すなわち、伝本記号中、上の算用数字は、後掲書目における伝本の通し番号を表わし、その下の○内の算用数字は、当該伝本における冊号順序を示す。例えば、

12『鶏肋集』（淡窓・石秋評）

22④『旭荘遺稿』（各大家評）等の第四冊

36⑪『旭荘遺稿』（各大家評）の第一一号『草稿』

のごとくである。従来の同類拾遺における伝統的な出処の呈示様式から見れば、いかにも無粋で雅趣に欠けるが、追検時の混乱を避ける必要上、やむを得ない処置として利用者の諒察を乞う。

一、各拾遺詩篇の末尾における収録伝本の呈示順序は、最初にその掲載本文が直接依拠した写本・刊本を示し、次いで「又見」以下に、その作品が収録されている他の異本を示した（いずれの場合も、後掲書目の通し番号順に列挙している）。すなわち、これを換言すれば、前者の諸伝本に見える当該作品は、いずれも全く同じ系統の伝本に属する作品であることを示し、一方後者の諸伝本に見える作品は、前者と比較した場合、多かれ少なかれ字句に異同が認められる異系伝本の作品であることを示す。

一、拾遺詩篇の本文中、特に訓点を施した作品の場合、その訓点は、後掲の拾遺資料一覧に見える各本——2①・5①②・8・9・13・14・17①②・22①②③④・26・27・28・29・30・31等の各本に施された訓点に拠った。

一、本来同一の作品でありながら、表現上、前作と後作とがほとんど別個の作品のように見える場合は、それぞれの作品の冒頭に〔前稿〕〔後稿〕という標記を冠して、両作品を併記することにした。

一、拾遺資料の各本間における字句異同の校勘は、「拾遺」という本稿の性質上、特に顕著な異同だけに限定した。但し、この場合、詩題の字句異同については、その題下に直接小字双行、または※符

号でこれを注記し、詩篇本文中の字句異同については、本文の当該箇所に※符号をつけて、その詩篇の末尾にこれを注記した。

思うに、このたび旭荘詩篇の諸伝本を詳しく比較校合した結果の印象を述べれば、今後われわれが、もし旭荘の詩歌文学、ないし詩歌作品の形成過程を一々克明に辿ろうとした場合、単にこの拾遺詩篇に対する諸本の校合だけではなく、既刊の『梅墩詩鈔』十二冊所収の詩篇をも含めて、綜合的な諸本の校合、考察が是非とも必要であることを痛感した。※そうした意味で、単にこの拾遺詩篇だけを対象にした諸本校合だけでは、いかにそれが詳密であっても、結局は片手落ちになってしまう恐れがある。今後の全般的、且つ徹底的な討究を期待してやまない。

※ この事については、平成十年三月発行『斯文』第一〇六号所載の拙稿「広瀬旭荘の遺稿とその推敲過程」を参照。

一、過去の『梅墩詩鈔』拾遺には、管見の知るところ小冊ながら次の三種がある。

『梅墩詩抄拾遺』一巻　弘化三年写?　日田広瀬家宝10・5・1
『梅墩詩鈔拾稿』一冊　文久三年写　国会図書館（鶚軒文庫）蔵
『梅墩遺稿』二巻一冊　光文吉編　明治四十三年東京博文館刊

一、この新編拾遺を成すに当たっては、昭和六十一年度、九州大学よりこの編纂事業に対して交付された多額の特定研究補助金が、絶大な経済的基盤となった。

又この拾遺編纂に先立って、労をいとわず、その尨大煩瑣な文献資料を蒐集し提供してくださったのは、僚友佐賀大学の井上敏幸教授であった。

さらに又、この拾遺の編纂過程において、基礎カードの作製や拾遺作品の筆録整理等、私を助けて誠心誠意、綿密正確に事に当たってくださったのは、当時の九州大学文学部中国文学研究室の牧角悦子助手をはじめ、大学院生の田中順子・中村昌彦・東英寿・与小田隆一・高倉政美・中筋健吉・根ヶ山徹・安積由紀子・西山猛の諸君であり、ついで今般、老耄の私をいたわって全篇にわたり厳密な校正の労をとってくださったのは、同じく九州大学中国文学の竹村則行教授をはじめ、岡村真寿美助手・若杉邦子講師・諸田龍美助手・黄冬柏助手、および大学院生の野田雄史・角田美和・王展・蕭燕婉・王毓雯・河野真人・垣見美樹香・土屋聡・趙苗の諸君であった。ここに併せて深甚の謝意を表する。

かくして、とにもかくにも、この拾遺編纂は、ようやくここに一応の完結を見るに至った。顧みれば、着手以来すでに二十数年、この長い歳月の間、愚鈍で怠惰な私の仕事振りを忍耐づよく待ってくださった思文閣出版、とりわけ長田岳士・林秀樹両氏に深くお詫びし、厚くお礼を申し上げる。

平成十一年七月十五日

編者　岡　村　　繁

梅墩詩鈔拾遺（新編）資料一覧

基本資料

『梅墩詩鈔』初編　三巻三冊（刊）
『梅墩詩鈔』二編　三巻三冊（刊）
『梅墩詩鈔』三編　三巻三冊（刊）
『梅墩詩鈔』四編　三巻三冊（刊）

拾遺資料（※印は、本巻で影印に付されているもの）

1、※『梅墩詩鈔』第五編　写本　上中下三冊（家宝一〇・五―七）
2、『梅墩詩鈔』五編巻一・巻三　写本　二冊（家宝一〇・五―八）
3、『梅墩遺稿』二巻　明治四三年東京博文館排印本　一冊（家宝三〇―一四）
4、※『梅墩七編』巻一（「雪来山館近稿」）写本　一冊（家宝一〇・五―九）
5、『梅墩詩鈔』甲編三巻・乙集（ママ）三巻　写本　六冊（家宝一〇・五―六）
6、『梅墩詩草』六巻　写本　六冊（家宝一〇・五―四）
7、『梅墩詩草』七巻　写本　七冊（家宝一〇・五―三）
8、『梅墩詩抄』五巻　写本　五冊（家宝一〇・五―五）
9、『梅墩詩抄』六巻　写本　六冊（家宝一〇・五―一〇）
10、『梅墩詩草』巻四・五、巻六・七　写本　二冊（家宝一〇・五―一一）
11、『梅墩詩鈔』巻五（珮川評）写本　一冊（家宝一〇・六―六）
12、『鶏肋集』（淡窓・石秋評）写本　一冊（家宝一〇・一―九）
13、『梅墩漫詠』（「鄙稿」「鄙稿」「草稿」）写本　二冊（家宝一〇・一―一三）
14、『摂西六家詩鈔』巻五（「梅墩漫詠」）嘉永二年刊本　一冊（家宝一一―一一）
15、『淡巷集』　写本　一冊（家宝一〇・六―一）
16、『旭荘詩稿』（不分巻）写本　乾坤二冊（家宝一〇・四―一七）
17、『旭荘詩稿』二巻　写本　乾坤二冊（家宝一〇・四―一八）
18、『旭荘詩稿』　写本　一冊（家宝一〇・四―一九）
19、『旭荘詩稿』巻二　写本　一冊（家宝一〇・四―二〇）
20、『梅墩剰稿』　写本　一冊（家宝一〇・四―二一）
21、『旭荘詩草』（清、道光一二年、盧揖橋評）写本　一冊（家宝一〇・四―二二）
22、『旭荘遺稿』（各大家評）等　写本　六冊（家宝一〇・五―一）

第一冊　『旭荘遺稿』（各大家評）
第二冊　『近詩稿』（「草稿」）
第三冊　『癸巳草稿』・『甲午草稿』
第四冊　『草稿』（「丙申未定草稿」）・『梅墩詩抄拾遺』
第五冊　詩・文・「翠紅館八勝」
第六冊　『鄙稿』上

23、『旭荘詩稿』巻一・巻二　写本　一冊　（写二―一六、本家）
24、「逍遙園十二奇勝」二葉　写本　一冊
（国会図書館鶚軒文庫一―四〇四七）
25、（『旭荘詩稿』稿本）　写本　一冊
（慶応義塾大学図書館二〇七―二九九―一）
26、『嘉永二十五家絶句』巻四　嘉永元年刊本　一冊　（詩一―六、本家）
27、『安政三十二家絶句』巻上　安政四年刊本　一冊　（詩一―八、本家）
28、『文久二十六家絶句』巻上　文久二年刊本　一冊　（詩一―九、本家）
29、『海内詩媒編』第一集（劉石秋編）　刊本　一冊（旭五―八、本家）
30、『近世名家詩鈔』巻下　万延二年刊本　一冊　（詩一―一〇、本家）
31、『宜園百家詩二編』巻二　嘉永七年刊本　一冊　（特一三―五）
32、『関西舎詩稿初編』上　写本　一冊　（写一―八、本家）
33、『関西舎詩稿二編』二　写本　一冊　（写一―八、本家）
34、『秋琴印譜』　（四一―三二、本家）
35、『詩稿及文』一・二　写本　二冊　（家宝一〇・一―一三）
36、『旭荘遺稿』（各大家評）　写本　一三冊　（家宝一〇・一―一四）
第一号　『鄙稿』（小竹評）一・二、『草稿』（小竹評）
第二号　『鄙稿』（珮川評）一・二・三
第三号　『鄙稿』（拙堂評）
第四号　『草稿』（穀堂評）・『鄙稿』（穀堂評）
第五号　『草稿』（筑井評）
第六号　丙申『鄙稿』（「丙申未定草稿」）・『丁酉窓（ママ）稿』
第七号　『草稿』（「旭荘詩稿」即「送桑原子華帰天草」詩）（筑前、別府子高評）
第八号　『鄙稿』四種
第九号　『鄙稿』
第一〇号　『鄙稿』一三種
第一一号　『草稿』
第一二号　「七言絶」「五言」
37、『旭荘初稿』　写本　一冊　（家宝一〇・一―一七）
38、『近詩文稿』　写本　一冊　（家宝一〇・四―四）
39、『詩文草稿』　写本　一冊　（家宝一〇・四―五）
40、『詩文草稿』（壬子重陽後）　写本　一冊　（家宝一〇・四―六）
41、『癸丑詩文稿』　写本　一冊　（家宝一〇・四―七）
42、『天保癸卯詩文草稿』天　写本　一冊　（家宝一〇・四―八）
43、「詩文未定稿」　写本　一冊　（家宝一〇・四―九）
44、反古（一）　写本　一冊　（家宝一〇・六―一二）
45、『辛未稿』下・『壬申稿』（旭雑第一号）　写本　一冊　（家宝一〇・六―八―一）
46、詩・文（旭雑第八号）　写本　一冊　（家宝一〇・六―八―八）
47、詩（旭雑第九号）　写本　一冊　（家宝一〇・六―八―九）
48、『梅墩詩抄』巻二（五岳評）等（旭荘文反古）　写本　一冊　（家宝一〇・一―一八）

49、『旭荘先生文稿』二集後附　写本　一冊　（無窮会神習文庫）
50、藤森弘庵『如不及斎文鈔』巻四　明治三年刊本　一冊
（国会図書館鶚軒文庫　詩文一七五八）
51※、『東遊稿』五巻　写本　乾坤二冊　（家宝一〇・四—一三）
52、『東遊稿』巻一・巻四・巻五（小竹評）写本　一冊
（家宝一〇・一—八）
53、『東遊稿』五巻・附録　写本　乾坤二冊　（家宝一〇・四—一二）
54、『東遊稿』五巻　写本　天地人三冊　（家宝一〇・四—一四）
55、『東遊稿』五巻（名家評）写本　二冊　（家宝一〇・四—一五）
56、『東遊稿』巻四・巻五（吉田評）写本　一冊（家宝一〇・四—一六）
57、『広吉甫東遊稿』三巻・附録　写本　上中下三冊
（国会図書館鶚軒文庫　三—二六八五）
58※、『西遊紀行』　写本　一冊　（家宝一〇・六—一三）

文政五年（一八二二）　壬午　年十六

西園十詠。案此題名、據第37本。

遠思樓。

一雨過南塘、鶴降夕陽松。長嘯闌干上、列僊如可逢。雲起前山隱、也似避筆鋒。（37）

咸宜園。

莓苔繞レ砌合、竹樹圍レ屋徧。唯有二吟嘯聲一、幽人不レ可レ見。日永無二客來一、午窗一禽囀※。（6①7①17①。又見16①37）

※訓點、依第17①本附之。下同。

秋風庵。

〔前稿〕琴棋與書畫、南面當百城。自種滿庭竹、處處送秋聲。隱几觀物理、荷露滿欲傾。（16①。又見37）

〔後稿〕好風自レ西至、枕簟有二餘清一。從レ分二庭中竹一、處處散二秋聲一。隱レ几觀二物理一、荷露盈自傾。（17①。又見6①7①）

東塾。

青衿百餘人、唔咿徹十里。我倦憑案眠、晩風吹夢起。只有半牀月、不見讀書子。（37）

篠齋。

瘦竿含宿雨、翠色染人骨。清陰引午風、疎葉洩秋月。吟心如筍芽、頭角待時發。(37)

芭蕉書屋。

密雲圍四野、夜雨生簷楹。芭蕉如奇士、所在先有聲。驚覺幽人耳、夢中詩未成。(37)

考盤(ママ)樓。

岫雲共心閒、溪霞入夢紅。無限江山趣、收入一樓中。捲簾招新月、憑几送飛鴻。(37)

月窗。

微微小星隱、紛紛樹影落。小窗占ニ清光一、心淡夢亦樂。講帷涼露降、松杪起ニ孤鶴一。(6①7①17①。又見37)

詩社。

剪燭吟寒宵、開卷坐清朝。點檢瑕疵見、層層如剝蕉。十禽羞詭遇、佳句不要饒。(37)

掃人。

莫折庭上竹、暮江欲釣魚。莫掃簷外雪、夜窓欲讀書。流澌迎日消、落葉倩風除。(37)

壬午二月、與兄子禮・重叔容・山子蘭、散步近村、入夜而歸。八首。

其一　招重叔容・山子蘭。

飛鴉食桑椹、螺贏負螟蛉。改音與育種、元假外物成。重郎實詩杰、出語輒鏘鏗。子蘭亦才子、咳唾如花英。我才元鄙陋、不能先人鳴。二子在我側、始可鼓詩情。君語似桑椹、妙味變我聲。我詩譬螟蛉、故假君語生。我從二子遊、碔砆厠璧瓊。韓非與老聃、同傳恐不平。寄語出遊否、春色滿鷹城。(37)

其二　鷹城。

春山一路花冥冥、香風吹送啼鶯聲。鶯遷喬木聲宛轉、繽紛花雨落酒觥。古來此地賞花者、身名枯朽花獨榮。揮毫題壁君莫咲、唯要狂名使人驚。君不見三月三日遊賞者、如今獨傳蘭亭名。(37)

其三　古墳。

〔前稿〕我雖無腹痛、奇癖訪汝來。僅餘一杯土、獨住長夜臺。祝予無人歎、可兒有誰哀。土筆石罅秀、鳥跡碑上堆。碑字三四行、彷彿半殘摧。欲讀不上口、汲溪洗春苔。(37)

〔後稿〕我腹雖レ不レ痛、偶然此弔來。已摧無ニ松柏一、方茂有ニ蒿萊一。春晚土筆秀、雨餘蝸篆堆。碣字三四十、彷彿混ニ苺苔一。欲レ讀不レ上レ口、空向ニ故道一回。(6①7①17①)

其四　草場。

春陰斂處游絲濃、柴門晝掩水自舂。入門寂寂無人影、一雙牛雞見客容。兒女不知何處去、裹飯煨芋南畝從。麥浪遶桑桑遶舍、家家方務蠶與農。看得今年亦有年、謳歌洋洋到處逢。雨歇風和日又暖、更登西南兩三峰。(37)

其五　綿里。

欲知野遊意、有似江中漚。時逐直流去、又傍盤渦留。我行無前期、方到綿里頭。百章村端樹、淸陰可飯牛。詩緒似枯草、春風芽稍抽。溪邊見漁父、長竿掛曲鈎。就之欲問路、菰蒲已遮舟。(37)

其六　七折坂。

弇中僅通一夫軀、多少行人魚貫度。後隊猶穿巖根行、前隊已在樹梢顧。七盤行盡忽豁然、絕壁下見千畝田。菅相廟前人騎馬、藥王山下水拍天。雨餘竹筍方遮路、風外楊柳初飛絮。遙知梵宮住翠微、山鳥齊認磬聲去。※(19 37)

※案此詩、又載第17①本・刊本『梅墩詩鈔』初編卷二、而其辭與此詩頗異。蓋後改之。

其七　岳林寺。案此題三字、刊本『梅墩詩鈔』初編卷二、作「春日遊護願寺」六字。

步到翠微日已晡、斜陽一抹射浮圖。板扉深掩僧眠穩、空庭閴寂鳥相呼。剝啄聲聲喚夢起、牡鑰開來啼鳥散。白眉如雪眼炯炯、笑迎遊人對几案。雲裛(裹カ)遠樹暝色來、廻風捲地起塵埃。巖頭老松長十丈、濤聲圍山山欲頹。須臾風死山更靜、一痕新月溪頭影。淸光滿庭水不如、花枝縱橫似蘋荇。忽忽辭寺降山腰、禪老送我不過橋。半途回望不見寺、木魚之聲在雲霄。※(19 37)

※案此詩、與刊本頗異。蓋刊本改之。

其八　友田。

處處春歌響、人家水西東。柴門夜不鎖、時平歲亦豐。月淡故原上、下有獨嘯翁。樹影忽明滅、流雲舞輕風。更深月亦落、閒步穿深叢。村尨驚客去、鳴入暗篁中。(37)

遊釜淵。

巨石蟠山根、流水中鏘鏗。石角互凹凸、波勢自回縈。大者釜鬲、小者如甕罌。遊魚鮮可掬、蘋蘩香堪烹。水脈入山骨、斷岸滴有聲。欲極溪本末、更登山崢嶸。林中孤琴響、樹杪匹練明。佳境在幽僻、造物太無情。雖然如高士、栖隱却有名。(37)

又。

一水排山出、淪淪深且靑。流沫來十里、烟霧晝冥冥。山帶返照水面映、炯如畫屛入明鏡。波浸坳石釜中鳴、殷似羆豹陷檻阱。我來岸頭雨晴初、煙柳毿毿嬌欲梳。村家日長無一事、童兒相喚捕小魚。(37)

送中子玉

切磋幾歳比弦韋、論史談經心不違。絮帽峰頭銜雪去、木綿山上望雲歸。文翁他日應興學、孟母今朝豈斷機。涕泣對樽兒女事、丈夫唯是要雄飛。（37）

春日偶作。

春老田家酒正醇、欣然復着漉餘巾。林鶯聲和皆呼友、野草花開互倣顰。棄世常甘曲肱夢、耽書時學繩頸人。舌耕可樂休投筆、軒冕從來煩我身。（37）

護願寺。

孤堂枕岸鬱崔嵬、傳道當年說法臺。山鬼時隨暗風出、龍神夜捧怪燈來。荒陵有樹鶯空囀、閒逕無人花自堆。禪老相携定中返、數聲鏡磬夕陽頹。（37）

夜過七折阪。

露滴綸巾樹葉低、獨行無伴影淒淒。鹿群過藪風驚草、猿子懸崖月在溪。坂路低昂迷進退、山巖屈曲失東西。俄然忽出荒祠外、隔水村雞喔喔啼。（37）

詠史。案此題、第36・37本、並作「始皇」。

松柏歌成四海平、當途早已呂更㆑嬴。請看三月阿房火、定自㆓詩書餘燼㆒生。（6①7①17①。又見36⑫37）

擬送沙子羽之日本。

孤帆斜截大濤中、直向扶桑東又東。海若影邊吹黒霧、爰居背上送長風。泛船坡老詩元好、採藥徐生跡遂空。知汝歸來解裝日、貝珠狼籍滿堂紅。（37）

偶成。

獨誦陳篇三絶韋、幽閒好與世相違。菊猶有力淩霜立、雲自無心望嶺歸。社祭多時人語閙、授衣過後木綿稀。飄然出戶橋頭步、牧笛聲中方落暉。（37）

又。

竹屋板扉珠水前、朝晡倚檻景堪憐。街頭絲竹龜山月、樹杪人家鷹府煙。採藥煎茶僧是友、談經論史舌如田。庭閒磊磊多奇石、傍客呼爲小米顛。（37）

又。

許巢何用買山錢、人意閒時地自偏。桑柘雨晴雞語遠、屋梁日暖燕聲圓。蒲中煙起舟無影、蘋末風生水有漣。寂寞閒庭過客

少、青苔不見屐痕穿。(37)

赤馬關懷古。

百戰倉皇謀本非、翠華西狩事堪欷。終敎魚腹葬人屍、應向水中營帝畿。驚浪衝崖鼙鼓響、暮雲擁樹旆旌歸。我來弔古東風夕、赤馬關頭杜宇飛。(37)

春日、登多賀城。

高閣登臨憐物華、桃紅李白滿林花。郊田雨足三千畝、郭樹煙啣五百家。晝靜猿雛偸竹筍、春深女子摘山茶。平生詩債今方償、不管前溪夕照斜。(37)

送池田生。

鄉園悠遠千餘里、此去韶光路上看。文字關西春夢斷、小倉城北海風寒。月殘半嶺人行早、雪擁深溪馬進難。明歲若思文苑會、秋來還爲動征鞍。(37)

西園雜詠。

擔簦幾客學虞卿、交友多年如弟兄。樹杪朝翻烹茗氣、月中宵湧讀書聲。蕙蘭自有芳芽秀、秕稗寧無香實生。愧我駑才如跛鼈、謾追驥尾附群英。(37)

寄懷別直夫兄弟。

一自西園歌別曲、回頭幾感索居情。彭郎功業遼東豕、陸氏弟兄江表英。龍尾春潮雙釣舸、龜山夜雨短燈檠。何時共酌青樽酒、遠思樓頭尋舊盟。(37)

送川崎生。

綠陰蓋庭夏日長、空堂曲肱夢忽成。清風吹我走千里、飄然飛入浪華城。浪華風光眞清絕、遠山依稀海半霾。海色山光入我腸、新篇一一擅奇傑。俄然夢覺客敲扉、報道方向浪華歸。我欲相從不得往、夢遊非眞空歔欷。憶君來時年猶弱、已是襟懷磊復落。卒然一語見機鋒、楊家梅兮孔氏雀。爾來倏忽三度秋、業就歸去何日遊。奉歡君將學萊子、賦詩我敢招之罘。一語贈君君且記、仲容元抱青雲器。浪華之海卽天池、扶搖須展一擊志。(37)

孤墅。

孤墅高邱上、遙知箕潁情。葉零窓引日、水凍澗呑聲。坐聽枯茅響、忽看群鹿行。夜來猶力學、還就雪簷明。(37)

又。

歎息圖南鳥、飛翔猶未能。春風花塢酒、夜雨竹林燈。煮茗招溪老、圍棋會寺僧。閒居堪適意、榮貴是朝冰。（37）

烹茶。

寒更未睡草堂中、獨倚槁梧爐火紅。孤鼎閒烹溪底月、三杯方覺腋間風。愁魔遇酒元難敵、茶氣解酲還有功。燈暗山童呼不起、坐看飢鼠下簾櫳。（37）

晩步。

何處春光好、溪邊携杖行。夕陽啣半嶺、晴雪映孤城。緑樹參差影、黃鸝遠近聲。不愁歸舍晩、野水夜還明。（37）

宿山寺。得杯字。

寂寞紺園高嶺隈、淸宵投宿白雲堆。半峰殘月豺狼吼、一澗酸風魑魅來。詩思遶巖涼如霧、塵心入定死爲灰。嘗聞蓮社陶公在、我至何妨傾酒杯。（37）

初夏。

日長無㆓一事㆒、午夢晩來還。樹杪生㆓新葉㆒、墻頭失㆓遠山㆒。池梟相對睡、簷鐸獨吟間。雨後宜㆑看㆑月、柴扉夜未㆑關。（6①7①17①。又見37）

梅雨。

三日冥冥雨、閉㆑門心自閑。江流看排㆑戶、蕉葉稍藏㆑山。梅落庭禽起。簾搖巣燕還。明朝應㆓快霽㆒、虹掛斷雲間。※（6①17①）

※案第37本『旭莊初稿』載「雨中」第二首（下見）、頗似此詩。其詩、恐此詩稿。

江亭晩望。

沙鳥含魚水面行、波紋映日滅還明。陰陰垂柳遮漁艇、葉際炊煙一穗横。（37）

又。

亂山吞日半江紅、獨倚闌干送斷鴻。漁笛一聲何處所、小舟撐出荻蘆中。（37）

屈原。

歎息世間無伯樂、驅馳駑馬棄騏驎。十餘梟雁誰加繳、六里江山巧弄人。稚子勸君逢虎口、忠臣顧國逆龍鱗。相如終勝靈均

死、能使趙王抗暴秦。※（37）

※案此詩、與刊本『梅墩詩鈔』初編卷二載「屈原」詩、其文頗異。蓋刊本改之。

學詩。

三思忘㆓食味㆒、一聯到㆓髩皤㆒。蕉皮難㆓剝盡㆒、鏡面尙㆓屢磨㆒。十禽羞㆓詭遇㆒、求㆑佳不㆑求㆑多。（6①7①17①）

與岡子究論詩。

三唐兩漢成芻狗、格調何須先哲求。不解汚隆緣世代、猶如絺綌待多秋。人嗜摸倣狐從虎、我愛新奇雞勝牛。神禹未興皆歿溺、誰教江水復東流。（37）

過草場村。

閒步忘遐邇、原頭又澗阿。蠶家方諱客、村女或能歌。古驛鈴聲冷、晴潭鳧影多。欲登鷹府去、還向竹東過。（37）

偶成。

客去空堂靜、斜風翻㆓簡編㆒。身閒病還好、日永夢相牽。暝色歸人外、春光舞蝶邊。忽然詩思動、曳㆑杖古原烟。（6①7①17①。又見37）

夜、自德瀨歸。

陰雲連野未全晴、麥穗風來忽有聲。巨石蟠時如虎臥、孤松近處似人迎。窓燈遠邇村相接、野水縱橫夜自明。擬遇王生談妙理、芒鞵故向墓間行。（37）

東園。

客歸半掩小柴關、一炷香煙書院閒。溪水春通綿里路、峽雲暮擁錦屏山。風香花蕊參差際、人睡簡編狼籍間。兩兩啼鳩呼夢起、濠梁南畔雨斑斑。（37）

春晚、步西村。

花落鶯歸已送春、江邊雲物正清新。青秧田畔啣魚鷺、綠柳陰中擧網人。（37）

幽事。

幽事催人日日忙、頻抄種樹養花方。五株垂柳春陰敞、一炷香煙午夢長。已假清風除落葉、還牽綠薜護頹墻。憐他堤口聲聲笛、送得月輝來靜房。（37）

夜雨。

不辨天心斗與參、樓頭憑案擁重衾。雨過蕉葉瀏瀏響、燈漏蓬窓煜煜深。風度暗江龍氣至、雲連荒驛馬聲沈。庭桃若會幽人意、莫使軟紅成綠陰。（37）

寄佐君在筑。

相思空吟伐木篇、豐雲筑樹路綿綿。錦屛翠滴朝來雨、珠水靑涵春暮煙。怪子術高肱幾折、愧吾才拙舍三遷。悄然孤坐南樓晚、目斷飛鴻落照前。時予三遷居。（37）

南軒。

南軒獨坐日方長、心似枯禪萬事忘。幾歲野遊因病廢、平生詩債至春償。空園鳥下曾栽竹、半嶺雲飛正爇香。腐草蔽庭人不掃、好爲螢火照書堂。（37）

幽居。

僻地無人至、獨爲梁父吟。凉風病蟬落、壞塹浴鷗深。疎雨過荷葉、樵夫集樹陰。悠然詩思動、獨步向江潯。（37）

又。

筧牽溪底水、脈脈入庭池。萍皺魚行處、荷香雨至時。有園皆種藥、無壁不題詩。日永騰騰睡、短檠慚退之。（37）

東園雨夜。

蕭寂村居無二客尋一、唯聞寒雨過二前林一。落方桃李傷二春盡一、響到二芭蕉一恨二夜深一。風度二暗江一龍氣至、雲連二荒驛一馬聲沈。朝來懶三復開二東閤一、砌北階南總綠陰。（6①17①。又見7①）

四月十九日、東塾小集。

蕭寂閒亭晚、風光晝裏看。霧林松影小、雨竹鳥聲寒。古渡無行客、孤舟橫急灘。苦吟詩已就、安坐語團欒。（37）

四月十九日、坐雨。

昨夜廚薪濕、蕭然午未レ飧。霧林松影小、風竹鳥聲寒。古渡無二行客一、孤舟倚二急灘一。泥深難レ出レ戶、聊此捲レ簾看。（6①7①17①）

考槃樓晚望。

突兀書齋枕水湄、幽人獨坐思新詩。山容深淺雲稍散、野色參差秧半移。綠樹千章啼鳥靜、紅樓三面夕陽遲。依稀牧笛呼牛去、惠楚宮西雨歇時。（37）

宿久喜宮驛。

暗風蕭瑟黑雲凝、人定前峰月未昇。山犬聲寒何處谷、塢松影冷夜深燈。秋舂殷地村三戶、香篆殘爐夢一肱。寂寂禪宮家北角、擣鐘已有曉輿僧。（37）

夜坐。

終宵不掩小柴扉、古栢老杉縈舍圍。智井深中陰火冷、濕雲崩處怪禽飛。柝聲秋靜千家夢、寒氣晴侵單葛衣。燈下思詩詩未就、前峰一半帶朝暉。（37）

雨中。

同雲凝不散、風雨欲過旬。籬倒山還秀、花飄家自貧。船頭明立鷺、渡口絕行人。晚步江干路、毿毿柳色新。（37）

又。

三日冥濛雨、閉門心自閒。江流欲排戶、蕉葉稍藏山。梅落庭禽起、簾搖巢燕還。晚來生喜氣、虹掛亂林間。（37）

晨發豆田、到久喜宮途中。

樹色蒼茫鳥未飛、村影依稀燈已微。馬上松濤醒殘夢、風前山翠滴征衣。雲開遠草排衆碧、日昇半峰啣淡赤。暗中穿來虎豹群、朝光照處總化石。樵父無影唯聞聲、林禽有侶互呼名。賞心掛南馬首北、一峰相送一峰迎。兩岸中開望平遠、孤煙起處見人影。數十人家嶺之陰、午雞聲歇夏日永。一笑相迎田舍翁、竹簾捲盡滿樓風。欲教毛穎追逋景、浩蕩已落煙霧中。（19。又見37）

觀插秧。

淫霖連㆓十日㆒、滿天雲拖㆑墨。濁水排㆓長堤㆒、一瀉溢㆓千洫㆒。踏車不㆑動桔槔間、東菑西陌謳歌傳。牛遲馬疾同競㆑力、籊笠藁簑共竝㆑肩。如㆓鷁退飛㆒踵相繼、壯者方勤老者憩。貌似㆓常林㆒何帶㆑經、態倖㆓沮溺㆒非㆑避㆑世。須臾滿田寂無㆑聲、隔㆑林遙聞㆓班馬鳴㆒。斜日蒼茫稚苗碧、淡煙縹緲立鷺明。行看萬畦黃雲密、前時勞劬後時逸。我輩久耕紙田中、苗而未㆑秀何日實。（6①7①17①。又見19 37）

夏夜、田廉叔相訪。

蕭寂孤堂江一方、閒窓相對鼓吟腸。滿田月色明於晝、爭水人聲多在梁。竹露松風忘夏暑、參低斗轉覺談長。送君還步門前徑、喬樹林中曙鳥翔。（37）

與重叔容、遊護願寺。

穿過林下徑、孤塔見二層尖一。時恰三春晚、遊方四美兼。唯看二茶靄上一、不レ覺二嶺雲添一。鳥去簷花落、飛紅滴二翠簾一。（6①7①17①。又見37）

送春。

忽覺吾廬寂、春殘伏枕間。日長人意懶、花盡蝶思閒。棋局徒隨レ竹、窗櫺只見レ山。樽中有二餘酒一、聊以送二君還一。（17①。又見6①7①）

曉起。

坐待東方白、林泉烟霧濃。殘燈守虛壁、落月倚長松。雉語沈春麥、樵談起曉峰。橋頭移步去、草露濕吟笻。（37）

初夏。

吾廬方可愛、夏物送春還。花零蜂翼懶、水滿鴨思閒。棋局隨幽竹、窓櫺引遠山。長閒因病得、舊稿幾回刪。（37）

遊岳林寺。

古寺崚嶒野彴西、山田麥秀與肩齊。微風人憩松陰路、流水花浮春後溪。僧去香壇降鳥影、塵堆壞殿印狐蹄。我來記取曾遊地、詩句依然石上題。（37）

又。

杳杳鐘聲出翠微、巍然朱閣倚斜暉。庭中花萎禽啣去、谷底蘭芳僧折歸。古墓陵遲苔蝕字、老柟蓊鬱薜爲衣。山靈日暮來參佛、風急半巖雲亂飛。（37）

雨夜、田廉叔、自北筑至。同重叔容・熊子績賦。明日、子績將歸南筑。

風吹竹戶短檠寒、邂逅談長夜已殘。天上德星何處聚、雲間白雉我初看。征衣霑雨三春嶺、孤棹穿煙一夜灘。想像明晨歸興好、落花狼籍壓林巒。（37）

題畫。

雨過萬畦秋稻齊、山遙四野暮雲低。歸牛點點何邊去、家在斷橋疎竹西。（37。又見36⑫）

夜行。

稻穎遮笻香襲身、岸根移棹月盈津。村厖吠去知何處、煙樹蔥朧如有人。（37）

謁羽野金毘羅祠。

怪巖中斷吐飛泉、横谷喬松不識年。落葉堆壇人未掃、屐聲驚起沐猴眠。(37)

題畫。

遙天低㆓曠野㆒、江樹晩煙迷。欲㆘移㆓片舟㆒去㆖、繫在㆓小洲西㆒。(6①7①71①。又見36⑫37)

秋懷。

桐葉掩庭昏、莓苔不沾雨。昨夜風攫去、蒼然見天宇。豆花映彼籬、稻穎護廢圃。歸牛都知家、分道向蓬戶。水涸魚梁高、人聲滿煙浦。一笑捲卷坐、新月送漁父。(37)

晨與田廉叔、遊石松觀音閣。

曉月澹無光、竹樹耿疎影。草蟲語相求、林鳥夢猶靜。陰沈岩腹昏、迤邐羊腸迴。穿雲覺衣重、踏泉驚足冷。漸聞磬聲來、香閣倚絕頂。小軒聊可憩、憐此須臾景。日昇草氣薰、霧開山容醒。一身應接忙、賞心四馳騁。下見三戶村、繞宅田幾頃。邨翁眠未起、飢烏啄禾穎。家僮走倉皇、遠汲山下井。水寒不可嗽、且以烹芳茗。※(37)

※案刊本『梅墩詩鈔』二編卷二、載「晨與田廉叔、登石松山觀音閣」詩、頗似此詩。其詩、恐改作。

中元夜、南村作。呈僧崇旭。

暗篁雨歇鬼燐青、蕭寂孤村風襲庭。禪榻髩絲人不訪、洞簫玉笛我寧聽。驚禽移竹枝敲牖、新月穿楊露似螢。一鼎茶烟相對坐、城中蘭麝正芬馨。(37)

熊子績・重文卿、自南筑至。

相思常爲嵆呂看、索居不意共憑欄。林嵐穿去衣猶綠、山氣帶來詩亦寒。屋上鵲從前日噪、松間月向此宵團。酒醒肴冷人方寐、喞喞蟲聲更已殘。(37)

秋夜。

日落人歸轉寂寥、烏皮几上撚香燒。石稜漸露溪聲減、荷蓋齊枯雨響饒。半世功名如大夢、一年弦誦又秋宵。題詩獨坐靑燈下、松子繽紛撲牖飄。(37)

南樓。

卷捲湘簾雨歇時、支頤復續夢中詩。雖無漢武求仙意、未有仲

宣非土悲。沙浦渺漫人影小、秋山平遠雁行遲。松梢遮盡西南角、欲待嚴冬剪數枝。（37）

題秋風庵壁上。

脫却衣巾懸古楊、優游元不羨飛揚。豹因毛美常招死、蘭爲溪深自悶香。十里野秔含夕照、一村蕎麥入秋光。晚來偶爾新詩就、直掃暗塵題壁傍。（37）

中秋、懷中子玉。

去歲西園看レ月時、同窓把レ酒各題レ詩。驢鳴狗吠慙ニ吾拙一、牛鬼蛇神賞ニ汝奇一。天上盈虧知幾度、人間離合本無レ期。如今獨坐清光下、雲盡江頭雁過遲。（6①7①17①。又見37）

登龜山。

青山倒影落澄瀾、片片歸帆夕照殘。詩客豪吟林木震、英雄遺恨水聲寒。翠苔半蝕銘功石、紅葉全埋拜將壇。蕭瑟涼風江上起、吹飛蘆雁冲雲端。（16①。又見37）

送秦子韓。

行行呼不駐、直入嶺崚嶒。雲白人無迹、馬黃岩有稜。晨霜茅店月。夜雨驛牕燈。自此他鄉路。煙光君未曾。（37）

過惠楚宮。

樵子牽牛樹杪還、荒祠半入暮煙間。木犀花落無人踏、野鳥聲中月出山。（36⑫。又見37）

秋夕、過惠楚宮。

野鳥聲中月出レ山、神宮半入夕煙間。懸崖樵子纍纍見、都踏ニ木犀花杪一還。（6①7①17①）

遊元宮。

千歲禿松祭爲神、怪巖競出鍾乳垂。遙澗流風萬竅嘯、恍疑神女吹參差。廻廊南面木葉脫、百里江山接目睫。水村煙外孤帆飛、歸鴻沈處山重疊。日夕忽忽振衣還、摸索頻驚脚底泉。降阪還似登阪險、步出官道月中天。（19。又見37）

野步、入夜歸。

晚稻初收盡、平原夕日曛。塘空魚影聚、葉落鳥巢分。欲伴三人友、相妨一片雲。歸來童未寐、書響隔窗聞。（37）

寄題北豊僧暮雪隺宿樓。

地僻人心静、樓高煙景收。磬聲仙鶴下、詩響碧雲留。簾捲防灘月、窓開鵜嶋秋。我今凭几坐、恍惚夢中遊。(37)

奉觀明府藤公木刀函、有鈴木君銘。

明鋩未若明德馨、干羽舞成來蠻荒。所貴是德不在用、未聞周鼎烹牛羊。劉寛蒲鞭民知恥、暴勝繡斧姦自苦。使君何從得此刀、恩如蒲鞭威如斧。刀函有銘誰所爲、一頌一諷又一規。靄如春雲浮山岫、娟如江月懸柳枝。斯刀已因明德貴、斯德又假美文見。斯文無人賛一辭、野人揮筆呵鐵硯。(37)

冬日、似重田二子。

騎虎何中下、學士有ㇾ似ㇾ此。口讀二聖賢書一、身豈爲二俗子一。改ㇾ玉宜ㇾ改ㇾ歩、事勢固難ㇾ已。收二拾千古奇一、聚二入方寸裏一。氷雪封二戸窗一、危坐誦二經史一。朔風吹二書聲一、清音徹二人耳一。英雄愁二髀肉一、志士惜二分晷一。寄ㇾ言告二一英一、辛勤從ㇾ今始。(1) (6①7①17①。又見16①37)

(1) 龜云、「英氣隨ㇾ筆。」○菅云、「當下各書二一通一、以帖中齋壁上。」(6①7①16①17①)

晩眺。

花月橋南暮笛賒、庭松影上碧窓紗。閲書還似盈科水、敲句時成畫足蛇。紫芋黃秔秋在野、雲飛烟斂月窺家。樓頭待客客來晩、鬻鬻(沸カ)銅瓶坐煮茶。(37)

野歩。

永山城外曳藜過、花月橋邊秋興多。禿樹有癭知廟古、老牛無瘠覺年和。一帆風力漁翁影、千頃稻花村婦歌。歸舍支頤詩未就、黑雲傍水雨滂沱。(37)

西園夜坐、似松尾又藏。

坐焚枯葉小爐紅、積鬱收來茶有功。三戸村中聞細雨、一燈窓外送微風。衆魚共井呴嚅(濡カ)篤、嘉樹盈園臭味同。無限雄心論未盡、數聲曙鳥過秋空。(37)

煙霞。

煙霞深處搆危樓、眞趣恰如遊十洲。狼籍牙籤佳帙啓、深沈簾幕妙香留。庭前枯葉僮朝爇、竹裏殘棋兒晩收。菡萏開時秋正靜、一雙野鶴下池頭。(37)

讀書。

閒凭烏几撥爐灰、四壁蟲聲燈火開。看到奇談頻擊節、讀逢生字幾銜枚。半甕薄酒除愁帚、一鼎芳茶嫁悶媒。着睡不知長夜旦、書兒早已訪人來。（37）

幽居。

蕭疎野竹自成陰、池水渺漫矼欲沈。擇木夙知幽鳥意、讓途還見老牛心。芋魁飯豆朝餐薄、青燈黄卷夜坐深。轉覺年來河潤遠、家家弦誦有清音。（37）

海樓晚望。

日暮樓頭望二遠郊一、牧牛歸レ舍鳥求レ巢。春潮一派高レ於レ岸、葉葉扁舟過二樹梢一。（6①7①17①36⑫）

初冬。

夏炎秋冷忽然過、一歳之餘奈レ此何。溪谷風霾豺祭レ獸、原田稻斂鳥罹レ羅。多村未レ夕人聲少、暖壁向レ晴蠅影多。新酒歳豐殊減レ價、寒儒亦得二醉顏酡一。（6①7①17①）

遊山寺。

石角高低泉響微、人蹤稍向二此間一稀。一雙溪鳥驚レ笻起、幾片林花觸レ袂飛。迷レ路方深悔何益、絶巓未レ到去安歸。百旋千折山將盡、纔見僧家白板扉。（6①7①17①）

春日、訪林萬里。

水映衡門十里平、未逢君子意先淸。鳥鳴西苑遷東苑、人遁儒名隱技名。春浦柳煙船數點、晩樓花雨笛三聲。豪談磊落忘長日、留客更看江月明。（37）

題霜毛道上圖。

人蹤不レ到白雲邊、松下茯苓巖下泉。此裏從來有二佳處一、寧無三捷徑入二神仙一。（6①7①17①。又見36⑫37）

又。

絶壁千尋勢欲レ頽、白雲中坼瀑泉來。春光全在二無レ人處一、付二與桃花一隨意開。（6①7①17①。又見36⑫37）

新晴、欣然成詠。

積雨寒林春至遲、晩來俄爾聽黃鸝。朔風似識詩人意、開到梅花不復吹。（37。又見36⑫）

王半山。

差役青苗天下愁、狐精一旦輔皇猷。辨姦未及蘇明允、吉甫終能護法不。（37）

千體寺。

今亦橋邊路、裴回意悵然。琳宮經一劫、銀杏獨千年。石佛頭多落、口碑蹤自傳。天空秋色靜、孤鳥下檐前。（37）

入江。

巉巖聳兩崖、逼人劇仇讐。坳者張牙爪、尖者列戈矛。前者似周瑜、迎客戰中流。後者如陽子、解驂欲相留。百雷鳴巖際、黿鼉潛吐漚。危哉不訾身、生死託小舟。篙師笑不顧、扣舷散鳧鷗。一轉忽快朗、綠波平於油。天晴風亦歇、新月江底浮。我願燒犀炬、得以見水牛。蒼煙起樹杪、墟落隔小洲。長年且努力、村醪足獻酬。（37）

鬼城。

狐毛倒豎咬白骨、蒼鼠見人藏石窟。野水潺湲日色涼、岩際瘦花嘆不發。鬼城崩落跡猶存、洪荒往事人能言。夜叉當年逞獰猛、獸可寢處人可呑。巍然鐵城列百雉、鳥飛不降黑煙起。鬼中之魁長丈餘、馬面牛頭從頤指。嗟呼惡鬼脩城期萬年、一朝

事去如浮烟。寄語南面公侯伯、修城何如脩德堅。（19。又見37）

讀袁枚詩。

夜閲隨園集、昏燈似螢光。唯愁終卷早、不覺擊節忙。樹嘉慶亦好、珠美瑕何妨。雄健含平淡、婀娜雜老蒼。譬如入花澗、樹遠風先香。又如見美人、目迎送之長。多情尊元白、澁語鄙陳黄。藏園未伯仲、新城或頡頏。一時諸英傑、逡巡不敢當。諷詠達曉處、鳴蛩和几旁。（37）

新正五日、同諸子、謁藤府君、賜酒。

永城山色曉蒼茫。晣晣猶餘庭燎光。風掠寶爐烟影亂。人呼高閣漏聲長。銀戈映日貔貅列。縫掖拂花鸞鳳翔。醉飽非關巵酒美。使君明德本馨香。（37）

送田子帥。

咸宜園裏客摩肩、志氣就中君可憐。長鋏歸來猿喚主、青衿苦學舌爲田。西樓共詠梅花月、南陌獨衝楊葉煙。行到箕山相憶否、丁丁伐木響春巓。（37）

次韻蒲君逸「仲秋有感、走筆柬同社詩友」。

素娥猶似去秋姿、青尊誰尋去秋期。林煙縹緲鳥夢靜、竹冠嵯峨人影奇。栗園先生起徙倚、吹上山頭風死時。地上雲間唯兩友、揮毫傾巵復有誰。紅塵不到氷壺裏、秋聲靜度遠樹枝。忽然一嘯萬壑答、月光徹骨粟生肌。濠梁處士曉不睡、臥觀寒月獨自知。栗園紅葉未全落、早晩相攜題新詩。（37）

夢。

有肱常可致、無事自相牽。春草池塘裏、幽花胡蝶邊。役夫爲貴相、病客忽飛仙。寄語關關鳥、休妨第一玄。（37）

初夏。

十里新秧青接家、殘霞一抹裊飛鴉。縱横野水通田水、楊柳陰中聞碓車。（37。又見36⑫）

讀蘇秦張儀傳。

有舌何耕負郭田、高車駟馬飽金錢。巧談常使神州動、奇術元從鬼谷傳。無行宜招相君怒、惡聲却取史公憐。丈夫事業功名外、退與生徒著七篇。（37）

孟嘗君。

阿兒饒舌抗二乃翁一、長大不レ利言豈空。(1) 威王之孫宣王姪、變爲二雞鳴狗盜雄一。木偶土偶譬何妙、緩急遂成三二客功一。既以三眇少一慙二野人一、猶假二仁義一賴二馮公一。昌國一來湣王走、七十餘城草靡レ風。合下從燕魏一爲二戎首一、豺狼反噬眞不忠。四百餘人誅二卓齒一、何幸獨脫危難中。死後豚犬交相食、父祖宗祧麥芃芃。(2)(6①7①17①。又見16①19 37)

(1)龜云、「詈得狠。」(6①7①17①。又見16①)

(2)龜云、「田文、面無生色。可憐兒。」(6①7①16①17)

題四皓出山圖。

大旱烈烈千里赤、叢神社鬼竟何益。老龍徐起雨瀏瀏、忽見草色吹レ煙碧。(1) 世間何物有レ似レ之、漢高晚年愛二戚姬一。留侯叔孫空多口、周昌更費臣期期。商嶺芝老秋露冷、吮レ露餐レ芝壽且靜。大風起兮吹二閒雲一、偶然出レ嶺又歸レ嶺。羽翼已成鳥飛過、歔欷人作黃鵠歌。秦鑒不レ遠由レ替レ嗣、炎精四百誰力多。小杜賦レ詩欺二俗子一、枉稱四老滅二劉氏一。請看沙丘廢立時、袖レ手高眠碧山裡。(2)(6①17①。又見7①16①19 37)

(1)龜云、「起得表表、非凡。」(6①7①16①17①)

(2)菅云、「或以四老爲烏有先生。疑以傳疑而已。後人道其事、有如目覩其事。要爲文人弄筆之資而已。」(6①16①17①)

寶鏡。

富者貧者都怱怱、南巷北巷居人空。一條黃埃連二遠寺一、萬屐聲走溟濛中。國家昇平二百祀、衆庶闐喧胡如レ此。誰家嬌女晚停レ機、此處壯男晨擲レ耜。寶鏡新從二上國一來、雲護二玉奩一五彩開。鏡心儼然祖師面、一拜卽時免二禍災一。荒唐釣レ利賈猶恥、妖言亂レ衆刑將レ至。明鏡不レ將又不レ迎、死者留レ面亦多事。昔年我聞二浮屠言一、死而不レ化爲二寃魂一。祖師倘無二生前惡一、何以依依此中存。嗚呼木蠹而風折、禮樂廢來彼有レ舌。如今泮水宮前途、煙籠二寒草一無二車轍一。(1)(6①7①17①。又見16①19 37)

(1)菅云、「不知本事、不能詳解。而想思之際、得其彷彿。沈吟再思、以慨其事、而思其人。」〇又云、「元亨釋書、載藥師畫像於鏡面事、殆此類矣。」(6①7①17①。又見16①)

癸未季夏、遊北筑途中作。二十首。

曉發豆田、所見。

浦樹曉煙浮、髣髴認二漁屋一。旭日出未レ高、殘燈猶煜煜。群草搖二綠光一、村兒初放レ牧。腰笛跨レ牛行、蹄聲震二空谷一。微風度二長坡一、纖漪疊二綺縠一。當二此淸冷晨一、暫時忘三三伏一。前路猶迢遞、山重水亦複。望レ雲憩二樹陰一、今宵何處宿。(1)※(37。又見36

⑩）

（1）菅茶山評、「韋柳餘響、今時罕覯。」（16①。又見6①7①17①）

※此詩、又見第6①7①16①17①本及刊本『梅墩詩鈔』初編卷二。而其辭並有不同。蓋後改之。

長谷。

行入長谷裏、巉巖如刃攢。白日忽陰沈、水氣逼人寒。穿洞觸蝙蝠、過徑攞琅玕。宿雲抱怪石、濃露泣幽蘭。路長心已倦、浩歌彊自寬。飛泉衝足迸、一掬熨胸肝。羊腸行欲盡、平原集睫端。夕陽下高樹、上有孤鶻盤。（37。又見36⑩）

渡筑後川。

危岸呼舟子、相麿隔白波。龜魚渦際影、鷗鷺葦中窠。兩筑分州處、孤帆截峽過。前村方乞雨、俄爾冷風多。（37。又見36⑩）

平松。

茅屋參差傍空濠、孤松當路亭亭高。曉風一陣掠松葉、市人夢回枕頭濤。西奔東走紅塵起、松下之路人老矣。千歲不動巍然存、世上滄桑好默視。五太夫　十八公、今爲大隱隱市中。凌霜勁節誰能識、估兒商父空尊崇。我詩吟罷日將昃、去去回頭橫塘北。老鶴聲沈暝煙蒼、涼月光散松梢色。（19。又見36⑩37）

松延坡。

坡水盈盈似平湖。深有芰荷淺慈姑。老樹重陰蓋坡暗。風生樹影漂欲無。大魚小魚互銜尾。洋洋圉圉吹浪起。雙鷺翩翻（翾カ）鼓翅降。踏波啄魚搖纖觜。我願春風秋月清美時。乞借一葦且航之。鷺導船　魚隨槳。汎汎其逝遊亦奇。今方怱怱作行客。暝煙四合日將夕。嗚呼何時復相過。長嘯留恨坡水碧。（19。又見36⑩37）

石櫃。

歸鳥度㆓長塘㆒、牧笛沈㆓深塢㆒。行行夕景前、遠路倦且苦。日脚布㆓平田㆒、蒼茫認㆓茅宇㆒。田翁迎㆑客談、所㆑居元瘠土。歲豐猶不㆑給、有㆑時典㆓錡釜㆒。況今旱五旬、新秧未㆑及㆑股。晨興轉㆓踏車㆒、流汗多似㆑雨。加㆑之胥吏貪、漁略猛㆑於㆑虎。雲霓幸一生、庶幾免㆓痛楚㆒。聞此吾心傷、振㆑衣走出㆑戶。依㆑舊夜天晴、皎皎新月吐。（6①7①17①。又見36⑩37）

夜過六本松坂。

陰雲遮㆑月客路迷、枯茅深中野猪啼。鳥夢初結一山靜、石上有㆑水響冷冷。杖折屨敝道更長、惡藤引㆑裾行且僵。暗中不㆑知何邊去、俄然來到嶺窮處。風瑟瑟　雨冥冥、菅相祠前一燈青。（6①17①。又見19 36⑩37）

宿宰府。

語音漸異旅魂驚。已是離家一日程。村酒芳芬迎月醉。鄉心容易與雲晴。坐看庭竹參差影。靜聽繰車咿軋聲。主父向人頻乞

字。新詩欲寫費經營。（37。又見36⑩）

菅公祠。

浮雲蔽ニ白日一、蒼蠅滿ニ紫宸一。所レ憂在ニ君側一、所レ居海之濱。賤夫叩レ心處、盛夏爲ニ霜晨一。不レ怪風雷變、皇天警ニ佞臣一。蹉跎雖ニ一日一、褒崇映ニ千春一。當年棲遲處、愛敬及ニ荆榛一。踟躕不レ忍レ去、遠近暝色均。（6①7①17①。又見16①36⑩37）

道中、望四王子山、有感。

將レ入ニ山嵐冥濛裏一、崖崢嶸石崎嶇我疲矣。又將下取ニ途捷徑一行上、不レ觀ニ名山一歸後憾何已。故過ニ宰府南畔途一、望レ山繞レ山且踟躕。山之面目腹背隨レ歩轉、奇峰怪巖有乍無。天正往事我能記、糜沸瓜剖綱紀墜。兵强馬壯皆伯王、人膏滿レ野草木膩。南薩席捲ニ海西兵一、封豕長蛇勢横行。誰守ニ此地一有ニ紹運一、士旅雖レ少心成レ城。轍跡之魚不ニ久活一、穽中之虎安能脱。睢陽已陷救兵來、余闕將レ沒敵魂奪。空壘日落啼鴉哀、英雄豎子安在哉。岸上昔日之綠樹猶蓊鬱、樹杪昔日之白雲自去來。綠樹白雲觀不レ改、昔人偉蹟口碑在。我欲三賦レ詩弔ニ昔人一、奇藻何以照ニ千載一。看レ山訖後三回レ頭、名山汝閲ニ今古幾多武夫文士一不。※（16①37。又見19 36⑩）

※案此詩、又見第6①7①17①及刊本『梅墩詩鈔』初編卷二。而其辭、並與此詩不同。蓋後改之。

望寶滿山。

曲徑迂途往似回、翠崖丹壁闔還開。矯頭忽失前山影、却自ニ遊人背後一來。（6①7①8③9③17①。又見16①36⑩36⑫37）

宇瀰八幡祠。

過ニ曲梁一入ニ密篠一、巍然忽現石華表。維昔神后西征年、皇天此處命ニ玄鳥一。廢宮傾倒倚ニ山根一、鈴索聲斷遊人少。松子敲レ階雨紛紛、斷香出レ閣雲裊裊。滿地青苔日色涼、陰風蕭瑟人影小。庭上檜柟經ニ千載一、鵩鶚一聲叫ニ危杪一。祠官年老鬚眉蒼、分ニ析遺跡一太了了。治兵繫レ馬彼朽株、凱歌洗レ盞此涸沼。心曉ニ其妄一口唯唯、却上ニ歸途一穿ニ窈窕一。※（37。又見36⑩）

※此詩、又見刊本『梅墩詩鈔』初編卷二。而其辭、與此詩甚異。蓋後改之。

到須惠。

行穿暮山伴歸鳥、村家已遠舂聲小。峻坂百盤漸經過、豁然心飛八荒表。平原豐草綠連天、遙見孤煙起樹邊。我稍進兮煙稍退、北山之北初及煙。豆棚瓜枷帶小邑、溝池水滿鵝鴨集。估客聲聲賣魚鰕、曲巷狹衢行且立。逆旅投來日已沈、困眠孤窓且擁衾。西風騷颯吹夢破、青燈花落村夜深。（16①19 37。又見36⑩）

須惠客舍。

宿雲收來現翠嶺、依微漸落蘆簾影。須臾紅日射晴窓、蠅飛兒泣爽朝景。陶煙一穗抱樹生、竹籬幾處臨溝傾。足遲遲 目眇眇、村醫門外人縱横。陋鄉家家生計拙、芋魁飯豆鹽虀列。居氓太少旅客多、偶語人人聲音別。逆旅仄陋小於蝸、村酒薄酸不如茶。日長睡足無一事、起觀庭上牽牛花。（19。又見36⑩37）

自下須惠、趣香椎途中。

忽聞二山鳥聲一、從レ此入二生路一。迷レ岐去又回、往往悔二晚悟一。徑脈細欲レ無、森列千年樹。瘦出疑レ懸レ猱、腔蠹似レ刳レ瓠。一巖對レ面起、泉從二木末一注。回風鼓二深溪一、墜葉驚二眠兎一。山陰架二小橋一、橋盡有二古墓一。如見二樵跡在一、試從二斯路一步。（6①7①17①。又見16①36⑩37）

山行。

松影上二征衣一、斜陽照二平蘚一。歸樵何處來、林杪聞二牛喘一。（6①7①17①）

土井。

行行失前村、路向篁中轉。西望巖嶙峋、東望溪清淺。巖斷白雲湧、嫋嫋架長棧。晚風送歸樵、樹杪聞牛喘。溪背有釣舍、分水灑小筧。竹楂戞葦來、漁笛聲婉輭。願言住此間、世紛得長免。溪毛秋可采、巖薇春可剪。我今逼旅程、逢景空睇眄。溯溪傍巖行、蹩躠足重繭。一笑踐松影、殘照冷蒼蘚。（37。又見36⑩）

香椎。

穿雲攀盡嶺崢嶸、萬里波濤眼界平。海氣含黃浮夕照、山光凝碧入新晴。步巡丹剎青消廟、題遍張三李四名。俄爾急風過奈嶋、千艘柔櫓北趨聲。（16①37。又見36⑩）

名嶋天女祠。書所見。

古栢林密行逕迷、草掩荒祠與肩齊。空庭雨歇林葉落、竹鷄山鵲向人啼。山圍三面海一面、背山臨海多所見。平波千里磨青銅、斜陽映來目欲眩。前峰雲收螺髻横、美人臨鏡睡始醒。輕帆依稀接去鳥、遠樹如薺渚如萍。黃塵遙飛疎松裡、猛飇忽捲銀山起。大舸小舸均倉皇、散亂如箭不遑指。鹽煙白 炊煙青、夕浦風死澹無聲。漁人踏沙歸路遠、十里青松新月明。（19。又見36⑩37）

函崎。

松青沙白落霞紅、溝水清淺橋穹窿。過橋入門何所見、絳宮凌霄高巃嵸。一雙白鳩忽驚去、脩篁蕭疎起夕風。回廊長廡棟梁古、圖畫糢糊丹青空。欲歸還恐遺奇觀、躊躇雞肋將無同。香煙一縷淡於水、無心送人過門東。（37。又見36⑩）

博多。

到此大瀛吞萬川、客鞋踏破路綿綿。鳴機織帶千窓燭、連竈烹

鹽百浦煙。天接鷄林來異鳥、濤搖鹿嶋捲飛船。夙聞筑北醇醪美、一盞相傾甕底眠。（37。又見36⑩）

笏。

方正臨下盛容儀、人立廟堂係安危。漢高僅知天子貴、此道由來未嘗知。獨憐當年叚太尉、前屈後直官所宜。從容圖賊計何妙、一奮席上血淋漓。（37）

悼某翁。翁將沒、作「牽牛花歌」、投筆而逝。

百歳忽忽海上漚、賢愚自古奈山邱。牽牛花落凄風起、一院烟雲渾是秋。（37）

松永子登、登竈門山歸、賦贈。

波擊曉日萬峰黃、海泛二朝鮮一一氣蒼。鐘乳滴來征笠重、茯苓踏起客鞋香。山精語處層雲合、天狗過時列樹僵。早晩乞二君行卷一去、西窓寒夜就二燈光一。(1)（7①17①37又見6①16①）

（1）龜昭陽先生評、「語語新奇。不墮魔障。結法冷然、濃淡得彩。」（16①。又見6①7①17①）

和山聯玉。

秋草。

極目横塘秋草稀、數聲牧笛怨依依。寒根不三復遮二鷹眼一、疎葉猶能影二月輝一。青塚深中留二永恨一、玉關(1)枯後寄二征衣一。零丁垂レ死寒霜際、記否芳時萬綠肥。※（16①。又見37）

（1）龜云、「玉關、即可惜。何不求玉妃配之乎。」（16①上欄）

※第6①7①17①本及刊本『梅墩詩鈔』初編巻三、並載「秋草」詩、與此詩相似。其詩、蓋後改之。

其二。

霜折風僵不奈愁、荒邱無物蔽枯髏。亭亭獨立憐莖直、楚楚相依傷影柔。暗雨妖狐吹野火、寒煙牧馬放邊秋。蒼凉三逕誰經過、蟋蟀逼人何所求。（16①。又見37）

又。

此時誰復辨二薰蕕一、疎影相依立二故邱一。絶塞馬嘶方欲レ夕、廢陵人發不レ勝レ秋。花魂冥漠泣二風雨一、蔓路艱難上二髑髏一。猶記春來踏レ青地、原頭一望冷烟愁。（6①7①17①）

病中昭陽先生、賜塾風一篇。恭賦此奉答。

藥鼎聲微嫋笛音、蕭然側耳臥燈陰。曹瞞已讀陳公檄、莊舄何搖越國吟。忽學五禽功尚淺、頻攻二豎寇還深。霜風穿骨難成夢、鶴唳漸遙山月沈。（37）

讀董卓傳。

宦閹弄二權勢一、姦黨蔚如レ雲。炎精閃又熸、哆口吹二惡氛一。屠夫非二噲伍一、何事要二奇勳一。強欲レ煽二火德一、身與二餘燼一焚。迂計招レ鷹至、使三之擊二飛蚊一。蚊飛猶可レ埽、鷹至殲二羽群一。不レ屑二橫レ劍者一、弁髦視二其君一。殺レ人添二酒興一、斷レ舌又拔レ筋。謗讟盈二人腹一、怨聲有二天聞一。臍炷光達レ旦、衆語始欣欣。餘毒四潰迸、李郭還動レ軍。長戟指二城闕一、戎馬亂紛紜。傕汜非レ難レ埽、誰爲二剪レ漢斤一。（1）最後勤王者、忠逆不レ易レ分。豫作二豚犬俑一、傲然比二周文一。嘗言無二悔事一、何以起二疑墳一。（2）（6①7①17①。又見16①37）

（1）龜云、「轉去覺妙。」（6①7①16①17①）

（2）龜云、「妙妙、有詩史才。」○又云、「疑墳盡發亦悲嗟。未及斯詩含虎牙。昨夜曹瞞來入夢、目如酸醬、面如瓜。」（6①7①16①17①）

文政七年（一八二四）甲申　年十八

甲申元日。

顓頊當冬震暴威、虔劉乾坤百不遺。縱雪率霜來挑戰、剪落松鬚擘柏皮。園中萬物顏色歇、無衣無褐身體兀。看他明季冠帶人。每陷胡清輒薙髮。青帝相救造自東、元戎十乘遣溫風。霜陣忽滅雪圍潰、扶起草木凍枯中。卑枝僵株皆得意、嬌蕊艷英樣樣媚。看他曾塡溝壑徒、紆紫佩朱居侯位。陰氣殲殄已受盟、朔吹不敢昧一行。朝來我知有此役、谷鳥嚶嚶奏凱聲。（16①18 19。又見36⑩）

夢東坡。

青燈焰暈幽夢長、有レ人招レ我列仙鄉。月耶珠耶氷作レ骨、瓊樓高處粲二淸光一。窈然長嘯風出レ口、蒼髯頻撚煙滿レ手。瞳子瞭然頎而長、無二乃當年眉山叟一。高論諭二彼下界人一、發言飄乎洗二氛塵一。庖丁一死妙枝斷、楚相再生非二其眞一。文字千歲靈不レ死、人剽人竊何時已。唯有二極詣不一レ可レ傳、花香水聲畫豈似。何物狡兒使二我愁一、瘦澁奇僻硬險幽。坡老子瞻常在レ口、劉琨桓溫果肖不。文長之舌誠可レ剪、中郎之肉豈堪レ臠。稂莠傑傑沒ニ嘉木一、似而非者君且辨。談笑方闌風折レ欄、卷レ我倒落層雲端。發レ目依然南牕下、孤鶴一聲秋月寒。（6①7①17①。又見16①18 19 36⑩）

賀幸松翁六十。

一家春色溢階庭、客自歡娛酒自馨。落花霜餘太夫樹、當簷雲捧老人星。從辭海上蓬瀛地、來住塵閒六十齡。團屋齊開花萬朶、深紅長入壽顏停。（36⑩）

題謝安石圍棋圖。

敲簷寒雨雜飛霰、野竹蕭疎籠小院。一爐香煙一局棋、圍至柯爛不知倦。持子元非無下心、計苦頻見擁鼻吟。有時戞然穿窓響、驚起葉底閒鬬禽。笙簫滿堂雜妓女、叔姪分曹爭別墅。阿遏自有辨賊才、無偏無黨誰所擧。却憶郗生入幕時、倒執手板王坦之。恬然獨立綏九錫、不與桓家奇骨兒。八十七萬鳴鼙鼓、氣壓江東如鬪虎。昌明未必爲尙書、恐着青衣學乃祖。誰將偏師衝敵氛、渙似勁風破密雲。八公山頭草木碧、風聲鶴唳逐亂軍。君不見姦臣弄權夷猾夏、一枝小草支大廈。※（18 19。又見36⑩）

※案第6①7①17①本及刊本『梅墩詩鈔』初編卷二、載「題謝安石圍棋圖」詩、與此詩頗異。其詩、蓋後改之。

錢潭。

遠嶂雪消青螺橫、春水一道與橋平。疎柳不遮孤舟影、漁翁意與白鷗輕。人家都學背水陣、回波嚙礎欲頽傾。好是客來酒酣處、坐把釣竿倚前楹。湘簾不捲籠晚笛、綠窓半開送風箏。潭水將此風流地、何事蒙彼銅臭名。渚煙汀月窈窕色、鳥語棹歌縹緲聲。獨占斯美擅斯利、四方河山無與爭。富而吝者守錢虜、人嘲潭水爲此評。唯吾掉頭不肯諾、水神寧無不平鳴。龜王山側七百戶、居人風騷何以成。織淪浮紙畫意麗、寒濤入夢詩骨清。南軒烹茶香菱影、西牀置瓶分月明。潭水助人常借與、神工妙於孔方兄。新詩賦得潭變色、波捲吟聲久回縈。大黿忽自渦底出、一跳直截江心行。（19。又見36⑩）

千佛寺銀杏。

黛色挿天枝鬱紆、遙青西壓筑峯孤。豈同梨棗招斤斧、遮莫根株藏鼬鼯。夏晝陰籠田百頃、秋風葉打佛千軀。枕邊見夢神能語、萬古滄桑事了乎。（16①18 36⑩）

遊魂。

空院秋雨燈結花、月沈風冷香煙斜。翠屏忽露何人面、髮捲亂雲顏抹霞。瓠犀一發微渦動、欲來不來把扇遮。無鹽宿瘤爲王后、國色數奇堪歎嗟。扁舟伴去五湖月、一曲別行萬里沙。黃金不葺阿嬌屋、綠珠空殉季倫家。蓮花踏罷身亦碎、荔支折來魂已賒。吾起叱之莫復語、禍水自古媒驕奢。江南天子陳叔寶、絲管聲壓軍鼓譁。北軍飛渡天塹險、高熲來學姜子牙。敷天怨憤一時霽、快刀馘落張麗華。（18 19。又見36⑩）

火災行。

圑欒塢外月窈冥、蔚蒿茂蓬暮烟腥。野狐人立咬二馬骨一、燐光忽赤又忽青。一燐飄颻向レ空走、雲中煌煌大如レ斗。颯然落來光四飛、林鳥出レ巢驚啼久。須臾一陣送二猛風一、炎炎赫 滿街紅。列屋爲レ薪天爲レ釜、衆聲湧出黑煙中。明朝千家看無レ迹、唯有二熱灰成レ山積。林梟聲驕晝庭昏、野日陰薄春梨白。或言此災狐爲レ之、黠者不レ信鈍者疑。唯恐群狐訴レ寃哭、無二乃奸人之所一レ爲。使君當今廉叔度、民不レ禁レ火歌二五袴一。至誠反レ火非レ所レ難、虎當レ渡レ河況狐兎。君不レ見河伯娶レ婦理所レ無、西門爲レ政先投レ巫。（17①。又見6①7①16①18 19 36⑩）

大佛。

一個大像隱如レ山、陰風晝生鼻孔間。人入人出不レ觸レ口、腹中亦自有區寰。老猴欲レ逐祖龍迹、鑄二成此物一銷二矛戟一。金人屹在二華屋中一、不レ加國家錙銖益。豆侯近世柴世宗、能鑠二黃面一爲二青銅一。百億孔方一翁仲、遍滿六十六州中。我聞洪慈莫レ加レ彼、捨レ身濟レ物義行レ此。石佛爲レ礎木佛薪、渠若有レ靈應二自喜一。（6①7①17①。又見16①18 36⑩）

詠史。※

※案此總題二字、第36⑫本、作「讀史記」三字。今從各本。

高帝。

在三自古義皆均、縞素飄來風捲塵。若問江中遷帝者、兼誅俎上乞羹人。※（16①。又見36⑩）

※案此詩、又見第6①7①17①36⑫本及刊本『梅墩詩鈔』初編卷二。而其辭並與此詩差異。蓋後改之。

子房。

帷幄運謀神不如、暴秦強楚竟成墟。劉家四百餘年業、渾係橋頭一卷書。（36⑩）

同前。

卓爾英雄磊塊胸、粲然婦女艷嬌容。鐵椎一下驚風起、要使祖龍爲白龍。（18 36⑩）

亞父。

亞父軍中骨骾臣、王孫城下餓饑人。歸休寧遇英雄怒、莫向牝鷄捐此身。（16①18 36⑩）

淮陰。

丞相何亡一夜風、龍顔早已忌英雄。莫レ論王號眞將レ假、總落朝三暮四中。（6①7①17①。又見16①18 21 36⑩36⑫）

季布。

昨事二項王一今漢家、將軍二諸亦堪レ嗟。獨憐慷慨鍾離昧、不レ入當年廣柳車。（6①7①17①。又見16①18 21 36⑩36⑫）

春晚、奉寄懷龜昭陽先生。

筑海浩洋呑二群水一、潮映二蜃樓一晴嶼紫。長風萬里捲二遠雲一、赤縣玄菟渺茫裡。竈山嵬峩挿二遙空一、霞擎二海日一夜峰紅。危棧千尋踏二積翠一、南箕北斗咫尺中。明霞送レ色潮送レ響、先生有レ樓百尺敞。大洋遜レ深山遜レ高　先生有レ德一世仰。(1)」我在二龍門一僅九旬、視レ我愛與二令子一均。我身返レ家心未レ返、夢魂飛度山海遠。」秀麥芃芃雄雉鳴、花落江樓一笛聲。宿痾未レ起春風晚、山徑之茅又復生。（6①7①17①。又見16①18 19 36⑩）

（1）龜昭陽先生評、「結構極巧。」（16①）

龜云、「結構極巧。」（6①7①17①）

奉次昭陽先生韻。

萬派滔滔歸谷神、高姿仰去迹成陳。德音猶憶簫韶似、三月曾爲忘味人。（36⑩）

送相元慶。

慷慨長歌別恨輕、離帝春笛曉吹聲。風雲一擊期鵬擧、文字三年學蟹行。行李唯攜管城子、長途應賴竹方兄。赤間關外懸帆去、蜃氣樓高海雨晴。（36⑩）

四月二日、遊二南山一。五首。以二池塘生二春草一爲レ韻※

※此詩第一・第四・第五首、已見刊本『梅墩詩鈔』初編卷二。今略。

其二。

蒼茫雲陰重、欲レ行且彷徨。疎篠動淸影、風吹漏二朝陽一。杳杳背二隈市一、扁舟截二橫塘一。浪漂蒹葭色、一棹破二靑蒼一。棄レ舟陟二危阪一、白雲來繞レ裳。垂藤半樹紫、芳薇一徑黃。平路聊可レ喜、迷レ岐更不レ妨。何處傳行厨、竹陰覓二微涼一。（6①7①17①。又見16①36②36⑩）

其三。

高山執二高節一、奇狀不二妄呈一。平生欲二觀賞一、無レ奈二雲霧橫一。

可レ就不レ可レ致、世誰識二孔明一。詩壇劉玄德、久愁二髀肉生一。不レ假二臥龍力一、勳業恐難レ成。固甘侵二風雪一、況向二嘉辰一行。一顧定難レ遇、生路困二榛荆一。豈圖出二雲霧一、囅然笑相迎。誰居吟二梁甫一、亂松送二濤聲一。誰居圖二八陣一、草根怪石驚。澹蕩散二愁思一、鬱勃動二吟情一。譬レ之魚得レ水、洋洋意自輕。(1)（6①7①17①。又見16①36②36⑩）

（1）草云、「奇境奇語。」○又云、「語語總是臥龍事、點化極有力。」（6①7①16①17①36②）

詠晩近諸家。※

※此總題五字、第6①7①17①本及刊本『梅墩詩鈔』初編卷二、並作「詠諸家。三首」五字。第16①18本、並無總題。今從第36⑩本。又「袁中郎」（袁石公）・「王漁洋」（王貽上）・「袁子才」三首、已見第6①7①17①本及刊本。今略。

沈確士。※

※沈德潛（一六七三―一七六九）字確士、號歸愚、謚文愨。江蘇長洲（蘇州）人。著有『古詩源』十四卷・『唐詩別裁集』二十卷等。

松柏亭亭凌雪新、敢同桃李媚陽春。德稱良驥眞堪敬、才不俊鷹還可馴。編纂明淸別裁集、錚鏗九十老詩人。風神本自高王出、却使前賢望後塵。（16①18 36⑩）

蔣心餘。※

※蔣士銓（一七二五―一七八五）字心餘、號淸容・藏園。江西鉛山人。詩文皆著名。江右三大家之一。

藏園諸作盡縱橫、最愛論詩能入精。差覺息躬巧詆衆、豈同趙括妄談兵。鑱戈衝陣前無敵、魑魅隱雲中有聲。一部新編吟欲畢、盲風颯自樹梢生。(1)（16①18。又見36⑩）

（1）菅茶山評、「蔣才學有餘、而乏風韻。要非王沈之比。」（16①）

甲申初夏、遊北豐途中作。※

※此總題十字、刊本『梅墩詩鈔』初編卷二自注、作「遊北豐途中作」六字。第6①7①17①本、並作「高田紀行」四字。第16①18 19 36⑫本、並無總題。今從第36⑩本。

（目次）1過石坂
2石坂
3過守實邸（守實所見）
4自守實赴宇曾途中
5山行
6古祠
⑦宇曾村
⑧宮園村
9出御宅村
⑩宿沓林驛

11晨與草秀吉、發沓林赴羅漢途中、十首
12羅漢雜詠
○降龍川（潛龍洞）
○伏虎巖（虎伏巖）
○達磨瀧（多累瀑）
飛來峰
微妙花
○寒山巖（拈花峰）
13從羅漢赴樋田途中、五首
14樋田
15福島
16四日市
17辛嶋、宿秋雄兄家
18辛嶋朝起
19草秀吉、發辛嶋赴高田。後一日、賦此以寄
20贈益永俊甫
21宇佐雨中
22訪瓜臺寺
㉓宇佐宿。應神帝祠（宇佐宿神廟）
24到無味菴
25無味菴偶成
㉖五月十三日、無味菴雨中作
27客夜
28贈金弗水
29大雨中、植赫平招、浮舟海口。酒酣、金弗水促餘赴鷹洲、撈蛤焉
30到水先村、觀鹽竈及新闢田
31贈泉元得
32水先村、訪僧月虛、不遇。庭松有聲、颼颼可愛
㉝八隅氏園
34高田植木赫平、愛富士山、一室皆掛其圖畫、乞余詩
35題芭蕉翁像
36草秀吉、邀飮其弟東雄家
37散步海口所見
38晨發高田
39御許山下、別草秀吉
40歸家
41歸家明日（遊北豐而歸、賦此詩）
42七月二十六夜、詠月
㊸夏日江村

（號碼圈點、示刊本既收作品）

過石坂。
長坂蹶來尻爲輪、藤根石角破衣巾。更令倦僕遲遲去、不是當年叱馭人。（36⑫。又見36⑩）

石坂。

石兮石兮何谽谺。虎伏羊臥張角牙。虎牙雖利奈飛矢。羊角雖多叱可起。斯獨何物尖且堅。推而不動鑿不穿。咬斷樹根類鵶觜。消磨客踵如礪砥。老樹枯忘山中春。倦客飢學桑下人。徐積雖來寧避去。不是孫楚躓頻漱。冷汗浸衣似甑蒸。長喘逼喉有蛩䗂。忽然入洞晝如晦。惴惴摸索迷向背。石泉鏗鍧琴瑟鳴、不知其處聞其聲。時驚鍾乳滴面冷。又愛衝風掠膚猛。誰哉前路跫然來。空谷足音逢樵回。（19。又見36⑩）

過守實邨。※

※此詩題四字、第16①36⑩本、並作「守實所見」四字。今從第6①7①17①本。

〔前稿〕來路回瞻低又低、靑鞋經過幾丹梯。笑尋祠廟無名鬼、怯踏豺狼有跡泥。農婦健能扛石臼、村民淳不擾鄰鷄。前峰一半濃嵐起、方入豐陰耶馬溪。（16①。又見36⑩）

〔後稿〕靑鞋經過幾丹梯、來路回瞻低又低。農婦健能扛㆓石臼㆒、邨民淳不㆑擾㆓鄰雞㆒。（6①7①17①）

自守實赴宇曾途中。※

※此題下、第36⑩本有「三首」二字。

蒼嶺何岑寂、幽禽時一鳴。坂長過㆓日午㆒、樹古失㆓年庚㆒。高處㆓歸猴影㆒、靜邊㆓飛瀑聲㆒。前途猶尙遠、雲態卜㆓陰晴㆒。（6①7①17①。又見16①18 36⑩）

山行。※

※此題、第16①18 19本、並作「所見」。今從第6①7①17①本。又第36⑩本、無題而以此詩配「自守實赴宇曾途中。三首」第二首。

天假詩人探㆓幽僻㆒、滿山新棘芽猶弱。蟪蛄啼斷倦㆓路長㆒、村家稍近有㆓略彴㆒。獵父升㆑阪樵父降、邂逅影明嵐氣薄。灌木鬱葱午陰涼、鳥銃一聲双鳩落。(1)（6①7①17①。又見16①18 19 36⑩）

(1)某氏評、「字字幽僻」。（19欄上）

古祠。※

※此題、從第6①7①16①17①本。又第36⑩本、無題而以此詩配「自守實赴宇曾途中。三首」第三首。

古祠在㆓溪陰㆒、杉風殊岑靜。飢禽一雙降、上㆑殿啄㆓殘餠㆒。四顧不㆓敢啼㆒、惴惴怯㆓人影㆒。靑苔上㆓破廊㆒、菌耳生㆓木梗㆒。丹靑龍蛇消、棟桷霧雨打。祠官稱㆓神德㆒、雄辨(辯)多㆓奇警㆒。石馬白汗流、夜來神馳騁。或聞㆓簫笙聲㆒、百靈來㆓前嶺㆒。人皆蒙㆓眷佑㆒、神却罹㆓災眚㆒。有㆑時遇㆓兒童㆒、不㆑能㆑保㆓首領㆒。草繩縛㆓其胸㆒、竹鞭碎㆓其頂㆒。蓬間露㆓半肱㆒、泥中藏㆓兩脛㆒。偶有㆓果肴薦㆒、盡爲㆓狐狸幸㆒。譬㆑之村野民、終歲勞㆓數頃㆒。貴人多㆓米錢㆒、未㆔曾踏㆓畦町㆒。自勞爲㆓人益㆒、物皆有㆓差等㆒。（6①7①17①。又見

16①36⑩)

出御宅村。

古刹鳴鐘一僧歸、鶻背斜帶新月飛。勁風度溪暝色起、皐樹影寒行客稀。回頭何處是南驛、白煙無邊鈴響微。(1)(16①19 36⑩)

(1)某氏評、「不及前詩」(19欄上)。案「前詩」、謂「所見」(山行)詩。

晨與草秀吉、發沓林赴羅漢途中。十首。※

※此題十五字、從第36⑩本。

(一)

吾友善談吾善詩、從來跫驅巧扶持。此行何物能相似、劉阮天台共採芝。(36⑩)

(二)

山氣凄凄欲中身、松雲藤露滿衣巾。蒼鷹眼射巉巖上、群鳥倉皇飛倚人。(已見刊本『梅墩詩鈔』初編卷二。又見6①7①16①17①18 36⑩36⑫)

(三)

銜松曉日未三竿、隮阪行人已七盤。誰氏丹青能畫得、雙鞋方踏白雲寒。(16①。又見36⑩)

(四)

異花香草不曾秋、疑是蓬萊宮裏遊。看得仙凡分境處、古池繞麓渡無舟。(36⑩)

(五)

萬樹陰中一古池、青萍忽碎見魚兒。人聲似破驪龍夢、腥氣翻波慄慄吹。(16①。又見36⑩)

(六)

山根一水吐煙青、幽徑荒涼人意醒。樵父不求薪與草、却尋松下鑿芳苓。(36⑩)

(七)

丁丁隔ㇾ竹斧聲賖、午澗樵炊煙影斜。昨夜沓林村北雨、滿溪開遍杜鵑花。(6①7①17①。又見16①36⑩36⑫)

(八)

惡石尖巖當路橫、衝腰磨腹幾回驚。詩人方落泥犁獄、困脚蹣跚踏刃行。(16①36⑩36⑫)

(九)

佳景得無遺逸不、西瞻東望屢回頭。獵人似笑行人弱、怪石奇巖幾度留。(16①36⑩。又見36⑫)

(一〇)

山形到此益崚嶒、苔鎖陰巖冷似氷。鳴磬一聲知寺近、石楠花下簇雛僧。(已見刊本『梅墩詩鈔』初編卷二。又見6①7①16①17①36⑩36⑫)

羅漢雜詠。※

※此總題四字、第16①本無。今從第36⑩本。

降龍川。※用杜子美萬丈潭韻。

※此題三字、第16①本同。但無自注八字。刊本『梅墩詩鈔』初編卷二、作「潛龍洞」、亦無自注。

水源有一洞、冥漠晝如晦。墜葉皆倒飛、陰風生其內。掩鼻避腥雲、開口含冷靄。蓊薈終不來、草木如斯大。龍鱗何處潛、日光波間碎。魚脊閃藻根、黿口張竇外。巨蝎蟠幽巖、飛鴛落遠瀨。古窟有妖神、刺波竪靈旆。江山無途處、跋涉有吾輩。攀險較捷遲、賦詩爭殿最。斯中若結家、萬事豈得礙。神仙實無他、此意人未會。（36⑩。又見16①）

※案此詩、與刊本頗異。其辭、恐後改之。

伏虎巖。※用杜子美鐵堂峡韻。

※此題、第16①本同。但無自注八字。刊本『梅墩詩鈔』初編卷二、作「虎伏巖」、亦無自注。詩同、今略。

達磨瀧。※用杜子美白沙渡韻。

※此題、第16①本同。但無自注八字。『梅墩詩鈔』（刊本）初編卷二、作「多累瀑」、亦無自注。

妖霧掩日來、飛泉落絶岸。沸湧動坤維、澎湃傾天漢。畏途誰敢行、歸者已及半。黃狐何所驚、一聲竪毛喚。石出波縈回、巖開水汗漫。鼉鼊默相依、鵁鶄駭忽散。地寒巖草枯、人過逕雲亂。佳景無人知、植杖付浩歎。(2)（36⑩。又見16①）

※案此詩、與刊本頗異。其辭、恐後改之。

飛來峰。

峭壁苔蘚青、深麓泉石清。山光蘇病骨、嵐氣洗餘酲。寒髓鍾乳落、冷光石英明。谷虛人咳響、風收墜葉輕。幽菌重重出、白雲片片生。絶巓幾百仭、孤高勢崢嶸。不是飛來者、誰能容易行。小逕青蛇過、女蘿動有聲。（16①18。又見36⑩）

微妙花。

冷石與空巖、無土且無水。群木環其外、不能生其裡。一樹跨巖生、非桃又非梓。不厠雜卉中、譬之似君子。獨在不毛地、其節如壯士。獸來聚磨背、鳥過爭弄嘴。能教百物慕、堪與聖者比。蘚苔爲絮綿、藤蔓是錦綺。月出香影疎、霞薫芳蕊紫。傳聞風生時、萬葉飛遐邇。此花獨何物、依然不搖靡。枝葉斜低處、寺瓦參差起。老僧發妙談、洋洋聲盈耳。我時過山下、花雨堆行李。(1)（18。又見36⑩）

（1）某氏評、「結佳」。（36⑩欄上）

寒山巇。※用杜子美青陽峡韻。

※此題三字及自注八字、第16①18本、並作「拈華峰」、無自注。今從第36⑩本。

石佛埋巘底、上有雲氣惡。溪谷互嵚崟、虺蛇相參錯。神悸口自噤、膚寒骨如削。勁風拔老杉、颼颼千塊落。踏嗔石角尖、挽怯蘿蔓弱。壞磴登峻嶒、陰窟穿窅漠。秀比耶馬溪、高輸飛狐岳。不視坤軸厚、安知雲漢薄。密篁漸朗開、壯觀忽寥廓。俯觀飛鴻背、杳杳入冥寞。（18。又見16①36⑩）

※案第6①7①17①及刊本『梅墩詩鈔』初編卷二、並載「拈花峰」（「拈」、第17本、誤作「占」。）、與此詩頗異。其詩、蓋後改之。

從羅漢赴樋田途中、※五首。

※「途中」下、第8③本及刊本『梅墩詩鈔』初編卷二、並有「作」字。今從第6①7①16①17①18 36⑩本。

（一）

到此煙光俄爾新、賞心欲去且逡巡。風高樹落騰蛇蛻、巖裂苔擎古佛身。嵐氣忽香何處草、斧聲遙見彼峰人。地寒猶尚桃花在、試問漁翁棹外春。※（16①18。又見36⑩）

※案第6①7①8③17①本、及刊本『梅墩詩鈔』初編卷二、並與此詩大異。其詩、蓋後改之。

（二）

崎嶇石徑似㆓蛇盤㆒、藤挽葛紆行路難。好處如㆘披㆓名畫㆒讀㆖、靈區禁㆘帶㆓俗心㆒看㆖。花邊紅霧猿身暖。箐裏碧溪魚夢寒。[1]長嘯颯然風薛上。松濤千壑夕陽殘。（6①7①17①。又見16①18 36⑩）

（1）島云、「奇尖纖麗。」（6①7①16①17①）

（三）

伐木丁丁寒響微、塵心來此也忘機。降山自訝神爲馬、上坂還疑羽是衣。一徑雲中聞犬吠、千章樹杪見樵歸。杜鵑花發無人折、林鳥斜銜紅雨飛。[1]（16①18。又見36⑩）

（1）島云、「麗語帶才氣出之。故甚妙。」（6①7①16①17①）

※案此詩、與「到此樵踪次第稀」詩（第6①7①17①本、及刊本『梅墩詩鈔』初編卷二載）頗異。其辭、蓋後改之。

（四）

霧繞雲紆足欲顚、崢嶸怪石立人前。泥痕在㆑草豺狼迹、腥氣沾㆑鞋虺蝎涎。穿㆑洞危㆑於㆓刀下肉㆒、[1]入㆑穽纔仰㆓井中天㆒。異花珍卉誰名得、博物空慙張茂先。（6①7①17①。又見16①18 36⑩）

（1）某氏評、「不及下句之確。」（36⑩左傍）

（五）

青鞋北去踏空林、爲畏山豺不敢吟。矗樹十圍神影現、落花三尺客腰沈。生雲生霧溪幽黑、忽雨忽晴峰淺深。狗吠雞鳴聞稍近、樋田村在翠崖陰。※（16①18。又見36⑩）

※案此詩、與「茂林行了又疎林」詩（第6①7①17①本、及刊本『梅墩詩鈔』初編卷二載）甚異。其辭、蓋後改之。

樋田。

〔前稿〕隔林聞澎湃、出林水如藍。一溪聚百派、百溪成一潭。白浪激渚石、晴雪沒驚驂。濤頭相揉擣、巖腹互吐含。夕陽映巖杉、翠葉颯吹嵐。嵐際何所見、纍纍古瞿曇。樹根將石角、繆廻成幽龕。波聲漂佛夢、流到羅漢南。鶩與鷺爲偶、蜮與魚相參。底物吹怪沫、欲吸人影涵。在家猶苦暑、長途何以堪。水風似佳人、自使客心耽。渡水入孤村、風俗我未諳。人舌噪如鶪、女態獰類男。蓼蟲忘其辛、芹羹獻其甘。聚哂旅客言、靦然不自慚。村嫗保稚子、桑下捫蝨談。桑葉不成陰、家家已課蠶。蠶畢又刈麥、千畝勞劬酣。出村且欲憩、溪北得茅庵。屈指數前程、幽境豈得探。十里半九里、況猶餘其三。(1)（16①18 36②36⑩）

（1）草場珮川評、「書紀、天孫降臨章曰、自頓邱求國而行。訓頓爲比太。比太地名、蓋本於此云。且聞、貴居在日月星三限間。顧是神蹟所存。今也、生人傑於斯文。三光、豈鍾其靈歟。」（第36②欄上）

〔後稿〕隔レ林聞二澎湃一、出レ林水如レ藍。一溪聚二百派一、百溪成二一潭一。鷺與レ魚爲レ伍、波與レ石相參。岸杉簇二深翠一、夕陽映成レ嵐。渡レ水入二孤邨一、風俗頗魯憨。人舌噪如レ鶪、女態獰類レ男。氷蠶何知レ熱、蓼蟲自謂レ甘。聚哂二旅客狀一、靦然不レ知レ慙。相就問二前路一、指似溪水南。日傾笠影變、幽境恐難レ探。十里半二九里一、況猶餘二其三一。（6①7①17①）

福島。

降阪隮峰俯仰忙、山程十里百回僵。酒旗似識行人渴、茅屨豈堪征路長。狗吠犢鳴村日落、桑陰廡地夏風涼。農夫力盡南阡上、秧正青時麥正黃。（16①18。又見36⑩）

四日市。

暴雨朝來過。泥深曳杖勞。山光依レ海盡。原麥接レ空高。人倦鴉降レ耜。馬眠尨食レ槽。醒來午亭酒、夾路颯二松濤一。（6①7①17①。又見16①36⑩）

辛嶋。宿秋雄兄家。

契濶談長夜幾更、紗幮涼冷夏宵清。賢兄不啻思題鳳、又喜彼人無戛羹。樓月東西南面色、天風三十六洋聲。曉禽啼破窓頭夢、起步中庭觀紫荊。（36⑩）

辛嶋朝起。

風杉一聲客窓曉、遙聞林鳥啼耿耿。推窓臥觀滄海流、千里神飛蒼茫表。須臾波面赤欲然、朝暾湧出天水閒。怒潮衝崩泊船岸、篷底老漁夢未還。長洲墨江三里郭、粉壁與波相閃爍。群蜃吹氣向日光、彷彿蒸成群樓閣。起坐凭案思新詩、默視蒼蠅集硯池。朝餐未至香煙滅、日高三竿簾影移。（16①18 19。又見36⑩）

草秀吉、發辛嶋赴高田。後一日、賦此以寄
曳杖淸晨步水涯、霞邊疊嶂日昇時。巖花落浪溪禽起、因憶前程李節推。(36⑩)

贈益永俊甫。
考槃樓上初相逢、一決揷矢見雲龍。嘯霞吟風朝復暮、豐南山色爲君容。爾來追隨八月矣、憐君脚疾臥難起。花水橋北西風寒、一轎遠歸秋雨裡。余亦西遊侍董帷、蘧廬園[1]中日月移。客窓夢覺秋聲度、常憶與君夜學時。今年四月踰北嶺、欲探豐陰多少景。百花落盡鳥不鳴、杜鵑紅開夏山靜。宇佐僑居雨不晴、閒枕飽聞滴瀝聲。此遊無人可唱和、唯有草生亦東行[2]。喜鵲一聲朝暾赤、折簡相招宴其宅。扇城美酒墨江魚、高田之鹽射筵白。最驚庭前衆龍孫、崢嶸羅立成籬樊。一刀戛然剪之去、味如熊蹯大如盆。獻酬百觴醉不讓、玉山頹然倚屏障。此時不知誰主賓、兩客夢遊羲皇上。(19。又見36⑩)

(1)自注、「塾名。」(36⑩)
(2)自注、「秀吉、先赴高田。」(19)

宇佐雨中。
白霧黑雲峰影沈、悄然凭几旅人心。秧針出水無長短、漲勢排塘知淺深。庭菓曉飛堆砌下、江鷗晚濕睡階陰。他鄕誰慰無聊甚、簷角風鈴一再吟。(16①。又見36⑩)

訪瓜臺寺。
舍利塔荒埋草萊、回巖古木擁蒼苔。杜鵑花落無人踏、時有珍禽投宿來。(36⑩)

到無味菴。
獨叩柴扉立㆓夕陽㆒、埽㆑庭沽㆑酒幾人忙。主因㆓舊識㆒情殊厚、客爲㆓初來㆒趣轉長。簾未㆑上㆑鉤明月碎、盤多盛㆑水晚風涼。驚濤曉覺南牕夢、三十六洋墻外蒼。(6①7①17①。又見16①18 36⑩)

無味菴偶成。
亂書堆裏一身沈、幽壁虛庭適此心。倦枕蠅追新夏至、客窓風似故人尋。松花傅雨栖蟬靜、竹影蘸池浮鴨深。漁唱聲遙孤嶼晚、海雲幾片落磯陰。(16①。又見18 36⑩)

客夜。
墻陰一水響淙淙、遙郭風歸有吠厖。旅客歸心踰疊嶺、舟人殘夢落滄江。疎疎竹影斜移砌、淡淡月光涼到窓。欹枕不堪村夜短、朝鐘山上幾回撞。(36⑩)

贈金弗水。
淡然能學聖之和、恰似㆓泥中挺出荷㆒。無㆑婢午廚煙火絕、有㆑孫烏几果餡多。窓開馬喜三竿月[1]、門對防洋千里波。世上奇書渾讀遍、佛前鎭日誦㆓維摩㆒。(6①7①17①。又見16①18 36⑩)

(1)自注、「馬喜、山名。」

大雨中、植赫平招、浮ニ舟海口一。酒酣、金弗水促レ余赴ニ鷹洲一、撈レ蛤焉※

※此題、第16①18 19 36⑩本、並作「大雨中、植赫平招余、與高田諸子、泛舟海口。酒酣、金弗水促余而到高洲地名、捕蚌蛤焉」。今從第6①7①17①本。

暴雷殷殷送ニ飛雨一、羊角倒捲勢如レ虎。天公妬ニ我欲ニ出遊一、平地三尺水及レ股。漁人家在ニ沙岸頭一、潮衝ニ屋脊一呑又吐。魚兒活潑牀成レ梁、板扉咿軋如ニ鳴鱅一。水浮ニ黄粱一出レ戸流、棟上垂レ繩繋ニ錡釜一。漁翁一棹向レ市逃、須臾屋漂沒ニ遠浦一。植君豪氣凌ニ濤波一、舸莪大船衝レ雨過。水勢阻レ舟立如レ馬、手按ニ吳鉤一叱ニ黿鼉一。風威益猛船將レ覆、扣レ舷一聲發ニ浩歌一。狂浪怒濤皆辟易、三舍退去如レ我何。意氣揚揚不レ回レ頭、直過ニ芝崎一背ニ桂河一。下ニ碇安似レ坐ニ華館一、篷底淸興自レ此多。此遊魚肴不ニ豫貯一、唯攜ニ樽酒與ニ刀俎一。我問ニ其故ニ君不レ應、唯開ニ篷窓一望ニ遠渚一。漁人沈レ網擁ニ巨魚一。水中跳驕挽不レ擧。網絲欲レ絶腕難レ勝、絶叫遙倩渚中侶。主人一笑遙招來、其長數尺似ニ魴鱮一。廚刀騞砉聲響時、鮮膾堆レ盤美可レ茹。坐中一客蹙レ眉愁、玉猶有レ瑕君知不。安得蚌蛤大如レ斗、石華累累高成レ邱。我起褰レ裳請ニ行拾一、出レ船蹈レ沙赴ニ鷹洲一。手攜ニ鴉觜一頭戴レ笠。風颯颯兮雨瀏瀏。隨拾隨在不レ知レ數、籃滿大半遺ニ沙頭一。閉レ口何抗鷸降レ喙、護レ汁空憐蜃吐レ樓。歸レ船烹レ蛤酒更旨、十觴百杯傾不レ已。吳公搦戰弗公談、滿座喧鬧奏ニ雜技一。風死依稀上下關、雨歇分明南北市。海雲不レ動接ニ鹽煙一、布帆低昂日脚紫。赤壁之遊未レ足レ多、愧我才非ニ子蘇子一。東溟泛レ舟長不レ忘、明年復隨朝宗水。(6①7①17①。又見16①18 19 36⑩)

到水先村、觀鹽竈及新闢田。

西光寺北晩潮落、十里白沙連山脚。海上纖雲霽不飛、防山備山影依稀。布帆無風婀娜去、隱入雲天鶻沒處。列竈齊起燒鹽煙、釜聲鬻鬻(沸カ)如鳴泉。積沙三板在釜後、汲潮瀉沙漉塵垢。日色鹽光炯如流、目眩寒溜溢兩眸。東海實知奉明主、都化桑田無斥鹵。巨防横絶海中央、町畦參差送夕陽。長洲村外秧針碧、原田每每新所闢。回頭忽驚來路遙、落霞新月桂水橋。
(19。又見36⑩)

贈泉元得。

連旬無友訪茅茨、今日蓬門爲我推。晦迹刀圭新活計、結交鷗鷺老生涯。家無雞肋猶供客、兒有鳳毛堪課詩。看得夫君心迹遠、開窓雲海一帆遲。(36⑩)

水先村、訪僧月虛、不遇。庭松有聲、颸颸可愛。

平沙渺渺海風淸、赤脚終日踏蛤行。修竹環村不見寺、何物遙送縹緲聲。似簫非簫笛非笛、餘音如縷逐風縈。孤舟必當泣嫠婦、中宵若聞走胡兵。入寺蕭寂無所見、老松蔽庭痩蛟横。空院靜鎖青苔厚、眠鶴一雙見人驚。始知半途簫與笛、乃是風來松葉鳴。虛公偶出吾偶至、頗似有花無酒觥。風松有情代公語、高韻遠勝叔夜兄。援筆豈題凡鳥字、觀竹況知主人名。歸去登途風亦歇、高洲短嶼夕陽明。白帆蒼濤一千里、孤鷺影沈落霞平。（19。又見36⑩）

高田植木赫平、愛富士山、一室皆掛其圖畫、乞余詩。

當年拜石米南宮、誰拜名山今見公。一望芙蓉何所處、朝雲千重在天東。（36⑩）

題芭蕉翁像。

千年弊習一時空、藝苑先鳴厭日東。遺像長懸虛壁上、滿庭松柏颯清風。（36⑩）

草秀吉、邀飮其弟東雄家。

楊葉遮簷垂影斜、啼鶯聲裏酒頻賖。何圖同志同鄉友、來醉難兄難弟家。黄卷一牀開蠹帙、紫陽幾點落風花。歸途遠浦聞漁笛、新月無痕滿白沙。（36⑩）

散歩海口所見。

松梢一抹帶斜暉、海風獵獵擧客衣。孤石欲沒猶未沒、潮頭十尺打岸飛。漁翁酒醒篷底晩、空舷鳥啼人影稀。起看傍船何處去、蒼濤千里一帆微。蘆根寒煙沙上月、拾蛤捕蟹幾人歸。（16①18。又見19 36⑩）

晨發高田。

御許山西菟狹東、清泉冷石起朝風。殘燈有影孤窓閉、墜露無聲三伏空。日出翠峰蒼海上、人歸深樹曙雲中。商家未起農家起、芳草野堤牛背翁。（36⑩）

御許山下、別草秀吉。

我惡東西路、常使人別離。又惡嵐與霧、奪去離人姿。我愛巖角出、又愛蘿蔓垂。牽衣且咬足、故使君行遲。憶昨出日田、與君相追隨。溪橋踏殘月、水驛渡曉漪。衝雨羅漢頂、放船墨江湄。芝埼釣魚夕、桂河拾蛤時。共宿辛島懸、同賽應神祠。風颯御龍嶺、霞爛阿倉陂。我始遊此地、幽僻何以知。微君相教導、狼狽迷路岐。古人師老馬、況有友爲師。君去失我手、逋景豈得追、別去又相顧、孤峯隔兩思。獨歸覺路遠、暮溪吟小詩。（16①。又見36⑩）

歸家。

出レ家麥穗黄、歸レ家稻葉碧。雖レ得二數十詩一、亦費二幾兩屐一。浸湛風露中、青衫變作レ白。家醞雖レ云レ漓、能使二雙頰赤一。明月出二蒿萊一、荒涼孤村夕。夜深聽二松濤一、猶疑宿二江驛一。（6①7①17①。又見16①）

歸家明日。※

※此題四字、第16①本作「遊北豐而歸、賦此詩」八字。

歸㆑家明日會㆓友生㆒、語㆑之此般所㆓經行㆒。渡㆑澗探㆑壑何知㆑數、莫㆑如㆓霜毛秀而明㆒。巨石猙獰皆欲㆑攫、尖峰矗立互相擊。誰知鬼斧安排處、自使㆓人心突兀驚㆒。尋㆑寺登㆑閣亦無數、莫㆑如㆓羅漢峭且淸㆒。幽苔重疊氍毹嫩、遠籟調刁笙笛鳴。洞裏星光無㆓晝夜㆒、松梢雲氣有㆓陰晴㆒。賽㆑祠拜㆑廟殆千百、莫㆑如㆓宇狹深且閟㆒。綿綿藤蔓侵㆓荒磴㆒、寂寂松花堆㆓古甍㆒。天寒棘底狻猊泣、夜靜空中車馬聲。閲㆑峰陟㆑嶺亦非㆑少、莫㆑如㆓御許尤崢嶸㆒。澗底尖巖千刃立、樹頭飛瀑萬霆轟。看㆑雲晨辨㆓蒼龍窟㆒、按㆑劍夜疑㆓白石英㆒。泛㆑江游㆑水不㆑無㆑觀　莫㆑如㆓吳崎最遠平㆒。鼇背黑風飛雨走、鷗邊紅浪夕陽傾。遙光合沓孤帆滅、遠勢依稀小岫呈。我行所㆑得不㆑過㆑此、未㆑至鵜島與㆓扇城㆒。二三子謂㆓我多詐㆒、有如㆓新詩之淸瑩㆒。（6①7①17①。又見16①19）

七月二十六夜、詠月。

凄然夜氣透㆓單衣㆒、缺月初昇星已稀。水樹先明波灩灩、山雲半破影依依。小窓簾捲鉤同掛、遠店雞鳴燈共微。望裡無㆑端催㆓曙色㆒、又看鴉背暫時飛。（6①7①17①。又見16①18）

（以上四十四首、「遊北豐途中作」拾遺）

石燈。

水滿㆓小池㆒涵㆑影明、遊魚背上錦紋輕。秋深悄立芙蓉雨、夜靜愁聽蟋蟀聲。煜煜朧牽㆓良月姤㆒、搖搖難㆑奈㆓好風生㆒。年來三徑少㆓人過㆒、酷感夫君耐㆑久情。（6①7①17①。又見16①）

秋柳。

無㆓葉吟㆑風無㆓絮飄㆒、寒蟬聲斷午蕭蕭。半遮㆓樓角㆒情猶在、嘗睡㆓鶯邊㆒夢已遙。岸雨參差多少影、橋煙搖曳短長條。竹筠不㆑破松心固、憐此望㆑秋先自凋。（6①7①17①。又見16①）

哭藤君豹。

（一）

少微星暗忽模糊、不㆑料天殃在㆓謝敷㆒。鄰舍故人聞㆓夜笛㆒、墓門高士置㆓生芻㆒。蛬聲書屋風燈斷、月影洞房秋枕孤。詩社自㆑今應㆓寂寞㆒、寒鄉文運債㆑誰扶。（6①7①17①。又見16①18）

（二）

仙鶴飛過影有無、魂招不返厭塵區。靈方正是調丹藥、惡夢如何書白駒。菊上霜威花碎錦、荷邊風力露飜珠。秋光佳處何人賞、紅樹青山自畫圖。（18）

題大石良雄書後。※

※「後」字、第36⑩本無。今從第36⑫本。

有勇有謀兼有文、義人雖衆最憐君。英魂凛凛百年後、紙上龍蛇猶起雲。（36⑫。又見36⑩）

芭蕉書屋、朝起。

信宿漁人侵曉還、紅暾方閃碧溪間。芭蕉葉折霜如雪、又見春來不見山。（16①。又見36⑩）

贈樺蓮溪。

昔歳高軒此地過、晩生遺恨不勝多。如今幸遂年來願、短日秋雲奈暮何。（36⑩）

詠史。※

※案此題二字、第36⑫本、作「讀三國志」四字。今從第16①36⑩本。

（一）

魏氏群臣誰丈夫、至尊車下血糢（ママ）糊。憐他草際無名客、射殺東吳孫伯符。（16①36⑩36⑫）

（二）

將軍膽斗氣成霓、唯遇吃兒頭一低。伯約從來輸伯玉、偏師能殺鄧征西。（36⑩）

魚梁。

秋江水落蓼花香、柳影蕭疎洩過航。巨口喁濡銜小索、纖鱗跳躍閃斜陽。千群難脫鄷都裡、一臠當埋丹府傍。倚伏從來誰料得、不唯水族困魚梁。（16①。又見36⑩）

田家秋收圖。

遠風千畦稻花香、秋遍江鄉又山鄉。野平稻高鶴頭沒、清唳何處縹緲長。雨意慘澹桑柘靜、烟際漸現何人影。敝衣百結猶露肱、箬冠半傾不藏領。稚兒如犢不可羈、趨來畝中先戲嬉。最後遲遲定新婦、遙認半額畫長眉。探腰均就草間石、隆隆聲歇刃光白。持竿固不忘雨人、執鎌當賤揠苗客。艾來禾頭颯颯搖、如見波暈生又消。須臾隴頭邱山積、歸去歌聲隱斷橋。租足計吏無高詈、穗饒寡婦有餘利。孤墅忽出蔭南村、斜徑始通湖邊寺。柴扉曉開月將沈、朝朝往田行露深。君不見穲稏(1)萬粒黃雲色、寫出農家一片之丹心。東鄰沽脯西鄰酒、白魚釣得貫之柳。踏歌渾賽叢祠中、古殿輝光駭木偶。栗枝爲箸柿葉盤、草端幾處烟影團。夜深松濤若遙笛、祠門人去月影寒。（18 19。

又見36②36⑩)

(1)草場珮川評、「君不見字面、古人往往於換韻處下之。詩中所用、抑亦有例乎。不如刪柴扉・朝朝二句、而君不見句押韻、丹心下、另夾兩句。」(36②欄上)

日田霧歌。送周邦。

山風吹日日光紫、白蘋花落朝水。水際皜皜素於綿、似花非花視漸起。團團初似毬、轉入楊葉蕭疎裡。出楊蜿蜒勢如龍、起於彼兮昇於此。須臾浩無涯、埋谷夷山三十里。千尋刹萬人家、一時消沈海相似。何處簷何處窓、唯聞鳥哢兒啼耳。歸人直入海茫茫、相送橋南注目視。樹耶人耶霧中影、人影應行樹影止。錫耶風耶霧中聲、風聲應猛錫聲已。視而不見聽不聞、居人悵然嗟已矣。家人怪我朝不飱、愁顏默默倚烏几。登樓試望歸人去處途、霧消橋出水光美。(16①。又見18 19 36⑩)

秋夜、寄梁伯兎。

鶴鳴山月昇、虛窓松影碎。牀頭倦夢回、清光粲滿レ背。一笑就二南軒一、仰レ天與レ月對。涼露墜二人口一、玲瓏洞二肝肺一。靑澗蛟吐レ雲、傍レ月成二媚態一。草間有二古祠一、鈴聲人夜賽。(1) 我生雖二百年一、我心憂二千歲一。方寸萬感沸、屹高レ於二泰岱一。妖霧何冥濛、詩道久荒廢。唐宋元明清、炎涼互謝代。白馬論空高、眞龍誰解レ愛。迷者赴レ谷泉、欲レ退不レ能レ退。陋者生レ尸蟲、處レ穢不レ知レ穢。壯語須彌表、纖巧芥子內。甕盎有二人憐一、雪日招二犬吠一。覗レ穴無二虎子一、據レ窟多二鼠輩一。哨邪笑二墨繩一、高低忌二檄檠一。殘毒方已稔、遇レ醫當二自潰一。君如二明月昇一、照二破雲霧晦一。吾人發二癡論一、早覺爲二狂悖一。呼レ枕且欲レ眠、曉澗殷二雲碓一。(6①7①17①。又見16②18 36⑩)

(1)島云、似田水月。(6①7①16②17①)

贈談客。

颯似風鷹脫錦絛、皎如塵匣出明刀。嘲詼不減東方朔、談笑巧模孫叔敖。滾滾流來喉炙轂、奇奇變去卵生毛。傍人無睡團欒坐、老鶴啼過松月高。(1)(16②)

(1)龜昭陽先生評「叔敖卵毛、殊覺奇新。」(16②)

十二月十二日夜、大風雪。在二好音亭一、夢二眞卿・文卿・子良一。時三子在二余鄕一。※好音亭、北筑龜井氏亭。

※此題二十七字及自注九字、第16②19本、並作「十二月十二日夜、大風雪。夢恆眞卿・重文卿・藤子良」二十字、而無自注。今從第6①7①17①本。

暗風翻㆑海洲竹僵、聲如㆔一坑陷㆓萬狼㆒。陰雲壓㆑波無㆓隻舸㆒、鬼燐累累起㆓遠洋㆒。飛霰鏗爾敲㆓窓紙㆒、輾轉墜來燈下牀。擬想海底方洶湧、魴狂鮪醉皆死傷。無㆔乃魚目從㆑風迸、爲㆓此清瑩灼爍光㆒。風遶㆓枕頭㆒飄㆓歸夢㆒、遙遙吹落菽田鄕。三人迎㆑我圯西路、水煙山月正昏黃。雨蒸雪釀梅蕾坼、江邊籬落瘦枝長。共吟疎影横斜下、寒衾虚幌覺猶香。(6①7①17①。又見16②19)

賀龜次公加冠。

未聞虎子有豚兒、長公次公俊傑姿。次公今年甫十七、高堂張筵具冠儀。冠每一加陳一願、請君爲我耳暫欹。君不見鹹湖西畔松千樹、不斷長風日夜吹。松枝鬪風何曾避、我願次公勵志忍勞常不辭。又不見松下長磯高十尺、千浪衝來猶不危。上有松根下平石、我願次公能承父君祖君基。又不見海面蜃樓起天半、變幻奇怪誰得知。黄紅綠紫描何及、我願次公自今爲文益藻思。次公幼心已拋去、眉壽兒齒如鶴龜。(19)

寒梅孤鶴圖。四首。

(一)

雨雪荒村春未㆑回、疎疎清影半江梅。香魂不㆑耐煙波靜、却引㆓玄衣道士㆒來。(6①7①16②17①18 36②36⑫)

(二)

杳杳漁舟載㆑月回、晩煙靑處一枝梅。水心清影寒如㆑睡、老鶴横㆑江呼覺來。(6①7①16②17①18 36②36⑫)

(三)

横枝斜出瘦崖根、十里寒煙月一痕。仙鶴先私㆓龍斷㆒去、滿江梟鴨欲㆑銷㆑魂。(6①7①17①。又見16②18 36⑫)

(四)

溪口崩崖抱㆓瘦根㆒、落波輕蕊不㆑成㆑痕。一聲遙過啼㆑煙鶴、知是孤山處士魂。[1](6①7①16②17①18 36②36⑫)

(1)草偑川評、「一首奇一首。」(6①7①16②17①36②)

冬夜有感。二首。

(一)

崢嶸殘臘向㆓新年㆒、學士辛勤不㆓敢眠㆒。驚狗吠㆑人遙郭月、歸僧呼㆑渡靜江煙。才迂豈獨肱三折、錐鈍何堪股百穿。簷雪融來終夜響、愁心一夜共綿綿。(17①。又見6①7①16②)

(二)

好音亭裡夜如㆑年、四顧無㆓人不㆒㆑著㆑眠。一枕松聲風起㆑曉、半窓梅影月昇㆑煙。雄飛敢忘金丸懼、壯志空期鐵硯穿。[1]明日前庭何寸雪、嚴寒透入緼袍綿。(6①7①17①。又見16②)

（1）龜云、金丸・鐵硯、佳對。（16②。又見6①7①17①）

讀白樂天詩。※

※此題五字、第16②18本、並作「好音亭、夜坐、讀白樂天詩」十字。今從第6①7①17①本。

〔前稿〕夜誦白詩燈影幽、每逢奇境破眠眸。淸貧放我妓將馬、蠻觸看他李與牛。平淡全欺春半雪、風神不讓海中鷗。千年衣鉢誰傳得、僅有髯蘇亦似不。（16②18）

〔後稿〕才秀齡長德更優、後來誰復數二元劉一。文章好處仇讎識、草稿成時外國求。淡淡全欺二春半雪一、輕輕不レ遜二海中鷗一。千年衣鉢少二人繼一、僅有二中郞一亦似不。（6①7①17①）

送龍上人往龍谷。※

※此題七字、第16②18本、並無「往龍谷」三字。又第7①本、追記「赴」字於「往」右傍。今從第6①7①17①本。

相別相逢兩客中、窓燈自レ此與レ誰同。未レ聞韓子排二文暢一、今見陶潛送二遠公一。衣上春初冬杪雪、帆邊防北備南風。果然龍谷眞龍出、寰宇均知沛雨功。（6①7①17①。又見16②18）

贈松子登。

枕底潮聲秋復冬、開レ窓咫尺海光濃。翻身曉映天邊渚、鶴唳宵寒浦口松。書籍我憑文不識、孝心君感郭林宗。(1) 先生隱レ几嗒然坐、心在雷山第一峰。（17①。又見6①7①16②）

（1）原注「昭陽先生、稱其孝。」（6①7①17①）原注「龜子、賀子登文稱其孝。」（16②）

冬夜感懷。

去日滔滔不レ可レ防、橙黃時過及二梅香一。枕邊玄海新濤響、頭上南豐舊月光。歸レ國夢多經二熟路一、同レ朋被小怨二嚴霜一。半宵驚起蘆中雁、相喚相呼共向レ陽。（6①7①17①。又見16②）

雪夜不眠、寄南豐諸友。

冷枕孤衾旅舍空、夜長庭砌換鳴蟲。啇船初發蘆聲外、關路漸通雞語中。月照寒皐千樹雪、酒醒深壁一燈風。遙思鄕國群才子、魂落竈山東又東。（16②18）

冬夜枕上作。

寢不レ成レ眠到二漏終一、自レ窓來者獨寒風。啇船初發蘆聲外、關路漸通雞語中。※（6①7①9③17①）

※案此詩、與文政十年丁亥東遊途上作「秋曉枕上作」（5①）、題異

而詩略同。

送僧一圭。

千溪百澗到㆓南豐㆒、城市渾在㆓阜塢中㆒。方三十里平衍地、稱曰㆓日田㆒大道通。野店村橋相抱接、人煙江霧自葱朧。夜雨燈光遠桑柘、夕陽花影小簾櫳。(1)南村學舍敧且小、(2)茂松幢幢舍西東。如㆔龍在㆑田勢夭嬌、亂濤聲湧朝暮風。限江排出萬山裡、(3)發㆑肥過㆑豐三百里。巨山山畔千樹楓、波浮㆓墜葉㆒魚脊紫。(4)東岡晩來見㆓雨雲㆒、(5)橋下夜添何尺水。漁父扁舟得意秋、網中有㆑魚鰋魴鯉。蘆花觸㆑棹雪亂飛、花底眠雁啼漸起。(6)雁聲瀏湸吾所㆑好、何人豪奴絲竹耳。愛㆓雁聲㆒又愛㆓松聲㆒、松聲比㆑笛雁聲笙。(7)主人所㆑惡知何物、(8)嘈囂世間管與㆑箏。春曉夢回林鳥囀、舍外笛聲簾日明。秋宵酒醒山雨絶、浦上笙聲窓月清。圭公夙嗤主人癖、(9)要㆘將㆓絶技㆒忽相驚㆖。五歳遊㆑崎隨㆓西客㆒、月琴提琴學盡成。蕭騷村舍秋風夕、(10)重重落葉埋㆓人跡㆒。倚㆑几不㆑堪寒夜長、默數庭菓墮㆓階石㆒。樹老風多屋茅翻、仰㆑梁長視天宇碧。燈斷童兒呼不㆑應、山月冷然來㆓窓隙㆒。何人鼓㆑琴踏㆑月過、(11)琴響漸高近㆓吾宅㆒。月下衡門敲一聲、(12)欣然起引遠來客。客則圭公今始歸、(13)洋峩曲微少㆓人知㆒。此時松雁何處避、聽而不㆑聞耳空敧。(14)眇如㆓湘濱神女鼓㆒、幽如㆓洛浦王子吹㆒。發如㆓青石泉聲走㆒、轉如㆓澹月梅影移㆒。(15)樓上焚㆑香煙出㆑屋、夜深人訝嶺雲垂。雲中鼓㆑琴定仙子、何緣窺得氷雪姿。(16)憶昔吾年甫二五、飛錫君來肥多士。唱㆑于唱㆑喁互提攜、汝且爲㆑風吾爲㆑虎。獨奈人生有㆓別離㆒、往歳君去瓊瑤浦。如今握㆑手纔三旬、何意朝來復相祖。天風吹㆑面行李寒、山頭帶㆑雪山下雨。絶叫留㆑君且信信、東南之雪深沒㆑股。(17)（6①7①17①。又見16②18）

(1)峯云、「好景好句。」（6①7①16②17①）
(2)龜云、「轉得好。」（同上）
(3)龜云、「又轉。」（同上）
(4)島云、「眞妙語。」（同上）
(5)龜云、「老手。」（同上）
(6)龜云、「又轉。」（同上）
(7)島云、「有此句、乃前一段不泛。足見筆力。」（同上）
(8)龜云、「又轉。」（同上）
(9)龜云、「遂轉而伏。」（同上）
(10)龜云、「起得舒舒。」（同上）
(11)龜云、「不聞笙笛而聞絃。伏之將起、尙且舒舒。」（同上）
(12)龜云、「爆然爆然。」（同上）
(13)龜云、「旣起、亦何舒舒。」（同上）
(14)龜云、「果然驚主人。」○峯云、「再拈『松雁』字、是作者得意之處。」○島云、「『此時』二字、所謂水窮雲起之章法、不得不敬服。」

又云、「如成連見海水時。」（同上。但第16②本、「海水」下有「汪洋」二字。）

(15)島云、「學青蓮口吻、別出奇語。眞不愧古人。」（同上）

(16)龜云、「奇幻結收、大見敏辣。」○島云、「奇峰已盡、逢殘山剩水、使人不暇應接。」（同上）

(17)島云、「好結語。」（6①7①17①）

歳暮吟。十首。奉呈天山先生。※

※此題十一字、第6①7①17①本、並作「歳暮吟。七首。呈天山先生」十字。第16②36②本、並唯作「歳暮吟」三字、而載六首。今從第18本。

又第16②本、題下有序。曰、「甲申歳暮、余在北筑。乃作『歳暮吟』六首、呈天山先生。」案龜井昭陽、又號天山遯者。

（一）

天山老先生、肥遯商頌室。(1) 著書高等レ身、坐榻穿印レ膝。詩書鄭公鄕、褒貶董狐筆。不レ遇ニ致鳳時一、空爲ニ屠龍術一。長公與ニ次公(2)一、皆抱ニ鸞鶴質一。伯來奉ニ酒杯一、瀲灩浮ニ朝日一。叔來薦ニ肉盤一、中有ニ脯與橘一。先生無レ所レ祈、自然有ニ天秩一。何羡十萬鍾、何求百千鎰。（6①7①17①。又見16②18）

(1)「商頌室」下、有原注「室名」二字。（16②18）

(2)此句下、有原注「先生二子」四字。（同上）

（二）

忽忙殘臘末、誰遑片刻寧。塵海洶湧裏、孤客常長醒。悠然南窓下、朗誦太玄經。千里江山色、不招來戸庭。雲低孤鳥白、日落空海青。杳杳雲際日、茫茫海上舲。夜深殊蕭寂、柴扇猶未扃。澗風一聲鶴、硯水數點星。（16②。又見18 36②）

（三）

繁喧福陵城、高厦連ニ華屋一。舊家門外松、新館池上竹。煜爚松竹間、明燈穿ニ深綠一。主人東西走、終宵眠不レ熟。雖レ有ニ千金資一、雖レ有ニ萬鍾祿一、有レ愧樹梢禽、天晩乃棲宿。我亦無ニ世營一、閒枕耽幽獨。君看百足蚿、終輸夔一足。（6①7①17①。又見18 36②）

（四）

多雲凍不飛、暮雪殊淒冷。雖惜寒日短、轉憐清夜永。星入破窓深、風死遠洋靜。磨墨聲隆隆、挑燈光耿耿。區區方寸中、自有無盡井。一辭米一粒、千紙田千頃。汲來終夜漑、心疲將絕綆。綆絕終不知、唯欲長新穎。一聲孤鶴鳴、俄然閒夢醒。碧海含紅暾、半窓梅花影。(18)

（五）

迎レ年如レ負レ債、負レ債誰喜レ多。百年百劵至、畢竟如レ償何。不レ成ニ一日事一、莫下敎ニ一日一過上。譬レ之湯湯水、進往待レ盈レ科。蓋棺無レ所レ負、其劵乃消磨。燒レ劵非レ所レ難、辛勤豈有レ他。三百六十日、回レ頭似ニ逝波一。明朝新劵至、感レ之一長歌。
(6①7①17①。又見18)

(六)

海有ニ不斷風一、崖無ニ長靜樹一。厚氷安レ於レ橋、行人其上步。氷內群潛魚、氷外孤立鷺。寒日澹無レ光、殘歳忽欲レ暮。蕩蕩門前途、一人百來去。是時孤客心、方占ニ何處一住。遠哉鷺飛邊、深哉魚躍處。(1)(6①7①17①。又見16②18 36②)

(1)此結末二句、原作「雲嶠磬敲邊、蜃樓帆卸處」(18 36②)。草場珮川評、「結末用對語、佳致縹緲、爲妙。但於所謂『寒日澹無光』時節、亦有見『蜃樓』乎。」(36②欄上)

(七)

吾生十八年、在レ家十七矣。異鄉迎ニ新年一、方自ニ今年一始。日田與ニ福陵一、風俗不ニ相似一。遙想故館中、張レ宴壽顏喜。半樹早梅花、影落清隈水。霞色裹ニ疎香一、魚脊漂ニ嫩蘂一。垂柳含ニ春氣一、枝斜濠梁里。煙絲亂ニ洲尻一、風芽坼ニ鶯觜一。我家遠思樓、一百靑衿子。藻思同レ氷開、蝶夢從レ禽起。誰在ニ梅柳下一、哦詩驚ニ人耳一。※寂莫好音亭、孤坐虛窗裡。開レ窓望ニ故園一、千山落照紫。(6①7①17①。又見18 36②)

※此句下、原有「誰在烟霞中、能憐江山美。蝸角豆與限、南北分兩市。歳晩人心忙、誰不惜分晷。南市贈小籃、疊臥三尺鯉。北市贈巨龍、横伏一雙雉。」十句。(18 36②)

(八)

孤亭大海西、雲濤靑淼渺。階石文貝粘、庭卉海苔繞。潮至通ニ城中一、舟高ニ於樹杪一。長鯨如ニ嶼峙一、遙山似ニ豆小一。海岸千株松、矗立秀ニ雲表一。寒意雨蕭蕭、淸韻風裊裊。寄居松下屋、夢斷東牕曉。欲レ起海氛惡、臥聽松杪鳥。(6①7①17①。又見18 36②)

(九)

三四里城郭、四萬家衢街。男腰紫繡帶、女頭金鳳釵。皆道新年至、洒埽門戶階。伐レ松嶺之北、運レ沙水之涯。村舍有ニ老姥一、獨傷ニ時命乖一。欲レ沽ニ一升粟一、侵レ晨行鬻レ柴。欲レ沽ニ三尺布一、徹夜坐捆レ鞋。(1)雖レ餘ニ眉邊案一、豈有ニ夫翁偕一。雖レ羨レ地中金一、既無ニ兒孫埋一。冷衾曉不レ眠、呻吟遣ニ其懷一。何人知ニ其苦一、有レ客坐ニ書齋一。齋前則村舍、齋後則陰崖。崖角梟聲惡、風起杉葉霾。(6①7①17①。又見16②18 36②)

(1)草佩川評、「一升粟・三尺布、善脫化淮南歌。貧家情態、宛然在目。」(6①7①16②17①36②)

※「侵晨」句、原作「晨起自鬻柴」、又「徹夜」句、原作「夜坐獨爲鞋」(36②)。而佩川又評、「晨起・夜坐二句、作『凌晨行鬻柴、

通夜坐捆鞋』、如何。」（36②欄上）

（一〇）

雪唯一寸降、梅唯半樹開。清芳有餘韻、白光無點埃。何人不踏雪、何人不折梅。梅姿與雪意、愛者安在哉。梅香鶯易至、雪明日早來。我在梅雪下、暗感新歲催。開講繙新帙、張筵酌春醅。雪色輝書卷、梅影落酒杯。明日應如此、莫爲非土哀。

（18）

文政八年（一八二五）乙酉　年十九

奉和昭陽先生「元日」。

一枝梅放山澗春、風自青蘋亂處臻。氷開日出川光遠、貝文閃爍魚意新。山霞川雲霽稍媚、漁家樵舍紅映翠。雲霞落杯芳酒濃、吸紅噏翠幾人醉。詩成試吟梅影中、一聲呼覺鶯兒睡。

（16②18 19）

奉和昭陽先生「原女至博多、戲贈廣郎」。

風送古處山上春、紅顏忽先黃鳥臻。獨將新詩奪春色、梅愁鶯悼不敢新。福陵城頭春景媚、雲霞遮斷遠山翠。空見晉軍曳柴塵、遲疑應待公子醉。三舍且避頷下珠、逆鱗晃曜龍未睡。

（18 19）

五子詩。呈昭陽先生。

中生奇偉士、吸レ酒如二尾閭一。唾壺亦何罪、搏擊無レ所レ餘。壯志入二新句一、碧海掣二鯨魚一。每レ逢二嚴刻士一、束縛苦レ難レ舒。遠生俊逸士、清水秀二紅蕖一。松柏發レ芽處、江河濫レ觴初。長未レ盈二五尺一、心已期二龍攄一。早成非二大器一、愼莫レ恃二聲譽一。熊生沈默士、其詩頗沖虛。雖レ無二腥臊氣一、亦類レ嚼二園蔬一。疵瑕隨處在、稗稊未二全鋤一。古來尙二明決一、從レ善勿二踟躇一。原生敦厚士、三十始讀レ書。唯甘款段馬、不レ羨高蓋車。老驥德堪レ愛、古木陰豈疎。加レ之以二俊邁一、乃可レ曳二長裾一。安生倜儻士、豪氣猶未レ除。一曲周伯仁、兩齒謝幼輿。長嘯吹二陰霧一、高談震二破廬一。須下思二弦韋戒一、好中與二端人一居上。五生自レ南至、龜子問二之余一。戲作二五生目一、寫レ神畫不レ如。（6②7②17①）

奉和昭陽先生「五子至」。

（一）

北渚未開南岸開、東風花事幾回催。豐中勝地曾探遍、却向泰山高處來。（18）

（二）

五子遙來喜可知、先生容易惠瑤詩。從今百道林亭路、幾訪春風秋雨時。（18）

（三）

湘簾嬝娜竹風淸、愛聽簷端喜鵲聲。他日斯遊長不忘、海頭春雨叩柴荆。（18）

（四）

枕上怒濤聲似雷、春風荒戸望悠哉。遙遙千派淮南水、畢竟朝宗玄海來。（18）

和原女。

文壇攻擊時、冥搜畏人知。微雨寒風夕、迎春送客辭。江梅餘冷蕊、烟柳散垂絲。猶未分成敗、豈無囊裡錐。（18）

送原閨秀遊京師。

春風飄去梅杪花、身與二風花一向二誰家一。青黛朝帶遠山翠、紅顏晚映遙浦霞。錦心繡腸天然美、不レ欲長藏二塵匣裡一。曝以二祇園千樹花一、濯以二鴨江半篙水一。斑爛新脫天孫機、心醉目眩誰得レ知。九陌塵埃鬱成レ霧、鮮光明潔涅不レ緇。閨秀如君少二儕類一、婦人古無二遠遊義一。唯有二斯才有一斯遊一、得失不三必關二人議一。爲語驚鴻莫二飛騰一、人間何處無二繳矰一。早晚歸來北堂下、刀尺聲和殘夜燈。(1)（6②7②17①。又見16②18 19）

（1）草云、『殘』作『寒』、如何。」（6②7②17①）

奉和昭陽先生「正月念五、大雪」（一六首）。

（一）

烟斷午厨寒、幽人猶未餐。曲肱空室裏、臥作騎驢看。（16②18）

（二）

江上銀世界、秀色粲堪餐。故國朝來雪、何人早起看。（18）

（三）

一夕江冰合、墓門路未通。獨眺原上雪、腸斷孝神童。（18）

（四）

華牘多奇字、鯫生欲問楊。夜來吟未已、更就雪窓光。（18）

（五）

紅花將白雪、織得錦相同。雲漢當春日、天孫試女功。
（16②18）

（六）

歸朝隔月來、不怪鳥頭白。賡和至斯詩、無辭更怪僻。（18）

（七）

君看鹹湖雪、瀟湘畫得眞。虛無千里景、鷗鳥晚相親。
（16②18）

（八）

何人如我癖、驚喜犬同狂。回首三竿日、朝餐早已忘。（18）

（九）

日午門猶掩、田家間可知。孤煙出脩竹、方在此中炊。
（16②。又見18）

（一〇）

帝憐孤屋靜、忽送滿庭花。欲買三蕉酒、雪深郊路賖。
（16②18）

（一一）

風收天未曉、淸色映窓來。日午無過客、孤鶯兩樹梅。（18）

（一二）

雪降江上籬、梅柳兩相欺。門掩人猶睡、鷄鳴最上枝。（18）

（一三）

子姪團欒坐、先生德不孤。一杯堂上酒、也似謝公無。（18）

（一四）

獨坐東窓下、詩思銜腸切。落日映孤城、長林落晴雪。（18）

（一五）

幾陣東風至、未開桃李枝。豈忍梅花獨、滕六乃知時。
（16②18）

（一六）

百樹發何遲、當慙枝上雪。唯憂不斷風、消遣芳春節。（18）

春夜聽雨。

夢覺窓燈翳又明、不レ知何事管二吾情一。梅花從レ此無二消息一、一夜江南春雨聲。（6②7②17①。又見16②18 36⑫）

晩望。

〔前稿〕湘簾捲盡望村墟、幾片花飛風歇初。細柳新蒲煙雨晩、江頭春賣膾残魚。(16②36⑫)

〔後稿〕前村多是釣人廬、竹屋參差傍㆑水居。細柳新蒲煙雨晩、春隄方賣膾残魚。(6②7②17①)

訪戸宜春。

花陰流水柳陰橋、往訪先生郊路遙。富貴笑他貪草露、煙霞好此伴山樵。鉤簾極浦振振鷺、欹枕空簷瀝瀝瓢。置酒未央窓日落、杯中明月欲相邀。(16②)

宿宰府。

客夢回時雨已收、臥聞溝水傍㆑墻流。疎簾淡月梅花影、夜宿西都舊酒樓(1)。(6②7②16②17①36⑫)

(1)某氏評、「『舊』改『賣』、何如。」(36⑫)

偶成。

〔前稿〕水漲芳洲漾嫩波、鳧翁兩兩浴盤渦。亭南亭北皆春色、何處落花飛絮多。(36⑫)

〔後稿〕水漲芳洲漾㆓嫩波㆒、鳧翁三五浴㆓盤渦㆒。舍南舍北皆春色、何處遊船載㆑酒多。(6②7②17①)

訪中垣淳庵。

杜鵑花落雨初歇、涼颸舒舒起庭樾。主人置酒情何長、豪談吐盡胸鬱勃。先生國手今張機、神法靈術電霆發。湯液渺漫如江河、一瀉洗空千病窟。刀圭縱横如陣營、疫鬼遁藏避斬伐。行人佇立何所言、隔籬偸聞至言竭。筑州一自出伊人、朝市村落無殤歿。我輩嚮無起虢恩、早爲累累原頭骨。向家再拜背家行、唯見青秧拂黄髮。主人怪吾久低思、高呼兕觥罵百罰。酒罷頽然倚前楹、斜陽在水漸將沒。箕山雲盡碧如藍、獨松高處見雙鶻。醉眸觀山觀且眠、清夢遙飛彼峍崒。恍疑藻荇浸我身、女蘿影送紛紛月。(16②19)

飲中垣氏、醉後卽事。

杜鵑花落雨初歇、涼颸徐徐起㆓庭樾㆒。主人延㆑客池上堂、詩不㆑成者以㆑酒罰。酒罷頽然倚㆓前楹㆒、斜陽在㆑水紅稍沒。箕山雲盡碧㆑於㆑藍、獨松高處見㆓雙鶻㆒。醉眸觀㆑山觀且眠、清夢遙飛彼峍崒。恍驚荇藻浸㆓我身㆒、女蘿影送紛紛月。(6②7②17①)

自北筑歸、同劉清甫賦。※

※「劉」字、第18本、無。今從第16②本。

半窓人影落斜暉、芳樹森森有蝶飛。晩望逢花莞爾笑、春遊看草偶然歸。先繙筑石新詩本、未問珠潭舊釣磯。不意文場强敵至、殘槍羸馬倚重圍。（16②18）

松風書屋。※

※「屋」、第16②本、作「居」。今從第6②7②17①本。

朝廚裂二琴高一、一聲鄕夢斷。呼レ酒倚二南軒一、峰日始吐レ半。芳草蔽二青洲一、霞霽啼鳥散。虛舟何泛泛、流着二楓樹岸一。主人愛二幽閒一、結レ屋在二江畔一。移レ花命二丁夫一、延レ客飲二申旦一。松影落杯心、風吹沈翠亂。醉了亦易レ醒、洪濤灑二垂幔一。（6②7②17①。又見16②）

贈井希忠兄弟。

季好二詩文一伯好レ兵、一家難弟又難兄。圖書堆裡人無レ影、刀戟陳邊室有レ聲。夏閣螢飛憑レ檻坐、秋原鵰落射レ雲行。(1) 尊翁已約相將至、百星德星何日明。（6②7②17①。又見18）

（1）島云、「二聯各幷言伯季、有力。」（6②7②17①）

贈井兒。

英物從來骨法奇。呑牛意氣絶群兒。秋燈影外千山雨。獨坐讀書人不知。（16②36⑫）

贈樺石梁先生。二首。※

※此題、第16②本、無「先生二首」四字。第18本、無「二首」二字。今從第6②7②17①本。

（一）

滿地重重蜀帝花、庭塵不レ掃薜墻斜。晨趨二公府一班二鵷鷺一、夕掩二柴扉一品二酒茶一。經濟安レ邦推二賈傅一、箕裘繼レ美想二蘇家一。龍門應接誰能得、御李歸來獨自誇。（6②7②17①。又見16②18）

（二）

公事雖レ煩有二別閒一、高風出レ世邈難レ攀。陳編亥豕分二今誤一、史筆婉微誅二古姦一。憂レ國獨甘添二白髮一、忠心未三敢買二青山一。君前常畫二爐灰一語、諫草不レ留二天地間一。（6②7②17①。又見16②18）

贈樺蓮溪。

箕裘相繼有輝光、懷裏鳳毛猶自藏。奇字問來楊子宅、禮文先認鄭公鄕。槐陰雨後初成綠、梅實風前漸欲黃。醉去鉤簾還一

笑、錦屏九十九峯蒼。（18）

贈國仁卿、次其所眎韻。

氣岸崢嶸骨不レ凡、酒痕沾遍舊靑衫。秋風破屋千山雨、春水長竿一幅帆。衆草如今盈二沃野一、名花自今老二幽巖一。吾非二太業一亦心醉、憐汝才思似二阮咸一。（6②7②17①）

詠南筑風土。※

※「南筑」、第16②本、作「筑後」。今從第6②7②17①本。

箕山百里碧巉巉、天霽絕巓雲尙緘。農畝有レ川皆繞レ柏、醫家無三處不二栽杉一。魚過瀨下偏知美、水到府中初帶鹹。梅雨涵レ田茫似レ海、林梢幾點見二蒲帆一。(1)（6②7②17①。又見16②）

（1）島子玉評、「筑中風土、宛然在目。使人不堪想像。」（16②）島云、「筑中風土、宛然在目。使人不堪想像。」（6②7②17①）

瀨下十首。※

※此題、第18 36⑫本、並唯作「瀨下」、而無「十首」二字（第18本則全載十首、第36⑫本則摘載七首）。第6②7②17①本、並作「瀨下雜詠三首」、而採第一・第七・第八首。今從第16②本。

（一）

遠樹模糊入二水雲一、白鷗飛處夕陽曛。漁人杙レ艇蘋花岸、來賽江頭二位君。（6②7②17①。又見16②18 36⑫）

（二）

二位祠前獨步還、櫓聲人語晚霞閒。松梢一髮靑螺影、指點長江盡處山。（16②18 36⑫）

（三）

長江盡處是肥州、大海茫茫呑萬流。桑女興師曾此地、漁人網得折吳鉤。（16②18 36⑫）

（四）

曾按吳鉤夜刺人、淋漓鮮血落紅津。寃魂不逐滄波逝、沙口年年紅蓼新。（16②18 36⑫）

（五）

紅蓼花開秋水淸、西風疎雨片帆輕。艤舟求句何人在、楓葉蕭蕭落浪聲。（16②18）

（六）

楓葉蕭蕭江始寒、浮鷗背上月團團。前舟彷彿深煙裡、方過南來第一灘。（16②18）

（七）

灘灘相接浪花跳、亂石漱レ汀生二迅飆一。吉見峰頭雲一點、滿江

涼雨不レ祟レ朝。(1)（6②7②17①。又見16②18 36⑫）

(1)島云、「好絕。」（6②7②17①）

（八）

江頭雨歇水禽啼、煙斷虹收遠樹齊。落日片帆低似レ葉、隨レ風流入若津西。（6②7②16②17①18 36⑫）

（九）

風收月出夜三更、水色連天白露明。估客廻舟都去盡、萬莖蘆葦寂無聲。（16②18）

（一〇）

蘆葦深中估客多、思人少女晚停梭。紫江水是銀河水、渚渚煙迷如遠何。（16②。又見18 36⑫）

叢松園集。

庭裡黃梅落綠苔、高筵終日爲吾開。薜墻蘿石瀟瀟晚、頻有詩人銜雨來。（16②36⑫）

梅雨村居。

崩雲拖レ墨暗二東皐一、片片從レ風勢似レ繅。上レ網河魚數斤重、驚レ人野碓一聲高。湖中萍至二邱陵一止、浦口家乘二舴艋一逃。醉倚二岑樓一觀二怒浪一、元龍未三必勝二吾豪一。（6②7②17①。又見16②）

晚來雨晴※、極涼、欣然成詠。

※「晴」、第16②本同。第36⑫本作「降」。

雷在黝雲嵂崒中、山光水色稍迷濛。赤松城外三千戶、何處簾櫳有此風。（16②。又見36⑫）

樺石梁諸子、見訪僑居。

暑氣炎炎眞可憎、歐陽方欲賦蒼蠅。題詩也傚顰眉女、假宅恰如行脚僧。簷馬丁東風稍起、簾波瀲灔月初昇。熱時貪聽諸公話、胸際忽疑呑冷氷。（16②）

五月十七日、雨、到羽文鳳家※。

※「五月十七日雨」六字、第16②本、無。今從第6②17①本。

一抹朝雲起二澗阿一、須臾呑盡衆青螺。路從二紫水橋邊一折、客向二黃梅雨裡一過。庭菓落來今有レ幾、池魚流去已無レ多。相迎痛飲南樓上、唯恨良宵少二素娥一。（6②17①。又見16②）

靜女怨。

韡韡唐棣花落時、愁心多少上蛾眉。我行不是和親故、比著明妃一倍悲。（16②）

雨中、羽氏樓、與西婍叔遇、婍叔將以明日歸。

昨夜素娥離畢星、黃梅過後尚濛冥。登樓不復歎非土、喜雨何圖會此亭。村遠人煙埋去鳥、天長江樹襯浮萍。赤松城外明朝路、百里箕山未了青。（16②）

重文卿僵地、戲贈。※

※此詩、疑下詩「重文卿仆地、膝傷不能起。卽口占一詩、調之。旦起之」之稿乎。「君不見」以下二十句、殆與下詩合。

濕雲黯黯鎖林影、漫漫塘路不堪永。牛歸人去野風涼、獨木橋西夜景靜。徑中忽聞礫然聲、潛鱗宿翼一時驚。暗中模索知何物、非石非木是文卿。宿將忽被屠夫碎、雨脚朝天土埋背。死蛙曳足猶欲搖、病狗依地不能吠。君不見當世才子氣吐虹、翩如輕蕊舞春風。萬卷看破眼如月、千古得失兩眸中。又不見當世武人工劍術、蹶張場中無儕匹。健足蹯地堅於山、萬推千挽不動膝。一夜東風催百花、祇園吉原煙作霞。此時倒於美人倒於酒、衣裳典盡返無家。平生明眸不能視、平生健足不能起。此倒創重固難醫、賢者唾去長已矣。腐儒冗說何足聽、暗草深深露冷冷。叱汝疾起登前路、虬蛇將至草露腥。（16②18 19）

重文卿仆地、膝傷不能起。卽口占一詩、調之。旦起之。

君不㆑見當今才子氣吐㆑虹、翩如㆔輕蕊舞㆓春風㆒。萬卷看破眼如㆑月、千古得失兩眸中。又不㆑見當今武人工㆔劍術㆒、蹶張場中無㆓儕匹㆒。健足蹯㆑地堅㆓於山㆒、萬推千挽不㆑動㆑膝。一夜東風催㆓百花㆒、祇園芳原煙作㆑霞。此時仆㆑於㆓美人㆒仆㆑於㆑酒、衣裳典盡返無㆑家。平生明眸不㆑能㆑視、平生健足不㆑能㆑起。此仆創重固難㆑醫、賢者唾去長已矣。君也雖㆑仆創不㆑深、何妨起入㆓君子林㆒。所㆑傷太輕自謂㆑重、無㆓乃樂正子春心㆒。令親在㆑堂勞㆓慈思㆒、一擧㆓其足㆒不㆓容易㆒。笑勸胡爲不㆓大啼㆒、人言老萊學㆓兒戲㆒。腐儒冗說何足㆑聽、暗草深深露冷冷。叱汝疾起上㆓前路㆒、虬蛇將㆑至草露腥。(1)（6②7②17①）

(1)島云、「絕妙。」（6②7②17①）

兒有臺、自京師歸。賦贈。

觀遍五畿還九州、瘦山淸水故園秋。問君睿宕嵯峨上、亦有吟詩木客不。（16②36⑫。又有18）

送澄川翁。

卜築同鄕彼一時、回頭十有二年移。欲尋故國邱墳去、猶爲他鄕交友悲。海上閒鷗相待久、遼東老鶴獨歸遲。從今朗月淸風下、鄰舍無人賛詠詩。（16②18）

燈火宵宵穿壁分、歌呼日日隔墻聞。從今午枕相思夢、多在秋城數片雲。羸馬淸霜過破驛、斷碑衰草拜孤墳。郢人去矣誰知己、匠石須投風外斤。（18）

秋夜、宿山寺。※

※「秋夜」二字、第16②本、無。今從6②7②17①本。

〔前稿〕狼籍甁中菊、蒼涼殿上金。谷虛群木響、寺古一燈深。倦客眠成魘、禪僧默似喑。百靈來賽佛、簫笛起雲岑。（16②）

〔後稿〕秋夜自沈沈、況於㆓雲裡岑㆒。谷虛群木響、寺古一燈深。倦客眠成㆑魘、高僧默似㆑喑。山靈曉參㆑佛、簫笛起㆓前林㆒。（6②7②17①）

曉行。

白煙縹緲無㆓端倪㆒、月落荒陵破塚西。短草離離不㆑盈㆑寸、小徑如㆑蛇行且迷。忽遇冷風銜㆑人過、杉頂栖禽一聲啼。(1)（6②7②17①。又見16②19 36②）

（1）草偑川評、「曉寺銜風、恐是幽靈愆歸期者。否則杉頂栖禽、鼻高

幾尺、謂此怪物、酷忌世間赫々之名。君且勿屢向此境去。呵々。」（16②36②）

題王維圖。

閭邱殺龍標、永王汚謫仙。詩人於唐何不幸、給事亦陷羯胡煙。睢陽唯甘死、常山不肯跪。彼皆專閫有重任、戰而致命其分爾。凝碧池頭一首詩、傷心不減王黍離。明哲保身誰料得、寸心如雪涅不緇。低心事賊人相繼、雖有巧算不知計。哥舒猶恨肉眼愚、燕公二子亦反噬。此時先生默不言、唯有皇天辨幽冤。挺挺高出萬人上、乃是天邊獨樹高原。(1)（16②。又見19 36②）

（1）草偑川評、「筆鋒揮霍、扞衞摩詰、宛如項伯鴻門之劍舞。」（16②36②）

所見。

芳樹森森覆㆓碧潭㆒、斜陽片雨自成㆑嵐。歸牛徐歩何邊去、家在村橋野店南。（6②17①。又見36⑫）

壽岡藩太夫中川君六十。

早發㆓令譽㆒達㆓四隣㆒、卅年當㆑國老成人。歲豐有㆔戸祠㆓田祖㆒、刑措無㆔囚禮㆓獄神㆒。鳩杖徒敎㆓孫子捧㆒、燕居唯見㆓嫗翁親㆒。功

成散髪江湖外、誰識夫君社稷臣。（17①。又見6①7①）

蘆中起雁圖。

月上江風外、蘆高雁起低。須臾何處失、聲在片雲西。（6②7②17①。又見16①36⑫）

秋野。※

※此題、第21本作「畫」、第16①36⑫本、並作「題畫」。今從第6②7②17①本。

平郊晩雲落、遠水夕陽流。草痩原風冷、兒牛呼㆓母牛㆒。（6②7②17①。又見16①21 36⑫）

西成。

原田禾黍熟、嘖嘖鳥聲親。佇立塍間路、香風欲㆑醉㆑人。（6②7②17①。又見16①36⑫）

淨明寺二首。※

※「二首」二字、第6②7②16①17①36⑫本、並無。今從第21本。

（一）

屍陀林裡路、暮雨濕㆓腥灰㆒。忽見枯蓬動、蒼鼯嗅㆑地來。（6②7②16①17①21 36⑫）

（二）

風僵又雨涵、古佛苔衣冷。一路夕陽□、秋花不成影。(1)（21）

（1）盧揖橋評、「丰神俊逸。」（21欄上）

教護院。

刺㆑天喬木老、臥㆑水小橋頽。日暮無㆓人過㆒、一林秋雨來。（6②7②16①17①36⑫）

昇天橋二首。

（一）

孤村生㆓夕煙㆒、過雨澄㆓山骨㆒。橋上獨歸人、仰看山上月。(1)※

（1）「山上」、第16①36⑫本並作「東嶂」。第36⑫本注云、「東嶂一作天上」。

※此一首、第16①本題「今亦橋」、第36⑫本題「今又橋」。今從第6②7②17①本。

（二）

一帶秋江水、溶溶漾㆓落暉㆒。誰家兩童子、楊柳貫㆑魚歸。※（6②7②16①17①36⑫）

※此一首、第16①36⑫本並題「昇天橋」。

鬼城。

夜深山鬼至、風雨襲孤村。日出觀林木、深深印爪痕。（36⑫）

羽野金毘羅。

決眥倚危欄、精神忽飛颺。俯看降嶺人、猶在飛禽上。（36⑫）

護願寺。

禪堂門半掩、何處送㆓奇香㆒。庭靜松花落、老僧眠㆓晝長㆒。（6②7②17①。又見16①36⑫）

秋風菴。

秋聲何處至、颯颯又鏦鏦。四五竿修竹、兩三株瘦松。（6②7②16①17①36⑫）

送矢子生之平門※。

※「之平門」三字、第18本、無。今從第16②本。

（一）

回首并州亦有情、西風羸馬容裝輕。人從鴻雁啼邊別、身向蜻蜓盡處行。海上望家愁暮色、燈前思友坐秋聲。知君把酒江樓晚、二島三韓眼界平。（16②18）

（二）

殘楓瑟瑟水悠悠、送自南洲至北洲。騷客都傷秋日別、書生元慣隔年遊。風帆晚控飛鸞島、雲樹晴分對馬州。一笑此行奇絶處、捕鯨船走大瀛頭。（16②18）

送矢子生之平門。

朝來辭㆑我忽西遊、壯志翩翩不㆑可㆑留。千里關河搖落候、十年交義別離秋。鵬飛影近雲呑㆑島、鯨嘯聲高浪入㆑舟。想像此般奇絶處、紀行卷裡一齊收。（6②7②17①）

寄人在長崎。

崎鎭風光惹醉多、紅窓面面列嬌娥。唯令豪擧金如土、說甚佳期銀是河。竊笛橫欄吹落月、同舟遠水採秋荷。宴安酖毒難長住、早晚歸來豐岳阿。（18）

秋夜。

金鼓遙從空際興、秋聲一擧洗炎蒸。衣除絺綌庭宜立、花到芙蓉檻足憑。風葦隨棲隨起雁、煙村半現半沈燈。新渠成後田多

水、露上青秧夜色澄。（16②）

秋日。

爍石焦金夢一肱、煙飛霞盡水光澄。露淋早槿盈晨掬、月落年魚上夜罾。末爲涼風抛舊扇、方因苦學近孤燈。詩人得意從今始、行踏霜山紅百層。（16②）

秋晩。

荏苒多愁多病中、悲レ秋心與二古人一同。餘生無レ幾蕭蕭柳、晩節尤佳簇簇楓。遠畝凄迷蓑笠雨、平原亂散馬牛風。不レ妨閭里頻歌舞、六十年來第一豐。（6②7②17①）

探梅。

江頭寒色一條煙、西有二輿梁一東有レ船。風入二香林一聲亦好、花當二靜處一影相憐。畢生高レ枕清流上、何歳卜レ隣孤鶴邊。輕蕾瘦枝人未レ識、幽尋誰復占二吾先一。（6②7②17①）

旭莊。

（一）

困睡醒來東閣明、滿簾初日囀鶬鶊。爐中煙影依微滅、風外桐陰婀娜輕。山淨今晨晴十倍、花疎昨夜雨三更、苦吟不覺朝餐晏、坐右茶甌泣有聲。（18。又見23）

※案此詩、與刊本『梅墩詩鈔初編』卷二所載「旭莊」詩、辭大異。

（二）

不羨三層弘景樓、村莊築得小如舟。繞家田雜上中下、隔牖人忙春夏秋。日射幽庭飛野馬、露湛深葉墜蝸牛。呼笻命屨眞多事、高枕有山供臥遊。（18。又見23）

※第二首詩題、第23本作「西園」。

淡窓。

興味蕭然似二野僧一、簟涼牀淨夏無レ蠅。焚レ香掃レ地韋應物、裁レ竹作レ樓王禹偁。槐葉稍陰啼鳥集、松根忽逸假山崩。回頭世上誰知己、獨有二書窓一點燈一。（6②7②17①。又見16②18②23）

明季二首。

（一）

轉闘連年不暇休、長蛇封豕據神州。福王元有東昏暗、吳子都無北伐謀。順案起來抗逆案、濁流奔去汚淸流。遺民誰種多靑樹、忍看諸陵煙草秋。（16②23）

※此詩題、刊本『梅墩詩鈔初編』卷二作「讀南疆繹史」五字。

（二）

門外干戈戰正酣、宮中歌舞酒猶耽。時無ニ管仲一衽當レ左、君有ニ康王一都又南。家國將レ亡天板板、戎夷競起虎眈眈。忠臣切レ齒多ニ遺憾一、社鼠城狐不レ得レ探。（6②7②16②17①23）

兒玉氏晩帆樓。※

※此詩題、第16②23本、並同。第18本、作「晩帆樓」三字。第6②7②17①本・刊本『梅墩詩鈔初編』卷二、並作「寄題倪有臺晩帆樓」八字。

（一）

竹欄干外水如レ弓、庭樹非レ梅柳若レ楓。帆影曳レ煙秋有雨、雁聲投レ月夜無レ風。攤レ書人坐碓車下、運レ粟舟通菜圃中。我亦相思欲ニ相訪一、鱸魚何日落ニ漁筒一。※（6②7②17①。又見16②23）

※此詩、又見刊本『梅墩詩鈔初編』卷二。

（二）

危樓縹緲惹長空、心在煙靑霞紫中。鷗鳥夢魂迷夜月、蘋花消息信春風。估舟新入限(1)之北、官漕始通關(2)以東。試問登臨爲賦者、何人定與仲宣同。（16②23。又見18）

（1）「限」下、第16②23本、並有自注「地名」二字。

（2）「關」下、第16②23本、並有自注「地名」二字。

（三）

波光瀲灎照簾櫳、家在石橋東又東。決眥孤洲帆卸外、放心平浦雁沈中。殘霄呼渡靑菰月、落日賣魚紅樹風。許否春山秋雨處、一樽樓上與君同。（16②18 23）

※案此詩、後改爲「水哉舍」詩（刊本『梅墩詩鈔初編』卷二載）。第23本、可證。

謁龜雲來先生墓。

十里原松颯有聲、黃昏下馬弔新塋。到泉紅涙何嘗盡、埋玉靑苔次第生。鵩集坐隅當日感、雞供塚上此時情。他年門客爲祠廟、應向菅公墓畔營。（23）

病後夏日郊行。

憔悴近郊扶杖行、江村山市路縱橫。移秧雨霽乾坤綠、渡水風

來襟袖淸。修堰方屯丁卒影、守家唯有午雞聲、吾詩久矣因痾廢、誤被人呼大瘦生。（16②23）

雨中宜園集、得韻江。※

※此詩題、第16②23本、並作「梅雨中、咸宜園集、得窓字」十字。今從第6②17①本。

村南村北響淙々、塘斷橋沈水勢撞。白鷺洲迷紅蓼浦、黃梅子打碧紗窓。雲欺㆓遠望㆒頻勞㆑眼、雨釀㆓閒愁㆒欲㆑溢㆑腔。長坐思㆑詩連㆓暮夜㆒、燈花結盡影幢々。（6②17①。又見16②23）

夜行。訪五岳途中作。※

※「訪五岳途中作」六字、第16②本、無。今從第23本。

雨晴風又歇、瀟灑裛塵氛。狹路憑長杖、孤行怯古墳。(1) 秋舂三戶月、夕磬半峯雲。漸近吟朋宅、碁聲隔竹聞。（16②23）

（1）草云、盍一宿墳上、與夷甫談玄。（第16②本）

病間、偶讀『唐詩正聲』『唐詩選』『唐詩歸』、戲賦十絕句。并序。※

※此詩題二十一字、第36⑫本無「戲賦十絕句并序」七字。刊本『梅墩詩鈔初編』卷二、作「讀『唐詩正聲』『唐詩選』『唐詩歸』五首」十三字。第6②7②17①本、並作「論詩九首并引」六字。今從第16②2123本。又第21本有自注「或曰、『唐詩選』非于鱗所撰。今姑隨舊說。」十五字。

高李鍾譚之於唐詩、其取捨不同、而其尊初盛、賤中晚、則一也。抑揚四唐者、蓋原嚴羽。羽之論、非不高也。然空論而已。不知其所自作、果能勝蘇黃陳陸之徒也。此趙括而談詩者、未足模楷矣。余以爲韓柳劉白之於王楊盧駱、有過而莫不及。不可以時代抑揚之。韓白斥於高李、得收於鍾譚、猶幸也。八叉義山紫薇冬郎之徒、既斥於前、又斥於後、不幸莫甚焉。選詩猶爲史、不可阿其所好。四子之論、多偏頗而少公正。可謂唐人之罪人也。近時、宋詩盛行。其所取、皆中葉以後、范楊輕纖之詩而已。使四子觀之、當盡刪去。故今之選詩者、又四子之罪人也。（16②2123）

※此序文、第6②7②17①本、並作「間讀『唐詩正聲』『唐詩選』『唐詩歸』、高李鍾譚之於唐詩、取捨不同。而尊初盛、賤中晚、則一也。抑揚四唐者、原於嚴羽。羽之論、非不高也。然空論而已。不知其所自作、果能勝蘇黃陳陸之徒歟。是趙括談詩者、未足作模楷。夫韓柳劉白之於王楊盧駱、有過而莫不及。韓白斥於高李、收於鍾譚、猶幸也。玉溪樊川之徒、既屈於前、復黜於後、何不幸也。選詩猶作史。不可阿其所好。要

四子之論、多偏頗而少公正、可謂唐人之罪人也。近時、宋詩盛行、所取石湖誠齋、輕纖薄俗之詩而已。使四子觀、當悉刪去。嗚呼、今之論詩者、亦四子之罪人也。」

（二）

氣象崢嶸韓吏部、風神綽約白香山。後來皆重連城價、前度玉人應厚顏。（16②21 23）

（三）

江河萬古語元虛、杜老憐レ才常過譽。韓子嘗稱善鳴者、王楊盧駱竟何如。（6②7②17①。又見16②21 23）

（四）

四唐分判辨二淄澠一、畢竟空論何足レ徵。韓白柳劉非レ不レ好、爲レ無三杜甫一言稱二。（6②7②17①21。又見16②23）

（七）

高李持論非二正平一、鍾譚邪說使二人驚一。昇レ天入レ地皆吾意、欲下爲二魏收一分中穢名上。（6②7②16②17①。又見21 23 36⑫）

（一〇）

人心如レ口本多端、或好二鹹辛一或苦酸。詈二盡前賢一還自笑、只今應レ有二雀邊丸一。（6②7②16②17①21 23。又見36⑫）

悼邊子儉十首。倣子儉體。并序。※

※此詩題十二字、第16②本作「悼邊子儉」四字。第18 21本、並作「悼邊子儉并序」六字。第8③刊本、並作「大超寺弔邊子儉墓、十首錄七」十二字。今從6②7②17①23本。

文政八年七月、脚氣大行、家塾生病者數十人。周防秋山子立・北豐僧冷秋、相繼物故。八月、備後邊子儉亦不起。子儉業醫、人以其治活者太多、而其身終不起。哀哉。詩似徐袁、瑰奇多俊想、有遺稿數百篇。子立・冷秋、歸葬其鄉、子儉獨葬於日田大超寺古田子由墓側。子由、南豐佐伯人。十餘年前、客死余家焉。九年夏、子儉之墓碑成、乃以王文治弔戴叔倫「野花濺客淚、香草葬詩魂」句爲韻、作十首悼之。（6②7②17①。又見16②18 21 23）

（四）

古徑無二人行一、瘦篠簇二寒碧一。蒙茸枝葉中、老蟾飢如レ腊。酸哉風雨聲、荒矣狐狸跡。傷我兩青衿、茲際卜二窀穸一。隻雞憶二橋公一、騎鯨惜二太白一。雖レ有二尊中酒一、無二復坐上客一。（6②7②16②17①18 21 23）

（六）

惡草何蓊蔚、亂根鋤墓僵。朽莖牽長蔓、冷蕋落孤芳。石佛無

頭臂、累累立墓傍。遊燐映青檜、歸魄出白楊。我來多感悼、孤影久彷徨。數篇招魂曲、一瓣返魂香。（16②18 21 23）

※此詩、與刊本『梅墩詩鈔初編』卷二「悲風翻白日」詩、辭大異。

（八）

筆鋒前無敵、飛騰如驍將。妙想奪鬼工、結構似巧匠。奇才未及伸、九原埋深壙。客死雖可傷、名士皆會葬。愁雲載羈魂、飛歸桑梓上。風高雲影遙、縹緲不可望。（18 21 23）

※此詩、與刊本『梅墩詩鈔初編』卷二「青青柏與松」詩、辭大異。

（九）

去秋奇疾行、端端人自危。上旬哭二子立一、下旬喪二冷師一。爾時有二邊子一、功勞冠二衆醫一。丸湯攻二一豎一、砭鍼强二四肢一。不レ圖至二其身一、百方終不レ治。我無二季子劍一、聊作二八哀詩一。（6②7②16②17①18 21 23）

（一〇）

成王顧命日、不厭禮節繁。君子彌留際、往往貽二善言一。憐兄性周密、猶有二古道存一。屬纊前半日、繙レ經倚二南軒一。勸レ我以二勤苦一、言色太和溫。一言在二我耳一、一生銷二我魂一。（6②7②17①。又見1②18 21 23）

（1）淡云、「十首神似徐青藤。」（6②7②17①）

草云、「悼亡之至情、字泣句咽、寔非剪綵爲花之作。」（6②7②16②17①）

又云、「自有五噫四愁之作。曹植賦七哀、王粲張載傚之。至少陵遂賦八哀。此詩如使在數百年前作、亦可爲十哀之創體。」（6②7②16②17①）

宿府中。

爐冷香殘不起煙、幽櫳深幕轉蕭然。孤村夜雨燈花落、獨在芭蕉聲裏眠。（16②23）

贈添川寬夫。

萬里天涯如比鄰、西遊東去自由身。背囊剩貯無雙句、懷刺唯投第一人。夢破芭蕉窓外雨、愁生桃李路傍春。風清月白村莊夕、相對幽談欲徹晨。（16②23）

樹影。

清簟疎簾午夢殘、日移風戰似蛇蟠。孤枝有意沈潭底、落葉無聲到枕端。破廟禽啼秋欲夕、荒陵月出夏還寒。潔高如此誰能踏、却步猶爲師影看。（16②23。又見18）

又。

藻様淺敷蛇様蟠、老槐脩柏狀多端。春窓鶯囀初陽暖、秋苑烏啼落月寒。水面坦平留レ跡穩、風前搖動立レ身難。幽人愛レ弄ニ靜中趣一、坐向ニ空庭一仔細觀。（6②7②17①。又見23欄上）

漁火二首。

（一）

石瀨聲中孤草亭、又魚舟過夜風腥。紅光倒射江神窟、錦浪亂翻鳥鬼翎。煜爚遙分秋浦雨、依微遠雜曉天星。須臾不レ辨何邊沒、島樹洲煙浩渺青。(1)（6②7②17①。又見16②18 23）

（1）草珮川評、「『夜風腥』三字、用得輕鬆、不覺怪。如卷中『丑時咀』作、題目已奇怪。至其『酸風』字句、則聳然毛立、不勝多讀。試問老杜花卿歌『子璋髑髏血模糊』、及樂天形容玉眞『梨花一枝春帶雨』句、不知何處風最腥。余嘗據俗傳、杜句爲符、以自截瘧、果有驗。後於詩中屢用『腥』字。或哂云、『子豈信驗而然歟。信而不已、恐遂隨鬼國』。自此用『腥』字稍少。作家於詩學、兼嘗九鼎。豈偏嗜一臠。但以余顧之、概似自李長吉一路尋聖處。所信將無同余耶否。今另抄往所謂用『腥』字舊藁一兩首、以博粲幷乞正。」（16②）

（二）

忽聞驚雁起ニ蘆中一、起望ニ前江一夜色紅。千點餘煙成ニ白霧一、五更疎影入ニ青楓一。星星下徹澄潭水、閃閃斜吹暗渚風。稍沒山陰無レ所レ見、殘光映發尙焦レ空。(1)（6②7②17①。又見16②18 23）

（1）草佩川評、「余不甚好詠物、至此二首、不覺絕倒。」（16②。又見6②7②17①）

島子玉評、「合作。」（16②。又見6②7②17①）

秋夜、與玉鵬擧步到田島。

四顧無人影、蕭森野彴東。唯看山月好、不覺水源窮。犬吠如狼吠、村中似谷中。俄然毛髮竪、林葉落銜風。（16②23）

月夜野步。※

※此詩題四字、第16②23本並作「雨後月夜散步」六字。今從第6②7②17①本。

走月生ニ雲背一、薄煙橫ニ雨餘一。淸香翻ニ菡萏一、疎影動ニ棕櫚一。五六間茅屋、兩三聲碓車。夜鋤勞ニ老圃一、暗唱起ニ歸漁一。竹杪懸ニ棲鳥一、波紋入ニ舞魚一。草瘦蛇行響、墳荒寶氣虛。始尋ニ溪友宅一、終到ニ野僧廬一。貰レ酒來供レ客、歸途興更舒。（6②7②17①。又見16②23）

題秋江泛舟圖。

丹楓烏桕夕陽舂、殘柳敗荷秋意濃。伐木樵歸山脚霽、洗衣僧

去水紋鬆。舟過連島頻迎送、波拍低天互彌縫。一棹溯來忘遠邇、雲中織女或相逢。（16②23 44）

又云、「世傳物氏之說、竊取諸毛西河。及合集盛行於世、其徒却言、師說果隔海暗契、合集治繁。余未考其然否。」（同右）

又云、「蘐園之自南總起也、此於武事、猶源右府勃興於豆州。不亦一代文雄乎。」（同右）

謁龜子唐墓二首。※

※案此詩第一首、見『梅墩詩鈔初編』卷三。今略。

（二）

一夜滄溟翻紫瀾、却風來襲碎芳蘭。松楸滿目新墳立、生死回頭昨夢殘。落葉無聲秋雨歇、幽花不笑夕陽寒。何堪重踏塋間路、曾哭神童涙未乾。(1)（16②23）

（1）自注「子唐之弟。」（16②23）

中元夜、謁邊子儉墓。去年今日、與子儉遊此地。

野祭闐喧古寺前、乞墦徒去腹便々。草間人影多於市、月下燈光薄似煙。墓近小祥生綠蘇、風驚大夢落黃泉。搔頭愁絕西郊路、此地同遊僅一年。(1)（16②23）

（1）草佩川評、「三復流涕。」

詠物徂徠。※

※「詠」字、第16②23本、無。今從第6②7②17①本。

紛紛毀議百餘年、世上何人不レ妬レ賢。經濟當レ居二賈生右一、(1)擊攻漸及子思邊。(2)千秋卓識非二師授一、一卷殘書隨レ父遷。地下先生應二大笑一、汝徒身死有レ誰憐。(3)（6②7②17①。又見16②23）

（1）草云、「一部政談。未知與治安諸策優劣如何。」（6②7②16②17①）

（2）草云、「言排孟子、子思邊三字妙。」（同右）

（3）草云、「余亦幼時詠此公、有文海南鍼見若人之句。」（同右）

七月二十六夜、詠月。

運几移牀出後庭、老藤陰裏露冷々。只看次第穿疎木、何料依微失小星。不放明輝照毫髮、唯將殘影入窓櫺。須臾鴉背晨光動、停在煙中一ノ青。（23）

秋日閒步。※

※此詩題、第6②17①本、並唯作「秋日」二字。今從第23本。

秋色盈二天地一、蒼々萬象涼。高風吹二古木一、落葉及二隣鄉一。到處禾𪎊合、歸來衣袖香。農家多二樂事一、連歲詠二倉箱一。（23）

※「衣袖」、第6②17①本並作「袖袂」。

秋日田家。

一路雞鳴紅樹枝、斷橋西去有㆓茅茨㆒。魚肴買去供㆓蛇窟㆒、芋栗收來謝㆓馬醫㆒。禾熟夫耕妻餉後、家忙姑績婦繅時。若敎㆔名手摹㆓斯狀㆒、卽是豳風七月詩。（6②7②17①。又見16②23）

俠客。

一椎嘗奪祖龍肝、血濕酒涵衣不㆑乾。談笑慣㆑周㆓名士急㆒、生平恥㆑接㆓貴人歡㆒。典㆑妻猶買千金劍、示㆑客唯誇數處瘢。匹馬長嘶天欲㆑暮、侯嬴墓上立㆓秋寒㆒。(1)（6②7②17①。又見16②23）

（1）草云、「道盡輕俠情狀。」（6②7②16②17①）

賦得秋色有佳興。※

※案唐王維「崔濮陽兄季重前山興」詩曰、「秋色有佳興、況君池上閒。」

秋塢多㆓疎木㆒、蒼茫日脚曛。江空唯露㆑石、山瘦不㆑生㆑雲。時雨時風至、嘉禾嘉黍紛。田翁攜㆓稚子㆒、古廟賽㆓菅君㆒。(1)（6②7②17①。又見16②23）

（1）草云、「句題賦實境、乃覺其有味。」（6②7②17①。又見16②）

秋晩遊上堰、書所見。※

※「書所見」三字、第16②23本、無。今從第6②7②17①本。

葦花如㆑雪掩㆓秋水㆒、遠帆如㆑豆波如㆑綺。江面青山影幾重、魚蝦遊泳松柏裏。釣艇撐破西浦煙、浴鳧起邊浪暈圓。樵風吹兮樵人涉、一船秋聲在㆓紅葉㆒。夕陽江寺鳴㆓法鼓㆒、前林鴨脚落如㆑雨。（6②7②17①。又見16②23）

秋風菴集、呈松川子明。

園靜禽聲雜、窓明竹影斜。冬初多暖日、樹杪見狂花、話未連三夕、詩唯限八叉。寒鄉雖寂寞、對酒莫思家。（16②23）

蟲聲二首。※

※此詩題、「二首」二字、第6②7②17①本、並無。今從第16②23 36⑫本。

（一）

竹瘦松疎月色淸、荒庭露滿百蟲鳴。紅樓華屋絃笙耳、知否人間有㆓此聲㆒。(1)（6②7②16②17①23 36⑫）

（1）草云、「余亦嘗山路聞蟲、有『洛水橋邊賣買者、秋聲不解說悲哉』之句。」（6②7②16②17①）

（二）

啾啾唧唧又蕭蕭、聽自初霄至半霄。不是雨聲頭欲白、此般休更怨芭蕉。（16②23 36⑫）

無題二首。

（一）

空階明月來、愁與二清光一滿。有二夢到二君邊一、不レ堪二秋夜短一。（6②7②16②17①21 23 36⑫）

（二）

蟲語滿二空房一、露光浮二冷樾一。自從二君出レ家、不レ看二秋宵月一。(1)（7②17①。又見6②16②23 36⑫）

（1）草云、「二首皆可誦。五絶眞不可無古味。」（6②7②16②17①）

秋曉四首。※

※「四首」、第6②7②17①本、並作「三首」、今從第16②23 36⑫本。

（一）

草間濃露有淸光、繞砌蛩螿夜響涼。春曉未如秋曉好、一簾殘月桂花香。（16②23 36⑫）

（二）

月移二山影一到二西牀一、起捲二疎簾一引二冷光一。露下芙蓉猶未レ老、曉風細細一園香。（6②7②17①。又見16②23 36⑫）

（三）

殘月朧朧隱二小樓一、廢園荒草不レ勝レ秋。無レ端蟲語牆根起、種種聲生二種種愁一。（6②7②16②17①23 36⑫）

（四）

燈花結盡欲二殘更一、飢鼠跳梁上二短檠一。自是愁人眠不レ得、松風聲又草蟲聲。（6②7②16②17①23 36⑫）

※第四首、又見刊本『梅墩詩鈔初編』卷三12b。

與中文甫等四人結社、約以終夜不寐。號鰥魚社。※

※案宋陸游「晩登望雲」詩（其一）曰、「衰如蠹葉秋先覺、愁似鰥魚夜不眠。」

枯葉蕭蕭撲二草廬一、靑衫誰不レ愛二三餘一。窓當二朔吹一氷生レ硯、坐近二南軒一月照レ書。一夜苦吟如二蟋蟀一、四人同社號二鰥魚一。殘宵無三物療二饑腹一、滿逕寒霜剪二圃疏一。(1)（6②7②16②17①23）

（1）草云、「篇中之義、譬如山龍華蟲、有鰥在下、猶且成若袞章、可珍。」（6②7②16②17①）

秋草。

極目横塘短且稀、數聲牧笛遠依依。寒根不三復遮二鷹眼一、疎葉猶能觸二蝶衣一。青塚深中留二永恨一、玉關枯後夢二遥歸一。零丁垂レ死秋霜下、記否芳時嫩綠肥。(1)（5②）

（1）島「詠物不レ陷二時調纖俗一、可レ尚。」（5②）

秋夜。

金鼓遙從空際興、秋聲一擧洗炎蒸。衣除絺綌庭宜立、花到芙蓉檻耐憑。風葦隨栖隨起雁、煙村半現半沈燈。新渠成後田多水、露上青秧夜色澄。（18）

重陽、雨、東塾小集。

江頭雲物閉秋光、疎柳殘楓引恨長。風雨閉門知幾日、園庭無菊報重陽。芳樽一座非新識、佳節何人憶故鄉。會散詩成天亦晚、半窓燈影讀書堂。（16②23）

九月十三夜、與僧德令龍天、待月東塾。

林影横斜入小樓、疎簾半捲上簷鈎。園收芋栗誰家富、(1)座有琴書此處幽。孤影八分圓月夜、一村三戸斷砧秋。閒窓況與高僧對、松際淸光爲我留。（16②23）

（1）自注、「俗此夜食栗。」（16②23）

宿加峯氏。

鏘々器響動房櫳、小酌騰然客頰紅。遊跡元非千里遠、醉心況覺百憂空。雨聲猶在山雲上、寒意已盈池館中。鐘斷燈昏秋夜永、停杯幾度聽松風。（16②23）

孟冬十五夜、到矢瀨。此夜月蝕、風雨晦冥。

（一）

菅棘深中覓路行、征蓑帶雨叩紫荊。閒窓幽夢成還破、松澗流風斷續聲。（16②23 25）

（二）

壁破牆頽一小莊、隣家燈火送二餘光一。殘宵忽怪衣襟冷、千丈溪雲來壓レ牀。（6②7②9③16②17①21 23 25 36⑫）

※此詩、第9③本改爲「宿山家二首」詩（其一）。又第21本改爲「宿山村三首」詩（其一）。

（三）

山南流水入二山陰一、楊柳溪連楓柏林。隔レ岸村家知幾戸、雨窓燈火杵聲深。（6②7②16②17①21 23 25 36⑫）

※此詩、第21本改爲「宿山村三首」詩（其二）。又刊本『梅墩詩鈔初編』卷三、改爲「雨夜、宿矢瀨村」詩。

（四）

窓外酸風吹ニ女蘿一、圍家高嶂又幽阿。雞聲却比ニ梟聲一少、村火不レ如ニ狐火多一。（16②23。又見25）

※此詩、第6②7②17①本、改爲「宿山家」詩、而辭差異。下見。

（五）

人過枕上夢魂驚、數十樵夫侵レ曉行。後隊入レ松前隊竹、斧聲輕重聽分明。(1)（6②7②9③17①。又見16②23 25 36⑫）

（1）塩「清調。」（9③）

※此詩、第9③本改爲「宿山家二首」詩（其二）。

（六）

初日曈曨射ニ破樓一、山雲解駁雨新收。窓前狼跡知多少、昨夜蹄聲到ニ枕頭一。（6②7②16②17①21 23 25 36⑫）

※此詩、第21本改爲「宿山村三首」詩（其三）。

仲冬五日卽事。

林風吹斷寂無レ聲、四野茫茫雲霧横。唯喜閒窓晩來暖、任他成レ雪又成レ晴。（6②17①。又見16②23 36⑫）

仲冬。

坐把ニ青編一讀百回、三多苦學亦時哉。低簷日入方南至、曲渚雁飛從レ北來。將レ雨流雲聲颯沓、未レ風衰樹影徘徊。悵然無ニ復憑レ欄意一、梅不レ成レ花菊已摧。（6②7②16②17①23。又見25）

仲冬、送水筑伯起。二首。

（一）

一劍蒯緱長陸離、閒行唯有影相隨。登途何幸梅開日、投宿尤憐月出時。風雪趨庭知孝子、江山迎客要佳詩。乃翁歡喜應難寐、學就歸來殊不遲。（16②23）

（二）

破帽青衫髮似蓬、歸人豈又厭霜風。清溪梅放三冬半、孤店雞鳴五夜中。行色入煙都是白、別顏飲酒不成紅。何須涙墮沾胸臆、君道來遊歲在東。（16②23）

多夜。

窓外寒風來不得、滿堂書籍積成城。過時草稿堆長几、耐久交游是短檠。殘月一痕蘆雁夢、清霜十里野狐聲。昇平禮樂今誰制、志士空爲魯兩生。（16②18）

多夜、旭莊感懷。※

※「夜」、第7②本作「日」。恐誤。今從6②16②17①25 44本。

起居渾在ニ故書中一、是歲將レ終業未レ終。人與ニ蠹魚一應ニ晤語一、

命非磨蝎亦貧窮、西牎恰好望前月、北戸常憂秋後風。隔レ水霜鐘何處寺、千峰萬壑一聲通。（6②7②17①。又見16②25 44）

冬夜感懷。

遠寺鳴鐘幾度撞、牀頭已滅讀書釭。林風靜戛丁多鐸、山月斜侵午夜窓、早達徒慚王短簿、苦吟差似賈長江。胸中不灑千鍾酒、一片愁魔未易降。（16②23）

冬夜、木子濟來話旭荘。時風雨大至。三首。

（一）

雨同枯葉墜前軒、遙望江邊夜色昏。風據高林威自暴、雲連大地勢相呑。懷人詩就孤燈斷、圍座書堆一室溫。凄絕香殘爐冷後、微君此意與誰論。（16②23。又見25）

（二）

狂風怒吼襲低軒、吹閃殘燈暗暗昏。屋脊雨如同瓦落、窓中人欲被雲呑。瓶寒梅蕋蘇猶晚、夜永爐灰死不溫。久矣衡門無剝啄、終宵豈厭與君論。（16②23 25）

（三）

殘書亂帙擁東軒、坐到夜深燈已昏。暗鬼多從疑惑起、精神莫被利名呑。三多何苦風霜冷、百結猶甘襤褸溫。與汝相期千載業、此心難向外人論。（16②23 25）

月夜、旭荘獨坐。

枕上夢回長夜殘、薜蘿影到竹林端。風穿懷入依人暖、梅傍窓開伴我寒。重疊硯氷堅似石、清高霜月小于丸。也憂雲起清光沒、帶睡且憑丁字欄。（16②23 25）

冬日。

窓外千峯多似眠、青螺戴雪揷遙天。風過徑際更成隧、水落江心別見川。除酒便無除悶術、買書寧貯買山錢。焚香指坐成何事、批盡南華三四篇。（16②23）

讀劍南集。三首。

（一）

少壯清狂歌酒場、老來閉レ戸靜焚レ香。韓平原已爲二鷗鳥一、楊萬里猶甘二雁行一。快夢幾回遊二蜀地一、閒身獨自領二湖光一。孤忠空蓄終生憾、何不二相逢一夏少康。（6②7②16②17①21 23 25）

※第二首・第三首、見刊本『梅墩詩鈔初編』卷三13ａ。今略。

丑時咀。邦俗、女子深夜咀男子、名曰丑時咀。二首。

春草。

（一）

玉樓瘦　銀海澁　行拂翠蘿與露泣。幽穴吐風自底來、斜靡雲鬟聲騷颯。一蹶股地石壇壞、古佛吹氣寒帷濕。大樹槎枒老藤垂、落月戀枝蹙纖眉。掾恨千回深不拔、此恨士也知不知。秋帳有人曉夢惡、提劍起問夜何其。（21）

※第二首、又見刊本『梅墩詩鈔初編』卷三6a。今略。

宿山家。

淅瀝酸風吹㆓女蘿㆒、夜山當㆑戶黑嵯峨。雞聲却比㆓梟聲㆒少、燈火不㆑如㆓狐火多㆒。（6②7②17①）

※此詩、改「孟冬十五夜、到矢瀨。此夜月蝕、風雨晦冥」詩（其四）。說、上見。

除夜。

窓稿從來成㆓幾編㆒、常因㆓甲子㆒敍㆓新篇㆒。苦吟終夜猶難㆑就、一首詩當㆑係㆓兩年㆒。（6②7②17①）

芳芽亦自戀傾城、多向娉婷墓畔生。含雨頭低如訴怨、支風葉嫩不成聲。背村一路無人踏、傍水何邊有雉鳴。(1) 惜此芊々坰野綠、唯教驕馬鈍牛行。（16②23 25）

（1）龜云、「比埋玉深深、似進一步。」（16②）

※此詩、與刊本『梅墩詩鈔初編』卷三16b載「春草」詩、題同而詩大異。

村居雜詠八首。用家嚴韻。※

※此詩題、第21本作「奉和家君村居雜詩八首」、第23 36⑧本並作「奉和家嚴村居雜詩八首」。

（七）

渠光遠迤邐、波勢互瀠洄。魚稍遺㆓新種㆒、石初生㆓嫩苔㆒。倉開千雀聚、野曠一鷹來。獨立秋郊晚、悠然思遠哉。（6③7③17②。又見21 23 36⑧）

※自第一首至第六首、及第八首、並見刊本『梅墩詩鈔初編』卷三4b。今略。

又次前韻。※

※此詩題、第36⑧本作「村居雜詠八首、又用前韻」十字。今從6③7③17②本。

（二）

欲レ企二千秋業一、竊追二三代英一。速成非レ所レ望、中隱不レ無レ名。小室多猶暖、高窓晩更明。遠山牆上見、流水砌邊聲。（6③7③17②。又見23 36⑧）

（三）

西山茫二曉霧一、爽氣滿二岑樓一。月影娟猶在、書聲琅未レ休。貧雖レ無二擔石一、富尚有二春秋一。簾隙孤煙上、晨茶洗二宿愁一。（6③7③17②。又見23 36⑧）

（四）

有朋皆遠至、雜遝滿高樓。月色晴來好、書聲曉未休。同袍無彼我、異國度春秋。聚頭多俊傑、絕足富春秋。磨墨誰家子、新詩寫客愁。（36⑧）

詩朋與二棋伴一、時至打二柴門一。洗レ韭籬根水、買レ糧林外村。酒醒微雨絕、月出宿禽言。說レ鬼多二奇話一、曉窓風葉喧。（6③7③17②。又見23 36⑧）

（七）

渠邊夏遊好、一日幾浴洄。潔酒浮二山影一、香羹調二水苔一。好風菰葉戰、微浪鴨聲來。顧語二同舟客一、暑威安在哉。（6③7③17②。又見23 36⑧）

※第一首、第五首、第六首、第八首、並見刊本『梅墩詩鈔初編』卷三5b6a。今略。

與二水子東一遊二玖珠一、途中、子東豫問二其勝一、答以レ詩。※

※此詩題十八字、第16②23 25本、並作「途中語水子」五字。今從第6③7③17②本。

途中語二水子一、此行吾已占。豫計二玖珠土一、一一如レ探レ籤。水田在二山腹一、道路常濕沾。芒鞋日十換、滿脛泥濘粘。柴形印二山石一、楨幹枝葉兼。時亦有二魚石一、鰷鮒鱧鰋鮎。當レ途何峠屼、此山名二巖尖一。山腰有二明玉一、猶三鏡泄二破奩一。山中探レ金者、譬二魚穴底潛一。有レ時遇二山壞一、百人一齊殲。請看田獵者、手提銃與レ鎌、盲風會二妖魈一、腥氛認二巨蟾一。南是琉黃嶺、怪哉多炎炎。廻火轟二天地一、焰飈拔二梗楠一。溫泉沸二其麓一、窮谷搆二闤闠一。盲聾跛喑輩、快痊勝二藥砭一。山家產二柿子一、貫レ索曝二危簷一。茶後時一喫、其味頗甘甜。長林饒二竹筍一、採歸漬二白鹽一。若欲レ參二玉版一、四時可二必厭一。是我所二曾耳一、此行應二親瞻一。吾別有二相告一、子口且姑箝。探レ山莫レ如レ緩、課レ路莫レ如レ嚴。行矣登二前路一、村柳綠纖纖。柳邊何所レ見、晩風捲二青帘一。且至二彼樓上一、一醉鈎二疎簾一。（6③7③17②。又見16②23 25）

謁菅公祠。

天官忽擢自儒林、難奈當途有孔壬。遂見周公逢讒日、豈聞伊尹放君心。千年威德存祠廟、數卷文章冠古今。再拜燒香斜照下、枝枝花影落春深。（16②23）

湯平。

（一）

數十村家不業農、唯開賓館務庖饔。溪光百派湊孤市、麥葉千畦蝕亂峯。(1) 雨向暮時多作雪、春過半後尚如冬。(2) 溫泉浴罷閒無事、又傍梅邊曳竹笻。（16②23）

（1）龜云、「如見實境。」〇菅云、「其境可想。」（16②）
（2）龜云、「何等酣筆。」（16②）

※此詩、又見刊本『梅墩詩鈔初編』卷三2a、而其辭大異。

（二）

吾憐客興似山農、煨芋羹藜自尸饔。雲未中霄來宿市、日過亭午始離峯。一聲雄雉出麰麥、幾處女兒摘款冬。舍北舍南多瘦篠、幾竿斬得作吟笻。（16②23）

遊龍門寺瀑布、得鐘字。

蒼涼古寺蘚痕濃、樹裏細蹊空鳥踪。潭底神龍眠覺未、一聲高打夕陽鐘。（6③7③16②17②25 36⑫）

贈麻生翁。

夙謝塵鄉占醉鄉、煙霞難奈入膏肓。夢魂漸至金山(1)麓、足跡幾過柴石(2)傍。藥活千人無德色、花栽百種有奇香。南隣野老時相訪、一盌新茶話夜長。（16②23 25）

（1）自注「金山、鑿礦處。」（16②23。又見25）
（2）自注「玖珠地、生奇石。石中有柴葉狀。名曰柴石。」（16②23 25）

重陽、咸宜園小集、得韻佳。

雖二是登高節一、家居興亦佳。無二人叩レ門至一、有レ酒與レ君偕。石角懸二孤昪一、松根拾二落釵一。請看彭澤興、未三必勝二吾儕一。（6③7③17②。又見16②23 25 36⑧）

送僧一葦。

雖レ有二戴レ山鼇一、知レ無二負レ山蚊一。本大能持レ末、此語我所レ聞。佛說數百卷、本是支那文。世僧恥二漢學一、文義或不レ分。葦公獨挺出、先來讀二典墳一。於レ儒無レ不レ曉、況乃性精勤。今而學二其道一、明快如二火焚一。一二破世僧見一、梵林立二奇勳一。遠歸山之麓、相送江之濆。柳老風聲小、楓疎日脚曛。心抱二雪霜

氣一、衣帶二煙霞紋一、此去不レ可レ見、悠哉錦屏雲。(1)（6③7③16②23 25。又見36⑧）

（1）自注「錦屏、山名。」（6③7③17②）

郭汾陽。

遍閲二唐臣一無二匹儔一、此人須下向二古人一求上。大功能免二朝庭妬一、積善剩貽二孫子謀一。光弼晩年終偃蹇、睢陽早死不二王侯一。同宗亦有二崇韜在一、猶戴二李家一誅二國讎一。（6③7③16②17②23 25 36⑧）

丁亥除夜。

詩稿從來成幾編、常因甲子序新篇。苦吟殘夜猶難穩、一首詩應係兩年。（16②23 25 36⑫）

※案此詩、與文政九年丙戌作「徐夜」詩（已見）、其辭酷似。

〔附〕『東遊稿』拾遺（文政十年　丁亥　年二十一）

※此拾遺、以廣瀬先賢文庫藏鈔本『東遊稿』二冊五卷（家寶一〇・四―一三）爲底本。

壇浦散歩二首。※

※此詩題、第51①53①本並作「海上散歩」四字、而唯載第一首。第55①本、前作「壇浦散歩」四字、而後改「海上散歩」。今從第52 54①57①本。

（二）

中天白日帶妖氛、此處曾沈平氏軍。鼇背空濛雙海合、鴻溝剖割二關分。洲頭連樹低如箸、波外遠山茫似雲。往昔英雄無所覓、欲將斗酒酹寒濆。（52 54①55①57①）

※此詩、與下「壇浦」詩、其辭大異。

笠岡。

西風無恙送行舟、落日飄然入港頭。海與山根爭曲市、鷗於人外領孤洲。波濤晴漾千家影、松竹陰成五月秋。地近上邦京醞在、一杯聊又倚岑樓。(1)（52 54①55①57①）

（1）橘云、「余嘗留笠岡五旬、與管門小寺某ロ爲金酹。兄亦倚其樓、而讀餘與。可謂千載之知友也。」（54①）

※此詩、各本載「自備中到備後路上二首」詩之前。

自備中到備後路上。二首。

（一）

孤店臨流業賣茶、茶籬一半吐新芽。行人如織來休憩、一盌香湯賑一家。（52 54①55①。又見36⑫57①）

題畫。

日照巖花數點明、水縈澗竹一條清。人家不識在何地、且向白雲生處行。（54②55①57②。又見36⑫）

※此詩、各本載「臥病呈林一藏、時一藏亦臥病」詩之後。

題山茶花圖。

幽於桃李艷於梅、拂拂香風撲面來。最好青溪殘雨後、架雲橋下一枝開。（57②）

※此詩、第57②本載「題畫」詩（前見）之後。

閏六月二十四日、向晩舟發安倉、明日着多度津。時添川寛夫・西山子簡、同在舟中、作短歌。七首。※

※「七首」、第51③本（底本）作「六首」。今從第54②55②57②本。

（一）

雨耶霧耶何冥濛、滿地炎埃欲漲空。流汗炙盡無汗出、陸路人在蒸甑中。屓將軍兮蝦丞相、浪走驊騮雲列帳。炎威不得侵我舟、涼地方以水德王。（54②55②57②）

寄題觀瀾亭。

萬松盡處一茅茨、命杖呼船事事宜。觀水觀瀾扁古語、自南自北致新詩。堵留食在鷗馴後、梁與友遊魚樂時。海月湖煙雖異跡、肯將肥遁遜鴟夷。（21）

曉、度尾瀨川。

策策林間雨、溪聲添曉流。征鞋須努力、行路未遑休。棹滑篙師怒、渡遲羈客愁。舟過人不覺、暗鳥起中洲。（52 54③55②56 57③）

※此詩、各本載「過尾瀨嶺、夜方四更、風雨晦冥、三首」詩之後。

八月二十九日、辭恆遠氏。

黃氣生眉見喜顏、遠遊今旦大刀環。十回離別交情裡、五日將迎酣醉間。去跡行迷紅葉徑、歸心已度白雲山。輕裝莫怪酸寒甚、唯負新詩一卷還。（52 54③55②56 57③）

※此詩、各本載「遊巖谷」詩之後。

自麻生到羅漢路上、二首。

（一）

萬樹參天望不分、蕭蕭落葉笠邊聞。人家遠近如何辨、南澗北溪都是雲。（52 54③55②56 57③）

秋曉枕上作。

寢不成眠到二漏終一、自レ窓來者獨秋風。商船初發蘆聲外、關路漸通雞語中。（5①）

※案此詩、與文政七年甲申「冬夜枕上作」（已見）、題異而辭略同。

文政十一年（一八二八）　戊子　年二十二

元日。※

※此詩題、第23 25 36⑧本並作「試筆」。今從6③7③17②本。

淋漓滿レ紙墨痕流、筆勢詞鋒孰勁遒。野有二謳歌一知二帝力一、家無二疾病一荷二天休一。雲收二宿雨一初歸レ岫、柳放二新條一欲レ拂レ樓。不レ道荒莊來者絕、林鶯啼集硯池頭。（6③7③17②。又見23 25 36⑧）

新年。※

※此詩題、第23 25 36⑧36⑫本、並作「戊子元日」四字。今從第6③7③17②本。

和風嫩日已春天、雲色山光自靄然。閏在二秋前一殘臘暖、梅花先發待二新年一。(1)（6③7③17②。又見23 25 36⑧36⑫）

（1）自注「去夏、閏於六月。」（6③7③17②23 25 36⑧36⑫）

題李太白観瀑布圖。

瀑千萬數一廬山、唐三百年一謫仙。徐凝豈得レ望二背肩一、坡公猶且欲レ執レ鞭。生綃噴起灑二飛泉一、遙見直下掛二前川一。詩聖之

名古來傳、誰敢以レ詩置二其前一。詩成欲レ寫又騙然、後來必嘲膽如レ天。(1)（6③17②。又見23 25 36⑧）

(1)自注「有和杜詩者、人嘲曰、使君膽如天。見於隨園詩話。」（23 25 36⑧）

寄草珮川。

兩家門友互爲レ媒、書札相酬已幾回。眉宇多年堪二想像一、几筵何日得二趨陪一。鴻名遠播二雞林一去、(1)騷客誰爭二牛耳一來。欲レ寄二詩筒一無レ所レ託、梅花香裏起徘徊。（6③7③17②23 36⑧）

(1)自注「珮川嘗與韓客筆談。」（6③7③17②）

送僧圓暉。

圓公今世之快僧、十年讀レ書守二孤燈一。天才富レ於二太倉粟一、衆所レ不レ能公獨能。聽三其講和與二論議一、誰不二耳順而心醉一。觀三其詩賦與二文章一、誰不三陽譽而陰忌一。譬如三輕帆得二迅風一、又如三奔電掣二長空一。如下閱二奇書一鞭中駿馬上、不レ厭レ難レ終愁レ易レ終。有レ人視レ僧如二鬼蜮一、攻擊未三曾遺二餘力一。獨喜圓公協二我心一、自稱支許見レ於レ今。香風吹斷洛陽路、鶯啼花飛春欲レ暮。陌上紅塵拂不レ開、青傘白馬無二千數一。聞說忽向二斯地一遊、我欲レ尼レ之奈レ無レ謀。相送出レ門還一笑、白雲渺渺水悠悠。(1)（6③7③17②。又見21 23 25 36⑧）

(1)草云、「自黃魯直『出門一笑大江橫』來。」（6③7③17②）、案北宋黃庭堅（一〇四五―一一〇五）、字魯直。此句、見「王充道送水仙花五十枝、欣然會心、爲之作詠」詩。

萱草。

春草豈不レ妍、花落便可レ掃。秋草雖レ無レ花、將レ槁趣更好。衆蔓顚頓中、亭亭吐二萱草一。可三以忘二我憂一、迨三其未二全槁一。（6③7③17②。又見23 25 36⑧）

送賀子石歸崎陽。

雲山相接翠漫漫、行客猶如畫裏看。樹影蟬聲宜午憩、殘燈落月照晨餐。崎陽自古馳名易、世上而今爲吏難。年少才多人所羨、成功莫學一枝安。（23 36⑧）

秋夜臥病、二首。

（一）

臥如二飢渴一望二天明一、輾二轉空牀一夢不レ成。雨歇東岑孤月出、棲鴉亦誤兩三聲。（6③7③17②。又見23 25 36⑧）

（二）

向㆓我枕頭㆒殊不㆑明、燈雖㆑無㆑語却多情。夜深時訝故人至、落葉敲㆑窓忽一聲。（6③7③17②。又見23 25 36⑧）

送青田鈴岡四子東行。※

※此詩題、第25本脫「田」字。今從各本。

甲唱乙賡成㆓幾篇㆒、四人相逐影聯翩。山亭水驛秋方好、恨我東遊先㆓一年㆒。(1)（6③7③17②23 25 36⑧36⑫）

（1）自注「余去夏東遊。」（同上）

寄題多賀氏觀瀾亭。

松堤窮處結㆓茅茨㆒、命㆑杖呼㆑船事事宜。觀㆑水觀㆑瀾扁㆓古語㆒、自㆑南自㆑北致㆓新詩㆒。堦留㆑食在鷗馴後、梁與㆑友遊魚樂時。海月湖烟雖㆑異㆑跡、肯將㆓肥遁㆒遜㆓鴟夷㆒。（6③7③17②23 25 36⑧）

雨中臥病、二首。※

※第一首、見刊本『梅墩詩鈔初編』卷三18 a。今略。

（二）

東吳南越夢徘徊。覺後枕頭千卷堆。課例每愁隨夏減。病根多見自春來。園霑晚筍橫鞭迸。窓暗新蕉大葉開。薄暮偶然思小酌。有人門外賣魚回。（36⑧）

夏初、龜革卿隨母遊別府溫泉。

誰敲蓬戸被相尋、驚喜人從百道林。到處皆朋忘旅悒、行邊有母足歡心。不寒不熱溫泉好、一憩一過涼樾深。信信留君君莫去、連朝欲雨密雲陰。（36⑧。又見23）

西瓜。

風味遙超菓蓏林、渴腴容易濕㆓甘霖㆒。外人休㆓復憎㆓藍面㆒、此腹由來有㆓赤心㆒。百片秋霞氷碗貯、一團蒼玉石泓沈。當年若問㆓東家老㆒、不㆓獨江萍所㆑賞深㆒。（6③7③17②。又見25 36⑧）

龜陰浮舟。※

※此詩題四字、第25 36⑧本、並唯作「浮舟」二字。今從各本。

長流一派繞㆓山根㆒、短棹斜撐泝㆓遠源㆒。柳入㆓秋風㆒無㆓舊色㆒、崖經㆓昨漲㆒有㆓新痕㆒。舟能容㆑月何妨㆑小、酒欲㆑禦㆑涼宜㆓更溫㆒。往買㆓鮮肴㆒何處好、荻花深裡見㆓柴門㆒。（6③7③17②。又見23 25 36⑧）

長太息五首。※

※此詩題、第8④9④本並作「仲秋九日紀事、三首」、刊本初編卷三18 b作「仲秋九日紀事、二首」。今從第6③7③17②

21 23 25 36⑧本。

（一）

賈生長太息、中夜苦ニ多思一。久雨三秋過、貧家七日飢[1]。川無ニ容レ水處一、山有ニ化レ雲時一。災異相望至、天心不レ易レ知。（6③7③8④9④17②21 23 25 36⑧）

（1）自注「古語、人七日不食則死。」（同上）

（二）

妖星天上見、流説巷中譁。皆道風祲惡、誰圖海虐加。仲秋當ニ九日一、半夜漾ニ千家[1]一。未レ有ニ憐レ窮議一、搔レ頭堪ニ嘆嗟一。（6③7③17②。又見21 23 25 36⑧）

（1）淡云、「五六用流水對。少陵家法。後人用諸前聯、易流淸弱。」（6③7③17②36⑧）

※第三首・第四首、見第8④9④本・刊本初編巻三19a。加峰長卿評「三首、得ニ工部髓一。」（8④9④）

（五）

富國何奇策、唯聞加ニ賦租一。天災或相戒、人力稍將レ痡。所レ務多ニ枝葉一、寧知稱ニ有無[1]一。百一賢明恥、罪言陳ニ此愚[2]一。（6③7③17②21 23 25 36⑧）

（1）淡云、「富國富家要務。」（6③7③17②）

（2）淡云、「近淸人。」○草云、「亦應璩遺意。」（同上）

僧月將之ニ竹田一後、過其故居賦。

千心渴仰待ニ高顏一、遙想游蹤未レ得レ閒。道路彌レ天迷ニ到處一、津梁相レ地入ニ名山一。關河杳遠浮雲外、松菊荒涼廢徑間。今日固知師不レ在、來過猶叩舊扉還。（7③。又見6③17②23）

訪村山翁。

聞說名聲高レ似レ山、來同二秋葉一打二柴關一。與レ予新結忘年友、請レ子將レ分二半日閒一。積善有レ徵兒幹レ蠱、讀レ書無レ睡目如レ鰥。傍人莫レ怪辭歸晚、方坐春風浩蕩間。（6③7③17②23 25 44）

贈太白老人。

莫レ道蝸廬居二陋鄉一、此中人在二古人傍一。坐依二窓竹一秋燈綠、夢繞二庭花一春蝶黃。老健常因レ忘レ杖見、餘閒却爲レ讀レ書忙。昇平矍鑠將二何用一、赤幟新揚翰墨場。（6③7③17②23。又見25）

柳花。

粉蝶飛來看不レ詳、輕輕相逐度二池塘一。風邊哀曲傷二胡后一(1)、雪裡高評推二謝娘一。飄蕩已忘持二晚節一、塡淪莫レ謾怨二朝陽一(2)。前身應二是三姨一否(3)、獨在二花中一誇二淡粧一。（6③7③17②21 23 25。又見36⑧）

（1）自注「魏胡后、製楊白花曲。」（6③7③17②21 23 25 36⑧）
（2）淡云、「足爲戒。」（6③7③17②）
（3）自注「三姨、虢國夫人。」（6③7③17②21 23 25 36⑧）

村山翁、袖詩見訪※。

※此題下、第23本有「僑館」二字。今從第25 44本。

陰陰蔓草沒頹牆、枯葉掩庭園色荒。四壁蛩聲如急雨、一窓蛛網塞斜陽。名流幸見過僑館、高句將留壯旅裝。看取小生驚喜處、從來君是丈人行。（23 25 44）

秋夜臥レ病。

病來猶對讀書燈、老蠹依然耐久朋。月黑空窓風響惡、葉飛如レ砲雨如レ繩。（6③7③8③9③17②21 25 36⑫）

秋懷十首※。

※此詩題、第23 25本、並無「十首」二字。第21本作「五首」。第6③7③17②本、並作「八首」。今從第5②8③9③本・刊本初編卷三19b。

（一）

彫蟲能免二外譏一不、小技唯吾與レ我謀。一曲五噫空自訴、半宵三起若爲愁。啼螿厭レ月窓將レ曉、亂葉嘯レ風園已秋。黃卷中人呼不レ答、蘇家卯酒向レ誰酬。（6③7③17②23 25）

※第二首、又見刊本初編巻三19b。今略。

（三）

秧稍萬顆露珠浮、雁影南飛天報秋。甕簞風殲午炎去、讀書人就夜燈謀。一林零葉寥々語、百種吟蟲个个愁。陋句欲抛難割愛、終宵枯坐苦冥捜。（23 25）

※第四首、又見刊本初編巻三19b。今略。

（五）

新稻花開香可レ親、田家方不レ厭ニ清貧一。愁雖ニ百斛一難レ爲レ酒、詩過ニ三思一能痩レ人。曠野草枯牛獨臥、空林葉盡鳥相鄰。吾儕寧得レ擬ニ名士一、欲レ讀ニ離騷一先泣レ神。（6③7③17②23 25）

（六）

朝議于レ今有ニ異同一、凶年各自怨鴻蒙。開レ濠役起吏多レ幸、富レ國策成民轉窮。(1) 樹裏秋聲唯是月、湫邊涼氣不レ因レ風。(2) 欲レ知ニ人意稍蘇處一、在ニ彼青秧浩渺中一。(3)（6③7③17②23 25。又見9③21）

（1）筱云、「確言。然詩案可畏。」（6③7③17②）
（2）塩「佳聯。」（9③）
（3）筱云、「結似春夏。」（6③7③17②）

（七）

一戎衣後化烝烝、舊法陵遲新弊増。漢代金張論ニ閥閲一、晉時王石互驕矜。秋涼未下使ニ蒼蠅一盡上、夜永偏徯ニ紅日昇一。十歳讀レ書何所レ得、依然費殺北窓燈。(1)（6③7③17②23 25）

（1）草云、「首首多少感慨。」（6③7③17②）

（八）

諸公濟濟廟堂姿、要下使ニ我君一淩中姒嬀上。重斂却媒ニ贓吏罪一、奇功或致ニ鄙氓疑一。天無ニ私覆一吾誰羨、蛙爲レ官鳴汝自知。(1) 雜レ覇聚レ財非ニ上策一、休下將ニ晁賈一博中皐夔上。（6③7③17②21 23。又見25）

（1）草云、「不入里耳。」（6③7③17②）

（九）

功雖ニ十倍一忌ニ新奇一、畢竟何如舊貫宜。晝一貽レ謀欽ニ漢相一、稅三柔レ遠憶ニ周時一。(1) 征加ニ雲碓一溪聲俗、墾入ニ鯨區一海勢危。(2) 嘗恐今秋非ニ樂歲一、喜聞田雨及ニ公私一。(3)（6③7③8③9③17②23。又見21 25）

（1）自注「周禮、遠郊二十而稅三。」（6③7③17②21 23 25）
（2）龜云、「奇拔。」○筱云、「奇。然恐未免由嗲。」（6③7③17②）
（3）草云、「世俗功利、家頂上一針。」（6③7③17②）
筱云、「亦詩人劉蕡。」（6③7③17②。又見8③9③）

（一〇）

昨秋風雨苦三農、斗米千錢奈歲凶。人買珠來滿饞腹、山開礦

後有飢容。貧猶餘舌休摧志、癖已在書寧恥傭。隱几嗒然何限意、荒園落日送鳴蛩。（23 25）

秋日、訪兒有臺。※

※此詩題、第21本作「訪倪半山」。今從各本。案兒玉有臺、號半山。日田隈町人。宜門五子之一。

曝背秋陽緩緩行、野秔收盡徑分明。讀書人坐風林下、萬葉聲中一種聲。（6③7③17②36⑫。又見21 23 25）

次橘仙所韻、以呈。

寧希俗子仰文翰、欲向千秋要不刊。讀史空窓蕉雨暮、尋碑破帽嶽雲寒。馳名直到唐山易、立志能修和曲難。一喔鳴鷄三點漏、兩心猶恨未全殫。（23。又見25）

吳崎新田。

欲下把二青秧一代中白波上、屠レ山投レ石殺二黿鼉一。莫レ言今後更無レ事。不レ在二田多一在二口多一。（6③7③17②23 25 36⑫）

孟多十五夜、到矢瀨、二首。

（一）

山南流水入二山陰一、楊柳溪連楓桕林。隔レ岸村家知幾戸、雨窓燈火杵聲深。※（9③）

※此一首、又見刊本初編卷三「雨夜宿矢瀨村」詩（16b）。

（二）

初日曈曨射二破樓一、山雲解駁雨新收。窓前狼跡知多少、昨夜蹄聲到二枕頭一。（9③）

雪中作。

街頭踏レ雪簇二金鞍一、誰不三晨行訪二長官一。今日猶無二附レ炎意一、百千人外一人寒。（6③7③17②。又見21 23 25 36⑫）

冬夜、浮殿卽事。

風吹レ窓裂夜寒侵、松影如レ蛇蟠二臥衾一。清夢回時猶未レ曙、遙遙鶴唳月天心。（6③7③17②23 25 36⑫）

畫狗。

不レ知禁闕是仙區、獫與二猲驕一相逐趨。桐影春溫鈴響小、枸根年古藥形殊。人行何必關二殃福一、佛性誰能辨二有無一。欲下向二天邊一齩中玉兎上、月明頻睨二太空一呼。(1)（6③7③17②21 23 25）

(1)自注「韋叔堅家、狗如人立而行。家人異之。叔堅曰、狗見人行

效之。何傷。狗遂死。」（6③7③17②23 25）

※案此自注、第21本則在「人行何必關殃福」下、而其文差略。

溪水漁舟圖。

松暝涼風稍起、舟過晩水猶波。漁翁若無二詩句一、奈二此江山景一何。（6③7③17②23 25）

臘月幾望夜、月色如晝。堀田橋上有吹笛聲、往而窺之、則田健明也。賦此以贈。

橋頭風定四無レ聲、柳帶二寒霜一影更清。不三是愁人知二夜永一、誰吹二横笛一月中行。（6③7③17②23 25 36⑫）

林子大自東歸、藤蘭雪招飲。余亦與焉。和蘭雪「九日贈子大」詩、以呈。※

※此詩題、第23 25本、並作「林子大自東歸、藤蘭雪招飲。余亦得陪焉。因知蘭雪九日贈子大詩、以呈」。今從第6③7③17②本。

（一）

自聞君有遠歸期、知免多年嘆別離。喜彼我交青眼日、迨強壯未白頭時。鏡中曾下思親淚、集裡尤多夢友詩。幸遇詞宗爲會主、燈前細雨把秋巵。（23。又見25）

（二）

彼此伯牙鍾子期、生平不忍隔年離。況分袂後三千日、纔慰心來十二時。宴有嘉肴能侑客、坐無凡鳥好談詩。唯將文字成清飲、却勝紅樓金屈巵。（23 25）

（三）

今朝折柬促二襟期一、始合東西久別離。天外秋鴻歸有レ信、夢中舊雨待多時。客從二千里一新齎レ話、主與二重陽一例約レ詩。清夜沈沈文字飲、隔レ窓唯許二素娥知一。（6③7③17②。又見23 25）

題三多讀書圖。

挑燈又誦讀殘書、四壁蕭森人定初。過竹微風如互和、滿庭清雪不須除。陳玄呵去寒難耐、太白浮來豪有餘。一幅丹青誰氏手、殷勤何意寫吾廬。（23 25）

牧馬圖。

遙坰草長綠纖纖、且咬且嘶喜且猒。蹄下風分昇四足、耳邊叢矮露雙尖。雜花浩渺春光濶、大野蒼茫夕氣添。今日何知傷矢石、騏騮亦仰聖恩霑。（23 25）

太翁八十、賦此志喜。※

※此詩題、第25本作「奉賀　長春公八十」。今從各本。

生來無レ病不レ須レ治、餘暇好レ俳饒二妙辭一。自怪寰中仰二宗匠一、謾疑世上有二名醫一。善爲二我樂一加二三樂一(1)、淸畏二人知一添二四知一。獨愧身居二蘭玉地一、鳳毛遠遜謝家兒。（6③7③17②。又見25 36④）

（1）島云、「鳳毛不讓謝家兒。太翁三樂、不三而足。」（6③7③17②）

菜花二首。※

※此詩題、第6③7③17②本並無「二首」二字。今從第25本。

（一）

四鄰農舍色相殊、誰使布金成佛區。白水縱横穿畝見、黃牛慘澹出門無。野僧瓶裏眞情雅、村婦髩邊粧様粗。晩節尤於書室愳、新油一盞夜燈蘇。（25）

（二）

萬頃平鋪一望同、近連二籬柵一遠連レ空。紫雲英伏無二驕色一、綠麥苗低仰二下風一。布穀聲沈繁影際、遊蜂夢暖嫩香中。從來名卉誇二容態一、唯有三斯花宜二野翁一。（6③7③17②25）

閏三月三日。

林雲横截一樓高、也倚二闌干一凝睇勞。上巳重來豈蛇足、芳辰輕去似二鴻毛一(1)。雨邊紅雨飛二殘杏一、春後靑春待二晩桃一。疇昔麥苗無二數寸一、驚看新綠刺二牛尻一(2)。（6③7③17②25 36④）

（1）島云、「新巧。」（6③7③17②）

（2）峰云、「尖新。」（6③7③17②）

飲廐生氏。

千病療來一瞬間、傍人却怪主翁閒(1)。庭雖レ無レ廣猶栽レ竹、窓不レ厭レ多皆斂レ山。初月低レ於二歸鳥背一、餘霞散入二醉人顏一(2)。壁頭恰見曾題句、卽席停レ杯幾度删。（6③7③17②。又見25 36④）

（1）筱云、「使病速療、當是酒功。二句不言及、何也。」（6③7③17②）

（2）峰云、「天然好句。」（6③7③17②）

三徑。

庭暝千枝靜、草荒三徑微。孤行涼月下、鳥影落二人衣一。（6③7③17②25 36④36⑫）

梅雨中、藤蒲二子來訪。賦呈。

天入ニ黃梅一晝亦昏、莓苔次第遍ニ空園一。水邀ニ他派一成ニ同派一、雨叩ニ鄰村一及ニ我村一。肴不ニ新沽一交主レ淡、酒知ニ舊量一禮除レ繁。蝦鬚半捲支レ頤坐、靜看蝸牛上ニ短垣一。（6③7③17②。又見25）

和恆子桑天草舟中作。

南鄰ニ流鬼一西吳越、眼前無ニ物現ニ毫髮一。天奝包レ海舟往レ天、大地全向ニ濤根一沒。夜深忽見寒火來、鵬雲呑落蚌中月。（6③7③8①9①17②。又見25 36④）

夏日田家。

二月採ニ桑葉一、三月始浴レ蠶。四月稍多事、刈レ麥或培レ藍。五月黃梅雨、四野秧務酣。多牛東鄰子、性亦勤而貪。欲レ督ニ僮僕惰一、親逐ニ蛙黽一參。西鄰老夫婦、力衰內自慚。夫往不ニ歸食一、午雞聲及レ三。婦走致ニ其餉一、子勞定難レ堪。庶幾且相代、我健猶如レ男。(1)六月炎透レ骨、秧瘦水不レ涵。幾處魚脊現、揭來鷺觜含。投レ耜何處憩、祠邊蔭ニ老柟一。三人五人集、苦茗比ニ酒甘一。言笑何啞啞、此樂樂且湛。殘陽失ニ溪口一、微雨到ニ橋南一。(2)風吹雲陰散、初月印ニ碧潭一。晚涼乃可レ勉、奮耜省ニ多談一。自ニ予住ニ郊外一、農事頗能諳。憂歡常相半、如ニ天有ニ晴曇一。不レ見至ニ秋杪一、刈レ秔未レ及レ擔。田舍方忙亂、官吏則貪婪。繕ニ汝畀レ土畚一、拋ニ汝收レ稻籃一。疾來修ニ長府一、遲者血ニ劍鐔一。(3)（6③7③17②。又見25 36④）

(1)筱云、「並言東西鄰、恐當以一兩句束之。」（6③7③17②）

(2)峰云、「失字到字、形容如畫。」（6③7③17②）

(3)筱云、「結三字、恐太過。」○峰云、「自石壕新安諸作來。」（6③7③17②）

詠梅雨後月。

幾處柴門夜亦開、列窓燈焰黯於灰。半江柳影浮時近、萬斛梅霖浴了來。風解猶憐殊婀娜、雲如相避轉遲徊。一番涼味絺衣悄、不是中秋呼美哉。（25）

詠錢謙益。

浪子從來癡黠間、(1)不羞尙父不股頑。忍教危素從余闕、竟使夢炎慙疊山。薙髮偸生全白髮、何顏殉死得紅顏。(2)有明文士魂應哭、擧列朝詩此手刪。(3)（6③7③。又見25 36④）

(1)筱云、「牧齋無痴、黠則甚矣。」（6③7③）

(2)筱云、「作『靦顏殉死愧紅顏』、如何。」○島云、「『何顏』字、

似不熟。」（6③7③）

（3）筱云、「僕嘗以爲列朝集多載元末入明人。蓋取以掩己臭。」○峰云、「甌北。」（6③7③）

浪子（閹黨目東林諸子時、謂謙益曰浪子。）　疊山（謙益門人瞿式耜、以忠節顯名。故假用。）　白髮紅顏（謙益將降、柳如是不欲之。見于趙翼題如是小像詩。謙益死後、如是自縊殉之矣。）（6③7③。又見36④）

題方才笠。

山中去採薪、斜日巖苔冷。懸笠古松枝、晴霞澹孤影。（25 36④ 36⑫）

採樵圖。

秋巖苔氣冷、鳥語殊幽靜。懸レ笠古松枝、斜陽澹二孤影一。（6③7③17②。又見8④9④）

晩謁龍馬塢神祠。（此地、往古出龍馬。）

凄風入レ戶棟雲皺、苔蝕二石燈一餘二半身一。木葉如レ縫天早夜、花香難レ散地長春。(1) 巢高鳥背先當レ月、叢合蟲聲欲レ軋レ人。(2) 休レ道千年龍種絕、只今誰是九方歅。(3)（6③7③9③17②36④）

（1）筱云、「僻地往往有二此幽境一。都會人所レ不レ得二夢見一。」（6③7③17②。又見9③）

（2）[塩]「奇想。」（9③）

（3）島云、「有感慨。」（6③7③17②）

和田乾明江行晩眺。

楓葉荻花灣又灣、依稀遙巘露二螺鬟一。誰敎二白鷺忽驚起一、影點二蒼波一一瞥間。（6③7③17②36⑫。又見25）

草珮川批鄙詩見贈、次韻謝答。

（一）

愧吾詩思未能清、載得高批眼始明。又是文園一奇事、寸莛撞動巨鐘聲。（25）

（二）

趨謁知何日、歲華容易過。獨憐君意厚、枉把我詩哦。才似青蓮少、敍依玄晏多。相思奇斜月、西望浩烟波。（25）

※案此詩、第6③7③17②本、並以「才似」以下四句爲絕句、而其題作「草珮川、批鄙詩見贈、賦此謝答」。

秋詞十首。

秋水。

蘆花成レ雪映二江潯一、片片先レ風落二夕陰一。舟若足レ浮何厭レ淺、石皆可レ數不レ知レ深。長難レ藏レ影魚心怯、近訝レ聞レ聲雁字沈。(1)寄謝世間貪濁子、清波一滴肯容レ斟。(2)(6③7③17②36④。又見25)

(1)筱云、「字、恐當作影。」(6③7③17②)

(2)峰云、「精細處、不入小家。」(6③7③17②)

※第二首「秋晴」・第三首「秋涼」、並見刊本初編卷三7b8a。今略。

秋山。

不レ比ニ春時眉黛姸一、霜劖ニ稜角一欲レ摩レ天。紅黃青綠上中下、楓柏松楠億萬千。(1)月弔ニ危巢一醒ニ鳥夢一、風飄ニ高菓一上ニ猿涎一。(2)斜陽突出雙尖影、似下與ニ詩人一競中瘦肩上。(6③7③17②。又見25 36④)

(1)峰云、「此與櫻花前聯、句法奇拔。廣兄獨開之境。」(17②。又見6③7③)

(2)島云、「苦澁。」(6③7③17②)

※第五首「秋葉」、又見刊本初編卷三7b。今略。

秋雨。

※此題下、第36④本有自注「以下五首、和僧石門」八字。

※此詩、又見刊本初編卷三8a。今略。

※此詩下、第6③7③17②36④本、並有自注「陸詩、老去同參唯夜雨」九字。又第6③7③17②本、並有評語。曰、「峰云、沈著流

動。○又云、句句精鍊。而毫無纖弱鄙俚之語。胸中鑪錘可想。」

秋野。

病自ニ初秋一到ニ暮秋一、村端偶出聽ニ農謳一。無レ岡無レ阜兼無レ樹、見レ水見レ橋還見レ舟。鷹眼刺レ天噤ニ雜鳥一、蟲吭震レ草和ニ鳴牛一。(1)木綿開レ絮秔垂レ穗、五雨十風消ニ百憂一。(6③7③17②36④。又見25)

(1)筱云、「震恐咽。」(6③7③17②)

※第八首「秋曉」、又見刊本初編卷三8b。今略。

秋聲。※

※此詩題、第25本作「秋花」、而與下詩「秋花」敍次互倒。恐誤。

金鐵鏦錚曉夢歸、唯驚枕席入ニ重圍一。碧天如レ水雲皆盡、皎月似レ霜風亦微。空際波濤無レ所レ見、林梢烏鵲忽然飛。一聲惹起深閨恨、自レ此絺兮是廢衣。(6③7③17②又見25 36④)

秋花。

粗同荒殿閉ニ娥眉一、敢學春園誇ニ艷姿一。閑澹淸香在ニ何處一、伶俜寒蝶集ニ東籬一。休下爲ニ剩紫殘紅一看上、偏與ニ逸人高士一宜。多謝西皇能愛惜、今年靑女信來遲。(1)(6③7③17②。又見25 36④)

(1)峰云、「寫得淸婉。」(6③7③17②)

淡窓十詠。[1]※

（1）筱云、「十詠、往往奇拔可喜。然僕猶恨淡而不厭者乏耳。」○島云、「十首無瑕聯璧。可爲一篇而看、不可爲十首而看。」（6③7③17②）

※此題、第36④本作「梅花塢十詠」五字。刊本初編卷三14ａ、作「宜園諸勝、六首」六字。今從第6③7③17②本。

雪橋。

橋長不レ盈レ丈、橋高不レ盈レ尺。雪積橋勢高、玲瓏池上夕。獨立觀ニ我心一、猶ニ白雪之白一。（6③7③17②。又見36④）

采蘭渚。

采レ蘭又采レ蘭、采レ蘭欲ニ何爲一。當レ門恐ニ人蹈一、生レ谷少ニ人知一。采ニ之門與レ谷、栽ニ此庭上池一。（6③7③17②。又見36④）

求羊徑。

昔日求羊徑、元爲ニ二仲一開。今日求羊徑、已無ニ二仲來一。白石三五臥、起哉又起哉。[1]（6③7③17②。又見36④）

（1）筱云、「就求羊字、湊合白石、却覺輕佻。」（6③7③17②）

牽牛籬。

摘插レ瓶則野、開在レ籬則宜。世人皆貪レ睡、不レ看花好時。朝朝仍レ舊笑、不レ慍ニ人不一レ知。[1]（6③7③17②。又見36④）

（1）峰云、「牽牛花傳神。」（6③7③17②）

※第一首「梅花塢」・第三首「淡窓」・第四首「醒齋」・第六首「宵明洞」・第九首「石泓」・第十首「月門」、並見刊本初編卷三14ａ14ｂ15ａ。今略。

水門仙祠。

祠影臥ニ滄溟一、恰因ニ江霧一扃。晨鳧雙舄白、秋瑟數峰青。[1]仙跡迷ニ無有一、人思寄ニ杳冥一。舟歸天欲レ夕、遙碧澹ニ寒星一。[2]（5③6③7③8④9④17②36④）

（1）五「用レ典確切。」○劉「俊逸。」（8④）

（2）劉「落句自仙趣。」（8④）

※案此詩、第8④本・刊本二編卷一1ａ、並爲天保二年辛卯之作。

十一月十二日、亡友羽文鳳忌辰、聞兒有臺爲持齋、有感。

他日交情盡ニ一哀一、誰能長弔ニ墓門一來。久要不レ負ニ平生語一、唯有ニ故人兒有臺一。（6③7③17②。又見36⑫）

冬至後四日、快晴殊暖、訪栗園主人。主人近自遊長崎歸、自言與淸人筆話。

幸哉宜ニ野步一、紅霧漏ニ晴暾一。人自ニ西遊一返、日過ニ南至一暄。水澄茶性稱、杯滑酒行繁。喜汝吟ニ佳句一、能銷ニ吳子魂一。[1]（6

③7③17②)

(1)自注「清人來崎者、多江南人。故曰吳子。」(6③7③17②)

登權現嶽。

老樹無㆑花葉也香、架㆑溪枝卽自然梁。風生㆑從㆑地行雲仰、山聳㆑于㆑空過雨忘。天不㆑違㆑顏唯咫尺、星雖㆑觸㆑手是尋常。深聞㆓樵語㆒難㆑知㆑處、怖認㆓生人㆒作㆓鬼倀㆒。(6③7③17②。又見36④)

題林和靖待鶴圖。

水白山青處、日斜風定時、梅邊人佇立、天外鶴回遲。(6③7③17②)

三山三橋二院二家雪。(1)※

(1)筱云、「僕亦往年作此等詩、如勞而少功。子成甚惡之。」(6③7③17②)

※此詩題、刊本『梅墩詩鈔二編』卷二6b、作「詠雪十首」。今從6③7③17②36④本。

遠山雪。

一杯將㆑酹彼雲端、秀色望來如㆑可㆑餐。白傅頭非㆓王掾比㆒、文君眉作㆓馬良㆒看。(1) 暝邊先㆑月餘光映、暖處後㆑春高勢寒。劫笑騎驢亦多事、詩思方在㆓竹闌干㆒。(2)(6③7③17②。又見36④)

(1)島云、「如謎。此種定非佳句。」(6③7③17②)

(2)自注「白樂天頭早白、劉夢得慰之、詩曰、雪裡高山頭白早。○桓溫曰、王掾應爲黑頭公。○卓文君眉如遠山翠。○馬良白眉。」(36④。又見6③7③17②)

峰云、「巧不傷雅。」(6③7③17②)

※案第二首「深山雪」、見刊本二編卷二7b。今略。

春山雪。

差覺天邊春氣還、北濃南淡地紋斑。美哉鶯夢猶寒處、妙在㆓花魂未㆑返間㆒。三尺綠添晴岸水、一痕青放夕陽山。靜㆑於㆑風又清㆑於㆑月、高韻如㆑渠不㆑可㆑攀。(6③7③17②36④)

※案第四首「宮橋雪」・第五首「村橋雪」・第六首「溪橋雪」、並見刊本二編卷二7b・8a・7b。今略。

僧院雲。

薜蘿斷續掛㆓松枝㆒、轉念白雲深處詩。銅鴨烟消禪坐冱、木魚聲凍佛聰知。有㆓經堪㆑看燈何用、無㆓酒可㆑傾茶亦宜。色卽是空天上月、不㆑成㆓微暈㆒滿㆓簾帷㆒。(1)(6③7③17②36④)

(1)自注「僧靈一詩曰、帶雪松枝掛薜蘿。又曰、白雪深處老僧多。」(6③7③17②36④)

※案第八首「妓院雪」・第九首「俠家雪」・第十首「道家雪」、並見刊本二編巻二6b・7a・7a。今略。

天保二年（一八三一）　辛卯　年二十五

孟春念一、風雪、訪筆庵主人。

風勁雲斷續、前村現又微。春雪不レ到レ地、飄飄集ニ人衣一。朝來辱ニ折柬一、我敢避ニ寒威一。入レ門茶氣散、看レ鼎浪花飛。園唯四五畝、樹可ニ二三圍一。市聲垣外止、山色案頭依。主人雖レ避レ世、多技今所レ稀。插レ花巧ニ書奕一、詩畫才最揮。沈郎腰自瘦、韓幹馬能肥。葬レ筆新塚起、手レ巻蠹魚飢。開レ口振ニ玉屑一、與レ雪孰霏霏。談歇雪亦霽、郊路踏レ月歸。（6④7④10①17②）

春日、與諸子登星渚古城。

西山春早此經過、古跡蒼茫迷ニ蔦蘿一。結草空懷擒レ敵地、采薇誰賦刺レ時歌。花開幾日香猶嫩、樹大百圍苔亦多。好是歸途新月出、林間相引影婆娑。
（6④7④10①17②）

春夜聽雨。三首。

（一）

肌汗自滂沱、臥衾如レ暖何。雨聲宜レ釀レ睡、人夢入レ春多。（6④7④10①17②36⑫）

※案第二首、又見刊本二編卷一1b。今略。

（三）

孤村早扃戶、無復外人過。燈火黯如睡、雨聲連曉多。（36⑫）

雨害花事、今春爲甚。賦此嘲之。※

※「今春爲甚」四字、第36④36⑫本、並作「莫甚於今春」五字。今從6④7④10①17②本。

煙色一簾茫不レ明、霏微細雨聽無レ聲。昨宵今旦又今夕、落二盡百花一應二始晴一。(1)（6④7④10①17②36④36⑫）

（1）「『始』、一作『肯』。」（36④36⑫）

春晚散步。

（一）

霖雨偶晴遊意忙、一年佳景忍二相忘一。袷衣初着寒溫適、滿路淺陰新葉香。（6④7④10①17②36⑫）

※第二首、又見刊本二編卷一2a。今略。

田健明來告別、贈之以筆

聞君將二遠去一、贈レ之筆一枝。預憶離別後、應レ有二相憶詩一。請書以二此筆一、千里報レ我知。（6④7④10①17②）

三月十七日、蒲君逸來訪、送之濠梁。

春晚多二風雨一、晴如二今日一稀。不レ堪無事坐、詩思似二隼飛一。微二子打二吾戶一、吾將レ敲二子扉一。知自二花間一至、遺芬猶滿レ衣。竹影來上レ藤、西窓夕陽微。拋レ杯相隨去、柳陰步二長磯一。美哉頭上月、溶溶放二清暉一。已使レ送二君返一、亦以送二吾歸一。（6④7④10①17②）

爲峯長卿國手壽尊公六十。

盲聾尫跛鬱成レ林、絡繹爭來紅杏陰。付託得レ人家政治、俳諧名レ世雅緣深。出二新奇術一非レ師レ古、駐二壯健容一長若レ今。六十不レ輸他百廿、太忙事業太閒心。（6④7④10①17②）

雨夜、望西園、燈影可愛。

雨黑鄰窓燈火明、唯欣門少惰書生。夜深雲散風收後、滴瀝聲輸誦讀聲。（36⑫）

送邊生歸彥山。

雲間一徑細レ於レ蛇、四面陰森綠樹遮。盡日香風吹不レ斷、巖巖爭發石楠花。（6④7④8③9③10①17②36⑫）

送藤條叔蘭。

夏日山陽道、當年吾亦經。長門舟路短、黃備藺田青。馬上逢二初月一、衣中點二晚螢一。倚レ閭應二已久一、寄レ語速趨レ庭。（6④7④10①17②）

暴雨。

虐風驅二疾雨一、倒出レ自二林根一。迷鳥窺二人室一、歸牛誤二我村一。田成二新浩渺一、溪失二舊潺湲一。俄頃還逢レ霽、遠山青一痕。（6④7④10①17②。又見36④）

夜雨、齋中讀書。

始繙三百五篇詩、猶是穆如清風吹。次レ之莊周列禦寇、輕雲御レ風入二簾帷一。次レ之楚些招魂曲、風變雲黑雨淒其。開至二陰符一睡魔退、蚊嘴入レ膚似レ刺レ錐。(1) 滿腔悲憤崔嵬湧、援レ節擊レ案案身危。蕭蕭夜色冷レ于レ水、何事白汗迸二四支一。八萬四千毛孔際、吹二出英氣一自淋漓。不レ倣子美浮二太白一、我筆欲レ馳難二復縻一。墨花汎濫愁二紙隘一、須臾蛟龍起二硯池一。更漏不レ開破村寂、老幹相摩樹聲悲。普天之下無レ不レ睡、塒上雞夢欲レ回時、一笑更向二孤燈一語、此意唯吾與レ卿知。(2)（6④7④10①17②）

（1）筱云、「壯心勃勃、英氣凜凜。但一夜讀此數書、恐是立馬觀燈。卽爲寓言。恐不免乎下喬入幽、如何。」（6④7④10①17②）

（2）島云、「筆端有聲鏘鏘然。」（同上）

曉行。

白霧茫成レ海、紅暾濛不レ明。鳥啼難レ辨レ處、江去獨聞レ聲。草露隨二晨屨一、原涼入二夏耕一。暫忘二三伏苦一、爽颯有二餘清一。（6④7④10①17②）

吹上觀音閣小集。

羊腸盡處是禪扃、鳥認二遊人一起レ自レ庭。數片歸雲低谷白、一痕新月遠山青。衣懸二蘿薜一任二吾適一、案積二香花一見二佛靈一。城市殘炎無レ所レ避、松風此處足二清聽一。（6④7④10①17②）

到松龍館、贈主人。

看得新涼入二圃蔬一、頽垣一半豆花初。義方教レ子口無レ蜜、仁術療レ人腹有レ書。蟲遜二苦吟一藏二砌草一、禽欺二閒睡一到二窓疏一。我來相與開二碁局一、竹影橫斜夕照虛。（6④7④10①17②）

月夜散歩。

晩來雨聲絶、出レ門月在レ田。秧露光搖動、涼風起二我前一。人道春宵好、吾獨不レ謂レ然。一刻千金價、蘇公語亦偏。何如乘二夏夕一、納三涼於二水邊一。衆人早結レ夢、所三以不レ解レ憐。蟲鳴草根邃、魚過浪紋圓。彼哉枝上鳥、晝飛夜乃眠、何者來看レ水、月中澹二炬煙一。（6④7④10①17②）

秋夜。

燈已朦朧月已傾、牀頭冷夢幾回驚。啼鴉厭レ夜虫貪レ夜、一樣秋風兩樣聲。（6④7④10①17②36④36⑫）

秋曉。

村鷄啼歇浦鴉啼、冷霧蒼茫望欲レ迷。殘月待レ人人未レ起、一痕低在二薺花西一。（6④7④10①17②36④36⑫。又見8③9③）

中秋賞月。

鳥背遙馱二初月一歸、婆娑樹影落二人衣一。劫嫌不下在二他郷一看上、依レ舊此筵詩料稀。(1)（6④7④10①17②。又見36⑫）

（1）「『此筵』、一作『蕭然』。」（17②36⑫）

秋晚。倣放翁體。

無二復蚊蠅至一、霜威如二快刀一。溪游魚鼻出、原啄鶴尻高。畎畝收二新穀一、山林容二老饕一。彼哉皆沓沓、善矣獨囂囂。(1)（6④7④10①17②）

（1）島云、「置之陸集中、誰能辨眞僞。」（6④7④10①17②）

※案此詩、刊本『梅墩詩鈔初編』、入卷二（在家時作）3a。而其題無「倣放翁體」四字。

慧師袖詩卷見眎、賦贈、倣其體。(1)※

（1）篠云、「四首、一氣呵成、奔逸絶塵。」○又云、「師詩體未知如何。恐當使師倣此體耳。」（6④7④10①17②）

※「慧師」、刊本二編卷一6b、作「岳師」。今從各本。

（二）

路上昂然敲又推、風流何必減二唐緇一。禽將レ集レ膝心灰處、蟲欲レ助レ聲吟苦時。快意恰堪レ靑二我眼一、(1)工夫已到レ白二君髭一。幾回乞レ正勞二相問一、獨愧身非二韓退之一。（6④7④10①17②）

（1）篠云、「『快意』、或作『快活』、或『快樂』、則與『工夫』的對。」（同上）

※案第一首・第二首・第四首、並見刊本二編卷一6b～7a。今略。

宜園、送石門上人東行。

獨占詩家大上乘、萬人辟易遜ニ先登一。推敲已決何還レ俗、蔬筍全除不レ似レ僧。防海波濤千里路、宜園風雨十年燈。相思寄在ニ中天月一、君拜ニ落時一吾拜レ昇。（6④7④17②。又見10①）

秋日、遊黑雄祠。

曖曖輕烟禾黍村、石橋西度旆旌翻。土無ニ租稅一神能保、樹有ニ贅瘤一人所レ尊。地濕青苔衣ニ木梗一、天寒黃葉壓ニ祠門一。晚來何事歸思動、蚊喙啄レ肌股ニ血痕一。（6④7④10①17②）

秋日、蓮洞精舍小集。

秋聲如レ此欲ニ何之一、蓮社相招共賦レ詩。古繪忽明窓日轉、幽花初放柱瓶知。苦吟難レ決竟雙廢、好韻太多還數奇。一字未レ安愁ニ夜至一、道人且緩打レ鐘時。（6④7④10①17②）

甘薯。

風吹ニ嫩葉一綠綿綿、遙自ニ隣田一及ニ我田一。洗去紫衣猶帶レ水、蒸來黃玉忽生レ烟。味逢酒後宜茶後、位遜栗前居蔗前。咬得菜根還易事、寒儒却悦腹便便。（6④7④10①17②）

重陽、訪栗園。

菊有ニ黃花一野色妍、吟筇到處卽流連。登レ高欲レ踐龍山跡、望レ遠方尋栗里烟。薄暮作レ詩宜急急、重陽飲酒赦顚顚。忽逢ニ家僕來迎一レ我、纖月已沈溪樹巓。（6④7④10①17②）

鷄冠花。

光陰可レ惜夜猶勤、鷄豈惡聲唯怯レ聞。喜汝不レ鳴馴ニ曉砌一、向レ人如レ醉映ニ秋雲一。並頭經レ日雄雌老、殘羽戰レ風强弱分。因是無情忘ニ斷尾一、幾回斬去悼離群(1)。（6④7④10①17②）

（1）「『强弱』、一作『輸勝』。」（10①17②）

貧家。

（一）

寒廚無酒又無茶、火氣消沈古竈斜。一病動經三十日、窓前桃李自殘花(1)。（6④7④17②36⑫。又見10①）

（1）「春」。（36⑫）

筱云、「病也、非貧也。」（6④7④10①17②）

（二）

裸裎盤礴意安舒、翠樾掩レ庭涼有レ餘。典ニ盡衣裳一無ニ長物一、依然仍レ舊腹中書(1)。（6④7④8③9③10①17②。又見36⑫）

（1）「夏」。（36⑫）

筱云、「爲二貧士一吐レ氣。」（6④7④8③9③10①17②）

（三）

頻引短衣秋夢殘、壁當破處見天寬。燈光已斷星光在、雁亦南飛訴夜寒。[1]（6④7④10①17②36④36⑫）

（1）「秋」。（36⑫）

（四）

大雪壓レ簷簷勢危、爐紅一點欲レ消時。無薪何以過二今夕一、折二盡梅花一不二自知一。[1]（6④7④8③9③10①17②36④36⑫）

（1）「冬」。（36⑫）

塩「蓋暗用二本邦典一。不レ然則殺風景。」（8③9③）

筱云、「殺風景。」（6④7④10①17②）

殘臘風雪、石門上人來訪。

曉來雪僵竹、亂杪到自隣。門徑爲之塞、故人不能臻。憐師來相訪、凍膚織千皴。汲湯沾竃背、吹火乾婢唇。室煙薰伏鼠、隙風煽濕薪。殘醅不改買、交情至此眞。話長愁夜短、前席至雞晨。三日出門去、宿素映衲巾。昔稱王孝伯、神仙中之人。況立天地際、唯我獨尊身。[1]梅朶迷溪上、鷗群失水濱。旭甸稍成渙、多蔬已欲屯。歸途唯百里、今歲無一旬。此別亦非久、後期在早春。（6④7④10①17②。又見36④）

（1）筱云、『昔稱』四句、所以不凡、亦所以失格。僕每每有此病、柴碧海駁之。」（6④7④10①17②）

冬夜雜感。

（一）

風入寒衾夢易回、夜長爐炭已成灰。嫦娥不是無情者、向我牀頭故故來。（6④7④10①17②36⑫）

（二）

雄飛雌去雁相哀、雲路雖遙聲作媒。獨有所思斜月下、半簾霜色夜寒來。（6④7④10①17②36⑫）

（三）

撥去難然爐底灰、夜深無復故人來。林逋未老風懷在、欲爲空瓶聘早梅。（6④7④10①17②36⑫）

贈有臺。

七上仁風不斷吹、花開枯木太神奇。訓淳稚子都馴客、化洽病家聞學詩。因是十人痊八九、遂敎一邑富期頤。問君更有靈方否、吾亦從來患我癡。（6④7④10①17②）

次韻阿部生、以送其歸。※

※此詩題、第6④17②本、並作「次韻阿部生韻。以送其行」。今從第7④10①本。

未見聞名久、相逢心乃親。旅中書送日、途上馬迎春。三尺連山雪、獨行迷徑人。歸裝詩百首、誰不悅淸新。（6④7④10①17②）

天保三年（一八三二） 壬辰 年二十六

人日、將趨縣府、忽得一律。

睡後憑欄何所思、一聯彷彿夢中詩。元言今日方人日、豈料醒時已午時。魚意洋洋知水暖、禽聲磔磔訴花遲。嘉辰趨府驚吾晏、已見牆陰一丈移。[1]（7⑤10①。又見6⑤）

（1）島云、「茶山、時有此樣詩。」（6⑤7⑤10①）

春初、寒風荐至、有感。

壁戴堆塵次第斜、韶光不肯入貧家。東風何用苦相妬、春淺園林未著花。（6⑤7⑤36⑫。又見10①）

曉過梅花塢。

月過梅西沈竹西、曙光殘雪烱相迷。幽人未覺羅浮夢、莫使黃鶯枝上啼。（6⑤7⑤10①36⑫）

枕上作。

枕頭禽語聽分明、簷雀林鴉取次鳴。更愛青衿能勉業、春窓尤早讀書聲。[1]（6⑤7⑤10①36⑫）

（1）『早』、一作『爽』。」（36⑫）

寂忍師來話。

詩僧豈減賈長江、不是韓公未肯降。轉眼春宵如是短、東窓月影已西窓。（36⑫）

村夜。

南鄰燈影已沈沈、北舍歌聲又鼓音。共住孤村同此夜、一邊如淺一邊深。（6⑤7⑤10①36⑫）

吾道一以貫之。

諸生今日讀何書、休恨當年秦火餘。只記經中片言在、何須千古註兼疏。（36⑫）

夜坐。

十年耐久者爲誰、世事變更如奕棋。只有燈前書一卷、依然幽味與吾知。（36⑫）

春日偶成。※

※「成」字、第36⑫本作「作」。今從第6⑤7⑤10①本。

蝶舞鶯歌四野春、全無花處占清貧。可憐風外垂楊柳、夜半來爲打戸人。（6⑫7⑫10①36⑫）

春雨連夜、今朝初晴、忽見花。

已知新暖一般加、睡裡排衾枕亦斜。春色不因多雨晩、夜來吹發數枝花。（6⑤7⑤10①36⑫）

曉起。

早起攜瓶汲井華、模糊村霧失人家。不知殘月將殘燭、一點依稀隔曉花。（6⑤7⑤10①36④36⑫）

※案此詩、與刊本二編卷一10a載「曉起二首」、題同而辭全異。

春夜、到友人家。

月到三更光滿空、無些雲氣又無風。敲扉唯恐驚禽夢※、佇立庭前花影中。（10①。又見6⑤7⑤36⑫）

※「敲扉唯恐」四字、第6⑤7⑤本、並作「恐吾剝椓」、而筱崎小竹、評之云「吾字未穩。作叩扉只恐、如何。」

訪梅花書屋。※

※此詩題、第36⑫本作「訪梅花塢」四字。今從第6⑤7⑤10①

本。

春衣稍稍動香風、行入梅墩路不通。花壓孤窓刼難曙、殘燈光洩墮雲中。（6⑤7⑤10①。又見36⑫）

雪夜、藤田二生來訪。

燈知油盡忽成聲、人影落窓茫不明。愧我學非程叔子、門前積雪自三更。（6⑤。又見36⑫）

春夜雪。

勢侵書幌稍微明、夜寂心澄眠不成。多雪何如春雪好、看雖有色聽無聲。（36⑫）

又。

林鳥呼去訝二天明一、驚起推レ窓未二五更一。已落雪承二將レ落月一、空中地上鬪二晶清一。（6⑤7⑤8③9③10①）

次原一郎韻、以贈。

月到中天度亦遲、一聲霜雁破沈思。屢詢難字教吾怕、行見畸名被世知。能咬菜根如汪語、曾翻貝葉是唐詩。(1) 君看自古成功者、雄志多生困苦時。（6⑤7⑤10①）

（1）自注「一郎苦貧、曾薙髮乞食。人延之讀經、輒誦唐詩。」（6⑤7⑤10①）

壽方大老人八十。二首。

（一）

我識斯翁二十春、健容今比舊時新。鳴渠當戸清傾市、喬木在園陰及鄰。避世猶懷憂世志、耽書兼愛讀書人。伯休賣藥名彌著、雖不厭貧家未貧。(1)（6⑫7⑫10①）

（1）自注「翁、賣藥。」（6⑤7⑤10①）

※第二首、又見刊本二編巻12ａ。今略。

三月望夕、月明如レ晝、與二一郎一歩レ於二濠梁一。

風約二浮雲一夜色澂、肅然晴氣似二刀稜一。唯留天上無雙月、肯許人間有二一燈一。鳥未レ定レ棲花影動、魚方爭レ食浪紋崩。邨家寧解春宵好、到處掩レ門呼不レ譍。（6⑤7⑤8③9③10①。又見36④）

※第8③9③本上欄、「此詩、削タシ。」

既望、訪栗園。二首。※

※此詩題、第8④9④本、及刊本二編巻一12ｂ、並作「春日訪栗園」。今從第6⑤7⑤10①本。

（二）

三十日前過此家、餘寒料峭未開花。春深忽報園林好、天暖何辭道路賒。簾外看桃桓外李、裳邊撒雪袖邊霞。清光況遇既望夕、乘醉中庭踏月華。（6⑤7⑤10①）

※第一首、又見8④9④本、及刊本二編卷一13ａ。今略。

題雲華上人雪泥帖。

鴻爪雪泥難得尋、何緣草逕辱相臨。他宗高衲亦傾蓋、同世名儒盡盇簪。界極大千窺佛域、山登不二引仙衾(1)。談方酣處花成雨、豈爲四郊春已深。（6⑤7⑤10①）

(1)自注「上人、曾登不二山。」（6⑤7⑤10①）

寓感四首。(1)※

(1)島云、「五首、皆學甌北者。但首章不類。其餘則逼眞矣。」（6⑤7⑤10①）

※案「五首」、疑當作「四首」。

※第一首・第二首・第三首、並又見刊本初編卷二1ａ・1ｂ「寓感三首」。今略。

（四）

老者愁日速、稚子恨年遲。好惡一何異、畢竟皆是私。幼時畏師父、每事苦絆羈。唯願年速長、家人從指麾。既衰戒在得、次第近死期。微霜點疏鬢、常怯曉鏡知。如今得奇策、安排無所遺。幼年解惜日、已如初老時。老至能送世、坦如五歲兒(1)。憂樂不相犯、彼此可並施。吾是中年也、如何乃得宜。事來學稚子、間間忘日移。事去學老者、孜孜愛晷馳(2)。（6⑤7⑤10①）

(1)筱云、「上二句、可戒後生。下二句、僕請事斯語。」（6⑤7⑤10①）

(2)島云、「事來事去四字、宜再思。」（同上）

冬曉讀書。

愁人欲早起(1)、不必待天明。殘燈光再挑、我影與之生。翻紙風出指、爐烟動輕輕。奇香忽撲鼻、甁花如夢驚。机陰何晶炯、硯氷成水精。峭寒衝衣入、肅然報曉晴。寂有深山趣、村人不宵征。枯坐使心遠、牆根流水聲。（6⑤7⑤10①）

(1)此句、第6⑤本、原作「看書人欲起」。筱云、「起句未安。」（6⑤7⑤）

天保壬辰八月十一日、昭陽先生六十初度。賦疊韻十律、奉賀。(1)※

(1)筱云、「多多益辨、自是登壇之將。然草佩川諸子亦爲之。」

公所不朽、不在于此。」○島云、「疊韻、本爲難事。況十首之多乎。董玄宰、有覃韻疊十首者。其餘則不多見也。」（6⑤7⑤10①）

※此詩題、刊本二編卷一14ａ、作「賀昭陽先生六十、疊韻十首（錄三）」。今從第6⑤7⑤10①44本。

（一）

世味由來淡似煙、嘉祥麐至自欣然。弧懸初日離山處(1)、宴逮中秋看月先。繞屋松陰青不斷、擇巢鶴影白頻遷。何須更唱南山壽、甲子一周天保年(2)。（6⑤7⑤10①44）

（1）自注「聞先生以日出時誕。」（44。又見6⑤7⑤10①）

（2）島云、「好年號、似爲足下詩設。」（6⑤7⑤10①）

（二）

丹青不羨畫凌烟、細閱陳編氣浩然。道統曾嫌承孟後、辭章猶欲溯秦先。優游雖與今人立、卓犖羞追此世遷。直自皇磐開國日、斯文獨領二十年。（6⑤7⑤10①44）

（三）

疏簾清簟裊香煙、隱几心如槁木然。著述流於輿地外(1)、聲名馳在置郵先。登門客怪形容少、閉戶身忘歲月遷。預祝前程渺難測、始躋思遠季兒年(2)。（6⑤7⑤10①44）

（1）筱云、「輿地恐邦域、流恐傳。」（6⑤7⑤10①）

（2）自注「梁書、顧思遠年百二十、諸子皆八九十、其季子六十。（6⑤7⑤10①。又見44）

※第四首・第五首、並又見刊本二編卷一14ａ。今略。

（六）

滄溟咫尺送風煙、對此唯宜醉兀然。書卷十千傳我後、門生一百酌誰先。洲低帆影窓中度、浪立鯨鬐砌下遷。會見烝烝榮進日、平津釋褐是今年(1)。（6⑤7⑤10①。又見44）

（1）自注「公孫弘牧豕海上、年六十、始爲博士。」（6⑤7⑤10①。又見44）

※第七首、又見刊本二編卷一14ｂ。今略。

（八）

世間文客似雲烟、帳下就中尤蔚然。才氣愧居王勃後、雄心恐被祖生先。門栽桃李花爭發、室蓄芝蘭香遠遷。獨得育英仁者樂、宜哉人頌萬斯年。（7⑤10①。又見6⑤44）

（九）

日照行杯生紫烟、滿堂賓客影森然。一家琴瑟元和樂、數曲塤篪互後先。有酒如川人既醉、呼舟臨海席還遷。憾吾多累難趨謁、枉把今年換去年(1)。（6⑤7⑤10①44）

（1）自注「余、去秋謁函丈、今年有故不得到。」（6⑤7⑤10①44）

（一〇）

西望寄心丹竈烟、師門壽宴定懽然。詩雖知拙筆難閣、身未得行神已先。坐上醉醒分席亂、樽中賢聖擇人遷。搔頭徒作跂予歎、即覺一秋如十年。(1)（6⑤7⑤10①。又見44）

(1)自注「丹竈、山名。」（6⑤7⑤10①44）

月夜、步今亦橋上、望宜園。

獨行無伴影成雙、秋氣森森露始降。俄頃雲來收月色、燈光遙認讀書窗。（6⑤）

贈清溢上人。上人善插花。

不獨善書兼善詩、上人多技世皆推。花唯一笑請承命、(1)春若相知倩作師。榻際淸香傾上苑、瓶中秀色奪東籬。水沈煙斷經聲後、恰是桔槹臨井時。（6⑤7⑤10①36④。又見44）

(1)筱云、「作『花唯一顧應增價』、如何。」（6⑤7⑤10①）

賀武井翁八十。※

※此題下、第6⑤本有「十韻」二字。今從第7⑤10①本。

君吾雖未識、姓字早相通。夢寐山河外、形容想像中。親來愛多日、談去坐春風。鬢豈牽霜白、顏長駐酒紅。古稀添甲子、新著授兒童。杖國人人敬、爲家事事豐。財成振濟用、門作凍飢叢。轉覺天聰近、漸看地望隆。壽筵花外設、深盞燭前空。佳譽兼洪福、誰能及此翁。（6⑤7⑤10①）

海上晚望。

麗譙影動碧波中、幾隊歸舟倚遠風。灣濶斜陽難遍照、(1)前帆全白後帆紅。（6⑤7⑤。又見10①36④）

(1)筱云、「作『斜照時遭雲影隔』、如何。」（6⑤7⑤10①）

訪片山玄甫、賦呈。

大石嵯峨到水源、脩途曲折入山根。望中煙火無三戸、此處杏花成一村。交友平生多俠氣、救人垂死盡還魂。市遙堪思家僮苦、買酒歸來夜叩門。（6⑤7⑤10①）

題天橋圖。

松綠海青沙白、雲盡山近帆遙。難分仙鄉人境、一見知是天橋。（6⑤7⑤10①）

題茶山集三編後。

昔年曾得謁高顏、(1)不獨書筒屢往還。(2)半世揚聲代南郭、一人知己是西山。(3)酒傾黃葉聲多處、(4)身老白衣宣至間。(5)讀盡遺編燈欲

暈、何堪涕泗落潸潸。（6⑤7⑤10①。又見36④）

（1）自注「余、以丁亥夏、訪先生。」（6⑤7⑤10①36④）

（2）自注「辛巳、余始以詩卷乞正於先生、爾後再三。」（同上）

（3）自注「先生、尤厚於西山拙齋。見於行狀。」（同上）

（4）自注「崔某、以『黃葉聲多酒不辭』句得名、稱崔黃葉。先生所居、地有黃葉山。故曰黃葉村舍。」（同上）

（5）自注「楊維楨徵而放歸、宋濂送之句曰、白衣宣至白衣還。先生常白衣。」（同上）

※案此自注下、第36④本、有「曾蒙　大府徵而還」一句。

殘臘風雪、訪于石道人、案上有清靖逆侯張勇空同山詩、用其韻率賦。

半夜成功蔡下兵、片舟訪友剡中情。繙書徒想古人事、摩耳風聲又雪聲。（6⑤7⑤10①）

庭有楓三株、霜葉可愛。賦二絕句。

（一）

三株楓在一庭中、墜葉蕭蕭響晚風。數片拾來溫濁酒、醉顏映作十分紅。（6⑤7⑤10①）

（二）

飛自園中入座中、全因霜力不因風。愛吟杜牧停車句、肯許奚奴掃落紅。（6⑤7⑤10①）

初冬晚望。

歸牛欲去又狐疑、路自橋頭成兩岐。霞色紅濃楓色淡、斜陽沒後不多時。（6⑤7⑤10①）

題狸鼓腹圖。

長林豐草四無村、老狸鼓腹舞蹲蹲。借問狸兮作何態、狸不能言我代對。物皆遇春帝力多、豈獨人間擊壤歌。（6⑤7⑤10①）

秋日、與僧五岳、遊惠楚宮、分韻得巢字。二首。※

※此詩題、第36④本無「分韻得巢字二首」七字。又刊本二編卷一18a、「秋日」作「冬晴」、無「二首」二字、而其詩唯載第一首而已。今略。

（二）

古樟漸禿欲無梢、磴鏬張根如瘦蛟。皮印川紋是雷爪、枝懸斗大郎蜂巢。霧沾明鏡光將蝕（1）、瓦壓壞廊形稍坳。瓢酒供神何所禱、祠門可許屢來敲。（6⑤7⑤10①。又見36④）

（1）自注「邦俗、神前必懸鏡。」（6⑤7⑤10①36④）

探耶馬溪勝、到村俊民家。

不知何處是柴關、黃檞翠篁村色斑。窗有書聲唯此宅、庭多泉響自他山。宵闌既醉將醒際、談積久離相合間。早起出門相指似、今朝試向彼峰攀。（6⑤7⑤10①）

二松詩。寄蓼洲翁。有序○代家叔父作。

豆限二市之間、有官道、松三株在焉。鬱然高、相傳數百年物。因名其地、曰三株松。其一株枯、余未逮知之。二株夭矯、爲人所觀。久之、一枯一存。今茲壬辰、存者亦枯矣。人見其枝疎葉落、蕭颯可悲之狀、而不肯回頭、未嘗知其向有凌霄之勢、任棟之材也。余竊爲松不平。夫雖有非常之材、不迨其方茂之時而栽之、見其既枯而姍笑之。是誰之過乎。時無匠石、空使梁木朽。可勝嘆乎。余與翁相知五十年。今也與老、兩無益於世。白髮青燈、學詩摹文、相俱成物外之遊、閒人閒愁。人之所歌、而我慨焉。人之所笑、而我歎焉。與世相乖、與人相違。非翁、誰表區區之心。偶作二松詩、則書贈之。（6⑤7⑤。又見10①）

千年老樹勢崔嵬、拂霧支雲望蔚哉。今日衰枯已無用、何人知道棟梁材。（6⑤7⑤10①）

天保四年（一八三三）　癸巳　年二十七

新年宴親姻。(1) 十首。※

（1）島云、「十首如連環。可評詩佳惡、不可論句佳否。」（6⑤7⑤10①）

※「十首」二字、第6⑤7⑤10①22③本、並無。今從刊本二編卷一20b。又刊本載此詩第一首至第八首。今略。

（九）

月出東山上、窗紙最先知。愁他亭亭影、教客動歸思、掩窗點燈火、聊誤月高卑。（6⑤7⑤10①22③）

（一〇）

客去問廚人、盤實已盡未。侑汝以殘杯、欲分今日味。聞之欣然行、庖風送樽氣。（6⑤7⑤10①22③）

仲春十九日、明府臚公賜行廚、使諸子遊原山應神祠。

閉戶養痾生硯埃、鶯歌蝶舞未詩材。一犁膏雨昨宵過、無數好花今日開。午餉幸蒙明府貺、春遊又賽古皇來。欲知吾輩流連意、唯爲錢公能愛才。(1)（6⑤7⑤10①22③）

（1）自注「歐陽永叔、謝希深等、在錢思公幕下。一日游嵩山、錢公

遺傳廚曰、留龍門賞雪。其愛才如此。」（6⑤7⑤10①22③）

席上、呈平篔簹。

魚與熊蹯味欲兼、才私八斗不能廉。詩含畫意王摩詰、語帶禪機蘇子瞻。月已斜斜到低樹、花皆楚楚候疎簾。良宵如此難常得、對坐休辭酒政嚴。（6⑤7⑤10①22③36④）

寄題南肥長岡大夫松濱館。

孤亭臨海翼然高、細數歸帆知幾艘。香菊在園憐晩節、長松挾閣愛晨濤。人言忠似季文子、我慕德如孫叔敖。無事退朝常不晏、半篷殘日放輕篙。（6⑤7⑤10①22③）

嘗與淡海岡士禮、交於北筑、一別十年、杳絕音信。今茲天保癸巳、令弟士栗西遊、見訪敝廬、席上賦贈、兼寄士禮。

昔歲同寮接令兄、尊前一別未尋盟。何圖此日聞君語、如見他年思我情。夢後滿梁唯月色、愁邊求友有鶯聲。雲龍挾矢初相遇、因憶天涯陸士衡。（6⑤7⑤10①22③）

春盡、到長善寺。

我欲留春餞一觴、其如羲馭去堂堂。桐花落地新陰綠、午院無人蟬語長。（6⑤7⑤10①22③）

三月二十九日。

去不關心冬夏秋、一年一度此離愁。綿綿降架唯藤蔓、咄咄穿庭皆筍頭。花似晨星看有幾、春如昨夢繫無由。流光九十蛇餘尾、聊惜落暉因水留。（6⑤7⑤10①22③）

遊栗園、賦贈主人。二首。

（一）

榻上横琴案上詩、閒侔退院後禪緇。耽書不道有來日、愛客常希無去時。家政太寬家轉富、世紛早避世猶知。高人自古多窮困、淸福如君亦一奇。（7⑤10①。又見6⑤22③）

（二）

隱似老翁年未翁、兒强父健樂融融。此人能解酒中趣、有室亦揚林下風。窗納遠山靑坦迤、庭安怪石黑玲瓏。讀高士傳應誰比、君復仲先三數公。（6⑤7⑤10①22③）

四月朔、到₂原春軒家₁。

東皇臨ㇾ去歛₂韶華₁、不ㇾ許千林駐₂一花₁。有ㇾ母有ㇾ兒和且樂、

獨憐春色滯二君家一。[1]（6⑤7⑤8④9④10①22③）

（1）圏「甚切」題。」（8④9④）

呈華陽上人。

海量能容衆、有門常不扃。錬心如止水、靜坐且觀山。架上書千卷、篁中屋數間。聯翩誰氏子、問字晩來還。（6⑤7⑤10①。又見22③）

夏夜、移榻庭上、偶然作。

暮色蒼蒼苔色青、雨餘涼氣滴孤亭。一庭分影人禽樹、滿榻爭光燈月螢。暗水曳聲沈砌草、行風取路逼簷鈴。此中清味向誰語、待客衡門猶未扃。（6⑤7⑤10①22③36④）

和篠小竹見贈韻。

從來學派苦多源、久厭紛紜百口喧。顧影恆歎無益友、虛心偏願受箴言。材非美玉元難市、性似駑牛宜在村。何日桑蓬遂吾志、夜深風雪立程門。（6⑤7⑤10①22③）

課書童。

青衿問字影團欒、唯願端人取友端。不似聞言在莊嶽[1]、差同學步到邯鄲。書催午倦眠相引、詩和夏慵思亦難。南筑東肥多少客、誰追中立與丁寬。[2]（6⑤7⑤10①22③36①）

（1）篠云、「聞言、或作置身。」（6⑤7⑤10①）

（2）自注「楊中立歸、伊川曰、吾道南矣。丁寬易東、出於蒙求。」（6⑤7⑤10①22③36①）

送法雨東行。

上人行矣莫相違、有倚門親僧所稀。詩似孤花臨澗笑、心如獨鶴帶雲飛。卸裝烏柏陰中歇、仗傘黃梅雨裡歸。吾亦東行應不遠、石山秋月叩禪門。（6⑤7⑤10①22③）

蒲君逸爲尊公築室、請余遊焉以落。※

※「遊焉」二字、刊本二編卷一27a、無。今從5③6⑤7⑤8④9④10①22③36④本。

（五）

青衿兒與白頭親、橋梓中間託我身。烏哺屋頭能子子、燕居堂上自申申。聞新置石雲投宿、見已造窓山請鄰。花木移來知幾種、預期明歲此探春。（36④）

※第一首至第四首、並見刊本二編等。今略。

夏日、雨中過栗園。

毎過斯地愛閒恬、屨踐庭苔有綠粘。擇木幽禽集勾檻、尋花癡蝶入疎簾。風醒午懶書初展、雨送夏寒衣欲添。多謝盤樽陳盛饌、酒杯詩韻孰先拈。（6⑤7⑤10①22③36①）

偶成二首。

（一）

竹前松後讀書堂、瓶色蒼然硯氣香。簟意清涼迎暴雨、窗光容易又斜陽。蓮何所愧心猶卷、蟬似有營鳴自長。炎暑惱人詩興盡、徒開舊稿費雌黃。（6⑤7⑤10①22③。又見36①36④）

※第二首、見刊本二編卷一29b。今略。

秋日郊行。

秋聲捲地起黃雲、滿袖香風野氣薰。腰有一瓢方自得、眼看五穀不能分。菊花顑頷扶垣立、蛩語淒涼隔草聞。去歲年凶今歲稔、老農相遇話欣欣。（6⑤7⑤10①22③）

秋日、諸君來集梅花塢、賦呈。

渠流到砌綠徘徊、叢槿成籬隨意開。菓氣散風山鳥至、樹陰避雨野人來。簾波嬝娜漂茶靄、筵話荒涼禁酒杯。(1) 迎客自慙詩料少、秋園寂寞奈無梅。（6⑤7⑤10①22③）

（1）自注「此會、禁酒。」（6⑤7⑤10①22③）

七月十七日、雨新晴、玄海圓智兩上人、蓼洲栗園來訪、賦呈。

雨送新涼萬象澄、好風如帚掃飛蠅。家貧北海樽無酒、交廣東坡友有僧。籬角引秋懸薜蔓、簷牙愛夜揭蓮燈。請君莫怯歸途遠、早已林端初月昇。（6⑤7⑤10①22③36①）

秋夜感懷。

激昂何假朱雲劍、著述空棲白雪樓。蟲弔壁根秋寂寂、燈殘枕上夜悠悠。金丹難覓三神島、姓字誰傳五大洲。尤是四更眠不着、舊愁未霽又新愁。（6⑤7⑤10①22③）

中元夜雨、南村作。

西風瑟瑟拂長林、單葛難堪涼氣侵。流水聲遙秋野靜、殘螢光大夜天陰。高歌舉世成何樂、枯坐無人問此心。市遠不聞絃管響、梧桐疎雨和寒砧。（10①。又見7⑤6⑤22③）

秋夜、宿山寺。

鳥各求巣欲暮天、中庭老樹不知年。杳如人嘯遙風至、清似吾心片月懸。窗引低雲成臥榻、盤收墜菓上茶筵。忘機殊覺睡魂穩、夢斷晨魚警枕前。（6⑤7⑤10①22③）

送岡達夫、扈侯駕、之江戸。

（一）

此般行色不酸寒、五馬登程迨夜闌。塵和宿雲横大野、甲如流水擁群官。長河當道天星濕、初日出山旗露乾。行到函關應弭節、始知世路有艱難。（6⑤7⑤10①22③36①）

（二）

憐汝才思氷雪清、同僚誰不畏名聲。水歸大海揚波早、星失中天有月行。千里路唯依短劍、五言詩自築長城。年來豪志今堪償、眼看芙蓉一笑迎。（6⑤7⑤10①22③）

秋雨始晴、步近郊。

橋東已過又橋西、不厭征裳帶路泥。風掉高枝林柿落、露攀垂蔓草花低。孤雲得得歸何谷、萬派滔滔自各溪。雨後田家多看稻、雛農老圃幾提攜。（6⑤7⑤10①22③）

曉行。

宿雲低布未朝暉、鳥只聞啼不見飛。貪睡誰應知夜永、閒行能及此時稀。蹄聲響地耕牛出、炬影過橋釣艇歸。菜圃稻畦隨意少、任他冷露濕裳衣。（6⑤7⑤10①22③）

七月二十五夜大雨。廉吾龍信攜酒至、與賦。

乾坤唯一氣、砌際有屯雲。燈暈茫如睡、樹聲混不分。詩成過半夜、酒出謝諸君。蟋蟀吟何事、終宵傍榻聞。（6⑤7⑤10①22③）

暮秋雨中。

零雨蕭蕭晝掩關、香煙黯淡伏簾間。病非新識幾回訪、詩動相牽不得閒。窗淨蒼蠅方赤族、村寒烏桕盡紅顏。晩天風急雲皆去、坐待銀蟾出自山。（7⑤10①。又見6⑤22③）

題梅賀菴主人古瓢。

古色黯如含雨雲、硯南瓶北散餘薫。交能耐久堪稱友、德足成鄰即此君。秋寺尋碑隨獨步、春塘吟月伴微醺。吾嗤許叟無弘量、却愛風聲瀝瀝聞。（6⑤7⑤10①22③）

古塚。

莓苔上碣綠痕匀、文字模糊半欲泯。將相王公難辨狀、烏鳶螻蟻自相親。疎星耿耿楊吟夜、白日蕭蕭草不春。生在朱門多過客、卽今來弔有何人。(1)（6⑤7⑤10①22③36①）

(1)筱云、「結末穩。」（6⑤7⑤10①36①）

周邦上人至、夜坐卽賦、且送其去。

師在海東吾海西、幾年相別又相徯。豈圖執信如秋雁、復此聽談到曉雞。坐久書房燈暈大、酒醒園樹雨聲齊。明朝何處尋游跡、葉落空山行路迷。（6⑤7⑤10①22③）

遊黑老祠。

不待西風水上過、蓼花紅老委滄波。一林霜葉未全落、只覺秋聲此處多。（6⑤7⑤10①22③）

十月十九日夜、月色殊佳、獨步庭上。

靜夜沈沈無客過、衡門之下獨婆娑。西風吹斷棲禽夢、葉落空庭得月多。（6⑤7⑤10①22③36①）

中子玉至、聞其謁花溪釣隱墓。

渭樹江雲久別愁、喜君復向我鄉遊。昔時釣隱今何處、只有花溪仍舊流。（6⑤7⑤10①22③）

時事十首。(1)※

(1)自注「今多無雪、雨連四旬。聞奥羽饑、路有餓莩。愀然有作。」（6⑤7⑤10①22③36①）
筱云、「十絕自是詩史。」又云、「今年幸而豐、足綏詩人之杞憂。」（6⑤7⑤10①36①）

※此詩題四字、刊本二編卷一32b、作「臘尾作、六首」五字。今從第6⑤7⑤8③9③10①22③本。案第8③9③本、此題下云、「時事ノ二字、大ニ忌諱ニ觸ル。——（干支）夏日記感ナト可ナラン。」

（四）

千人擁路馬聲聞、歲杪巡農有府君。却恐隨車飛雨至、一齊仰首看行雲。（6⑤7⑤10①22③36①）

（七）

餓殍縱橫滿路隅、君知東國大災無。廟堂豈有王安石、盍獻當年鄭俠圖。(1)（6⑤7⑤10①22③36①）

(1)自注「宋神宗時、鄭俠上飢民圖。」（6⑤22③）

（八）

莫レ道梁王太不仁、猶能黽勉救ニ飢民一。汎舟難レ企レ逢ニ秦穆一、移ニ粟河東一未レ有レ人。（6⑤7⑤10①22③36①。又見8③9③）

（一〇）

廢重作輕宜酌量、鑄錢更幣豈尋常。今宵偶爾讀周語、單子叮嚀諫景王。(1)（6⑤7⑤10①22③36①）

(1)自注「景王鑄大錢、單穆公諫之。廢重作輕、單子語。」（6⑤7⑤10①22③36①）

筱云、「上下貧困、固非改鑄所能濟。輕重雖與周時異、其弊一耳。」（6⑤7⑤10①36①）

※案第一首至第三首・第五首・第六首・第九首、並又見刊本二編卷一。今略。

雪中溪行。和有臺韻。

凍禽和雪落林前、白勢漫漫欲沒肩。屋舍溪山都一色、不知人住在何邊。（6⑤22③）

荀文若。

曹瞞不三親踐二帝位一、文若之死、或緩レ之。人言文若、忠レ於二漢室一。恐不レ然。實爲二曹氏一謀耳。（6⑤7⑤8③9③10①22③）

子房椎與二慶卿刀一、畢竟亡レ秦遜二趙高一。摘レ菓宜レ於二方熟後一、引二文王例一勸二曹操一。(1)（6⑤7⑤8③9③10①22③）

(1)塩「恨不レ使二坡公讀一レ此。」（8③9③）

某氏評「作『文王有例』、何如。」（22③）

冬至。

寂寞村居冬色闌、破窗風入紙聲酸。夢中成夢厭宵永、衣上加衣禦午寒。偏喜蘆灰催地底、已看梅意動簷端。要溫濁酒酬佳節、雪濕廚薪擧火難。（6⑤7⑤10①22③36①）

論詩。※

※案此詩第一首、又見刊本二編卷三6b。今略。

（一一）

萬衆西奔我獨東、文章切諱是雷同。首陽一死足千古、今日誰稱齊景公。(1)（6⑤7⑤10①。又見22③）

(1)筱云、「三四恐失窾。」（6⑤7⑤10①）

放言。

告君與闘滿鍾田、不如仰天乞豐年。五雨十風無所愆、不加寸地亦安然。君不見今年雨多傷菽粟、十斛田難收三斛、更闘蜻蜓猶不足。（6⑤7⑤10①22③36①）

新漲。

新漲忽相侵、垣階一半沈。遠波魚外合、流沫鴨邊深。暴雨虀蘆葉、樵夫伏樹陰。簷端鈴語急、破我靜中心。（6⑥7⑥10②22③）

賀僧七十。

不是尋常慶賀筵、法身圍繞簇龍天。君家自有無量壽、套語誰陳天保篇。（6⑥7⑥10②22③）

能君象水哉舍。※

※案此詩、第10②本、載在天保六年乙未之作。今從6⑥22③本。

倚檻幾人呼水哉、溶溶一派出山來。波中之鳥半家鴨、岸上無花不野梅。墨和淪漪浮畫絹、瓶烹沈月入茶杯。眼前如此好詩料、天賜斯翁自在裁。（6⑥10②22③）

舟下筑後川。

入筑水流寛、舟中跪坐安。早梅臨岸放、行客駐篙看。山雪明林後、村烟及諸端。餘酲猶未解、恰愛浦風寒。（10②。又見6⑥7⑥22③）

養老泉。※

※此詩、元有二首。第一首、又見刊本二編巻二2b。今略。

（二）

水變香醪足獻親、天教孝子不愁貧。我徒亦有高堂老、自愧至誠輸此人。(1)（6⑥7⑥10②22③36①）

（1）筱云、「恐却輕薄。」（6⑥7⑥10②）

萬歳圖。

霞際初陽上、春風何蕩蕩。舞之還蹈之、卽是太平象。（6⑥7⑥10②22③）

藤明府席上、題高木豐水所畫十景。※

※此詩題、第6⑥22③本並無「高木」二字。第36①本作「題豐水所畫小景」七字。今據第7⑥10②本自注（下見）而補。

吉野春遊。(1)

（1）自注「以下十首、藤明府席上、題高木豐水所畫。」（6⑥

7⑥10②）

美酒難成醉、開筵向晩風。櫻雲吹不散、影影動杯中。（7⑥10②。又見6⑥22③）

西嶺殘雪。※

※此小題四字、第36①本作「西山餘雪」。案此五絶一首、又見刊本二編卷二2b。今略。

牧馬。

無處不春光、濛濛野草芳。足覩風化遍、似是華山陽。（7⑥10②。又見6⑥22③）

雪中人家。

晴雪層層合、竹梢弓勢斜。人烟青一縷、此裏有誰家。（6⑥7⑥10②22③）

隈川夜漁。

月落江波黑、紅燈照夜漁。雙雙烏鬼起、觜上有香魚。（6⑥7⑥10②22③）

深山杜宇。

落落寒雲際、森森古木平。山深行客少、日午杜鵑聲。（6⑥7⑥10②22③）

初夏山村。※

※此小題四字、第36①本作「初夏山行」。

溪光三四里、隱見碧嵓中。躑躅花方發、樵肩一半紅。（6⑥7⑥10②22③）

蘆花。

洲蘆花始吐、雪色媚青潭。聯軒群雁影、落入柳之南。（7⑥10②22③。又見6⑥）

暮村歸人。※

※案此小題、刊本二編卷二3a、作「暮村」二字。今略。

楓林聽鹿。

一林紅葉燃、滿地青苔冷。時見鹿雄雌(1)、呦呦破晝靜。（6⑥7⑥10②22③）

(1)筱云、「作『時聽鹿群過』」。（6⑥7⑥10②）

題豐水山水圖。二首。

（一）

山鳥案頭鳴、窗臨㆓碧溪㆒起。晩醒宜㆑烹㆑茶、坐汲巖間水。（6⑥7⑥8⑤9⑤10②22③）

※案第二首、見刊本二編卷二3b、改題作「畫」一字、第36①本、作「幽居」。今略。

月隈觀櫻花。

春風何處至、吹此山上櫻。萬朶一夜發、山色先曉明。花深人不見、但有笑語聲。（6⑥7⑥10②22③）

日夕。

日夕無事閒行、年豐每物皆樂。醉歸橋上村農、喜呼禾中野雀。（6⑥7⑥10②22③）

春夜病中。

村居寂寞沒蓬蒿、藥鼎煙生勢似繅。臥病却知春夜永、多愁稍減少年豪。詩僧已去窗無月、宿鳥屢移松有濤。倦極五更方一睡、果然朝旭半簾高。（7⑥10②22③。又見6⑥）

客年八月二十九日、遊錢花村古祠、題一絕壁上、既而忘之。是歲四月二日、復遊焉、見而錄之。

鬱鬱杉陰黑、深深苔色青、祠堂溪霧裡、白日見飛螢。（7⑥10②22③。又見6⑥）

所見。

雨後川聲大、橋南方插秧。未秋先一笑、十里色蒼蒼。（6⑥7⑥10②22③）

雨後、自德瀨夜歸。

陰雲漠漠不成晴、麥觸蓑衣忽有聲。古墓當途刀自動、新泥沒足杖相撐。數星燈影村窗遠、一派川光浦徑明。忽覺東天初月出、朦朧樹色似人迎。（6⑥7⑥10②22③）

遊山寺。

石出紛紛泉響微、人蹤稍向此間稀。一雙溪鳥驚筇起、幾片林花觸袂飛。迷路方深悔何益、上方未到去安歸。百旋千折山方盡、始見僧家白板扉。（22③）

夜坐。

清光閃閃到低簷、早已東山吐素蟾。水向池涯卑處溢、風從墻角缺邊添。何來松影將參席、忽至荷香不礙簾。自道讀書無所負、獨貪涼氣未能廉。（6⑥7⑥10②22③）

池上獨酌。二首。

（一）

笑問池中月、我心君合知。好爲不速客、共酌夜深時。（6⑥22③）

（二）

好月池中影、涼風池外吹。幽人池上酌、相會不相期。（6⑥22③）

夏日雨後。

天容如醉久濛冥、何幸今朝忽爾醒。雲散難留楚子夢、雷喑且學金人銘。池澄白鷺甘涵影、風善蒼蠅欲斂翎。假使蘇公逢此日、築亭應喚喜晴亭。（6⑥7⑥10②22③）

菅公廟。二首。

（一）

致君堯舜上、處已孔顏間。悠悠如我輩、亦此仰高山。（6⑥7⑥10②22③）

（二）

勳名日月高、祠廟嘗烝永。遊人休踏來、庭有古梅影。（6⑥7⑥10②22③）

卽事。

黑雲呑皎月、宇宙忽冥冥。但見幽叢裡、殘螢一點靑。（6⑥7⑥10②22③）

季夏雨後殊涼、忽有秋意、欣賦。

一般涼味到牀頭、雨過庭蕉綠欲流、若得桂花些子了、絕無一事不如秋。（6⑥7⑥10②22③）

卽事。二首。

（一）

薄暮多行客、路埃飛半空。須臾淨如洗、月出夜山東。（6⑥7⑥10②22③）

（二）

秧杪盈盈露、莫敎逢晚風。風吹難自保、齊落月明中。（6⑥7⑥10②22③）

漁翁。

扁舟垂釣去、烟水渺無涯。稚子暮相候、歸帆出荻花。（6⑥7⑥10②22③）

送永錫歸浪華。

我約東遊期豈遙、不知何處駐輕橈。送君還問高棲處、應在難波第幾橋。（6⑥7⑥10②22③）

季夏、送正純。

月餐雲宿道心澄、夜讀儒書對佛燈。從我共求三代道、觀君頗似六朝僧。彌天功業何時了、到處津梁應日增。寄語法身須自重、人間此去正炎蒸。（6⑥7⑥10②22③）

晩歸。

石出泉聲急、岸開橋勢長。天寒秋日短、前路已昏黃。（6⑥7⑥10②22③）

題畫。二首。

（一）

孤烟浮樹杪、隔水有茅茨。貪看秋山色、歸人曳杖遲。（7⑥10②。又見6⑥22③）

（二）

樵婦亦風流、鉛華非所求。折花不上髻、紅紫滿擔頭。（10②。又見6⑥7⑥22③）

※此詩、見刊本二編卷二5a、而題作「樵婦」。

送信師。

今世浮屠子、師尤稱我心。身雖居大谷、名稍播儒林。風雪歸程險、江湖別恨深。孤雲無所着、何日又來尋。（6⑥7⑥10②22③）

秋夕、過惠楚宮。

野鳥聲中月出山、神宮半入夕煙間。懸崖樵子累累見、都蹈木犀花杪還。（22③）

初冬。

夏炎秋冷忽然過、一歲之餘奈此何。溪谷風霾豺祭獸、原田稻斂鳥羅羅。多村未夕人聲少、暖壁向晴蠅影多。新酒年豐殊減價、寒儒亦得醉顏酡。（22③）

雪中掌珠師招飲、賦呈。

梅花半孕出垣梢、已有清香映淡交。酒暖醉人眠座右、風旋飛雪聚堂拗。唯因短日貪長話、竟使明燈照暗庖。見說詩才凌賈島、何須相待問推敲。（6⑥7⑥10②22③）

銷寒十詠。用蔣士銓韻※。

※案刊本二編卷二8b・9a・9b・10a、錄此詩八首、而缺第四首・第五首。今錄其二首。

寒潮。

翻地掀天勢不平、縱張萬弩豈能爭。忽收虓怒如休戰、復弄餘威欲拔城。鼇首蕩來仙島動、龍鱗簸落貝宮驚。夜深風定殊岑寂、幾處啾啾寃鬼聲。（10②。又見6⑥7⑥22③）

寒罾。

烟隔疎鐘響至遲、夜深江上欲安之。三星空在魚何處、一葦方航雁亦疑。雪落笭箵容易滿、風吹蓑笠不能披。凍肱投去難如意、生計却輸爲餅師。（7⑥10②。又見6⑥22③）

天保六年（一八三五）　乙未　年二十九

〔附〕「長崎紀行」（筑肥紀行）拾遺二十九則

立春後二日、海屋老人來訪、賦呈。

（一）

新詩句句盡唐音、好不趨時我所欽。錯落星辰推北斗、渺茫文海見南針。吟笻忽帶陽春至、前膝何知靜夜深。才拙從來多固陋、每聞君語醒愚心。（6⑥7⑥10②）

（二）

到處風烟停杖看、程長幾度閲炎寒。暴霾飄雪年將暮、秀水名山興未闌。千里關河勞夢寐、一窗燈火喜團欒。爲君含笑收長鋏、賓館無魚偏恐彈。（7⑥10②。又見6⑥）

訪有臺、夜歸途中、得一律。

一樽濁酒細論文、坐盡斜陽到夜分。四海何人知有我、千秋大業欲期君。寒鴉影定西林月、落雁聲沈南浦雲。認得窗燈紅數點、吾門諸子尚精勤。（7⑥10②。又見6⑥）

送等顗。

四山花放處、一鉢客歸時。踐月登程早、聽鶯曳杖遲。遙知投

宿地、都入紀行詩。臨別無他語、小心加再思。（6⑥7⑥。又見10②）

訪岳林寺。※

※此詩題、第36①本作「題岳林寺壁上」六字。今從第6⑥7⑥10②本。

夕陽簾外忽鶯聲、花氣茶香一樣淸。人又不來春又去、坐看雲自小池生。（6⑥7⑥10②36①）

四月五日、藤明府賜宴月隈、以觀山下運石造橋者。

四山新葉綠崔嵬、明府相招宴月隈。已厚威明迎客意、更高元凱造橋才。萬人圍路團如蟻、大石乗車殷似雷。尤是風光勝春處、紫藤花下坐傳杯。（6⑥7⑥10②）

四月望、太原神祠聽樂、限三闋。賦一律、韻得花字。

穆穆神宮與世賒、況聽仙樂思無邪。天含和氣晴猶雨、林被仁風夏再花。山鳥亦來馴管籥、棟雲不動傍龍蛇。晝長殊惹遊人興、曲闋詩成日未斜。（6⑥7⑥10②）

雨後、書觸目。

風衝弱柳不成聲、及到松梢颯爾鳴。夢後開窗看夜色、淡雲籠月雨方晴。（6⑥7⑥10②）

送松子明往長崎。※

※「往」、第36①本作「之」。今從第6⑥7⑥10②本。

我到瓊浦屬春時、桃花李花粲滿枝。鶯歌蝶舞風日美、朝來山遊暮水嬉。君到瓊浦梅霖日、漫漫黑雲接地垂。巷頭釀泥深三尺、幾回逡巡馬行遲。君不如我途中勝、我不如君紀行詩。知君筆鋒世無敵、西客魂褫不能支。我行嚮得同君往、猶魯侵齊以楚師。我詩雖拙附驥尾、得使海外之人知。莫道相送唯數里、我心復從君後馳。前時身往今神往、一年兩度到長崎。（7⑥10②。又見6⑥36①）

畫鶴。

野鶴潔且壽、表表出塵姿。軒車非我願、九皋足棲遲。稻粱謀雖拙、雲水居自宜。閒澹謝飲啄、肅雝集雄雌。夜深淸唳起、杳渺雲一涯。此去向何處、老仙招騎之。（6⑥7⑥10②）

立圭甫將學醫、來別、有慊然之色。賦慰。

男子立身非一端、區區何必着儒冠。山林遁跡無英物、圭匕揚

聲勝顯官。技售門前成市易、業忙燈下讀書難。勸君堅固操初志、莫向鵜鶘學苟安。（10②。又見6⑥7⑥）

送宇叔張陪明府藤公東遊。

漢庭治最屬吳公。更有賈生才氣雄。良掾成名三語異、野翁送別一錢同。交情稍隔暮雲外、行色看移秋樹中。年少壯遊人所羨、何時吾亦報桑蓬。（6⑥7⑥10②36①）

秋日遊龍馬塢、憩祠官橋本某樓、得登字。

此檻春來兩度凭、每凭輒覺此心澄。舊山當戶如相待、馴狗迎門記我曾。水引遠光斜日亂、田成一色晚禾登。林鴉雖返人忘返、坐見神前上夜燈。（6⑥7⑥10②）

重陽前一日、訪咬菜舍主人、業賣酒。

年過五旬初學詩、人稱高適見今時。菜根供客存儒色、粟粒施禽似佛慈。(1) 家醞新成桑落氣、甁香已綻菊花枝。秋天易晚吟心急、回看青帘影稍移。（6⑥7⑥10②）

（1）自注「近作施鳥臺、散粟其上。」（6⑥7⑥10②）

旅夢。

風吹雲送去程賒、恰似歸家似出家。纔度楓林見秋葉、乍經梨徑弄春花。我從馬上過橋上、人自南涯俟北涯。忽被啼鴉呼得醒、林端殘月已斜斜。（10②。又見6⑥7⑥）

秋晚野步。

田徑初開路不迂、野清秔稻已供租。秋花最後雞冠殿、霜葉多中鴨脚殊。暝際歸牛入烟滅、遙邊去鳥負天孤。北來南去行人急、閒似吾徒一箇無。（6⑥7⑥10②）

訪蒲君逸。

簷頭枯葉落紛紛、客叩林扉立夕曛。壯裡閑人唯有我、凶年嘉穀獨推君。終身讓畝廉聲遍、餘力學文佳句聞。打稻初終火遺芥、庭中幾處起秋雲。（6⑥7⑥10②。又見36①）

九月十三夜、賞月。(1)

（1）自注「邦俗、此夜亦稱名月。」（6⑥7⑥10②）

月映紗窓忽皎兮、捲簾晴氣颯淒淒。池紋亂處魚相弄、雲路明邊雁不迷。未滿劫憐今夜嫩、(1) 此光欲與仲秋齊。吟哦徹曉眠難着、樹影斜斜至自西。（7⑥10②。又見6⑥）

（1）淡云、『嫩』字、如何。」（6⑥7⑥10②）

九月十八日、飲有臺家。

君應咎我杖、誘我數到門。屐齒庭苔上、猶見昨來痕。婢倚墻過酒、兒下堦掃園。夕陽乾墮葉、寒聲歸帚根。穿竹庖煙泄、隔簾器響喧。既醉開窓坐、遙山集南軒。歸牛臨晚水、去雁負秋暄。霜落林容亞、高處獨松尊。歸遲從者倦、倚柱有怨言。半醒出門去、烟淡月下村。（10②。又見6⑥7⑥）

秋晩卽事。

忽然飛雨歇、雲坼見天倪。一片斜陽在、玲瓏橘柚西。（6⑥7⑥8③9③10②）

晨上南岡、所見。

攀到南岡第幾層、一痕殘月隱峰稜、農家已起商家睡、溪上炊烟市上燈。（7⑥10②36①。又見6⑥）

十月五日、日夜得夢一絕、語意難了、姑錄之。

欲斷宜速斷、欲收宜速收。欲斷欲收際、人間萬古愁。（6⑥7⑥10②）

雨後月夜野步。

雨歇山腰尚有雲、屐痕盛月亂光分。[1] 一林濕葉風吹下、粘着人衣總不聞。（6⑥7⑥10②）

（1）淡云、「承句、恐過乎奇。」（6⑥7⑥10②）

山亭聽鹿。

山中讀古書、[1] 何緣慰寂寞。鹿群陸續來、應慕讀書樂。呦呦出澗阿、戢戢聚林脚。掩卷且細聽、蓬蒿起管籥。忽然何所驚、歸樵度略彴。夕陽不復見、紅樹秋影薄。（7⑥10②。又見6⑥36①）

（1）淡云、『古』字、覺不必。」（6⑥7⑥10②）

發田代、村允仲※・田廉叔、送至小郡。

※「允仲」、第6⑥本作「允中」。今從第7⑥10②本。

我亦登前路、午鐘今已撞。離心寄瓢酒、行話隔輿窗。雁去歸何處、林平覺有江。[1] 送來三十里、分手立寒矼。（7⑥10②。又見6⑥）

（1）淡云、「實景。」（6⑥7⑥10②）

良山席上、贈傳公。

我昔與公登此巓、山中風物尚依然。某松某竹皆無恙、一別而

來十一年。（6⑥7⑥10②）

臘月望、與有臺・君逸・岳師等九人、飲富春樓。

泥路初乾覺步輕、富春樓上覔春行。百般塵務片時忘、一様詩材九客爭。臘裡梅花出牆杪、晴邊氷柱落簷聲。擧頭苦看東山月、今歳才餘今夕明。（6⑥7⑥10②）

殘臘臥病、聞田士貞歸鄕、走筆贈之、因約明年共東遊。

朧朧窗色夜燈微、歳晩書寮寓客稀。幾日湯針看我病、滿天風雪送君歸。臨江茅店雞初喔、負郭山塘雁未飛。記取明年花發節、相攜迢遞到京畿。（10②。又見6⑥7⑥）

〔附〕「長崎紀行」（筑肥紀行）拾遺二十九則

天保六年（一八三五）二月十四日～三月二十六日（凡四十三日）

※此題、第36①本作「筑肥紀行」、第5④本及刊本二編卷二18ａ、並作「天保乙未、遊二筑前肥前一時作」。今從第6⑥7⑥10②本。

※此拾遺、以刊本二編卷二（18ａ―26ａ）爲底本。

贈佐賛翁。

紅杏花中漠漠塵、屐聲雷走去來人。耐煩不厭門如市、習靜何

妨佛作鄰。(1) 隨喜啇瞿終有子、(2) 遍稱閔損善娛親。(3) 吾行探盡韶華境、及入君別有春。（6⑥7⑥10②）

（1）自注「居藥師堂側。」（6⑥7⑥10②）

（2）自注「過四十、始有二子。」（同上）

（3）自注「事後母、有孝名。」（同上）

大藩二首。

（一）

大藩新政見昇平、(1) 花滿街頭絲竹聲。君子相俱正當路、佳人雖在不傾城。少年爭倣倡優狀、羈客都甘薄倖名。借問鴛鴦幾雙宿、洲前一水綠盈盈。（7⑥10②36①。又見6⑥）

（1）第6⑥本、「見」作「報」。又有評「淡云、報字作見、如何。」八字。

（二）

繁華不與昔年同、齊國新傳管子功。堤種櫻花粧夜月、街開妓館萃春風。農耕稍及魚游外、塵賦將加鷺浴中。看得高鬟入時樣、珊瑚插鬢婦笄紅。（7⑥10⑥36①。又見6⑥）

藤田翁招飮。庭種櫻楓、稱春秋館。

與君相別十餘年、未見秋霜到髩邊。慷慨侑杯猶故態、品評委客盡新篇。紗窗碧洩櫻梢月、畫燭紅蒸柳葉煙。此會春光如個

好、何時復賞晩楓然。（7⑥10②。又見6⑥）

安靜居席上、呈佐賀諸君。

濟濟鸞飛鳳翥姿、滿堂縫掖盡新知。魯多君子他無及、楚富卿材自用之。酒政不嚴心轉醉、禮情太殷勢難辭。諸公敏捷吾遲鈍、此會何須苦鬪詩。（6⑥7⑥10②。又見36①）

佐賀諸君、邀余集安靜居。古賀安道先生、有病不得臨焉。明日將發佐賀、先生使人請過其家。時※予既上程、賦一詩謝之。

※「時」字、第6⑥本作「而」。今從第7⑥10②本。

嘗誦微雲涼露詞[1]、跂予幾歳望天涯。竊欣臭味元同類、但恨江山隔會期。昨遇夫君抱痾日、今當賤子上程時。搖搖心旆何緣定、付與春風不斷吹。（6⑥7⑥10②）

（1）自注「安道句曰、傍月微雲嬌有態、滴花涼露泣無聲。」（6⑥7⑥10②）

始至荻城、呈席上諸君。

榮府西過荻府過、春光一路送謳歌。粗同季札觀風日、尤愛衞邦君子多。（6⑥7⑥10②）

星巖寺集、呈西原君、卽次其韻。

暫假佛筵成酒筵、淨窓開盡賞林泉。嚶嚶禽集濃花裡、潑潑魚游茂藻邊。共向荏都期後約、初逢蕭寺是前緣。我攜高製到瓊浦、欲訪唐山詞客船。[1]（6⑥7⑥10②）

（1）自注「來詩自注曰、聞兄將往東武、余亦以三月七日發西肥。」（6⑥7⑥10②）

又次橋本君韻。

四座談鋒忽颯生、詩壇人各築長城。就中君句尤奇拔、蘇子瞻如武庫兵。（6⑥7⑥10②）

星巖寺遇雨、欲發而未發、次靜齋鴨君韻。

前林看被過雲侵、花杪鶯聲聽稍沈。夙束行裝未能發、交情因雨一般深。（6⑥7⑥10②36①）

※此詩、第36①本、爲「星巖寺遇雨、欲發未發、呈席上諸君。二首」第一首。今從第6⑥7⑥10②本。

又次松田君韻。

瀟灑文人會、離筵寄梵宮。天雖欲斜日、我尙坐春風。酒向花前盡、詩從醉裡工。却憐征路好、樹色雨空濛。（6⑥7⑥10②）

※此詩下、第6⑥7⑥10②本、並有「又次蠖窗鍋島君韻」詩一首。其詩、與上二首同時作。見刊本二編巻二22b。今略。

佩川先生宅、刻香賦二律。※

※案此題、第36①本、作「草珮川宅、刻香二寸、賦二律、得韻灰」。此詩第一首、又見刊本二編巻二22b。今略。

（二）

几筵今日始趨陪[1]、相遇卽成陳與雷。天上寧無德星聚、坐間時有玉山頽。他峯春色窓中見、何處花香簾外來。巧匠在前難運斧、枯腸摸索幾窮哉。（6⑥7⑥10②36①）

（1）自注「余嘗寄先生句曰、几筵何日得趨陪。」（6⑥7⑥10②。又見36①）

到埼、訪秋香僑居、有詩見眎、次韻。

未諳崎嶴狀、旅悰苦蕭然。登自何山始、游自何水先。決眥求吾友、如農望豐年。又如書難解、而待良疏箋。聞君客斯地、亦吟伐木篇。相訪首相問、何處好風煙。（6⑥7⑥10②）

秋香再疊前韻見贈、又和答。

君道吾詩好、此語豈其然。偶有佳處在、多被古人先。敢與君詩較、論不可同年。唐山辮髮客、購君曾寫箋。圓山蛾眉輩、歌君新製篇。使我焚筆硯、晴窓起黑烟。（6⑥7⑥10②）

題沈萍香松石間意圖。

逍遙石上與松間、却使高僧羨我閒。聞說蒼生望一起、謝公安得老東山。（6⑥7⑥10②）

席上贈高秋帆。用清人某贈秋帆韻。

幾歲聞高誼、相逢今始詳[1]。直思移吾宅、以得近君傍。只惜離時至、不如遲日長。果然黃叔度、萬頃水茫茫。（6⑥7⑥10②）

（1）淡云、『詳』字、似不穩。」（7⑥10②）

贈松春谷。

每見塵中客、不堪應接忙。獨欣今日宴、如在古人傍。庚子豐年玉、荀君座處香。敢辭終夜飲、一別海茫茫。（6⑥7⑥10②）

題春谷畫蘭。

忽遇春風至、清香起筆端。幽心無所托、時寫一枝蘭。（6⑥7⑥10②）

題顧鐵卿夢萱圖。（鐵卿將應春闈、夢亡母勸歸、乃歸。）

京洛緇塵化素衣、東風已老故山薇。見林鴉哺坐生感、聞杜鵑鳴更促歸。萊服榮於披晝錦、萱堂樂似在春闈。(1)知君却有枯魚歎、應記前時手斷機。（6⑥7⑥10②36①）

遊廣源寺、贈拙巖上人。

嵐簷雲棟與山鄰、滿地濃苔絕點塵。呼去有聲皆異鳥、訪來無客不高人。花光明處窗難晚、茶氣薰時座更春。月出歸過門外逕、婆娑松影蹈龍身。（6⑥7⑥10②）

贈松春谷。四首。※

※此詩題、從第6⑥7⑥10②36①本。但第8⑤9⑤22①本、及刊本二編卷二24a～25a、並止載第一首・第二首・第三首。

（四）

螻蟻住槐根、終身尋丈已。朝遊止簷牙、夕棲劃墻觜。仙鶴何昂然、一飛三萬里。東集蓬萊洲、西降瑤池水。螻蟻向鶴言、我境眞狹矣。今欲試漫遊、願得附君趾。仙鶴笑許之、同遊八紘裡。果然所見聞、眩駭目與耳。僕也生僻卿、至崎從松子。始得擅奇觀、何異鶴與蟻。（6⑥7⑥10②。又見36①）

宴久松氏別業。

徑路生苔一半斑、離街咫尺卽幽閒。晩櫻全放春無憾、弱柳自搖風不關。啼鳥似知詩客意、好山恰對美人顏。紅闌干外新潮綠、坐到月高猶未還。(1)（6⑥7⑥10②）

（1）篠云、「句句可愛。」（6⑥7⑥10②）

余游長崎、春老谷迎寓其家、留二十日、情禮共至。將去、賦古體詩五章、以別。每詩百字、首敍其爲人、次謝相待之厚、次勸其作詩、次紀同遊之興、終述別時之語。肝肺流露、不復假文飾。詩雖拙陋、情見乎辭。（7⑥10②。又見6⑥36①）

其一

崎嶴繁華地、居民襍華蠻。驕奢成風俗、酒食事往還。俗士巧射利、才高益行姦。崎人好違世、志堅更爲頑。憐君心澹蕩、與物不相關。朝來趨公府、親厠吏胥班。紛紜案牘際、一明解萬艱。晩歸掃書室、支頤觀碧山。夕陽花西墮、鳥返庭樹間。我心本無二、應物有餘閑。（6⑥7⑥10②36①）

※第二首、見刊本二編卷二25b「贈春老谷、二首」詩（第一首）。今略。

其三

小篆眞行草、君書無所遺。不必米海嶽、不必王羲之。別開一門戶、恥倚他人籬。晴窗蚊蛇躍、雲霧漲硯池。我聞不繼富、莫如遷學詩。此地山水好、花木弄妍姿。不見吟哦客、煙月泣數奇。海舶控吳越、估客善文辭。使渠購我句、聲名海外馳。千秋不朽業、舍君欲屬誰。（6⑥7⑥10②。又見36①）

※第四首、又見刊本二編卷二25b「贈春老谷、二首」詩（第二首）。今略。

其五

束裝將出門、主人向我跪。謂我何怱怱、請且休行李。此地少儒先、無由育英士。得君暫時留、絃誦或可起。賤子謝而曰、吾子大誤矣。學行兩無成、恐不堪任此。抗顏談名敎、人笑不知恥。雖然崎人心、無乃自隗始。顧向庭上花、欲折且復止。長保今日顏、明歲或看爾。（7⑥10②36①。又見6⑥）

贈鳩星泉。

纖塵不動夜街清、絃管響停宵幾更。只有幽人眠未着、一窗燈花讀書聲。（6⑥7⑥10②）

贈木逸雲。

就座卽聞香氣濃、風吹硯墨黑溶溶。詩才豈擇古今體、畫意元

兼南北宗。居處恰如山寺靜、遊蹤獨許海鷗從。終年不見紅塵色、唯隔薜蘿垣一重。（6⑥7⑥10②）

發長崎之夕、宿矢上驛舍、寄松春谷。

高樓昨夜聽鳴絃、月自花梢照酒筵。知否今宵荒驛裡、寒燈一穗對愁眠。（6⑥7⑥10②）

甲玄翁有一瓢、出贈余、詩以告瓢。

瓢乎、昔隨先生海上遊、綠酒春波伴白鷗。今日隨我山中去、唯上杖頭不上舟。寄語自茲甘蕭寂、與君相慰風雨夕。[1]（7⑦10②22④36⑥）

（1）自注「韋蘇州句云、欲持一瓢酒、遠慰風雨夕。」（7⑦10②22④36⑥）

宿半榻書屋。

欹枕悄然眠不成、殘燈相對亦多情。孤村靜處行人絕、一水潺湲終夜聲。（7⑦10②22④36⑥）

春夜雨。※

※此詩題、第36①本作「春夜聽雨」。今從第7⑦10②22④36⑥本。

紙窓微動暖風來、殘燭無光夢屢回。一樣園林今夜雨、早花落盡晚花開。（7⑦10②22④36⑥。又見36①）

讀峰長卿詩卷、賦贈。

家翁昔作五君詠、[1]關西社名噪一時。轉瞬二十有餘歲、雨飛星散世狀移。島郎化爲北邙土、彥國頻病氣亦衰。倪生劉子絆塵累、不得逞力乎文辭。峰也巋然獨不墜、秋月春花助藻思。猶之嵩山於五嶽、宛爾幽燕沈雄姿、[2]聞說近有歸田志、擬就我鄰結茅茨。家翁寂寞恨無友、僕亦顧影歎無師。願君周旋紀群際、[3]僕如得兄翁得兒。早晚鄰火村春下、與君相對細論詩。（7⑦10②22④36⑥）

（1）自注「長卿、及龐彥國・倪有臺・劉君鳳・島子玉。」（7⑦10②。又見22④36⑥）

（2）自注「五字、家翁品長卿句。」（7⑦10②22④36⑥）

（3）自注「孔融、友於陳紀及其子群。」（同上）

余將東遊、園君秉來曰、某歸玖珠、請留一詩。援筆卽賦。

君鄉元自富風煙、朝步山前夕澗前。瀑落龍門三百丈、玉懸雁扇數千年。師生交誼愴離索、螢雪圖書莫棄捐。他日相思若相訪、吾居會在洛京邊。（10②22④36⑥）

逢峯寸碧樓。

巍然雲外聳、在㆑市似㆓江樓㆒。歸鳥投㆓烟渚㆒、晨帆隱㆓柳洲㆒。他家難㆑見處、此地自由收。最愛平波外、遙峯出㆓一頭㆒。（7⑦8⑤9⑤10②22⑴①22④36⑥）

※案此詩、與刊本二編卷三3ａ載「遙峯寸碧樓」詩、韻同而辭頗不同。

吏人逸見子來見、曰罷官讀書。

風塵鴻洞一愁予、男子無爲作吏胥。世上誰如君痛快、拋官去讀十年書。（7⑦10②22④36⑥）

久雨。二首。

（一）

風雲何黯淡、隱几客心孤。萬樹號如怒、千山漠欲無。望中亡釣舍、到處泣農夫。淸淺門前水、一朝成太湖。（7⑦10②22④36⑥）

（二）

十二旬霖雨[1]、生來似箇無。沈禾差長耳、腐蘚却張鬚。竃裡鳴蛙黽、街頭起萑苻。如聞停釀酒、愁緒欲何娛。（7⑦10②22④36⑥）

（1）自注「自五月至八月。」（7⑦10②22④36⑥）

夜泊看月。

到枕蘆聲似雨聲、少間風歇夜三更。漁舟已去沙禽睡、獨起推篷看月明。（7⑦10②22④36⑥）

曉起。

出竹炊烟一縷斜、林間人起三兩家。溪南昨夜風聲急、失却滿田蕎麥花。（7⑦10②22④36⑥）

贈林半仙。

有術行仁甘作醫、無謀免俗且耽詩。救人奇效荷蘭藥、布世新篇楊柳枝。與我周旋敎我服、似君懷抱賴君知。從今請借切磋力、不使光陰容易移。（7⑦10②22④36⑥）

界寓居、送蘭谷歸豐後。

秋來心緒已紛如、況餞故人悲有餘。身遠情親徵夢寐、別長遇短數居諸。歸帆稍入靑山際、旅服恰寒紅葉初。一事憑師莫相忘、爲吾速遞送鄕書。（7⑦10②22④36⑥）

十月二十九日、夜雨。

雨鳴疎樹密樹梢、夜永初冬仲冬交。酒醒幽人有餘渴、起尋茶

鼎向寒庖。（10②22④36⑥）

客中聞雁。

嗷嗷唈唈度寒雲、他日此聲嘗慣聞。萍梗今爲天外客、不堪欹耳到霄分。（7⑦10②22④36⑥）

南至。

窓前咫尺市聲喧、佳節蕭然獨掩門。夜雨全消朝雪盡、今冬轉比去年溫。日方南至更新律、人尚東留思故園。庭際有梅花未坼、不堪相對倒匏樽。（7⑦10②22④36⑥）

湖上月夜。

湖水空明望不ㇾ迷、秋天遙處數峯低。忽聞孤雁呼ㇾ群去、煙樹依稀落月西。（7⑦8⑤9⑤10②22①22④36⑥）

追哭島子玉。

右揮椽筆左稱杯、贜抱正平太白才。一座高名鸚鵡賦、千秋絕調鳳凰臺、悲君不得全三樂、使我無端裁八哀。天外未能陳絮酒、臨風空想墓門梅。（7⑦22④36⑥。又見10②）

僑居歲暮。

每逢歲暮苦無聊、況在異鄉千里遙。愛日隔雲寒慄慄、饕風過市晝蕭蕭。年凶盜賊公然出、海立鯨鯢自在驕。野哭行歌悽慘處、何人掩耳不魂消。（7⑦10②22④。又見36⑥）

夜歸。

左逼山根多石稜、右臨溪上水聲崩。慣攜筇亦難相倚、屢過途猶不足徵。風撼篠篁傳夜織、雲籠桑柘隔秋燈。暗中如見棲禽起、稍喜東天月欲升。（10②。又見7⑦22④36⑥）

純師來見、喜賦。

莫道參商久別君、每裁佳句得遙聞。秋遊山寺題紅葉、春望江天賦碧雲。落月屋梁曾入夢、孤燈禪榻此論文。高才元自凌無本、酷似青蓮思不群。（7⑦10②22④36⑥）

新結吟社、始會於指吸氏一溪菴。

枳殼劃街籬勢斜、入來知是逸人家。苔經昨雨新添色、梅過春寒欲放花。擬把風流供勝會、休將飲食渉驕奢。苦吟獨倚窓陰坐、暮氣茫茫壓碧紗。（7⑦10②36⑥）

為梁星巖題其集後。※

※此題、第10②本作「讀梁星巖集、賦贈」七字。又第36⑥本、原作「讀梁星巖集、賦贈」、後改作「為梁星巖題其集後」八字。今從第7⑦本。

自詩東來千餘歳、懷風經國亦尚矣。中古作者推菅江、柔弱和歌流也已。鎌府以還文辭泯、操觚獨屬浮屠氏。綺語元不宜臞禪、枯林何得著花蕊。江都始建斯文昌、首唱唐音者錦里。新梁祗秋四大家、馳逐中原執牛耳。徒將聲貌肖古人、刻舟求劍迂相似。近時某某數先生、唐僞宋眞其論侈。畫以二十有八言、抛捐古風不肯齒。專尚咏物窮纖尖、淸新却易流俗俚。摸擬性靈均誤人、一是陳腐一淫靡。其中間出執中人、動怙排奡誇詠史。字要湊合陷詼調、句多長短主祕詭。聱牙戟口風趣鮮、英雄欺人人不喜。子莫無權難救時、并前二者三弊累。總無百年不祧詩、前弊纔除後弊起。著意趨時與背時、好名通習滔滔是。務追外觀無確操、求諸他心不求己。邦詩雖好遜西詩、畢竟病根原於此。誰覽八紘開別寰、卽從星巖梁子始。乾坤雷硠巨刃揚、一闢千古詩道否。天心月胸鑿得來、化工喪祕萬象死。如其幽窅感鬼神、成連停琴觀海水。如其悲壯述襟懷、荆卿擊筑醉燕市。芊綿艶麗銷人魂、春烟泄月映桃李。窈窕倚蘭翡翠眠、放縱搏水鵾鵬徙。沖澹雅健又雄深、騷材選趣隨呼使。瑞鳳一鳴諸鳥噤、旭陽已出萬里恥。自今俊傑拔茅茹、公爲鼻祖永崇祀。余也强項不妄推、窮口相稱豈徒爾。我不善詩而論詩、饒舌安免乎誹毀。何必顏如子都姣、始許品評他醜美。唐詩勝宋宋勝元、明淸爭得與古比。古今人才不相如、西土詩風日以鄙。東方文運反不然、今比古昔進倍蓰。嗚呼數十百年後、我纔彼衰非無理。宜載此集傳支那、不啻開我彙殿彼。（7⑦。又見10②36⑥）

鹽田君席上、始遇伊賀藤堂君蕉石、聞其話月瀨勝、走筆贈之。

君鄕未到我先諳、風物淸嘉足討探。十里梅花白欺雪、一條溪水綠拖藍。多年想像勞遙夢、此日逢迎聽細談。預約明春好時

節、青鞋布韈到高菴。(1)（10②36⑥）

(1)自注「山水淸嘉、古語。」（10②36⑥）

寄題祭酒林公莊園二十四勝。※

※此詩題、第8⑤9⑤22①本並作「祭酒林公莊園諸勝」八字、而無「寄題」二字、刊本二編卷三15b作「祭酒林公莊園諸勝、二十四首」十二字。今從第10②36⑥本。

※第一首「六間堂」、見刊本二編卷三15b。今略。

賜春堂。

百升尊中滿、萬卷牀上陳。趨庭皆賢子、通刺盡嘉賓。全家和氣溢、花木亦日新。池躍魚自樂、枝啣鳥相親。德有天翁識、賜以無盡春。春風吹不斷、施及世上人。（7⑦10②36⑥）

※第三首「孤高祠」、見刊本二編卷三16a。今略。

不必在遠樹。

世人有套語、山林求幽閒。能使我心靜、何必訪別寰。讀畫簾夕揭、展書門午關。微雨池上起、孤鳥天際還。千里滄洲趣、收入咫尺間。明窓與淨几、卽是羅浮山。（7⑦10②36⑥）

※第五首「幻瀑澗」・第六首「赤壁路」・第七首「穿雲徑」、並見刊本二編卷三16a16b。今略。

駕虬棧。

長棧背巨虬、蜿蜒俯石盤。下有百尋險、上無三尺寬。欲進足先戰、欲止腰不安。當此危疑際、一心懷兩端。決然作氣過、過後膽猶寒。世路多崎嶇、不獨虬棧難。（7⑦10②36⑥）

※第九首「爛柯枰」・第十首「行吟橋」・第十一首「讀吟橋」、並見刊本二編卷三17a17b。今略。

蟾螞墩。

一痕何皎潔、攜秋候前軒。千朶亦穠艷、呼春到後園。花月奇富貴、山林別乾坤。彼吟又此醉、右硯而左樽。良旦與佳夕、客來敲我門。不話人間事、且上蟾螞墩。（7⑦10②36⑥）

※第十三首「紅於亭」・第十四首「捫天巢」、並見刊本二編卷三17b18a。今略。

虹霓橋。

二橋相並架、譬之虹與霓。一橋長而直、一橋短而低。夏月此引杖、暴雨至自西。後者猶日照、前者已雲迷。過此炎熇熇、度彼颯淒淒。中間雖無遠、多狀趣不齊。（7⑦10②36⑥）

秋繡舍。

蓮落夏芳歇、又有秋花始。牆根黃連白、砌邊紅映紫。迷離迎去鞋、引入錦繡裡。雖輸春芳盛、淸瘦却佳矣。冷然午風善、微香冉冉起。惟怜霜早降、容姿不可恃。（7⑦10②36⑥）

※第十七首「翠雲深處」、見刊本二編卷三18ａ。今略。

好無多垤。

秦皇與漢武、其貴爲天子。猶且求神仙、好多無窮已。韓王佐藝祖、論語半部耳。心足無不足、萬彙歸一理。倦茵石上花、渴掬苔邊水。好處不在多、達人尚知止。(7⑦10②36⑥)

※第十九首「梅塢」、見刊本二編卷三18ｂ。今略。

梅嶼。

梅花在嶼邊、幽閒入靜想。看其在塢巓、香色軒軒上。倦則俯而降、興來又仰往。高放與低開、一樣皆可賞。水風極潔清、林月更高朗。既醉宜嶼幽、未飲宜塢敞。(7⑦10②36⑥)

深樾路。

忽怪冷逼膚、已入深樾路。迤邐涉長蹊、次第領幽趣。孤蝶抱晩芳、數蟬就涼露。夢不遇韓盧、倚石有眠兎。鳥集喬木巓、亦無金丸懼。得所物皆娯、嗒然得妙悟。(7⑦10②36⑥)

※第二十二首「時哉粱」・第二十三首「竹澗流水」・第二十四首「仰想橋」、並見刊本二編卷三18ｂ19ａ19ｂ。今略。

林公巽園七勝※。

※案七勝、謂涼適堂・靜樹・邃亭・豁處・默山・寧芠・月樓。

豁處

靜樹與邃亭、草樹頗天閼。歴觀園中勝、莫如此處豁。前有菡萏潢、衺延百丈濶。月來光滿圓、風入路暢達。魚尾伸不支、波面常活潑。鳥翅張無碍、長翔不可遏。(7⑦10②36⑥)

默山。

中庭疊巨石、孤高勢崢嶸。俯見官道小、人馬如螘行。居身在絕頂、一語萬人驚。却愁下界客、聞我謦欬聲。高明慮鬼瞰、因以默爲名。每向石丈拜、如讀金人銘。(10②36⑥)

※此詩、與刊本二編卷三20ｂ「默山」詩、題同而辭異。

贈唯乘上人。

奇香燒罷又烹茶、韻事逢春次第加。日夕隔簾看小雨、天寒下幕護幽花。讀書終以書修己、留客能教客忘家。一月相依羞我穢、朝朝俗累亂如麻。(7⑦10②36⑥)

夏夜看月。

園林露滿暑威鏖、不用灌庭鳴桔槹。靜裏有聲孤鳥起、涼邊無跡萬蚊逃。人於榻上團欒坐、月自松梢荏苒高。此著中秋應更好、銀盤盛水薦新桃。(7⑦10②36⑥)

將出界、招桑子華守家塾。子華業醫。

坐致千金在七端、名醫元笑陋儒寒。多君急難肯相救、出自杏林來杏壇。（7⑦10②36⑥）

浪華客舍、留別大助龍潭。

自餞吾家遠思樓、昨年初遇浪華頭。他鄉暮雨悲今別、故國秋風憶舊遊。聚散難期萍泛泛、夢魂相訪路悠悠。無情最是孤飛雁、後夜哀鳴近客舟。（7⑦10②36⑥）

題某生鴨東雜詠後。

（一）

文人一筆重邱山、此事千秋不等閒。可惜枉修青史手、唯摹皎齒與紅顏。（7⑦10②36⑥）

（二）

綺語柔情筆筆新、總爲年少冶遊因。今生才子傳中客、異日泥犂獄裡人。（7⑦10②36⑥）

燧洋夜泊。

下㆑碇燧洋西更西、四邊不㆔復見㆓端倪㆒。長空一帶寒雲落、何處數聲羈雁啼。（1）夢阻㆓亂山㆒歸亦苦、愁和㆓潮水㆒漫相迷。臥來起去知㆓宵永㆒、秋月當㆑窓簷末㆑低。（2）（5④）

（1）劉「風神閒淡。」（5④）
（2）塩「有㆑篇無㆑句、作者得意處。」（5④）
※此詩、與天保九年戊戌作「夜泊」詩（下見）、其辭全同。

秋曉二首。※

※「二首」二字、第10②本無。今從第7⑦36⑥本。
※第一首、又見刊本二編卷三23a。今略。

（二）

秋氣入孤枕、愁人眠早起。出門觀雲物、循逕姑徙倚。微風不透衣、清露寧浥屣。蘆葦修影搖、殘月沈遠水。蕭條天地間、有我而已矣。忽聞叱牛聲、一叟已耕耔。稻花白似霜、芬香轉可喜。呼叟共晤言、論高有深旨。去秋穀不登、物價百倍蓰。如土拋金玉、似珠得稂秕。髑髏成高邱、載途多餓死。荏苒及今春、巨猾謀不軌。灰燼十萬家、一月天雲紫。廟略無遺算、轉瞬復燮理。今也猶可幸、後來恐難恃。昇平二百年、時尚趨華靡。小民造淫巧、爭利集城市。王道本農桑、我聞諸孟子。欲講太平策、宜自儉朴始。問叟何處居、答曰國於杞。（7⑦10②36⑥）

丁酉十一月朔、將發吉木歸家、聞米府諸君來訪、乃止。

是日、集者七人。戸田・田中・梯三君、皆新識也。

將東行裝發筑南、忽聞有客駐歸驂。淡交偶聚賢人七、新識殊添益友三。霜重園林香橘熟、年豐村店濁醪甘。坐來却怪冬霄短、情緒綿綿未盡談。（7⑦10②36⑥）

訪知愚齋。

有竹蕭疎泄遠山、十年重叩此柴關。渾如夢寐今朝會、僅記依稀昔日顏。僕納黃雲秋舍外、兒繙青史夜窓間。育英兼保禾廡富、世上何人及汝閒。（7⑦10②36⑥）

余在別子高翼然亭、峰長卿・杉惠甫來訪。昨日子高攜余與至、余則將以明日去。

山禽何事忽驚飛、如有人兮下翠微。過客現來青澗口、主翁迎出白雲扉。岳湛連璧今相訪、李郭同舟昨與歸。却憶明晨上途好、早梅花裡拂征衣。（7⑦10②36⑥）

冬晴野步。

豐歲村家酒亦醇、暾暾野色況如春。試看身後有何富、未若醉中忘此貧。鳥何勁風無佚翼、魚橫急瀨有勞鱗。徐行不厭江堤遠、暮氣蒼然來逼人。（7⑦10②36⑥）

夜到岳林寺。

風吹林葉下、衣上響紛紛。避㆑水甘㆓迂路㆒、過㆑邱怕㆓古墳㆒。秋春三戸月、夕磬半峰雲。忽近㆓詩僧宅㆒、吟聲隔㆑竹聞。（22①）

訪松北渚。

亭亭一樹見喬楠、不問卽知高士菴。大海渺漫横巷北、青山坦迤出窓南。詩何速就纔三歩、飲豈尚多唯半酣。(1) 難得留連淹數日、今宵須作徹宵談。（7⑦）

（1）自注「君與余、皆不善飮。」（7⑦）

訪南條寛卿赤馬關僑居、賦贈。※

※此題十二字、第12本『鷄肋集』、作「訪南條寛卿赤關僑居」九字。今從第7⑦本。

擧世趨柔佞、唯君守木强。煙霞成痼疾、鐵石是心腸。野寺聽黄鳥、江亭倚緑楊。僑居雖寂寞、登覽興應長。（7⑦12）

贈岡士寛。

碧海當門千舶來、青山擁屋百花開。憐君長向此間住、日會詩朋把酒杯。（7⑦）

爲山子蘭題其先人遺像。

吾嘗識乃翁、德與古賢同。不說他人短、好憐貧者窮。托醫成大隱、濟世立奇功。追慕懸遺影、看君有始終。（7⑦12）

題河野氏酒杯。并引。

文政乙酉、訪樺石梁翁。翁出酒杯一枚、曰「此越侯不識菴公春日山宴將士之杯也。」余、爲題長句。翁沒後十餘年、余寓赤門河野氏。主人、亦示一枚、曰「米澤侯嘗賜樺石梁古杯二、石梁贈其一藝人唐生、生又贈某、卽是也。」余、不堪今昔之感、悵然復賦一詩。（7⑦。又見12）

十四年前見石梁、手出一觴侑我嘗。自詫斯非尋常物、不識菴公凱宴觴。杉侯所賜其數二、樺翁頒一贈唐郞。猶似雷煥堀劍日、自留莫邪送干將。是歲始遇河野子、乃知一枚得自唐。擧杯欲飮翻惆悵。顧語主人好珍藏、越侯功業固堪偉、樺翁風流何可忘。（7⑦。又見12）

遊江大車海鷗吟榭、賦贈。※

※此題、第12本「遊」作「題」、無「賦贈」二字。今從第7⑦本。

恰與浮家泛宅同、波濤咫尺入簾櫳。柳隄松嶼彎彎海、錦纜牙檣渺渺風。每日鷗來馴左右、有時鵬徙暗虛空。憑君若寫斯廬

狀、添箇鯫生在座中。（7⑦12）

東洋、買巨蝦、將烹而供之。余、勸放之海。東洋曰「願得一詩」。乃賦此。

此亦波臣誤失波、瘦鬚頳尾可如何。滄溟萬里應隨意、莫再人間近網羅。（7⑦）

七月十八夜、櫻伯蘭招筱翁及余、浮舟浪華橋下、君與翁交吹簫。歸路過北里酒樓。

殘炎猶酷避無謀、且向浪華橋下遊。月朗燈明疑不夜、風清露冷忽知秋。吹簫有客哀消長、載妓誰舟任去留。莫恨更深詩興盡、眼中西北是高樓。（7⑦。又見12）

與阪大業飲江樓、大業出一句、曰「十里淀江一望中」、且請賦一詩、援筆卽成。※

※「援筆」二字、第12本、無。今從第7⑦本。

世間瀕水處、恐少此風光。後嶼猶殘雨、前橋忽夕陽。滄波流不盡、粉壁映相望。春夜當宜月、再來同一觴。（7⑦。又見12）

稻田君所藏古瓢、傳元和大坂之役、盛酒焉。二首。

（一）

二百年前俗自淳、武夫風致似山民。君看戎馬酣鏖際、猶有以瓢盛酒人。(1)（7⑦12）

（1）案第12本『雞肋集』、「自」作「尙」、而校注曰「尙、一作自」。

※第二首、又見刊本三編卷一6a。今略。

秋晴野步。

不醉何由滌我腸、百錢掛杖步晴塘。胡枝雨後無餘紫、野菊霜前有嫩黃。天際鳥歸催暮色、客中人老感秋光。唯憐一事差寬意、村酒歲豐濃足嘗。（7⑦12）

夜泊。

下碇燧洋西更西、四邊不復見端倪。長空一帶寒雲落、何處數聲羈雁啼。(1)夢阻亂山歸亦苦、愁和潮水漫相迷。臥來起去知宵永、秋月當窗澹未低。(2)（7⑦8⑤9⑤12 22①）

（1）劉「風神淡遠。」（8⑤9⑤22①）

（2）塩「有篇無句、作者最得意處。」（8⑤9⑤22①）

※此詩、與天保八年丁酉作「燧洋夜泊」詩（前出）、其辭全同。

書杏雨詩卷後。※

※此題、第12本『雞肋集』、「書」作「題」、無「後」字。今從第7⑦本。

世間詩客鬱如雲、事宋奉淸無絕群。一種風神溯中晚、竹田翁後獨夫君。（7⑦。又見12）

天保十年（一八三九）　己亥　年三十三

藤洞然、攜其友人津君、讀拙稿、高什見眎。次韻却寄。

雲章飛落到衡門、滿紙墨痕香尚存。休言山河遙杳杳、唯期書信永源源。交情若得侔兄弟、友誼應留貽子孫。想像高懷何所似、一團和氣卽春溫。（7⑦）

阪大業約相過而不至。聞其花燭有期、調以一絕。

一事相調我有辭、近來何故誤襟期。知君兀坐春窓下、苦思催粧數首詩。（7⑦）

贈阪九山。

愛客慕賢如渴飢、吟花嘯月役神思。傾來北海尊中酒、賦出西崑體裡詩。(1) 愧我無才又無識、幸君相見卽相知。春郊風日方淸美、欲約陪遊訪定期。（7⑦12）

（1）自注「君詩、喜溫李。」（7⑦12）

爲法景壽尊公七十。※

※此題、第8⑤9⑤12 22①本、並作「壽法景父七十」、第5⑤

本作「壽曾根翁七十」。今從第7⑦本。

心無㆔一物管㆓塵機㆒、家有㆔三兒著㆓彩衣㆒。七十尋常何足貴、如㆑君清福古來稀。（5⑤7⑦12。又見8⑤9⑤22①）

訪法景・景雲二師。※

※此題、第12本『雞肋集』、作「訪景雲二師」五字。今從第7⑦本。

讀書聲間木魚聲、苦學方同魯兩生。滿室花香春二月、移窓竹影夜三更。敲門投宿非新識、置酒罄歡眞故情。久矣寓居歌吹海、相逢頓覺我心清。（7⑦。又見12）

約春波・凌雲二子、看北郿梅花。及期、二子遊南都不歸。嘲以一絕。

北郿寒宜山澤癯、南都暖稱富遊徒。二君方喜新桃李、來看殘梅獨有吾。（7⑦12）

春波自南都歸、說其勝。賦贈。※

※此題、第12本『雞肋集』、無「賦贈」二字。今從第7⑦本。

諾樂風烟未往看、紛紜世務脫身難。花遮小閣紅初坼、柳蔽深窓綠欲闌。歌吹海何知夜雨、溫柔鄉恰避春寒。夫君細話彼中勝、恨我無由生羽翰。（7⑦12）

贈秋元秀藏。

凛凛才鋒似太阿、嘗經百錬與千磨。范蠡脩產功名早、杜牧論兵慷慨多。夜雨繙書燈下坐、春風攜妓柳邊過。相逢一笑又成別、濁酒三杯奈恨何。（7⑦12）

贈島棕隱。

方今詞客鬱如雲、千古不祧當屬君。皆道風流同杜牧、誰知慷慨類劉蕡。向花飛處憐春老、聽雨來時坐夜分。夙耳大名垂廿歲、一尊何幸得論文。（7⑦。又見12）

客年梁師眎其詩、余不自揣、有所規箴。今年復眎新製、高妙非昔日之比。余嘉其虛心納人言、題一律稿後獎之。

去年曾讀上人詩、就大醇中摘小疵。何料駸駸非舊態、可徵一一納前規。唯能無我故無敵、若不譽公當譽誰。今日已除蔬筍氣、貫休齊己懶相師。（7⑦）

送梅園生歸廣島。

去年廣島君送我、今年浪華我送君。歸計馬同舟便利、前程山

與水平分。點蓬楊絮輕雪、觸帽櫻花片片雲。恰是殘春好風景、須將別恨付微醺。（7⑦12）

虞道人、作紙帳避春寒焉。因作梅花紙帳吟三十首、見眎。

窓外春寒雨又風、未見嫩綠與新紅。上人此時兀然坐、筆端生花賽化工。怪得世間春光少、春在梅花紙帳中。（7⑦。又見12）

櫻伯蘭、招小竹・春草・訥堂諸君、遊石街酒樓、余亦與焉。席上、分「雙橋落彩虹」五字爲韻、余得彩。時伯蘭將歸山陰、小竹將遊南海。※（7⑦。又見12）

※案唐李白「秋登宣城謝朓北樓」詩曰、「兩水夾明鏡、雙橋落彩虹。」

此樓洵美哉、來晩吾欲悔。地勢雖微高、早覺煙景改。柳浪綠溶溶、菜花黃每每。犢歸耕徑長、鷺起釣舟在。高會列諸英、各自足風彩。美酒供蟻浮、珍肴具魚醢。既忻佳興酣、又恨離情倍。櫻君歸北山、筱子遊南海。朝起望汪洋、夕寢夢崔嵬。一胸蓄雙思、心君困主宰。唯願兩平安、後會翹足待。（7⑦12）

雨夜、藤洞然來訪。

幾人相引看花回、萬屐過街響似雷。寂寞閒門窮巷裡、誰侵夜雨訪吾來。（7⑦。又見12）

泊室津。

逆浪衝崖崖欲崩、濕雲壓海黑騰騰。舊愁新恨參差起、雨打篷窓半夜燈。（7⑦12）

夜泊宮洲。

寒雲擁樹望糢糊、浦上漁燈忽有無。安得丹青如顧陸、描吾今夜泊舟圖。（7⑦）

舟過讚備間。

半竿殘日水禽啼、密葦繁蘆望欲迷。鄰舫不知何處沒、孤煙忽起斷山西。（7⑦12）

夏日訪樅園。

茶鬻出窓花挿瓶、入門卽覺此心醒。午蠅聲絕無人至、一樹樅陰冷古庭。（7⑦12）

牡丹。

魏紫姚黃種種新、杏桃雖艶敢爭春。三千佳麗無顏色、應是花中楊太眞。(7⑦)

秋夜即事。

南軒獨坐愛蕭寥、酒已醒時睡亦消。微雨晴來秋夜暖、淡雲朧月似春宵。(7⑦12)

贈藤寛卿。

鬱鬱成何事、栖栖尚自窮。對君談我志、猶熱得涼風。且擲懷安念、須收省察功。唯宜師柳惠、介不易三公。(7⑦)

西王母。

由來仙子詫淸高、富貴相薰乃欲逃。爲是劉郎內多慾、茂陵松柏博蟠桃。(7⑦12)

鳩石贊。※

鷹化爲鳩、鳩化爲石。變猛就寛、人服其德。鍊柔成剛、人畏其力。威德並施、妙用無極。(7⑦)

※案此贊、旭莊入之於『梅墩詩草』。因今編於詩中。

贈北浦竹圃。

夙聞高義今相接、置酒進茶歡意浹。街市黃塵滃渤中、園栽楓樹看紅葉。(12)

余與溪琴遊熊野、歸至田邊。余先發過鹽谷、有此寄。

殘日猶明紅樹端、驀然驟雨送新寒。踟躇鹽谷村南路、如是風光不與看。(12)

送柘春田歸長埼。

共客天涯閱一年、紛紜旅務互周旋。春歸已恨花飛了、君去更思吾悄然。裝束奇書銷永日、伴攜佳偶上歸船。風流如是何遺憾、莫問前程路數千。(12)

浪華客舍、田稻香來訪。二首。

(一)

寂寞鳩居依鵲巢、何圖故友訪衡茅。數年縱作參商隔、一世元締管鮑交。歲晚寒風襲殘燭、夜深飢鼠嘯空庖。枯魚幸有門生贈、且自梁間下酒匏。(12)

(二)

壁罅寒飇似虎咆、貧廚薪盡爇枯巢。孤愁兀兀將安訴、擧世滔

滔誰與交。出處吾何甘小草、風流君已列前茅。索居常恨無詩敵、聯句應宜倣愈郊。(12)

天保十一年（一八四〇）　庚子　年三十四

長崎春老谷、自松前歸、邂逅浪華。

一壑主者誰、樵兄漁弟交占レ此。吾僅識三字於二其間一、山靈呼レ我爲二知己一。暖渚采レ蘋春澗靑、秋寺尋レ楓暮山紫。(1) 一自三出レ家客二天涯一、潦倒總墮風塵裡。泉韻松濤難二復聽一、但聞馬語屣聲聒二雙耳一。綠樹白雲何得レ觀、偏見黃埃百尺漲二街市一。有レ時逍遙松石間、發レ目南窓片夢而已矣。(2) 常恐山庭勒二移文一、每念及レ此羞將レ死。聞君行李赴二西州一、便道應レ過我桑梓。柴門北向園在レ南、繞レ園松竹雜二梨柹一。楊柳數行出レ垣高、不レ問須レ知吾廬是。君入二吾廬一致二我言一、草堂之靈始莞爾。更托二一事一請莫レ忘、六尺生綃將二藤紙一。爲レ我仔細寫二故山一、點二綴豪末一分三寸咫一。十日五日費二二夫一、一水一石皆形似。吳道子寫二嘉陵江一、恐未三必能勝二君技一。今也吾見二故鄕人一、跫然足音猶可レ喜。況於下悉挈二江山一來、圍二繞吾躬一供中隱几上。定如三雞犬識二新豐一、亦似三遼鶴歸二故里一。世間快事莫レ甚焉、終身臥遊故鄕之山水、嗚呼行矣刮レ目俟。(3)（9③）

(1) 劉「忽插二此一句一、前半精神躍如、而後入二後段一、是東坡家法。」（9③）

（2）塩「何其自在。」（9③）
（3）塩「作者七古亦多種。此篇、辭清婉而筆快利。非レ白非レ蘇、別是一宗。」（9③）
※案此詩、與刊本三編卷一21b載「長崎春老谷自松前歸、邂逅浪華」詩、題同而辭異。

新正八日、柬九山。時余臥病。

梅花消息不曾知、臥病禁詩兼酒巵。記得去年當此日、與君聯句醉櫻祠。（12）

送宗迪歸柳川。

上程尤好早春時、幾度停鞭馬去遲。自此一千三百里、有梅花處有君詩。（12）

後赤壁之夕、賴采眞招集其官舍。

肯使蘇家擅美名、一門中表並才英。雖追赤壁騷遊跡、寧似黃州貶謫情。不必山間與江上、且憐月白又風清。往年曾侍尊翁坐、今夕何堪百感生。（12）

三月八日、賴采眞招飮官舍。

雖居魏闕下、心在江湖濱。白傅甘中隱、君也應其倫。錢穀殷繁職、風月吟哦身。招我官舍裡、共賞雨中春。世間看花者、滔滔趁晴晨。紫陌紅塵色、重疊汚花脣。西子蒙不潔、無乃失天眞。不如今朝雨、一過盪萬塵。每花出自浴、嫣然隨意新。紅濕頭漸重、何異苧蘿顰。地曠疑在野、墻高不見鄰。絕無蹄輪至、轉覺蟲鳥親。幽閒退外誘、觀賞獲內純。是地而是雨、始識花精神。浪華多官邸、今雨降亦均。胡爲獨舍彼、無此賢主人。（12）

夜行觀螢。

晚來意不樂、去步江上村。暝煙茫欲合、初月淡無痕。螢火如相導、何厭萬點繁。照露光遠被、出柳勢俄尊。忽遇急風過、撩亂一齊奔。零者漂水面、落者沈草根。炯炯不能熄、脈脈似欲言。休道腐草賤、寸輝表精魂。此心耿難滅、零落非所論。孤生易感物、復歸掩衡門。書窓燈未點、獨坐夜昏昏。（12）

浪華納涼。

浪華天滿及天神、（1）三大橋橫長短均。幾隊樓船領風月、兩涯煙火壓星辰。夜間壯觀偏欺晝、夏晚快遊多勝春。士女肩摩難進步、還家人雜出家人。（12）

（1）自注「三橋名。」（12）

詠菊。

擧世弄來無已時、朝供畫趣暮詩資。當年誤識陶彭澤、竟失天然隱逸姿。（12）

送藤凌雲畫史歸江戸。

知君悲喜戰胸中、妻子別西親待東。柁尾晴搖近湖月、馬頭秋冷遠洋風。廿年作客形容換、一日歸家聲價隆。海道煙光今正好、請摹眞趣托飛鴻。（12）

詠武井氏家釀梅酒。

梅香拂拂溢瓊卮、醉去羅浮入夢思。一笑西湖林處士、此般風味不曾知。（12）

遊增田氏山莊。主人新闢山搆屋。

誰振拔山力、剗破此巉巖。田種新秔秫、庭仍舊檜杉。詩材猶未獲、酒政且休嚴。晩景宜觀海、一帆追一帆。（12）

冬至、松陰書寮集、分韻得多字。

平生壯志易㆓蹉跎㆒、四序滔滔似㆓逝波㆒。忙裡雖㆑貪㆓寸陰長㆒、客中争奈五年過。松塡㆓北戸㆒寒風少、水映㆓西窓㆒愛日多。願假㆓諸公會文力㆒、不㆘教㆓斯晷㆒浪消磨㆖。（8③9③12）

三月二十一日、與小竹・春草・訥堂・伯蘭・三木・耕石諸君、乘舟遊櫻祠、分韻得源字。

朝汎輕舟泝水源、停篙也叩酒家門。遊兼四美當三月、人是七賢同一尊。紅袖去來堤上路、青帘飄颺柳邊村。盍簪如此難多得、坐到蒼茫夕景昏。(12)

秀諦師來訪。

簷滴聲中思悄然、故人來自洛京邊。回頭十七年前夢、夜雨宜園共被眠。(12)

雨中、訪純師瑞蓮精舍、約明日遊北野。

揭裳敢憚踏泥行、欲就上人尋舊盟。地占名藍知法力、交多韻士見高情。窓寒古硯吹雲氣、庭晩新荷入雨聲。北野攜游期已定、明朝但願得天晴。(12)

觀佐神童草書、賦贈。

神童夙慧世皆知、長吉子安何足奇。弱腕猶疑未勝筆、一揮卽如風雨馳。不成春蚓秋蛇態、稚龍早已鱗之而。夭矯豈是池中物、會有噓雲乘霧時。古來聰明福分薄、唯祝前程百祿綏。尙友古賢何人好、李鄴侯與李西涯。(12)

夏夜、送老谷至海口。老谷吹笛。

誰在此間能不愁、艤舟欲別暫相留。歸人吹笛居人聽、明月滄波夜似秋。(12)

送中尾子之江戶。

此日世間方苦蒸、焦金爍石火雲凝。羨君鞭馬岐岨去、幽谷深巖尙見氷。(12)

宴清海氏別業、戲贈主人。

厭厭夜飮月傾西、堂上杯盤與阜齊。忽有涼風來滅燭、淳于何妨醉如泥。(12)

七月朔、夜雨、泊竈關。翌日昧爽、買艇、攜眞荒二生、訪長星灣於室津。始坐、天晴。舟人來、促上舟。主人爲我具觴。然不得飮。留一詩述情。

前路茫茫總是雲、打篷寒雨不堪聞。孤舠之上三人坐、兩市其

間一水分。却憾好風方促我、不知何日復逢君。杯盤已具無遑飲、迎者頻來怒詈紛。（36⑪）

歸鄉數日、劉石舟來訪、有詩見示。次韻以謝。

賤子於君識履聲、纔聞步到走相迎。挑來五夜闌殘燭、話盡四年離索情。蟲各織庭何汲汲、禽皆擇木亦營營。幽閒唯有兩人在、詩酒還尋舊日盟。（36⑪）

送但馬天民西遊。

雁點澄波秋影分、去舟遙沒海天雲。此時西望數行淚、半爲懷鄉半別君。（36⑪）

秋夜、讀春臺先生經濟錄。二首。

（一）

老蘐門下富英髦、氣象凛然推此翁。賈誼治安徒有策、龍川經濟未成功。勢應遊越販冠類、説豈刻舟求劍同。莫賤四維原管仲、先王大道尚時中。（36⑪）

※第二首、又見刊本三編卷二9a。今略。

白牡丹。

百卉低頭拜下風、從來當種蘂珠宮。娟娟縞李妒神勝、淡淡水仙羞色同。半砌冷雲團不散、一欄素月照來空。天然富貴君看取、不在姚黃魏紫中。（36⑪）

詠松。

春過花焰一時熸、唯有蒼官四季兼。元禮風標眞可想、長輿節目亦何嫌。亭亭寒翠凌冬雪、鬱鬱清陰遏夏炎。最是秋宵雨新歇、絶高枝上掛銀蟾。（36⑪）

臘月初六、諸君集我僑居、賦呈。韻得題字。

歲晚天涯歸夢迷、鷦鷯僅占一枝棲。肴供舊貯容吾匱、酒不新賖從客攜。望眼將穿飛鳥外、鄉心更落夕陽西。唯期此會源源繼、臨散每人分後題。（36⑪）

田坂子、年過四旬、始擧男。賦此以賀。

喜君過四十、今旦始爲爺。仙菓終生子、優曇亦著花。聰明應繼業、壽福定宜家。何歲晴窓下、書聲隔碧紗。（36⑪）

即事。

樹影茫如レ失、月光澹不レ明。渡口行人絕、烟中一鳥鳴。（9⑥36⑪）

吉雄國手、招余及妻兒門生數十人、遊寶室精舍、賦謝。

自向東風餞晚梅、使吾詩興久成灰。忽忻黃鳥催人去、復有紅桃滿野開。妻子同招眞厚意、僧醫並致豈遺才。更憐咫尺繁華境、一箇無曾俗客來。（36⑪）

將去大村、贈蘆村田文學。

闔國人望總屬君、不知何策起斯文。朱陳縱是學風異（1）、洛蜀何須黨類分。旅夢蕭蕭驚晚雨、鄉心杳杳趁歸雲。自今漸減追隨日、但願多聞所未聞。（36⑪）

（1）自注「君目余以陳同父。」（36⑪）

宅士毅、既辭レ我而赴二諫早一。余走二古士先一招レ之。士毅復來、乃賦二三絕句一以謝。且送レ之。

※此題、第36⑪本、「余」下有「將有囑」三字。今從第8③9③本。又刊本三編卷二18b、作「宅士毅、既辭我而赴諫早。余走谷士先招之、復來一宿、二首」、而錄第一首・第三首。今略。

（二）

觸レ鞋炎塊散二黃埃一、去向二前途一亦苦哉。況已經過三十里、爲レ吾容易復歸來。（8③9③36⑪）

長國手宜雨宜晴堂集、送田廉叔歸田代、青木翁歸桑名。余與翁始相識。

二人將去東行裝、國手延留侑餞觴。元是海山爭勝處、況於晴雨兩宜堂。近離遙別恨非異、舊識新交情共長。吾亦東歸期稍逼、肯能相待至秋涼。（36⑪）

十二月二十一夜、飲林氏、歸途中作。

一痕寒月出橫雲、殘雪熒熒歸路分。我影似人隨獨步、水風如

刄破微醺。豐年更見萑苻起、徹夜無停枹鼓聞。自哂杞人憂未已、擧頭幾度望天文。（36⑪）

食無求飽。

君子苟志道、瓢飲勝金罍。菜比玄象鼻、蔬如紫豹胎。春韭昨已剪、秋芋今方煨。彼哉饕餮輩、飽死眞堪哀。饞爲病之本、奢卽窮之媒。何曾萬錢食、子孫終罹災。顏子一簞食、千載稱賢哉。（36⑪）

天保十四年（一八四三）　癸卯　年三十七

浪華諸子、餞余曲江樓。

綠水斜穿紫陌流、賣茶舟接釣魚舟。談長祖宴惜將暮、程遠歸裝恐及秋。羈跡雖淹富山外、夢魂應繞浪華頭。預思蓴美鱸肥日、復續此歡登此樓。（42）

江都、遇竹內俊策。文政中別、既經二十三年。

廿三四歲隔山河、把臂一堂呼奈何。貌在夢中逢漸老、詩從別後進彌多。鴻飛感汝逃官路、鷁退憐吾苦世波。彼此滿腔談未盡、爲期明日復相過。（42）

贈伊東國手。

衆醫今日孰龍攄、靈術就中尤盛譽。蟻集萬人攀紅杏、蟹行千卷挾蘭書。喜君傾蓋交情密、恕我忘形禮法疎。亦欲相依留此地、不知何處定茅廬。（42）

病中、青研藏來訪。

雪和枯葉撲窓櫳、臥過西風到朔風。病自懷鄉來有本、技能醫

國絶無功。唯君相顧如昆弟、使我毎逢忘梗蓬。臨鏡一朝驚髪白、共杯何日得顔紅。（42）

早梅。

獨帶氷霜立水涯、群芳皆後不能誇。遲遲若待東風至、亦是尋常一様花。（42）

雨中、山田氏春雨樓集、得韻東。

我住街西君住東、出門先認杏花紅。途尤不遠往來便、心更相知臭味同。天逐黄塵行曉雨、人依綠酒坐春風。明朝能得郊遊否、晩樹露梢雲褪中。（42）

題高久生仕女攜畫幅出遊圖。

殘日烘窓春夢斷、烏鬟鬆墮不勝濃。欲看畫卷竟慵開、攜與侍兒尋女伴。（42）

招誠軒・冲齋・靜海三國手而飲。

客土向誰傾一杯、可憐紅紫滿國開。百方難逐鄕心去、三箇遥迎國手來。棋戰始休如歃血、詩思復苦似銜枚。花香月色千金夜、未到雞晨莫曰回。（42）

杉田子招飮、見其二子。

千萬路人誰識名、唯君一見卽多情。交親疑有三生約、室邇寧須百步行。細雨沾花春酌靜、紅燈照酒夜庖明。最欽仁術積陰

德、滿室芝蘭令弟兄。（42）

送木原子。

始覯成蘭契、如何止二年。曾期開講席、不料作離筵。(1) 函嶺方梅雨、富山猶雪天。前途總宜夏、最羨淀江船。（42）

（1）自注「君將引余聽講、不果。」（42）

孟夏、惠學師自浪華至、喜賦。

浪速曾同住、江都我獨遷。衆交無隻信、一別已三年。忽得逢尊者、定應由夙緣。淸和風日美、請泛墨沱船。（42）

與二甲玄益一夜坐、使二之呼一レ韻、應レ聲賦二二律一。※

※此題、刊本三編卷三16b、「甲玄益」作「毛堀二生」。第5⑥本亦同。今從第9⑥36⑤42本。第一首、又見刊本三編卷三。今略。

（二）

蕭然相對讀書檠、坐久幾敎膏盞傾。論了興衰兼得失、起從虞夏至明淸。唯因今世少知己、轉悟古人多不平。最是四更眠未着、市聲初歇送秋聲。（36⑤42）

秋晩偶成。

霜破蠅群稍就降、暾暾殘日到低窓。山南菓熟猴爭樹、澗曲水消魚伏矼。早達敢希王短薄、苦吟偏慕賈長江。唯愁晷短餘書課、遠寺昏鐘早已撞。（42）

冬初郊行。

四野無風靄霧茫、冬初氣候勝春光。負暄微步宜行藥、假病偸閒是妙方。楓葉點江流更赤、菊英經雨落猶香。鴉邊暮色蒼然合、其奈途長日不長。（42）

遊二室生得月樓一。

川匝二西南一更匝レ東、長橋兩道掛二飛虹一。滿窓夜色波心月、一枕秋聲葦杪風。休レ憾跡居二朝市際一、須レ誇家住二畫圖中一。吾廬咫尺詩材乏、有レ水與レ無良不レ同。（9⑥42）

贈横見子。

屢趨二貴邸一接二群賢一、相識誰如君最先。邂二逅江都一雖二數月一、追二随浪華一閲二三年一。邀來獨酌孤吟際、伴去梅香柳意邊。欲レ訂二舊盟一何處好、墨沱春暖足レ浮レ船。（22④）

熊文叔、送浪華名流記、賦謝。

一去浪華三遇春、蕭條客舍與誰親。荷君惠送名流記、使我長如晤故人。（42）

富士山。※

※此題、第22④本作「富山」、第13 15本並作「題富山圖」。而第22④42本、並屬之於弘化二年乙巳作、第13 15本並屬之於弘化三年丙午作。

點青海縈麓、一白雪成峰。高揭東天日、餘光及萬邦。(1)（42。又見22④）

（1）自注「六月、中峰猶積雪。四更、東海已升暾。」（42）

送藤廉平。大昨年、余同廉平等十七人、至江戸。今也余獨留。

前路秋光足笑顏、五分水與五分山。馬過殘柏蕭疎裡、舟入歸鴻滅沒間。裝似詩嚢無長身、身居官路有餘閒。一行十七人皆返、送到夫君涙更潸。（42）

秋懷五首。呈北鄰鹽松園先生。※幷引。

※此題、刊本三編卷三31b、唯作「秋懷三首」四字、而無「北鄰鹽松園先生幷引」。今從第9⑥42本。

余本愁人、況遇二秋霖一。堅愁如レ鐵、欲二以レ書銷レ之。任レ手抽二案頭堆帙一、偶得二陸士衡傳一、三復慨歎、連賦二秋懷五首一。生平多病、大畏二秋風一。加レ之范叔之寒、亦既久也。故悉押二寒字一。四愁五悲之後、又有二五寒一。一笑。

※第一首・第二首・第三首、並見刊本三編卷三31b32a。今略。

（四）

秋風無レ所レ愛、每レ物極ニ傷殘一。秋霜無レ所レ擇、蕭艾與ニ蕙蘭一[1]。
案頭十七史、漫抽ニ一卷一看。恰是陸機傳、三復倍ニ慨歎一。惠
皇已庸暗、婦令行ニ朝端一。胡羯逼ニ內地一、諸宗虎而冠。洛下名
利藪、不レ如ニ江左安一。機也見レ幾晚、其識劣ニ張翰一。秋風懷ニ
鱸膾一、此意良足レ觀。秋風霜未レ履、何俟ニ堅氷寒一[2]。（42。又見
9⑥）

（1）塩「四句景中有レ論、而入ニ後段一、轉折有レ法。」（9⑥）

（2）塩「張翰語、含蓄深遠、非ニ解人一無ニ以看破一也。〇余亦欲レ爲ニ解人一。兄許乎。」（9⑥）

（五）

靈龜與ニ仙鶴一、卜居同ニ江干一。往還日已密、晤言叩ニ兩端一。一
夕秋風至、鶴愁ニ羽衣寒一。欲下向ニ陽處一去上、顧レ龜又長歎。君
兮雖ニ神智一、水族離レ水難。我兮無レ所レ縶、八紘雲路寬。請君
莫ニ相留一、各從ニ其所一レ安。趨舍姑異レ道、終結ニ千秋歡一[1]。（42。
又見9⑥）

（1）塩「我意在ニ揚之水卒章一。」（9⑥）

哭東鄰杉田翁。

一朝何料隔ニ幽明一、幾歲往還如ニ弟兄一。憶昨看レ花同酒興、歎
今聽レ雨獨詩情。山河長蓄浩然氣、日月高懸不朽名。毫髮知
君無レ所レ憾、箕裘有レ子並才英。（22④）

送ニ川添白水歸一レ薩。

一自レ來ニ都下一、終年毀譽紛。何人解レ容レ我、知己莫レ如レ君。
離恨隨ニ秋色一、思情寄ニ暮雲一。南陲方靜否、請報レ所ニ傳聞一[1]。
（22④）

（1）自注「時流求有ニ拂夷警一。」（22④）

題富山圖。※

※此題、第22④本作「富山」、第42本作「富士山」。而兩本並屬之於弘化二年乙巳之作。今從第13①15本。

點青海嶸麓、一白雪成峰。高揭東天日、餘光照萬邦。（13①15）

今春梅花、至二上巳一方盛。※

※此題下、第22④本有「有レ感」二字。今從第13①15本。

去年二月梅已落、今年三月梅正開。人功不レ用拘二常格一、天意猶翻二舊案一來。（13①15 22④）

賀二顔山增レ祿。

鷃雀啁啾守二故林一、惟鶯與レ鶴異二凡禽一。一朝幽谷遷二喬木一、幾歲九皋懷二好音一。家國多レ憂添二白髪一、遊觀無レ暇見二丹心(1)一。連茹知似二拔レ茅勢一、擧レ俊推レ賢始レ自レ今。（13①14。又見15 22④）

（1）白注「君屢約二野游一不レ果。」（13①14 15。又見22④）

與二倉椋二子一遊二廐布侯墅一。

南北去來千萬人、近郊無三處不二紅塵一。偶攜二詩伴一過二侯墅一、啼鳥閒花一種春。（13①15 22④）

送二小倉尚藏一。※君嘗導レ余觀二廐布沙村侯墅一。

※此題下、第22④本有「歸鄉」二字。今從第13①14 15本。又自注十一字、第22④本作「君嘗導レ余遊二萩侯沙村廐布兩別墅一」十四字、第15本作「君嘗導余觀廐布沙村二侯墅」。

侯墅重門鎖二遠郊一、因レ君隨意得二相敲一。瓢懸二垂柳一鶯陪レ酒、網下二澄池一鯉作レ肴。山隔水長千里道、多逢夏別半年交。明春再會期難レ必、唯恐吾心復塞レ茅。（13①14 15。又見22④）

賀山本茂太郎進レ班。※其父六十、請二歸養一。

※此題、第22④本、「賀」作「送」、「進班」下、有「歸家」二字、而無自注七字。今從第13①15本。

爲レ君初筮遇二山天一、畜德由來利レ涉レ川。十歲卑官鍊レ才老、一時名士結レ交堅。晩花何妨後レ春發、幽鳥元宜二擇レ木遷一。家有二老親一方耳順、唯須三養レ志學二先賢一。（13①15。又見22④）

贈二阿部善七一。

官暇志㆓斯文㆒、今時獨見㆑君。交情無㆓白眼㆒、材器本青雲。客裡憐㆓春老㆒、愁邊坐㆓夜分㆒。詩思清似㆑水、足㆔以洗㆓塵紛㆒。（13①15。又見22④）

送㆓堀内忠亮㆒。

理策將㆓晨發㆒、臨㆑行又復留。省㆑親雖㆑有㆑喜、別㆑友不㆑無㆑愁。白水關前路、黃梅雨裡舟。會期君莫㆑誤、依㆑舊約㆓涼秋㆒。(1)（13①15）

（1）自注「君往年歸而以㆑秋至。」（13①15）

送㆓島大車西行㆒。

宜園別後遇㆓江城㆒、難㆑奈怱怱又遠征。岳樹雲橫供㆓午憩㆒、湖波月照引㆓晨程㆒。三千里外想思夢、二十年前同學情。幾度送㆑人吾未㆑返、都門西望涙先傾。（13①15）

送㆓龍巖㆒。

雪殘富嶽夏青、月落琵湖晨白。方好東道風光、足㆑羨㆓西歸之客㆒。（13①15）

品川留㆓別江戸諸友㆒。

轎簷承㆑雨滴寒聲、滿地陰雲拒㆓我行㆒。離恨不堪秋意慘、且和㆓大醉㆒出㆓江城㆒。（13①15）

山中書㆓矚目㆒。

唯訝滿山雪、不㆑見㆓雲起處㆒。稍知是茅花、片片風吹去。若敎㆓謝女看㆒、不㆔復稱㆓柳絮㆒。（13①15）

余發㆓江戸㆒、清水子贈㆑裘。至㆓京師㆒、賦㆑此以寄。

年來多病怯㆓新寒㆒、況又關山道路難。爲㆓是輕裘能護㆑體、千三百里幸平安。（13①15）

霜後、園中草木悉凋、獨近日所㆑種柳樹、青蒼不㆑變。或曰、稚物含㆓生氣㆒甚渥、故爾。※

※案此題「近日所㆑種柳樹、青蒼不變」、第22④本作「本年所㆑栽數柳、青蒼如㆑春」、第42本作「本年所種數柳、青青如春」、「故爾」下、有「乃口占一絶」五字。今從第13①15本。

眼前無㆔樹不㆓凋傷㆒、連夜中庭有㆓勁霜㆒。看得稚時生氣渥、杪多楊柳獨青蒼。（13①15 42。又見22④）

龍師招二飲新居一。

新居安二百物一、位置足レ觀レ才。庭曠宜レ移レ榻、池隣好洗レ杯。雀方先レ曙賀、鶯亦與レ春來。最是風騷客、經過宴屢開。（14。又見13①15）

遊二天王寺一。

桃花行不レ盡、次第入二山門一。高塔抽二雲背一、靈鐘返二鬼魂一。(1) 境深僧氣淨、地古佛威尊。太子多二遺跡一、是非誰與論。（13①14 15）

（1）自注「俗傳、寺有二古鐘一。撞レ之、返二亡者魂一。」（13①14 15）

與二八谷源藏一遊二玉藤店一。※ 并引。

※此題、刊本四編卷一11b、作「二月既望、雨止。八谷源藏、導游二大貳村一、探二王仁墓一。歸路過二玉藤亭一。二首」。今從第13①15本。

浪華北郊大貳村、有二玉藤亭一。以二麥飯一名。天保中、余屢攜二門弟子一遊レ焉。爾後連歲東西奔走。弘化丙午、復歸二浪華一、則舊時弟子、無レ在レ門者一。明年二月幾望、亭午雨止、出訪二八谷君一。君導遊二大貳村一、探二王仁墓一、歸路過レ亭。亭二一婢識レ余、呼曰、先生至。余聞レ之、懷レ舊感レ今、作二二律一述レ情。（13①15）

※第一首、又見刊本四編卷一11b。今略。

（二）

麥飯芋魁紛滿レ筵、曾遊興味尚依然。雨飛星散二三子、西泊東漂六七年。暮色蒼茫催二我感一、春風駘蕩仰二君賢一。醉來何用修二邊幅一、踏舞蹣跚夜月前。（13①15）

鈴木子德、邀二飲十里長流一望樓一、賦贈。

吏職雖二煩務一、心閒身卽閒。擄レ才簿書裡、遣レ興酒詩間。十里窓前水、數峰天外山。風光看不レ厭、對酌此忘レ還。（13①14 15）

壽二優游翁七十一。

心無三一物管二塵機一、家有三群兒著二彩衣一。七十尋常何足レ貴、如二君清福一古來稀。（13①15）

七夕、從二筱翁一、浮レ舟至二櫻祠一、分レ韻得二風字一。時會者七人。

七賢共坐一舟中、溯到東濠東更東。飯裹二綠荷一香馥郁、桃盛二氷碗一色玲瓏。洗レ杯波際鱗鱗月、散レ髮蘆間片片風。雖二是既望前十日一、依稀興味憶二坡公一。（13①15）

九山拾レ扇、謂佳人所レ遺、乞レ詩。

輕羅小扇在二街頭一、拾得遺香袖裡流。想像佳人醉歸態、藕花風外月初浮。（13①14 15）

送三人歸二我鄕一。

一片征帆似二鳥飛一、海門西望恨依依。秋風已動蓴鱸感、更見故人先レ我歸。（13①15）

九日欲レ雨、與二小竹・春草諸君一、集二東亭氏一。

無三復登高報二令辰一、陰雲漠漠暗二秋旻一。襟期相促諸君子、供給還煩一老人。已折二黃花一浮二綠酒一、更羹香菌擘二鮮鱗一。重陽風雨古多レ例、此日勝游今罕レ倫。（13①15）

東亭、屬家政其姪。詩以賀之。

君家孝友有天知、果爾庭堦生玉芝。附託得人吾事了、看花賞月到期頤。（13①15）

卽事。

秋雲何泛泛、一夜幾陰晴。簾隙猶蟾影、簷端已雨聲。(1)（13①14 15）

（1）「『猶』、一作『看』。『已』、一作『聽』。」（13①15）

初冬、訪二林秋水一。

衣奔食走度二昏晨一、六歲初能訪二古人一。恰是千林搖落後、一囪松月舊精神。（13①15 26④）

西尾君先室善琴。小祥忌乞詩。

摻摻素手鼓瑤琴、流水高山託思深。引入瓊樓高處去、嫦娥應解愛徽音。（13①15）

夜泊。課題。

繫纜島陰風始收、荻花如雪滿寒洲。長空杳杳孤鴻叫、大海漫漫片月流。五夜之前難著睡、中年以後易生愁。低雲一抹封遙落、無復鐘聲到客舟。（13①15）

某生、庭有大湖石、乞詩。

曾讀魯望湖石詩、秋天空想碧霞姿。洞庭萬里隔雲海、移置池

塘更有誰。[1]（13①15）

（1）自注「陸龜蒙太湖石詩曰、新雕碧霞段、旋剖秋天片。又曰、無力置池※塘、臨風空流眄。」（13①15）

※案「池」字、第13①本誤作「地」。

止詩。

不知何以送生涯、半世悠悠志願乖。始悟吟哦終妨道、幡然投筆學心齋。（13①）

賀葛岡子新娶。

夫子才名世已知、又聞詠絮富吟思。自今風雪書窓夜、稿裡應添唱和詩。（13①）

〔附〕『浪華雜詩二十五首』拾遺六則

※此拾遺、以刊本四編卷一（20ｂ～23ｂ）爲底本。

（二）產湯稻生祠。

春郊無處不花枝、一種松杉護小池。渺渺桃霞埋未了、點青標出稻生祠。（13②）

（四）埜田村、看藤花。

薫風一夕掃韶華、吟杖匆匆出我家。桃谷櫻祠遊已了、來看郊北紫藤花。（13②）

※此詩、與刊本四編卷一13ａ載「野田神祠、賞藤花」詩、辭全異。

（五）大江橋。

柳影參差落綠波、盈盈兩岸月明多。樓船載妓相追至、總向浪華橋下過。（13②）

（一二）雜喉場、觀魚市。

爲客金城十歲餘、東風幾月滯鄉書。每逢漁者先相問、可有西州雙鯉魚。（13②）

（一四）道頓渠劇場。

拂面黃塵滃渤生、夷橋南畔萬人行。昇平不必簫韶樂、亦在劇場絲管聲。（13②）

（一九）上街鐘。

朧朧殘月下西峰、撞破萬家春睡濃。書塾從來懲晏起、道人重打五更鐘。（13②）

贈二秋香書屋主人一。二首。※

※第一首、又見刊本四編巻二4a。今略。

（二）

桂樹繁陰合、小窓幽趣長。春風搖二綠葉一、不レ必待二秋香一。（13①14）

片街、宿春師房。并引。

三月十一日雨中、與近良儀飲。聞櫻祠花盛、乘醉攜家人而往。至片街、日沒。泥路跪[illegible]、不知所爲。使良儀告春師。師迎、至其房宿。（13①）

蠟屐衝泥去忘回、癡心堪笑未全灰。雨從薄暮淋淋下、花至殘春草草開。計盡自歎因酒失、途窮却喜得詩媒。請師莫咎風流罪、漫拉姬人投宿來。（13①）

屢衝レ雨探レ花、偶得二一絕一。

十日曾無二一日晴一、花開花落不レ勝レ情。請看詩客惜レ春處、每旦匆匆衝レ雨行。（13①14）

中山村逆旅臨レ池、夜色太佳。

臨レ池架起竹欄干、夜色微茫眼界寬。月上水光梁際動、烟開山氣座中寒。蟲聲不レ斷秋將レ老、人語漸稀更向レ闌。同伴困疲皆就レ枕、一天清景與レ誰看。（13①14）

題レ畫。

（一）

兄弟相依臥、斯中佛性存。如何長成後、爭レ食破二慈恩一。狗子（13①14）

※此詩、又見刊本四編巻一19a「狗子」詩（弘化四年丁未作）。

（二）

樵夫歸已盡、斜日下二前山一。何處聞二鳴鹿一、茫茫秋草間。鹿（13①14）

（三）

花間追蝶戲、爐際迫レ人眠。我似二林和靖一、素飧還可レ憐。(1) 猫（13①）

（1）自注「和靖猫詩曰、自是鼠嫌レ貧不レ到、素飧何妨在二吾家一。」（13①）

※此詩及自注、並又見刊本四編巻一19a「猫」詩（弘化四年丁未作）。

（四）

本與荷蓋異、豈與芋葉同。不唯風味絶、兼有蔭人功。秋田款冬（13①）

冬夜、讀高槻藤井士開「竹外亭百絶」。幷引。

初、吾友矢子生、屢稱士開、將介余相見、不果而沒矣。嘉永戊申、赤井恆齋、偶示士開所著「百絶」。中有「哭子生」詩、情景淒斷、使人不堪懷舊之情。乃題一律、以返之。

竹風蕭瑟破窓寒、獨坐思人燭影殘。聞說在官清似水、定應交友臭如蘭。一杯濁酒何時共、百首新詩此夜觀。誦到絲魚河上句、不堪懷舊淚闌干。(1)（13②）

（1）自注「絲魚河上絲魚躍、知汝吟骸埋傍河、士開句也。」（13②）

訪耕石畫房、次朱雪田自題其畫詩韻、以贈主人。二首。

（一）

怪何晴天雷、街頭走萬屐。誰能住此間、守節堅于石。唯有耕石叟、棋畫娛幽寂。南軒竹粉淸、北窓硯光碧。（13②）

（二）

灑然川上居、終日謝來屐。晨興汲月華、和墨端溪石。木陰落殘書、鳥鳴午窓寂。晚醒步門前、天外數峯碧。（13②）

曉登箕面山、寄浩然。

山氣衣中透、松聲耳外寒。晨光無限好、憾不與公看。（13②）

眞于石具行廚、導遊增田君山莊。君又導過酒樓、看菊。余、十年前訪君矣。

十年成契濶、重叩此幽居。草樹雖加老、風烟不異初。主方供濁酒、客亦薦鮮魚。移席看殘菊、繁絃興有餘。（13②）

今井小允招飮、賦贈。

三世箕裘本上醫、更聞餘力妙歌詩。技高能療七年病、思密何須一字師。愛日斜從窓外照、春風忽向坐邊吹。傳杯況又歡情洽、席上新知問舊知。（13②）

送龍護師歸周防、展其先塋。

我於方外最親君、心跡風流更善文。遁世猶存忠孝道、還鄉屢掃祖先墳。梅魂早返山陽路、雪意遙連海上雲。十載獨違歸省志、幾回西望泣離群。（13②）

送桑原梅洞。時余臥病、情見於辭。

浪華同住幾年移、居近交親兩意知。買肉相招欣到速、求書互借恕還遲。西州歸日曾供宴、東武遊時又賜詩。獨奈當君今度去、我方懷病少離卮。（13②）

殘臘、吳棕亭之京師、謁其師墓。

世習趨澆薄、高風久不聞。多君冰雪裏、百里謁師墳。（13②）

後赤壁夜、田邊君招飲水樓、供鱅飯。

欄干咫尺俯長流、何用銜寒上片舟。不待初更山吐月、直看終夜水明樓。勝於工部詩中景、好似坡公江上游。酒後更豪供鱅飯、鱸魚能得頡頏不。（13②）

十二月十九日、衝雪發兵庫。于石諸子、送到街口。

瓊屑霏霏壓早梅、轎夫既集客方歸。多慚狹巷深泥裏、徒步蹣跚送我來。（13②）

雪中、訪景師。并引。

余之遊兵庫也、預與景師約歸路相訪。既而聞兵庫人將以轎送、使從者謝師曰、轎夫貪程、恐不能如約也。十二月十九日、過摩耶山麓、風雪並興、轎夫不能進。轉路、過師房而宿。（13②）

猛飆簸雪下崔嵬、滿地凍雲吹未開。却喜轎夫前不得、也追初約訪公來。（13②）

歲晚、信宿西宮酒井氏、賦似主人。

話到殘宵燭影微、朔風窓外雪華飛。誰圖歲晚悤忙際、信宿君家未思歸。（13②）

贈觀師。

少時同筆硯、中歲隔商參。二十餘年事、話來至夜深。(13②)

暮春、送雪城東歸。

才氣飄然本不羈、流連隨處滯天涯。十年西國如鄉里、一夜東風動客思。臨水登山人送遠、看花聽鳥馬行遲。攜歸腹裏書千卷、遙想慈親喜可知。(13②)

素兄獲古玉、自號玉心、乞詩。

和氏抱良璞、却見刖厥身。從來求售念、多爲孽之因。我友素兄子、性溫而貞純。天以其如玉、錫以希代珍。道是古所貴、奴僮視金銀。今人總不識、是以久沈湮。君獲此十襲、不肯售于人。世人雖玉貌、心或汚埃塵。何如玉心者、不緇千萬春。(13②)

安田確齋將歸鄉、招飲其邸居、分韻得時字。

斜陽低已盡、緩坐徹杯遲。夜話依微醉、秋情寄小詩。三年始

相合、一月又將離。好去須珍重、風寒葉落時。(13②)

十二月十二日、確齋來告別。遂導至福田亭、看妓舞。三年前、與君遊此亭矣。

木落凄風到砌松、蕭然無策割愁胸。前遊如夢歲三改、舊友似萍時一逢。緩舞何妨終永夜、促杯堪以禦寒冬。依依難去殘燈下、離恨歡情孰淡濃。(13②)

寶船贊。

維正維直、執德無邪。寶船之至、必在其家。(13②)

寶珠贊。

日輝拱璧、氤氳烟上。若欲得斯、莫若象罔。(13②)

※右贊二首、旭莊、並編入其詩集中。今從之。

偶成。

夢得「夢中詩記平灰、醉裡路忘東西」十二字、補二句焉。

拄笏細觀花落、烹茶靜聽鳥啼。夢中詩記平仄、醉裏路忘東西。（13②）

春初、步野外。

風樹噞枯野、雪雲據遠巒。凶年郿酒惡、何策禦春寒。（13②）

賀熊文叔新居。

庭上經營數日間、仲春風物正淸閒。梅留殘雪冷詩骨、杏發新霞映酒顏。室廣不妨延衆客、樓高恰好見他山。新居稍與吾居近、杖屨從今屢往還。（13②）

題觀瀾亭。

獨坐遙觀海、紫瀾風外生。向誰論妙趣、鳥去暮雲平。（13②）

訪里浮邱、賦此以賜。

葉葉風帆點碧瀾、春山戴雪海雲端。羨君長占此閒勝、飽蓄奇書縱客看。（13②）

春寒。

酒伴不來吟興空、掩門幾日對鑪紅。梅花難得傳消息、思斷溪南烟雨中。（13②）

圓活堂詩、應町田國手囑。

痘之與黴疾、古人或不知。古方應今病、情理動參差。法死人不活、機泥藥卽違。所以良醫者、造化以作師。强弱視人質、溫涼順天時。轉機秉活法、旋法用圓機。如珠走盤上、與物不相泥。如水行地上、與物不相離。君言獲此訣、無疾不平夷。名堂以圓活、慇懃徵我詩。我雖昧方技、君言復奚疑。（13②）

題畫五首。※

※刊本四編卷三4a、「五首」作「四首」、而載第二首至第五首。各首下、並脫小題。

（一）

絕壁掛飛流、喧豗舍前至。閒庭無客過、松杪落空翠。田小虎

（13②）

（二）

門前一條水、窈窕入二青山一。時放二扁舟一去、奇巖幽石間。金雪操（13②）

（三）

微風度二林杪一、秋葉策然鳴。何人其下立、知有二好詩成一。西耕石（13②）

（四）

茅茨夾レ溪起、遠近悉脩篁。不レ知誰所レ宅、無二乃輞川莊一。僧石溪（13②）

（五）

回顧白雲外、逍遙紅樹間。秋光催二我歩一、不レ覺入二前山一。南溟（13②）

三浦翁、導游邦福禪寺、供普茶、分「因過竹院逢僧話」爲韻、得逢字。※

※案唐李渉「題鶴林寺僧舍」詩曰、「因過竹院逢僧話、又得浮生半日閑。」

春日方亭午、前林送梵鐘。松門攜客入、竹院與僧逢。濁酒雖停飲、清齋却被供。隔墻茶臼近、駐蹕有遺蹤。(1)（13②）

(1)自注「大坂役、神祖所營。」（13②）

肥前鶴仲娓來訪、拉二春草・訥堂及余一、飲二高砂亭一。席上分レ韻、得二樓字一。※

※此詩、又見刊本四編卷三5b、及第13②本。今略。

又席上、贈紫伯高。時見示其稿。

敢道明珠是暗投、昔時相見在丹邱。廿年忘面如新識、千里回頭憶舊游。藻思曾吟瓊浦月、詞源今抗淀川流。東西到處多佳什、踪跡憐君得自由。（13②）

寄題南紀十河君樂餘亭。亭種梅數十株。

園豈無他樹、梅宜爲其宗。媚態嗤桃李、俗緣絕蝶蜂。清魂烟月際、寒香氷雪中。靜依蕭蕭竹、閒伴落落松。歲寒得二友、萬木如奴傭。主人持清節、高義摩蒼穹。對梅何所恥、潔姿映孤忠。我是梅墩主、與君臭味同。早晚一樽酒、看梅醉春風。（13②）

梅雨中、聞伊東玄英東下、賦此以贈。

君鞭匹馬經山驛、我棹扁舟浮海潮。一別東西二千里、滿天梅雨正瀟瀟。（35①）

九山賢子、餞於幸街水亭。

梅雨偶晴時、遙天數峯碧。離情寄逝波、一酌江亭夕。（35①）

別菅梅菴。

夏宵殊不永、一揖卽相辭。休道交情薄、秋風以作期。（35①）

中村泰菴、改號春窓、乞詩。

夢破憐芳夕、吟成愛霽晨。微風撓蝶翅、嫩日煖鶯身。梅杪留斜月、林間失美人。非無秋夏賞、尤好是三春。（35①）

乘舟、訪藤永玄吉、賦別。

曾遊十四年、復此上華筵。萍梗雖無定、椿萱幸兩全、薦新杯更勸、(1)話舊膝同前。離恨如烟水、茫茫浸去船。（35①）

（1）苓陽曰、「『薦』、如何。」（35①）

宮市、晤素兄、聞令兄龜友以前月下世、詩以弔之。

休道令兄非舊知、寄懷常慕出塵姿。朔雲寒菊方蕭瑟、憾我來遊廿日遲。（35①）

題岡本氏所藏賴子成謁楠公墓詩後。

武庫川頭一片碑、殘明旅客撰其辭。(1)曾聞神不歆非類、却取山陽外史詩。（35①）

（1）苓陽曰、「謂楠公不屑朱碑耶。恐非所宜言。」（35①）

讀義人錄。

智以善謀仁殺身、堂堂四十七忠臣。田橫歿後無奇策※、一死鴻毛五百人。（35①）

※案此本、「歿後」左傍、記「門下」。又「後」右傍、記「處」字。

月波樓詩。爲貞永子賦。

南有青山岧嶤立、北有石堤逶邐長。中間一帶通海水、溶溶成川十里强。有樓枕堤臨水起、窓與山腰正相當。西望山開堤斷處、碧天無際連大洋。主人淸福誰不羨、獨占山綠與海光。宿雲初去朝氣爽、初月欲來晩波涼。有時下樓梁上步、我與遊魚樂相忘。有時放舟金波裡、擧酒浩歌窈窕章。素封況兼春秋富、樂山樂水樂未央。更有一樂成三樂、日着彩衣侍萱堂。君不見山高水長遊有方、山壽福海樂無疆。(1)（35①）

（1）苓陽曰、「『山壽福海』、恐有寫誤。」（35①）

遊常榮禪寺。

松杉陰合長靑苔、傍見南天朱實開。雲嶂直從庭上起、不須更作假山來。（35①）

琉璃光寺。

絶壁萬松垂、將壓寺門碎。老僧八九人、箕踞方洗菜。（35①）

普門寺。

徑盡得鐘堂、庭空一禽睡。昻首視山門、揭書普門寺。（35①）

湯田。

村婆風雪裡、單衣立路傍。知自溫泉返、滿身白氣揚。（35①）

南至日、杉山玄藏、訪余溫泉旅舍、迎移於其家。

長府曾相見、別來年幾移。形容非故我、邂逅似新知。旅館溫泉側、鄕愁寒景時。不圖南至日、東道話襟期。（35①）

贈竹茂三。君不屢相見。然爲余周旋。

夙耳此君名、一逢同弟兄。心親終少見、跡遠却多情。我愧張玄伯、公如范巨卿。東遊莫愆約、相待浪華城。（35①）

雪中、月性師來訪、留宿。

風雪山陰興又新、扁舟夜發海之濱。上堂相見翻忘返、一笑當年訪戴人。（35①）

贈對仙醉樓主人。

鞆浦勝歸仙醉山、家家欲引入窗間。君樓獨占全身得。他處不過觀半顏。（35①）

送洗師。餘西遊、遇師兄若公、使余促師歸。

吾歸爲述阿兄情、晨理輕裝夕卽征。無着天親元叔季、東坡覺範卽師生。早梅香裡歷山驛、落雁影邊隨海程。借問再遊何日是、百花紅滿浪華城。（35①）

觀間光興象笏。

笏長寸餘象牙製、其聲淸楚其色麗。謂是赤城義士間十諱光興、復君讐時領巾之所繫。」朔風劈面鐵衣寒、明月照雪夜向殘。均服振振卌七士、直逼讐家斬門關。」每人執笏相指似、獲讐魁者先吹此。須臾倉內笏聲起、吹之者誰是間子。」歸死司敗意氣揚、笑追故君向帝鄕。人珍此笏踰拱璧、其餘四十六笏不知何處藏。」譬如龍珠人獲我不及、殘鱗敗甲遺不拾。義士從來是一心、一心更向此笏集。」所以百有五十年、以此寸大橫坤乾。水災火燹應屢觸、鬼神呵護竟得全。」君不見高漸離筑段公笏、擊敵不成身共滅。假令云存遜此笏、此是卌七義心所凝結。」（35①）

柏木生、贈天智帝行宮遺址所出古瓦。

聖皇所茇草連天、片瓦叢間幸爾全。蔽芾甘棠應易朽、何如斯物亙千年。（35①）

又贈海底所獲奇石。

海底獲一石、形類蛟卵奇。其內深空洞、貯水揷花宜。化工旋機處、在人所不知。（35①）

春日、送素兄。

去年風雪夜、送我浪華還。今年桃李旦、送君返故山。」前別猶期有今遇、今別不識何日晤。」歸雁影滅雲茫茫、離恨長于春日長。（35①）

赤石訪松浦氏、賦此柬令息典膳。典膳、在京師。

朝發浪華逢颶風、夕投明石訪尊翁。相迎一笑卽情話、爲是從前識阿戎。（35①）

玉島雨中。

老麥穉秧皆陸沈、黃梅已近雨淫淫。星光照地方疑霽、海氣爲雲忽復陰。夢裡暫逢天外友、酒邊獨抱客中心。津頭舟絕無家

信、空對燈花坐夜深。（35①）

贈佐野小助。

莫道初相見、高姿久夢逢。博聞王伯厚、雅識郭林宗。夜酌聽雞坐、晨餐索鼈供。不圖叨寵待、姑此歇萍蹤。（35①）

訪仵所藏、賦贈。

茅茨與瓦屋、士商同里閭。中有唔咿起、知是夫子廬。逢迎接群彥、質疑心皆虛。僕豈匡衡比、說詩實粗疎。不須請益起、奇論却起余。講罷又把酒、笑謔歡有餘。青林連後圃、黃鳥下前除。暮色蒼然合、恍疑山中居。（35①）

謝藤青林。

倉子城中松月堂、主人留我卸征裝。君來禦侮又奔走、他日此情何可忘。（35①）

題三山亭壁。

去臘寓斯室、太憎海風强。今夏寓斯室、太愛海風涼。氷蠶及火鼠、寒熱各自忘。如何半年內、愛憎難得常。（35①）

中村子範席上、有懷岡村生。

余每遊鞆浦、必主岡村生。去夏會其彌留、不晤而去。今夏復至、則墓有宿草。不敢哭、而賦此似子範。子範業沽酒。

顏色淒涼鶴樣癯、相逢誰不認寒儒。後人讀碣欽才學、親友醵金賑寡孤。往事追懷如夢寐、此般方覺少歡娛。白頭還值喪予歎、獨向黃公舊酒壚。（35①）

與玉江訪朝宗亭主人。玉江作畫、余則賦此。

夏雲橫抹島間松、帆外歸風送晚鐘。勝概羨君私壟斷、日教詩畫客朝宗。(1)（35①）

（1）「一作『詩人畫客日朝宗』。」（35①）

與盤谷諸子、自田間步至海上、泛舟。※

※此題、第40本作「與盤谷諸子、過田間而至海上、泛舟」。今從第35①本。

深青穿蔗圃、殘白歷棉田。裨海平如鏡、遙巒澹似煙。茶爐依釣石、酒具寄漁船。俯聽群魚躍、仰觀孤鶴旋。逍遙歸自得、閑暇忘流連。微醉邀初月、高吟坐暮天。能教客愁散、良賴主人賢。明日登高約、不知何處邊。（35①40）

呉櫻亭、頻年遇厄。至本年、慶祥竝臻。詩以祝之。※

※「櫻」、第40本作「棕」。案「櫻」、與「櫻」同。「棕」、「櫻」之俗省。

互弄塤篪侍北堂、一家和氣自禎祥。名刀百錬初成用、沈木千年忽發香。垂死救來仁有術、養生講去壽無疆。果然窓上青松影、海鶴聲中送旭陽。（35①40）

題明皇遊月宮圖。

黄亭夢遊華胥國、穆王八駿驅八極。一自唐皇遊月宮、視彼呼爲田舍翁。虹橋橫架十萬丈、青天雖高平步上。瓊樓聳空紫雲擎、仙風吹送鳳簫聲。烏鬟鬆墮黛色淡、霓裳無縫羽衣輕。娉婷窈窕萬花裏、其從如雲躡雲迎。瑤漿甘露香馥苾、冰碗透月影不生。君不見天寶儻仍開元治、長留九齡在相位。斯馬劍加豬龍頭、偃月堂主亦處置。四海歡樂一人娛、秋風不灑馬嵬涙。華清宮即廣寒宮、嫦娥玉環本無二。噫吁嚱劍閣、不似虹橋安。蜀道之難、難於上青天。好惡顛倒殊可怪、何舍彼安取此難。人生末路多違始、鼎湖上天固難企。瑤池歸來復奚哀、盛姫之死猶良死。（35①40）

冬日、紅子送酒、賦謝。

硯水成冰筆復乾、凍蟾光苦雁聲酸。白衣忽報自紅氏、一笑欣然忘夜寒。（35①40）

題獅舞圖。

狐狸能呈媚、虎豹亦怙强。忽聞獅子吼、屛跡遠遁藏。一闋作斯舞、以勝百不祥。（40）

贈林致和國手。

嘗歎世上少知音、晩得夫君鼓我琴。交友不妨多俠氣、論文却見太虛心。病家栽杏門如市、高士親梅姓復林。室邇恰宜頻往返、一杯醽醁坐宵深。（35①。又見40）

嘉永六年（一八五三）　癸丑　年四十七

癸丑元日、誌喜。

去年三始日、予季尚天涯。今旦膝前坐、擎杯呼阿爺。（35①40）

癸丑元日。

※「癸丑」二字、第35①40本、並無。今従第1①5①本。

妻子皆強健、敢言心事違。齊眉追孟案、稺歯卽萊衣。花信猶難問、鶯心已欲飛。四山多宿雪、霽色燦初暉。（1①35①。又見40）

歳首、寄二冷雲師一。

※「歳首」二字、第2①3本、並無。今従第1①35①40本。

士人稽首拝二陶猗一、侯國窮如二今日一稀。謀レ富唯聞増二楮幣一、好レ賢未レ見似二緇衣一。南洲水暖魚争上、北地雲開雁欲レ帰。詩客感レ時多レ所レ思、却憐高衲善忘レ機。（1①2①3 35①。又見40）

寄二呉櫻亭一。

※此題上、第2①3本、並有「癸丑歳首」四字。今従1①35①40本。

海郷風物改、詩客興應レ増。鶴背春雲重、鷗邊雪水澄。梅花菅相廟、松色大僊陵。更想新醪熟、紅魚上二晩罾一。（1①2①3 35①40）

訪橋桂園。

※此題、第35①40本、並作「贈巴桂園」。又「桂園」下、第35①本、有自注「君業治」三字。今並従第1①本。

筆硯清香動、琴書雅趣開。庭前数株柳、瓶裏一枝梅。鍜冶分嵇癖、丹青並顧才。淡交人不厭、信宿欲忘回。（1①35①40）

観二桂園所レ藏田半江畫帖一、賦贈。

家住紅塵滃勃間、何人能得二死前閒一。憐君獨坐二書窓下一、飽看田翁米法山。（1①27 35①40）

題畫二首。

雪江晩釣。

袁氏門猶掩、党家酒正親。誰知寒江上、別有獨釣人。（1①35

①40）

早梅孤禽。

雨雪江村路、春光尚未回。幽禽何處至、啼破半林梅。（1①。又見35①40）

席上、贈町田國手。次尊考有斐翁臨泉亭詩韻。

朝昏打戶自西東、沈痼悉痊千衆同。何必古方師仲景、肯將空論學倉公。栖栖仁術無貧富、妙妙工夫多變通。春雨一樽留我坐、愛看窓外杏花紅。（1①35①40）

題薩人五五峰詩卷。

※「詩卷」下、第40本有「後」字。今從第1①35①本。

（一）

不獨風流善屬文、橫盤馬矟更超群。中山若有西來客、樽俎折衝應屬君。（1①35①。又見40）

（二）

連年洋寇擾邊民、雄策知君異世人。借問東山謝安石、何當談笑靖胡塵。（1①35①40）

春寒。

春寒梅易損、萬點落淸波。野店留人少、山雲釀雪多。（1①35①。又見40）

九山、導余及梅洲・徹雲、游東郊。其家姬從。

春風入幽谷、四野已韶華。樹遷求友鳥、人拉解語花。（1①35①。又見40）

賀嵯峨鹿王院仙峯長老六袠。

地鍾山水勝、高下列櫻楓。花壓夕牕白、葉浮晨鉢紅。津梁及他刹、濟度見奇功。天福應無艾、歸依萬衆同。（1①35①。又見40）

過摘菜園、贈賢師。

森森綠篠繞孤園、漠漠桃花隔短垣。初入疑過斤竹嶺、稍深似望武陵源。絕無人語妨春睡、唯有蜂聲送午喧。尤是東南墟落上、天王寺塔五層尊。（1①。又見35①）

送㆔玉鳳三浦翁歸㆓播磨㆒、時翁示㆓其集㆒。

※「玉鳳」二字、第1①35①40本、並無。今從第2①3①本。

苦學追㆓前哲㆒、著㆑書傳㆓後昆㆒。夙窮㆔三教旨㆒、新立㆓一家言㆒。

梅雨山程滑、鹺煙海驛昏。翁年方八十、分レ袂黯銷レ魂。（1①2①3①35①。又見40）

訪能村君、次其所贈韻。

書聲認得鄭公鄕、入戸先聞翰墨香。自怪前生種何福、賜杯捧飮浴恩光。(1)（35①40）

(1)自注「君出葵章杯飮余、曰、先子以連歌謁大君、有此賜也。」（35①40）

春晩、萩野子招飮、賦贈。

職本非閒散、時淸吏務稀。屢成文字飮、或服薜蘿衣。園樹隨隄立、江帆掠席飛。映山紅更好、日入駐餘暉。（1①35①40）

夜發八幡、至淀、途中作。次能村白水送別韻。

※「淀」、第1①本作「⿰氵奠」。案「奠」、定也。「定」、奠也。兩字、音義同。「⿰氵奠」字、疑旭荘造字。今從第35①40本。

微行詰曲傍川涯、漲後隄崩進趾遲。隔岸舟人呼不答、盲風斜雨立多時。（1①35①40）

題百鬼夜行圖。

妖雲一抹月光沈、鬼怪縱橫出古林。此裡定應微意在、何緣得問畫人心。（1①35①40）

春雨、訪二西江師一、途中作。

東風吹レ雨渡頭昏、帆映二低雲一不レ見レ痕。指點高僧棲隱處、一聲漁笛落梅村。（1①3①40 41）

舟發二兵庫ヲ一、同人送テ至二海口ニ一。

酒染テ二離顏ヲ一映シ二暮霞ニ一。回レ頭送者ノ立ヲ二平沙ニ一。西風恰與ニ二歸帆ノ一便シ、直ニ帶二餘酲ヲ一入二浪華ニ一。（2①3①。又見1①27 41）

浪華橋、書レ所レ見。

舟舟相接載二笙歌一、映レ水紅燈萬點多。借問月中來往客、知不棹外有二金波一。（3①。又見1①2①35①40）

雨後、馬琴洲招遊二櫻祠ノ茶店ニ一。

長堤東去ル野人ノ家、停レ棹ヲ門前晩ニ乞レ茶ヲ、雯雨已ニ先テ二初月ニ一歇、但留テ二淸露ヲ一在二荷花ニ一。（1①2①3①27 35①。又見40）

夜立玉江橋、書矚目。

風過汀樹響蕭蕭、夜色冥濛近似遙。忽見燈光横水去、始知暗裏有長橋。（35①40）

初秋、光圓寺集、諸子後至。

池頭菡萏方老、木末芙蓉已新。吟社後先追至、二人三人四人。（1①35①40）

初秋有レ感。

六千日猶作レ客、五十年未レ成レ名。槿花難レ誇二晩節一、桐葉早識二秋聲一。（1①35①40。又見2①）

七月朔、誓得寺集、分韻得文。

避暑旋新策、尋盟集舊知。火雲猶夏色、碧簟未秋思。稍徹茶前酒、方題畫上詩。從今趁涼氣、幾度訂襟期。（5①41）

詠和氣公。

固寵求容到備公、相烏誰復識雌雄。能將隻手持天日、神武以還推此忠。（1①41。又見40）

送菊池敏仲遊陸奥。

三歳交情似水魚、一朝分手憾何如。客中蹤跡應難定、別後音塵恐易疎。擬把龍韜防海寇、不須豹隱卜山居。北陲豈是功名地、不若東都去上書。（1①41。又見40）

初秋、送晩翠上人北征。(1)

（1）自注「師、加賀人。今住浪華。」（40）

高德追支遁、善詩齊皎然。與雲過岳寺、隨月上湖船。跋涉非生路、津梁富好縁。南歸知早晩、請在雁來先。（1①41。又見40）

七月紀事。

※此題、第40本作「東天」二字。今從第2①3①5①31 41本。

東天半夜將星傾、又報西師渡二大瀛一。總向二戰場一期二馬革一、不レ須靈柩發二牛鳴一。千家涼月深閨涙、一笛秋風遠戍情。名勒燕然何日是、蘭臺閒殺幾書生。（3①。又見1①2①40 41）

喜雨。

久旱民皆泣、今宵忽笑呼。滂沱聽更好、雲漢看全無。邦足三年食、天抛萬斛珠。賀來同白傅、喜去似髯蘇。（1①。又見40 41）

七八月間、毎曉親赴西濠、汲水比歸。田鼎二子、既來問業。因定社名曰夙興。

※此題、第40本作「昧爽、親赴西濠、汲水比歸。田鼎二子、既來問業、毎旦爲例。因定社名曰夙興。」今從第1①41本。

未見市人行、闤闠寂且清。一川皆月色、滿地悉蟲聲。暖飽非吾願、優游卒此生。羊求已相訪、共話夙興情。（1①40 41）

田小虎愛ㇾ禪、柴六郎喜二功名一、詩以調ㇾ之。

慷慨柴郎欲ㇾ投ㇾ筆、風流田叟喜逃ㇾ禪。九年面壁眞難矣、萬里封矦豈偶然。仗ㇾ劍長歌秋老處、看ㇾ雲大笑月來邊。象獅窟與二麒麟閣一、隨意分ㇾ鑣好著ㇾ鞭。（1①2①3①。又見40 41）

送落士清。

※「落士清」、第40本作「落合士清」。今從第1①41本。

聽雨樓頭數點燈、會文相對遠方朋。才鋒日下荀鳴鶴、歸思吳中張季鷹。錦纜解時風稍渙、布帆開處月將升。別筵不用陳他語、我社莫忘名夙興。（1①。又見40 41）

秋日、寄二菊池海莊一。

※「菊池」二字、第1①2①40本、並無。又第31 41本、並無「池」一字。今從第3①本。

歲豐民意樂、虜退海氛亡。唯合ㇾ祭二田祖一、胡須ㇾ歌二國殤一。萬蟲爭二薄暮一、一雁報二新涼一。借問治安策、何時上二廟堂一。(1)（1①2①3①。又見31 40 41）

（1）「宛然工部。」（31）

中秋後一日、清淨庵主人招飮。

※「中秋後一日」五字、第40本、無。今從第1①41本。

主人能愛客、勝日幾回過。今看秋花放、昨聽春鳥歌。市聲因樹斷、野色隔籬多。月踐前霄約、清光更似磨。（1①40 41）

寄題含翠亭。

未到君家想像長、若何摹出好烟光。豈無修竹籠前砌、定有喬松掩後堂。茂葉遮風多亦暖、濃陰障日夏應涼。吟鞍早晚西遊去、含翠亭中共擧觴。（41。又見40）

秋晚、毛周瑞・山内某、邀二飮北野田家一。

※此題、第40本作「癸丑秋晚、與毛周瑞・山内某、飮于北野一方軒」、第41本「邀飮」下有「于」字。今從第1①2①3①本。

秋杪又好晴、來傾田舍酒。已離二街市塵一、更晤二金蘭友一。衰樹不ㇾ蔭ㇾ人、庭空風葉走。夕日下二籬根一、殘菓委二禽口一。一身

荷ニ百忙一、詩魂成レ灰久。聯吟向ニ歸途一、緩歩野人後。（1①2①3①。又見40 41）

赤澤氏庭有柏二株、大蔽牛、實五六百年外物。

※第40本、「柏」作「巨槇」二字、又「五六百年」作「四五百年」。今並從1①41本。

遠望如山鎭蔚葱、兩株屹對一庭中。本支百世敷繁蔭、夏是引風多拒風。（1①。又見40 41）

初冬、快晴如レ春、散歩近郊。

※「初冬」、第1①2①40 41本、並作「冬初」。今從第3①本。

對レ書心不レ樂、獨往向ニ誰門一。隨意林間徑、高吟山上村。遊魚依ニ暖渚一、歸犢入ニ頽垣一。到處狂花發、寒枝亦返レ魂。（2①3①。又見1①40 41）

觀魯岳所藏介石畫竹。

吾生不逌介石翁、觀畫乃知其胸中。露葉月枝無塵垢、虚心直節將無同。橫幅展來高堂裡、一陣清風紙上起。淇澳烟光在眼前、渭川景象看宛爾。我今街居庭狹迫、此君終年莫由覿。子猷豈復問主人、剪刀欲割數竿碧。（41。又見40）

初冬、宿ニ橋本桂園家一、賦贈。

※此題、第40本作「初冬、宿丹桂書屋、賦贈主人」。今從第1①2①3①41本。

小春來尋ニ首春盟一、爐邊爛醉眠忽成。曉枕何物敲レ夢破、一鎚砉然震レ地聲。主人元來是良冶、精巧肯居古工下。三尺秋水新發レ硎、能割ニ金甲一如ニ碎瓦一。玄狐拜レ月戴ニ古髑一、化爲ニ佳人一城市遊。老狸不レ辭爲ニ侍婢一、嫣然相視廻ニ星眸一。一遇ニ此刀一衣如レ蛻、長尾芊芊向レ人羞。主人鍊レ詩如レ鍊レ鐵、純絕粹絕仍精絕。饒令レ橫ニ槊劉白間一、聲價未レ知孰優劣。今也洋夷擾ニ我邊一、彼所ニ尤託一火輪船。更有ニ巨砲向レ天放一、殆將ニ丸一一斃ニ人千一。我邦備レ茲亦猶レ彼、創レ船製レ砲總相似。誰知彼我各有レ長、取レ勝何必在ニ同技一。彼習ニ二物一已多年、我之習レ此輓近已。一生一熟巧拙分、勝敗恐由ニ此中一起。我長卽在ニ日本刀一、況復長槍鋭無レ比。彼我所レ長足ニ相當一、彼賔我主諳ニ地理一。我兵千萬彼數千、如ニ山壓レ卵勝決矣。但憂刀數寡レ於レ人、空拳銜レ圍亦徒爾。丈夫報レ國在ニ此時一、君勉作レ刀莫ニ他思一。君家刀威元烜赫、願伏ニ犬羊一等ニ狐狸一。風流吟咏非レ所レ取、泉石淬礪方宜レ守。與レ賦ニ樂天三千首一、寧鑄蒲元三千口。（3①。又見1①2①40 41）

大礮引。贈二高秋帆一。

古戰戈矛刀劍耳、尤便捷者推二弓矢一。制レ勝僅在二尋丈間一、一人之敵何足レ恃。范蠡飛レ石十二斤、李密創レ礮攻二城壘一。當時形狀今不レ傳、要於二製法一未レ得レ髓。元明而還製漸精、一放能使二千軍靡一。唯是重大難二動移一、急際何由應二卒爾一。我邦製樣膠レ柱多、百不レ如レ意眞粗鄙。一刻難レ延二於二刻一、十里難レ縮二於五里一。有レ時坼裂中二傍人一、未レ遑レ殺レ敵先自死。火技莫レ如二泰西胡一、疑御二神鬼一供二驅使一。邦人雖レ學咸不レ能、誰其能者子高子。感君傑眼如二燃犀一、細讀二蘭書一悟二礮理一。鍊レ銅鍛レ鐵造二其機一、意匠結構精無レ比。形狀極短如二臼蹲一、動移太便功倍蓰。堅固無レ碎泰山安、自由遲速與二退邇一。忽然一放天地轟、硝氛千道染レ雲紫。嫦娥夜出二桂殿一奔、二十八宿宿將レ徙。縱擁帶甲億千群、名城襟レ山帶二江水一。粟支二十年一人亦和、將二孫武一而佐二吳起一。此礮一向立成レ虀、易レ於三金翅啄二雛蟻一。神威之砲已腐哉、佛郎之機亦迂矣。浦賀鎭乃國東門、遠控二夷蠻一一港裡。宜下嚴二武備一戒中不虞上、如二君此技一何可レ已。人稱李崇是臥彪、單身可レ抵城百雉。莫病猶無二汗馬勳一、皆知不二是屠龍技一。刑至レ無レ刑刑始高、功在レ無レ功功乃美。曹瞞嘗造霹靂車、孔明衝車亦載レ史。能創二奇巧一千古傳、不朽鴻業無二乃是一。後來國史當二大書一、臼形之礮高子始。（3①。又見1①2①）

遊二樋口氏別業一。

脫レ履中庭立、苔淨不レ忍レ踏。寒日照二青松一、幽禽呼自答。小池抱二假山一、一徑幾開闔。何人方欹レ棊、竹陰有二虛榻一。(1)（1①2①3①31 41）

（1）「閒澹幽遠、邦人未レ有。」（31）

沙原子、導觀其主家莊園。

距街咫尺一園開、路繞庭陰往似回。紫陌紅塵看不見、碧琅玕裡坐青苔。（1①41）

送二河野鐵兜西遊一。

東洋氛祲日夜惡、貔貅百萬皆踴躍。君獨蕭然戴二儒冠一、扁舟一棹追二海鶴一。君是南朝忠義孫、傳家鐵兜名工作。生平服膺希文言、先二天下憂一後二其樂一。又有三佳句似二李侯一、一斗百篇觀者愕。春秋鼎富膂力剛、藏レ兜載レ筆心何若。南弔二祖蹟一入二豫章一、夜看二古月一沙邊泊。北探二嚴島一訪二仙居一、琪花瑤草滿二洞壑一。遂搖二文旆一渡二西溟一、鎭西才人軍屢卻。阿蘇火焰鬪二雷霆一、玄海波濤伏二蛟鰐一。蜻蜓州盡瓊浦頭、清商詩戰不レ堪レ弱。青蓮才筆九州横、薩山問レ天倚二岩嶂一。流虬客接鴻臚館、番薯酒斟鸕鷀杓。醉來何處是他鄕、但恐刀鐶違二初約一。歸去來兮著二鐵兜一、東洋鯨鯢一刀斫。小范老子腹中兵、胡人聞レ之肝膽落。始焉題レ詩鳳凰臺、終焉圖レ像麒麟閣。（1①2①。又見41）

送築山士清西歸。

知汝歸心切、朔風吹二旅身一。世無二青眼客一、家有二白頭親一。滄海天驕退、紫微臺座新。東西消息好、去迨二故山春一。（1①2①3①31 41）

（1）自注「時俄羅斯船去。」（1①2①3①41）

池田大光寺有二牡丹花肯柏碑一、田桐江撰レ文。(1)

（1）自注「十月、與二鼎金城・細春龍一、探二攝・城・江三州諸勝一。自二池田一始。」（1①2①）

自注「以下、十月九日、與鼎金城・細春龍、探攝津・山城・近江三州諸勝時作。自池田始。」（41）

李蹊南去幾千家、春店青旗酒可レ賒。誰識寒山黃葉下、桐江叟誌牡丹花。(1)（1①2①40 41）

（1）自注「池田多二酒戶一。其北畔、李田數百頃。」（1①2①）

自注「池田北畔、多李田。」（41）

大光寺後有山、絕頂平地數弓。傳望海亭所在。近日、土人建碑、勒文明中僧橫川所撰亭記。

※「山」字、第1①本、無。疑脫。今從第41本。

絕頂孤高足致思、放眸尤好夕陽時。多禾未穫黃雲密、霜柿已殘紅玉垂。望海亭亡無古礎、橫川文在有新碑。歸途又賞林根月、樹影婆娑引步遲。（1①41）

贈二乾生良平一。

池田北五十里、有二林田村一。村民乾生、喜讀レ書、孝二於父母一。其來二池田一、牽レ牛而詠レ詩。人稱爲二肯柏之流一。

池田街口晨塡塞、賣薪客來牛絡繹。中有二牛角插レ書人一、高吟聲如レ出二金石一。」乾生一生山野人、負レ米奉養白頭親。彷彿陶家與二董舍一、松菊之間雞狗馴。」人或擬レ生肯柏叟、我爲レ生恥不二肯受一。月邊桂香天上翻、何若谷蘭幽自守。」叟也身依池田公、咫二尺玉皇一五雲中。與二紫衣僧一相爾汝、如レ是隱與レ不レ隱同。」生也深山伍二鹿豕一、寂寂寥寥環堵裡。黃卷白酒常欣然、獨呼二碧翁一爲二知己一。」君不レ見胡舶出沒大洋濤、漢家下レ詔索二賢豪一。欲二爲レ生賦一還惆悵、唯恐生名自レ此高。」（1①。又見2①41）

發ニ池田一、林元亨・乾良平、送至ニ箕面山一。途中作。

※「林元亨・乾良平」、第31本作「林乾二生」。今從1①2①41本。

霜晴人意勇、踴躍向ニ前途一。暖沼浮ニ魚婢一、陽坡熟ニ橘奴一。聯吟思未レ得、獨後走相呼。到處多ニ紅葉一、君詩已錄無[1]。（1①2①31 41）

（1）「句句實切。」（31）

箕面山、有懷小竹翁。

天保中、余隨翁、始探此地、既十四年矣。

回頭曾遊十四年、寒鐘聲咽夕陽天。蒼顏白髮人何處、紅樹靑溪景宛然。書在名山齊腐令、文如流水憶蘇仙。夜來還就僧家宿、獨對龕燈耿不眠。（1①41）

箕面山、觀ニ瀑布一。

※「觀」字、第40本、無。恐脫。今從第1①2①3①41本。

雙鞋蹈ニ靑苔一、十里泥不レ貼。霜落衆潦枯、冬溪淺可レ涉。峰勢匝如レ屛、松斷楓樹接。連崖忽中分、飛流出ニ紅葉一。諸峰初爭レ奇、終讓ニ一瀑捷一。水風翻ニ客衣一、帽重濕雲壓。人語駭ニ蟄蛟一、急雨過一霎。山氣鼓ニ蟻蠓一、楚楚依ニ我睫一。瀑外鳥道懸、振レ勇試ニ高躡一。百盤入ニ巖腔一、晝黑旅魂懾。路轉至ニ泉源一、草低盤石疊。俯瞰夕陽沈、霞根海光燁。（3①。又見1①2①40 41）

自ニ瀑布一、至ニ勝尾寺一、途中。

初謂瀑布奇、前路寡ニ其匹一。豈圖造化文、萬變無ニ複筆一。靑山忽我圍、不レ識溪所レ出。遠望山相連、近視斷如レ櫛。溪巧穿ニ其間一、百曲猶未レ畢。廻レ於ニ草字回一、屈レ似ニ楷書乙一。巨石立ニ溪心一、頭角何嶒崒。磊磊幾百千、堅緻色如レ漆。水越ニ其肩一來、每レ石飛流一。二三丈瀑布、與レ石難ニ計悉一。石盡山微開、溪流靛不レ疾。翠羽浴ニ寒光一、素鱗射ニ晚日一。路斜稍背レ溪、山椒多ニ柑栗一。忽聞一聲鐘、紅葉露ニ梵室一。（1①2①3①41。又見40）

勝尾山。

山中、僧院數十、過半無主。

※此題幷序十三字、第2①本作「勝尾山、僧院數十、過半無主」、第31本作「勝尾山中、書ニ所見一」。今從第1①41本。

爛爛數株楓、界破萬杉翠。高下多ニ僧房一、總曰ニ勝尾寺一。十房九無レ僧、華堂燕壘墜。山門賣レ糕嫗、迎レ客說ニ近事一。無上三

寶教、今已屬㆓澆季㆒。招提清淨池、幾容㆓鴛鴦戲㆒。熊羆吉夢貞、獅象法儀僞。雌風動㆓天閶㆒、倏忽雷霆至。行雲歸㆓福堂㆒、現世見㆓阿鼻㆒。唯遺㆓並蒂蓮㆒、夕陽照㆓顚頷㆒。(1)（1①2①31 41）

（1）「此等瑣猥、豈可㆑入㆑詩。而如㆑是溫雅雍容、足㆑觀㆓烹鍊之妙㆒。」（31）

勝尾嶺僧房、所到見菊。

※「嶺」、第41本作「山」。今從第1①本。

山田逶邐帶農家、紫芋陰中小徑斜。更上一崦東北去、僧菴無處不黃花。（1①41）

宿㆓教學院㆒。

山虛寒月明、不㆑用㆓燒松炬㆒。忽然窗紙黯、奇雲半天擧。知道山精過、空中聞㆓馬語㆒。（1①2①3①41）

曉下㆓勝尾嶺㆒。

十月木葉霜華清、空山落月色晶々。曉寒透㆑衣芒鞋滑、手摸足索下㆓崢嶸㆒。下三十步聞㆓水響㆒。深沉猶作㆓佩玉鳴㆒。又三十步響愈大、淙淙然似㆓風雨聲㆒。下臻㆓百步㆒耳將㆑裂、鎚㆑崖碎㆑鑿萬雷轟。始知山密多㆓水脈㆒、仰㆑瀑俯㆑澗跨㆑溪行。奇巖側夾

雙羆鬪、禿樹前遮獨鬼迎。水霧蓬勃呑㆓月魄㆒、近山黝黑遠山明。忽覺腥風搖㆑草至、炬光一閃是蛇睛。（3①又見1①2①41）

遇雨、宿山崎田家、湫隘殊甚。

※「湫」、第1①本作「秋」。非是。今從第41本。

山雲重不去、午暖雨稍成。道傍紅樹杪、忽送淅瀝聲、羇人買箬笠、村女迓柴荊。蘧廬足一宿、聊待來朝晴。（1①41）

飛鷺瀨待㆑渡。

※此題、第1①41本、並作「廣瀨待渡」。今從第2①3①31本。

雨過楓逕滑、墜紅人未㆑踏。南山松樹巓、亭亭抽㆓孤塔㆒。隔㆑水見㆓茅茨㆒、天寒半扉闔。閒禽立㆓渡舟㆒、篙工呼不㆑答。（1①2①3①31 41）

謁㆓男山神祠㆒。

時雨新歇、日光在㆓行潦上㆒。松蔦倒㆑影、青紅嫣然。（1①41）

※此題并序、第31本、合之作「冬初、謁㆓男山神祠㆒。時雨歇、日光在㆓行潦上㆒。松蔦倒㆑影、青紅嫣然。」又第41本序、原作「時雨新歇、日光在行潦上。青松紅蔦倒影嫣然。」而後改之。

第2①3①本、並無序。

山路石少沙色淨、雨餘行潦明如㆑鏡。愛日破㆑雲澹無㆑風、青松紅蔦皆倒映。却憶今春茲地過、隔㆑花時聞㆓谷鳥歌㆒。春光駘蕩非㆑不㆑好、遜㆓此風趣瀟灑㆒多。兩邊茶店戶皆鎖、一雙飢鳥啄㆓老菓㆒。神殿洞開四無㆑人、頭白祠官看㆑山坐。（1）（1①2①3①3143）

（1）「絢爛之極、終歸㆓大素者㆒。然亦有㆓無味之味㆒。唯解人會㆑之。」（31）

避雨、至能村白水家宿、翌日上途。

前度乘晴到君家、去時春雨夜如麻。今度避雨與君晤、去時冬旭杲穿樹。天上晴雨雖無常、君情畫一終始長。今後相思便命駕、未卜在秋將在夏。前例隨用孰最宜、雨乎晴乎晝乎夜。（1①41）

詠臥龍松。白水所囑。

蜿蜒庭上影、寒月在長松。未遇風雲會、何妨作臥龍。（1①41）

晨發㆓八幡㆒。至㆓宇治㆒。

※此題下、第1①41本、並有「大霧不辨咫尺」六字。今從2①3①本。

大霧塞㆓前程㆒、不㆑知何處行。野流無㆓早渡㆒、隴畝有㆓寒耕㆒。莎路冬初闢、楓塘霽愈明。菟川應㆑不㆑遠、簇簇見㆓茶坪㆒。（1①2①3①41）

宇治懷古。

靑山中斷一水斜、兩岸紅葉好㆑似㆑花。野店戶開列㆓磁甕㆒、白頭老翁坐賣㆑茶。江山終古百戰地、夕陽鐘打興聖寺。運移三位立㆑功難、時至四郞成㆑事易。（3。又見1①2①41）

尼瀨至㆓石山㆒。

※此題、第1①41本、並題作「尼瀨村」、而序曰「尼瀨以東至石山、六七十里皆峽也。」今從第2①3①本。

雲邊聞㆓碓響㆒、依㆑嶺見㆓茅茨㆒。菓遇㆓猴偸㆒盡、墻經㆓鹿鬪㆒攲。奇巖貫㆑厨出、老木壓㆑檐危。畫裡棲來慣、居人不㆓自知㆒。（3。又見1①2①41）

屏風巖、似鼎細二畫史。

※「鼎細二畫史」上、第1①41本、並有「同行」二字。又兩本有序曰「巖下、卽紅葉潭也。巖色潭影、照映相媚。」今從第2①3①本。

奇巖橫列如ニ屛風一、樹影參差落ニ潭中一。水光蕩漾翻ニ石壁一、上映下照明鏡同。」孤店面レ巖臨水起、行人卸レ笠憑レ欄視。翠羽穿過深藻間、銀鱗游泳高楓裡。」巖上日沈水底雲、俯仰之間共氤氳。展來破墨營邱幅、却捲丹青李將軍。(1)」此是天然粉色也、今時誰能摸レ此者。二君卽是二李流、前半後半試分寫。」(2①3①。又見1①41)

(1)自注「捲藏破墨營邱筆、却展將軍着色山、放翁句。」

巖洞。

※此題、第1①41本、並作「虛穴」。今從第2①3①本。

巖罅成レ洞者三。曰蛇穴、曰相穴、曰虛穴。虛穴尤深、見ニ村女數輩、手レ燭而入一。(2①3①。又見1①41)

巖根有レ洞其口狹、廣可ニ並行一高可レ立。三洞相鄰東者深、水氣淪レ巖涵ニ餘濕一。此洞平日在ニ水心一、千鬼萬怪所ニ群集一。逆波衝折巧覆レ舟、名曰ニ水府一無ニ人涉一。一朝水落呀然呈、洞背唯見枯藻貼。黿鼉蛟龍安在哉、紛紛餓莩是魚妾。村女亦知靈異泯、每レ人手レ燭高歌入。(1①2①3①。又見41)

自ニ尼瀨一至ニ曾東一、途中。

谽谺巉㟷又崔嵬、北曲南旋幾百回。修葛縛レ柴孤筏載、垂藤絓レ笮小橋開。澄潭木影龍蛇動、空谷跫音雉兎來。稍轉ニ巖肩一紅葉盡、夕陽一綫照ニ青苔一。(1①2①3①41)

外畠宿ニ民家一。

忽然山脈斷、松火現ニ溪涯一。農舍初冬夜、征人小雨時。解レ蓑振ニ墜葉一、溉レ釜折ニ枯枝一。主客皆眞率、鹽虀足レ待レ飢。(1①2①3①41)

獅子飛。地名。

或道巖形似ニ獅飛一、或道邦言猪爲レ獅。兩崖隘束無ニ二丈一、野猪飛來能越レ之。或道水勢勁無レ比、如ニ獅子飛一難レ得レ支。獅飛之名說不レ一、獅飛之險可ニ推知一。」此水千古與レ巖戰、其深無レ底駛レ於レ電。陶峴胡妓探不レ還、溫嶠犀炬燃無レ見。前波後波立相揉、雪白藍青須臾變。寒日照レ波銀鱗開、穹龜長魚沈復現。」龍氣逼レ人水霧腥、不レ可ニ以留一上ニ前程一。溪風吹入山松葉、恍作ニ龍宮簫笛聲一。(3①。又見1①2①41)

淅米湍。

上遊誰淘米萬石、流沫浮浮鉛華白。不レ可レ架レ橋不レ可レ舟、懸崖中分二百尺。兩邊兒女互識レ顏、欲ニ往從一レ之銀河隔。」或

就二上流一或下流、六七十里始有レ舟。所以晤言不二容易一、脉脉相望度二幾秋一。」君不レ見萬足之船胡所レ始、一晝夜走七千里。」（1①2①3①。又見41）

銚子口。幷引。

※此題下、第41本、無「幷引」二字、而有「地名。兩崖狹迫、形似銚子、故名。俗謂酒甁曰銚子。」十九字。

世稱、缺二銚子口一數尺、則湖湑水落、可レ獲二田數萬頃一、視二地理一、知二其妄誕一、俗謂二酒甁一曰二銚子一。此地、兩崖狹束、水過二其間一、猶下酒自二甁口一出上、故名。（1①2①3①。又見41）

獅飛淅米及銚子、三勝形勢粗相似。我詩其如二重複一何、下レ筆方自二何處一起。世人或稱琵琶湖、山匝如三酒在二甁裡一。西南隅缺作二奔川一、其口卽從二銚子一始。若缺二銚口一一丈餘、湖面水減二過半一矣。瀕湖隨處闢二新田一、禾穗可レ收萬萬秭。百年前有二瑞軒翁一、嘗一謀レ之中道止。近者一客來語レ余、彼策若行禍可レ俟。銚子一壞水來多、攝河人民作二鮒鯉一。余掉レ頭曰否不レ然、水性元來無二此理一。水來雖レ多止一時、一過以後爲二平水一。異日雖レ有二暴漲加一、其勢何曾至二倍蓰一。今視二地理一始爽然、世人所レ稱妄誕已。銚子東行至二湖湑一、山重水複三十里。前程登登每步高、積二三萬步一成二峯巒一。中間更多二瀨與レ潭、地形高卑分二頭趾一。高注卑受元不レ抗、斯地缺否豈關レ彼。從前無益費二言論一、一目果然勝二百耳一。但恐平生所レ講書、迂二遠事情一皆如レ是。（3①。又見1①2①41）

本年水涸、宇治至二石山一數十里、皆路二於溪涯一、怪巖奇石、隨レ地爭出。

平日蒐道至二石山一、細路如レ蛇繞二其間一。」今年水涸增二沙步一、人就二水中一開二生路一。」奇石嵌空或穹窿、沈埋元在二綠波中一。一旦現來人爭覩、可レ驚可レ喜實鬼工。」化工本來富二奇技一、深藏豈憾無二知己一。何不二自祕一出觀レ人、嗚呼化工猶如レ此。」（2①3①。又見1①41）

石山寺。

平處多二僧舍一、高邊是佛祠。兩行楓樹立、一派石泉垂。紫女留二遺影一、青山依二舊姿一。中秋應二更好一、月色漫二湖湄一。（1①2①3①。又見41）

石山至二大津一舟中、望二膳所城一。

※「膳所城」、第1①2①41本、並作「湖城」二字。今從第3①本。

湖滑水已落、舟膠不レ易レ移。強撐用ニ數櫂一、或又入レ水推。生平渡ニ矢走(1)一、片帆任ニ風吹一。江城如ニ畫裡一、不レ得ニ久觀一レ之。今日始快覽、郭尾起ニ湖涯一。西北連ニ岡塢一、逶邐又參差。湖光明ニ粉壁一、樓影倒ニ淸漪一。遊魚怯ニ蚩吻一、歸鴨溯ニ城池一。紅蔦抱ニ古壘一、石傾一松危。絡繹負擔客、懸門無ニ呵誰一。冬曦融ニ凍靄一、樓鼓報ニ午時一。風光勞ニ應接一、却喜舟行遲。（1①2①3①。又見41）

（1）自注「地名」。（1①2①3①41）

圓城寺二首。

（一）

昔日兕威何赫然、緇衣兵逼紫宸邊。時移已有ニ蒙塵佛一、世靜拚無ニ方命川(1)一。下界太湖三萬頃、上方故蹟一千年。山門唯見糕師坐、迎レ客烹レ茶布ニ破筵一。（1①2①3①41）

（1）自注「白川帝曰、不レ從ニ朕命一者、唯鴨川與ニ山法師一耳。」（1①2①3①41）

（二）

從來詩料尙淸新、古跡何論僞與眞。委地巨鏞傳辨慶、涉江駿馬詫光春。迢遙烟樹開官道、陸續風帆指大津。咫尺叡山呼欲答、日傾難得探嶙峋。（1①41）

十月既望夜、月明如晝、舟下淀川。

客比蘇遊數十多、頭顱相觸背相摩。無肴無酒篷牕夕、奈此風淸月白何。（1①。又見41）

聞下菊池海莊奉ニ主旨一練中鄕勇上、賦レ此以寄。

海關晴色帶ニ怒濤一、望遠鏡懸察ニ秋毫一。天際有レ物嵬峩至、唯疑三山失ニ巨鼇一。風漂潮漾無レ所レ底、空洋萬里去滔滔。黑煙沸騰石炭氣、長鯨怗レ首海若逃。似レ山非レ山森ニ銃砲一、此是墨夷船數艘。兩輪輾レ水羣帆舞、浪花翻出白似レ繅。忽因ニ進退一垂ニ長索一、欲レ測ニ淺深一浮ニ短舠一。近捋ニ虎鬚一無ニ恐怖一、高吹ニ龍笛一恣ニ嬉敖一。豐葦之國天所レ子、重譯來王敢辭レ勞。北征ニ肅愼一貢ニ楛矢一、西討ニ勾麗一獻ニ旅獒一。如何容易遭ニ彼侮一、志士拊レ膺萬籟號。海莊主人古矦裔、家世忠義多ニ儁豪一。文武竝資周子隱、射騎雙絕高敖曹。何日翹々見ニ車乘一、幾年寂寂臥ニ蓬蒿一。皮裡陽秋寄ニ詩卷一、腹中兵甲託ニ漁篙一。踈燈落燼孤村雨、枕ニ虎髑髏一閱ニ豹韜一。一旦應レ選練ニ鄕勇一、入レ水如レ獺山如レ猱。欲レ使三三軍瞻ニ馬首一、甘將ニ七尺一付ニ鴻毛一。遠戍星沉聞ニ鼓角一、行營雪壓捲ニ旗旄一。水晶滿レ地蹄涔凍、騂騮毛縮倚ニ空槽一。早晚啣レ枚憑ニ敵壘一、十萬犬羊暫時鏖。皮肉恰宜供ニ寢食一、波濤更便溉ニ腥臊一。不レ然一炬乘ニ朔吹一、乾葦枯松沃以レ膏。烏

焚㆓其巢㆒出㆓不意㆒、旅人先笑後號咷。怪得夷船如㆑坔小、驚看京觀與㆑山高。聞㆑風萬國爭崩㆑角、振旅四民歡㆑建㆑櫜。歸來明月淸流上、洗了君家正平刀。[1]（3①。又見1①2①31 41）

（1）自注「君家藏㆓正平中賜刀㆒。」（1①2①3①31 41）「二百年來無㆓如㆑是事㆒、亦無㆓如㆑是詩㆒。」（31）

冬夜有㆑感。

世事竟何如、豎儒疑未㆑除。時平兵器貴、年稔粟倉虛。白面爭陳㆑策、靑衿恥㆑讀㆑書。孤興觀㆓象緯㆒、木落曉星疎。（1①2①3①22②22⑤41）

臘尾荐雨。

臘尾連朝雨、暖疑春已回。瀏瀏淸濯竹、細細暗催梅。窮鬼毆難去、故人招不來。與燈相對坐、向影欲傳杯。（1①22②22⑤41）

臈尾快晴、訪西江師、途中作。

點點棋方向南吐、輕輕風已自東吹。冬郊十里朝暾暖、太勝春寒細雨時。[1]（1①22⑤41）

（1）自注「今春雨中訪師。」（1①22⑤41）

歲暮、寄㆓劉石舟㆒。

※此題、第29本作「歲暮有㆑感、似㆓劉詞宗㆒」。今從第1①2①3①31 41本。

王者嘗聞守在㆑夷、果然來貢鄂羅斯。官因㆓農隙㆒聊深㆑壘、民感㆓國恩㆒爭獻㆑貲。大富㆓善人㆒周有㆑賚、悉升㆓才子㆒舜無㆑爲。寄㆑言越石須㆑高㆑枕、不㆓是聽㆑鷄夜起時㆒。[1]（1①2①3①22②22⑤29 31 41）

（1）松「據㆑經援㆑史、剴㆓切時事㆒、而無㆓牽强窘迫之態㆒。於㆓古來大家之外㆒、自開㆓生面㆒、先生所㆑獨。」（29）

聞㆔高秋帆遇㆑赦、參㆓縣令陣務㆒、賦㆑此以寄。

※「遇」字、第2①3①22②22⑤41本並同。第31本作「遭」。案此詩、第1①22②22⑤41本、並屬翌甲寅之作。今從各本而正。

太白西低雁夜呼、朔風吹㆑雪滿㆓菰蒲㆒。烏孫玉帛未㆑朝漢、虎旅陣營猶備㆑胡。[1]已報平反寬㆓魏尙㆒、何當㆔薰沐薦㆓夷吾㆒。人生末路須㆓珍重㆒、期取麒麟閣上圖。（2①3①22②22⑤31 41）

（1）「盛唐氣格。」（31）

歲暮探梅。

北風吹面雪華紛、利鬪名爭客似雲、歲暮閒人唯有我、天寒曠

野又逢君、一枝林下誰相伴、百卉叢中獨不群、却愛夜歸頻抵觸、淸香拂袂駐餘薰、（3①22②22⑤41）

月瀨途中。疑舊作。

探勝心雖未肯灰、弱行怯路屢遲回。百三十里崎嶇境、甘爲梅花得得來。※（1①）

※案此詩一首、第1①本、追補在欄上。

甲寅元日。

壁上桃符改、檐端柳意新。客多無一雪、本歳有雙春。（1）遠客懷殊俗、嘉猷靖兆民。賢勞依肉食、安臥養門身。（1①22②22⑤41）

（1）自注「今歳首尾、皆有立春。」（1①22②22⑤41）

新年口號。

去來慶賀忙、街上紅塵漲。獨出訪梅花、彷徨流水上。（1①22②22⑤41）

首春、似㆓菊海莊㆒。

※「菊」字、第1①2①22②41本、並無。今從第31本。案紀伊菊池溪琴、又號海莊・海叟。

萬里鯨波隔㆓海垠㆒、傳聞難㆑認僞將㆑眞。墨夷疆域勝㆓蒙古㆒、朱氏裔孫攻㆓愛新㆒。（1）兵亂怜他寰外國、謳歌幸我日邊民。東風又到江頭路、已有㆔梅花破㆓首春㆒。（2）（1①2①41。又見22②22⑤31）

（1）「何等巧對。」（31）

（2）「作者七律、猶ニ富人饗レ客。不ニ必多費一、而饗飫有レ餘。」（31）

迎春。

曖曖蓬蓬日映烟、出迎東帝路茫然。可於林下於江上、似自梅梢自柳邊。野水潺湲氷稍泮、谷風駘蕩鳥將遷。歸來試向爐頭酌、春至心中在醉先。（1①22②22⑤。又見41）

雨夜、宿呉櫻亭家。

十九年前始結盟、當時歌酒尚豪情。如今老去焚香坐、共聽夜窓春雨聲。（1①22⑤41）

新晴、歩東郊。

風力撓ニ簷溜一、園楊樹樹斜。池心徐見レ日、雨脚稍成レ霞。放犢迷ニ新草一、閒人訪ニ遠花一。村醪春已熟、不レ妨叩ニ田家一。（1①2①3①22②22⑤41）

二月朔、遊伏水梅林、未開。

梅花有所待、今日猶未開。月明有所待、今日猶未哉。遊人有所待、今日猶未來。唯我無所待、終日此徘徊。今後待至旬五日、月方盈時花開悉。不翅梅香月影妍、衣香鬢影更可憐。

（41）

首春游ニ櫻祠一、舟中作。

鴨綠鱗鱗未レ見レ魚、長隄寒色帶ニ歸漁一。此時誰若舟中好、微火相依坐看レ書。（1①2①3①22②22⑤41）

仲春、訪中左栗、賦贈。

外以長墻匝、內有數舍開。每舍園庭具、周覽久徘徊。此時春雨歇、滿地長新苔。小橋通幽處、淸池點落梅。竹根數雞出、松頂一鶴來。上堂望東嶂、橫翠何崔嵬。鷲尾紺宇隱、鬼拿白[1]雲回。其麓四條畷、草秀殘壘頽。小楠決戰處、夕日照古哀。俯仰懷今昔、慷慨擧酒杯。主人勤耕織、經綸見異才。餘暇延文士、新知亦不猜。我久猒都市、筆硯委塵埃。偶過田舍裡、百物悉詩材。安得卜鄰去、終歲此追陪。只合甘藜藿、何須問蓬萊。（1①22②22⑤41）

（1）自注「鷲尾・鬼拿、皆嶺名。」（1①22②22⑤41）

溪閣晩晴。

亭午雲陰重、晴時日已西。蝶衣花露濕、鶯路柳煙迷。野老催耘麥、山僧欲杖藜。唯吾嗒然坐、待月渡前溪。（1①22②22⑤

41）

贈友鹿洞主人。

擁屋群峰立、縈墻一水斜。春光漸僻地、日影透重花。聽鳥催晨酌、引僧供午茶。不聞朝市事、淸福勝仙家。（1①22②22⑤41）

春陰有感。

花尤易散是山櫻、燥濕常憂難得平。多謝老天調理妙、不成雨又不成晴。（1①3①22②22⑤41）

村居春雨。課題。

晚雲終作雨、獨坐半扉開。乞火隣僧至、假簑溪友回。綠雖長弱柳、白奈碎殘梅。借問嚶嚶鳥、何時出谷來。（1①22②22⑤41）

衝雨發界、町田國手、命轎相送、且借生書數本、比讀畢、到家。賦此以謝。

歸途卅里奈泥淤、雨帶春潮溢小渠。何料肩輿辱相送、蒲團暖裡讀生書。（1①22⑤41）

上巳、遊鶴滿寺。

輕舟隊隊溯長江、左指石壇翻寶幢。上岸尋花過釣舍、入村看竹叩僧窗。門容綠酒教人醉、樓置黃鐘任客撞。(1) 佳節留連歸去晚、塔梢栖鳥幾成雙。（1①22②22⑤41）

（1）自注「俗云、寺有古鐘、聲叶黃鐘。故及。」（1①22②22⑤41）

三月幾望、與二棋塢晚翠二師・葵齋諸子一、衝レ雨游二嵐山一、坐二于雪亭一、良久晴。

春山何處逌、春雲釀レ雨成。雲向二花根一下、雨自二花杪一生。唯見二濛濛色一、未レ聞二瀟瀟聲一。暗濕透二濃葉一、栖禽伏懶レ鳴。沈紫與二浮白一、糢糊看不レ明。坐久微風起、紫止白則行。行者爲二山霧一、止者爲二山櫻一。嬋娟萬國色、倒レ影潭水淸。群客待レ晴出、何解雨中情。此遊眞幽絕、唯吾與レ花盟。龍珠探已獲、鱗爪任二人爭一。獨私二一日雨一、勝レ公二十日晴一。（3①。又見1①2①22②22⑤41）

是日、棋師等先歸、乃賦レ此以寄。次二翠師韻一。

傳厨發二西郭一、看二此雨中櫻一。高處雲俱動、低邊水更明。夜深三店閉、月出一橋橫。(1) 憾子歸來早、不レ同二幽賞情一。（1①2①3①22②22⑤41）

（1）「地有雪月花三店、及渡月橋。」（22②）

翌日坐二洗心亭一。

雨歇溪聲變、餘雲芳樹閒。吾心方一洗、隱レ几看二春山一。（1①2①3①22②22⑤41）

賀某氏七秩。

聞君七袟正開筵、想像遥呈詩一篇。醇酒已教賓客醉、彩衣更見子孫賢。眼明自寫蠅頭字、脚健人疑鶴背仙。世上期頤何足道、遐齢應比老彭年。（1①22⑤41）

初夏、江山亭集。

※此題、第22⑤41本、並作「夏初、集江山亭」。今從第1①22②本。

四郊花已盡、卽集水邊樓。虚牖群帆入、低欄一柳抽。蘋風坐間起、波月望中浮。不見紅塵氣、相馴有白鷗。（1①22②22⑤41）

村田翁三隅莊園十二景。

豐原夜雨。

夜色如拖墨、風廻雨脚奔。一星松火出、知有暗中村。（1①22②22⑤41）

松島春曉。

波月淡無レ光、疎鐘春寺曉。不レ知何嶺雲、來宿庭松杪。（2①3①。又見1①22②22⑤41）

兒島霜葉。

島根隨海嵜、遠望幾迂回。續續風帆影、疑穿紅葉來。（1①22②22⑤41）

通浦寒濤。

海國多二夷警一、月明霜氣高。杞人眠不レ着、危坐聽二寒濤一。（1①2①3①22②22⑤41）

東廬山翠風。

風吹山木亞、日脚射空潭。高衲棲何處、經聲出夕嵐。（1①22②22⑤41）

武根洞晴雪。

日出雪雲散、山林唯一白。圯橋埋欲無、上有樵夫跡。（1①22②22⑤。見41）

內海漁火。

沙溆暗潮通、殘蟾沈葦杪。漁燈曉未歸、所獲知多少。（1①22②22⑤41）

澤江明月。

春江花月夜、萬里弄空明。何處扁舟子、廣寒宮裡行。（1①22②22⑤41）

嵩山歸鴻。

利名成網罟、仕宦是樊籠。鉤簾時一笑、天外有飛鴻。（1①22②22⑤41）

紫津彩霞。

人慕螳都榮、吾嗤龍斷賤。但觀朝暮霞、暗識陰晴變。（1①22②22⑤41）

圓通寺曉鐘。

孤起闕天象、群星稍不明。彷徨何限意、一杵曉鐘聲。（1①22②22⑤41）

妙見山晚雲。

薄暮世間忙、紛紛來又去。書窓凭几人、心在雲歸處。（1①22②22⑤41）

送能勢三圭之備前。

海天梅雨歇、目送一帆開。黄備途非遠、春秋請屢來。（22⑤41）

棚橋八郎失明、詩以慰之。

氛祲蒸滄海、祝融延紫宸。誰堪視時事、羨汝失明人。（22⑤41）

春日國手令萱年七十、賦六百言以賀。

吾友春日子、吾聞其語志。初欲爲武人、習錬射騎事。又欲爲文人、冥想風月思。又欲爲禪緇、精研權實義。既而幡然悟、此非立命地。昭代勝陶虞、文武典章備。一家之私言、無損益于治。出家辭其親、難終膝下侍。萬民浴休明、百物資便利。貪酒味色供、忘病死苦至。惑溺聲伎人、多感毒黴氣。內攻不外宣、爲疝爲風痺。一變現其形、逼耳目及鼻。沈湎麴糵人、多糜其腸胃。暑時忽患痧、天寒或作痢。若不察機先、分釐違處置。俗醫識見卑、不堪性命寄。垂涎于貨財、竭神于諛媚。百方歸一誤、棺匠日受賜。以匕將以兵、殺人豈有異。宜哉東坡言、學醫則人費。果能爲良工、功與禹軒輊。以名三者高、以實醫人貴。乃攻軒岐言、杏陰竟遠被。患者數百千、巡診豈容易。昧爽乘轎奔、星見到猶未。大旱之雲霓、每戶延頸遲。神液膏肓融、盛名癘鬼避。沈痼赴愈痊、溲勃隨驅使。不唯技術精、古書窮頤祕。如素問靈樞、傷寒論金櫃。諄諄誘生徒、朝講又夕肄。人皆稱君賢、吾知其所自。積善自祖先、乃翁加蔭庇。吾迨交乃翁、外溫內剛毅。家世事邦君、鵷鷺列位次。有故辭其邦、僚友服高誼。教子以義方、終能成國器。翁既游帝鄉、萱堂循遺意。孟母述慈訓、敬姜秉明懿。井臼想昔操、紡績勉今司。截髮引交游、含飴弄幼稚。色養君能爲、常使母心慰。寢視溫淸宜（1）、膳具甘脆味。七十人雖稀、康寧天所畀。金母無老衰、寶婺永明穊。君賢母所教、母壽君所致。仁術感彼蒼、福履固宜祓。此母而此兒、今時恐無二。吾詩非虛諂、吾意非阿比。百病雖可憂、心病尤爲累。父子相忿爭、主僕互詬詈。有姑誣婦辜、有弟紾兄臂。身病君已療、心病吾竊畏。是故裁此詩、苦欲相曉譬。使彼聞君風、內顧抱感媿。奸回化孝慈、殃禍變祥瑞。醫國莫大焉、良工願始遂。行善延母齡、君孝實不匱。庶幾潁封人、以永錫爾類。（22②41。又見1①22⑤）

（1）「『淸』、恐『凊』」、（22②）

贈雙鶴館主人坪伯順。

※此題、第22②22⑤41本、並作「雙鶴」二字。今從第1①本。

偕老千年契、風姿自肅雝。飛時絕雲氣、降處認仙蹤。並啄依新草、雙栖占古松。雖非鸑鳳伍、亦是百禽宗。（1①22②22⑤41）

移竹。

※此題、第1①本原作「家封碧軒主人」、而後貼紙片、朱書如此。

街居無奈雜紅塵、種碧琅玕隔四隣。只合護來成好友、不須剪去作夫人。夢魂幾度遊淇澳、饞念何時至渭濱。自此棋牕茶榻畔、風聲月色一般新。（1①22②22⑤41）

觀移秧。

連歲豐穰穀價颷、本由夷舶擾邊疆。卽今四海風波靜、更見甘霖迨插秧。（1①22⑤。又見22②41）

夏夜、懷浩然師嵯峨山居、次其夜歸韻。

栖栖都市人、奔走晨到夕。熱靄蔽空颷、銀蟾隱無跡。一扇支萬蚊、肌汗拭更滴。想公山中居、洗足踞溪石。月露墜葛衣、微風起松隙。（1①22②22⑤41）

柳陰納ㇾ涼。

游魚愛二深藻一、荷花亦未ㇾ歇。移ㇾ榻近二淸池一、水風入二晞髮（1）一。已占二柳陰涼一、更看二波際月一。回首城市暝、炎塵方鬱勃。（1①2①3①22②22⑤41）

（1）「稍近六朝。」（22②）

贈山口吉太郎。

群卉盆栽愛養同、春芳秋色隔簾櫳。憐君高枕紅塵表、夢繞芝蘭蒼翠中。（1①22⑤41）

七夕泛舟。韻得鹽。

※「韻得鹽」三字、第22②本、無。今從第1①22⑤41本。

上流方過雨、雲脚壓山尖。篷裡早涼入（1）、棹邊秋水添。絃歌任人謬、諷詠養吾恬。不覺移時久、柳梢亡素蟾。（1①22②22⑤41）

（1）「裡、恐隙。」（22②）

初秋十一日、翠齋喪レ內、往弔レ之。

盂蘭盆未レ至、牛女會初過（1）。物候増ニ悽愴一、槿花朝露多。（1①2①3①22②22⑤41）

（1）「初、恐方。」（22②）

前赤壁夜、高杏山招泛舟浪華橋下。

萬人頭上一聲雷、烟火釀花空際開。詩客騒遊追玉局、豪奴逸興倒金罍。彩舟畫舫望中滿、短笛橫簫到處催。尤是西風收溽鬱、素娥徐抉碧雲來。（1①22②22⑤。又見41）

夜歸。夢中所レ得。

一林霜樹影婆娑、薄晩歸來曉又過。不レ識寒風搖レ葉盡、但疑歸路月明多。（3①。又見1①2①22②41）

送西子容。幷引。

※此詩題下、第1①22②22⑤本、並無「幷引」。今據第41本補。

弘化丙午、與子容別于東都。未幾、子容來依于余浪華。越數年、嘉永癸丑、子容東歸。余約以丙辰春覆之。（41）

江都一分手、浪速再相隨。但謂長親炙、何圖復別離。關河程隔處、風雪歳殘時。我有東遊約、丙辰春以期。（1①22②22⑤）

早起煮茶。

武士囂囂講海防、僧徒聒聒說無常。詩人不解世間味、早起煮茶獨自嘗。（22②）

雨中、氏原氏集、分韻得文。

擇勝過郊墅、市聲聽不聞。忽來松杪雨、又合竹間雲。顧望多詩興、言談省禮文。夕晴殊可愛、秋砌數花薰。（1②22②）

鶴。

閒澹謝飲啄。肅雍集雄雌。夜深何處去。老仙招騎之。（41）

壽老。

南極老人。其壽並天。鶴兮龜兮。豈能及焉。（41）

西遊紀行　此題目、據第58本。

西牧村訪内海國手、賦贈。

※此題下、第1②本朱書「以下、游山陰道中所作」。

屋是白茅籬綠杉、前庭迎客草全芟。僮開閒室收行李、婢汲清泉洗汗衫。芋栗未貧如錦里、烟霞成疾似遊巖。請看仁術多陰德、有二郎君並不凡。(1)（1②41 58。又見22②）

（1）「結、恐未妙。」（22②）

過二金田村一、始望二津山城一。

※此題下、第2①3①本、並有自注「以下、北遊中所作」。

田家秋色足レ開レ顏、天竺花邊晝掩レ關。城櫓已抽喬木頂、女牆更在二宛丘間一。南通二薇海一一條水、西走二松江一萬點山。(1)來路回看皆險惡、始逢二平地一意姑閒。(2)（2①3①。又見1②22②58）

（1）「前聯運用經語、使人不覺。」（22②）

（2）「第八、未鍊。」（22②）

津山城下作。

夙觀二藩翰譜一、文獻尙堪レ徵。漢法嘗除レ越、周盟遂長レ滕。(1)二川通二葭澮一、百雉倚二峻嶒一。距レ海雖レ云レ遠、香魚正上レ罾。（1②2①3①22②41 58）

（1）「三四確切。」（22②）

津山逆旅、臨二城濠上一、書レ所レ見。

城門南向控二輿梁一、(1)濠勢周遭馳道長。不レ識二罟罾一魚意樂、忽聞二鞭策一馬蹄忙。花殘菡萏秋多レ雨、葉老蒹葭露欲レ霜。(2)看得時平衙散早、幾人退食未二斜陽一。(3)（1②2①3①22②41 58）

（1）「起手雄偉。」（22②）

（2）「名聯。」（22②）

（3）「『退食』、恐不確。」（22②）

贈二小原竹香一。

雲樹幾年思又思、相逢一笑卽論レ詩。晉朝名士多耽レ酒宋代高人亦奉レ祠。君爲二德守祠官一。夜話未レ休鷄喔後、秋吟恰好雁來時。西遊不レ憾無二青眼一、東道先欣接二紫芝一。（1②2①3①22②41 58）

松濤亭、爲㆓主人㆒賦。

老松搖㆑髭龍欲㆑跳、天寒夜黑風怒號。初疑颶颼茶鼎沸、一聞卽覺心蕭騷。稍變杳如㆓遠處笛㆒、又如㆔鶴唳起㆓九皐㆒。此時名利念全盡、忽欲㆔散㆑髮弄㆓漁篙㆒。又變群馬裹㆑鈴走、但聞㆓撾聲㆒人不㆑囂。終疑海立魚龍舞、巨靈贔屓負㆑山逃。又疑白起降㆓趙卒㆒、(1)四十八萬一時鏖。至㆑此投㆑袂蹶然作、不㆑堪意氣太雄豪。欲㆘乘㆓長風㆒破㆗溟渤㆖、欲㆘拂㆓暗塵㆒拔㆗匣刀㆖。夜深風死群動息、松影落㆑窗片月高。百端心緒皆灰滅、獨有㆔詩思析㆓秋毫㆒。俗子唯愛絃管響、艫歌哀曲空笑敖。耳聾心荒醉不㆑醒、知否人間有㆓松濤㆒。（3。又見1②2①22②22⑤41 58）

（1）「『白起』、奇想。」（22②）

梅洞主人求詩、賦此以贈。

我於古人中、尤慕林君復。占居在孤山、吸湖飲山綠。又欽廣平公、鐵心破薄俗。縞衣來打門、幽想蘇玉局。飲水讀僊書、淸愛渭南陸。逝者已千年、何由得追逐。一夜從素娥、來叩林下屋。俯仰憐花多、徘徊歎我獨。忽見四老人、各著古衣服。一一通其名、我所夙私淑。借問古之人、何以此間伏。皆道吾精神、在地爲嶽瀆。愛花常遊焉、俗子安得矚。諷詠性情通、杯酒笑語睦。斜月沈花西、欲別臂再捉。曉風吹枕函、心目蘧然覺。四顧不見人、身在梅洞宿。（1②22⑤58。又見22②41）

美作院莊、卽兒島高德題櫻樹處。

中興諸將不能文、十字精金獨服君。自比鴟夷非忝竊、竟扶鸞駕立功勳。已無櫻樹根株在、但有桑田隴畝分。殘日難回南至後、神龍藏尾暮天雲。(1)（1②22②41 58）

（1）「結尾一掉、力有萬鈞。」（22②）

內藤能夫招飮、賦贈。能夫壯歲罷㆑官。

※「內藤」上、第41 58本並有「竹處」二字。又自注「能夫」、第1②2①22②41 58本、並作「君」。今從第3①本。下同。

要㆘向㆓昔賢㆒相應酬㆖、挂㆑冠林下早歸休。聽㆑松洗㆑耳陶弘景、與㆑竹虛心王子猷。能夫愛㆓松竹㆒、有㆓掬翠竹處等號㆒ 山送㆓夕陽㆒侵㆓小榻㆒、人先㆓新月㆒上㆓高樓㆒。(1)爲㆑君慷慨吟㆓梁甫㆒、目斷寥天一鶴秋。（3。又見1②2①22②41 58）

（1）「第六、佳。」（22②）

訪北山冬松。余逆旅與君對門。

※「訪」上、第41 58本、並有「津山客舍」四字。今從第1②22②本。

相逢旣結盟、居近更多情。摘菓朝朝贈、烹茶夕夕迎。一窓方月

色、四野已秋聲。明旦分襟去、離愁滿鶴城。（1②22②。又見41 58）

中秋、與鶴城諸君、飲于市南溪樓。

看月斯樓好、一溪門外橫。衣邊山氣冷、座上水光明。孤客忘羈況、諸賢枉厚情。浪華歌吹海、少此候蟲聲。（1②22②58）

津山茶惡、余不能喫。蝸亭邨上君聞之、惠手製茶二包。賦此以謝。

山城茶惡不堪煎、空有清流繞市前。爲是高人惠佳品、旅窓始見茗爐烟。（41 58）

將去津山前、一夕、訪北山多松。

行李栖栖不暫休、播州西去向雲州。此間未覺江山好、枉爲夫君十日留。（58）

大村馬場諸氏導遊三二宮一。二首。

※此詩題、第1②2①22②本、並「氏」作「君」。又第41本、前詩題作「大村桐陽、導遊二宮村神祠、設宴」十三字、後詩題作「馬場致遠君、導遊二宮」九字。又第58本、題兩詩作「大邨桐陽・馬場致遠諸君導遊二宮邨神祠、設宴」十九字。今從第3①本。

夾レ路青松好、幾回停レ步看。山含三鐵氣一峻、廟帶三水聲一寒。拾レ栗嘗三秋味一、班レ荊傳三午餐一。詩軍雖三正競一、酒政莫レ如レ寬。（3。又見1②2①22②41 58）

廟已經三千歲一、人稀鳥語閒。版圖沿革後、古跡有無間。尋レ菌分三微徑一、出レ松逢三好山一。留連溪樹上、坐看暮雲還。（1②2①3①22②58。又見41）

二宮夜歸、書レ所レ見。

蒼然寒色松間夕、醉步何妨頻觸レ石。月照三前岡一看不レ明、低雲一片是蕎麥。（1②2①3①22②41 58）

夜與三多胡生一、過三加茂山間一。

※此詩題、第41本、作「秋夜與多胡君過賀茂」九字。今從第1②2①3①22②58本。

徑脈入三巖腔一、樹根跨三人首一。不レ知橋短長、月黑溪聲吼。（1②2①3①22②41 58）

發加茂抵奧津途中。

俯臨深谷仰層巓、雲似白衣翻馬前。政善遐陬同樂土、稅輕磽确亦豐年。全州無海易爲水、四境多山欲極天[1]。日夕恰宜休我

足、竹林西去有溫泉。（1②22②58）

（1）『欲』、恐『駿』。」（22②）

加谷村。

※「村」、第1②22②58本並作「邨」。下同。

百折下ニ崢嶸一、前途尚未レ平。一村皆碓舍、四面悉溪聲。漂レ絮嫗雖レ集、漚レ菅客不レ爭。（1）僻鄉知ニ禮讓一、政化見ニ休明一。（1②2①3①41 58。又見22②）

（1）『漚』仄聲。『客』作『人』何如。」（22②）

自ニ加谷一至ニ穴鴨村一、途中示ニ從者一。

※此詩題、第2①本、作「自加谷至穴鴨、途中飢示從者秋香元格」十六字。今從第1②22②41 58本。

行與ニ歸樵一語、雲開夕日斜。地形臨ニ穴鴨一、天色近栖鴉。老健巖間木、嬌羞草際花。晩餐君莫レ怯、（1）已見隔レ溪家。（①2 22②58。又見2①41）

（1）『怯』、恐不當。」（22②）

抵ニ倉吉一、土人牧田・山形・佐々木諸子、留レ余數日、賦レ此以贈。

※「抵」、第41本、無。又「留余數日」四字、第1②22②41本、並作「聞余名、留之數日」七字。今從第2①3本。

街勢長如レ帶、青山夾ニ兩邊一。木繇通ニ上國一、鐵濬滿ニ前川一。上流有ニ採レ銕處一、故川常濁 徙倚看ニ秋色一、沉吟對ニ暮天一。新知還厚意。幾日此留連。（1②2①3①22②58。又見41）

至津山、從者西天臣、先發赴出雲。比至伯耆、復來迎。賦此以謝。

※上「至」字、第22②本作「在」。又此題、第41本作「錦織天臣、先發津山赴出雲。余至伯耆、復來迎。賦此以謝」。第58本、亦原如之、而後改。今並從第1②本。

作山高不盡、伯海渺無涯。瞻望吾心苦、去來君足疲。夜行聞鹿處、晨發避牛時。作伯之間、駄物多用牡牛、路隘避之頗艱 互話途中事、秋霖漲小池。（1②22②58）

牧田氏席上。

※「席上」、第22②本作「席下」、第41本作「席賦此」。今從第1②58本。

庭蕉葉大蘚痕斑、幽靜疑非街市間。不用出門尋水石、隣家屋上見青山。（1②22②41 58）

芭蕉翁贊。

詞賦如日月、光華終古懸。芭蕉葉何大、別自開緑天。(1)（1②22②41 58）

（1）「巧妙。」（22②）

雨夜、宿脩竹齋。

新識亦多情、一樽留我宿。殘燈照旅愁、寒雨在脩竹。(1)（1②22②41 58）

（1）「妙在『在』字。」（22②）

贈橋井馨亭。

鳥自高飛雲自還、結廬如レ在ニ畫圖間一。長風夜度三韓海、新雪秋寒萬仭山。(1)羊棗思レ親事ニ遺影一、（馨亭挂ニ親遺影一事レ之）雞羮對レ客奉ニ慈顏一。育英憐汝村居樂、農事忙中別有レ閒。（2①3。又見1②22②41 58）

（1）「格調遒上。」（22②）

早發逢阪、攀船上山。

草草先鴉起、駸駸與鹿奔。溪間猶宿霧、松杪已朝暾。地逼疑無路、橋横知有村。前途飛瀑見、顧爲後人言。（1②22②41 58）

夜自ニ川牀一、至ニ角盤山ニ一、途中ノ作。

※「夜」、第1②22②27 58本、並無。又此詩題、第41本作「自川床至大山途中作」。今並從第2①3①本。

峩峩タル鳥道夜猶攀、踏盡ス槁茅枯葛ノ閒。忽見ル月輪ヲ飛ニ笠背ニ、横雲移シテレ宿ヲ向ニ他山ニ一。（2①3①。又見1②22②27 41 58）

角盤山、宿ニ光明院一。

夢醒不レ知宵幾更、起看檐角數星横。奇香滿院佛應レ降、步屧響レ空仙或行。一片寒雲含ニ雪意一、千章老木各秋聲。靈區殊覺塵機遠、安得超然託ニ此生一。（1②2①3①22②。又見41 58）

九月六日、與橋井馨亭・桂秋香・廣元格・西天臣・吹通玄・間熹浦、發逢坂、登船上山、遂遊角盤山、翌日觀名和伯州宅址、夜歸、燈下走筆、作紀游詩一篇。（3。又見1②22②22⑤41 58）

北溟一夜起潛龍、風雲際會船山峯。馨亭居士好事者、相導探討當年蹤。」逢坂南去是曠野、行半日程至山下。細路百盤菅葛中、秋陽烘背炎似夏。」稍近翠微樹森森、密葉如縫嵐氣陰。頃刻之間候已變、餘濕透帽寒難禁。」古木横仆前路斷、虬幹朽腐老苔滿。猶有異香掙冉生、腔抽幽菌大于傘。」反顧後人入別蹊、捕獲蝮蛇挂杖藜。柳州赦蛇汝知否、呵禁放去微溜西。」絶頂昔有琳宮六、今也唯存一祠屋。簴簨已殘神卣僵、棟梁漸撓禽糞黷。欲問往事閴無人、杉子墮地午風肅。」出祠東行地微平、南折百步惴然驚。脚下斗落方無地、恠何晴天吼雷聲。顧望祠南樹盡處、絶壁千丈如削成。飛流直自其巓墜、雲崩花散雪色淸。側有一瀑高相若、避入樹間不復爭。雌雄元是化工意、長短何煩觀者評。」降山復過大野裡、彌望廣衍平如砥。唯道前途太安夷、何圖中有北流水。兩崖忽下千步强、仰看平野如山峙。已陟前崖復回頭、野合溪失如其始。每二三里有一流、又陟又降疲極矣。過水八九猶未終、日沒時達川牀里。」一星松火現溪涯、倚樹避石茅茨斜。翁嫗圍爐眉似雪、擎出墨瀋卽是茶。每歲積雪高于屋、送了三春始出家。彼何人也武陵洞、一生不知有京華。」又越羊腸至山頂、斯時月亮夜色靜。隔溪他山見行人、後先參差竝項領。我止亦止行亦行、始悟彼人是吾影。」滿山無復樹木長、月照茅花白茫茫。一陣寒飇吹又歇、月輪久與花低昂。」投宿僧房夢初覺、群動全息神淸邈。何處杳然聞管笙、毋乃神仙奏天樂。」天明盥漱謁神祠、祠後高峰何厜㕒。太白去天三百里、若比此峰如孫兒。天臺四萬八千丈、若比此峰似蟲坻。休誑靑蓮天姥作、莫唱韓愈南山詩。巉巖鐵色揷碧落、日華倒射紫葳蕤。氤氳霏微無定色、一片顥氣如遊絲。古來登者皆不返、爲仙爲鬼未可知。石梁霞標空入望、天梯雲棧無所施。」其麓溪水向西注、沿溪一綫有石路。高巖對聳數百尋、巖罅簇垂幾老樹。黄葉紅葉聳層層、影映溪水錦雲布。一轉孔道東北通、地形一步卑一步。下瞰碧海如弓彎、隔海數點雲州山。風死天暖如春暮、萬帆去來杳靄間。路左觳觫紛無數、或寢或訛奔還怒。硜硜磊磊石當途、終日踏石無踏土。咩咩一鳴日將沉、道遠鞋破奈吾苦。」揭衣東涉名和川、村舍方颺夕炊烟。舍前更横一條水、舍後唯繞數畝田。蕎麥花白麥苗綠、脩竹叢葦匝四邊。此是名和故宅址、春花秋葉五百年。數丈豐碑贔負戴、一間茅屋祭祀虔。」祠南隴頭禿樹立、下看五層小古墳。莓苔厚封文字泯、歸鴉啞啞樹上集。戰場返送先軫元、或傳幽宮此間納。北去半里有平墟、甘藷葉枯露靑蔬。卽是當日焚倉處、至今焦粒出犁鋤。往欲探之已昏黑（1）、百搜千索無所得。古人粒々辛苦辭、疑爲我徒豫推測。」悵然東去路不分、友皆相失呼不聞。屢陷深泥攀石角、又踐荊棘觸新墳。」終出官道憩農舍、後人來會笑又罵。始得燈火意氣伸、比返逢坂方乙夜。洗足拈筆一何忙、火急作記追未忘。山陰地僻遊者少、世人未識好風光。我詩欲導後來客、莫咎冗長過周詳。」（3。又見1②22②22⑤41 58）

（1）「『往欲』、恐倒。」（22②）

重陽、在二橋井氏一、賦似二從者一。

登高東望路悠悠、賢主多情忘二旅愁一。莫レ道西阪風土異、黃花猶似二浪華秋一。（1②22②27 41 58）

是日、馨亭導騎馬登西山、使從者採菌。

興來他席盡君歡、老去望鄉能自寬。鴻雁不同王勃感、茱萸豈異杜陵看。來帆高似青山上、返照駐於紅樹端。村叟應嗤醉歸狀、鞭絲貫菌跨金鞍。（1②22②41 58）

九月十四日、將レ發二馨亭氏一、遇レ雨、賦レ此留別。君有二明年訪レ我約一。

依來過二一旬一、意氣益相親。每食魚常在、屢騎駒亦馴。君家有駒、余出入騎之、甚慣。秋高風送レ雁、天晚雨留レ人。會見期二明歲一、何須淚濕レ巾。（1）（1②2①3①22②41 58）

（1）『濕』、如何。」（22②）

馨亭將搆亭于西山、導余胥地。

※「馨亭」、第41 58本、並作「避齋」。今從第1②22②本。

我觀他邑里、有海者無山。有山者無海、兩有者無川。有山川與海、多無禾黍田。逢阪之爲地、四者皆具全。高處放遠目、歸帆入雲天。早秋雷雨後、微茫見朝鮮。山嶺起海岸、松柏何丸丸。衆溪劃山脈、北注會村前。其側多畎畝、百穀芃芃然。昔人誇盤谷、此地或勝焉。馨翁今君子、避世農圃間。多牛蘇子羨、款段少游安。南陔厚孝思、北堂奉慈顏。餘慶多清福、身健又有閒。齋已營山下、亭將搆山顚。導我胥地勢、趨舍幾討論。鳩材多應畢、塗壁春始乾。知我再遊日、新亭對榻眠。（1②41 58。又見22②）

步二澳江海上一。

※「澳」、第27本作「澱」。又此詩題、第22②41 58本、並作「步淀江海口」。今從第1②2①3①本。

濤頭起立入二雲間一、不レ見二青山一見二雪山一。此是蜻蜓洲盡處、漁舟一一破レ天還。（1②2①3①22②27 41 58）

贈角盤山養善院主竹塢上人。

※「上人」、第22②本、作「師」一字。

佛屋參差夾澗流、青苔黃葉不堪秋。問師終世名山住、曾見吟詩木客不。（1②41 58。又見22②）

贈聽湖樓主人。

絕海驚風捲怒濤、憐君欹枕一樓高。聲疑弘景三層聽、氣壓元龍百尺豪。鳧鴨難成隨意泛、鯨鯢却得自由逃。側聞夷舶頻來往、半夜浩歌看寶刀。（1②22②58。又見41）

題高士長偸閒螢雪樓。

紛紜都市客、不復識三餘。大隱有高鳳、偸閒獨讀書。（1②22②41 58）

鹿島氏席上作。主人兄弟、合奏簫箏及琵琶。

和氣溫溫弟與兄、鳳簫聲雜玉箏聲。何圖搖落深秋候、忽有春風坐上生。（41 58。又見38）

鹿島子、名其樓曰「殘夜水明樓」。既而得菅翁爲筱翁題「殘夜水明樓詩」。及筱翁記文、扁之。

※「菅翁」、第41本作「菅茶翁」。今從第58本。

呼起古人題我樓、世間復有此奇不。菅翁詩與筱翁記、一一扁來在上頭。（41 58。又見38）

題青青菴。

老松古柏列庭隅、茂葉青青秋未枯。晨榻烹茶雲自起、午窓欹枕鳥相呼。室家和樂如琴瑟、山海周遭似畫圖。纔入此中堪忘世、不須萬里問蓬壺。（2①22②41 58。又見38）

雌雄鷄圖。

雄雌元肅睦、得食便相呼。寄言齊家者、可不如鳥乎。（2①22②41 58）

宿恬公房數日、賦此以呈。師守菅丞相祠。

※「師守菅丞相祠」六字、第41本、無。今從各本。

丞相祠堂穆且清、師房咫尺一牆横。滿庭沙色少人跡、繞砌湖光多月明。大小戸殊無酒鬪、高卑位敵有棋爭。相依太感交如水、忘盡塵情及旅情。（1②22②41 58）

在松江數日、雨不止、不得出、似森脇春卿。

山色湖光互鬪奇、一年好景最關思。獨憐淫雨如梅候、空送橙黃橘綠時。(1)（1②22②41 58）

（1）「梅・橙・橘、互相映射。」（22②）

松湖詩。贈二妹尾精齋一。

松湖浩渺三萬頃、勝絕四季朝昏景。一波不レ起春旭晴、青山忽寫數帆影。紅葉點レ水沙樹疎、半現僧樓夕鐘打。菰蒲稍戰沈月搖、綈兮綌兮愛二夏冷一。夜雲欲レ雪低滿レ湖、晨見玉峰四面並[1]。住二湖邊一者一萬家、利糟名醨盡酩酊。錦纜牙檣空去來、俗子親レ湖湖不レ肯。妹君騷思似二三閭一、佩レ芷採レ蘭詫二獨醒一。氷清玉潔涅不レ緇、神澄才麗與レ湖等。湖中之水用不レ盡、洗二吾硯一了煮二吾茗一。釣レ詩上策在二長竿一、避レ客工夫依二短艇一。余住二浪華一二十春、聞說近來多二夷警一。天保山前列二干旄一、無尻堤下簇二舴艋一。古來賢達貴二卜隣一、亦欲三攜レ家向二此境一。君如三泛レ宅張志和一、我似二種レ梅林和靖一。謂二我不一レ信有如レ湖、湖若不レ肯君爲請。（1②22②22⑤58。又見41）

（1）「寫四季處、比眉山烟江疊嶂、最見精巧。起頭二句、移置『四面並』下、何如。」（22②）

舟自二松江一至二宍道一。

松江城至二宍道市一、東西相距四十里。微風覺下自二蘋末一生上、帆正無レ搖舟如レ矢。兩邊青山皆不レ高、霜痕著レ樹樹顏美。夕陽始沈月未レ光、東天雲黑西天紫。湖面如レ鏡坦且淸、萬影平敷悉在レ水。昏鴉後飛白鷺前、衆鳧浮沈波紋裡。水心物象忽然亡、風急鳧驚白波起。送者猶在二東岸頭一、我舟既著二西岸一矣。（1②58。又見2①22②41）

木幡楳屋、招遊二其山莊獨樂窩一。

市聲不レ到似二仙區一、三面岡廻一面湖。盤谷盤旋宜二李愿一、孤山孤絕愜二林逋一[1]。青苔埋レ徑幾人踏、黃葉壓レ窗群鳥呼。朋自二遠方一堪二亦樂一、故容二吾輩一此遊娛。（1②58。又見2①22②41）

（1）「何等佳對。」（22②）

獨樂窩集、主人與沖師去、吹笛于山上。

※「沖」、第41 58並同。第1②本作「仲」。

茶靄逐山雲、稍稍出窓去。忽聞吹笛聲、不知君坐處。（1②41 58）

贈大坪義卿。令嗣、嘗學余、今未歸。

※第1②本、唯有此題五字、而無詩。又第41本、「贈」上有「宍道」二字、自注「嗣」作「子」、而欄上有「號石處」三字。今從第58本。

日夜水東流、中途忽過秋。唯因君誼厚、不覺我行留。地聚湖山勝。人忘羈旅愁。獨憐詩酒境、少與阿戎遊。（41 58）

題二月樓。

俯仰兩輪月、天上與水中。終宵看不盡、如在廣寒宮。（41 58）

直江、贈永井元厚。

※「直江」二字、第38本、無。今從各本。

懷盡暮雲春樹間、相逢猶是舊時顏。枉敎㆓周澤坐㆓齋室㆒、豈有㆓端明歸㆓道山㆒。(1)往年、君誤聞㆓余死㆒、持㆑齋數旬。詩酒款留君未㆑慊、光陰促迫我將還。一朝分㆑手神龜峽、千里回㆑頭赤馬關。（1②2①22②38 58）

（1）「確切。」（22②）

自直江至平田、途中作。此日、直江有社祭。

東畔猶飛雨、西邊已夕陽。風威弄輕袖、泥色上征裳。堤路一條直、板橋千尺長。樋川有橋、長百丈餘。隔林聞鼓笛、古廟亦蒸嘗。(1)（1②22②41 58）

（1）「『亦』、恐正。」（22②）

後赤壁之夜、與勝其峯・關春和、冒雨赴平田、途中作。

直江北向平田行、路平且直如其名。獨奈湖風送密雨、雙袖濕作簷溜聲。猶懷蘇公遊赤壁、扁舟風月件二客。彼此苦樂一何殊、天寒路永風雨夕。君不見平田之東即松江、鱸方上罟三尺長。好待快晴買鱸飲、看月不必十月望。（1②22②41 58）

贈錦周泉。

※「贈」上、第22②本、有「今市」。又此詩題、第41本作「贈錦織周泉」、而有自注曰「名中、字有信、號碧湖」。今從1②2①58本。

地多㆓神跡㆒足㆑探㆑奇、路入㆓雲州㆒行自遲。黃橘碧鱸晨命㆑酒、新毫古硯夜題㆑詩。三旬留㆑我湖山際、千里訪㆑君氷雪時。(1)馬氏諸昆皆已見、季常在㆑遠亦堪㆑思。君、兄弟五人、獨季弟東遊、方在㆓余家㆒。（1②2①22②41 58）

（1）「淡宕。」（22②）

竹二首。

※此詩題、今從第1②本。

風枝露葉無㆓塵垢㆒、直節虛心耐㆓雪霜㆒。晉代七賢唐六逸、宦情總爲㆓此君㆒忘。（1②22②27 41 58）

幾種秋芳鬪尹邢、春花紅紫更冥冥。一齊搖落風霜後、但見數竿脩竹青。※（1②38 58）

※後一詩、第38 58本、並題「翠竹詩。爲脂屋子」。

題風外畫。

瀑外盤陀石、橫琴苔作茵。機心應已熄、不見鬪棋人。（41 58）

題鑒禪師畫梅。

※「師」字、第41本、無。恐脱。

愧與群花共一春、高標凌雪獨精神。千年風骨猶如活、想見禪門不壞身。（41 58）

贈秦主殿。

松林南指是君家、半樹山礬方着花。雖喜堤長宜試馬、亦愁日短欲栖鴉。西州何在雲千里、東道猶留天一涯。酒罷更催存沒感、孤燈影暗雨如麻。往年、余喪内君、送賻。故七句及。（38 58）

題東坡後赤壁圖。

扁舟拉客復如初、轉覺此般歡有餘。掠去玄裳縞衣鳥、攜來巨口細鱗魚。文章長與江山竝、功業翻追水月虛。七百餘年眞一瞬、諒公當日感居諸。（1② 22② 38 58）

遠藤生、話往年溺水狀、乞詩。

弘化丁未春、二月初三日。出雲今市人、今市、地名。舟覆湖中沒。一行十餘人、天命一時畢。獨有遠藤君、僅與其僕活。爾後過八年、甲寅嘉永七。我始與君交、華筵爲我設。酒闌語當年、顚末頗詳悉。初飲莊原村、舍杯俄然發。衆客睡昏昏、篙工醉兀兀。我元不善飲、獨醒坐艙末。日斜水波恬、舟行頗快疾。少間帆腹楬、遠近雲欝勃。山形如屏風、一開又一閉。風勢如吸嘘、忽起還忽滅。帆影如桔槹、低卸又高揭。每過山開處、風急帆欲裂。帆脚繫巨縆、下垂舟背結。縮之又舒之、受風蓄或洩。縮舒忽誤機、衆縆豁然絶。帆抱桅翩翩、舟隨波旋斡。醉者猶不醒、喚起聲未訖。舟則向南傾、桅則向北拔。我起抱舟尻、浪華瀉頭髮。僕亦在我傍、共矢同存歿。舟覆未全沈、風扶舟復出。匍匐又入艙、水深過於膝。一片驚濤來、復覆艙板缺。我又就舟尻、牢持力將竭。舟出又如初、我得暫休歇。如此者數回、飢與寒至骨。初覆衆猶在、再覆半都失。三覆我二人、餘皆成永訣。乃知大醉人、陷水猶恍惚。初回先喫波、所以漸疲苶。兩手握不紓、恰似依衣虱。癡心怖蛟蛇、孤念寄神佛。一死我雖辨、百方生且乞。妖氛吞天星、夜色黑如漆。風響益飀飂、濤勢更蕩汨。更深救舟來、爭拿我臂掔。載我向前村、燒藁臥土室。此時目已瞑、奄奄救無術。烘稍及四支、甦來心亮豁。君言方至斯、聽者始欣悦。側有錦織生、餘話代君說。時我在君家、忽遇飛報達。曰自宍道濱、舟覆人淪忽。存者唯二人、姓名未分別、乃翁恬然言、余不必悼怵。闔舟悉溘然、我兒亦難脫、猶有二人生、我兒存可必。吾怪問其由、翁曰我心壹。交人不欺人、濟物不殘物。父祖貽孫謀、禍殃或可祓。既而如翁言、人始信陰隲。尤恠從僕某、一時雖忝竊。後年復渡湖、舟壞化魚鼈。無乃初一回、因君逭冥罰。聞此余蹶然、正襟告君曰。君生積善家、天祐旡不吉。維天實難諶、倚伏非易決。長思溺水時、每事加省察。（3①。又見1②22②22⑤38 58）

十月念九、與二秦主殿・錦周泉等一、乘レ舟遊二神龜峽一。三首。

※「三首」二字、第38本、無。今從各本。

巖形鷹攫レ雉、或又兎罹レ罝。(1) 苕霅應レ難レ比、桃源豈足レ誇。

翠崖懸二瀑布一、紅樹露二樵家一。想見三旬後、汀梅悉着レ花。此峽甲二山陰一、遊人或未レ尋。千巖開闔數、一棹溯洄深。竹合天疑レ缺、雲屯日早沈。僧廬何處在、夕磬度二空林一。夜色雖レ無レ觀、歸舟興亦奇。窅深山鬼宅、岑寂水神祠。風向二空巖一吼、星臨二絕壁一危。依依姉峯下、不レ覺轉レ篙遲。(2)（1②2①3①22②38 58）

（1）「突如來如。」（22②）

（2）「『姉峯』、峯名。」（38）

題琴高圖。

天僊騎鸞鶴、水仙乘鯉魚。好待化龍日、乘雲遊太虛。（1②38 58）

贈錦周泉。

※案此詩、與前詩（一九九頁）、題同辭異。又此題、第38 58本、並作「贈錦織周泉」。

感君三世業軒岐、經濟更希醫國醫。酒後長歌人定處、燈前獨坐雨來時。海防肯作黔驢技、廷策慚逢遼豕嗤。韓愈休陳董生美、孝慈已有碧翁知。君近以孝受賞。（1②22②38 58）

題猿圖。

捉月清溪夕、隱花深洞春。山中多好侶、不用化佳人。（1②22②38 58）

松。

獨高氷雪操、媿與百芳群。不憾無知己、梅花及此君。（1②38 58）

贈二山本惺室一。

閏七月之尾、吾將レ發二浪華一。君自二雲州一至、相邀飲二我家一。君東吾西下、冬來秋亦謝。吾猶滯二君鄉一、君已歸二其舍一。君不レ見長風萬里翻レ海來、四山戴レ雪玉崔嵬。人蹤正滅鳥飛絕、寒日不レ照凍雲堆。石州西去路險惡、石齒如レ劍繞二山脚一。兩手懷レ氷飢腹鳴、多天酸苦奈二咀嚼一。不レ及君遊遍二五畿一、橙黃橘綠時乃歸。（1②2①22②38 58）

湖航詩。爲山本生賦。

※「賦」、第1②22②本、並無。今從第41 58本。

湖航眞可愛、幽趣幾人知。眠去篷深掩、興來家屢移。雁聲秋雨夜、鴉影夕陽時。漁叟新相識、敎吾理釣絲。（1②22②41 58）

謁天日隅宮、恭賦似廣瀨。

※第22②本、「恭賦」作「賦此」、「廣瀨」下有「瀨織」二字。今並從第1②41 58本。

午寂中庭不見人、寒禽相喚集松筠。山形對峙分龜鶴（1）、地勢孤深宜鬼神。千載祭儀猶尚古、四時穀種恰嘗新。祠官家自洪荒世、豈啻東蒙社稷臣。（1②22②41 58）

（1）「『龜鶴』、二山名。」（22②）

將レ發二雲州一、前一夕、與二錦有信一夜坐。

多到二山陰一天亦陰、海連二玄菟一朔雪深（1）。風威殆欲二拔レ山走一、濤勢疑將二抱レ島沈一。一穗靑燈殘夜影、千莖白髮暮年心。明朝西向二石州路一、踏盡三瓶雪萬尋。（1②2①3①22②38 58）

（1）「詰屈流暢、得體。」（22②）

仲冬念五、衝雨發雲州、至石州大田驛、遇伊藤摩齋。

六十餘日雲州留、竟步山道抵石州。雲州多雲日日雨、石州多石步步苦。雲雲石石斷（1）人腸、天寒日短客路長。與君相遇邑陀驛、從前旅況渙乎忘。剪盡燈火互述志、竹雨聲微人皆睡。明春東上君莫違、剪燈重話今夜事。（1②22②58。又見38）

（1）「奇語。」（22②）

訪恆松君半日菴（1）。

（1）「唐人句云『又得浮生半日閑』。菴所以名也。」（38）

※唐人句、見李涉「題鶴林寺僧舍」詩。

寒衣飢食塵務酣、朝奔西北夕東南。唯有曉鏡照頒白、曾無夜雨作同參。早梅插瓶茶氣馥、小窓幽閒似僧龕。龍鍾勞生旣強半、始就君家半日菴。（1②22②38 58）

恆松子、留余其別業日新亭、賦此以贈。

門前流水白決決、秋泛春遊興未央。蘭棹隨楓舟路轉、金鞭拂柳馬頭忙。日迎賓客添新識、年購圖書益古香。信宿殊欣情話

熟、一燈風雪對宵長。（1②38 58。又見22②）

贈二楫野君一、初期二秋首一、而歳晩至、第六句故及。

※此詩題、據第3①本。案第1②38 58本、並唯作「贈楫野君」四字。第38本注曰「名濟、字巨川、號藤陰」。第2①本、「初」上有「余」、「第六句故及」五字、作「故第六句及」。第22②本、「君」作「巨川」、「期秋首」以下十二字、作「與君以秋爲期、而臘尾至、故及」。

寺隔二溪流一依二翠微一、青松不レ動白雲飛。(1) 客過二橋上一聽二寒磬一、主候二途中一看二落暉一。夜鯉晨鳧叨二饗厚一、秋風朔雪謝二期違一。此行休レ咎匆匆去、唯恐春回我未レ歸。（1②2①3①22②38 58）

（1）「起得縹緲。」（22②）

十二月三日、侵風雪發靜間村、至宅野、訪古和澹齋。

山風如箭面欲裂、道邊枯木半身雪。群鳧亂飛無處棲、溪流不逝堅氷結。君已相遲坐書堂、茶爐煙暖酒亦香。高衲墨客源源集、朝來寒苦一笑忘。猶憶二十年前事、君攜書劍游我地。門前白雪壓青松、剪燭賦詩破窓中。何料今夕來此地、彼此雖殊興象同。（1②22②38 58）

贈泉全齋。

不レ是暗中投二夜光一、項斯詩好夙評量。五年天外神交遠、一夜樽前情話長。已報梅花春信近、未レ休萍跡客心忙。尤憐此地江山好、雞黍再遊期豈忘。（1②2①3①。又見22②38 58）

臘月五日、衝雪發宅野、藤柏堂・古澹齋・泉全齋・泉綠山・藤琢洲・內卓齋、及子方策諸子、送餞于滿行寺松烟師房、比日沒辭赴大森。

送來過數村、感此友情敦。雪勢連林杪、風威破海門。款留忘日短、笑語入春溫。須使轎夫飲、前途景已昏。（1②22②38 58）

賀熊谷君松蔭、二首。

（一）

一朝天外鶴書來、積善餘慶至此開。恰是群芳凋落後、氷霜界裏見寒梅。（38）

（二）

欲望芙蓉頂、雪雲茫不開。忽逢朝日照、萬丈玉崔嵬。※（1②38 58）

※案此一詩、第1②58本、並題「題富山圖」。

偶步㆓圃中㆒、見㆓一物映㆑日閃爍㆒、就拾㆑之、玉也。余短視、何以有㆓此遇㆒乎。賦㆓一絕㆒誌㆑感。

※第27本、「圃」作「園」、「感」作「喜」。又第38本、「物」作「石」、「短」作「近」。今並從各本。

短視從來象罔同、胡爲㆓得此小玲瓏㆒。卞生成㆑喜仍成㆑感、可㆑眎㆓玉人㆒藏㆓櫝中㆒。（1②22②27 58。又見38）

仲冬、地震屋壞。時余未歸、家人移居中洲。歲暮、余歸、又移于伏見坊。庭有古梅、傳江南種。

※第38本、無「時余未歸、家人」「余歸」。今並從各本。

夷氛仍海嘯、身世幾參差。十歲元三改、半年家再移。紛紜心緒事、容易鬢毛知。獨喜春回早、江南梅一枝。（1②22②38）

安政二年（一八五五） 乙卯 年四十九

乙卯元日。時聞、魯夷船在我東洋者、過颶而覆。

天風敎海若、一夕碎夷船。銃砲烟全絕、卿雲爛滿天。（1②22②38）

春雨獨坐。

梅花零落雨蕭然、回㆓憶西遊㆒已隔㆑年。記得碧雲湖上泊、篷窓欹㆑枕五更天。（1②2①22②27 38）

幾久一。酒名。

幾歲勞吾思、久聞君酒好。一杯何日共、飲到玉山倒。（38）

晚晴郊行。

晚晴呼㆑我去、獨往到㆓溪涯㆒。水有㆓將㆑歸雁㆒、林無㆓未㆑發花㆒。冥搜交薄暮、遠目注㆓餘霞㆒（1）。新漲侵㆓堤草㆒、何辭取㆑路斜。（1②2①22②38）

（1）「『目』、恐『矚』。」（22②）

悶極有㆑作。用㆓陸放翁韻㆒。

附㆑驥蠅何黠、拄㆑牀龜亦癡。琴聲朝雨後、衣候暮寒時。高木難㆑成㆑蔭、低花易㆑隱㆑籬。春愁拋不㆑得、兀坐且裁㆑詩。（1②2①22②。又見38）

春江待㆑渡。

片雨過㆓花渚㆒、游客爭㆑先歸。罟師移㆑棹急、落花與㆑波飛。山雲無㆓根蔕㆒、忽復現㆓翠微㆒。何憾待㆑渡久、江月照㆓春衣㆒。（3。又見1②2①22②38）

曉望雲山。課題。

東風半夜吹雨晴、晨雲一片山頂横。山色如拭雲逾白、雲耶花耶看不明。此時街上人未起、天地之間一心淸。黄金朝結陳雷契、白眼暮興蠻觸爭。朝朝相看兩不厭、唯有雲山不世情。須臾萬點紅塵起、前者栖栖後營營。名利縁深拋不得、雲山咫尺亦蓬瀛。（1③38）

暮春、光德寺集、送翠公歸省北地。

前年送師北地回、吟友列坐離宴開。今年又復送師去、每物依舊乏詩材。師已出家出外住、頻繁去來必有故。君不見東風昨夜辭京華、千村萬落悉落花。深山一路杜鵑響、暮色蒼茫新葉多。又不見北地天寒春色閉、盛夏玲瓏白山雪。梅花始放黄鳥來、五月僅作鱐陽節。知兮北遊玄水濱、得道應賞春後春。師道我有慈親在、風樹恐惹他日悔。春草何論滿路生、老萱唯恐倚門待。不圖師今在叢林、猶抱季路負米心。更聞身逐隨陽鳥、年年一度永如今。吟友敢厭依舊列、離情何堪依舊切。唯教師親依舊健、不辭我詩依舊拙。（22②。又見1②38）

春夕、宿藤本生雲碓居。

幾度陰晴變、春風似朔風。月明山氣外、雲出碓聲中。鶴髮萱堂健、鴒原荊樹隆。一家和且樂、客意亦融融。（1②22②）

余西遊、屢經尼埼、而未曾宿。乙卯三月、至西宮途、訪德秋芳、始宿焉。

浪華朝發到西宮、十度往來吾例同。但爲與君新結社、今宵始此宿途中。（38）

暮春、過佃村、訪見市民、席上賦贈。

低田隨渚起、微徑與堤成。室滿林花氣、庭交水鳥聲。新知多話柄、熟路少詩情。把酒西窓下、自忘春月傾。（1②22②38）

題畫。

※此題下、第38本有「見市民蒙恩命許帶刀稱姓、賦此賀」。

東皇昨夜布韶華、到處芳林著紫霞。尤是一般眞富貴、玉蘭花映牡丹花。（1②。又見38）

三月望夜雨、與㆓高侗山㆒泛㆓舟淀水㆒。

※「淀水」下、第38本有「中流遇雨」。

夜雲連レ水月失レ明、西風蕭瑟送㆓雨聲㆒。一點二點殘燈在、十字街頭人不レ行。誰知春宵花月候、却有㆓秋江夜泊情㆒。（1③2①38）

雨夜、寄㆓懷河野鐵兜㆒。

映レ鏡鬚髯雪益明、放懷經濟兩無レ成。(1) 吟邊又暗孤燈影、夢後猶聞小雨聲。(2) 作レ客廿年如レ此老、思人半夜若爲情。羨君才與㆓春秋㆒富、竹帛要レ垂千古名。（1②3①22②38。又見2①）

（1）「『濟』、恐『國』。」（22②）

（2）「結搆精緻。」（22②）

賦得日長似㆓小年㆒。

※此詩題、第1②本、作「賦得山靜如太古、日長似小年」十二字。案此對句、見北宋唐庚「醉眠」詩。又此詩題、第22②38本、並作「賦得山靜如太古」七字。今並從第2①3①本。

閒眠愛㆓日長㆒、推レ枕未㆓斜陽㆒。戲蝶廻㆓書幌㆒、飢禽下㆓筆牀㆒。樹陰無レ雨潤、草氣不レ風香。追㆓想朝來事㆒、依稀半已忘。（1②2①3①22②38）

舟遊。

將爲汗漫游、獨自放輕舟。不願牽黃狗、唯知逐白鷗。轉篙城市遠、回首水天浮。試就漁翁問、何魚正上鉤。（1②22②38）

深野新田、訪山中梅屋、賦贈。

※「梅屋」、第22②38本、並作「章菴」。今從第2①本。

渠水縱橫小徑斜、地幽江草夏猶花。蘆芽交麥應新闢、樹色如山實舊家。(1) 魯望門前宜放鴨、稚圭庭際好聽蛙。主人長日澹無事、纔洗杯終又煮茶。（1②38。又見22②）

（1）「新材如舊、舊材如新。鉅匠伎倆。」（22②）

惠學師至、熹賦、且約舟遊。

浪華曾同住、江都我獨遷。衆交無隻信、一別已三年。忽得逢尊者、定應由夙緣。淸和風日美、請上墨沱船。（38）

春晩、訪鳳仙師、師近立佛堂。

※「春晩」、第38本、原作「嘉永壬子三月朔日」八字、後改。又「師近立佛堂」、第38本、原作「余不訪師十四年、師近起立佛堂」十三字、後改。

人生動易阻商參、十有四年初此尋。新起伽藍開勝景、舊栽喬木更繁陰。經營敢嗇千金費、輪奐應安諸佛心。龍象圍繞談法處、滿天花雨落春深。（1②22②。又見38）

早起烹茶。

武士囂囂說海防、僧徒聒聒說無常。詩人不解世間味、早起烹茶獨自嘗。（1②38）

三橋涼月。課題。

炎塵勃勃夜猶颺、後走前犇萬客忙。纔到三橋橫處望、一川月送十分涼。（38）

伊藤摩齋、自石州至住浪華、賦贈。余、去年遊石州、摩齋送至銀山北鄙。

碧紗窓裡一燈紅、五大洲圖入討窮。身住原思環堵室、心存博望鑿空功。[1] 去年雪別銀山北、今歳花逢赤石東。交道何妨淡如水、古來友誼動難終。（1②22②38）

（1）「『空』、恐仄聲。」（22②）

劉九山、災後新居落成、招諸友飲、余亦與焉。

氛埃附回祿、結搆役錢神。挂已無凡畫、是日、壁挂仇實夫畫。招何有俗人。華池魚未放、風砌蝶相馴。[1] 嘗賀參元火、餘慶自此新。（1②22②38）

（1）「『蝶』、恐『燕』或『雀』。」（22②）

竹醉日、乞金城畫史竹、移之庭上。

乞得君家竹數竿、新粉如雪露未乾。吾醉移竹竹亦醉、吾醉視竹竹已安。休道疎葉不遮日、已覺風意瀟灑寒。昨事畫客今詩客、兩家之間爲竹難。月時無聲風時有、一虛心可應百端。今宵風歇月方好、我與此君相對看。（1②。又見22②38）

夏日、送秦季允歸雲州。

驕陽炎炎逼笠端、滿身白汗玉團團。逆波轉石地常顚、尖峯貫雲天不安。暑行憶君山壑際、纔覓樹陰就午餐。記我去年東歸日、多嶺樹死雲漫漫。深雪一丈又八尺、夜投山驛松火殘。[1] 我來君往冬與夏、一樣山陰行路難。共約他年好時節、君來我往

燖盟寒。浪華江頭秋月白、來矣來矣與我看。松江浦上春草綠、往兮往兮盡君歡。（1②。又見22②38）

（1）「春夏秋冬、擬比得妙。」（22②）

夏夜、宿㆓山寺㆒。

※此題下、第38本、有注記「課題」二字。

世間皆苦㆑熱、山寺却愁㆑寒。見近星辰大、居高宇宙寬。身心發㆓深省㆒、耳目作㆓閒官㆒。平旦飄然去、疑呑㆓換骨丹㆒。（1②2①3①22②38）

仲夏念九日昧爽、與小虎步至北野、過某氏墅、看荷。

此首、原係連句。然屢改之後、不能辨出誰手。故暫記。

※自注「故暫記」、第22②本作「故錄」。今從第1②38本。

柳梢殘月影、屋上曉烏聲。估客猶安臥、閒人却早征。宿雲空際散、遠嶂望中生。愛看池亭趣、芙蓉初日明。（1②22②38）

六月朔昧爽、敬子來、導余及小虎。又玄到北郊村店、飲且賞蓮。

不厭行多露、唯耽野趣長。世人皆晏起、吾輩獨晨涼。三面池形匝、十分荷氣香。醉吟孤榻上、賓主互相忘。（1②22②38）

曬書二首。

※此詩題、據第38本。

（一）

少壯曾誇記臆才、衰亡難㆑奈已相催。自疑當日郝生腹、總被㆓蠹魚咬破來㆒。（27。又見1②22②38）

※此一首、第22②本、題「曬書」、第1②27本、並題「偶成」。

（二）

自歎遺忘與夢同、當年所讀悉成空。老來還倣郝生意、或恐蠹魚生腹中。（38）

六月六日、瑞公房集、分韻得眞。

入門多綠樹、何處著紅塵。陰滿全無暑、枝低不見隣。法筵爲酒席、高衲即詩人。晚聽催歸鳥、怱忙媿此身。（1②22②38）

季夏月夜、坐㆓于中庭㆒、有㆑感。

※此題下、第38本有「寄河鐵兜」。今從各本。

手搖㆓蒲葉扇㆒、浴後坐㆓胡牀㆒。露氣知㆓秋近㆒、笛聲生㆓夜涼㆒。唯吾愁似㆑海、擧㆑世睡爲㆑鄉。回顧西斜月、美人天一方。（2①3①。又見1②22②38）

詠石芝。

靈芝生幽僻、世人不識旃。一朝化爲石、其質密且堅。草猶作瑞物、況此壽萬年。君子日愛玩、不復羨神仙。(38)

夏日、題下某生夢二富山一圖上。

三峰岌嶪貫二天關一、路入冰光雪色間。紫陌紅塵炎熱裏、幾人清夢到二仙山一。(27 38。又見1②22②)

題林間午睡圖。

※此詩題、第1②22②38本、並作「題秋林讀書圖」。今從第2①3①本。

太師高閣格天聳、丞相華堂偃月深。終夕怕レ人眠不レ得、何如清福在二山林一。(2①3①。又見1②22②38)

早赴西公房觀蓮、雨、待晴夜歸。

昧爽敲蕭寺、欲看初發蓮。汚泥除舊染、清淨結新緣。暴雨生天外、微涼到暑邊。歸途乘夕霽、踏破月中烟。(1②22②38)

賦二得高樹早涼歸一。

※案唐沈佺期「酬蘇員外味道夏晩寓直省中見贈」詩曰、「小池殘暑退、高樹早涼歸」。

世間猶苦レ熱、僻地已知レ秋。沿レ岸多二喬木一、臨レ江有二小樓一。涼邊群葉動、暝際一鴉投。未レ至レ催二搖落一、詩人莫二預愁一。(1②2①22②38)

觀漲。

淼淼不知源、層層濁浪翻。聲疑穿地底、勢欲斷雲根。惡濕雞升樹、枕流魚越垣。仰看萍止處、已過去年痕。(1②22②38)

送二琴僧古岳游二天橋一。

古岳師兮善彈レ琴、洋峨常憾寡二知音一。飄然負レ琴何處去、千巖萬壑是山陰。山盡海開天橋見、白沙堤帶青松林。此時天暝秋色靜、歸帆遠影間二歸禽一。疑レ無レ月兮沙光皛、知レ有レ風兮松籟吟。横レ琴倚レ石一再鼓、幽眇能恊嫦娥心。碧海不レ波風全死、冷然者露濕二我襟一。羅襪輕盈浮二後浦一、雲軿飄颻降二前岑一。遠鐘一杵天將レ曉、群靈四散月亦沈。歸去來兮師骨換、山益高兮水益深。(1②2①3①22②38)

鷲尾山、書レ所レ見。

寺破空王廢、園蕪古柵斜。春風爲レ誰至、猶放牡丹花。(1③

38。又見2①）

送恆松盧齋歸石州。

夏初出家游帝畿、東山零雨濡旅衣。朔雲寒菊山陰路、杳杳羈鴻伴君歸。琵琶月與芙蓉雪。知君趨庭從頭說。※（38）

※案此詩韻、「畿」「衣」「歸」、上平聲五微。「雪」「說」、入聲九屑。

詠恆松氏庭上松。

依簷跨屋蔚成陰、上有仙禽旦暮吟。不管炎風將朔雲、本支百世鎭如今。（1③38）

中秋無月、翌夕敬師招舟遊。

昨夜雲陰合、今宵又若何。月從沙際上、舟向鏡中過。白露侵衣袂、清風起酒波。欲償疇昔債、不覺倒樽多。（1③38）

秋晩、寄懷大坪子、兼寄木幡子。去年、大坪子導游木幡氏山莊獨樂窩、吹笛、既暮月矣。

枯木寒雲何限情、秋風吹滿浪華城。翻思獨樂園中興、黃葉林間吹笛聲。（1③38）

九月十六日、侗山將導游西山、遇雨而止。

幾日期今日、何圖雨又風。行廚陳座上、征策臥門中。苔逕添新碧、楓林損舊紅。明朝得晴否、晩際見長虹。（1③。又見38）

十月既望、高侗山招舟游傳法川。

四人乘短舸、一棹發長汀。飲久肴方盡、吟酣酒亦醒。蘆間敲釣舍、柳下問旗亭。暮色添詩興、新潮浦浦青。（1③38）

冬初偶成。

地震何時息、洋氛此日深。夷船頻出沒、民舍屢浮沈。雁侶依殘稻、鴉群識茂林。湘纍甘獨醒、不用問天心。（1③38）

十月十九日、訪中左粟（ママ）（栗）。此夜、屢晴雨。

初出闉闍度野梁、又銜泥淤上山塘。鴉飛杳杳愁天暮、牛跡深深厭路長、恰見君家竣繕葺、豈圖吾畫遇珍藏。北牕寒雨南牕月、夜趣何堪應接忙。（君家遇地震壞、繕葺始畢。余不善畫、偶戲塗抹。君悉裝潢、故五六及。）（1③。又見38）

紅葉。

次第秋花盡、嫣然亦一姿。山庭停箒處、江岸轉篙時。雨裏深

深濕、風邊戰戰危。赤心猶吐出、賴有太陽知。（1③38）

　秋盡日雨。棚隆卿、以舟迎、觀其庭中紅葉。

水程十里扁舟度、風色蕭條秋欲暮。此日相邀何恨情、一尊寒雨看紅樹。（1③）

　寄濱田岡翁。

　余、自遊雲石歸、聞岡翁迎余於石州界而不及。余意、明年西下、便路或見翁。故有此寄

聞君風雪度崔嵬、匹馬玄黃訪我來。勿恨此般違會晤、翻爲他日話情媒。（38）

　孟冬念四日、寒雨忽晴、同鼎田桂三子、訪敬公房。

檐角挂濕雲、三朝雨不歇。誰識一腔中、閒愁漲溟渤。夕陽訪小窓、游興卒然發。拉我詩酒朋、叩師雲水窟。冥想遍乾坤、玄談分秒忽。坐久爐氣寒、餘炲雪山凸。（1③38）

　冬初、寄㆓江戸故人㆒。

傳道江都亦有㆑災、坤維掀動響如㆑雷。棟梁半夜悉焦土、樗櫟一朝爲㆓美材㆒。黃閣應㆑詢經世策、白衣誰負濟時才。江湖養㆑病厭㆓宵永㆒、待汝新聞報㆑我來。（1③2①38）

　仲冬七日卽事。

一笑看㆓鳩婦㆒、頻煩往又還。寒雲横㆓北渚㆒、殘日※自㆓西山㆒。樹色風霜後、人心晩暮閒。開㆑窗何限意、世上有㆑誰閑。（1③2①3①38）

　※「殘日」、各本同。第2①本、後改作「返照」。

　島原木邨翁周甲、令嗣乞詩。余、曾與翁學北筑、已三十三年矣。

　※「島原」二字、第38本無。今從第1③本。

回頭往事卅三年、馳騁文場競著鞭。今日比君輸㆓一件㆒、身猶強健子孫賢。（1③38）

　舟夜聞雁。課題。

暗潮渺渺浸寒星、獨坐篷窗酒始醒。尤是四更山吐月、一聲鳴雁起前汀。（1③38）

　題㆓寒林求㆑句圖㆒。

膨脝者瓢童背負、其傍白鬚四五叟。殘日照㆑苔禽影寒、一帶

疎林搖落後。人人求レ詩如レ索レ珠、取不レ傷レ廉爭先取。王公將相倅二塵沙一、文章有レ神名不レ朽。一叟回顧欲レ有レ言、一叟輾然杯在レ手。一叟不レ飲兼不レ言、嗒然痴坐似レ喪レ偶。借問圖中人、公等詩成否。詩若有レ成報レ我知、嗚乎世間無レ詩久。（3①。又見1③2①38）

翠紅館八勝。

善峰晚靄。

殘日沈花杪、夕寒山氣凝。一條蒼翠色、隱了幾高僧。（1③22⑤38）

嵐峽春花。

微雨過山椒、(1) 萬花開一夕。今朝西北雲、又益許多白。（1③38。又見22⑤）

（1）此句、第22⑤本作「疎雨度空山」。某氏評曰、「起句、似不切春色。改作『微雨潤溪山』等、何如。」

梅津綠秧。

郊田遍插秧、一望綠茫茫。不待西成日、已開玉粒香。（1③38）

音羽啼鵑。

到處聞絃管、春光滿洛城。誰知深樹裏、別有杜鵑聲。（22⑤38）

鷲山秋月。

庭沙山影落、松頂一禽鳴。(1) 何處無秋月、不如此地淸。（1③22⑤38）

（1）「悄寂景、寫出如畫。」（22⑤）

都城曙雪。

橋橋皆積素、昧旦送鳴珂。借問去來客、詩思何處多。(1)（38。又見22⑤）

（1）「今日縉紳一歇後、尙不可得、僅□此一言耳。隱然有諷意。」（案起句、第22⑤本作「橋橋皆戴雪」）『戴』、不切『橋』」（22⑤）

桂水練光。

桂川何窈窕、匹練樹間明。尤是秋霖後、坐看初月生。(1)（22⑤38）

（1）「平淡而實。」（22⑤）

八阪浮圖。

雖從平地起、勢欲貫天門。萬衆所觀仰、巍然唯獨尊。(1)（1③22⑤38）

（1）「先生說吾道、而浮屠氏讀以爲己道矣。」（22⑤）

中邨子範來告別、余將餞之、辭以病未痊。

※此題、第1③本、無「余」「未痊」。今從第38本。

布帆晩發浪華城、病後憐君正養生。海上寒風山上雪、離筵無
酒奈吾情。（1③38）

悼町田元耕。

祕術良方神鬼馳、七年沈痼亦平夷。料知天界不無病、却向人
間聘上醫。（1③38）

聞二清澄山淨界公仙去一、賦レ此。（公弟誠軒先生先沒。）

聞レ說飄然歸二帝鄕一。清澄山色忽凄涼。天親無著笑相遇、共
話人間夢一場。（1③27 38）

歳晩、送三飯塚霞洲歸二浦賀一。

琶湖東望雪崔嵬、朔吹凌兢衝レ馬來。歸日却逢二春色至一、洋夷
船去野花開（1③2①38）

掃煤。

掃自軒端及砌端、似烟如霧黑團團。須臾一洗歸淸淨、獨至心
中著箒難。（1③38）

卽事。

屋角寒梅未レ返レ魂、墻陰殘雪尚留レ痕。斜陽影裏茶煙起、占
得西窗一味溫。（1③2①27）

乙卯除夜。

※「乙卯」二字、第1③本、無。今從第27本。

紛紜人事陷二重圍一、犇走客多閑客稀。獨與二梅花一相對坐、
方知四十九年非。（1③27）

安政三年（一八五六）　丙辰　年五十

新年作。

黄鳥聲先賀客來、東風又放半窓梅。敢求百事皆如意、唯禱三兒無不才。流鬼舟通南海靜、蝦夷地闢北門開。謳歌偏識吾皇德、五大洲中總戰埃。（38）

丙辰元日試筆。時年五十。

堯醺舜釀醉韶華、手筆猶開紙上花。不羨漢時班定遠、自知吾命屬烟霞。（1③38）

福祿壽贊。

避世住青匡、開門招白鹿。能延千歲齡、何羨萬鍾祿。（38）

酬金摩齋。

睡少忘多老態新、欲爲漱石枕流身。倚梧枯坐窓間夕、訪柳孤行野外春。縱遇黄金能聘士、自慙白髮不饒人。鳶肩火色君須勉、休與吾曹甘隱淪。（1③。又見38）

寫二東坡養生偈一畢、題レ後。

不レ省膏粱胸膈滯、老饕常自誇二狼噬一。平頭五十齒牙搖、初寫東坡養生偈。（1③27 38）

初春、送劉九山東遊。時余將西下。

孟春我將向西州、劉君則作東道游。彼此回首三千里、春寒野陰入別愁。」山如劍鋩水羅帶、西州所觀奇而險。琵琶湖水富士雲、東道名勝秀而大。」行看前路春色濃、日日探討不停蹤。西歸君與東歸我、落花時節又相逢。（3①。又見1③38）

宿小石原驛。以下、西下時所作。

夢回夜未半、霜威臥衾知。邨在萬山頂、寂如太古時。破屋何空豁、仰見天宇垂。眠鷄未腷膊、寒月照古塒。（1③3①）

石人詩。筑紫磐井塚物。近吾郷山田氏、獲而置諸限水上。

※此自注、第38本、無「近」字以下十三字。

金棺玉匣錮三泉、層岡似龍曲蜿蜒。磐家佳城徒鬱鬱、僭侈招尤何忽焉。神熠佛熾葬儀替、荼毘成習禍綿連。焚堯炙舜骨如雪、火風逆煽臭聞天。髑髏日多祫禘缺、土饅頭臥空王前。不及假王營生壙、天荒地老尚儼然。豐水西流筑山綠、滄桑回首

二千年。一痕殘月枯蓬曉、石人無語立寒煙。（1③3①。又見38）

雨後步園。

昨日雨在花、今日雨在葉。雙雙又雙雙、春暮雁思急。新漲識池脈、潛自籬根入。秀苔忽動搖、下有一蛙涉。感茲節物移、步屧中庭立。羊求久不來、四面綠苔合。（1③3①。又見38）

夏初、題竹外村莊。

紅芳已忽諸、還茲愛夏林。湛露承晴旭、嘒蜩止美陰。草長池形邃、遊魚無戒心。悠悠過門者、終年不我尋。（1③3①38）

初夏九日、栗園翁招余及兒孝桃岳二師飲、且示其詩集。席上分孤花表春餘爲韻、得表字。

※案唐韋應物「遊開元精舍」詩曰、「綠陰生書靜、孤花表春餘」。

君家非云遙、溪山轉窅窱。早蟬揚夏音、孤花猶木杪。郈園門巷間、高齋獨塵表。古榻寄午陰、一縷茶烟小。別來幾星霜、蘭玉婚嫁了。好詩日日多、俗務年年少。妙處攀陶潛、清境參謝朓。快似南薰吹、潔如朔雪皎。夜宴惜別離、情話更深眇。窓色帶殘蟾、雉响青山曉。（1③38）

翌日游大聖寺。往年、同如菴・悟菴諸子、題名焉。今既悉逝、悵然賦此。

入門知僧亡、徑荒襍卉壅。庭花非不妍、無復一顧寵。石臥松傴僂、小塔巋然聳。老藤蔭廢池、蛇影轉可恐。上堂披繡帷、塵壓佛頭重。鐘魚何縱橫、虛器徒自擁。側見鏡及鑪、澁花含紫茸。舊傳自龍宮、或疑出破冢。我昔茲地游、時秋亂鳴蛬。同社六七人、詩戰賈餘勇。題名雖尚存、其墓木既拱。但有砌罅泉、仍舊滔滔湧。無常帝鄉期、難覓仙藥種。臨去謝空王、君言使人悚。（1③38）

四月念七日、千原明卿招飲溪亭、分繞屋樹扶疎爲韻、得樹字。

※案晉陶淵明「讀山海經十三首」詩（其一）曰、「孟夏草木長、繞屋樹扶疏」。

水色含夏涼、溪亭又新趣。停杯話故情、長日忽欲暮。燭影搖波心、夜筵更供具。未見玉山頹、既覺醉言誤。石氣吹面來、衣單疑有露。半歸漱餘酲、螢火亂汀樹。（1③38）

題㆓馬圖㆒。

※「題」字、第27本、無。疑脫。今從第1③28 38本。

無レ由絶漠立二奇功一、徒厠尋常群馬中。老去猶懷千里志、長鳴振レ鬣柳陰風。（3①。又見1③27 28 38）

關邸、訪行德元遂、賦贈。

薜蘿門舊設、橘柚圃新栽。連峻躋攀急、臨深眺望開。漁樵多隱侶、山水足詩材。自此庭中跡、將添我輩來。（1③43）

題木假山圖。

高勢垣牆上、深根磚砌間。慙無老泉記、空對木假山。（38）

宰府上村君脩、其田獲古陶器十數枚。蓋茶家所用、而無名記、不知其經幾百千年。方今、茶家尚古器、甚至抛千金。然能獲眞物者寡矣。君獨無心遇之。實非人力也。余友佐君朗、作記極詳悉。余不復贅、贈以一詩。

良耜脩我田、忽獲磁瓮焉。蒼雅饒古色、不知幾千年。漫滮無名誌、觀此心茫然。疑同郭𦣝（巨）釜、賜者應是天。不貪得至寶、足卜主人賢。祝君南山壽、與此同不騫。（38）

初筑人未得作鞍之法。栗原松籟創製之、以獻藩侯。乃賦一絶裝（奬）之。

夷船出沒海風寒、驛馬如飛報縣官。休以尋常淫巧視、方今要務在良鞍。（38）

坂子溫得古茶杯、見贈。

至治不聞鼙鼓音、何須寶劍値千金。茶盃入手卽相贈、此亦平生一片心。（1③38）

題醫人河嶋養林橘黄樓。

仙橘當樓陰蔚蒼、多初實熟色方黄。此時世上醫皆暇、仁術誰如君獨忙。（38）

訪田嶋子賜、子賜居平質筥故宅。質筥谷・潺湲溪、皆其勝名。

熟路尋來也似新、曾游屈指廿餘春。質筥影掩潺湲水、今主人同舊主人。（1③38）

平嶋子、號蟹窟、乞詩。

大塊一噫生剛風、白濤如山衝碧空。紅日低昂黒雲裂、勢拔貝闕撼龍宮。混茫萬里鵬影滅、馮夷天吳各爭雄。大魚辛苦小魚哭、鱗脱甲摧奈命終。無腸公子獨不競、安然不出眠窟中。待至風止波浪靜、橫行砂上無所窮。世間風波鬪群智、達者靜觀

知變通。平嶋先生號蟹窟、卓識不與世人同。蟹兮知時兼知足、恥作尋常可憐蟲。（1③3①。又見38）

中村泰菴、號蕉堅、乞詩。

莫言芭蕉脆、氣象自挺然。蒙茸群卉裏、獨別開綠天。不着紅塵色、雨洗翠娟娟。中心剝無盡、何物若此堅。（38）

〔無題〕

古色蒼然帶浪紋、一朝網出筑溪濆。自今秋月春花下、每喫雲芽卽思君。（38）

與月形・三原・中邨・青木・坂卷・溜廣・大山・石丸・大賀諸子、游奈嶋祠、尋神后桅石焉。又訪小早川氏嘗立學校處、既不知其址、遂使漁人下網。

※此題上、第38本、原有「安政丙辰夏五月」七字、而後削。

地僻祠陰聚水禽、海回帆影出松林。桅爲巖石此間在、庠沒蒿萊何處尋。暮色蒼茫雖吊古、明時游樂莫如今。一行騷客傳盃急、幾度漁人下網深。（1③。又見38）

山田石菴、築室、名中庸。

※此詩題、第38本作「偶成」。今從第1③3①本。

東之東卽西、西之西卽東。終之終卽始、始之始卽終。雖竭聖哲智、誰極其所窮。乃知萬物理、現在者爲中。富貴與貧賤、須安於我逢。所以子思子、著書作中庸。（1③3①。又見38）

別大賀士行。士行過四十、始擧男、故及。

君家餘慶篤、笑語每怡怡。堂上老萊母、膝前商瞿兒。舟行松斷處、橋立雨來時。游賞纔旬日、如何又別離。（1③38）

與高子德夜坐。

世間金石亦將流、獨有君家清且幽。下榻柳陰相對語、一川星影冷如秋。（1③38）

六月五日、與月形季裕同舟、下木屋瀨、過吉田渠、出於洞海。季裕促詩不已、率賦此。

輕舫下長流、兩涯多楊柳。夏水何盈盈、西望連海口。忽北入新渠、涯迫水色黝。立閘遏中流、分派瀉左右。縱橫劃溝澮、潺湲浹畎畝。維時六月初、佃戶爭水取。或慮他邨偸、閘門數人守。守者見我來、扼腕將相咎。我云爾休嗔、我善渠吏某。疇昔爲我謀、授符在我手。守者視符咍、招集人八九。大絙縛閒扉、傴躬挽此久。呀然忽洞開、電射水勢陡。不識我舫移、前林如馬走。過閘五六回、到處煩田叟。我輩元閑游、內顧顏何厚。稍抵吉田邨、渠廻入岡阜。兩崖百餘尋、何代掀鏟剖。十圍又廾圍、喬松出杉後。其重應萬鈞、巖背容易負。幽蕊抱孤妍、閑禽率佳偶。遇竹片雲分、罥藤一巢朽。峽空諸響通、水觸如磬扣。鼻管感陰涼、一噓亦雷吼。峽盡近海濆、暴雨隨電母。猛風捲洲身、低雲壓山首。掩蓬猶未終、斜照至船牖。爽氣渡菰蒲、餘浪帶罟罶。山匝海自團、波恬萬影受。小嶼似艨艟、古跡傳神后。快哉數日游、對此忘年友。自稱飲量淺、不把一盃酒。逼我徵拙詞、如姑課巧婦。君才今世無、我詩古人有。獻酬君所愁、唱和我亦否。（1③。又見38）

洞海訪副田子善。

※「子善」、第38本作「士善」。今從第1③本。

碧海周遭四面開、茲鄉宜號小蓬萊。連山南劃九州別、大浪西包百濟來。累世雄貲侔卓鄭、一時騷客致鄒枚。尋翁前度不相值、却覺厚情鍾此回。（1③38）

次某生登富山韻。

大野蒼茫望轉迷、雙眸寥濶盡天倪。雲興自麓雷猶下、峰立于空雨不躋。萬點衆星爭拱北、一輪殘日未沈西。生平怕歷函根險、何料方同蟻垤低。（1③。又見38）

舟發飯塚宮。四子同舟、送至半途。

新秧葉靜野無風、行客何堪晴日烘。此際誰如我愉快、輕舟盪下綠楊中。（38）

題市來子長梅月樓。

此是當年萬玉妃、素娥相並鬪幽姿。悠悠凝想夢還後、脈脈深情人定時。猶有暗香留枕席、已無疎影到簾帷。身居街市風塵裏、心在湖山烟水涯。（1③。又見38）

與鹿間・豐野・香取・西山諸子、訪桐山氏雨奇晴好樓、席上作。

主人恰與此樓宜、海鶴昂然脫俗姿。滿室書香長不散、出窓茶靄緩相追。浪翻孤月魚龍起、舟帶細風帆席知。今夕飽看晴好景、何年復賞雨奇時。（1③38）

赤關、與鹿豐二子登飯山祠閣、分韻得侵。

不識人間熱、鑠石又焦金。畏日藏山首、涼雲起樹陰。登臨感

非土、邂逅喜知音。海上歸風好、其如別恨深。（1③38）

木兄生男、賦此以賀。

猶記當年華燭時、爾來幾度夢熊羆。君家自有餘慶在、不假封人三祝辭。（38）

贈鹿文哉。

千舟纔去又千舟、薄晩街塵似霧浮。但有幽人能忘世、靜觀海月坐高樓。（1③38）

六月二十七日、岐波邨訪水野子安。

舍南舍北悉脩篁、綠雲漠漠夏窓涼。主人晏起淨掃地、石臼擣藥午風香。眞成一日如兩日、樹間鷄睡蟬語長。邨童八九來問字、塗鴉天地與洪荒。東南咫尺是周海、風利潮候帆帆忙。百貨出入人聲閙、港頭熱埃蔽天颺。饒令能致富巨萬、不如淸涼占此鄕。（1③38）

詠藤松屋所贈四物。此題、據第1③本。

石枕。

盛夏汗方流、北窓須一休。不成塵土夢、石枕冷如秋。（1③38）

銅爐。

銅爐似拳大、古色帶隋唐。從今微雨日、掃地靜焚香。（1③38）

筆架。

木質而鬆粧、疑是神人送。吾筆須安焉、莫作江淹夢。（1③38）

茶甌。

生平不解飲、頗乏吟哦媒。好聽風甌語、鼓吹詩腸來。（1③）

※此詩、第38本、題作「謝松屋贈怪石茶甌」、詩作「生平不解飲、頗乏吟哦媒。欲作怪石供、愧無子瞻才。好聽風甌語、鼓吹詩腸來」。

題㆓正墻適所山水圖㆒。

老樹根如㆓龍尾垂㆒、濕雲滃渤嶺崟巇。披㆑圖忽憶山陰路、風雨溪橋獨過時。（1③。又見27 38）

三伏中、在三田尻。山本茂太郎、自萩來訪、夜坐率賦。

炎炎如火夏雲濃、長北周南嶺萬重。爍石鎖金爭可耐、唯君與我矢相逢。空誇健飯猶豪氣、豈料華顚已老容。十歲索居多話緒、不知報到曉天鐘。（1③。又見38）

七月二日、訪貞永蓬仙席上。

六月無雨至七月、毒熱爞爞銷人骨。此間何處有淸風、忽憶君家對溟渤。來訪會君將出游、看我一笑行色休。僮收行李鎖書室、婢運傳廚拂海樓。是時雷吼風全死、雲罅紅日射潮水。倒光飜飛搖屋梁、渾身疑坐巨甑裏。猶記嘉永辛亥年、我與妻婢寄一船。訪君氷雪嚴冬日、屢添炭火坐爐邊。爾時我婦始來嫁、粧具每蒙令萱借。烏兎堂堂已數年、兒女成行守我舍。至今西窗剪燭時、共語君家海山奇。他家亦有海山在、但少君家室家宜。午飮厭厭夜未徹、拭汗且說前年雪。預訂來冬相見期、擁爐復說今日熱。（1③43）

前赤壁夜、與長星灣父子・田杏雲・郿秋耕、泛舟室津海上。余、今春過此地。

三十年來過此鄕、兩逢端午一重陽。今茲春早花開未、往歲多殘雪下忙。舊事回頭如夢寐、故交屈指半存亡。賞心尤覺這般好、明月淸風是既望。（1③38）

〔無題〕

日照鳳來生瑞煙、兒孫采服侍華筵。仙鄕縱有西王母、何若尊萱壽福全。（43）

丙辰中元、訪長星灣、席上作。

春時火急向西州、宜過君門不駐舟。今日東來償舊債、下猫旦（且）作數霄留。（43）

題飮中八仙圖。

三郎家事可如何、胸裏爭堪磊塊多。應傚信陵君故智、光陰且向飮中過。（1③。又見43）

送岩永子歸大郿。以下、歸浪華後所作。

※此自注八字、第43本、無。今從第1③本。

海雲山樹去程賒、雁始南飛客返家。相送忽思前歲夢、舟游箕島食秋瓜。（1③43）

七月二十九日夜、西隣棚八郎來訪。八郎病失明。

不以東家視、年來益敬親。幽窗無月夜、淡泊失明人。蟲口如難嘿、蚊聲似有嗔。感君文益妙、張籍是前身。（1③43）

贈棚八郎。

吾已貧兼病、君能樂忘憂。經過憐路近、親炙喜情投。(1) 候雁來何晩、迷鴉噪未休。十旬無片雨、暑力絕川流。（1③43）

（1）自注「時諸水殆涸。」（43）

本年旱七八旬、百卉殆枯。八月十一日夜、雷電暴雨、欣然成詠。

廿萬人家夢忽驚、前雷未息後雷聲。黑雲連砌地天合、紫電逼窗毫髮明。久颶塵埃應一洗、垂枯草木得還生。須臾快霽無餘蘊、月照秋園蟲亂鳴。（1③43）

重陽後二日病起、訪田介眉。歸至浪華橋、得一律。

重陽風雨掩柴荊、也喜今朝得快晴。病耳猶將疑蟻鬭、吟心早已訪鷗盟。甁邊餘馥黃花在、廚裏新篘白酒成。主人沽酒不厭歸途及昏黑、却看橋下月波明。（1③43）

秋晩、復臥病。

半世慣住在天涯、況又相依妻與兒。久覺夢魂安旅境、何圖疾病忽鄕思。驟寒驟熱衣頻換、無睡無醒枕永攲。山水有情應憶我、臥過秋色絕佳時。（1③43）

夢有人求病鶴詩、賦此。

沖霄志氣未爲灰、病翼甘遭凡鳥咍。萬里蓬瀛游不遂、纔從遼海卽歸來。（1③43）

丙辰九月、拙堂翁來訪、見示其稿、題一律返之。

滿卷珠璣照眼明、欽君老筆益縱橫。文除陳語世皆伏、詩有別才人更驚。紅葉今題相見句、碧雲曾詠索居情。秋風白髮書燈下、愧我經綸業未成。（1③43）

秋晩臥病、請南隣高生針治、賦謝。

依爐擁褐怕秋涼、殆把形骸付北邙。賴有南隣高士至、一針直下洞膏肓。（1③43）

題㆓淵明ノ圖㆒。

風前漉㆑酒ヲ巾方燥、秀色南山晴更ニ好。自愛ス黃花晩節ノ香、不㆑知世有ヲ㆓寄奴草㆒。（28。又見1③43）

悼澁木生。生謀竊遊海外、事覺下獄而死。僧淸狂憐其志乞詩。

此心不遂憾如何、目斷東溟萬里波。海外獄中均一死、長敎志士淚滂沱。（1③43）

冬晴、訪藤墨園、途中作。

水暖數魚游、苹開孤鴨往。認來黃葉梢、一縷茶烟上。（1③。又見43）

新寒。課題。

新寒不出門、獨坐凭烏几。竦然林隙生、夕日照池水。籬菊仆更開、氣候猶可喜。鷹心横太空、風霜從此始。（1③。又見43）

悼二桂秋香一。

春時隨レ我上二輕舟一、共作二防長豐筑游一。一夕秋風溘然去、從レ今無レ意向二西州一。（1③28 43）

仲冬八日、晴暖勝春。與鼎金城至牧方、訪柴桑主人、賦贈。

※「至」上、第43本有「步」。今從第1③本。

豈圖多仲暖如春、緩步迢迢傍水濱。葦到折時妨鴨路、苹從破處見魚身。不唯雞黍歡新識、無乃柴桑友古人。今後相過應數數、上舫來去易於隣。（1③43）

送柴東野之播磨讀洋書。

生字東野慕古賢、軀幹雖小膽如天。今東野異古東野、側無薦士昌黎先。並無走馬看花日、萬卷腹不當一錢。今東野同古東野、幼翫于詞長愈騫。刃迎縷解心專壹、鬼設神施趣萬千。近者幡然棄舊習、讀蟹行書絕韋編。白夷如雪黑夷漆、殊形詭狀別坤乾。朱經墨緯地圖細、一一照來如犀燃。五大之洲九萬里、寸蹙鳌疊胸裏懸。電機燈映寫眞鏡、蒸氣車駢火輪船。疾奔跛視夸父趾、奇巧兒呼墨翟鳶。金仙孔子所未道、我智已鑿才又穿。意欲以此干侯伯、紫綬若若青雲邊。余也腐儒篤信古、唯能守經豈知權。不要去腰六國印、唯願來耘二頃田。數年親炙無財贈、贈言不識孰先傳。臥龍若微三顧客、梁甫吟成日高眠。東野東野休躁進、寧戚苦學十五年。起爲齊相未爲晚、仰天一笑書燈前。（3①。又見1③43）

冬日、過楠公墓下作。

前防猛火後狂瀾、屢踏危機至力殫。西鳥東魚纔結局、南朝北闕又開端。七生殄賊志何烈、一死報君心未安。萬古凛然忠義氣、金剛山雪接天寒。（3①。又見1③43）

冬夜、似長世章。

巨鯨呿浪雪滿空、虜船如箭駕長風。象胥狄鞮方得意、貢獻絡繹自西戎。狼子野心不易測、時勢將問于英雄。書生紛紛投筆起、萬里要立折衝功。長生何意甘寂寞、問詩習禮就廣翁。翁少不勉至衰老、況於世事耳如聾。久與切磋恐無益、不是雕蟲是屠龍。忍凍終夜相對坐、人定遠寺傳疎鐘。程門雪增數寸白、韓氏檠留一穗紅。距此一步功名地、管寧割席不肯容。問君安心在何許、行藏出處擇所從。龍乘雲雨游天上、龜藏頭尾在泥中。他日一樣號靈物、伍鳳匹麟無異同。（1③3①。又見43）

題鍾馗嫁妹圖。

終南進士淸且癯、峩冠戴花手捻鬚。厥妹頎兮姿色殊、縞套絳衣氷雪膚。白頭老鬼目睢盱、身被短褐擔行廚。杖端搖搖挂葫蘆、其側麈尾及銅壺。妹兮不知嫁何夫、無乃尋常守錢奴。更疑此事果有無、畫史何心作此圖。欲索其說心茫乎、述我儒見奈腐迂。君不見苧蘿佳人至姑蘇、從以種蠡遂沼吳。又不見明皇惑溺楊家妹、從以林甫與胡雛。人主只知聲色娛、何料鬼怪與此俱。百兩（輛）親迎塵滿途、中有從鬼攘我羭。畫史深意警世愚、嗚乎此說亦近誣。未必能免鬼揶揄、君其試問鬼董狐。（1③43）

雪中、謁文玄先生墓　以下、西下所作。

先生在世七十年、教誘生徒五六千。先生辭世七十日、繽紛瑤蕊落九天。前度立雪侍函丈、今度踏雪向墓田。寒吹飄飆捲旌旐、流澌涓滴濕香烟。浪華西望海渺渺、我聞病信卽就船。歲晚還家既不及、仰天拊膺淚漣漣。晨移松柏營新兆、夕會子姪訂遺編。兄之誼無愧明道、弟之學奈劣伊川。弟也鬚髮既如雪、況住天涯俗累牽。此去可能屢歸展、目斷東山雪意邊。（1③）

安政四年（一八五七） 丁巳 年五十一

丁巳元旦。

廿歳萍蹤寄浪華、歸鄕却似在天涯。千年姓氏邨三戸、萬里車書世一家。山頂暖雲融雪意、江頭初日映梅花。遙懷德曜僑居裏、坐對雙雛說阿爺。（1③）

新年偶成。

雪厭群山遠目明、東南初日放新晴。青松猶帶歳寒色、黃鳥已傳春暖聲。妻子空勞千里夢、光陰偏感廿年情。予、新年不在家、既二十年矣。歸帆預想三旬後、付與海風隨意行。（1③）

狗日雪、與世叔・孝也飲、戲倣甌北體。

把酒看山子姪同、孱顏白映醉顏紅。新年偶値故園雪、下物還殊上國風。桀底蛋調堯代韭、湯中麵和舜時蔥。天知熟境詩材乏、點綴□花詑乃公。（1③）

正月十二日、與南陔兄・青邨姪、散步三叉六出諸邑、遇雨歸、小酌遠思樓、圍碁。

消盡田間雪、邨楳未著花。地何名六出、路則實三叉。霧氣山難覩、江聲雨易斜。行邊無傘屐、走向野人家。捷路穿林隙、斜行背水潯。忽晴衣影爽、猶濕屐痕深。酒國長無赦、棋讎已就擒。餘歡未云盡、暮景欲栖禽。（1③）

財津生、新卜居水岸寺南鄰、賦贈。

幽棲鄰紺宇、祕術寄青囊。山色宜春眺、溪聲足夏涼。躋人於壽域、遐世似仙鄕。偕隱能同趣、荊釵有孟光。（1③）

春初書悶。

門外新泥滿、同人不復過。溪雲每朝合、山雪入春多。凍畝雀將餧、空林鶯未歌。邨醪誠薄惡、豈到醉顏酡。（1③）

偶閱南北史、摘其奇事、賦絶句十二首。

齊高帝。

昊天與善人、此言亦難恃。道成篡虛徒、還爲十九子。（1③）

溧陽公主。

梁武絶腥食、以麵代犧牛。如何溧陽主、例預食獼猴。（1③）

許善臣。

叔寶無心肝、豈有致身者。獨憐許善臣、送葬稱陛下。（1③）

劉義宣。
項籍曾千敗、一語識癡人。丞相補天子、此君而此臣。（1③）

臧質。
封溲與佛貍、將軍實英傑。南湖荷覆頭、蒼黃謬晩節。（1③）

蘭陵公主。宣華夫人。
佳人薄命多、陳隋兩公主。宣華雖無雙、不若楊阿五。（1③）

蕭宏。
錢愚與錢神、立論本無二。一樣孔方兄、出入勢乃異。（1③）

成買。
成買頭見斬、猶奔還我軍。咄咄李延壽、無乃信異聞。（1③）

高歡・宇文泰。
破胡失高歡、彭樂赦黑獺。天意啓周齊、一掃兩拓拔。（1③）

荀濟。
欲誅賊臣澄、謀拙空遭烹。白頭荀侍讀、當劣蘭固成。（1③）

虞愿。
帝作湘宮寺、罪高於浮圖。達磨與虞愿、其言如合符。（1③）

盧曹。
稍長丈六尺、海神骨作之。教曹地上虎、猶呼田舍兒。（1③）

暮春、山亭書所見。
日長山驛間、廚婢眠爐畔。筧水自隣來、淙然聲不斷。（1③）

和兒孝宿二子山僧舍韻。
※此詩題下、第3①本有自注「西下所作」四字。
寺在白雲層、入門登又登。溪梅薫臥榻、山霧澹書燈。肅肅驚寒吹、蘧蘧促早興。天明渡前澗、三月尚堅氷。（1③3①）

初夏念三日、攜兒孝北上、至金川出舟、過鳩嶺、訪能邮白水宿焉。以下、歸浪華後所作。
溯流殆百里、出舟試吾足。此時夏雨休、山薜潔如浴。林隙引斜曦、孤花出萬綠。下山訪故人、依舊交誼篤。拂壁掛吾書、飲食供所欲。歸雲宿庭松、夜靜剪殘燭。（1③3①）

安藤桂洲、爲故友間瀨雄峰大祥忌設齋、賦此以贈。
交態縱然如弟兄、悠悠總是路傍情。久要不負平生語、唯有當年范巨卿。（1③）

贈某生。
苦學夙宗濂洛風、却因經世見奇功。欲知豪俊養鋒處、只在心齋二字中。（1③）

雨中、寓劉氏樓上數日、欲訪星巖、不果。

連朝陰雨入羈愁、暴漲凫川不見舟。無棹可移何訪戴、有樓堪賦且依劉。明窓却爲茂蕉暗、濕壁豈支横筍抽。擬把奇書消一日、開筐巡架幾回捜。（1③）

夏初、游嵐山、書レ所ヲレ見。

※「夏初游」三字、第28本、無。今從第1③本。

萬筏浮沈夏水盈、紅芳損盡シテ綠陰成。黃鶯亦解避二賢路ヲ一、杜宇鳴時不二復鳴一。（1③28）

游湖上晴好雨奇亭。

淡濃雖是總相宜、難以一游兼好奇。今日併看晴雨勝、夏雲忽去忽來時。（1③3①）

題曉翠樓。

平安山水渾秀異、三十六峯最明媚。多少樓臺如畫圖、蒼松寒雲帶古寺。滔滔利市名朝心、誰解一邱一壑意。白頭綠酒伴紅裙、絕無青山入夢寐。憐君身住風塵中、胸間悠悠有餘地。萬客南柯夢未醒、曉窓獨對東山翠。（1③）

寄題志摩松井民亭子。

群松立洲嘴、大海綠彎彎。隱几嗒然坐、天邊見富山。（1③）

藤墨園、以新居落成且新婚、挐舟來迎、書所見。

扁舟移過柳陰風、喜汝經營正畢功。停棹入門先一笑、美人蕉接映山紅。（1③）

宿仁公房。

百夢爭一夜、困極蘧然驚。孤興漱寒井、天宇何晶晶。山氣晴愈肅、白雲不能生。曉風入峯葉、衆綠翻月明。但見跏趺影、不聞梵唄聲。（3①。又見1③）

春盡、遊鷲尾興法寺。

樹邃日光微、地高寒意緊。中庭花正開、未覺韶華盡。（1③）

諸同人、餞兒孝於酒店、席上作。

夏木陰陰不見花、旗亭把酒日將斜。海門西望孤帆影、吾在天涯汝返家。（1③）

梅雨中、訪梅師、偶得一絕。

連日雨冥冥、中庭幾梅子。香煙濕不飛、搖曳簾帷裡。（1③）

遊法華寺。古有七堂伽藍、今廢。

滿地新苔沒古碑、萬竿竹匝一茅茨。何人解得此風趣、却勝七堂全盛時。（1③）

壽仙臺片倉太夫六十。

世家人所仰、令譽我曾聞。薦士同平仲、治兵勝子文。自非心似水、安得福如雲。何假詞人筆、邦民悉祝君。（1③）

題鯉魚圖。

千點桃花萬里流、琴高去後獨優游。縱然潛在深淵底、躍越龍門亦自由。（1③）

雨後、同山中梅屋夜坐、分韻得雲字。

雨過星輝濕、未秋蟲語聞。殘霖在幽樹、涼意自遙雲。老大須憐我、風流正屬君。四隣人已定、聯句到宵分。（1③）

秋初、寄懷越前渡邊子直。

天南地北阻參商、氣候徒勞想像長。京扇未拋秋暑烈、越絺稍斂晚風涼。夷氛幾歲侵神域、殷武何年伐鬼方。莫道昇平無一事、唯須國富又兵强。（1③）

寄兵庫藤旭彎。

兵庫眞于石沒後、詞壇寂寥。近□旭彎與眞高藤林四子、結社以振興風雅、有此寄。

于石翁亡文雅衰、憐君結社善維持。楠公墓與平公塔、可使土人無一詩。（1③）

觀岩谷氏所藏西園雅集圖、賦贈。

利走名奔塵滿途、唯君尚友米蘇徒。悠然淨几明窓下、坐對西園雅集圖。（1③）

初秋、雨中訪梅洲、卽事。

雨砌淨無塵、下簾焚栢子。輕煙細似絲、出自庭花裡。（1③）

秋夕不眠。

月初上、雲已生。雲初散、月已傾。生平愛看嫦娥態、癡雲猜妬太無情。月全沈後風在樹、風死草際衆蟲鳴。蟲語稍稀雞膈膊、雞聲纔畢又鴉聲。始知百物交動息、彼張此弛不相爭。動

者揚揚意方得、息者寂寂眠還成。唯有愁人眠不得、數盡群動到天明。（1③3①）

坪顏山、見訪。自弘化中別于江都、既十三年矣。

別來屈指已周星、情話綿綿不暫停。頭髮鬚眉渾白盡、唯餘双眼舊時青。（1③）

與荒木獨笑、邀顏山遊櫻祠、舟中作。

西橋過了又東橋、舟溯長流不覺遙。郭外一洲漁網晒、祠前雙店酒旗搖。談鋒競處鷺相避、棋戰酣時魚亦跳。稍喜秋炎晚來減、數行風柳影蕭蕭。（1③）

又次顏山韻。

渺渺滄波夕日曛、扁舟招友此陪君。十年身世浮沈事、主客交聞所未聞。（1③）

寄萩人楊井子。

海邦風物定如何、詩興知君官務餘。賓刺到門無俗子、牙籤在案悉奇書。鵬邊積水夕雲合、雁外平沙殘月虛。布韈青鞋何日訪、橙黃橘綠是冬初。（1③3①）

悼古魯岳。

詩酒交歡二十年、何圖一旦忽歸天。海雲汀樹依然在、獨立蒼茫暮色邊。（1③）

悼ニ吳椋亭一。

不ニ獨奇方善療スルノミナラ一レ痾、風流爾雅亦名家。可レ堪シ董奉成レ仙後ト、零落ス門前ノ紅杏花。（1③28）

雨中、與桂園諸子、登海近樓。

久耳此樓今始攀、千帆出沒雨雲間。明朝已卜秋晴好、一綫紅霞隔海山。（1③）

秋夜獨酌。課題。

數竿庭竹雨瀟瀟、風入破窓燈欲消。濁酒一杯無下物、讀留俟傳坐殘宵。（1③）

樹梢帆影。清水氏二十景之一。

長流帶斜照、樹杪數帆明。宛轉隨江勢、悉成之字行。（1③）

送村允仲。

郈君世事對州侯、自許經綸范蠡儔。入貢將延玄菟使、通商行接墨夷舟。徒聞費用追年倍、應待英豪爲國謀。但祝前程老彌健、功成名遂始歸休。（1③）

詠松、賀翠翁七十。

雪虐風饕幾度經、千年未變舊時青。棲來仙鶴不知處、鬱鬱繁陰冷夏庭。（1③）

席上、贈二岡清次郎一。并引。

余與レ君通二書信一既三四年、而未二相見一。今茲丁巳八月二十七日、遊二玉藤店一。君在二隣席一、延レ余ヲ屬レ杯。卽口ニ二占一絕一。

※「二十七日」四字、第28本、無。今從第1③本。

聞レ名ヲ已ニ久見ル何遲、天假二良緣一正ニ此時。左手稱レ杯ヲ右招レ我、新相知ハ卽舊相知。（1③28）

能登松田楠涯、招飮其逆旅南樓、卽約餘東游主其家。

善詩能賦富多書、寄傲山林樂有餘。大姓人推文不識、倦游君哂馬相如。南樓此夜陪佳宴、東道何時叩草廬。淀水秋風羞鯉膾、豈無鄉夢到鱸魚。

重陽後二日、九山草堂集賦卽事。壁上挂南郭先生重陽後一日詩、乃次其韻。

西窓樹影滅還生、雲似無情却有情。雨氣全隨風勢散、但留星月入秋聲。（1③）

九月十七日、發大坂、至兵庫、宿藤旭彎晚霽樓、諸友來集。距前會僅三十日。

依舊諸賢會一堂、半簾秋月白如霜。莫敎來客匆匆去、夜比前游又益長。（35②）

藤田醒花、贈其家釀名花盛、乞詩。

老天試寫復中文、桃霞梨雪映櫻雲。有花無酒花不薰、有酒無花酒不醺。無酒無花人不欣、乃知三物難暫分。世間惡酒何紛紛、一杯銜逆面如焚。看花不見鳥不聞、紅綠眩目耳礙礙。獨有此酒迥絕群、氣如驍將冠三軍。能墮愁城立奇勳、餘馥十旬沁齒齦。使人解憂花添芬、斟自朝暾到夕曛。何可一日無此君、吾於此酒亦復云。（35②）

舟泊于須磨赤石間。

松接須磨鐘閣隱、砂連赤石戰蹤平。風聲鶴唳今猶昔、月落烏

啼夜欲明。孤枕凄涼感秋老、一帆安穩喜時清。舟中卯酒向誰酧、憑弔英雄無限情。（3①35②）

秋盡夜、明石梁田・乙部・小泉・竹內・山內諸子、邀飲觀月樓。席上賦此。

秋盡高樓飮、羈客何限情。休嗟無夜月、滿座德星明。（35②）

贈林梧陽。

知君退世意悠然、朝展詩箋暮畫箋。獨往砂平松斷處、屢游潮上月生邊。四方賓客無虛日、一境蓴鱸足送年。因是孟公投轄去、姑停行色此留連。（35②）

多初、到雁南浦、途中。

※「到」字、第28本、無。恐脫。今從第35②本。

無レ風黃葉落二人衣一、菊影蕭疎野日微ナリ。潦水全枯テ堤路長、時ニ逢老牸ノ帶レ禾ヲ歸ニ。（28。又見35②）

十月二日、訪伊藤子產、宿焉。

認來高隱處、宛在水中洲。渺渺已無地、招招還有舟。詩情莫如夜、農務始經秋。幸遇君餘暇、容吾幾日留。（3①35②）

雁南浦待渡。幷引。

渡口二水相會、有一舟焉。客自三面呼渡、舟子移棹遞迎、載之而發。

洲頭村尾水分岐、莫咎篙工迎我遲。客自三方齊喚渡、移舟遞就一涯涯。（35②）

三日、暮辭子產家、還高砂。途中、同梧陽・淸琴・梅汀賦。

不盡朝來話、黃昏始得辭。暗歸村逕細、凍立渡舟遲。過雨蕭々後、羈鴻嗈嗈時。同行多雅士、吟出幾篇詩。（3①35②）

詠高砂松。

靈松侔諸（マヽ）（詔）册、精氣滿乾坤。萬古靑靑者、莫非賢子孫。（35②）

十月五日、暮展亡友宗蘆屋墓、遂步野外、寄懷河鐵兜。歸路、過林梧陽家。蘆屋、以今夏終、葬於高砂。

風吹短髮白蕭蕭、酒醒羈魂稍欲消。宿草未生新塚出、暮雲已合故人遙。牛還邨口三叉路、鶴立田間獨木橋。忽憶林逋高隱處、訪來情話到殘宵。（35②）

在高砂數日、河鐵兜至、喜賦。

王粲悲非土、蕭條幾日移。地雖多古跡、人未得新知。孤鶴呼群處、微風撼戸時。跫然君見過、驚喜話襟期。（35②）

路上所見。

向陰鳴鶴雙飛、負暖衰翁獨立。松根一帶白砂、竹外數枝紅葉。（35②）

九日、暮發高砂、椋圃送至麑川。

高砂留十日、薄晩向麑川。物色蒼茫際、風聲瑟淅前。心閒孤犢後、翼健一鴉先。行話忘途遠、南阡又北阡。（3①35②）

席上、贈中嶋子旭。

敲門通刺自遲疑、何料欣然似舊知。爲我周旋廣交道、文壇亦有鄭當時。（35②）

青嵐亭、次壁上所掛劉穀堂翁詩韻。

壁隙斜陽照軟塵、多窓風死暖于春。貼屏書畫知多少、名士高僧又美人。（35②）

二十一日、夜訪中田眞吾於新在家邸。

※「二十一日」上、第35②本、有「十月」二字。今從第3①本。

旅務綿綿引、出門驚日沈。燭威横大野、星色滿空林。手燭候迎遠、圍爐情話深。家人猶未寐、打藁古墻陰。（3①35②）

二十六日、將發麑川。夜來大雨、水漲渡絶。子旭・雄飛・青嵐・江聲・秋洋諸子、邀集酒仙亭。鐵兜、偶自赤石還、約明旦同發。

何以慰蕭條、濕雲漫未銷。多霖麑水漲、暮色鷺城遙。不得呼舟渡、還逢置酒邀。更欣心友至、同發約明朝。（35②）

至姫路。出淵黃山、爲余定館舍、又惠酒肴。賦此以謝。

※「姫路」、第3①本作「姫嶋」。恐誤。今據第35②本改。

授吾館了授吾飧、客裏逢公始解顏。家世南朝忠義後、人才東漢顧厨間。海程欲往風翻浪、陸路難前雪滿山。天假良緣此留滯、窮多偸得一旬閒。（3①35②）

題二內海有竹所レ藏都府樓瓦一。

物換星移已幾回、連雲樓閣亦成レ灰。憐他一片蒼蒼色、曾着二菅公詩句一來。（3①28 35②）

与教順灰長、登書寫山。

忙裏纔偸半日閒、徜徉老石古松間。八州西繞迢遙海、四國南橫坦迤山。雲洞徒容凡衲住、丹梯翻禁美人攀。禁婦人登山。天寒但賴一瓢飮、絕頂振衣晩未還。（3①35②）

至北條、宿樟下亭。諸子來訪、擬探八景、雨不果。

樟樹千年古、凄風動女蘿。孤亭雖寂寞、諸友幸經過。四面碧山合、一鄉黃髮多。憾難探八勝、每旦雨滂沱。（3①35②）

北條八景。

※此題下、第35②本有附注「詠三」二字、第3①本有附注「錄一」二字。

神廟古松。

溪風捲雨來、雰霈祠扉濕。松頂忽新晴、一條龍氣立。（3①35②）

帝陵夜雨。

不知何帝葬、卉木自萋萋。風雨夜深急、暗中聞馬嘶。（35②）

城凹暮雪。

寒氣集城凹、雪華翻作凸。英英和暮雲、閃閃分□□。（35②）

贈三枝西門翁。幷引。

播磨川合中郎、三枝西門、其先自赤松氏出。據本地二十餘世。至天正中、以援別所長治亡。子孫終爲家人、其所住卽本城西門之址。因以作號。從初居既六百餘年、其邑係直隸。以祖先之故、特許帶刀。西門子石香、嘗從余學。安政丁巳仲冬、余訪其家、賦此。石香新娶。故第□五句及。

六百年來占舊莊、赤松枝葉布陰長。誰知隱者盤旋處、卽是英雄割據場。夢裡熊羆符吉兆、腰間牛犢賴餘慶。素封何羨公侯貴、尙見淸門冠一鄉。（35②）

葛詩。爲葛墻主人賦。

葛根秋可劚、葛花春可烹。既以瘳我病、又以解我酲。（3①35②）

石香書齋、扁赤松餘蔭四字、乞詩。

晴耕兼雨讀、孳孳不姑休。公侯之孫子、爲庶亦風流。（35②）

觀內海有竹所藏宋人海上送別圖。幷引。

圖無款識。鍾唐傑賫從周二公、錄送僧歸日本詩。伊藤東涯先生曰、僧卽榮西禪師也。

林脚逶邐沿海灣、傍無城市又無山。送者瞻望林木下、去舟超忽海濤間。」片紙要寫無限意、筆墨轉少饒情致。不知此畫係何人、不見支干與欵識。」古體兩首題上頭、曰鍾唐傑賓從周。皆是朱子高足之弟子、志行超越學問優。」未聞詞翰稱雙美、然而詩淸如秋水。書則勁如霜後松、古人餘技猶如此。」誦詩知送東僧歸、交情之深見于辭。彼視異端比聲色、胡爲至此亦堪疑。昌黎大顚道或合、何必方圓不相入。就其所友知其人、卽悟此僧非凡衲。」縱雖僧名缺不書、東涯老子鑑豈踈。曰吾臆測當時事、毋乃榮西禪師乎。」君不見日本晁卿游海外、開元文物未破壞。山東才子李翰林、及王給事皆傾蓋。」自唐至宋三百春、西游人材頗彬彬。與彼名賢相酬贈、晁卿榮公唯二人。」明月不歸沈碧海、李王所贈今不在。後來唐寅送彥郞、其書雖存乏精彩。」宋時道學唐時詩、曠前絕後實吾師。上下千古唯兩樣、胡元以還則無譏。」但縱斯幅誇獨步、豈無鬼神暗呵護。海君獲此希世珍、世間書畫不復顧。」昭代嚴禁海外游、神州禹土路悠悠。徒羨金烏與玉兎、自由東隅到西陬。」近者皇威服萬國、西朝英佛東阿墨。禮尙往來宜善隣、會見皇華向異域。」宋代遺僧唐代儒、若引往例應何如。何人遇此圖中景、返君此幅三長吁。（3①。又見35②）

鹿間舊有港。弘化中、土人藤田維昌、與衆謀、高築石堤、而浚土沙、始爲善港。維賢既沒、其子維俊乞詩。

舟自兵庫行、西到播州室。百有八十里、海底多凹凸。南風激鳴門、驚濤白翻雪。傍無善港灣、往往遭沈沒。去年我西下、洋中風俄發。得投鹿間港、幸免爲魚鼈。疊石數尋高、匝港四面列。其內平似油、外波不敢越。此港舊聞名、視石如新設。借問誰所爲、傍人與我述。爰有藤田君、其人頗英傑。竊歎此土衰、會衆建議曰。我播之要衝、鹿間居第一。港外石宜高、港內土宜掘。唯使來舟多、我土富可必。聞此翕然和、萬口無異說。請官官曰可、祈神神曰吉。弘化丙午年、孟夏十七日。鳩徒五六千、指揮良有術。初疑處女柔、終則脫兎疾。午潮方退時、投石聲矻矻。晚潮雖復來、寂寞濤頭折。壘池既高深、勁敵豈能拔。積思十年强、大功一旦畢。居人日繁昌、來舟日安悅。我聽偉其功、欲一到門謁。我舟逢好風、我懷終不達。今冬復來游、君既今夏卒。令嗣來相尋、夜談互前膝。屬敍尊人功、所以此精悉。（35②）

三木良元、示近製數首。賦贈。

珠暗投前數首詩、幾回擊節賞新奇。平生恥作曹邱態、猶且逢人說項斯。（35②）

題二萬歲圖一。

到處田田拍レ鼓行、青松壽色入二新晴一。春風寫出太平象、不三必鳳簫龍笛聲一。（28 35②）

詠敎專寺偃蓋松。

橫張三百尺、翠色幾層深。姑屈衝天勢、廣延布地陰。月斜初見影、風入緌（ママ）（纔）含音。好作山門鎭、勝他群木林。（35②）

贈神童了空。

梧桐雖百尺、晚節落風霜。何若豫章樹、千年千尺長。（35②）

贈對二十四峯樓主人。

透衣風力酒將醒、晚訪禪關猶未扃。海上殘霞寒益照、落窓二十四遙靑。（35②）

林梧陽、訪余於麑川。於姬路、於鹿間、凡四回。賦此以謝。

世上交情轉瞬渝、祖筵纔設作秦胡。謝君百里衝風雪、一月四回來見吾。（35②）

備前訪萬代健壽。四年前、東上相訪。亦是月也。

轎簷衝雪走寒風、往日自西今自東。天假良緣猶未盡、兩回相見每悤悤。（35②）

謁二茶山先生墓一。

往事追懷卅一秋、梅邊下レ馬弔二塋邱一。身癯髮禿形容換、爲問先生記レ我不。（28。又見35②）

贈竹下翁。

屈指曾游三十年、重過此地問諸賢。當時耆宿凋零盡、猶喜靈光獨巋然。（35②）

歲晚、留于竹下翁別業、數日。賦此以謝。

何鄉復有此幽閑、四面閭閻合匝間。漠漠莓苔無寸地、重重樹竹似深山。負暄橋上看魚出、忍凍樓頭望鳥還。忘却殘年人務急、徜徉三日在仙寰。（35②）

贈米田翁。翁祠官、兼醫。

砥行藏輝不厭勞、夙將富貴比鴻毛。活人扁鵲術何妙、事鬼祝鮀才亦高。杏外小樓聽夜雨、松間古廟倚秋濤。趨庭有子知英

物、獨笑挑燈看六韜。（3①35②）

十二月二十一日、在米田氏。宇龍山翁來訪。翌日、導游梅林、有詩見贈。卽次韻以謝。

虛名我自誤、到處被人絆。出家已十旬、長路猶未半。荏苒逼歲除、江山節物換。久矣聞君名、相見笑齒粲。淺酌孤燈前、書畫供展玩。凍霰隨海颷、入窓珠玉璨。翌日游梅林、倒瓢意衎衎。夕陽照高花、忽聞一禽喚。殘酒要再溫、山麓叩僧館。和塵布青氈、帶香煽烏炭。臨別眎數詩、彪如光彩煥。尋盟期明春、不須淚汎瀾。（35②）

冬杪、寓竹原日高國手家。夜聞剝喙、疑患者。開戶則賣松者也。（邦俗、新年卓松戶外。）

島際歸雲帶晚鐘、醫門早鎖拒來蹤。夜深剝喙緣何事、知有山樵來賣松。（35②）

除夕、在日高遯叟家。賦此以呈。

叟曾掛壺浪華市、人傳扁鵲能起死。滿街春風吹杏花、一掃世上凡桃李。都會醫習趨諂諛、聲譽益揚行益鄙。陶朱猗頓錢有神、佞者爲欲舐其痔。不然積毀叢我身、窮鬼結親人不齒。納新吐故常人情、初熾後滅何足恃。急流勇退如叟稀、一朝脫然歸鄕里。距山咫尺結吾廬、門前一條通海水。北山薇蕨雨餘肥、南浦蟹螯霜後美。看月孤舫不厭遙、踏雲雙屐先從邇。有子三十既克家、有孫五歲敏無比。識字二千如老成、後來榮達良可俟。更有孟光案齊眉、人間淸福誰如此。初將碩人賦考槃、今則君子方樂只。我昔與叟往還親、別來契濶違鴻鯉。今年臘尾始訪君、華髮星星兩老矣。觀君田園佳興多、乃覺我非而君是。明年振衣故鄕歸、收藏聲名邱壑裡。有知無知較十年、縱有後先跡相似。雖云明年卽今年、今年唯是一夜耳。明朝元日大吉辰、故鄕之行自此始。（35②）

除夜作。

蜩螗如レ沸市聲新、燈炧爐炲夜向レ晨。送レ歲詩成吾就レ枕、世間一樣未レ眠人。（28 35②）

安政五年（一八五八）　戊午　年五十二

戊午元日、在日高氏。

山海悠悠隔且長、中途迎歳在他郷。妻孥上國應安穩、兄弟西州定壽康。作客幸無慶賀務、憶家唯有夢魂忙。地形南向春回早、處處梅花送暗香。（35②）

狗日、猶在日高遯叟家、夜雨、寄懷南陔兄在郷、兼懷內在浪華。安政五年戊午。

※「狗日」上、第3②本有「戊午」二字。案此干支、既見上首。今、從第35②本而省。又「猶」字、第3②本無。今、從第35②本。又「遯叟家」三字、第35②本作「氏」一字。今、從第3②本。

東有縞衣西紫荊、半宵三起夢難成。歌呼徹且居人樂、風雨新年客子情。剪燭空吟玉溪句、對牀未是雪堂聲。臥聞津吏來相報、海上波濤不可行。（3②35②）

六六堂主人周甲壽詞。主人使百二十八老人、書六六三千六百年一句、以爲扁額。結句用此。

鴻術餘慶百福全、老來耽酒日陶然。不唯吉宅宜孫子、主人近卜居。更有良方自祖先。山紫水明開晩酌、松青梅白映晨筵。堂名恰好祝君壽、六六三千六百年。（35②）

寄贈近藤子。

萬石醇醪蓄窖間、世紛雖劇此心閒。一杯卯飲誰相對、咫尺墻頭野呂山。（35②）

訪中村三平。

一陣春風稍不寒、數枝梅蕚未全殘。南溟詩與西園畫、雙挂壁間教我看。（35②）

贈山田石菴。

牛年一別馬年逢、驚汝技躋形益恭。藻思美堪稱繡虎、草書妙不遜蟠龍。杯前未撤夜樓燭、窓外既傳晨寺鐘。此地嘗聞在荒僻、何圖兼味屢相供。（35②）

黒川玄同、自志和邨、來候於四日市驛。喜賦。

山重水複路何賒、平旦登程夕日斜。相見不知移夜漏、一窓殘月下梅花。（35②）

贈對碧軒主人伯養。

雖與市人隣、要與紅塵隔。春晴焙碧茶、天寒依碧柏。碧水通池心、碧山補窓隙。宜哉主人翁、自號曰對碧。（35②）

藤井子中招飲。席上賦此。

春醪綠透水精杯、雪壓大盤鮮膾堆。滿壁畫圖皆妙手、一堂賓客亦多才。烟浮銀鴨知風定、燭隱金屛見月來。陽醉不妨逃座去、閑移步屧看庭梅。（3②。又見35②）

正月念六日、曉發花岡驛、至德山、訪牧半邨。并引。

天保壬寅、與半村別于大邨。後余過其隣境、不相訪。半邨寄詩咎之。故此行枉留一日。

歸客心居歸雁先、曉行茅店板橋邊。梅枝觸馬驟飛雪、炬燼落波猶颺煙。因我往時違會晤、爲君今日枉留連。不知話緒從何始、一別方過十七年。（3②。又見35②）

贈大野子友。

秋晩出家春未回、歸心既屬故園梅。諸君情厚難分手、不覺還添一宿來。（35②）

贈小川明卿。

市南咫尺海潮通、此把離杯望遠空。他日相思途自近、千三百里一帆風。（35②）

二月五日、至萩城下、訪坪顏山。

去歲浪華吾送公、共期相見在初冬。何圖途中光陰盡、開到櫻花始得逢。（35②）

游二胡崎一。

※此題下、第28本有附注「原二首」三字。

（一）

山隨海轉前無地、卽買舟行脚何費。知有人家住岸凹、隔林吹送藥湯氣。（35②）

（二）

春松影裡水禽啼、矖レ罟漁牕夕日低。數畝山田依二海汭一、亂檣林立菜花西。（3②28 35②）

題坪顏山水哉亭。

雲濤北望白層層、一派長流靛色凝。風暖岸花翻燕席、晝間山翠落魚罾。十年交道終如始、幾度官途降又升。休訝臣門喧似

市、鄭崇心事水同澄。（35②）

仲春雨中、遊大賀子山莊、分韻得覃。賦十四韻。

迢遙過麥畝、逶邐到茅菴。鼎聲聞鬵沸、茶氣送醱醃。通刺初相見、開襟卽與談。村情無俗趣、山味有奇甘。秋菌芬薰袂、春蔬色壓藍。夏霖長紫筍、朔雪蔽黃柑。四季鍾佳賞、一朝容縱探。風行花未亂、雨歇酒方酣。鶯意親深柳、雞棲隱茂楠。斜陽穿濕蘚、孤嶂入晴嵐。指月城橫北、觀螢水在南。往還心自得、吟咏興長耽。靜境君能占、良游我亦貪。行應追二仲、林徑恰成三。（35②）

訪岡本棲雲。

日日遭觴咏。何遑復憶家。良辰少風雨、勝地足烟霞。一座皆名士、全庭悉好花。唯因投轄厚、春晩尚天涯。（35②）

明倫館席上作。

講堂開宴雨來時、半是新知半舊知。竹外殘紅桃色濕、池頭嫩綠柳條垂。朝聞猛士鳴鐘鼓、暮見名儒習禮儀。文事果然兼武備、豈無良策服胡夷。（35②）

送坪顏山南行。

唯君舊相識、幾度此經過。雙蝶因風別、孤鶯盡日歌。東山春色老、南浦暮雲多。客送居人去、拍肩呼奈何。（35②）

某氏製酒名魚市、乞詩。

有酒名魚市、芳醇遍萬家。秋賞西山月、春看北嶺花。（35②）

訪㆓有田竹苞㆒。

青烟出㆑屋午時茶、筆硯清閒避㆓世譁㆒。官舍却成㆓田舍趣㆒、春禽無數在㆓庭花㆒。（28 35②）

那智瀑布詩。應大玉子求。

豈啻銀河一派垂、千尋餘勢撼坤維。若教太白觀斯狀、不作廬山瀑布詩。（35②）

送木原君東征。

聞君東去向天涯、吾亦西行返我家。彼此何堪離恨切、春郊無處不飛花。（35②）

寄贈坪信良兄弟。并引。

弘化元年、余在江戸、室人歿、葬於傳通院、不幾西歸。近聞墓石既毀缺。而所居隔遠、未能及修也。坪井信良・信友兄弟、捐貲修之。人情日漓、如是厚誼、豈可復見乎。感戴之餘、賦此鳴謝。

孤墳寂寞寄叢林、碑石摧殘歳月深。不料君家代修繕、古人厚誼見于今。（35②）

與松岡良哉、游瓠子濱。

萩城數新識、松子最相親。藜杖停街尾、蘭橈度海垠。微行入幽處、僻地祭明神。林木獮猴挂、祠庭鵓鴿馴。迂途過佃戸、走僕雇漁人。投索分沈藻、卓篙叉伏鱗。行厨樓上設、鮮獲俎前陳。村醸纔及鬲、里娃將傚顰。海廻前有嶼、地盡側無隣。菜開黄漠漠、鷺立白振振。對此風光好、轉歎羇旅身。妻孥居處隔、彼此物華新。落日蒼茫遠、良時想像頻。櫻祠船蔽水、彳岸艸成茵。鞭影出垂柳、衣香交軟塵。嬌兒雖弱歳、隨母賞芳辰。君誼亦何厚、吾懷爲此伸。敢言瓠子夕、不若浪華春。（35②）

呈宍道芝齋翁。翁督學政、又司藥園。

曾育英才觀國光、更敎餘力及羣芳。客來同入芝蘭室、花笑殊添筆硯香。導誘寧非經世術、培栽卽悟養生方。知君老健猶無艾、會見前程贊廟堂。（35②）

花江詩。似宍芝齋。

滿郭花開春水香、群松外擁緑洋洋。勢連東海恩波濶、影浸南山壽色長。魚躍鏡中依樂土、鶴來天末識僊鄕。如聞德澤周黎庶、顧問堪嗤梁惠王。（35②）

贈前田子。

我入防長封、田野闢而理。道路荒穢除、官橋帶春水。度盡山林間、新栽總杞梓。稍稍近國都、屋舍朴不侈。有時桑麻中、琅琅書聲起。城下開賓館、以待他邦士。羇旅忘苦愁、飲饌饒脆旨。既而學館趨、更觀文武美。藹藹多鳳鸞、洸洸富虎兕。借問胡能然、執政正賢矣。佐以某某君、無一非君子。就中前田君、其才伯華似。能輔晉大夫、獻替可與否。不圖奉謦欬、葭玉一堂裏。下問及鯫生、吾衰不自揣。一國擧如狂、蜡祭賜所耻。夫子獨不然、政宜有張弛。東野馬終逸、善馭良難恃。今也無間然、令終願如始。（35②）

楊井三希翁風花雪月樓。

※此詩題、第35②本作「楊井三希翁雪月花樓」。今從第3②本。

翁昔于役在東都、外託風流內勞劬。安危之際不容髮、功不自言有若無。締交海內有名士、風花雪月賞相俱。一朝西歸棲新築、牙籤萬卷滿書廚。六朝唐宋名家集、晨閲夕覽悉點朱。程門雪與藍關雪、道德文章豈異趨。北窓淸風吾所愛、春風坐了心更愉。花之君子譬茂叔、花之美人想林逋。屋梁落月照工部、封影三人白不孤。風花雪月世皆賞、唯其所見止一隅。赫日升天雪安在、狂飇捲地花何辜。一年佳勝中秋月、大半不免雲揶揄。人生難得常如意、風花雪月媒歎吁。翁之所見獨異此、心與古人如合符。風花雪月書中具、晴云雨云不足虞。周程陶林韓李杜、容易相見卽相呼。功名富貴附一咲、不從衆樂守獨娯。偶然曲肱春晝永、片風吹夢過琵湖。東都舊交肩相拍、醒來簾外日既晡。櫻花白於白雪白、明月更來照玉壺。此時賤子正來訪、細話平生酒屢斞。風花雪月四季賞、集在一日稀矣夫。明日風帆吾西去、落花雪飛春又徂。唯有相思共明月、風花與雪忽然渝。莫笑吾詩無警策、今日無詩豈可乎。今日無詩豈可乎、風花雪月將笑吾。（3②35②）

北條小淞招飲、同前田・八谷・內藤・周布四子月性師賦、分韻得復字。

余遍游諸藩、供給非不厚。至其同座人、不必皆俊秀。獨喜今日筵、皆是世領袖。主人及月師、十年交既舊。前田谷藤周、四君則新覯。話不敍寒暄、論直及强富。外夷詐謀深、我邦安佚狃。治雖勝唐虞、豈可忘戰鬪。彼載土物來、欲與我相貿。毋乃其言甘、而使我聽謬。不聽彼將嗔、撊然或來寇。此時備何如、無備勢必覆。時情異弘安、難恃神風祐。二百年習風、安得一朝救。三年艾未求、誰敢俄施灸。湛盧戢吾函、騄耳繫吾廐。架列刀與槍、牀陳甲與胄。世謂備已完、點水亦無漏。唯少一調練、衆心迷去就。遁如脫罟魚、散如奔原獸。不如敎義方、老老而幼幼。孝慈易流風、祥和感宇宙。君辱臣不生、父前子不後。文臣不愛錢、武人甘絕脰。視彼如鷇雛、怖我如鷙鷲。然後國祚延、長與天地壽。此事何云難、世人顧未究。首格君心非、百效隨以奏。諸君皆非常、夙嗤世論陋。知必有妙籌、將俟其人授。不異對巨鏞、而以寸莛扣。唯願告諄諄、敎余心悟透。問答無已期、淸宵續永晝。庶幾莫嗇言、人生重邂逅。余與春風歸、斯會不可復。（3②。又見35②）

小倉文學招飲、賦呈。

諸生爭服叔孫先、學館新成禮敎傳。泮水晨趨梅杪月、衡門夕掩柳條烟。夢魂雖落曾游地、消息難通舊識邊。今日相逢須痛飲、東都一別十三年。弘化丙午、與君別東都、杳絕消息、此行始逢。（35②）

岡本栖雲、招觀庭上櫻花。同內藤・周布・北條・刺賀・土谷諸子賦、分得勝字。

客裏遇人招、例託病不應。今日獨不然、夙聞君家勝。櫻花與主人、齊出迎三徑。高低五六株、位置分妃媵。天質謝臙脂、瓊姿含透瑩。飛作席上珍、餘勢墻外剩。皛如一片雲、冉冉天際亙。忽附蝶情癡、屢囀禽舌佞。暮色自崦嵫、花處獨未暝。坐客皆不凡、才與茲花稱。篤論無莠言、雄辯快傍聽。斷今以古經、是非紛未定。或欲覆一簣、或欲道千乘。或欲剛笑棖、或欲愚師寧。欲取不食匏、欲取有心磬。趣舍雖不同、無一無左證。看核羞幾更、獻酬缾無罄。我量同靈均、亦難詑獨醒。寶硯隨紅氈、銀燭照夜興。冥搜一首詩、向君與花贈。（35②）

訪近藤登一郎。

逶邐松堤接柳洲、風花點點落春流。酒茶筵罷日猶永、又上門前一釣舟。（35②）

伊藤子、號燕屋。乞詩。

東風二月百花開、燕啣香泥去又回。主人眠起晨闢戶、雙雙入堂不相猜。燕兮燕兮不失信、秋社去兮春社來。始悟人情不如燕、翻雲覆雨斯須變。朝來拍肩相爾汝、昏暮反眼不相見。燕兮曾上他家堂、金屋珠簾瑇瑁梁。唯恐泥痕汚綺席、余心惴惴余口忙。今年復來主遷去、何異邯鄲夢一場。藤君愛燕號燕屋、家風勤儉世多福。燕兮有子又有孫、常寄君家遂慈育。休笑小禽徒翾翾、自降生啇年四千。世間無年無玄鳥、春來秋去年又年。主人子孫亦如是、與燕相依永莫遷。（35②）

贈蓁蓁庵主人。

茶氣出簾雲一堆、庭中幽石帶青苔。四邊更種蓁蓁樹、隔斷紅塵不敢來。（35②）

雨夜、訪青木子祐。余嘗作「子祐之長崎、讀洋書序」。故末結及。

阻隔啇參度幾秋、相逢得不暫時留。春花撩亂憐今雨、夜燭蕭條話舊游。嗟我比君年轉老、何人知己志空休。別來洋學應宣究、先問防胡第一籌。（35②）

晚與土谷蕭海、歩至水上、借山縣氏水樓而坐。

行到途窮處、沿川有小樓。山陰深一岸、花霧掩全洲。暮色醉

人返、春華羇客愁。知音賴君在、勝地屢陪游。（35②）

山縣氏水亭、書觸目。

浮萍盪漾眠鷗靜、春水盈盈春晝永。舟任流移篙不勞、稍過山影入花影。（35②）

贈鹿島生。

君不見日月西沒水東流、滔滔萬古逝不休。炎炎赫赫歸灰滅、獨有賢者不朽天地留。又不見世人所愛雖各異、過半聲色與財利。或有書畫成癖人、風流自喜廢人事。鹿生嶽嶽異世人、昻如孤鶴橫秋旻。功名富貴非所愛、獨愛赤城四十七忠臣。古來書册載義士、唯是三人五人耳。何若四十有七心、合爲一身爲君死。古往今來時不同、鹿生生晚訴蒼穹。憾不加七而爲八、身厠當日隊伍中。嗚呼義士之名人傳久、鹿生氣節人知否。宜把一詩證卓行、永與義士同不朽。（35②）

西歸到宗洞村、遇顏山。次其所贈韻。

幾日蕭條會晤差、何圖同宿此山家。方逢春杪好風景、綠樹陰中見晚花。（35②）

明日將別、又次其韻。

千林不駐片花紅、我向西歸君向東。雙袖龍鍾數行淚、一時回首別春風。（35②）

觀水主人所藏名玉泉春、乞詩。

白水山高綠如浴、樹蒼石潤生明玉。玉在山中人不知、但見流水漾山綠。綠波溶溶冽且甘、水含玉氣除百毒。觀水主人一鄉豪、日汲中流釀醇醪。新醪香聞百步外、眞珠千石滴巨槽。玉川之春溫如玉、一杯到手萬愁逃。維時三月君無事、玉椀盛來教客醉。風吹柳花雪滿身、□度前川惠然至。夢立川上弄明月、醒來玉盤已西墜。（35②）

適園詩。

※此題下、第43本有「爲山本子」四字。

全境數十戸、君家獨蔚然。潭潭如城府、瓦屋起山根。華樓高數丈、上與翠微連。此謂宅之適、堂搆自祖先。東西雙嶂峙、如人立比肩。中間不合處、狹似豎流川。北行三十步、而有一橫山。老松七八九、駢列于其巓。凡此山三箇、唯縱一家專。此謂山之適、安排出于天。卉木蒙密際、露出一條泉。初爲建瓴走、漸成潭與淵。巧穿巖石罅、落我庭階間。聲疑琴筑奏、色似組練懸。此謂泉之適、地勢屬于坤。諸吏不敢侮、闔郷皆敬尊。腰佩牛與犢、待之以士員。此謂身之適、寵命在君恩。祖先使君適、所以得完全。天地使君適、所以得安便。君上使君適、所以得勢權。君欲酬四者、不忘倹與勤。君既適其適、物又適于君。童僕飽衣食、意氣自閑閑。邨民得倚頼、年年增竈烟。賓客遭供給、日日醉瓊筵。山中多花樹、百年免斧斤。好鳥鳴樹杪、不復懼金丸。水底產魚族、碧藻隱金鱗。赤鯉長數尺、一躍起層瀾。網罟不到處、終日洋洋焉。能使物物適。此之謂適園。（43。又見35②）

觀月橋詩。爲和田子賦。

五馬當年過此橋、方逢明月照寒潮。金言一定中秋勝、石礎長留萬世標。假使渚涯成渺渺、不敎舟子費招招。更聞行旅亦欣悅、無復乘輿稱鄭僑。（43。又見35②）

贈中野源藏。

門前流水一條通、漕利方開見偉功。桂棹朝翻荷葉露、蒲帆夕掛荻花風。家從父祖傳勤倹、業到兒孫益盛隆。雄志世平何所託、鯨魚新掣大瀛中。（3②。又見35②43）

宇賀村。

此地年來入夢思、眞成今日始探奇。可憐山水好風景。未着文人一首詩。（35②43）

對韓樓。

※此題三字、第28本作「長門海上ノ觸目」六字。今從各本。

東風翻レ海ヲ大魚舞、西日無レ光隱ニ鵬羽ヲ一。眼ニ看蜻洲一片ノ雲、須臾去テ作ニ三韓ノ雨ト一。（3②35②43。又見28）

四月七日、宿谷士先家。士先、嘗隨予十年矣。

※「谷」字、第43本、無。疑脱。今、從第35②本。

親炙十年春夢過、索居千里暮雲多。杜鵑啼度西斜月、奈此談長夜短何。（35②43）

客年長府侯巡境、小甜西島氏。主人榮之、乞詩。

地因爽塏搆書莊、海繞山園開別鄕。一自召公來茇此、滿園草木有輝光。（35②43）

留梅惟恭背山胸海亭三日、臨去、賦此以贈。

相識卅年相訪未、今朝叩戶心初慰。吟風嘯月任天眞、胸海背

山鍾地氣。午倦茶爐把扇扇、晩涼書榻更衣衣。周旋三日澹忘歸、方悟人間村舎貴。（35②。又見43）

題對釣鯖山莊。

君家別自作仙寰、肯伍漁邨蟹舎間。百尺長松遮不了、墻頭一片釣鯖山。（35②43）

星灣、將讓家政令嗣、而老、偶有恩旨、賜俸進班。乃賦此以賀。

去年已挂范蠡圖、不事王侯意自娛。天憫人間多疾病、肯容君去泛江湖。（35②）

波昇齋、獲古鐵研、背鐫弊則改業四字。其禮古雅、疑桑維翰物。乞詩。以下、歸浪華後所作。

※第43本、「波」下有「木井」二字。「研」下有「一枚」二字。「古」作「奇」。今並從第3②20本。又第20 43本。並無附注八字。

研廣三寸長一咫、上殺下豐風字似。弊則改業其背銘、滿面鏽花成黃紫。毋乃桑公遺物乎、摩挲不堪百感起。當年公唱用胡策、石晉天下以此始。此研定應染彩毫、書虜爲父我爲子。更割燕雲十六州、不憂天下後世毀。以此始當以此終、景生挑胡晉亡矣。此研造於五季時、九百年後我觀此。我邦亦有事于胡、古形今勢不同揆。勿論十萬横磨劍、志士甘爲國家死。普天之下率士濱、寸地尺壤不分彼。桑公故物弊難用、桑公故智人皆恥。波生平素尚風流、夙將鐵筆彰絶技。鐵筆鐵研好因緣、獲桑氏研欣然喜。誰知波生別有心、厭以空言聒人耳。直把殷鑑指示人、善哉忠志罔與比。（3②。又見20 43）

夏日早起。

衆夢猶蝶飛、孤枕先鴉起。池心月未消、荷露湛然止。細品四時賞、莫若晨涼美。肅肅斂懶容、泠泠滌惰髓。妙哉造化機、寓此蕭條裏。城樓鼓一聲、群動從此始。（3②20 43）

自西游歸數日、周布子來訪、告明日去。詩以留之。

※「自西游歸」、第43本作「歸浪華後」。今、從第20本。

七旬成契濶、千里隔山川。爰我歸無幾、唯君訪最先。柳陰沽酒榻、蘆際釣魚船。夏景今方好、陪游淀水邊。（20 43）

六月念六日、伊亭集。余早往、諸友未至、晴雨屢變。賦長句、紀卽事。

昨夜祭會萬人狂、滿城無處不醉鄉。天遣曉雨醒人醉、葛衣蕭瑟覺微涼。東街酒亭占爽塏、下瞰十里淀江長。山雲濕黑水煙白、出沒紅樓與翠楊。三座官橋横天矯、一聲柔櫓下蒼茫。須臾鳩鳴雨復歇、城頭蚩吻明旭陽。山止水行觀動靜、煙飛雲散閲興亡。此時吟社人未集、獨隱烏几弄風光。一笑雲意似世態、爲雨爲晴胡爾忙。（3②。又見20 43）

鍾馗贊。

鬚髯戟立、朱服峩冠。吹毛在手、威武儼然。挂之高壁、百鬼膽寒。屏跡隱影、無敢近前。（43）

夏夜、訪松錦水浪華小橋新居、登樓而賦。

※「松錦水」、第43本作「松本錦水」。今、從第20本。

瀕水多佳境、就中推此樓。小橋通狹巷、別派亦清流。良月隨漁棹、香風自妓舟。不唯消夏好、雪景想前洲。（20。又見43）

秋夜、寄阿波萬卷樓主人坂東茘墩。

鴈曳哀音落前洲、寒烟落月望悠悠。何時一棹乘潮去、直到君家萬卷樓。（43）

秋初、北條・小松招、舟游至中洲、設榻而飲。涼甚。同梧皋・藍田二畫史賦、分韻得寒。

※此詩題、第43本作「秋初、北條・小淞招、同梧岡・藍田二畫伯、舟游登中洲、設榻而飲、分韻得難字。是日、風涼殊甚」。今、從第20本。

風強亂葦偃江干、欲集沙禽着脚難。皆道世間方苦熱、誰知此處有奇寒。酒經三貫醉猶淺、衣已再添身未安。座上幸多能畫客、描將卽景自由看。（20 43）

題良琢國手遺影。

※「良琢」上、第43本有「吉雄」二字。今、從第20本。

詩書晩節更研窮、不獨良方屢立功。少小飽懷經世志、時平聊試療治中。（20。又見43）

送賀來生西歸。

朝議紛然爭是非、五胡稽首伏　皇威。秋風已動蓴鱸感、更見故人先我歸。五胡、謂亞魯英拂都。（43）

中秋、風雨倶猛。今井一淵、遣舟來迎、游南郊別墅。同藍田・雪海賦、分韻得得字。

※第43本、「中秋」上有「戊午」二字。又「藍田・雪海」下有

「二畫史」三字。今、從第20本。

朝來黯黮天雲黑、怪何望日有日蝕。薄暮急雨傾盆來、閉戸擁膝獨歎息。不圖君使舟子迎、出舟南行街路直。已離人馬鬧喧鄉、稍入鐘魚淸淨域。墅門洞開樺燭明、柱光熒熒見拂拭。茶靄酒氣滿室薰、量腹隨意飲或食。興闌布氈展剡藤、藍田雪海逞筆力。一桁秋山帶碧波、遠勢渺渺迷南北。疎柳不遮孤犢行、繁楓忽別羣鴉色。但見樓閣不見人、觀者神游支那國。晝成屢問夜何其、窓前雨氣猶潑墨。魚龍欲起水中吟、鴻雁不張雲外翼。復傾數巵上歸舟、篷隙暴漏更瀿瀷。脫却濡衣與婦言、今日之游眞奇極。如是惡中秋亦稀、如是好主人難得。（20。又見43）

八月晦、晨發米谷淸澄寺。

夢破墜菓聲、窓白燈光讓。杖策出山門、低谷雲猶漲。松隙泄晨曦、山影落背上。天籟發淸機、秋爽瘳舊恙。幽草依微徑、露深香葉暢。潛花觀者誰、丹心徒自放。幸未與人逢、轉覺我神王。塵土避衆趨、邱壑愜夙尚。仙路杳難攀、絕崖空入望。忽見紅樹搖、前途起樵唱。（3②。又見20 43）

宿藤本生古松流水閒居、賦贈。

※此詩題十二字、第43本作「戊午秋夜、宿藤本子古松流水閒居、贈（ママ）（賦）此以贈」十八字。今、從第20本。

君如淵明住栗里、從事簡編與耒耜。不唯壽母在高堂、令弟賢郎才俱美。附與家政吾息焉、乃築書莊與山邇。窓前古松八九株、風吹疎葉秋濤起。松根流水泠泠然、合奏琴筑叶宮徵。終日高枕足淸聽、紛紜市聲不到耳。我來投宿屬秋宵、移步中庭觀不已。月出松間照水中、雲生水面入松裡。月落雲散朝山靑、對此恍然心悟矣。雲月須臾山萬年、利名如彼道如此。田園樂與市朝忙、趨舍在我任人毀。矢將脫然來卜隣、共倚古松聽流水。（20。又見43）

荒神山、謁淨界師墓。

※此詩題、第43本作「淸微山、謁介公墓」。今、從第20本。

前度采蕈亂松中、公出彷徨與我同。今日采蕈如前度、唯見亂松不見公。焚香再拜新碑下、繽紛松子落晚風。（20 43）

宋高宗。

總使蒼生作幸民、干戈不用四夷親。小朝廷立是誰力、只合黃金鑄老秦。（20 43）

張翰。

朝見檻車囚陸機、夕聞潘石亦同歸。秋風吹起思鄉意、蓴已可羹鱸已肥。（3②。又見20 43）

觀明人捕鳥圖、有感。

朝日照春甸、谷鳥何嚶嚶。直疑天無耳、不肯九皐鳴。頻遷喬木頂、憑高送遠聲。欲擬鳳凰語、妄傍九霄行。一朝金丸發、四面羅網横。老鳥膽先破、溘死一毛輕。黠者謀獨免、不顧同巣情。高飛豈能脱、回翔泣喤喤。伏雌與寡鵠、波及魂屢驚。弋者窮慘酷、以售善捕名。一擧何處去、不復聞死生。或傳錦籠畜、無乃待燔烹。孤鷗在海上、皜然毛羽清。稻粱謀雖拙、閒澹寡所營。行將沒浩蕩、萬里渺雲程。回首謝弋者、鷗鷺不同盟。（3②。又見20）

九月、罹病殆死、至十月痊、游無尻堤。

※此詩題、第43本作「冬初、游無尻堤。時病新痊」。今、從第20本。

幾回瞑眩疾初瘳、也向無尻堤上游。霜後二旬終不雨、風前十月尙如秋。彎彎曲浦隨紅樹、一一歸帆起白鷗。衰老最欣安便地、來時試步去時舟。（20。又見43）

題獼猴捉月圖。爲講學者某。

※「爲講學者某」五字、第43本、原作「贈論道統者」、而後削之。今、從第20本。

累累猨子樹間懸、下見玉盤浮在淵。長臂漫誇能捉得、不知明月屬中天。（20 43）

十月六日、山片子、招詩人解棋者七八人、余與焉。席上、分古松流水處爲韵、得處字。

※「十月」、第39 43本、並作「初冬」。「七八人」並作「七八輩」。「得」上、第39本有「余」。今、從第3②20本。

浪華數騷流、山公名最著。痼疾烟霞深、便腹詩書飫。徒傳袁子推、未得李君御。折柬辱三招、鬬棋忘萬慮。敵手人選耦、拙技吾亦與。品定將誰欺、位疑互自譽。後悟雋難克、初侮柔可茹。挫鋒氣方張、陷穽心忽遽。廣狹較得喪、攻守爭割據。魚餌巧誤魚、狙公終弄狙。快似良駟追、怯如朽索馭。諱敗豫遁言、憑勝枉行恕。絕涯俄造橋、奇策詑杜預。質母强取子、黠計困徐庶。觀者口三緘、嚴禁齒牙助。西窓樹影亡、不知夕陽去。秉燭酒復巡、四座各歡豫。詩戰以繼棋、心兵操刀鋸。嗟我才思衰、有似粘泥絮、鱗爪失龍珠、雲霄睎鳳翥。冬宵雖云長、興酣憾將曙。襟期不厭頻、後會於何處。（3②。又見20

39 43）

十月十九日晩、與金城歩北郊、書所見。

蕭條暮色寒、楓明片雨裡。返景入積禾、塍根有殘水。邨翁方罷耕、與牛歸墟里。（20。又見43）

與外山生、飲築池江樓。

※此詩題、第43本作「外山某招飲築地江樓、席上作」十二字。今、從第20本。

霜落兩涯紅樹多、倚樓人倍醉顏酡。盃中忽擧白鷗影、知有歸舟檻外過。（20。又見43）

翠園、書觸目。

※此詩題、第43本作「冬日翠園、書所見」。今、從第20本。

霜後園容痩、斜陽林隙空。青松不相識、蔦色爲誰紅。（20。又見43）

野歩有感。

※此詩題、第28 43本作「冬初野歩、書レ所レ見」。今、從第20本。

草埋ニ徑脈ヲ一絲微、牛識ニ村家ヲ一獨自歸。錦樣ノ林楓全落盡シ、復緣ニ風勢ニ一上ニ人衣一。（20。又見28 43）

十月二十三日、河內藤墨園、挐舟來迎、至其家宿。此日快晴、比曉大雨。

※「比曉大雨」、第43本作「比明雨下」。今、從第3②20本。

游莫若君家、舟行四十里。出郭日方沈、冬天風全死。曖曖含餘溫、暾暾釀遠紫。飛鷺映青林、狂花照澄水。暝色呑前程、明星掛舟觜。停棹入松門、家人久已俟。深鼎羞鮮蟛、長盤横巨鯉。良醞煖病軀、蔽我以新被。謝君友誼敦、羨君詩境美。鄰火村春間、疎雨落葉裡。（3②。又見20 43）

題畫。

島立亂濤間、孤帆欹仄還。松稍青一抹、知是滿洲山。（20。又見43）

寄懷山田亦輔在兵庫營。萩藩士。

※自注三字、第20 43本、並無。今、從第3②本。

不似防邊唱采薇、瓜期聊復止邦畿。文人作吏風姿異、清世從軍事務稀。月落海關聞鳥度、霧收洲樹見帆歸。須磨明石途相接、詠古知君筆屢揮。（3②20。又見43）

串珠杯詩。戲爲高侗山賦。

其形五層似串珠、每層容酒三合餘。疑是象罔所探獲、飲中八仙識此無。高館張筵夜將半。四座皆是高陽徒。五斗不復推焦遂、淋漓何辭到首濡。美酒盛來珠光發、華燈影透燦燦乎。一吸五層齊搖動、前珠後珠相逐徂。唯疑隋珠在蛇口、泡泡起滅鬻沸如。一洗金谷陳腐令、遁者將附劉章誅。若不能飲以詩罰、吾人搔頭獨長吁。酒伯元來兼詩伯、論詩苛酷不赦粗。將飲酒耶我量淺、將作詩耶我腸枯。進退已谷得奇策、一吸五層忽然虛。誰圖内有沙糖水、四座相視各胡盧。（20。又見43）

江口君堂。

佳人晩歸佛、事已近千年。猶見白頭尼、供花遺像前。（20 43）

田小虎贈畫、賦此以謝。

※此詩題、第43本作「田小虎贈山水圖、賦謝」。今、從第20本。

知有仙郷從此去、清溪蕩漾舟容與。神游不用買山錢、日探畫中幽絶處。（20 43）

余送所著隨筆於渡邊子直、子直謬加奬揚、賦此鳴謝。

※第43本、上「子直」作「子德」、下「子直」作「君」一字。「鳴」作「以」。今、並從第20本。

文章得失與誰論、敝帚千金徒自尊。賴有一人知己在、漫誇吾福勝虞翻。（20 43）

橋本爲風臨江亭。

曾根之林多古松、偃蓋輪囷幹如龍。松下平沙白渺渺、沙心流水緑溶溶。倚松臨水搆亭子、風光獨擅全洲美。雖同長江檻外觀、不羨帝子閣中侈。文房拂拭焚沈檀、插瓶花秀硯氣寒。手攤黄卷隱烏几、倦時捲簾拄笏看。北連因伯多嵱崪、南對阿讚隔溟渤。崖角樵擔累累歸、洲間漁艇雙雙出。文士締交聲譽馳、妙句銜口天下知。室家無事飲醇酒、山川有靈助藻思。更聞端木能貨殖、晴糴雨糶符吾測。一鶴警秋松月青、萬鴉追夕浦雲黑。君不見浪華市上塵冥冥、我輩俗魂喚不醒。何日扁舟乘夜雪、直到君家臨江亭。（20。又見43）

冬晴有感。

※「有感」二字、第43本、無。今、從第20本。

日照江城氣似春、羣飛喜雀弄晴晨。西山堆雪未消盡、時有寒風來劫人。（20。又見43）

臘月念三日、家人拂煤。避之到惠公房。

※案第43本、「到」作「訪」、又「惠公房」下、有「賦一絶」三字。今、從第20本。

歳暮家人正掃煤、我和塵壒出門來。巡街覘得幽閒地、窓外茶烟檐外梅。（20。又見43）

詠盆梅。

※此詩、第43本屬安政六年己未之作。今、從第20本。

影横硯水孤幹、香透書帷數花。不管門前雨雪、自安盆裡生涯。（20 43）

安政六年（一八五九）　己未　年五十三

己未元日、志喜。歳暮、田潤卿等來、寓家信、報兒孝旣娶、將偕婦來。

酒搖曦影紫徘徊、醉盡屠蘇又一杯。滿壁畫圖多鶴鹿、全家風色擬蓬萊。雙雛近在膝前戲、數客遙從天外來。更喜大兒飛信報、趨庭將婦迨花開。（20 43）

余年二十、作「元日」詩。爾來三十四年、以爲例矣。今視所作、一年劣一年。賦此自嘲。

閲來三十四回春、例把一詩報吉辰。人老自知才思退、不如花柳每年新。（20 43）

新正二日、立春。

吾生難ㇾ得比ニ貞松ニ一、每ニㇾ益ニ新齡一減ニ舊容ヲ一。天意亦憐ノ人老速ナルヲ、故留ニ一日一永ニ殘冬ニ一。（20。又見28 43）

春夕酒醒。

纖纖タル斜月照ニ殘杯ヲ一、客去西軒醉夢回。忽覺微香ノ度ㇾ墻ヲ至ヲ、隣庭

知有二半開梅一。（20。又見28 43）

正月十四日、大雨。金城・玉江・潤卿・一治・愛太諸子、集于吾廬。分「春雨旭莊小集」爲韻、得「雨」字。

昨夜松梢風、今朝竹間雨。同社五六人、簑笠叩吾戶。澱澱洗塵埃、瀏瀏清寰宇。深濕壓簾帷、茶氣如雲聚。浪華百萬人、大半守錢虜。沛然喜傘工、更復有米賈。唯祈耀飛騰、至欲辦麥腐。一利蟲億心、幽境變作苦。吾廬雖寂寥、壺中畜清酤。砌畔江南梅、早萼三五吐。尙友嫌趨今、淡交欲師古。愼哉莫再言、恐逢外人怒。（20 43）

桂園畫史、導飲海近樓。酣、棕陰來薦茶。

※「畫史」、第43本作「畫伯」。又「酣」字、第43本無。今從第20本。

一路尋來賣酒家、寒郊春未到梅花。雲連雪氣千帆失、堤萃風聲萬木斜。顧虎頭揮氈上筆、陸鴻漸試籠中茶。燈殘爐冷猶留坐、如是良游亦足誇。（20 43）

小虎移居、賦贈。

※此詩題、第43本作「田小虎移家、賦此以賀」九字。今從第20本。

禪機採秋實、畫筆弄春華。蛇足嘲何至、虎頭才足誇。客多常滿室、友勸復移家。賀宴開來好、庭梅恰放花。（20。又見43）

書林岡羣玉招飲。余先二諸客一至、賦レ此。

※「羣玉」下、第43本有「翁」字。又「客」字、第28 43本、並作「友」。案此詩、據第43本、則安政六年己未正月念八日之作。

牙籤萬卷擁二精廬一、淡泊接レ人歡有レ餘。諸客到遲吾到早、半窓斜日看二生書一。（20。又見28 43）

詠二風箏一。

裊裊搖搖升未レ休、穿レ雲逼レ日欲二何求一。一時跋扈鳴二天上一、風歇方知不二自由一。(1)（20 28 43）

(1)自注「紙鳶跋扈挾風鳴、放翁句」。（20）

※案放翁此句、見「觀村童戲溪上」詩。

春夕、寄近江深山春莊。

湖邊春物入詩愁、煙柳風花滿渚洲。想見高人酒方醒、也攜初月上扁舟。（20。又見43）

失題。

※此詩題二字、第43本作「或謂、我詩干涉時事者居多。須沙汰之。乃賦此、亦倣韓子釋言之意」。

坡老諷時終得讀、樂天警世反移官。我邦仁厚勝唐代、休與宋時同樣看。（20。又見43）

詠岸和田某氏園中巨枏。

※此詩題、第43本作「咏□□□園中楠樹」。今從第20本。

千年壽色與山侔、遮日含風綠欲流。滿地厚陰消溽暑、一天疎籟報清秋。（20。又見43）

正月盡、劉九山招集伊亭。

梅未全開柳未絲、東風料峭閉吟思。宜哉今日劉公幹、解語花邊邀賦詩。（20。又見43）

題畫二首。

※「題畫」二字、第43本作「山水圖」三字。今從第20本。

（一）

山中多松樹、鬱鬱又青青。居人無一事、終日劚茯苓。（20 43）

（二）

荒亭倚松嶼、略彴臥蘆涯。忽見孤煙上、此間栖者誰。（20 43）

蘭。

幽蘭似君子、林下獨栖遲。孤芬唯自賞、不慍人不知。（20 43）

松江森脇子、送鱸。

※「鱸」下、第43本有「魚」。今從第20本。

西游當日訪君廬、湖上秋風落木初。知我如今相憶切、郵筒千里送鱸魚。（20 43）

越後郁上宅瓶齋來訪、乞湘雲舍詩、曰「我舍、脩竹四圍。故名。」余約今秋相過。

※此詩題、第43本作「瓶齋翁書屋、脩竹四圍、名曰湘雲。請詩。余約今秋相訪。故末結及。」今從第20本。

無復街塵一點通、萬竿脩竹蔽蒼穹。洩來涼月紛紛白、拒去驕陽赫赫紅。孟筍定應生雪裏、渭川豈必在胸中。東橋問訊何時是、許割湘雲與我同。（20。又見43）

題八幡太郎過勿來關圖。

均服振振見戰姿、關門駐馬落花時。源平諸將多驍勇、誰有風流傳口碑。（20。又見43）

桃源圖。

※此詩題、第43本作「題桃源圖」四字。今從第20本。

桃花漠漠逐溪開、中見扁舟遠泝洄。一笑漁翁沒清福、下長留此却歸來。(20。又見43)

贈小幡彥七。(1)

(1)自注「萩藩士、任兵庫營長。」(3)

※此自注、「士」、第20本作「士人」二字、第43本作「人」。又「長」、第20 43本並作「隊長」二字。今從第3本。

笠得師中行大軍、漢廷良將競功勳。死期馬革公常誦、生肖虎頭吾亦云。霹靂車鳴翻巨石、鳥蛇旗列拂高雲。何時全撤四郊壘、經始明堂奉聖君。(3 20。又見43)

二月、鼎金城、會同社于玉藤店、分韻得眞。

海風帶雪意、餘寒殆五旬。數朝稍晴暖、萬物爭應春。園容推柳態、庭色催桃唇。譬如慣見面、新著臙脂勻。同社雖高雅、或未免世因。殘杯夕未徹、留待後至人。(20)

蒲池生、自南豐至。

※「生」、第43本作「護市」二字。今從第20本。

初過耶溪上片舠、又航播海越驚濤。春光取次二千里、西看梅花東看桃。(20。又見43)

清明前後、日步近郊、而伴日異。因賦。

春晴每日步江汀、留續餘酲未得醒。送餉童迷桃下徑、※倚船人指柳邊亭。燒消孤嶂抱新黑、雪盡長流復舊青。爲是同行伴常異、不妨熟路十回經。(20。又見43)

※「徑」、第20本作「路」。疑偶誤。今從第43本。

送今井昌平游京師。

※此題上、第43本有「暮春」二字。今從第20本。

清明時節旅衣溫、到處旗亭著酒痕。嵐峽櫻花廻醉望、梟堤柳絮騁吟魂。春游雖與今人樂、夜學須同先哲言。京洛風塵猶未已、請君愼莫近朱門。(20 43)

三月十二日、棚隆卿父子、招舟游。遂步櫻堤、分韻得攜字。

※「遂步櫻堤」、第43本作「櫻堤觀花」。今從第20本。

滿船書畫米家齊、不獨杯盤肴核攜。鬢影衣香橋左右、櫻雲柳絮水東西。蝶從幾處雙雙至、鶯爲何人恰恰啼。一段春愁隨暝

色、蒼茫花氣與烟迷。（20。又見43）

寄題海岸山。

久矣圖南策未成、豫章山水係吾情。何時萬仞巖頭立、下瞰茫茫霧海平。（43）

十四日晚、下㆓鷲尾嶺ヲ㆒。雨甚、夜投中左栗氏。

※「十四日」上、第28本、有「四月」二字、第43本、有「暮春」二字。又「鷲尾嶺」三字、第28本作「鷲嶺」二字。又第43本、無「中」字、「栗」作「粟」。今並從第20本。

雨度山腰萬竹喧、黑雲低蹴笠簷奔。君家不識何邊在、一點燈明老樹村。（20。又見28 43）

養花井詩、爲中左栗賦。

九淵懶龍呼不起、旱魃弄權悴紅紫。汲路隔遠僮僕瘏、灌漑纔息春華死。中生家世任里胥、欲救罷氓費工夫。大志不妨先小試、一井新鑿萬花蘇。（3。又見20 43）

水仙梅花圖。

※此詩題上、第43本有「題」字。今從第20本。

仙子凌波至、美人乘月迎。羣芳凋落後、共結歲寒盟。（20。又見43）

十六日、拉家眷游中山寺、翌日衝雨至伊丹、投金摩齋家。二首。

※第43本、「十六日」上有「三月」二字、「翌」作「翼」。無「二首」二字。今並從第20本。

（一）

夙發中山寺、彎彎細路斜。雨聲如爆竹、風意欲鏖花。出沒叢間雉、浮沈沼上蛙。不愁泥滅踝、已近故人家。（20 43）

（二）

不見方三歲、憐君業大成。我將期後死、人旣喚先生。玉腕役賢閫、風鬟羞拙荊。詰朝應得霽、簷溜稍停聲。（20 43）

林元亨、客㆓死東都㆒、其父設㆓齋ヲ大長寺ニ㆒。

※第28 43本、並「東都」作「江戶」、又「寺」下有「席上賦㆑此」四字。今並從第20本。

招魂共集ル野僧家、孟夏初三夕照斜。猶記七年前是日、與㆑君吳里看㆓藤花㆒。（20。又見28 43）

初夏、訪友人山居、不値。

一庭新綠午陰濃、鶴見游人起自松。此地紅芳渾落盡、知君去探最高峯。（20 43）

題甑瓦師所著『般若心經一滴談』後。

※「甑瓦師」、第43本作「僧甑瓦」。今從第20本。案釋道契（一八一六—一八七六）、字天靈、號甑瓦子。備後人。『般若心經一滴談』、安政五年序刊。

萬郭千村綠映紅、轉頭枯木立寒風。不唯人世百年夢、一歲看他色卽空。（20 43）

壽秋帆高君六十。

※「秋帆高君」四字、第43本作「高秋帆」三字。今從第20本。

世情雨覆又雲翻、終見善人餘慶存。祝壽不須圖茈𧖴、唯祈努力報君恩。（20。又見43）

送高晴城東行。

※「高晴城」、第28 43本、並作「高島晴城」四字。又「東行」二字、第28本作「之ヲ江戸ニ」三字。又題下、第43本有自注「秋帆子」三字。今並從第20本。

嵐峽ノ春花淀水ノ舟、前程詩酒足二風流一。此般須レ盡登臨ノ興、一入レバ二青雲ニ一不二自由ナラ一。（20 28。又見43）

夏初、游櫻堤。

※「堤」、第43本作「祠」。今從第20本。

新葉陰陰似綠雲、薔薇花吐野風薰。春光已逐殘櫻盡、堤上游人減九分。（20。又見43）

四月中旬、世叔姪來、勸余歸鄉、曰「既買田卜宅」。

※第43本、無「中旬」二字。又「曰」作「謂」。今並從第3 20本。

廿歲光陰夢裡移、近來多病惹鄉思。故山薇老春風後、新樹鵑啼落月時。陽羨買田何日是、剡中避地幾年期。不圖安節來相報、歸計已完無所遺。（3 20 43）

既望、邀福田・喜喜津二子于玉藤店而飮。世叔・仁卿、亦至酣皆睡。戲賦。

※第43本、「既望」上有「孟夏」二字。又「福田・喜喜津」五字、作「福・喜」二字。又「世叔・仁卿」、作「玉江・靑邨」。今並從第20本。

爲厭闤闠多俗緣、攜游茅店野橋邊。尋詩飽攬多多景、買酒唯

投僅僅錢。夏篁氣淸蠅未集、午松陰轉客猶眠。不知傍有當壚女、阮籍風流晉代賢。（20。又見43）

或乞獨樂園圖詩。

※案此詩題七字、第43本作「題獨樂園圖」五字。今從第20本。

茅亭依綠竹、毋乃溫公園。東坡詩盡矣、吾輩復何言。（20 43）

仲春、玉藤店集。會者十餘人、分韻得眞。

※「玉藤店」右傍、第43本、以小字記「鼎金城」（前出）三字。

海風帶雪意、餘寒殆五旬。數朝稍晴暖、萬物爭應春。園歌入禽舌、庭色催桃唇。譬如慢看面、新著脂粉勻。同社雖高雅、或未免世因。殘杯夕未徹、留待後至人。（43）

※案此詩、已見「二月、鼎金城、會同社于玉藤店、分韻得眞」詩（二五三頁上段）。

登鷲尾山、宿忍公房、用孟襄陽「宿玄公房」詩韻。

※第43本、無「登鷲尾山」四字、又無「詩」字。今並從第3 20本。案唐孟浩然（六六九—七四〇）、襄陽人。有「宿立公房」詩。用「山」・「閒」・「閑」・「還」韻。「玄」字、疑訛「立」。

平田三十里、行盡入靑山。回顧來時路、依稀暮色閒。苑林諸鳥悅、絕壁獨樵閑。愛此僧房趣、投宿澹忘還。（3 20。又見43）

〔附〕北游紀行

安政六年己未（一八五九）五月〜萬延元年庚申（一八六〇）九月

五月八日、舟發浪華。風順行駛、午時抵伏見。寄內。(1)

(1)自注「以下、北游所作。」（3 20）

※此詩題、第28本作「五月八日、舟發ニ浪華一。抵ニ伏見一、賦レ此寄レ內」、第43本作「五月八、舟發浪華。風順行駛、午時抵伏見、賦此寄內」。又第28 43本、並無自注六字。

浪華江上片帆輕、直到ニ城州一半日程。纔了ニ攝山眉黛綠一、即生ニ無レ限憶レ家情。（3 20。又見28 43）

家里松嶠、招游三樹坡。曰「此地、棕隱・星巖・快雨諸老所曾住。」今既悉亡。悵然賦此。

※第43本、「老」作「子」、又無「悵然賦此」四字。今並從第20本。

陰陰羣柳夏風淸、水際諸樓總有情。對檻靑山呈古跡、當筵紅袖奏新聲。一尊斜日留鴻爪、半世浮雲變鷺盟。醉後論文何限憾、九原難作數先生。（20 43）

田中俊藏招飮、席上、觀明孝宗贈項亨明妻林氏宜人誥。

※「妻」下、第43本有「安人」二字。今從第20本。

不唯旨酒與和羮、妙畫珍書眼屢驚。最是琉璃燈下見、敬皇帝誥數行明。（20 43）

大津、訪中村子恭新居。

萬窓各各面湖開、別擇幽區卽是才。能洗市塵墻外水、尙仍山趣樹根苔。晝間隣衲袖詩至、天晩野禽投宿來。不見三歲驚業進、數編新著案頭堆。（20 43）

題捕鳥圖。

朝日照春甸、谷鳥何嚶嚶。直疑天無耳、不肯九皋鳴。頻遷喬木頂、憑高送遠聲。欲擬鳳凰語、叨?傍九霄行。一朝金丸發、四面羅網横。老鳥膽先破、溘死一毛輕。黠者謀獨免、不顧同巣情。高飛豈能脫、回翔泣喤喤。伏雌與寡鵠、波?及魂屢驚。弋者極慘酷、以售善捕名。一擧何處去、不復知死生。或報錦籠蓄、無乃俟燔烹。孤鷗在海上、皜然毛羽淸。稻粱謀雖拙、閒澹莫所營。行將沒浩蕩、萬里渺雲程。回首謝弋者、鷗鷺不同盟。（43）

雨中、靈湖樓、書卽目。

※「卽目」、第43本作「所見」。今從第3 20本。

湖雲無斷時、終日空濛雨。中有北歸舟、迢迢數聲艣。（3 20。又見43）

五月二十日、梅雨偶霽、游湖上暎波亭、紀卽事。二首。

※第43本、「霽」作「晴」、「亭」作「樓」、無「二首」二字。今並從第20本。

（一）

蘋末微風歛夏霖、參差山影落湖心。滄波一道通樓下、紅袖憑欄魚不沈。（20。又見43）

（二）

蓮步輕盈下畫樓、檀郞相引立沙頭。誰言纖手繰竿拙、自是癡魚不上鉤。（20 43）

圓宗院。

※此題下、第43本有「書觸目」三字。今從第20本。

山邇樹幽幽、綠池盈自流。杜鵑花倒映、中有素鱗游。（20 43）

二十四日、發大津、至八幡、訪小島春所。二首。

※「二首」二字、第43本作「席上作」三字。今從第20本。

（一）

扁舟衝雨發西津、直至湖東歩水濱。館舍不知何處定、先尋此地有名人。（20 43）

（二）

乘輿呼舟輿盡還、柳邊亭子水邊山。與君何日卜鄰去、來往雨奇晴好間。（20 43）

六月朔、晩發八幡、夜泊長命寺側。二首。

※第43本、無「晩」字、無「泊」字、無「側二首」三字。今並從第20本。

（一）

無月有風雲滿湖、四邊如漆客舟孤。一聲雷吼南山頂、紫電和波射綠蒲。（20 43）

（二）

風收雲散夜如何、蘆葦深邊宿鷺多。岸上鐘聲長命寺、一星燈影到湖波。（20。又見43）

二日昧爽、發長命寺。行里許、波面黿現、廣二丈餘。同舟皆怖、面色如土。

星已沈波際、日未出山巓。渚松與汀柳、渺渺和横烟。舟子忽絶叫、驚破諸客眠。指示篷窓外、黿背大於船。（20。又見43）

劍熊關。

※此題上、第28 43本、並有「過」字。「劍」、第28本作「點」。今並從第20本。

茅茨斷續倚林間、化遍荒阪雞犬閒。監吏掩門方午睡、高歌人出劍熊關。（20。又見28 43）

江越分界處。

六月猶啼黄栗留、寒泉沸沸石間流。綿連山脈看相似、一樹垂櫻分二州。（3 20。又見43）

至敦賀、與馬鴻雪逢。

※「逢」下、第43本有「賦贈」二字。今從第20本。

自始通名十歳餘、交情淡泊往來疎。如何一作他郷客、即共相依似水魚。（20。又見43）

訪高橋恭平、賦贈。

※此詩題、第43本作「贈高橋恭平」五字。今從第20本。

蒙戎旅服帶炎埃、窄窄孤懐誰與開。路次訪人詩當贄、座間締契酒爲媒。上樓海月漫漫濶、捲幔山風獵獵來。足見此郷消夏好、即期留滯待秋回。（20。又見43）

淫雨連日、高橋・杉田諸子、以余不善飲、贈茶以慰無聊

※「以余」二句、第43本作「以余不善、毎日贈茶、以慰無聊」。今從第20本。

東南山匝市、西北海連空。夜夜淫淫雨、朝朝烈烈風。客愁漫易滿、鄉信杳難通。獨喜諸君贈、新茶上國同。（20。又見43）

恭平諸子、招舟游繩間浦、命漁子沈網。

※此詩題、第43本、先作「高橋・杉田・犬宮諸子、招舟遊常宮、命漁人沈網」十八字、而後改「杉田」作「恭平」、改「常宮」作「繩間」。今從第20本。

舟隨潮勢久容與、竟到前涯雇老漁。雪散鱐根皆白藻、霞横網際即紅魚。長風颭席奔奔去、小雨藏山看看虛。遙憶浪華同社友、淀江消夏正何如。（20。又見43）

步敦賀野外、假店夾水、亦納涼勝地。

長流劃秧田走、列店依蘆岸開。稍稍波間燭動、徐徐腋際涼來。（20 43）

常宮。(1)

(1)自注「祠名。祭神后」。（20 43）

石趣泉姿總靜閒、人蹤稍絶土花斑。廊如嚴島全臨水、祠似香椎半倚山。幾隊馴魚爭餌出、一羣神鴿應鐘還。嘗聞每歲當除夕、炬火龍燈掛樹間。（20。又見43）

六月十三日、高橋子克(1)、招飲東街酒樓。

(1)自注「子克、恭平字。」（3 20）

※此詩題、第43本、「日」下有「夜」字、「高橋」作「高」一字、無自注五字。今並從第3 20本。

俄炎來者少、因得暫時閒。酒味黄昏後、吟情慘澹間。風搖半簾月、人對一樓山。單葛涼如水、堪開客裡顏。（3 20 43）

西部春輝、邀飲金伊樓。

※「樓」、第43本作「亭」。今從第20本。

溽暑侵膚病欲成、今宵頓覺一身清。涼風滅燭衣香迸、急雨聲交急管聲。（20 43）

留別高橋・本郷・今津・杉田・西部・犬宮諸子。

初我來此地、知己無一人。既而諸君子、相見笑語親。溪游試綠茗、海釣羞紫鱗。一日復一日、留連近二旬。今朝終分手、彼此互傷神。乃勸歸路過、要約太諄諄。前程二千里、將極東

海濱。饒令生路返、請莫深相嗔。諸君年猶壯、萬里如比鄰。而況浪華邇、俟君來歲春。（20。又見43）

六月十八日、發敦賀。子克、使其僕永助、送到河野。

※此詩題、第39本、作「舟發敦賀。高橋恭平、使其僕送到河野」十五字。今從第20本。

幾日往還詩酒場、今朝一別海程長。但因相送情難盡、使僕隨來百里強。（20。又見39）

府中。二首。

※「二首」二字、第43本、無。今從第20本。說、下見。

○

蚊雷滿室暑威深、戶戶後園連樹林。薄暮門前齊列榻、一條流水劃街心。（43）

※案此詩、第43本、「府中」詩（三首）中、原列之於第一首、而後塗抹之。蓋惡轉結兩句、並與第二首重出。

（一）

山中行盡府中來、繚繞四千商店開。西距海鄉三十里、鮮鱗每旦巷頭堆。（20 43）

（二）

負郭深深篁竹合、檐間白日蛟軍匝。一條流水劃街心、無戶門前不陳榻。（20。又見43）

高木水竹蘆山書屋。

街市紅塵際、何人有此間。牀頭萬黃卷、屋上一青山。（20 43）

高木子招飲。

天涯縞紵結交初、把酒話心歡有餘。自與故鄉風物似、晚涼下榻炙香魚。（20 43）

竹內確齋蘆水書屋。

環堵蕭然綜衆妙、悠悠一任世人笑。明窓淨几對清流、官暇讀書書暇釣。（20。又見43）

二十四日、岩本邨小林立齋、招宿其家。

竹府東行度數岡、君家幽絕即仙鄉。故園稍遠誰相昵、到處皆炎此獨涼。已把溪聲醒俗夢、更將山翠潤吟腸。厭厭夜飲歡情浹、坐看前峰月出光。（20 43）

岩本路上。二首。

※此詩題、第43本作「岩本路上所見」、而無「二首」二字。今從第20本。

（一）

火耕水耨衝炎熱、稍覺越南風土別。千頃秧田播石灰、青青葉戴晶晶雪。（20。又見43）

（二）

女健如男呼白鬼、別爲種落獠猺似。布裙素襪百餘人、總負鹽苞向山市。（20。又見43）

六月二十九日、出逆旅、寓松井耕雪逍遙園、賦贈主人。

※此詩題、第24本、只作「贈逍遙園主人」六字。蓋原題。又第43本、「寓」作「移于」二字。今並從第20本。

兒賢宜附託、謝事隱園中。幽是輞川似、侈非金谷同。苔花承坐席、山色落簾櫳。盡日無人至、蟬吟萬竹風。（20 43。又見24）

逍遙園席上、刻香半寸賦課題。三首。（43）

※第20本、無此總題十四字。其詩三首、各自設題、如下。

雨後望雛岳。

數尺矮墻圍小亭、雨餘山色滿空庭。鱗鱗相接三千戶、何處窓中有此青。（20 43）

晩步日川堤上。

借問香魚何處多、重重樹影倒晴波。雨餘新漲添三尺、時見歸牛浮鼻過。（20 43）

樹陰午睡。

樹下無人蟬語長、雨過苔氣有餘涼。閒中日月如仙境、眠醒西林未夕陽。（20 43）

山本生樂文齋。

小齋雖數弓、樂境浩無窮。淨几明窓下、青燈黃卷中。孤吟隨落月、小酌倚微風。世上無顏子、誰能臭味同。（20 43）

題林氏昆季遺稿。

一家二俊見餘慶、況復友于情更長。莫道蕙蘭凋謝早、斯文千古有遺芳。（20 43）

稻黃亭。

北郭南邮穲稏風、野人相視賀年豐。世間百尺紅塵色、不到黃雲萬頃中。（20 43）

觀仁齋先生書。

首張古義溯姫周、餘事何圖書法遒。遺澤豈唯延五世、到今不改掘川流。（20。又見43）

秋香書屋。

本是廣寒宮裏枝、何人折得此庭移。一年悟境君看取、滿院秋香暑退時。（20 43）

本多翁、謀其書室名。余應以清閒。

※第43本、「謀其書室名」五字作「招飲、乞名其書室」七字、又「清閒」下有「併賦此」三字。今並從第20本。案「清閒」、清靜悠閑。見『漢書』循吏傳（龔遂）。

優游中歳挂冠還、書室幽深如在山。士子何人不相羨、無君清福又無閒。（20 43）

松井耕雪逍遙園十二奇勝。

涵碧池。

菰蒲兼菡萏、萬碧漾中流。夜吟宜掬月、午倦卽浮舟。（20 24 39）

樅岡。

萬卉擁孤岡、尤高是老樅。重陰長忘暑、茂葉不知冬。（20 24 39）

柳嶼。

好風如有意、吹柳不吹花。搖動黃金色、千條萬縷斜。（20 24 39）

延翠樓。

不迎冠蓋徒、恐話人間事。清曉掃書樓、唯延遠山翠。（20 39。又見24）

魚樂亭。

秋浪銜紅葉、春波唼落花。游魚其樂矣、我則讀南華。（20 24 39）

望遠處。

後奇纔現來、前勝已藏去。憑高盡全園、莫如望遠處。（20 39。又見24）

東林暮雨。

夕日下平蕪、歸鴻橫極浦。片雲飛不去、復作東林雨。（20 39。又見24）

日溪渡舟。

朝見乘舟來、暮見乘舟去。借問世間人、匆匆向何處。（20 24 39）

雛峯殘雪。

〔前稿〕雛峯高萬尋、相隔十餘里。殘雪帶初陽、玲瓏硯池裏。(39。又見24)

〔後稿〕峯首戴殘雪、千尋逼碧穹。縮圖何宛爾、落我硯池中。(20。又見39欄上)

龍潭初月。

疎林匝潭水、倒影綠葳蕤。忽驚神物動、初月在松枝。(2039。又見24)

蘆山歸雲。

岫雲無所繫、朝出暮知歸。寄傲北窓下、悠然悟昨非。(2024 39)

帆村夕照。

野烟含晩照、村落澹將無。忽憶杜陵句、松門似畫圖。(2024 39)

寄茘園翁。用其寄兒(1)韻。

(1)自注「兒、卽玉江。時從余。」(2039)

仲夏以來吾所遊、近江州及越前州。新知舊識行邊滿、詩席茶筵到處留。暮雨蕭蕭泊湖上、朝雲漠漠下山頭。賢郎健飯休勞念、唱和吟成酒獻酬。(2039)

贈松耕雪、以勸蚤起。

※此詩題、第43本、無。今從第2039本。

抽身于壯歲、偸閒于忙裏。苟非豪傑徒、不能從事此。我撿交游中、獨有耕雪子。家計累世豐、至君更倍蓰。有兒太聰明、君年僅强仕。一朝讓家政、奮然讀經史。今歲始交余、卽與管鮑似。費君芻豢供、尚我犬馬齒。我衰無所陳、空勞請益起。擧世學文章、本是一小技。得焉不加誇、失焉不加恥。買櫝還珠玉、得筌忘魴鯉。若使智者聞、未畢必掩耳。古來富與仁、猶火之於水。其勢難並施、趨此必舍彼。所以商估徒、甘爲忍人矣。唯守陽貨言、未知陰德理。不見古智者、擇仁以爲里。君子似射者、正立求諸己。彌天往求仁、何知其在邇。夫子述孝經、先自夙興始。(2039。又見43)

秋初、訪雪航師龍泉精舍。

秋暑尤煩苦、汗衣不暫乾。偶來蕭寺裏、剩有竹風寒。(2039)

七日、發府中。本多・高木・竹内・山本・谷口・松井諸子、送到叔羅川。

新秋七日叔羅川、送者立涯吾在船。休把銀河比茲水、相逢不必待明年。(2039)

昧爽、發淺水驛、赴大野途中。

斜倚轎窓數曉星、幾過水驛與山亭。藻間三寸香魚白、雲際千章漆樹青。偶遇朝飢尋店子、屢探古跡問輿丁。地深殊覺秋來早、到處吟蟲隔草聽。（20 39）

曉發。

竹間殘燭影猶明、露壓庭花曉氣清。此裏豈無高臥者、悠然却哂我星行。（20。又見39）

前波至大窪途中。

亂蟬聞歇亂蛙聞、稍下山頭到澗濆。一路涼風吹不斷、胡桃萬樹葉如雲。（20 39）

至大野、渡邊子直等、以公旨留余數日、賦此謝。

※「公旨」、第20本作「公日」。恐闕誤。今從第39本。

嘗聞絹紙到京華、沃土何圖俗不奢。峻嶺極天多杞梓、平原隨地總禾麻。夏絃春誦士勤業、宵索晝茅農富家。賓館叨蒙供給厚、歸來應向故交誇。（20。又見39）

九日、渡邊・横田二子、及矢田生、導觀城南曠野。遂過篠座祠、布川生出迎、設筵池上。夜歸、濘甚。渡邊子、使其僕負余。二首。

（一）

閑行終及遠、不覺夕陽頽。劈地寒泉出、圍山大野開。暝邊諸鳥急、曠處一牛來。生路迷南北、迢遙往似回。（20 39）

（二）

歸途入長薄、祠古石燈頽。候者樹間現、行廚池上開。喧無暗蚊集、涼有素蟾來。甚愧勞賢僕、泥中負幾回。（20 39）

大野演武場、觀世子傳令、退賦此、似渡邊子直。

謳歌到處頌邦君、民服田功士學文。已見小人皆易使、更敎長子善行軍。一聲砲響穿空谷、千道硝烟和泄雲。早晩諸藩總如是、奮揚吾武掃胡氛。（3 20 39）

朝倉義景墓。[1]

（1）自注「在大野城南六坊坡。」（3 20 39）

嘗閲越誌見公詩、[2]不似織柴沒字碑。[3]畢竟春秋無義戰、當斷不斷誤兵機。[4]」流水涓涓城外路、稻田中間帶綠樹。兩行石瓶挿秋花、土人猶祭古侯墓。」白椿西望峰崢嶸、[5]當年百雉據堅城。淡海南越唇齒地、淺井朝倉舊齊名。」肘腋禍發由同族、却見

遺愛禁樵牧。一様難免亡國憂、差覺大野贏小谷。」（3 20。又見39）

（2）自注「越前國誌、載義景歌詩、皆佳。」（3 20 39）

（3）自注「朝倉氏滅後、織田氏以柴田氏代焉。」（3 20 39）

（4）自注「越人、到今謂無決斷、曰義景評定。」（3。又見20 39）

（5）自注「白椿、山名。」（3 20 39）

在大野、友兼郡人廣瀨子勤、邀飲其家。

天涯豈料有同宗、招飲深欣禮意濃。他日莫忘來往義、浪華江上復相逢。（20 39）

越前大野郡塚原、有御所五郎丸墓。

亂鴉相逐沒雲端、極目空原暮色寒。萬塚濛濛秋草際、一碑猶表五郎丸。（20 39）

松原喜作迎、至其家宿。

秋炎翻比夏炎强、漠漠平原倦路長。纔到門庭啞然笑、水聲激激滿身涼。（20 39）

翌日、將發松原氏、雷雨交至。

下堂將發復升堂、赫赫秋炎不可當。天遣雷公催我去、快然一雨送新涼。（20 39）

七月念後、病瘧臥二旬。宮澤・加藤・矢田・布川・廣瀨・松原諸子、日來看侍、或貸書、或贈菓蔬。賦此以謝。

幾回推枕坐相迎、每客來多識履聲。朝送生書昏熟菓、愧吾無物報深情。（20 39）

渡邊子直、日來訪病、且屢致鄕信。既痊、賦此以謝。

西風殘暑病纏綿、瘧鬼相親似有緣。睡少醒多夜疑旦、寒來熱往日如年。愁中尤喜家人信、客裡唯依地主賢。謝藥返書猶未了、煩君從此更周旋。（20 39）

寓尾崎生家十餘日、將去、忽病瘧、復留半月。主人、供給盡心。賦此以謝。

相依已一旬、將去還逢病。半月更留連、謝君久而敬。（20 39）

病中、橫田子、屢來訪。既痊、賦此以別。

闔藩稱孝悌、被擢督成均。切切靑衿子、愉愉白髮親。訂交猶

未久、訪病一何頻。螢雪君須勉、流光易老人。（20 39）

贈内山子。

十歳經綸業已成、如君宜以古人評。益開原野穀蔬足、稍省税租倉庫盈。子產毀譽追日變、晏嬰節儉應時行。急流勇退非難處、會見始終完令名。（20 39）

中邨國手、治余病、欲愈未愈。上程心切、乃呈一律。

※「中邨國手」上、第39本有「乞」字。今從第20本。

術極荷蘭祕、求苓功易成。藥王從氣使、瘧鬼怕威名。折柳別雖逼、采薪憂未平。霍然何日是、翹足數登程。（20 39）

病中、寄懷高橋子克。

夏宵同聽繞梁音、紅樓把酒到月沈。知否西風旅窓下、殘燈照病獨呻吟。（20 39）

今秋頗旱、既而大風雨。有感。

秋來天大旱、稻長過人肩。皆謂穀雖美、氣候憾於偏。病蔬黃以瘦、枯菓已倒懸。若得小雨過、今歲當十全。既而大雨下、萬衆皆欣然。豈圖雨未歇、大風來自天。拔樹翻屋瓦、大厦亦將顚。黃雲一掃盡、折穗堆平田。天意無適莫、隨人所禱遷。能大不能小、豈得每事便。以人測天意、不恭莫甚。勿言晴與雨、唯宜禱豐年。（20 39）

雨中輿病、就宮澤公文宅、留數日。

※「宅」、第39本作「家」。今從第3 20本。

歸夢遙遙向浪華、三旬困臥在天涯。雨中輿病來相就、獨有君家似我家。（3 20 39）

題明石人麿祠圖。

翼然祠立海之濱、依舊行舟秋又春。一自歌仙擅佳句、千年閒却幾詩人。（20 39）

布川生、屢貽犀角。

犀角能消毒、貽來瘳我痾。非無木瓜意、如此旅囊何。（20 39）

中秋、在公文氏南樓、渡邊・市川・矢田・川端諸子來集。

悠悠雲意未全晴、醉集南樓客幾名。席上風從千里到、天邊月過二更明。他鄉雖異故鄉景、新識猶齊舊識情。記得去年今夕事、扁舟銜雨訪同盟。（20 39）

桂花開、有感。似從者寺梅汀。

梅初熟日東征裝、桂已開時尚異鄉。一片晩雲含雨意、風前無處不秋香。（2039）

九月一日、發大野。渡邊子直、宮澤公文・鳳山、尾崎栢軒等、送至大月村。

諸賢看侍日相親、藥鼎聲中過五旬。惆悵不堪容易別、卻回欲送送余人。（2039）

勝山城下作。

東來過大野、西去又羣峯。細路通鳴鹿、諸溪會黑龍。詩書多善士、耕織少儒農。絕谷開銀壙、孤烟出萬松。（2039）

九月五日、在勝山。近藤氏將去、復病。安田・小笠原・板屋・前野・長谷川・岡部・日比・岩佐諸君、來訪。

前路三千里、已無遲滯心。如何多雨妨、更復劇痾侵。賤子方閒臥、諸君忽辱臨。却喜猶難去、天際復雲陰。（2039）

重陽前一日、勝山諸君、導游講武墩。

秋花續續笑林根、一徑斜通講武墩。不禁野人來取蕈、更容詞客坐開尊。滿山草木疑兵立、幾處烟雲似旆翻。咫尺蒼茫懷古意、畑將軍砦跡猶存。[1]（2039）

（1）自注「墩北山頂、有畑時能砦趾。」（2039）

重陽風雨、在近藤氏養病。諸子來訪、不能見。賦此以謝。諸子、新與余結社。

黃葉滿城風雨聲、客窗養病絕逢迎。重陽已妨登高興、薄暮偏添思遠情。迹似浮雲無着處、心追飛鳥向前程。自羞衰老應酬懶、辜負諸君結社盟。（2039）

公文、送余至勝山、已去。鳳山來訪、喜賦。

昨日賢兄送我回、今朝令弟訪我來。一家厚誼增離思、秋雨山城雲不開。（2039）

九月十三日、訪蒔田雲處、賦贈。君欲探耶馬溪。故及。

心自閑時境更幽、村居吏隱最風流。庭池源遠江魚入、園樹陰繁野鳥投。五斗未抛元亮米、九疑行作史遷游。吟筇到處星奔去、獨愛君家幾日留。（2039）

雲處、日貸奇書。

不獨主人交斷金、賢郎亦是舊知音。生書千卷留吾讀、情比陳遵投轄深。（2039）

曉發。

連夜嚴霜到水潯、茅花狼藉蓼花深。殘蟲不厭秋郊冷、落月光中獨苦吟。（2039）

秋晩、在高柳村。玉江、自府中至、曰「別後、府中確齋香處等、皆罹疹歿」。

匹馬蕭然渡幾程、西風短髮不勝情。叔羅川上歸鴻影、高柳村中落葉聲。臥病三旬値秋晩、懷人一夜到天明。相逢悲喜胸間集、別後新知半死生。（3 2039）

丸岡宮川祐吉、我老友也。予在高柳、相距僅三里、將訪之、聞其病而止。賦此以寄。

歡娯何似少年時、君是沈痾我老衰。咫尺不過宜莫咎、相逢轉恐涙先垂。（2039）

九月二十日、發高柳、借雲處肩輿及衣。

游到君家始似歸、心安次第覺身肥。前途不畏秋風冷、已借肩輿又借衣。（2039）

途中作。

旅服屢縫纔蔽身、朝山夕海境遷頻。鴻踪八百三十里、馬首東西南北人。漁後殘泥魚復立、穫邊遺穗鳥相親。村翁胥賀年豐熟、提醴攜糕賽穀神。（2039）

越前坂井長埼村稱念寺、謁新田公廟。

妖靈星現東魚死、四海重仰眞天子。」誰功第一臣義貞、誰伯仲者臣正成。艶妻煽處扶逆豎、獨錫偏諱事不平。」徒抱丹心辭北闕、遂奉青宮赴南越。不似汾陽副廣平、鞠躬憔悴臣力竭。」高柳村北船崎東、蕭然一區古梵宮。鐘樓北去有祠廟、門楣掲書新田公。」粉壁碧甍曠而淨、遺像擁笏衣冠正。豈圖儀容如搢紳、肅雍溫雅使人敬。」廟陰雙杉十丈長、杉後古松虬枝張。松下新碑勢輪囷、具記靈柩此內藏。」王琳忠死敵人泣、(1)成買斬頭猶遠矚。(2)野史所傳未必眞、唯想當時兇人讐。」千古公論存後人、忠魂姦魄判然分。天定克人何愉快、不用讀史涕泫泫。」元文丁巳秋七月、官命殷勤尋斷碣。爲修四百年忌祭、國侯遺卿發萬卒。(3)」君不見二百年前湊川湄、義公追立楠子碑。」又不見仁山覇圖今寂莫、匹夫數罪鞭墓石。(4)」（3。又

見20 39）

（1）自注「蒔田氏家記」。（3 20 39）

（2）自注「土人訛傳公死時事、與南史所記成買同。」（3 20 39）

（3）自注「元文中、越人所著源光院殿四百年忌記、役夫一萬六千餘人。」（3 20 39）

（4）自注「鞭墓石、見頼子成所撰高山彥九郎傳。」（3 20 39）

九月二十日、至三國港、寓來公水亭、賦此以贈。

沙觜橫拖白一堆、軒窓據岸豁如開。源源帆自松梢出、滾滾水從雲際來。晨夕鐘魚多法務、春秋花月入詩才。游蹤不妨依蓮社、病後淵明正止杯。（20 39）

居三日、晚登舞鶴岡。

墜葉迎笻響策然、秋光垂盡疾初痊。有緣投寺方三宿、不覺離家已半年。日沒海波紅爛處、帆浮山觜碧低邊。登高倍覺歸程遠、極目飛鴉互後先。（3。又見20 39）

江村晚歸。

來潮次第沒沙磯、十里青林一鷺飛。雲意還知晚晴好、放他新月送人歸。（20 39）

來師水亭、夜起。

夢中聽得不分明、亭下連舟解纜聲。酒渴思茶決然起、滿窓波影月方生。（20 39）

寄題松雪亭。

應追先哲跡、松雪以名亭。積去層層白、融來點點青。清輝月中看、餘滴旭前聽。憶得鷗波老、憑欄卯酒醒。（20 39）

三國港。

西船東舶去來頻、粉壁三千枕碧津。地與赤關相伯仲、不如他處少文人。（20 39）

祝浦清風亭、同來師・西垣・的峯・碩圃・春菴賦、分韻得先。

※「祝」、第39本作「縮」。今從第20本。

到處新締文字緣、斯鄉亦復得諸賢。客中惟愛交如水、病後休敎酒似川。玄菟西開雲貼海、白山東峙雪銜天。憑欄想見冬風烈、沙上已多閒却船[1]。（20 39）

（1）自注「北海船、皆以秋晚休。」（20 39）

秋晴、夕陽觀[1]小集。

（1）自注「觀、卽來公房。」（2039）

夕陽觀上夕陽紅、海色天光一樣同。捲幔亸身橫檻角、撫鐵龍影動波中。無端游妓乘漁艇、有似詩人寓梵宮。怪得秋聲聽不斷、滿庭鴨脚下微風。（2039）

秋盡雨。

斜雨送寒潮、連船繫市橋。濕深鴉翅重、望盡雁聲遙。坐久香烟滅、吟酣酒氣消。北州秋栗烈、多令奈來朝。（39。又見20）

秋盡、在永正寺、聽雨寄內。

別來半歲半懷痾、瘖僅痊時復病牙。知否僧房秋盡日、臥聽寒雨倍思家。（2039）

秋盡、在永正寺、松井耕雪來訪、夜坐賦別。

蕭條古剎枕津涯、不料君來慰我思。落木淒風秋盡日、冷爐殘燭夜深時。病中相待終無酒、別後寄懷唯有詩。明旦何堪北征苦、連峯新雪白參差。（2039）

贈岱雲居主人碩圃。

世人皆在紅塵中、主人獨居白雲裡。借問街市間、何由有雲起。主人廢居石萬千、山竦峯聳磊磊累。石氣常與山雲應、膚寸蓬勃來不已。況又善畫逼虎頭、能起山雲于片紙。悠然不知世間忙、獨對白雲凭烏几。（2039）

與來師・碩圃・西垣・的峯・耕雪・玉江・時習・梅汀諸子、赴楫浦南氏社祭。楫浦、在三國港西北十餘里外、路於山間。

雖追漁舍約、山路度嶙峋。步處松根蕈、倦時苔上茵。羞糕饒古味、侑酒富鮮鱗。不醉何歸得、海風翻暮巾。（2039）

水亭夜起、寄內。

寒月西傾淡水烟、群檣林立兩涯船。幾人歸夢迷波上、一雁哀鳴落浦邊。老去得詩還易忘、病來禁酒奈難眠。獨吟今夜鄜州句、玉臂雲鬟思杳然。（3 2039）

題美濃小原太夫詩稿後。并引。

初冬、抵福井、始見雪爪禪師。師、眎小原君詩稿、傳其旨、索評。諸作、精深高雅、非余所敢容喙。然明年二月、歸路或將出于美濃。因不自揣妄批、以作他日相

見之媒、且繫一絶。（20 39）

游到越南逢雪師、客窓一夜讀君詩。廣平果有憐梅意、來歲花朝以作期。(1)（20 39）

（1）自注「君號銕心、而余別號梅墩。」（20 39）

題踞峯軒。

世僧多住市塵間、境與心忙不得閒。試到踞峯軒下望、青苔紅葉滿空山。（20 39）

訪雪爪師橡栗山房、賦呈。

君不見我邦僧與西土異、弊習千歲相繼嗣。日費百金養一僧、年赭千山成一寺。巍然堂殿逼層霄、下瞰皇居等平地。西施毛嬙充下陳、鼈裙鱔炙是常食。次者出入權貴門、巧訟善愬爭官位。甚至避穀矯淨行、竊蟲婦女括財利、饒令黄面老子聞、滚滚應下懸河淚。雪師皓潔古之徒、雪山遺範賴未墜。麟角獨挺牛毛中、燕雀或猜鴻鵠志。身雖現住大伽藍、心不半日此安慰。乃搆一房倚翠微、狹隘而朴淸而邃。居高唯覺白雲低、心下何知紫衣貴。飯生詩窮亞少陵、天寒日暮無所寄。疲足生趼越山尖、不圖遇師忝倒屣。不唯圓澤於李源、三生石上話往事。維時十月霜始降、芭蕉葉黄樹顏醉。新苔連竹發幽香、老蕈依松含秀氣。樹枝缺處泄天光、渺渺横曳遠山翠。其上晶瑩玉一團、日射白山雪光沸。對此爽然悟昨非、掃了無限塵土思。知師羞與今僧親、曠達如僕非所棄。伊蒲盛饌吾敢當、好拾橡栗充飧饎。山中所産恐有涯、不能爲人留餘味。借問二物喫竭不、師莞爾哂曰猶未。（20）

題小原鐵心『墨水舟游』卷後。

※「小原」、第39本作「大原」、誤。今從第20本。

招集一時文士尤、併將名妓上輕舟。自憐四歲東都住、落莫無君一日游。（20 39）

中川君席上作。

壕水南周又北回、深沈官舍倚城隈。一庭松竹饒村趣、借與野禽隨意來。（20 39）

題青砥左衞門圖。

夜色冥冥遠邇同、幾人臨水炬火紅。經綸事業無多子、唯在十錢亡得中。（20 39）

題井上松濤園庭。

負郭占閒地、園庭位置工。遠峯來座上、老樹似山中。春坐宜聽雨、夏眠常引風。倦時呼小艇、門外一溪通。（2039）

與松濤泛舟羽川。

漁莊北逼孤橋接、僧舍南開一舠涉。日夕溯洄歸去遲、沿涯無處不紅葉。（2039）

雪爪師、用予韻作六言絶句、索和。又賦二絶。

※下「絶」字、第20本闕。恐脫。今從第39本。

（一）

一灣寒色烟横、十里清光月涉。漁去路入金波、樵歸舟有紅葉。（2039）

（二）

雲渺渺邊鴉翻、水濺濺處犢涉。林梢斜日三竿、天際歸舟一葉。（2039）

寶石山房、書觸目。

宜哉眺望人賞、殉矣風光世稀。霜落木落水落、鳥飛雲飛帆飛。（2039）

與雪爪師・田雲處、山行夜歸。

昨日欄橈水泛、今朝藜杖山行。午歇看雲不語、晩歸待月多情。（2039）

在敎重寺、辻岡國手招飮、且約野游。

何圖蕭寺寓、却遇杏林招。詩酒緣方熟、烟霞疾未消。黄花明野徑、紅葉隱官橋。風色多初好、郊遊不厭遙。（3 20 39）

廣瀬子謹、來訪福井僑居、臨別賦此。

浪華期尚遠、先遇福居城。無奈今朝別、深於前度情。（2039）

余聞宮川生病、寄詩述不相訪之故。既而生强招、余到則頗愈、欣然賦此。

初疑見病不勝情、且怕多郊衝雨行。相遇何圖君已起、小春天氣正牢晴。

九月、勝山赴三國港途中、過丸岡郊、而不至城下。十月、宮川生招余、曰「大濃生者、甚欲相見。」乃訪之、席上作。

三十日前三港行、路傍咫尺見層城。爾時不過今何過、唯爲新

聞詞客名。（2039）

題養濟館（1）。

（1）自注「丸岡醫學館」。（2039）

蒼生枯落奈難醫、痧鬼近來天下馳。獨喜此郷春有脚、惠風吹滿杏花枝。（2039）

觀白埼氏所藏鄭延平書。

※案鄭成功（一六二四―一六六二）、字大木、福建南安人。明末忠臣。父、芝龍（一六〇四―一六六一）。母、田川氏。生於肥前平戸。明桂王稱帝、封成功延平郡王。

清史多誣筆、難慰忠義魂。我邦君桑梓、自有正論存。（2039）

題大濃氏書室。

種樹遠隣家、幽閑愜遐思。午窓茶氣颺、疑是山雲至。（2039）

十月二十日、藤田子、招飲茶室。

綠茶烟起竹爐紅、新識何圖舊識同。春意溫溫盈一室、不知窓外有多風。（2039）

何人池詩。應矢野君囑。

初日清露晞、晩風暗香起。亭亭君子姿、抽自汚泥裏。借問何人池、毋乃濂溪氏。（2039）

寄荒木季皮。并引。

二十六七年前、季皮見訪、爾後音塵隔絶、而令兄雁門翁、屢過訪。余此行、又宿令姪雲處家、距君居僅咫尺、而君遭譴不得相見。故有此寄

一別商參歳月更、好縁未斷似尋盟。割雞款待依賢姪、執雉辱臨勞令兄。老境官途君失策、殘年客路我貪程。不能相見述懷抱、落日寒雲無限情。（2039）

内田秋谷招風呼月樓。

西走白波千道開、東横碧嶂萬層堆。挂帆人欲招風去、對酒客將呼月來。家富田園多樂事、身閑詩畫見高才。好樓如是眞堪賦、獨奈仲宣郷思催。（2039）

竹窓聽雪。課題。

窓裏殘燈已不明、庭前脩竹響琤琤。劍南老子亦何意、唯愛空齋夜雨聲。（2039）

永正寺六勝。

波際鷗。

強風排海門、千舶不能渡。唯見波際鷗、高於岸頭樹。（20 39）

前渡月。

暮烟江岸迷、寒磬知何處。波月亦多情、送舟來又去。（20 39）

松窓雨。

北里及南隣、清歌伴妙舞。山僧與一燈、對聽松窓雨。（20 39）

遠峯雪。

近山青渺渺、遠山白晶晶。朝雲遮不見、晩日照還明。（20 39）

漁舟火。

松火寄輕舠、溯洄隨一川。夜深歸已盡、月下澹餘烟。（20 39）

林杪帆。

横洲扼海門、風急潮聲疾。陸續晩歸帆、悉從松杪出。（20 39）

贈素堂畫伯。

紫陌紅塵萬衆趨、此間何者領清娯。憐君獨坐芸窓下、寫出秋林黄葉圖。（20 39）

三港六才子歌。留別。

來師名墨其行儒。語要驚人費工夫。翩翩咳唾悉成珠。西垣清似山澤臞。志氣沈深多遠圖。碩圃愛石石爲徒。長嘯響石如笙竽。畫筆瀟洒似倪迂。的峯豪爽偉幹軀。健啖兼人意氣俱。秋谷駸駸千里駒。玉樹玲瓏片塵無。春庵栖栖業掛壺。妙術能使死者蘇。是此六子才皆殊。斐然成章來就吾。吾行爲是久踟躕。其奈歳月中道徂。玄雲泄雪雁相呼。慘澹離思滿江湖。不用停杯苦長吁。春風相見在歸途。（20 39）

仲冬二十九日、金鳳精舍集、風雨俄至。

蕭寺憑高岡背開、海門北指雪濤堆。斜陽紫透重雲底、忽有黑風翻雨來。（3 20。又見39）

題左右生的峯草堂。

誰知此地獨幽閑、不似閭閻擾雜間。竹外昏鐘金鳳寺、松巓初旭瑞雲山。何妨書畫幅狼藉、肯許利名人往還。咫尺隔墻多勝地、臥游宛好當躋攀。（39。又見20）

朝山亭席上、詠早梅。

玉骨氷肌冒雪開、一枝容易喚春回。多情恐被姮娥笑、半月爲渠三度來。（20。又見39）

踞峯至喜賦。

別來風雨惡、不意接高顏。岸岸津梁絶、村村道路艱※。何圖移木屐、容易至柴關。且緩明朝去、共看晴雪山。（39。又見20）

※「艱」字、第20本作「難」。恐繕寫時、偶訛耳。

贈香木室主人。香木、謂桂。

老來猶苦學、室裏列牙籤。人服邦詞妙、我欽家訓嚴。秋香對金桂、曉思寄銀蟾。相遇推宏博、新聞喜日添。（20 39）

十一月六日、發三國。來成・西垣・秋谷・春菴・碩圃・的峯諸子、送至加戸邨、酒亭戲賦。

溫溫愛日似春回、也倚山亭把別杯。一段淸香送人至、多情最是半開梅。（20 39）

聖城客舍、風雨連日。來成・西垣、從三國來、贈鳧及酒、欣賦。

驚濤如屋岸沙頽、風勢疑排天闔開。海路山程人跡絶、村橋市陌雪泥堆。寸衷難附尺書悉、二客却從三國來。辱惠靑鳧兼白酒、爐邊一醉似春回。（20）

聞師有泉、任蝦夷文學教授、賦此以寄。

曾醉都門花柳春、居夷今日與誰親。姑休九萬鵬程駕、敎化侏儒鴂舌人。（20）

草鹿遯齋國手橋梓、招飮。席上賦贈。

※第39本、「橋梓」作「父子」、無「席上」二字。今並從第20本。

不唯仁術似春溫、詩酒風流友誼敦。通刺游生皆把臂、附方瀕死悉還魂。蕙蘭滿室淸香遠、橋梓一堂餘慶存。邀飮不堪吟意動、梅梢微月正黃昏。（20 39）

聖城客舍、東方芝山、屢貽魚肴。賦此以謝。

驛馬色玄黃、山程雨雪雱。連旬家信絶、短景客思長。疎懶君能恕、高情我豈忘。不須彈鋏歎、幾度送魚嘗。（20 39）

吉田生、把洞簫奏巣鶴曲。

※此詩題、第39本、作「冬夜、能登吉田生、爲余把洞簫奏巣鶴一曲」。今從第20本。

酒醒香消夜幾更、羇窓忽起故園情。洞簫吹落半林月、松樹不濤巣鶴驚。（20 39）

贈平井翁。次其所贈韻。

落落羇懷難得伸、風霜日夜逼孤身。相逢總是琴書客、未見如君憂世人。（20 39）

二十四日、聖城諸子、邀飲松縁寺。

※「二十四日」上、第39本有「十一月」三字。今從第20本。

追跡東西二十秋、今年初作北方游。小松鄉得何時到、大聖城猶數日留。煖酒荆薪忘齎發、題詩蘭若競風流。卅人才傑一堂集、使我欣然釋旅愁。（20。又見39）

十二月二日、發聖城、赴山脊村。居三日、晩晴歩村間、寄懷東方・田邊諸子。

※此詩題、第39本、作「十二月二日、發聖城、赴山代。居三日、晩晴歩村口、賦此寄東方・田邊諸子」。今從第20本。

聖城二旬餘、無日不風雪。今也偶快晴、其奈已相別。寒日含夕澄、遙天一雁泄。微鐘歇不聞、松下僧菴閉。幽賞有誰俱、清景孤自悅。相距非云遠、冬溪渡早絕。（20 39）

山脊溫泉。

※此詩題、第39本作「山代村」。今從第20本。

幾處溫泉溢石泓、天寒蒸氣似雲生。自然簷雪消皆盡、不雨終宵點滴聲。（20 39）

山脊客舍、大雨連日、小池豐作、自聖城來訪。

※第39本、「山脊」作「山代」、又「來訪」下、有「欣賦」二字。今並從第20本。

冬渠水溢響喧豗、山嶽模糊望不開。滾地濕雲如墨瀋、連天陰雨似黃梅。飢禽何意呼相集、獵狗無聊往又回。獨坐豈堪羇悁切、喜君攜酒惠然來。（20 39）

山代客舍、詠懷。

※「詠懷」二字、第39本、無。今從第20本。

小市山溪間、旦暮氣候別。溫泉非不溫、寒威更凛冽。溪聲覺有風、山意已成雪。萬木回春姿、幻華忽飄瞥。村釀難到臍、山肴剩螫舌。家信久不來、日夕愁思結。東北圖前程、所向猶未決。西南望京華、雪埋行路絕。（20。又見39）

冬夜、次吉田履堂所贈詩韻、以寄。

※此詩題、第39本、作「冬夜、寄吉田履堂。次其所贈詩韻」。今從第20本。

中宵孤起望天文、雪霽明星欲破雲。一樣愁人眠不得、君應思我我思君。（20。又見39）

冬夜、田夏卿・岡木公・吉子篤、來訪余山脊客舍。

※此詩題、第39本、作「冬夜、山代客舍、田夏卿・岡木公・吉子篤來訪」。今從第20本。

不見僅三日、卽生離索思。城中絲肉夜、村裡風雪時。暗泉通遠壑、寒鳥擇繁枝。悶極挑燈坐、跫然來者誰。（20 39）

翌日、三子去、吉田・東方・田邊・大幸・山田諸子來訪。喜賦。

※「訪」字、第39本、無。今從第20本。

邨南村北雪崔嵬、列戸蕭條午未開。獨詑我居多喜色、三人纔去六人來。東方父子至。（20。又見39）

十三日、衝雪發山脊赴粟津、轎中作。

※「山脊」、第39本作「山代」。今從第20本。

山脊過十日、今朝又上程。居人交雖淺、臨別皆有情。雪勢方數尺、路脈埋不明。轎夫屢失足、殘夢幾回驚。懷爐及絮帽、防寒具縱橫。況吾頗肥笨、小轎亦非輕。吾歲過知命、百技總平平。世情重老者、到處沽虚名。絹紙亂塗抹、贈遺濫光榮。點檢行囊底、潤筆有餘贏。想彼轎夫苦、內顧顏發頳。僅投錢八百、彼肩代吾行。（20。又見39）

到那谷寺、雪深不得探上方。賦似從者高田知伽羅。

夙聞那谷勝、今到寺門邊。一溪劃初地、萬木接層巔。此時將亭午、瑤花墮九天。岭岈幾堂宇、高勢帶雲煙。青衿與黄面、本無好因緣。似有幽絕處、雪深不得前。（20。又見39）

粟津溫泉。爲館主人法師某賦。

※此詩題、第39本、作「粟津溫泉。示館主人法師氏」。今從第20本。

滾滾靈湯湧石根、七年痼疾愈非難。君家自有三泓在、遮莫門前風雪寒。（20。又見39）

十六日、發粟津至小松、似富澤東嘯・鄉谷篤三。

※「鄉谷」、第39本作「鄉屋」。今從第20本。

遶郭三湖水拍天、更聞諸傑妙詩篇。豈無放鶴林和靖、應有騎驢孟浩然。松勢輪囷皆戴雪、柳姿衰颯未生烟。匆匆相遇卽相別、憾不同浮一葉船。（20 39）

二十二日、發小松赴松任。至水島、日沒。粟津生者、留余宿。

※「宿」下、第39本有「賦贈」二字。今從第20本。

南望京華路幾千、千山積雪映青天。天涯何料逢新識、留我邨莊一夕眠。（20 39）

翌日、抵松任、寓嚴公房。先是余在聖城、東公報將相過。爾後公使人來迎三度。

※此詩題、第39本、「翌日」作「二十三日」、「報」作「告」、又「爾後公使人來迎」七字、作「公乃遣使者」五字。今並從第20本。

月首吾辭大聖城、中旬初向小松行。燈前一自尺書報、路上三逢專价迎。歲晚絕無追債客、晝閒唯有誦經聲。此間好訂新詩本、落日小窓分外明。（20 39）

除夜、在嚴公房、述懷。

半世爲客住浪華、南望故國雲山賒。年過知命未知返、每遇除夕常嘆嗟。今年況復游加越、南望浪華天一涯。北邊風土驚初覩、雪盡青山不餘些。孿弟梅兄無緣見、風迎雲送日日加。高連松樹埋蒼葉、低壓書窓暗碧紗。寂歷蕭寺孤邨裡、木魚聲中

日又斜。長廊曲房易昏黑、淨室深關絕世譁。法殿殘燭秋螢細、壁隙微風動袈裟。諸佛踽々如欲語、金猊吐烟抽雙牙。一鉢不動香案穩、棟雲破裂龍爪爬。老眸眯離無定視、百般奇怪歸眼花。世上此時方爆竹、爐邊唯我獨烹茶。夜深爐火亦消滅、縮頭被底學凍蝸。南踪北跡羞漂梗、萬慮千思類亂麻。大兒娶婦方反馬、仲兒學書已塗鴉。(1) 季兒怙嬌猶依母、不知何兒最懷爺。嗚呼遠游使人老、不如浩然速歸家。反側不眠又不起、唯聞更鼓頻添撾。歸心猶逐南飛鵲、轉眼已明東擧霞。（3 20。又見39）

（1）自注「昨日、家信送仁也書。」（3 20。又見39）

庚申元日、在嚴公房。

屠蘇亦許醉二流霞一、主衲情深禮意加。老境已安緣在レ寺、新年未レ免例思レ家。柳經二朔吹一猶無レ色、梅自二南枝一稍孕レ花。雪氣濛濛迷二遠近一、東君何日到二天涯一。（2②20 39）

新正三日、梅隱・松碓・江菴・一元・藍川諸子、導探街西城跡、遂飮北長亭、夜歸遇雪。

一路迢遙西北行、人家盡處是蕪城。如山古木屯雲氣、隔水春風入市聲。客裡又添新識數、吟邊未忘故園情。醉歸何恨無燈火、雪滿連街夜色明。（20 39）

春首、寄東方・田邊二子。

※「東方・田邊」、第39本倒作「田邊・東方」。今從第20本。

青帝恐難到、朔天萬里雲。朝爲風栗烈、夕爲雪繽紛。何圖春有脚、其來不可聞。潛入方寸內、和氣忽氤氳。一夕人心變、萬里物象分。川觀魚意樂、枝聽鳥語欣。踪跡寄蘭若、慶賀謝紛紜。孤吟無人和、一寫寄二君。（20 39）

十三日、至金澤。街上書觸目。

※「觸目」、第39本作「所見」。今從第20本。

十字街頭路坦平、寒風栗烈弄新晴。須臾積雪凝如鐵、人踏水晶盤上行。（20。又見39）

二十一日、夜訪今邨松生、觀其所藏一休禪師詩、即用其韻。時雪晴月出。

※此詩題、第39本、作「二十一日、夜訪今村章甫、觀其所藏一休禪師詩、即用其韻賦。時雪晴月色鮮明」。今從第20本。但此本、無「詩」字。疑偶脫。今補。

五百年前禪傑起、昂然野鶴雞羣裡。于今心跡凜如存、雪霽銀蟾印池水。（20 39）

如水席上作。

連簷猶駐雪、北地未春回。唯爲茶烟暖、瓶梅一半開。（20 39）

與瀨尾越洲等、登野田江樓而賦。

※「賦」、第39本作「飮」。今從第3 20本。

北州二月尚無レ梅、歸雁起邊氷未レ開。百雉丹樓雲際聳、一條綠水雪中來。春寒料峭吟心蟄、暮色蒼茫客思哀。獨喜尊前同

調集、留連トレ夜浩歌回。（2②3 20 39）

上巳、金澤諸子、邀飲乾坤一草亭。時雪下。

※此詩題、第39本、作「上巳、金澤諸子、餞余於乾坤一草亭。此日雪下」。今從第20本。

遠山無影雪雲昏、三月溪風未覺溫。一草亭中一杯裏、呼返春色滿乾坤。（20 39）

三月四日、發二金澤一、游二宮腰浦一、似二清水荷汀一。

※「四日」、第39本作「五日」。今從各本。

二水朝宗漲二綠波一、立山白嶽望嵯峨。滿街魚蟹委二脔擔一、幾處蒹葭隔二釣歌一。帆貼二鷗頭一春海穩、雪消二雁背一暮雲多。徘徊半日不能去、奈二此風光洵美一何。（2②。又見3 20 39）

題自畫山水。

十萬人家百尺塵、此間何處著閒身。老夫一計君看取、寫出江山隨意親。（20 39）

加人、每賜酺、呼曰「盆・正月」、不限月也。或乞詩。

世間慶賀事、元日與中元。此地賜酺不論月、總曰正月又曰盆。醉歌如狂無所妨、與衆同樂是此情。（39）

※第39本欄上、追記云「此詩ケヅル」。

十二日、至越中高岡、贈田代琴嶽。并引。

余在聖城、琴嶽東至、後初見金澤、臨別飲于寺閣。至此、出迎某氏林亭。北州、至春晚、百花一時開綻。

※此詩題、第39本、唯作「贈田代琴嶽」五字、而無引。

聖城曾折東、金澤始交杯。寺閣餞君去、林亭迎我來。交情欣互熟、勝會約相陪。見說東郊好、梅桃杏李開※。（20。又見39）

※此詩末、第39本、有自注（小字双行）曰、「君、訪余金澤、臨別飲于寺閣。余到高岡、君出迎某氏林亭。北州、至春晚、百花同時開綻」。

越中。

白山西峙立山東、一帶高峰挿二碧空一。四月中旬猶積雪、橫張千里玉屏風。（2②3 20 39）

※此詩、第20本、見欄上。蓋後人追補。

如水・希云兄弟、屢送鄉信、賦此寄謝。

※「兄弟」二字、第39本、無。今從第20本。

客路迢遙春又深、家書珍重抵兼金。謝君厚誼非殷羨、常免途中浮與沈。（20。又見39）

閏三月二日、游芭蕉亭。

蕉葉陰陰動午風、羣芳轉眼已成空。一年佳景淸和候、恰在春過未夏中。（20。又見39）

十日、去㆓廣乾寺㆒、寓㆓市南尼菴㆒。幷引。

※此詩題十一字、第39本、無。今從第2②3 20本。但第2②本、「十日」上有「閏三月」三字。

初金澤有㆓逐客令㆒、避抵㆓高岡㆒。琴岳等、謀置㆓余廣乾寺㆒。居數日、病㆑瘧。令復至、衆會議不㆑決。日夕、遂輿㆑疾、竄㆓于尼庵㆒。寺及菴、皆無㆑主。賦㆓三律㆒紀㆑事。（2②3 20。又見39）

（一）

李斯書未㆑上、逐客令何深。鐵澤避㆓驚浪㆒、鷹邱求㆓茂陰㆒。空廊堪㆑託㆑跡、古佛亦知㆑音。唯願姑安歇、那圖病復侵。（3。又見2②20 39）

（二）

梵宮雖㆓邃僻㆒、物色我那堪。衆議終難㆑一、嚴催正及㆑三。身猶親㆓瘧鬼㆒、居已徙㆓尼庵㆒。擁褐轎中坐、遙々向㆓市南㆒。（2②3 20。又見39）

（三）

燈影搖難㆑定、看㆑書不㆑到㆑終。暗庖聞㆓鬪鼠㆒、破壁見㆓斜風㆒。久病親朋誠、虛名姤者攻。瓣香供㆓廢佛㆒、卿境與㆑吾同。（2②3 20 39）

二十四日、發㆓高岡㆒、抵㆓氷見浦㆒、訪㆓河上旭邨㆒、賦㆑此以贈。

※第39本、無「發高岡」三字。又「訪河上旭邨」五字、作「訪川上樫所村居」七字。又無「賦此以贈」四字。今並從第2② 20本。

遙遙海脈入㆑渠斜、潮落連舟膠㆓淺沙㆒。屋外紫藤蒙翠竹、門前綠麥間㆓黃花㆒。西隣咫尺高僧宅、北望參差釣者家。乞㆑茗呼㆑肴皆自在、羨君村舍樂㆓生涯㆒。（2②20 39）

寓旭村氏、數日雨不已。戲賦。

※此詩題、第39本、作「春晚、宿旭村主人家、三日雨不已。戲賦」。今從第20本。

紅漸疎疎綠漸繁、四山烟雨送微暄。曉窓無復晨光見、徒使旭莊依旭邨。（20。又見39）

氷海客舍、送高生知伽羅。生、隨余游山脊宮腰、至此別。
※此詩題、第39本、作「送從者高知伽羅」七字、其自注曰、
「生、從余游山脊宮腰、至氷海別。」今從第20本。

迢遙旅境互周旋、半歲光陰夢裡遷。春暖宮腰至氷海、天寒山脊浴溫泉。追隨難奈一朝別、歸去欲爭三月先。行過浪華逢賤眷、平安二字幸相傳。（20。又見39）

知加羅、既得我詩、復留。

誰送春風向去程、百花撩亂若爲情。願敎東帝如歸客、纔得吾詩即不行。（20）

僧南塘成趣園十勝。

掬月泓。

薄晩隣家飮、歸來月滿泓。金波風外搖、可以療吾渴（ママ）。（20。又見39）

負嵎塔。應安中、驍將某氏墓。※
※此自注八字、第39本、無。今從第20本。

應安有驍將、晩節作浮屠。古塚存餘勇、猶疑虎負嵎。（20。又見39）

水松墩。

亭亭水松樹、繁蔭望中開。道是飛山種、高僧所袖來。（20 39）

垂藤坡。

四山鶯語歇、新樹葉蔥蘢。一片藤花紫、穿他萬綠中。（20 39）

通仙關。

仙凡分界處、松門倚樹間。悠悠名利客、不許過斯關。（20 39）

瞰樵臺。

巖尖斜照盡、林色稍依微。目送松根徑、山樵一一歸。（20 39）

白嵯峨。

距海三十里、山腹多銀沙。蠣殼逢雨出、聚作白嵯峨。（20。又見39）

翠坦迤。

夏晩宜消暑、石上有茂松。倦依黃石睡、夢與赤松逢。（20。又見39）

九折阪。

山蹊多曲折、升降自成趣。何須叱馭回、不是王陽路。（20 39）

一望亭。

絶頂有孤亭、萬景歸一望。倦時此登臨、精神忽曠暢。（20。又見39）

食鯨肉。

※「鯨肉」下、第39本有「有感」二字。今從第20本。

鯨魚三十尋、如雪噴潮去。誰知方寸中、亦有藏之處。（20 39）

二十七日、與旭邨・大中等、舟游韓嶼。頂有千手觀音祠。

※第39本、「旭邨、大中等」五字、作「樫處・大珍・堅輔」六字。又無「舟」字。今並從第3 20本。

溶溶漾漾入吟眸、風死北溟平似油。雲際峻峰皆白雪、天邊橫艇是滄洲。祠憑嶼頂安千手、石破波心出一頭。海氣侵肌酒醒早、寒鐘落日又鄉愁。（3 20 39）

安中師綜勝樓。

※「中」字、第39本、無。今從各本。

萬象森羅入ニ倚欄一、孤高縹緲在ニ雲端一。冬瞰燒レ海茶烟暖、夏雨沈レ山研氣寒。樵徑似レ蛇穿ニ坦迤一、釣舟如レ鷲趁ニ汗漫一。一樓綜得洋峩勝、毋ニ乃頴師琴屢彈一。（2②3 20 39）

津島東亭、招飲。余、後至。賦此以謝。

※「後」字、第39本作「遲」。今從第20本。

桂壺誰道惹塵緣、寄興晨吟夜酌邊。萬卷圖書歸涉獵、一時才傑入周旋。芝蘭几上移山種、鱗介盤中聚海鮮。情話欲償遲到罪、曉鐘聲裡尙留連。（20 39）

四月朔、雨中登ニ海嶽樓一、與ニ高方舟・西三谷・河旭邨・長子謙一賦。

※「朔」、第20本作「昨」。誤。又「高方舟・西三谷・河旭邨・長子謙」十二字、第39本作「方舟・三谷・樫處・子謙」八字。今並從各本。

新綠騣騣代ニ老紅一、四邊春盡雨冥濛。憑レ欄無ニ復望レ鄉意一、何處靑山不ニ越中一。（2②3 20 39）

翌日、與旭村等、舟游布施湖、送方舟歸高岡。

※此詩題、第39本、作「四月二日、與樫處等、同舟游布施湖、送高方舟歸高岡」。今從第3 20本。

午放輕舠發北灣、溯洄蒲葉柳枝間。蛇行白別三叉水、雁齒靑連四面山。多景豈堪勞望眼、暗愁其奈上離顏。晚來分袂長堤下、我輩坐還君步還。（3。又見20 39）

贈三谷國手。

※「三谷」下、第39本、有「西井」二字。今從第20本。

塵海風波奈險艱、何人能脫利名關。憐君獨託壺公術、漁弟樵

兄日往還。（20。又見39）

光源寺病中、長澤子謙來訪。

※此詩題、第39本、作「氷海光源寺臥病、長澤子謙來訪。賦。贈」十五字。今從各本。

北游已過一年餘、踪跡蕭條倚㆓佛廬㆒。風土稍殊多㆓疾病㆒、鶯花已盡感㆓居諸㆒。鄕心杳杳從㆓雲雁㆒、旅夢蘧々醒㆓木魚㆒。逐客令嚴人恐㆑累、獨憐賢輩未㆓相疎㆒。（2②3 20。又見39）

送惠順南征。

※「征」、第39本作「遊」。今從第3 20本。

我向君鄕止、君向我鄕行。羇思孰深淺、到處杜鵑聲。（3 20。又見39）

題松楠涯月琴。

※「松」、第39本作「松田」二字。今從第20本。

自十三絃至一絃、紛紛俗曲倦生眠。月琴忽奏支那樣、聽者神游杭浙邊。（20 39）

寄贈楠涯。

※「楠」上、第39本有「松」一字。今從第20本。

不羨芙蓉石與丁、一家仙趣自淸寧。東升海旭光華紫、南望山松壽色靑。茶熟烟雲生古鼎、詩成珠玉落新屛。客窓欹枕遙相憶、何日月琴敎我聽。(1)（20 39）

(1)自注「兄、善彈月琴。」（39）

十一日夜、赴旭村招、同三谷子謙蕉陰賦。

※「十一日」上、第39本有「四月」二字。又「賦」下、第20 39本、並有「時久霖、初晴」五字。今從第3本。

濕雲初散夜、明月未盈時。樹影敷田面、蛙聲聚水湄。老交除客氣、情話惹鄕思。欲去還相約、來朝必有詩。（3 20 39）

題夢蝶圖。

※「夢蝶」上、第39本有「莊子」二字。今從第20本。

犧牛已可畏、鯤鵬說亦非。晚節稍近道、夢爲胡蝶飛。（20 39）

十四日夕、與旭邨・知伽羅・三甫同舟、發氷海游能登。蕉陰・大中・三谷、送至海口、口號。

※此詩題、第39本闕之。今從第20本。

天邊月上日沈時、相送三人立水涯。別意匆匆言不盡、前程已

有好風吹。（20。又見39）

七尾。

※此詩題、第39本、作「岩城聿堂等、曰『氷海有詩、而七尾無詩。何乎。』即賦」。今從各本。

近濃遠淡景多端、好作二倪黄畫本一看。石動南横山渺渺、沙波北豁海漫漫。秋篷帶レ雨漁舠小、夏簟生レ雲佛閣寒。巖罅清泉宜二醞釀一、自教二游子酒腸一寛。(1)（2②3 20。又見39）

（1）自注「地有二清泉一、釀戸三十餘、悉汲レ焉。」（2②3）

爲楠涯詠牡丹。

※「爲楠涯」三字、第39本、無。今從第20本。

春暮羣芳欲盡時、花王始擅出塵姿。姚黄魏紫方分種、燕痩環肥互競奇。國色偏承朝日照、天香豈待晩風吹。只應長在玉堂上、不與江湖逸士宜。（20。又見39）

即目。

客窓懷病日方長、風雨三旬暗海郷。忽見連歸簑笠女、初知四野已分秧。（20 39）

十八日、發七尾、別楠涯。并引。

※此詩題、從第20本。但第39本、有題無引。説下見。

七尾之游、主楠涯氏。楠涯、薦其友巖城・聿堂・文卿等十餘人、相見。設別宴于本宮神祠、使數妓行酒、唱其新製「竹枝」。翌日、艤舟于妙觀院側、送到湧浦。（20）

※第39本、題此詩曰、「四月十三日、發氷海、抵七尾。依松楠涯氏。楠涯、薦其友文郷・聿堂等十餘人、相見。十八日、設別宴于本宮神祠、使數妓行酒。翌日、艤舟于妙觀院側、到湧浦。臨別賦此。」案其題、與此引粗同。

四歳索居天一涯、相逢觴詠即追隨。悉教才子締蘭契、更出佳人唱竹枝。今且艤舟從佛寺、昨宵別宴寄神祠。到涯分袂三回首、唯道明春莫負期。（20。又見39）

湧浦途中、風起舟欹、良久定。楠涯作圖、乃題三絶。

※此詩題十九字、第39本、作「十九日、發七尾。楠涯諸子、艤舟送余。湧浦半途、風起舟欹、良久而定。楠涯作圖、余題其上、三首」三十六字。今從第20本。

（一）

錦帆映浪海如油、才子佳人集一舟。續續紅裝驚白鷺、翩翩彩筆畫滄洲。（20。又見39）

（二）

毋乃歌聲遏去雲、風生舟仄雨紛紛。忽無趙女繁絃響、唯有洛生高詠聞。(1)（20 39）

（1）自注「時朴（ママ）涯生、獨笑歌不已。」（20）

（三）

良久風收海復平、蒲帆如鳥趁新晴。溫泉吹起硫黃氣※、波底起泡聽有聲。(1)（20 39）

※「硫黃」、第39本同。第20本作「琉黃」。恐訛。

既與安田竹莊、別于七尾、而抵湧浦。居三日、竹莊追至、有詩見示。席上、次韻以謝。

※此詩題、第39本、作「七尾、與竹莊別、而抵湧浦。居三日、竹莊來訪、有詩見示。席上、次韻以謝。時、風雨甚。」今從第20本。

五日逢迎七日離、上舟回顧故遲遲。不圖廿里相追至、况又斜風細雨時。（20。又見39）

巖城文卿、贈西墨二笏。

※「笏」下、第39本有「賦謝」二字。今從第20本。

清船不到乏險麌、邦製滯毫難得馳。嘉惠何唯涌縞紵、教吾到處寫新詩。（20。又見39）

二十二日、舟發湧浦、到田鶴濱。

※第39本、「二十二日」上有「四月」二字。又「到」作「抵」。今並從第20本。

風收波際見游魚、柔櫓聲中醲睡初。夢覺不知何地※到、青松一帶夾長渠。（20 39）

※「何」、第20本、無。疑偶脫。今從第39本。

二十三日、到安部屋浦、訪小泉梅朗。

※第39本、「二十三日」上有「同」字、又無「到安部屋浦」五字。今並從第20本。

一望蒼然認別寰、全家如在畫圖間。當窓月色涵南海、落枕泉聲遞北山。鳳尾蕉排新草秀、龍鱗松帶老苔斑。門前方繫西州舶、安得飛帆故國還。（20 39）

望洋樓、書所見。

※此詩題、第39本、作「同廿四日、望洋樓所見」。今從第20本。

鱎聲謳啞夕霏間、淡淡斜暉沒前灣。認得海南青一髮、卽吾鞋韈所過山。（20。又見39）

夏至前數日、訪ニ渡邊玄敬一。

※第39本、「夏至前數日」作「同廿二日」、而移此詩於「二十二日、舟發湧浦、到田鶴濱」詩下。又「玄」作「元」。今並從第2②20本。

何處薔薇送ニ遠香一、錦魚池上午風涼。品レ書論レ畫忘ニ天晩一、夏至誰言日最長。（2②20 39）

題三聖舐酢圖。

曉曉佛與老、辛苦唱異端。吾師平平已、舐酢直曰酸。（20。又見39）

爲梅朗、詠鐵蕉。

※「爲梅朗」三字、第39本、無。今從第20本。

武人畏死氣凋傷、臥榻側將容犬羊。一咲枯蕉猶毅魄、鐵釘深透卽青蒼。（20。又見39）

二十五日、舟發安部屋、抵福浦。翌日、探巖門諸勝。二首。

※此詩題、第39本、僅作「四月廿六日、舟發福浦。二首」十一字。今從第20本。

（一）

西溟萬里與天平、無雨無風浪自驚。舟子欣然如有詫、已逢奇石出相迎。（20 39）

（二）

浪花如雪響如雷、百丈險巖相對開。若個畏途吾始過、漁舟容易去還來。（20 39）

游總持寺、卽事。

※「卽事」、第39本作「口號」。今從2②20本。

蝸角總持與ニ永平一、年來坐レ訟互相爭。連房晝掩現僧少、聞說源源東武行。（2②。又見20 39）

能登路上、梅雨偶晴、書レ感。

去年梅雨出ニ金城一、今歲梅天尚客程。松徑午晴人意倦、映山紅老早蟬鳴。（2②20 39）

若蓑嶺。

幾回手掬石根流、稍到危巔得少休。東北天開山盡處、人烟一帶是輪洲。（20 39）

輪洲客舍、送二旭村歸二越中一。

萬壑千巖一徑横、陰雲近傍二馬頭一生。能州南接越山路、君冒レ雨行吾待レ晴。（2②20 39）

端午陰雨。似二從者知加羅・三甫一。

※「知加羅」、第39本作「如虎」。今從2②20本。

不レ飲依稀類二病禪一、雖レ逢二佳節一亦蕭然。客程尤怯黄梅雨、郷思徒消綠茗煙。身上添レ衣涼似レ水、晝間欹レ枕日如レ年。一腔愁悶難二抛去一、却羨諸君善睡眠。（2②20 39）

能登海上、天晴、必有二一帶長雲一、渺渺數百里。初覩者以爲二連峯一。

※「初覩者以爲連峯」七字、第39本、無。今從2②20本。

一喔天雞海初曙、風帆疑向二空中一去。長雲千里似二連峯一、云是和韓分レ界處。（2②20。又見39）

八日、發二輪洲一、路上所レ見。二首。

※第3本、無「八日」「二首」。第39本、「八日」上有「五月」二字。今並從第2②20本。

（一）

帆腹愒然舟未レ行、松間紅旭放二晨晴一。微風不レ起海猶怒、潮石相磨轆轆聲。（2②20。又見39）

（二）

青松簇立界沙灣、高勢層層直到山。海旭倒從鞋底上、忽移魚影在枝間。（3 20 39）

途中飢、平井幸吉惠飯。戲賦此以謝。

※「賦此以」三字、第39本、無。今從第20本。

蔚蔚桑陰蔽小池、午炎一洗愛風吹。宦游自笑如靈輒、簞食因君幸免飢。（20 39）

自二名染一到二牛建一途中。

※「牛建」、疑原作「牛津」。

北行半日緣灣風、稍入二山間一路向レ東。一望夏花無レ限好、白薔薇下杜鵑紅。（2②20。又見39）

抵宇出津、寓其棲翁家、陰雨不得發舟。

※此詩題、第39本作「梅雨中」三字。今從第20本。

梅雨連朝暗海涯、輕舟解纜定何時。悶愁日永方難遣、鬬酒纔終又鬬棊。（20 39）

晤深見玄素。玄素曰、「天保中、謁先生于赤關、既經二十三年矣。」。

※此詩題、第39本、作「梅雨中、游牛津、晤深見玄素。別來二十三年矣。」今從第20本。

廿歳不知存與亡、相逢互愕滿頭霜。客窓風雨蕭蕭夜、一穗青燈話故鄕。(20。又見39)

十四日、舟發宇出津、抵小木浦、訪法融寺不著師。小木東北、有九十九灣。

※此詩題、第39本、僅作「小木村、訪法融寺不著師」十字。今從第20本。

嶼身横插大洋中、三面素濤圍梵宮。戶牖憑高不知暑、吹來九十九灣風。(20。又見39)

十七日夜、舟發小木、翌日返氷海。

肩輿欹仄度孱顏、太苦能州路險艱。人脚何如帆脚健、夢中飛過百青山。(20。又見39)

二十四日、雨晴、與旭村・三谷・大中同、舟發氷海、到伏木。途中、書所見。

※第39本、「雨晴」作「梅雨偶晴」。又無「與旭村三・谷・大中同」八字。今並從第20本。

連旬梅雨一朝晴、帆腹饜風鳥羽輕。笑見來人延百丈、滿身※流汗曳舟行。

※「身」、第20本、誤作「舟」。今從第39本。

國分、訪癡王師、次其所贈詩韻。師、嘗訪余病于高岡・氷海。

※「國分」二字、第39本、無。今從第20本。

病裡相逢未具杯、尺書招我已三回。梅天幸得暫時霽、直泛扁舟趁約來。(20 39)

癡師大觀亭。

※「師」、第39本作「老」。今從第20本。

孤亭突兀據岡隈、下瞰千家枕岸開。有海直銜街尾起、無山不越屋頭來。任他野老朝爭席、何妨豪奴夕弄杯。高衲大觀齊物我、豈唯煙景作詩媒。(20 39)

不遠寺長空一鳥棲。

※「不遠寺」、第39本作「荷雨師」。今從第20本。

海隔隣墻亡渺漫、山藏庭樹失崔嵬。誰知別有會心處、決背長空一鳥來。（2039）

海亭晚望。

毎飯常懷鄉味、把杯翻說客情。長空低孤鳥沒、斜照轉數帆明。（2039）

伏木浦朝望。

風意搖ニ濃霧一、帆影識ニ朝暾一。新潮引ニ晴色一、迢遞入ニ松根一。皎皎大圓鏡、中刻雙槳痕。烏賊方上レ網、遠浦漁聲喧。魚籃隨ニ婦手一、陸續赴ニ前邨一。居人樂ニ朝爽一、旅客獨消レ魂。（3。又見2②2039）

奈古浦對鷗堂主人、乞詩。

漾漾朱欄影碧流、清光粗領二分秋。醉看奈古江邊月、一片飛過雪色鷗。（20）

勝興寺八勝。

忘暑處。

涼飆招不來、炎埃敺不去。誰知淨域中、自有忘暑處。（20）

洗心池。

洌極魚難產、水淺色逾青。名利心雖熱、一掬冷然醒。（20）

櫻堤。

堤上多櫻樹、春風一夕開。高僧談經處、花雨亂飛來。（20）

楓徑。

晚過林根徑、蕭蕭聞落楓。來朝衣桁上、猶駐一堆紅。（20）

松梢帆影。

林缺前灣見、斜陽在鶴巢。歸帆三四五、相逐度松梢。（20）

杉陰苔色。

竹根能破レ庭、松露巧枯レ草。自然生ニ綠苔一、莫レ若ニ杉陰好一。（2②20）

橫檻藤雲。

高處藤花發、長茸斂ニ半空一。倚レ欄人不レ見、笑語紫雲中。（2②。又見20）

漲岡麥浪。

何處雉鳴多、前岡煙雨裡。東風又晚晴、麥浪沄沄起。（2②20）

高柳山六勝。

立山。

無術致涼風、人皆苦炎熱。僧窓冷似秋、坐對立山雪。(20)

二上山。

衆林綿亙間、孤高貫天雲。上有山神廟、天樂夜深聞。(20)

澁谷。

嚶嚶求友聲、已出自幽谷。寄語託東風、吾園有喬木。(20)

射水。

射水廣而深、扁舟好往還。夕沿浮北海、朝溯入南山。(20)

奈古浦。

海面凸レ于レ岸、新潮送二月明一。暮舟帆未レ掛、忽溯二上流一行。(2②。又見20)

三島野。

春光入莽蒼、秋色敷瀟灑。何處好尋詩。莫如三島野。(20)

湘南師(ママ)翠雲深處。

此君堪與語、瀟灑結清緣。不問人間事、翠雲深處眠。(20)

秋元氏臥龍閣。

蜿蜒立嶽並群峰、前隔射川如臥龍。傍立衆山皆遜位、上流諸水悉朝宗。高帆陸續秋風正、太壑晶熒夏雲濃。足羨君兼仁智樂、雄貲却勝祿千鍾。(20)

六月朔、發伏木、到富山、晤高桑立山、勸同游飛驒高山

浪華一別十經秋、今歳相逢在越州。聞說飛山宜逭暑、問君無意我同游。(20)

富山。

※此詩題下、第39本有「城下作」三字。今從各本。

名曰二富山一名得眞、渠渠厦屋識二豪民一。專城元異二附庸國一、靈藥周通二率土濱一。(1) 萬仞高峰擎二白雪一、一條流水洗二紅塵一。唯因二地勢便二消暑一、不レ覺淹留又二一旬。(2②3。又見20 39)

(1)自注「富山藥、周二海內一。故多二富戶一。」(2②3 20 39)

三伏中、每日食氷。

※此詩題七字、第20本、無。今從第2②本。

粗糲甜醪總可レ憎、晩多二豹脚一晝多レ蠅。唯憐一事勝二南國一、午夢回時聞レ賣レ氷。(2②20)

又戲作。

柳惠學來多巧拙、形容雖似精神別。漫誇吾操等蘇卿、六月中旬嚙氷雪。(20)

富山諸子、邀飲鼬川酒樓。

風吹翠柳晩蕭蕭、三伏炎蒸亦易消。更有絃歌樓上起、使人却想四條橋。（20）

寄田琴岳。

連旬旅館食無レ魚、單葛沾濡汗有レ餘。猶記芭蕉亭裡飲、一庭新綠裌衣初。（2②20）

題畫。

（一）

巑岏枯柳送二秋聲一、霜落寒塘水色清。無二復白蓮花似レ雪、一雙立鷺影分明。（2②20）

（二）

遲疑漢殿返魂日（ママ）、嗚咽唐宮瞻影時。何若鴛鴦畫屏裏、千秋萬古不相離。（20）

贈甘泉師。

尊者譚經舊有名、中庭更見井華清。源源自作醍醐味、不負千人渴慕情。（20）

十六日、澤田二舟、邀余及高桑砥山・高田知伽羅、游錦魚池、遂棹舠溯神通川、上岸渡橋、投山吹樓飲。席上、走筆紀事。時、余將赴飛州。

火雲朝躋劍阿、終日不動赤嵯峨。室裏人如甑裡坐、滿身白汗雨滂沱。二舟處士多情者、欲把清游賽東坡。錦魚池畔俟日落、扁舟直溯神通河。擇伴不多又不寡、三詩客與一翠娥。數行垂柳參差動、已覺涼風萬斛多。此時明月現雲罅、長流十里漲金波。不倣洞簫如怨慕、膝横三絃發嬌歌。雪色水禽驚飛去、波光倒照金叵羅。停棹上岸穿林隙、細路迂曲石盤陀。赤脚疑踏層氷去、青松厚陰落素沙。俄然一轉舟橋出、横舟櫛比帶盤渦。白日兩涯誤牛馬、清宵何處伏黿鼉。水勢電走破魚夢、縞鱗一躍如抛梭。渡橋入街有餘興、更向山吹樓上過。復招數妓座隅列、怪底秋江抽群荷。水晶簾捲越絺戰、長袂摻摻舞傞傞。二舟二高皆健飲、燭花映發醉顏酡。唯吾戶小詑獨醒、醒醉雖殊歡意和。嗚呼此歡不可屢、屋梁落月又西斜。我是天涯萍蓬客、夙志不遂空蹉跎。飛山南指萬層翠、月落烏啼奈別何。（20）

七月朔、與二清水恕山・高田知伽羅・僧鷹山一、發二富山一、途中作。

到處不レ堪蠅蚋咀、今朝秋令更炎暑。偶逢孤店面二微流一。迎レ
客桑陰煨二蜀黍一。（2②20）

初三日、至二飛驒高山一。舟坂畫餅、贈二松蕈一。賦謝。

夏日多レ肴少二菜蔬一、北州常憾疾難レ袪。南來偏喜逢二松蕈一、此
是客中秋味初。（2②20）

高山客舍、送二知伽羅一。

春時臨レ發復回レ車、今度眞成去返レ家。野雨初收旅衣冷、秋
光已到女郎花。（2②3 20）

十一日、送恕山。恕山、從至高山、有故歸家約、追及江
州。

初期相送到江州、不料中途忽別愁。此夜約君兼約月、中秋共
會石山舟。（20）

十二夜、雲龍禪寺僑居。風雨初歇、月色殊美。湘雨・竹
匡來訪、共賦。

薄晚漸收風雨聲、青山早已月華明。夜深送客過橋上、髣髴虎
溪三笑情。（20）

中元夜、與山崎醒石・桐山中所・舟坂畫餅・福田竹匡・
僧湘雨、集于渡邊苔石萬碧樓。二首。

（一）

兩度中元客裡天、者番復此接諸賢。人來北地驚秋早、樓對東
山得月先。（20）

（二）

明月青山客斷魂、看看樹影轉南軒。晴空已孕風霜氣、無復殘
炎似故園。（20）

贈湘雨師。

黃梅雨裏別京師、共約相逢雁到時。不料中途徑一歲、今秋初
趁去秋期。（20）

在雲龍寺、借桐山中所『飛州志』、讀之。

一洗人間鬧熱情、松苔竹粉有餘淸。夜窓閒對飛州志、聽盡山
泉落筧聲。（20）

二十二日、寓二松漪樓一、夜間偶得二一絕一。

※「二十二日」下、第20本有「去雲龍寺」四字。今從第2②
本。

一人人至促ニ揮毫一、終日何堪應接勞。詩興偶追ニ殘夜一動、半
窓斜月水聲高。（2②20）

二十五日、戸谷樸齋、導ニ登城山一、食ニ西瓜一。

山城毎雨覺ニ涼加一、歐ニ逐殘炎一不レ駐レ些。却有ニ夏情猶未一レ忘、
青松陰裏割ニ西瓜一。（2②20）

淺水亭主人、乞詩曰、「古人、有舍深濁而取清淺之歌。
是我所名。」。

渾渾難測是人情、平地風波容易生。縱有深淵千尺在、何如淺
水十分清。（20）

信濃寺澤牛巖、通ニ書信一六七年矣。今秋聞ニ余在ニ飛驒一、
來問下作ニ文詩一法上。席上賦贈。

不ニ獨岐岨險一、飛山更峻高。蟾嘘成ニ霧雺一、蟒過駐ニ腥臊一。欲レ
得ニ文章訣一、終忘ニ跋涉勞一。近人皆自レ郤、議論溯ニ風騷一。（2
②20）

贈山崎醒石。(1)

（1）自注「兄、借其所藏『群書類從』。」（20）

馮生幾度歎歸歟、北地周游已歲餘。雨泊風飄如旅雁、夏徂秋
至憶鱸魚。剪來窓裏五更燭、借得篋中千卷書。別後應多雲樹
思、唯期音信不睽疎。（20）

中秋、猶在高山。山下藁堂、招集方竹亭、同僧湘雨・矢
貝清風・森橘堂賦。予、欲歸路上、石山觀湖月、不果。
故及。

秋賞莫如湖水灣、溶溶波浸素娥顏。唯因此夕多佳友、不憾高
山博石山。（20）

中秋後一日、發ニ高山一、湘雨獨從、至ニ萩原驛一。

※「湘雨」下、第20本有「師」字。今從第2②3本。

送者皆歸旅思生、唯公慰レ我向ニ前程一。束裝茆店先レ鷄語、欹レ
枕山樓聽ニ鹿鳴一。一旦終爲ニ千里別一、三宵殆有ニ十年情一。傳レ言
益舍諸詞契、魚雁源源莫レ背レ盟。(1)（2②3 20）

（1）自注「予、與高山諸子結社、名『益社』。」（2②3 20）

高山吏人富節齋・山醒石、爲余先容於飛卿（ママ）豪所、到得款
留、賦此寄謝。

轎鞍預具待寒儒、到處居人禮遇殊。爲是先容多潤色、終將燕

石作明珠。(20)

抵萩原驛、贈戸谷權十郎。(1)

(1)自注「君善畫、而沽酒及藥・綿・絲。」(20)

一望百餘戸、君家獨不同。泉聲茶榻外、山色畫窓中。妙藥扶仁術、良綿煖病躬。更儲千石酒、教戎旅愁空。(20)

二十日、發二萩原一、至二莊箇野一。雨下、土人牧犀園、留レ我宿。

秋天久無レ雨、今日忽瀟瀟。漲勢※侵二山市一、樵心怕二澗橋一。早寒教レ酒醒、暮色欲二魂消一。雞黍情何厚、團欒話二靜宵一。(2②20)

※「勢」、第2②本、原作「痕」而後削。案「痕」、平聲、不稱。今從第20本。

二十二日、至美濃上有知。翌日、訪村瀨秋水翁、賦贈。

詩酒逍遙春又秋、心閒居市亦風流。醉眠不覺月侵榻、枯坐相看花近樓。離索廿年形已換、逢迎三日禮何優。明朝分袂長江上、兩岸商飆送去舟。(20)

二十五日、至加納、晤青木子新・大夢師・鈴風越諸子。

千里北游加越過、南歸亦已歷飛驒※。從頭數盡經來地、唯覺知音此地多。(20)

※「飛驒」、第20本誤作「飛驛」。不協。疑偶誤。今改。

至二加納一、與二青木子新・大夢師一、夜坐。

※「至加納」三字、第20本、無。今從第2②本。

豈圖投レ轄遇二親朋一、我是回レ鄉張季鷹。話レ舊同傾秋夜酒、快心殊勝夏時氷。簷端葉下三更雨、穴隙風搖一穗燈。聞說永源楓樹好、何如相送探二峻嶒一。(2②。又見20)

讀昌啓『兩朝從信錄』。

虜勢炎炎若火然、忠臣切齒幾號天。莫言昌啓已難救、猶有崇禎十七年。(20)

至二京師一、俵和邀二飲一桁秋山樓一。

艷雨奢雲到處開、金釵隊裏把二瑤杯一。紅塵不レ點詩人眼、一桁秋山入レ望來。(2②3 20)

(以上、北游紀行)

秋晩、游ニ無尻堤一。(1)

（1）自注「以下、歸浪華後所作。」（2②3）

※此詩題下、第3 20本、並有「書感」二字。今從第2②本。

風捲ニ寒雲一現ニ遠山一、來帆忽隱荻花間。群楓不レ識斜陽沒、猶自深紅照ニ夕灣一。（2②3 20）

寄ニ柴綠野一、以報ニ浪華近事一。綠野去後、内病四旬。余、以ニ看侍勞一發レ疾。

貞成一日是三秋、幾度相思獨倚レ樓。負レ米君安ニ慈母意一、采レ薪吾爲ニ病妻一憂。姦商强糴逢ニ官糾一、名士遺書任ニ客求一。今且更聞ニ新詔下一、娥皇鸞降向ニ東州一。（2②20）

歳暮、三原宇龍山來訪、示ニ其詩集一。

手出ニ新編一案上開、怪何珠玉此投來。休レ嘆在レ世無ニ同調一、皆道於レ詩有ニ別才一。驛館夜聽風霰發、轎窗晨望雪崔嵬。猶吾往歳山陽路、鞋韈隨レ君探ニ野梅一。（2②20）

十一月晦、招宇龍山及岡田松次郎、飲于江山樓。

爲是前涯濶、市樓同遠郊。凍雲横柳外、急雪到梅梢。山祝上賓壽、水如君子交。一杯須更盡、戶隙猛飈哮。（20）

萬延辛酉元日作。(1)

（1）自注「自ニ神武帝辛酉卽レ位、至ニ本年一、歳周既四十有二度。」（2②）

周瓜不レ用詫ニ綿綿一、何若皇家系出レ天。一自ニ磐余開ニ寶祚一、二千五百二十年。（2②）

詠ニ新柳一。

惹ニ得啼鶯一不レ負レ春、與ニ清流一近與レ烟親。似レ忘雪裏嘗淪屈、纔遇ニ東風一隨意伸。（2②3）

次ニ菊池海莊所レ寄詩韻一。

（一）

昔日少陵將ニ謫仙一、春遊共在ニ曲江邊一。秋風一別胡塵起、徒憶開元全盛年。（2②）

（二）

蒼茫雲海入ニ斜暉一、曾議邊防事已非。極目南門無ニ鎖鑰一、仁風長送ニ虜帆一飛。（2②）

二月十二日、聞二墨園經營全竣、且再娶一、往賀。

別來已三歲、土木功全成。雜穢歸二開廓一、平地起二崢嶸一。高花壓二初月一、菀柳安二宿鶯一。如レ見金波動、池魚應二已生一。深盃弄二淺酌一、話盡契濶情。重疊爐炲積、汎灁燭淚盈。不レ知青山曙、庭井轆轤鳴。提レ甕者誰子、少君有二賢名一。（2②。又見3）

春寒。

風威更凌厲、陽澤奈二天慳一。晝夜平分後、桃梅代謝間。芸黃歸二麥葉一、菜色到二人顏一。衆庶休二長喟一、官倉粟尚山。（2②3）

春夕、宿二兕山書樓一。

林隙洩二池光一、朧明分二歸鳥一。遠鐘時一聲、塘路行人少。抛レ卷倚二岑樓一、深思而淺眺。萬象已茫茫、孤心猶了了。坐久瞑霧收、山凹春月小。澗芳襲二臥衾一、一夢不レ知レ曉。（2②3）

雨中、訪二惠公房一、喫レ茶。

簇簇晴郊賣酒家、杏花行盡又桃花。何如竹雨僧窗下、坐試菟山一掬茶。（2②）

三月十二日夜、宿二藤杜祠官因州宅一。

昏黑投二祠林一、神燭照二幽碧一。綠篠洩二粉墻一、知是君所レ宅。高櫻懸二月華一、低窗延二虛白一。蛙聲起二遠田一、愛此春深夕。（2②）

春晚、玉江餞二予於玉藤亭一。

茫茫離恨塞二乾坤一、幾度停レ盃慘不レ言。啼鳥落花春欲レ暮、夕陽況又近二黃昏一。（2②3）

三月二十七日、福生螺江餞二予於白氏網洲別業一。

世間春已盡、彌望綠陰陰。誰識蔚涼地、紅芳猶滿レ林。北軒接二江渚一、快敞滌二煩襟一。長流抱二郭樹一、帆影出又沈。墨花浮二素絹一、紫袖交二青衿一。醒醉量雖レ異、幽艷興幷深。疎鐘度二空際一、霽色分二歸禽一。遲日引二歡意一、夕景復離心。（2②3）

將下發二浪華一歸上レ鄉、兕孝屬二田小齋一、畫二予眞一、乞レ贊。

不三是王通策不レ用、不三是張翰早見レ幾。老來疎懶倦二應接一、故山猨鶴勸レ我歸。萬卷圖書看已忘、千人弟子學彌疑。著述等身飫二蠧腹一、未三必後世子雲知一。（2②3）

四月十二日夜、宿長星灣※、讀茶山山陽二集、有感。(1)

（1）自注「以下、西歸所作。」（3）

※案此詩題、第3本、「灣」下有「家、燈下」三字。今從第2②本而削。

（一）

二翁少壯作、儼如節制師。如何中年後、頽唐不自持。雖取兒童悅、難免老成譏。吾才下中耳、加之病且衰。回看近所作、十篇而九疵。豈敢輕先輩、鑒此以自規。信哉隨園說、人老休作詩。（2②。又見3）

（二）

老境多閱歷、世途識險夷。以身體書義、理或不參差。岌岌殆罔際、勿偏學與思。天假吾餘喘、幡然改所期。玩索古人意、不必多自爲。（2②3）

別星灣、仍丙辰七月既望韻。

船載全家向故鄉、明年東上是春陽。青山應倦送迎數、白髮自慙來往忙。天近熟梅林雨密、雲低矮柳水樓亡。相思一隔周洋碧、君日南望我北望。（2②3）

抵樋田、令兒孝先歸家。

汝出家時女始生、老人知汝憶家情。來朝桑梓路方近、令汝先行我後行。（3）

歸家。

※案此詩題下、第3本有「後偶作」三字。今從第2②本而削。

我年十一手栽松、今也夭矯作老龍。四十五年如片夢、稀髮何如蒼葉濃。」歸家自悔歸不早、白日寥々少舊好。不唯屋宅多變遷、老者皆徂少者老。」夜枕夢回山雨晴、池上星疎耿不明。松隙風入成人語、相對恍話當年情。（2②。又見3）

村居、書所見。

陰陰綠葉暗窗前、打麥聲中日似年。竈婢推窗投筍籜、楝花風亂午炊煙。（2②）

夜間雨忽晴、坐遠思樓、即目。

夜風無聲還有力、能移濕雲萬點黑。白月一線射寒池、傍有鬼燐綠礬色。」當窗松※枝宿鳥驚、墜露濺面醒餘酲。俯視麥浪鱗鱗動、田間古碣如人行。（2②3）

※「松」、第2②本誤作「柗」。今依第3本而改。

青村和前韻、頗及時事。復依原韻和答。

弘安殲虜因颶力、海立沙走天地黑。夕波萬里紅湧時、想見當年戰血色。今日聖明波不驚、堯醺舜醲擧國酲。貢獻薇海無虛

日、英船行了魯船行。(1)（2②）

（1）自注「時魯船泊對馬、英船泊赤馬關。」（2②）

必東主人、招飲水亭。席上作、依前韻。

江聲西走非禹力、蛟龍伏處層波黑。隔岸綠樹看有無、夕陽忽分疎雨色。」珍羞到箸飢腹驚、明朝何妨病宿酲。坐久不覺夜天霽、漁燈紅盡素月行。（2②）

自題近稿後。

青蛙鳴樹梢、終日不能已。玄蟬亦何爲、常噪美陰裡。蟲噲應元機、自然成宮徵。吾衰逼物華、勢難得默止。忽然銜口成、味淺而言邇。一笑謝傍人、只合蟬蛙視。（2②）

贈田潤鄉、疊前韻。

往取將相由才力、致身須早迨頭黑。身世鯢甋違素期、一窓黃卷照晚色。君才橫逸萬人驚、老夫心醉甚似酲。百年匆匆幾過客、我將歸去君始行。（3）

記夢。

須臾飛度幾崔嵬、背負青天兩袖開。姑踞芙蓉萬尋頂、眼看東海小干盃。（2②3）

偶成。

南華批罷把陶詩、歸去迢遙總可師。樗櫟人嘲無所用、柴桑自樂復奚疑。世情朝四暮三際、吾境昨非今是時。田二頃兼燈一盞、好將耕讀課孫兒。（2②。又見3）

季夏晚望。

隴畝農人去、殘烟淡似秋。鐸聲聞未已、暝色沒歸牛。（2②3）

夏朝、過雪來村。

盈盈秧杪露、冷冷竹間風。田舍人猶夢、殘灯旭影中。（2②）

秋晚、送青村叔姪東遊。

※「叔」字、第2②本、無。今從第4本。

東道風光屬暮秋、我曾游處子將遊。名駒始試長途步、美玉從他善價求。野店賣糕茶正熟、旗亭買蟹酒相酬。試看金澤繪洲地、當日題名尚在不。（2②4）

冬夜不眠、寄懷浪華福螺江。

曲身爐際愛宵深、不省霜威到臥衾。寒裡痩梅能獨立、靜中孤鼎却長吟。蒼茫落月催人夢、瑟淅晨風警鳥心。忽憶去年微雪夜、扁舟訪友溯江潯。（2②3）

冬初、與稻寬度、探南山勝、宿一塔村。

窗月皎皎夜三更、向曉月黑濕雲横。未眠溪聲如急雨、已醒雨作急灘聲。多衾溫溫釀春意、日照晨窗群鳥鳴。四邊紅葉引征路、溪聲方靜雨亦晴。（2②34）

讀鍾譚集。

誰哉唾指破窓紙、瞪其隻眼盼兮覗。一寸神光漲秋波、唯道西施天下美。開窓相追彼已奔、千呼不應詫矯恥。我更疾走顧其顏、滿面痘痕凹然紫。一笑復座癡想醒、讀鍾譚者有類此。曰精曰靈曰簡遠、標目百般一澁已。僅如有趣看既亡、昭昭欲活幽幽死。吹毛百鍊霜鍔光、觸者皆創怖虎兕。螻蟻自由繞銛尖、脚縮頭延行且止。自誇不創顧勸人、二家之趣毋乃是。棄車放馬背坦途、聳身裸走荊棘裡。强把幻術稱神通、二子佞佛眞有以。如今作者多如林、家家赤幟隨處起。淺易平俗奈難醫、奥如二家亦稀矣。近年上國一鉅公、慧語悅人如妙妓。後

生少年慕成風、翡翠蘭苕空委靡。嗚呼鍾譚詩罪人、鍾譚罪人夫已氏。（3。又見2②4）

臘月初三、移于餘楚山陰新築、名「雪來山館」。

餘楚山北鞍谷限、新搆一館名雪來。老松千株山所有、修竹千竿我所栽。更種舍南兼舍北、長短三百五十梅。臘月初三始移住、此時雪下風勢廻。遠山已積近山未、白崔嵬蝕碧崔嵬。須臾白了無可白、尋常草屋亦瑤臺。老夫鬚髮元鶴鶴、欲自摽異起徘徊。不辨我化爲雪雪爲我、交虎爲虎是牛哀。莫道雪盡無所觀、更有春鳥呼梅開。莫道梅落無所觀、涼風戛竹翠雲堆。莫道夏過無所觀、月明松子墮秋苔。四時佳勝雖併有、今也餘物未得媒。梅兄埋如高士臥、竹君腰折木公摧。滕六獨到先賀我、微汝向誰屬我杯。譬之晉侯頒地日、魯人先來占其魁。且引喜雨亭故事、名曰雪來確矣哉。（4）

冬夜、雪來山館書感。

※「雪來」二字、第2②4本、並無。今從第3本。

空山樹影黑、月出寒鳥驚。幽泉在林下、照見一綫明。晝問多崖谷、夜望渺然平。知有通村路、人語煙中生。半生上國住、皷笛徹宵聲。萬燈照江水、不見月波清。常願歸故里、翛然謝

世營。今也愜素志、却憶彼時情。（3。又見2②4）

臘八、雪來館偶成。

不似紅塵紫陌間、層層雪色照蒼顏。從今小草視黄面、汝出山時我入山。（4）

臘月十日、兒孝祭先室。并引。

弘化甲辰、先室合原氏、沒于江戶。居三年、余還浪華。十年來、屢遠游、其忌（虫損）□多不在家。繼室清水氏、奉祭甚虔。今茲壬戌、歸鄉、賦此示兒、并告先室。

游倦老夫鄉里歸、兒方生女侍庭闈。蘋蘩猶出新人手、豈有蘆花絮作衣。※（4）

※案此詩、據「引」則文久二年壬戌作。今從第4本。

贈飛州詩僧清澈。

住處幽深天地別、吟思奇絕又清絕。新詩一卷在東窓、如對飛山三伏雪。（4）

文久二年（一八六二）　壬戌　年五十六

壬戌元日、家僮欲插松戶外、笑而禁之。

※「欲」下、第4本有「沿鄉俗」三字。今從第2②本。

市上新年總插松、蔚從門外蔭門中。山庭自有千株在、不用安排趁世風。（2②4）

春寒。

飢禽相喚立簷稜、新年朔吹更凌兢。陽春有脚來何晚、池水還添一段氷。（4）

楚陰夜歸。

霜包矼石白玲瓏、路傍溪流一綫通。野碓聞聲不知處、水煙澹合月明中。（2②34）

正月二十二日、遊栗園、主人送以轎。

※「栗園」下、第4本有「夜歸」二字。今從第2②本。

呼集輿丁送我行、夜歸深感主人情。雪融隨處有餘潦、時見春星轎下明。（2②4）

得青村正月信。

郵筒千里報吾知、都下文恬更武嬉。正月之望水風烈、官梅吹折第三枝。（4）

春初、送原明卿奉母東遊。余將以初秋東、故及。

去年一劍向皇州、今奉潘輿此再遊。氷渙琶湖鯉將上、雪消伏水筍初抽。山門應續舊題句、江岸或尋相識樓。若憾登臨無好伴、唯須待我到涼秋。（2②4）

二月苦寒。

烈烈寒威逼病身、今年二月未知春。柳無青眼霜猶殺、山總華顛雪又新。不奮東君徒自屈、無饜朔吹更求伸。何當寰寓韶光浹、點綴鶯花悅萬人。（4）

寄青村在東都、聞其方讀『通鑑』。

聞君繙史夜深時、抛卷應歎唐宋衰。裴武趨朝俱遇賊。秦湯當國並親夷。擁兵藩鎭奈謀拙、棄市學生其罪疑。獨喜我邦形勢異、堯臣舜相悉皐夔。（4）

玉江訃其父茘園翁喪、且以遺□（虫損。「命」カ）乞詩。

少攻方技老攻詩、眉宇清寒絕俗姿。□（虫損）夜敲門招使到、三春閉戶比隣疑。救人鴻術授賢弟、希世鳳毛傳阿兒。一旦上僊何所憾、任他交友涙空垂。（4）

雪來山居、寄南陔兄。和東坡「感舊詩」、幷引。（1）

（1）自注「以下十四首、和蘇。」（2②3４）案「四」、第3本作「一」。

坡、年五十六、賦「感舊詩」、留別子由、曰、「兄弟、宦游四方、不相見者、十常七八。每夏秋之交、風雨作、木落草衰、輒凄然有感、蓋三十年矣。」余、客上國二十六七年、屢歸鄉、而兄常不在、其跡太似坡兄弟。乃約、迨余年未六十、皆歸、鄰居往還、以終老焉。辛酉夏、余先歸、兄在府內、至明年春、猶不歸。因寄此促之、副以和蘇十三首。坡作和陶、曰「淵明心似我」。又曰、「樂天跡似我」。余之和蘇、敢曰「心似乎、唯跡似耳」。嗚呼、余亦五十六矣。（2②。又見3４）

千金購美妾、富叟樂未央。貧者難一飯、仰天怨日長。無妻林和靖、避穀張子房。世人趁午熱、己獨占晚涼。新居蘇山北、逶邐帶重岡。不唯我忘世、世人亦我忘。一室雖狹陋、二兒幸健康。薄田不收粟、蕎麥是常糧。素喜苔上步、新種杉千章。擎龍抽春雨、橘奴待秋霜。阿兄歸何晚、此味方獨嘗。對牀知

何日、我心悵未降。（2②34）

新買舠、自中洲、泝至錢潭、出歩岸上。和「游桓山」詩。

※「新買舠」下、第3本有「(三月二十一日)」、第4本有「三月二十一日」。今從第2②本而削。

欲與烟水親、稍斂城市跡。小舟如鳧雁、到處任拍拍。短篙觸櫻花、雪片點深碧。午倦上柳堤、平沙愜散策。嫩莎翠剡剡、幽禽韻礫礫。傳厨託奴肩、薄味寄蔬腊。暮岫催歸雲、我亦還泛宅。（2②4。又見3）

雨中過古後村長、主人新解任。和「雨中過舒教授」。

春興鬧如燃、滅以瀟瀟雨。暮花忽遠人、潛形隱寒霧。邨徑接桃林、落英承芒屨。主人如良醇、一逢忘雜慮。鳥語破積陰、小窗夕陽度。君今得退休、昨跡杳何處。弋者追聲來、鳴雉何不悟。請看南山豹、霧雨耽隱趣。（2②。又見34）

雨中熟睡、至晩、强起出門。和原作。

上國三十年、雙耳饜絲肉。今爰聽雨聲、始喜睡味熟。夢回仗枯杖、臨流濯吾足。微風約山雲、雨絲斷難續。僻澗還有橋、不倣窮途哭。歸來方上燈、隔林聞兒讀。（2②4。又見3）

病後行藥。和「十月十四日以病在告獨酌」。

※此詩題四字、第4本、作「病後每日行藥溪山之間」十字。今從第2②3本。

一病又三旬、韶光動村落。芳草被平岡、野人松下酌。臨深不敢履、春氷今已薄。萬象赴新熙、山容亦如樂。病根在鬱陶、寡慾是良藥。須斷世務煩、有似獻酬酢。每旦山上歩、有時水際泊。北辭詩社招、南拒琴僧約。孤跡寄汗漫、寸心彌寥廓。一笑群蜉蝣、不識有龜鶴。（2②34）

題畫。和「見僧守詮小詩次韻」。

山僧出看花、日夕不還寺。白雲踏無跡、餘冷在雙履。孤月亦親人、共向前山去。（2②3。又見4）

寓感。和「雷州」。

平生誤讀書、稷契漫自許。雖有千金裘、難以待盛暑。王粲倦登樓、洵美返吾土。擧杯屬青山、耐久吾與汝。（2②34）

偶成。和「依蘇州韻、寄鄧道士」。

澤追釣魚叟、山從劚苓客。留連不繫舟、殷勤無言石。晨往笠上星、歸舍景既夕。回首三都遊、春夢醒無跡。（2②34）

春晩、送菊敏仲東上。和「新渡寺送任仲微」。

浪浪花杪雨、浮浮水上雲。春光看欲盡、何堪又別君。要荒風化浹、朝廷議論分。壯哉君出仕、老矣我歸耘。晨辭魚蝦侶、夕廁鵷鷺群。莫言隔千里、得失我應聞。（2②34）

山居。和「擬古」。

黃鳥又黃烏、相呼集二園柳一。去年初開レ園、種レ柳待レ君久。山居少二交游一、君須レ作二吾友一。食歟我有レ粟、飲歟我有レ酒、鳴呼君與レ我、襟期莫二辜負一。睍睆懷二好音一、偏疑於レ我厚。不レ用相嫌猜、我園皆君有。（2②34）

過二稻員生村居一、生導二遊鬼城僧菴一。和「過雲龍山人」。

不論花有無、春野總姸好。百錢掛杖頭、獨向南山道。村巷帶蓬蒿、藥圃種桂棗。稻生今伯休、身隱名彌噪。應門無僮僕、落英紛未掃。泉脈通庖間、自然生幽草。相狎四十年、調謔互絕倒。將導探鬼城、貰酒叩隣保。呼鍬掘芋魁、臨流手親澡。林蹊蛇尾纖、巖松龍鱗老。草庵僧已亡、唯有黃鼬媼。山薇方堪茹、溪荇行可芼。竹籬破不脩、龍孫任猴抱。谷深雲曳長、山凹月生草。與我此往還、何異商山皓。莫就富人遊。徒被酒食勞。（2②4）

游南山歸途作。和「過宜賓、見夷中亂山」。

春晝雖云長、探花到落日。歸雲如有心、相追度絕壁。回顧向所經、嶺松猶歷歷。低處夕氣盈、花霧吹成碧。今游猶未盡、明晨擬再適。鳥外見池光、東岑升素魄。前路莫狐疑、近村多牛跡。（2②4。又見3）

種竹。連下首、和「東坡八首」之二。

※案「東坡八首」、見清王文誥編『蘇文忠公詩編註集成』卷二十一。

結構憑岡巔、高敞心所適。獨奈烈風多、秋冬常栗栗。種竹欲防風、遍向隣里乞。吁彼何人乎、七賢及六逸。既斯夏月涼、清陰到吾室。更想疎雨休、夜深孤螢出。寒庖待明春、玉版參可必。（2②4）

種茶。

自古有薄田、數畝據岡背。農力不到處、年年長蕭艾。相遇豈偶然、一朝與我會。放火燒枯株、揮鋤破頑塊。種茶于中央、設柵護其外。昨夜春雨過、香葉忽繁薈。新井味尤甘、烹煎固自在。晩食喫雪芽、何羨炙與膾。（2②4）

四月初旬、夢游赤關、賦一絕、覺僅忘數字、乃補成。
打岸驚濤散雪花、青松如薺立平沙。西州日日西風急、總送浮雲入浪華。(2②34)

湖堤晩歸。課題。

※自注「課題」二字、第3本、無。今從第2②4本。

骫身久與浪昂低、渚葦洲楊望欲迷。日入餘霞千里紫、孤帆忽出遠山西。(2②34)

夏夜步村閭、懷浪華諸友。

烈烈炎威廿日晴、試沿村徑覓涼行。低窓袒裼夜殘影、遠處歌呼夏祭聲。月到雲端危欲墮、露粘葉背落初明。忽懷上國諸詞契、淀水舟游鬪酒兵。(2②34)

過晩帆樓主人倪半山故居。

江上斜陽數鳥還、歸帆影落小窓間。一橋雙碓依然在、不見詩人倪半山。(2②34)

霖雨偶晴、書觸目。

葉背孤蟬忽爾鳴、陰雲一罅放新晴。斜陽不解黃昏近、復在綠槐高處明。(2②34)

五月二十日、兒龍吉生。

聰明不願到公卿、儒素家風祝晩成。有母夢龍應吉兆、無人貽鯉少佳名。内夢龍※而妊。豪啼標出俊英氣、豐下慰來遲暮情。却訝餘慶偏厚我、多男何幸勝諸兄。余兄四人、唯季兄一男、而余四男。(2②34)

※「妊」字、第2②4本、並作「震」。案「震」、與「娠」同。

卽事。

山頭一自避塵喧、曆日抛來度曉昏。一夜連村燈火滿、初知世上是中元。(2②3。又見4)

秋夜不眠。

秋光何必説悲哉、適體新涼戸半開。稍稍樹間風復起、朧朧池上月將來。西歸虜舶情難測、東下星軺信未回。一片閑愁抛不得、懸衙晨鼓幾聲催。(2②4)

詠史二首。

(一)

培麥浴蠶纔送春、夏畦事務自茲新。年年農圃成何事、眞箇樊

須是小人。（2②。又見4）

（二）

時勢豈唯藩鎮强、吐蕃回紇更猖狂。衡山已解芋魁味、去落人間亦不妨。（2②4）

余初歸日田、欲終焉。居一年、有故、復東行。

※「日田」二字、第2②4本、並作「吡哆」。今從第3本。

明代聞人袁石公、曾稱鄉是毀譽叢。故交傷彼化爲鬼、新識嫌吾衰作翁。飲啄自由憐澤雉、燩熷不及想冥鴻。先塋頼有弟昆守、何必首邱藏此中。（2②34）

留別岳師。

乾坤屈指幾知音、玄度幸逢支道林。片月澄潭高衲意、寒雲古木老樵心。三千里別堪沾袂、四十年交實斷金。獨喜晚途皆老健、詞盟或得復相尋。（2②34）

赤巖村、訪醫人河郁生。

茅舍高低列、登登石逕斜。門頭一株棗、認得此君家。（4）

別府客舍、與田子朴飲、有懷金薑村僧蘭谷。

一別參商度幾春、樽前相遇却傷神。薑邨蘭谷人何處、只有青燈照二人。（4）

題採樵圖。

雲粘荒石黑迷離、大澤深山不易窺。手斬惡荊三萬本、老樵心事少人知。（2②34）

宿河登吉家。

不强爲酒困、知我舊交同。瓿裹茶方綠、墻頭柿已紅。留連憐夜色、笑語坐春風。預憶前程險、夢迷雲巘中。（4）

霖後、發玖珠、書所見。

久雨妨歸輿、今朝始上程。峭風林隙度、殘滴笠邊聲。悉沒黄雲盡、皆涵白水平。行聞農父語、今歲奈西成。（4）

奉呈縣令屋代公。

西家朝亡被、東隣夕失米。借問何故然、有盗隱于市。東隣朝質米、西家夕典被。借問何故然、博奕行閭里。東隣米全罄、西家被悉褫。借問何故然、郁長黠貪賄。無米又無被、終歲號凍餒。貧戸日益窮、富人日益侈。飲食不知饜、晨鳧連夜鯉。

欲覓花底活、溫柔鄉裡死。前吏不敎喩、後尹莫禁止。因循二十年、弊習既成矣。吾公自東來、部民欣欣喜。借問何故然、善聲先到耳。公將德導人、首自脩身始。姬侍不在傍、淸素如儒士。不攜丹邱酒、唯飮菽川水。爾來僅一旬、舊弊須臾改。聞者色然羞、見者恭爾悔。惡根雖未拔、善芽將稍起。公量等天池、下問及賤子。自今四五年、民必歌有斐。昔兮口無餔、今兮有甘旨。昔兮粟在肌、今兮汗盎體。祝公萬斯年、惟民之怙恃。此事屬前程、行遠先自邇。九仞十之半、一簣功或怠。獻芹無多辭、耐久兩字已。（4）

八月即事。

千家齊病衆醫忙、藥氣如雲蔽市揚。請看本年農事晩、蕎花雪裡種黃粱。(1)（4）

（1）鄉俗、以六月播黃粱。（4）

九月十六夜、即事。

點滴繞簷聲未歇、殘燈無焰膏方竭。一窓濕紙白朧朧、雲散爲煙雨爲月。（4）

十月六日、朝發日田、日沒到小石原驛。途中涉溪四十三處。

※「六日」上、第3本有「十」字。恐涉上「十月」而衍。今從第2②4本。又「處」字、第2②本、原作「度」、而後改。第3 4本、尙並作「度」。今從第2②本。

朝見淸氷滿臥衾、夜來寒涙定淋淋。有情羸馬遲遲去、無賴陽烏早早沈。少慣萍蓬雖素料、老離桑梓豈初心。溪流似欲※留人駐、四十三回阻且深。（3 4。又見2②）

※「欲」字、第2②本、無。恐脫。今依第3 4本而補。

十月十日、發小倉。西春庵、送至大里海口、脫絮袍贈余。

※「十月」二字、第2②4本、無。今從第3本。

劈面風霜氣、謝君交誼高。依依折楊柳、戀戀贈綈袍。白首腸俱斷、青山望轉勞。孤舟挂帆席、別涙落寒濤。（2②3 4）

赤關、宿旭亭。

十二年前宿此廬、爾時新婦始歸余。今宵攜到三兒子、燈下團欒感有餘。（4）

市來子長庭有梅、因號梅月樓。近日移居、無梅有杏、改號※梅月樓、乞詩。

※案下「梅」字、疑當作「杏」。恐涉上「梅月樓」而誤。

少壯烟花入冶游、美人或向夢中求。老來無復羅浮興、梅月樓爲杏月樓。（4）

二十四日、訪大觀師。

世事昏昏似睡魔、偸閒偶此到僧家。醒人禪味無多子、掃地焚香煮綠茶。（4）

桂一敬、乞蛙石詩。

淵明愛沒絃琴、風趣横絕千古。君亦蓄不鳴蛙、壓倒稚圭兩部。（4）

贈石田梅堂。

世醫皆疾走、君獨有餘閒。朝釣于東海、晩獵于西山。歸來烹新獲、醉臥晩窓間。富貴跡謝絕、嬋娟夢往還。我是梅墩叟、君應無拒顏。臭味元不異。獨樂亦可頒。許否相追逐、前峯及後灣。（4）

二十六日、陰雨偶晴。豐野柳塢父子、招余夫妻、召妓行酒、梅坪・甲山諸子來會、劇飮徹曉。

※此詩題三十四字、第2②4本、並作「二十六日、陰雨偶晴。豐野柳塢、招余夫妻、召妓行酒。魯翁・令岳・梅坪・甲山諸子來會、劇飮徹曉」三十六字。但第2②本、後改之作「二十六日、陰雨偶晴。豐野柳塢、招飮」十四字。今從第3本。

不料文筵見翠娥、吟詩聲裡唱嬌歌。主人方作老萊戲、坐客宜師柳惠和。十月雨風晴日少、百年辛苦病時多。幸逢無事成酣飮、莫咎杯行促促過。（2②34）

二十七日、游雨奇晴好樓、賦卽事。

※「二十七日」四字、第2②4本、並作「翌日」二字。今從第3本。

南潮西走北潮東、潮頭相打生猛風。南山如追北山遁、俄頃變幻烟雨中。篙師艄公怖失色、黿鼉紛拏各爭雄。憶昨北渡方天霽、澄波如油涵碧空。如何忽成此奇怪、褰幔倚欄觀未終。頗似韓信岳飛輩、平時默默與衆同。一朝龍虎搏鬪際、出奇無窮立偉功。嗚呼此觀亦難久、西天一抹現晴虹。（3。又見2②4）

十一月二日、南至在子長氏。主人有詩、卽和。

馬步兼船走、栖栖送一生。如何南至日、復此向東行。（4）

十一月八日、將發赤關、留別梅坪・柳塢・梅堂・玉池諸子。

※「十一月」三字、第2②4本、無。今從第3本。

浩蕩世波浮又沈、老交唯合諒吾心。纔經三酌別愁逼、更進一層情話深。暝色隨帆通外浦、驚風帶鶻落中林。如聞上國繁華甚、明歲僑居約辱臨。（2②34）

十三日、抵長星灣、依去年原韻賦此。※星灣將附家政其兒而隱。星灣、業醫。

※「長星灣」下、第4本有「家」。又「依」字、第4本作「仍」。今並從第2②本。又案「去年原韻」者、謂文久元年四月作「別星灣、仍丙辰七月既望韻」詩。

去年孟夏我歸鄉、今歲逢迎既復陽。明月無情圓缺速、寒潮有信去來忙。乘船范蠡跡難定、賣藥伯休名未亡。縱令前程消息濶、搖搖心旆永相望。（2②4）

遠碕、弔僧月性墓。

嘗笑徐君抵死癡、自留寶劍訣親知。(1) 平生謬愛吾詞筆、莫怪墓門唯挂詩。（2②34）

（1）自注「性臨沒、贈劍其友土蕭海。」（2②34）

訪周邦師。

常見叢林在伐柯、乘舟此地幾回過。從來契濶良緣少、今度逢迎舊話多。數杵寒鐘穿遠樹、一輪殘月澹滄波。早潮恰便揚帆去、曉色催人喚奈何。（4）

幾望夜、訪秋元晩香。

美酒千鍾蓄、牙籤萬卷堆。椿萱皆壽愷、梧竹並隨陪。幾歲聞風慕、今宵踏月來。徹晨談不盡、爐火屢成灰。（4）

柳井客舍、室屋厚造、毎夕來話、賦此以謝。

晝間乞字客成群、筆硯縱横絹紙紛。獨喜月斜人定後、翛然相訪細論文。（4）

自柳井還室津、舟中作。

西風吹送指南船、帆似退飛翻向前。初悟古來成事者、八分人力二分天。（2②34）

仲冬晦夜、田杏雲招飲、同長文讓・田秋耕諸子賦。時大雨傾盆。

翻來急雨萬盆傾、夜色唯疑墨染成、但見遠窓搖燭影、不知何

樹鬪風聲。青雲已絶飛騰念、白髮偏添慷慨情。獨喜舊朋皆健飲、殘杯未徹復論兵。（2②3）

衝雨、訪秋耕。

快晴昨日似春回、有約相過共一杯。風雨今朝如是惡、猶乘孤艇破波來。（4）

室津僑居、聞北條小淞將自上國歸、相待數日、終不得晤、賦此而去。

別後年華付逝波、不堪人事變遷多。紛紛議論非耶是、咄咄摸稜戰與和。志士方裁出師表、戍兵皆唱采薇歌。元期相遇話心緒、天惜良縁可奈何。（3。又見4）

讀通鑑。

操懿桓劉齊及梁、强臣自古逼君王。千秋罪惡誰魁首、應屬通夷石敬塘（瑭）。（34）

朝宗亭、與中村松窓飲、有懷令兄子範。

又醉君家保命春、朝宗亭上倚晴晨。依然冬日眞堪愛、不見當年對酌人。（4）

臘尾、田小虎、招飲茶室。(1)

（1）自注「以下、抵浪華後作。」

燭輝爐焰醉顏紅、話熟不知宵已殘。爲是君樓分外暖、推窗時引朔風寒。（4）

癸亥元日、兒龍、始迎歲。

去年元日在山亭、今歲街居尚未寧。塵務何妨倍旁午、老情唯喜得添丁。（4）

癸亥※正月十一日、江亭書觸目。

※「癸亥」二字、第2②本、無。今從第3本。

醉倚横欄意氣豪、長流一道綠滔滔。風收春水引雙槳、雪盡夕波添半篙。西下魚軒翻翟茀、東來虎旅簇干旄。優游詑我傍觀逸、跋涉憐他當局勞。（3。又見2②4）

觀美人騎馬圖。

萬點桃花馬色新、翩翻長袖極輕身。昇平自足風流戲、不是吳宮隊裡人。（2②4）

或詰前詩不切時情、卽改賦。

習習東風捲柳絲、美人騎馬巧驅馳。君王方講攘夷策、憶起吳宮隊裡姿。（2②4）

送龜谷省軒歸對馬。

江頭一雨送輕寒、歷亂桃花落碧湍。遠別消魂春又老、長談更僕夜將殘。修文古服三韓易、講武今防四虜難。聞說夙懷丘壑志、時情且莫挂衣冠。（2②34）

難波新地觀虎。

絕崖長嘯忽生風、跋扈張威百獸中。一自隨人貪豢餌、拘縻恰與犬羊同。（2②34）

普門寺征西將軍墓、和岳師作。

※此詩題十二字、第4本、作「讀岳師普門寺征西將軍墓詩、倣顰」十四字。今從第2②3本。

破寺無僧佛氣寒、繽紛松子落香壇。到今人表征西墓、羞殺虛言老阿瞞。（2②34）

柴綠野、與阿波井上・增田二子、來訪中洲新居、以舟將發、未夜而去、詩以惜別。

移居猶未掃庭塵、事事今朝喜色新。忽見將開花一朶、方來不速客三人。北窓隱士杯中物、南海明珠席上珍。舟子招招難卜夜、半江殘日恨芳春。（3。又見2②4）

二月十五夜、月色甚明、已而※風雨至、賦此寄河鐵兜[1]。

（1）自注「時鐵兜中飛語。」（2②34）

※「已而」二字、第2②4本、並作「不幾」。今從第3本。

文章九命奈天爲、幾使才人遇數奇。蘇子餘生空自厭、杜陵可殺實堪疑[1]。烈風猶到餘花日、微雨忽興看月時。夜讀離騷何限感、古來衆女妬娥眉。（3。又見2②4）

（1）自注「見『鶴林玉露』。」（2②34）

九山新居落成招飲。

体唱斯干陳腐篇、升堂先覺意欣然。新床新席新書畫、柏子香交綠茗烟。（4）

或尤余居都市、煮字爲活。詩以解嘲。四首。

（一）

纏綿一女與三兒、更有山妻疾病羅。都會猶多乞書者、巖栖何策免寒飢。（4）

（二）

女未能鍼兒未耕、一枝筆動一家生。近來怪得竈烟小、吾病久無揮灑情。（4）

（三）

來何相拒去何追、公是公非世所知。筆價日昂君莫咎。鐵門限即外人爲。（4）

（四）

沽文爲活幾年過、老去何禁毀譽多。人到見攻還不惡、君居我地合如何。（4）

春晚病甚、擬作墓淀水之南、賦此寄子姪。

※「擬」上、第4本有「預」。今從第2②3本。

眼前春物欲消魂、日日潛焉憶故園。淮口香魚應上釣、楚陰修竹定生孫。六軍晨出海氛惡、萬馬夜過山道喧。沈痼纏身難避地、來收吾骨淀南村[1]。（3。又見2②4）

（1）自注「淮口・楚陰、共日田地名。」（3）

寄原明卿。

中興何幸見周宣、堪賦南征北伐篇。帷幕千張沙際月、貔貅萬竈海門烟。墨磨盾鼻推才子、箭落旆頭想少年。衰老功名非所願、優游唯禱一身全。（2②34）

上巳後、一日與家人郊行、二首。

（一）

一妻一女與三兒、中有老夫行詠詩。却笑冠童亦多事、自家眷屬足追隨。（4）

（二）

翠柳千行臨水立（生カ）、黄花百里接雲平。天公自有丹青手、不比人工點染成。（4）

春晩荐雨。

春事匆匆日又斜、多愁善病感年華。無情最是瀟瀟雨、落盡千花到楝花。（2②4）

池田溪樓、夜起。

※此詩題六字、第47本、作「池田宿某氏溪亭」七字。今從第2②4本。

危樓突兀枕清溪、客夢回時月已西。虹様長橋人不渡、半汀柳影水禽啼。（2②4 47）

皷瀧。(1)

（1）自注「俗呼瀑布、非也。」（2②3 4）

蟠地群磊磈、與水鬪萬年。如何至剛質、竟被至柔穿。白動而綠靜、下瀬承上淵。健魚飛復墮、波暈碎未圓。藤花垂岸樹、水心紫連蜷。稚樵坐牛背、淺處不須船。前山濛不見、疎雨同月懸。冷風掀春袖、歸思起暮前。此時水石際、忽聞鼕鼕然。毋乃石鐘類、以質後來賢。（2②3 4。又見47）

多田溪晩行。

雨餘山色活、春翠落人衣。滑滑新苔長、油油宿麥肥。暝邊唯我往、熟路獨牛歸。遠火浮林表、樵家未掩扉。（2②3 4。又見47）

雨中獨坐。

焚盡爐心幾炷香、烏皮几穏坐書堂。落波花似仳離女、捲地風如薄倖郎。無酒有愁吾獨病、倏來忽去燕皆忙。牙籤狼藉含餘濕、何日西窓見夕陽。（3 4 47）

題畫。

屋上嗔雷口未緘、北山雲雨黑巖巖。夕陽猶在江南岸、照見青楊樹杪帆。（2②4。又見47）

贈潭師。

世衲多栖利市間、村居誰若道人閒。楞嚴誦罷澹無事、獨坐茶

窓見遠山。（4）

河鐵兕寄示「打鴨詞」、即次其韻、賦「離鸞曲」。

忽忽落花又飛絮、孤鸞失栖追春去。前有機栝後網羅、天荆地棘向何處。」平生翺翔倚紫雲、鵷鷺成班百千群。鴛姉鴦妹左右列、鳳儀殿深鎖雌君。」相思偕作杜鵑哭、芳涙紅染夏山緑。（2②）

題鍾馗捕鬼圖。

長鬼昂藏白如雪、短鬼傴僂黒如漆。大陽既沒星月昏、群鬼公然街上出。」歎吾睡氣正朦朧、奪吾所有使我窮。一奪布帛絹素盡、再奪金銀銅鐵空。」終南進士强有力、冠劔袍笏威嚴極。平生飽受世尊崇、救人捕鬼是其職。」夜深睡足衆初覺、決張雙背拭翳瞀。稽首伏魔大帝前、願敕鍾公就捉搦。」鍾公幡然執金戈、踴躍撃鼓熊虎多。金雞三喔鬼運替、東方稍高奈汝何。（2②）

梅雨歎。

濁水縱横入戸中、惱人梅雨感何窮。陰陰竟暮疑無日、獵獵如秋又有風。乘漲魚將臨坎井、苦飢禽却慕雕籠。誰揮快劍長千尺、悉斷頑雲現碧空。（3。又見2②）

將移居池田村、賦此、似吟社諸友。

蘭低於樹吐清香、亦似人才有短長。竊慕傳經孫北海、敢希壘虜戚南塘。半生風月繁華夢、末路烟霞寂寞鄉。聞說四隣多釀戸、唯期業暇顧茅堂。（2②）

六月二日昧爽、携兒仁赴池田。途中雨下、少間復霽。

牢晴連日旱蟲蟲、早發聊貪葛綌風。一樣世情巣幕燕、半生吾跡爪泥鴻。大都人夢宿雲底、負郭田功今雨中。獨奈甘霖難遍布、踏車戽水復忽忽。（2②）

池田新居西南、咫尺有吳服祠。黄昏攜仁正、置榻祠道納涼。

驟雨晩來晴、野風分外清。孤燈林隙出、遠水草根明。一覺繁華夢、三思遲暮情。將兒拜祠下、更爲禱前程。（2②）

晩望。

追群孤雀猶往、擇木寒鴉未栖。暮色疎鐘郭外、秋晴片月溪西。（2②）

猛虎行。寄松飯山。

昔之猛虎在深山、今之猛虎在人間。猛虎猛虎吾所愛、能貘豺狼城市內、爪吻不堪攫噬閒、餘怒何圖及鼠輩。君不見百萬犬羊窺海湄、任君食肉寢其皮。（2②）

東方芝山、送示其父蒙齋翁墓誌。

（一）

不獨詩文筆撒花、百般技藝摛菁華。誰知平日積陰德、令子賢孫總克家。（47）

（二）

鞋韈當年過聖城、龍門憾不謁先生。可堪今日見碑誌、絮酒生芻空復情。（47）

元人畫三幅。

（一）

宋時相秦檜、一意媚胡虜。漢代相千秋、徒受匈奴侮。古來能補袞、唯有仲山甫。盡忠補袞（47）

（二）

人主喜庸佞、諾諾巧逢迎。鳳池春水滿、鷲鷟不復鳴。獨憐鄭尙書、直聲在履聲。鳳池履聲（47）

（三）

中原烟塵暗、胡虜日徘徊。滿朝皆娘姥、勇士志成灰。安得作韋虎、指揮如意來。指揮如意（47）

〔附錄〕

『梅墩詩鈔』第五編序　　江戸　藤森大雅（弘庵）

余耳二廣瀨君梅墩詩名一久矣。然曩者、君在二江戶一、余之來二江戶一、適值二君之去一、後聞三其家二浪華一。客歲、余遊二浪華一、而君亦西遊不レ在レ家、是以不二相覿一。何天吝二良緣一之甚邪。歸途、晤二伊勢齊藤拙堂一。拙堂曰、「梅墩詩、吾所レ不レ及。若二其格調高卑一、姑勿レ論耳。能縱橫馳騁、意所レ欲レ出、未二嘗不一レ出也。既出レ之矣、未二嘗不一レ盡也。」余聞而心偉レ之。第性迂僻、不レ喜レ讀二輓近人詩若文一。是以未三嘗覯二其集一也。今君之詩、行二于海內一、而余未二之觀一。余則陋矣。頃者、君刻二『梅墩詩鈔』第五編一、介レ人遠問二序於余一。余駭曰、「鈔レ之矣、而至二五編一。梅墩之於レ詩、富矣哉。然爲三未レ覯之人一、序二未レ觀之詩一、嘻亦難矣。」於レ是、借二其既流傳者於門生許一讀レ之。未レ竟レ卷曰、「既窺二其一斑一、亦足レ知二全豹一。拙堂之言、信矣。」

因序レ之曰、

詩有二以レ巧勝者一、有二以レ力勝者一。夫鏤レ肝鉥レ腎、冥搜而出レ之、會二幽眇之旨一、寓二纏綿之思一、爭二奇於片辭隻韻一者、以レ巧勝也。資レ材必博、汰二其砂礫一、采二其菁華一、閎二其中一而肆二

其外一、長矣而不レ覺二其冗一、多矣而益見二其遒一者、以レ力勝也。而爭二奇於片辭隻韻一、空疎淺薄者、猶可レ能焉。長而不レ冗、多而益遒者、非二博物君子一、則決不レ能也。梅墩之詩、其以レ力勝者邪。其既博矣。緣レ情言レ志、暢二意之所一レ欲レ出、必有下得二幽眇纏綿之致一者上矣。然長矣多矣、何能無二蕪累一。故人或以レ此爲二詬病一。余曰、「是何傷哉。五都之肆、天下之奇珍畢陳、間亦有二弊帚敗鼓一。三家之市、所レ鬻有レ限、未三必無二一二輪囷離奇可レ喜之物一。然而未レ見三三家之市勝二五都之肆一也。」夫知二梅墩一者、莫二拙堂若一焉。使三拙堂聞二此言一、必不レ至三以爲二河漢一矣。乃爲書レ之、亦所三以補二天緣之闕一也。（49 50）

『梅墩詩鈔』五編凡例

梅墩詩四編、梓行既久。爾後所作、亦裒然成帙。書肆屢請嗣出、而值先生逝矣。因與維孝謀、選擇整理遺草、又鈔三卷。起嘉永癸丑正月、止文久癸亥八月。此爲第五編。先生、詩才汪洋、包涵諸家、無所不有。而晩年所宗、則專在雄渾清遒。故雖有奇創巧麗者、不必收之。前編、多載諸家評語。余以爲先生詩、天下自有公論、不復藉稱贊。今獨存圈點、餘皆仍前例云。

文久甲子季冬　　對馬　龜谷行　識于日田僑居（48）

長嶋暮煙。

雲外雁成字、山頭月掛絃。漁人吹火坐、蘆葦澹蒼煙。（36⑫）

夕照。

斜陽閃江面、新月在峰頭。十里寒煙裡、村童獨跨牛。（36⑫）

所見。

雲去峰初出、石高徑僅通。鳥身看不見、聲在紫藤中。（36⑫。又見21）

與二香川・井阪・野村諸子一、納二涼浪華橋下一。

赫赫炎炎氣、此時安在哉。輕雷天際度、疎雨月中來。（1）我輩吟哦苦、隣舟鼓笛催。他人既歸後、移棹更沿洄。（8③9③）

夜歸。

暗水光前月未生、春星澹澹夜天晴。有花樹與無花樹、疎影蔥朧看不明。（36④）

人日、將趨縣府、忽得一律。

睡後憑欄何所思、一聯彷彿夢中詩。元言今日方人日、豈料醒時已午時。魚意洋洋知水暖、禽聲磔磔訴花遲。嘉辰趨府驚吾晏、退食自公都委蛇。（36④）

圍棋。

機心猶未息、聊此役吟魂。（1）甬道鴉軍塞、中原素練屯。湘東慙隻眼、江左守偏安。（2）亦引坡公例、輸贏不必論。※（36①）

（1）筱崎小竹評「吟魂句、仍似他詩。」

（2）筱崎小竹評「律體對句、亦可用通韻乎。」

※案此詩、與『梅墩詩鈔』三編巻三所收「圍棋」詩（30）、其辭大異。

櫻伯蘭、寄二示鬼國山人神宮涼庭詩巻一、賦二絶句五章一、寄二山人一。

※「神宮」、當作「新宮」。

（一）

和漢方多疾未レ瘳、西洋一派乃東流。不レ知誰著二先鞭一者、鬼國山人在二上頭一。（22④）

（二）

吾惡世間洋學流、非ニ譏虞夏一笑ニ商周一。獨欽鬼國先生志、常慕文公與ニ武侯一。[1]（22④）

（1）自注「山人、慕ニ孔明及朱子一、見ニ其詩一。」

（三）

萬金散盡救ニ諸侯一、不ニ爲レ身謀一爲レ國謀。猶有ニ胸中閒日月一、裁レ詩下レ筆未レ能レ休。（22④）

（四）

揮レ筆不レ須拘ニ米趙一、論レ詩何必倣ニ曹劉一。行雲流水無ニ凝碍一、自己精神千萬秋。（22④）

（五）

到レ耳嘉譽二十秋、各天憾未レ得ニ從遊一。且汚ニ尊卷一附ニ名字一、他日相逢非ニ暗投一。（22④）

到ニ月瀨一途中作。

探レ勝心雖レ未ニ肯灰一、弱行怯レ路屢遲回。百三十里崎嶇境、甘爲ニ梅花一得得來。（14）

四月一日、觀ニ藤花一、有レ感。

春愁黯黯客思レ家、塵務茫茫日又斜。梨雪桃霞零落盡、薫風一夜到ニ藤花一。（14）

春雨。

陰陰春雨暗、雲霧沒山巓。一路行人絕、蕭條日暮天。（32）

韓信。

淮陰本匹夫、蓑笠釣水涯。市上與亭中、忍辱又忍飢。當年唯貧賤、富貴何日期。英雄不空死、轉運遇時宜。杖劍歸劉氏、漢王用虎羆。忽然將百萬、三軍從指麾。一神登大位、勳功亦何奇。龍顏是天授、信豈敢叛之。雲夢武士縛、朝庭婦女欺。大勳遂不報、千歲有餘悲。（33）

山行。

秋光催我步、藜杖葛衣輕。白日穿松沒、蒼烟傍竹生。休身平石大、洗足細流淸。詩就高吟詠、時時林鳥驚。（33）

山亭。

草生山景好、花發鳥聲和。獨坐閑亭裏、終朝佳句多。（33）

春日。

春晚多閒暇、招賓飲濁醪。青青籬外竹、灼灼苑中桃。日落歸鴉遠、雨晴飛燕高。近來稀美句、紙上嬾（懶）揮毫。（33）

雨中、棚橋氏以レ舟邀ヘラレ、觀ニ紅葉ヲ一

水程十里扁丹度リ、風色蕭條秋欲レ暮ントス。此日相迎何限ノ情、一樽ノ
寒雨看ルニ紅樹ヲ一。（27）

〔無題〕

日照鳳來生瑞煙、兒孫采服侍華筵。仙郷縱有西王母、何若尊
萱壽福全。（43）

旭荘文集（新編）

井上敏幸 編

凡例

一、この旭荘文集（新編）は、現在広瀬先賢文庫に所蔵されている文集草稿十八種と、他の図書館などに蔵されている文集草稿四種を中心として編纂したものである。また、上記の草稿類以外の写本類に収載されているもの、あるいは版本のみで知られるものについても、広瀬先賢文庫所蔵の諸本を中心に、諸資料より採録した。

一、この旭荘文集（新編）編纂において、その中心となった広瀬先賢文庫所蔵の文集草稿二十二種の諸本は、以下のごとくである。

一、『旭荘文集』　四巻四冊　写本　広瀬先賢文庫（家宝一〇・四―一）
二、『詩稿及文』　二巻二冊　写本　同（同一〇・一―一三）
三、〔詩文稿〕（旭荘遺稿　第一・五・六・八〜一〇号）六冊　写本　同（同一〇・一―一四）
四、『贈川路公序』　一冊　写本　同（同一〇・六―二）
五、『旭荘先生近文稿』　一冊　写本　同（同一〇・一―二一）
六、『旭荘删餘剰稿』　一冊　写本　同（同一〇・一―二二）
七、『旭荘文稿』　四巻四冊　写本　同（同一〇・一―二三）
八、『梅墩文鈔』　一冊　写本　同（同一〇・四―二）
九、『旭荘文鈔』　一冊　写本　同（同一〇・四―三）
一〇、『近詩文稿』　一冊　写本　同（同一〇・四―四）
一一、『詩文草稿』　一冊　写本　同（同一〇・四―五）
一二、『詩文草稿壬子重陽後』　一冊　写本　同（同一〇・四―六）
一三、『癸丑詩文稿』　一冊　写本　同（同一〇・四―七）
一四、『天保癸卯詩文草稿』一冊　写本　同（同一〇・四―八）
一五、『詩文未定稿』　一冊　写本　同（同一〇・四―九）
一六、『旭荘文稿（反古）』　二冊　写本　同（同一〇・六―一二）
一七、『旭荘雑稿』（旭雑第八号）　一冊　写本　同（同一〇・六―八）
一八、〔旭荘文反古〕　一冊　写本　同（同一〇・一―一八）
一九、『旭荘文稿』　三巻三冊　写本　大分県立図書館（K一一四、H七二和）
二〇、『旭荘文稿』　三巻三冊　写本　無窮会図書館（平沼文庫　二一八四〇）
二一、『旭荘稿』　二巻二冊　写本　慶応義塾図書館（二二一・一五・一（〜二））
二二、『旭荘文録』　一冊　写本　京都大学附属図書館（四―〇五―キ―二三）

一、また前掲一〜二二以外の写本に収載されているもの、あるいは版本でのみ伝わるものについては、以下の二四種を得た。

二三、『天保奇事』　一冊　寫本　大分縣立圖書館（K四一〇八　S・二）
二四、『貳臣傳』　八巻八冊　刊本　廣瀬先賢文庫　（旭一三一―一）

二五、『明史三傳』　六巻六冊　刊本　同　（咸一七—二）
二六、『遠帆樓詩鈔初編』　二巻二冊　刊本　同（咸二七—八—一二）
二七、『觀月臥松樓詩鈔』　三巻二冊　刊本　同　（詩二—三）
二八、『溪琴山人第三集』　三巻三冊　刊本　同　（咸二七—六）
二九、『綠芋村莊詩鈔』　二巻二冊　刊本　同　（詩一—一—五）
三〇、『梅西舍詩鈔』　二巻二冊　刊本　同　（詩一—五—二）
三一、『文城存稿』　二巻一冊　刊本　同　（旭一—二七）
三二、『宜園百家三編』　六巻三冊　刊本　同　（家宝三〇—一三）
三三、『竹外二十八字詩』　二巻二冊　刊本　同　（詩二—四—一）
三四、『才田詩抄』　一冊　刊本　同　（咸二七—一七）
三五、『也足窩詩鈔』　六巻二冊　刊本　同　（咸二七—四）
三六、『學詩堂詩鈔』　四巻二冊　刊本　同　（咸四五—八）
三七、『寧靜閣一集』　六巻五冊　刊本　同　（旭一—一九）
三八、『星巖集』　二巻一冊　刊本　中野三敏氏
三九、『山高水長一夜百首』　一冊　刊本　中野三敏氏
四〇、『北越奇蹟詠草』　一冊　刊本　中野三敏氏
四一、『山居餘課』　一冊　刊本　廣瀬先賢文庫　（旭一—一一）
四二、『溪閣帖』　一冊　寫本　東京都立中央圖書館
（特別買上文庫　五四二四）
四三、『方圓俳諧集』　四巻四冊　刊本　東京大學総合圖書館
（洒竹文庫　三四三六）
四四、『五箇莊紀行』　一冊　刊本　國立公文書館
（内閣文庫　一七七—一〇六八）
四五、『助字櫽』　八巻八冊　刊本　國立公文書館
（内閣文庫　二〇七—四七三）
四六、『運材圖會』　二巻一冊　刊本　九州大學中央圖書館
（桑木文庫　和書一四三六）

なお、これらの文集草稿二十二種と、その他の資料二十四種についての書誌は、巻末の解説に一括して掲げた。

一、文章は十九の文体、即ち、
(1)檄・(2)策問・(3)策・(4)論・(5)説・(6)辯・(7)問対・(8)序・(9)題跋・(10)雑著・(11)書・(12)銘・(13)碑文・(14)記・(15)紀事・(16)行状・(17)墓誌銘・(18)祭文・(19)祝文
に分け、文章全部に一から二三七までの通し番号を付した。

一、各文体の中で、成立年次の推定できるものをまず年代順に並べ、その後に、年次不明のものを配した。

一、本文は、最終完成稿を掲げることを旨としたが、初稿あるいは草稿段階のもののみ現存しているものについては、それらをそのまま本文として採用した。

一、底本については本文の末尾にその書名を記し、かつ成立年次の推定できるものについては、その年次を記した。ただし、批評等がある場合には、それらの後に記した。

一、その本文について、草稿段階のものが残っている場合は、底本の書名の後に続けてそれらの書名を掲げた。ただし、草稿が複数残存しているものについては、できうる限り推敲過程をたどることとし、初稿・再稿・成稿等の区分を書名の頭部に記した。また、推敲

上注意する必要があると思われる点については、適宜簡略に注記しておくことにした。

一、本文の上欄、または文章中にある諸家の批評等は、出来る限り採録することとした。それらの批評等は、本文に続けて一括して掲げ、上欄・行間の区別をし、評者が判明するものについてはその名を記し、また、その批評等のある箇所は本文の行数によって示した。

一、文章の題名は、底本通りを原則とした。ただし、版本等に所載の序跋等については、その書名を『　』でくくる形で示し、また、題名のないものについては、編者において仮題を与え、［　］を付してそのことを明示した。

一、用字は、基本的に原本通りとした。従って正字と通行体、また正字と俗字が混用されている場合も、あえて統一することをしなかった。ただし踊り字については「々」に統一した。

一、底本に句読点のあるものはそれに従ったものもあるが、施されていないものについては、新しく編者において補ったものが多い。

一、誤字・衍字箇所等については、次のように処理した。誤字については、その文字の右側に小さく（　）を付して正しい文字を記し、衍字や意味不明の部分については、その文字の右側に（ママ）を付した。また、虫損の部分については、その文字の右側に（カ虫）と記した。

一、書改めは、必要でない限り、改めた方に従った。共に必要な時は、最初に書かれた文字をあげ、その下に（「　」と改）と注記した。

一、行移り・丁移り・改行などは無視した。

諸本の閲覧並びに資料の提供を頂いた、大分県立図書館・九州大学附属中央図書館・京都大学附属図書館・慶応義塾図書館・国立公文書館内閣文庫・東京大学総合図書館・東京都立中央図書館・無窮会図書館の諸機関および中野三敏氏に対し、衷心より御礼を申しあげる。なお、原稿作成段階で長期間に亘って助力を頂いた、ロバートキャンベル・高橋昌彦・大庭卓也の三氏に対し、また、書誌調査に協力頂いた工藤玄俊・幸克弥の二氏に対して深甚の謝意を表する次第である。

目録

(1)　檄

一　擬豐太閤檄朝鮮之文　　小西行長

豐公殿下。將征汝朝鮮國。前鋒都督加藤清正。奉命以喩汝君臣。汝以蕞爾之國。不肯事我大邦。一信不通。朝貢無来。上國未到。徒誇遼東之豕。陋境自安。何異井底之蛙。忘神后誓汝之約。為蒙古侵我之媒。扶桑之日。猶自東出。鴨緑之河。尚未逆流。盤石之盟。不践。炎火之威將及。汝王敬聽我言。勿恃蜻洲之遠。一葦横海。不崇朝而能済。勿挾支那之近。三軍救汝。雖終歳將何為。汝早降。赦汝罪。汝若拒。屠汝國。告汝群臣。未戰先降。復汝爵位無削。已敗未降。戮汝妻孥無赦。若勸汝君使降。則增汝爵位。厚報汝功。告汝黎民。倒戈而助。則有賞。免甲而降。則無罰。簞食壺漿迎我。則使汝有吾蕪之嘆。夫小事大。古今通義也。世公孫述自強。枉敵於光武。身死國亡。受毀於後世。由是觀之。小豈得不事于大乎。我豐公殿下。起於匹夫。平定中原。天戈所麾。無不賓順。德周天下。化及遠蠻。豈不天授乎。且國廣兵強。以之伐汝弱國羸兵。猶放猛虎逐群羊也。汝猶欲敵我徒。招蟷螂當車轍之謗。精兵百萬既已啓行。汝不早圖。後悔無反。某月日執事某以書告。

底本　一六『旭荘文稿（反古）』

(2) 策　問

二　策問一道

方今物價。一日貴一日。蠟油薪紙麻綿之類。比諸十年前。殆相倍蓰。而穀尤甚。往年饑。窮郷之氓。老弱流離。戸口消耗。然豪農巨商。倉有餘粟。諸侯或貪縁富國。何幸災之不均也。或曰。宜倣古之常平倉義倉遺法立之節制矣。然此可行於郡縣之世。而不可行於今世。何則諸侯各民其民。而穀其穀。權不能一也。或曰。宜限穀價不得騰踊矣。然諸侯貴則糶。賤則不肯糶。若無糶者。都會人多穀寡之地。名雖曰賤。實不能救飢也。或曰。宜賦巨商出財不問貴賤一切糴之。糴既多。則勢不得不賤矣。然彼無愛人之心。而有利己之心。無愛人之心。故不肯損原價糶之。有利己之心。故必欲賤原價而糴之。然則糶與糴。其勢兩不便也。或曰。不必使豪商出財。唯聲言曰不問貴賤買之。則糴必至矣。然利之所存。人争趨之。遠國之人。一聞其言。將盡其所有糶之。比俟都會糴聚而價賤。中間數十日。假遠之地。無復所有。則其騰踊不測矣。人七日不食則死。豈能堪數十日之久乎。此策行。都會人活。而窮郷人死。何益也。享保元文之交。頻年豐穰。官病米賤而士窮。每年買數十萬石。且命諸侯。各糴以實倉廩。然米價猶賤。後至朽蠧不用卒棄之。夫至豐猶無策於救窮士。況至凶救窮民。其難將什佰焉。何策以救之。

底本 九『旭荘文鈔』。他に 二〇『旭荘文稿』、七『旭荘文稿』、一『旭荘文集』、五『旭荘先生近文稿』、八『梅墩文鈔』、一九『旭荘文稿』に収載されるが、誤記・訂正が多い。

(3)　策

三　富國策

方今天下之勢。非有外夷来侵邊烽荐擧之驚也。非有高材疾足驅馳逐鹿之禍也。非有大旱鴻水人民凍餒之憂也。非有上下壅蔽姦邪弄權之蔽也。明君在上。輔弼盡力。外號至治。而内實虛耗矣。夫諸侯之國。除朝覲貢聘。一歲所費之資用。而困倉之餘粟幾何。府庫之餘財幾何。其所見存蓋如洗矣。是為租税之賦不重歟。曰。否。不以年之凶樂。恒取其所入。為関市之征不嚴歟。曰。否。雖魚鹽酒茶。括而無遺。為逋逃之督不檢歟。曰。否。若有負債而逃者。則賦乎隣里什伍而出之。此三者。已備焉。而猶不足。於是命乎境内之商賈。有名富贍者。少進等級。以納其貨賄。至白圭猗頓。變而為篳門圭竇。猶不足。於是盡運其年之所入米穀枲布。市諸大都會。而収其贏。猶不足。於是乞假乎武攝之豪商巨估。以濟其用。奚為然哉。所務未得其要也。嘗觀秦之所以強。六國之所以弱。由所務之得其要與不得也。秦古西戎之地。非有如齊國之魚鹽。郢都之羽毛齒革。督元之膏腴者。然用商鞅之法。闢田疇。務桑麻。以省奢侈淫巧。使民赴其本而去其末。是故國富兵強。况我日東天府之地。無海不出鹽。無山不出銅。沃野平壤。無國無之。是宜富饒。而如彼者何。居所務果不得其要也歟。夫其要有二。莫如使民各服其職也。莫如嚴禮也。民各服其職者何。無遊惰也。今為民者。除士而業六。僧巫醫農工商。此六者之外。總属遊惰而已。故僧也。巫也。而不供鬼神祭祀。醫而不療病。農而不耕田。工而不造器。商而不敗鬻者。或為酒徒博徒。或為任俠。或為倡家傀儡師。以害公法。於是風俗大壊。欲治之者。則立六有司。以為之長。各分其職掌之。以簿記所掌之戸口名姓。而時監察之。勿有怠惰。一歲而計其功。其行事無名者及怠者。皆有罰。家雖有三子五子。皆從父職不謀于官長。則不得私變其業。勿以相紊矣。且今之商賈。皆占數家之田。而民佃其田者多矣。以輸官租以供田主。而後得私其餘。民安得不貧困乎。使商賈無寸地。盡分於民。而令莫相奪業。官長常巡田疇。其可墾者墾之。可闢者闢之。使地無遺利。然後民始足焉。於是乎。無游惰也。夫莫如嚴禮者何。省無用之財也。今俗以奢為榮。以儉為恥。試擧其一。雖婚姻喪紀之際。衣服不麗。器用不華。茵席不莞。酒食不美。則恐得戻於郷黨州閭。恐得毀於朋友親婭。於是不稱家之有無。盡費其財而殉之。然後慊於其心。是務以瑣瑣小廉恥遂其諒耳。不足與語禮之大旨也。故立之法令。設之差等。咸使循其禮。衣服必有制。器用必有度。茵席必有節。酒食必有限。有司察之。以過者輙有罸。於是乎。無用之財不耗也。務得其要。則民必冨贍。下足而上不足者。未之有也。今雖至治。諸侯之國。刑人年數輩。至大都會。則月數輩。其辜之所由。大半殺越人于貨者也。是為其貧而窮故濫。若使人飽財。使家飽食。則彼焉盜哉。故欲治國。莫如先冨之。已冨而可共赴善。今也從政者。不先務其要。而欲國之冨。不先致其冨。而欲民之善不蓄畜。豈可乎。詩曰。如彼雨雪先集維霰。天道亦有所先也。

底本 六『旭莊刪餘剩稿』。他に 二三一『旭莊文録』に所收。文政六年。

(4) 論

四 韓信論

覆杯之水。不過一指之労而止。擧盆之水。不過一臂之疲而止。濟溪水野流。不過涵其半身而止。浮萬里大海。百尺深淵。不得不棄其性命而謀之。待人有差。亦猶如此乎。雍齒有怨而封。蒯通貫高有罪而赦。漢高待之。不過労其一指也。代相陳豨燕王綰韓王信擧兵而叛。漢高待之。不過疲其一臂也。黥布彭越匈奴冒頓。則漢高待之。不過涵其半身也。敵之項羽。臣之韓信。此漢高之所棄其性命而謀之也。項羽則漢高一生之勍敵。信豈得比之乎。曰。信者。其量如海淵。擧當時諸人。無望其肩背。是以高帝忌之。張良。則蟻視秦皇。兒弄項羽。勇蓋今古。知如鬼神。可以比信之量乎。曰。留侯不如也。留侯奉屨圯上之老人。初愕然欲毆之。信出少年袴下。怡然無忤色。留侯何得望信矣。項羽。則百戰百勝。英氣拔山。力凌賁育。略駕孫呉。可以比信之量乎。曰。項王不如也。項王疑股肱之范增而遂疎之。信解李左車之縛而立師之。項王何得望信矣。高帝。則罵侮儒生。包括豪傑。威如四海。隆次三代。可以比信之量乎。曰。漢祖不如也。漢祖貴為天子。猶仇視寡嫂。而孤姪為頡羹侯。信為王。則召辱已少年而賞賜之。漢祖何得望信矣。然則信何以死。曰。信量有餘。而識不足。故及焉。抱蓋世之量震主之勲。而無識以自保。則猶岑樓高厦。而無基礎。其崩壊必烈矣。何謂無識。曰。鐘離昧之死。不可以已乎。鳥窮而入懐。猶不忍殺之。故人窮而依我。何忍殺之。夫以季布才略。而高帝猶赦之。豈獨深忌昧殺之乎。昧楚名将。高帝固知之。有為之請命者。必赦之矣。信不唯不請之。乃殺之以獻其媚焉。亦何忍哉。信之所為。縦令朱家郭解聞之。則當唾其面而屠其身。高帝王者也。然而行朱家郭解不屑為之事。以獻其媚焉。其不悦亦明矣。信知其一。而不知其二。唯知殺昧之為忠于高帝。而不知殺昧之為高帝所疑也。信携昧頭而至。帝必曰。忍哉信也。為獻媚故。殺其故人而來。天下重器。非敗将比。安知他日不鬻天下。而獻媚他人乎。姦哉信也。為貪功故。殺窮人而來。天子大利。非小功比。安知他日不殺天子而貪其功利乎。然則信之所以獻媚者。乃高帝之所以益疑也。故不旋踵而擒矣。高帝雖令信殺昧。信若述故舊之情。而為之苦請。則叚令不從亦義其心而已。夫信高帝所棄其性命而謀之。其疑久矣。萌于假王。現于奪軍。而成于夢澤。信不死。高帝不安。不必関殺昧與不殺矣。故信之於高帝。深自韜晦而求免。猶恐及。況行其所疑以速禍矣。雖然。不聽武渉之説。此信始有心于漢也。不信蒯通之相。此信中有心于漢也。斬鍾離昧而至。此信終有心于漢也。信始中終不負漢。而高祖始無心于用信。而蕭何強薦信。中無心于使信為王齊。而信自王。終無心于殺信。而呂后殺之。此高帝始中終無心于信也。嗚呼。以有心之信。死于無心之高帝。寃哉命也。抑觀開國君臣。功臣自抑損而求免。然君忌其才。遂至禍者。有之。君雖欲全功臣。然功臣恃功驕恣。自取禍者。亦有之。嫌疑之際。尤難相保。千古一轍。況高帝棄其性命而謀信乎。況信無識而速疑乎。

底本 三〔詩文稿〕（旭莊遺稿第八号）

五　三國論

古人有言曰。皆怯而獨勇。則勇者勝。皆闇而獨智。則智者勝。餘考三國之主。劉備智勇不如孫權。々々不如曹操。而三國爲鼎峙者何也。是因其臣之高下也。蜀得其龍。吴得其虎。魏得其狗。是魏所以不克而蜀不亡也。昔者湯王得伊尹。以七十里興爲天子。文王百里。而得呂望。天下歸之。今蜀之地。過於湯文。其臣者不下伊呂。而不得天下者何也。勢使然也。湯文與桀紂同世。天下之民豈不歸乎。今劉備所敵者皆勝我者也。故難得天下。蜀早亡。吴後亡者何也。亦數使然也。漢自高祖至孝獻四百餘年。火德漸衰。至劉備復盛。然其實。則數已盡。故一旦盛。而終亡。夫魏國廣。兵强。曹操曹丕有英雄之才。次蜀而亡者何也。曹操爲人臣。而逼天位。弑皇后及皇子。且性憎人勝己者。曹丕以父妾爲妾。多殺兄弟。是以天命遂歸司馬氏。語曰。出于汝者。歸于汝者也。是言信哉。曹操身奪漢家。其子孫亦爲人所奪。吳後亡者何也。孫堅始基鴻業。至孫策孫權遂保吳國。非有簒弑之行。非嗜殺人者。是以天數長久。最後而亡。是故。欲保天下者。先擇其臣。而審察時勢。且制數於開國之始。則可得天下。以長傳後世矣。

底本　一六『旭荘文稿（反古）』

六　信玄謙信論

無勇而有智亦可成事。有勇而無智不能成事。信玄謙信用兵如神。所向無敵。世比之於孫吳。然互相戰而不向中原。終使織田氏得天下。信長乘兩國之相弊實行。爲卞莊子兩斃之說者也。二將有勇而無智。故不知用勇。信長雖無勇而有智。故能成事。嗟乎。有孫吳之才。而不能爲天下除亂。徒爲私戰。國亦所滅。是其所以得鷸蚌之謗也。若當此時互相和睦。以勤王爲務。率兵向於中原。則平定天下必矣。然則信長秀吉之業。可跂踵而待也。惜哉。徒與北條毛利爲伍。不學無術之弊。嗟呼可嘆哉。

底本　一六『旭荘文稿（反古）』

七　信長論

足利氏衰。天下瓜分。英雄爭起。上杉謙信。武田信玄。震武於上國。北條氏據關八州。島津大友。跋扈九州。各以力相爭。以殺人爲功。而信長以蕞爾之國。立干戈之間。爭鹿於中原。蠶食天下。身致覇業。可謂英雄矣。當此時。謙信信玄。天下莫强焉。信長狐媚之。使互相攻。而自摽掠中原。可謂巧。至其尊王室。誅殘賊。爲天下國之利亦多。是所以覇於天下也。但其性殘忍。侮人好殺。遂爲螻蟻被制。一世而亡。亦宜哉。秀吉起於匹夫。而成覇業。芟刈群雄。平治四海。雖然德惠不足懷人心。亦二世而亡。我神祖寛仁大度。繼信長秀吉之業。遂定四海。孟子有言曰。不嗜殺人者能一之。信哉。抑無信長。則秀吉不能覇業。無秀吉則神祖亦不能致太平之基焉。知天使我神祖成覇業乎。

底本　一六『旭荘文稿（反古）』

八　蘇秦張儀論

蘇秦於張儀。果其匹耶。皆古辯士也。其道則不倫矣。秦以理說者也。儀以辯說者也。凡削地割城。稱臣於彼者。人皆惡之。然儀說之。六國之王。皆低首聽之。諸王之中。非無賢者。而聽之者。以其辯也。不削地不割城。不稱臣於彼。人皆喜之。諸王所以從之者。以秦所言理也。然則儀秦之優劣何如。秦不如儀耶。曰否。儀有言曰。君在。儀敢發言乎。儀不如秦耶。曰否。秦有言曰。非儀無以相秦國者。由是觀之。兩人優劣不可知也。然至其辯。則秦不如儀也。其故何也。周公孔子者皆聖人也。而後世貴孔子者。以其行之於難行之時也。今言秦不如儀者。以其言之於難言之處也。然至其成功一也。秦用連衡。六國服之。六國合從。秦不能攻之。皆可謂有功。然秦儀出而天下之亂益甚。亦可謂罪人也。夫秦之窮也。姨不下機。妻不爲炊。儀之窮也。謂妻曰。吾舌猶在乎。然至其勉强。或爲六國相。或爲秦相。故窮而勤則達。々而不勤則窮。如秦儀者。可謂窮而能達者矣。

底本 一六『旭荘文稿（反古）』

九 文中子論

吳楚之地。多祭淫祠。泥塑美人像者。名曰紫姑。粉以粧其肌膚。朱以粧其脣吻。而墨漆以粧其髩髮。淵客之淚。老蠙之胎。澤玲瓏而光鮮明者。以粧其目。文貝之色。石英之質。粲然白。而齡然堅者。以粧其齒。蜀江文錦。吳地輕羅。罽賓綾綃。以粧其衣。以粧其服。以粧其冠帶。其茵則火浣布。氷蠶織。以粧之。其席則蒲皮緣。鱗文錯。以粧之。加之海外名香。枷羅栴檀。一炷之薫。三月不滅者。以飾其室。王公貴人。拜焉跪焉。稽首叩頭焉。雖然神口不能言。目不能視。手足不能進退周旋。人皆憾曰。若人而笑則飛肉。步則銷魂矣。是胡爲然乎。眩于其粧也。文中子乃紫姑而已。其爲書模擬剽竊。唯偸孔子片言隻語以自王。猶叛賊得小衆僻邑。則稱朕稱制。稱皇帝稱陛下。數々肖天子威儀者。此以孔子爲粉爲朱。而爲墨漆。以粧其肌膚脣吻髩髮也。其屢稱元經續詩者。乃孟子王者之跡熄而詩亡。詩亡而春秋作之意。其尙禮樂而曰。吾於禮樂正失而已。又曰。先王是以繼道德而興禮樂。乃荀卿之遺旨。此以孟荀粧其目齒也。其過譽劉伶阮籍。乃以老聃莊周。忘世齊物之說。粧其衣服冠帶也。稱晁錯公孫弘對策。乃以申韓富國强兵之術。粧其茵席也。尙釋氏。稱爲聖人。此以佛爲海外名香。飾其室也。衆粧既備。然無王公貴人。故假時之名士。楊薛賀李房杜魏陳等十餘人。使之拜焉謁焉。稽首叩頭焉。以神此書。亦何狡乎。然而後人唯憾其不用曰。彼若用則周孔之道大行矣。或至躋之爲孔聖以後一人。是則以紫姑不能進退周旋。想像其飛肉銷魂也。不亦愚乎。古人疑王通無傳。然無敢議其書者。是爲其粧所眩也。余以爲有王通者。與無王通者。不必論之。唯其書則以粧成之。死物而已。非有活用之實。不足取焉。嘗觀其論。古人不敢明譽之。亦不敢竊毀之。半吐半呑。糊塗以藏拙。猶嬰兒食菓。屢出入齒牙間。其論理說義。不敢精述其旨。亦不深祕之。一發一閉。依違以取重。猶虱著幝久蠕動縫絨中。作此書者。無識無見。亦明矣。作此書者。蓋盜之集大成者歟。其心以爲。孔子如日月。顓擬之則恐有畫虎類狗之譏。故雜孟子。或並稱孔孟。孟子唯論性與仁義。而不主禮樂。恐人議之。故雜荀子。荀子唯論禮樂制法。以黜無用之辯。恐放人達士之流苦之。故雜老莊。老莊唯談虛無恬靜之理。不功事實。恐有爲之士賤之。故雜申韓。申韓唯尙刑名。恐人厭其刻薄。故雜佛氏之放誕虛無。以救申韓之慘烈。而後宇宙事備。人不能片言譏議矣。雖人無譏議之。猶恐人疑無其治效。故假房魏李靖杜如晦。王者之佐。開國元勳。以實其言也。作此書者。用心如此。後人眩之。不亦宜乎。或曰。此書包括諸子百家。可謂備矣。曰不然。一日之中。不得有春生夏育秋收冬藏之理。一心之中。不得喜怒哀樂並發。苟非其實。則雖一而備萬。又何爲哉。作此書者。盜衆美以粧一身。且巧避忌諱。孟荀尊王賤覇。論性之善惡。豪傑之士或厭之。故稱王猛符堅。不敢賤覇者。又無言之及性。外示異同。內攘其旨。故謂之盜之集大成者。或曰。程朱二子。不妄許可人。而推文中子。在韓子上者。何哉。曰。子盍觀阮籍攜雞酒以至。則示之以青眼。是溺其所好而已。程朱急立家言者也。見有利於家學者。則捃摭網羅收之。文中子曰。氣爲上。形爲下。識都其中。而三才備矣。氣爲鬼。其天乎。識爲神。其人乎。吾得之理性焉。此一言卽見程朱之雞酒也。可不待先容而得其青眼矣。

底本 六『旭荘刪餘剩稿』、再稿 三〔詩文稿〕（旭荘遺稿第八号）、初稿 一『旭荘文集』、初稿の寫しに 二一『旭荘稿』がある。

一〇 豐公伐朝鮮論

昔 王室之盛也。置日本府於任那。以馭三韓。其衰也。彼導胡元入寇。齊襄報九世之仇。君子義之。漢武雪白登之恥。史臣誇之。豐公之征朝鮮。亦有意焉乎。曰否。秦皇不慊乎六王已畢。則逞威於胡。唐宗有憾乎四海始平。則瀆武於麗。豐公之西討。豈其雄心老而未艾乎。曰否。猛將驍卒之在世。猶虎狼龍蛇不可擾制。及亂變之治。甲冑不可簑笠。矛戟不可來耜。所在嘯聚唱亂。豐公之觀兵海外。所謂敺龍蛇而放之菹者乎。曰否。然則與無名之師。爭無用之地。而殺無辜之氓。挐瓶之智。猶辯其無成。以豐公之明。而謀不及此。何哉。曰。出於不得已也。不得已者勢也。夫禍莫慘於不知足。亂莫大於不以禮節下。豐公喜以不次重賞。鼓舞天下英雄。尙功而不尙忠。尙才而不尙德。故人好立奇功而徼豐賜。不欲進忠言而拂上。好見其才而逢君欲。不欲守正德而利國。彼以戰求賞。北條之滅。天下無復立功之秋。我以祿奬功。東方之一。海內無復頒賞之地。群下駸々求利之心莫厭。而豐公源源行賞之術既窮。於是朝鮮之役起矣。故諫而遏之。獨出於葭莩之長政。而在廷之臣。皆踊躍不顧。至公薨而始已矣。是卽勢也。勢如是。則何不倣光武偃武講文。藝祖酒間解諸將之兵權。是白面書生。不知時勢之論也。蓋豐公巧於攻取。而守成之道。未之聞矣。凡取天下者。宜未得之先。有守成之慮。不宜既得之後。講太平之策。世之亂。上有一人化身爲天下者。則中有百人化家爲國者。則下有百人失國爲家。失家爲身者。苟不預以禮節之。使之知足。則各從其所欲而已。其所欲。蓋不過立勳求賞。譬如使百之夫炊一釜。主人與賔客先飫厭之。其服折薪汲水之勞者。腹猶枵然。則主人不得不疾命而炊於他釜。豐公飫矣。故令衆夫厭於彼焉。故非雪國恥而然。非窮武而然。非畏亂而然。無然而然者。所謂勢也。神祖則不然。直勝之馘勝入也。賞以千石。信雄曰。以彼功五千石何有。神祖曰。某未曾爲非常之賞。以妄悅人心。是神祖節下以禮。使人知足也。是所以慮守成於未得之先。而國家昌長也。故知朝鮮之役。由於豐公之不始以豐節下。使人知足而已。雖然隔萬里鯨波。而使西土胡兒。千歲後猶知東方有猴面公。而其膽寒者。不亦快乎。

（上欄評）

僕謂。兄文長敍事而議論。則似讓一著矣。今讀此文。論亦奇拔。遣辭自暢。頗得蘇家之訣。然竟不如敍事之縱橫。自今以往。兄學文專志於論文一途。而其造詣益深。則猶虎而翼者矣。（本文第一行目）一『旭莊文集』

底本 七『旭莊文稿』。成稿の寫しに 八『梅墩文鈔』がある。初稿 一『旭莊文集』、同寫しに 一七『旭莊雜稿』（旭雜第八号）、一九『旭莊文稿』、二〇『旭莊文稿』がある。

(5) 説

一一　戲駮悪酒説

簠簋籩豆既陳。宗祝巫史既列。而無獻酬酳酢。則祭祀之禮不備矣。一醮而偕老者婚也。揖讓而升下而飲者射也。會飲而尙齒者郷也。若廢醴醆則如此禮何。彼煜々而明乎天者星也。淙々而淨乎地者泉也。而其所以名之者。亦或因焉。是故天地間不可廢者酒也。夫人之所以恃而不死者粱粟也。然多食而過量。則害於胸腹。然而曰。我所悪粱粟也。人必笑之。酒亦然。不及亂則何不可之有。夫及亂也者爲酒所用者也。非言用酒者也。夫眦裂而譙項王者。固不辭巵酒。代蕭相國而能治漢室者。固不厭醇酒。小天地土木形骸者。非一飲一石。則其達安在能落高將軍膽。席上賦百篇者。非假一斗之力。則不能暢其豪。此皆用酒者也。若彼亡國敗家。則爲酒所用者耳。是故酒與禮同存。與星泉同立。與人同成功。其所係大矣哉。

底本　二二『旭莊文錄』。文政六年。

一二　蜡祭説

馭民猶馭馬。盡其力而不休。則奔逸。任其性而不閑。則罷踶。以休而不休。馭之則安息。夫民。衝苦雨乎夏畦。侵祁寒乎多畝。戴星而出。踏月而歸者。實三百有六旬一日也。其力可謂盡矣。而性之頑愚。流而赴安逸。如調飢然。馭之不以其方。則向之勞者。皆棄其職。爭爲遊惰。於是乎。田疇荒焉。財用乏焉。盜賊興焉。獄訟繁焉。民終自苦。先王馭之有方。卽蜡也。夫蜡。長幼群聚。不拘于繁文數節。嬉戲醉飽。足以忘一歳之勞。且已蜡。而不興功。然非徒歡而已。其所祭。皆無不事于田者。田民之職也。以示不忘其職。是故蜡休其勞也。而不休於其所勞也。民守其職。則倉廩盈焉。衣食足焉。禮節行焉。囹圄虛焉。此以休而不休馭之也。後世有賜酺者。有賜爵者。兪多而兪苦。未知其方也。

底本　六『旭莊刪餘剩稿』。底本寫しに　二二『旭莊文錄』がある。文政六年。

一三　尙友説

手繙口吟。上之典墳。下之子史。終日不休。倦則隱几而眠。恍惚之際。忽遡隋唐及漢晉。其間與古賢相接者。不知其幾千百人。然若不相識者。最後有一人悠然採菊籬下者。顧我而冁然笑。心莫逆也。問其人。則羲皇以上人哉。夫淵明之所用者三。善安於命也。善常樂也。善處其知也。與食五斗米。孰若採三徑菊。與爲彭澤令。孰若飲柴桑酒。可謂善安於命者也。蟬蛻乎汚俗。而優游乎大同之世。賦詩屬文以樂天。可謂善常樂者也。忠節不虧。高名不墜。至今人咸頌咏之。可謂善處其知者也。衰亂之極。莫甚於晉季。胡狄猖獗乎外。桓劉簒弑乎內。當此時。雖俊又知士。不能保其節全其名者何限。獨淵明用三者。而免於亂世。實上古之人哉。昇平之澤。莫洽於方今。四海鞬櫜。萬姓仰化。提長槍跨奔馬。以起家成封侯之業者。豈今之秋乎。然則衡門敝廬以安於命乎。生于太平之世。以身爲利名之役。栖栖而勞劬者。豈可謂善常樂乎。目不知書。手不操翰。沒而名不稱。與木石同化。豈可謂善處其知乎。是故吾欲用三者而居於治世。夫淵明生乎至亂之世。而自比羲皇以上人。吾又生乎至治之世。而與自比羲皇以上人者相友。蓋友其所用也。

底本 二二『旭荘文録』。他に 一『旭荘文集』所收。但し、寫しは惡い。文政六年。

一四　牧馬說

薩之野產良馬焉。薩人語余曰。薩之馬。骨勁筋堅。高背長尾。踠促而肥。腹張而垂。尖耳批竹。飛蹄裂氷。黃者赤者。玄者蒼者。醇者駹者。遙而望之。騈然如排黑雲。爛焉似陳紅葉。他邦之馬。莫敢當之。余問牧之有術乎。曰有。牧馬之術。先使之飽。不飽則不可以用也。於是暮春三月。布穀方啼。脫之銜勒。休之鞭箠。而緩之羈縻。以放諸平野。嫩草芳芽。莽蔚掩地。俯而咬焉。行而嗅焉。鳴焉跑焉。訛焉戲焉。逍遙容與。一從其適。石出而野赭旣飽矣。如之何。曰飽而不飲。則不能和其腹也。於是遷諸崩崖坼谷。寒瀑之所墜。洌泉之所吼。則或吸或呑。或噴或含。涉者立者。水勢赴乎吻。激乎齒。匉訇成声。魚死而水竭。旣飲矣。如之何。曰使之勁猛也。於是處萬馬於一野。猛然怒。決然鬪。人搏鶻起。斜追直進。足與足相掎。頸與頸相摩。毛落飛雪。血迸飄花。蹴腹蹈溲。勇心淋漓。而後其骨節强固。神王氣完。見群馬而不驚不懼。旣勁猛矣。如之何。曰可以要其良也。於是習諸空郊。嚴其羈以制之逸。整其銜。以遏之慾。而長其鞭。以懲之驕。則霞披電掣。風鬉霧鬣。倏現忽滅。足之所未躡。塵先紛起。尾之所少觸。風自颯生。而後可以騁險路。可以服重車。於是良馬成矣。余曰。盛哉術也。抑子之國。文教未洽。人才猶乏。子知牧士之術乎。客曰未。曰牧士無異於牧馬也。其始飽之以書籍。脫思慮之銜勒。休俗累之鞭箠。而緩知識之羈縻。經史集譜。諸子百家。上窺虞夏。下沿明淸。無善無惡。盡綜徧包。以滿其腹。旣飽。乃飲之以詩文。憂樂喜怒之動乎其胸。

山河煙雲之入乎其眼。獸啼鳥哢之響乎其耳。翰以應之。墨以接之。以和其腹之所滿。而發之。既飲。乃勁猛之以遠遊。歷觀通邑大都。以交其俊傑豪英。聽其論議。視其文辭。較雄鬪力。民風士俗。人情世態。悉察嘗之。鑄鎔鍛錬。以堅其鋒潁。百折千磨。以强其才氣。既勁猛。乃要其良。六藝以爲羈。義理以爲銜。而聖賢以爲鞭。是非得失。毀譽利害。一取法乎古人焉。以克其心。反其正。而後可騁之政事。可服之軍旅。於是良士成矣。客曰。美哉棫樸之化也。若敷諸吾邦。則良士之多。可與良馬爭矣。

　龜昭陽先生曰。文思雲興霞蔚。○可以備成均一策。

（上欄評）

中筆底有畫似韓。（本文第一行目）七『旭莊文稿』

（文中評）

龜云三句良策。（本文第二十三行目）一『旭莊文集』（第二册）

　底本 七『旭莊文稿』。再稿 一『旭莊文集』（第一册）、同寫しに一九『旭莊文稿』、二〇『旭莊文稿』がある。初稿 一『旭莊文集』（第二册）、同寫しに 二一『旭莊稿』、二二『旭莊文錄』がある。文政七年。

一五　罵蠹魚

有客罵蠹魚曰。汝鑠毛潁之勞。剝陳玄之面。剮楮生之腹者乎。我報彼勞與面腹之功。而封之筥。汝何故猾其封乎。汝蟲之最下者也。凡自勞而有益于人。蟲之上也。自食而無求于人。其次也。自處而無害于人。又其次也。馱而運重。馬之勞有益于人。鳴而報時。鷄之勞有益于人。守而扞盜。狗之勞有益于人也。鴻鴈之於遺穂。蚯蚓之於槁壤。蜩蟬之於冷露。自食而無求於人也。處殼之謂蝸。處垤之謂蟻。處磯之謂蟹。亦無害于人也。我不責汝以蟲之上。豈無食物乎。而咬我編簡。豈無所處乎。而據我牙籤。其嚙也千紙皆徹。似蠶而有牙者。其咀也寂不聞聲。似鼠而無齒者。無益于人。而恣喫放飽。以汝爲吏。素餐之吏也。不能自食。私人之所不見。而活其命。以汝爲盜。穿窬之盜也。不能自處。而帙以爲戶。筥以爲家。以汝爲民。游手而無家者也。素餐者黜。穿窬者刑。游手者放。黜汝於泥水之中乎。刑於几案之前乎。放於烈火之上乎。若盡率其醜類而速遷。則釋之。乃敲筥逐蠹。枕書而眠。則恍有語耳畔者曰。子攷業修事。則無素餐。固扃堅鍵。則無穿窬。察家檢戶。則無遊手。今子惰而久不攷其業修其事耶。故吾素餐焉。藏物而不固扃堅鍵耶。故吾穿窬焉。不察我家檢我戶耶。故吾游手焉。子若無隙。則雖留吾。吾不得止焉。客聞之赧然覚。而後朝攷暮修。藏書甚愼。手卷而終日不廢。則蠹魚之患遂絶。

底本 一『旭莊文集』。同文の寫しが 二一『旭莊稿』、二二『旭莊文錄』にある。文政七年。

一六 友説

今之所謂友者。豈古之友乎哉。求友者。不好規其短之友。而好護其短之友。爲友者。不忠告之。而諂諛之。我西而彼西。我東而彼東。我是非毀譽。而彼是非毀譽。則擧杯相屬。指天共矢曰。天下之知己。唯君與我而已。彼所行。我明知其非。諫之而不聽。則平生之好一朝而絶。不如諂之以堅交。求友者。既如彼。爲友者。亦如此。今之所謂友者。豈古之友乎哉。余觀當今之人。其賢良奸邪。勤勉惰怠。無不由其友者。人有常言曰。師友師友。然人在師前。受教聞道。唯半刻片晷而已。其坐臥朝夕。一飲一食。不須臾離其側者友也。故師化之。不如友亂之。擇友宜嚴於擇師。今之勢乃然。夫友者。所以相勸以善。相規以義也。故宜和。而不宜同。宜親而不宜諂。人非聖人。誰能無過。過而諱規之者。猶之掩耳竊鈴。爲友者不忠告之。而諂諛之。猶之觀人竊鈴自掩其耳。衆瞽行道。前者陷泥。恐後者之笑。則欲使後者同己而禁其口。乃默而去。後者亦陷焉。人往々自知其過。恐友規之。則擇而友同己者。然而爲友者。亦諂從之。其智皆瞽也。厲之人。夜半生子。擧燭視之。恐其同己而然。今也擇而友同己者。則讀書学道者。其智不如厲遠甚。今之所謂友者。豈古之友乎哉。無漁焉者。知其水必有毒蜃惡鱷也。無樵焉者。知其山必有長蛇封豕也。無規焉者。知其人必口有蜜腹有劍也。口蜜腹劍。擧世皆然。豈有受友之盡言而悦之者乎。宜畏之如蜃鱷蛇豕。而余也性頑才拙。危言危行。不問其人。而妄規之。彼陽用我言。而陰怨我者。往々有之。於是自悔十七八矣。故畏而有此説。庶幾使世人知今之所謂友者非古之友。且欲爲友於余者。來規余之過也。

(上欄評)

以下二篇。平易冗長。使龜先生觀之。恐復以爲註疏體矣。蓋在業博議。雖云快暢然。一種析理家之文體。非文家之文。欲學之宜有斟酌。(本文第一行目)三〔詩文稿〕(旭莊遺稿第九号)

底本 一『旭莊文集』。底本寫しに 二一『旭莊稿』がある。初稿 三〔詩文稿〕(旭莊遺稿第九号)。

(6) 辯

一七　客氣英氣辯

凡欲成事者。非除客氣無能遂之。若韓信爲少年所侮。若乘客氣。不屈胯下而斬之。是客氣也。一時雖快其身亦死。徒與俠客爲伍耳。然能屈胯下。忍受人侮。故能爲大國之王。名垂後世。是英氣也。由是觀之。客氣敗事。英氣成事。其懸隔何啻天淵乎。然世多以客氣爲高。行之不悔。故殺身敗事者多矣。夫我邦俗客氣之弊最甚視爲武士者。瞋目張臂過於市街。有人誤觸者。乃拔劍斬之。自以爲我能爲果敢之行。然國家有亂。而不能救之。又視爲儒者。高談劇論。以口給自任。徒事虛文。與人爭訓詁之異同。而不能脩德化俗。推此二者。皆客氣使然也。嗟乎悲哉。夫欲治國。無若用武士。欲化俗。無若用儒者。然皆棄英氣行客氣。故不能治國化俗。故爲政者。使人養英氣而除客氣。然則國家治風俗化矣。

底本　一六『旭荘文稿（反古）』

(7) 問　對

一八　餓人對

有一餓者。敝屩瘦杖。蹣跚而步。鞠躬而立。貴介乘大馬。心高於天。塵先馬起。見餓者而歎曰。疚哉。而三日不食乎。五日不食乎。鷄骨深目。色如菜。五畝之宅。百畝之田。以勤者富。以惰者餓。亦唯爾乎。取之誰怨誰咎。餓者然而笑曰。而目盱々。而鼻栩々。而腹便々。而何恃其唯錢乎。迎美而艶者送之。故其目盱々乎。嗅酒之醺而嗜肉之羶。故其鼻栩々乎。壑谷之腹而無饜。故便々乎。尸位素餐。徒費廩禾。乏於經濟之術。而安於昏愚之質。嘻守錢之虜可賤哉。山不貴苟高貴有玉水。不貴苟深貴有龍國家。不貴苟安貴有賢能。今國家雖安乎世祿而不聘賢。以貨官人而不選能。世祿則不知閭里之情者多。納貨則不愧諂諛者進。故賢能不立其朝。一旦年荒而盜賊興。則汝輩睨而遏長戟之指闕乎。嗅而知兵之遠近多少乎。將以滿腹之赤心奉其君乎。不然殆哉。夫鳥集幽叢。啄汚地。是亦足矣。剪其翅羈其足。以入錦籠則死。高人飲行潦。采山薇。以樂。若以爵療之。置諸將殆之朝則愛。故周于利者不入將仆之室。周于德者不居將殆之國且陳蔡之間。不遇良君則餓。是餓於時也。首陽之山。不食汚君之粟則餓。是餓於義也。從德而不食臺飱則餓。是餓於禮也。今也不聘賢不選能。我是以餓。豈非時乎。不納貨賄。不行諂諛。我是以餓。豈非義乎。非其力則一芥不受諸。飲乎水。采乎山。我是以餓。豈非禮也。我已餓於時。又餓於義與禮。而不愧於天地。汝何以疚之。汝盍以目之盱々視巖穴幽隱之士。以鼻之栩々嗅朝廷(ママ)之芳醜得失。以腹之便々味聖人之言而饜之歟。貴人聞之魂墜地如有所失。欲又問則餓人瞑目倚石。而不動不息。如龜之臥焉。

底本 二二『旭莊文錄』。文政六年。

一九 送周邦序

浮屠周邦上人將歸。詣廣生告別。生指庭中樹而語之曰。子不見。夫柳乎。撓而樹之亦生。直而樹之亦生。庭也苑也無不所樹而生。岸也渚也無不所生而暢然。千日樹之。一日拔之則柳之不枯者殆希矣。何則成之難而敗之易也。今夫學之爲難。生之木不亦多乎。游乎惰(ママ)乎。爲之蠹虫。而腐其內。声乎色乎。又從爲之斧斤以攻其外。又有疾病事故之累。爲之飄風暴雨以拔之。於是乎宛然而枯矣。草木之枯猶可也。蒸而成芝。化而出菌。尙得爲瑞物也。學之枯則不然。一失而無所得。所謂五穀不成則不如稗稊者也。人之不厭者富也。然占膏腴之地。筦魚塩之利者。率少蓄積居磽瘠之土。據菑畮之資者。不憂貧匱。夫足則逸。逸則貧。匱則勤。勤則富。勢如此矣。今爲浮屠者。不耕而得食。不織而得衣。是不勤而足者也。滿足不與游惰期而游惰自至。游惰不與声色斯而声色自至。學之不成有以哉。商賈之求富也甚矣。然不勤而足者不富。浮屠之好學也。不過商賈之求富。而不勤而足者過之。然則學之難成。豈唯拔柳之比哉。周邦固絕游惰之思声色之好者也。已無蠹虫斧斤之患。若使不逢風雨。則茁然而秀者將有日。於是乎言。

底本 二三『旭荘文録』。文政五年。

二〇　贈龜次公序

瞽過危橋。陟峻坂。半途而失其相。舟截高濤破驚浪。中流而失其篙師。夫立乎其前導而行者相也。失之則必身顚面傷。與我同載而濟我者篙師也。失之則必魂迷胸悸。而余今實類之。余之事夫子。猶瞽之待相也。步之在茲。坐之在茲。進退皆無不因其指麾。今也半途而歸。於是帳然立曰。南面而可耶。北面而可耶。有水乎西。有山乎東。左旋則面恐傷焉。右向則身恐顚焉。其心何一日不惴々乎。余與次公同居者九十日矣。心莫斯須逆也。呴嫗之澤實居多。其處也共樂。其病也共憂。今夜有霜。汝衣敝矣。來就吾衣。昨日草文吾紙罄矣。當賴汝紙。迨余未起。次公奪其被曰。起哉起哉。鄰雞之聲已過三矣。次公將睡。余築其背曰。勿睡勿睡。更鼓之數未登五矣。及談經論史。則目光相射。氣不相下。彼爲黃熊。我爲蒼龍。樂毅善攻。而奈田單之守。趙括巧談。而奈武安之攻。非大咋以驚傍人則不止。蓋余之益友。未有如次公者。實載余而濟者也歟。中流而失之。東西索居。鄙吝滿胸。日與他人接。而迷於其所向。則猶是强而急進。則恐葬於魚腹。留以待風。則恐窮於糗糧。何山可表。何港可泊。徒觀波濤之汹湧。以魂迷胸悸而已。嗚呼。今而後書之疑者。向誰質之。心之惑者。向誰度之。我歌誰解其悲。我嘯誰知其懷。雖然余激於失良師與益友。而大盡其心力。日勤月考。以至相逢之日。則其非舊阿蒙。亦未可知也。

底本 六『旭荘刪餘剩稿』。他に同文の寫 二三『旭荘文録』がある。文政六年。

二一　送宮景潤歸信濃序

日域六十六州。其無海者十有三。而信居其一焉。信之爲州。天下之險隘也。棧道架空。盤石吐溜。杉樟樅檜之所叢茂焉。豺狼蛟蛇之所群處焉。其人則奇峭深沈。樸質枯槁。然無有大海巨港以流蕩其氣。則抱其材而堙沒者。蓋有之矣。地勢使然也。宮景潤信產也。西學我龜子。端正而善守所學。所謂傑士哉。業成將歸。余語之曰。學猶鐘鼓乎。懸而不鳴。雖良亦何以爲。今子抱良器。歸而鳴諸。必有應者。抑世之學士。猶畫者。畫者之於物。魑魅蛟龍之少露支股者。是最易畫。狗馬雞豕之全露其體者。是最難畫。何也。寫世之所無。則人不知其形狀。況支股乎。況巧拙乎。寫世之所常有。則人熟其形狀。孜其巧拙。而後品之。故不可欺。今也學士唱人之所未曾聞見。雄誕怪奇之說。毆而赴之。私作妖霧于五里外。而藏其全身。人認其支股乎微茫中。而不能辨其狀。唯驚其新異。而聚觀之。一犬驚而萬犬吠。聲以竊一時之虛譽。飄風暴雨。不崇朝而歇矣。此傑士之所愧也。子則固將以所學夫子。端正以鳴諸世。則順哉。不唱奇言異說。順而爲之。非傑士誰能之。且夫子大海也。景潤其波濤也。若決大海之波濤。以順行諸無海地。則沛然往。汪然濶。瀾浪之所流蕩。奇而峭者。即如嶋嶼。嶄然而露其頭角耶。深而沈者。即如驪龍。斐然而抱其寶玉耶。樸質者。漾於漣漪。而帶綺縠之文耶。枯槁者。得潤而蘇茁。吐其芳芽耶。於是乎。杉樟之枝。或折而爲珊瑚乎。椋桂之實。或墜而爲蚌珠耶。豺狼之蹄。或變而爲斑石乎。蛟蛇之鱗。或化而爲文貝耶。使人皆曰。景潤之潤。豈啻九里乎。則誠傑士也。景潤曰。善。遂書。

（上欄評）

此文雖奇竟。是袁仲郎徐文長之灑亞。僕所不甚好。兄意何如。（本文第一行目）一『旭荘文集』

底本 一『旭荘文集』。初稿 二二一『旭荘文録』所收。文政六年。

二二一　送岡子究遊長崎序

蘭人之窮物理。日月星辰。雷霆霹靂。風雨水火。人之身支百骸。草木鳥獸。凡有声者。有色者。有臭味者。動者靜者。無不盡窮其理者也。友人岡子究。喜而學之。將遊崎陽而益精習之焉。及其行余謂之曰。物理無不可窮者。而有不可窮者。人心是也。夫心之爲物。位乎無声。故不可聽而知之。處乎無色。故不可視而測之。存乎無臭與味。故不可鼻口以辨之。其動也不與物觸。其靜也不與物近。深於江海。險於巖谷。毒於虺蛇。是豈可窮乎。故蘭之窮其理者。皆吾耳目鼻口之所能及也。至其所不能及則術亦窮矣。然則人心終不可窮歟。曰否。窮之有術。忠恕以爲規矩。信儀以爲繩墨。則猶庖丁之解牛。肯綮之處自迎刃而闢也。夫爲人謀事。不愼慮之。必取禍敗。因招人恨。故忠以謀之。庶幾乎無其恨。人有惡事而祕之。我明數諸衆中。彼心必怒。故恕以體之。庶幾乎無其怒。與人交而屢反覆。彼擧大事則先以我爲圖。故信以交之。庶幾乎無其圖。人有德乎我。我已報之。彼猶不足爭由此起。故義以報之。庶幾乎無其爭。故以吾規矩繩墨量人心。則江海無所用其深。巖谷無所用其險。虺蛇無所用其毒。我有其術而豫避之也。不恨於人。不怒於人。不圖於人。不爭於人。則四海皆兄弟也。安往而不可。子究往哉。余聞崎陽之俗。甚輕佻而好鬪。多猜忌而妬人。子究慷慨激烈之士。好揚人之善。而亦面折其短。交淺言深。所以招禍也。余與子究。非一朝一夕之故。故於此行。唯說人心之最難窮而送之。

（上欄評）

中（中島子玉評）通暢可喜。（本文第二行目）六『旭莊文稿』

（文末評）

龜昭陽先生曰。温而理。一九『旭莊文稿』、二〇『旭莊文稿』

底本 七『旭莊文稿』。他に同文の写しが 一『旭莊文集』、二二『旭莊文錄』、一九『旭莊文稿』、二〇『旭莊文稿』にある。文政六年。

二三　送僧一圭序

圭師之始來我家也。距今八年。余尚幼。家方遷於南鄙。開庭而種松竹。清陰可愛。余日與諸生之幼者。嬉戲于其下。笑叱喧噪。有妨於堂上講說。圭師出咋曰。止止。童心狡獪。相呼而如不聞。則師撫余背勵之曰。郎君來。子之才氣。行當與松之日茂竹之年殖者相爭。何久遊其下之爲乎。乃止。居三數年。余始学作詩。每見先進。不顧其寢食。以煙雲花鳥爲口實。縷々釋之而不已。人皆厭其煩。師獨曰。勤之。茂殖将有日矣。既而師遊長崎。学華音焉。四年而來。來路謁昭陽龜子。龜子書以告余曰。汝好詩。詩不善華音。則不能臻其極焉。圭師之華音。殆出瀛入奎者也。汝宜北面而事之。既而学華音。旬有餘日。師告歸期促矣。余留之甚力。不得。乃曰。吾聞僧住於無家。處於無營。朝南暮北。心之所適則鄕也。豈有所歸至焉乎。願師爲我留乎。師曰。吾遊海西既八九年。所觀亦盡。當訪高僧老師。以遂志耳。吾子莫留我之爲。余曰。雖有明珠之宮錦綺之殿。不得其道而窺其門墻。則安得觀其光彩燿赫駭人目乎。吾学華音。未得見其道。豈得窺其門墻乎。况其內之玄奧深窈者乎。願師爲我留乎。師曰。今吾子自隗始。四方之士。将來誨焉。失之東而收之西。不亦可乎。亦何留之爲。余曰。墜物於塗者。今日失之。明日求之。猶不可得。師去。吾詩墜矣。當秉燭繼晷而求之。豈待遠求之數年外乎。且吾違龜子之命也。願師爲我留乎。師曰。天下之大。人物之衆。固不乏繼吾而成吾子之志者。然吾子深憂之。則盍書其由而贈吾。吾将遍示之都會之士。以使知吾子好華音。眷々於淺鄙如吾者。猶且如此耶。勝吾者将自至矣。則吾子不違龜子之命。而吾子之志亦将遂矣。余曰。吾强留師。而師不肯留。豈得不隨師教而書贈師乎。

底本 一『旭莊文集』。同文の写しに 二一『旭莊稿』がある。初稿 三〔詩文稿〕（旭莊遺稿第一〇号）。文政七年。

二四　贈田子朴序

初子朴之學詩也。引杜刻韓。夙夜冥捜。形瘦神憊。而詩終不進矣。歳癸巳。從余登雄阜羽根。千仞絶巓。視海如帶。則溪瀑喧豗之響。皷盪其耳。崖壑嶔崟之勢。駭惑其目。而大空沆瀣縹紗之氣。洞射其臍腔。於是才思雲湧。詩境日躋。子朴不自解其故。問之余。余曰。夫字句。古人之皮毛也耳。操焉而學。未必如古人矣。蛇似鱣。蠋似蠶。而人避之。以物之真不存於形也。深山大澤。豫章翻風。豈非少陵之所取材乎。山石犖确。松櫟十圍。豈非昌黎之所假象乎。向子誦其句。而未知其趣。知其趣而未覩其狀。覩其狀而未履其實。今跨其山。俯其澤。倚其樹木。并其趣與其狀與其實而包之。我之精神。暗與古人契於皮毛玄黃之表。故不労而進也。子若繼之。求進而不已。望飛鳥與還。則悟淵明之高處。蹈池塘春草。則慕康樂之悟境。對青天有月。則託青蓮之豪興。聞空山人語。則想摩詰之静味。觀花開水流。則感玉局之自然。聽空齋夜雨。則會放翁之幽思。咏對酒白雪。則掬濟南之高華。遭陰風吹火。則怕青藤之魔障。逢獨樹如人。則驚石公之奇想。能然則一望一蹈一對一聞一觀一聽一詠一遭一逢皆吾師也。曰鳥曰草曰月曰人曰花曰雨曰雪曰風曰樹皆我則也。豈獨雄阜羽根之巓。而有益於詩乎哉。

（上欄評）
中。一氣呵成。豪氣自流。溢乎紙上。（第一行目）
中。疊其字妙。（第九行目）
中。進一層又妙。（第十一行目）

底本 七『旭莊文稿』。同文の寫しが 八『梅墩文鈔』、一『旭莊文集』、一九『旭莊文稿』、二〇『旭莊文稿』にある。天保四年。

二五　送田公幹序

水不廣則無以蓄魚。林不深則無以棲鳥。國家不大則無以用奇士。我東方之大都會數四。莫如東武之盛。四方之士。欲成奇功取好官者。舍此何適哉。友人田公幹將遊焉。公幹之言曰。世無知遊者哉。生富貴之家。而目之所愛。則曼理皓齒貌秀而心儇者也。耳之所樂。則豪竹哀絲新其声者也。身之於綺羅。口之於滋味。誠悦而嗜焉。高樹危棲所安體也。遊惰逸樂所處心也。如斯者安能宦學千里。待目以簡編。待耳以唔咿。身衣緼袍。口齩菜根。而安逆旅處辛勤乎。是以目不觀他邦之山。足不蹈他邦之地者多矣。懷安之心一萌。而雖有才知者不能復成事。況頑愚乎。間有一二之好遊者。亦不過投於刺。當世高名之士數輩。歸而解其裝。出贈酬之詩若文栩々而誇其僚友曰。某也才子。某也奇士。某也君子。某也豪傑。而我得與之周旋矣。不然則跋涉名山秀水。歸而語某景勝剌々不已。世之所謂遊者如斯而已。今余之遊也。異於此二者矣。必也追題柱於相如。學棄繻於終軍。勤勉刻苦。以要成事。若志不遂則無以歸也。謙聞之曰。盛哉。子之遊也。東武之大。必有以成子之奇也。抑世之求仕者。率皆汲々乎進取。有小不得於意。則憤悶之心縕而不釋。是以多夭其天年。夫行千里。豈能疾走而至哉。成大事亦然。古云非寧靜无以致遠。是我之所以戒公幹也。以公幹之志天假之年。其爲相如爲終軍。豈難矣哉。

底本 二二『旭荘文録』。文政六年。

二六　送釋錦龍序

余嘗聞之浮屠一圭曰。方今爲佛者。其派瓜裂。要皆有弊。禪之弊也傲。律之弊也矯。法華之弊也固。而彼龍谷之徒者。其弊最多矣。夫水之爲物。有石則噴。有窪則滙。從焉而迸。從焉而駛。無不應物而動。人心之動。殆疾於水。有才則動於其才。有勇則動於其勇。患飢寒毀譽。則動於其患飢寒毀譽。而佛者獨不可有動焉。何哉。以恬淡虛寂爲其家。動則出其家也。彼龍谷之徒。動於有妻子之親。動於有粱肉之美。所動多則弊亦從而多矣。余雖不知佛理。心私然其言。癸未季夏。余遊北筑。時大旱五旬。炎熱如燬。田龜秧死。流汗淋漓。衣巾似溺于水。一遇錦龍上人於龜子之門下。聽其談論。則覚清風颯然生乎脅際。暑氣忽消。滿堂如秋。因知其奇人也。上人與余隔塾而居。每風朝雪夕。海濤洶湧。崔嵬銀山。落于窓前。群書之底。忽有窈然長嘯者。瀏滰遙徹。瀟灑倐疎。其聲與濤声相和。而屋壁盡震。余怪而窺之。則上人思文方成也。乃閲其文。則既奇既幻。虎而有角。蛇而有翼。攫之如雲。有形無觸。捫之如風。有声無影。其密如月。容光必照。其濶如鏡。萬類皆受。於是愈益信其奇人也。乙酉春。上人將遊京師。余謂之曰。上人龍谷之徒。而欲改其弊者也。吾知其能成之。夫火之方熾。燒雲焦天。萬物爲灰焉。然雨能滅之。以其奇乎。凡異於衆之謂奇。若雨而同於火。則何以滅之。今也弊焰方熾。有石而陷者。有玉而陷者。以上人之奇。一唱以爲之雨乎。其談之奇。可以諭石者。其文之奇。可以導玉者。余於是果知上人之能用其奇於不可不用奇也。當上人之救火。恐亦從而出彼其家者乎。然未有居其家而救天下之患者也。大禹之九年不入其門。豈非其始乎。子房之辟穀居家。豈非其卒乎。然奇者變也。不可妄用之。木之癭。犀之通。以其奇取奇禍於身者也。上人愼之哉。

底本 一『旭荘文集』。他に同文の寫しが 六『旭荘刪餘剩稿』、二一『旭荘稿』、二二『旭荘文録』にある。文政七年。

二七『恒眞卿詩集』叙

均之聲也。叫不如歸。呼行不得。姑悪姉歸。鷹乎嗷乎。閔々磔々。聒者永者。各旋喉中機。而千囀萬哢。以奏其声。無有同者也。而彼百舌獨無其声。一喉以模衆声。豈非声之賊乎。均之態也。驚者失箸。喜者折屐。蹙頞則知其愁。脅肩則知其諂。倨傲叱喝。則爲官吏。酔飽怒罵。則爲市侠。黔皙長矮。一泣一笑。其爲態也。皆非偶然。而彼俳優獨無其態。倏嫗忽婦。無故而勇。無故而怯。千化百變。以模衆態。豈非態之賊乎。非啻声態有其賊。詩亦有賊。均之詩也。或爲風水所激。或爲煙雲所釀。或感乎亂離。或慨乎遷謫。寒餓而發。歡娯而詠。然而爲太白之飄逸。爲子美之沈鬱。韓昌黎之雄渾。白香山之平淡。郊寒島痩。坡之俊。谷之僻。各以我所長唱。雖並世生。不相爲役。是以有獨造者。一世宗之。後世模之。而今也。有爲范楊之百舌王李之俳優者。其模范楊之聲者。則輕纖弱薄。句拗字生。唯羨其巧。而不論其格套。猶野狐妖魅。簪花傅粉。以蠱人目。非無許多冶容。而非其正也。猶清泉淺池。戞石抱樹。觀而可愛。掬而可漱。然比之江河。則風趣懸隔也。其模王李之態者。則傲誕矜重。大聲壯語。篇腐字擬。唯夸其格套。而不會其趣。猶村野槁項黄馘之老嫗。着羅綺。紆錦縠。而自謂其美也。靚粧雖麗。質則麤矣。猶鞭駑馬而就長途。雖無齧踶之虞。不堪其遲鈍也。夫趣者。譬之風度水而漪動。日射山而嵐起。雖名山秀水。無嵐無漪。則近凡俗也。格套者。譬之冠帶衣服。被之則肅有儀。雖敏謂習應接者。除之則不免輕俚也。故二者。失一則不可矣。要正享以降。作家互相雷同。一人不作一人之詩。而千萬人亦一人也已。百舌俳優之徒。不能自出機軸。徒模古人之聲態而守之。不失於趣。則失於格套。古人各作我詩。故一世宗之。後世模之。今人生於千百年後。猶守古人之糟粕。已模人之不暇。安望人宗我乎。北豊恆眞卿。録其十八九時所作詩若干。而示余。余曰。松柏之種雖小。自抱後凋之氣。彼隨地而變者。橘柚之類耳。今讀此詩。雖少年之作。清瑩秀徹。固不屑爲模擬家語。所謂趣與格套兩備者歟。余知其決不變於世人所雷同而爲百舌俳優。行當爲大厦之棟梁。而容一世之人。則使彼百舌俳優之徒。鳴於我簷。舞於我堂。將有日矣。於是乎叙。

底本 一『旭荘文集』。他に同文の寫しが 二一『旭荘稿』、二三『旭荘文録』にある。初稿 三〔詩文稿〕(旭荘遺稿第一〇号)所収。文政七年。

二八　送關洲序

水在山則浄。出山則濁。無亂之者與有亂之者。其勢如此。故能蟬蛻汚塵。而忘機逃世者。非唯其意思閒暢節行卓越。其居處風土之氣。泉石煙霞之趣。助其德而然也。方今釋氏之居。多在街中繁榮之地。是故爲僧者。輕佻敏諝。其言語。則洋洋纚々。可以泣翁嫗。其衣服。則斑斑靡靡。可以悅婦女。試觀其面。則俗氛氤氳。猶薄倖游冶之徒。無一點之風趣。安在彼唯我獨尊乎。是非唯其心思噪擾節行卑猥。彼商賈奔走之狀。車馬紛紜之跡。亂其德而然也。余遊北豐。獨愛長洲墨江之山水矣。眺其東北。則山缺天濶。大海呑焉。銀山銜雲。白馬跑石。飄風截波。一日而到浪華。遠島如鳥。片嶼如豆。一髮之影。髣髴乎碧者。則防長藝備也。顧其西北。則漁家蜑戸。板扉參差。潮至則一村在浪中。潮退則門外之白沙七十里矣。過其汀嶼。則山瘦石青。松老苔寒。怪藤藏蛇。陰穴噴風。貝蟹攀鞋而上。蛑蛤迎足而出矣。步其沙浦。則片雨始霽。日脚在水。渴霓飲海。斷霞晏鶩。蜃楼搆紫而湧。鹽煙曳素而翻。縹緲之際。有寺在其中焉。隱隱其磬。杳杳其鐘。畫圖不如也。余留連其間三十日。未見騷士韻僧可與晤言者。則悵然曰。斯山斯水。豈乏忘機逃世者乎。而如此寥寥者何哉。既而果得僧月虛焉。虛以諧自隱。閒超卓越。廼實稱其山水風土者也。今而又得關師焉。師亦長洲人。好學。同余遊於龜門。其歸。余謂之曰。虛既隱於諧。師亦隱於學也歟。師若芒屨葛衣。棹風步烟。一嘯一咏。以遊其鄉之沙洲巖石。則其所好之詩若文。逍遙洒落。不用意以成者。是則不愧於其山川煙霞之助我德。而免彼街市僧之謗也。夫街市之居。雪山之所無。而忘機逃世。則其所主者。豈可不擇之乎。爲我謝虛曰。德不孤矣。

（上欄評）

龜云。叙景如畫。畢竟文中有詩。（本文第九行目）—『旭荘文集』（第二册）

僕雖慣其家常讀此段。心目不得不醒。（本文第十行目）—『旭荘文集』（第一册）

又云。結處皆變。是得叙景之法。（本文第十六行目）—『旭荘文集』（第二册）

又云。結亦好。然一跌。則墮於輕薄。（本文第二十八行目）—『旭荘文集』（第二册）

底本—『旭荘文集』（第一册）。他に同文の寫しが—『旭荘文集』（第二册）、二二『旭荘稿』、二三『旭荘文録』にある。文政七年。

二九　送饗子庭序

昇平日久。萬民樂生。萬民樂生。則無不憂疾病者。無不憂疾病者。則醫之權重。醫之權重。則爲醫者多。爲醫者多。則無志無才。苟售技而求活者。亦必在其中焉。凡爲醫者百人。而激昂勵志者。十人耳矣。激昂勵志者十人。而揚名成功者。一人耳矣。百餘年來。爲醫者無萬數。而其獨著者。山東洋。吉東洞。香秀菴。村大年。數輩之外。寥々無聞。醫亦難矣哉。非醫之難。而爲之者自足而不求進也。太抵中才之士。其技足糊口者。不復求進焉。其志葢利而止也。煖與飽而止也。嚮子庭。近江人。西學我龜子。激昂士也。其歸。余謂之曰。子歸則必觀其鄕之琵琶湖。觀湖則必觀其魴鱮鰋鮒鱣鯋之類。夫衆魚鼓鬐掉尾。洋々圉々。自樂自足者。幾千萬。而奮然一跳。登彼龍門。乘雲噓霧而騰者。未之有也。若使衆魚不登龍門必飢。則矯腮一跳者。豈可數乎。然唼浪花。唧石苔。是則足活矣。故雖有龍門不必求登焉。人亦然。使衆醫不如古人必飢。則揚名成事者。豈寥々乎。然七動技售。則以爲旣足活矣。雖有古人。不必求勝焉。子若不苟止於其活。則其爲一人於千百人中。豈難乎哉。古云。不爲也。非不能也。今之勢然。子庭勉哉。

（上欄評）

龜云。此篇溫而理。（本文第一行目）一『旭荘文集』

底本　一『旭荘文集』。他に、同文の寫しが　六『旭荘刪餘剩稿』、二一『旭荘稿』、二三『旭荘文録』にある。文政七年。

三〇　送兒有臺遊京師序

夢黃衣人來告曰。子幽我乎一室。縛我足而亟我身。故天地之氣。無所入焉。雨露之澤。無所臻焉。是以日就衰瘦。子置我歟。我亦將自效也。言訖。蘧々然覺。則盆中黃菊。嘆低其頭。如有所懷。因出諸盆而種庭焉。閱日觀之。則壤地糞植之宜。俄變更也。繁霜烈風之威。忽侵凌也。久哉枯而斃地矣。余爲之憮然。友人兒有臺。夙患眼疾。居恒奮曰。吾日田之地。深山大澤。環而圍之。誠陋鄕也。其人則安於所得而自足。懷所居而不他求。故非不生應龍騰蛇。未見噓雲乘風倏乎直去者也。余固嘲之。然余亦爲彼病。幽乎一鄕。不得觀大都之盛文物之多。若一愈。則矢遂我志矣。歲甲申。眼瞭然愈。躍而告余曰。幸哉天之釋我縛也。今而東西南北。唯足所嚮。而遊將始於洛。願子言而贈吾。余曰。子欲菊去衰瘦而就枯斃耶。曰否。然則子亦不欲明子目而昏子心也。曰然。衰瘦猶可忍。枯斃則已矣。目之昏則猶可治。心之昏則不可藥矣。余曰。子已曉之。吾復何言。夫天下之美。皆鍾乎京師。聽而美者。遏雲繞梁之声耶。視而美者。蝤蠐瓠犀之色耶。陋鄕之人。常聽鄙謠搏髀。以爲声之極。視村粧倣顰。以爲色之尤。

一旦出於京師。則心思之壤地。耳目之糞植。頓變。故蕩其心。千里跋渉。追師求師者。金盡糧殫而歸。問其吹笙鼓瑟。則已習而精。問其名山秀水。則已遊而觀。問其言語。則窈窕乎京音也。問其業。則靦然言他。是何哉。不勉也。勉而無暇。則外物無所因而入焉。有臺勉哉。勉强成事。使京師人皆曰深山大澤果能生龍蛇。則可謂異於黄衣人也。

（上段評）

置改寛何如。（本文第二行目）三〔詩文稿〕（旭荘遺稿第一〇号）

深山大澤壮語也。恐不與陋字相入。（本文第七行目）三〔詩文稿〕（旭荘遺稿第一〇号）

出字如何。（本文一八行目）三〔詩文稿〕（旭荘遺稿第一〇号）

底本 一『旭荘文集』。他に同文の寫しが 二一『旭荘稿』、二三『旭荘文録』にある。初稿三〔詩文稿〕（旭荘遺稿第一〇号）。文政七年。

三一　送新子達序

余友北豐恒真卿。屢称其郷人新子達於余曰。恨吾子之未識子達也。余問子達如何。曰。謹厚人也。癸未夏。余謁龜子於北筑。始識子達於其門。余有疾。居二日而歸。則謂真卿曰。以余視子達。平々而已。吾子未爲知人。真卿笑曰。安得一見而辨石中之玉乎。季秋余復至北筑。則與子達同居有日。於是詳知其爲人。意遠而語寡。才敏而心慎。性篤而志毅也。始悟向之平々。而韜藏美玉之耀赫者。皆因子達之謹厚。而自恨知人之不及真卿也。甲申夏。余在家。子達來曰。吾爲二見氏之義子。故來辭於吾子。願子言而贈吾。余曰。應龍欲騰而無雲。則不能神其靈。大鵬欲搏而無風。則不能載其羽。故雖有其才無其資。則不能創事矣。長袖善舞。多錢善賈。於是。爲義子者有焉。燈火雖明。膏竭則滅。棟宇雖大。基殘則毀。故雖有其資無繼之者。則不能善終矣。螟蛉有子。蜾蠃負之。於是求義子者有焉。以假資之心。遇求繼之心。宜膠合不睽。然世之暗於義者。或憤恚勃磎。父示以意。子報以言。齟齬不睦。半途而遁。或驕淫奢侈。蕩盡其家產。計窮術窘。則倏乎出奔。於是其患貽於父母。甚則至使賣田典宅以償其責。或親既逝。則放僻之心漸萌。累世之膴仕。積德之名家。一朝荒廢。使其親長爲無所據之鬼焉。夫養於其家。受其恩愛。憤恚勃恚者。謂之豺狼。豺狼則不顧其德己者。咆哮反噬（ママ）。以逞其慾。貽患於親者。謂之盜賊。盜賊之巧者。外忠信而使人皆任己。具知財之所在。則悉括之以去。成悪於親逝之後者。謂之猫鼠。猫鼠則見人之來。惶恐服藏。柔謹可愛。人去則跳梁狡黠。無所不至。此數者。不齒於人也。孟子曰。老我老而及人老。然則孝於其父而能繼他姓矣。子達則其人哉。子達篤學多年。在家而孝於父母。人之所知也。且語寡者。無憤恚勃磎之患。心愼者。無貽患於父母之患。志毅者。無成悪於親逝之後之患。以子達爲人。事二見氏慈親。則其繁榮可跂足而待也。可慶哉。向子達以其謹厚。使余自恨知人之不及真卿。豈有後而不謹厚。使真卿自恨知人之不及余乎。故余所言者。非爲子達而諷世之昧於義者。子達曰。維鵲有巣。維鳩方之。吾子諷世。而吾以自爲鑒乎。

底本 一『旭荘文集』。他に同文の寫しが 六『旭荘刪餘剰稿』、二一『旭荘稿』に収められる。初稿 三〔詩文稿〕（旭荘遺稿第一〇号）。文政七年。

三二　送觀宥序

我黨之於佛。其猶路人耶。固不遑窮其深旨。雖然唯知其廣大無所不容矣。夫有慾者。必好佛法。何哉。生時既極冨貴安佚之樂。獨懼一旦奄然卽世。甘脆無所供其口焉。綾羅錦繡。無所被其體焉。金玉婦女。凡百玩好。無所悦其心焉。預作死後之計。儌倖冨貴安佚之樂。經千萬劫。而無少損減。莫如賴佛也。是故好之者。非信其道。徒假之以逞其溪壑之慾耳。而未聞爲釋氏者拒之。其爲道。豈不廣大乎。且世之籠貨財者。釋氏爲最。無肢體之勞。無思慮之煩。而有溫飽之樂。手奉一卷之經。口誦数字之呪。則壯者拜。老者伏。婦人泣。譸張爲幻。巧攫錢幣。是以懶惰無廉恥者。往々好爲釋氏。而未聞其徒恥與伍。其爲義。豈不無所不容乎。然其所不能容者亦有之。學周孔之道。樂天知命。淡泊安分。方正自守之士。則不啻相和。或攻撃如水火。蓋佛氏之所容。能容爲我所容者。而不能容。不爲我所容者。則雖廣大無所不容。亦猶偏狹無所容也。防州僧觀宥。喜周孔之道。與我黨周旋有年。頗曉我道。學成而去。我黨之士。慮其歸必不爲其黨所容。不獨不爲其黨所容。亦不爲爲其黨所容者所容也。皆爲之病曰。上人所多年盡其心力而講求之。終屬無益。可惜。余曰。何傷哉。上人業佛。精於其義。固非我黨所能知。若窮其深旨。則安知非世人俗子爲彼徒所容者。實非彼道之所容。而淡泊方正不爲彼徒所容者。實彼道之所尊重也耶。則上人所學周孔之道。終大有益於其道也。然則我黨。愈益信佛道果廣大無所不容也。

（文末評）

龜昭陽先生曰。自莊子來。二〇『旭荘文稿』・一九『旭荘文稿』

底本 七『旭荘文稿』。同文の寫しが 二〇『旭荘文稿』、一九『旭荘文稿』にある。第三稿 一『旭荘文集』。再稿 三〔詩文稿〕（旭荘遺稿第八号）。初稿 三〔詩文稿〕（旭荘遺稿第八号）。天保七年以前。

三三　『明史小批』序

余嘗讀明鑑易知錄。元明史略。通鑑擥要。明紀編年。明季遺聞。皇明通紀等書。粗識有明之歷世。而其詳不可得而知也。歲乙酉。遊米府。假明史讀之。於是始得知向之所未知矣。其讀之。日以十卷爲課。三十餘日而訖。余性不能强記。且倉卒看過。恐後來無所復記。而同於未嘗讀也。拔数百則錄之。加以愚見。名曰明史小批。非敢乞覽世之君子。亦唯余異日之遺忘是備也耳。以逆旅倥偬不能久從事焉。其所嘗識者一切省之。余生於僻鄕。明史難得常看。故其敍事處。全用原文。不敢增損一字。庶幾他日猶得觀此史一斑矣。

底本『明史小批』（本全集卷十一『隨筆篇』所收）、初稿 三〔詩文稿〕（旭莊遺稿第八号）。天保七年。

三四　送山子蘭序

余鄕謂山麓有水者。曰隈。在余家之南者。名曰日隈。山勢突兀。鼈伏馬臥。在北者。名曰月隈。松老苔古。幽蔚險隘。在西者。名曰星隈。峭壁斗絶。藤蘿蒙茸。三者屹然相向。其名所由來久矣。他邦之人。或望之曰。三隈之閒。土地莽蒼。山水奇崛。當生異人焉。鄕人山生子蘭。井生鵬擧。皆與余相好。子蘭和而温。鵬擧毅而忠。余則資性躁暴。二子相輔以德。相導以誼。余大樂鄕有益友也。文政丙戌八月。鵬擧慨然。舍余遊於南筑。於是猶貧家多日爲盜奪褐惴々其栗。然賴子蘭在焉。猶相勉勵。既而四閱月。子蘭亦慨然。將舍余遊於北筑。於是猶夜行者燭滅而杖亦折。倀々不知所爲。向所以樂而居鄕者。一旦盡舍去。余何以處乎。因謂子蘭曰。子不聞彼三隈之名乎。皆放光輝。照耀宇宙者。非僻在一隅。熸焉自熄者。今鵬擧在南。子亦將北。我輩三人。三分隈峙。勉之不懈。各能有成。則不負日月星之名。而應他邦之人言也。子蘭曰。子言甚壯。我輩雖不足應三隈。亦可不自勉乎。乃去此行也。子蘭將學醫。々非余所知。然不可無一言。故唯言勉强所以期成于將來。以相勵而已。段令鵬擧聞之。當自勉勵而已。則余亦自勤苦。無離群索居生鄙吝之心而已。

（上欄評）
亀云。吉甫之文。文中有詩處常佳。（本文第一行目）一『旭莊文集』

底本 一『旭莊文集』。同文の寫しに 二二『旭莊稿』がある。初稿 三〔詩文稿〕（旭莊遺稿第八号）。文政九年。

三五　送玉井鵬學序

能不顧人言。達其所守者。蓋鮮矣。有世人謗之。而不失其所守者。然親戚謗之。則失其所守。有親戚謗之。而不失其所守者。然朋友謗之。則失其所守。朋友謗之。而不失其所守者。一世之所稀有也。余同鄉之友。有玉井鵬學者。幼好學。學於家君。性勤勉刻苦。十年如一日。世人謗之曰。玉井氏之子。生而爲商。則爲商而已。豈用彼咿々唔々唱周呼孔乎。鵬學笑曰。玉井之人。何足知吾。既而親戚謗之曰。汝家貧。當代親之労而治家。豈用久讀書乎。鵬學又笑曰。培之不厚。則無望其茂。養之不久。則無望其大。吾有志。請姑待之。益勉不顧。日月躋進。其文奇而精。其詩幻而密。世人妬其才。親戚喜其譽。向之謗之者。皆赧然愧驚。以爲彼不懈。必爲一世之儒宗矣。歲丙戌。鵬學將學醫。朋友謗之曰。醫小技也。士之所賤。以吾子之才之學。當爲儒。豈用爲医乎。鵬學慨然曰。否。親老家貧。不可久學。欲爲醫養親而已。且儒與医何分。今人好儒名之美。而不察其實。賤醫名之陋。而不察其實。張門戶聚子弟。則概之謂儒。握刀圭治疾病。則概之謂医。故有儒而不真儒。有医而不真医。誰有辨儒名墨行墨名儒行者。世人見爲儒生。教人者。少年英才。鋒頴四發。輙爭使其子弟師事之。一時翕然有聲。於是誇心生焉。終身安於小成。不求學進。人觀其髮白齒落。無異於人。則子弟散去。声名頓減。甚之妻子不免凍餒。豈足養其親乎。於是爲農歟。筋力已衰。爲商歟。如世議何。無已其醫歟。因竊學其所曾賤之方技。以糊其口。幼好儒名。及老自欺其心。幾人不然。少年學醫則不然。人易其年幼不信其術。於是爲医者日方勤苦。以求術信。術信則託之者多。則遍閲諸病。則其術益進。故年老而名愈顯。且爲医而不廢讀書學道。則何至斥之爲異端賤技乎。吾欲爲医久。然悪世無真医。有目不識一丁。妄握生死之柄者。故讀書多年。雖未臻大有得。然勝未曾學。故欲去學医。吾子莫謗焉。朋友猶謗之而不置。鵬學不顧。謂余曰。吾志既決。欲學医於筑之中垣先生。願子贈吾以言。余曰。医之事。則吾子當就其師問之。豈待余言。余則言平生所交。以贈吾子而已。諺曰。不躓于山而躓于垤。又曰。學書則紙費。學医則人費。吾子莫恃其才学而易医。医亦難矣哉。紙費猶可。人豈可費乎。學医之人。不好讀書者太多。吾子而不能爲良醫。則曰。此多讀書之過也。遂以吾子爲讀書。則不能爲良醫之口實。朋友觀吾子爲医不能成事。則曰。彼不爲儒而爲医。宜矣。其不能成事也。遂以吾子爲爲医則不能成事之口實。然則吾子一擧爲二者笑。可不愼乎。願吾子內之無爲世医笑。外之無爲朋友笑。可謂能不顧人言。達其所守者也。

底本 三〔詩文稿〕（旭荘遺稿第九号）。文政九年。

三六　送岡雍叔序

丁亥夏。余航防洋。過備前。踰備中。而到備後。訪茶山菅子。菅子問曰。遊得益乎哉。余曰。無得。菅子曰。異哉。未聞跋渉千里而無益者。古之遊者蓋異於此。夫遊者懷古感今。慨然自省。故有益也。如司馬子長遊於燕趙齊魯之間是矣。若唯論其所經山水形勝。說其所遭飲食歡樂。何足以爲遊乎。抑子經壇浦乎。曰經矣。此非源義經殲平族處也歟。起於流離喪敗之中能殪强讐。不亦傑才乎。子遊嚴島乎。曰遊矣。此非毛利氏戮陶晴賢處也歟。以寡摧衆。能馘元凶。不亦奇功乎。子過岡山觀其風土乎。曰觀矣。此非烈公熊子所施政處也歟。以水魚之契致經濟之效。不亦美談乎。子過下道乎。曰過矣。此非葬吉備公處也歟。以窮境布衣致身廊廟。當鼐鼎之重。任功烈其高。不亦偉人乎。凡此數子者。或武戡亂。或文濟治。丕蹟之所存。著于口碑。赫于青史。其人雖亡。千歳如在。豈非不朽之大業乎。今如子輩。無不欲不朽。而其所成。果能如彼数子然乎。是其所宜憤慨以自勵也。則無遊而無益也。余於是始悟離家千里未始爲遊而遊始於菅子也。余之西歸。菅子弟子備人岡雍叔從焉。留余家数月。將歸求余言。余曰。吾子此遊有益與無吾未知之。雖然菅子既卽世。世無復爲菅子者。故吾告吾子以菅子之所以語吾遊耳。吾子若以吾所聞於菅子爲遊之方。益將在將來矣。夫菅子生於閭里。顯名海內。後進之士。爭豔稱之。身雖既沒。文章不朽。其所自成。未必減於其所稱数子者。吾子亦備人。安得不慨然以求及於菅子乎。願吾子爲我焚香奠水。告菅子墓曰。夫子言猶在謙耳。向謙因夫子言而遊始有益。今雍叔歸。謙亦告之以夫子言。庶幾其遊有益也。是謙所以不朽夫子而謝夫子也。吾子欲立不朽之業歟。伐柯伐柯。其則不遠。三備之間。吉備公之蹟著焉。烈公熊子之澤存焉。而菅子之墓在焉。睨而視之。庶幾足以自勵乎。

（上欄評）
僕大喜此種文。竊謂。卷中冠冕不知。人以爲何如。（本文第一行目）

底本 一『旭荘文集』。再稿 三〔詩文稿〕（旭荘遺稿第八号）。初稿 三〔詩文稿〕（旭荘遺稿第八号）。文政十年。

三七　宜園吟稿敍

擧世而淺俗也。我徒獨尙奇峭。擧世而平易也。我徒獨尙艱奥。擧世而輕纖也。我徒獨尙重厚。擧世而脆弱也。我徒獨尙豪健。擧世而粗笨也。我徒獨尙精確。好悪不同世觀。是稿者當不拍掌賞之。然無削足而適屨僂身而適衣者。有同社百人。雖不合外好。亦足相和以樂矣。今作此詩者。皆少年弱齡。安知十年後。其學與詩並進。降帷敎人。育数百之英者。不在此中乎。一社可以結百人。百人可以敎萬人。亦安知變一世之弊習。以鳴昭代之盛風者。不在此社乎。是其濫觴也。編冝園吟稿第一。

底本 六『旭荘刪餘剰稿』。他に同文の寫しが、一『旭荘文集』、二一『旭荘稿』にある。天保十二年。

三八 『遠帆樓詩集』序

初子達之就家翁学也。年甫弱冠。詩有数卷。余嘗序之。稱其後來大進不可測知矣。既而子達隱於求溪。謝絕人事。覃思詩律二十年。四方就問字者。常以十数。頃者其門人集子達詩数卷。將梓之。復請叙。余閱之。二十年前我所嘗見僅四五首。其餘悉弱冠後作。我所未見也。冲澹雅醇。力足能排奡。而不敢放縱。氣足能發露。而尙含蓄。才足能夸張。而循規矩。思足能紆餘詳長。而守簡樸。要之見道之語。多於詠興。樂天之辭。多於感懷。然而慷慨憂世之思。婉然存其中焉。余於是不獨服其詩大進。不負我昔日所稱。而感其学與詩進矣。夫其詩之進。我所預期。而其學之進。非我所預期也。然則子達之不可測知。亦宜学而止哉。嘗讀陸放翁楊誠齋二公集。其詩且萬首。二公年躋八旬。其篇什富亦宜矣。而其集所載多强仕後作。蓋其少年所作盡刪除也已。自今而後。子達閉門求句。揮毫對客。逍遙詩壇四十年。則其詩之富且玅。未必多遜二公也。然則二十年前所作卽緇布。而是集卽皮弁而已。其所以實垂不朽者。將在今後也。而子達之進。不止詩而學與焉。不止学而德與焉。則不獨緇布皮弁。視二十年前所作與是集。亦將緇布皮弁。視今後四十年所作。則其不可測知亦多矣哉。余恐世之讀是集者。以此爲子達所止。而不知今後猶有大於此者也。於是乎言。 天保壬寅季冬 旭荘廣瀨謙撰

底本 二六『遠帆樓詩集』。第四稿 八『梅墩文鈔』。題名は「恒子達詩集序」、以下初稿まで同題。第三稿 七『旭荘文稿』。再稿 九『旭荘文鈔』、同文の寫しに 一九『旭荘文稿』、二〇『旭荘文稿』がある。初稿 一四『天保卯詩文草稿』。天保一三年。

三九 羽倉君通鑑評叙

往而爲古。來而爲今。其理曰書。其機曰事。古之書。今之事。其揆一也。遐者曰彼。邇者曰我。彼之古。我之今。其帰同也。唯知三代漢唐之爲彼。而不知其卽我。唯知經史之爲書爲古。而不知其卽事卽今。所謂知二五而未知十者。豈可與算

乎。輓近文人多喜論者。然平生兀坐書窓。未曾知官途世務爲何物。故心不能恕。言不能訒。强立畸説。妄搆空想。恣弄矯詞浮理。以生殺千古英雄豪傑於五寸筆下。傲然謂我能明治亂之源而通興亡之理矣。其文辭雖如可觀。然以事實照之。猶未知算者也。簡堂先生通鑑評則不然。先生昔歴職中外。親攬得失利害之機。践寵辱蔚枯之境。故其評古。必先置己身於其地而測焉。是以論事於時。而不於成敗。品人於忠奸。而不於功罪。諒才之靑。挫庸之完。言如新奇。而質諸正道不違。意似深刻。而較諸大義無拂也。溫公作通鑑而自加論。其心不在述古。而在匡今。先生之意。其庶幾焉乎。溫公嘗称王益柔曰。吾爲通鑑。讀者未終一紙。已欠伸思睡。能閲之終篇者。王勝之耳。由此觀之。溫公亦待千載子雲者。假令其當路之日。有如先生不唯讀之終篇。而又能作評如是者。溫公亦必不徒稱之也。將欣然擧之。溫公沒殆八百歳。而今而後。始得一子雲矣。嗚呼。誰爲先生之子雲者。

（上欄評）

（朱）起法若萬丈之濤。（本文第一行目）

（綠）書生之通患也。（本文第五行目）

（朱）筆鋒所到是不挫折。（本文第八行目）

（綠）故其評十五字。刪之如何。（本文第十行目）

（墨）而測焉三字。刪之如何。（本文第十一行目）

（墨）諒才八字。覺難讀。（本文第十二行目）

（綠）不違下如也字。如何。（本文第十二行目）

（墨）而今而後四字。似不妥。（本文第十八行目）

（朱）萬鈞之力。（本文第十九行目）

（墨）嗚呼下。加後世二字。如何。（同右）

（綠）當時既有其人也。何必加後世乎。（同右）

（文中評）

（綠）簡堂先生。不甘受此言者歟。（本文第十八行目）

（朱）弘化乙巳端午筑井清僭批妄評
死々罪々（三〔詩文稿〕旭荘遺稿第五号巻末）

（墨）夏五十日　山下溫妄評
多罪々々（同右）

（綠）同廿九日　比原直妄評
多罪々々（同右）

底本 一四『天保癸卯詩文草稿』。同文の寫しが 一『旭荘文集』、三〔詩文稿〕（旭荘遺稿第五号）、五『旭荘先生近文稿』、七『旭荘文稿』、八『梅墩文鈔』、九『旭荘文鈔』、一九『旭荘文稿』、二〇『旭荘文稿』にある。初稿 一四『天保癸卯詩文草稿』。天保十四年。

四〇　送青木子祐序

西土之待夷狄。周室尚矣。自嬴氏而還。莫善于漢。莫不善于宋明。漢時上寡忌諱。故外有張騫傅介子之徒。索求夷狄形勢。內有司馬子長之徒。記錄夷狄情狀。使擧天下之人。知彼所長是也。所短是也。所好惡是也。是以兵交則避其長而擣其短。和講則與其好而禁其惡。故攻守得宜。制馭稱法。是武帝之所以能滅越攘胡開西南夷。宣元成哀之所以能屢朝單于昆彌也。宋明則上多忌諱。外錮壯士。內禁良史。使擧天下之人於夷狄形勢情狀。猶暗夜行不知所向。是以特穆津既滅西北諸國。地廣數倍支那。而其未攻金之前。宋人絕不知卧榻側金夏之外。更有建國三千餘年圖伯特者矣。奴兒哈赤既破四路兵。勢如火之燎于原。而神宗不知之。猶不肯御文華殿面商戰守方略矣。是宋明之所以滅于元淸也。夫漢與宋明得失之跡如是昭著。則雖我邦西洋之学終不可廢也。自洋學入我邦百有餘年。其初一二儒先以彼所言。大異于生平所慣聞漢竺之言。奇之而傳之。未始知其學之用何如矣。三四十年來。學之者彌多。究之者彌深。漸知其天文地理。軍旅算數之微官精錬。勝漢竺遠甚。則好奇之士。假其學而自鳴不平骯髒之氣者。往々出焉。譸張其論以誤聽者。終觸世之忌諱。皆禁錮其身。爾後人畏洋學。而不敢近。獨醫藥之書。行于方技家。而其學之用廢矣。頃者英吉利擾淸。官令諸侯嚴沿海兵備。於是諸侯或欲知西洋形勢情狀。而萩侯以其臣青木子祐精洋学。命赴長埼益研其學也。子祐幼在我家。後十五年。余遊江戶。遇子祐於伊東氏。伊東氏門習洋籍者數十人。推子祐爲師。子祐爲人敏而默。溫而不露才。與物無猜。能得衆歡。故其聲日颺。卒聞其君而有是命。其去也就余乞言。余曰。我邦以巨瀛爲塹。以民心爲城。上明下忠。擧萬國而無與倫。然以傍無接境壤之國。其澗於外事。軼乎支那。今夫俄羅斯之廣大。遠超蒙古。而英吉利之獷悍。亦過滿洲。則或不自量其力。而竊懷欲宋明我之心。亦未可測也。而我昧其形勢情狀。萬一措置失當。將啓彼侮。則彼隱祕之慝。不可不明揭而示我邦人也。抑吾子欲用洋學於史乎。將欲用諸方技乎。今我邦壯士不乏張傅其人。而有史才者。目不出漢籍之外。則爲洋學之子長者。或乏其人。豈非志士之任乎。吾子之所以報君者。卽將在焉。若不自圖。而用諸方技。所謂不龜手之方。未知用諸水戰者。非耶。子祐曰。善哉。請益。余曰。勿先時也。勿夸其言也。勿與人爭長也。先時者殺無赦。其言夸則人疑之。與人爭長則人嫉之。夫以無赦之罪間於疑嫉之口。是往日好奇之士所以不免於禍也。吾子之敏。足以知時。默足以不夸其言。而溫得衆歡。足以無爭長。則吾知其免矣。然吾子之門。習洋籍者數十人。請以吾言告焉。

底本 八『梅墩文鈔』。同文の寫しが、七『旭荘文稿』にある。再稿 九『旭荘文鈔』。再稿の寫しに 一『旭荘文集』、五『旭荘先生近文稿』、一九『旭荘文稿』、二〇『旭荘文稿』がある。初稿 一四『天保癸卯詩文草稿』。弘化元年から四年の間。

四一 『観月臥松樓詩鈔』序

余嘗與龍師坐。視其左手。無無名指。心竊异之。讀此集始知其故。初師奉其主旨。使南肥。曉諭徒弟。皆依違不肯。師斷指示之。乃赧而服。師之奉使。吾不知其何事。要猶南霽雲乞賀蘭之救。事雖非金革。其機或急於生死者也。霽雲能斷其指。而不能得救師則能服彼徒。豈其忠誠有淺深。而言說有巧拙乎。曰。否。師則善詩也。詩之爲教。主文而譎諫。故不必激昂悲憤。而人感焉。不必反覆論辨。而人曉焉。逍遙緩和。不與物相觸。而中窾會焉。師蓋有深得於此也已。師既有得於詩。何必斷指而見乎乎。曰。是猶羔雉之於禮也。古人曰。飾羔雉者。非以求媚於主。致吾誠焉耳。夫詩之道。遠之事君。事君之實。莫先於忠。然徒忠不足以爲忠。必有以致其誠也。故知師忠誠之意在斷指之前。則知其所以斷指者。即得諸詩矣。古使於四方能專對者。必能誦詩三百。左氏所載可徴。今也侯國。上事幕府。下接冨商。一日百務。執政者。首擇行人之材。亦唯取巧詐詭辨如蘇長者。未嘗及善詩者。謂迂物何能也。其善詩者。亦唯吟嘯自放。外人事而不與焉。於是先王遺教熄矣。使此二者。知師之善詩而能不辱君命耶。作詩者。不敢外人事。而執政者。亦不敢迂詩人也。而後三代遺教可復興也。然則此集之有補於美教化移風俗多矣哉。　弘化乙巳仲春

旭莊廣瀨謙撰并書

（上欄評）

（朱）妄意讀上頭加今或及字如何（本文第一行目）

（朱）善詩二字。通篇骨子。（本文第六行目）

（墨）斷指之得諸詩不愚。覺不穩當。（本文第十二行目）

（緑）僕亦以爲然此。（同右）

（朱）驚論可駭。（本文第十五行目）

（緑）謂迂五字。刪之如何。（同右）

（緑）於是以下八字。刪之如何。（本文第十六行目）

（墨）使此以下十四字。似不明了。（本文第十七行目）

（緑）僕以爲明了。（同右）

（緑）迂字作後如何。（本文第十八行目）

（朱）照應有法。（本文第十九行目）

（朱）筑井清僣批妄評弘化乙巳端午〔詩文稿〕（旭荘遺稿第五号巻末）

（墨）夏五十日　山下溫妄評（同右）

（縁）同廿九日　比原直妄評（同右）
以上批評　三〔詩文稿〕（旭荘遺稿第五号）

底本　二七『觀月卧松樓詩鈔』。同文の寫しが、七『旭莊文稿』、三〔詩文稿〕（旭莊遺稿第五号）、九『旭莊文鈔』、一九『旭莊文稿』、二〇『旭莊文稿』にある。再稿　一四『天保癸卯詩文草稿』。同文の寫に　一八〔旭莊文反古〕がある。初稿　一四『天保癸卯詩文草稿』。初・再稿の時期はそれぞれ天保十四年、弘化二年。

四二　『溪琴山人第三集』序

士固自幼習武技。講經世之術。嘗欲以其所學立功於世。而人見以爲迂遠也。乃以諷詠自娛。猶安期生策不用。去爲神仙矣。故其所作。蘊忼慨於冲澹。包悲壯於優游。氣超邁而神高遠。疑親炙王孟。翺翔蘇陸者也。昔孟子說堯舜之道於縱橫之時。不用。則退著書七篇。士固既抱經世之志。何不著書以益於世。而區々費精神於字句之間乎。孟子之時。上無道。故不得不著書。今風化治敎之美。殆軼陶虞。我所著復何言乎。堯舜之時。吁俞盛於朝。而擊壤之歌出於野。廊廟畎畆。所處位異。則其言亦不得不異。夫唐宋之治。遠不及我邦。而其詩人若王孟若蘇陸。皆能詠歌當代休明。而傳萬古。其功偉矣。顧我邦反乏其人。是爲可憾。上有道而下未能詠歌。豈非文士立功之地乎。士固年猶壯。其業益進。能無遜於唐宋諸人。則其所学。雖未有功於世。其所作。未必無益於世也。十年前。士固初集二集成。今茲刻三集。余喜其益進也。爲之序。　嘉永戊申十一月廣瀨謙撰幷書

底本　二八『溪琴山人第三集』。同文の寫しが　一『旭莊文集』、五『旭莊先生近文稿』、七『旭莊文稿』、一九『旭莊文稿』、二〇『旭莊文稿』にある。嘉永元年。

四三　贈增田子序

無不讀書者。而好學者鮮矣。孔門弟子三千。顏子獨以好學稱。謚之最美者爲文。孔圉好學。則得此不爲僭也。余所交。自士大夫。下至醫僧巫卜農商。不爲不多。然親炙者。不過詢詞章謀記誦。遠者囑文詩乞字而止。偶論及義理。講至情性。輙老人欠伸思睡。少年掩耳蹙額曰。吁。毋乃復以老生腐談困我乎。於是自嘆曰。夫子之時。猶曰未聞好学者矣。矧今世乎。矧以我庸愚。自省之不暇。豈能責人以好学乎。皮之不存。毛將安傳。豈非我之謂也。因浮沈隨俗。久之謂。吾既不自量。下帷聚徒。不當以我庸愚。故待天下之人以庸愚也。夫孟子不能爲堯舜湯武也。然望諸滕文。望諸齊宣。責難於君者。何謂之不恭乎。乃復索好学之人。而今得增田子焉。增田

子兵庫人。業估。其父嘗作山莊。極輪奐之美。増田子因余友眞島于石乞記。且曰。先子本旨欲振飢民。然羞居美名。故託作莊而施焉耳。吾恐子孫不善觀其行。而喜侈。願述吾意。時余雖未相見。知其非尋常估人。記成。來謝。迎至其莊而飮。視其爲人。敏而溫恭。實保家之主。然未知其好学也。無幾余東西宦遊。不復相見。嘉永己酉初冬。復遊兵庫。與于石步至莊之側。憶昔遊。呼守莊者。入而觀焉。方開傳厨。増田子偶來檢莊。因相見罄歡。延至其家。留宿爲講論語。大喜曰。道在此也。與于石謀謂。此地萬貨所鍾。繁盛亜大坂。然以無講經授業者。人敏利而迂義。可惜之甚。庶幾使夫人興於学。乃說士人從事讀書。每月迎余聽講。言及義理情性。聳然起敬。而不屑詞章記誦。余見其不獨善已樂與衆共善。始知其好学矣。明年正月。來拜年。且請曰。吾家事臼杵侯。其地所產諸貨。運漕浪華江都者。侯命我家。筦其出納。世賜俸五口。本年侯以我有勞。更增俸五口矣。非侯家之恩孰能至此乎。非祖先之蔭。孰能致此乎。願君作文示我子孫。永莫忘侯家之賜與祖先之勞也。余曰。盛哉。今夫諸侯之貿易其貨物于都會也。必使有司遊說關節其富豪。而委廢居之權焉。富豪者大率陽爲周旋。叨受其賞賜。而陰私其贏。諸侯知之。然欲一時藉其力。則爲不知濫賜格外厚俸以餌之。使彼不得已竭力供給。及國稱富。不復欲制于估人。一旦變約。廢初所與遊說關節諸有司。悉奪所賜之俸。猶反手。富豪亦知之。故當初卽行不可復之事。而罔利不肯顧後也。彼此交以利相賺。所謂詐之見詐果喪其賂者。滔々是也。獨君之於臼杵不然。侯家方明。賢宰良吏任職。國用既贍。不必籍富豪之力。而君以忠事之。一毫不私。以忠遇明。賜之不爲濫。受之不爲叨。則不亦盛乎。君兵庫人。嘗諳源平故事矣。源平氏之祖。以材武著者十數世。至清盛爲相國。賴朝有海內盛極矣。則子孫滅絕。不獨公侯。雖士庶人之家。往々如是。蓋盛極于前。則衰促于後。物之數然也。聞君之先住兵庫二百余年。至君躬信于諸侯。荐賜物增俸。可謂盛矣。然則不可不善貽孫謀也。古云。遺子黃金滿籯。不若一經。漢時以經術取士。韋賢之言。或爲拾青紫発而已。是豈實得經之旨乎。今君當擧世不重經之時。獨好学欲遺子孫以忠孝。其勝韋賢遠矣。然行百里者。以九十里爲半。君年僅强仕。前程猶遐。子孫之取則將在君躬。詩云。維其有之。是以似之。文示子孫。不如躬行而示子孫也。君既躬之。則我文不必作而可。然顏子以亜聖之質。得一善。則拳々服膺而弗失之。孔文子以執政之貴不恥下問。是其所以爲好学也。君既欲其子々孫々永似君乎。吾亦欲君之愼終如始。不敢失一善。就有道而正焉已。則我言不可不贈。君其以我爲古之恭乎。
纚々千數百言。如繭抽糸。如蕉剝皮。氣脉串通。愈出愈新。破題一句。其重萬鈞。得朱子學庸序之體矣。　庚戌三月　　弼僣評

齋藤拙堂評。雖意多文長。未見可厭。然不若少刪之。使簡勁更佳。

僕久聞公之詩名。及觀其集果不爽所聞。今始觀其文。亦富贍偉麗。酷肖其詩。不思作文之至於此。敬服々々。　庚戌階復月　　齋藤謙妄批

(上欄評)

拙堂曰。劈頭語喝破而起。快甚。(本文第一行目)

拙堂曰。不必分老人少子。此四字刪去。中或或字何如。(本文第五行目)

皮毛之譬當乎。(本文第七行目)

拙堂曰。換君字爲人何如。(本文第十行目)

時勢情態曲盡無不意。公知都會情狀至于此也。(本文第二十七行目)

子孫滅絶上。似可一二句着源平之衰。(本文第三十八行目)

拙堂曰。專字不妥。作極爲可。(本文第三十九行目)

拙堂曰。其下似可加果字。(本文第五十行目)

底本 七『旭莊文稿』。同文の寫しが、一『旭莊文集』、五『旭莊先生近文稿』、一九『旭莊文稿』、二〇『旭莊文稿』にある。嘉永三年。

四四　『綠芋莊詩鈔』序

南豐之爲國。東海而西山。尤西爲我日田。鄰爲玖珠。玖珠或作樟。邦呼同也。俗傳。洪荒世有大樟樹。高數千丈。盤空支日。巨靈惡而剪之。其僵也。枝壓我日田西山而凹。其株化山。全山一片石。頂坦如刀截者。今名截株山。又洪樟山。西人所謂扶桑卽是也。故名郡以樟矣。或曰。有龕仙之山焉。其巖間有玉。大如斗。玲瓏四映。故名玖珠矣。其餘諸山。皆崮峠而多奇石。坼之往々印川魚木葉之形如刻。其水則百步十折。懸而爲瀑。渟而爲淵爲潭。走而爲建瓴之勢。產蛤蚧水虎諸珍異物。蓋其山水之瓌偉險恠。比諸西土蜀而小者。有石舟者焉。姓劉氏。其先自炎漢出。三百年前。自筑移于我玖珠。石舟生而稟瓌偉靈淑之氣。飄逸超忽。如天馬行空。不肯受羈馽。其欝塞之思。奮發之志。一寓諸詩。艱奥雄拔。竹裂石迸。實與其山水爭奇者。年過知命。一旦攜其子昇兄弟出鄉。下帷京師。昇將刻其詩。而公于世。徵余敍。余謂。石舟彷彿蘇老泉。其境似蜀。一也。老而攜二子赴京師。二也。其子皆

才。三也。唯其所以異者一。眉山在西南數千里外。而蘇氏父子之名。一日動天下。石舟徙京師日猶淺。人未甚重之。此非其文不若蘇氏。而時不若耳。老泉之時。歐陽永叔。以文章負天下重望。而推之。韓魏公。以德業當天下重任。而挽之。是老泉父子。所以一日動天下也。今無文忠忠獻。石舟之不見重。不亦宜乎。然文之行。猶化之布也。近者悅。遠者來。顧余庸劣。安足序是集。唯以國同而鄉鄰。推服自我始。而俟其及遠也耳。嘉永庚戌四月　豐後　廣瀬謙撰

（文末評）

比以老蘇。似非倫。然論其同者異者。不失斤量。當使石舟之詩重於九鼎大呂。勝玄晏先生萬々。

（上欄評）

拙堂曰。首擧兩說不下斷。語自昌黎盤谷序古雅可喜。（本文第一行目）

拙堂曰。有意無意之間。忽下蜀而小。一語全篇之議。皆発於此。局法絶佳。（本文第九行目）

其人與其山水斤量適鈞妙。（本文第十一行目）

拙堂曰。作孕其山水之奇者歟。何如。（本文第十三行目）

又曰。公于作問何如。（本文第十四行目）

文人下置視之二字何如。（本文第十七行目、「甚重之」と「此非其」の間の草稿の削除された文章「上圖文人猶士衡謂太沖爲一傖父也」の中の「文人」に對する評）

此段。抑揚頓挫。如倩痲姑癢處搔。（本文第十八行目、以上、上欄評は一『旭荘文集』による）

底本 二九『緣芋荘詩鈔』。草稿「劉石舟詩集序」の寫しが一『旭荘文集』、七『旭荘文稿』、五『旭荘先生近文稿』、八『梅墩文鈔』、一九『旭荘文稿』、二〇『旭荘文稿』にある。嘉永三年。

四五　撫山翁追悼集序

十年前。余始識兵庫撫山翁。翁喜余爲人。使其子善次從游。翁業釀酒。風味罕匹。勉强家務。傍好經史。善書。駸々入古人室。聞人善行而喜。余每遊兵庫。翁必擕家釀隨余所往。須磨弔古。和田感今。余雖不善飲。未嘗不假其芳冽而暢我吟懷。詩成。翁輙朗誦。呼妙不已。庚戌春。余復遊兵庫。翁既沒。余忽々不樂。殆有絶絃之想。善次以翁生平嗜俳詞。將輯其友追悼之俳詞以薦神位。屬序於余。曾晳嗜羊棗。曾子不忍食羊棗。孟子曰。事親若曾子者可。屈到嗜芰。子木不肯薦。君子曰。違而道。一不忍食其所嗜。一忍不薦其所嗜。其形不同矣。若易地則皆然。蓋事生而孝易。事死而孝難。其所以難者何乎。父既沒。欲孝焉者。不可以形求。唯在其意。故意不

可不誠。意不誠則識不明。父名石。子終身不踐石。未可謂孝也。父名晉肅。子不擧進士。未可謂孝也。以其求諸形。而不知求諸意也。不亦善乎。善次之體先志而薦其所嗜也。以形論之。與曾子子木不同。以意求之。未嘗不同也。然善次所觀父行。唯俳詞而止。亦猶以形求者。未可謂孝也。夫孝有大小。事有終始。不知所以擇之。亦莫以爲識也。善次果能如翁之勉强家務乎。果能如翁之傍好經史而善書乎。果能如翁之聞人善行而喜乎。翁則有此衆美。而嗜俳詞矣。善次果能繼其衆美而無所遺。其孝大矣。如俳詞薦亦可。不薦亦可。若不能繼其衆美。唯以薦俳詞爲孝。所謂略三年之喪而問緦小功者。豈足貴乎。翁之不歆明矣。然行遠者自邇。蓋善次之意。將以茲爲始。今後孜々繼翁之所爲。其大者欲成諸終也。則不亦善乎。吾且敍之。俟其終。

篠小竹評。抑揚之間。深寓戒意。告人子。當如此也。◯誠明之説。前日見質以中庸。中庸自誠明。是生而知之聖人也。如學者。則當自明誠也。徐積父名石。終身不踐石之類。意非不誠。識不明也。愚意如此。請更見敬。

（上欄評）

拙堂曰。熱敲冷朴以下甚佳。（第十九行目）

底本 七『旭莊文稿』。同文の寫しが 八『梅墩文鈔』にある。初稿寫しに 一『旭莊文集』、五『旭莊先生近文稿』、一九『旭莊文稿』、二〇『旭莊文稿』がある。嘉永三年。

四六 澤雪城心畫論序

余不善書。而嘗學詩。我門人問詩學何人而可。輒先視其所作。平易流滑者。勸觀昌谷玉溪之集。苦澁艱硬者。勸觀香山放翁之集。是欲自克己下工夫矣。澤雪城示其所著心畫論。而乞我言。讀之曰。師法不同。而資性亦不一。是故質樸者學灑落。則如丈夫粧紅粉。流美者習勁險。則似女子著甲冑。是欲自率性下工夫矣。我二人之言不同。而要其歸一也。一則率性而長其才。一則克己而進其德。未始不相待而成用也。嘗與雪城飮。問其志。曰。開數十間塾。兩廡蓄奇書古器。聚有志而貧者二三十人。衣食之。經術詩文書畫。各學其才之所長。而爲世之用。是我願也。余聞而大之。歎曰。信乎君之愛人也。既而察其所爲。澹蕩無撿。瓦石視金錢。動負債數十金。然人愛其所爲。輙亦周旋代償。故未嘗至匱困也。余謂。君之愛人。少陵廣厦無以尙焉。然觀其行。未免爲人所愛。安能愛人也。少陵詩聖。自比稷契。而一生窮餓。爲人所憐。而不能憐人。其詩終爲空言矣。蓋其技所長。在率性。而其德所短。在不能克己也。君書之妙。不遜古人。其志之大。亦非今人所及。然其所長益長。而其所短益短。恐其所志。亦未能免空言也。夫吾不善書君所知。而必欲得吾一言。蓋以爲他山石矣。故不頌其才。而規其德。亦愛之也已。

篠小竹評。以詩立說。引少陵爲證。雪城安得不屈伏。〇說藝入德。斡旋無痕。絕妙。

拙堂評。此篇諷刺隱然。婉而成章。洵爲壓卷。

（上欄評）

篠小竹曰。我字小子字可刪乎。（第一行目）

齋藤拙堂曰。刪先字。苦上加其字何如。（第一行目）

小竹曰。是下置欲字何如。下同。（第三行目）

拙堂曰。審文勢仍旧貫。不加欲字爲可。（第四行目）

拙堂曰。使之以下六字刪。（第九行目、初稿デハ、「衣食之」ノ次ニ「使之縱觀我畜」ノ六字ヲ存ス）

又曰。而下。加使成就之以五字何如。（第九行目）

拙堂曰。作亦愛君之故也已。（第十九行目）

底本 七『旭莊文稿』。同文の寫しに 八『梅墩文鈔』がある。初稿 一『旭莊文集』。初稿寫しに 五『旭莊先生近文稿』、一九『旭莊文稿』、二〇『旭莊文稿』がある。嘉永四年以前。

四七　贈藤藍田序

大坂之俗。商家禁讀書。甚于賭博。問其故。曰。不唯無益也。爲害大矣。然其家法嚴肅。雖不識書。暗符古人假有家之意。偶有一二讀書者。其行事多不爲人所悅。甚者破產覆家矣。古人云。益智莫急於讀書。若我西州農商。能興家者。大率屬讀書之人。此二者不同何哉。蓋都會則多素封。其人猶公卿。自幼衣食無虞。唯知循家法。而不務通人情。其於書。不初知用諸克己省吾之工夫。唯用爲衒夸己才之具。稍通古今。輙悟家法之非古道。首欲更之。且其奴隸皆不学無術。嚇以其所不知。則易取勝。故拒諫飾過。不爲人所悅。其蔽也矜。或性好佚。一讀書。則風流自喜。疎放自高。慕陳後主宋道君之爲人。耽詩嗜畫。不復問世事。遂至破產覆家。其蔽也奢。田舍則不然。人多寒窶。忼慨知恥。以從事讀書。故能興家。是所以二者不同也。藤藍田大坂之商。喜讀書者。乞贈言。余曰。去其矜氣與奢心。則庶幾焉。藍田曰。吾固非素封。莫有矜奢二病。所病懶而已。余曰。懶之爲心必欲寡務。欲寡務必生人所十而能。我一而能之念。其漸爲矜。懶之爲行必不耐煩。不耐煩必疎放安佚。其漸爲奢。故以素封者言。曰矜。曰奢。以好事家言。曰懶。其義一也。夫矜者。不必奢。奢者不必矜。懶者其兼之乎。素封之家。猶不堪矜與奢。而以非素封者兼之。危哉。然古畸人有以懶養高者。吾子有意焉。非我所敢知也。藍田曰。吾豈敢。吾今而知懶之爲害。大於矜奢矣。乃書贈之。

（文末評）

前半實都人之針砭。後半深一層使人躲避。亦宜寫数通遍示大坂人。　　　　弼

底本 五『旭荘先生近文稿』。同文の寫しが 一『旭荘文集』、七『旭荘文稿』、八『梅墩文鈔』、一九『旭荘文稿』、二〇『旭荘文稿』にある。嘉永四年以前。

四八　刻貳臣傳序

書肆岡群玉將刻貳臣傳。客聞之曰。豈無佗史乎。何必貳臣傳。貳臣之名不美。恐無益于世也。余曰。子言名乎。貳臣傳。卽所以正名也。清興。謂明忠臣爲叛爲逆。其貳臣爲順爲忠。冠履倒置者。百三四十年。至高宗乾隆四十一年。始下詔。録明死事臣三千六百餘人。曰勝朝殉節諸臣錄。又錄其降我者百二十餘人。曰貳臣傳。於是。向之爲叛逆者。一朝賜美謚。褒于崇祠。祀用隆秩。向之祀于昭忠賢良名宦諸祀者。一朝黜爲貳臣。甚書曰死。使天下人耳目一新。知所向背。此貳臣者。褒胄緜連。河帶山礪。假令史臣作此。必不免崔浩之誅。雖人主威嚴。人情所難。高宗獨斷不顧諸臣之恨。其意蓋謂名不正則言不順。言不順則事不成。後来名不正之禍。必大於今日恨我也。其卓識勝唐宋元明諸帝遠矣。古云。胡虜無百年之命。愛新氏既二百年。强盛未衰。未必不由其正名之力也。誰謂此無益于世乎。乾隆中更有名臣傳。其漢人過半貳臣之孫也。則實孝子慈孫。百世不能改者。其生也。羇旅孤單。操心甚危。鞠躬憔悴。以結主知。不遑一日安逸。其死也。貳臣之名。同天壤不朽。彼豈不自悔於地下乎。使爲人臣者讀此。必悟仗義殉節之榮於忍辱偸生。可以勸忠也。夫明主據萬餘里之地。一夫寸土。莫非其有。而清以兵百人甲三十副起。三四十年後遂代明有天下。非滿洲人智勇夐絶漢人。一能敵萬故爾。明主恃二百七十餘年君臨萬邦之勢。端拱深坐。自尊如天。視其臣如土芥。上下否塞。使其才智臣。不爲己用而爲敵用。故爾。孟喬芳等降。清主命侍坐。同飮食曰。朕不似爾明朝之君與臣下情意隔絶。是其徵也。以明人伐明。清之智也。以己人伐己。明之愚也。智愚判于前。而興亡決于後。使爲人君者讀此。必悟下情之不可疎隔。可以知畏也。使臣勸忠。使君知畏。誰謂此無益于世乎。夫明代忠臣。生時不肯事清。死而有知。豈以清之褒崇爲榮乎。而貳臣。生時甘心事清。死而有知。將以清之斧鉞爲僇。群玉之欲舍殉節錄。而刻貳臣傳。不亦宜乎。且

如我邦。皇統與天地悠久。固無可以貳臣名者。然家國興廢之間。如武田氏勸今川氏諸臣以貳。織田氏又勸武田氏諸臣以貳。無國無之。而貳臣之名。遂無敢正之者。人或將誤順逆乎强弱。而決去就乎成敗。是群玉之所以欲刻此也。客曰。善。既而刻成。乃錄與客問答之言爲序。　旭荘廣瀬謙撰

底本 二四『貳臣傳』。再稿 八『梅墩文鈔』。初稿 七『旭荘文稿』。初稿斷簡が、一二『詩文草稿壬子重陽後』にある。嘉永五年以降。

四九『明史三傳』序

書肆岡群玉。刻明史忠義孝義列女三傳。成。索余敍。余曰。踰乎此擧也。吾今而知我邦右文之治日隆一日矣。寛延中。明史始渡來。當時有關先生者。曰。明史全部三百餘卷。不易梓行。我平日口誦而心像。李何王李之傳。須先刻也。乃刻文苑傳。夫忠孝節義之重於文藝。人皆知之。彼反忽之。何乎。蓋當時弘治嘉靖諸子之集。盛行海內。故其擧。時好之追。而不遑扶持綱常也。嗚呼。賢者識其大者。不賢者識其小者。百年前。儒先之見猶如彼。而今日。書肆且知忠孝節義之爲重。不亦踰乎。然自非今時之好在斯。亦安能及此哉。足以觀右文之治日隆矣。而余猶有憾。西土書肆。如陳起毛晉等。能刻數千萬卷之書。以惠士林。我邦書肆。曾不能望其十一。貧富異科。理固宜然。々數十年前。猶能刻浩瀚之書。今則唯急眼前之利。而昧久遠之圖。僅々數卷之外。不肯從事。豈謂能報右文之治也乎。群玉既識其大者。其所爲亦將有大於尋常書肆。其欲異日刻明史全部。而試就此擧。猶書之先敍文。亦未可測也。吾亦敍而俟之。　嘉永五年重陽前二日　旭荘廣瀬謙撰

底本 二五『明史三傳』。同文の寫しが 一『旭荘文集』、七『旭荘文稿』、一九『旭荘文稿』、二〇『旭荘文稿』にある。嘉永五年。

五〇 溪陽詩草叙

嘗觀邦人詩集。百年前。則卷首必揭四言若干首。擬古樂府若干首。其意蓋復古也。三十年來。則必揭詠物若干首。咏史若干首。其意蓋趨今也。又有生平於古近體。中有未作之體。及成集。蒼黄勉强。以構數首者。其意蓋塞人之責也。復古與趨今。與塞人之責。其形不同。其舍己追世一也。夫詩言志。抑己志而不言。唯世是追。難矣哉。識者乃不然。張仲治曰。愧我性靈終是我不成李杜不張王。薩人山田君。寄其所著溪陽集。徵序余。未識君而耳其善士。於武技莫所不究。於詩固非爲專門之業者。然詩材俊拔。淸遠閒澹。能言其志。而不追世者。其所輯止律絶。而不及古體。蓋君之筆力足以揮霍古體。而未敢作耶。或作而未慊於心。故不敢收耶。足以觀挹遜之

意。使彼舍己追世者。聞君之風。可以明其識也。此集之行世。自有公評不必待吾言。吾獨服君之識。於是乎序。

底本 一『旭荘文集』。初稿 八『梅墩文鈔』。再稿七『旭荘文稿』。初稿斷簡（後半部欠）を一二『詩文草稿壬子重陽後』に収める。嘉永五カ。

五一 『文城存稿』序

播磨玉鳳三浦翁。年躋八袠。長余三十餘歳。一旦來訪余浪華僑居。行束脩。請受教。余辭。翁不可。引王孝逸師事王通之例。日與年少問字者。揖讓周旋。欣々焉。自忘其老。柴東野少翁殆六十歳。翁以其爲我高足。兄事之。曰。子廣門董常也。余顧。我篤学不敢望文中子。而翁高誼出于孝逸之上。若論德行。我當事之。翁之所以推我者。獨有文辭已。然則文辭之事。我不可不竭我力而報其誼也。乃請觀其稿。翁解裝。出所著文詩数百千篇。且告曰。某齡已頽。子姪欲刻此而問于世。某自知我著之不足傳世。然生平事業別無足傳者。且彼輩敝帚千金之心。亦可念也。敢就謀之。余閲之。歎曰。夥哉盛矣。氣象軒豁。機鋒森嚴。酷類其爲人。亦足以傳也。翁少時。遊学京師。當時正享餘焰猶熾。何李是奉。李王是倣。翁雖不趨世好。時運所逼。未免相染。既歸隱其郷六七十年。固守其所学。不肯與世之文人交。故其著百篇以上。則多雷同。夫人情貴寡。譬如油菜花。黄英緑葉。夐超衆卉。假令爲舶來洋物。我邦所存僅一二莖。其直必不減数十金。而不直一錢。以其多也。翁之文詩。非不佳。但憾多耳。乃與東野謀。刪蕪冗。摘精華。存文詩各一卷。曰是足矣。而敍其首。嘉永癸丑季秋旭荘廣瀬謙撰并書

底本 三一『文城存稿』。初稿 一三『癸丑詩文稿』所收。嘉永六年。

五二 『聖祖奇蹟詠草』序

越後舊有七奇。著于天下。義導師易以其祖師遺跡。智者見之謂之智。仁者見之謂之仁。護法之篤。其理宜爾。然或疑。奇者與我儒不語怪力亂神。道既不同。且以我奇抗人奇。亦似失佛家無諍之旨也。余曰。道固非一端。我道主正。佛道主奇。溫太眞發口鄙穢。識者反謂其無鄙言。使奇出于方便。猶正矣。夫奇也者。都會所無。而僻遠之境。往々有焉。凡人情以正則拒。以奇則容。國人之説非巧于子貢。而能解人怒。以巧中其窾也。師素僻遠而行乎僻遠。豈謂非方便乎。慧淨引佛以我不平破汝不平。汝若得平卽我平之言。以釋無諍之義矣。師以我奇破人奇。奇卽正。而諍卽無諍。比之我道將無同。嘉

永甲寅季夏　旭莊廣瀬謙撰

底本 四〇『北越奇蹟詠草』。成稿 八『梅墩文鈔』、七『旭莊文稿』。三稿を 一〇『近詩文稿』に、再稿を同じく 一〇『近詩文稿』に、共に「書義導師七奇草後」と題し所收。初稿を 一三『癸丑詩文稿』に「書義道上人越後七奇稿首」の題で收める。嘉永七年。

五三　遠藤氏所藏佛鑑禪師雪中梅花圖詩叙

嘗觀某氏所藏王晉卿山麓梅花之圖。筆數韵索。意其贋作。今觀遠藤君所藏鑑禪師畫楳。猶李密見高祖倨。而服于秦王。盖神品也。

底本 一〇『近詩文稿』。嘉永七年カ。

五四　易學包蒙序

宜堂翁者隱君子也。生於伯而徙於雲。雲之爲地。表海裡湖。沙晶水靛。透風瀋月。比諸漢土西湖鏡湖。莫多遜焉。翁優游其間。以教育青衿爲樂。其學網羅百氏。尤邃易理。所著易説数十卷。博采宋元明清諸家之説。加以其見。析爻晰象。古來稱難解處。猶秉燭照闇。不必勞慮。而自得焉。世之喜詞華者。或不是之。以爲迂於事情也。翁亦自謙抑。不敢乞覽大方君子。欲以誘童蒙。故名以包蒙云。嘗聞。六藝中註易者尤衆。殆数千家。蓋説易者。猶論鬼神。其説易巧。而其用難切。我邦儒先。則以其難解往往閣之。謂非急務也。賣卜者流。或有所註釋。其人元不識文理。徒鑿訓詁。而飾其僻説。於是易之妙用索矣。唯翁生平所得力。全在易理。其出桑梓。徙于鄰邦。取諸明夷初九也。其始也旅。而常德行。習教事。習坎而麗澤也。子弟雲從。蒙九二也。稍而爲遯上九也。終而爲蠱上九也。其躬已與易化。居而安焉。樂而玩焉。故其説易。猶左右逢其源。世之原於訓詁。專於卜筮者。安能與知焉哉。夫君復之在西湖。務觀之在鏡湖。皆盡力於詩。然其身愈隱。其名愈著。若君復。朝廷賜處士號。務觀則封渭南伯。豈謂之誠隱也乎。詩之用猶如春花。雖在僻地。人爭睹之。彼挾不得不著之具。而欲隱其身。不亦悖乎。易之用猶秋實。非親食者。不識其味。矧肯爭睹之。是以君復務觀之於湖山。其所居而安。所樂而玩。沙色水光而止。清風明月而止。翁則異于是。山之所以高。湖之所以卑。水之所以滔滔流。沙之所以沈沈止。風之所以起滅。月之所以盈虚。静觀其象。而暗玩其理。所謂遯世无悶。不見是而无悶者。豈不誠隱君子乎。此書之行。世將有公論。余素昧易理。豈敢妄賞之。唯述翁之生平爲序。

底本 八『梅墩文鈔』。初稿に 詩 22『旭荘遺稿』第四冊がある。

安政元年。

五五　大森熊谷君畫帖序

大森熊谷思明翁。生平喜書畫。集海内名家。將作一帖半成。文政癸未病歿。其子信英繼成之集。及二百餘家。今茲嘉永甲寅。余始與信英識。信英以明年丁翁三十三年忌祭。欲作二帖以薦神位。嗚呼。可謂。善繼其志善述其事者矣。往年藤某父歿。後以其善俳詞。將集俳句薦之。余謂之曰。乃翁多善行。吾子未能悉則之。而翅薦其所喜。不及屈建違而道遠矣。今信英所爲與藤某無異。而余費其善繼述。蓋有以也。熊谷氏本邑望族。世隷于縣令而竭力官事。至翁尤勤。信英承之。孜々不懈三十餘歲。本年官以其世有勤勞。特賜恩旨。許一世帶刀二世稱姓。此在庶人爲觀之榮。猶西人旌門閭。上顯祖先。下光子孫。卽孝之最大者也。人唯知其能得于上。未知其生平有追懷其親。至集書畫等鎖事。亦能繼述之美。故序其帖并及焉云。

底本 一〇『近詩文稿』。安政二年カ。

五六　贈川路公序

先天下之憂而憂。後天下之樂而樂者。自范希文後。史有幾人乎。而今得一人焉。曰川路公。公起家。累遷南都尹。又轉大阪尹。皆有惠政。遂入任度支事。嘉永癸丑歲。魯夷遣大臣布恬廷請正境壤界。公奉命接焉。侏儺左衽之徒。皆莫不識日本有川路公者。甲寅春皇室災。乙卯秋。公奉命入京。監經營事。遂巡視沿海。當置砲臺之地。官將新開喎蘭學校。公又奉命管其事。弘化以來。中外大事稱至難處置者。公莫不奔命。席實不煖。人謂。公一身當天下之衝。必不遑寢食。而公餘裕綽然。有暇則手卷。又引見寒士。恂恂下問。一如布素之時。謙每趨謁。公命贈言謙不敢。而公喩數矣。則不得默然。夫度支者財權之所歸。天下無事。則一無能謹飭之士守之有餘。天下有事。則安危强弱繫焉。自非英偉强幹識量絶世者。安能勝其任乎。當今之世。舍公其誰也。抑謙按明代紀錄。萬曆中除朝廷常費之外。其費干討哱哷楊應龍。援朝鮮者。十年間千一百萬金。費于伐淸者。三年間七百三十萬金。天啓以後。外事益亟。築城作堡。率無虛歲。而當國者。范無一策。固位依寵。雖有忠智才勇。不知薦之。度支不得其人。唯以加田租。括民間財爲務。氓怨訾之。賊由此起。遂不亡于外寇。而亡于内賊。不亦悲乎。今也上睿下藎。國勢固與明代異。然大喪荐臻。洋寇出沒無常。天災地震。無歳無之。其費未必出明之下也。竊謂天下之事二。理與器而已。尙儉素。斥奢侈。抜雋入。懲貪惏。興文武。抑僥倖。課農桑。禁游惰。結藩屏。親宗室。是理也。理明則治。理昏則亂。銃砲捷。硝丸贏。刀劍利。甲冑堅。舟舶偉。城堡完。渠洫浚。運漕便。是器也。器備則強。器缺則弱。理本也。器末也。謀國者。使理在器之先。則費尠而功顯。使器在理之先。則費夥而功隱。治云亂云。顧內之謂也。強云弱云。應外之謂也。顧內之謀。先于外應。則逸而安。應外之策。先于內顧。則勞而危。今之論國是者。國未動。而先忽意於理。兵未接。而先竭力于器。恐財費于未戰之日。而危胎于方治之時。是當深憂也。希文際仁宗時。天下無事。獨有曩霄。其先天下之憂而憂者。果何事乎。今也四夷猖獗十倍西夏者。指不禁屈。公之憂亦將十倍希文。軍中有一范。西賊聞之驚破膽。然曩霄掠萬里之地。宋無如之何。布恬廷一聽約束。而我不失寸地。雖藉圀家威靈。公之功勝希文亦遠矣。且希文年過六十。曰。我所患。在位高而難退。其後天下之樂而樂者。亦終無日也。今公之憂。雖十倍希文。公之齡。比希文猶未。而上之聖明。亦十倍仁宗。則公之樂。謙輩或將有見之之日。蘇軾以不迨希文爲憾。而謙得迨公幸也。謙草野之人。不知時務。不知天下形勢。不知忌諱。但知善人能受盡言而已。公若恕我意。而莫尤我辭。是使我得遂我幸也。

底本 四『贈川路公序』。再稿 八『梅墩文鈔』。初稿　詩 22『旭莊遺稿』第四冊。安政二年。

五七　運化意識辨序

近時洋學者日衆。漢學者毀之曰。彼特明形而下。未能及形而上。其天文者浩浩乎。大包宇宙以至無際。然不適用也。其人身者屑屑然。微折膏肓以至無形。然不益生也。要其歸。與我之所謂語大天下莫能載焉。語小天下莫能破焉。體用一致。顯微無間者。名同而實異矣。洋學者亦曰。漢自六經以下至宋人。其說雖玄。皆屬形而上。故其所謂理者。悉空理非實理。猶畫水捕風而已。豈足論乎。於是二者之勢。方圓不相容。行將相蹂躪。相齮齕。而後慊於其心。日高翁病之所以。有運化意識辨也。翁少攻洋學。後喜六經及宋儒之學。沈思数十年。乃悟漢洋之學名異而實同。謂萬物之理。運化中有意識。意識中有運化。二者皆原太極。漢之所謂動静互爲根。卽是也。夫運化卽形而下者。意識卽形而上者。然有運化而後意識成其用。有意識而後運化成其器。二者未曾相離也。由此推之。則漢謂洋形而下者。未曾不包漢之形而上者。洋謂漢形而上者。

未曾不包洋之形而下者。漢洋一致。莫所爭焉。學者取彼捨此偏見而已。其辭約其理明而其用博。或嘲之曰。此書未可已乎。五大洲之分。我與漢同域。而洋異域。漢可行于我。洋不可行于我。其情理乃然。而欲一之。不亦勞而無功乎。余解之曰。夫地形。西之西卽東也。東之東卽西也。人各以其所居爲中。靜則有東西之名。動則無東西之別。故和漢洋之名。各就其所居而建而已。其實東海有聖人出。西海有聖人出。其言語雖殊。其理未始有二也。洋之所戴卽漢之天。漢之所踏卽洋之地。自天地視之均人耳。天之賦人。豈以漢洋殊其情理哉。夫靜居有東西。學之所以有名也。動行無東西。學之所以無名也。靜而曰有。動而曰無。亦可以觀體用一致。運意同歸耳。曲學者拘一廢一。益爭益隘。必待識者疏其閼鑿其塞。而八紘蕩然。無復所觸焉。頃官納洋夷之款。拘士或惑。然君子之所爲。衆人固不識也。夫洋學之不可廢。今勢爲然。然則如翁此著。豈可得已乎。閣龍通米利堅。而五大洲成。其功誠偉矣。然彼猶屬形而下者。翁則欲通形而上者。豈厭其劳乎。此書果行漢洋之學。果相通。翁功豈出閣龍下乎。余不解洋學。唯喜翁所言。質諸易及周張程朱之言而莫違也。爲是序。

底本 八『梅墩文鈔』。初稿に 詩 22『旭莊遺稿』第四冊がある。安政二年。

五八 『才田詩抄』序

詩尚真。居邱壑。而作臺閣之體。假也夫。坐廟堂而作江湖之語。矯也夫。隱逸之詩。古來宗淵明。豈非以其人心與境適。境與詩愜。天真爛熳。毫無假矯之態也。後之學者。無其心而想其境。無其境而搆其詩。安能免于假與矯乎。若宋末真山民之流。其人。心與境。彷彿淵明。然其詩遠遜焉。以才不若爾。淵明詩。外枯内活。無其才而學此。枯而死矣。故善學者。既得其真。不必肖也。才耶才耶。出於天耶。不必其人之咎耶。抑天之賦人。亦有同異耶。君子之澤未斬。天必篤生孫子。以鳴餘慶。吾徵諸淵明。而得諸蒲池君逸矣。君逸者。其先世侯於南筑。天正中。爲鄰敵所誘殺而亡。其孤竄於我豐才田。舍兜鈴而操耒耜。爲邑著姓九世。而君逸出焉。卽晉宰輔之裔有淵明也。君逸自少好學善詩。才田之地。四面皆山。遼隔于世。水洌樹蔚。土俗淳厚。家多賢子孫。皆善幹蠱。身既老而有閒。與高僧韻士周旋。登臨觴詠。足以自適。其人與境。酷肖淵明。而其詩不必肖焉。猶魯男子之於展禽。唯得真也已。其子若孫亦皆好學。將梓其集而問于世。余欽其孝且才勝于陶家五男兒遠矣。作是序。　安政丙辰孟夏　廣瀨謙撰

底本 三四『才田詩抄』。草稿 一五『詩文未定稿』。安政三年。

五九　廣瀬氏系譜序

我廣瀬氏之先。曰方屋淨西府君。筑前人。其事業無傳。有數子。季曰淨貞府君。以明暦丙申生。年十八。自筑徙于我豐日田豆田。實我高祖也。壽八十七歿。曾祖淨生府君。壽八十八。王考淨之府君。壽八十。先考淨喜府君。壽八十四。自明暦丙申至今茲安政丙辰二百一年。而僅五世。鄉里稱爲餘慶壽考之家云。高祖二子。長卽曾祖。季曰藤左衞門君。分居用松邸。我族。曾祖以來。不善飮。無有數勺之量者。而用松氏悉健飮。甚至傾數斗。皆早歿。能躋中壽寡者矣。其世短促。歷七八葉。親既盡。系莫由考。曾祖之子唯王考。王考三子。伯曰卽淨公。仲卽先考。叔曰几雲公。卽淨公無子。先考生我兄弟五人。伯仲叔三兄。皆無子。季兄出贅于豐前辛嶋氏。有一子一孫。而余有三子。長子孝。嗣於伯兄。餘未成立。几雲公三子。叔季皆無子。伯曰蔡華居士。有一子。曰貞信。嗣我仲兄。有二子。而我叔兄及几雲公之伯季皆既沒。君子之澤未斬。高祖之後。現存者。先考之子四人。孫四人。而曾孫一人。几雲公之子一人。孫一人。而曾孫二人。凡十有三人。其餘稱子若孫者。雖頗衆多。皆係異族。邦俗昧禮。或同姓相娶。至以姑配姪。或納婿而舍子。至莒滅鄫。而不自知也。夫人既有妻孥田宅。而無子。不得不立後。義當取諸同族也。同族亦無。而後取諸異族可也。今未嘗知同異之辨。親疎之別。祖先之委。子孫之源。但主簡便。不顧于義。漫漶混淆。以相淪胥。悲夫擧世如是。雖我族有所未能免。余兄弟幸因祖先之蔭。得讀書聞禮。則不得不慨然。辨正是所以有此譜也。義子者既冒我姓。當同族視而朱標之。何也譜之本意。在使觀者易瞭然。故分之云爾。敢外之云爾哉。嗚乎。我族二百年而十有三人。十三人中老者。未成立者居十之七。則我盛衰未可測也。後之欲盛之者。其在積善乎。其在親親乎。安政三年丙辰孟夏淨貞府君五世孫謙撰

底本　八『梅墩文鈔』。初稿　一五『詩文未定稿』。安政三年四月。

六〇　『助字彙』序

倉頡製字而降。至周。保氏教以六書。注者曰。謂象形會意轉注處事假借諧聲也。至漢。許愼作說文序曰。依類象形。故謂之文。形勢相益。卽謂之字。至淸。說文之學大行。惠定宇。戴東原。段玉裁。錢曉徵之徒。其書汗牛充棟。博而寡用。今讀者惘然不知所適從。饒令倉聖復出。恐不能自解矣。我邦。神世既有國詞。蓋以口舌傳。中古始用西土文字。而我所謂音者。本與彼四聲異。則不必深究之。唯其成用。一切由訓。則訓不得不精覈。而訓者以我口舌之傳。配當彼文字。文字有

餘。而訓不足。則用假借。目鼻齒之與芽花葉。雲之與蜘蛛。橋之與箸之類。賁緣浩博則或失本義。而施訓者。千年來屢變。不必仍黃備氏之舊。甚有出輓近俚俗者。混淆錯亂。不可勝計。是介石師。所以有助字彙之著也。師夙邃說文之學。兼宣研邦訓。參之六書。而辨字之正僞。推字之形象。而訂訓之當否。推其源。而知其委。疏其塞而通其流。較諸清諸家。言簡易而用廣博。我先儒所著。和爾雅。用字格。虛實字解等。皆有益童蒙。而精悉確當。此著爲最。鄭夾際曰。爾雅蓋憑詩書而作。爾雅明。則百家箋注可廢。童子入小學。未讀諸經。宜先讀焉。余謂此著。卽爾雅楷梯也。欲明爾雅者。未讀爾雅。宜先讀焉。師送示其著。余固昧說文之學。唯喜聞所未聞。故序。

安政五年戊午秋七月　旭荘廣瀬謙撰

底本 四五『助字彙』。再稿に 一五『詩文未定稿』、再稿の同文写しが 八『梅墩文鈔』にある。初稿 一一『詩文草稿』。安政五年七月。

六一　『也足窩詩鈔』序

四十年前。恩公就先兄淡窓學。余同窓二三年。見其每夜坐睡而不橫卧。心知非常人也。既公齒德並躋。住筑之高良山。任僧正。綜一山寺務。山祭武内公。靈跡異觀。甲于西州。有十餘勝。水石花竹。極幽清之趣。非常地也。公逍遙焉二三十年。業暇喜詩。所著甚富。近者其弟子抄之上梓求余序。余曰。公非常人。而住非常地。其所作天真爛漫。不使氣衒才。止也如山。逝也如流水。如岫雲之搖曳也。如風之吹木葉冉々動也。如天樂自發宮商和應與人間絲竹異也。可謂非常詩矣。世之詩人或疑。公專于業。必慊于詩。余曰。吾嘗讀三高僧寒拾得等所吟咏。皆自性情出。毫無矯飾。其人業高今人萬々。而其詩亦高今人萬々。蓋業專則心臺。如鏡之應影。我不往而物至。我不求而物聚。彼雕章繪句沾々自喜者。安足語此哉。今者公擺脫法務。隱于京師。日與聞人周旋。其境與昔異。其所作亦必與昔異。今後世之僧徒或疑。公專于詩。必慊于業。亦未可知也。要非常人所能窺矣。饒令先兄在。必將欣然作序以賛揚此集。憾不逮見也。余常人耳。唯以四十年前舊交之故。叨代兄作序。　安政戊午仲冬　豐後　廣瀬謙撰

底本 三五『也足窩詩鈔』。草稿 八『梅墩文鈔』。安政五年十一月。

六二　春莊集序

歲云暮矣。有客敲戶。懷出淡海深山君義卿所著春莊詩鈔。傳

君意囑序。余曰。我未識君。安能序焉。既觀其自序曰。家有老母。菽水奉歡。有暇則学画吟詩。以爲平生之樂。又有師田君序。大意箴君以退詞華而進德性。則曰足以序矣。余嘗覧淡海。其初受溪澗池沼蛛絲蹄涔之流。終成千萬頃。與風濤焉。盪舟舶焉。至其與洲渚嶼汀縈回。帶柳襟松。瀰漫数百里。隨地賦景。洵宇內無雙勝概也。君之詩雖廑二卷。澄澹多趣。猶孤舠載酒與月相對。聞菱唱于靄溆。杳然忘帰。能與其風土稱矣。我輩居都市。日與車馬周旋。除元之交。人務紛紜。促債者麕集。戸隙塵坌。積筆研上数寸。託想山水。以作文詩。皆假非真也。比之君隱居湖邊。青燈黃卷。奉垂白壽萱。以歡樂者。其高雅卑俗相距。不啻天淵也。然則君之求序於我。豈非下喬木入幽谷者乎。抑君歳未壯。其虛懷容人。猶淡海之初不辭細流。故廣受及我輩也歟。又傍有嚴師友。以奬成其業。則所造詣固不止此。其稱宇內無雙。將在於終我老矣。不必能見之。姑序以勉焉。　安政五年歳在戊午除夕豐後廣瀨謙撰于浪華伏見坊僑居

底本　一一『詩文草稿』。再稿　八『梅墩文鈔』。初稿　一一『詩文草稿』。安政五年。

六三　『運材圖會』序

嘗游南紀。過牟婁郡。峻嶺重嶂。萬木參天。間見大数十圍者。立枯僵朽。曰。蓋取而作材乎。既聞其路險且遠不能運之。則歎曰。惜哉。運材必有其法。而未知也。萬延元年秋。北游。自越中入飛驒。道路之險。勝牟婁遠甚。絕崖千尺。前無路。輒橫亘絙于空中。以籠盛人。繫諸絙而引之。絙撓將斷。籠搖如蟲之在蛛網。俯視溪心。亂石戟立。瀨走淵止。涌雪滀藍。目眩魂褫。殆不能自持。經危途。九百四五十里。始抵高山。居一二日。風輿塵冥。聞某州旅客墜崖而死。復發悸矣。高山吏富田和卿。携其僚友土屋士董。訪吾僑居。出運材圖會者。初續二編。曰。初編士董先人雪園翁所作。而我續之矣。初編將梓行于世。願敍。乃披閲之。山水險惡之狀。工人辛苦之態。伐木裁材而運之之法。細悉莫泄。古云。仁人之言其利溥矣。豈非此之謂乎。我邦之山。稱多材者。紀與飛居首。而紀以木著。飛以工著。山有木。工則度之。有工而後木成其用。則以木著。不如以工著。蓋飛人之勤勝紀人也。天智帝時。令飛人貢材。事見國史。中古以來。英雄割據。貢材絕。近年官命復古。而賜金僻境之氓。得賴以衣食焉。雖有氓之勤。不有官之惠。安能至此乎。雖有官之惠。不有氓之勤。亦安能致之乎。雖有官之惠。氓之勤。不有此書。又安能使天

下之人知此乎。不獨此也。彼僻境。多材而未知運之之法者。因此書而得知之。大木之立枯僵朽者。行將作棟梁柱楹。而爲世之用。則不亦利乎。不獨此也。大都之人。不戒于火。動延及数千萬家。廣厦大屋。一時化灰。天下材爲是貴。無告者。或不得其所。使彼知採材者。出萬死。入一生。如此其苦。一板一桷。亦非居然易獲者。則將嗇天物。然則曰。仁人之言其利溥矣。亦非夸也。　庚申仲秋　旭荘廣瀬謙撰

底本 四六『運材圖會』。草稿 八『梅墩文鈔』。萬延元年八月。

六四　伊勢物語披雲抄序

西土之教。移風易俗。莫善于詩。東方上古無詩。而有歌。々猶詩也。八雲詠以降。至萬葉古今源勢諸語所載。上下数千萬。年紀事述情。莫不用歌也。而世之儒者斥之曰。源勢諸語。大率鱸媟誨滛。壞風黷俗。放之如鄭聲可。是不知我邦之教。并不知詩也。夫鄭衞詩。聖人不刪。其寓戒深矣。拘儒不解。甚至以關雎情詩。欲別選詩以冠三百篇。不亦惑乎。我邦中古以前。載籍極尠。而富歌書。列聖垂教不得不用歌。故王室嚴古今之傳。如源勢所記。本亡是子虛。非如墻有茨鶉之賁々。實有其事也。實有其事。猶且存之。況於空構虛設者乎。鄉人劉生游越中。送五十嵐翁所著勢語披雲抄乞序。余受未讀。歳庚申北游抵越中。與翁相見甚歡。乃誦其著。考證確而訓釋覈。非邃于歌者。安能至此哉。余素不識歌。且昧邦典。別無所贊。抑翁爲大里正之長。職雖卑。其所筦甚廣。延及数百邑。務繁事冗。賦租徭役之課。水旱凶歉之訟。悉係焉。翁拮据其間。上諍下喩。仰忠俯慈。謇直自任。屢蹉跌不撓。終爲上下所孚。其邃于歌之效昭々。比諸詩之移風易俗者。豈異趣哉。翁竭心經世之学。其所著新器測量考等數種。皆剴切事情。人一見知其用。獨此著。溫柔悠長。從容不迫。人或不知其用。翁以余好詩而知詩之用。命作敍。蓋謂歌猶詩也。嗚呼。如翁者。而後可謂知我邦之教并知詩者也。

底本 八『梅墩文鈔』。萬延元年。

六五　高木氏書畫帖序

人不能無嗜好。然多拮于貧賤則已矣。富貴者力足能致此。則亦拮于名義。多不得適意矣。其存於聲與色者。鄙陋不足論也。如飲食非必有大利害。而曾皙之於子。終身不得食羊棗。不能無憾于慈焉。子木之於親。不得薦芰。不能無憾于孝焉。至書畫尤爲雅韻。然嗜好之者寡。獨唐文皇。奇愛右軍書。臨崩乞蘭亭帖以葬。後人詠之曰。乞兒一物雖痴絕。猶勝分香望墓田。夫高宗以天下養。而至使父乞。其父亦於生死大事之

間。戀戀哀乞。其如名義何。是一擧孝慈兩失。變雅韻而爲鄙陋者。與彼孟德父子。相距幾何。侗山則異于此。魯公生于素封家。無他嗜好。獨愛書畫。其周甲之辰。侗山悉輯海內名家詩文書畫係慶祝者。作一帖而爲其壽。可謂善養志者。其父子慈孝。視於曾晳於子木於高宗父子。何如哉。祥莫大于慈孝。亦足以卜將來福履。侗山姓高木。住福井邑。余已作帖序。又作祝辭曰。

橋兮稱孝。梓兮稱慈。高木之宗。榮其本支。不知三島。不識十洲。福井之水。餘慶永流。

底本 八『梅墩文鈔』。初稿に 詩22『旭荘遺稿』第四冊がある。

六六　三友帖序

嘗與藤松陰篠竹陰。結真率社。詩酒往還。心甚楽。既播人植松琴木竹臺皐梅洞。送書曰。我三人亦結社矣。公等三人。地雖隔遠。臭味同也。我所作松竹梅三帖。請各叙其一。余曰。不亦楽乎。三君之欲交我三人也。交友之道。自近及遠。猶易之象。始一爻而二。而三。三爻既具。變化之以成八卦。八卦既成。又重之。內卦與外卦悉相應。而六十四卦成。而其用神矣。今我三人貞。而君三人悔也。聲氣相應。及遠不息如三百八十四爻之策。得萬有一千五百。比明代之復社幾社。擴至萬餘人者。而無所遜焉。其楽何如哉。夫交貴耐久。春夏之間。千紅萬綠。至歲寒。則凋謝無幾。獨松竹與梅。不失其素。故爲君子所取。世之貨財相交。酒食相昵者。一旦如膠漆。而能全其終寡矣。三君若夏之日冬之夜。訪我三人于松竹之陰。梅花之墩。共語其志。和謏々清韵。合猗々絕色。而對蕭々疎影。漠々暗香。不亦楽乎。姑叙俟之。

底本 八『梅墩文鈔』。同文の寫しに 七『旭荘文稿』がある。再稿 一〇『近詩文稿』。初稿 一三『癸丑詩文稿』。

六七　上井君書畫帖序

天之生人物。不極其盛則不已。故燕許之文。李杜之詩。吳李之畫。魯公之書。集于開天之時。然未聞好事者。收此數家一帖中。豈謂能極其盛矣乎。我邦今日文物之盛。比諸盛唐。莫所遜焉。上井君能收其文與詩與書與畫。無有遺漏。珊瑚木難。照映一帖中。豈不誠極其盛者乎。

底本 一〇『近詩文稿』。

六八　送甲世覚序

風則襲裘。雨則擁蓋。待肉而食。待輿而出。之謂王公。溫飽過節。酒色蠱心。是以骨弱筋軟。疾病生焉。手攣巖石。足躡荆棘。晝與鹿豕爲伍。夜與魑魅爭席。之謂獵人。奔跌不顧。跋涉無度。是以傷乎石角。刺乎木株。疾病生焉。柱頭以爲其几。棟背以爲其坐。枕斧而寢。箸錐而食。之謂百工。登於高危。親於鋒刄。是以指爲之折。爪爲之拔。疾病生焉。彈算記入。深思刻慮。日夜謀利。畏失毫毛。之謂商賈。度量不寛。思慮煩悶。是以心羸胸塞。疾病生焉。筋骸之所衝犯。肌膚之所浸漬。輕霜露而狎風雨。之謂農夫。不顧寒暑之節。逆於天地之理。是以血氣不順。疾病生焉。故自王公至庶人。豈有無疾病者乎哉。凡無其敵者。無其功也。雖有孫吳之略。賁育之勇。良平之知。使遇三代至治之世。則不得成毫髮之功。人皆曰。世治則無奇節異能之士。豈無之哉。未得其敵也。方今昇平。治過於三代。士何所求其敵焉。然而醫獨常有其敵。醫之所爲敵者。病也。不殺病。則其功不成矣。天下之人不有無疾病者。則爲醫者。東奔西向。朝起夕居。無斯須不遇敵也。屢遇屢戰。則其術益巧。其巧益多。是故奇節異能之士爲醫者多矣。甲世覚天草人。業醫。同余学龜子。將歸余謂之曰。天草之士。以產砥有名於海內。吾子必知砥之用者也。良刀美劍。不逢善砥。則無與鉛鈍異矣。百磨千礪。而後可殺敵敗衆也。今吾子既抱干莫之質。且就夫子而学。是淬於天池之水也。今而日夜勤苦。求古書與良醫。百磨之。千礪之。則其鋒不可當。必能殲其敵矣。雖然無其敵者。無其敗。既有其敵。不可不備。醫則將也。生死之權皆歸焉。今使敵殺我人。而(ママ)而爲將者。何顏以見人乎。求敵而得敵。若使隻輪片蹄生返。則其爲恥不亦多乎。乃使諸有病者。曰徯我后。后來其蘇者。良醫之任也。世覚曰善。

底本 一『旭荘文集』。同文の寫しに 二一『旭荘稿』がある。

六九　送谷川生序

余聞谷川生捕鯨之說。而知人力之爲靈亦大也。其言曰。平戶之地。大海環之。人多業漁。有捕鯨者。鯨之來也。吹浪千尺。聲如風雨。狀如邱陵。候者以告。則衆漁鳴鼓相戒。舴艋數十。皆建旄旗。東西南北。圍繞其所游焉。使輕捷者。立于舟頭。以矛投海。乃疾奔避。後舟繼至。亦皆如此。既而矛卓鯨背。鯨漸怒躍。鯨背動搖。則矛亦隨入焉。矛入數尺。則鯨亦漸羸。乃泳其腹底。縛以大繩。牽繩而至沙口。于喁謳歌以去。肉極易敗腐。急使数十人。提刀梯而登其背。骨節髻腸。條解縷割。無復餘肉。於是肉施乎海內。可以薦賓客也。可以侑觥杯也。余曰。鯨海中之魁。狀如邱陵。且在狂瀾奔濤之際。而能以七尺之軀。四支之勞。一擧捕之。人亦靈矣哉。然復有靈於此者。今夫功業之爲鯨不亦多乎。捕鯨者百而不失一。期功業者千萬人。而無一得之者。試爲其說。讀萬卷之書。諳萬機之要。盡綜宇宙之事。東西南北。盡圍繞之。而投之以我所見。世人見我所投。其始高飛怒躍。不肯服也。然我所投。愈直不曲。所就愈堅不拔。則隨而漸入焉。入深則邪不勝正。弊習不得不爲之變。而其敗腐。速於鯨肉。何則少壯之時。英氣鼎盛。故見識方正。議論縱横。人皆避其(鋭)鋒。然至老耋之時。其精既耗。其氣既衰。其議論見識亦瞶焉自放。故雖收之始。失之終者多。義以爲力。禮以爲悌。不敢放言異論。自約自愼。條解縷割。雖微必戒。而後能全其終。於是以方寸之知。百年之壽。可以與天地不朽也。可以與金石同存也。豈唯薦賓客侑觥杯乎。可謂太靈矣。生字忠父。平戸人。其爲人慷慨而有氣節。以功業自期。同余在龜門。其歸求余言。余言功業難於捕鯨。而靈於得鯨。而勉之。

底本 二一『旭莊稿』。同文の寫しに 一『旭莊文集』がある。

七〇　贈船越士文序

孔子沒而無聖人。古今之學既三變。雖人有說家有學。千人不同。百家各異。要其旨。不出三變之外也。時之所好。雷同趨之。雷同不已。其弊生焉。弊生而學不得不變。學變而世無聖人。誰折衷之。然則後之志學者。何適從之。曰。上之六經。下之諸子百家。吸其華。拔其萃。考古今之變與人情世態之理。以折衷之。則庶幾得其當也。其當于方今之勢者。唯經濟之學乎。何謂三變。左邱明錄陰陽卜筮之術甚多。至漢董仲舒劉向諸儒信其說。其學大行。於是學一變。其弊至殺朝廷大臣。以應天地災異。不堪其迂也。韓愈唱道統之傳。至宋周程張朱諸儒知之。其學極盛。於是學二變。其弊至父名石。則終身不履石。不堪其狷也。楊愼開考据之學。至清顧炎武朱彝尊諸儒繼之。其學又又起。於是學三變。其弊至唯矜博識。徒詳典故。上不能施諸政事。下不能求諸心意。不堪其細也。我邦百年來。有物氏之學。其說以經濟爲主。功利本之管仲。禮樂本之荀卿。其始起也。一時靡然向風。爾後稍々廢滅。至今日。海內操觚者。仇視之。鞭笞之。然後慊乎其心。若有奉其說者。則目以長物也。余嘗以爲。學既三變。今也當一變矣。何則舁平日久。俗尚華侈。諸侯國貧。百姓財乏。物氏之說。或足能變一時之學。而救其弊矣。然其廢滅不復振者何。蓋物氏之門。無能得其師旨者。唯以詩文爲主。嘯月嘲風之外。不知有世間之急務。偶有慨然以豪傑自許者。其爲人放蕩無賴。不檢細行。使酒好色。爲世擯斥。故今人恥言其學。此門人弟子之罪。而非物氏之所坐也。今人視物氏。不直一錢。或至以詆之。爲其終身任。何見之小矣。物氏與宋儒。雖其旨異。亦兄弟也。均道之一端。世無聖人。學無醇者。有能得道之一端者。取之而可。今異說蜂起。神佛荷蘭之學。視先王孔子。如糞土者不一。而足世人奉其說。貳斯道者。往々有之。學士不之恤。而唯弄鬩墻之勇。未可謂知矣。有兄弟守室者。兄曰。西墻低矣。盜将自此入焉。必備西。弟曰。東牖破矣。盜将自此入焉。必防東。其論不決。遂起奮鬪。弟紾兄臂。兄摑弟髮。俄而盜來入室。盡括其財寶衣服以去。兄弟不知也。今也類此。将興斯道而速斯道之害。嗚呼。吾不知其故矣。吾友船越士文。能不阿世人所好。獨信物氏。志在經濟。故余言學之變。與物氏之不可廢。與物氏弟子不得師旨。與物氏與宋儒並行而不可相爭。以告之。勉之勵之。而諭之。

底本 六『旭莊刪餘剩稿』。初稿 一『旭莊文集』、同文の寫しに二一『旭莊稿』がある。

七一 題伊尹負鼎圖後

仲尼不主寺人。而尹之躬以割烹進。是可疑也。是未足疑。而夏桀方湛酒肉。其五就之也。不以此說彼。而說諸聖人。其不見黜者何。是可疑也。是未足疑。而世人不畫易牙庖丁割烹之妙。而好以此賤技累阿衡之一德。是尤可疑也。雖然負一鼎而革夏后之九鼎者。豈非古今未曾有之事乎。夫古今未曾有之事。則舉古今之人而疑之好之。亦宜矣哉。

(上欄評)

龜云。得短文法。(第一行目)

底本 一『旭莊文集』卷二。同文の寫しが 二三『旭莊文錄』、七『旭莊文稿』、一九『旭莊文稿』、二〇『旭莊文稿』にある。評を缺いた寫しに 二一『旭莊稿』、一『旭莊文集』卷一がある。文政七年。

七二 書東遊稿首

遊者在擇其伴。與都人士伴。則厭其輕佻。與田舍人伴。則厭其質魯。與僧徒伴。則厭其拘戒律。與信卜筮時日者伴、則厭其多忌諱。與貴人伴。則厭其修邊幅、與賤人伴。則厭其畏懼已甚。與老者伴。則厭其鄭重而懶於跋渉。與少者伴。則厭其騷擾而貪飲食。故擇可與伴者。十而無一。若不得其伴。則雖山靈水幽。花美酒香。亦無以自娯也。阿波人矢子生。來學於家君。倜儻負氣。俊爽善談。屢為余説山陽南海之勝。余每聞其言。未曾不神遊乎千里外。因約與東遊久矣。未果。子生西遊。余已失佳伴。無復東遊之心。歳丁亥。始得北豐松岡青翁也。初子生遊北豐。與翁相見。則又為余説翁之為人。能畫好詩。與老者伴而為老者。與少者伴而為少者。胸中變化。能與人推遷。實奇人也。余聞之。心傾於翁亦久矣。會翁之子子濟來遊。其歸省也。因以致意。併告東遊。翁欣然許為伴矣。翁年五十。余二十一。翁固不知余之為少者。余亦不知翁之為老者。年與年忘。心與心忘。而道遥相得。經路二千餘里。閲日百七十日。其間無一相厭也。余雖不與子生伴。因子生知有翁。因翁得遂子生之言。是余無子生而有子生也。今錄途中所作詩數十葉為東遊稿。欲使子生觀之。詩雖極拙陋。山陽南海之風土。余所經之踪跡。可推而知之。則未必不使子生之神同余東遊也。是子生亦無余而有余也。余有目疾。不能謄寫。子濟代余謄寫校訂。而余之志得遂矣。夫勸余生東遊之心者子生也。而不果。青翁代成其志。欲使子生觀此卷者余也。而不果。子濟代成其志。青氏父子之於余及子生。可謂奇縁也。今子生在崎陽。余之有憾於西亦猶子生之憾於東。所待唯其西遊稿耳。亦猶子生觀此卷。其使余神同子生遊於竹崎崎陽之間者必矣。余之東遊。子生雖不自行。能學青翁。猶自行也。子生西遊。余不能為學如翁者。是余之遺憾比於子生更甚。故欲觀其稿比於子生欲觀此卷又甚。既呈此卷。子生安得不眎其稿乎。聞子生亦有目疾。今雖無佳伴如翁之於余者。何無爲子濟者乎。

文政己丑春盡日　廣瀬謙書於旭荘東窗

底本　詩51『東遊稿』（本書詩集影印編所收）。初稿に 三〔詩文稿〕（旭荘遺稿第八号）、詩 53『東遊稿』があり、再稿に 詩 55『東遊稿』がある。文政十二年。

七三　星巖集題辭

自詩東來千餘歳。懷風經國亦尚矣。中古作者推菅江。白氏長慶流也巳。鎌府以還文辭泯。操觚徒屬浮屠氏。江都始建奎運開。首唱唐音者錦里。新祇梁秋各俊才。主張壇坫執牛耳。枉將聲貌肖古人。刻舟求劒迂相似。次之某某數先生。唐僞宋眞其論侈。率以二十八字行。擯斥古風不肯齒。七言八句専詠物。纖巧往往陷鄙俚。摸擬性靈均誤人。一是陳腐一淫靡。近時間出執中人。自恃排奡誇詠史。字要湊合流詼調。句多長短主奇詭。聱牙戟口少風趣。英雄欺人人不喜。子莫無權難救時。併前二者三弊累。百年總無不祧詩。前弊纔除後弊起。其趁時之與背時。好名通習滔滔是。務追外觀無確操。求諸他人不求己。邦詩雖好遜西土。焉知病根原於此。誰覽八紘開別寰。廼從星巖梁子始。乾坤雷硠巨刃揚。一闢千古詩道否。穿得天心出月脇。化工喪祕萬象死。如其幽窅感鬼神。成連停琴觀海水。如其悲壯述襟懷。荆卿擊筑醉燕市。芊綿清麗銷人魂。春煙泄月到桃李。窈窕倚蘭翡翠瞑。放縱搏水鯤鵬徙。冲澹雅健又雄深。騷材選趣隨呼使。瑞鳳一鳴諸鳥噤。旭陽已出衆星恥。自今俊傑拔茅茹。公爲鼻祖永崇祀。余也强項不妄推。極口嗟稱豈徒爾。我不善詩而論詩。哆奓安能免誹毀。何必顏如子都姣。始許品評人醜美。唐詩勝宋宋勝元。明清爭得與古比。古今人才不相及。西土詩風日以鄙。方今大東仰文明。較之古昔幾倍蓰。嗚呼數十百年後。我熾彼衰非無理。須載此集海外傳。不啻開我兼殿彼。

天保丁酉夏五　　豐後廣瀨謙題

底本 三八『星嚴集甲集』。草稿が 三〔詩文稿〕（旭荘遺稿第六号）にある。天保八年。

七四 『方圓俳諧集』跋

距今十五六年。肖子來訪先子。先子待之有如他賓。余心异之。問曰。肖子何爲者。先子曰。善俳者也。信人也。先子於俳不妄許可人。余於是信其善俳矣。後先子刻伯考俳文。肖子周旋竭力。余於是信其信人矣。今茲肖子授此册曰。此吾友楳室叟俳集也。子其跋之。余問叟何如。肖子曰。方今妙俳者。莫如叟焉。余既因先子言。而信肖子爲人。又因肖子言。而信叟妙俳矣。世詩文人。皆賤俳曰。此俗諺而兒戲耳。余顧不然。孺子滄浪之歌。聖人取之。苟能原人之性情。片言提要。使聽者不能忘。皆可傳後世。俳與詩文何分。本邦西土。言語異宜。故水史爲歌人立傳。夫和歌。西土所無。邦人創之。自成不朽。不獨本邦西土異宜。古今亦異宜。故和歌衰而俳諧興。俳亦一不朽。作史者不以和歌之異詩文賤之。何獨以俳之異和歌賤之乎。俳而可傳。叟亦同貫之定家有千古者也。肖子所交文人不寡。而欲得余一言。蓋爲先子故也。余雖不識俳。豈可辭乎。乃跋。　庚子仲冬　旭莊謙

底本 四三『方圓俳諧集』。再稿 九『旭荘文鈔』、二〇『旭荘文稿』。初稿 七『旭荘文稿』。題名は再稿・初稿共に「梅室俳集跋」。天保十一年。

七五　『宜園百家詩三編』跋

詩亦有遇不遇乎。都人士所作。雖花前月下。率然不用意。輒刊行而敷於世。窮境人。則雖曠日冥搜。焦神竭精。徒埋沒筐笥。而飽蠹魚耳。詩人固多不遇之士。而不遇中又有不遇。此可慨也。自家翁結詩社於鎭西。三十餘年。作者彬々。而未有施篇什於梨棗者。善哉子生之有是擧也。足使窮境人吐氣。可謂吾黨忠友矣。後生作詩。動不留意。曰此安能傳。是編一出。人々知其所作。未必不傳。則自奮求進者。将爭出矣。輯宜園而四方競焉。採百家而千萬人勸焉。亦安知渾涵汪洋。足以鳴昭代盛風者。不相繼興起乎。然則子生之有功於藝林也。豈獨吾黨忠友云乎哉。

旭莊廣瀨謙書

底本　三二『宜園百家詩三編』。天保十二年頃。

七六　寧靜閣一集題辭

古來文人多相忌。不然相譽互諂媚。吾題磐溪詩。不敢貢諛況敢刺。嘗論吾邦勝支那。不獨皇統萬年無替隆。富岳白雪拄蒼穹。天橋松島更奇異。芳野之櫻月瀨梅。十里如雲別天地。加之湖水有琵琶。瀑布有那智。求諸西土名勝中。偶雖有一恐無二。萬物元氣發爲文。當有才人磊磊落落抜其萃。然而經國之大業。不朽之盛事。作者寥寥如晨星。若遇西人三舍避。百餘年來豪傑徒。扼腕仰棟殫神思。欲逐李杜參翱翔。汗流走僵難得遂。千古遺憾莫甚焉。嗚乎。吾知病所自。田舍之人寡見聞。腹乏書卷欠錬緻。都會之人半售文。唯願少勞而多利。是故二十八言四十言。此外難復加一字。獨感磐溪之撰異時人。其才横逸力奰屓。長篇巨什咄嗟成。衆人所難君獨易。托興已雄快。取材更具備。無情不發揮。無景不寫出。寸心秉擒縱。萬象就呼試。雅俗細大悉兼綜。殆爲化工泄深秘。或道豪放有餘雖亞韓。深婉不足亦相類。余曰。否不然。物宜有序次。試看近人詩。柔媚精神萎。譬如宴安花柳人。只須大聲一喝覺其睡。金以克木火克金。諍至無諍是本意。況君强壯未艾耆。他日所臻出此位。騮騠奔逸千里駒。變爲稱德之良驥。劈雲坼石大礮聲。化爲鸞歌與鳳吹。終與東方風土精華恰相稱。足使西人皆感媿。

弘化丙午秋八月　旭莊廣瀨謙拜題

底本　三七『寧靜閣一集』。弘化三年八月。

七七　爲藤藍田跋加納半翠所嘗藏書畫卷

十年前。半翠使余題此卷之首。今歳藍田復携此卷來曰。半翠死。家人典此。吾嘗厚半翠。不忍其零落于他人手。購之。請跋此尾。余曰。彼竭畢生之力。聚其所好。一蓋棺則雲飛烟散。其憾何如哉。而君誼侔兄弟。代主持此卷。則半翠爲不死。今之人情。生厚死薄。善哉君之有始終也。我其亦始終此卷。乃書。嘉永己酉八月。

底本 五『旭荘先生近文稿』。同文の寫しが 一九『旭荘文稿』、二〇『旭荘文稿』にある。再稿 七『旭荘文稿』。初稿 一『旭荘文集』。嘉永二年八月。

七八　書山口紀行詩後

右古今體二十三首。嘉永辛亥南至前後。遊山口溫泉所作。每首未經推敲。不欲示人。椿齋白洲兄聞余将去。逼錄之。殆有秦人留楚懷王。不割地則不肯返之勢。不得已從之。余短視也。不能作細字。且以晝間多冗。故燈下疾書。猶盲人騎瞎馬。不知所爲。觀者幸莫尤詞筆双拙。

底本 七『旭荘文稿』。同文の寫しに 二『詩稿及文』がある。嘉永四年。

七九　書幻松菴主人五十一景書畫帖首

備前幻松菴主人。性至孝。每歲遊四國。禱父母壽康于諸神諸佛。弘化元年。至土佐屛風浦龍串。見一石。竪五六寸。橫半焉。黑質有白紋。彎々成望前月形。主人喜謂此天賜也。携歸珍之。余嘗疑。郭巨獲釜。蓋好事者所爲。巨雖孝。欲埋子。不慈也。天未必賜之。假令賜之。巨不販之。永不免飢。夫不珍天之所賜販之他人。不可爲訓也。主人之孝。我未知其與巨孰勝。然其家道隆盛。慈于子孫。則勝巨萬々。故天不賜金而賜石。蓋不繼富之意。而就象論之。其福勝于賜金亦萬々。何則物之堅。莫尙于石者。其子々孫々。執心如石。永珍天之所賜。觀諸羹墻孝子不匱。皆如主人。則福祿之來。如月之将盈可知也。是豈巨之所能望乎。浦又多奇巖。其以形似。呼鯨鹿鳥馬之類。凢五十有一。俗名五十一景。主人以愛石之故。推而及巖。作一帖。将請五十一景詩文于諸名家。屬序于余。余未見石。而耳主人之孝久矣。故喜應之。嘉永壬子仲夏初八日。

底本 二『詩稿及文』。同文の寫しが 七『旭荘文稿』、八『梅墩文鈔』にある。嘉永五年五月。

八〇　『梅西舍詩鈔』跋

君朗寄示其集。余披閱呼妙。人或疑。作者不使典。不標奇。平平已。易易已。何故呼妙也。余曰。是天下至難。而人猶爲平平已易易已。卽其所以妙矣。吾嘗問善泅者。子何師。曰。我師鳧(鳬)鷟。彼溯灘浮淵。逍遙容與。一如不識急與深者。我視爲平平。終身學之而不及。彼無心我有心故爾。吾又嘗觀篙師行舠。輕利如不經思以爲易易。試代之。大用力則欹而却。微用力則旋不進。乃問操篙之術。曰。用力不用之際。有恰好處。夫無心與恰好處。非馴鍊之極歸自然者。不得與焉。而人猶爲平平易易。詩亦如是。元城先生以不妄語爲易。及躬之知其難矣。人知平平易易之難於使典標奇。始可與言詩已矣。嘉永壬子九月旭莊廣瀬謙。

底本 三〇『梅西舎詩鈔』。同文の寫しが 一『旭荘文集』、一九『旭荘文稿』、二〇『旭荘文稿』にある。但し同文寫しの一は「佐君朗詩集跋」と題し、一九・二〇は共に「佐君朗詩集序」と題す。再稿 七『旭荘文稿』。初稿 八『梅墩文鈔』。再・初稿は共に「跋佐君朗詩集」と題す。嘉永五年九月。

八一 『五箇莊紀行』序

五箇者。小桃源也。地舊隷長崎。文政中。一隷我日田。縣令鹽谷君。将使余往。既而以其復舊止。余常以爲憾矣。今閲此卷。其山水風俗。可驚可喜者。辭述畫摸。莫不悉焉。余三十年之憾。一朝氷釋。余老。濟勝之具。大不若昔日。親至其地。決不能如此詳悉。神遊之樂。勝于身遊。實君縮地之賜也。嘉永甲寅仲秋。日田廣瀬謙序于津山客舍。

底本 四四『五箇荘紀行』。草稿が 一〇『近詩文稿』にある。但し「跋内藤君五箇紀行後」と題す。嘉永七年八月。

八二 溪閣帖跋

此帖金城兄所作。使余錄近製。余醉後屢就兄乞茶。每至乘興書一二首或三四首。到仲夏念六日畢。　謙

底本 四二『溪閣帖』。安政元年秋。

八三 書贈木幡楳屋日間瑣事備忘錄後

余所著日間瑣事備忘錄。始于天保癸巳元日至今日。既百有五十餘卷。七千五百餘頁矣。余短視不能親操筆。每日以卯牌。口授門人錄之。多事之日。輒數千萬言。不能全畢至辰牌。人務紛起則息之。夜復補之。故常不暇校正。其以音訓相同訛者。不可勝計。且體止備遺志。尚詳密俗易。而不尚簡短古勁。固不可古文例視。故不敢示人。偶遊宍道。土人梅屋主人。聞余有此錄。欲觀其所係其山莊。及自松江至宍道途中者。乃摘錄之。恐觀者恠我瑣悉蕪冗。因贅其由于卷尾。嘉永甲寅孟冬十日。

底本 一〇『近詩文稿』。嘉永七年十月。

八四　『竹外二十八字詩』題言
士開之詩。筆鋒健快。聲調高壯。字鍜句鍊。不留點疵瑕。至其二十八字。海內推稱壇場。可謂短兵斫陣。八面無敵矣。偶蒙示此稿。諷誦之餘。謾附僣批。佛頭塗穢之誚。固所不辭也。

底本　三三『竹外二十八字詩』。嘉永七年。

八五　『山高水長一夜百首』跋
竹鼻君。令余評此卷。余留之数月。君嚴促。恨見于音容。顧余資性遲鈍。賦一絕猶經数日。其觀人稿亦然。今見君詩。思汪洋無涯。猶河伯觀海茫乎。不知所措。是所以曠日彌久也。請莫深咎。

廣瀬謙批

底本　三九『山高水長一夜百首』。安政二年。

八六　『學詩堂詩鈔』題言
氣象溫雅。精神瀟洒。寫景叙情。各極其妙。使公生乎西土。與吳澹川張船山之徒。角逐文場。未知鹿死誰手。

底本　三六『學詩堂詩鈔』。安政二年。

八七　『山居餘課』批
諸作淡々寫去自饒風趣。猶秋芳蕭疎却勝春紅。

謙吉批

底本　四一『諸家批評山居餘課』。安政二年。

八八　〔題先考遺墨後〕
安政三年丙辰春。自大阪歸。看伯兄病。兄居先考所住長春庵。置余於遠思樓。五月有間與余易居。偶縣府胥吏。至鹽谷中務少輔君舍人村田順藏來。內有文政癸未元日　先考呈故鹽谷明府　俳句及邦文柬。曰。僕少喪父。其手蹟甚乏。而心每憾焉。此尊考書。故明府所賜。僕也尊先翁以書名。遺墨必滿世間。然竊慮君或懷僕之憾。故謹送先是。嘉永二年。順藏既送先考人魚圖。今復滿其誼。實不可諼也。此僅一宁紙。事在三十四年外。而墨色猶新。且其至在先考室。知有冥眷拜展之間。想見明牕淨几援毫之態。不堪儼然。

底本　一五『詩文未定稿』。安政三年春。

八九　書西山春溪詩卷
三数年前。春溪在余家也。桀驁難制。而其詩文絕無聞矣。今茲相見。恂恂焉非舊時之態。觀其所作。則精神踊躍。殆不可當。嗚呼善遷矣哉。丙申季秋。旭莊謙批。

底本 九『旭莊文鈔』。安政三年。

九〇　題增本子書畫帖首

增本子此帖。網羅當今碩儒高衲。詞客畫人。墨蹟無遺。璆琳瓊瑰。木難珊瑚。照暎一堂。盛矣哉。實間人樂事。淸世佳觀。視彼耽聲色愛器玩者。何啻霄壤。抑世之輯書畫者。日增月加。我輩應乞作叙者。才思既索。求者未已。故不免乎依樣畫葫蘆。觀者莫咎糠粃在前。安政丁巳孟冬十七日。識於播磨客舍。

底本 二『詩稿及文』。同文の寫しが 二『詩稿及文』にある。安政四年。

九一　題中島雄飛畫卷首

余二十年來。屢經過播磨。青松白砂。山媚海明。酷愛之。然客路貧程。且地無親交。不得久留。常以作憾。近歲與河鐵兜交。丁巳孟冬將西下。鐵兜預柬曰。鹿兒川人中嶋松巖雄飛兄弟。好學愛客。同社諸子亦皆崇尚風雅。公來之日。須首訪之。既相見。留連十餘日。誼侔故舊。雄飛欲作一帖而輯書畫。使予序。夫播水土靈淑。荐生偉人。惺窩先生以下。世不乏聞人。輓近則寂無聞。今也鐵兜唱而諸子和。駸々日興。實不負其水土矣。今後四方文士。聲氣相應。遠者聞而通信。近者来而定交。則此帖雋文傑詩。善書妙畫。源集必矣。余謭劣不自揣。叨居前茅。亦自愧始之意。

底本 二『詩稿及文』。安政四年。

九二　敝帚集題言

戊午歲晚。越後村上瓶齋三宅君。奉其君旨。来于浪華倉邸。摠覈吏局。又應接土人豪富。有暇輒辱顧訪。出其所著敝帚集。徵余題言。今之詩人。耽樂花月。慣焉放肆。事父事君之志荒矣。刻苦求勝巧而傷雅言志之用廢矣。君入則綜職務服郡政。出則當專對之任。其詩與世人異撰。眞摯不飾。直抒胸臆。天籟刁調。自合宮商。深最乎事父事君。而言志之用者。嘗觀越後柳灣菱湖諸子所作。大率清新。參中晚佳境。然體止絕句。比諸古人猶隔一塵。此集諸體具備。宛雅近古。可以傳世。其門人某某二子。梓行之宜矣。名以敝帚謙辭也。已我知。世人反千金享之。

底本 一一『詩文草稿』。初稿が 一一『詩文草稿』に別に収められている。安政五年。

九三　〔題伊藤氏文人帖首〕

己未初冬。遊福井。辻岡氏席上。見伊藤君者。心服其溫雅。翌日君訪余僑居。眎此帖曰。吾卽北海曾孫也。吾家世及帖來由高野子跋詳矣。君請題。其首據高野子跋。北海先生遊浪華。距今八十餘年。而帖中諸人无一人不知于世者。先生端人。取友之端不待言也。而當時浪華。人文之盛可想。余今住浪華。君若續令祖之武。飄然来遊。雖古今人不相及。余將與二三之朋友。復爲當時諸子之所爲矣。姑題其首以勸之。安政六年十月　旭莊廣瀨謙。

底本　一一『詩文草稿』。安政六年十月。

九四　題先兄文玄公書後

先兄足跡不出九國。其書踰海而東者希矣。故東北人多疑真僞。雲石子去年西游。過筑觀此幅。知其爲真跡購歸。今年余北游至七尾。卽出相示。余服其精鑑。嗚乎。余老而倦游。偶觀我兄書于三千里外。不堪鄉思也。萬延庚申孟夏　廣瀨謙識

底本　一一『詩文草稿』。萬延元年。

九五　題韓信傳後

不聽武涉之說。此信始有心于漢也。不信蒯通之相。此信中有心于漢也。斬鍾離昧而至。此信終有心于漢也。高祖始無心于用信。而蕭何強薦信。中無心于使信王齊。而信自王。終無心于殺信。而呂后殺之。嗚呼。以始中終有心之信。死于始中終無心之高祖。命乎。寃乎。

底本　六『旭莊刪餘剰稿』。同文の寫しが　一『旭莊文集』、二一『旭莊稿』にある。

九六　又(題韓信傳後)

鍾離昧之死。不可以已乎。鳥窮而入懷。猶不忍殺之。故人窮蹙而依我。何忍殺之。夫以季布才略。而高帝赦之。豈獨深忌昧殺之乎。昧楚名将。高帝固知之。有爲請命者。必赦之。信不唯不請命。殺之以獻其媚。亦何忍哉。縱令朱家郭解聞之。則當唾其面。高帝王者也。行俠徒且不屑爲之事。以獻其媚。不悅亦明矣。信唯知殺昧之爲忠於高帝。而不知殺昧之爲高帝所疑也。信携昧頭而至。帝必曰。忍哉是夫也。爲獻媚故。殺故人而来。天下重器。非敗将之比。安知他日不鬻天下而獻媚他人乎。姦哉是夫也。爲貪功故。殺窮人而来。天子大利。非小功之比。安知他日不殺天子。而貪其功利乎。故不旋踵而擒矣。夫信高帝所忌。萌於假王。現於奪軍。而成於夢澤。信不死。高帝不安。不必関殺昧與不殺矣。則深自韜晦而求免。猶

恐及焉。況行其所疑。以速禍乎。

底本 六『旭荘刪餘剩稿』。同文の寫しが 一『旭荘文集』、二一『旭荘稿』にある。

九七　又（題韓信傳後）

覆杯之水。不過一指之労。擧盆之水。不過一臂之疲。渉野水溪流。不過半身之濕。浮萬里大海。則不得不棄其性命而任之。待人有差。亦猶如此。雍齒有怨而封。蒯通貫高有罪而赦。漢祖待之。一指之労而止。代相陳豨。燕王綰。韓王信。擧兵而反。則一臂之疲而止。英彭冒頓。則半身之濕而止。唯信与項羽。則漢祖之所棄其性命而任之也。射人先射馬。擒賊先擒王。是信之所以不免乎。

底本 六『旭荘刪餘剩稿』。同文の寫しが 一『旭荘文集』、二一『旭荘稿』にある。

九八　又（題韓信傳後）

韓信之死。佐命功臣。不得良死之權輿也。而後唐高宗殺長孫無忌。宋藝祖殺張瓊。明太祖殺馮勝傅友德。作俑者高帝也。唯信之量尤可惜矣。留侯奉履圯上老人。始愕然欲毆之。信出少年胯下。恬無忤色。項王疑亞父而疎之。信解李左車之縛而師之。高祖貴爲天子。猶仇視寡嫂。而孤姪爲羹頡侯。信爲王。則召辱己少年而賞賜之。信之量夐絶當時諸傑如此。高祖以量服四海。信獨足抗焉。故不得其死。樹高而風強。信乎。

底本 一『旭荘文集』。同文の寫しに 二一『旭荘稿』がある。

九九　又（題韓信傳後）

量猶鎚乎。智猶鍼乎。鎚要其大。鍼要其尖。大則成功。尖則脱難。大而不尖。則其難不脱。尖而不大。則其功不成。嘗論三傑。韓信有其大。而無其尖。故成尤大。而不能脱難。張良有其尖。而無其大。故不瀕禍難。亦不成大功。蕭何大與尖。具體而微。故其成功。在良之上信之下。其遇難而脱。在信之上良之下也。夫安國保身。功掩天下。而無量智之可名。是伊呂周召之所以不可企及也。

底本 六『旭荘刪餘剩稿』。同文の寫しが 一『旭荘文集』、二一『旭荘稿』にある。

一〇〇　題蘧伯玉過公門下車圖後

耳目聽命於心者。君子也。心聽命於耳目者。小人也。他人公門在耳目。故明而畏。暗而侮。伯玉公門在心。故無有晝夜。詩曰。風雨如晦。雞鳴不已。此之謂也。大石吉雄幽於肥邸。

當寢不敢趾於君所。亦類也。

底本 一『旭莊文集』。

一〇一　題橋本竹香所藏畫卷

吾儕居庭不過尋丈。無有足觀之花卉。竹香主人偶示此卷。枝幹花葉。清倩婉約。所謂一點紅。解寄無邊春者。不覚心神怡娯。古人觀輞川圖。而病愈。信也。

底本 七『旭莊文稿』。同文の寫しが 一『旭莊文集』、五『旭莊先生近文稿』、一九『旭莊文稿』、二〇『旭莊文稿』にある。

一〇二　題幸松某書畫帖後

唐文運之盛。至開天而極。於是太白少陵之詩。李將軍吳道子之畫。顏魯公之書。並時出焉。假令當時好事者。能聚此五家於一帖。則其爲至寶如何乎。然無能爲之者。豈非天地間一憾乎。我邦人文衆多。自神武以降。今日爲最。而幸松君作此帖。能鍾其秀。拔其萃。網羅一代之詩與畫與書無遺。珊瑚木難。照映一室。是古人猶所未能爲。豈非天地間一快乎。夫世人之快爲已。君則爲尊公養志之美。足以錫爾類。豈唯好事也云乎。

底本 九『旭莊文鈔』。同文の寫しが 七『旭莊文稿』、一九『旭莊文稿』、二〇『旭莊文稿』にある。初稿 一四『天保癸卯詩文草稿』。

一〇三　題子猷訪戴圖後

子猷千古一人也。自晉及今。千有餘歳。應有數千雪夜。而子猷獨著焉。戴安道一生數十年。應有數千来訪之人。而子猷獨傳焉。是何哉。以其興盡而返耳。興盡而返之義亦大矣哉。子猷誕士。固不在道義之列。然其氣象太高。頗有君子之風。有道則仕。無道則卷。蘧子之所處。以道為適而已。乘興而行。興盡而返。子猶之所行。以興爲適而已。興與道有二而其至誠無私之氣象。則未始有二也。若公孫賀泣而拜相。是無興而行也。若張華不退遇禍。是興盡不返也。若疎廣受知足早罷。是興盡而返也。興盡而返四字。古来間有大用諸官途者。未有小用諸交友者。夫訪友事之小者。然子猷不肯一毫枉心役於物。況於栄辱禍福之大者。肯輕身狥於外哉。假令子猷當途一世。其不屈已以栄世之軒冕明矣。

（上段評）

立意雖奇。似不得論文體。（第三行目）一『旭莊文集』

底本 八『梅墩文鈔』。再稿 七『旭莊文稿』、同文の寫しが 一九『旭莊文稿』、二〇『旭莊文稿』にある。初稿 一『旭莊文集』。

一〇四　題淨之公所銘古瓢

此係王考淨之公晩年所手銘。王母沒。遺命賜孫猪三郎。猪三郎頻年客遊。瓢失所在久矣。其子松兵衞終獲之。新作亟藏焉。聞王考不善飮。然及作銘。極称酒德。先輩風流可欽。古云。家有敝帚。享之千金。此瓢王考手澤所存。其重豈唯千金哉。其重豈唯千金哉。

底本 七『旭荘文稿』。同文の寫しが 一『旭荘文集』、一九『旭荘文稿』、二〇『旭荘文稿』にある。

一〇五　題乘附子稿後

今人所喜。體七絕而止。題詠物而止。能慷慨用力古體。以追古人者。有幾乎。觀此卷。古體縱橫如意。能言其所欲言。而不損氣格。卑亦不下劍南。可爲今之都人徒拘聲律。束縛窘迫類轅下駒者。作藥石矣。

底本 九『旭荘文鈔』。

一〇六　題松卜翁書後

西山君謂余曰。客年肥前諫早僧霞城有疾。乞某治。霞城龍谷徒也。其父曰從範。爲子来謝。語某曰。三十六年前。貧道疾。乞界人松卜翁治。翁書其方與之。猶在我裝中。某曰。翁即吾師也。吾初藏翁書多。後罹災悉失。常憾焉。吾診公而處方能與翁合。則願賜其書。從範曰諾。既而某所處之方。與翁同。從範乃解裝授翁書。請君爲某書其顚末。余聞之嘆曰。至誠之感物。一至此乎。此書不過一時處方。而其事亦在三十六年前。今送一束於隣里人。明日就其人求之。猶或不獲也。而從範以三百里外人。一旦帶之至君家。何其奇也。此書雖僅僅数十字。能完於三百里外。三十六年後。無鬼神呵護。安能至此乎。夫因霞城以遇其父。因其父以得翁書。遇合之奇。如有物使之。蓋君篤信其師。一念之誠。有感格故爾。

底本 七『旭荘文稿』。同文の寫しが 九『旭荘文鈔』、一四『天保癸卯諸文草稿』、一九『旭荘文稿』、二〇『旭荘文稿』にある。

一〇七　題津久井子稿後

嘗觀舶來清商作古文。半雜俗語。絕不成文理。如本邦人。能辨顚倒。則無此陋。以其不始識俗語也。彼則多識俗語一事矣。今人之詩。纖巧俗佻。全墮魔障。未見高雅簡潔如此卷者。蓋作者不肯讀唐後惡詩。故能然也。都人動誇多讀詩。而所作如彼。亦唯多讀惡詩一事耳。嗚呼君子多乎哉。

底本 九『旭荘文鈔』。

一〇八　題神后征韓圖後

凡戰有仁有智有勇。武王一戎衣而滅紂。天下喜之。仁也。陳平六出奇計而困項籍。智也。項籍以三萬兵。而大破高祖五十萬兵于睢水。勇也。然未有兼智仁勇者也。我神功之征新羅也。三者備矣。奉神教而征。智也。戰艦蔽海。鼓鼙震天。新羅主面縛迎降。勇也。年々入貢。邊境安穩。仁也。嗚呼神功一挙。可謂得智仁勇矣。

底本　一六『旭莊文稿（反古）』。

一〇九　題蘇秦錐股圖後

古稱顏淵好學。甯戚苦學。未聞夷其身以學者也。秦本無好書之心。而有好利之心。無好書之心。故向書則睡。有好利之心。故不難錐股。兩心相鬪。而不能自制。嗚呼卑矣哉。其身堪一錐之刺。而不能堪一劍之刺。堪一劍之刺。而不能堪四支之轘。嗚呼慘矣哉。

底本　八『梅墩文鈔』。初稿　一『旭莊文集』、同文の寫しが　七『旭莊文稿』、一九『旭莊文稿』、二〇『旭莊文稿』にある。

一一〇　題竹田翁所臨雪巖梅花喜神譜後

今之咏梅畫梅者多矣。曾不見一之如和靖詩雪巖譜膾炙人口者。顧其人孤介狷潔。不如古人。故愧于梅也已。余猶逮見竹田翁。形痩神腴。望之如古人。翁既沒。其如古人者。不可復見也。而得見其所臨雪巖譜。精神所存。其心跡無愧於梅於雪巖者。猶可見焉。嗚呼。後之欲見翁而不逮者。永見翁於此譜。

底本　七『旭莊文稿』。同文の寫しが　五『旭莊先生近文稿』、一『旭莊文集』、一九『旭莊文稿』、二〇『旭莊文稿』にある。

一一一　題張子房椎秦始皇圖後

人皆憾椎不中祖龍。余以爲。是天意也。始皇之不死。秦之不幸。而子房之幸也。始皇以壽終。故李斯趙高。得以謀立胡亥。遂亡天下。始皇不得其死。扶蘇必將蒙恬兵三十萬而至。誰能阻之。其不死於博浪沙。崩於沙丘。乃天亡秦也。驪姫謂。若紂有良子。而先喪紂。鈞之死也。無必假手於武王。至於今。豈知紂之善不哉。天不欲使子房爲始皇之良子。必假手於李斯趙高以亡秦。何憾之有乎。

（上欄評）

創論（第一行目）一『旭莊文集』

底本　八『梅墩文鈔』。再稿　七『旭莊文稿』。初稿　一『旭莊文集』、同文の寫しが　一九『旭莊文稿』、二〇『旭莊文稿』にある。

一一二　題冢有之先考書後

右冢有之先考。在日自京師寄其家人手柬也。語意眞摯。父母唯其疾之憂。不其信乎。自其卽世十有七年。有之追思不懈。祭日懸此而致敬焉。可謂著存不忘於心矣。今之祭者。請僧誦經而止。飮食賓客而止。能念及其親。思其笑語。思其志意。齋三日。乃見其所爲齋者。有幾人乎。有之讀書知道。其致愛致慤。固不俟人言也。余獨恐。雖能盡敬祭祀。萬一不能體此柬之意。攝養未至。或致疾病。則與今之祭者。其間相去不能以寸也。然則孝孰大孰小孰本孰末。有之必自知之。

底本 七『旭莊文稿』。同文の寫しが 九『旭莊文鈔』、一九『旭莊文稿』、二〇『旭莊文稿』にある。

一一三　題坪顏山所藏明人畫卷

邦人摹漢畫。有意于風韻。而不能學細密。譬如孟子以智巧論射。韻卽巧也。密卽力也。力未能至。而巧能中者。未之有矣。此卷緻密精細而兼風韻。不獨邦人不能摹也。雖曰漢人。自非仇十洲之徒。不能作也。

底本 二『詩稿及文』。

一一四　〔題萩侯所賜揚卷助六俳句賛〕

此萩先侯所賜藤。松屋先考也。松屋先考。以昵屢得私覿。此當時江戶劇場所演揚卷助六。而侯與愛姬暬御。以俳句賛之者。雖出一時狎謔。足以觀上下同樂之象矣。松屋不堪羹墻之念。使予記其由。

底本 一五『詩文未定稿』。

一一五　〔題某氏佳稿〕

自聞君遭讉殆十年矣。不復觀佳稿。謂風騷之念必衰。近傳復職。而此稿玉藻思勃々。却勝舊時。足以卜其健。爲是喜不覺距躍三百。時際三伏淸爲世自重。

底本 一五『詩文未定稿』。

一一六　〔題蒙古銃〕

筑前鋸島人。或掘地獲此器。以贈仙厓師。師又贈素兄。爾後三十年。不識其何物。近砲術書渡來。中載此圖曰蒙古銃。始知弘安中虜兵所用也。

底本 一五『詩文未定稿』。

一一七　〔題恒松君藏子昂山水畫〕

余嘗獲玉于醃蔬桶中。同人姍笑曰。今豈有玉必石也。余曰。今豈有三字何足服人心乎。然不能自信。眎之玉人。玉人曰。玉也。既磨衆始赧服。恒松君藏子昂畫山水一幅。舊木世肅所藏。傳心越禪師帰化携此。其亟表郎師親書。而柳淇園又書其裏證之。木氏衰流傳君家云。人或疑之曰。今豈有子昂畫必贋也。君詢諸。余曰。吾昧畫其不能自信。猶玉然。彼三子者書畫之玉人也。吾且從玉人。

底本 一〇『近詩文稿』。初稿 一〇『近詩文稿』。

一一八　薩人五代五峰七律起結對語跋

古人論唐詩曰。七律諸家法難。詩莫盛於唐。獨難七律何也。蓋殫神對偶者。八句八意。語易支離。着力全篇者。雖一氣呵成。不免頽唐。句法少變化者。使觀者厭。是其所以難也。夫韻脚三字。上加二字爲五言。獨天籟也。又加二字爲七言。即人籟也。故辭不修。則上二字。有亦可。無亦可。是七律所以難於五律也。近上国一先生著百律。或曰。此八百句而已。豈非失于支離乎。王貽上。歴數古人能七律者。少陵放翁其選也。而于鱗詆子美憒焉自放。竹陀嘲務觀十首。以上皆雷同。豈非失于頽唐與少變化乎。邦人不足譏。杜陸猶不免。亦難矣哉。五峰君此卷。起結皆對。其難更甚。而愈出愈新。愈新愈熟。變化無窮。終歸渾成。忠憤悲壯。原諸工部。間適述興。參諸劒南。而頽唐雷同之病。殆乎免矣。不亦希覯乎。嗚呼。上国詩風。日趨萎弱。苟且偸惰避難就易。五律七絶之外。不肯作之。安得借若君等鋒遒健。知其難而爲之者。而挽回之乎。

底本 七『旭荘文稿』。同文の寫しが 一『旭荘文集』、八『梅墩文鈔』にある。

一一九　跋安黒氏故宅圖

老樹蔽屋。稚鶏戯庭。側有奇嵓。瀑布懸焉。土厚而淨。趣野而幽。自有太古小年象者。此安黒子亮祖先之宅。而當時族人對山翁所圖也。安黒氏居此五六世。皆勤倹。家道日隆。今則居舎垣墻。一新爲華整矣。子亮慮子孫或忘祖先淳厚之風。故裝此圖。屬余書其由。劉寄奴爲天子。猶藏耕具以示子孫。而今富人往々有羞言祖先時事者。是所以子孫日狎驕奢。不能永其世也。

底本 八『梅墩文鈔』。初稿 一五『詩文未定稿』。

一二〇　跋劒南集

古人有言。詩人忠厚。詞人輕薄。余以爲。詩人不必忠厚。忠厚者而後其詩始妙也。夫詩有富貴勸樂之意。亂離感慨之心。江山懷古之思。而後得妙也。忠厚之人。富貴則樂其君聖明。而悅我不遐棄。其誠諒喜懼之意。沛然溢乎其內。不覺漏之詩焉。亂離則憂其君旰食。而慍群小讒諂。其憤激悲愁之心。勃如動乎其內。不覺出之詩焉。江山則覽古感今。而諷時警世。其比興勸懲之思。隱然起乎其內。不覺發之詩焉。古今詩人能如此者。唐有少陵。宋有放翁。放翁固非徒以詩傳者。而其以詩傳。可謂不幸也。然有忠厚愛君志而不顯。有卓犖立功才而不遂。時人不知其心。後世不知其名。草木同朽者亦多矣。何則無文辭以傳後世也。放翁之志因詩以見。名因詩以顯。故詩不可不妙矣。世之讀書學道。而心不忠厚者何。心不忠厚而要詩之妙者何。詩不妙而欲名傳後世者何。

底本 一『旭荘文集』。同文の寫しが 六『旭荘刪餘剩稿』、二一『旭荘稿』にある。

一二一　又(跋劍南集)

放翁千古奇人也。詩人善窮。有才無命。古今一轍。子美艱難落魄。青蓮坐永王璘。子厚一蹶不起。長吉寡福短折。翁之入蜀。倚錦瑟擊玉壺。豪爽雄健。不與浣花同也。而其詩一飯思君。豈有異之乎。從于韓侂胄。然不黜斥。不與夜郎同也。而其詩飄逸跌蕩。能頡頏焉。進爲渭南伯。不與柳州同也。而其詘峭冷閒澹。殆伯仲矣。高年强健。不與白玉樓同也。而其詩荒怪奇譎。有相肖者。聚諸家之長。而不受諸家之厄。可謂千古奇人也。且其詩一本之忠厚。不陷輕薄之窠臼。数過萬首。名冠四傑。豈翅奇人哉。亦千古正人君子也。

底本 一『旭荘文集』。同文の寫しが 六『旭荘刪餘剩稿』、二一『旭荘稿』にある。

一二二　又(跋劍南集)

放翁爲韓侂胄作記。貽世之譏議。然當問其心如何耳。翁終身有報國讐之志。而時人無戮力者。幸有平原。故從之。忠心義肝之所然。可觀過知其仁也。或曰。以侂胄之粗暴。豈能成事。翁欲從之成事。不亦愚乎。此耳食之論。不足取焉。張浚唱伐金之議。滿朝忠臣皆和其議。而有符離敗。人好以成敗論公。若浚之敗也。上鳴其罪而誅之。亦一侂胄耳。然人不鳴其罪者。唯憐浚之心也。既憐浚之心。而獨不可憐翁之心耶。若使侂胄有叛心。則翁豈爲莽太夫者乎。況明哲保身之道。不必以區區小諒自潔。上有君父。下有妻子。必暴虎馮河。不顧危難。而後爲君子者。未可與言知。故論翁者。當觀過知仁也。

當憐其心也。當問其明哲保身之道也。未可概譏議之。

底本 一『旭荘文集』。同文の寫しが 六『旭荘刪餘剩稿』、二一『旭荘稿』にある。

一二三　又（跋劒南集）

放翁之詩。幽絶峭絶。猶雨打孤舟。燈守殘夜。澗雲埋橋。崖松佩月。南宋詩人。別有尤蕭范楊。尤蕭詩不多傳。今人專尙南宋詩。不遍取諸代。故范楊盛行。范細而鄙。楊放而粗。兩非與翁頡頏者。然人好范楊。而不好翁。偶有好翁者。亦唯取其平淡易學耳。不知有幽峭之趣矣。夫古今之詩。豈南宋而盡哉。亦有六朝唐北宋元明淸。南宋之詩。豈范楊而盡哉。亦有放翁。陸詩豈平淡而盡哉。亦有幽峭。今人取一廢百。不可謂盡矣。或謂余曰。吾欲學陸詩何如。余曰。善。然今學詩者。句倣字擬。而後謂之能學。是優孟之衣冠而已。學者宜吸其精神。而舍其形貌。陸詩有極平淡處。然其精神全在幽峭處。學者能會其趣而可。願子當爲食桑吐絲之蠶。而勿爲呑水吐水之瓶也。

底本 一『旭荘文集』。同文の寫しが 六『旭荘刪餘剩稿』、二一『旭荘稿』にある。

一二四　跋若林梅仙所摹稼圃天臺圖後

梅仙畫史。摹豪潮律師囑江稼圃畫天臺圖。乞諸家題跋。次至余。余所欲言。人既言之。復何言。余別有所感。昔先子厚與律師交。余弱冠時。師柬曰。足下未生之先。吾知足下必生。雖未相見。猶相見。吾老矣。聞足下讀書甚喜。足下東游訪我。不啻三生之契。若不信。問之尊翁。先子曰。汝母夢呑大星而娠。生兒。豪師曰。是必爲讀書子。無幾兒死。吾傷之。師曰。莫傷。兒命数未盡。次年必復生。既而果然。卽汝也。因話師使稼圃作天臺圖事。余聞之欲一訪師。觀稼圃所畫。未果師沒。今觀梅仙所摹。恍如謁師。而觀稼圃畫。今昔之感曷可堪哉。

底本 八『梅墩文鈔』。初稿 一五『詩文未定稿』。

一二五　跋篠翁題畫詩十五首後

近觀某生所纂嘉永二十五家評。品篠翁詩。如本邦製砂糖。余謂。物無于古而有于今者有矣。粗于彼而精于我者有矣。一切斥之豈理乎。今之所謂歌人俳人者。使西人聞必謂舞姬侏儒之類。豈知其能嘲月詠花也哉。然擧天下曰歌人。曰俳人。則文人不能獨改其稱。如邦製砂糖亦然。人雖貶之。終不能廢其用。夫三百篇爲騷矣。爲五七古矣。古爲律絶矣。氣運所會。

自出新機軸。勢之所然。不獨其人之爲也。要可問其巧拙何如耳。翁筆麗舌活善解人頤。其詠我故事。猶廉頗用趙人。性之所近。才之所長。使餘人學決不能詣焉。翁既歿。遺稿未刻。縱刻之。此等詩選者。或不屑收之。則世之所難獲吉光片羽者。宜珍。

底本 一〇『近詩文稿』。

一二六 跋竹田翁自画題語

余嘗論我邦遜於西人数事。書家不能兼画。画家不能兼詩之類是也。金岡以降。千有餘歳。名画数十百家。未見一能兼詩者。獨竹田翁詩画兩妙。可比隆於石田衡山之流矣。夫我之不遜於西人。翁爲之始。而書家兼画。如子昂思白者。聞風興起。推之以上。事々無所遜焉。則翁首唱之功。不獨詩画也。

底本 九『旭荘文鈔』。

一二七 跋池大雅書後

伊藤君山之先。有受書法於池大雅者。家有數帖。牧野君乞其斷帖而作扁額。今時大雅書大行。然眞者少。此所謂瓊林一枝。

底本 一一『詩文草稿』。

一二八 跋藤青林先人五瓢所輯書畫帖

此帖所收。皆係五瓢翁生平親交。余不識翁。而識茶山杏坪諸老。悉一時名士。則翁之爲人可知也。翁及諸老皆已溘然。而翁之子青林。亦厚與當今之聞人交。可謂能繼其志矣。不識今之人亦能步武當時諸老乎否。

底本 二『詩稿及文』。同文の寫しに 七『旭荘文稿』がある。

一二九 跋藤本生所藏徂徠先生天狗説後

見紈綺者而知其富。見繿縷者而知其貧。是相服也。非相人也。見厮傭。知其爲王公。見富有巨萬者。知其餓死。而後可謂善相人矣。故知人之所同知易。知人之所同不知難。余鄕山田氏。遊上國。見徠翁書天狗説十二幅。以作屛風者。出十金買之。未幾又遊上國。販諸百金。既聞其買者。又販諸巨商。獲八百金焉。人翕然称山田氏善知書矣。夫十二幅有十金之直。世既有知之者。非已始知之也。且販而貨之。則與其不知者相距幾何。彼自爲知翁書。然使翁有知。必謂。非知我書者耳。甑嵩藤本子亦藏天狗説。蓋翁書屛風時之草稿。故無印章。副以國牘。共爲眞物明矣。人未知之。藤本子獨知而珍之。且無貨之之心。使翁有知。必謂。誠知我書者。其勝山田氏遠矣。

底本　一〇『近詩文稿』。同文寫しが　詩22『旭莊遺稿』第四冊にある。

一三〇　跋賴山陽書

賴山陽既沒。其眞蹟所存。片紙零絹。人皆珍之。此卷所謂遊戲三昧者。猶人之散髮林下自忘形骸。天眞爛漫可悅。可近勝彼着衣冠坐廟堂儼乎。不可親者遠甚。此蓋其得意處。東坡先生散步田間。往往遇醉人之詈。則喜山陽於此卷。亦猶有坡公之意乎。

底本　一〇『近詩文稿』。

一三一　府內侯詩卷跋

府內侯政暇喜吟詠。才敏或一夜連賦數十首。其臣阿部轍錄示諸謙曰。寡君之意。不在衒才。而在令諸臣學詩。故親學以率之耳。謙拜讀之曰。善哉公之學詩也。齊王好樂。孟子曰。今之樂由古之樂也。又曰。與衆同樂則王矣。古云。先王以詩美敎化移風俗。今之詩亦由古之詩也。則公之留意風化可知矣。昔者機山當亂世。耽詩而忘武備。板垣信形諫止之。今世人君生於昇平。其好宴安者。不足言也。其有志者。或習槍試劍。親匹夫之勇。而不留意風化。何異亂世耽詩而忘武備乎。故知公之學詩。易地則講武者也。而公之意固在率諸臣。則其與衆同樂。不俟我言也。

底本　一『旭莊文集』。同文の寫しが　五『旭莊先生近文稿』、七『旭莊文稿』、一九『旭莊文稿』、二〇『旭莊文稿』にある。

一三二　觀董玄宰書

此幅書辛酉中秋。蓋天啓元年。公此時年殆八十。端莊流麗。不見頽唐之態。其人可想。余家藏葉臺山書。其紙與此紙同。蓋當時所用可併徵。

底本　一〇『近詩文稿』。初稿　一〇『近詩文稿』。

一三三　觀董文敏書幅(觀董玄宰書別稿)

見玄宰書多矣。然猶尹夫人於邢夫人婢女。希雖美一見知其非是也。今觀恒松君所藏卽自以知其眞物也。余家藏葉臺山書。其紙與此同。蓋當時所用可併徵。

底本　一〇『近詩文稿』。

一三四　書爲風子書畫帖首

珍古書畫者詆帖今書畫者曰。今人不足觀。且玉石襍收也。嗚呼。過矣。後之視今。猶今之見古。無今卽無古也。昭代文運之隆。譬如名山水。其觀豈一草一木而盡乎。必也千巖萬壑。可喜可驚者。皆探而後可。復可暇區々問玉在斯。石在斯乎。爲風子偶作書畫帖。因弁数言。

底本 五『旭荘先生近文稿』。初稿 一『旭荘文集』。

一三五　書云鳳画竹後

東坡題文與可画竹曰。與可画竹時。見竹不見人。豈獨不見人。嗒然忘其身。蓋佛之妙理。亦至忘其身而極。則画之與佛。其旨不二歟。夫與可未能始忘其身。必將借於画而後忘之。鳳道人則不然。固精佛理。雖無借於画。固能忘其身。能忘其身。而後從事於画。余不悟画。然視其爲人。洒々落々。能外形骸。断然判其画能品也。何則與可一於画者。故因画得佛之妙理。道人一於佛者。因佛得画之極詣。其揆不亦一乎。

底本 九『旭荘文鈔』。

一三六　書王介甫讀孟嘗君傳後

介甫之論高而迂如此。介甫身握天下之權。擁天下之士。而不能致治。猶何責區々之齋以一士乎。用人猶用器。其用之取。雞狗何尤焉。鷇麛育而麟鳳至。士何愧收雞狗焉。若青苗錢之行。使一馮先生在門下。則其燒劵買義必矣。

底本 七『旭荘文稿』。同文の寫しが 一九『旭荘文稿』、二〇『旭荘文稿』にある。再稿 一『旭荘文集』。初稿 一『旭荘文集』。同文の寫しに 二一『旭荘稿』がある。

一三七　書甘泉子揷花圖式後

花猶美人。揷之者妝之也。均國色。而田舍遜于都人。信乎妝之不可以已也。古妙工畫美人者。神或現出。而詩人所賦。蝤蠐瓠犀之類。其形容非不逼真。未聞其神現出矣。蓋詩文之妙在虛靈。而圖畫之用在實理。觀者於詩文。心感而目不觸焉。則漠然以遺。其於圖畫。目觸而心凝焉。則宛然以存。故爾。石公瓶史極高雅。然其使花神現出。未必若此圖也。

底本 七『旭荘文稿』。同文の寫しが 一九『旭荘文稿』、二〇『旭荘文稿』にある。

一三八　書崎人黃老谷書畫帖首

自松前而西。海內名於文者。巧於詩者。妙於書畫枝術者。凡百好遊之徒。必至於崎焉。自荷蘭而東。海外諸國。辮髮左衽。言鴃舌而字蟹行者。其間好奇之士。無不遊於日本。其至也。國家之法。必舘諸崎焉。故一天之下。五大之洲。人才所輻湊。莫如我崎也。世之癖於書畫者。吾知其労矣。知其華而寡實矣。聞某地有名士。未與之交。則無辭乞之。乃託其親族。及其土之權貴有力。爲人所畏憚者。或以情覊之。或以威脅之。一請。二要。三逼。四刧。使人不得已而應命。墨花猶香潤筆初將。半月十促延頸而望。間同癖之士。謀奪諸半途。持以誇人曰。逸而有獲。労而爲虛。鵲之巣。鳩之居。賢愚相距何如。不唯奪之。又從嗤之。我向困人以求。人亦欺我以掠。報應如此。則其用心不得不労矣。書畫雖微。人之精神係焉。夫遇則離。離則懷。懷而不可見。見其精神之所存。足以自慰。人情乃然。今也未見其面。未知其心。唯好其書畫。獨何心哉。其好之。非心實敬其德。徒寶人之所難得。以相誇耳。可謂華而寡實矣。唯崎之好事者。無有此患。海內名家。海外奇士。不須遍問遠搜。而洋溢於一鄉。其與之交。可不労而得也。及其人去。留其精神。以置吾左右。厚情之所然。不可譏之以寡實也。既無其労。又無其譏。而不好之。亦非智士矣。崎人黃老谷。使余書其書畫卷之首。余因言。作書畫卷者。必崎而後可免譏耳。

底本 七『旭荘文稿』。同文の寫しが 一『旭荘文集』、一九『旭荘文稿』、二〇『旭荘文稿』にある。

一三九　書舊作鰥魚社詩後

余年十八九。與中文甫等五人結鰥魚社。每歲自九月至二月。一月六次。會于燈下。終夜不眠。以讀書賦詩。二十五六後。家務殷繁。晝間過勞。夜過亥則寢。不能復如昔日勤苦。偶閲舊稿。得始結社時作詩。追懷往事如夢。靡不有初。鮮有克終。此余学所以不進也。觀吾門諸子。皆晚起早寢。曾不若余之今日。況昔日乎。因錄自責。且贈古谷生勉旃。

（欄外評）

其々之行。能成赫々之功。固有非常之才。加以非常之勤。如廣翁所謂聖益聖者矣。（本文第一行目）

底本 九『旭荘文鈔』。同文の寫しが 七『旭荘文稿』、一九『旭荘文稿』、二〇『旭荘文稿』にある。

一四〇　書虞淵上人文後

或疑上人護國之念。不如護法。故禦戎之策甚疎。余以爲不然。君子思不出其位。軍國機宜。肉食者謀之。局外之人能護道。即所以護國也。昔韓子當吐蕃回紇侵冦之時。不敢專講遏狄之策。而悉力攻佛。程朱諸子當遼金强熾之日。不敢專究平虜之術。而悉力攻佛。蓋當時之勢。外夷未必俄滅我國。而異敎蠱人心。綱紀一替。則國將先自滅。故諸儒量己位。以攻佛爲任。所謂護法卽護國也。顧我邦國體。固與唐宋異。儒佛之勢。又大與唐宋異。則上人儒佛不宜相攻。獨泰西邪說之爲患也。不測之說甚善。嗚呼。以唐宋諸儒當時之心。忖度上人今日之心。庶幾乎得之。

底本 一九『旭莊文稿』。同文の寫しが 七『旭莊文稿』、一『旭莊文集』、五『旭莊先生近文稿』、二〇『旭莊文稿』にある。

一四一　書松德甫詩卷後

西肥松德甫之始相見也。眎其所嘗作詩若干。粗豪陳腐不稱我意者十七八矣。余斥之。輒曰。肥人之詩率皆如是。此肥風也。余謂肥大藩。名家林立。必不如是。德甫未深於詩。故邅言而已。然余未觀肥之風。亦不自信矣。居二年。德甫詩益進。粗者化爲鍊。豪者化爲婉。陳腐者化爲清新。舊習幾乎盡矣。於是德甫自以爲進也。余亦以爲進也。德甫歸。余曰。子眎此卷於鄉名家。以爲進於前日乎。將爲退於前日乎。爲進者多。則肥人之論詩不我異也。爲退者多。則子前言果不誣也。吾以此卷卜之。

底本 一『旭莊文集』。

一四二　書仁齋先生國辭牘後

着衣冠坐乎廟堂。矜嚴可畏。而其生平氣象。不可得而見焉。至燕居散髮自忘形骸。則天眞橫出。亦不可得而掩焉。嘗讀仁齋先生文章。其方正篤實。可想。然未若此牘懇摯周悉恂恂。樂易氣象。尤可見也。

底本 一〇『近詩文稿』。

一四三　書石州泉晉詩後

僕於海內。所交不寡。然足跡未及山陰。唯耳雲石諸州人文日盛。而無郵筒來往者。公忽見寄此卷。讀之。平澹老熟。不涉時樣纖佻。就其詩而想其境。又知其爲人必孝愛慈祥。樂天安命者也。心竊欽焉。僕欲以今秋歸省。有意便路探山陰之勝。把臂論文。或将有日也。亦恐山陽多故人。留滯費日。終不能至貴境。且書此空觀想耳。

底本 一『旭莊文集』。同文の寫しに 五『旭莊先生近文稿』がある。

一四四　書赤澤氏所藏北野菅祠鏡背搨圖後

此故加藤肥州獻北野菅祠鏡之背之搨圖也。夫菅公廟食千歲。而肥州之靈威亦日顯。文武雖異德。其所以爲神一也。蓋肥州之獻鏡。有所慕也。一念之誠。終能刑之以肖焉。然則藏此者。亦豈可不慕且刑焉乎。

底本 一『旭莊文集』。同文の寫しに 五『旭莊先生近文稿』がある。

一四五　書僧讓詩卷後

諸作清妙輕俊。頗有都人士之風。憾題多詠物。體限七絕。是以筆路不廣。外麗內脆。猶一片氷柱。難歷朝暄也。以上人之才。博採衆材。從容厭飫。行於其不得不行處。止於其不得不止處。天籟調刁。自合宮商。則誰敢當之。

底本 一『旭莊文集』。

一四六　書中原國華金蘭帖首

國華翁身厠廢居之肆。聲颺菁華之圃。性愛客。世之文人墨客。不問有名者無名者。傾筐倒庋。終歲無絕。而使客親署其姓名于帖。裒然成帙。昔鄭莊以愛客著。然客姓名無一人傳于後世。莊所致皆非名士乎。將莊未知所以傳之之術乎。夫有名者。不須論也。無名著。或將因此帖以傳。則翁之愛客。賢於莊遠矣。

底本 一〇『近詩文稿』。同文の寫しが 七『旭莊文稿』、八『梅墩文鈔』にある。

一四七　書趙陶齋書畫後

邦俗端午以布帛紙絹之類作旗。爲兒童戲觀。陶齋趙翁書及畫五幅。亦嘗作旗者。指吸君購。貼於屏風。供君子雅賞。古人謂拾委地書紙者爲陰德。夫書畫雖微。人精神之所注。而爲兒童戲觀。則非委地也。一間耳。君拔之。使之得其所。死者有知。翁之喜可知也。

底本 九『旭莊文鈔』。同文の寫しが 七『旭莊文稿』、一九『旭莊文稿』、二〇『旭莊文稿』にある。

一四八　書得々菴詩集後

西土僧詩。能免蔬筍之氣者無矣。我邦何肉周妻。能有蔬筍之氣者無矣。此卷外枯內腴。蔬筍之氣在有無之間。實無之又無。

底本 一五『詩文未定稿』。同文の寫しに 八『梅墩文鈔』がある。

一四九　書德永某書畫卷首 德永某赤関人

京師一聞人將遊赤關。先自作月旦評。高揭其名上頭。假他人手送之。居一年而往。赤關人以爲。是當今第一人也。爭購其書畫。其人去而計漏。他邦人姍笑之曰。彼地人不識書畫。而妄好之。故爲奸人所賣。不如不好之也。德永子聞之曰。何傷。夫賣人而自利。小人也。賣於人而利人。君子也。使我不爲小人。受人之欺。我不憾矣。我能容賣人者。則其不賣人者。亦將繼而至。唐德宗曰。寧受百欺。願得一真。我心亦然。益作書畫卷。請於世之名家。使余題其首。余固昧文辭。不宜列前茅。然知其立言之旨。則自隗始。

底本 七『旭莊文稿』。同文の寫しが 九『旭莊文鈔』、一九『旭莊文稿』、二〇『旭莊文稿』にある。

一五〇　書杜蓼洲詩卷之後

我鄉杜君。幼時學畫。闔鄉之老宿。無出其右者。既老學詩。闔鄉之少壯。亦無出其右者。何才之奇也。夫未始爲者。不能自知其能否。未始學者。不能自決其巧拙。杜君之未學畫也。豈知其畫之能逼古人乎。其未學詩也。豈知其詩之能並於畫乎。是雖才之奇。志求進乃然。既能此二者矣。其所未始爲。屬文之與窮經。皆不與焉。其畫既足以詩。則其詩亦足以文矣。則其文亦足以經矣。若我所求不詩畫而止。其繼之進者。豈可測乎。我鄉五十年前。不乏詩人。而近日間有自畫之徒曰。詩有別才。不可學而臻焉。爲之不巧。不如未始爲之不爲人所笑也。故無復作者。詩小技也。爲之不巧。不必羞於世。然猶不欲爲之。況進於此者乎。使之聞杜君之風。亦可以興起矣。然則此卷之有益於風教。豈詩而已哉。

底本 一七『旭莊雜稿』（第八号）。同文寫しが 一『旭莊文集』、七『旭莊文稿』、一九『旭莊文稿』、二〇『旭莊文稿』にある。

一五一　書福永史隆書畫帖首

輯書畫者。恐蕪雜則不能備焉。恐不備則姸醜同陳焉。難乎能備而精也。史隆福永子作此帖。披之。方今賢士鴻儒。文宗詩伯。歌師俳客。或聞名而未識者。或相識而參商索居者。悉收周載。使人揖讓晤言于咫尺之中。雖長房縮地。恐不過此。不亦備乎。而其美猶珊瑚琳琅。百宝千珍。照暎一室。側無尋常之物。不亦精乎。毫髮無遺憾矣。豈此之謂乎。

底本 五『旭莊先生近文稿』。初稿 一『旭莊文集』。

一五二　書某生所藏柳子新論後

柳子蒙讒而死。或疑其書不可讀。余曰。何也。高青邱誅。未幾明人刻其集。蓋公憲私說。並行不相悖。亦足以觀有國家者。寬仁含弘之德矣。青邱詞藻而已。未聞其有濟世言。猶且傳之。況於柳子之言。有益濟世者乎。嗚呼。曾謂我邦不如朱明乎。或曰。柳子不知危行言孫之道。以速禍尤。智不足稱也。余曰。智不足稱固也。而志則可諒。彼猶以爲危行危言之時也夫。

底本 一四『天保癸卯詩文草稿』。同文の寫しが 七『旭莊文稿』、九『旭莊文鈔』、一九『旭莊文稿』、二〇『旭莊文稿』にある。

一五三　讀荊軻傳

荊軻一言。而樊於期立刎。則其舌利於刀劍。而於期之頭輕於鴻毛也。秦王一怒而軻立支解。則軻之刀鈍於口舌。而其頭輕於於期之頭也。片言可以殺壯士。而銛刀不足以殺一王。則其誤國不亦宜乎。秦王之頭不似於期之頭易斬。則其舌不得不窮。其舌窮。則其刀不得不用。其刀用。則其身又從死。辯士之無實。不亦癡乎。於期之頭既獻而未足。又加軻之頭而獻之。軻之頭既獻而未足。又加太子丹之頭而獻之。丹之頭既獻而未足。於是燕王盡獻其國。嗚呼。三頭與一國。不亦惜乎。

（上欄評）

此文以則字斡旋論。亦出人意表。然似不免諸譃之範圍矣。

龜云。短文三折愈佳。（第三行目）一『旭莊文集』同文寫し

中島子玉評。此文以則字斡旋論。亦出人意表。（第一行目）『旭莊文稿』

（文末評）

龜昭陽先生曰。短文三折愈出愈妙。（第一行目）『旭莊文稿』

底本 一『旭莊文集』。同文の寫しが 一『旭莊文集』（第三冊目）、七『旭莊文稿』、一九『旭莊文稿』、二〇『旭莊文稿』、二一『旭莊文稿』にある。

一五四　讀綱鑑

狄仁傑復唐之功。豈遜於郭子儀敗賊之功乎。夫子儀身統大兵。李光弼等助之。且祿山爲虐。天下思李氏其成功也易。仁傑立則天之朝。殘后在上。群小在下。立身不撓。終復唐室。豈不難乎。綱鑑獨尊子儀者何哉。蓋子儀功之顯者也。仁傑功之微者也。張柬之擧兵。討武氏之亂。中興唐室。可謂勇。實不負狄仁傑之薦（ママ）。然立中宗是可恨也。若於是時。并廢中宗。別選賢主立之。則國治身安。復立中宗。不殺武三思。身却爲机上肉。國家還亂。豈可謂智乎。

底本 一六『旭莊文稿（反古）』。

一五五　讀析玄

世人雖尊老子。而不能解其書。故好老者。以莊子爲階梯。夫

莊之說玄也。虛遠高妙。望之無涯。測之無底。故讀者茫乎無悟。猶徐福求藥未見仙山於彷彿。於何處求藥乎。於是世人。益驚老之難解。以老爲棄物。是莊子名雖助老。而實害之也。今讀析玄。剖析老子之意。以爲人閒日用之事能行之。則可以君。可以臣。可以交人。可以脩身。縱横上下。所行無不有利。雖聖人祕旨不外之實。夫莊之說老。可爲一身。而不可行之於天下。析玄之說老。其勢如江河之茫洋。華泰之嵂崒。天下之人汲之而不乾。登之而不壞。愈行愈多。變化不測。然析玄之說老。天下之公言也。莊之說老。一人之私言也。其懸隔何啻雲泥乎。或曰。夫老子以自隱無名爲務。豈有意傳道於天下後世乎。故其書亦茫昧不明。今析玄之所說。細求於世事而論之。是却背老子真者也。對曰。不然。案老子之志。欲行道於天下。而周室大衰。夷乱無止。故知道之不行。敢往他邦而行之。乃爲関尹著五千言而去。實天下有益之書也。世人不知之。且見其晦德隱跡。以自隱無名之語評之。是未知老之爲人者也。老之著書。亦在傳之於天下後世。君不欲之。何著書乎。夫子惜美玉之不賣。故爲析玄以示於天下。讀者勿以貽一二同好之辭害意矣。

底本　一六『旭莊文稿（反古）』。

一五六　讀萬曆三大征東夷二考

余嘗讀明史。疑明之所以亡矣。祖宗以來。主權不下移。熹宗戮諸賢。然國勢未替。莊烈勤察。似非亡國之主。而張李諸賊。自匹夫起。能滅之何乎。今讀二考。判其不亡于莊烈之張李。而亡于神宗之奴兒哈赤矣。就二書考之。哱氏之乱。費二百萬金。朝鮮之役。首尾七年。踰七百萬金。楊應龍之叛。亦踰二百萬金。十餘年間三費相繼。而奴兒哈赤起。奴酋之討。二考不載所費之計。且擧其散見於本書者。初萬曆四十六年。遼報不至三日。廷議發餉金百萬。帝諭止括十萬金。次發餉二十萬金。次發十二萬金。募兵萬六千。次借大工馬價各五十萬金。以濟遼餉。次賜金台失子白金二千兩及綵段。四十七年。發內帑四十萬兩以募戰士。次優恤將士以帑金二百萬。次調兵十八萬。歲增餉三百二十四萬金。加之陸運車三萬七千輛。用牛七萬四千頭。四十八年。發餉金三十萬兩。而神宗崩。三年間費已如是。二考所不載。光宗熹宗莊烈之世。可推而知也。明制常懸重賞。而募戰士。內帑既耗於奴酋。則莊烈時。不能復致勇士。使孫傳庭洪承疇等。率僅々孱卒脆兵。禦方熾諸賊。其敗不亦宜乎。故名亡于莊烈。實亡于神宗也。然則莊烈無辜乎。曰。莊烈之罪。差輕於神宗云爾。安得無辜乎。夫帑金之於國。譬如人之有精髓。外肥腯如無疾。而內虛者。必不壽。明興至隆慶。経二百餘年。金甌無缺。猶老健矍鑠。及神宗。外冦起。猶忽罹刀創。年老而創。精力頓衰。宜惴然攝養。而奢侈無度。猶衰者更沈溺酒色矣。及莊烈。內帑全竭。猶委頓既極。宜緩心静気。以祈延齡。而重歛暴賦。欲急張之。猶委頓者强服金丹矣。終使其民不聊生。內賊乘隙而起。猶服丹者陽火躁發死於內攻矣。夫寇自外創。時之際也。賊自內攻。事之乖也。時在天而事在人。是故聖王修人事以回天。而救其際也。畏天時以敬事。而虞其乖也。萬曆初年。戶口最盛。盛必衰。時已際矣。而上奢下偸。狎速外寇。是神宗之罪。不畏天時也。後嗣宜以人事回之。而指揮乖道。終致內賊。是莊烈之罪。不敬人事也。神宗而畏。可以消禍於未萌之先。莊烈而敬。可以夷乱於既成之後。爲祖者既如彼。爲孫者又如此。是明之所以亡也。嗚呼。後之長國家者。知明之所以亡。則可不畏且敬乎。

（上欄評）

往歳讀東匡（ママ）隨筆。驚韓役多費。今讀此篇。始知明之亡於虛耗。書實不可不博覧也。

（文末評）

譬喩的切。痲姑搔癢。末段以天人主說正議。不刊守成之。君須置一通於座側。

弼　偕評

（上欄・文末評共に同人筆）三〔詩文稿〕（旭荘遺稿第一号）

（上欄評）

（朱）全篇紆餘曲折。似讀歐文。（第一行目）

（緑）似字刪之如何。（第二行目）

（緑）自匹夫起。作一呼亦以可如何。（第三行目）

（墨）首尾七年四字。似無用如何。（第五行目）

（墨）而神宗崩四字。亦似無用。（第十三行目）

（墨）二考一句。與上文複似可刪。（第十四行目）

（朱）確哉言也。（第十七行目）

（墨）辜字有意換之乎。（第十八行目）

（朱）今之執國政者。讀到此不汗背者幾希。（第十九行目）

（緑）取譬人身亦妙。（第十九行目）

（緑）讀史者。見天時與人事判然矣。而後可知人事亦由天也。

（第二十六行目）

（墨）而救而虞二而。無之亦似可。（第二十七行目）

（朱）反覆丁寧。毫無遺憾。（第三十行目）

（朱）妄意猶刪既又二字。呵々。（第三十一行目）

（緑）不刪亦可。（同右）

（緑）畏敬二字。御于家邦之重寶。識者蓋寡矣。（第三十七行目）

（文中評）
（緑）一篇骨子（第三十行目）
（朱）弘化乙巳端午　筑井清偺批妄評
死々罪々
（墨）夏五十日　山下溫妄評
多罪々々
（緑）同廿九日　比原直妄評
多罪々々三〔詩文稿〕（旭莊遺稿第五号）

底本　八『梅墩文鈔』。同文の寫しが　三〔詩文稿〕（旭莊遺稿第一号）、三〔詩文稿〕（旭莊遺稿第五号）、一『旭莊文集』、五『旭莊先生近文稿』、七『旭莊文稿』、九『旭莊文鈔』、一四『天保癸卯詩文草稿』、一九『旭莊文稿』、二〇『旭莊文稿』にある。初稿一四『天保癸卯詩文草稿』。

一五七　讀無逸

周公作無逸。申殷周先王勤勉庶政。不言無逸之効國富民昌。而曰。肆先王享國若干年。蓋有以也。夫勢嚴位高。不與逸期。而逸必至。逸不與盤樂荒怠期。而盤樂荒怠必至。盤樂荒怠不與短折夭札期。而短折夭札必至。短折夭札不與絕嗣期。而絕嗣必至。則失天下。如漢成哀。周天元。明武宗熹宗是也。成哀武熹無子。天元有子而弱。皆無幾亡滅。其始不過獨欲己身之安逸耳。豈遑知己身爲逸而早死乎。其將死也。不過獨悔己身爲逸而早死耳。豈遑恤己身已死而隨失天下乎。若使人主皆知今日笑歌蹈舞之樂。明日爲哭泣擗踊之哀。今日棺槨衣衾之美。明日爲蔓草悲風。絕祀啼飢之慘。誰有欲逸者乎。人主好逸。而侫佛徼福。所謂北轅往越者。可笑。韓愈佛骨表。論古之人君所以壽考。而不曰是無逸之造也。可怪。

（上欄評）
史學與經學渾融。而爲此好文字。使人生妬心。（第一行目）
一『旭莊文集』
中。史學與經學渾融。而爲此好文字。（第一行目。「中」は中島子玉）、七『旭莊文稿』

底本　一『旭莊文集』。同文の寫しが　七『旭莊文稿』、八『梅墩文鈔』、一九『旭莊文稿』、二〇『旭莊文稿』にある。他に二百字分の斷簡が　一七『旭莊雜稿』（第八号）にある。

一五八　漫筆

古人以韓信。弗聽武渉之說保其長不叛劉氏。至王并州。擧不可解者四而爲不反之辨。此不知時勢者之言也。古云。無學養子而嫁者言人心隨時而變也。蓋信初無叛心。終而有之。何以知之。信聽武渉而中立。則天下分而爲三。是信以孤弱而抗二寇也。事未可一擧而定。而名長爲不臣。是信之所不爲也。故曰。初無叛心。旣而信以爲天下高帝一人也。且已善戰。而諸將皆憚之。若殺帝則天下可一擧而定。於是乎叛心始萌矣。人見一錢則不拾之。見百金則竊之。以其向不拾一錢。保其不竊百金則理乎。故曰。終而有之。且并州所擧四者。乃信之叛明矣。信者知士也。所與謀者外之。非素所撫循者也内之。其親也何。則外與疎者。謀則人不疑。内與親者。謀則不漏。信之於陳豨親者乎。於舍人疏者乎。以此觀之。則信之所以告豨。舍人之所以知之。亦何怪乎。且信假令知豨之敗。呂后使入賀則不得不入。若不入則及形見。信懼故入然則信之所以見紿。亦何怪乎。并州称信之知。而爲不及之辨。廼所以明信之知足爲叛也。天道與善雖有。信之知用諸惡。則反爲自死之資矣。

漢曲逆侯。羅呂嬃之讒。戲酒婦人以自汚。卒免於難。人称其智。予以爲有所未足太后。若以戲酒色討之。則討有名而平不能以自明。然則后何顧而不誅乎。蓋以幸免非以知免。當此時天欲絶呂氏。故奪后之鑒而使不得誅良臣。齊蘭陵王長恭。以威名見忌於齊主。乃原收歛以自汚。終以此誅死。當此時天欲滅高氏。故使殺其良臣。此二者所爲同而生死異矣。故予以平之免不爲平之智。而爲劉氏之幸。以長恭之死不爲長恭之不智。而爲高氏之不幸。然則二子宜如何。曰。謝病罷官以時動。而可諺曰。奔車之上無仲尼。覆舟之下無伯夷。言君子之不近害也。

人之所以貴鉅材者。以其不假他材而能成器也。若聚衆材合以爲一器。則雖美亦賤。以其非全物也。爲文亦然。自出機軸而不假他物。是爲貴耳。今世學古文辭者。宰割多材。寸々而聚之。以成一器。其用心亦勞。然非所貴也。

逃者南走。追者亦南走。南走則同。其所以南走者則異矣。古人之於詩文。能言人之所未言。今人不知。其既爲陳套。而尚隨其轍。言則同。其所以言之者則異矣。

底本　一二二『旭莊文錄』。文政五年。

一五九　正月八日筆談

龜曰。聞廣門之才子將來。詩客耶酒客耶。酒客而詩客者邪。若詩若酒。僕將磨金僕姑迎之。敢問。

廣曰。疇昔人來。称一生之名曰。某輩三数人。將來謁夫子焉。其餘未詳爲何人也。謙以爲。其來者必不減三人矣。三人之中。有能詩者也。有能酒者也。不能詩與酒者亦有之也。唯一身兼詩酒者。必無之矣。謹對。

龜曰。南北相遇。足下南人而在北。其南射耶。將北射耶。此遇。足下南則南勝。北則北勝。勝敗之數已定。人誰有憑軾而觀者乎。如以虎逐鼠。有何可擊節喝采。僕故願足下之不左不右。中央而進也。僕有闕車之萃。願爲足下毛之馬矣。足下南北顧。以補其不競者。何如。

謙始欲爲卞莊子矣。而夫子之命。猶武涉之於韓淮陰也。謙既非淮陰之比。唯是千金之重加錙銖者耶。雖然南風實不競。子玉擁兵而不死於城濮。則其歸。若有問如申息之老何者。則何辭以答之。

龜曰。足下既爲歸後之計歟。可謂君子有遠慮矣。岌乎危哉。僕何爲足下駕我遊闕。而自陥其術中爲哉。恐前徒倒戈。血漂去我杵矣。幸有一丈夫女之力擧石臼者。且告急以全我杵耳。以太宗之英武。且有娘子軍之援。宜哉。王賨(竇)之輩不敢敵也。

太宗殺降。夫子能赦其敗而遁去乎。

龜曰。以我鞆繪之力陪彼平陽。猶且無如朝日將軍何。足下何乃以天日之表啗(啗)僕耶。處女脫兎之軍法。可畏。可畏。僕雖無龍鳳之姿。指野鳥以爲鸞者不赦也。同是鳥而孔雀與鸞異。則天日朝日之分未可知。姑且休說敗說遁。

至此紙無餘白。相笑曰。這也呼做假場嗄喉了。且候了戲臺的攝將起來。

底本 一『旭荘文集』。同文の寫しに 二一『旭荘稿』がある。嘉永七年以前。

一六〇　譯田才佐梧窓漫筆

唐虞之際。輔其治者。子孫皆興。其身有天下者禹也。十四世而有天下者契也。十六世而有天下者稷也。伯益之後。有秦趙也。始皇姓呂。四岳之後也。唯皐陶不祀忽諸。陸象山曰。唐虞之際。道不在堯舜。而在皐陶。殷周之際。道不在文武。而在箕子。知言哉。夫學德之優。當時無出皐陶之右者。而其遂無後者何。高允曰。英布被黥然後王。蓋以其先皐陶爲刑官也。由此觀之。則刑可畏哉。

才佐謂。天而不如皐陶乎。皐陶受天子之命。而爲刑官。天何不罪其命焉者。而罪受其命者。寃哉。皐陶折獄。豈有寃者。則天不如皐陶也。此論一出。余恐後世爲人君者。皆曰。治獄莫如皐陶。而皐陶猶無後。則不如盡赦有罪矣。於是爲惡者。知其必赦。而益奮不顧。則天下大亂。是才佐賊爲人君者也。夫刑尚無寃而已。豈赦有罪乎。刑之不可已也。仲尼而有刑人。若論殺人之多少。則唐虞之治。刑殆措矣。皐陶豈屠伯乎。牧野之戰。血流漂杵者。何讓皐陶終身所殺乎。而周有天下八百年。則天之賞刑皆失宜也歟。余以爲皐陶之無後。以子孫之無德也。詩云。亡念爾祖。聿修其德。才佐稱皐陶之德。而子孫不念之。則絶其祀。以戒懼爲人之子孫而無德者可也。豈可稱皐陶無後。以賊爲人君者乎哉。

（上欄評）
亀云。才佐必曰。子孫之無德者。卽皐陶爲刑官故也。不措對可也。（本文第十六行目）一『旭莊文集』

（文中評）
亀云。確論。（本文第十六行目）一『旭莊文集』

底本 六『旭莊刪餘剩稿』。初稿 一『旭莊文集』（題名「譯田才佐梧窓漫筆四則」）。同文の寫しに 二一『旭莊稿』がある。嘉永七年以前。

一六一　漫筆

富人某好施曰。人施乞兒以一錢。此小惠未足救飢也。宜施六十錢。每出使僕荷錢而從。盡之慊於其心。一日乞兒成群。見其來羅拜。出一萬錢。悉與之。其未與者猶數百人。呼曰。公於吾曹。豈有厚薄。既賜彼輩。何故遺我黨乎。僕告以錢盡。不可。主僕相扶避之。乞兒追之。投於友人家而免。故知仁無術不行也。

底本 七『旭莊文稿』。同文の寫しが 九『旭莊文鈔』、一九『旭莊文稿』、二〇『旭莊文稿』にある。

一六二　又（漫筆）

豐之東有一先生。病六經聱牙澀於世用。将以邦文譯之。攝之市有一先生。笑韓歐文多疵削正之。余未見二先生。近聞之其門人。屈某改杜詩。袁子才笑其不芸己田而芸人田矣。二先生雖惑。必不至此。疑其門人小子。欲夸張師德。而妄作此言耳。徂徠一世豪傑。唯因其末流多放誕士。人議之不當一錢。弟子之汚師德。豈少矣乎。

底本 七『旭莊文稿』。同文の寫しが 九『旭莊文鈔』、一九『旭莊文稿』、二〇『旭莊文稿』にある。

一六三　漫筆十一則

唐李英公。歸功李密。爲姉煮粥。二事可知其忠厚。宋儒以不諫立武氏。目爲不善人。與許敬宗等同咎。論甚刻矣。蓋雖有忠厚之心。昧於学術。則不達名義。去就之義或失。詩曰。採葑採菲。無以下體。

左氏取知者。有先見之明。而全其終者。如晏子叔向免於季世是也。史記取義士。舍生而成事者。如伍子胥諸刺客是也。詩曰。既明且哲。以保其躬。邱明之所好也。柔亦不茹。剛亦不吐。子長之所好也。

王伯安盡忠立功。以唱僞学。死後奪官。学果與行戻耶。王介甫執拗之小人。人怨事敗。以通經術。配食於聖廟。行果與学戻耶。曰。学行無二。足大屨大。身小景小。何疑之有。

豐臣太閤。陳於肥前名護屋。以濟伐朝鮮之師。一日在樓。有以帽掩面、騎而過其前者。太閤勃然。召軍吏曰。奴何爲者。不脫帽。不下馬。而過吾前。速捕殺之。吏走馬追之。又召軍吏曰。無禮則有之。然無禮於乃公。其膽壯矣。聽其自刃。亦鞭馬而去。又召軍吏曰。竒男子哉。唯問其名。勿問其罪。亦出。既而先者及焉。呼曰。我公有命。戮汝。次者將及焉。呼曰。公既聴汝自刃。後者遙呼曰。問汝名而已。騎士聞之而回。探懷出蠟書曰。上之公。名亦在焉。遂去。吏歸獻之太閤。太閤視而藏之。人無知其故云。廣子曰。太閤駕馭英雄之術。於是乎在焉。其所以遂無後。亦於是乎在焉。彼蓋隱士而知時機者也歟。時太閤殆有西渡之意。諸侯必有圖其後者。浅野長政之諫。可以徵焉。彼蓋欲告之。然以其大事。不可公見以陳之。故使太閤怒而捕己。因以密告。則人不能窺其隙也。亦知太閤睿明。而不妄殺也。太閤既視其書。以爲我既不渡。則諸侯不敢動。今急按之。則引告者甚多。人心危懼。自生禍亂。不若徐圖之以除其害。故祕之。若使太閤生猶十餘年。諸侯必有無故而得罪者。然不幾而薨。嚮之圖其後者。雖一旦低首。猶捕蛇然。抑其頭則必揚其尾。故太閤薨。而關原。而大阪。叛者相繼。遂絶後。抑豐公性鋭果。謀事不旋踵。今乃欲徐圖之。不果而薨。蓋天命既有歸。非人力所及耶。

六月朔夜。余讀書於遠思樓。空際颯然。雨自西至。冥濛中有狐火焉。熒々獨明。散而爲萬。合而爲一。忽高忽卑。或赤或青。累々重出。振々排行。小者轉長松之根。而猶蛇口之含隨珠。大者暎平田之水。而猶江波之漂楚萍。有遠浮而如龐涓擧燧樹下者。有斜漏而如匡衡鑿壁引燈者。如残星入山餘輝相射也。如春火燒雲焔光四發也。如放漁燈於遙浦。天火相混依微漸暗也。如走赤馬於長坂。出沒隱見一瞬之間。既來我前也。少頃驚尨一聲。吠於村外。萬炬忽滅。猶欒巴噴酒。而大雨滅火。天地一色。長空暗黑。頓不能記嚮之狐火所在焉。於是余悽然者久之。夫太陽在天。秋毫可察。當此時。雖有明月。無所用其光。太陽既沒。明月揚光皎兮東外。雖不能察秋毫。山河之形。村市之狀。猶可得觀。當此時。雖有狐火。無所用其妖。明月既沒。天地始昏。萬鬼百怪。縱横公行。其炎々獨明者。妖狐吹火也。其弄狡獪可惡。然猶可推其所在焉。而知東西遠近。狐火既滅。西東不分。寸步萬里。豈唯可惡乎。不得見可惡者。進退殆谷矣。予觀近世之爲詩者。蓋有類於此。夫李杜之於詩道。太陽也。蘇陸之於詩道。明月也。李杜廢矣。蘇陸熄矣。詩道始昏。鬼怪横行。其獨炎々揚狐火之光者。名曰王李。其弄狡獪。誰不惡之。人有唱范楊爲之厖声者。萬厖吠聲。遂滅之。於是無點明片光。西東不分。遠近無辨。不及嚮之有狐火。殆什佰焉。故今也。妄志於高而行。則必墜於千仭断崖。懸於百丈危杪。碎首虀軀矣。妄志於卑而行。則必流於不盡之谿。而陷於無底之竇。千古淊々。無返期矣。妄志於中央而行。則必觸於足者。荆棘迷陽。石角樹根。嚙指拔爪。血流而淋漓矣。觸於面者。釘尖屏曲。低棟横柱。折齒擣頞。膽寒而懍慄矣。以其無點明片光然。然則如何。曰。有日月燈光明佛。用之則無所不照。揭李杜。曳蘇陸。除范楊之輕纖。去王李之矜夸。溫柔以爲膏。敦厚以燒之。則晝夜自明也。

邦君之財。藏之府庫。則有時而盡。藏之人民。則無盡。詩人之趣。託之煙雲風月。則有時而窮。託之歡樂悲哀。則無窮。漢人之詩。以情爲主。故意味深長。風骨優暢。雖閒有詠物。比興之意備存。我邦今時之詩。豈唯煙雲風月之託乎。以豆腐饅頭雜物爲主。不復知詩有溫柔敦厚之道。不觚之歎豈尠矣哉。

余講明詩別裁。初日聽之者。三十餘人。明日不滿二十人。六七日則僅五人。而達圓與焉。終始騰寫之者。圓一人耳。余知其深嗜詩也。謂之曰。師於明之諸家。何取何不取。對曰。沈確士之所選。蓋千而取一。豈得以井中之見論天乎。然以一隅推三隅。則高季廸之明艷。何仲默之俊逸。李獻吉之雄壯。蓋其雋乎。高叔嗣程孟陽之徒。名浮其實。要附庸而已。余曰。善哉。與我意符矣。抑世人亦有好明艷也俊逸也雄壯也者。然多陷其弊。明艷者陷浮誇。俊逸者陷輕薄。雄壯者陷粗猛。圓曰。然則如何而可。余曰。加於季廸。以劉伯溫之溫且密乎。即以多澗秋壑之石氣青寒。帶春山夏溪之花香氤氳也。加於仲默。以徐昌穀之淡且秀乎。即以錦緣柔轡之穩軟嬝娜。制奔駒飛隼之踶齧拏攫也。加於獻吉。以陳臥子之整且嚴乎。即以程不識李光弼之陣營。雜項王淮陰之縱横變幻也。圓曰。然則棄高何李。而專取劉徐陳如何。余曰。之猶苦飢而食烏喙。患寒而入火炭也。余所言者。蹬駈相待。而得爲全物也。凡取詩者。譬之醫之取藥。取其所善舍其所悪。則牛溲馬勃皆有用也。故不可以世論詩。一世之中。有巧人有拙人。不可以人論詩。一人之中。有善詩有悪詩。不可以詩論句。一詩之中。有善句有悪句。取其善而舍其悪。則樵歌漁詞皆我師也。況明之諸大家乎。舍其善而取其悪。則李杜韓蘇皆我賊也。況餘人乎。論詩之要。在取舍。取舍之要。在多讀詩。不可不知。

文一時之過者。必著終身之敗。顧終身之敗者。必無一時之文。有迷道者。半途逢人問曰。安之。曰。吾迷矣。願教之方。彼雖一時姍笑之。卒導之以至。則必有益矣。曰。吾自有所往。非子之所知。走而不顧。是恐人之笑我。故告以詐。人雖能免一時之姍笑知其詐。卒自窮廹矣。救火救於始燒之時。則用力不労。而成功多矣。欲救於既烈之後。則爛手焦頭労而無功。改過於始過之時。則我所行亦未至盡心労慮。雖脱棄之。無遺憾於心。且人知之者少。無憾於内。無知於外。何顧不可改乎。欲改過於久過之後。則我所行既盡心労慮。一旦能棄之。不安於心。且憚人耳目。則雖有翻然自決之志。亦有自難者。周處嘗爲人害。不失爲君子。以其能改也。王莽嘗保天下。不失爲小人。以其久文而卒敗也。故文過者。如防川然。防前防後。至不見一點之罅隙。則其敗必矣。於是人見之者。豈唯向之姍笑哉。乃雖大叫高呼。以求其救。彼既掩面疾失。豈顧我乎。嗚呼。世之汲々文過者。謂川而可防耶。抑欲疢之美耶。

有父子耦而耕者。見人之遺金於隴傍。不自知而去。其子拾之。將呼其主返之。父曰。止。有遺之者。必有拾之者。不如來而耘之不廢我事也。余以爲。父之忘機奇矣。未如子之最奇矣。楚人之弓。黄老家之寓言。忘機者所爲也。人爲利相殺。而拾之以返其主。此仁之端也。孔聖七十説而不止。豈忘機而獨自善乎。損己而利人。則可謂仁之端也。

筑人某生。學醫於肥村井氏。將歸前一夕。諸友張筵餞之。有賦詩者。昧爽登途。日莫未達。路過小溪。樹影婆娑。月光荒涼。忽聞水聲。視之則有人漱焉。方過背後。彼顧。則昨夜筵中之友也。生愕然曰。何以在焉。曰。余有急於家。捷徑而歸。故先於子。請同往。生意謂。彼昨夜餞我於肥。雖極力而步。豈至此哉。必魑魅也。乃試語以肥中之事。應接如流。且曰。昨夜之詩。某生彼句警句也。某生彼字不穩也。數々辨之不置。生愈驚。因使之少前。拔刀斬之。其人大呼而反顧。則長丈餘。獰悪不可言也。生悸。不能復斬之。疾走至村家。急敲其戸。主人出。則一諸生仆於地矣。卽以藥含之。少焉蘇。備語其事。生後逢其友問之。則未曾歸也。

北豐某氏之園。月夜牽馬而歸。路過險隘。前有一水。馬不肯前。因視水上。則有一人面暎之。四望無人。園素有膽氣。直叱馬前。既而月光斜鋪。地汚窪而有潦者。皆見人面。水多面隨大。水少隨小。顧而視蹄涔。皆有人面。園稍惶懼。至渡口。有如小兒狀者飛來。園方驚絕。家人怪馬獨歸。率衆來索。見園仆於地。扶之而去。問其故。不告。既而臥病。將死始告其實。

底本 一『旭莊文集』。再稿 二一『旭莊稿』。初稿 三〔詩文稿〕(旭莊遺稿第一〇号)。

一六四〔漫筆〕

日月在天。而波浪明。日月落山。而波浪晴。以其虛也。今庸人之於外物。善過其前。則瞭然自明。不善過其前。則窅然自暗。何哉。亦以其心虛而無守也。若讀書萬卷。把道德仁義。盈其胸腹。則外物之於我。當如雷霆之於天。河海之於地。雖咫尺冥濛。萬里砰訇。安有所觸傷其內哉。

底本 三〔詩文稿〕(旭莊遺稿第一〇号)。

一六五〔漫筆〕

近世之詩。李王矜夸之風行。而溫柔之意泯矣。范楊輕纖之風行。而敦厚之意泯矣。欲撓嘉萬之弊。則宜唱北宋之精巧綺俊而克之。欲撓南宋之弊。則宜唱盛唐之絢爛正大而克之。既克之之後。以溫柔爲主。以敦厚爲基。別開一轍。而使將來踏之以不迷他路而已。譬如医人當其病而用藥。或用參。或用苓。既愈之後。唯期養生以不復病也。溫柔敦厚養詩之要歟。

底本 三〔詩文稿〕(旭莊遺稿第一〇号)。

一六六　呈龜次公

閭里有搆大厦者。余往觀焉。群匠環坐。木木累々。俄而有一匠之子執鋸而升梁端者。誤墜地上。衆大笑之。夫升梁端不易。童子而升焉。雖墜未可笑。然以其爲匠氏之子。故不免姗笑也。余於是乎。慨然以爲。豈啻匠氏之子。人而不能襲父祖之業者。皆且笑。嗚呼。余生儒家者也。不不勉哉。乃負笈西。至龜夫子門。至則夫子之次公。道余而教示其所不知。余因相謂曰。夫邱雖高蔽乎山則不見。星雖太近乎月則無光。今夫子泰斗海內。陽春難和繼者。其難矣哉。間得讀夫子之所著成國治要。實十九歲作也。余雖不知文辭乎。有見其正大斑爛光彩射眼。雖老成人何得至焉。次公雖年幼。人已望以龜氏之子。皆以爲與夫子年少時如何。漸長則以泰斗望之必矣。可不黽勉乎。次公已十六。一瞬而十九。而弱冠。人之所以望我者日重。年之所以加我者日多。余雖不才。從次公後而勉强。則庶幾得免匠子而顚墜之笑。此余願也。夫學也者譬之。猶蓬萊亘海逆浪有無舟楫而正者。有中流而沒溺者。有將至而返者。次公且爲列子。余爲風飄乎颻乎。跨海踰山而至其處乎。列子之所至。風亦能往乎。

底本　二二『旭荘文録』。文政六年。

一六七　與錦龍書

謙頓首。曰因岡子究。辱書。無論其文辭瓌麗奇偉。其奬僕也甚至。導僕也勘切。僕可不以自激昂哉。我豐有英彥之山。蓋其断崖絕壁。吐雲吸霞。羊腸百盤。瀑布千丈。奇形怪狀。可愕可悅。而登其巓。則諸邦之山水。嵯峨而秀者。坦迤而頑者。浩瀚而溢者。潺湲而涸者。不費頃步。一瞬而盡之矣。僕自幼年聞其勝久。嘗往遊焉。則迷而不進。徒趑趄于草榛岩谷之際。怏々而下。乃倩逆旅之人爲導。作気再攀。則向之奇形怪狀之奔逃藏竄而諱我者。一々献媚于杖履之下。諸邦山水之煙靄微茫而避人者。歷々争態于目睫之前。於是乎有深感導者之力也。蓋聞亀夫子学也大矣。明詩書之微旨。極賢哲之壂業。宇宙之事皆藏之方寸。胸中之磊落崢嶸。豪蕩汪漭。豈唯彥山之断崖絕壁。吐雲吸霞之類哉。若學而得入焉。則諸子百家之得失正邪。真者贋者。深淵而実者。浮誇而虛者。渙然而解。如春水之迎朝陽。皎兮而明。如日暮途遠。忽得月色也。比之彥山之巓。一瞬諸邦山水之形勝。蓋相若也。然謙不才。安知不如向之趑趄于草榛岩谷之際乎。此僕之所以逡巡未進也。今師受教。而先入其室者也。若推之挽之。而使僕得觀其磊落峥嶸。與諸子百家之得失正邪者。則師之貺也。仲秋岡子究。當自周東來。僕欲相從。而赴貴塾耳。聊酬來意。併託後事。謙頓首。

底本 二二『旭莊文錄』。初稿 三〔詩文稿〕（旭莊遺稿第一〇号）。文政六年。

一六八　與恒真卿

謙曰。僕之西遊也。諸生七十餘人。張筵于西園而祖之。酒酣有歌者。有舞者。有舞戲謔者。以盡其興。而僕心獨有未欣々然者。以車公之不在焉也。咄々真卿。僕處而足下不來。僕出而足下乃來。江萍泛波。汎々無心。猶有時而合。何我二人相思之切。而相離之久也。雖然長風卷玄海之濤。而落寒枕上。則僕東望以爲。夜色方深。真卿當弄照水之月而吐其新句。如何吾獨寐乎。因擁衾就嶝。紅日挿亀山之雪。而來晴窓間。則足下亦必西望以爲。朝気方爽。謙吉當對竃峰之霞而哦其新詞。如何吾獨眠乎。因呵硯援筆矣。故今也不相見之日。而相勵之時也。無曰途之遠矣。心甚邇矣。家君屢病。足下率諸子而勤也歟。僕之願也。不乙。

底本 二二『旭莊文錄』。文政六年。

一六九　與山子蘭

鯉欲異於群鯉。而離水躍岸必死。狐欲異於群狐。而離山入市必擒。才異乎衆之謂俊士。俊士若怙其才曰。衆勤而成。吾佚而成。是吾所以異於衆也。而不勉則爲庸。故鯉欲異於群。則莫離其水久而爲龍。狐欲異於群。則莫離其山久而成靈。人欲爲俊。則莫如與衆同勤久而異於衆也。子蘭誠奇才哉。才豈可怙乎。不煆之煉之淬之礪之。則光雖不異於良劍。當堅必折。不閑之鞭之羈之馽之。則貌雖不異於駿馬。當労必斃。不勉之勵之習之顧之。則才雖不異於俊士。當老必衰。足下以俊士不勉。則奈人口何。三多宜讀書。尚良察。

底本 二二『旭莊文錄』。文政六年。

一七〇　與重文卿

天有變乎。曰。有有晴有雨。地有變乎。曰。有有靜有震。而日月常明于晴雨之外。江海常流于靜震之外。故萬物照焉。衆魚育焉。足下好詩。請言之。夫詩道之變速於天地。唐宋元明人各割其所好。而據之。常與時變。昨日之王今日之奴。猶醫之隨病而變其所尊之藥。近都會之人。得苓奉而爲帝。人以其價賤。而易買皆赴焉。於是不遡其源唯流之。探詩道日以昏々矣。足下常憤之。若欲闢之。則宜貴其價而立于衆外也。貴其價者何哉。不許以鄙俚淫哇買之。必正必醇也。得之詩道之斃。苓豈活之。勿賤我價。不用我藥。則必不起。當起之時人始知價之所以貴。若不立于衆外。則混於其變。何以照焉。何以育焉。詩云。風雨如晦。雞鳴不已。不迷於世之昏々。而爲我黨之先鳴。唯足下而已。願自勵。頓言。

底本 二二『旭荘文錄』。文政六年。

一七一 與中子玉

暮潮已落。歸舟漸遠。林風有声。愁人側耳。忽有皎然而出東嶺上者。悄然而望。又望之也。所望非月也。卽月下之人也。武之東與筑之西。所俱觀。其唯月乎。其昇也。僕望子玉。其落也。子玉望僕。一盈一虧。既三歲矣。僕遊于筑。觀玄海之水與月。而有感于心。不敢不告。初僕步海濱時已夕矣。風死浪恬。皓月千里。少焉風自雞林之西至。逆浪蹴空。狂濤搖嶋。長鯨一躍。蒼崖欲崩。俯而窺海面。則光彩碎散。片々漾波。長者如曳錦帶。短者如金蛇走。忽斜忽横。爛々而無定影。於是乎。波底之魚也。鼈也。鰕也。蟹也。仰身上之波。而皆以爲。月如帶。月如蛇。斜者横者。而我獨得觀其眞面目。因揚尾鼓鬐。活潑噞喁。聚以弄之。僕以人目仰天。則不碎不散。依然如白玉盤。夫先聖之道。昭々乎。萬古猶月懸中天。萬水皆明。然世道一波。爲之碎散。今也俊英輩出。莫盛於東武焉。各建旗幟。互張門戶。呌囂泓噌。衒奇賣高。以爭一時之牛耳者。不知其幾百人。皆自以爲。我獨得先聖之微旨。我獨續昔賢之際統。百派競起。隨已之所見。以私道。嗚呼。是海底魚鰕之見哉。以人目觀之。則不得不笑。今足下曠世之逸材。仰而把如白玉盤者。以返我豐。以照四隣。僕與有光焉。僕以今秋遊龜子門。雖翼卵之澤渥。駑才逡巡。猶鷁之逢逆風。寸進而丈退。然尚能飯。勿以爲念。謙頓首。

底本 六『旭荘刪餘剩稿』。初稿二二『旭荘文錄』。文政六年。

一七二 與中子玉

拙稿既批。愚心未到處。高筆能逢而道之。不覺距躍三百。以爲。我詩頓進臻焉乎。既而爽然自失。又以爲。此猶匠之於祠廟也。其初楗橛造之。及其考粢盛犧牲。儼然陳列。衣冠交集。萬衆讋伏。於是爲匠者。誇己技足使人虔肅。嗚呼過矣。是豈匠之功哉。宗祝羽翼之爲也已。昔人曰。生我者父母。知我者鮑子。僕之詩而有靈。必曰。吉甫生而子玉知。不亦可乎。但有一事未慊僕心。敢布腹心。足下謂僕詩。最長於七律。古體雖其所自負。間墮冗弱平易。是其病所。小竹亦云爾。僕竊惟。此非確評。私嘗位次鄙作。以五古爲第一。五律次之。七古次之。而七律次之。絶句我短所也。夫僕之詩。宋人之所謂山谷詩至人不愛處者也。今世之詩。多取源於宋明。不知復有唐。間有一二迂腐大言尙唐者。亦襲其容貌而止。況漢魏風騷乎。鄙意。五古取法於漢人孔雀東南飛。及羅敷自有夫。昔有寉家奴等詩。七古廣採諸家之長。然以邦人之詩風神少芊緜。故掲白傳吳梅村。屬辭比事之風行之。此皆邦人所乏。而僕之所獨。所以速冗弱平易之譏也。弱問陶有句曰。愧我性靈終是我。鄙心亦然。近作論詩絶句曰。從来詩道尙從容。詰屈聱牙豈正宗。千古人情相似處。春看桃李不看松。言不必諱平易也。又曰。萬衆西奔我獨東。文章切是忌雷同。首陽一死足千古。今日誰稱齊景公。亦祗以異之意也。鄙詩五古。別學王孟間遠。韓孟奇健数體。七古學杜蘇雄豪。徐袁荒怪数體。人爭賞之。而僕自視欿然何哉。以非我所獨也。彼視而爲平易冗弱者。我視而爲悠長穩詳。是其所嗜。卽羊棗昌歜之癖哉。古来嗜味者多。而羊棗昌歜獨傳萬世。豈非以其異乎。雖然欲移其異於衆之口。亦惑矣。唯足下則同臭味之人。故哓哓而已。稿中有近荷當渚不須瓶句。高批。杯則可。瓶則不妥。鄙意。謂花瓶非謂酒瓶也。袁石公著瓶史。亦說花而不及酒矣。閲佳稿。諸作如天馬行空不受尋常羈靮。然有少憾。强要湊合。諵氣頻出。使人生厭心。試見陶謝李杜韓白蘇陸王孟韋柳之徒。苟以詩名後世者。誰有以諵氣出者哉。獨東坡性好諵。間有似諵處。然至其上乘。則絶無之。舍上乘而學下乘。是邦人之病也耳。邦人才乏筆鈍。則往往以諧諵夸張其趣。以此藏拙。猶黄臉老優扮美人。轉覺無味。習氣之所漸。雖大家如茶山山陽。亦有所不免。以足下之才之敏。猶踏其轍。尤可惜。佳稿中。曰牝雞。則曰孤豚。則曰道犬。則曰猿面之類。湊合愈巧。眞味愈索。終成嚼蠟。不見彼僧家之膾乎。紅紫青黃。菜色相映。外如美。而其味遠不如一種魚肉也。如醍皇石丈山結句。衆所不取。而僕獨拍掌者。以其韻勝也。如餗中哀哀一塊肉。蓋湊合之弊。泥於用典。而精神少融通。故不取。間讀小倉集。袁枚尤悪分唐宋論聲調。然其論清人。以王文治爲第一。而趙翼蔣士銓次之。其說曰。詩有正法眼蔵。又有狡獪神通。夢楼詩本晋唐。小心精潔。有世子申生之風。是正法眼蔵也。心餘甌北。下手輒自蘇黃入。是狡獪神通也。僕品當今之詩。如茶山及家父正法也。如足下及僕。皆不免狡獪也。僕今而後。欲深自刔剔。從前纖巧嘲諵之習。一切殄之。上溯風騷以張大雅。論高近迂。非足下。僕不妄發之。僕更有相約。今世評人詩者。率多虛譽浮詞。七嘴八舌。唯納諛而已。大失我求益意。拙稿乞覽。求點竄字句。有改鐵成金之妙而已。固非借他人之筆。而高自己地位也。如拙稿中明年人不來。改明爲二。鳥未定巣花影動。改巣爲棲。傍人何恠主翁問。改何爲刼之類。皆一字千金。再拜受賜。僕閲佳稿。不妄作諛詞。直抒愚見。亦用此意也。豈敢謂子面如吾面乎。唯心之所願。自隗始之。請足下亦引此例以待僕也。僕自幼就家父乞正。今家父老矣。不復痛刪責善也。請益者唯足下焉依。故有此約爾。

底本 一『旭荘文集』。文政六年。

一七三　與中子玉

天下之學舍。不知其數。要皆一國一家之學舍而已。唯昌平則海內之大學。豈有盛于此者乎。足下我黨之人。而爲其齋長。則我黨之喜。亦有盛于此者乎。謙以客月復遊北筑。龜子一日語謙曰。余以三月中旬。與書於子玉。子玉聲價方噪。才氣騰躍。無乃不滿於余書甚麁乎。至今不得其報也。謙頓首曰。圭豈敢不滿於夫子者乎。亦唯其煩忙忘之也歟。謙將促諸圭而已。退而以爲。子玉豈忘夫子之書者。吾能知其生平。子玉豈忘夫子之書者。想。足下曰報曰報。而懶以至今者也歟。而謙猶稱足下之忘也者。竊爲足下遊説而已。謙以爲。忘而不爲報。猶勝於念而不爲報。則其形似慢其師者矣。夫念之則爲之而已。念而不爲。爲無其暇乎。足下陶分禹寸。宜無一瞬之暇。雖然抱絶倫之英才。咄嗟之間。能辯數千言者。而二十二旬。豈無暇一操觚一展紙乎。他人則可以其無暇爲辭。足下則不得以其無暇爲辭也。夫既有其念。又有其暇。而不爲之。則雖有恭敬之心。其形似懶。懶則非所以爲敬師也。昔梁武帝。敬陶貞白。每得其書。必焼香盥漱而讀之。彼雖人主。敬其人則猶如此矣。况弟子之於師。敬之則視其書。猶受拱璧大球亦可矣。夫受拱璧大球者。而豈可一日忘乎。豈可一日懶乎。足下之不爲報猶可矣。而至使夫子自疑其書之麁也。而不安焉。大不可也。謙於是不能無一憾於足下也。謙之於足下。豈一朝一夕之故乎。面歎背毀。謙之所愧。責善忠告。則朋友之厚誼。足下之所好也。故非足下。則謙不敢爲此書。非謙。則足下不得聞此言。亦唯以非彼交浅言深之類也。足下之不報於夫子。謙而早知之。則雖無夫子之言。固當告之而已。况既一耳之。假令夫子。海涵澤藏。無毫末蒂乎其胸臆。謙豈可無一言忠告於足下。而至失朋友之信乎。則非足下之所好也。都會多士。不乏忠信之人。試以謙言。度咨其可取乎否。而可以充愚者之一得。補高明之百一。則謙之幸。而謙之願也。他不陳。

底本 六『旭荘刪餘剩稿』。同文の寫しが 一『旭荘文集』、二一『旭荘稿』にある。文政六年。

一七四　與中子敬草秀吉

僕之於二兄也。始而快。既而疑。而慕。而懷也。僕生平足不蹈異鄉之地。日與二兄把臂論心。一旦西遊。自顧別離之思。豈不惘々乎。幸二兄送僕五十餘里。互先後于坡壠墟落山林溪谷之際。或呼而招之。或喘而及之。或鴈行而共語且步。或指山水樹木鳥石人家之多少。煙雲田疇。佇立而盡評品之。訖復進。故使僕之離思。潛而不動。散而不回。歡娛以踏異鄉之地半日矣。則二兄之惠哉。於是快也。既而二兄去。僕忽悄然遙見。小祠陰沈。老木離奇。有二小鳥。間關于其杪。因以爲。二兄猶在彼祠下而待我耶。何語音之流麗也。三秋向晩。方務收獲。村家長幼皆在田畝。謳歌盈野。因以爲。二兄猶在彼蕎麥之裏耶。在此萊菔之際耶。何聲欬之屢聞也。秋溪水涸。鑑爾滴石。方過溪上。則固知是水聲也。漸遠而隔一樹一巖。則癡想又發。因以爲。二兄猶後而至耶。何足音之跫然也。有蓬蓬然出乎岫背以迎我者。以爲。二兄開皎齒而呼吾。就之則白雲也。有蒼々然坐于道左以待我者。以爲。二兄翩青衿而招吾。就之則苔石也。二兄立乎沼外。恨吾來之遲乎。引其頸而望。吾因作氣疾走。從之則戛然長鳴。掠吾北飛。顧而視之。則一雙玄鶴冲天。僕心頻孤。其所視聽。皆無不疑於二兄者。於是疑也。既而至龜氏門。諸生十四五人。皆未曾相識人也。因悵然以爲。二兄常知吾不才而左右之。今也忽違舊。而新是交。彼不知我心。我不知彼心。恐無共責善者。言而不當。徒取人之嘲。默而不言。則人亦不告。唯沈思以願有如二兄者。於是慕也。既而遇龜次公宮景潤釋錦龍之徒。一見而如舊識。互闡經史之玄奧。而導僕。蛙出井水。入天池之中。迷於其深。驚於其廣。三子者。羽翼之力。不爲尠矣。大過所望。因以爲。二兄以吾始遊異鄉。不解人情世態。乏其益友。而學之難成之憂。今而使聞益友有猶二兄者。以率僕則必喜矣。於是懷也。水(氷)雪方堅。千萬自重。

底本　二二『旭莊文錄』。文政六年。

一七五　與西島元凱

南豐廣瀨謙頓首。元凱西島君足下。六七年前。友人中嶋子玉。自學於龜夫子歸。謙問龜門之英。則子玉謂足下星中之月也。而誇之。謙雖年幼。既願一仰眉宇矣。癸未秋。謙始入龜門。則知足下之江戶去焉。而恨我游之不迨把臂也。乃曰。雖不識其面。得知其文辭。則猶可矣。索之旁人。因得讀足下在筑而所作詩文若干篇。謙雖昧文辭。自以爲。是亦足窺炳庬之一斑矣。其雄渾泓涵。如江河之決防也。其條理爛斑。如錦綺之脫機也。銳而爲刀也。堅而爲石也。嶄然秀者。雲巘是也。

窪然深者。風谷是也。蓋不好奇而自奇。不求巧而自巧。要龜門之藤東壁哉。雖然桑田變而爲滄海。況文辭乎。丈夫豹變。足下久居於大都會。日夜與天下之俊豪周旋。才氣益老。文辭益高。既芻狗蘧廬。視昔日之所作。亦未可知也。間窃得讀夫子與足下書。使足下且爲今日之蔆老云。昔安澹泊稱蔆園隨筆。則物子明今吾非故吾也。足下亦必将陋謙之和初歌於千百人中。而未及陽春白雪矣。願示謙以近時所作。則無安老誤稱之陋焉。抑謙聞。有道者必有言。非其有言而道之著於言也。足下之於文辭。如此其美。則将有重於此者。謙願與聞焉。

底本 一『旭荘文集』。同文の写しに 二二『旭荘稿』がある。文政六年。

一七六　謀獵書

射猛虎于嵎。而虎在廷。獲雄虎于原。而狐在内。嵎虎易見而廷虎難見。原孤不蠱而内虎善蠱。羿善射百獸。殪射其所易見。而不顧其所難見。是以浞殺而代之。晋献公好田驪姫。置妻于祭肉。以訟太子。太子死而晋國乱。夫淫于獵則在外日多。在外日多則奸臣乗間擅已威福。以服士庶内外。咸歸而君不知焉。豈非虎而難見者乎。宮妾窺隙。讒陷忠良。以蠱君心。而君不察焉。豈非狐而善蠱者乎。夫田獵也者。以講武以脩禮也。固不可廢。亦不可婬。故不貢多殺。唯取其來而縦其走。且獸有疾足銛牙。困而闘則安知其不傷人乎。是危乎外亦危乎内也。困于石據于蒺藜。蓋遊田之謂乎。天地不可無禽獸。國家不可無田獵。然如大不迷戢。則将自焚矣。敢陳愚衷。以代虞箴。俯聞㨶御。

底本 二二『旭荘文録』。文政六年。

一七七　責人懶惰書

百尺之樹生高邱焉。群雀集于其枝。樹謂雀曰。汝之所望幾何。凡望物者。莫如吾遠且廣也。雀笑曰。子恃其身長而居高乎。子則止矣。不能行也。子之所不能望。峰巒秀焉。雲霧迷焉。吾朝飛暮翔。數十百里之山川城郭。無一不入脚下。子安得誇之乎。今足下負其才高而止矣。然浩々經史。何唯峰巒秀焉。紛々箋疏。何唯雲霧迷焉。止而不行。豈免群雀之姍笑乎。夫讀書之理。始易後難。七八歳之兒。一日而知生字二十。推此則十年而無所不知。然難者漸至。故皓首不懈。猶且有所未知。况壮而止。其難者至。将以何處之。足下豈惜其才。而不用之者也歟。昔有惜書者。十年藏之。不以用也。後出之則蠹既蝕之。不可以用也。才猶書然。足下惜之。而五年不用。十年不用。人生百年。僕恐衰老困羸之蠹既生。而無所用之也。今而陶分禹寸。惜日而不惜才。則雀之笑可免。而蠹之患可已矣。詩云。営々蒼蠅。止于棘。可以人而同于蠅乎。子有衣裳。弗曳弗婁。其蠹可畏哉。

底本 一『旭荘文集』。同文の寫しが 二一『旭莊稿』、二三『旭荘文錄』にある。文政七年。

一七八　與一圭

師發日田之八日。而僕亦遊筑。路過長谷。餘雪猶堆。寒威逼膚。頭亀縮而行三十里矣。因憶。師去之明日。僕望東山。則白雪崔嵬。玉峰羅立。不知師之青鞋布韈。爲何等狀態。以踏其巓乎。帶雪之松枝。必多入其佳什而已。至筑謁亀子。子每日暖煙晴。捲簾而望海上曰。風静如此。圭師之舟。汎々既過防長之間乎。每天陰海波。又曰。風悪如此。不可以揚帆。不知圭師泊于何處以待其晴乎。嗚呼。師之見思於亀子。亦至矣哉。亀次公以仲冬朔冠。有宴。亀子之季女。彈所學於師之月琴。其声猶坐深山邃谷之中。而聽石泉之過千澗百溪。鍧鏗潺湲遙以來也。幽絕窅絕。亀子與僕輩。皆以爲。師儼然尚在坐中焉。因憶。師舟中之興。方多矣哉。夜深波靜。舟人皆眠。師獨坐乎。柳煙葭月之下。而弄彼琴乎。蘆葦之声相和。鄰舟聽之者。皆以爲。溯銀漢。以聞織女之機響焉。於是辭家遠行者。則懷歸而畏簡書之感生矣。嫉讒含寃者。則屈原澤畔之思起矣。海鶴忘其睡。而潛蛟呈其舞矣。僕亦想。移我几席。而至鄰篷。則必有袁宏泊渚之興。諷詠徹曉耳。然師謂亀子知音而東。意既金玉其音耶。敢問。

底本 六『旭荘刪餘剩稿』。初稿 一『旭荘文集』。同文の寫しが 二一『旭莊稿』、二三『旭荘文錄』にある。文政七年。

一七九　呈樺石梁書

客歳孟冬。謙将遊北筑龜昭陽先生之門。家父謂謙曰。余十餘歳。而学作詩。侏㒧鳥言徒取人之笑耳。曾有縣吏姻族在東都者。紀平洲先生門人也。以余所手書之詩。呈於先生。先生稱之以爲才子。其人乃告余。以先生愛才之意。且曰。若有執贄之願。則紹介之。余亦有望焉。然山海悠遠。齠齔孱羸。遂不得果。亀南冥先生父子。方鳴於北筑。乃從学焉。年十八而歸。明年大病。殆瀕於死。雖幸而免。残軀朽骨。零丁僅存。是以不一步出門者。二十年於今。雖有海内之碩儒鴻師。無足跡及其門者。獨以爲。平洲先生詞林之泰斗。一世之龍門。而余以十歳之兒。居三千里之遠。猥蒙其奨頻。顧先生之海涵地包。愛才成美也如此。而余空抱跂予之歎。不得窺其学徳之深廣。豈不遺憾乎。自先生即世。既二十年。每念及此。未嘗不歎息也。今樺石梁先生。其高足弟子。而居亦在隣邦。欲一詣其門。而問平洲先生之学德。然疾病之爲祟。遂無一拜眉一握手之日。汝方壯。宜代余而成余志也。今之北筑。歸路必過南筑。謁石梁先生。告以余宿昔之志。而聞汝終身之戒焉。謙在北筑五月。以今年二月歸。将南謁先生。路至甘木。忽聞家父宿痾大起。狼狽歸家。既而寢食漸復舊。於是得至先生之門矣。昔孔聖不得其位。立言以開萬世之統。後世述其意。以闢異端。明大道者。孟荀于周。揚雄韓愈于漢唐。程朱陸王于宋明。羅山闇齋仁齋徂徠于我朝。皆應時弊。而立一家言以救之。故其所言不同。所以救時者一也。而正德享保以降。縫掖之徒。互相攻擊。朱物之辨。嚚々如沸。遂至以洙泗爲一大鴻溝。方今佛敎滔天。蘭說亦振。國學者流。乘釁而起。棄天蔑聖。以睥睨此道者。烏合蜂起。世儒不慮及之。而唯鬪兩虎之勇。則恐有獵人拱手收利者矣。謙竊有志於斯道。然而幼稚不才。混沌未分。洶々惶惑。不知所適歸。幸而得見先生。猶黑夜得日。先生若叩其兩端。而教之。以東西南北。山川邱澤之所在。原田郊坰之所在。所宜走避。所宜赴就。則謙願得足。而家父宿昔之志亦得遂也。

底本 一『旭荘文集』。同文の寫しに 二一『旭荘稿』がある。文政七年カ。

一八〇　與諸子

僕観諸兄與高秋二生書。竊怪其不成體也。僕素昧於文。不敢以文敎人。然自幼矖眼於古人文久矣。故今人文之合於古與否。則能辯之。猶已雖非子都西施。而他人姸媸。則能知之也。僕有所知而不告。則吾隱乎爾。故不得默然。作文者以識體爲先。夫文之體由人之體。一眼一耳一鼻孔一手足者。謂之人。可乎。文之有記序書論贊尺牘。卽詩有古律絶句也。今作詩者。律絶句而無對偶平仄。或忽雜長短句。必謂之非詩矣。詩家嚴體。文人可獨忽體乎。詩有古今格調平仄長短。其體易見。而文難見。故人或忽之。然漢人無忽之者。忽之邦人也耳。文既學漢而體非漢。則不如始作邦文之無労矣。邦文雖以體不名。然體裁判然不可淆亂者亦有之。其不以體名。觀者之胸而已。作者之意。首尾貫通。自有體裁。不可泯焉。如四鏡諸物語之類。蓋史體也。曾我狀尺牘體也。腰越狀書體也。弁慶狀自叙體也。其餘可類推。邦文猶有體。漢文可獨無體乎。非獨詩文有其體。物皆不可無體。體者何。物各有其所也。故同生物也。而有動植之異同。動物也。而有毛裸鱗甲之異同。植物也。而有草木百穀瓜蓏之異同。人也。而有帝王公侯卿士庶人之異同。人身也。而有頭髮耳目鼻口四支之異同。人道也。而有孝弟忠信仁義禮知之異。其所以異者。乃其體也。夫有此體故有此目。體之不可已如是。諸兄稿中。如壬辰春三月云々。王都者云々。世之欲搆室云々。三篇。頗見筆力。恨中間忽雜出叙體也。用心於此。不憂不進。書與尺牘相肖。然其實大異。書古文也。尺牘古文唾餘而已。人称書序莫如韓焉。非謂尺牘。尺牘手柬也。不必莊嚴議論。典雅文字以行之。淸袁枚論之詳。故不復贅也。其他諸體一覽易分。不必待言。僕更有所疑。朋友之交。主忠告善導。而不可陷諛求媚。諸兄称二生之詩文。如韓柳李杜不可企及。何繩之妄乎。談豈容易。西土者。五大洲中文國之萃也。而韓柳李杜者。西土中上下五百年文人之萃也。我黨之杰。雖推二生。然不可以此称焉。他方之人觀此稿。必以諸兄爲不知人矣。必爲非益友矣。必爲不知恥而苟媚者矣。二生觀此稿。爲此佞我也。而笑耶。爲此弄我也。而怒耶。或爲我實如彼所言也。而自負耶。亦未可測矣。僕已不欲諸兄之於二兄如是。則僕亦不敢以諸兄之待二生者待諸兄也。欲自隗始。何如。

底本　一六『旭莊文稿（反古）』。天保三年カ。

一八一　報昭陽先生

先生之絕句。其事則白雪之白者。而其妙則太白之白者也。其長牘。其辭則玄海之玄者。而其奇則太玄之玄者也。先生於五絕。自謂諸體中之白眉也。謙則以諸體中之最拙者和之。吁黑心哉。白玉放光而自表焉。烏賊吐黑而自掩焉。故先生之詩昭々易解。而謙之詩不了々者多。亦以皀白相混掩其拙也。則豈唯貂不足狗尾續哉。乃以無塩之漆黑無双。傚西施雪白之顰而已。昔孫臏以我下駟當敵上駟。而得二勝。匹也。今謙之於先生。以我上駟。當其下駟。猶不敢也。而以我下駟。當其上駟。則猶以白雪投紅爐。有何可觀。然朝貴之子擢狀元。士論紛紜。於是更試之。則其人持紙而不能書一字。時人號曰曳白。謙若不作一詩而答白璧之賜。則恐不免乎曳白之譏。故强而染白毫。然以素車白馬。降於道左。則白帝之子所自甘。而殷代尙白之末。王衣寶玉焚死不降。則今所不取也。然白面之書生。白白癡之說。而報先生之白話。則恐先生之眼曾爲之青者。或變而爲白也。然白水真人之於青州從事。以我白迎彼青也。非變彼青而爲白也。故謙心欲迎先生之青。而妄獻其白也。

底本　一『旭莊文集』。初稿　二一『旭莊稿』。天保七年以前。

一八二　與昭陽先生

謙聞讀田才佐詩集。其論詩絕句曰。佛法東流事已奇。最奇又有七才詩。唐山無復聲名噪。我國謬傳轟一時。唐宋源流原不岐。陋儒妄判又欺誰。後來高李品刪日。唯喜無吾一首詩。甚哉才佐之傲也。才佐絕句學石湖誠齋。輕纖弱薄無足論者。今都會之士。皆捧范楊之屣。鞭笞既衰之王李而不已。不知范楊之毒甚於王李也。才佐之妄於詩。夫子向爲詩鉞而討之。非唯才佐爲然。今之談詩者。或昧於雅頌。是以王李矜夸之風行。而温柔之旨泯焉。范楊輕纖之風行。而敦厚之旨泯焉。夫范楊之詩。必小必微。必幻必拗。而後謂之詩也。故毒之所染。使人心輕薄狡獪。其與蘇陸相懸隔。豈啻如蘇陸之於盛唐乎。而正享之時。概而謂之宋詩。以兩斥之。蘇陸當訴寃地下而已。今也。謂范楊之詩。宋之真面目。而尊崇之。則猶取艸木之一葉。而曰是乃山也。雖然才佐之稱唐宋源流原不岐者。似知論詩之道。謙以爲。以唐宋之名異。而取捨其詩。則猶以氏族用人。貴者不必俊乂。賤者不必愚頑。要取善而捨悪。何拘於帝王之國號乎。然而才佐又拘於其國號同。而躋范楊以俉蘇陸。則其所見。豈不矛楯乎。謙傚咎而爲論詩一首。以質之夫子。亦唯意拙辭澁。點綴古人之姓名。綿々如點鬼薄。自笑自愧。願夫子取其意。而無論其辭。則可也。評古人。必用譬喩。亦猶弇州元瑞也。

（欄外評）

亀云。好王李。而人物矜夸。我久厭之。（本文第七行目）

又云。妙喩。使人失笑。（本文第十三行目）

又云。妙語。（本文第十五行目）一『旭荘文集』

底本 六『旭荘删餘剰稿』。初稿 一『旭荘文集』。同文の寫しに二一『旭荘稿』がある。天保七年以前。

一八三　戲與小竹翁

日者所示某生稿。載一詩人談怪云云。僕初不以爲意。後晤某生所善某某二人。皆曰。某生暗指公而言矣。僕曰。疑寓言。不必指我也。何則僕亦與某生。面相識。書相往復者。彼此無所怨悪。安有一旦率然相軽之言乎。必寓言也。然輿論皆謂指我矣。則不得不辨。某生聞之。亦猶吾疑寓言曰。不必指我也。夫如僕庸劣。固不敢以詩人自居。況通儒乎。詩人也。通儒也。皆外人所呼。呼牛呼馬。僕未始置軽重于我心。故呼談怪家。固非所拒也。聞某生則以儒自居者。夫通三才之謂儒。則當知人情。而明鬼神之理也。今其言曰。彼儒而談怪。與俗人無異也云云。其意似謂僕談怪如談経者。是迂拘未通人情也。夫怪者。固烏有子虚。我姑妄言之。子姑妄聽之。自古多例也。僕雖無似。敢以怪爲経乎。然所以喜談之者。非據載鬼一車之語爲證也。又非倣顰古聞人。東坡隨園之徒也。又非如沈桐威紀曉嵐。假此諷世也。又非如阿衡割烹。鄒衍荒唐。用爲遊説之具也。唯生平多言不能訒。而善憂有司馬牛之風。常欲克己而未能。毎同人相會。或思出乎其位。妄議邦家大事。

或論人之短長得失。甚談及猥褻。既而自悔輙憂。若當此時談怪說鬼。言不涉外事。稍覺免乎諸口過。故未能止也。諺曰。視坐而說法。亦因其時而已。豈如経生講學聚徒率衆。勃率爲理窟乎。僕之意不過如是。某生未知之。則不可謂通人情也。子曰。未能事人。焉能事鬼。未知生。焉知死。人情且不通。而曰明鬼神之理。吾誰欺乎。彼既謂我儒而談怪與俗人無異。則其生平必儒行侃々。與俗人異者。而自談怪。至使人著書難之。亦何心也。既而擧僕爲替人。已居傍觀之列。祭仲以智免矣。必自解曰。吾一談而彼數談。故辨怪一書足爲彼輩頂門一針。吾則不與焉。是五十步百步之論。與彼與俗人。無異者異幾何也。凡物異于常謂之怪。何必魑魅罔兩而有此乎。有人于茲。自称學得程朱正脉而明鬼神之理。然未能無談怪。人難之。則左支右吾。争勝不已。終至無故詆局外之人。蓋虮蝮毒甚無所泄。齮齕無知之草木以自快之類。難復以人理責之。而欲徒以声音状貌爲儒。不亦人中之怪乎。僕喜談怪。而不喜談怪之有無。而今而後。論怪之有無。則将左祖某生而曰有也。何則世有怪。如某生者而斷曰無。恐如某生者復笑人也。假令僕當某生之地。将答難者以前所述之意。不必書牘往復論其有無也。古人曰。相者固不足論。自荀子著非相。々始與我道抗。僕恐談怪之與談経抗自此始矣。願質諸先生。先生向欲答或牘。僕尼之曰。尺牘往復。易開争端。而忽有此書。恐先生亦謂我爲怪也。姑妄聽之。

另啓。客年觀某人文稿。其人年未弱冠。謂同藩先輩菅茶翁爲詩人。視如嬰兒。軽薄習気可憎。輓近人情。求勝不讓。講學者賎文人。文人又軽詩人。謂此貴於彼也。不知作詩者百人。作文者十人。而講學者一人。故論其難易。講学如畫鬼神。作文如畫虎豹。作詩如畫狗馬。爲之者多。則知巧拙者亦多。有欲藏拙焉者。必赴衆之所不爲。称尊於無人之境。於是才愈拙。而名愈美。不亦黠乎。雖然。我豈敢曰世之文人爲藏拙而後講學。詩人爲藏拙而後作文也乎。唯一種不慊於內。而濫竿焉者。必詆外人爲文人。爲詩人。以夸張其能。不知人洞視其肝肺如燃犀也。試觀學如程朱。必不賎昌黎。文如昌黎。必不軽李杜。蓋內既饜飫。不必貶外人以自貴也。此與某生事相類。故幷及。

又另啓。見某々二人呈先生尺牘。一書長者。一書明臺。不肯書先生。僕竊怪之。先儒曰。今人不恥師呼僧。而恥先生呼儒者。何也。百年前人。以徂徠桀驁不悦仁齋。猶書先生。又如鶴臺與山脇香川諸子尺牘往復。皆互書先生。雖近諛。未失古誼也。近一文人彊項。除受業師父執之外。不肯書先生。後生年少艶慕之。稍長傲凨。夫以孔孟呼程子宋牼以先生。蓋敬老也。況今以齢則差二十年。以學則乞詩文正。或求其序跋。以爲我光栄者。而独恥書先生。豈不法孔孟。而師一文人乎。窃謂如他文及詩文題。受業父執之與長者。其書法宜有別也。尺牘猶言語。本非古文。行文之間。稱以先生。似於義無害。上国軽薄。見非四民者。概呼先生。馬醫瞽聵皆有先生之號。濫極矣。今有意乎輓回之。揉枉過直。恐後生年少敬老之誼替矣。先生以爲何如。盟臺称先生者少于先生二十歳。長于僕六歳。其国牘來往。常書賤名。下月日一字。其名下賤名亦一字。夫書敵名。下月日。勝頼晩年。信長所行。戰国英雄之風。似非昇平文人所宜。不知是禮也乎。敢問。

（本文評）

奪彼棒。打彼身。如讀隨園諸牘。公平生喜談怪。此篇則談快矣。　弼妄評

（上欄評）

非字。移置我據上。何如。（本文第十二行目）

阿衡――作莊周汗漫。遊說作遊談。（本文第十四行目）

二人。僕忘其爲誰。然亦不欲聞。（又另第一行目）

豈指盤溪乎。（又另第七行目）一『旭莊文集』、二〇『旭莊文稿』

底本 五『旭莊先生近文稿』。再稿 七『旭莊文稿』。同文の寫しが一九『旭莊文稿』、二〇『旭莊文稿』、八『梅墩文鈔』にある。初稿 一『旭莊文集』。嘉永四年以前。

一八四　書贈坪井信友

余年十七。事北筑龜昭陽先生。龜氏先塋隔水而在數百步外。從橋則迂回數千步矣。每師家有祭。令門生晨往展之。臘月之尾。水面氷合。書生十餘人。皆畏寒從橋。余獨履氷直進。迨衆未至塋下。既洒掃而還。先生見之。欣然賜詩寵奬。以勵將來矣。近年荐丁死喪之憂。志氣頽廢。畏寒暑甚于常人。自憾負先師之鑑。屢欲克己而未能也。弘化乙巳十月念六。昧爽繁霜如雪。我塾諸子未起。獨坪井信友來掃吾書室。視之身猶着單衣。而足未韈。余爲是喜忘食之味。亦猶往日龜子於我也。信友者名家之子。而能刻苦如是。後來大成可期也。余庶幾其克有初而有終。勿如我負師鑑也。書而奬之。且以自儆云。

底本 九『旭莊文鈔』。同文の寫しが 七『旭莊文稿』、一九『旭莊文稿』、二〇『旭莊文稿』にある。弘化二年十月。

一八五　謹啓

執事命謙曰。吾不喜諛言。贈言者須直攻吾短。謙未知執事之長。況其短乎。竊聞與人論執事有譽而無毀。則猶醫之遇無病

者豈可妄授薬哉。無已我將告之曰。君未病。而乞薬。其意蓋以健為未足。是貪生也。死生有命。安命則壽。不安命則心畏。心畏則病生。宜先安命也。唐以後福徳具完者。莫若韓魏公。其言曰。琦平生仗孤忠以進。毎遇大事卽以死自處。幸而不死。實天扶持。非琦所能也。史載范文正勸魏公以身安而後國家可保。尹師魯以謂不然。臨國家事不當更顧身。魏公雖重文正之説。心取師魯。夫天生一代人才必有以扶持之故。魏公不顧其身即所以全其身也。歐謂執事衆譽所歸而自視歉然。益欲聞其短。是為盛徳事然亦過於畏矣。過於畏即未安命也。故贈以魏公言。不知當執事之短否。若未當願更指示病之所在。使謙獻方。

底本 詩22『旭荘遺稿』第四冊。安政二年。

一八六　擬申包胥與呉子胥書

初子将之呉。謂余曰。我必覆楚。余答之曰。我必存之。今子事呉。帥兵車伐我楚。遂使我王避都。掘平王墓鞭其屍。子已委贄於呉。則呉君而楚讎也。伐楚亦宜哉。雖然。楚者子之舊國也。雖報讎不亦甚乎。然人各有志。非我所敢知也。凡士無不有志。至其成事。何必同乎。故堯舜傳天下於賢者。禹傳之於其子。雖其事業異。而至其救於天下之志一也。子已成其事。我亦成我事。各成其志。以酬前言。子覆楚。我在之。其事業異而其志一也。子其勉哉。吾將復楚矣。夫物之理。有晝不能無夜。有寒不能無暑。故有功者。必有敗。功成不居。聖人貴之。今子功成名遂。於是時早去。則爲國家所貴。爲後世所仰。猶恃功貧利。則敗至無日。子其愼之哉。

底本 一六『旭荘文稿（反古）』。

一八七　答岡永富文

辱書。領石生稱鄙文兄欲觀之意。僕文不足觀於人。唯我兄有命。則不得不喜而錄呈也。家父好詩。其教子弟。亦唯己之所長是授。而不肖如僕。所謂待文王而後作者。亦唯所受敎是守。而力不能及他事。故鄙文比詩尤拙。兄品鄙詩曰。出天入淵。如雷電鬼神不可測知。嗚呼。兄誤矣。僕詩安當此言。兄稱詩。既使僕慚愧無所容。而石生又稱文。其誤比兄更甚。雖然。兄長於我者。其稱詩。蓋欲導而至。則愛我也。石生學於我者。其稱文。蓋欲使兄重我。則忠我也。故此二者。非誤也。有所爲而相稱也已。僕百事無能。而偸虚譽於西州者。譬如王謝崔李子弟。雖非英物。人重其家世。聲聞過情。君子所恥。故所作詩文。未嘗示人。但有愛我者。錄呈乞敎耳。是以不獨鄙文未呈左右。鄙詩亦未呈也。而詩先至左右者。我黨諸子好詩。見僕吟詠。輙從謄寫。故偶然流布。非必僕本意也。諸子不太好文。僕有所作。亦無欲觀者。同社諸子猶且不觀。况於他人乎。他人欲觀鄙文者。以兄爲始。此僕之所以喜而從命也。其喜者。非喜兄不知我拙而欲觀之也。非喜衆人不知我文今遇知己始得衒耀也。獨喜使兄實知我拙。兄有愛我之心。必下筆痛刪。更導而至。則我得益焉耳。兄自謂。得辨詩品雅俗汚隆者。陰受僕父子之惠。僕不敢當。唯鄙文將藉兄之寵靈而進。則僕欲反用此語於兄矣。來書曰。賢兄文果如詩。則捲旗而降矣。未知詩。則一戰矣。此言僕竊惑焉。僕於詩。猶不敢抗世人。况敢以不如詩之文而抗乎。世人猶不敢抗。况於兄安能一矢相加。兄若不深察僕不才。望僕太厚。責僕太備。必求以文如詩。則僕亦有辭。欲吐露愚衷以請君子之敎。夫李杜不文。老泉南豐不詩。均韓門之徒。而李翺皇甫湜。不颺於詩。孟郊賈島。無聞於文。然未聞昌黎强以其所短。天生才有限故也。古來詩文兼能。獨有韓柳東坡。兄曰深喜此三家。亦以三家自期矣。立志宜大。在聰明絕特之士。固其分爾。性質駑下之人。則不得不量己才力而從事於易也。藝園所以垂名後世之具五。経術爲重。而文而詩而書而畫。其序如此。今人好勝。不肯一事遜於人。画家不安於画。必學書。書家不安於書。必學詩。推此以上皆然。甚者五皆兼學。而終歸於無成。此不量己才力也。夫才有守一者。有及二者。有兼三者。力有擧重者。有任軽者。才力不同科。則所期宜有異同。如僕之駑鈍。執詩乎。執書乎。與其多學而無成。不如一而有得也。人之在世。苟能開生面。踞一代絕頂。可傳後世。於五者。何執而不可。爲閻陸可也。爲米趙可也。爲少陵青蓮可也。未必爲画虎類狗之韓蘇程朱栩々自得矣。所言如此。兄必謂護短而自画矣。實不然。請觀所呈鄙文。拙陋如彼。猶不深秘。乞覽於大方。此豈護短良策也乎。兄若曰孺子可敎。則下筆以見敎。僕将附驥尾奮起。若不肯下筆。則實不可敎也。然則僕向所言。果非自画。能量己也。夫僕才力不止於詩而能溯於文。與止於詩而不能溯於文。僕不能自決。将待兄之肯下筆乎否決之。伏俟回音。

底本 九『旭荘文鈔』。同文の寫しが 二〇『旭荘文稿』、七『旭荘文稿』、一九『旭荘文稿』にある。

一八八　與外宿諸生書

孟子舎近墓。孟子少時嬉戲。爲墓間之事。舎於市傍。具嬉戲乃賈人衒賣之事。舎學官之傍。其嬉戲乃設俎豆。揖讓進退。是其居使然也。是以君子擇其鄰而已。夫塾者。規約嚴密。飲食有度。起居不自由。外宿者不拘規約。放爲飲食。從我心所欲。故外宿者。有志之士所畏。而懶惰者所喜也。足下居之。可謂不擇鄰矣。語曰。與君子居。如入芝蘭之室。久而不聞其香。化之也。与小人居。如入鮑魚之肆。久而不聞其臭。亦化之也。今足下與懶惰者居。而不知其悪。是化之也。何不志於改之乎。

底本 一六『旭荘文稿（反古）』。

一八九 與間瀬雄峰

日見囑以阪君鍪笠詩。僕初以爲。君之績在今日。絶無而僅有者。其鍪笠。聲價既噪。着筆尤難。非筆力徹甲七札者。不能相称也。謭劣如僕。豈敢當其選乎。且聞君将東覲。江戸文人之多。十倍京坂。加之。其士風尚気節。喜功名。奮然執筆。作此笠之記之詩者。當不下數十人。僕縦作之。爲其前魚也必矣。将辞之。又以爲。君扱僕於稠人中命之。以兄爲我先容也。僕拙文詩。兄所夙知。而以僕應選。其意将謂。此等題目。衆之所喜。将競作之。如所謂景星鳳凰争先覩之爲快。莫如使我所愛者先覩之。故薦僕也。然則僕宜自喜而報厚誼。何暇問我詩巧拙乎。故不辞諾之。既而稚兒有疾。舐犢念深。藻思成灰。忽聞君発程期逼。草々下筆。不能復苦思。實増慚愧。昔有藏堅甲名鯉魚者。其友借之。戰而不克。返之。主人怒不受曰。我鯉死矣。以僕不才。得與此選。我幸而笠之不幸。阪君肯受而不怒乎。兄既容於其先。願保於其後也。

別啓。詩中冗長可厭處極多。必致人議。然鄙心以爲。不如是。則不足盡當日之状。此宜以記視。不宜以詩視。如唐荆川叙廣右戰巧。尚詳密而不論気格。僕則押韻焉耳。僕将作笠記。屬稿未就。請俟他日錄呈。

（上欄評）

筆鋒足徹七札而謙亦甚矣。嘗觀鍪笠詩。一氣呵成。數百言。紀事周密。使読者爲身在其場。蹈戟影。聞銃聲之想。

（本文第一行目）九『旭荘文鈔』

底本 八『梅墩文鈔』。同文の寫しが 七『旭荘文稿』、二三『天保奇事』にある。初稿 一『旭荘文集』。同文の寫しが 五『旭荘先生近文稿』、九『旭荘文鈔』、一九『旭荘文稿』、二〇『旭荘文稿』にある。

一九〇 與宮伯淳

奇偉倜儻之士。将有爲於天下者。必東遊西觀。訪師擇友。沐雨櫛風。多聞博識。而後其才老神全。足以成事矣。長抱懐安之心。久居環堵之室者。未足與語。僕於足下。非有鄉黨之交。同寮之好。豐風筑雲。偶然相遇。而足下直呼僕於稠人中。以爲知己。謂之曰。五月中旬。吾将東遊。子其爲文而送之。僕以爲交浅言深。所以招禍也。然善人容言。且有其命。雖拙非所辭也。今中旬既過。足下猶寂然。無出遊之心。非僕所望也。今年不遊。明年不遊。髮白歯落。而後悔者。豈尠矣哉。五月将盡。梅杪之實。所餘幾何。願迨其謂之乎。僕知而不告。則非知己也。唯高明諒察。

底本 一『旭荘文集』。同文の寫しに 二一『旭荘稿』がある。

一九一　與岡子究

天下之至文謂之雲。天下之至變謂之風。雲得風而其文能變。風得雲而其變成文。故風待雲。雲亦待風。雖則風雲。不有山嶽。則無所施其妙。猶明君賢相。水魚相得。而無民人社稷。則無所用其術焉。今夫雲之遇風乎山嶽之上也。長者如帶。紆其腰腹。蔽者如帽。擁其髻鬟。涌而散者如濤。激其青螺。纖而閃者如鞭。撲其馬耳。薄而駛者。佩夕陽焉。過丹崖焉。則如燧如焰。如翻赤幟。如驅火牛。直而上者。出陰洞焉。脱邃谷焉。則如龍如蛟。如建銅標。如竪金莖。斜而成魚鱗之文者。飲乎溪上。則如鯤魚之動鬐腮。屯而爲軿車之狀者。降乎澤中。則如驂馬之振尾鬣。或如淪漪。或如綺縠。或如陣營。或如尾宅。乍鬪乍讓。乍件乍別。蜿蜓委蛇。紛紜雜遝。繁起踈伏。千様萬態。其妙不可勝計。是以山嶽假其脂粉。得其粧飾。而藏童兀。浅者以深。近者以遠。以欺風人騒士之一顧者。實盡頼其力焉。僕嘗以爲。龜革卿則雲也。足下則風也。僕則山嶽也。初足下與僕在家塾。有風而無雲。則有所未得蒙其澤矣。去秋足下率僕與革卿會。於是其議論文辭。變之與文颯然相合。光彩斑爛。縦横奇怪。足以爲奇觀也。僕則假二公之力。而華其脂粉。艶其粧飾。以欺人目矣。今足下在長崎。僕獨與革卿在焉。亦猶嚮之在家塾也。夫雲則固有其文。雖無風乎。杳濛之態。猶或足自文。風則固有其變。雖無雲乎。調刀之聲。猶或足自變。獨山嶽失其一。則其童者。赭然以出。其兀者濯然以見。風人騒士一見而唾去者。不知其数也。於是日夜矯頭。以望風雲之復相遇。而假其脂粉。得其粧飾而已。

底本 一『旭荘文集』。同文の寫しに 二一『旭荘稿』がある。

一九二　與矢子生

天下之讀書者。醫蓋居其半焉。而天下之無名聲行事。闇忽沒世者。醫亦居其半焉。是非書之罪。讀書者之罪也。凡物之日步者。莫如牛馬。而其不進者。亦莫如牛馬。以其旦々而出。夕々而返也。今爲醫者之讀書。有三旬者。有五旬者。有半年一暮者。忽向忽背。猶是牛羊而步者哉。四國之醫。來遊家塾者三人。鼎足之勢行當成矣。而泥生忽去。伊豫生以去月來者也。其去與留。皆未可知。而足下則三年如一日。既足知其堅志。足下與僕皆病眼者。而足下又甚焉。然昔三冬之雪。有夜讀書者。足下白日之眼光雖昏。豈有不如夜雪乎。猶可勉矣。

底本 一『旭荘文集』。同文の寫しに 二一『旭荘稿』がある。

一九三　與兒有臺

僕嘗作記若叙。龜昭陽先生。黜其富艷曰。絢爛之極歸於大素。坡老之語不得不爲子一言也。今作貴樓記。猶有舊習。淫哇之氣未除。然人有言。十耳之。不如一目之。僕未登貴樓。若得暇日。携一壺於樓上。觀孤帆之出浦。百鳥之起沙。島樹之曳霞。洲烟之吐月。則猶能更作也。

底本 一『旭荘文集』。同文の寫しに 二一『旭荘稿』がある。

一九四　與讓平

自僕遷於上國。既七年矣。入我門乞教者。殆四百人。而乏能遂其業者何也。試爲足下數其病。初脫父母懷。而游遠境。小膽危惴。日夜思歸。入門四五日。請曰。某有書籍在家。請歸取之。忽然去。不復來。一也。性嗜膏粱。不堪咬菜根。告曰。某有病。請外宿。既與我遠。飲食如意。大竭其囊。不能久留。二也。年既長就講席。與少年論議不克。恥列其下去。三也。在家時頗善讀書。怙才負気。不能虛心受我教。四也。有才而無志。五也。有志而無才。六也。有才志而貧。不能自衣食。七也。既有才志且無衣食之虞。而性躁急。求速成而不已。聞江戸有碩儒。既欲往。聞西州有名師。竊謀奔。八也。有才志而不躁急。我期其有成。而其父母俗物。不欲成其子。百方奪其志。從事於眼前糊口之業。九也。或學既至九仞。而自安小成。好爲人師。初傚僕所爲。教授生徒。一時如有足成名。而其源不遠。無幾乾涸。十也。其人不必安小成。而一娶妻。則齊家之務集於其身。不能後努力。十一也。凡此十一病。或出於天。或出於父母。或出於己心。而學所以不成一也。其出於天者。事有大小。大則我未如之何。小者唯聽我命。我必相救也。其出於父母者。其父母與我不親厚。則我未如之何。與我親厚。則我心說其父母。而成其志也。其出於己心者。其人不信我。則我未如之何也。信我則其病立痊。足下從我既四年。衆人之所以不成。必面視而知之。碌々庸儒者。僕不屑論之。唯擧最可惜者數輩。某生器量究爽。足以立。而自安小成。不能奮発。且父母阻之。終不能立也。某生沈毅精勤。足以進。而人言惑之。且父母尼之。終不進也。某生敏捷苦學。足以成。而其志數變。且父母擾之。終不能成也。某生才気俊逸。足以遂。而父母使之早娶。以溺其志。終不能遂也。某生謹密綀覈。足以達。而其父母命之。従事於醫。終不能達也。夫此數子者。僕所竭心労慮而教導之。日夜望其大成。而中道止。所謂機而断之也。要之。其父母與僕不親厚。未嘗與僕謀。既成事而後告。則僕無所施忠焉。僕初憾。其父母不能待機於一梭。畢自断之。反雇僕爲孟母何哉。既而悟。父母豈有不欲其子大成者乎。唯其子惰気一動。父母恐其不能成。恐而愛。愛而惑。乃謂此子雖不勉讀書。将勉於他事也。逢其志而移之。故名雖出父母之命。實已之懶惰取此而已。譬之油煎燭燃。先有其質。故外應焉也。僕視足下之病。似方出入彼安小成與早娶妻之間。如何如何。夫向之數子中道止。雖其實出於己。然外託父母命。猶有辞也。唯足下則不得然。今吾門諸子。無衣食之虞。有過足下者乎。父母之欲大成其子。有過足下者乎。父母之與僕親厚。有過足下者乎。其業既至九仞。有過足下者乎。而僕承尊翁意規足下。足下輙曰。家父命某将學醫。某請俟二十一史卒業。不肯也。是言僕竊疑焉。尊翁信僕甚篤。豈有不與謀之理乎。夫足下之病。則出於其心者。而猶曰。父母之命。我知其安小成也。猶曰。出於天。我知其懐安而不信師也。然則能與向之數子同病。而不能與向之數子同免責矣。足下若能謀於其心。而述於其口。質於其口。而顧於其行。則其成可期日而待。是不唯尊翁之意。而僕之望也。

底本 九『旭荘文鈔』。同文の寫しが 七『旭荘文稿』、一四『天保癸卯詩文草稿』、一九『旭荘文稿』、二〇『旭荘文稿』にある。

一九五　與新都講書

順風而呼。声不加疾。而聞者衆。登高而招。臂不加長。而見者遠。居高位而行政。不加人而人化者早。古人有言曰。不逢盤根錯節。无辨利器。夫都講者。位高而任重。塾中盛衰皆仮掌握。是所謂盤根錯節也。何不揮利器乎。今足下得高位。而行政。衆之化之必早矣。且足下有經済天下之才。而治一塾。猶運之掌也。雖盤根錯節。何難之有乎。雖然忽之。則一塾雖小。亦不治也。僕竊思。當今塾政。有可長大息者一。若能除之。則我門之盛無比。夫我門之盛。因月旦評。月旦評之爲敎。分階級。月検課程。勤者進級。惰者退級。故人皆奮激勉。是所以有名之士多而人盛也。然其弊也。專事虚文。而闕實學者往々有之。故去我門後。多爲兒童笑。是月旦之弊使然也。雖然。廢月旦評。則人皆事己所欲。而不勤学矣。今足下新爲都講。而行塾政。於此時。用意於此。挽回舊弊。使人勤実学廢虚文。則実我門之福也。是僕所以望於足下也。知者千慮必有一失。愚者千慮必有一得。故狂夫之言。聖人擇之。僕雖不肖。敢布丹心。請選擇之。月日某謹白。

底本 一六『旭莊文稿（反古）』。

一九六　與石子寛

聽幽聲者。樂而不厭。聽噪声者厭而不樂。声人心之所繇治亂正邪。故古之制樂。以声調心也。声之尤幽者。爲雨声。雨声之尤幽者。爲秋雨。秋雨之尤幽者。爲空齋疏燈。空齋疏燈之尤幽者。在身幽心幽者。今僕扱衆幽之尤。而爲樂者歟。足下之居。在街市喧聒之地。其旦所聽。自西自東。礫々以來者。衆人始起。屐声四走也。其夜深人靜。忽狺々以聚者。一犬吠。而群犬吠声也。加之急管繁絃。嬌口妙舌。張公唱。李公和者。無日不聽之。是皆声之噪者。安足爲樂哉。時方秋矣。若乘雨夜。手把一卷陰符。腰佩一瓢濁酒。敲僕草堂。以聽蕉声蕭瑟。竹声淅瀝。松声之細而重。栢声之碎而數。則可以樂一夕矣。足下以爲何如。

底本 一『旭莊文集』。同文の寫しが 六『旭莊删餘剰稿』、二一『旭莊稿』にある。初稿 三〔詩文稿〕（旭莊遺稿第九号）。

一九七　與船越士文

足下與水生書。能盡彼之爲人。可謂彼頂門之一針也。然足下之言。亦有所未盡。何則截複姓爲單者。漢土亦有之。南容卽南宮容也。馬遷卽司馬遷也。諸葛称葛。歐陽称歐。其類不可勝計。我朝藤原管原大江之類。皆称以單。近世蘐園之徒。多修爲單。雖不可謂盡善。亦不可概非之也。足下又尤水生詩中有子文與伯起之句。僕以爲。詩文異體。子美有有客有客字子美之句。東坡有東坡先生留五年之句。豈可尤其自称字称先生乎。吹毛求疵。以苛論人之過失。則道学之餘弊。在足下。不宜倣之。

底本 一『旭莊文集』。同文の寫しに 二一『旭莊稿』がある。初稿 三〔詩文稿〕（旭莊遺稿第九号）。

一九八　與田叔南

曩兄與文甫維新大助。作劍南集跋。四跋雷同。如出一乎。今僕代兄等。作跋四篇。一時弄筆。非有宿搆苦心。鄙拙極甚。然四篇區別。如出四乎。是僕所以乞覽乎兄及三子也。一笑。

底本 六『旭莊删餘剰稿』。同文の寫しが 一『旭莊文集』、二一『旭莊稿』にある。

一九九　與東景

讀孟子辨。貶駁春臺。痛快窮矣。然僕不喜苛責古人。故有前書。吾意未盡。故此重陳。師好譬喩。僕方講春秋。請以春秋戰國時事譬。古今儒者。孟子所謂天子一位。公一位。侯一位。伯一位。子男同一位也。孔子是天子一位也。七十子子思孟子。是公一位也。荀揚昌黎周張程朱等。是侯一位也。象山陽明白沙等。是伯一位也。仁齋徂徠等。是子男同一位也。其他程朱陸王末派諸儒。倚人門墻。不能自出一頭者。皆須句顓臾附庸之類也。天子一位。獨占君位。其餘四位。雖有高下。皆臣位耳。徂徠駁思孟。是邾許伐齊晉。多見不量其力。而其徒春臺是邾許大夫。名不得書春秋者。公然侵盟主也。陪臣執國命。禮樂征伐自大夫出。足以知儒道大亂。然三世不失者鮮矣。故正享古學。今也乃熄。此以位而言者。又以其盛衰言之。孟子師齊梁。後車數十乘。從者數百人。（傳）傳食諸侯。則齊桓晉文。致文武之播也。周張程朱沒數百年。傳其衣鉢者。代不乏人。則晉楚爲盟主十餘世也。程朱門人游楊蔡黃之徒。外奉師旨。內或流於異端。則知趙韓魏挾盟主。而富其私家也。明中葉。程朱學風多羣。陽明乘間而起。明季名儒。七分屬姚江派。則晉楚衰而吳楚盛也。本邦徂徠之起。風靡海內。雖窮荒遐陬。莫不唱復古。雖程朱陽明行西土。當其身恐無此盛。而今無子遺。則秦以暴武得天下。二世亡也。今之世界。無不尊夫子。而無能與其道。則猶人知周爲共主。而不知敬之也。有志者亦曰。吾其爲東周乎而已矣。夫孔子一位。卽唯我獨尊。不當有配者。宋儒躋孟子焉。猶左氏書周鄭交質。呂東萊極詆左氏。爲不知禮。而孔孟並稱。尤而傚之者非邪。夫周鄭不可並書。人爵也。孔孟不可並稱。天爵也。何宋儒之嚴於人爵。而簡於天爵乎。夫孟子揭天爵而藐人爵者。假令觀宋儒所爲。其不懌也明矣。程朱大儒。將喜聞己過。孔孟並稱。程朱之過。而今人文其過。不肯改之。假令程朱觀之。其不懌也明矣。程朱欲躋孟子。而孟子不懌。後人欲佞程朱。而程朱不懌。是僕所以不敢雷同程朱以投世好。亦古之所謂違而道者乎。

底本　一『旭荘文集』。同文の寫しが　五『旭荘先生近文稿』、八『梅墩文鈔』にある。初稿　七『旭荘文稿』。同文の寫しが　九『旭荘文鈔』、一九『旭荘文稿』、二〇『旭荘文稿』にある。

二〇〇　大雪謝某餽豪豬肉

疇昔之夕。海風與岫雲鬪。白刃之所化也歟。朝來果然闢一銀世界矣。僕引衆客登樓以賞之。則林竹皆折。遠望空濶。貴家突如出焉。僕悵然以爲。昨夜造物行縮地之術乎。何其迫也。少選有持籠而出貴門者。漸步而向僕家。僕已知有華餽矣。乃與客豫卜之。若陸物。則宋家之窓而共談玄者耶。有公夫人之德者耶。将帶典屬國之書者耶。若水族。則琴高之所跨者耶。學紅毛之書而行者耶。将文伯之所羞者耶。伻至。則山澤之雄。鼎俎之魁。其毛鬱然而竪者。豈非閔節士之所嗜乎。何惠加旃。烹之。則不覺至鉼罄罍恥矣。坐客皆稱。巨口細鱗。助赤壁之遊者。亦不若焉。語未訖。猛飈度林。松濤颼飅。小樓搖動。衆心恍惚。疑浮一葦而在波濤中也。屋角之雪。從風復飛。烏翼帶之。化爲白鶴。翩翾以舞。僕恐道士入夢。而問今日之遊樂乎而已。他不贅。

底本 一『旭莊文集』。同文の寫しに 二一『旭莊稿』、二三一『旭莊文錄』がある。

⑿ 銘

二〇一　船上山碑銘

伯之南。高峰攢列。尤東者曰船上山。麓險頂夷。多異木奇鳥。東南懸崖千尋。瀑布直下。往古智積師者。創寺于巓。以其名名焉。至齊明帝時。赤衣師者。又立智照權現祠焉。按國史。元弘三年閏二月。後醍醐帝出隱岐。幸伯耆名和港。土人名和長年。奉車駕登船上山。御于佛寺。翌日賊來犯。長年薰布作旗。以張疑兵。敵望畏之。遂敗。三月帝親修金輪法。以禱戰勝。五月北條高時伏誅。帝發船上山入京師。祠有舊記曰。後醍醐帝所御。卽智積寺。所禱。卽權現祠也。帝復祚後。敕莊嚴祠堂。賜邑若干。當時僧房六。曰大乘。曰乘圓。曰龍藏。曰大寶。曰禪證。曰本乘。天文中。匪黨據山。土人討之。祠房皆燉(燬)。爾後屢興屢廢。至寛永中。山上六寺既全亡。唯一寺遷于山下。改名寶藏院。及國守池田公修祠。使院主掌祠務。賜田四石七斗八升七合焉。近年本藩。命儒臣立碑于長年宅址。以奬忠義。而船上山無聞。於是寶藏院主。與土人橋井方胄等謀立碑。夫北條氏。雖暴。執圀命者九世。而帝在船上僅八十餘日。元悪伏罪。四海大定。古來中興。未聞如是速者。雖繇帝之英毅。諸将忠盡。然敵望僞旗而畏。禱勝而應。誰謂非神之冥祐哉。自古名山能興雲降雨。功在一方者。皆得載祀典。此山功在天下。而闔冐不彰。豈非缺典乎。土人之立碑。亦宜矣哉。若長年之勳。既詳圀史。其碑亦備矣。故唯述山之靈神之德。作銘以鑱石。銘曰。

船上之山。神佛所窟。昔在元弘。嘗駐帝蹕。賊衆來犯。事發倉率。八公草木。終護晉室。金剛崔嵬。凶旅式遏。新田勃興。殲賊巣穴。中興諸邦。功難優劣。衆星羅天。所尊在日。群龍無首。向背孰決。克祐帝躬。勳當第一。作辭鑱碑。以酧神佛。

底本 八『梅墩文鈔』。初稿 一〇『近詩文稿』。再稿に、詩22『旭荘遺稿』第四冊がある。

二〇二　播磨國包龜堰碑銘

山陽八州。播在東而尤大。播十諸侯。而姫路尤大。播之爲地。前海後山。南卑北高。明石在東。出明石西北行。入姫路封內。甌窶萬頃。靡有渠洫。而邑里蕭條。至國包始見水田。人家比列。蔚然成邑。國包之西。有一水。名瀧野川。南流入海。東北亦有一水。名美濃川。西流入瀧野川。二水會處。上流數百步。側有一渠。西南流入國包。所謂龜堰也。往昔。瀧野川在國包東。嘉祿中。決而西移。沙石沒田。經六百餘歳。樹木蕟生。爲一帶長林。其未沒者二十餘頃。每田鑿井。桔槹是賴。男婦夏畦之勞異常。至他邑。女子怕嫁於國包。土人畑應親。居常慨之。與其所善畑源右衞門。畑國列。高橋源右衞門。大工藤藏。謀鑿渠。人皆謂必不成矣。應親恐外人泄聞。或致妨礙。深夜拉藤藏等。用準而測地勢。議曰。瀧野卑。須堰美濃也。而其西岸下石野。東岸正法寺。皆係隣侯封內。恐其不肯。乃厚禮請二邑。畑氏邑著姓也。應親夙以信義聞。隣境人素服之。乃許其請。應親因郡宰伊奈某。請諸姫路。某深奇應親。陰佐佑之。竟得允。文化甲戌。始課役夫。鑿渠於川

側。堰川而行水焉。以田有高低。劃渠爲二。一上一下。以便
灌漑。又謂川屢移。高下無常。日堰水之涸亦不可知也。乃請
立分水標於川左右。二標之間上下數百步。隨處設堰。二邑又
許之。丙子役竣。名曰龜堰。渠長五十町。自國包傍及宗佐舟
町二邑。磽瘠禿化爲膏腴。居十餘年。長林稍闢爲田數十頃。
國包原百五十戸。增至二百餘戸。上以新墾故殊薄其稅。然歲
額增百四五十石。民則咸富。他邑人莫不艶羨。侯韙應親功。年
賜米五苞。永除其宅稅一石八斗八升一合。又親臨其家。賜徽
號印籠。賞源右衞門以下有差。應親又爲侯家謀。将堰美濃最
上流。鑿一大渠。悉漑明石以北甌窶萬頃。既有成筭。未上。
嘉永己酉八月病歿。土人念其遺德。與其子義知謀。立碑。属
銘于余。銘曰。浩々洪流。沒我良田。不稼不穡。六百廿年。
懿矣烟子。邃究地理。三年困劬。一朝行水。傑然蔓艸。朝除
夕掃。菀乎長林。年誅月討。嘉種好苗。秋豐春饒。氓舞于
野。君賀于朝。凡物之利。易一難二。貴之欣笑。爲賤之懟。
若不良圖。僅見一隅。兩損或有。兩益絶無。彼哉李悝。固哉
白圭。所以孟軻。罪闢草萊。斯擧異玆。上下雙宜。君既厚
褒。氓亦立碑。渠水悠々。遺芳共流。無涸無盡。亘千萬秋。

(上欄評)
(朱)國包郡ナラハ縣ト云ヘシ。不然則否。(標題)

(墨)範云。靡有渠洫而五字削ラハイカン。(本文第三行目)
(朱)字入レ川ト混スルニ似タリ。(本文第四行目)
(墨)居常慨之。将鑿一渠。人皆謂。川卑於田。必不成矣。應親乃
與其所善…………………謀。恐外人泄聞。或。………。
ニセハイカン。(本文第十行目)
(墨)碍下添ニ也字ニ亦可。(本文第十二行目、底本では、碍は礙に改め
られている)
(朱)國益
美事ナリ。竊ニハ及マシ。(本文第十六行目、底本では、竊は
陰に改められている)
(文中評)
(墨)佐佑ノ字。恐クハ確セス。外ニ何トカ致シタシ。(本文第十
六行目)
(上欄評)
(墨)於川側ノ三字。削ラハイカン。(本文第十六行目)
(朱)(カ虫)新鑿築堰川而……(本文第十七行目)
(墨)川左右ヲ川上下ニ作リ。上下數百步ヲ相距數百步ニ作ラハ
イカン。(本文第十九行目)
(朱)町ノ字。定テ漢例ヲ考ヘタルナルベシ。(本文第二十一行目)
(朱)徽………ト云フ。人解スヘシヤ。(本文第二十四行目)
(行間書入レ)

（朱）此處事情我心ニ了々タラス、故不レ加レ批。（本文第十八行目と第十九行目の行間書入れ）二『詩稿及文』

（朱）淡窓批。（墨）範治批。

底本 八『梅墩文鈔』。再稿 七『旭荘文稿』。同文の寫しが 一九『旭荘文稿』、二〇『旭荘文稿』にある。初稿 二『詩稿及文』。同文の寫しに 一『旭荘文集』がある。嘉永五年三月。

二〇三　周防三田尻塩田碑

攝以西之州。以塩田名者十。曰播。曰三備。曰藝。曰防。曰長。曰阿。曰讚。曰豫。而防之三田尻尤著。以其有田中藤六也。塩田之來尚矣。至明和中。塩戸多費寡利。率困罄。菜色繿縷。貌類乞丐。城市人或指之以止兒啼。塩税不入。上輙收田。募人借之。皆無幾逃。防人令其封內。擧晰塩理者。於是三田尻鶴濱氓田中藤六。建議曰。製塩宜季春始。仲秋終也。塩田一頃。宜劃爲二。隔日用之也。有難之者曰。終歲製之猶不利。而欲休半歲。全田用之猶寡獲。而欲用半田。猶却步欲及前人也。藤六曰。不見彼農乎。稻人命所係。然多春不種之。至暖之地。稻蘖復秀。然不糞之。知人力之不克天時也。不見彼行道者乎。無不貪程。然夜則息。知事不可無張弛也。我休半歲者。嗇人力也。用半田者。嗇地力也。塩之性宜晴與熱。忌雨與寒。猶稻也。惟人亦然。塩戸當天寒之時。强役丁夫。人労而塩不成焉。逆天時故也。惟田亦然。日日用之。則田労而塩不滋焉。不張弛故也。今以勞人用勞田。名廣實狹也。名勉實怠也。田廣人勉。其費不得不多。田狹人怠。其獲不得不寡。費多故販之速。獲寡故其價貴。抱欲速販之心。而藏價貴之物。勢既逆矣。買者見我急。以高價誘我。我藏不得不出。既出則彼又以緩困我。我不能持久。将減價聽彼所爲。故費益多。則販益急。販益急。則價益賤。是所謂却步欲及前人者。塩戸之所以日窮。原在此也。難者曰。塩亦人命所係。若半藏休之。假令我有利。必爲世之憂如之何。藤六曰。吾爲世謀也已。買者賤資于我。貴販于人。故富。富故不急出之。俟世之罄而出之。故塩戸之塩日賤。牙儈之塩日貴。方今之勢塩戸稍減。彼將以塩戸減。爲名。益貴其價。其爲世憂。顧不大乎。若嗇人力與田力。則冗費省。而塩戸富。塩戸富則爲塩戸者多。爲塩戸者多。則世豈憂寡塩乎。故吾說行于一國。一國之利也。行于天下。天下之利也。防人說。明和八年辛卯多。令藤六遊說播阿以西諸塩戸。初或持異議。後翕然服。於是每年會十州塩戸于藝之嚴島。及備之瑜珈。以議塩務。設誓約。立法度。省冗費。恤丁夫居數年。塩田大闢。塩戸悉富。十州塩戸。増至二千二百五十。而一戸所製。年不下千石。塩之利遍海內矣。防人嘉藤六功。許稱姓帶刀。爲大里正。安永六年丁酉沒。至今七十餘年。諸州塩戶。尸而祝之。三田尻人尤思之。將立碑焉。世有功宦固寵。富貴薰人。而其妻妾泣于中庭者。是固不足論也。又有一言取卿相。名滿天下者。而無功德可紀也。又有邑宰縣令。有惠政。沒後民追思者。是可紀也。然其所處之位。使然而已。匹夫而言効于一時。澤被于十州。利敷于天下。死後六七十年。人追思不已。如藤六者。世有幾人乎。乃作辭以鑱于石。

昔在神翁。創煮海事。甘苦辛酸。加成五味。其利儔穀。民食所貴。塩戶中衰。寡獲多費。每每塩田。青草茂蔚。有田中叟。奮建新議。天有陰陽。雨風明晦。一張一弛。勢難偏癈。惟人及田。其理無二。人宜時息。田宜時代。若行吾言。天下有利。人初疑之。一年嘗試。塩成蓰倍。困倉忽隘。厚積高堆。山嶽不啻。晶晶雪華。豐年呈瑞。皚皚珠色。鮫客垂淚。塩田日開。塩戶日熾。防長之濱。欝爲都會。豈獨二州。東及播備。土人追懷。立碑勤識。海水無枯。玆功不替。永配神翁。尸祝千歲。

嘉永六年歲在癸丑季冬　廣瀬謙譔

底本 一『旭莊文集』。初稿 七『旭莊文稿』。同文の寫しが 一九『旭莊文稿』、二〇『旭莊文稿』、八『梅墩文鈔』にある。嘉永六年冬。

二〇四　遊雄戶記

余生乎山鄉。其所遊觀。皆幽欝險隘。未曾跋寥廓悠遠之地。至筑而遊雄戶。始觀景之大者也。雄戶在福岡城西八九里。有山臨海。潮至則山根盡沒。幽巖谽窟。貝得以爲廬。魚得以爲巢。黿鼉得以爲屋室。潮落則山根露焉。就而步之。則平石数百步。石面皆凹。有如臼者。有如皿者。有如硯者。有如大魚之口者。有如牛馬之目者。深皆三四寸。圜者方者。哨者欹者。千狀萬形。不可勝計。俗傳神后之征新羅。發帆此地。是其陳膳處也。其籩豆盤盆。樽罍卮杯。化而爲石。故形狀猶存也。視其巖壁崩裂之處。則紫紋廻繆。猶草木之文理。綺穀之經緯。漸步而西。則其巖黃色。崎嶇相持。有如波濤之擊盪者。有如猛鬼之搏攫者。有如劍矛之森列者。或穹或陷。或咬或含。以乎摩之。則如沙礫合而爲巖。以石敲之。則鏗爾有聲。堅固不碎。余以爲潮濤之所衝打。鹽鹹之所浸漬。歷千百年。而巖石爲之鑿化者歟。而俗附會之以神后之說也。山無雜木。碧松千株。峭壁斗絕。捫蘿蒲伏。而登其巔。則遙觀寥廓。精神飛揚。西方之諸山皆沿海。水光明霽。山色深碧。青螺綠髻。倒浮于波。鮪跳鱧躍。山影忽生忽碎。猶美人臨粧。而微息拂鏡。輕暈斜點。其面忽現滅也。其北則有二島。曰殘島。曰鹿島。蝸角馬耳。聳乎海中。夕陽射波。千里閃爍。風死天青。百帆如鳥。波與日相低昂。舟與島相出沒也。其東南。則雲海相呑。蒼茫無際。白鷗野鶩。百千成群。忽然駭散。波光動搖。日影之暎山石者。飛騰奔覆。如金龍之出也。於是余踞石。而嘯。則巖松之聲颯然相和。山震谷答。暮色自海上至。清涼之氣刺神。乃步而自南麓降。其沙金色。黃蘆沒人。蹈貝而去。怒潮追人。回顧嚮之巖石。則有既沒者。有未沒者。有欲沒者。有沒而忽露者。奇形怪狀。雖有巧筆。不能畫也。至潮水洋溢。最高石如繭栗。乃歸。記之以導吾鄉之好遊者云。

（上欄評）

龜云。譬得奇。（本文十七行目）

又云。首尾有法。（本文二十七行目）一『旭荘文集』（第三册）

底本 一『旭荘文集』（第一册）。初稿 一『旭荘文集』（第三册）。同文の寫しに 二一『旭荘稿』がある。文政六年カ。

二〇五　雲物記

甲申仲冬二日。日南至。是朝也。微飇不起。滄海無波。黑雲掩天。欲雨而不雨。望池上。則猶以毛撞水。雨痕纖々見焉。夜将三更。猛風蹴海。濤声撼屋。窓中之燈皆滅。雲散天高。星芒有爛。以攷明年之事。則春暄而麥早熟乎。過仲夏則多雨乎。秋冬之交無風乎。無雨乎。夫一日之朝。則一歲之春也。欲雨而不雨。無風則暄。暄則土膏早融。地脉先動。而麥熟焉。故知春暄而麥早熟也。在群陰孕一陽之月。則陽不克陰。群陽孕一陰之月。則陰不克陽。今陰克陽。故欲雨而不雨。若至陽克陰之月。其多雨可知矣。夜而三四更。歲則秋冬之交也。今一陽始動。而後大風起。則秋冬之交。群陰爲政。天凝地閉。安得有風乎。陰壯則陽與風皆不至。故其無雨亦宜矣。

底本 一『旭荘文集』。同文の寫しが 二一『旭荘稿』、二二『旭荘文錄』にある。文政七年十一月。

二〇六　無味庵記

甲申之夏。余到高田。訪弗水翁。方入街中。見一草庵。有孤松焉而高。有修竹焉而疎。宿雨新歇。芭蕉之葉。半出籬上。以爲是高士之家歟。何其瀟灑也。乃排小門而窺之。白沙青苔。空庭闃如。珍禽一雙。啄乎綠陰之際。見人来。銜躑躅花以起。花落爛斑一庭。因朗誦宋人之句曰。誰使山雞忽驚起。半巖花雨落毿毿。有從墻陰走且呼者。曰。子非豐西廣子乎。視之則翁也。乃曰。余偶觀庵之幽靜而来此。果翁之家歟。翁曰。然。余亦未知子来我庭。唯聞吟聲琅琅。以認其人而已。乃坐。余曰。庵以何名。翁曰。以無味。余曰。奇哉名也。高田之地。鱗介成山。亦饒煙韲是其所食。非甘苦則酸鹹也。安在其無味乎。翁笑曰。否。非此之謂也。余曰。吾求之於翁之口與腹。而不得。其求之於翁之名與其心乎。夫世人赴名狥利。怱怱栖栖。其交如醴。其心如醉。翁獨解脱世紛。杜絶俗交。韜以自隱。淡以自處。其名弗水。心亦可知矣。水乎水乎。鄭尚書何取。取其無味以淡也。然則翁之名庵也。亦所以表其心之猶水而已矣。若夫御龍之山。朝出雲也。奔者如獸。翻者如旆。猶奇兵銜枚去鈴。来而襲人。唯見衆物之雜遝。而不聞金皷之錚鏗。旭陽一昇。則渙乎解駁。村遠嶺秀。長流鱗鱗。牧兒樵夫。叱馬跨犢。以出其家者。髫踶觳觫之影。歴歴可坐而觀焉。墨江之波。夕生風也。高濤鳴號。沙岸崩落。萬鱅呷軋。東廻西走。雲黒雨腥。海底溺死之鬼。哭聲四發。猶亂軍發佛狼機。撾鑼撞鐘。夜逼於營。唯聞群響之騷囂。而不見人物之縱横。少焉月出風死。則渚樹如睡。宿禽結夢。漁父釣徒。拾蛤捕蟹。以歸其家者。長歌清唱之聲。杳杳可臥而聞焉。翁之朝夕在庵也。手披黄卷。角巾羽服。默而有思。彼雲與風。不招而来於淨几明窓之際。媚我目。盈我耳。則坐臥朝夕皆可樂焉。夫翁以水自名。而外物之無味以淡者。莫如雲與風也。風雲之無味。世人之口。誰能嗜之。翁獨以其無味之心。以遭無味之物。淡與淡相和。而出無窮之至味。於是耳目之所觸。佳篇妙句。銜口而湧者。此庵之所以爲無味乎。翁曰。得之乃記。

（上欄評）

是其家常世人。見以爲艶爲麗。然作文妙處。未必在於此。（本文第十七行目）一『旭荘文集』第一冊

数語似冗。如何。（本文第一行目「方入街中」ノ初稿「二十里許」ニ対スル評）

風色似詩。（本文第三行目「其瀟灑」ノ初稿「風色瀟灑」ニ対スル評）

（文中評）

此處幹轉勢ナキニ似タリ。（本文第十八行目「錚鏗　旭陽」ノ間ノ初稿文「錚鏗須臾圍山蔽野旭陽」ニ対スル評）

（文中評）

三句一貫。（本文第二十行目）

二句一貫。（同右）

單句。（同右）

（上欄評）

句法如何。（本文第二十一行目）

似縠皺之影複。（本文第二十三行目、「人物之縱横」ノ次ノ初稿文「一夫孤馬之影」ニ対スル評）三〔詩文稿〕（旭荘遺稿第一〇号）

底本　一『旭荘文集』第一冊。再稿　一『旭荘文集』第二冊。同文の写しが　二一『旭荘稿』第一冊、二三『旭荘文録』にある。初稿　三〔詩文稿〕（旭荘遺稿第一〇号）。文政七年夏。

二〇七　晩帆樓記

日田之地有二水焉。其発源南山者。名曰隈水。激波翻珠。噴浪飄花。奇巖怪石。奫淪千尺。西北流數十里而入筑。其発源北山者。名曰荍水。水浅石出。短莎衰蓼。潺湲蛇行。迤邐帶拖。西南流數里而入隈水。文政乙酉官命浚荍水。去其沙石。廣其涯岸。以漕官米。達諸新原。新原荍水入隈處也。又浚隈水。碎其曲巖。疏其急灘。以達諸關。々隈水入筑處也。於是荍隈豊筑之舩始通。而新原人。兒有臺氏之樓。在水上。其所觀幻且奇者。莫如帆影。逆風者如鷁退。順風者如箭脫。初遠點豆。漸動浮葉。忽又列鷺。須臾如屋。乍低而露前山。乍昂而接長天。烟則沈焉。月則閃焉。雨則立焉。晴則行焉。千状萬彙。不可摹寫也。乃名以晩帆。請記於余。且曰。江樓之名尤著者。皆称岳陽黄鶴。蓋有孟杜崔顥之詩。希文之記。以傳後世。今欲請諸公之詩若記。以寵此樓。可乎。余曰孟杜崔范。天下之文士。而岳陽黄鶴。天下之絶勝也。夫有其勝。而有其人。有其人。而有其名。今樓非有岳陽黄鶴之勝。人非有孟杜崔范之文。而欲徒擬之。恐不免人之譏議。然亦有不得不記者。夫我日田之地。萬山環谷。千坂峻高。未初有舟揖之利。則運米於筑者。皆人力牛馬之労而已。或夏之暑雨。流汗沾衣。渇喉屢喘。何陰何憩。何泉可飲。豈知悪虮毒蝎。伏於蓊欝之際。當我踞石漱流時。忽嚙螫其手足也。或冬之祁寒。肌裂皮皴。肩頳腰强。泥路凍沍。稜角如戟。牛蹄馬足。爲之傷創。無炭火之可煖。則遙眺烟影。乃悦乃進。漸而就之。則無孤店隻屋。唯澗溪之雲霧耳。其労苦如此。而問一日之所歩。則僅若干。問一人之所運。則僅若干耳。今也。一帆清風。半篙滄波。而人拱其手。牛馬休其蹄足。故官有此擧。民無不買酒相慶抃掌共舞者。而此樓。昔日所有。唯以荒村破落。煙火之微茫。楓桕之青紅。爲觀耳。今也。一眺百帆。繁喧之景。亦非昔日之比。然則子之悦此擧。亦豈減於民之悦乎。故余大之爲民慶。而小之爲子一人賀。此可不記乎。

有臺足下。僕嘗作記若叙。亀昭陽先生。黜其富艶曰。絢爛之極。歸於大素。坡老之語。不得不爲子一言也。今作貴樓記。猶有舊習。淫哇之気未除。然人有言。十耳之不如一目之。僕未登貴樓。若得暇日。携一壺於樓上。觀孤帆之出浦。百鳥起沙。島樹之曳霞。洲烟之吐月。則猶能更作也。

（上欄評）

又其家常慣用。余不復驚。（本文第七行目）

敍事不迂。敬服々々。（本文第十八行目）一『旭荘文集』第一冊

底本 七『旭荘文稿』。同文の寫しが 一九『旭荘文稿』、二〇『旭荘文稿』にある。再稿 一『旭荘文集』第一冊。初稿 一『旭荘文集』第三冊。同文の寫しに 二一『旭荘稿』がある。文政八年。

二〇八　烏帽石記

物之相遇豈偶然乎哉。或遠望而得之。或近察而失之。或千歳而出。或一朝而沒。故龍泉顯於雷煥。荊璞斥於玉人。石椁鑿於滕公。周鼎沈於秦皇。蓋有使之然者。文政中。備後福山府闢鹽田。石君子讓奉令督役徒運石。獲一異石焉。色純黑。形似帽。因名烏帽石。徵記於余。夫生乎天地間者。自人畜以至凡百動植物。皆以形化。故有定形。其始開闢氣化之時。稟形一定。則嗣生者。無有異形。而其質粗脆。倏生忽滅。不能長存。獨石不然。其質堅硬。亘千萬年無磨。現存者。皆天造氣化之遺。無有嗣生。而其稟形不定。似峰似嶺。似人似鳥獸。似戈矛刀劍。似扉履筐筥鏑釜之類。雖有巧算。無能悉之。夫石萬形各異。而獨此石稟帽形。帽冒也。所以加于衆體之上。則其貴於衆石明矣。造物生此。必将俟其人與之。此石自洪荒。沈埋海濱波濤之際。歴数千萬歲。無採此者。而役徒獨採此。役徒数百人。厠諸衆石磈々中。無知此者。而君獨知此。其遇合之奇。豈偶然乎哉。梁江革夢。梁武見其諸子。唯至湘東王。脫帽與之。因知元帝當璧。他人夢之。獨足以爲祥。況於親獲之者乎。人之所造。猶足以爲貴。況於天造乎。布帛之不長存。猶足以爲瑞。況於亘千萬年無磨者乎。足以知君之福履無彊矣。然吉凶由人。桑穀生朝爲凶。而太戊興。有雀生鸇爲吉。而宋偃亡。要在其人如何耳。君能體於帽之上冒。而寛以臨焉。象於石之堅硬。而剛以守焉。儀於色之純不厖。而一以寧焉。則家政治矣。然則此石之爲祥。果無彊也。

（上欄評）

一伏一起如怒濤如層巒又云確實精詣（本文第一行目）九『旭荘文鈔』

底本 九『旭荘文鈔』。同文の寫しが 一『旭荘文集』、五『旭荘先生近文稿』、七『旭荘文稿』、一九『旭荘文稿』、二〇『旭荘文稿』、八『梅墩文鈔』にある。文政年中カ。

二〇九　隈川放鸕鷀記

限之人背水而居者二百餘家。業捕魚者居其半矣。曲鈎芳餌。誘而致之。數罟密網。掩而鏖之。襲而括之。沈笱於淺。植簖於深。横梁於中流。陷之遏之。遮之而獲之。放鸕鷀於盤渦石

瀨。毆而取之。其狀非一也。余家距隈不數里。其捕魚之狀。無不悉觀而識之。獨未及鸕鷀也。壬辰季夏十八日。諸友勧余納涼隈上。因放鸕鷀觀之。黄昏後微風度岸。萬星浴水。於是泛二舟焉。其一載漁者二人。一人撐篙。一人左手執炬。右手操索。一指纏一索。五指五索。一索繫一鸕鷀。五索五鸕鷀。更以小索紲鸕鷀脥。而離立舷端。其一載觀者九人。一人撐篙。一人搖艣。七人坐而觀。漁舟先発。觀舟施而從之。其間相距二三丈。俄聞水響颯然。則鸕鷀已落二舟際。兩足扻浪。延頸奮翅。如有遲焉。漁人張臂運炬。炬焔燒水。卽沒少選復浮。魚已在嘴。鬐尾刺浇。鱗光閃爍。漸而入脥。既呑復沒。獲輒浮。大魚或不易呑者。施嘴擲之空中尺餘。墮乃啣之。蓋先啣魚頭則易呑。啣尾則跳驕不如意。故擲而更之。一魚黄黑斑色。無鱗背有刺鬐。獲之倉皇廻旋。啣而擲。擲而啣。良久呑之。其脥如橐。隨入隨寛。魚在脥中。猶從横活動。脥皮一翕一張。径或至七八寸。漁人見脥盈。縮索牽之至舟。以手扼脥下之索。魚撩亂如篩。墜籠成聲。每扼大魚七八頭。小魚十四五頭。已吐復沒。如此無數。而勇往如初。其獲。深處寡。浅處多。漁人曰。凡放最忌月光。黑夜以炬照水。魚驚自浮。故不労啣之。水深則火光不及底。故不能多獲。因而察之。鸕鷀在水中。沈不過七八寸。戢縮翅翮。抉藻逐魚之狀。瞭然可辨。魚亦悢愴如醉。有時可掬。漁人以指使索。進退左右莫不如意。六轡在手。兩驂若舞。恐無此妙也。溯而又沿數回。不復獲漁。漁人曰。魚初驚火而出。再則慣而不動。故難獲也。於是頗有厭心。忽見人影在水。舟陰黝然。矯頭則啼鴉一声。素月離山。漁人曰。可以返矣。乃數今夕之獲。年魚五十餘。雜魚倍之。投岸上人家。呼酒烹魚。諸子曰。古人知魚之楽。今也知獲魚之楽。余曰。子知獲魚之楽。而不知魚之不楽也。知魚之不楽。而不知鸕鷀之不楽也。向聞漁人言曰。将放鸕鷀。必夙飢之。故見魚爭進。然則彼所終夜勤苦自爲求食。僅呑乃吐。盡爲人所括。彼豈楽之。古人曰。鸕鷀以其餘。餧於人。人有賤焉。以鸕鷀所餘者餧於人。獲其食也。與其已餧。相距僅一間耳。余則不知其賤與否。唯傷餧之自労而不得其養而已。夫自労而不得其養者。不獨此也。彼機中之絲。與鋤上之粟。織焉泣寒。耕焉號餒。子知之哉。

（上欄評）
中（中島子玉）結得有力。（本文第三十六行目）七『旭荘文稿』

底本 七『旭荘文稿』。同文の寫しが 一九『旭荘文稿』、二〇『旭荘文稿』にある。初稿 一『旭荘文集』。天保三年夏。

二一〇　千倉山堤某墓記

堤邑人忠右者来。懷出一紙曰。此某之先堤府君墓誌也。某不能讀。請教。視之。字如鳥跡蝸篆。有偏無傍。有跟無肘。不見一完文。忠右曰。某素不識字。倩邑氓善書者寫焉。彼不自解。以爲古之文字如此。故使某齎此質諸識者。余曰。此非字之全形。殘缺而已。問墓在何處。曰在千倉山焉。乃使之導。往觀其墓。千倉山在日田郡治北二十四五里。山自麓至頂。十里而卑。路不甚峻急。冉冉稍高。山色秀明如畫。山之左足。南岡之北。與北岡之南。其尾相並。而中斷。陷而成涸池之狀者二。皆延袤里許。前者無名。後者曰陣坳。山頂有巨松両株。團蓋如傘。標松而登。卽墓兆也。聚石爲壘。三墓駢立其上。小墓十数。環而護之。忠右曰。某之先。自日田郡司大倉府君永季出。府君諸子。割據日田諸邑。皆以邑爲族。於是有高瀨氏財津氏堤氏。世食其地。及王室衰。政不及遐方。堤氏與財津氏爭地。高瀨氏援之。約與攻財津氏。時某年五月十二日也。梅霖暴漲。高瀨氏之治在隈水之南。津梁絕。失期不至。堤氏獨將其兵。師於此山足坳處。財津氏師於陣坳。覆兵岡陽。以誘堤師敗之殲焉。堤氏死曰。葬我於山頂矣。以東望財津。南望堤。我爲神永降福殃。其臣十二人舁屍葬此。倉猝之際。取山石爲碣。不遑礲之。拔佩刀彫銘。互刺以殉。此墓卽是也。堤氏破。無幾高瀨氏亦破財津氏云。忠右又曰。後人祭此墓。必有應。其祀燒薪墓前而已。唯財津氏之裔過此地者。輒腹痛。又曰。四五百年来。堤氏散之諸邦。其現存者。唯某家耳。某今年夢。戴烏帽者三人。不似近世之裝。招某與登多賀城而覺。太祖永季府君。嘗治於多賀城。因疑堤府君之神或有託焉乎。且堤與此山相距三十里。歲時享祀。不能具禮。則欲作假墓於堤邑家塋之内。寫此墓之銘彫之。以安其神。筮告吉。故間来此膽之。向乞覽者卽是也。願更視此。乃汲泉以洗墓石讀之。字完者三十許。强推其偏傍。鑿其跟肘。又得八九十字。而堤氏諱與其沒年號皆不可識也。石中央大書(原本ノママ)□□□禅定門。其左右細書十餘人名。每名首有永字。大倉氏之裔。世襲永字。則蓋堤氏宗族同死者也。三墓皆然。中央墓尤大。且旁有年月。左右二墓。則無年月。蓋中央爲堤氏之墓。其禅定門之上。缺二三字。而上有四鳥(ママ)二字。不知其謂。年號上有弘字。下似治字。亦似安字。糢糊難分。其下有三年二字。三字不著。亦似五字。其下缺一字。而有午字。而有五月十二日五字。太分明。此五字本在石根。埋入土中。今鑿土出之。未歷燥雨。故完。因午字攷之。弘安三年庚辰。而其五年。則壬午也。弘治三年丁巳。而其明年戊午。則永禄紀元也。則三亦似四。弘安五年。距今茲天保癸巳。六百九十二年。弘治四年。則二百七十六年矣。視墓樣。不似七百年前物。則弘治似勝。其無四年。而有四年。蓋永祿改元在五月後也。余聞忠右說。不知出何書。口以傳耳。取徵焉而已。且其時代亦不可詳。於是果信忠義之重於金玉。而文字之壽於珉石也。三百年来。人之生乎日田。以百萬数。不乏金玉之家。其沒後。能垂口碑。有誰哉。獨堤氏傳其彷彿於三百年後。豈非以君義臣忠之故乎。當堤氏之臣以石爲碣銘之。其心欲經百世而不泐矣。豈知三百年後磨滅如此哉。若向有一卷傳記行世。決不如此朦朧也。余雖不知堤氏之兵貪乎義乎。死後能爲靈威。則其人可知。且其下能一心以殉所事。則其忠壯義烈。皆不減田横之徒。夫我邦人資性忠樸。立志慷慨。雖目不識書。能致身於君。風氣之厚。自開闢然。恨世無良史可以傳於後世。而泯沒者多矣。豈獨一堤氏乎。余寒儒耳。不能投財修兆鐫石爲碑。以奬世之忠義。唯以彼能有不假金玉之重。我能有不因珉石之壽。故各從其所能也。余既慨忠義之無著。復嘉忠右之克念先烈。於是乎記。

底本 一『旭荘文集』。同文の寫しが 七『旭荘文稿』、一九『旭荘文稿』、二〇『旭荘文稿』にある。天保四年。

二一一　櫻雲館記

德足配物者。能爲其主。德不足配物者。不能爲其主矣。故孤忠如屈原。而可以愛蘭也。清簡如子猷。而可以愛竹也。隱逸如淵明。而可以愛菊也。潔白如和靖。而可以愛梅也。醇雅如濂溪。而可以愛蓮也。唯此五君。德足與五物相配。故人縱之爲五物之主。五君之外。雖有愛者。世無得而稱矣。德未足配。則朱博之柏。孫綽之松。誰肯縱之爲其主也。我邦櫻。西土所無。百花之美無踰此者。曰塢。曰岡。不種此。則不爲有花。一觴一詠。不近此。則不爲賞花。故桃李楳杏。皆擧其名稱之。單呼曰花。櫻而已。余嘗聞之。海內之勝三。漲高埋低。浩迷處所。人行不見。雲中笑語。芳山之櫻也。翳柳阻松。偃水跨山。風閣月橋。隱見其間。嵐峽之櫻也。十丈紅塵。百萬人家。一種青林。點雪綴霞。東叡之櫻也。人無不愛櫻。而德未足配。則無能獨爲其主者。戊戌春。余遊赤關。主河野君家。君有園數畝。櫻數十株。上下敷置。宛有野趣矣。黃鳥一聲。穀雨始晴。白勢壓窗。書室先明。是其晨也。春陰朦朧。淡其無風。一團薄暈。掩冉摩空。是其午也。良月徘徊。疏影下開。亭亭人立。姍姍欲來。是其夕也。君與余愛觀之。自開至落。無日不飲其下。君偶欲名館。謀諸余。余應以櫻雲。君曰。我園非有芳山嵐峽之勝。而我獨占衆人所同愛。而爲之主。安免僭乎。余曰。何傷。人觀櫻之美。而未知其德。片朶初放。衆卉咸遜。似才秀者。花後於葉而開。猶衣錦尚絅。似尚德者。東風一拂。萬點均飄。絶不見戀枝之態。似能勇退者。君承官旨。監諸州運租。爲職太劇。而自幼無過。非以才乎。赤関之地。商估所聚。未聞好学者。君獨延接四方賢士。舘諸家數月。而無倦色。非尚德乎。令子通敏既幹父蠱。將附家政而遁。非能勇退乎。三者備焉。足以配於櫻也。然則君之愛櫻。可接武五君。而櫻亦可與蘭竹楳菊及蓮爲六也。君曰。君言太侈。吾豈敢。雖然取君所頌之櫻德。以爲我則。亦猶古人以敬名軒。以仁名齋。敬與仁德之大者。而取則焉。名之不爲僭也。君盍爲我記我言。我其免矣。余曰。諾。作櫻雲舘記。

（上欄評）

文筆所駈逐。花神無所遁形。（本文第十四行目）　九『旭莊文鈔』

底本　七『旭莊文稿』。同文の寫しが　一『旭莊文集』、五『旭莊先生近文稿』、八『梅墩文鈔』、九『旭莊文鈔』、一九『旭莊文稿』、二〇『旭莊文稿』にある。天保九年ヵ。

二一二　増田山莊記

庚子初冬。増田君導余遊其山莊。莊在兵庫之西北。前海後山。地勢高敞。数松立庭。風至颼々鳴。上堂四顧。碧峰西聳爲鵯嶺。粉壁東峙爲大坂城樓。君曰。此地我先子所闢也。初天保癸巳至乙未。歳荐不登。先子故傭隣里貧人艱食者。前後一万五千。而闢此地。鑿陂瀦水。誅茅播穀。因作別墅。以爲燕息之所。我兄安政實與有力焉。地舊呼片山。以我所闢。更名増田山。庭有松樹。因名樓曰松風。先子在時。請村田子作記。我意未慊。請更作記。余曰。村田子叙尊考之功。令兄之労。及松風之義。盡矣。吾復何記。嗚呼噫嘻。吾知君心也。夫尊考作此莊。有三美焉。一夫不耕。天下有受其飢者。易荊棘以稻粱。啓永世利。不亦益乎。子貢不敢取贖人之金。仲尼非之。爲其近於名也。今傭飢民萬有五千。使彼不知不識漸於我澤。不亦惠乎。世人雖有創益施惠之志。資財不給。則無能達之。尊考生平節用守儉。故能應時達志。不亦儉故能廣乎。然尊考處措磊落。出於人意表。且墅亦極輪奐之美。若後世子孫。不深知其心而善學其跡。則唯恐創益者誤爲徼幸。施惠者誤爲奢侈。儉故能廣者。誤爲驕且吝。所謂父蠱。子弗肯播獲。考作室。子弗肯堂構也。夫平相國移都築島。威焰顯赫。而其子不肖。鵯嶺一戰。死亡殆盡。豐關白頤使諸侯。築大坂城。而其子不肖。敗滅立至。彼二公。朱門甲第。引泉疊石。以擬金湯。如経千萬年無憂者。然其身沒。即雲散煙滅。無有孑遺。況於士庶人之家乎。詩曰。殷鑒不遠。在夏后之世。西觀源平戰處。東望豐公覇跡。則亦可鑒也。又曰。詒厥孫謀。以燕翼子。又曰。無念爾祖。聿修厥德。尊考所詒如此宏偉。則亦何可不念也。又曰。伐柯伐柯。其則不遠。君既能念尊考所詒。君子孫亦能體於君之所念。夙夜無懈。賢子令孫。世世相承。猶松之無不承。則此松之爲則。亦不遠也。吾謂君所以不慊於村田子記。無乃後世子孫不善學尊考之患乎。故上頌尊考之烈。而下規爲君子孫者。是足以記乎。君曰。我心即是也。乃記。

底本 九『旭荘文鈔』。同文の寫しが 七『旭荘文稿』、一九『旭荘文稿』、二〇『旭荘文稿』にある。天保十一年十一月。

二一三　必東主人所藏蔣公德璟墨蹟記

三十年前。余猶幼。遊必東亭。觀壁上所挂書。主人曰。是何人。余曰。蔣公德璟。崇禎五十相之一。主人欲聞其詳。而余不知也。文政乙酉。遊筑後始讀明史。乃抄公本傳貽主人。天保中。遊京師。與豐後速見人日野曉碧交。其言曰。我鄉故老傳。謝隆琦之踏海歸化。未開黃檗也。自長崎来。寓我速見僧菴有年。佛扉左右貼蔣公德璟張公煌言書。隆琦去。張公書不識在何所。蔣公書吾族某獲而珍之。後販之君鄉必東主人矣。今茲嘉永辛亥。自上國歸。訪主人。復見蔣公書焉。話舊。且告曉碧言。主人喜請記。余謂。今之寶古賢手蹟者。未識其書。先買其名。故爲人所欺。獲其眞者鮮矣。主人初不知蔣公爲何人。而愛其書。鑑識可尚。夫主人識其書。而不知其人。得余知之。余知其人。而不知其書所由出。得曉碧知之。三十年間。恍忽邂逅。如有物使之。疑公之精爽。存于冥冥中故然乎。按南彊繹史。張公傳末載隆琦事。蓋隆琦生平親交二公。故携其手跡。航萬里溟渤。不忍使其汚於胡清腥羶也。此書夭矯猶龍。想張公書亦必然。二公皆人中之龍。張公精爽。不當獨泯於天壤間。物以類聚。雙龍之合。或將有日。主人若能獲之。吾將復記。姑書此爲左劵。

底本 八『梅墩文鈔』。再稿 七『旭荘文稿』。初稿 一『旭荘文集』。同文の寫しが 一九『旭荘文稿』、二〇『旭荘文稿』にある。嘉永四年。

二一四　向陽楼記

米子山城也。而三面臨海。萬木森蔚。危櫓數層自木末抽。慶長中毛利氏所經始。近年櫓破。藩侯告官脩之。土人鹿島者、素封也。與其宗謀。以世治國恩。請献其貲。親任其事、既而功竣。侯賞。各賜俸二十口矣。君園荘在城東北。與城山相對。新構一楼。廣僅容身。素樸不飾。以其面南。扁曰向陽。古人以葵心向陽。常借此寓其忠愛之念焉。君之意。蓋使其子孫。永念主恩。莫忘也已。觀今之富者。日食萬錢廣大。其居多蓄姫妾。而聚難得之寶光焉。自奉如王公。一旦遭國家多故。不得已而獻貲。則恨見於聲音。吹虀不已。每言及國用。輙病悸。猶怯夫見蛇。唯欲速忘之。矧肯永念之。矧肯使子孫莫忘之。其舎人僮僕事之者。亦猶其主。唯謀冨其家。毫不顧主之患。故愈嗇者。愈衰使此輩。聞君竭力於國事。而不侈其居。又念之如葵心向陽。又使子孫永莫忘之。始知人間有羞耻事。則此擧可以勵俗矣。且君之舎人僮僕亦衆多。皆能儀式于君。而忠愛其主。則君家繁冨。可期日而俟也。余既記君之意。傳之子孫。又告為君舎人僮僕者、莫忘向陽之義。

底本 詩 22『旭荘遺稿』第四冊。初稿に、一〇『近詩文稿』がある。嘉永七年。

二一五　菊池千本槍記

建武延元之間。菊池氏以勤王著。千載河之役。以五千兵破賊六萬。當是時。命諸國名工作槍尖千口。世呼曰菊池千本槍。後人或獲之。珍愛之等拱璧。余兄棣園藏其一。頃携至浪華。贈諸彰甫白山君。囑余曰。爲我作記貽君。初菊池氏之衰也。其族四散。之河內。之淡路。之佐渡八丈諸嶋矣。顧菊池氏奕世精忠義烈。與楠新田北畠諸族較。而無所遜。至今之世。新田氏支流奄有天下。池田氏係楠氏裔。亦封大國。天之所以報忠義嚴矣。而北畠氏菊池氏。則式微無聞何乎。盖南北混一之後。楠氏新田氏芟夷殆殲。而北畠氏據伊勢。菊池氏據肥後。自若二百年所始亡。則陰隲乘除。自然之數爾。天之待四家。初無厚薄也。菊池氏之河內者。後移于紀。余識其宗。曰士固。文名今世。其之淡路者。住白山邑。因邑爲氏。後移浪華。卽君之先也。宗族繁衍。世以素封鳴于海內。君父自宗家出。別爲一宗。至君益弘其產。雄藩名侯。多賴其資給。雖君才力之所致。然不可謂非祖先餘慶也。司馬遷曰。粤滅而繇王封侯。禹之餘烈也。菊池氏毋乃酷類此乎。嗚呼。時遷世變。名異而實同者有矣。子展曰。堅事晉楚。以蕃王室也。今之諸侯。如晉楚者。君能資給之。雖其跡不同。亦不可謂非勤王也。我兄之贈此。亦唯欲君之追懷其祖無忝之耳。古云。人不易物。惟德其物。君既獲祖先所遺之物。豈可不勤而聿脩厥德哉。

底本 八『梅墩文鈔』。再稿 七『旭荘文稿』。同文の寫しに 五『旭荘先生近文稿』がある。初稿 一『旭荘文集』。同文の寫しが 一九『旭荘文稿』、二〇『旭荘文稿』にある。

二一六　常青館記

余抵防府。訪五十君氏。君業釀酒。爲郷著姓。諸侯過此地者多館焉。室宏而明。華潔無塵。庭栽鉄蕉両株。亭々出墻。名曰常青館。請余記。余謂。青之爲名。盛矣哉。然難常也。若能常之。其庶幾乎。夫青者色之始。猶方之東。時之春。五行之木也。是爲最貴。其於人。以心爲情。以目爲睛。富春秋爲青年。地隆位盛爲青雲。不亦盛乎。帝出于震。時春而木青。秋則黄落。人亦然。情者實也。反之者爲黑心。青年之變爲白髮黄馘。青雲之覆爲赤族黔首。不亦難常乎。故人之喜于春。悲于秋。實于前反于後。勉于少。惰于老。隆盛于始。覆于終者。皆未得常春之理也。常之有術。宜如鉄蕉然。無花之嬌。故無枝之折。不與春栄。故不與秋枯。石鑠金焦亦青々也。雪虐霜擊亦青々也。君能堅其守。不與物競。使世之榮辱毀譽得失利害。不攖我心。淡如泊如。樂天安命。忘憂於青尊。期志於青史。其子孫能着青衿。手青編。而對青燈。其家人能熙々然如青春。其能勉產業而隆盛。如水之益深而青。山之益高而青天之益遠而青。則豈不誠常青乎。是爲記。

底本 二『詩稿及文』。同文の寫しが 七『旭荘文稿』、八『梅墩文鈔』にある。

二一七　水哉亭記　　　儔

十五六年前。余在江戸。識萩人坪井君焉。君曰。我亭名水哉。請記之。余曰。未知其狀何如也。君命工作圖而眎之。余曰。狀既知矣。未睹其勝何如也。吾将西游。親睹其勝而記未爲晚也。居一年。君遭讒罷。余亦連蹇。遂不能游焉。居十年。君復用。余偶西游。至君之亭。々在水北。水源自東南萬山中出。初小洄洑於巖石土沙間。數十百里而稍大。碧波溶漾。與兩岸平。徐過亭下。以注海口。南岸之上。連山横列。時見奇峰筍立。古木大數十圍者攢生焉。巃嵸峭蒨。湧青潑綠。水光如鑑。山影倒映。坐亭者。俯仰見二山。有渡舟搖槳而進。水中山碎而岸上山自若。余曰。勝既睹矣。君曰。君既睹勝矣。未可以記乎。余曰。未知水哉之主何如也。既而聞君任侯家度支事。課土之所出。而貨于餘國。上不損而下得利。其意不在附益。而在施澤。誠善法也。防長提封殆百萬。不乏人材。上選於衆。而擧君。誠得人矣哉。其屬吏多才幹之士。及富民。各述利害。又傍與把政柄者相是非。而毀譽荐興。動掣其臂。於是罷復用。而其量極寛。能受衆難與物莫逆。似水之處卑藏汚。容衆流以成其大。施澤無彊者。嗚呼。吾今而知水哉之主矣。孟子曰。源泉混々。不舍晝夜。盈科而後進。放乎四海。有本者蓋如是。其本亂而末治者否矣。君之與屬吏。施澤之與附益。孰本孰末。君必有以辨之者。夫余見亭之狀。睹亭之勝。而猶不肯記。必知其主而後記。亦猶水盈科而進意。謂亭之名與狀與勝皆末。而主本也。然則君之所務。其在本乎。其在本乎。

底本 二『詩稿及文』。同文の寫しに 八『梅墩文鈔』がある。

二一八　東岡記

堤邑之氓病目。療之百方不愈。就道士禳之。會其醉。執蓍大言。吾爲汝筮之。不知其何卦。兆云。突其巔。有物出頭如舉。稟形圓。成質堅。不崩不騫。其壽亘億萬年。昔卜鄰乎粢盛之邊。日受祟虔。今遷舍乎耒耜之前。永被遐捐。神也穆焉。祟也儼然。病不痊。此之緣。氓曰。異哉。某舍之東有岡。岡有田。田有石。相傳。此石嘗祭爲神。今埋於土。僅現其尖數寸。毋乃是乎。道士曰。然也。汝遽鑿地出之。供之以酒與脯。再拜告曰。克令病愈。祀而復於子之始矣。不能愈病。畀於水火矣。如是必有應。氓從之。其夜寢。如有物剟目。奇痛難禁。比明痛止。則瞭然既愈。因祭諸岡上焉。於是人或往祈者。嘖々夸其靈異曰。某喑也。我向聞其歌於祠前矣。其跛也。我向見其走於岡上矣。其始一人言。而十人聞。十人言。而百人信。終使闔鄉之人。無一人不往者。余偶過其麓。二客從。强余遊焉。乃登岡。四望而三嘆。從者問其故。曰。此岡也。路雖不能數百步。而竹直藤曲。足以竒其趣也。頂雖去人不遠。而土瘠苔肥。足以淸其俗也。亦不易得之地。近在吾鄉。而吾未知有之。殆乎失之。是吾所以一歎也。來遊此地者。不知其幾千。而心各有所營。則未暇知此地之好。擧頭望山。低頭觀水。間如我輩者。世上幾人。是吾所以二歎也。神在冥々。不可測。地在昭々易知。人咸好其不可測者。而不知其易知者。是吾所以三嘆也。吾又有更歎。人之所栄。石不必以爲栄。而石之所安。人不必知之。如吾者。有思則言。不可言則歎。石者。雖有思不能自言。石不自言。則人終不知石之心也。夫以不知我之人。我祭我拜。石而有神。以爲寵耶。以爲煩耶。必有以思矣。而不能自言。則必有以嘆矣。而不能自嘆。則吾豈可不代之歎乎。

（上欄評）

有此一段尤妙。（本文第二十一行目）　一『旭荘文集』

底本 七『旭荘文稿』。同文の寫しが 一『旭荘文集』、八『梅墩文鈔』、一九『旭荘文稿』、二〇『旭荘文稿』にある。

『旭莊遺稿』第三冊がある。

二一九　避齋記

橋君園莊。匝以老木數十百株。又種竹而塞其罅。內頗廣。東南種蔬。西北搆書齋。窓戸四開。潔而明。名避齋。余始至其家。卽乞記。余曰。舜避堯之子。禹避舜之子。伯夷太公避紂。沮溺避世。而仲尼避人避地避色避言。凢讓官稱避賢。自古聖賢。莫不以避爲用者。然吾未知君之所以避也。今堯舜在上。治化休明。且君非仕宦者。復何避哉。君好學喜客。聲氣之所通。名聞上國。四方來赴者。如水就卑。而君自視欿然。則君之所欲避。非名而何。君曰否。乃留余齋中。余起焉。卧焉。嘯傲焉。数日又曰。君所避在邇。而我求諸遠。故誤矣。此地南接角盤萬尋之山。北瀕溟渤。遠眺三韓。朔吹起。雪片大如席者。紛紛墜。頃刻積二三尺。人皆苦寒。而齋種樹如屛。南窓負暄。可以避風也。四隣悉田舍。多牛馬。蚊蠅之聲如雷。人皆苦暑。而齋敞豁。窓戸洞開。淸風自樹陰生。徹宵見月。晝不用扇。夜不設蚊幮。可以避熱也。齋旣足以避二者。而君素封宗族繁。僮僕數百指。君雖抱讀書之志。僅手卷。家人之求見者隨至。終日而不息。齋離家二百步。君獨坐焉。下簾垂帷。家人不見其影。於是得閒讀書。可以避事也。君曰然。乃記。

底本　八『梅墩文鈔』。初稿　一〇『近詩文稿』。再稿に、詩22

二二〇　記天狗事

山海經曰。陰山有獸。狀如貍。好食蛇。名曰天狗。甲州猪鼻山。蓋有天狗。能為妖云。蒲生知間屯於猪鼻山。夜々有大閧乎山上者。又曰。石墮営中。軍士不得眠。知間患之。謂小校土喜元貞曰。山上有廢寺。僧空海所営也。今有天狗據焉。人到輙死。吾有長戟十萬。而為鬼物所窘如人口。何汝猛士也。到妖寺。而捕渠来乎。元貞曰。諾。往而登山漸近寺也。道傍有一道士。長丈餘枕鐵槌。卧鼾睡之声動地。元貞以長刀柄撲其脛。曰。起々害行人。道士怒曰。汝何爲者。来妨我睡。元貞笑曰。汝欲撚虎鬚乎。我猛士元貞也。道士曰。汝是元貞能與我鬪乎。起與元貞鬪。移時道士忽維藤根而蹶。元貞斬之。頭化飛鳶長鳴而去。乃進到寺前。丹青陊剝。廊廡傾倒。陰霧如雨。寺前有仁王像。狀甚偉。疾視元貞。扼腕進曰。客能角觝乎。我試爲耦。元貞摑而投之礎角。既而有声。手足分裂。土木狼籍。頃之有大叫山陰者。声如洪鍾。漸近元貞。投寺中而窺之。鬼婆長二丈。目光如炬。両手持蛇數百而齕之。恰若食麪。見仁王撫之曰。可憐。汝欲食人。而反爲人所殪。仁王昂然矯首曰。吾向易彼故如此耳。拾我手。拾我足。今再決雌雄。婆乃聚拾手足而合之。扶之而起。則宛然向之仁王也。距躍而進。謂元貞曰。請再矣。元貞以刀敺其頭。忽然墮谷。元貞遂斬鬼婆。其形忽滅。誤中牀板。板断板罅。磔々有声。佛像一軀。匍匐而出。咋曰。久乏香火。不勝飢餒。汝偶到此。不可失也。將捕元貞。元貞跳其腹。忽然而仆。髑髏無數自腹中躍出。環圍元貞。咆嗷怒罵。或擢沙礫而擲。或折木株而來。或自拔其頭提而投之。元貞盡斬碎之。片々化爲胡蝶。不知其幾千萬。眯目哽口紛如雨雪。元貞患之。走而降山。則斜日西沒。愁雲四浮。鄉之所斬仁王首。從谷中出。嚙元貞。攫而據之。化爲電光。入雲而去。元貞歸営。則日猶高。見知間備語之。飛雨驟至。迅雷一声。震乎庭砌。就而視之。則仁王頭轉輾如生。元貞取之。則石也。薦之知間。知間唯見一女子載金鳳釵著紫羅裙。来謂知間曰。吾天使也。此紫府清嚴地。不許居此。汝速去。不然有禍。知間大怒。秡刀斬之。既而察之。則元貞爲両段而臥矣。忽有數萬人笑於山上声。知間大懼遂移営於他所。

底本　二二一『旭荘文録』。文政六年。

二二一　記毛利但馬事

有一瞽者。善彈琵琶。出入於筑太夫毛利但馬家。思遇至厚。但馬鑄刀。欲有所試。瞽者偶至。但馬撫其背曰。美哉背也。肥矣腯矣。少間又曰。吾爲汝亦至矣。吾今欲有請於汝。汝許之乎。瞽欣然曰。常思所以報德。今見命敢辭之乎。但馬曰。吾所請頗難。汝能許乎。對曰。已聞命何再三矣。乃携其乎下堂。瞽曰。欲何之。但馬曰。唯聽吾所爲。步而到庭上壇。瞽曰。此何處哉。曰。壇也。欲何爲。曰。事宜至密。恐外人之知。故到此。且跪可共談。乃跪。但馬把刀而立其背後曰。吾欲請汝命。瞽大驚曰。公所請者是乎。但馬曰。然。吾鑄一刀。未有所試。試之非肥腯者。則不可也。汝幸許之。故將施事。瞽泣曰。若知事至此。吾豈許之。願公察焉。但馬曰。我告以至難。而汝猶許之。故方就事。汝莫再言。瞽猶欲有所辨。而頭已墮於壇下。又隨而寸断焉。未幾但馬死。家之子女。生者多盲。且有筋在其背。成琵琶狀。蓋其祟也云。昔皐陶治獄。無冤刑而黥。及其子孫。況濫殺乎。

底本　二二一『旭荘文録』。文政六年。

二二二　記柏某遇騙事

豊東柏某。君子人也。性淳樸。不敢欺人。而不免爲人所欺矣。歳癸巳。將遊余家。路於耶馬溪。路上有一人。左手持柬。右手持錦嚢。容貌鄙陋。言語戇直。捧柬授柏曰。小人此地之氓也。途而拾柬與嚢矣。嚢中有金。欲返諸其主。然小人目不識丁。莫由訪此。願公讀柬一過。得以知遺之者。柏以爲。山野之間。豈有黃向其人乎。恐騙也。乃答曰。吾亦不識字。其人曰。彼有寺。吾問之主僧。走向寺。柏亦疾步避之。行七八里。有三人自後来。謂柏曰。某等中州行估也。公之何地乎。柏曰。自豊東過於日田也。何故乎。曰。學於廣氏也。識豊東矢田君乎。曰。吾親朋也。曰。矢田君昨赴日田。路宿宇佐。某等同逆旅。得辱知其人。誠善士也。柏初疑三人亦騙。以其知己友。故稍々親之。行且語柏曰。昨夜聞宇佐人遺數百金於此溪上。索之連日不獲。某等終年行賈。所得不過一二十金。若得數百金。不復須間關千里也。誰獲彼遺金者。豈非無望大幸乎。物各有命。大幸不可謀而徼也。言訖嘆息。柏因誦向者之狀。愕然曰。世間復有如是奇福人哉。得面其人無憾。吾三人返而見其人。公姑遲焉。三人返。柏憩樹陰。三人行数步。向之一人忽然至。距柏所三四十步。向之一人似不知柏在樹陰者。柏凝耳目而窺之。復出柬與嚢。謂三人曰。小人此地之氓也。途而拾柬與嚢矣。嚢中有金。欲返諸其主。然小人目不識丁。莫由訪此。向逢一士問之。曰。不識字也。之寺問之。曰。和尚不在也。公等三人。豈無一人能讀柬者。願讀之。三人中之一人。走而至柏所。望其面有喜色。就柏耳私語曰。彼大痴人也耳。可欺而分彼金。公無意焉乎。柏欲無行。曰。公君子人也。然拱手傍觀我所爲。亦無害於義也。柏乃行。三人謂拾金者曰。子何業。曰。樵也。薪價幾何。曰百斤四十錢。一日樵幾斤。曰。百三四十斤。三人曰。然則子周年之產。不過五六金耳。今子所拾大利也。子雖終身労苦。恐不能致焉。今遺者不就子索之。子欲索其人而返之。子志非不美。然亦近於愚。何不自私乎。拾金者不肯曰。小人愚愿。未曾作負心事。若見得忘義。母乃不可乎。三人笑曰。固哉。大行不顧細謹。卽此之謂也。天眖不受。行將殃矣。且威且勸。百端曉譬。拾金者始悟。三人開嚢。中有色如銀物數十片。三人各探其懷。出一金授之曰。子因我言而知私此貨。則不可不我謝也。諺曰。拾者拾而有福。則觀者觀而有獲。子拾之。我觀之。何不施百一於我乎。我義不爲受人之恵而不報。則以一金謝子。拾金者悅曰。小人心亦如是。乃探嚢出三片與三人。三人指柏曰。彼人亦觀。何不獻一片焉乎。拾金者睨柏曰。彼公不識字。且不教小人受天眖。何故與哉。三人詬曰。何嗇一片金。而不爲彼人之地乎。拾金者不得已。取一片與柏。將去。三人謂柏曰。公亦宜出一金而報彼。柏出一金與之。拜謝而去。三人有德色於柏曰。此閻浮提金也。一片可以抵十金。彼愚樵。不知此爲貴。故得餌一金而欺之。公亦微我輩。不獲此也。同行数里而別。柏来余家。出閻浮提金。則鉛也。逢矢田生問之。則曰。吾與宿宇佐者四人。容貌鄙験者。亦在其中矣。

底本 八『梅墩文鈔』。再稿 七『旭荘文稿』。初稿 一『旭荘文集』。同文の寫しが 一九『旭荘文稿』、二〇『旭荘文稿』にある。天保四年。

二二三　記夢

夢遊黑海之上。氛霧滃渤。日月窈冥。濁浪蹴天。腥風擘面。数十萬之衆。溺於浪底。啼哭之聲。慘楚幽咽。掩耳而不堪聞。衆漸游而至一島。皆休焉。少選。嶋自震動。蜿々浮于波上。視之則千丈巨蟒也。睨萬衆在其背。而閃舌掉尾。欲盡呑之。衆相視而失色。乃復投海。又漸游而登一巖。巖底訇然。波浪沸湧。九頭之天吳。出于中央。口如百斛舩。垂涎大悦。衆大驚而復投海。困羸稍逼。將死望津口。則有一神人。如欲救衆者也。見余之至。而有喜色。以手招之。余就視其貌。則頭如臼。面如蒙箕。謂余曰。汝不能救乎。余乃脫衣張臂。盡力而擧之。左提則右既墜。欲救前者。則後者復沈。以至腕脫腰。强神人叱曰。迂矣。汝欲以手救天下之溺乎。因張三綱。爲辭呪之。一擧而網萬人。又設五綸。爲辭呪之。鈎其漏者。以擧之。衆遂得全。余問神人。是何處乎。神人曰。是謂慾海。衆何溺焉。曰。衆視海底有蚌蛤魚蝦之利。文具斑石之色。而欲私之。故溺焉。神人曰。吁彼天吳主利者也。巨蟒主色者也。故怒而欲殺之。吾傷之。故三綱以救其欲利之禍。五綸以救其欲色之禍。而使天吳巨蟒避我綱綸者。在彼辭焉。余問其辭。神人曰。汝歸而求之副墨之子洛誦之孫。必有救溺之捷徑。余復問之。神人不答。驚雷一声。蘧然而覚。則暴雨溢池。蛾子漂而滿焉。

底本 一『旭荘文集』。同文の寫しが 六『旭荘刪餘剩稿』、二一『旭荘稿』にある。

⒃ 行　状

二二四　小山翁行状

翁諱敏行。通称安右衞門。幼名甚吉。號春風舘主人。備中倉敷人。本姓原。父曰基金。翁年十三。小山士敬者。養爲義子。配以其女。因冒小山氏。性忠樸而和。衆莫不親愛之。勉彊家務。遂致豊饒。弘化丙午九月五日病沒。壽六十三。子六人。男曰成章。女嫁佐藤氏。餘皆夭。初倉敷人。議立郷校。縣令使翁管其庶務。天保中。縣令欲招余督生徒。使翁通信於余。余有故不能應招。然聞翁之好學。欲一把臂以悉衷藴矣。嘉永壬子。始遊倉敷。則翁既沒。成章請撰翁行状。余與翁終不相見。昧其平素。乃使成章述。則僅僅数十字。唯詳生卒年月。而其嘉言懿行一無載焉。夫以蠡測海。其深廣不可得而知也。然以蠡之所測含嚼。其味可得而知也。嗚呼。若此状。翁之爲人不可得而知也。亦豈不可得而知哉。

底本 八『梅墩文鈔』。再稿 七『旭荘文稿』。初稿 二『詩稿及文』。嘉永五年。

二二五　益永君墓誌銘

君諱俊輔。豊前宇佐人。姓宇佐宿禰。益永其族也。先数十世奉祠於八幡大神。曽祖光輔。従五位下。任出羽守。祖實輔。従五位下。任大和守。父忠輔。従四位下。任周防守。有三子。君其長子也。君幼好學。八歳師事郷先生清田翁。聰慧絶倫。旁能和歌。既長来遊肥田。受業家君。予是以知其爲人。精勤好學。足以勵儒夫。門生数十人。當夜讀書。短檠碁敷。燁煜如晝。比至四皷。唔咿寂然。燈焰皆死。而有一燈守窓。磨硯聲隆隆者。輒君讀書處也。容貌温恭。言如不出於ロ。其交於人。無老幼皆歡。予雖不到其家觀之。然知其事父母必孝能得鍾愛也。邦俗剃額髪。稱曰元服。以擬古加冠之義。必擇才名之士爲賓。予之元服。選賓朋友。皆曰莫如君焉。乃請爲賓。文化十三年。以父蔭補政所總撿校。明年叙従五位下。任飛彈守。文政六年。遷従五位上。我邦世奉神道。中古以來。祠官無人。神學頗衰。有志者。皆無不憤惋。君生於神職之家。而有挺特之質。衆期其大成。庶幾神道之盛。可望於將來也。而多病。不能久留於我家。歸養於其家。未幾終焉。時文政七年十二月某日也。年二十一。未娶無子。葬於宇佐先塋。既而周防君。以書来請曰。我子早死。未知於人。其孝悌之質。精勤之志。愛之者父母。知之者朋友。非吾子。則誰宜銘我子。願煩吾子。嗚呼。予雖昧文辭。見人有善。乃欲其傳。況我友乎。且予請君爲賓。而君不他讓。則予豈可以銘他讓哉。銘曰。

御許之嶺。挿空嶙峋。飛泉湧雲。與天作隣。山靈地邃。中生異人。蔚乎如夏。温乎似春。不史不野。文質彬彬。其徳誰協。能協大神。巫陽下招。徵爲輔臣。神徳天地。萬億維新。陟降左右。永陪烝禋。

（欄外評）

嗚呼亡友益永君之墓ナド通例ノ書法ナルベキカ。（標題右欄外）

（上欄評）

缺字ノ法、得ト知ラズ、以臆論レ之ニ、碑ハ天下後世ニ公スル物也、贈序尺牘ナドノ専其人ニ与ルト同ラズ、故ニ一切缺字ニ不レ及ト存ル也。（本文第二行目）

往而見之輒君之讀書也。（本文第八行目）

（欄外評）

人柄ヲ叙ルノ語、處々ニ散在ス。故ニ一處ニ集ム。何如。

（本文第九行目左欄外）
（上欄評）
予文喜簡潔、不喜繁縟、削他人之文、亦於此辟焉、取捨任意而可也。（本文第十一行目）
職ハ成人ノ上任スル物ナリ。生於職イカヾ。（本文第十四行目）
塋ハ兆域之事ナリヤ。若墓ナラハ、塋之側ト云ヘキカ。
（本文第十七行目）
曽祖ノ一段、前ノ奉祠於八幡太神ノ下ニ置ハ、如レ何。（本文第十七行目、「先塋」ノ次ノ初稿文ニ対スル評）
称作レ任、恐クハ日本ノ本意ナラン。尚聞合セ然ヘシ。又云、虚名无レ実称ト云モ可ナランカ。（本文第十七行目、「先塋」ノ次ノ初稿文ニ対スル評）
（文中評）
拜ニハ及マジキカ、敕命ニテ撰シタル碑ノ石摺ナドニモ、見エヌ様ニ覚ユ。（初稿ノ年記署名ノ左下）三〔詩文稿〕（旭荘遺稿第八号）

底本 一『旭荘文集』。再稿 三〔詩文稿〕（旭荘遺稿第八号）。初稿 三〔詩文稿〕（旭荘遺稿第八号）。文政十一年十二月。

二二六　羽文鳳墓誌銘代家君

文鳳姓羽野。名儀。通稱富門。豐後日田人。家世業醫。父養詢。娶久留米人本戸氏。生文鳳。文鳳幼而孤。從母於米府。遂爲筑人。文政六年擢爲浪人。浪人米府爵級名也。十一年戊子十一月十二日病卒。年三十三。葬於香林山無量寺。妻倉岡氏。有一女。文鳳之在日田也。嘗學於余。爲人沈靜寡欲。在家如賓。無見其疾言遽色者。才氣精敏。尤長於詩。能一日賦數百首。其在米府也。以醫鳴。乞藥者。雜遝成市。耆宿斂手遜之。然無嫉之者。其温恭醉人如此。初其失怙也。母氏煢々孑立。守節於家。繅燈課字。鍼窗授讀。夙夜勤苦。以俟文鳳之有成。二十餘年而文鳳成矣。成而無幾沒矣。其勞母心之日長。而慰母心之日短。文鳳孝子也。我知其有憾於母氏。如古歐蘇母。皆教其子。而至成立。文鳳獨中道而沒。本戸氏慈母也。我知其有憾於文鳳。母子之憾不可以釋。則將假善文者而洩之。然而羽母必欲使余銘之。余固不文。可以辭也。而余亦有憾於失佳友焉。則可不銘以自釋哉。銘曰。
能活千殤一身喪。天哉命矣亦何傷。遺愛存人逝益彰。壽也雖短名也長。嗚呼若人不爲亡。

底本 二〇『旭荘文稿』。初稿 一『旭荘文集』。文政十一年カ。

二二七　玄夢翁墓誌銘

翁姓辻本。諱永貞。通稱勘兵衞。祖諱玄貞。父諱武昌。其先攝津小濱人。後徙大坂。爲大坂人。家世業啇。翁承父祖緒。夙夜勤苦。家産日昌。善俳諧狂歌。初號残月舍露光。晚改曰魯考。天資孝友。父沒十年。追慕不懈。集中有先人行狀。請僧大麟銘其碑也。有輯先人所書断紙零絹。藏諸阪松山寺之記。慮後人汚其手澤也。有與二妹謁墓之歌。喜二妹婉順能奉先人遺教也。使讀者想見其平居孝慈和祥之狀。大阪萬貨所湊。人急趨利。能讀書者尠矣。翁雖未聞大道。然其行事如此。子夏所謂吾必謂之學矣者非邪。天保十一年三月二十日卒。享年七十有五。妻大津氏。子男一人教善。孫二人。銘曰。

如何斯可謂之士。行已有恥。宗族稱孝。鄉黨稱弟。況又高年七十有五。令孫佳子。鳳舞鸞峙。嗚呼亦足矣。

底本　九『旭荘文鈔』。天保十一年。

二二八　宗義神吉君墓誌銘

播磨佐用平福人神吉弘範。出其族宗義居士。行狀曰。是某族忠固父也。自其沒且七十年。忠固老矣。恐一旦溘然不能使子孫永無忘先人功德。將立碑勒之。謀諸弘範。弘範不遑識焉。而嘗聞其概畧於我父。因作此狀請君誌之。按狀。君諱篤敬。姓源氏。通稱源右衞門。其先民部太輔頼定。爲播磨印南神吉城主。故子孫世以神吉爲族。頼定子曰宗定。天正中爲平福人。其孫宗重有子四人。叔曰宗政。季曰宗貞。宗政通稱源右衞門。其二子。長曰宗相。爲平福大坊正。次曰宗賢。即皇考也。爲季祖宗貞嗣。娶井上氏生君。君四歳孤。宗貞年高。屬君於伯父宗相。而自養井上宗秀者爲嗣。君幼事伯父母。以孝名。聞其上。見褒。既而宗貞宗秀相継沒。伯父亦喪男。於是配伯父女。爲其嗣。兼後於季祖。合二家爲一矣。亦任大坊正。精勤勉强。家道日豊。然能救孤獨分貧窮。又以私財闢新墾。建義倉以備凶荒。衆悅服。平福及傍邑二十。濱田支封松平氏采地也。擢君任其代官。宰五千石地。邑小用匱。君任職十餘年。大省冗費。松平氏遂以富贍。名於支封中。君臨下嚴而惠。人畏且愛之。農啇得所。境内蕃息。荐蒙賞賜。後以病辭職。松平氏欲以君義子代之。君固辭。擧能吏田住某焉。安永二年三月十一日卒。距生享保九年五十年矣。葬鷲栖山正覚寺。法謚曰宗義居士。初無子息。養福岡氏子宗親。井上氏子光定。爲義子。蓋欲以其一後於宗季也。後擧男忠固。及君卒。宗親嗣。無幾夭。光定嗣。亦沒。忠固嗣。以君蔭任代官佐。天保中。松平氏徙封陸奥。忠固辭職留平福焉。銘曰。

昔有宰官。曰神吉君。不暴取民。而実倉囷。上贍下親。豈曰非仁。今也艱屯。諸侯用貧。國勢沈淪。窮態日新。願作若人。爲今時臣。

底本 七『旭荘文稿』。同文の寫しが 九『旭荘文鈔』、一四『天保癸卯詩文草稿』、一九『旭荘文稿』、二〇『旭荘文稿』にある。天保十三年頃。

二二九　松田久平翁墓誌銘

翁姓松田。通稱喜兵衞。晩薙髮稱久平。能登七尾人。父曰久左衞門。母首藤氏。翁幼孝于怙恃。長剛直英邁。接人以恭。莫不嚴憚者。勤家政殆忘寢食。偶臥。傍人鬩之。一眼開如不眠者。器使家人各竭其材。年三十病眼。廢筆札數歲。他人投贈柬劄數千。既痊。一時答酬無有遺忘。强記如此。四十。家道稍豐。始造船屢游上國。老益健。單身跋涉數百千里。曰。一笠一杖吾足矣。天保丙申。海內大饑。時寓浪華。本藩加賀倉邸在浪華。官吏召邸吏曰。土人之食。恆仰加州米而不至。人將相食。加大藩也。忍坐視乎。邸吏恥。然倉無現穀。召翁謀之。居數日。翁報米數千石至。邸吏怪其速。翁曰。我國隔遠。故馳馹糴西州米矣。邸吏喜。鳴翁勞于藩府。賜賞。翁又柬家人。賑卹鄉里飢者。後居金澤。而業糴糶。益富。然能守儉。一手巾數年。破輒補綴用之。生平語子弟曰。我不讀書。唯知與人以敬。虛心受誨耳。初生胞衣在肩。又掌有直上紋。及老稍暢達指頭。十指皆然。人以爲壽福之兆。嘉永二年己酉九月十七日。病終于金澤。距生明和七年庚寅八十三年矣。配桶氏。先翁歿。無子。養弟宇左衞門子謙爲嗣。亦先歿。孫立敬奉柩歸。葬于七尾先塋之側。銘曰。

我聞加人言。松田氏之諸船。航于大洋。莫一不安全。以致厚贏。數十百千。率身以儉。賑物以仁。天之冥祐。豈其偶然。既壽且富。永貽于爾子孫。

底本 二『詩稿及文』。初稿 一五『詩文未定稿』。嘉永二年。

二三〇　大熊益齋翁配西山氏墓誌銘

文政丁亥。余寓備中大熊益齋翁家。其配西山孺人。憫余羈單。爲澣汗衣。屢膳脆旨。翁性嚴急。且好賓客。飲醼無虛日。而孺人逍遙承意。無有乖忤。客無不称其賢者。翁歿後。孺人依其子寅於浪華。余見焉。約迎而話旧。未果。病。寅奉之歸鄉。無幾而終。葬于翁墓側。既寅以狀來曰。先妣屢称君。君其銘墓。按狀曰。孺人世備中鴨方人。祖曰拙齋先生。以醇儒赫著海內。父曰桂蔭。配坂本氏生孺人。孺人幼。拙齋先生授以女誡。事父母能得其歡。鴨方係岡山支封池田侯邑。侯及夫人聞其婣睦孝悌。屢召見。賜物。年二十一嫁益齋翁。

事姑猶事父母。親奉食侍浴。雖有疾痛。未曾令人代。生寅及弟某妹某。教以義方。生平勉女功。至老不休。有暇則讀書。或詠國詞以娛。翁歿後。寅遊学四方。家道替衰。寅常憾不能罄甘旨。而孺人怡然樂之。未嘗見憂色也。歿在嘉永庚戌七月十九日。距生天明甲辰九月二十日六十七年矣。銘曰。

助夫以寛。教子以嚴。接人以誠。處事以恬。一片之石。萬古具瞻。

底本 七『旭莊文稿』。同文の寫しが 八『梅墩文鈔』、一『旭莊文集』、五『旭莊先生近文稿』、一九『旭莊文稿』、二〇『旭莊文稿』にある。嘉永三年七月。

二三一　叔兄棣園翁墓誌銘

兄諱貞基。字叔信。號棣園。通稱三右衞門。父淨喜府君。母後藤孺人。兄弟八人。兄行四。而予八也。兄機決。善理財。不頼仲產。別自累千金。喜赴人之急。諸侯或聘詢國是。嘉永中。官賞其嘗救飢民。且西城之災納貲。賜金二方(包)。安政甲寅。復以納備砲臺之貲。賜銀五枚。筑前侯以其有勞其國事。賜銀及袴。秋月侯亦召見。賜俸五口先衣及盃。嘗罹奇禍。鄉有六次者。爲兄絕食祈神。謂予曰。我少無頼。令兄勤讀易。因得知過。故報。予猶記。兄未弱冠。携一人自外入謂余曰。伊人有憾於其親。怒出奔。吾喩以孝道。伊人感悟矣。其勸善此類也。生平喜史。手不釋卷。安政二年正月十二日病終於家。予家五六世。壽皆八九十。而兄獨五十八。自予生四十九年。兄四人皆康强。始喪一人哀哉。配豐田氏無子。養仲兄次女。納豐前人久保吾八郎爲婿。亦無子。又養予第三子忠與仲兄孫海老作。忠先夭。銘曰。

邦狎清世。士蔑奇勳。長槍十萬。難療一貧。有人談笑。爲濟厥艱。上用以贍。不漁于民。才亞衞賜。術抗計然。雖由于利。非不本仁。下視八俊。上睎三君。鶴山鬱欝。菽水沄沄。爰一片石。同萬斯年。

底本 八『梅墩文鈔』。初稿 一五『詩文未定稿』。安政二年。

二三二　西村君墓碑銘

君諱韋。字君韋。號洵美堂。通稱大六。本姓熊澤。父曰綱德。世仕米子城主荒尾君。因藩醫員西村政德翁。奉君命住于米子。乃養君為嗣。冒姓西村。文政丙戌翁歿。君継其家。君少錬鍼術。弱冠後東遊。學醫於山脇吉益二家。三年業大成既帰。乞治者屨常満戸。又屢為隣邦所招。而君清雅謙遜。其診病家。未曾問貴賤貧富。唯以疾之重輕為後先。人服其德。天保中疾行君施貧。不能薬者千有餘人。或疑其好名。君曰俸禄不匱。何忍視人之爲貧而死乎。初君襲家。賜以宅一區龍自其庭。騰人以為瑞。西村氏世賜俸十口及米四十苞。文政癸未特賞其累世勤勞。與其居業有誠。賜秩二百石。始有禄田。弘化乙巳。又增米十苞。君寡欲。性不嗜酒。有暇集友喫茶。所著有鍼規一卷。頗究奥賾。從游衆多。成名者三十餘人。君雖業醫以班在士列。潜心武技。多蔵古刀軍器。傍及書畫玉石。嘉永甲寅閏七月十日病卒。距生天明甲辰。七十有一年。葬于米子城南感應寺先塋側。娶糟谷氏無子。養同僚山内氏兒提民為嗣。有孫男數人。君没之明年提民送状。乞銘其墓。銘曰。家有患者。聖不能救也。一七霍然孰如其仁卓矣。洵美叟陽春在乎。其人兮雖逝其名兮不朽。

底本 詩22『旭荘遺稿』第四冊。安政二年。

(18) 祭　文

二三三　告亀子唐墓不用韻

客歳正月十三日。家父走門生二个。問兄病何如。且告余以自病之状。時兄病少閒。故明日辭夫子而歸鄉。路至宰府。聞雲來先生之訃。乃留焉三日。會其葬而去。宿甘木。人告兄之訃。余不信。以爲兄病稍閒。彼蓋誤聞雲來先生之訃也。既而以爲兄病頓漸至此。亦未可知也。且信且疑。終夜不眠。明旦早起。欲旋歩西還而問其信否。然偶病足。不得咫尺步。乘輿帰家。二日而訃至。則果信也。嗚呼哀哉。余幼聞兄名久矣。跂足慕之。常恨不得相遇也。及其相遇。得同席共談者。僅二百日而及此。何相遇之晩。而相離之速也。一遇之後。状貌言語。存我耳目。終身不得忘之。比諸未曾相遇而徒相慕之時。則殆什佰焉。故今也恨相遇之速而使我終身慕之耳。猶記。甲申之冬。兄同余在好音亭。隔壁而居。殘臘十二日。大風雨雪。寒氣徹骨。余自博多歸。乞火於兄爐。因與擁爐而語。西窓之外。鳧雀成群。兄把架上弓矢。謂余曰。吾将一發得数翼。言未訖。矢墜于前。群鳥驚起。羽上之雪。紛亂碎飛。猶羽毛飄散。余驚賞。既知是雪。而嘲其拙。兄笑曰。聊戲耳。

我國禁殺㲋寉之類。豈得妄弋之乎。子莫尤焉。又一日余卧病。兄來謂曰。子與吾皆多病人也。若不得成大業。泯々卽世。則将如之何。凢人可尤重者命也。若早死。則俊傑與庸愚何分。今而相與圖養生保命以成大業而已。吾近有感於此。頗自勤勵。吾不作詩既三數年。今日始作詩一首。願子睹之。出送羽玄仲五古一篇授之。因談攝生養壽自勤自勵之術。移時。精神飛揚。議論激昂。有崩山決河之勢。談畢。謂余曰。子能知吾者。吾数年無此痛快。余大感其言。覚病状頓減。今也相距僅二年。其聲音神彩。儼然存我耳目。而其人安在哉。哀哉。奠淸水潔香。以告兄靈。猶謂子能知吾。則尚饗。

底本 一『旭荘文集』。同文の寫しに 二一『旭荘稿』がある。但し、原題名は「祭亀子唐文」。文政十年秋。

二三四　祭內藤竹所文

去年仲秋。吾過作州。君與多松。相邀款留。吟雲溪樹。醉月江樓。夜談鷄唱。午膳鼈羞。與我別時。君嘘殊優。金及隃麋。加管城侯。吾探雲石。歳杪還宅。春仲送柬。謝兩詞伯。君有回音。多松則寂。我疑不已。眠食何似。君忽相報。前日彼死。我聞嘆咤。不覺涕下。知己二人。頓弱一个。君送香魚。味冠我厨。令婦藏之。待不時需。憶昨分袂。君屬一事。素絹六尺。乞家兄字。孟夏仲旬。兄書始至。吾心喜愉。如償久逋。包以蠟紙。託諸脚夫。答辭何遲。既一月餘。浮沉難測。心搖搖乎。仲夏念九。吾招一友。詩成揮毫。或又侑酒。所貺香魚。方在我口。所恵管城。方在我手。談乃及君。吾稱其賢。忽有朶雲。墮我几前。此誰所寄。詳視封識。書品錄呈。其人我記。嘗聞其言。受君恩庇。而今柬我。不識何爲。披讀数行。俄爾斷腸。投毫不操。吐肴不甞。客訝且詰。君豈發狂。吾曰非他。內藤君亾。君之於交。以和飲人。如侯有春。暖然可愛。温乎可親。不舍其舊。不猜其新。留客投轄。敬賤周貧。君之於世。齢過二十。挂冠高踏。愛竹及松。綠卧青立。引風開戸。迎月下榻。君之於學。經矩史規。善書兼詩。傍好金石。榻古今碑。尤喜經濟。欲有所爲。君之於性。外和內正。沈静而敏。嗇言豊行。君之於利。如暑遇熌。君之於義。如渴赴水。君之於壽。當躋黃耇。如柱下史。如渭上叟。何料溘卒。僅三十一。尚友古賢。偏與回匹。國家多災。洋夷荐来。方索俊杰。肯容遺材。如君可謂。不易得才。梁木早壞。非我私哀。離居天末。不與看疾。臨風奠羞。以當執紼。

（欄外書入）

△注　品録人名（本文第十一行目「書品録呈」の「呈」字右下に△印を付す）

底本　八『梅墩文鈔』。初稿に、詩22『旭荘遺稿』第四冊がある。
安政二年。

(19)　祝　文

二三五　賀某氏築書樓

疇昔步于海斥。忽睹突然如蜃氣物於崖上。怪而問之。則足下之所築也。敢以書賀之。蓋賀足下益進於經術文章也。夫所備於樓者。我知之矣。仰而觀者山耶。俯而觀者水耶。颯嘯乎紅葉之杪。遠來而翻錦繡于案上者風耶。濛浮乎翠巘之腹。忽至而奏琴筑于簷間者雨耶。奪眼前之村落。雞鳴狗吠。相和于虛空中者。雨餘之烟雲耶。白散瀑布。紅帶落霞。香徹書帷者。樓外之花耶。春夢未還。短檠猶明。忽趣讀書。而起幽人者。屋上之啼鶯耶。使我讀生書。以不顧日之將夕者。窓前之雪耶。棋僧已去。窓日亦沒。嫣然窺人者。簾際之月耶。雖然此皆外物耳。其於經術文章。未有錙銖之重也。然則奚爲賀哉。夫足下之所藏乎。樓之書數十百卷。秦漢以後不論。讀盤誥則其詰屈聱牙。猶秀山峨々而巖谷崎嶇。讀雅頌則其思無邪。哀於心而怨於辭。懷於心而美於辭。猶水之潤於所潤狹於所狹。讀申韓則其慘礉嚴肅。猶秋風凛焉百卉枯槁。讀學庸則其忠純温厚。猶時雨沛然百穀豐茂。讀莊列則其譸張奇幻。猶烟雲之倏忽乎起縹緲乎無端倪。讀左氏則其流麗巧華。猶百花之紅白異色芳芬殊品樹々各可愛。讀周官則有其條理分職。猶鳥之分四時而鳴。讀離騷則其思君之誠。猶白雪皓々天地無一點塵垢。讀孟荀則其聞邪說。猶明月出海衆星失光也。足下若朝讀比書暮誦此書。以精習之。則胸中忽然有一般之山水風。而烟雲花鳥雪月。而後與彼所備於樓。山水風雨烟雲花鳥雪月。內外相暎發。以用諸經術文章。則其進如日之昇月之滿宜矣哉。故不敢不賀焉。時方十月。木脫山出。樓之望如何。予欲挈一壺酒以相訪。足下擊鮮以相待。則幸甚。

底本 一二二『旭荘文錄』。文政六年。

二三六　爲岸尚體賀其父六十壽叙

樂者尚其不盡也。朝歌夕哭。猶何異於夢哉。自樂之而有餘及諸人。而人樂日樂而有餘。移諸年。而年之樂。是不盡也。文采姣色有樂乎目。而瞽者無所視之。鞦韆蹴鞠有樂乎足。而跛者無所履之。金石絲竹有樂乎耳。而聾者無所聽之。以此爲我樂歟。則一身樂。而不能及諸他人。一日樂。而不能移諸永年。今日得之。而明日失之。使物以我爲逆旅焉。安在其樂之不盡也。我所謂樂之不盡者。卽爲善最樂者也。我樂而爲善。人亦樂而愛我。積善之所蒸以生。孝子令孫。雲仍相承。以襲箕裘。則其樂誠不盡也。人樂而壽。其壽亦誠不盡乎哉。然非君子之人。則不能行之也。豫州岸尚體。與余同事筑龜夫子。謂余曰。家君年已耆矣。子其爲我爲侑觴之地。余曰。吾豈敢也。且世之祝尊公之壽者固多。吾復何言。夫尊公以君子之德而隱乎醫。使世之沈痼盡受其賜。盖以善自樂也。絡繹謝藥之徒。未曾有不蹙頞乎來路。揚眉乎歸途者也。其瞽者皆曰。山吾已知其青。水吾已知其白。綾羅錦繡。吾已知其玄黃。因留其琵琶而去。其跛者皆曰。南畝之桑麻。始可往而耘焉。東隣之井水。始可往而汲焉。四方之湖山。始可往而觀焉。因棄其籃輿而歸。其聾者皆曰。初吾不以耳聽而以目聽。今也耳目鼻口。各服其職。五官不攝。是誰之力也。是其所以祝尊公者。至矣。尊公已足自樂。而人亦資尊公以樂。則其爲樂廣而不盡也。則其壽亦不盡也。且尊公獨有其樂。而成之者尚體也。夫尊公割庭階之愛。而使尚體遠遊以隨良師。其心日夜西望曰。遯矣予子願無疾病也。願無遊惰也。願孳孳佗佗。體老父之心。以成其學。不日而歸来也。且懼且樂。是其圖所以成尚體者。則所以自成其永年之樂者。是圖而已。學成東歸之日。使積善（山名）之山餘慶（堂名）之堂。開其光輝。不辱其名。以成尊公永年之樂者。廼尚體哉。尊公亦登彼堂。望彼山耶。和氣融融。弄仁者之所樂。則其壽果不盡也。

底本 一『旭荘文集』。同文の寫しに 一二一『旭荘文錄』がある。

文政六年。

底本　八『梅墩文鈔』。初稿　一五『詩文未定稿』。安政元年頃。

二三七　山田時中六十壽序

蜀富人。送錢數十萬於揚子雲。求紀其名。子雲不肯。而廣子獨肯爲山田時中作壽序。非廣子之節不若子雲也。時中之義賢于富人也。我日田在萬山中。水石險惡。人困跋涉。隣諸侯國皆匱。文士之住焉者。多貧而憂。余出鄕二十年。偶歸所過山谷之際。水則有橋。不須蹇裳。問誰造。曰。山田君也。石則旣夷。不至繭足。問誰除。曰。山田君也。諸侯國。則士奮民勸。問誰謀。曰。我初厚取于民。薄報于士。近山田君周旋而貸財也。文士則揚揚樂。問誰交。曰。我移居山田君施費也。我刻集山田君惠貨也。余聞此以爲。山田君者必豪蕩磊落。視財如土。而察其生平。自奉澹泊。儉而有禮。嗚乎世之富人。耗萬錢於色食。而不肯據一錢於義。如君者殆希。官以君之義。特許一世帶刀。數世稱姓。而其齡適周甲。屬予壽序。余觀世之致富者。多刻薄忮人。適有慶事。輒假一二名家筆墨。叨其頌祝。然詛之者千萬人。則無益也。君則不然。世之祝壽者。指不勝僂。則何假我輩壽序。唯其行義之高。假令天祿閣上史聞之。欣然操筆。大書特書。以闡揚之也。必矣。然則我雖汚下。與子雲易地皆然。安可無序。

解説

影印篇

一『梅墩詩鈔』初～四編

○所蔵　広瀬先賢文庫（家宝三〇・一六(一)～(一二)）
○書型　大本（初編二四・九×一六・八糎。二・三編二五・〇×一六・九糎。四編二五・二×一七・二糎）。一二巻一二冊。刊本。
○装幀　四ツ目綴。袋綴。
○表紙　縹色小菊紋空押表紙。
○外題　左肩、刷題簽、初編四周双辺。二～四編四周単辺。「梅墩詩鈔　初(二～四)編　上(中・下)」。初編一六・八×三・三糎。二編一七・九×二・八糎。三編一七・八×二・八糎。四編一七・九×二・七糎。
○見返し　黄色染紙。初編、四周子持枠（一七・九×一三・四糎）。中央に「梅墩詩鈔」と隷書体で書き、右に界線を置き「嘉永紀元戊申新鐫」と記し、左に同じく界線を置き「不許翻刻千里必究」と記す。二編、四周双辺（一七・五×一三・一糎）。中央に篆書体で「梅墩詩鈔」と書き、右に界線を置き「嘉永紀元仲秋二編刻成」と記し、左に同じく界線を置き「群玉堂 千鍾房發兌」と記す。三編、四周双辺（一七・五×一三・二糎）。中央に「楳墩詩鈔」と書き、右に界線を置き「嘉永紀元仲冬三編新鐫」と書き、左に同じく界線を置き「群玉堂 千鍾房合梓」と記す。四編、四周子持枠（一七・四×一三・四糎）。中央に「梅墩詩鈔四編三冊」と書き、右に界線を置き、「旭荘廣瀬先生著」と書き、左に同じく界線を置き「江都書林千鍾房 浪華書林群玉堂發兌」と記す。枠外上段に「安政三丙辰春新鐫」とある。
○構成　初編第一冊　序文六丁。凡例一丁。初編巻一本文三八丁。初編第二冊　初編巻二本文二八丁。初編第三冊　初編巻三本文二四丁。跋文五丁。刊記半丁。都合一〇二・五丁。二編第一冊　遊紙一丁。序文三丁。二編巻一本文三四丁。二編第二冊　遊紙一丁。二編巻二本文三二丁。二編第三冊　遊紙一丁。二編巻三本文二八丁。跋文二丁。刊記半丁。都合一〇二・五丁。三編第一冊　遊紙一丁。序文五丁。三編巻之一本文三一丁。三編第二冊　三編巻之二本文二七丁。三編第三冊　遊紙一丁。三編巻之三本文三七丁。跋文二丁。刊記半丁。都合一〇四・五丁。四編第一冊　遊紙一丁。序文九丁。凡例一丁。四編巻一本文三〇丁。四編第二冊　四編巻二本文四〇丁。四編第三冊　四編巻三本文四三丁。跋文五丁。刊記半丁。都合一二九・五丁。
○内題　「梅墩詩鈔初（二・三・四）編　巻之一（二・三・四）」。
○序・跋等　初編第一冊　序（弘化四年、筒井憲）（弘化四年　篠崎小竹）　凡例（弘化三年　坪井教）　初編第三冊跋（吉田平陽）（弘化五年　菊池保定）　二編第一冊　序（弘化五年　羽倉用九）（嘉永元年　安積艮齋）　二編第三冊　後題（鈴木茶谿）　三編第一冊　弁言（嘉永元年　林煒）　序（嘉永元年　大槻磐溪）　三編第三冊　後題（劉石舟）　四編第一冊　序（嘉永六年　草場佩川）叙（嘉永五年　齋藤謙堂）　凡例（嘉永六年　柴莘）　〔跋〕（嘉

永三年　筑井清）

○用紙　楮紙。

○匡郭　初編一七・一×一一・六糎。二・三編一七・二×一一・五糎。四編一七・一×一一・四糎。九行。

○柱記・丁付　初編第一冊　梅墩詩鈔初編　序　一（～七）　巻一　一（～二八）　第二冊　梅墩詩鈔初編　巻二　一（～二八）　梅墩初編　巻三　一（～二四）　梅墩詩鈔　跋　二五　〔題詞〕梅墩詩鈔　海荘題詞　一（～四）　二編　第一冊　梅墩詩鈔二編　序　一（～三）　梅墩詩鈔二編　巻一　一（～二四）　第二冊　梅墩詩鈔二編　巻二　一（～三二）　第三冊　梅墩詩鈔二編　巻三　一（～三〇）　三編　第一冊　梅墩詩鈔三編　序　一（～五）　梅墩詩鈔三編　巻一　一（～三一）　第二冊　梅墩詩鈔三編　巻二　一（～二七）　第三冊　梅墩詩鈔三編　巻三　一（～二九）　四編　第一冊　梅墩詩鈔四編　巻一ロノ一（～ロノ一〇）　梅墩詩鈔四編　巻一　一（～三〇）　第二冊　梅墩詩鈔四編　巻二　一（～四〇）　第三冊　梅墩詩鈔四編　巻三　一（～四八）

○刊記　初編「梅墩詩鈔　二編三冊 三編三冊　嗣出／嘉永元年戊申五月刻成／東都書林　日本橋通壹町目　須原屋茂兵衛／浪華書林　心齋橋筋博勞町　河内屋茂兵衛」　二・三編「豊後　廣瀬謙吉著／嘉永紀元戊申歳十一月／發兌書肆／大坂心齋橋通博勞町　河内屋茂兵衛／江戸日本橋通壹町目　須原屋茂兵衛」　四編「梅墩詩鈔　五編三冊　嗣出／安政三丙辰正月刻成／東都書林　日本橋通壹町目　須原屋茂兵衛／浪華書林　心齋橋筋博勞町　河内屋茂兵衛」

○蔵書印等　「廣瀬氏本家」　書き入れ　初編　第一・二冊後表紙見返し「嘉永二酉四月中旬求之云爾／廣瀬魚石蔵書」（墨書）　第二・三冊表紙見返し「廣瀬魚石蔵書」　第三冊後表紙見返し、刊記欄外墨屋「嘉永二酉四月中旬求之云爾」二編　第一・二冊後表紙見返し「嘉永三戌暮春求之云／廣瀬魚石蔵書」　第二・三冊表紙見返し「廣瀬魚石蔵書」　第三冊後表紙見返し刊記欄外（墨書）「嘉永三戌暮春求之云」三編　第一・二冊後表紙見返し「嘉永三戌暮春求之云／廣瀬魚石蔵書」　第二・三冊表紙見返し「廣瀬魚石蔵書」（墨書）　第一・二冊後表紙見返し「嘉永三戌暮春求之云／廣瀬魚石蔵書」　第三冊後表紙見返し刊記欄外（墨書）「嘉永三戌暮春求之云」

二　『梅墩詩鈔』五編

○所蔵　広瀬先賢文庫（家宝一〇・五―七（一）～（三））

○書型　大本（二四・一×一五・九糎）。三巻三冊。写本。

○装幀　五ツ目綴。袋綴。

○表紙　煤竹色布目地表紙。

○外題　左肩無辺題簽。「梅墩詩鈔第五編上（中・下）」と墨書。

○構成　第一冊　遊紙一丁。同紙表中央に洋紙片を貼り「十五年四月二十日関先生／梅墩詩鈔ハ四編ノ出版ニ付五編ハ／出版ノ計画ニテ果サヽリシモノナルヤト思フ／此二部内容調査ノ事／先ツ標題ヲ抜写セシムルコト」と墨書。本文三二丁。遊紙一丁。第二冊　本文二八丁。第三冊　本文三一丁。本文計九一丁。

○内題　「梅墩詩鈔五編巻之一(二)」。第三冊、内題なし。

○序・跋等　なし。

○用紙　楮紙。墨色各半丁九行摺罫紙。全紙裏打。

○匡郭　一八・一×一二・三糎。

○丁付　第一冊　ノド一～卅三。第二冊　ノド一～廿八。第三冊　ノド一～卅一。

○句点・傍点等　朱筆による句点、訂正、欄外書入れあり。また、墨書による訂正、欄外書入れあり。

○筆蹟　他数筆を混ず。

○蔵書印等　なし。

三　『梅墩』七編

○所蔵　広瀬先賢文庫（家宝一〇・五―九）

○書型　大本（二四・〇×一五・九糎）。一冊。写本。

○装幀　四ツ目綴。袋綴。

○表紙　煤竹色布目地表紙。

○外題　左肩子持摺題簽。「梅墩七編　巻一」と墨書。一六・二×二・八糎。

○構成　遊紙一丁。遊紙表中央に洋紙片を貼り「十五年四月／雪来山館近稿トアリ館ハ大原山ノ晩年居住ノ山荘名ナリ此著ハ晩年ノ作ナリト思フ／雪来館居住ハ五十五六才頃ナラン」と墨書。朱筆にて「旭荘自筆ニアラサルカ」「裏打整理ノコト」と記す。本文二三丁。遊紙五丁。

○内題　「雪来山館近稿」。「山館」は、「四日」の上に貼紙をし、「山館」と改める。

○序・跋等　なし。

○用紙　楮紙。墨色各半丁九行摺罫紙。全紙裏打。

○匡郭　一七・五×一二・二糎。

○丁付　なし。

○句点・傍点等　墨筆欄外補記にあり。

○筆蹟　他二筆。

○蔵書印　なし。

四　『東遊稿』

○所蔵　広瀬先賢文庫（家宝一〇・四―一三(一)・(二)）

○書型　大本（二六・八×一九・二糎）。二冊。写本。

○装幀　五ツ目綴。袋綴。

○表紙　鼠色布目地表紙。

○外題　左肩無辺題簽。「東遊稿　乾(坤)」と墨書。

○構成　第一冊　元表紙　銀煤竹色雲・鳳凰散し模様空押表紙。左肩外題朱書直書「東遊稿　乾」。表紙中央に紙片を貼り、「9」と墨書。遊紙一丁。同紙表中央に紙片を貼り「9」と墨書。諸家評批四丁。旭荘首書二丁。東遊稿目次一丁。本文三三丁。遊紙一丁。第二冊　元表紙　銀煤竹色雲・鳳凰散し模様空押表紙。左肩外題、朱書直書「東遊稿　坤」。表紙中央に紙片を貼り、「10」と墨書。遊紙一丁。同紙表中央に紙片を貼り「10」と墨書。本文四九丁。遊紙一丁。

丁。同紙裏に「泰山」「嵩山」「天台山」の高さ、「江出岷山云々」の書付けあり。影印では削除した。

○内題　「東遊稿巻之一／豊後　廣瀬謙吉甫」「東遊稿巻之二」「東遊稿巻之三／豊後　廣瀬謙吉甫」「東遊稿巻之四」「東遊稿巻之五」「東遊稿附録」

○序・跋等　諸家評批　小竹散人筱崎弼批（天保四年）　草韡閲畢并題　寒緑信識（天保三年）　後藤機妄批（文政一二年）　淡窗主人題（文政一二年）　書東遊稿首　廣瀬謙書於旭荘東窗（文政一二年）

○用紙　楮紙。墨色各半丁一〇行摺罫紙。全紙裏打。

○匡郭　二〇・五×一四・九糎。

○丁付　なし。

○句点・傍点等　朱筆点・圏、書入れ、墨筆補記あり。

○筆蹟　自・他数筆を混ず。

○蔵書印等　なし。

五　『西遊紀行』

○所蔵　広瀬先賢文庫（家宝一〇・六―一三）

○書型　大本。（二四・四×一七・四糎）。

○装幀　五ツ目綴。袋綴。

○表紙　鼠色地綿雲模様（漉き返し表紙）。

○外題　左肩無辺題簽。「西游紀行」と墨書。

○構成　元表紙　本文共紙表紙。外題　左肩直書墨書「西遊紀行」。右上部に洋紙片を貼り、「ヤ」と墨書。本文二三丁。

○内題　「西游紀行」。

○序・跋等　なし。

○用紙　楮紙。墨色各半丁九行摺罫紙。全紙裏打。

○匡郭　一八・一×一二・四糎。

○丁付　なし。

○句点・傍点等　朱筆による書入れ、訂正などあり。

○筆蹟　他一筆。

○蔵書印等　なし。

詩篇

1『梅墩詩鈔』五編→影印篇解説ニ参照。

2『梅墩詩鈔』五編

○所蔵　広瀬先賢文庫（家宝一〇・五―八(一)(二)）
○書型　大本（二四・三×一六・七糎）。二巻二冊。写本。
○装幀　五ッ目綴。袋綴。
○表紙　煤竹色布目地表紙。
○外題　左肩無辺題簽。「梅墩詩鈔五編　巻ノ一(三)」と墨書。
○構成　第一冊　本文共紙扉一丁。扉題、左肩直書墨書「梅墩詩鈔五編　上」。同扉表中央上部に洋紙片を貼り「此五編ハ仮綴ノ儘ナリシヲ／大正十五年夏表紙ヲ付シタル／モノナルニ付内容ハ調査ヲ要ス」本文二八丁。遊紙一丁。第二冊　本文共紙扉一丁。扉題、左肩破れてなし。「下」のみ存。同扉表中央上部に洋紙片を貼り「此五編ハ仮綴ノ儘ナリシヲ／大正十五年夏表紙ヲ付シタル／モノナルニ付内容ハ調査ヲ要ス」と墨書。本文三一丁。遊紙三丁。本文計五九丁。
○内題　「梅墩詩鈔五編巻之一(三)」。
○序・跋等　なし。
○用紙　楮紙。墨色各半丁九行摺罫紙。全紙裏打。
○匡郭　一八・三×一二・四糎。
○丁付　第一冊　ノド一～廿八。第二冊　ノド一～卅一。
○句点・傍点等　墨筆による句点、傍点、欄外書入れなどあり。朱筆による傍点、欄外書入れ、第一・二冊とも各一ヶ所あり。
○筆蹟　他数筆を混ず。
○蔵書印等　なし。
○その他　第二冊目、冒頭より一〇丁迄、左上部分を欠く。

3『梅墩遺稿』

○所蔵　広瀬先賢文庫（家宝三〇―一四）
○書型　半紙本（二二・六×一五・一糎）。一冊。活版。
○装幀　康熙綴。袋綴。
○表紙　山吹色無紋表紙。
○外題　左肩　双辺刷題簽「梅墩遺稿」。
○構成　遊紙一丁。「旭荘廣瀬先生傳」三丁。例言一丁。「梅墩遺稿巻之上」本文三二丁。「梅墩遺稿巻之下」本文三〇丁。「飮曲園著東瀛詩選抄」二丁。
○内題　「梅墩遺稿巻之上(下)」。
○序・跋等　「旭荘廣瀬先生傳」「明治乙酉　省軒　龜谷行撰」。「例言」「明治四十三年春　省軒龜谷行識」。「飮曲園著東瀛詩選抄／廣瀬謙旭荘梅墩詩鈔十二巻」。
○用紙　楮紙。
○匡郭　四周双辺一六・五×一〇・九糎。

○丁付　「傳（一～三）」「例言　一」「巻之上一（～三十二）」「巻之下一（～三十）」「跋　一・二」。

○句点・傍点等　句点存。傍点、点・圏二種存。

○刊記　「明治四十三年五月廿七日印刷　同五月三十日発行　編者光　文吉　発行者　大橋新太郎　発行所　東京市日本橋區本町三丁目　博文館」。

4　『梅墩七編』→影印篇解説三参照。

5　『梅墩詩鈔』

○所蔵　広瀬先賢文庫（家宝一〇・五―六（一）～（六））

○書型　半紙本（二三・九×一六・一糎）。六巻六冊。写本。

○装幀　四ツ目綴。袋綴。

○表紙　焦茶色四弁花空押表紙。

○外題　左角双辺題簽。「梅墩詩鈔甲編一（～三）」「梅墩詩鈔乙編一（～三）」と墨書。一五・八×三・五糎。

○構成　第一冊　遊紙一丁。本文四四丁。遊紙一丁。第二冊　遊紙一丁。本文五二丁。遊紙一丁。第三冊　遊紙一丁。本文五七丁。遊紙一丁。　第四冊　遊紙一丁。本文四〇丁。遊紙一丁。第五冊　遊紙一丁。本文四六丁。遊紙一丁。第六冊　遊紙一丁。本文五〇丁。遊紙一丁。本文計二八九丁。

○内題　「梅墩詩鈔甲編巻之一（～三）／豊後廣瀬謙吉甫」。ただし、第三冊目は、「甲」と「三」を朱にてミセ消チとし、「二」及び「一」に改む。

○序・跋等　なし。

○用紙　楮紙。墨色各半丁九行摺罫紙。

○匡郭　一八・二×一二・〇糎。

○丁付　なし。

○句点・傍点等　朱・墨傍点あり。朱・墨筆による書入れあり。

○筆蹟　他一筆。

○蔵書印等　なし。

6　『梅墩詩草』

○所蔵　広瀬先賢文庫（家宝一〇・五―四（一）～（六））

○書型　半紙本（二三・七×一五・九糎）。六巻六冊。写本。

○装幀　五ツ目綴。袋綴。

○表紙　鼠色布目地表紙。

○外題　左肩、無枠題簽。「梅墩詩草　一（～六）」と墨書。一五・二×二・六糎。

○構成　第一冊　元表紙。黄土色無紋表紙。外題。左肩、直書墨書。「梅墩詩草一（朱）」。右肩に洋紙片を貼り「7」と墨書。元表紙。無罫。外題左肩　直書墨書。「梅墩詩草　一」。右肩に洋紙片を貼り「7（8を消し、上から「スミ」と記す）」と墨書。右下ノドに「7・一」の丁付あり。遊紙一丁。目録一丁。本文三七丁。遊紙一丁。第二冊　元表紙。黄土色無紋表紙。外題　左肩　直書墨書。「梅墩詩草　二（朱）」。右肩に洋紙片を貼り「8（9・8をミセ消チとする)」と墨書。元表紙。無罫。左肩、直書墨書「梅墩詩草　二」。中央に洋紙片を貼り「8スミ」と墨書。右下ノドに「8　一」の丁付あり。遊紙一丁。目録一丁。本文三二丁。遊紙一丁。第三冊　元表紙。黄土色無紋表紙。外題　左肩　直書墨書「梅墩詩草　三(朱)」。右肩に洋紙片を貼り「9(10をミセ消チとする)」と墨書。元表紙。無罫。左肩　直書墨書「梅墩詩草　三」。中央に洋紙片を貼り「スミ9」と墨書。右下ノドに「9　一」の丁付あり。遊紙一丁。目録一丁。本文三四丁。遊紙一丁。第四冊　元表紙。黄土色無紋表紙。外題、左肩、直書墨書「梅墩詩草　四(朱)」。右肩に洋紙片をはり「10(11をミセ消チにする)」とする。元表紙。無罫。左肩　直書墨書「梅墩詩草　四」。右上部に洋紙片を貼り「10スミ(ミセ消チとする)」と墨書。右下ノドに「10一」の丁付あり。目録一丁。本文二九丁。遊紙一丁。第五冊　元表紙。黄土色無紋表紙。外題　左肩　直書墨書「梅墩詩草　五(朱)」。右肩に洋紙片を貼り「11(12をミセ消チとする)」と墨書。元表紙。無罫。外題　左肩　直書墨書「梅墩詩草　五」。中央上部に洋紙片を貼り「11」と書き上から「スミ」と墨書。右下ノドに、「11一」の丁付あり。目録一丁。本文四六丁。遊紙一丁。第六冊　元表紙。黄土色無紋表紙。外題　左肩　直書墨書「梅墩詩草　六(朱)」。右上部に洋紙片を貼り「12」と墨書。中央部に墨汚れあり。元表紙。無罫。外題　左肩　直書墨書「梅墩詩草　六」。中央上部に洋紙片を貼り「12」と書き、上から「スミ」と墨書。右下ノドに「12　一」の丁付あり。本文四一丁。遊紙一丁。本文計二一九丁。

○内題　「梅墩詩草　巻之一(～六)／豊後廣瀨謙吉甫」。ただし、第四冊目は、目録丁裏ノドに「梅墩詩草　巻之四」と記す。第六冊目は、「東遊稿巻之」の上に紙を貼り「梅墩詩草巻之」までを書き改める。

○序・跋等　なし。

○用紙　楮紙。墨色各半丁九行摺罫紙。全紙裏打。

○匡郭　一七・八×一二・三糎。

○丁付　第一冊　ノド「7一(四十一終り)」。第二冊ノド「8一(～三十七終り)」。第三冊ノド「9一(～三十八終り)」。第四冊ノド「10一(～三十二終り)」。第五冊ノド「11一(～五十オハリ)」。第六冊ノド「12一(～四十二オハリ)」。

○句点・傍点等　朱の句点・傍点あり。朱・墨筆による訂正あり。朱・墨筆による欄外評あり。

○筆蹟　他数筆を混ず。

○評点者　島惟精・淡窓・篠崎小竹

○蔵書印等　「宜園之蔵書」「同社之外／雖親戚故人／不許借此」「日益月加／無盡蔵」

7　『梅墩詩草』

○所蔵　広瀬先賢文庫（家宝一〇・五―三(一)～(七)）

○書型　大本（二四・〇×一六・三糎）。七巻七冊。写本。

○装幀　五ツ目綴。袋綴。

○表紙　鼠色布目地表紙。

○外題　左肩、無枠題簽。「梅墩詩草　一(〜七)」と墨書。一四・六×二・四糎。
○構成　第一冊　元表紙。白鼠色蘭花図表紙。外題、左肩、直書墨書「梅墩詩草　巻一」。中央に紙片を貼り「ム」と墨書。遊紙一丁。同表中央に紙片を貼り「ム」と墨書。目録一丁。本文三六丁。遊紙一丁。第二冊　元表紙。白鼠色蘭花図表紙。外題、左肩、直書墨書「梅墩詩草　巻二」。中央に紙片を貼り「メ」と墨書。遊紙一丁。同表中央に紙片を貼り「メ」と墨書。目録一丁。本文三一丁。遊紙一丁。第三冊　元表紙。白鼠色蘭花図表紙。外題、左肩、直書墨書「梅墩詩草　巻三」。中央に紙片を貼り「モ」と墨書。遊紙一丁。同表中央に紙片を貼り「モ」と墨書。目録一丁。本文三四丁。遊紙一丁。第四冊　元表紙。白鼠色蘭花図表紙。外題、左肩、直書墨書「梅墩詩草　巻四」。中央に紙片を貼り「ヤ」と墨書。遊紙一丁。同表中央に紙片を貼り「ヤ」と墨書。目録一丁。本文二九丁。遊紙一丁。第五冊　元表紙。白鼠色蘭花図表紙。外題、左肩、直書墨書「梅墩詩草　巻五」。中央に紙片を貼り「ヨ」と墨書。遊紙一丁。同表中央に紙片を貼り「ヨ」と墨書。目録一丁。本文四四丁。遊紙一丁。第六冊　元表紙。白鼠色蘭花図表紙。外題、左肩、直書墨書「梅墩詩草　巻六」。中央に紙片を貼り「リ」と墨書。遊紙一丁。同表中央に紙片を貼り「リ」と墨書。目録一丁。本文四五丁。遊紙一丁。第七冊　元表紙。白鼠色蘭花図表紙。外題、左肩、直書墨書「梅墩詩草　巻七」。遊紙一丁。同表中央に紙片を貼り「ル」と墨書。本文五四丁。遊紙一丁。本文計、二七三丁。
○内題　「梅墩詩草巻之一(〜七)／豊後　廣瀬謙吉甫」
○序・跋等　なし
○用紙　楮紙。桑茶色各半丁九行摺罫紙。第七冊のみ墨色各半丁九行摺罫紙。全紙裏打。
○匡郭　一八・一×一二・二糎。
○丁付　なし
○句点・傍点等　朱の句点・傍点あり。朱・墨筆による訂正・欄外書入れあり。
○筆蹟　他三筆を混ず。
○評点者　不明
○蔵書印等　なし

8『梅墩詩抄』

○所蔵　広瀬先賢文庫（家宝一〇・五—五(一)〜(五)）
○書型　大本　第一・三〜五冊(二四・〇×一六・二糎)。第二冊(二四・二×一六・三糎)。五巻五冊。写本。
○装幀　五ツ目綴。袋綴。
○表紙　煤竹色布目地表紙。
○外題　左肩無枠題簽。「梅墩詩抄　第一(〜五)」。一五・一×二・四糎
○構成　第一冊　元表紙。水色無紋表紙。外題、左肩、直書墨書「梅墩詩抄　巻一」。中央右上に洋紙片を貼り「又」と墨書。遊紙一丁。遊紙表中央上部に洋紙片を貼り「又」と墨書。本文巻一　四一丁。

第二冊　元表紙。水色無紋表紙。外題、左肩直書墨書「梅墩詩抄巻二」。中央右上に洋紙片を貼り「ノ」と墨書。遊紙一丁。遊紙表中央上部に洋紙片を貼り「ノ」と墨書。本文巻二　四六丁。遊紙一丁。第三冊　元表紙　水色無紋表紙。外題、左肩直書墨書「梅墩詩抄　巻三」。中央上部に洋紙片を貼り「ヒ」と墨書。遊紙一丁。遊紙表中央上部に洋紙片を貼り「ヒ」と墨書。本文巻三　四五丁。遊紙一丁。第四冊　元表紙　水色無紋表紙。外題　左肩直書墨書「梅墩詩抄　巻四」。中央上部に洋紙片を貼り「フ」と墨書。遊紙一丁。遊紙表中央上部に洋紙片を貼り「フ」と墨書。本文巻四　五〇丁。第五冊　元表紙　水色無紋表紙。外題　左肩直書墨書「梅墩詩抄五巻」。中央上部に洋紙片を貼り「ヘ」と墨書。本文巻五　五二丁。以上本文二三三丁。

○内題　「梅墩詩抄巻一～(五／)豊後　廣瀬謙吉甫」。

○序・跋等　なし。

○用紙　楮紙。墨色各半丁九行摺罫紙。全紙裏打済み。

○匡郭　一八・一×一七・五糎。

○丁付　各冊、柱に「一(～四十一・四十六・四十五・五十・五十一)」と墨書。ただし、巻五に「十九」の重複がある。

○句点・傍点等　句点あり。朱・墨による傍点・圏点、同じく朱・墨筆による本文訂正・批評書入れ、また欄外評あり。

○評点者　不明。

○筆蹟　他数筆を混ず。

○蔵書印等　なし。

9　『梅墩詩抄』

○所蔵　広瀬先賢文庫（家宝一〇・五―一〇(一)～(六)）

○書型　大本（第一・二冊　二四・五×一六・五糎。第四・五冊　二四・二×一六・四糎）　半紙本（第三・六冊　二三・五×一六・〇糎）六巻六冊。写本。

○装幀　紙捻綴。袋綴。

○表紙　第一・二・四・五冊　無罫（裏打済み）楮紙。第三・六冊本文共紙。各冊とも中央に紙片を貼り「レ」「ロ」「ワ」「1」、「2」、「3」、と墨書。

○外題　第一・二・四・五冊、各冊左肩「梅墩詩抄　巻一(二・四・五)」。第三・六冊、各冊左肩「梅墩詩抄　巻三(六)」と直書墨書。

○構成　第一冊　本文四一丁。遊紙一丁。第二冊　本文四六丁。第三冊　本文四五丁。第四冊　本文五〇丁。第五冊　本文五一丁。第六冊　本文第五一丁。以上本文二八三丁。

○内題　「梅墩詩抄巻一(～六)／豊後　廣瀬吉甫」ただし、巻二・六は、「鈔」を「抄」と記す。

○序・跋等　なし。

○用紙　楮紙。墨色各半丁九行摺罫紙。全紙裏打済み。

○匡郭　一八・〇×一二・四糎。

○丁付　巻一・二柱に各々「一～四十一」、「一～四十六」と墨書。巻三柱に「十九～三十六」と墨書。巻六柱に「二十一～五十一」と墨書。まだ各冊ノドに「レ一(～四四終)」、「ロ一(～四八)」、「ワ

一(〜四七)」、「1、一(〜五三終)」、「2、一(〜五三終)」、「3、一(〜六二)」と各々墨書。
○句点・傍点等　句点あり。朱・墨筆による塗抹・訂正・書入れ、欄外評などあり。
○評点者　不明。
○筆蹟　他数筆を混ず。
○蔵書印等　第一・二、四〜六各冊本文末に「咸宜園蔵書」と墨書。「日益月加／無盡蔵」（方朱陽印）「宜園／蔵書」（方朱陽印）

10　『梅墩詩草』

○所蔵　広瀬先賢文庫（家宝一〇・五―一一(一)〜(一二)）
○書型　大本（二四・七×一六・九)糎。四巻二冊。写本。
○装幀　紙捻綴。袋綴。
○表紙　本文共表紙。中央に洋紙片を貼り、「ト」「ナ」と各々墨書。
○外題　第一冊　左肩に「梅墩詩草(草の横に「鈔」と墨書）自辛卯至癸巳　四五」と直書墨書。第二冊　左肩に「梅墩詩草　自甲午至丁酉　六七」と直書墨書。
○構成　第一冊本文七五丁。第二冊　目録一丁。本文七七丁。
○内題　「梅墩詩草巻之四(〜六)　豊後　廣瀬謙吉甫」。「梅墩詩草巻之七」。
○序・跋等　なし。
○用紙　楮紙。墨色各半丁九行摺罫紙。全紙裏打。
○匡郭　一八・〇×一二・二糎。
○丁付　第一冊　ノドに「ト　一(〜七六終)」と墨書。第二冊　ノドに「十一(〜七九終)」と墨書。
○句点・傍点等　朱点あり。朱・墨筆による訂正、塗抹などあり。
○評点者　亀井昭陽　菅茶山　古賀穀堂　草場佩川　月形鷦窠　貫名海屋
○筆蹟　他数筆を混ず。
○蔵書印等　なし。

11　『梅墩詩鈔』巻五

○所蔵　広瀬先賢文庫（家宝一〇・六―六）
○書型　大本（二四・六×一六・六糎）。一冊。写本。
○装幀　紙捻綴。袋綴。
○表紙　なし。ただし、本文第一丁右端上部に「七五七」と墨書。
○構成　本文六丁。
○内題　「梅墩詩鈔巻五」。
○用紙　楮紙。墨色各半丁八行摺罫紙。全紙裏打。
○匡郭　一七・九×十一・七糎。
○句点・傍点等　朱点あり。朱筆による訂正、返り点あり。
○評点者　草場佩川。内題の下に「佩川評」と朱書。
○筆蹟　自筆。
○蔵書印等　なし。

12　『雞肋集』

○所蔵　広瀬先賢文庫（家宝一〇・一―九）
○書型　大本（二四・五×十六・八糎）。一冊。写本。
○装幀　五ツ目綴。袋綴。
○表紙　水色布目地表紙。
○外題　左肩、無枠題簽墨書「雞肋集」。
○構成　遊紙一丁。序文一丁。本文四九丁。跋文二丁。
○内題　「雞肋集」。
○序・跋等　「書雞肋集首／天保十二年六月旭荘幽人謙識」。
○用紙　楮紙。墨色各半丁九行摺罫紙。全紙裏打。
○匡郭　一七・七×一一・八糎。
○丁付　ノドに「ヌ　一(〜五十二終)」と墨書。
○句点・傍点等　朱点、朱圏点、朱書入れ、墨筆圏点あり。
○評点者　広瀬淡窓。劉蓊。
○筆蹟　他一筆。
○蔵書印等　なし。

13　『梅墩漫詠』

○所蔵　広瀬先賢文庫（家宝一〇・一―一二(一)〜(二)）
○書型　大本（二四・一×一六・一糎）。二巻二冊。写本。
○装幀　五ツ目綴。袋綴。
○表紙　鼠色布目地表紙。
○外題　左肩無枠題簽「梅墩漫詠　一(二)」。一五・二×二・六糎。
○構成　第一冊　元表紙　水色無紋表紙。外題、左肩直書墨書「梅墩漫詠　一」。右上部に洋紙片を貼り「わ(7)」と墨書。遊紙一丁。本文五九丁。遊紙一丁。本文一一丁。遊紙二丁。第二冊　元表紙　水色無紋表紙。外題、左肩直書墨書「梅墩漫詠　二」。右上部に洋紙片を貼り「(カ)」と墨書。遊紙一丁。本文五六丁。遊紙一丁。以上本文一二六丁。
○内題　第一冊「鄙稿」。第二冊「草稿」。
○序・跋等　なし。
○用紙　楮紙。墨色各半丁七行摺罫紙。全紙裏打。
○匡郭　一七・八×一二・二糎。
○丁付　第一冊「7一(〜七三終)」。第二冊「カ一(〜五七)」。
○句点・傍点等　朱の句点・圏点・傍点あり。朱筆による本文中、欄外書入れあり。また、欄外に墨筆の圏点あり。
○評点者　淡窓。
○筆蹟　他数筆を混ず。
○蔵書印等　なし。

14　『攝西六家詩鈔』

○所蔵　広瀬先賢文庫（詩一―一一）
○書型　半紙本（二三・五×一六・五糎）。六巻五冊。刊本。
○装幀　四ツ目綴。袋綴。
○表紙　焦茶色四弁花空押し表紙。

○外題　左肩、原刷題簽、四周単辺。「攝西六家詩鈔　一(～五)」。一八・〇×二・六糎。
○見返し　「攝西六家詩鈔」
○構成　第一冊　序二丁　攝西六家詩鈔目次一丁　巻一本文四〇丁　第二冊　巻二本文一八丁　巻三本文二三丁　第三冊　巻四本文三六丁　第四冊　巻五本文三三丁　第五冊　巻六本文二二丁　書攝西六家詩後三丁
○内題　攝西六家詩鈔
○序・跋等　序（安積艮齋、嘉永二）書攝西六家詩後（嘉永二、奥野小山）
○用紙　楮紙。
○匡郭　一六・八×一一・五糎。本文九行。
○柱記　攝西六家詩鈔艮齋序一（～二）　小竹詩鈔巻一　一（～四十）　淡窓詩鈔巻二　一（～十八）　佩川詩鈔巻三　一（～廿三）　春草詩鈔巻四　一（～三十六）　旭荘詩鈔巻五　一（～卅二）　虎山詩鈔六　一（～廿二）　詩鈔巻六　一（～三）
○刊記
嘉永二己酉歳發兌／浪華書肆　河内屋喜兵衛　藤屋善七　河内屋茂兵衛　秋田屋太右衛門　藤屋禹三郎／江都書房販元　山城屋佐兵衛　須原屋茂兵衛
○蔵書印等　「旭荘／珍蔵」
○旭荘の詩は、第四冊巻五に内題「梅墩漫詠」として収められる。

15　『淡巷集』

○所蔵　広瀬先賢文庫（家宝一〇・六―一）
○書型　大本（二四・七×一六・九糎）。一冊。写本。
○装幀　紙捻綴。袋綴。
○表紙　無罫（裏打済み）楮紙
○外題　左肩直書墨書「淡巷集」。右端下方に「5」（朱印）、「ヒ一四四」（墨書）とある。
○構成　本文三〇丁。遊紙一丁。
○内題　「淡巷集」。
○序・跋等　なし。
○用紙　楮紙。墨色各半丁七行摺罫紙。全紙裏打。
○匡郭　一七・八×一二・三糎。
○丁付　ノド「一四五―一(～一七四終)」と墨書。
○句点・傍点等　朱筆による句点、傍点・圏点等あり。
○筆蹟　他一筆。
○蔵書印等　なし。

16　『旭荘詩稿』

○所蔵　広瀬先賢文庫（家宝一〇・四―一七）
○書型　大本（二四・〇×一五・六糎）。二冊。写本。
○装幀　五ツ目綴。袋綴。
○表紙　鼠色布目地表紙。

○外題　左肩無枠題簽「旭荘詩稿　乾(坤)」。
○構成　元表紙。山吹色無紋表紙。左肩、無枠題簽墨書「旭荘詩稿乾(坤)」。中央上部に洋紙片を貼り「5(6)」と墨書。各冊遊紙一丁。同じく各遊紙表中央上部に洋紙片を貼り「5(6)スミ」と墨書。本文三九丁（乾）、五四丁（坤）。各冊遊紙一丁。
○内題　なし。
○序・跋等　なし。
○用紙　楮紙。墨色各半丁九行摺罫紙。全紙裏打。
○匡郭　一八・四×一二・二糎。
○丁付　ノドに「5　一(四十一終り)」「6　一(〜五十五終り)」と墨書。
○句点・傍点等　墨筆による訂正、書入れあり。朱筆による批点・訂正・抹消などあり。
○批評者　亀井昭陽。頼杏坪。
○筆蹟　他一筆。
○蔵書印等　なし。

17　『旭荘詩稿』

○所蔵　広瀬先賢文庫（家宝一〇・四―二二）
○書型　大本（二六・七×一九・二糎）。二冊。写本。
○装幀　五ツ目綴。袋綴。
○表紙　鼠色布目地表紙。
○外題　左肩、無枠題簽墨書「旭荘詩稿　乾(坤)」。
○構成　元表紙。各冊、生壁色鳳凰瑞雲空押表紙。左肩外題、直書朱書「旭荘詩稿乾(坤)」。中央上部に紙片を貼付し、「7(乾)」、「8(坤)」と墨書。各冊遊紙一丁。同じく各冊遊紙中央に紙片を貼り「7(乾)」、「8(坤)」と墨書。各冊目録一丁。本文　乾巻五六丁、坤巻六〇丁。遊紙各一丁。
○内題　「旭荘詩稿巻之一(二)／豊後　廣瀬謙吉甫」。
○序・跋等　なし。
○用紙　楮紙。墨色各半丁一〇行摺罫紙。全紙裏打。
○匡郭　二〇・五×一四・九糎。
○丁付　ノド「7　三(〜六三)」「8　一(〜不明)」と墨書。
○句点・傍点等　朱の句点あり。朱の傍点・圏点あり。
○筆蹟　他数筆を混ず。
○蔵書印等　なし。

18　『旭荘詩稿』

○所蔵　広瀬先賢文庫（家宝一〇・四―一九）
○書型　半紙本二二・一×一四・六糎。一冊。写本。
○装幀　五ツ目綴。袋綴。
○表紙　鼠色布目地表紙。
○外題　左肩、無枠題簽「旭荘詩稿」と墨書。
○構成　元表紙。黄橡色無紋表紙。左肩、直書墨書「旭荘詩稿」。中央上部に洋紙片を貼り「フ」と墨書。本文四八丁。
○内題　「旭荘詩稿」。

○序・跋等　なし。
○用紙　楮紙。墨色各半丁九行摺罫紙。全紙裏打。
○匡郭　一七・八×一一・二糎。
○丁付　ノドに「フ　一(～四八)」と墨書。
○句点・傍点等　なし。
○筆蹟　他一筆。
○蔵書印等　なし。

19　『旭荘詩稿』巻二

○所蔵　広瀬先賢文庫（家宝一〇・四―二〇）
○書型　半紙本　二三・五×一六・〇糎。
○装幀　五ツ目綴。袋綴。
○表紙　鼠色布目地表紙。
○外題　左肩、無枠題簽「旭荘詩稿　巻二」と墨書。
○構成　元表紙。山吹色無紋表紙。左肩、無枠題簽墨書「旭荘詩稿巻二」。右上部に洋紙片を貼り「コ」と墨書。本文三十丁。
○内題　なし。
○序・跋等　なし。
○用紙　楮紙。桑染色各半丁九行摺罫紙。全紙裏打。
○匡郭　一八・四×一二・三糎。
○丁付　ノドに「旭荘詩稿　巻二　コ一(～三〇)」と墨書。
○句点・傍点等　朱点・朱圏点、欄外朱筆書入れあり。
○筆蹟　他筆。

○蔵書印等　なし。

20　『梅墩剰稿』

○所蔵　広瀬先賢文庫（家宝一〇・四―二一）
○書型　中本（一八・二×一二・五糎）。一冊。写本。
○装幀　四ツ目綴。袋綴。
○表紙　枇杷茶色布目地表紙。
○外題　左肩、無枠題簽「梅墩剰稿」。
○構成　元表紙。御召茶色無紋表紙。外題、左肩直書墨書「梅墩剰稿」。中央右寄りに洋紙を貼り「十五年四月　関先生　旭荘五十四才即チ晩年ノ作に付／出版以後ノモノナルヘシ　旭荘著述出版時ノ枢要ナル品ナリ」と墨書。本文九一丁。遊紙六丁。
○内題　なし。ただし「安静戊午五月後作」より始まる。
○序・跋等　なし。
○用紙　楮紙。縹色各半丁九行摺罫紙。全紙裏打。
○匡郭　一三・六×九・四糎。
○丁付　なし。
○句点・傍点等　なし。
○筆蹟　他数筆を混ず。
○蔵書印等　なし。

21　『旭荘詩草』

○所蔵　広瀬先賢文庫（家宝一〇・四―二二）

○書型　半紙本（二三・八×一五・七糎）。一冊。写本。
○装幀　紙捻綴。袋綴。
○表紙　鼠色布目地表紙。
○外題　左肩、無枠題簽「旭荘詩草　盧揖橋評　完」
○構成　元表紙。黄土色無紋表紙。左肩、無枠題簽「盧揖橋評旭荘詩草　完」。右上部に洋紙片を貼り「1」と墨書。遊紙一丁。同遊紙表、右より上部に洋紙片を貼り「1」と墨書。本文六〇丁。遊紙一丁。
○内題　「旭荘詩鈔　豊後　廣瀬謙吉甫」。
○序・跋等　大清道光十二年　盧揖橋跋
○用紙　楮紙。墨色各半丁九行摺罫紙。全紙裏打。
○匡郭　一八・四×一二・二糎。
○丁付　ノドに「1　一(〜六二)」と墨書。
○句点・傍点等　墨筆の点・圏・傍点あり。欄外に墨筆により評言あり。評毎に「揖／橋」の朱陽印を押す。また、墨筆による本文書入れ評・補入などあり。
○筆蹟　他一筆。
○蔵書印等　なし。ただし、揖橋跋に落款印「奕」「春」「八米／盧郎」あり。

22　『旭荘遺稿』第一冊

○所蔵　広瀬先賢文庫（家宝一〇・五—一(一)）
○書型　半紙本（二三・八×一六・一糎）。一冊。写本。
○装幀　紙捻綴。袋綴。
○表紙　本文共紙（墨色各半丁九行摺罫紙）。
○外題　左肩に「近詩稿」と直書墨書。右上方に臙脂色紙を貼り「旭荘遺稿／第一号／各大家評」と墨書。この貼紙左に「乞正　謙」と墨書。同右端に朱インクのナンバリングによる番号「1」あり。
○構成　「草稿」本文三七丁。
○内題　なし。
○序・跋等　なし。裏表紙表に「淡窓観　十月二七日」
○用紙　楮紙。墨色各半丁九行摺罫紙。全紙裏打。
○匡郭　一七・八×一二・二糎。
○丁付　ノドに「ヒ　一(〜三八)」と墨書。
○句点・傍点等　朱・墨、点・圏あり。朱・墨・薄墨による欄外評あり。
○筆蹟　不明。他一筆。
○評点者　広瀬淡窓　広瀬青邨　広瀬林外
○蔵書印等　なし。

22　『旭荘遺稿』第二冊

○所蔵　広瀬先賢文庫（家宝一〇・五—一(二)）
○書型　大本（二五・一×一六・八糎）。一冊。写本。
○装幀　紙捻綴。袋綴。
○表紙　本文共紙（墨色各半丁九行摺罫紙）。
○外題　左肩に、「癸巳草稿古近體百九(朱で十と訂正)首」「甲午草稿古近體七十五首」と墨書。右上部に臙脂色紙を貼り「旭荘遺稿／第二号／各大家評」と墨書。右端中央に朱インクのナンバリングによる番号「2」あり。

○構成　「草稿」本文三九丁。

○内題　「草稿」。

○序・跋等　なし。

○用紙　楮紙。墨色各半丁九行摺罫紙。全紙裏打。

○匡郭　一八・二×一二・六糎。

○丁付　ノドに「ヒ　四〇(〜八〇終)」と墨書。

○句点・傍点等　朱点あり。朱点・圏の傍点あり。墨筆による補訂あり。欄外に朱による批評書き入れあり。

○筆蹟　不明。他一筆。

○評点者　不明。

○蔵書印等　なし。

22　『旭荘遺稿』第三冊

○所蔵　広瀬先賢文庫（家宝一〇・五―一(三)）

○書型　大本（二五・三×一六・九糎）。一冊。写本。

○装幀　紙捻綴。袋綴。

○表紙　本文共紙（墨色各半丁九行摺罫紙）。

○外題　左肩に「草稿」。右肩に臙脂色紙を貼り「旭荘遺稿／第三号／各大家評」と墨書。この貼紙左上に「丙申等」と朱書。右端中央に朱インクのナンバリングによる番号「33」あり。

○構成　「丙申未定草稿」本文一四丁。遊紙一丁。「梅墩詩抄拾遺」本文一〇丁。遊紙一丁。

○序・跋等　なし。

○用紙　楮紙。墨色各半丁九行摺罫紙。全紙裏打。

○匡郭　一七・九×一二・三糎。

○丁付　ノドに「七　五五二(〜五七九)」と墨書。

○句点・傍点等　朱点、朱による傍点・圏点、本文及び欄外に、評書入れあり。朱・墨筆による補訂等あり。

○筆蹟　他二筆。

○評点者　不明。

○蔵書印等　なし。

22　『旭荘遺稿』第四冊

○所蔵　広瀬先賢文庫（家宝一〇・五―一(四)）

○書型　大本（二四・六×一六・八糎）。一冊。写本。

○装幀　紙捻綴。袋綴。

○表紙　なし。

○外題　なし。ただし、本文初丁右上部に「草稿」と墨書。右脇中央下方に臙脂色紙を貼り「旭荘遺稿／第一号／各大家評」と墨書。この貼紙右に朱インクのナンバリングによる番号「32」あり。

○構成　「草稿」本文四二丁。

○内題　なし。

○序・跋等　なし。

○用紙　楮紙。墨色各半丁九行摺罫紙。全紙裏打。
○匡郭　一七・九×一二・四糎。
○丁付　ノドに32（朱スタンプ）「ヒ　五一〇(〜(三十二ノ)ヒ終ヒ　五五一)」と墨書。
○句点・傍点等　一部朱点あり。また、朱・墨筆による訂正・書入れ、欄外書き入れあり。
○筆蹟　他数筆を混ず。
○評点者　塈妄批
○蔵書印等　なし。
○所収文題名　「避齋記」「舩上山碑」「向陽楼記」「無題」（易學包蒙序）「西村君墓碑銘」「祭内藤竹所文」「運化意識辨序」「高木氏書畫帖序」「跋藤本生所蔵徂徠先生天狗説後」「贈川路公序」「謹啓」の一一篇。

22　『旭荘遺稿』第五冊

○所蔵　広瀬先賢文庫（家宝一〇・五―一(五)）
○書型　大本（二四・一×一五・七糎）。一冊。写本。
○装幀　紙捻綴。袋綴。
○表紙　本文共紙（墨色各半丁九行摺罫紙）。
○外題　左肩に「鄙稿」。右上部に臙脂色紙を貼り「旭荘遺稿／第五号／各大家評」と墨書。この貼紙の上方に「二」と墨書。右端中央に朱インクのナンバリングによる番号「3」あり。右下隈に「広瀬謙」と墨書。
○構成　遊紙一丁。「鄙稿上」本文二五丁。
○内題　「鄙稿上」。
○序・跋等　なし。
○用紙　楮紙。墨色各半丁九行摺罫紙。全紙裏打。
○匡郭　一八・三×一五・七糎。
○丁付　ノドに「ヒ　八(〜一〇八)」と墨書。
○句点・傍点等　なし。ただし、墨筆による補訂、補入などあり。
○筆蹟　他一筆。
○評点者　なし。
○蔵書印等　なし。

22　『旭荘遺稿』第六冊

○所蔵　広瀬先賢文庫（家宝一〇・五―一(六)）
○書型　半紙本（二三・六×一六・三糎）。一冊。写本。
○装幀　五ツ目綴。袋綴。
○表紙　鼠色白雲散し模様表紙。
○外題　左肩、無枠題簽「旭荘遺稿　第六号」と墨書。右上に青色紙片を貼り「第五十一号」と墨書。
○構成　本文四八丁。
○内題　なし。
○序・跋等　なし。
○用紙　楮紙。墨色各半丁九行摺罫紙。全紙裏打。
○匡郭　一八・〇×一二・三糎。

○丁付　ノドに「五一　一(〜四八オワリ)」と墨書。
○句点・傍点等　朱・墨訂正等あり。墨点・圏点あり。文中・欄外に、朱筆による批評書入れあり。また、欄外に墨筆による批評書入れあり。
○筆蹟　他数筆を混ず。
○評点者　不明。
○蔵書印等　「日益月如／無盡蔵」「宜園／蔵書」。
○第一丁表右上に「五十一止」と墨書して洋紙片を貼る。表紙見返し中央に洋紙片を貼り「第六拾参號ヨリ出タル／書籍二冊」と墨書。

23　『旭荘詩稿』巻一・二

○所蔵　広瀬先賢文庫（一般書　写二―一六）
○書型　大本（二四・二×一五・三糎）。一冊。写本。
○装幀　康熙綴。袋綴。
○表紙　淡香色無紋表紙。
○外題　なし。
○構成　遊紙一丁。（巻之一）本文三一丁。「巻之二」本文一四丁。
○内題　「旭荘詩稿巻之一／豊後　廣瀬謙吉甫」
○序・跋等　なし。
○用紙　楮紙。墨色各半丁九行摺罫紙。全紙裏打。
○匡郭　一八・六×一二・三糎。
○丁付　なし。
○句点・傍点等　朱点あり。朱・墨筆による本文書入れ訂正、朱・墨筆の×印による消沫、また欄外に、朱・墨筆による批評書入れあり。
○筆蹟　不明。他筆。
○評点者　亀井昭陽。他不明。
○蔵書印等　なし。

24　『逍遥園十二奇勝』

○所蔵　国立国会図書館（鶚軒文庫　四〇四七）
○書型　大本（二四・二×一六・五糎）。一冊。写本。
○装幀　紙捻綴。袋綴。
○表紙　なし。
○外題　なし。
○構成　本文二丁。
○内題　「逍遥園十二奇勝」
○序・跋等　なし。
○用紙　楮紙。無罫紙。
○字高　二二・二糎。
○丁付　なし。
○句点・傍点等　墨筆によるミセ消チあり。
○筆蹟　他筆。
○評点者　なし。
○蔵書印等　「國立國／會圖書／館蔵書」

25 『旭荘詩稿』

○所蔵　慶應義塾図書館（二〇七—二九九—一）
○書型　大本（二四・〇×一五・一糎）。一冊。写本。
○装幀　四ッ目綴。袋綴。
○表紙　柿渋色無紋表紙。
○外題　なし。
○構成　遊紙三丁（無罫二丁、罫紙一丁）。本文五丁。遊紙一丁。本文二六丁。本文計三一丁。
○内題　なし。
○序・跋等　なし。
○用紙　楮紙。墨色各半丁九行摺罫紙。
○匡郭　一七・九×一一・六糎。
○丁付　なし。
○句点・傍点等　朱・墨による句点・圏点・傍点あり。また、墨・朱筆による塗抹・訂正・ミセ消チ、文中書き入れ・欄外書き入れあり。
○筆蹟　他筆。
○評点者　不明。
○蔵書印等　「慶應義塾／圖書館」「江風山月荘」

26 『嘉永二十五家絶句』

○所蔵　広瀬先賢文庫（詩一—六）
○書型　半紙本（二二・五×一五・一糎）。四巻四冊。刊本。
○装幀　四ッ目綴。袋綴。
○表紙　浅葱色卍繋地空押表紙。
○外題　左肩、原刷題簽、四周単辺。「嘉永二十五家絶句（一〜四）」。一五・五×二・五糎。
○見返し　「戊申仲夏新鐫／星巌　海屋　櫻隠　𩟗齋　陶所／敬所　五山　艮齋　笛浦　蘭渓／枕山　竹厓　隨齋　小竹　春草／小山　淡囱　佩川　善菴　磐渓／旭荘　渓琴　熊山　静庵　南園／嘉永二十五家絶句／浪華書賈　種玉堂　墨香居／東武書舗　千鍾房」
○構成　第一冊　叙三丁　目次一丁　巻一本文三八丁　第二冊　巻二本文三七丁　第三冊　巻三本文三八丁　第四冊　巻四本文三八丁
○内題　嘉永廿五家絶句
○序・跋等　序（弘化四　斎藤拙堂）
○用紙　楮紙。
○匡郭　一四・六×一〇・四糎。本文十行。
○柱記　序一（〜三）　名家絶句巻一目次　星巌名家絶句巻一　一（〜八）　海屋名家絶句巻一　九（〜十六）　櫻隠名家絶句巻一　十七（〜二十一）　𩟗齋名家絶句巻一　廿二（〜廿八）　陶所名家絶句巻一　廿九（〜三十五）　敬所名家絶句巻一　三十六（〜三十八）　五山名家絶句巻二　一（〜五）　艮齋名家絶句巻二　六（〜十一）　笛浦名家絶句巻二　十二（〜十七）　蘭渓名家絶句巻二　十八（〜二十二）　枕山名家絶句巻二　二十三（〜二十七）　竹厓名家絶句巻二　二十八（〜三十二）　隨齋名家絶句巻二　三十三（〜三十七）

小竹名家絶句巻三　一（～十）　春草名家絶句巻三　十一（～十九）　小山名家絶句巻三　二十（～二十六）　淡窓名家絶句巻三　二十七（～三十）　佩川名家絶句巻三　三十一（～三十八）　善庵名家絶句巻四　一（～五）　磐渓名家絶句巻四　六（～十一）　旭荘名家絶句巻四　十二（～十八）　渓琴名家絶句巻四　十九（～二十四）　熊山名家絶句巻四　二十五（～二十九）　殊山名家絶句巻四　三十（～三十四）　南園名家絶句巻四　三十五（～三十八）

○刊記

嘉永紀元戊申歳發兌／京都書舗　大文字屋正助　近江屋佐太郎／浪速書肆　秋田屋太右衛門　藤屋善七　河内屋儀助　藤屋禹三郎／江都書房　須原屋茂兵衛　須原屋新兵衛

○蔵書印等「旭荘／珍蔵」

○旭荘の詩は第四冊巻之四、十二～十八丁にあり。また、大瀑主人、耶馬渓人、松島老漁、烏有生による批評あり。

27　『安政三十二家絶句』

○所蔵　広瀬先賢文庫（詩一―八）

○書型　半紙本（二二・一×一五・〇糎）。三巻三冊。刊本。

○装幀　四ツ目綴。袋綴。

○表紙　浅葱色無紋表紙。

○外題　左肩、原刷題簽、四周単辺。「安政三十二家絶句　上（中・下）」。一五・〇×二・三糎。

○見返し　丁巳孟春鼎鐫／淡窓　星巌　石秋　拙堂　弘庵　渓琴　小山　磐渓／秋里　旭荘　竹外　黄石　佛山　訥堂　江城　陶所／湖山　枕山　舟山　青村　春濤　支峰　松塘　冷窓／穀堂　三樹　鋏兜　誠軒　松島　梅癡　天章　清狂／附録　雲嶺　梅隠　天江　静所／安政三十二家絶句／平安書肆　文榮堂　文政堂　擁萬堂　梅英堂　合梓

○構成　安政卅二家絶句序四丁　安政三十二家絶句目次二丁　巻上本文三三丁　巻中三九丁　巻下三五丁　〔跋〕二丁

○内題　安政三十二家絶句

○序・跋等　安政卅二家絶句序（安政四年、菅夏長）〔跋〕（安政三年、家長韜庵）

○用紙　楮紙。

○匡郭　一五・一×一〇・五糎。本文十行。

○柱記　安政卅二家絶句巻上序一（～四）　目次一（二）　淡窓一（～三）　星巌四（～六）　石秋七（～九）　拙堂十（～十二）　弘菴十三（～十五）　渓琴十六（～十八）　小山十九（～廿一）　磐渓廿二（～廿四）　秋里廿五（～廿七）　旭荘廿八（～三十）　黄石卅一（～卅三）　安政卅二家絶句巻中　竹外一（～三）　佛山四（～六）　訥堂七（～九）　江城十（～十三）　湖山十四（～十五）　陶所十六（～十八）　枕山十九（～廿一）　舟山廿二（～廿四）　青村廿五（～廿七）　春濤廿八（～三十）　支峰卅一（～卅三）　松塘卅四（～卅六）　冷窓卅七（～卅九）　安政卅二家絶句巻下　穀堂一（～三）　三樹四（～六）　鋏兜七（～九）　誠軒十（～十二）　松嶋十三（～十五）　梅痴十六（～十八）　天章十九（～廿一）　清狂廿二

（～廿四）　雲嶺廿五（～廿七）　梅隠廿八（～廿九）　天江三十（～卅二）　静所卅三（～卅五）　安政卅二家絶句一（二）

○刊記　なし。

○蔵書印等　「日益月加／無盡蔵」「宜園／蔵書」

28　『文久二十六家絶句』

○所蔵　広瀬先賢文庫（詩一―九）

○書型　半紙本（二二・五×一四・九糎）。三巻三冊。刊本。

○装幀　康煕綴。袋綴。

○表紙　焦茶色四弁花空押表紙。

○外題　左肩、原刷題簽、四周単辺。「文久二十六家絶句上(中・下)」。一四・四×一・九糎。

○見返し　「壬戌仲夏鼎鐫／佩川　雙石　雲嶺　石秋　松陰　拙堂／盤渓　旭荘　竹外　韜庵　佛山　鶴汀／雲如　柳東　枕山　春濤　淡水　静逸／松塘　毅堂　春帆　秀野　栗園　秋村／古渓　五岳／文久廿六家絶句／平安書肆　弘文堂　梅英堂　文政堂　文榮堂　擁萬堂　合梓」

○構成　第一冊　序三丁　目次一丁　巻上本文三三丁　第二冊　巻中本文三二丁　第三冊　巻下本文二八丁

○内題　文久二十六家絶句

○序・跋等　序（文久元、家里松濤）

○用紙　楮紙。

○匡郭　一五・〇×一〇・四糎。本文十行。

○柱記　文久廿六家絶句巻序一（～三）　文久廿六家絶句目録　文久廿六家絶句　巻上　珮川一（～三）　雙石四（～五）　雲嶺六（～八）　石秋九（～十）　松陰十一（～十二）　拙堂十三（～十七）　碧渓十八（～二十）　旭荘廿一（～廿四）　竹外廿五（～廿九）　韜菴三十（～卅二）　巻中　佛山一（～三）　寉汀四（～六）　雲如七（～十）　柳東十一（～十五）　枕山十六（～二十）　春濤廿一（～廿五）　淡水廿六（～廿七）　静逸廿八（～三十）　松塘卅一（～卅二）　巻下　毅堂一（～五）　春帆六（～八）　秀野九（～十二）　栗園十三（～十六）　秋村十七（～二十）　古渓廿一（～廿五）　五岳廿六（～廿八）

○刊記　文久二年壬戌仲夏稟准刊行／書肆／江戸日本橋通一丁目　須原屋茂兵衛／日本橋通二丁目　山城屋佐兵衛／大坂心齋橋南一丁目　敦賀屋九兵衛／心齋橋筋博勞町　河内屋茂兵衛／心齋橋通唐物町　河内屋吉兵衛／京都寺町通四條下　近江屋佐太郎／寺町通高辻上　勝村伊兵衛／寺町通五條上　山城屋佐兵衛／五條通高倉東入　菱屋友七郎／寺町通五條上　額田正三郎

○蔵書印等　「旭荘／珍蔵」

29　『海内詩媒編』

○所蔵　広瀬先賢文庫（旭五―八）

○書型　半紙本（二二・六×一五・六糎）。一冊。刊本。

○装幀　四ツ目綴。袋綴。

○表紙　水色無紋表紙。

○外題　左肩、原刷題簽、四周単辺。「海内詩媒編」。一一・九×二・二糎。

○見返し　「唱和　諸公／廣瀬淡窓　中嶋櫻隠　琴春樵　貫名菘翁　祝星舲　／福井江州　秋吉雲蓉　新宮鬼國　安藤桂洲　田宮亦水／海内詩媒編　第一集　劉石秋著／　釋五岳　松原苓陵　高島晴城　武富圯南　家里松隝　廣瀬青村　草場珮川　齋藤拙堂　梁川星巌　廣瀬旭荘」

○構成　本文一四丁　〔跋〕二丁

○内題　海内詩媒編第一集

○序・跋等　〔跋〕（詩媒堂主人）

○用紙　楮紙。

○匡郭　一五・三×一一・一糎。本文九行。

○柱記　海内詩媒編第一集　一（〜十四）

○刊記　なし。

○蔵書印等　「廣瀬氏本／家舊蔵」

○旭荘の詩は一四オ・ウ丁にあり。

30　『近世名家詩鈔』

○所蔵　広瀬先賢文庫（詩一—一〇）

○書型　半紙本（二二・三×一四・八糎）。三巻三冊。刊本。

○装幀　康熙綴。袋綴。

○表紙　青鈍色無紋表紙。

○外題　左肩、原刷題簽、四周双辺。「近世名家詩鈔　上（中・下）」。一五・二×二・五糎。

○見返し　「安政戊午新梓／近世名家詩鈔／誰軒蔵梓」

○構成　第一冊　序三丁　例言二丁　目録三丁　巻上本文三七丁　第二冊　巻中本文四四丁　巻下本文四四丁　跋二丁

○内題　近世名家詩鈔

○序・跋等　序（安政五年、藤森天山）　跋（安政五年、藤田龜）

○用紙　楮紙。

○匡郭　一五・九×一〇・四糎。本文十行。

○柱記　近世名家詩鈔序一（〜三）　例言一（〜二）　目録一（〜三）　巻上　一（〜卅七）　巻中　一（〜四十四）巻下　一（〜四十四）　跋　一（〜二）

○刊記　なし。

○蔵書印等　「宜園之蔵書」「同社之外／雖親戚故人／不許借此」「日益月加／無盡蔵」

○旭荘の詩は第三冊一丁オ〜三丁ウ三行目にあり。

31　『宜園百家詩二編』

○所蔵　広瀬先賢文庫（家宝三〇—一三）

○書型　半紙本（二二・七×一四・八糎）。六巻三冊。刊本。

○装幀　四ツ目綴。袋綴。

○表紙　黄檗色無紋表紙。

○外題　左肩、原刷題簽、四周双辺。「宜園百家詩二編　一二（〜五六）」。一六・二×二・五糎。

○見返し　「嘉永庚寅新刻／宜園百家詩二編三編合巻六冊」／浪華書林　群玉堂梓」

○構成　第一冊　遊紙一丁　宜園百家詩續編序三丁　題辭四丁　凡例一丁　目録四丁　巻一本文二二丁　巻二本文二二丁　第二冊　巻三本文二一丁　巻四本文二〇丁　第三冊　巻五本文二二丁　巻六本文二二丁　跋一丁

○内題　宜園百家詩二編

○序・跋等　宜園百家詩續篇序（嘉永六年、広瀬青村）　題辭（嘉永六、河野鉄兜）　跋（嘉永七年、竺徹雲）。

○用紙　楮紙。

○匡郭　一五・八×一一・〇糎。本文九行。

○柱記　宜園百家詩二編　巻之一　一（～ロ、十二止）巻之二　一（～廿二）　巻之三　一（～廿一）　巻之四　一（～二十）　巻之五　一（～廿一）　巻之六　一（～廿二終）

○刊記　なし。

○蔵書印等　「廣瀬氏本家」

○旭荘の詩は、第一冊巻之二　四丁オ八行目～八丁ウラ四行目にあり。

32『関西社詩稿初編』

○所蔵　広瀬先賢文庫（写一―八（一））

○書型　半紙本（二三・六×一五・六糎）。一冊。写本。

○装幀　四ツ目綴。袋綴。

○表紙　漉き返し表紙。

○外題　左肩、無枠題簽。「関西舎詩稿(下部破れ)」と墨書。一六・三×二・〇糎。

○構成　序一丁。凡例一丁。目次五丁。本文五〇丁。

○内題　「関西社詩稿初編」。

○序・跋等　「関西社詩稿序」（文政二年、蒲池俊）。

○用紙　楮紙。墨色各半丁九行摺罫紙。

○匡郭　一九・二×一三・〇糎。

○丁付　なし。

○句点・傍点等　朱の句点・傍点あり。朱筆による訂正あり。朱筆による欄外評あり。

○筆蹟　他一筆。

○評点者　不明。

○蔵書印等　「日益月加／無盡蔵」「宜園／蔵書」

○旭荘の詩は、巻上二五丁オにあり。

33『関西社詩稿二編』

○所蔵　広瀬先賢文庫（写一―八(二)～(四)）

○書型　半紙本（二三・六×一六・四糎）。三冊。写本。

○装幀　四ツ目綴。袋綴。

○表紙　漉き返し表紙。

○外題　左肩、題簽。「関西社詩稿二編一(～三)」と墨書。一五・三×二・五糎。

○構成　第一冊　遊紙前後各一丁。序二丁。目録六丁。本文二〇丁。第二冊　本文二三丁。遊紙一丁。第三冊　本文二三丁　遊紙一丁。
○内題「関西社詩稿二編巻一（〜三）」。
○序・跋等「関西社詩稿二編序」（文政三年、別府義方）。
○用紙　楮紙。墨色各半丁九行摺罫紙。
○匡郭　一九・三×一三・一糎。
○丁付　なし。
○句点・傍点等　朱の句点・傍点あり。朱筆による訂正あり。墨筆による欄外書入れあり。
○筆蹟　他数筆を混ず。
○評点者　不明。
○蔵書印等「日益月加／無盡蔵」「宜園／蔵書」
○旭荘の詩は、第二冊　本文第一二丁オモテ五行目から一三丁オモテ一行目までにあり。

34　『秋琴印譜』

○所蔵　広瀬先賢文庫（四一—三一）
○書型　半紙本（二三・二×一四・〇糎）。一冊。刊本。
○装幀　四ツ目綴。袋綴。
○表紙　自橡色無紋表紙。
○外題　左肩、直書朱書「秋琴印譜」。
○見返し　なし。
○構成　遊紙一丁。序一丁半。挿絵半丁。本文二丁。
○内題　なし。
○序・跋等　序（嘉永四年、篠崎小竹）。
○用紙　楮紙。縹色四周鎖模様紙。
○匡郭　一七・八×九・九糎。本文四行。
○柱記　觀古堂蔵版。
○刊記　なし。
○蔵書印「旭荘／珍蔵」

35　『詩稿及文』一・二→文篇書誌二参照

36　〔詩文稿〕（旭荘遺稿第一号）→文篇書誌三参照

36　〔詩文稿〕（旭荘遺稿第二号）

○所蔵　広瀬先賢文庫（家宝一〇・一—一四(二)）
○書型　大本（二四・五×一六・八糎）。一冊。写本。
○装幀　紙捻綴。袋綴。
○表紙　本文共紙（桑茶色各半丁九行摺罫紙）。
○外題　左肩、直書墨書「鄙稿」。外題右上に「珮川一」と朱書。右上方に山吹色布目地紙を貼り「旭荘遺稿／第二号／各大家評」と墨書。この貼紙の上右肩に大きく「二」と墨書。
○構成「鄙稿」本文一六丁。「草珮川評二」元表紙一丁。本文一三丁。「鄙稿　草珮川評三」元表紙一丁。本文一〇丁。本文三九丁。
○内題「鄙稿」。

○序・跋等　なし。
○用紙　楮紙。桑茶色各半丁九行摺罫紙。墨色各半丁九行摺罫紙。全紙裏打。
○匡郭　一八・三×一二・一糎。一七・六×一二・一糎。一八・四×一二・一糎。
○丁付　ノドに「(二)十(〜(二)終五一)」と墨書。
○句点・傍点等　一部に朱点あり。文中、朱・墨筆による書入れ、訂正、朱筆による欄外書入れあり。
○筆蹟　自・他筆を混ず。
○評点者　草場珮川。
○蔵書印等　なし。

36〔詩文稿〕（旭荘遺稿第三号）

○所蔵　広瀬先賢文庫（家宝一〇・一—一四(三)）
○書型　大本（二四・九×一六・八糎）。一冊。写本。
○装幀　紙捻綴。袋綴。
○表紙　本文共紙。
○外題　左肩、直書墨書「鄙稿」。右肩に「拙堂評」と朱書。「拙堂評」の左に山吹色布目地紙を貼り、「旭荘遺稿／第三号／各大家評」と墨書。
○構成　「草稿」本文一六丁。
○内題　「草稿」
○序・跋等　なし。
○用紙　楮紙。無罫紙（各半丁九行書き）。全紙裏打。
○字高　一七・〇糎。
○丁付　ノドに「三四七(〜三六四)」と墨筆にて記す。
○句点・傍点等　朱傍点、朱筆による欄外書き入れあり。
○筆蹟　他一筆。
○評点者　斎藤拙堂
○蔵書印等　なし。

36〔詩文稿〕（旭荘遺稿第四号）

○所蔵　広瀬先賢文庫（家宝一〇・一—一四(四)）
○書型　大本（二四・九×一六・八糎）。一冊。写本。
○装幀　紙捻綴。袋綴。
○表紙　本文共紙（墨色各半丁九行摺罫紙）。
○外題　なし。ただし、右上方に山吹色布目地紙を貼り、「旭荘遺稿／第四号／各大家評」と墨書。左肩に、朱書にて「義堂」と記す。右肩に大きく「二」と墨書。
○構成　「草稿」本文一二丁。「鄙稿」元表紙一丁。「草稿」本文二五丁。本文三七丁。
○内題　「草稿」
○序・跋等　なし。
○用紙　楮紙。墨色各半丁九行摺罫紙。全紙裏打。
○匡郭　一八・四×一二・一糎。
○丁付　ノドに「四二〇(〜四五八)」と墨書。

○句点・傍点等　墨筆による訂正数ヶ所在り。
○筆蹟　他二筆を混ず。
○評点者　古賀穀堂、草場珮川。
○蔵書印等　なし。
○その他「癸巳重九后三　琴鶴老人記」（巻末批）

36　〔詩文稿〕（旭荘遺稿第五号）→文篇書誌三参照

36　〔詩文稿〕（旭荘遺稿第六号）→文篇書誌三参照

36　〔詩文稿〕（旭荘遺稿第七号）

○所蔵　広瀬先賢文庫（家宝一〇・一―一四(七)）
○書型　大本（二四・八×一七・〇糎）。一冊。写本。
○装幀　紙捻綴。袋綴。
○表紙　本文共紙（墨色各半丁九行摺罫紙）。
○外題　左肩、直書墨書「草稿」。右上方に山吹色布目地紙を貼り「旭荘遺稿／第七号／各大家評」と墨書。この貼紙の上右肩に大きく「二」と墨書。
○構成　「草稿」内題「旭荘詩稿」本文八丁。遊紙一丁。「草稿」内題「旭荘詩稿」本文八丁。遊紙一丁。本文一〇丁。遊紙二丁。本文一一丁。遊紙一丁。「旭荘詩稿」内題「旭荘詩稿」本文八丁。本文四五丁。
○内題　「旭荘詩稿」。
○序・跋等　なし。
○用紙　楮紙。墨色各半丁九行摺罫紙。灰色各半丁九行摺罫紙。全紙裏打。
○匡郭　一八・三×一二・一糎。一八・〇×一二・六糎。
○丁付　ノドに「(三)五二(〜終一〇五)」と墨書。
○句点・傍点等　朱・墨点、朱・墨傍点・同圏点、朱・墨筆による本文書入れ・欄外評あり。
○筆蹟　他数筆を混ず。
○評点者　廣瀬淡窓・安倍貞固・大友参・坂井華・中島如玉・別府登。
○蔵書印等　なし。

36　〔詩文稿〕（旭荘遺稿第八号）→文篇書誌三参照

36　〔詩文稿〕（旭荘遺稿集九号）→文篇書誌九参照

36　〔詩文稿〕（旭荘遺稿第一〇号）→文篇書誌三参照

36　〔詩文稿〕（旭荘遺稿第一一号）

○所蔵　広瀬先賢文庫（家宝一〇・一―一四(一一)）
○書型　大本（二四・九×一七・〇糎）。一冊。写本。
○装幀　紙捻綴。袋綴。
○表紙　本文共紙（墨色各半丁九行摺罫紙）。

○外題　左肩、直書朱書「草稿」右肩に「六月二十二日」と朱書。右上方に山吹色布目地紙を貼り「旭荘遺稿／第十一号／各大家評」と墨書。この貼紙の上に大きく「庚」と朱書。
○構成　「草稿」本文二三丁。
○内題　「草稿」
○序・跋等　なし。
○用紙　楮紙。墨色各半丁七行摺罫紙。全紙裏打。
○匡郭　一七・九×一二・九糎。一八・〇×一二・二糎。
○丁付　ノドに「二七八(〜二九九)」と墨書。
○句点・傍点等　朱・墨の傍点・圏点あり。朱墨訂正、書き入れあり。
○筆蹟　他筆。
○評点者　不明。
○蔵書印等　なし。

36〔詩文稿〕（旭荘遺稿第一二号）

○所蔵　広瀬先賢文庫（家宝一〇・一—一四(一二)）
○書型　大本（二四・八×一六・八糎）。一冊。写本。
○装褙　紙捻綴。袋綴。
○表紙　本文共紙（墨色各半丁九行摺罫紙）。
○外題　なし。ただし、右上方に山吹色布目地紙を貼り、「旭荘遺稿／第十二号／各大家評」と墨書。この貼紙の上右肩に大きく「二」と墨書。
○構成　「七言絶」「五言」本文二七丁。
○内題　なし。
○序・跋等　なし。
○用紙　楮紙。墨色各半丁九行摺罫紙。全紙裏打。
○匡郭　一八・四×一二・二糎。
○丁付　ノドに「四五九(〜四八六)」と墨書。
○句点・傍点等　朱点あり。朱墨による本文書き入れ、訂正などあり。
○筆蹟　他筆。
○評点者　不明。
○蔵書印等　なし。

37『旭荘初稿』

○所蔵　広瀬先賢文庫（家宝一〇・一—一七）
○書型　半紙本（二二・五×一五・六糎）。一冊。写本。
○装幀　四ツ目綴。袋綴
○表紙　唐茶色布目地表紙。
○外題　左肩、無枠題簽。「旭荘初稿」と墨書。一四・六×二・五糎。
○構成　遊紙一丁、本文三九丁。
○内題　なし。
○序・跋等　なし。

○用紙　楮紙。白橡色各半丁九行摺罫紙。
○匡郭　一八・〇×一一・八糎。
○丁付　なし。
○句点・傍点等　墨筆による訂正あり。
○筆蹟　他筆。
○評点者　不明。
○蔵書印等　なし。

38　『近詩文稿』→文篇書誌一〇参照。

39　『詩文草稿』→文篇書誌一一参照。

40　『詩文草稿壬子重陽後』→文篇書誌一二参照。

41　『癸丑詩文稿』→文篇書誌一三参照。

42　『天保癸卯詩文草稿』→文篇書誌一四参照。

43　『詩文未定稿』→文篇書誌一五参照。

44　『旭荘文稿（反古）』→文篇書誌一六参照。

45　『辛未稿』下

○所蔵　広瀬先賢文庫（家宝一〇・六―八(一)）
○書型　大本（二四・一×一五・九糎）。一冊。写本。
○装幀　紙捻綴。袋綴。
○表紙　なし。ただし、本文第一丁右端上部に紙を貼り、その上に
　「旭雑第一号」と墨書。
○外題　なし。
○構成　本文一二丁。
○内題　「辛未稿下」
○用紙　楮紙。墨色各半丁九行摺罫紙。全紙裏打。
○匡郭　一七・九×一二・八糎。
○丁付　ノドに「ヒ　二〇〇(～二一一終)」と墨書。
○句点・傍点等　墨筆による訂正あり。
○筆蹟　他筆。
○評点者　不明。
○蔵書印等　なし。

46　〔詩・文〕（旭雑第八号）→文篇書誌一七参照

47　〔詩〕（旭雑第九号）

○所蔵　広瀬先賢文庫（家宝一〇・六―八(九)）
○書型　半紙本（二一・六×一五・三糎）。一冊。写本。
○装幀　紙捻綴。袋綴。
○表紙　浅葱色布目地表紙。中央に洋紙片を貼り、「ケ旭雑第九号」

と墨書。
○外題　左肩、「草稿」と直書墨書。
○構成　遊紙前後各一丁。本文三丁。
○内題　なし。
○序・跋等　なし。
○用紙　楮紙。墨色各半丁九行摺野紙。全紙裏打。
○匡郭　一七・九×一二・九糎。
○丁付　ノドに「ケ一(〜五)」と墨書。
○句点・傍点等　朱・墨筆による訂正、ミセ消チあり。墨筆による欄外書き入れあり。
○筆蹟　他筆。
○評点者　不明。
○蔵書印等　なし。
○本文第三丁ウラより遊紙にかけて、「端本」「史記巻ノ十一」以下十二条にわたる記述あり。

48　『梅墩詩鈔』巻二→文篇書誌一八参照

49　『旭荘先生文稿』二集後附→文篇書誌二〇参照

50　『如不及齋文鈔』

○所蔵　国立国会図書館（鶚軒文庫一七五八）
○書型　大本（二五・七×一六・六糎）。三巻三冊。刊本。
○装幀　四ツ目綴。袋綴。
○表紙　白橡色無紋表紙。
○外題　左肩、原刷題簽。四周双辺。「如不及齋文鈔　上(中・下)」。
○見返し　「明治庚午春新鐫／如不及齋文鈔／轂熟蔵版」。
○構成　第一冊　〔序〕三丁　序一丁　目録四丁　巻之上二三丁　第二冊　巻之中三六丁　第三冊　巻之下　四〇丁　天山藤森先生墓標　三丁
○序・跋等　〔序〕（安政六、藤森弘庵）　天山藤森先生墓標（川田剛）
○用紙　楮紙。
○匡郭　一七・六×一一・〇糎。本文九行。
○柱記　丁付　如不及齋文鈔　巻上序　目録　巻上　一(〜二十二)　巻中　一(〜三十六)　巻下　一(〜四十)　墓標　一(〜三)
○刊記　京都三条通升屋町　出雲寺文次郎／同　東洞院通三条上ル町　村上勘兵衛／大坂心齋橋通北久太郎町　河内屋喜兵衛／同　安堂寺町　秋田屋太右衛門／同　南久宝寺町　伊丹屋善兵衛／尾州名古屋本町七丁目　永樂屋東四郎／東京日本橋通一丁目　須原屋茂兵衛／同　浅草茅町二丁目　須原屋伊八／同　日本橋通二丁目　山城屋佐兵衛／同　同所　須原屋新兵衛／同　芝神明前　岡田屋嘉七／同　横山町三丁目　和泉屋金右衛門版
○蔵書印等　「國立國／會圖書／館蔵書」
○青墨による句点・傍線・圏点あり。朱墨による句点・圏点あり。紫色鉛筆による圏点あり。

51 『東遊稿』→影印篇解説四参照

52 『東遊稿』

○所蔵　広瀬先賢文庫（家宝一〇・一—八）
○書型　半紙本（二三・五×一四・八糎）。一冊。写本。
○装幀　四ツ目綴。袋綴。
○表紙　唐茶色布目地表紙。
○外題　左肩、無枠題簽。「東遊稿旭荘著小竹評上下」と墨書。一五・五×三・一糎。
○構成　遊紙前後各一丁。巻之一本文二七丁、巻之四本文一五丁　巻之五本文一四丁。
○内題　「東遊稿」巻之一（四・五）
○序・跋等　なし。
○用紙　楮紙。墨色各半丁九行摺罫紙。全紙裏打。
○匡郭　一八・〇×一一・八糎。
○丁付　なし。
○句点・傍点等　青・朱墨による句点・傍点あり。青墨による圏点あり。青・朱墨による本文中、欄外書入れあり。
○筆蹟　他筆。
○評点者　篠崎小竹、後藤松陰。
○蔵書印等　なし。
○巻之五の末に「癸巳八月　小竹散人篠崎弼僣批」とある。

53 『東遊稿』

○所蔵　広瀬先賢文庫（家宝一〇・四—一二(一)(二)）
○書型　半紙本（二三・一×一五・二糎）。二冊。写本。
○装幀　五ツ目綴。袋綴。
○表紙　鼠色布目地表紙。
○外題　左肩、無枠題簽。「東遊稿　乾(坤)」と墨書。
○構成　第一冊　元表紙　薄柿色無紋表紙。外題　左肩、朱墨直書「東遊稿　巻一」。表紙中央に紙片を貼り、「ケ」と墨書。遊紙一丁。同紙表左肩に「東遊稿　乾」と墨書。諸家評批（篠崎小竹、草場佩川、松本寒緑、後藤松陰、廣瀬淡窓）二丁。自序二丁。目次一丁。本文三八丁。遊紙一丁。第二冊　元表紙　薄柿色無紋表紙。外題、中央、「東遊稿　下」と墨書。表紙中央右寄りに紙片を貼り、「ア」と墨書。その右横に「ケガ上デミガ下ナラン」と墨書。遊紙一丁。同紙左肩に「東遊稿　坤」と墨書。本文五六丁。遊紙一丁。
○内題　「東遊稿」巻之一（〜五・附録）
○序跋等　「書東遊稿首」（文政十二年、廣瀬旭荘）
○用紙　楮紙。墨色各九行摺罫紙。全紙裏打。
○匡郭　一七・八×一二・三糎。
○丁付　第一冊ノドに「(ケ)一(〜四五)」とあり。第二冊　ノドに「(ア)一(〜五八)」とあり。
○句点・傍点等　朱墨・青墨による句点、訂正、欄外書き入れあり。

○筆蹟　他数筆を混ず。
○蔵書印等　「宜園之蔵書」「日益月加／無盡蔵」「宜園／蔵書」

54　『東遊稿』

○所蔵　広瀬先賢文庫（家宝一〇・四―一四(一)～(三)）
○書型　半紙本（二三・六×一五・七糎）。三冊。写本。
○装幀　五ツ目綴。袋綴。
○表紙　白緑色布目地表紙。
○外題　左肩、無枠題簽、「東遊稿　天(地・人)」と墨書。
○構成　第一冊　元表紙　山吹茶色無紋表紙。外題、左肩、「東遊稿　天」と直書墨書。表紙中央に紙片を貼り、「井」と墨書。遊紙一丁。本文二七丁。遊紙一丁。第二冊　元表紙　山吹茶色無紋表紙。外題、左肩「東遊稿　地」と直書墨書。表紙中央に紙片を貼り、「ノ」と墨書。遊紙一丁。本文三三丁。第三冊　元表紙　山吹茶色無紋表紙。外題、左肩「東遊稿　人」と直書墨書。表紙中央に紙片を貼り、「ク」と墨書。遊紙一丁。本文二九丁。遊紙一丁。
○内題　「東遊稿」巻之一（～五）。
○序・跋等　なし。
○用紙　楮紙。墨色各半丁九行摺罫紙。全紙裏打。
○匡郭　一七・九×一一・八糎。
○丁付　第一冊　ノドに「井一(～二九)」とあり。第二冊　ノドに「ノ一(～三四)」とあり。第三冊　ノドに「ク一(～三一)」とある。
○句点・傍点等　朱墨による句点、訂正、欄外書き入れあり。
○筆蹟　他数筆を混ず。
○蔵書印等　なし。
○第二冊の末に朱筆による篠崎小竹、廣瀬淡窓、草場佩川、後藤松陰の批あり。

55　『東遊稿』

○所蔵　広瀬先賢文庫（家宝一〇・四―一五(一)(二)）
○書型　半紙本（二三・五×一五・四糎）二冊。写本。
○装幀　五ツ目綴。袋綴。
○表紙　白鼠色布目地表紙。
○外題　左肩、無枠題簽。「東遊稿　名家評／巻一、二」と墨書。
○構成　第一冊　元表紙　山吹色無紋表紙。外題、左肩、無枠題簽、「東遊稿　名家評」と墨書。表紙中央に紙片を貼り、「ヤ」と墨書。遊紙二丁。序三丁。本文三九丁。第二冊本文四九丁。本文第一丁オモテの中央上部に紙片を貼り、「此分一巻ナリシヲ／上下二巻トセシモノナリ」と墨書。跋一丁。
○内題　「東遊稿」巻之一（～五）
○序・跋等　「書東遊稿首」（文政十一年、廣瀬旭荘）
○用紙　楮紙。墨色各半丁九行摺罫紙。全紙裏打。
○匡郭　一八・五×一二・一糎。
○丁付　第一冊　ノドに「ヤ一(～四四)」とあり。第二冊　ノドに「ヤ四五(～九四)」とある。

〇句点・傍点等　朱筆・墨筆による句点、圏点、訂正、ミセ消チ、欄外書き入れあり。
〇筆蹟　他数筆を混ず。
〇蔵書印等　なし。

56　『東遊稿』

〇所蔵　広瀬先賢文庫（家宝一〇・四―一六）
〇書型　半紙本（二三・八×一六・〇糎）一冊。写本。
〇装幀　五ツ目綴。袋綴。
〇表紙　鼠色布目地無紋表紙。
〇外題　左肩、無枠題簽。「東遊稿　吉田評／巻四ト同ジ」と墨書。
〇構成　元表紙　山吹色無紋表紙。外題、左肩、「吉田評／東遊稿下」と直書墨書。表紙中央に紙片を貼り、「テ」と墨書。遊紙一丁。本文二九丁。
〇内題　「東遊稿」巻之四
〇序・跋等　なし。
〇用紙　楮紙。墨色各半丁九行摺罫紙。全紙裏打。
〇匡郭　一八・四×一二・一糎。
〇丁付　ノドに「テ一（〜三〇）」とあり。
〇句点・傍点等　朱墨による傍点・圏点・欄外書き込みあり。
〇筆蹟　他筆。
〇蔵書印等　なし。

57　『廣吉甫東遊稿』

〇所蔵　国立国会図書館（鶚軒文庫二六八五）
〇書型　半紙本（二三・五×一四・九糎）。三冊。写本。
〇装幀　四ツ目綴。袋綴。
〇表紙　白橡色無紋表紙。
〇外題　左肩、無枠題簽。「廣吉甫東遊稿　上」。一六・四×一四・九糎。
〇構成　第一冊　書東遊稿首三丁　巻之一本文二五丁　第二冊　巻之二本文二九丁　第三冊　巻之三本文二七丁　附録十丁　〔跋〕一丁　本文計九五丁。
〇内題　「東遊稿」巻之一（〜三）。
〇序・跋等　書東遊稿首　〔跋〕（作者不明）
〇用紙　楮紙。墨色各半丁九行摺罫紙。
〇匡郭　一七・八×一二・一糎。
〇丁付　なし。
〇句点・傍点等　墨筆による訂正あり。
〇評点者　なし。
〇筆蹟　他筆。
〇蔵書印等　「國立國／會圖書／館蔵書」「田口／蔵書」。

58　『西遊紀行』→影印篇解説五参照。

一　『旭荘文集』

○所蔵　広瀬先賢文庫（家宝一〇・四―一(一)〜(四)）

○書型　大本（第一〜三冊、二四・一×一五・八糎。第四冊、二五・六×一七・九糎）。四巻四冊。写本。

○装幀　五ツ目綴。袋綴。

○表紙　若竹色布目地表紙（第一〜三冊）。縹色布目地表紙（第四冊）。各冊右肩に紙片を貼り、「共四冊之内」と墨書。

○外題　左肩、無枠題簽。第一冊「旭荘文集　全」。第二・三冊「旭荘文集」。第四冊「旭荘雑文集」。第一〜三冊、一五・一×二・五糎。第四冊、一四・五×二・四糎。

○構成　第一冊　元表紙。琥珀色地薄墨蘭模様表紙。外題、左肩直書墨書「旭荘文稿　一　二全」。中央右寄りに楮紙を貼り、「共四冊之内／旭荘文集（稿を消し集と傍記）全」と墨書。その楮紙の上に洋紙片を貼り、「4(2を消し4に改む)」と墨書。（巻一）遊紙二丁。遊紙第一丁表中央に洋紙片を貼り、「4(2を消しチに改む)スミ」と墨書。本文二十二丁。（巻二）本文二十五丁。遊紙一丁。第二冊　元表紙。黄土色表紙。外題、左肩直書墨書「旭荘文集」、中央に「共四冊之内」と直書墨書。右上に洋紙片を貼り、「2(1を消し2と改む)」と墨書。遊紙一丁。遊紙表中央に洋紙片を貼り、「2」と墨書。本文三十五丁。遊紙一丁。第三冊　元表紙。黄土色表紙。外題、左肩直書墨書「旭荘文集」。右肩に「三」「共四冊之内」と直書墨書。中央に洋紙片を貼り「3」と墨書。遊紙一丁。遊紙表中央に洋紙片を貼り「3、スミ」と墨書。本文三十八丁。遊紙一丁。第四冊　元表紙。琥珀色布目地表紙。外題、左肩直書墨書「旭荘雑文集（稿を消し集と傍記）」。右上に「共四冊之内」と直書墨書。中央に洋紙片を貼り「マ」と墨書。遊紙一丁。遊紙表中央に洋紙片を貼り「マ」と墨書。本文五十八丁。以上本文一八六丁。

○内題　内題は第一冊の巻第一・二のみにあり。「旭荘文稿」巻之一(二)。

○序・跋等　なし。

○用紙　楮紙。第一冊　銀鼠色各半丁九行摺罫紙。第二・三冊　墨色各半丁九行摺罫紙。第四冊　墨色各半丁十行罫紙。全紙裏打。

○匡郭　第一冊　一八・二×一二・三糎。第二・三冊　一八・四×一二・三糎。第四冊　二〇・七×一四・八糎。

○丁付　第二冊　ノドに「2一(〜卅七終り)」と墨書。

○句点・傍点等　本文には朱の句点あり。第四冊の一部は墨点。第二・三冊には朱墨の返り点あり。また、朱・墨の圏点・傍点・塗抹・訂正・ミセ消チ、朱・墨筆による書入れあり。

○評点者　亀井昭陽、篠崎小竹、斎藤拙堂。

○筆蹟　他数筆を混ず。

○蔵書印等　第二冊　前遊紙中央に「同社之外／雖親戚故人／不許借

此」と「日益月加／無尽蔵」とがある。

○所収文題名　第一冊　旭荘文稿巻之一「題伊尹負鼎圖後」「書王介甫讀孟嘗君傳後」「讀荊軻傳」「尚友説」「牧馬説」「無味庵記」「遊雄戸記」「晩帆楼記」「送關洲序」「送宮景潤歸信濃序」「送岡子究遊長崎序」「為岸尚體賀其父六十壽叙」「送岡雍叔序」「送觀有序」「益永君墓誌銘」の十四篇。旭荘文稿巻之二「隈川觀放鸕鷀記」「與中子玉」「書杜蓼洲詩巻之後」「書崎人黄老谷書畫帖首」「豊公伐朝鮮論」「讀無逸」「千倉山堤某墓記」「東岡記」「書松徳甫詩巻後」「贈田子朴序」「題子猷訪戴圖後」「題蘇秦錐股圖後」「題張子房椎秦始皇圖後」「記柏某遇騙事」「羽文鳳墓誌銘代家君」「書僧讓詩巻後」「題蘆伯玉過公門下車圖後」の十六篇。第二冊「題伊尹負鼎圖後」「大雪謝某餽豪豬肉」「責人懶惰書」「罵蠹魚」「送饗子庭序」「牧馬説」「送兒有壹遊京師序」「恒真卿詩集叙」「無味庵記」「送釋錦龍序」「與一圭」「雲物記」「送關洲序」「與岡子究」「與仲子玉」「書王介甫讀孟嘗君傳後」「與西島元凱」「與矢子生」「記夢」「送新子達序」「漫筆十一則」の二十一篇。第三冊　「送僧一圭序」「與昭陽先生」「譯田才佐梧窓漫筆四則」「正月八日筆談」「讀荊軻傳」「遊雄士記」「送甲世覚序」「與宮伯淳」「送谷川生序」「報昭陽先生」「呈樺石梁書」「宜園吟稿叙」「告亀子唐墓不用韻」「晩帆樓記」「與兒有壹」「與石子寛」「與船越士文」「友説」「文中子論」「跋劔南集」「又」「又」「又」「與田叔南」「贈船越士文序」「題漢信傳後」「又」「又」「又」「又」「送山子蘭序」の三十一篇。第四冊　「府内侯詩巻跋」「菊池士固詩集叙」「書廣淵上人文後」「書赤澤氏所蔵北野菅祠鏡背搨圖後」「題橋本竹香所蔵畫巻」「書為風子書畫帖首」「為藤藍田跋加納半翠所嘗蔵書畫巻」「書為風子書畫帖首」「為藤藍田跋加納半翠所嘗藏巻」「贈藤藍田序」「戯與小竹翁」「書福永史隆書畫帖首」「澤雪城心畫論後序」「撫山翁追悼集序」「劉石舟詩集序」「贈増田子序」「題竹田翁臨所雪巌梅花喜神譜後」「書石州泉晉詩後」「烏帽石記」「櫻雲館記」「策問一道」「送青木子祐序」「羽倉君通鑑評叙」「讀萬曆三大征東夷二考」「與間瀬雄峰」「與東景」「大熊益齋翁配西山氏墓誌銘」「菊池千本槍記」「必東主人所蔵蔣公徳璟墨蹟記」「題淨之公所銘古瓢」「周防三田尻塩田碑」「播磨國包亀堰碑銘」「刻明史三傳叙」「佐君朗詩集跋」「溪陽詩草叙」「薩人五代五峰七律起結對語跋」の三十四篇。計一一六篇。

二　『詩稿及文』

○所蔵　広瀬先賢文庫（家宝一〇・一―一三(一)(二)）

○書型　半紙本（第一冊、二三・七×一六・四糎。第二冊、二三・六×一五・九糎）。二巻二冊。写本。

○装幀　五ツ目綴。袋綴。

○表紙　焦茶色布目地表紙。

○外題　左肩、無枠題簽。「詩稿及文一(二)」。一五・二×二・六糎。

○構成　第一冊　元表紙。空色無紋。外題、左肩に「詩稿及文　一」と直書墨書。中央に洋紙片を貼り、「(ヨ)」と墨書。遊紙一丁。本文六十五丁。遊紙一丁。第二冊　元表紙。藍鼠布目地。外題、左肩に「詩(近ミセ消チ)稿及文　二」と直書墨書。中央に洋紙片を貼り、「(タ)」と墨書。遊紙一丁。本文四十八丁。遊紙五丁。以上本文一一三丁。

○内題　なし。

○序・跋等　なし。

○用紙　楮紙。第一冊、無罫（各半丁七行）・墨色各半丁七行摺罫紙・墨色各半丁九行摺罫紙。第二冊、墨色各半丁七行摺罫紙。全紙裏打。

○匡郭・字高　第一冊　字高　一七・七糎（無罫）。一七・八×一二・二糎（罫紙）。　第二冊　一八・〇×一二・四糎。

○丁付　一部、ノドに「ヨ」とあり。

○句点・傍点等　本文には朱・墨による句点あり。また、墨・朱筆による圏点・傍点・塗抹・訂正・ミセ消チ・書き入れあり。第一冊に墨筆による欄外貼付書き入れあり。

○筆蹟　他数筆を混ず。

○評点者　廣瀬淡窓「壬子孟秋苓陽批」「癸丑　仲秋苓陽閲」、広瀬青邨。

○蔵書印等　なし。

○所収文題名　第一冊　「常青館記」「書山口紀行詩後」「書幻松菴主人五十一景書畫帖首」「跋藤青林先生人五瓢所輯書畫帖」「小山翁行状」の五篇。第二冊　「題中島雄飛(松嵓ヲ消ス)畫巻首」「題坪顔山所蔵明人畫巻」「題増本子書畫帖首」「水哉亭記」「松田久平翁墓誌銘」の五篇。

三　〔詩文稿〕（旭荘遺稿　第一号）

○所蔵　広瀬先賢文庫（家宝一〇・一—一四(一)）

○書型　大本（二四・九×一六・七糎）。一冊。写本。

○装幀　紙捻綴。袋綴。

○表紙　本文共紙（墨色半丁九行摺罫紙）。

○外題　左肩、直書墨書「鄙稿」。外題右に「小竹評」と朱書。右肩に山吹色布目地紙を貼り、「旭荘遺稿／第一号／各大家評」と墨書。

○構成　「鄙稿乙未」本文一九丁。遊紙一丁。「鄙稿」表紙一丁。本文八丁。「鄙稿」表紙一丁。本文一二丁。本文全三九丁。

○内題　「鄙稿乙未」「草稿」。

○序・跋等　なし。

○用紙　楮紙。墨色各半丁九行摺罫紙。無罫紙（各半丁九行書き）。全紙裏打。

○匡郭・字高　匡郭一七・九×一二・三糎。字高一七・五糎。

○丁付　ノドに「三〇三(〜三四六)」と墨筆にて記す。

○句点・傍点等　朱筆の句点、朱・墨筆による傍点・圏点、また朱筆による文中・欄外書き入れ多し。

○筆蹟　自筆、他二筆を混ず。

○評点者　篠崎小竹。

○蔵書印等　なし。

○所収文題名　「讀萬暦三大東夷二考」。

三　〔詩文稿〕（旭荘遺稿　第五号）

○所蔵　広瀬先賢文庫（家宝一〇・一―一四(五)）
○書型　大本（二五・一×一七・八糎）。一冊。写本。
○装幀　紙捻綴。袋綴。
○表紙　本文共紙。
○外題　左肩、直書墨書「草稿」。外題右横に「筑井評」と朱書。右肩に山吹色布目地紙を貼り、「旭荘遺稿／第五号／各大家評」と墨書。
○構成　本文二一丁。
○内題　なし。
○序・跋等　なし。
○用紙　楮紙。無罫紙（各半丁九行書き）。全紙裏打。
○字高　一七・六糎。
○丁付　ノドに「三九八(～四一九)」と墨筆にて記す。
○句点・傍点等　朱・青・墨点、同傍点存。文中朱・墨筆による書き入れ、欄外、朱・青・墨筆による書き入れあり。
○筆蹟　他筆。
○評点者　筑井清（朱）、山下温（墨）、米府倬（墨）、比原直（青）。
○所収文題名　「讀萬暦三大東夷二考」「龍師西征集叙」「羽倉君通鑑叙」の三篇。
○弘化乙巳端午　筑井清評。夏五十日　山下温評。仲夏念五卆業　米府倬。同二九日　比原直評。

三　〔詩文稿〕（旭荘遺稿　第六号）

○所蔵　広瀬先賢文庫（家宝一〇・一―一四(六)）
○書型　大本（二四・五×一六・〇糎）。一冊。写本。
○装幀　紙捻綴。袋綴。
○表紙　本文共紙。
○外題　左肩、直書墨書「鄙稿」。外題右に「丙申」と朱書。右肩に山吹色布目地紙を貼り「旭荘遺稿／第六号／各大家評」と墨書。
○構成　「丙申未定草稿」本文一三丁。「丁酉窓(ママ)稿」一二丁。遊紙一丁。本文六丁。本文全三二丁。
○内題　「丙申未定草稿」「丁酉窓(ママ)稿」。
○序・跋等　なし。
○用紙　楮紙。無罫紙（各半丁九行書き）。墨色各半丁九行摺野紙。全紙裏打。
○匡郭・字高　字高　一七・八糎。匡郭　一七・九×一二・二糎。
○丁付　ノドに墨筆で「三六五(～三九七)」と記す。
○句点・傍点等　朱・墨の句点・傍点、朱・墨筆による文中書き入れ、訂正、欄外朱筆書き入れあり。
○筆蹟　他数筆を混ず。
○評点者　不明。
○蔵書印等　なし。
○所収文題名　「為梁星巖題其集後」

三　〔詩文稿〕（旭荘遺稿　第八号）

○所蔵　広瀬先賢文庫（家宝一〇・一―一四(八)）
○書型　大本（二四・六×一六・八糎）一冊。写本。
○装幀　紙捻綴。袋綴。
○表紙　なし。ただし、本文第一丁表右中程に、山吹色布目地紙を貼り、「旭荘遺稿／第八号／各大家評」と墨書。
○構成　「鄙稿」本文二一丁。「鄙稿」本文七丁。
○内題　「鄙稿」。
○序・跋等　なし。
○用紙　楮紙。桑茶色各半丁九行摺罫紙。墨色各半丁九行摺罫紙。全紙裏打。
○匡郭　一八・三×一二・二糎。
○丁付　ノドに「(九)二〇二(〜(九)終二三九)」と墨筆にて記す。
○句点・傍点等　朱点、朱傍点、圏点。本文中朱書き入れ・訂正、墨筆訂正、欄外朱書き入れあり。
○筆蹟　他数筆を混ず。
○評点者　不明。
○蔵書印等　なし。
○所収文題名　「文中子論」「韓信論」「送山子蘭序」「明史批自序」「送岡雍叔序」「送観宥序」「東遊稿自序」「益永君墓誌銘」「益永君墓誌銘」「書東遊稿首」「送岡雍叔序」「送観宥序」の一二篇。

三　〔詩文篇〕（旭荘遺稿　第九号）

○所蔵　広瀬先賢文庫（家宝一〇・一―一四(九)）
○書型　大本（二四・五×一六・八糎）。一冊。写本。
○装幀　紙捻綴。袋綴。
○表紙　なし。ただし、本文第一丁表右中程に山吹色布目地表紙を貼り、「旭荘遺稿／第九号／各大家評」と墨書。
○構成　本文六丁。
○内題　「鄙稿」。
○序・跋等　なし。
○用紙　楮紙。桑茶色各半丁九行摺罫紙。全紙裏打。
○匡郭　一八・三×一二・二糎。
○丁付　ノドに「(八)一九六(〜(八)終二〇一)」と墨書。
○句点・傍点等　朱点、朱傍点・圏点。本文中朱書入れ、欄外朱書き入れ評あり。
○筆蹟　他筆。
○評点者　不明。
○蔵書印等　なし。
○所収文題名　「與石子寛」「與船越子文」「友説」「送玉井鵬擧序」の四篇。

三　〔詩文篇〕（旭荘遺稿　第一〇号）

○所蔵　広瀬先賢文庫（家宝一〇・一―一四(一〇)）

○書型　大本（二五・一×一六・七糎）。一冊。写本。
○装幀　紙捻綴。袋綴。
○表紙　本文共紙。
○外題　左肩、直書墨書「鄙稿」。左肩に山吹色布目地表紙を貼り、「旭荘遺稿／第十号／各大家評」と墨書。右肩に「二」、下方右寄りに「八月廿日謙吉」と墨書。
○構成　「鄙稿　八月廿日　謙吉」四丁。「鄙稿　九月十七日　謙吉」一四丁。「鄙稿　正月十一日　謙吉」五丁。「鄙稿　二月八日　謙吉」一〇丁。「鄙稿　三月二十五日　謙吉」五丁。「鄙稿　三月二十四日　謙吉」六丁。「鄙稿　五月二十六日　謙吉」七丁。「鄙稿　五月二十一日　謙吉」五丁。「鄙稿　謙吉」一〇丁。「鄙稿　六月七日　謙吉」一一丁。「鄙稿　閏八月二十二日　謙吉」七丁。「鄙稿　閏八月二十七日　謙吉」六丁。「鄙稿　十月　二日　謙吉」七丁。「鄙稿　十月三日　謙吉」一二丁。「鄙稿　十月三日　謙吉」七丁。「鄙稿　十月六日　謙吉」四丁。全一二〇丁。
○内題　「鄙稿」。
○序・跋等　なし。
○用紙　楮紙。無罫紙（各半丁六行書き）。全紙裏打。
○字高　一六・五×一七・五糎。
○丁付　ノドに「一〇〇一（～一一二〇）」と墨書。
○句点・傍点等　朱・墨筆による句点・傍点、朱・墨筆による文中書き入れ、訂正、欄外書き入れあり。
○筆蹟　自筆・他筆を混ず。
○評点者　不明。
○蔵書印等　なし。
○所収文題名　「與錦龍書」「送兒有臺遊京師序」「恒真卿詩集叙」「無味菴記」「漫筆」「送新子達叙」「送釋一圭序」の七篇。

四　『贈川路公序』

○所蔵　広瀬先賢文庫（家宝一〇・六―二）
○書型　大本（二四・四×一七・五糎）。一冊。写本。
○装幀　紙捻綴。袋綴。
○表紙　なし。ただし、本文第一丁表右肩に紙片を貼付し、「（関師査）旭荘公ノ文」と朱インクで書す。
○構成　本文三丁。
○用紙　楮紙。墨色各半丁九行摺罫紙。全紙裏打。
○匡郭　一八・三×一一・八糎。
○句点・傍点等　なし。
○筆蹟　他筆。
○評点　なし。
○蔵書印等　なし。
○所収文題名　「贈川路公序」

五　『旭荘先生近文稿』

○所蔵　広瀬先賢文庫（家宝一〇・一―二一）
○書型　半紙本（二三・八×一六・八糎）。一冊。写本。

○装幀　五ツ目綴。袋綴。

○表紙　鼠色布目地表紙。

○外題　左肩、無枠題簽。「旭荘先生近文稿　全」。一五・二×二・六糎。

○構成　元表紙。黄土色無紋。外題、左肩に「旭荘先生近文　全」と直書墨書。中央上部に紙片を貼り、「(チ)」と墨書。扉、一丁、墨色半丁九行摺罫紙。扉題「旭荘先生近文稿」と墨書。本文　三十八丁。

○内題　なし。

○序・跋等　なし。

○用紙　楮紙。墨色各半丁九行摺罫紙。全紙裏打。

○匡郭　十七・七×十二・四糎。

○丁付　ノドに「チ　一(〜三八)」とあり。

○句点・傍点等　本文には朱の句点あり。また、朱・墨筆による圏点・傍点・塗抹・訂正・ミセ消チ・書き入れあり。

○筆蹟　他数筆を混ず。

○評点者　篠崎小竹、斎藤拙堂。

○蔵書印等　なし。

○所収文題名　「府内侯詩巻跋」「菊池士固詩集叙」「書虞淵上人文後」「書赤澤氏所蔵北野菅祠鏡背搨圖後」「題橋本竹香所蔵畫巻」「書為風子書畫帖首」「為藤藍田跋加納半翠所嘗蔵書畫巻」「贈藤藍田序」「戯與小竹翁」「書福永史隆書畫帖首」「澤雪城心畫論後序」「撫山翁追悼集序」「劉石舟詩集序」「贈増田子序」「題竹田翁所臨雪巌梅花喜神譜後」「書石川泉晉詩後」「烏帽石記」「櫻雲館記」「策問一道」「送青木子祐序」「羽倉君通鑑評叙」「讀萬歷三大征東夷二考」「與間瀬雄峯」「與東景」「大熊益齊翁配西山氏墓誌銘」「菊池千本槍記」の二十六篇。

六　『旭荘刪餘剰稿』

○所蔵　広瀬先賢文庫（家宝一〇・一―二二）

○書型　大本（二四・〇×一六・六糎）。一冊。写本。

○装幀　五ツ目綴。袋綴。

○表紙　鼠色布目地表紙。

○外題　左肩、無枠題簽。「旭荘刪餘剰稿」。一五・二×二・六糎。

○構成　元表紙。薄墨色蘭模様。外題、左肩に「旭荘刪餘剰稿　全」と直書墨書。中央下部に楮紙を貼り「剰稿」と墨書。中央左寄りに洋紙を貼り、「(リ)」と墨書。その上に洋紙を貼り、ペン書にて「文稿ノ根底ニ付、之を写シタル上他ノ文稿ト引合スヘシ。此ノ文稿ノ標題ヲ第一ニ書キ、他ノ文稿標題ニ引合スルコト」とあり。遊紙三丁（前・中・後各一丁）。本文四十九丁。

○内題　なし。

○序・跋等　なし。

○用紙　楮紙。落葉色各半丁九行摺罫紙。全紙裏打。

○匡郭　十八・一×一三・六糎。

○丁付　ノドに「リ　一(〜五二)」とあり。第一丁のみ「旭荘刪餘剰稿」とあり。

○句点・傍点等　本文には朱墨の句点、圏点あり。

○筆蹟　他数筆を混ず。

○評点　なし。

○蔵書印等　なし。

○所収文題名　「文中子論」「富國策」「贈船越士文序」「贈亀次公序」「送饗子庭序」「送釋錦龍序」「送新子達序」「宜園吟稿叙」「蜡祭説」「記夢」「與昭陽先生」「與石子寛」「與一圭」「與中子玉」「與中子玉」「跋劒南集」「又」「又」「又」「與田叔南」「題韓信傳後」「又」「又」「又」「譯田才佐梧窓漫筆」の二十五篇。

七　『旭荘文稿』

○所蔵　広瀬先賢文庫（家宝一〇・一―二三(一)～(四)）

○書型　大本（二四・六×一六・七糎）。四巻四冊。写本。

○装幀　五ツ目綴。袋綴。

○表紙　鼠色布目地表紙。

○外題　左肩、無枠題簽。「旭荘文稿　一(～四)」。一五・五×二・六糎。

○構成　第一冊　元表紙。白色無紋。外題、左肩に「旭荘文稿　一」と直書朱書。遊紙三丁（前一丁・後二丁）。本文二十八丁。第二冊　元表紙。白色無紋。外題、左肩、外題簽、薄飴色横縞無枠（一六・八×三・四糎）を貼り、「旭荘文稿　二」と墨書。遊紙二丁（前後各一丁）。本文三十丁。第三冊　元表紙。白色無紋。外題、左肩に「旭荘先生文稿　巻之三」と直書墨書。その上に外題簽、薄飴色横縞無枠（一六・八×三・四糎）を貼り、「旭荘文稿　三」と墨書。遊紙二丁（前後各一丁）。本文三十三丁。第四冊　元表紙。白色無紋。外題、左肩、外題簽、薄飴色横縞無枠（一六・八×三・四糎）を貼り、「旭荘文稿　四」と墨書。遊紙二丁（前後各一丁）。本文二十四丁。以上本文一一五丁。

○内題　「旭荘文稿」。

○序・跋等　なし。

○用紙　楮紙。墨色各半丁九行摺野紙。全紙裏打。

○匡郭　一九・九×一三・四糎。

○柱記　西山文庫。

○句点・傍点等　本文には朱の句点あり。第一冊のみ、朱の返り点あり。また墨・朱筆による圏点・傍点・訂正・ミセ消チ・書き入れあり。

○筆蹟　他筆。

○評点者　亀井昭陽、中島子玉、篠崎小竹、斎藤拙堂。

○蔵書印等　なし。

○所収文題名　第一冊　「題伊尹負鼎圖後」「書王介甫讀孟嘗君傳後」「讀荊軻傳」「牧馬説」「晩帆樓記」「送岡子究遊長崎序」「送觀宥序」「隈川放鸕鷀記」「書杜蓼洲詩巻之後」「書崎人黄老谷書帖首」「豊公伐朝鮮論」「讀無逸」「東岡記」「贈田子朴序」「題子猷訪戴圖後」「題蘇秦錐股圖後」「題張子房椎秦始皇圖後」「記柏某遇騙事」の十八篇。第二冊　「策問一道」「答岡永富文」「書東景孟子辨後」「梅室俳集叙」「増田山荘記」「漫筆」「又」「書趙陶齋書畫後」「題松卜翁書後」「與讓平」「題幸松某書畫帖後」「恒子達詩集序」「宗義神吉君墓誌銘」「書某生所蔵柳子新論後」「龍師西征集叙」「羽倉君通鑑評叙」「讀萬歴三大征東夷二考」「書贈坪井信友」「送青木子祐序」の十九篇。第三冊　「府内侯詩巻跋」「菊池士固詩集跋」「書虞淵上人文後」「題橋本竹香所蔵畫巻」「為藤藍田跋加納半翠所嘗蔵書畫巻」「贈藤藍田序」「跋與小竹翁」「澤雪城心畫論後序」「撫山翁追悼集序」「劉石舟詩集序」「贈増田子序」「題竹田翁所臨雪巌梅花喜神譜後」「大熊益齋翁配西山氏墓誌銘」「菊池千本槍記」「必東主人所蔵蔣公徳璟墨蹟記」「題浄之公所銘古瓢」「周防三田尻鹽田碑」「播磨国包亀堰碑銘」「刻明史三傳叙」「佐君朗詩集序」の二十篇。第四冊　「常青館記」「書山口紀行詩後」「書幻松菴主人五十一景書画帖首」「跋藤青林先人五瓢所輯書画帖」「小山翁行状」「溪陽詩草叙」「薩人五代五峰七律起結對語跋」「刻貳臣傳序」「千倉山堤某墓記」「書廿泉子挿花圖式後」「烏帽石記」「書舊作鰈魚社詩後」「與間瀬雄峯」「題冢有之先考書後」「書徳永某書畫巻首」「櫻雲館記」「書中原國華金蘭帖首」「三友帖序」「書義導師七奇草後」の十九篇。計七十六篇。

八　『梅墩文鈔』

○所蔵　広瀬先賢文庫（家宝一〇・四―二）

○書型　半紙本（二二・七×一五・八糎）。一冊。写本。

○装幀　五ツ目綴。袋綴。

○表紙　焦茶色布目地表紙。

○外題　左肩、無枠題簽。「梅墩文鈔」と墨書。一五・二×二・六糎。

○構成　元表紙。藍色布目地。外題、左肩に「梅墩文鈔」と直書墨書。中央に洋紙片を貼り「(へ)」と墨書。遊紙一丁。本文八十五丁。遊紙一丁。

○内題　梅墩文鈔。

○序・跋等　なし。

○用紙　楮紙。墨色各半丁九行摺罫紙。全紙裏打。

○匡郭　一八・〇×一二・三糎。

○句点・傍点等　朱の句点、及び傍点あり。墨・朱筆による本文訂正、また貼付紙による訂正、白墨による訂正あり。

○筆蹟　他数筆を混ず。

○評点者　不明。

○蔵書印等　なし。

○所収文題名　「運化意識辨序」「高木氏書畫帖序」「易學包蒙序」「山田時中六十壽序」「贈田子朴序」「恒子達詩集序」「送青木子祐序」「贈藤藍田序」「贈川路公序」「廣瀬氏系譜序」「春荘集序」「助字纂序」「澤雪城心畫論序」「撫山翁追悼集序」「劉石舟詩集序」「刻貳臣傳序」「羽倉君通鑑評序」「三友帖序」「讀無逸」「讀萬歴三大征東夷二考」「東岡記」「常青館記」「烏帽石記」「櫻雲館記」「避齋記」「菊池千本槍記」「必東主人所蔵蔣公徳璟墨蹟記」「水哉亭記」「船上山碑館」「田中藤六碑銘」「播磨國包亀堰碑」

「叔兄棣園翁墓誌銘」「大熊益齋翁配西山氏墓誌銘」「與東景」「與間瀬雄峯」「戯與小竹翁」「記柏某遇騙事」「小山翁行状」「策問一道」「祭内藤竹所文」「豊公伐朝鮮論」「跋安黒氏故宅圖」「跋若林梅仙所摹稼圃天台圖後」「書得々菴詩集後」「題子猷訪戴圖後」「題蕉秦錐股圖後」「題張子房椎秦始皇圖後」「跋佐君朗詩集」「書幻松菴主人五十一景書画帖首」「跋溪陽詩草」「薩人五代五峯七律起結對語跋」「書中原國華金蘭帖首」「書義導師七奇草後」「翠陰茶寮詩序」「伊勢物語披雲抄序」「官材圖會序」の五十六篇。

九　『旭荘文鈔』

○所蔵　広瀬先賢文庫（家宝一〇・四―三）
○書型　半紙本（二三・八×一六・二糎）。一冊。写本。
○装幀　五ツ目綴。袋綴。
○表紙　焦茶色布目地表紙。
○外題　左肩、無枠題簽。「旭荘文鈔　全」と墨書。一五・二×二・六糎。
○構成　元表紙。空色無紋。外題、左肩に「旭荘文抄　巻二　全」と直書墨書。中央左寄り、外題簽、無枠（一八・〇×四・一糎）を貼り、「旭荘文鈔　全」と墨書。右肩に紙片を貼り、「（ハ）」と赤ペンで記す。遊紙一丁。本文五十一丁。
○内題　「鄙稿」。
○序・跋等　なし。
○用紙　楮紙。墨色各半丁七行摺罫紙。全紙裏打。
○匡郭　十八・〇×一二・四糎。
○句点・傍点等　本文には朱の句点、返り点あり。また墨・朱筆による書き入れ、訂正あり。
○筆蹟　他二筆。
○評点者　なし。
○蔵書印等　なし。
○所収文題名　「烏帽石記」「書舊作鮃魚社詩後」「玄要翁墓誌銘」「與間瀬雄峯」「題冢有之先考書後」「書云鳳画竹後」「書徳永某書画巻首」「題津久井子稿後」「題秉附子稿後」「書西山春溪詩巻」「櫻雲館記」「策問一道」「答岡永富文」「書東景孟子辨後」「梅室俳集叙」「増田山荘記」「跋竹田翁自画題後」「漫筆二則」「書趙陶齋書畫後」「題松卜翁書後」「與譲平」「題幸松某書畫帖後」「恒子達詩集序」「宗義神吉君墓誌銘」「書某生所蔵柳子新論後」「龍師西征集叙」「羽倉君通鑑評叙」「讀萬歴三大征東夷二考」「書贈坪井信友」「送青木子祐序」の三十篇。

一〇　『近詩文稿』

○所蔵　広瀬先賢文庫（家宝一〇・四―四）
○書型　半紙本（二二・三×一六・七糎）。一冊。写本。
○装幀　五ツ目綴。袋綴。
○表紙　鼠色布目地表紙。
○外題　左肩、無枠題簽。「近詩文稿」と墨書。一五・三×二・六糎。

○構成　元表紙。紺色布目地。外題、左肩に「近詩文稿」と直書墨書。中央左寄りに洋紙片を貼り「(ホ)」と墨書。遊紙一丁。本文四十八丁。遊紙一丁。
○内題　なし。
○序・跋等　なし。
○用紙　楮紙。墨色各半丁九行摺罫紙。全紙裏打。
○匡郭　十七・七×十二・八糎。
○丁付　ノドに「近詩文稿　ホ　一(〜ホ五〇)」とあり。
○句点・傍点等　墨・朱筆による句点・訂正・書き入れ、欄外訂正等あり。
○筆蹟　自筆、他筆を混ず。
○評点　なし。
○蔵書印等　なし。
○所収文題名　「書中原國華金蘭帖首」「三友帖序」題名ナシ〔『聖祖奇蹟詠草』序〕「跋内藤君五箇紀行後」「避齋記」題名ナシ〔船上山碑銘〕「向陽楼記」「書贈木幡楳屋日間瑣事備忘録後」「書仁斎乙生國辞牘後」題名ナシ〔題恒松君蔵子昴山水画〕「観董文敏書幅」「観董玄宰書」「跋篠翁題畫詩十五首後」「大森熊谷君畫帖序」「上井君書畫帖序」「跋藤本生所蔵徂徠先生天狗説後」「題倉田生稿後」「跋頼山陽書」の十八篇。

一一　『詩文草稿』

○所蔵　広瀬先賢文庫（家宝一〇・四―五）
○書型　半紙本（二二・一×一五・七糎）。一冊。写本。
○装幀　五ツ目綴。袋綴。
○表紙　焦茶色布目地表紙。
○外題　左肩、無枠題簽。「詩文草稿」と墨書。一五・二×二・五糎。
○構成　元表紙、藍色無紋。外題、左肩に「詩文草稿」と直書墨書。中央上部に紙片を貼り、「ウ」と墨書。遊紙二丁（前後各一丁）。本文五十丁。
○内題　なし。
○序・跋等　なし。
○用紙　楮紙。墨色各半丁九行摺罫紙。全紙裏打。
○匡郭　一七・七×一二・八糎。
○丁付　ノドに「ウ一」より「ウ五十二」とあり。
○句点・傍点等　本文には朱・墨筆による句点あり。また朱・墨筆による圏点・傍点・塗抹・訂正・ミセ消チ、欄外補訂、書き入れあり。
○筆蹟　自筆、他筆を混ず。
○評点者　不明。
○蔵書印等　なし。
○所収文題名　「助字覼叙」「春荘集序」「春荘集序」「三宅瓶齋敝帚集題言」「敝帚集題言」「題先兄文玄公書後」「跋池大雅書後」題名ナシ〔伊藤君帖跋〕の八篇。

一二　『詩文草稿壬子重陽後』

○所蔵　広瀬先賢文庫（家宝一〇・四―六）
○書型　半紙本（二二・〇×一五・五糎）。一冊。写本。
○装幀　五ツ目綴。袋綴。
○表紙　焦茶色布目地表紙。
○外題　左肩。無枠題簽。「詩文草稿壬子重陽後」と墨書。一五・二×二・五糎。
○構成　元表紙。藍色布目地。外題、左肩に「壬子重陽後／詩草稿」と直書墨書。中央に洋紙片を貼り、「オ」と墨書。遊紙一丁。遊紙表中央に洋紙片を貼り「オ」と墨書。本文二十一丁。遊紙一丁。
○内題　なし。
○序・跋等　なし。
○用紙　楮紙。墨色各半丁九行摺罫紙。全紙裏打。
○匡郭　一七・八×一二・七糎。
○丁付　ノドに「オ一」より「オ二十三」とあり。
○句点・傍点等　朱・墨筆による句点・傍点・圏点あり。また朱・墨筆による本文訂正、欄外書き入れ、棒線、×印による抹消あり。紙を貼った上からの訂正あり。
○筆蹟　自筆、及び他数筆。
○評点　なし。
○蔵書印等　なし。
○所収文題名　「溪陽詩集叙」一篇を収める。

一三　『癸丑詩文稿』

○所蔵　広瀬先賢文庫（家宝一〇・四―七）
○書型　半紙本（二二・二×一六・七糎）。一冊。写本。
○装幀　五ツ目綴。袋綴。
○表紙　鼠色布目地表紙。
○外題　左肩。無枠題簽。「癸丑詩文稿」と墨書。一五・二×二・六糎。
○構成　元表紙　縹色布目地。外題、左肩に「癸丑詩文稿」と朱書直書。中央上部に洋紙片を貼り「(ト)」と墨書。その上に更に洋紙片を貼り、「十五年四月　関先生／「旭荘文集」ノ原稿トナルヘキ／モノニ付調査ヲ要スル分／先ツ標題ヨリ抜写セシムルコト」と墨書。遊紙一丁。遊紙表中央に洋紙片を貼り「トジル処ヲ廣クスルコト」とペン写。ノド「癸丑詩文稿　ト一」と青墨にて記す。本文四十九丁。遊紙一丁。
○内題　「嘉永癸丑」。
○序・跋等　なし。
○用紙　楮紙。墨色半丁九行摺罫紙。全紙裏打。
○匡郭　一七・九×一二・八糎。
○句点・傍点等　朱点あり。墨・朱筆による訂正・ミセ消チ、書き入れあり。
○筆蹟　自筆、他数筆を混ず。
○評点　なし。

○蔵書印等　なし。
○所収文題名　題名ナシ（「文城存稿序」初稿）　題名ナシ（「三友帖序」初稿）「書義道上人越後七奇稿首」の三篇を収む。

一四　『天保癸卯詩文草稿』

○所蔵　広瀬先賢文庫（家宝一〇・四―八）
○書型　半紙本（二二・三×一六・一糎）。一冊。写本。
○装幀　五ツ目綴。袋綴。
○表紙　鼠色布目地表紙。
○外題　左肩、無枠題簽。「天保癸卯詩文草稿　天」と墨書。一五・二×二・五糎。
○構成　元表紙、藍色無紋。外題、左肩に「天保癸卯詩文草稿　天」と直書墨書。中央上部に紙片を貼り、「ア」と墨書。遊紙二丁（前後各一丁）。本文九十八丁。
○内題　「天保癸卯詩文草稿　天」。
○序・跋等　なし。
○用紙　楮紙。墨色各半丁九行摺罫紙。全紙裏打。
○匡郭　一七・九×一二・九糎。
○丁付　ノドに「ア一（～一〇〇）」とあり。
○句点・傍点等　本文には朱墨による句点あり。また墨・朱筆による圏点・傍点・塗抹・訂正・ミセ消チ、書き入れあり。
○筆蹟　自筆、他数筆を混ず。
○評点者　松園。
○蔵書印等　なし。
○所収文題名　「題松卜翁書後」「與譲平」「題書画帖後」「恒子達詩集序」「宗義神吉君墓誌銘」「讀萬暦三大征考」「書某生所蔵柳子新論後」「龍師西征集叙」「羽倉君通鑑評叙」「讀萬暦三大征東二考」「送青木生序」の十二篇。

一五　『詩文未定稿』

○所蔵　広瀬先賢文庫（家宝一〇・四―九）
○書型　半紙本（二二・一×一六・一糎）。一冊。写本。
○装幀　五ツ目綴。袋綴。
○表紙　焦茶色布目地表紙。
○外題　左肩、無枠題簽。「詩文未定稿」と墨書。一四・七×二・五糎。
○構成　元表紙。縹色布目地。外題、左肩に「詩文未定稿」と直書墨書。中央に紙片を貼り、「ヱ」と墨書。遊紙二丁（前後各一丁）。本文四十九丁。
○内題　なし。
○序・跋等　なし
○用紙　楮紙。墨色各半丁九行摺罫紙。全紙裏打。
○匡郭　一七・七×一二・七糎。
○丁付　ノドに「ヱ一～（五一）」とあり。
○句点・傍点等　本文には墨・朱の句点あり。また墨・朱筆による圏点・傍点・塗抹・訂正・ミセ消チ・書き入れあり。

○筆蹟　自筆、他数筆を混ず。
○評点者　不明。
○蔵書印等　なし。
○所収文題名　「蒲池君逸才田集序」「叔兄棣園翁墓誌銘」「山田時中六十壽序」「書得々菴詩集後」「廣瀬氏系譜引」〔題荻侯所賜藤松屋〕〔題某氏佳稿〕〔題蒙古銃〕「跋安黒氏故宅圖」「松田久平翁墓誌銘」「跋若林梅仙所摹稼圃天台圖後」「助字璺序」の十二篇。

一六　『旭荘文稿（反故）』

○所蔵　広瀬先賢文庫（家宝一〇・六—一二(一)(二)）
○書型　大本（第一冊　二四・七×一六・八糎、第二冊　二四・五×一六・八糎）二冊。写本。
○装幀　紙捻綴。袋綴。
○表紙　なし。ただし、第一冊本文第一丁表右肩に洋紙片を貼り、「此分大正十五年夏裏打ノ時ニ出タ反古ナリ」と墨書。第二冊本文第一丁右上に紙片を貼り「ハ　五」と墨書。
○構成　第一冊　本文七丁。第二冊　本文二十三丁。
○用紙　楮紙。墨色各半丁九行摺罫紙。無罫（各半丁九行書き）。第二冊　無罫（各半丁六行書き）。全紙裏打。
○匡郭　一八・三×一二・三糎。字高　第一冊一九・三〜一八・四糎。第二冊一七・七〜一七・〇糎。
○丁付　第一冊　ノドに「此分反故　1〜七終」と記す。ただし5・4と順を誤る。第二冊　ノドに「フ四〇〜フ六二終」と墨書。
○句点・傍点等　朱点・圏点、墨・朱筆による訂正・書き入れあり。
○筆蹟　自筆、他筆を混ず。
○評点者　不明。
○蔵書印等　なし。
○所収文題名　第一冊　「記柏某遇騙事」草稿（冒頭三分之一欠）、「與諸子」二篇。第二冊　「題神后征韓圖語」「與新都講書」「三国論」「信玄謙信論」「蘇秦張儀論」「信長論」「擬豊太閤檄朝鮮之文」「擬申包胥與呉子胥書」「與外宿諸生書」「讀析玄」「客氣英気辨」「讀綱鑑」の一二篇。計一四篇。

一七　〔詩・文〕（旭雑第八号）

○所蔵　広瀬先賢文庫（家宝一〇・六—八(八)）
○書型　大本（二四・八×一八・五糎）。一冊。写本。
○装幀　紙捻綴（二ヶ所）。袋綴。
○表紙　なし。
○構成　本文、文五丁。塗説六・五丁、詩六・五丁。計一八丁。
○用紙　楮紙。無罫各半丁一〇行書き。裏打済み。
○字高　一九・五糎。
○丁付　ノドに「11　一(〜十八終り)」と墨書。
○句点・傍点等　朱墨点あり。墨筆の書き入れ、訂正等あり。
○筆蹟　他筆。
○評点者　不明。
○蔵書印等　「廣瀬氏本家」

○所収文題名　「豊公伐朝鮮論」〔讀無逸〕「書杜蓼洲詩巻之後」の三篇。

一八　〔旭荘文反古〕

○所蔵　広瀬先賢文庫（家宝一〇・一―一八(一)）

○書型　大本（二七・九(二三・九～二七・九)×一六・五(～一九・〇)糎）。一冊。写本。

○装幀　右上紙捻括り。袋綴。裏打済み。

○表紙　なし。

○構成　本文七丁。「梅墩詩抄巻二」（五岳評）三丁。「題春川釣魚圖」一丁。「梅墩詩鈔五編凡例」一丁。「鄙稿」一丁。「叙」一丁。

○用紙　楮紙。墨色各半丁九行摺罫紙（二種）。青墨各半丁九行摺罫紙。無罫各半丁一〇行書き。

○丁付　〔梅墩詩抄評〕右肩に「七五四～七五六」。「題春川釣魚圖」ノドに「七ノ一」と墨書。「鄙稿」ノドに「三ノ一」、「叙」ノドに「9」と墨書。

○匡郭　一七・八×一二・二(～一二・八)糎。字高一七・八糎。一九・七糎。

○句点・傍点等　本文には、朱・墨筆による圏点・訂正・ミセ消チ・書き入れを存す。また、欄外に朱・墨筆による評語、あるいは書き入れを存す。

○筆蹟　他数筆を混ず。

○評点者　嘉永四年筑井清。

○蔵書印等　なし。

○所収文題名　「叙」（『観月臥松楼詩鈔』序）一篇。

一九　『旭荘文稿』

○所蔵　大分県立図書館（K―一一四　H―七二和）

○書型　大本（二四・〇×一六・五糎）。三巻三冊。写本。

○装幀　五ッ目綴。袋綴。

○表紙　藍色菊花空押表紙。各冊中央に黒枠印を押し、その中央に「三」と墨書。

○外題　左肩、樺茶色無枠題簽。「旭荘文稿・上（中・下）」。一六・八×三・〇糎。

○内題　「旭荘文稿」。

○構成　第一冊　本文四九・五丁。第二冊　五〇丁。第三冊　五一丁。以上本文一五〇・五丁。

○序・跋等　なし。

○用紙　楮紙。本文八行書き。

○字高　一七・八糎。

○丁付　なし。

○句点・傍点等　本文には朱の句点、同傍点あり。また、墨筆による書き入れ、返り点あり。

○評点者　亀井昭陽。

○筆蹟　他二筆。

○蔵書印等　各冊、表紙見返し中央と本文第一丁上欄に「秋葉／文庫」印あり。

○所収文題名　第一冊　「題伊尹負鼎圖後」「書王介甫讀孟嘗君傳後」「讀荊軻傳」「牧馬説」「晩帆樓記」「送岡本子究遊長崎序」「送觀宥序」「限川放鸕鷀記」「書杜蓼洲詩巻之後」「書崎人黄老谷書畫帖首」「豐公伐朝鮮論」「讀無逸」「東岡記」「贈田子朴序」「題子猷訪戴圖後」「題蘓秦錐股圖後」「題張子房椎秦始皇圖後」「記柏某遇騙事」「千倉山堤某墓記」「書甘泉子挿花圓式後」「烏帽石記」の二一篇。第二冊　「書舊作鰥魚社詩後」「與間瀬雄峯」「題冢有之先考書後」「書徳永某書畫巻首」「櫻雲館記」「策問一道」「答岡永冨文」「書東景孟子辨後」「増田山荘記」「漫筆」「又」「書趙陶齋書畫後」「題松卜翁書後」「與讓平」「題幸松某書畫帖後」「恒子達詩集序」「宗義神吉君墓誌銘」「書某生所蔵柳子新論後」「龍師西征集叙」「羽倉君通鑑評叙」「讀萬歴三大征東夷二考」「書贈坪井信友」「送青木子祐序」の二三篇。第三冊　「府内侯詩巻跋」「菊池士固詩集叙」「書廣淵上人文後」「題橋本竹香所蔵画巻」「為藤藍田跋加納半翠所嘗蔵書畫巻」「贈藤藍田序」「戲與小竹翁」「澤雪城心畫論後序」「撫山翁追悼集序」「劉石舟詩集序」「贈増田子序」「題竹田翁所臨雪巖梅花喜神譜後」「大熊益齋翁配西山氏墓誌銘」「菊池千木槍記」「必東主人所蔵蒋公徳璟墨蹟記」「題浄之公所銘古瓢」「周防三田尻鹽田碑」「播磨国包亀堰碑銘」「刻明史三傳叙」「佐君朗詩集序」の二〇篇。計六四篇。

二〇　『旭荘文稿』

○所蔵　無窮會圖書館（平沼文庫　二一八四〇）

○書型　大本第一・二冊（二四・二×一七・〇糎）。第三冊（二四・一×一六・九糎）。三巻三冊。写本。

○装幀　四ツ目綴。袋綴。

○表紙　第一・二冊　縹色牡丹唐草空押表紙。第三冊　縹色花紋空押表紙。

○外題　左肩、無枠題簽。第一・二冊「旭荘文稿上(下)」。一五・三×二・八糎。第三冊「旭荘先生文稿二集完」。第三冊一七・一×三・〇糎。

○構成　第一冊　遊紙一丁。扉一丁。扉題「旭荘先生文稿」、左下に「静芳書房蔵」と墨書。本文五四丁。第二冊　扉一丁。扉題「旭荘先生文稿」。本文六三丁。第三冊　扉一丁。左下に「静芳書房蔵」と墨書。本文五五丁。後遊紙一丁。以上本文計一七一丁。

○内題　「旭荘文稿」。

○序・跋等　なし。

○用紙　楮紙。無罫各半丁七行書き。

○字高　一八・九糎。

○丁付　なし。

○句点・傍点等　本文には朱点、傍点あり。文末、欄外に朱・墨筆による評言書き入れあり。

○評点者　亀井昭陽、篠崎小竹、斉藤拙堂、その他。

○筆蹟　他数筆を混ず。
○蔵書印等　「無窮會／神習文庫」「松雪／堂記」「静方／堂」「青浦／志玩」「飛鴻」「孤帆」第一・二冊後表紙見返しに「旭日梅香舍蔵書」と墨書。第三冊後表紙見返しに「長州漫士青浦餘譲蔵書」と墨書。別冊目録（写本）を添える。本文共紙表紙、紙捻綴四丁。
○所収文題名　第一冊　「題伊尹負鼎圖後」「書王介甫讀孟嘗君傳後」「讀荊軻傳」「牧馬説」「晩帆樓記」「送岡本子究遊長崎序」「送觀宥序」「隈川放鷴鵜記」「書杜蓼洲詩巻之後」「書崎人黄老谷書畫帖首」「豐公伐朝鮮論」「讀無逸」「東岡記」「贈田子朴序」「題子猷訪戴圖後」「題蘇秦錐股圖後」「題張子房椎秦始皇圖後」「記柏某遇騙事」「千倉山堤某墓記」「羽文鳳墓誌銘」の二〇篇。第二冊　「書甘泉子挿花圓式後」「烏帽石記」「書舊作鰈魚社詩後」「與間瀬雄峯」「題冢有之先考書後」「書徳永某書畫巻首」「櫻雲館記」「策問一道」「答岡永冨文」「書東景孟子辨後」「梅室俳集叙」「増田山荘記」「漫筆」「又」「書趙陶齋書畫後」「題松卜翁書後」「與譲平」「題幸松某書畫帖後」「恒子達詩集序」「宗義神吉君墓誌銘」「書某生所蔵柳子新論後」「龍師西征集叙」「羽倉君通鑑評叙」「讀萬歴三大征東夷二考」「書贈坪井信友」「送青木子祐序」の二六篇。第三冊　「府内侯詩巻跋」「菊池士固詩集跋」「書廣淵上人文後」「題橋本竹香所蔵畫巻」「為藤藍田跋加納半翠所嘗蔵書畫巻」「贈藤藍田序」「跋與小竹翁」「澤雪城心畫論後序」「撫山翁追悼集序」「劉石舟詩集序」「贈増田子序」「題竹田翁所臨雪巌梅花喜神譜後」「大熊益齋翁配西山氏墓誌銘」「菊池千本槍記」「必東主人所蔵蔣公徳璟墨蹟記」「題浄之公所銘古瓢」「周防三田尻鹽田碑」「播磨国包亀堰碑銘」「刻明史三傳叙」「佐君朗詩集序」の二〇篇。計六六篇。

二一　『旭荘稿』

○所蔵　慶應義塾図書館（二二一―一五―一（～二））
○書型　大本（二四・二×一八・〇糎）。二巻二冊。写本。
○装幀　四ツ目綴。袋綴。
○表紙　藍鼠色卍繋空押表紙。
○外題　左肩、双辺題簽。「旭荘稿　乾(坤)」。一六・一×三・五糎。
○構成　第一冊　元表紙。鳥の子色無紋表紙。外題、左肩に「旭荘稿　乾」と直書墨書。本文三一丁。第二冊　元表紙。鳥の子色無紋表紙。外題、左肩に「旭荘稿　坤」と直書墨書。本文二八丁。以上本文五九丁。
○内題　なし。
○序・跋等　なし。
○丁付　なし。
○用紙　楮紙。無罫各半丁十一行書き。
○字高　第一冊　一八・四糎。第二冊　一八・八糎。
○句点・傍点等　墨筆によるミセ消チ、訂正、文中書き込み、欄外書き込みあり。
○筆蹟　他筆。
○評点者　なし。

○蔵書印等　「慶應義塾/圖書館/蔵書印」

○所収文題名　第一冊　「送僧一圭序」「譯田才佐梧窓漫筆四則」「正月八日筆談」「譯荊軻傳」「遊雄戸記」「送甲世覺序」「與究伯淳」「送谷川生序」「報昭陽先生」「呈樺石梁書」「宜園吟稿叙」「祭亀子唐文」「晩帆樓記」「與児有臺」「與不子寛」「與舩越士文」「友説」「文中子論」「跋喃劔集」「又」「又」「又」「與田叔南」「贈舩越士文序」「題韓信傳後」「又」「又」「又」「又」「送山子蘭序」の三十篇。第二冊　「題伊尹負鼎圖後」「大雪謝其餽豪豬肉」「責人懶惰書」「罵蠹魚」「送饗千庭序」「牧場説」「送児有臺遊市師序」「恒真卿詩集叙」「無味菴記」「送釋錦龍序」「與一圭書」「雲物記」「送釋関渕序」「與岡子究」「與中子玉」「書王介甫讀孟嘗君傳後」「與西島元凱」「與矢子生」「記夢」「送新子達序」「漫筆十一則」の二十一篇。計五十一篇。

二二　『旭荘文録』

○所蔵　京都大学附属図書館（四―〇五―キ―二三）

○書型　半紙本（二三・六×一四・九糎）。一冊。写本。

○装幀　康熙綴。袋綴。

○表紙　黄土色無紋表紙。

○外題　左肩に「旭荘　全」と直書墨書。

○構成　前遊紙一丁。目録一丁。本文五一丁。

○内題　「旭荘文録」

○序・跋等　なし。

○用紙　楮紙。墨色各半丁九行摺罫紙。

○匡郭　一七・五×一一・九糎。

○句点・傍点等　句点・傍点等なし。墨筆による塗抹・訂正・訂正印・書入れあり。

○筆蹟　他数筆を混ず。

○評点者　亀井昭陽。欄外墨筆書入評あり。

○蔵書印等　「京都/帝國大學/圖書之印」受入れ印「一七八三五八/大正六・一〇・一〇」。

○所収文題名　「漫筆」「送周邦序」「送田公幹序」「記毛利但馬事」「記天狗事」「與錦龍書」「餓人對」「賀某氏築書樓」「尚友説」「謀獵書」「呈亀次公」「戯駿悪酒記」「與中子玉」「送宮景潤帰信濃序」「蜡祭説」「冨国策」「與中子敬草秀吉」「與重文卿」「與山子蘭」「與恒真卿」「送岡子究遊長崎序」「為岸尚體賀其父六十壽叙」「贈亀次公序」「題伊尹負鼎圖後」「大雪謝某餽豪猪肉」「責人懶惰書」「罵蠹魚」「送饗子庭序」「牧場説」「送児有臺遊京師序」「恒真卿詩集叙」「無味菴記」「送釋錦龍序」「與一圭書」「雲物説」「送釋関洲序」以上三六篇。

二三　『天保奇事』

○所蔵　大分県立図書館（K―四一〇八　S―一）

○書型　半紙本（二二・五×一七・〇糎）。一冊。写本。

○装幀　四ツ目綴、袋綴。後に洋紙により包背装とする。

○表紙　水色無紋表紙。

○外題　左肩、無枠題簽。「碩田雑志／天保奇事」と墨書。一三・一×四・三糎。表紙上部中央と題簽との間に「三／天保奇事」と朱書。

○構成　旭荘文二篇三丁。藩政記録二四丁。遊紙一丁。

○内題　なし。但し、摺罫紙欄外右端に「天保奇事之部」と墨書。

○序・跋等　なし。

○用紙　楮紙。旭荘文三丁は、青白橡色各半丁十行摺罫紙。版心柱下方に「凌雲亭蔵」とある。藩政記録二四丁は、無罫紙。各半丁八～一二行書き。

○匡郭・字高　旭荘文三丁、一七・六×二・九糎。藩政記録、字高、二一・五～一八・〇糎。

○丁付　なし。

○句点・傍点等　旭荘文、朱の句点あり。藩政記録、朱筆書入れあり。

○評点者　なし。

○筆蹟　旭荘文　他一筆。藩政記録、数筆を混ず。

○蔵書印等　「福澤／記念／圖書印」「大分郡辨／齋使後／藤四郎眞／守圖書印」。

○所収文題名　「與間瀬雄峯」

○所蔵　広瀬先賢文庫（旭一三―一）

二四　『貳臣傳』

○書型　小本（一五・七×一〇・九糎）。八巻八冊。刊本。

○装幀　四ツ目綴。袋綴。

○表紙　縹色無紋表紙。

○外題　左肩、原刷題簽、四周単辺。「貳臣傳　一(～八)」。一〇・九×二・三糎。

○見返し　廣瀬旭荘先生閲／翻刻貳臣傳全八冊／東都・浪速書林　玉巖堂・羣玉堂合梓。

○内題　貳臣傳。

○序・跋等　刻貳臣傳序（廣瀬旭荘）。

○構成　第一冊　刻貳臣傳序五丁　目録九丁　巻一本文五八丁　第二冊　巻二本文六六丁　第三冊　巻三本文六六丁　第四冊　巻四　本文六七丁　第五冊　巻五本文六八丁　第六冊　巻六本文七四丁　第七冊　巻七本文五二丁　第八冊　巻八本文五〇丁　広告四丁

○用紙　楮紙。

○匡郭　九・九×七・一糎。本文八行。

○柱記・丁付　貳臣傳　一（～五）　目録　一（～九）　巻一　一（～五十八）　巻二　一（～六十六）　巻三　一（～六十六）　巻四　一（～六七）　巻五　一（～六八）　巻六　一（～七四）　巻七　一（～五十二）　巻八　一（～五十）

○刊記　京都書林　風月庄左ヱ門／江戸書林　和泉屋金右ヱ門　須原屋茂兵衛　山城屋佐兵衛　岡田屋嘉七　英大助　須原屋伊八／心斎橋通本町角　河内屋藤兵衛／心斎橋博労町角　河内屋茂兵衛

○蔵書印　「廣瀬氏本／家舊蔵」

二五　『明史三伝』

○所蔵　広瀬先賢文庫（咸一七―二）

○書型　半紙本（二二・二×一五・五糎）。六巻六冊。刊本。

○装幀　四ツ目綴。袋綴。

○表紙　焦茶色無紋表紙。

○外題　左肩、原刷題簽、四周双辺。「明史三傳　一（〜六）」。一五・八×二・二糎。

○見返し　「嘉永壬子冬新鐫／忠義孝義列女明史三傳全部六冊／東都書林／英萬笈堂　浪華書林／岡田群玉堂」

○構成　第一冊　序文三丁　巻一本文四七丁　第二冊　巻二目録二丁　本文五一・五丁　第三冊　巻三目録二丁　本文五一丁　第四冊　巻四本文四四丁　第五冊　巻五本文三五・五丁　第六冊　巻六目録二丁　本文三七・五丁

○内題　明史三傳。

○序・跋等　序（嘉永五年重陽前二日　廣瀬旭荘）。

○用紙　楮紙。

○匡郭　一五・九×一一・八糎。本文一〇行。

○柱記・丁付　明史三傳　巻之一序　一（〜三）　巻之一忠義　一（〜四十七）　巻之二目次　一（〜二）　忠義一（〜五十二）　巻之三目次　一（〜二）　忠義一（〜五十一）　巻之四忠義一（〜四十四）　巻之五列女　一（〜三十六）　巻之六烈女　一（〜四十）

○刊記　嘉永五年壬子十一月吉辰　東都書林　本石町十軒店　英大助／浪華書林　心斎橋通本町角　河内屋藤兵衛／心斎橋通博労町角　河内屋茂兵衛／三都売捌書店　河内屋藤四郎他十書肆。

○蔵書印等　「廣瀬氏本／家舊蔵」「宜園之蔵書」「日益月加／無盡蔵」「同族之外／雖親戚故人／不許借此」

二六　『遠帆樓詩鈔初編』

○所蔵　広瀬先賢文庫（咸二七―八（一）（二））

○書型　大本（二五・四×一五・七糎）。二巻二冊。刊本。

○装幀　四ツ目綴。袋綴。

○表紙　支子色無紋表紙。

○外題　左肩、原刷題簽、四周双辺。「遠帆樓詩集　乾（坤）」。一八・四×三・三糎。

○見返し　「弘化戊申新鐫／醒窻恒遠先生著／遠帆樓詩集全二冊／浪華書林　龍草堂・羣玉堂合梓」

○構成　第一冊　遊紙一丁　題遠帆樓詩集首三丁　序二丁　遠帆樓詩集序三丁　例言一丁　巻之一本文一七丁　巻之二本文一七丁　第二冊　巻之三本文一七丁　巻之四本文一三丁半　恒遠君長崎再遊詩巻後半丁　〔跋〕一丁　〔跋〕一丁　題遠帆樓詩集後二丁　跋遠帆樓詩抄四丁

○内題　遠帆樓詩鈔。

○序・跋等　題遠帆樓詩集首（天保十三、廣瀬淡窓）　序（天保十三、廣瀬旭荘）　遠帆樓詩集序（天保十三、錢唐王元珍子真）　恒遠君長崎再遊詩巻後（弘化元、草場珮川）　〔跋〕（葉山莘亭）

〔跋〕（天保十三、草場珮川）　題遠帆樓詩集後（中津松川𡧃）
跋遠帆樓詩抄（天保十四、武富圯南）

○用紙　楮紙。

○匡郭　一七・六×一二・一糎。本文九行。

○柱記丁付　遠帆樓詩鈔　序　淡窓一（～三）旭荘一（～二）王梅蓀序一（～三）　例言　巻之一　一（～十七）　巻之二　一（～十七）　巻之三　一（～十七）　巻之四　一（～十四）　題辭莘亭跋珮川　一　後一（～二）　跋圯南一（～四）
刊記　なし。

○蔵書印等　「廣瀬氏本／家舊蔵」「日益月加／無盡蔵」「宜園／蔵書」

二七　『觀月臥松樓詩鈔』

○所蔵　広瀬先賢文庫（詩二―三）

○書型　半紙本（二二・七×一五・七糎）。三巻二冊。刊本。

○装幀　四ツ目綴。袋綴。

○表紙　水色無紋表紙。

○外題　左肩、原刷題簽、四周単辺。「觀月臥松樓詩鈔　乾(坤)」。一五・三×一・九糎。

○見返し　「龍護道人著／觀月臥松樓詩鈔／蜾蠃窟蔵」

○構成　第一冊　口絵見開き一図　〔序〕三丁　序三丁　序二丁　紀行小詩一九丁　附録一四丁　第二冊　讀無名集半丁　〔序〕半丁　序四丁　無名唱和集八丁　題二丁　〔跋〕半丁　挿絵見開き一図　〔五絶賛竹図〕半丁　〔跋〕二丁　尾言五丁　題二丁

○内題　紀行小詩　附録無名唱和集。

○序・跋等　〔序〕（弘化三、後藤松陰）　序（弘化三、奥野小山）　序（弘化三、篠崎小竹）　讀無名集（弘化二、独秀七十三翁）　〔序〕（阿部絹洲）　序（弘化二、廣瀬旭荘）　題（大熊秦川）　〔跋〕（弘化四、山縣太華）〔五絶賛竹図〕（龍護戯墨）　〔跋〕（弘化四、藤澤東畡）　尾言（弘化三、麻田喬）　題（廣瀬旭荘）

○用紙　楮紙。

○匡郭　一五・一×一〇・七糎。本文九行。

○柱記・丁付　觀月臥松樓詩抄　序一（～三）松陰　序一（～三）小山　序一（～二）小竹　上一（～十九）　中一（～十四）　題辭雲華　序一（～四）旭荘　下一（～八）　題辞一（～二）亀陰　序東畡　跋一（～五）緑香

○刊記　蜾蠃窟蔵板／嘉永三年庚戌孟春／発行書林／江戸芝神明前岡田屋嘉七／大坂北久太郎町四町目　河内屋新次郎

○蔵書印等　「日益月加／無盡蔵」「宜園／蔵書」

二八　『溪琴山人第三集』

○所蔵　広瀬先賢文庫（咸二七―六）

○書型　大本（二六・四×一七・三糎）。三巻三冊。刊本。

○装幀　四ツ目綴。袋綴。

○表紙　水色無紋表紙。

○外題　左肩、原刷題簽、四周双辺。「溪琴山人第三集　上(中・下)」。

一八・七×二・八糎。

○見返し　「海荘詩／嘉永己酉臈月書以額／同族士固琴兄集／梅軒陳人」

○構成　第一冊　溪琴山人第三集序二丁　海荘集序二丁　海荘集序三丁　海荘集序三丁　巻之一本文一五丁　〔跋〕一丁　〔跋〕二丁　第二冊　序三丁　序四丁　巻之二本文一七丁　書海荘集詩後　一丁　題溪琴山人第三集後二丁　第三冊　遊紙一丁　序三丁　題辞三丁　巻之三本文二〇丁　題海荘先生三集後二丁

○内題　海荘集。

○序・跋等　溪琴山人三集序（弘化五、菊池三溪）　海荘集序（弘化五、齋藤南溟）　海荘集序（弘化四、梅辻春樵）　海荘集序（弘化四、大槻盤溪）　〔跋〕（羽倉簡堂）　〔跋〕（弘化五、鹽田松園）　序（嘉永元、廣瀬旭荘）　序（弘化五、野田笛浦）　書海荘集詩後（嘉永元、廣瀬淡窓）　題溪琴山人第三集後（弘化五、柳橋老人）　序（嘉永元、安積艮齋）　題辞（嘉永二、齋藤拙堂）　題海荘先生三集後（嘉永二、冷雲釋果）

○用紙　楮紙。

○匡郭　一六・七×一一・〇糎。本文十行。

○柱記・丁付　海荘集　菊池序一（～二）　齋藤序一（～二）　春樵序一　（～三）　盤溪序一（～三）　巻之一　一（～十五）　蓬翁跋　松園跋一（～二）　旭荘序一（～三）　笛浦序一（～四）　巻之二　一（～十七）　跋　柳橋跋　艮齋序一（～三）　拙堂題辭　拙堂題辭　拙堂題辭三　巻之三　一（～二十）　冷雲題詞一　（～二）

○刊記　なし。

○蔵書印等　「廣瀬氏本／家舊蔵」「日益月加／無盡蔵」「宜園／蔵書」

二九　『緑芋村荘詩鈔』

○所蔵　広瀬先賢文庫（詩一―一―五）

○書型　半紙本（二三・一×一五・八糎）。二巻二冊。刊本。

○装幀　四ツ目綴。袋綴。

○表紙　焦茶色卍繋空押表紙。

○外題　左肩、原刷題簽、四周双辺。「緑芋村荘詩鈔　乾(坤)」。一五・七×二・五糎。

○見返し　「石秋劉先生著／緑芋村荘詩鈔／京都　松栢堂／江都　嵩山房」

○構成　第一冊　書劉君鳳詩巻首一丁　序三丁　巻上本文三五丁　第二冊　巻下本文三七丁　跋三丁　新刻家君詩書巻後四丁

○内題　緑芋村荘詩鈔。

○序・跋等　書劉君鳳詩巻首（嘉永元、廣瀬淡窓）　序（嘉永三、廣瀬旭荘）　跋（嘉永四、篠崎小竹）　新刻家君詩書巻後（劉冷窓）

○用紙　楮紙。

○匡郭　一五・四×一一・一糎。本文九行。

○柱記・丁付　緑芋村荘詩鈔　巻上　一（～三十五）　巻下　一（～三十七）　〔跋〕一（～三）　〔新刻家君詩書巻後〕一（～四）

○刊記　豊後　劉石秋著／嘉永四辛亥歳春三月／三都書林／京都三條通堺町　出雲寺文治郎／大阪心齋橋北久太郎町　河内屋喜兵衛／江戸日本橋二町目　須原屋新兵衛

○蔵書印等　なし。

三〇　『梅西舎詩鈔』

○所蔵　広瀬先賢文庫（詩一―五―二）

○書型　半紙本（二二・五×一五・二糎）。二巻二冊。刊本。

○装幀　四ツ目綴。袋綴。

○表紙　縹色小菊艶出表紙。

○外題　左肩、原刷題簽、四周単辺。「梅西舎詩鈔　乾（坤）」。一五・九×二・九糎。

○見返し　「竹原佐野先生著／梅西舎詩鈔」

○構成　第一冊　序三丁　序三丁　〔序〕一丁　巻上本文二九丁　第二冊　巻下本文三三丁　跋二丁

○内題　梅西舎詩鈔。

○序・跋等　序（嘉永五、廣瀬淡窓）　序（嘉永四、草場佩川）〔序〕（嘉永二、月形漪嵐）　跋（嘉永五、廣瀬旭荘）

○用紙　楮紙。

○匡郭　一六・一×一一・三糎。本文九行。

○柱記・丁付　梅西舎詩鈔。　廣瀬序　一（～三）　草場序　一（～三）　巻上　一（～廿九）　巻下　一（～卅三）

○刊記　なし。

○蔵書印等　「日益月加／無盡蔵」「宜園／蔵書」「廣瀬／孝印」「維孝／印」

三一　『文城存稿』

○所蔵　広瀬氏先賢文庫（旭一―二七）

○書型　大本（二五・〇×一七・六糎）。二巻一冊。刊本。

○装幀　四ツ目綴。袋綴。

○表紙　縹色菊花空押表紙。

○外題　左肩、原刷題簽。四周単辺。「文城存稿　完」。一七・六×二・七糎。

○見返し　「玉鳳老人著／文城存稿／霽間三浦氏蔵版」

○構成　序五丁　巻上本文一五丁　巻下本文一六丁　跋三丁　跋一丁　〔跋〕一丁

○内題　文城存稿。

○序・跋等　序（嘉永六、廣瀬旭荘）　跋（嘉永七、柴秋村）　跋（嘉永七、藤井藍田）〔跋〕（嘉永七、僧徹雲）

○用紙　楮紙。

○匡郭　一七・六×一一・七糎。本文八行。

○柱記・丁付　文城存稿一（～五）　文城存稿巻上　一（～五）　文城存稿巻下　一（～六）　文城存稿跋　一七（～二一）

○刊記　なし。

○蔵書印等　「旭荘／珍蔵」「廣瀬氏本／家舊蔵」

三二　『宜園百家詩三編』

○所蔵　広瀬先賢文庫（家宝三〇—一三）
○書型　半紙本（二二・六×一四・八糎）。六巻三冊。刊本。
○装幀　四ッ目綴。袋綴。
○表紙　黄蘗色無紋表紙。
○外題　左肩、原刷題簽、四周双辺。「宜園百家詩三編　一二（三四、五六止）」。一六・一×二・四糎。
○見返し　なし。
○構成　第一冊　叙四丁　宜園百家詩三編目録六丁　巻一本文二一丁　巻二本文二一丁　第二冊　巻三本文二〇丁　巻四本文二〇丁　第三冊　巻五本文二四丁　巻六本文二五丁
○内題　宜園百家詩三編。
○序・跋等　叙（嘉永六、柴秋村）
○用紙　楮紙。
○匡郭　一五・八×一一・〇糎。本文九行。
○柱記・丁付　宜園百家詩三編　巻之序　一（～四）　巻之一目　一（～六）　巻之一　一（～廿一）　巻之二　一（～廿一）　巻之三　一（～二十）　巻之四　一（～二十）　巻之五　一（～廿四）　巻之六　一（～廿五）
○刊記　宜園百家詩　初編八冊出来／嘉永七甲寅秋八月／咸宜園蔵／製本所　大阪心斎橋筋博労街町角／岡田群玉堂　河内屋茂兵衛
○蔵書印等　「廣瀬氏本家」

三三　『竹外二十八字詩』

○所蔵　広瀬先賢文庫（詩二—四—一）
○書型　半紙本（二二・七×一四・〇糎）。二巻二冊。刊本。
○装幀　四ッ目綴。袋綴。
○表紙　白橡色無紋表紙。
○外題　左肩、原刷題簽、四周単辺。「竹外二十八字詩　上（下）」。一六・三×一・六糎。
○見返し　「諸家合評／竹外二十八字詩／雨香書屋蔵梓」
○構成　第一冊　序三丁　題言三丁　例言一丁　巻上本文二二丁　第二冊　巻下本文二六丁　〔跋〕二丁
○内題　竹外二十八字詩。
○序・跋等　序（嘉永七、森田節齋）　題言（梁川星巖、廣瀬旭荘、池内陶所、越罷、頼鴨崖）　〔跋〕（嘉永七、廣瀬淡窓）
○用紙　楮紙。
○匡郭　一四・八×一〇・三糎。本文十行。
○柱記・丁付　竹外二十八字詩　序　一（～三）　題言　一（～三）　例言　巻上　一（～二十二）　巻下　一（～二十六）　跋　一（～二）
○刊記　安政戊午九月開彫／江戸　泉屋金右衛門　藤屋善七／浪華　秋田屋市兵衛　出雲寺文次郎／京師　大文字屋與惣兵衛　若山屋茂助
○蔵書印等　なし。

三四　『才田詩抄』

○所蔵　広瀬先賢文庫（咸二七―一七）
○書型　大本（二四・〇×一四・九糎）。一冊。刊本。
○装幀　四ツ目綴。袋綴。
○表紙　縹色無紋表紙。
○外題　左肩、原刷題簽、四周単辺。「才田詩抄　全」。一六・七×二・六糎。
○見返し　「蒲池翁著／才田詩抄／栗園蔵版」
○構成　題才田集首三丁　序二丁　本文三七丁　題辞一丁　題辞一丁　〔跋〕一丁　跋二丁
○内題　才田詩抄。
○序・跋等　題才田集首（安政二、廣瀬淡窓）　序（安政三、廣瀬旭荘）　題辞（安政三、廣瀬青村）　題辞（長谷梅外）　〔跋〕（安政三、越熊）　跋（安政三、僧五岳）
○用紙　楮紙。
○匡郭　一七・一×一一・八糎。本文八行。
○柱記・丁付　才田詩抄　序　一（～五）　一（～卅七）　跋　一（～五）
○刊記　栗園蔵版／安政三年丙辰十月／浪華書林　河内屋茂兵衛
○蔵書印等　「廣瀬氏本／家舊蔵」「日益月加／無盡蔵」「宜園／蔵書」

三五　『也足窩詩鈔』

○所蔵　広瀬先賢文庫（咸二七―四）
○書型　半紙本（二二・四×一五・一糎）。六巻二冊。刊本。
○装幀　康熙綴。袋綴。
○表紙　水色無紋表紙。
○外題　左肩、原刷題簽、四周双辺。「也足窩詩鈔　乾（坤）」。一五・五×二・三糎。
○見返し　「歸峰僧正著／也足窩詩鈔／不儒山房蔵版」
○構成　第一冊　題字半丁　高良山図半丁　淡窓絶句一丁　序二丁　序三丁　序二丁　巻一本文一二丁　巻二本文一一丁　巻三本文一三丁　巻四本文一二丁　巻五本文一二丁　巻六本文一三丁　跋二丁　〔跋〕二丁
○内題　也足窩詩鈔。
○序・跋等　題字「葛峯片雲」（櫟堂奈書）　高良山図（秋水祝成節）　淡窓五絶　序（安政五、梅辻星舲）　序（安政五、廣瀬旭荘）　序（劉石舟）　跋（安政五、僧亮純）　〔跋〕（貫名）
○用紙　楮紙。
○匡郭　一六・〇×一一・二糎。本文九行。
○柱記・丁付　也足窩詩鈔　ロノ一（～二）　星舲序一（～二）　廣瀬序一（～三）　劉序一（～二）　巻一　一（～十二）　巻二　一（～十二）　巻三　一（～十三）　巻四　一（～十二）　巻五　一（～十二）　巻六　一（～十三）　跋　一（～二）　貫名跋　一

（～二）
○刊記　なし。
○蔵書印等　「廣瀬氏本／家舊蔵」「日益月加／無盡蔵」「宜園／蔵書」

三六『學詩堂詩鈔』

○所蔵　広瀬先賢文庫（咸四五―八）
○書型　大本（二五・四×一七・一糎）。四巻二冊。刊本。
○装幀　康熙綴。袋綴。
○表紙　白橡色無紋表紙。
○外題　左肩、原刷題簽、四周双辺。「學詩堂詩鈔　上(下)」。一七・三×二・八糎。
○見返し　「安政己卯新鐫／諸名家批評／學詩堂詩鈔／雞羅山房蔵版」
○構成　第一冊　序四丁　諸家題言二丁　巻之一本文一三丁　巻之二本文一二丁　第二冊　巻之三本文一五丁　巻之四本文一五丁　〔跋〕一丁
○内題　學詩堂詩鈔。
○序・跋等　序（嘉永五、奥野小山）　諸家題言（廣瀬旭荘、村上佛山、中島棕隠、奥野小山、小野湖山、清梅東、荒緑橋、池内陶所、頼鴨崖、梁川星巖）〔跋〕（嘉永七、貫名）
○用紙　楮紙。
○匡郭　一七・八×一二・八糎。本文十行。
○柱記・丁付　學詩堂詩鈔　奥野序　一（～四）　諸家題言　一（～二）　巻一　一（～十三）　巻二　一（～十二）　巻三　一（～十五）　巻四　一（～十五）　貫名跋　一
○刊記　安政己卯新鐫／雞羅山房蔵版。
○蔵書印等　「廣瀬氏本／家舊蔵」

三七『寧静閣一集』

○所蔵　広瀬先賢文庫（旭一―一九）
○書型　半紙本（二三・三×一五・七糎）。六巻五冊。刊本。
○装幀　四ツ目綴。袋綴。
○表紙　水色無紋表紙。
○外題　左肩、原刷題簽、四周双辺。「寧静閣一集文一(二)　辭(達)」「寧静閣一集詩一(～三)　而(已、矣)」　一六・七×二・四糎。
○見返し　第一冊　「寧静閣一集　上下二冊／盤渓文鈔／嘉永元年孟夏新雕」　第三冊　「寧静閣一集　四巻三冊／盤渓詩鈔／弘化戊申孟春新鐫」
○構成　第一冊　盤渓文鈔序三丁　盤渓文鈔目次四丁　巻上本文三一丁　第二冊　巻下本文二八丁　盤渓文鈔後序二丁　盤渓文鈔跋二丁　第三冊　題詞一丁半　盤渓詩鈔目録　巻一本文二三丁　巻二本文一六丁半　讀游嚢別録題其後半丁　第四冊　題辭二丁　〔序〕一丁　〔序〕半丁　〔序〕半丁　巻三本文二七丁　跋一丁　第五冊　寧静閣圖一丁半　星巖七律半丁　〔序〕一丁　〔序〕一丁　巻四本文二八丁半　書焦尾餘韻後半丁

○内題　盤溪文鈔。

○序・跋等　盤溪文鈔序（弘化四、安積艮齋）　盤溪文鈔後序（弘化四、河田迪齋）　盤溪文鈔跋（嘉永元、齋藤拙堂）　題詞（天保十一、梁川星巖）　讀游嚢別録題其後（小野湖山）　題辞（弘化三、廣瀬旭荘）〔序〕（弘化四、羽倉簡堂）〔序〕（鹽田松園）跋（弘化二、井上穀齋）

○用紙　楮紙。

○匡郭　一六・七×一二・二糎。本文九行。

○柱記・丁付　盤溪文鈔　巻上安積序一（〜三）　巻上目次一（〜四）　巻上　一（〜三十一）　巻下　一（〜廿八）　巻下河田跋一（二）　巻下齋藤跋一（〜二）　寧静閣蔵　盤溪詩鈔　巻一梁川題詞一（〜二）　寧静居蔵　巻一　一（〜廿三）　始有廬蔵　巻二　一（〜十七）　寧静居蔵　巻三廣瀬題詞一（二）　巻三安積叙　巻三羽倉題／鹽田題一　巻三　一（〜二十七）　巻三井上跋　寧静居蔵　巻四寧静閣圖一　巻四梁星巖詩二　巻四佐久間叙　巻四昌谷叙　巻四一（〜二十九）寧静居蔵

○刊記　なし。

○蔵書印等　「旭荘／珍蔵」「廣瀬氏本／家舊蔵」

三八　『星巖集』

○所蔵　中野三敏氏。

○書型　大本（二四・一×一七・三糎）。二巻一冊。刊本。

○装幀　四ツ目綴。袋綴。

○表紙　白茶色無紋表紙。

○外題　左肩、原刷題簽。四周双辺。「星巖集　甲集一之二　金」

○見返し　水色染紙。「天保辛丑仲春新鐫／星巖甲集乙集／江戸千鍾房發行」。

○扉題　「星巖甲集」。

○構成　序一一丁　例言二丁　星巖先生五十歳小像一丁　星巖集總目三丁　星巖甲集目録一丁　巻一本文一〇丁　巻二本文一〇丁　跋二丁

○内題　星巖甲集。

○序・跋等　星巖集序（天保一一、林檉宇）　星巖詩集序（天保一二、朝川善庵）　序（天保八、篠崎小竹）　題辞（天保八年、廣瀬旭荘）　跋（後藤松陰）

○用紙　楮紙。

○匡郭　一八・四×一二・七糎。本文一〇行。

○柱記　星巖集林公序一（〜三）　朝川序一（〜二）　篠崎序一（〜三）　廣瀬題詞一（〜三）　凡例一（〜二）　小像　総目一（〜三）　星巖甲集目録　星巖甲集巻一　一（〜一〇）　巻二　一（〜一〇）　星巖集後藤跋一（〜二）

○刊記　なし。巻二終丁裏に「玉池吟／社藏版」と刻す。

○蔵書印等　「高宮／蔵書」「紫淒」

三九　『山高水長一夜百首』

○所蔵　中野三敏氏。

○書型　半紙本。（二三・〇×一四・四糎）。一冊。刊本。
○装幀　四ツ目綴。袋綴。
○表紙　支子色無紋表紙。
○外題　左肩、原刷題簽。四周双辺。「山高水長一夜百首」。一五・九×二・二糎。
○見返し　「纜山居士著／山高／水長／一夜百詠／徳昭齋蔵板」。
○構成　序文七丁。本文一八丁。跋文等一五丁。
○内題　山高水長一夜百詠。
○序・跋等　序（弘化四、藤森天山）〔序〕（天保一二、保岡嶺南）〔題詩〕（櫟園）〔題詩〕（嘉永七、松江大木房）〔題詩〕（陶庵恕）〔題詩〕（松崎慊堂・中島櫻隠・嘉永元、奥野純・嘉永二、藤澤東畡・弘化四、衷洲清水原）〔跋〕（弘化四、並河華翁・弘化四、篠崎小竹・廣瀬謙・弘化三、後藤松陰・嘉永四、栖鳳竹鼻忠・嘉永三、篠崎小竹・魚連竹図）
○用紙　楮紙。
○匡郭　一四・一×一〇・四糎。本文九行。
○柱記・丁付　山高水長一夜百首序一（〜七）　山高水長一夜百詠一（〜一八）　山高水長一夜百首跋一（〜一五）
○刊記　安政二年乙卯仲春刻成。
○蔵書印等　なし。

四〇　『北越奇蹟詠草』

○所蔵　中野三敏氏。

○書型　半紙本。（二三・〇×一六・二糎）。一冊。刊本。
○装幀　紙捻綴。袋綴。
○表紙　本文共紙表紙。
○外題　なし。左肩に題簽剝落跡（一六・〇×二・二糎）あり。
○構成　序文二丁。本文二二丁。
○内題　北越奇蹟詠草。
○序・跋等　序（嘉永七、廣瀬謙）　聖祖奇蹟詠草序（嘉永六、藍澤南城）
○用紙　楮紙。
○匡郭　一八・〇×一三・三糎。本文一〇行。
○柱記・丁付　序一　聖祖奇蹟詠草序一　聖祖奇蹟詠草二（〜二三）。
○刊記　なし。
○蔵書印等　なし。

四一　『山居餘課』

○所蔵　広瀬先賢文庫（旭一―一二）
○書型　半紙本（二二・八×一五・八糎）。一冊。刊本。
○装幀　康熙綴。袋綴。
○表紙　縹色窠紋表紙。
○外題　左肩、原刷題簽、四周双辺。「山居餘課　完」。一六・五×三・二糎。
○見返し　「安政己卯新鐫／虞淵方外史著／諸家批評山居餘課／華雲閣蔵」

○構成　題字半丁　口絵見開き一図　題字半丁　〔序〕二丁　山居餘課序二丁　本文三四丁　山居餘課跋二丁
○内題　山居餘課。
○序・跋等　〔序〕（安政二、参議為定）　山居餘課序（安政元、梅辻春樵）　山居餘課跋（安政二、大喜多泰山）
○用紙　楮紙。
○匡郭　一八・三×一二・九糎。本文十行。
○柱記・丁付　山居餘課　名草圖一（二）　五條公序一（二）　梅辻序一（二）　一（～三十四）　泰山跋一（二）
○刊記　なし。
○蔵書印等　「旭荘／珍蔵」「廣瀬氏本／家舊蔵」

四二　『溪閣帖』

○所蔵　東京都立中央図書館（特別買上文庫五四二四）
○書型　大本（二六・一×一四・四糎）。一冊。写本。
○装幀　折本。
○表紙　白茶色絹地表紙。
○外題　左肩、山吹色台紙上に無枠題簽を貼り、「溪閣帖」と直書墨書。
○構成　〔序〕一折　本文二一折半　〔跋〕一折半
○内題　なし。
○序・跋等　〔序〕（安政元、柴莘）　〔跋〕（廣瀬旭荘）
○用紙　楮紙。無罫紙。
○字高　二二・〇糎。
○丁付　なし。
○句点・傍点等　なし。
○筆蹟　他筆。
○評点者　なし。
○蔵書印等　「東京都立／日比谷圖書／館蔵書」「日比谷圖書館」

四三　『方圓俳諧集』

○所蔵　東京大学総合図書館（洒竹文庫三四三六）
○書型　中本（一七・八×一二・一糎）。四巻四冊。刊本。
○装幀　四ツ目綴。袋綴。
○表紙　鳥の子色蔓若松表紙
○外題　左肩、原刷題簽、四周双辺。「方圓俳諧集　天（地・人・附録）」。一三・〇×二・二糎。
○見返し　「辛丑上梓　門人校合　卓文編輯／方圓俳諧集　全部四冊／京都書肆　六書房蔵」。ただし、「辛丑上梓」の右上に「天保十二」と直書墨書。
○構成　第一冊　〔序〕二丁　巻之天本文六四丁　第二冊　郷ふり集序四丁　巻之地本文四〇丁　跋二丁　第三冊　巻之人本文五五丁　〔跋〕二丁　第四冊　蘆雁集序二丁　附録本文三七丁　跋二丁
○序・跋等　〔序〕（洛西相應亭／にして梅室老納識）　郷ふり集序（天保十一、八千主人）　跋（天保十一、廣瀬旭荘）　〔跋〕（山蔭）　蘆雁集序（天保十一、平山山人）　跋（花屋主人）

○用紙　楮紙。
○匡郭　一四・六×一〇・〇糎。本文八行。
○柱記・丁付　天序一（〜二）　天ノ一（〜六十四）　序一（〜四）　一（〜四十）　人ノ一（〜五十五）　序一（〜二）　一（〜三十七）　跋一（〜二）
○刊記　諸本仕入所　京都東洞院二條上ル町／田中屋治助
○蔵書印等　「東京帝／國大學／圖書印」「洒竹文庫」「雀志文庫」

四四　『五箇荘紀行』

○所蔵　国立公文書館（内閣文庫一七七―一〇六八）
○書型　半紙本（二三・六×一六・六糎）。一冊。刊本。
○装幀　四ツ目綴。袋綴。
○表紙　黄土色卍繋空押表紙。
○外題　左肩、原刷題簽、四周双辺。「五箇荘紀行　全」。一六・七×二・九糎。
○見返し　なし。
○構成　遊紙一丁　〔序〕一丁　序二丁　〔序〕一丁　自叙一丁　本文四九丁　跋言三丁　絶句四丁　遊紙一丁
○序・跋等　〔序〕（嘉永七、廣瀬旭荘）　五箇荘紀行序（鷦鵝璞）　〔序〕（岸清武）　自序　有天草隠士四郎左衛門佐藤高信詩巻尾掲之以換跋言（佐藤高信）　讀五箇荘紀行代題廿五絶句（鷦鵝璞）
○用紙　楮紙。
○匡郭　一八・四×一三・五糎。本文八行。
○柱記・丁付　なし。
○句点・傍点等　朱・墨筆による圏点、墨筆による書き入れあり。
○刊記　なし。
○蔵書印等　「農商／務省／圖書」（消印あり）「大日本／帝國／圖書印」（消印あり）「太政官／文庫」「藤／光享」（直書墨書）
本文彩色挿絵、計二十三図あり。

四五　『助字彙』

○所蔵　国立公文書館（内閣文庫二〇七―四七三）
○書型　中本（一八・七×一二・六糎）。八巻八冊。刊本。
○装幀　四ツ目綴。袋綴。
○表紙　白鼠色無紋表紙。
○外題　左肩、原刷題簽、四周双辺。「助字彙　一（〜八）」。一二・八×一・七糎。
○見返し　「文久元辛酉晩秋／助字彙／刻於洛陽」
○構成　第一冊　題言二丁　序四丁　〔序〕四丁　序三丁　巻之一標目一丁　巻之一本文三八丁　第二冊　巻之二標目一丁　巻之二本文三三丁　第三冊　巻之三標目一丁　巻之三本文三七丁　第四冊　巻之四標目一丁　巻之四本文三八丁　第五冊　巻之五標目一丁　巻之五本文三三丁　第六冊　巻之六標目一丁　巻之六本文三九丁　第七冊　巻之七標目一丁　巻之七本文三六丁　第八冊　巻之八標目一丁　巻之八本文四二丁　〔跋〕三丁　跋三丁　刊記一丁
○序・跋等　題助字彙（安政五、内大臣實萬）　序（安政五、廣瀬旭

莊）　〔序〕（野之口隆正）　序（安政五、介石）　〔跋〕（安政五、天授庵東嶺笠晃）　助字彙跋（安政五、藤原芳樹）

○用紙　楮紙。

○匡郭　一三・一×九・七糎。本文九行。

○柱記・丁付　助字彙一　序一（～十三）　一（～卅九）　助字彙二　一（～卅四）　助字彙三　一（～卅七）　助字彙四　一（～卅九）　助字彙五　一（～卅四）　助字彙六　一（～四十）　助字彙七　一（～卅六）　助字彙八　一（～四三）　跋一（～六）

○刊記　洛陽書肆　出雲寺文治郎／菱屋孫兵衛／丁子屋藤吉／菱屋友七／永田調兵衛

○蔵書印等　「大學／蔵書」「淺草文庫」「日本／政府／圖書」

四六　『運材圖會』

○所蔵　九州大学中央図書館（桑木文庫　和書一四三六）

○書型　大本（二六・六×一八・八糎）。二巻一冊。刊本。

○装幀　四ツ目綴。袋綴。

○表紙　黒褐色地牡丹唐草空押表紙。

○外題　左肩、原刷題簽、四周双辺。「運材圖會　全」。一八・〇×四・四糎。

○見返し　本文共紙。

○構成　序七丁　目録三丁。上巻二三・五丁。下巻二七・五丁。跋一・五丁。刊記〇・五丁。

○序・跋等　〔序〕（嘉永七、山埼弘泰）　序（嘉永七、市村成章）　序（万延元、廣瀬旭荘）　跋（文久三、劉昇君平）

○用紙　楮紙。

○匡郭　二一・一×一五・〇糎。本文九～一二行。

○柱記・丁付　丁付のみ（上巻）「一～五、九・十」、（下巻）「六～八、一一～六三」。

○刊記　「嘉永七年歳次甲寅季夏中澣集成　富田禮彦」とあって、書肆名等なし。

○蔵書印等　挿絵四四・五丁。ただし、画者等の名なし。

○蔵書印等　「九州帝／國大學／圖書印」「九州帝國大學理學部／物理學教室」（ラベル）

編集委員

中村幸彦
○岡村繁
多治比郁夫
中野三敏
○井上敏幸
（○印は本巻擔當）

編集協力

廣瀬恒太
田中晃

檢印
省略

廣瀬旭荘全集 詩文篇

平成二十二年十一月二十日 印刷
平成二十二年十一月三十日 發行

定價：本體三〇、〇〇〇圓

編者 廣瀬旭荘全集編集委員會
發行者 田中周二
印刷 株式會社 圖書印刷 同朋舎
發行所 株式會社 **思文閣出版**
京都市左京區田中關田町二—七
電話（〇七五）七五一—一七八一番

ISBN978-4-7842-1490-7 C3321